저작권과 침해

판례를 중심으로

COPYRIGHT INFRINGEMENT

CASES AND MATERIALS

서울중앙지방법원 부장판사 이 규 홍
서울중앙지방법원 부장판사 김 기 영
특허법원 판사 장 현 진
울산지방법원 판사 김 병 국
공저

육 법 사

서 문

세계적으로 저작권을 둘러싼 분쟁이 끊임없이 발생하고 있고 그 양과 질도 크고 깊어지고 있다. 한국의 경우 저작권 관련 산업이 차지하는 산업별 명목 GDP 비중이 2013년 기준 '전체저작권 산업 8.44%(핵심 저작권산업 3.71%), 제조업 28.33%, 부동산 및 임대업 7.24%, 금융보험업 5.07%, 교육서비스업 5%, 건설업 4.49%' 등으로 계산된 것으로 보면 그 비중의 증가 정도를 짐작할 수 있다. 특히 국가별 전체저작권 산업 비중이 미국 11.44%(8.44%인 한국보다 높다), 중국 6.87%에 이르는 점[1]을 함께 고려하면 분쟁 증가의 주요 원인은 결국 디지털 시대에 저작권이 갖는 재산적 가치의 비약적 증가이고 이러한 경향은 전 세계가 지식산업사회로 재편되는 현재 상황으로 보아 쉽사리 약화되지 않을 것으로 보이며, 이런 흐름은 저작권 관련 소송의 가파른 증가세로 계속 이어질 것으로 보인다.

이런 상황에서 본서의 공저자들은 저작권 자체의 이론적 이해가 물론 중요하고, 주요참고문헌에서 보듯이 이미 방대하고 뛰어난 저작권법 교과서들이 출간되어 있지만, 침해소송 실무에 관하여 판례를 중심으로 접근하는 해설서가 필요하다고 생각하였다. 물론 중요판례들이 이론과 더불어 아주 잘 설명된 기존교과서들도 있으나, 그간 특히 하급심 판결에 대한 접근의 어려움, 관련 이론에 대한 소개 및 비판을 위한 지면 할애 등 사유로 대한민국 법원에서 지금까지 내려진 저작권 판결을 전체적으로 일람할 수 있는 정도의 충분한 양을 포함하는 작업은, 다른 서적에 주어진 몫이 아닐까 생각되었다. 그러한 점에서 늘 판결문을 쓰거나 찾는 데 익숙한 본서의 공저자들은 저작권법의 적용이 아주 드물던 1960년대부터 디지털 시대에 완전히 돌입한 2016. 1.까지 저작권법이 적용된 다양한 판결을 모아 그 핵심적인 사항들을 정리하여 출판하되, 필요한 경우 논평 형식의 간략한 설명(관련 판결, 참고문헌 등)을 붙여 추후 연구나 글쓰기에 도움이 되는 책을 구상한 것이다.

---

1) 이상 한국저작권위원회 자료
http://www.copyright.or.kr/information-materials/statistics/GDPByCountry/index.do

본서를 그 자매서라 할 수 있는 '특허와 침해'(김기영·김병국 공저, 육법사, 2012)와 비교하면, 기존의 이론서와 다른 무언가를 내놓으려고 한 점과 책의 내용을 실무상 침해소송의 전개순서에 따라 구성한 점(즉 저작권침해소송은 정형적인 내용으로 전개되는 경우가 많은데 먼저 권리자가 저작권침해주장을 하면서 침해금지청구 또는 손해배상청구 등의 공격을 하면, 상대방은 저작권성립 여부나 침해 여부를 다투거나 새로운 사실에 입각한 항변을 내세워 방어하게 되고, 이와 별개로 손해배상액에 관한 공방이 이루어지는 점)에서는 공통되지만, 본서는 철저하게 단계별로 당사자에게 도움이 되는 판례들 중심으로 정리를 시도하였다는 점에서 차이가 있다. 특히 앞서 보았듯이 공저자들이 이론적인 부분에 관하여 다시 설명하는 것이 사족(蛇足)이 될 정도로 훌륭한 저작권법 교과서들이 이미 많이 출판되어 있어 이론적으로는 매우 중요하여도 실무상 별로 문제 되지 않는 부분은 그 설명을 과감히 축약할 수 있었다.

본서의 집필은 이규홍이 제1, 6, 9, 10장, 김기영이 제8장, 장현진이 제2, 3, 4장, 김병국이 제5, 7장을 주로 담당하였는데, 공저자들은 본서의 목적을 판례를 위시한 객관적 정보전달을 위주로 하는 것으로 합의하였고 의도대로 유지되고 있다고 생각되나 많은 양 때문에 의도하였건 아니 건 내용과 형식 면에서 다소간의 비통일성이 드러날 수 있다. 앞으로 개정작업을 통하여 긍정적인 다양성이라면 살리고, 그렇지 않다면 바로잡도록 할 예정이고 또 판례추가 및 수정 등 부족한 점을 계속 보완할 예정이다. 그러한 작업의 목표는 당연히 본서가 저작권침해소송 실무에 관한 이해를 높이고, 저작권을 연구하는 분들에게 기초자료로써 다소라도 도움이 되도록 하는 것이다.

마지막으로 본업인 재판업무 외의 시간을 할애하다 보니 결국 가족들과 함께할 시간이 희생되었고, 게다가 예상보다 상당히 오랜 기간이 소요되게 되어 사랑하는 가족들에 대한 미안하고 고마운 마음이 깊어졌으며, 그 외에 이 책이 나오기까지 도움을 주신 모든 분, 특히 육법사의 백욱 대표님께 깊이 감사드린다.

2016년 2월

이규홍, 김기영, 장현진, 김병국

일 러 두 기

* 저작권법은 2013. 12. 30. 법률 제12137호로 개정되어 2014. 7. 1. 시행된 법을 기준으로 하고, 본문에서 단순히 조문만 쓰거나 '법'이라고만 한 경우는 모두 저작권법을 의미한다.

* '부정경쟁방지 및 영업비밀보호에 관한 법률'을 '부정경쟁방지법'으로 하는 등 긴 법명은 법제처의 "2015 법률제명 약칭 기준"[2]에 따라 약칭을 사용한다.

* 판결문(결정문)의 특성상, 1개의 사안은 예컨대, 저작물성 인정 여부, 실질적 유사성 인정 여부, 손해배상액의 산정 등 단계별로 쟁점이 나뉘어 있어 각 해당 부분에서 설명될 수밖에 없다. 그러므로 사안을 간략히 소개하는 <사안의 개요>는 쟁점이 분리되어 있는 등 특별한 사정이 없으면 원칙적으로 당해 판결이 처음 등장한 때만 붙이기로 하였고, 전체적인 쟁점들은 '판례 찾아보기'나 '사건명 찾아보기'를 통하여 파악될 수 있다.

* 아래의 문헌들은 자주 인용되는 대표적인 저작권법 교과서들로, 본문에서는 저자와 면수만 표시하는 방법(예컨대 "권영준, ○면", "송영식 외1, ○면")으로 약칭을 사용한다. 그 외의 참고자료들은 별도로 문헌목록을 두지 아니한다.

권영준, 저작권침해판단론, 박영사(2007)
박성호, 저작권법, 박영사(2014)
송영식·이상정, 저작권법개설(제9판), 세창출판사(2015)
오승종, 저작권법(제3판), 박영사(2013)
이해완, 저작권법(제3판), 박영사(2015)

---

2) http://www.moleg.go.kr/knowledge/magazineData?pstSeq=71328&brdSeq=25&searchBoxStyle=bgnone#SrchKeyWd=약칭.

임원선, 실무자를 위한 저작권법(제4판), 한국저작권위원회(2015)

정상조 대표편집, 저작권법 주해, 박영사(2007)

정상조·박준석, 지식재산권법(제3판), 홍문사(2013)

中山信弘(윤선희 편역), 저작권법, 법문사(2008)

최경수, 저작권법개론, 한울(2010)

차 례

저작권과 침해-판례를 중심으로

제1장 서 론 35

제2장 저작권침해소송의 개요 55

제3장 저작물 – 저작권법의 보호대상 81

제5장 저작권의 종류 431

제6장 저작권의 침해여부 판단 506

제7장 권리자의 공격방법 781

제 8 장 침해자의 방어방법 911

제9장 디지털 저작물의 침해와 보호 1017

제10장 온라인서비스제공자의 책임과 제한 1048

제 1 장 서 론

Ⅰ. 저작권법 조감(鳥瞰)

저작권이란 소설이나, 시, 음악, 미술 등 법이 보호대상으로 정하고 있는 저작물을 창작한 사람이 그 창작물을 다른 사람이 복제, 공연, 전시, 방송 또는 전송하는 등 법이 정하고 있는 일정한 방식으로 이용하는 것을 허락하거나 금지할 수 있는 권리와 자신의 저작물을 공표하거나 그 저작자가 자신임을 표시하고, 또 저작물을 창작한 그대로 이용하도록 하는 권리를 말한다.[1-1] 그리고 지식재산권[1-2]의 한 축을 이루는 저작권의 존재근거는 자연적 정의에 부합한다는 점, 경제적 유인으로 필요하다는 점, 나아가 문화적 발전과 사회적 결속을 위하여 필요하다는 점 등이 제시[1-3]되고 있다.

그런데 저작권이 이렇듯 '권리'라는 법의 영역으로 들어오기 전 단계인 '(문화)정보'라는 사실의 영역에서 볼 때 자유민주주의를 지향하는 헌법상

1-1) 임원선, 21면.

1-2) 2011년 '지식재산 기본법'의 제정으로 'Intellectual Property right'를 의미하는 법정용어가 된 '지식재산권'이 적절하지에 관한 기본논의는 이규홍·정필운, "헌법 제22조 제2항 관련 개헌론에 관한 소고-지적재산권조항의 재정립에 관하여-", 법조 통권 650호(2010. 11) 63~76면 참조. '지식재산권'이라는 용어는 경험을 공유하지 않고도 전달가능한 형식지(explicit knowledge)에 더하여 영업비밀 등에서의 암묵지(tacit knowledge)까지 포함하는 것을 강조하는 것으로 이해하는 견해(임원선, 23면)도 있지만, 비판도 적지 않다. 본서에서는 그 상세는 논하지 않고 지식재산권, 지적재산권을 혼용한다.

1-3) 임원선, 28~31면; 본서에서는 이에 관한 자세한 설명은 생략하되 다만 저작권제도는 위와 같은 목적 달성을 위하여 비록 완벽하지는 않지만 오랜 기간에 걸쳐 검증된 효율적인 제도라는 전제 하에 필요한 논의를 전개하도록 한다. 이후 저작인접권을 포함하여 '저작권 등'이라 한다.

정보법질서와의 관계를 이해할 필요가 있다. 즉 헌법은 원칙적으로 자유로운 정보유통의 이념에 입각하여 개인의 자유로운 정치적·경제적 활동을 보장한다는 기본정책을 표방하고 특히 '公的 情報'를 정부나 개인이 독점 혹은 지배하는 것을 불허함으로써 사회와 개인의 총체적 자유를 확보[1-4]하려하고 있다. 다만, 특정한 목적을 위하여는 일정한 정보에 대하여 개인에게 통제권을 부여하여 자유로운 정보유통을 억제하기도 하는데 그 중 하나가 헌법 제22조 제2항[1-5]이 정한 지식재산권으로, 저작자에게 배타적 권리를 부여하여 그 보호범위 내에 드는 문화정보의 유통에 대한 통제권을 그 정보생산자에게 부여하는 것이다. 이러한 근본적 접근은 뒤에서 보듯이 전체적인 저작권법의 이해와 해석에서 중요한 기능을 하는 것이고, 나아가 다른 기본권(특히 표현의 자유와의 관계)과의 충돌 해결시의 중심축이 되어야 할 것이다.

저작권의 실정법에 의한 권리화는 1710년의 영국 '앤여왕법(Statute of Anne)'[1-6]과 80년 후인 1790년에 제정된 미국의 저작권법에서 이루어진 것

1-4) 헌법 제21조 제1항의 표현의 자유 보장, 같은 조 제2항의 검열금지 원칙, 제22조 제1항의 학문과 예술의 자유 등을 정보유통의 보장을 위한 헌법규정으로 들 수 있을 것이다. 한편 私的 情報는 당연히 당해정보주체에게 통제권을 부여하되 예외적으로만 유통을 허가하게 된다(예컨대 영장주의). 이인호, "지적재산권의 헌법적 한계－헌법상의 언론자유조항과 지적재산권조항의 긴장과 조화－", CLIS Monthly, KISDI(2003. 10) 4~7면.

1-5) 우리 헌법은 세계적으로 특이하게도 "저작자·발명가·과학기술자와 예술가의 권리는 법률로써 보호한다"(제22조 제2항)라는 명문규정을 두고 있다. 이렇듯 '예술의 자유'를 별도의 기본권으로 명시하면서도 '저작자'와 별도로 '예술가'를 보호한다고 규정하는 점, '과학기술자'는 중복적 표현이라는 점은 비판의 소지가 있다. 지식재산권의 '재산권성' 및 헌법 제22조, 제23조 등의 해석과 헌법개정론은 이규홍·정필운, "헌법 제22조 제2항 관련 개헌론에 관한 소고－지적재산권조항의 재정립에 관하여－", 80면 이하 참조.

1-6) 이와 관련하여 영국의 Donaldson v. Becket in 1774 판결은 앤여왕법(statutory right, 기본적으로 14년의 독점적 인쇄권을 보장)이 보통법상의 저작권(common law right, 영구적 저작권 보장)에 우선한다고 판시하여 법률에 의한 저작권의 보호기간 제한을 확립하게 된다. 이로써 근대적 저작권제도의 틀을 갖춘 것으로 평가되는데 소송의 상세는 야마다 쇼지(山田奬治), 해적판스캔들－저작권과 해적판의 문화사, 사계절(2011) 참조.

으로 보는데 이를 현재시점에서 볼 때 저작권법은 300년 남짓의 역사를 가진 것이다. 특히 우리나라의 경우 1957년에 제정된 후 1986년 제정에 가까운 개정으로 법체계가 정비되어 법제사적으로는 60년에 가깝지만 그 본격적 적용은 길게 보아도 30년 정도에 불과한 수준으로, 상당한 규정들이 로마법까지 연원이 거슬러 올라가는 우리 민법 등과 비교하면 아주 일천한 역사를 가지고 있음이 분명하다.

그럼에도 저작권법은 과학기술의 발전에 따라 보호대상 영역이 확대되는 등 그 외연이 확대되었고 그에 비례하여 그 침해의 정도도 질적·양적으로 심화되어 왔으며 결국 그에 따른 법적 대응이 다시 발전하게 되면서 전체적인 법체계내에서의 비중이 커지는 단계를 밟아왔다. 특히 디지털 정보화(ICT, Information & Communication Technology)시대가 도래한 1995년 이후 저작권법은 비약적인 발전을 하게 되는데 인터넷에 의한 '정보의 유통혁명'이 가져온 문화관련산업의 획기적 발전이 주요계기가 되었다. 그런데 이러한 발전속도는 저작권제도를 기술의 발전에 따른 저작권 침해와 그에 대한 대응의 역사로 파악하는 일반론에서 볼 때에도 통상적이지 않은 문제점, 즉 저작권의 보호수준 상승보다 저작권침해의 개연성과 진지성이 매우 높아지는 현상을 동반하게 되어 논쟁이 불가피하였고, 현재도 진행 중이다.

이러한 현대 저작권법의 문제점은 기존에 존재하던 저작권제도에 대한 유서 깊은 논쟁 즉 저작권을 인위적 독점 정도로 보고 지나친 저작권자 보호의 문제점을 지적하는 입장(독점규제법연구자들 포함한 일부 저명한 지식재산권학자들)과 현재 저작권 보호가 미흡하여 창작의 유인이 부족하다는 입장(주로 많은 유능한 지식재산권 실무가들과 학자들)의 세계적 대립을 더욱 격화시키는 계기가 되었기도 하였다.

그러나 보다 전향적으로 이 시점, 즉 디지털 세상이 어느 정도 실체를 드러내어 상당한 저작권법상의 쟁점들이 전문가들의 분석을 거쳐 그 속성이 파악(주로 판결에 의하여 새로운 쟁점에의 법적 판단이 내려지고 이를 반영한 법개정 등 각개격파의 방법으로 이루어 진 것이다)된 현재가 저작권론의 통합적 체계 재검토의 적기로 생각된다.[1-7] 이를 위하여 일단 저작권

1-7) 윤종수, "저작권법 개혁에 관한 미국의 논의", 계간 저작권 2015 봄호, 97면(미국

과 관련한 우리 헌법 제22조 제2항의 독자적 의미를, 그 자체의 고유한 목적과 권리존속기간이 있을 수 없는 소유권과는 다르게 저작권은 법에서 권리목적(문화 및 관련 산업의 향상발전)과 보호기간을 규정할 수 있고 그 와 연계하여 '창작성'을 권리발생요건으로 규정할 수 있는 헌법적 근거로 상정한다. 그리고 창작을 통한 문화의 발전이라는 목표는 실천적으로는 저작권법이 '문화적 다양성' 추구하도록 제도설계되었음을 염두에 두어야 달성될 수 있는 것임을 인정하여, 헌법 제22조 제2항의 구체화법으로서의 저작권법 톺아보면, 문화의 다양성을 유지하기 위한 숨겨진 장치들이 정교하게 내장되어 있음을 알 수 있는데, 간략히 조감하면 아이디어가 아닌 표현만을 보호하는 것은 다양성의 원천(아이디어)을 고갈시키지 아니하려는 것이고, 여기에 '창작성'을 특허법상의 진보성은 물론 신규성과도 다른 개념으로 정립하는 것 역시 같은 취지이며〔신규성과 달리 타인의 저작물을 베끼지만 않으면 동일하더라도 침해가 아니다(소위 차단효의 부재), 특히 공서양속에 의한 제한이 없는 것도 큰 차이점이다〕, 이론은 있으나 등록절차 등 국가의 개입 없이 권리가 부여되게 제도설계한 점 역시 후일의 분쟁가능성이라는 위험을 무릅 쓴 다양성 확보책이 아닌가 생각한다.[1-8]

그러므로 본 절 이하에서는 저작권법의 위와 같은 특성을 보다 잘 이해하고 그 목적을 달성하기 위한 제도들을 분석하기 위하여 우선 다른 지식재산권의 특성과 비교하고, 다음 우리 저작권법의 해석적용상 유의할 점에 관하여 살펴보도록 한다. 특히 후자는 본서의 목적이 보다 많은 판결례의 소개에 있음에 비추어 볼 때 총론적인 가이드라인이 될 수 있을 것이다.

에서도 특정사안에 따라 개별적 대응으로 입법이 이루어지다보니 근본적 검토 없이 새로운 규정이 추가되면서 복잡성만 더해지고 전체적인 체계는 제대로 정비되지 못하였고 이에 근본적인 개혁논의가 본격적으로 제기되고 있다고 한다).

1-8) 이규홍, 저작권조감도, 저작권문화 238호(2014. 6).

Ⅱ. 다른 지식재산권과의 비교

1. 개 요

특허는 '내일은 발명왕' 같은 만화로 어린이의 꿈을 키워주지만 현실적으로는 과학기술자들의 전유물로, 상표권은 기업체의 이윤(마케팅)전략의 일환으로 각 인식되어진 면이 강한 반면, 등록 등 공적인 절차 없이도(우리나라의 경우 고정되지 않더라도 표현자체만으로) 시간, 장소와 남녀노소 불문하고 소송을 제기할 수 있는 권리창출을 허락하는 저작권법은 오지랖이 넓다. 구체적인 차이를 논의하기에 앞서 특허권과 저작권법의 입법방식을 개략적으로 설명하면 다음과 같다.

특허권은 자연법칙을 이용한 객관적(과학기술 관련) 지식을 보호하려는 것으로 발명자(inventor)의 인격적 요소와 관련성이 그리 강하지 않고 과학기술의 발전 속성은 대략 선형적(linear)인 것으로 이해된다. 그러므로 최신기술이 등장하면 직전까지의 기술은 그 가치를 상당부분 잃게 되므로 그러한 최신기술 관련 아이디어(유형물이 존재하는 물건의 발명도 설명이 필요하지만 방법발명의 경우 그 의미가 더 클 것이다)를 보호하기 위하여는 그가 진보시킨 부분에 관하여 아이디어를 설명하여 작성할 공적인 문서가 필요(이것이 명세서이다)하게 되고, 그러한 요건을 충족하였는지에 관하여는 통상의 기술자라는 관념을 도입하여 가상적으로 그 공적인 문서를 대상으로 선형적인 발전성취여부를 심사하게 된다. 즉 발명자의 주관적 인식 상태를 고려함이 없이 '선행 기술' 대 '발명 기술'을 비교하여, 객관적으로 평가가 이루어지는데 그렇게 함으로써 기술발전이 촉진될 수 있다고 보기 때문이다.

그러나 저작권은 인격적 요소가 강한 저작자(creator)의 주관적 지식을 보호하는데서 출발하였고 현재도 컴퓨터프로그램 저작물 등 기능적 저작물에서 다소의 예외는 있으나 근본 기조는 주관성에 근거한 비선형성을 당연한 것으로 전제하며, 특히 대륙법의 경우 저작인격권을 별도로 권리화하여 보호하여 왔다(이러한 인격적 요소와 주관성은 사회적 기여의 계량화에 어려움을 초래한다). 또한 저작권법은 앞서 보았듯이 문화의 향상발전을 목표로 하므로 '문화'의 속성에 상당부분 종속될 수밖에 없는데, 우리가 현시점에도 셰익스피어의 작품은 물론 그리스 비극을 읽으며 공감을 형성하듯이 문화라는 것은 시간적 선후에 의한 우열을 가리기보다는 다양성이 그 주요 요소를 이루는 것으로, 예컨대 특허법 제32조[1-9]와 상표법 제7조는 선량한 풍속에 어긋나는 것을 이유로 음란한 발명 등의 보호를 거절하나 저작권법은 그러한 제한이 없는 것도, 표현의 자유와의 충돌을 조절하며 문화의 다양성을 확보하기 위한 것으로 설명될 수 있다. 또한 저작물은 아이디어 표현 이분법에 의하여 표현만 보호하므로, 결국은 특허법에서 요구하는 명세서가 필요하지는 않게 되며(반대로 보면 창작물 자체가 명세서와 유사한 역할을 한다고 볼 수 있을 것이다. 또한 저작물은 그 속성상 사생활의 보호범위에 속하는 부분이 많고 그 종류도 무한대－어린이의 일기에서 전문가의 예술작품까지－에 가까운 것이다.[1-10]) 창작성의 수준에 관하여 '진보'를 전제로 한 객관적인 심사기준이 요구되지 않는다.[1-11])

이하에서는 위와 같은 논의를 배경으로 지식재산권의 구체적인 권리생성과 보호의 정도에 관한 비교를 하되 특허권, 상표권을 위주로 하며 실용신안권과 디자인권은 이에 준하는 것으로 한다.

1-9) 특허법 제32조(특허를 받을 수 없는 발명) 공공의 질서 또는 선량한 풍속을 문란하게 하거나 공중의 위생을 해할 염려가 있는 발명에 대하여는 제29조 제1항 및 제2항의 규정에 불구하고 특허를 받을 수 없다.

1-10) 저작권은 창작시 발생시키고 분쟁발생시 그 발생여부를 확정짓는 구조를 택하고 있는바, 이러한 방식이 다양성확보에 의한 문화발전에 더 적합하다는 제도설계판단으로 이해된다. 만일 보호의 전제로 등록을 요구하고 특허법처럼 저작물성에 대한 심사절차가 마련된다면 오히려 등록되지 않은 많은 창작물들을 보호범위 밖에 방치하는 결과가 될 수도 있을 것이다.

1-11) 이러한 점과 관련하여 증기기관은 와트가 아니었어도 누군가 그 무렵 발명하였을 것이지만, 9번 교향곡은 베토벤이 없었다면 영원히 들을 수 없었을 것이라는 비유가 있다. 中山信弘, 46면.

2. 특허권, 상표권과의 비교

지식재산권을 권리부여방식과 그에 따른 행사요건에 따라 구별하여 설명하면 다음과 같다(금지청구권의 경우는 고의·과실 등 주관적 요건이 불필요한 점 외에는 손해배상과 요건이 동일하다).

	권리발생	손 해 배 상		
		요건 1	요건 2	요건 3
특허	심사·공개	고의·과실 필요 (과실추정 규정)	All element rule－균등론	
상표	〃	고의·과실 필요 (고의추정 규정＋과실추정 판례)	동일, 유사	
저작	×(예외적 등록)	고의·과실 필요(추정규정 판례 없음. 예외적으로 추정규정 존재)	실질적 유사성	의거성 입증요
비고		공개여부 차이에 기인	동일 기준	

가. 권리발생요건

특허권은 발명자의 출원과 그에 대한 특허청이라는 공적기관에 의한 심사를 거쳐 부여하게 되는데 출원 후 1년 6개월이 지나면 출원공개를 하게 되며, 심사를 통과하여 등록이 이루어지면 공고를 한다. 상표 역시 심사과정을 거친 후 공개하게 된다. 그러나 저작권은 출원·심사 등의 과정이 없이 저작 즉시 권리가 발생하되, 다만 예외적으로 한국저작권위원회에 심사없이 등록을 할 수 있으나 이는 다른 법률적인 효과만 수반할 뿐 권리발생자체와는 무관하다.[1-12] 이에 따라 우리의 인식과 무관하게 지역적, 시간적으로

1-12) 무방식주의를 의미한다. 그러나 이는 나라마다 등록을 요하게 되면 다른 나라에서 권리를 행사하는 것이 너무 어렵게 되기 때문에 도입된 것일 뿐 보호를 원하지 않는 모든 저작물에 대하여 일률적으로 보호를 주려는 의도는 아니었다고 한다. 윌리암 패트리, 「저작권, 무엇이 문제인가?」(2012), 한울아카데미(임원선 옮김, 2013) 287면(옮긴이의 말); 나아가 저작권 등록에 대한 법적 효력은 입법정책의 문제라고 할 것이고(예컨대, 미국은 외국 저작물과 달리 자국 저작물에 대하여는 침해소송 제기의 요건으로 등록을 요구하고 있다), 많은 국가들은 점차 등록에 법적효과[우리나라의 경우 보호기간(제40조), 권리변동의 대항력(제54조),

무수한 저작권이 발생하게 되는데 이러한 차이는 논리적으로 특허권과 비교하여 권리의 행사요건에 많은 차이를 가져오게 하는데 이는 앞서 보았듯이 저작권이 '표현'만을 보호대상으로 하는 점과 소위 차단효가 없다는 점으로 특징 지워지고, 후술할 '의거성'의 입증문제가 불가피하게 요건사실로 되는 것이다.

즉 저작권법의 '창작성'과 특허법의 '신규성'(특허법 제29조 제1항 제1, 2호)의 차이를 설명하자면 양 개념은 얼핏 보아 아주 유사하지만, 중요한 차이가 있다. 즉 저작물성의 요건으로서 '창작성'은 "남의 것을 단순히 모방한 것이 아니고 작자 자신의 독자적인 사상 또는 감정의 표현을 담고 있음"을 의미하는 것으로서,[1-13] 베낀 것이 아닌데 우연히 같다면 저작권법에서는 창작성이 인정되어 저작물성을 갖추게 된다. 반면에 특허법에서는 일단 어떤 발명이 공개되어 있는 이상 그 사실을 알지 못한 채 우연히 같은 발명(아이디어)을 하였다고 하더라도 이에 특허권을 부여하지 않는다.[1-14]

그리고 특허법은 새로운 기술을 수용하기 위하여 '발명'이라는 개념에 의하여 보호되는 대상(subject matter)을 확대하여 나가지만[소위 영업방법(Business method)을 발명으로 인정하여 특허를 부여한 것이 대표적이다],

---

법정손해배상의 청구(제125조의2) 등에 영향을 주게 된다]를 부여하는 등 방법으로 적극적으로 등록을 유도하는 방향으로 변화하고 있는데 이는 고아저작물(Orphan Works, 저작권자를 알 수 없는 저작물을 의미하는데 한국에서의 고아저작물에 대한 이용은 저작권자를 찾기 위한 노력 후 법정 이용 허락을 신청할 수 있다)의 양산을 막고 저작물이 보다 효율적으로 이용될 수 있다는 면에서 긍정적이다.

1-13) 대법원 1995. 11. 14. 선고 94도2238 판결.

1-14) 조영선, 특허법(4판), 박영사(2013), 117면(이를 "특허법 고유의 법적 결단"이라고 한다); 지적 창작물을 보호한다는 점에서 공통점이 있는 양 법이 이 부분에서 왜 다른가? 베끼지 않았음에도 우연히 같은 것에 대해 창작성을 인정하는 저작권법과 신규성을 인정하지 않는 특허법의 차이는 바로 저작권법의 목적이 말하는 '문화'와 특허법의 목적이 말하는 '기술' 또는 '산업'에서 찾을 수 있다. 물론 저작권법에서도 '관련 산업'이라 하여 '문화산업'을 입법목적에 포함시킴으로써 '산업'을 언급하고 있지만, 이는 2009년 저작권법 개정 때 추가된 것으로서 그 이전에는 '문화의 향상발전'이라고만 되어 있었고 '관련 산업'이 추가되었다고 하더라도 본질이 달라질 것은 아니다. 그 산업은 '문화산업'을 염두에 둔 것으로서 기술을 다루는 특허법상의 '산업'과는 동일하다고 볼 수는 없기 때문이다.

저작권법은 정기적으로 기술적 발전을 수용하기 위하여 '권리의 다발'에 새로운 권리를 추가하는 방식(예컨대 전송권의 신설로 인터넷 저작권의 보호범위를 확장하였다)을 채택하고 있는 점도 상이하다.

그리고 앞서 보았듯이 특허법과 상표법은 모두 선량한 풍속에 어긋나거나 공공의 질서에 반하는 경우 권리부여를 거절하나 저작권의 경우 그러지 아니한바 이는 규율대상인 문화질서의 특징 그리고 표현의 자유와의 균형 등의 차이에 기인한다고 할 것이다.

나. 권리행사요건

특허권, 상표권과 저작권의 행사요건의 차이는 성립요건 중 '공개'여부와 논리적으로 밀접한 관계에 있음을 항시 염두에 두어야 할 것이며 이러한 점은 크게는 특허법, 저작권법, 상표법은 권리자가 정당하게 독점할 수 있는 범위에 관하여 다른 용어를 사용하고 있는 점까지 이어진다. 특허법에서는 '실시(實施)', 상표법에서는 '사용(使用)', 저작권법에서는 '이용(利用)'이 그것으로 이는 동일한 내용에 관하여 용어만 다른 것이 아니라 권리자에게 부여된 독점권의 범위가 다른 점을 반영한 결과이다.[1-15]

구체적으로 지식재산권을 침해당한 경우 구제책으로서의 금지청구권행사시 모두 침해자의 고의·과실을 요하지 않는 점은 공통되지만, 금지청구의 나머지 요건은 손해배상청구시의 요건과 같다. 그러므로 이하에서는 손해배상 청구를 중심으로 각 요건상의 차이를 살펴본다.

(1) 요건 1 (주관적 요건-'고의·과실')

1-15) 박준석, "특허권 등 지식재산권의 남용을 긍정한 우리판례들의 논리분석", 민사판례연구회 '지적재산권의 제 문제' 발표문 (2011. 8), 118면. 나아가 같은 면 각주 4)에서는 특허법과 상표법은 각 제2조에서 각 '실시' 및 '사용'을 개념정의(다만, 실시와 달리 사용은 실제의 구체적인 거래사정까지 고려하여야 하는 개념이어서 논란의 대상이 된다)하고 있으나 저작권법은 그러한 '이용' 개념정의 규정이 없는 바 이는 저작권법이 저작물의 '이용' 전부에 관하여 저작권자에게 독점시키기보다는 저작물의 표현의 구체적 전달방법(가령, 복제·전송 등)마다 개별적인 권리를 부여하고 있기 때문이라고 설명한다. 예컨대 어문저작물을 읽는 것 즉 '열독(熱讀)'과 같은 행위는 개별적 권리의 대상이 아니므로 저작권이 미치지 않게 되는 것이다.

특허권의 경우 침해자의 고의·과실을 요하는데, 과실을 추정하는 규정(제130조)을 두고 있다. 특허출원 후 출원공개 및 특허부여 후 공고를 하게 되므로 그러한 추정규정이 합리화될 수 있는 것으로 심사 공개를 규정하고 있는 고안, 디자인(실용신안법 제30조, 디자인보호법 제65조 제1항 본문)에도 마찬가지 이유로 같은 취지의 규정을 두고 있다.

다만, 상표권의 경우에는 그러한 추정규정이 없고, 다만 등록상표임을 표시한 타인의 상표권 등을 침해한 자는 그 침해행위에 대하여 고의가 있었던 것으로 추정하는 규정(상표법 제68조[1-16])을 두고 있을 뿐이다. 그런데 대법원은 최근 상표권 침해의 경우도 특허권 등과 공개 등의 면에서 다르게 취급할 이유가 없다는 논리로 침해행위에 대한 과실을 추정하는 판결을 내린 바 있다.[1-17]

그러나 저작권의 경우 앞서 본 바와 같이 무방식주의를 취하고 있어 한 국내의 어디에서 어떠한 내용의 권리가 발생하였는지 그 자체를 알 수 없는 것(즉 원칙적으로 공개가 되지 아니하고 후에 소송 등 권리행사시 비로소 대외적으로 존재가 공개되는 구조이다)이 통상적이므로 위와 같은 추정규정은 있을 수 없다. 그러나 최근 제125조 제4항을 신설하여 등록되어 있는 저작권, 배타적발행권, 출판권 등을 침해한 자는 그 침해행위에 과실이 있는 것으로 추정하고 있는데, 이는 등록을 매개로 한 것이므로 타당성이 있다.

(2) 요건 2 (객관적 요건－'유사성')

어느 지식재산권의 경우도 침해자가 동일하게 복제(소위 Dead Copy)한다면 침해 판단이 용이할 것이나 그에 이르지 않고 유사하게 침해한 경우

1-16) '등록상표임을 표시한 타인의 상표권 또는 전용사용권을 침해한 자는 그 침해행위에 대하여 그 상표가 이미 등록된 사실을 알았던 것으로 추정한다'고 규정하는데 상품에 부착된 등록상표를 보고도 그와 동일·유사한 침해제품을 제작한 경우 고의가 추정되어도 문제가 없을 것이다.

1-17) 대법원 2013. 7. 25. 선고 2013다21666 판결(상표권의 존재 및 그 내용은 상표공보 또는 상표등록원부 등에 의하여 공시되어 일반 공중도 통상의 주의를 기울이면 이를 알 수 있고, 타인의 특허권, 실용신안권, 디자인권을 침해한 자는 그 침해행위에 대하여 과실이 있는 것으로 추정되는데도 상표권을 침해한 자에 대하여만 이와 달리 보아야 할 합리적인 이유가 없으므로, 타인의 상표권을 침해한 자는 그 침해행위에 대하여 과실이 있는 것으로 추정되고 있다).

권리자 보호를 위하여 어느 정도까지를 침해로 보아야 할 것인지가 문제되는데 이는 지식재산권 보호를 위한 침해판단의 가장 중요하고도 어려운 요소가 아닐 수 없어 많은 논의가 이에 집중되어 왔다.[1-18]

이때의 각 유사성 판단은 각 지식재산권법에 따라 달리 표현되고 있는데, 우선 상표권의 경우 상표법 제66조 제1항 제1호에서 "타인의 등록상표와 동일한 상표를 그 지정상품과 유사한 상품에 사용하거나 타인의 등록상표와 유사한 상표를 그 지정상품과 동일 또는 유사한 상품에 사용하는 행위"를 침해로 보는 행위로 규정하여 동일한 상표 뿐 아니라 유사상표에도 그 효력이 미침을 법정하고 있다. 그러나 특허권의 경우 특허법에서 당해 특허발명과 유사한 내용의 발명에까지 특허권이 미친다는 명문의 규정이 없고 오히려 보호범위에 속하기 위해서는 피고 실시기술에 특허청구범위에 기재된 구성요소가 모두 포함되어야 하며〔이를 '구성요소완비의 원칙(All element rule)'이라 한다〕, 어느 하나라도 결여되어 있다면 원칙적으로 피고 실시기술은 특허발명의 보호범위에 속하지 않게 되는 것이 원칙이다. 그러나 단순히 한 가지 요소만의 대체로도 침해를 회피하게 된다면 부당하므로 권리자와 침해자의 이익균형을 위하여 소위 '균등론'이 등장하여 논의되고 있다.

저작권의 경우도 특허법과 마찬가지의 상황으로 볼 수 있되 다만, 보다 직접적으로 '실질적 유사성'이라는 개념을 이용하여 균등론과 유사한 역할을 담당시키고 있다. 그 실제적인 적용은 뒤에서 상술한다.

(3) 요건 3(객관적 요건－침해저작물의 '의거성')

저작권의 경우 다른 지식재산권과 달리 위의 요건에 더하여 '의거성'의 입증이 필요하다는 점을 주의하여야 한다.[1-19] 의거성은 주로 접근가능성이

1-18) 이는 매우 실무적인 문제로 이와 관련하여 정립된 이론적인 성과가 적지 않으나, 과연 이 이론들이 어떻게 적용되어야 하는가는 온전히 실무자들의 몫으로 남게 되어 본서의 상당부분을 이에 할애하게 될 것이다. 그리고 보호대상의 성격(기술, 문화 등)에 따라 구체적 판단방법은 구별되어야 하고 그런 면에서 균등론 등 용어상 구별이 나타난 것으로 보인다.

1-19) A가 창작한 줄 모르고 B가 동일 혹은 유사한 표현을 창작한 경우 B에게도 저작권이 부여되므로 A로서는 B가 만든 동일 혹은 유사한 표현이 나의 것에 '의거'한 것이라는 입증을 하여야 한다는 것이다. 반대로 아이디어 자체를 보호하는 특허, 상표는 어차피 선순위등록자만 보호되므로 의거성 입증은 불필요하다.

라는 사실관계의 인정문제로 실무상 다루어지나 뒤에서 상설하듯이 '현저한 유사성'이 있다면 추정되는 경우도 있다. 즉 공개되지 아니한 아주 특이한 저작물의 요소를 타인이 동일하게 표현하고 있고 우연에 의하여는 도저히 그런 일이 생길 수 없다면 경험상 의거성이 있다고 볼 수 있다는 것으로 요건 2의 영향력이 어느 정도까지 인정되느냐의 문제와도 깊게 연관된다.

Ⅲ. 저작권법적용의 실무상 유의점

1. 개 요

저작권 자체가 일상에 깊이 침투되어 있고, 또 법규정자체도 다른 법보다는 흥미로워 접근성이 좋지만, 이상에서 본 바와 같이 저작권은 그 연혁, 속성 등에서 다른 지식재산권과 구별되는 고유한 이론적 특성을 다수 보유하고 있다. 그리고 저작권침해 관련 민형사 소송의 급증에 따른 관련 분쟁실무를 다루다 보면 사실관계와 법률적용 모두 애매한 경우가 적지 않고, 특히 실질적 유사성 등을 판단하기 위하여 '표현'에 내재된 작성자 인식을 의도적으로 나누어 추측하고 평가하는 사실관계 확정 작업의 곤란성은 둘째치고라도 위와 같은 이론적 측면이 포함된 법률해석론도 표현의 자유, 재산권보장, 사생활의 자유, 죄형법정주의 등과 얽히면 난관에 부딪히기 일쑤이며, 최근 증가하는 디지털 쟁점이나 섭외적 쟁점이 포함되면 선례도 드문 경우가 많아 어려움이 가중되는 경우도 적지 않다.

그러므로 여기서는 우리는 저작권소송실무상 고려하여야 할 점을 살펴보고자 하는데, 아직 이론적 완성도가 두텁지 않아 다른 법의 영향을 받기 쉽지만 어느 법 역 보다 과학기술에 의한 영향을 많이 받고, 국제적으로 통일성을 띠어가는 저작권법 해석에 있어서 필요한 점을 짚어보는 것이 주요내용이 될 것이다.

2. 구체적 유의점

첫째, 저작권법은 우선 헌법 제22조 제2항에 주된 헌법적 근거를 두고 있는 것이므로 헌법합치적 법률해석[1-20]이 당연히 이루어져야 할 것인데 특히 특허권 등과 달리 저작권은 일상적으로 권리가 발생하므로 사생활의 자유(프라이버시), 표현의 자유, 재산권보장, 직업의 자유 등 다른 기본권과의 충돌문제에 주의를 하여야 한다.[1-21] 독일의 예이지만 프린터가 사적복제보상금의 대상이 되는 기기인지에 관하여 저작권법 관련규정을 해석함에 있어 연방대법원의 해석이 재산권으로서의 저작권의 본질적 내용침해인지가 다투어진 바 있다.[1-22]

1-20) 헌법 제103조의 규정과 같이 각급 법원이 재판과정에서 헌법합치적 법률해석을 하여야 할 권리와 의무가 있음은 당연하다. 따라서 어떤 법률에 다의적인 해석가능성이 있을 때 한가지 해석방법에 의하면 헌법에 위배되는 것처럼 보이더라도 다른 해석방법에 의하면 헌법에 합치되는 것으로 볼 수 있는 경우 헌법에 합치되는 해석방법을 택하여야 하며 이런 경우 헌법위반의 문제는 생기지 아니한다. 사법기관이 입법기관의 입법형성권을 존중하여야 함은 헌법합치적 법률해석의 헌법적 근거인 동시에 한계이므로 법원에서는 헌법합치적 법률해석을 한다는 명목으로 법률의 형식으로 표현된 입법자의 객관적 의사를 왜곡하거나 임의로 대체하여서는 아니되기 때문에, 법원이 해당 법률을 해석함에 있어서 문리적 한계, 법목적적 한계를 넘지 않도록 유의하여야 하고 각종 학설을 검토하는 과정에서도 무리한 해석론을 배제하여야 한다. 대법원 2006. 6. 22.자 2004스42 전원합의체 결정에서 대법관 김지형의 보충의견.

1-21) 저작권법 조항에 관하여는 지금까지 두 개의 헌법재판소의 결정이 내려졌다. 특수한 유형의 온라인서비스제공자에 대한 의무부과에 관한 제104조의 위헌성에 관한 결정(헌재 2011. 2. 24. 선고 2009헌바13 등 결정)과 소멸된 저작인접권을 회복시키는 저작권법 부칙 제4조 제2항의 위헌성에 관한 결정(헌재 2013. 11. 28. 선고 2012헌마770 결정)이 그것인데 결과적으로 모두 합헌으로 판단하였다. 전자에 관한 상세는 이규홍, “특수한 유형의 온라인서비스제공자에 부과된 필요한 조치의무 관련조항의 합헌성”, 계간 저작권 제94호(2011. 6) 여름호 참조(헌법재판소는 종국적으로 입법재량, 행정부의 전문성 등을 합헌성의 근거로 내세우고 있는데 저작권법의 특수성에 대한 세부적인 이해에 너무 소극적인 태도를 취한 것이 아닌가하는 아쉬움이 있다).

1-22) 독일 저작권법상 사적복제보상금과 관련하여 프린터제조업체가 보상의무를 지는지에 관하여 독일 연방대법원은 2007. 12. 6. 원심을 파기하면서 이를 부정하였

헌법이 예외적으로 인정한 '자유로운 공적 정보 유통에 대한 개인에 의한 통제권'으로서의 지적재산권의 보호범위를 어디까지 인정하여야 할 것인지에 관한 논의는 '저작권 쟁점은 당위가 아닌 균형의 문제'라는 말과 다름이 아닐 것이다. 이러한 균형성의 문제는 법실무자들에 의하여는 우선, 저작물이 되려면 요구되는 창작성의 정도에 관한 논의(저작권법의 보호대상인지 여부)에서 시작되어야 할 것이지만[1-23] 이 점은 저작권의 제한과 한계 설정 및 그 해석에 이르면 더욱 중요하게 된다. 이는 과연 저작권의 사회적 기속성(내재적 한계)에 따른 보상이 필요한 제한인지 여부를 판단하여야 하는 것으로 물론 입법단계에서 근본적 논의가 이루어질 문제이기는 하지만, 특히 구체적인 시행령, 시행규칙의 해석에 있어서 법원은 위헌위법성 여부를 판단[1-24]하여야 할 경우가 있을 것이므로 실질적으로 논의의 실익은 적지 않다고 본다.[1-25]

다. 즉 제록스 복제와 달리 PC와 프린터의 결합에 의하여 이루어지는 인쇄는 복제에 해당하지 않는다고 설시한 것인데 독일 연방헌법재판소는 2010. 8. 30. 독일기본법상의 재산권조항 등을 근거로 재산권의 본질적 내용을 침해한 것이라며 이를 파기하였고 그 후 파기환송심에서의 요청에 의한 EU 사법재판소의 판단도 그와 동일하였다. 박희영, 저작권동향 제14호(2013. 7. 18) 참조; 나아가 최근 덴마크 동부고등법원이 EU 사법재판소에 선결적 판결을 요청한 휴대폰 메모리 카드와 같은 복합 기능 매체도 사적 복제 보상금의 부과 대상인지에 관하여 2015. 3. 5. 사법재판소는 부과대상이라고 판시한바 있다. 박경신, 저작권동향 2015년 제2호(2015. 3. 20).

1-23) 창작성은 추상적 개념으로 법원의 구체적 형성과정이 필요한 것이다. 창작성의 정도를 높게 잡으면 저작권주장자에게 불리하나 사회로서는 공유영역이 넓어지는 점이 있고 반대의 경우는 그 역의 효과가 나타나게 될 것이다. 이러한 점은 예컨대 음란성에 대한 사회의 인식 및 이를 반영하려고 노력한 법원의 판단에 따라 많은 문예작품들의 운명이 그 당시 결정되었지만 이후 새롭게 평가된 것이 많다(차탈레부인의 사랑, 고야의 그림 등)는 점에서 볼 수 있는 법원의 역할과 유사한 구조라고 생각한다.

1-24) 예컨대 이미 발표된 저작물을 공공의 목적을 위하여 학교의 교과서 등에 발췌, 수록하는 등 이용하는 것에 관하여 이를 저작권침해라고 볼 수 없어도, 만일 저작자가 이 경우 일정한 대가를 요구하는 것을 금지하는 방식으로 입법형성을 한다면 이는 사회기속성을 구체화하기 위한 입법형성권행사가 그 한계를 벗어난 것으로 볼 여지가 있고, 역으로 시행령을 통하여 저작권자에게 너무 많은 대가를 지급하게 한다 하여도 이 역시 위와 같은 결과로 될 수 있는 것이다. 법률의 위헌성은 헌법재판소에서, 시행령 이하의 위헌위법문제는 법원에서 판단하게 된다.

둘째, 저작권법의 목적에 따른 해석방법이다. 저작권법은 '저작자의 권리와 이에 인접하는 권리를 보호하고 저작물의 공정한 이용을 도모함으로써 문화의 향상발전에 이바지함을 목적으로 하는' 법(2009년 산업화의 시류를 반영하여 "문화 및 관련 산업의 향상발전"으로 개정되었다)으로, 소위 문화 관련 기본법으로 기능하여 왔는데 그럼에도 많은 경우 권리자들은 저작권법이 '저작권자를 보호하는 법'으로 한정하여 생각하는 경향이 있음을 주의하여야 한다. 즉, 저작권은 소유권과 달리 권리목적이 존재한다는 점[1-26]을 늘 염두에 두어야 할 것으로, 크게는 저작권의 강화로 표현의 자유가 위축되고 정보의 원활한 유통을 전제로 하는 민주주의에 지장을 초래할 수 있다는 취지의 주장[1-27]이 환기하는 것처럼 해석자는 어려운 쟁점에 부딪힌 경우 저작권제도의 존재이유로 돌아가 구체적 방안을 모색하여야 할 것이다.

셋째, 저작권의 권리생성구조에 대한 이해이다. 특허권과 달리 저작권은 '권리의 다발'로 구성되고 그에 새로운 권리(지분권)를 추가하는 방식으로 진화가 되는 과정에 있음은 앞서 본 바와 같으므로 구체적 소송에서는 무슨 권리(지분권)를 주장하는 것인지(복제권, 전송권 등 침해된 구체적인 지분권 적시 없이 막연히 '저작권침해'로 인한 손해배상청구라고 주장하는 것은 부적절하다)를 분명히 하여야 할 것으로 그래야만 저작권의 제한규정 적용여부도 명확히 될 수 있는 것이다.[1-28]

1-25) 이와 관련된 독일의 자갈채취 판결(1981, BVerfGE 58, 300) 등 상세는 김현경, "헌법상 재산권 보장과 저작재산권 제한규정의 정합성에 관한 연구", 계간 저작권 제102호(2013 여름) 127면 이하 참조(재산권제한에 관한 독일과 한국의 이론 등에 근거하여 현행 저작재산권 제한 규정의 위헌소지에 관하여 논의하면서 저작권제한에 관한 보상금 인정기준이 매우 혼란스러움을 지적하고 있다); 이하의 논의들도 궁극적으로는 헌법문제로 환원될 수 있는 것이기는 하나 '모든 법의 헌법화'의 부당성에 대한 지적에서 보듯이 헌법이 허여한 범위 내에서 이루어지는 각 입법적 혹은 해석상의 쟁점은 각 법 고유의 영역이라는 것이 명확하다.

1-26) 오승한, "특허·저작권 남용의 본질 및 근거와 독점규제법 위반행위와의 구분", 산업재산권 제33호(2010) 173면에서는 특허·저작권 제도는 단순한 개인의 권리보호 차원이 아니라 국민경제의 발전이라는 사회경제적 공익목적에서 비롯된 것으로 특허·저작권은 "공익에 근거한 제한적 사권"이라고 하고 있다.

1-27) Neil Weinstock Netanel, Copyright's Paradox, Oxford University Press(2008).

1-28) 예컨대 사적이용은 복제권에만 적용되고 전송권에는 적용되지 않는다.

넷째, 다른 법률, 특히 민·형법 등 기본법의 도움 혹은 개입이 해석상 불가피하다는 점이다. 저작권법이라는 재산권(사권)은 기본적으로 민법의 영향 하에 있다.[1-29]

이는 저작권법상의 손해배상 규정들이 민법상 불법행위의 특칙으로 이해되는 것처럼 거의 대부분의 저작권법 규정해석은 민법의 이해 하에 이루어질 필요가 있는 것이고 특히 최근에는 아예 민법상 불법행위라는 (예비적) 청구원인이 첨가되는 경우가 많아 논의의 진지성이 더욱 증가하였다. 또한, 우리나라는 특이하게 형사적 제재가 발달된 점에서 형법 관련 논의의 실익이 상당하고 구체적으로는 죄형법정주의 등 여러 면에서 검토의 필요성이 제기되고 있다.[1-30] 나아가 공정거래법과의 관계도, 최근 메가스터디 사건[1-31]에서 보듯이 거의 직접적인 적용사례가 나타나는 등 향후 쟁점화될 것으로 보인다.[1-32]

1-29) 박준석, "한국 지적재산권법과 다른 법률들과의 관계", 법조 687호(2013. 12) 5면에서는 "어머니 민법은 타당한 해석론을 제공해줄 뿐 아니라 현실의 연구인력 공급원이기도 하다. 자녀들 중 특히 저작권법이 어머니와 친숙하다… 하지만 법정손해배상 제도의 도입이나 퍼블리시티권의 영역 논란에서처럼 어머니에 대한 반발도 존재한다."라고 한다.

1-30) 대표적으로 저작권법 제124조 제1항 제3호 "3. 프로그램의 저작권을 침해하여 만들어진 프로그램의 복제물(제1호에 따른 수입 물건을 포함한다)을 그 사실을 알면서 취득한 자가 이를 업무상 이용하는 행위"를 침해로 간주하고 형사처벌까지 하는 조항에 대한 비판이 있다. 이에 관하여는 이를 삭제하는 개정안이 존재한 적이 있는데 침해로 보아 민사책임을 부과하는 것은 논외로 치더라도 나아가 형사처벌까지 한다는 것은 과도하다는 것이 사유이다. 이러한 점은 특허법 제127조의 간접침해의 경우 제225조의 침해죄에 해당하는지에 관하여 논의가 되고 있는 점과 상통하는데 죄형법정주의에 반하는 확장해석이라는 견해가 유력하고 또 대법원 판례(대법원 1993. 2. 23. 선고 92도3350 판결)이기도 하다. 상세한 논의는 이규홍, "컴퓨터프로그램저작권 침해소송에서의 몇가지 쟁점 －침해간주 규정 및 손해배상액 산정 방식을 중심으로", 엔터테인먼트법학 제3호(2015. 3), 36면 이하 참조.

1-31) 서울중앙지방법원 2011. 9. 8.자 2011카합683 결정, 같은 날 2011카합709 결정. 2011카합683 결정에 대한 항고심(서울고등법원 2012. 1. 10.자 2011라1498 결정)은 항고기각으로 확정되었지만, 2011카합709 결정에 대한 항고심(서울고등법원 2012. 4. 4.자 2011라1456 결정)에서는 피신청인의 권리남용항변은 배척하고 단지 보전의 필요성이 없다는 이유로 가처분 신청을 기각하였고 확정되었다.

1-32) 관련논의는 이규홍, "지식재산권의 부당행사 규제에 관한 연구(상)(하)", 저스티

다섯째, 외국법의 참조 필요성이다. 저작권법은 미국의 디지털 밀레니엄 저작권법(DMCA, Digital Millennium Copyright Act of 1998)[1-33]을 중심으로 FTA 등을 통하여 유럽을 포함하여 세계적인 통일이 이루어지는 경향이 강한 분야임에 큰 이의가 없다. 이는 각국마다 문화적 차이가 커서[1-34] 비교적 고유성을 갖던 저작권분야가 인터넷을 통하여 하나의 망으로 연결되기 시작하면서 범세계적 저작권침해 등을 겪게 된 것이 큰 계기가 된 것으로 특히 온라인서비스제공자(OSP), 기술적 보호조치, 공정사용 조항 등 인터넷과 직접 관련된 부분은 더욱 그 규정상 유사도가 커졌고 섭외적 문제도 많이 논의되게 되었다.

결국 과거 대륙법계의 자연권 전통을 초기에 도입한 우리나라 저작권법과 실무계는 최근 미국법으로 대변되는 공리주의 전통을 수용하여 그 해석에 주의를 기울여야 할 시기임을 유의하여야 할 것이다.

여섯째, 과학기술에 대한 이해 필요성이다.[1-35] 기존의 기술이 위법한 침해기술로 최종판단될 경우 사업자들은 회피기술을 만드는 유혹에 빠지기 쉽다. 대표적인 것이 미국의 그록스터(Grokster) 사건으로 이전의 냅스터(Napster) 사건에서 지적된 침해의 요소들에 관하여 회피기술을 통하여 침해성을 극복한 것으로 보였고 이는 항소심까지 유지되었는데 연방대법원은

스 통권 제139, 140호(2013. 12/2014. 1) 참조.

1-33) 미국 저작권법의 개략적 역사에 관하여는 윤종수, "저작권법 개혁에 관한 미국의 논의", 계간 저작권 2015 봄호, 98면 이하 참조.

1-34) 서로 다른 역사적 전통과 배경을 갖는 동양과 서양의 제 국가들은 지적창작물, 저작물의 교역에 있어서 매우 다른 입장 차이를 보이고 있는데, 이는 저작권과 관련된 각종 국제조약의 체결과 기구의 설립에도 불구하고 좁혀지지 않고 있었다. 최근 나라별 자유무역협정(Free Trade Agreement, FTA)이 많이 체결되고 있는데, 한미FTA에서 저작권 분야가 협상 종료시까지 미타결 쟁점이 가장 많았던 분과의 하나였다는 것이 이를 뒷받침한다 할 것이다. 남형두, "스크린쿼터 축소 경제적 실익 있나", 동아일보 2006. 2. 28.자 토론마당 칼럼.

1-35) 사실 이 부분은 존 로버츠 미연방대법원장이 2008년 캔사스 대학에서 받은 '향후 25년간 대법원이 직면할 가장 큰 도전이 무엇인가'라는 질문에 대하여 '과학기술의 진보가 가져온 세상의 변화를 어떻게 다룰 것인가'라고 대답한 점에서 알 수 있듯이 비단 저작권만의 문제가 아닌, 예컨대 해킹, 개인정보보호 등 법실무 전반에 걸친 화두이기도 하다.

예상치 못한 '유도이론(inducement theory)'를 들어 침해를 인정한 바 있다. 특히 최근 에어리오(Aereo) 사건[1-36]도 유사한 면이 있는데, 대규모 사업에서 이용되는 회피기술은 그 본질에 관한 정확한 이해가 필요하고, 이 과정은 기존의 사실관계 확정에서는 볼 수 없던, 마치 특허사건에서의 기술심리와 같은 양상으로 전개되는 것이 요즘의 특징이다.[1-37] 그러나 실무자들은 그 본질은 여전히 사실관계 인정이고 그에 대한 법적판단이 주된 과제임을 잊지 말고 기술에 현혹되는 일이 있어서는 아니 될 것이되, 기술의 정당한 평가도 늘 고민하여야한다는 점에서 어려움이 있을 수밖에 없을 것이다.[1-38]

이상에서 보았듯이 현대사회에서의 저작권소송은 그 첫인상과 달리 심리(審理)의 양과 질에서 다른 어느 분야의 복잡한 소송에 못지않다. 인간의 문화적 창조활동에 관하여 저작권제도가 도입된 것은 자연권론에 의하건 유인론에 의하건 창작의 어려움을 인정하고 그럼에도 좀 더 많은 사람들이 창작활동에 참여하여 다양한 저작물이 세상에 나오도록 함으로써 인류문화의 융성을 유지하기 위한 효율적 차선책이라고 생각한다. 그 논리대로라면 저작권을 너무 적게 보호하면 창작을 위한 인센티브가 당연히 감소될 것이지만, 지나치게 보호하면 창작을 위한 원재료에 대한 독점을 낳게 되어 오히려 창작이 어려워 질 수 있다는 점도 간과하여서는 아니 될 것이다.[1-39]

1-36) 그록스터 사건과 그 이전의 P2P쟁점에 관하여는 박준석, 인터넷서비스제공자의 책임 : 저작권자와 디지털 복제기술공급자의 충돌과 조화, 박영사(2006) 참조, 에어리오 사건에 관한 개략적 설명은 최승수, 에어리오 판결의 저작권적 의미, 저작권문화 240호(2014. 8) 26-27면 참조.

1-37) 일본은 과학기술적 지식이 필요한 사건들을 지적재산고등재판소의 전속관할로 하고 있는데 여기에는 특허권·실용신안권·회로배치이용권 뿐 아니라 '프로그램저작권(다만 프로그램 저작권자의 권리에 관한 사건에 한함)'도 포함되어 있다. 제2장에서 설명하는 한국에서의 2016. 1. 1.부터의 관할변경 논의시 일본을 따르자는 주장도 있었으나 반영되지 아니하였다.

1-38) 디지털 저작권 문제는 기존의 아날로그시대의 저작권법이 예정한 적용태양과 질적 차이가 나는 부분(예컨대, 기술적 보호조치 조항의 신설 및 적용)이 있고 그 성질상 별도의 설명이 필요할 수도 있어 기존의 설명에 편입되는 것이 자연스러운 부분 이외의 것은 별도의 장(제9, 10장)을 두어 설명하기로 한다.

1-39) Cardtoons, L.C. v. Major League Baseball Players Ass'n, 95 F.3d 959, 976 (1996).

즉 다른 말로, 논어(술이편)에 나오는 "술이부작(述而不作)"이라는 구절을 옛 유산에 대한 찬사(옛것을 익혀 전할 뿐 창작하지는 않는다)라고만 볼 것이 아니라 뛰어난 창작물은 문화적 전통아래에서만 만들어질 수 있다는 의미로 이해한다면, 결국 창작의 인센티브로 충분한 정도의 보호와 저작물의 이용을 합리적으로 가능하게 해주는 정도의 보호를 앞서 본 6가지 방법에 따른 해석으로 '균형잡기'할 필요가 있고 그런 목적에 적합하게 법률해석 및 적용을 하는 것이 저작권법의 목적을 달성하기 위한 사법실무자들의 과제라고 할 수 있다.

Ⅳ. 본서의 구성

저작권자 등은 배타적 권리에 기하여 자신의 권리를 직접 또는 간접으로 침해하는 자에 대하여 침해의 제거·예방을 청구하거나 손해배상 또는 명예회복을 위한 조치 및 부당이득반환을 청구하는 등의 방법으로 권리를 행사할 수 있다. 이 책은 저작권 등에 관한 다양한 구제책 중 주로 침해소송을 염두에 두고 집필되었는데, 이론적인 설명은 기존의 다른 훌륭한 저서에서 잘 정리되어 있으므로 그에 맡기고 저작권법이 적용된 하급심을 포함한 대한민국[1-40]의 민·형사판결(결정)을 분석하여 그 이해를 높이고자 하는 것으로 목적으로 한다. 그러한 목적 하에서 제2장에서는 저작권침해소송의 관할 등 개요를 살펴보고, 제3장에서는 침해의 전제가 되는 저작권의 보호대상인 저작물에 대하여 판결의 태도를 분석하며, 제4장에서는 저작자의 개념에 대하여 본격적으로 논의하여 보고, 제5장에서는 저작권법이 보호하는 권리에 관한 법원의 인정기준을 살펴보며, 제6장에서는 저작권의 침해에 관하여 기존의 판례를 구체적으로 분석한다. 이어 제7장에서는 권리자(원고)의 소송상 공격방법에 관한 판례를 보고, 제8장에서는 권리자의 공격에 대한 상대

1-40) 이미 우리의 판결들도 외국에서 논의된 많은 쟁점들을 포함하여 설시되고 있고, 오히려 새로운 이론이 판시된 경우까지 있으므로, 외국의 판결례는 우리 판결을 이해하기 위하여 필요한 최소한도만 예외적으로 설명하고 원칙적으로는 기존의 교과서에 미루기로 한다.

방의 방어수단(항변)을 살펴보며, 제9장에서는 디지털 저작물의 침해와 보호(앞서 부분적으로 설명된 부분은 제외)를 종합적으로 살펴보고, 마지막으로 제10장에서는 디지털 저작물 관련 문제이나 독자적인 비중과 중요성을 점하고 있는 온라인서비스제공자들의 책임에 관한 판결들을 살펴본다.

제2장 저작권침해소송의 개요

Ⅰ. 저작권침해 민사소송

1. 관 할

민사소송은 해당 소송에 대하여 관할이 있는 법원에서 재판한다. 관할은 직권조사사항이므로 당사자의 주장에 구애되지 않고 법원이 직권으로 조사하여 판단하게 된다.

가. 사물관할

침해행위의 정지 등 청구소송은 지방법원 및 지방법원지원의 합의부의 관할에 속한다(민사소송 등 인지법 제2조 제4항).

손해배상청구소송은 소가가 2억 원[2-1)]을 초과하는 경우에는 지방법원 및 지방법원지원의 합의부의 관할에 속하고, 2억 원 이하인 경우에는 단독판사의 관할에 속한다(민사 및 가사소송의 사물관할에 관한 규칙 제2조). 그러므로 실무상 침해행위정지 등 청구가 포함된 경우 손해배상액의 소가가 설사 2억 원 이하이더라도 합의부 관할에 속하게 됨을 유의하여야 한다.

2-1) 2015년 사물관할 관련규칙의 개정으로 종전의 1억 원에서 2억 원으로 확대하여 단독판사의 사물관할을 넓히되 소가 1억 원과 2억 원 사이의 사건은 고액단독으로 불리는 부장판사가 담당하는 단독재판부에서 처리하고 있다. 고액사건의 항소심은 지방법원 항소부가 아닌 고등법원인 점에서 차이가 있다.

나. 토지관할

일반 민사소송과 마찬가지로 피고의 보통재판적(주소, 거소 또는 영업소) 소재지의 법원의 관할에 속한다. 손해배상청구소송의 경우 의무이행지의 특별재판적 규정(민사소송법 제8조)에 따라 채권자인 원고의 주소 또는 영업소 소재지 법원의 관할이 인정되며, 불법행위지의 특별재판적(민사소송법 제18조 제1항) 규정에 따라 불법행위지 법원의 관할 또한 인정된다.

특히 민사소송법 제24조는 지적재산권에 관한 소를 제기하는 경우 보통재판적 또는 특별재판적 규정에 따른 관할법원 소재지를 관할하는 고등법원이 있는 곳의 지방법원(서울지역은 서울중앙지방법원으로 한정)에 제기할 수 있다고 규정하여 저작권을 포함한 지적재산권에 관한 소송에 있어서 전문재판부가 설치된 법원에 소를 제기할 수 있는 길을 열어두고 있다. 예를 들어 인천에 거주하는 원고가 충주에 거주하는 피고를 상대로 금전의 지급을 구하는 저작권 침해의 소를 제기하는 경우 통상의 관할법원은 피고의 보통재판적 소재지인 청주지방법원 충주지원과 의무이행지인 인천지방법원이 되는데, 위 규정에 의해 충주를 관할하는 고등법원의 소재지인 대전지방법원과 인천을 관할하는 고등법원의 소재지인 서울중앙지방법원[2-2]도 중첩적으로 관할권을 가지게 된다.[2-3]

2. 소가의 산정

저작권 침해를 이유로 한 손해배상청구소송의 경우 금전지급 청구소송에 해당하므로 청구금액이 소송목적의 값(소가)이 된다. 지식재산권 침해행위의

2-2) 참고로 민사소송법, 법원조직법 일부개정으로 2016. 1. 1.부터 지식재산권 침해소송에 대한 관할법원이 일부 변경되었는데, 통상 산업재산권으로 지칭되는 '특허권, 실용신안권, 디자인권, 상표권, 품종보호권(이하, '특허권 등')'과 저작권 등 '특허권 등을 제외한 지식재산권'으로 구별하고, '특허권 등'에 관한 소를 제기하는 경우에는 고등법원 소재지 지방법원 전속관할(서울지역은 서울중앙지방법원으로 한정)로 하고 그 항소심은 특허법원의 전속관할로 하는 내용이다. 지식재산권 침해소송의 전문화 고양 등 상당한 변화가 있을 것으로 보이지만 저작권은 '특허권 등을 제외한 지식재산권'에 해당하므로 위 개정으로 영향을 받지 아니한다.

2-3) 민사소송법 개정내용 해설, 법원행정처(2002), 16면.

금지·정지 등 청구소송의 경우에는 소가를 산출할 수 없는 소송으로 보아 소가를 1억 원으로 한다(민사소송 등 인지규칙 제18조, 제18조의2 단서). 법 제127조에 따라 명예회복을 위하여 필요한 조치 등을 청구하는 경우에도 실무상 소가를 5,000만 원으로 보고 있다(민사소송 등 인지규칙 제14조).[2-4]

수 개의 저작권이 침해되었다고 주장하며 침해행위 금지정지 등을 청구하거나 하나의 저작권에 관하여 수인을 상대로 침해행위 금지정지 등을 청구하는 경우, 실무례는 '침해되었다고 주장하는 저작권의 개수'를 기준으로 소가를 산정하고 있다. 즉 2개의 저작권에 기하여 1인의 침해자를 상대로 금지청구를 구하는 경우에는 저작권의 수가 2개이므로 소가는 1억 원(=5,000만 원 X2)이고, 1개의 저작권에 기하여 2인의 침해자를 상대로 금지청구를 하는 경우 소가는 5,000만 원이 된다.

손해배상청구와 침해행위 금지정지 등 청구를 병합하여 제기하는 경우에는 각 청구가 독립된 경제적 이익을 갖는 청구에 해당하는 것으로 보아 손해배상청구의 소가(즉, 청구금액)와 금지, 정지 등 청구의 소가를 합산하여 산정한다. 이에 더하여 명예 또는 신용회복청구를 병합하여 구하는 경우에도 위 각 청구의 소가와 명예회복청구의 소가(즉, 5,000만 원)를 합산하여 소가를 정한다. 예를 들어, 1개의 저작권 침해를 이유로 금지청구와 1억 원의 손해배상청구 및 명예회복조치청구를 병합하여 구하는 경우 그 소송의 소가는 2억 5천만 원(=금지청구의 소가 1억 원+손해배상청구의 소가 1억 원+명예회복조치청구의 소가 5,000만 원)이 된다.[2-5]

3. 국제재판관할과 준거법

당사자가 외국인 또는 외국법인이거나 침해행위지, 침해제품 등 소재지가 외국인 경우 등 외국적 요소가 있는 소송에 있어서, 이를 대한민국 법원에서

2-4) 한편, 특허법 제131조의 신용회복에 필요한 경우는 위 규칙 제18조에 따라 소가를 1억 원으로 보고 있다.

2-5) 앞서 보았듯이 실무상 침해행위정지 등 청구가 포함된 경우에는 손해배상액의 소가가 설사 2억 원 이하이더라도 이에 무관하게 합의부 관할에 속하게 됨을 유의하여야 한다.

재판할 수 있는지(국제재판관할), 관할이 인정될 경우 어느 나라의 법을 적용하여 재판할 것인지(준거법)가 문제된다.

가. 국제재판관할

국제사법 제2조는, "법원은 당사자 또는 분쟁이 된 사안이 대한민국과 실질적 관련이 있는 경우에 국제재판관할권을 가진다. 이 경우 법원은 실질적 관련의 유무를 판단함에 있어 국제재판관할 배분의 이념에 부합하는 합리적인 원칙에 따라야 한다"(제1항), "법원은 국내법의 관할 규정을 참작하여 국제재판관할권의 유무를 판단하되, 제1항의 규정의 취지에 비추어 국제재판관할의 특수성을 충분히 고려하여야 한다"(제2항)고 정하고 있다. 여기서 '실질적 관련'이라 함은 우리나라 법원이 재판관할권을 행사하는 것을 정당화할 수 있을 정도로 당사자 또는 분쟁의 대상이 우리나라와 관련성을 갖는 것을 말하고, 그 인정 여부는 법원이 구체적인 개별 사건마다 종합적인 사정을 고려하여 판단하여야 한다.[2-6]

대법원은 국제재판관할을 결정함에 있어서,

> 『당사자 간의 공평, 재판의 적정, 신속 및 경제를 기한다는 기본이념에 따라야 하고, 구체적으로는 소송당사자들의 공평, 편의 그리고 예측가능성과 같은 개인적인 이익뿐만 아니라 재판의 적정, 신속, 효율 및 판결의 실효성 등과 같은 법원 내지 국가의 이익도 함께 고려하여야 하며, 이러한 다양한 이익 중 어떠한 이익을 보호할 필요가 있을지 여부는 개별 사건에서 법정지와 당사자와의 실질적 관련성 및 법정지와 분쟁이 된 사안과의 실질적 관련성을 객관적인 기준으로 삼아 합리적으로 판단하여야 한다』

고 판시하고 있다.[2-7]

1) 링시나리오 사건[2-8]

<사안의 개요>

원고는 영화 시나리오 작가로서 1999. 10.경 '기호를 읽어라'라는 제목의 시

2-6) 석광현, "인터넷과 국제재판관할", 인터넷법연구 2호(2003. 4), 438면.

2-7) 대법원 2005. 1. 27. 선고 2002다59788 판결, 대법원 2013. 7. 12. 선고 2006다17553 판결.

2-8) 서울중앙지방법원 2005. 6. 22. 선고 2003가합87723 판결(확정).

나리오(이하 '이 사건 시나리오')를 창작하여 영어로 번역한 후 2001. 1. 30.경 미합중국 소재 회사인 피고 드림웍스와 그 설립자들인 소외 스티븐 스필버그(Steven Spielberg), 위 제프리 카젠버그(Jeffrey Katzenberg), 위 데이비드 게펜(David Geffen)에게 각 발송하였다. 피고 드림웍스는 2001. 3.경 일본 영화 링구(リング, 이하 '원작 영화')를 각색하여 영화감독인 고어 버번스키(Gore Verbinski)로 하여금 영화 '더 링'(The Ring, 이하 '이 사건 영화')를 제작하였으며, 피고 (주)◇◇가 피고 드림웍스로부터 상영권을 부여받아 2003. 1. 10.부터 이 사건 영화를 국내에서 상영하였다. 원고는 피고들이 이 사건 시나리오에 대한 원고의 저작권을 침해하였다고 주장하며 침해금지 등 청구소송을 제기하였는데, 국제재판관할여부가 쟁점으로 되었다.

<법원의 판단>

「피고 드림웍스가 원고의 허락없이 이 사건 시나리오에 의거하여 이 사건 영화를 제작하고, 미국, 캐나다, 일본, 대한민국에 배포하여 상영하였음을 이유로 그 침해의 정지 및 손해배상을 구하는 이 사건에 있어서, 원고의 피고 드림웍스에 대한 이 사건 청구 또는 피고 드림웍스가 대한민국과 실질적 관련이 있어 피고 드림웍스가 대한민국 법원에 제소될 수 있다고 합리적으로 예견할 수 있었다면 대한민국 법원에 국제재판관할이 인정된다고 할 것이다.

그러므로 먼저 이 사건 청구 중 국내에서의 저작권침해에 관한 청구부분과 대한민국의 실질적 관련 여부에 관하여 살피건대, 피고 드림웍스가 원고의 허락없이 이 사건 시나리오에 의거하여 이 사건 영화를 제작하여 대한민국에 배포, 상영하였다면 원고의 저작권 침해의 결과발생지는 대한민국이라고 할 것이므로 이 부분 청구는 대한민국과 실질적 관련이 있고, 다음으로 외국에서의 저작권침해에 관한 청구부분과 대한민국의 실질적 관련 여부에 관하여 살피건대 위 부분도 피고 드림웍스가 미국에서 이 사건 시나리오에 의거하여 이 사건 영화를 제작하여 미국, 캐나다, 일본에 배포, 상영하였다는 사실관계를 기초로 하고 있고, 그 쟁점 또한 이 사건 영화가 이 사건 시나리오의 저작권을 침해하였는지 여부로서 위 청구부분은 국내에서의 저작권침해에 관한 청구부분과 그 사실관계 및 쟁점이 동일하다고 할 것인바, 외국에서의 저작권침해에 관한 청구부분도 대한민국과 실질적 관련이 있다고 할 것이어서 대한민국에서 위 두 청구부분 모두에 대하여 재판을 함이 당사자의 편의, 재판의 적정, 신속한 진행, 분쟁의 1회적 해결이라는 측면에서 바람직하다고 할 것이므로 결국 원고의 피고 드림웍스에 대한 이 사건 청구는 대한민국과 실질적인 관련이 있다고 할 것이다.

나아가 피고 드림웍스와 대한민국의 실질적 관련 여부에 관하여 살피건대, …소외 ○○주식회사는 피고 (주)◇◇의 주식을 37.04% 보유하고 있고, 소외 ○○주식회사는 1995. 위 스티븐 스필버그(Steven Spielberg), 위 제프리 카젠버그(Jeffrey Katzenberg), 위 데이비드 게펜(David Geffen)과 공동으로 피고 드림웍스를 설립하여 2001. 12. 10. 현재 피고 드림웍스의 지분을 13% 보유하고 있는 사실, 피고 드림웍스는 미국의 영화배급사 중 5위 안에 드는 대형 배급사로 '라이언일병구하기', '슈렉' 등을 제작, 배급한 사실, 피고 드림웍스는 1995.경 피고 (주)◇◇에게 일본을 제외한 아시아 시장의 영화 배급권 등을 독점적으로 부여하였고, 피고 (주)◇◇는 그 이후 피고 드림웍스로부터 연 4~5편의 영화를 제공받아 국내에 상영해 온 사실, 대한민국의 영화시장은 세계 10위 수준으로 미국에 비해서는 1/16.93, 일본에 비해서는 1/1.85에 불과하지만 캐나다보다는 큰 시장인 사실, 피고 드림웍스는 영화의 광고비, 홍보비, 배급관련 제반비용을 직접 부담하고, 피고 (주)◇◇로부터 영화 상영 등으로 발생한 총수입에서 비용을 차감한 후 8~13%의 배급수수료를 지급받아 온 사실을 인정할 수 있는바, 위 인정사실에 현재 대부분의 상업적 영화는 그 제작단계에서부터 막대한 비용이 소요되므로 영화제작사는 전 세계 영화시장을 목표로 하지 않을 수 없고 영화제작사로서도 안정적인 수입확보를 위하여 각 국의 영화배급사와 일정한 제휴관계를 맺지 않을 수 없다는 점, 피고 드림웍스는 미국 영화계의 유명인사인 위 스티븐 스필버그(Steven Spielberg), 위 제프리 카젠버그(Jeffrey Katzenberg), 위 데이비드 게펜(David Geffen)이 공동으로 설립하여 전 세계에 걸친 영업활동을 통하여 이익을 얻고 있는 점 등을 종합하여 보면 피고 드림웍스가 대한민국 법원에서 제소될 수 있다고 합리적으로 예견할 수 있었다고 할 것이므로 피고 드림웍스는 대한민국과 실질적인 관련이 있다고 할 것이다.

이에 대하여 피고 드림웍스는, 이 사건 소 중 국내에서의 저작권침해에 관한 청구부분에 대한 대한민국 법원의 국제재판관할이 인정된다고 하더라도 외국에서의 저작권침해에 관한 청구부분에 대한 대한민국 법원의 국제재판관할은 인정될 수 없다는 취지로 주장하므로 살피건대, 오늘날 교통, 통신의 발달로 인하여 불법행위의 태양이 다양해지고 그 침해행위지와 결과발생지가 광역화되고 있으므로 국제적인 성격을 갖는 불법행위에 있어 그 침해 행위지와 결과발생지 모두에 국제재판관할을 제한없이 인정함은 행위자에게 가혹한 결과가 되어 국제재판관할배분의 원칙에 반할 가능성이 있으므로 그 제한의 필요성은 인정되나, 이 사건의 경우 위에서 본 바와 같이 원고의 피고 드림웍스에 대한 이 사건 청구 및 피고 드림웍스는 대한민국과 실질적 관련이 있어 피고 드림웍스가 대한민국 법원에 제소될 수 있다고 합리적으로 예견할 수 있었다는 점, 대한민국은 피해자인 원고의 상거소지라는 점, 대한민국의 영화시장 규모가 비록 미국에 비해서는 작으나 일본, 캐나다에 비해서는 반드시 작다고 할 수 없어 대한민국에서 발생한 손해액이 전체 손해에 비하여 미미한 수준이라고 할 수는 없는 점, 대한민국도 세계무역기구(WTO) 설립협정의 부속협정의 하나인 위조상품의교역을포함한무역관련지적재산권협정(the Agreement on Trade Related Aspects of Intellectual Property Right) 및 베른협약(Berne Convention)의 적용을 받으므로 피고 드림웍스가 대한민국에서 응소하는 것이 특별히 부당하거나 불리하다고 할 수 없다는 점, 이 사건 소 중 국내에서의 저작권침해에 관한 청구부분과 외국에서의 저작권침해에 관한 청구부분은 기초가 된 사실관계 및 쟁점이 동일하여 대한민국에서 위 두 청구부분 모두에 대하여 재판을 함이 바람직하다는 점 등을 종합하여 보면 이 사건 소 중 외국에서의 저작권침해에 관한 청구부분에 대해서도 대한민국에 국제재판관할이 인정된다고 할 것이므로 이 사건 소 중 외국에서의 저작권침해에 관한 청구부분에 대한 대한민국 법원의 국제재판관할은 인정될 수 없다는 피고 드림웍스의 위 주장은 이유 없다.』

2) 파이널판타지 사건[2-9]

<사안의 개요>

일본 법인인 원고는 '파이널 판타지(FINAL FANTASY)'라는 제목으로 1편에서 12편까지의 컴퓨터게임을 제작하여 이를 판매하였는데, 1997년 무렵 제작한 '파이널 판타지 7'이 세계적으로 많은 판매량을 올리자 컴퓨터그래픽 애니메이션 '파이널 판타지 7 어드벤트 칠드런(FINAL FANTASY VII ADVENT CHILDREN)'(이하, '이 사건 영상물')을 만들어 이를 DVD로 제작해

2-9) 서울중앙지방법원 2008. 3. 13. 선고 2007가합53681 판결(항소심에서 조정성립).

일본국에서 판매하였다. 피고 ㈜○○은 가수인 예명 아이비의 2집 음반을 제작하면서, 그 음반에 담길 '유혹의 소나타'라는 노래의 뮤직비디오를 제작하기로 하고 피고 홍◇◇에게 뮤직비디오의 제작을 맡겼다. 이에 따라 피고 홍◇◇는 피고 ㈜○○의 동의를 얻어 이 사건 영상물 중 '티파'와 '롯즈'의 전투장면에서 '티파'를 아이비로 대체하여 전투장면을 실사(實寫)화하여 뮤직비디오를 제작하였다. 원고가 피고들을 상대로 저작권 침해 등을 주장하며 손해배상청구소송을 제기하였는데, 위 소송에서 법원은 국제재판관할에 관하여 다음과 같이 판단하였다.

<법원의 판단>

『이 사건은 일본국에서 설립된 법인인 원고가 대한민국 법인과 대한민국인인 피고들을 상대로 일본국의 영상작품의 저작권 침해에 기초한 소로서 국제재판관할이 문제된다. 국제사법 제2조는… 법원이 구체적인 관할유무를 판단함에 있어서는 민사소송법의 토지관할 규정 등 국내법의 관할규정을 참작하도록 정하고 있으므로 피고의 주소, 법인이나 단체의 주된 사무소 또는 영업소, 불법행위지 기타 민사소송법이 규정하는 재판적 중 어느 것이 대한민국 내에 있는 경우에는 피고에 대하여 일단 대한민국의 국제재판관할을 인정할 수 있을 것이다. 다만, 국내법상의 재판적에 관한 규정은 국내적 관점에서 제정된 것이므로 국제재판관할의 특수성을 고려하여야 한다(제2항). 보다 구체적으로 법원으로서는 소송당사자들의 공평, 편의 그리고 예측가능성과 같은 개인적인 이익을 고려할 뿐 아니라 재판의 적정, 신속, 효율 및 판결의 실효성 등과 같은 관점에서 가볍게 볼 수 없는 문제를 포함하고 있으므로 이와 같은 법원 내지 국가의 이익도 함께 고려함이 상당하다. 이 사건에서 보면, 피고들이 그 주된 사무소 또는 주소가 우리나라 안에 있는 대한민국 법인과 대한민국인이고, 우리나라에서 저작권침해행위가 이루어졌으므로 당사자나 분쟁의 대상이 모두 우리나라와 실질적 관련성이 있다고 인정되며, 우리나라에서 재판을 하는 것이 당사자 사이의 공평, 재판의 적정·신속을 꾀하는 이념에 반하는 것으로 볼 특별한 사정도 없으므로 우리나라 법원이 국제재판관할권을 가진다.』

3) 중문 서적 사건[2-10]

2-10) 서울고등법원 2013. 1. 23. 선고 2012나24622 판결(대법원 2012. 2. 23. 선고 2010

<사안의 개요>

중국인인 탄줘잉(覃卓穎)과 왕징(王晶)은 일상생활에서 잔잔한 감동을 주는 이야기 99가지(그 중 상당수는 기존의 미담(美談) 등 소재를 탄줘잉, 왕징이 정리한 것이고, 일부 이야기는 탄줘잉이 스스로 창작한 것이다)를 모은 후, 이야기별로 서두에 간단한 서문과 말미에 평가글을 추가하여, 2003년경 '一生要做的99件事'(일생에 해야 할 99가지 일)이라는 제목의 중문 서적(이하 '이 사건 중문 서적')을 저술하였다. 탄줘잉과 왕징은 2003. 5. 20.경 원고와 사이에 이 사건 중문 서적에 관한 자신들의 복제권, 발행권, 번역권 기타 저작재산권을 양도하였고, 원고는 2003. 7.경 중국 북경에 있는 북경공업대학출판사(이하 '북경출판사')와 이 사건 중문 서적에 관하여 출판계약을 체결하였다. 북경출판사는 2003. 8.경 탄줘잉과 왕징을 편저자로, 자신을 출판자, 발행자로 하여 이 사건 중문 서적 제1판을 중국에서 발행하였다. 피고는 2003. 11. 13. 북경출판사와 이 사건 중문 서적에 관하여 국내에서 출판·발행에 관한 독점적인 권리를 갖기로 하는 내용의 '판권 사용허가 계약'을 체결하였다. 피고는 ① 이 사건 중문 서적에 실려 있는 99가지의 이야기(서문과 제언 포함, 이하 같다) 중 45가지를 선별하여 번역하고, ② 이 사건 중문 서적에 실려 있지 않은 4가지 이야기를(19, 20, 28, 35번째 이야기) 추가하고, ③ 이야기별로 말미에 짧은 감상을 덧붙이고 삽화를 넣어 책을 완성한 후, 2004. 12. 20. "살아 있는 동안 꼭 해야 할 49가지"라는 제목으로 초판을 발행하였다. 원고가 피고를 상대로 제기한 저작권침해금지등 청구소송에서 법원은 국제재판관할에 관하여 다음과 같이 판단하였다.

<법원의 판단>

『이 사건은 중국에서 설립된 법인인 원고가 대한민국에서 설립된 법인을 피고로 하여 중국 어문저작물에 관한 저작재산권에 기초하여 손해배상을 청구하는 사건으로서, 외국적 요소가 있는 법률관계에 해당한다. 피고의 본점 소재지가 대한민국 내인 점, 이 사건 중문 서적에 대한 번역, 출판, 배포 등의 행위가 대한민국 내에서 이루어진 점, 원고가 스스로 대한민국 법원에

다66637 판결에서 원심 판결 중 4개의 이야기 부분에 대해서는 창작성이 없다는 이유로 파기된 이후의 환송 후 항소심판결이다).

이 사건 소를 제기하였고 피고가 이의 없이 응소한 점을 고려할 때, '당사자 또는 분쟁이 된 사안이 대한민국과 실질적 관련이 있는 경우'에 해당하므로 (국제사법 제1조 제1항) 대한민국 법원에 국제재판관할이 인정된다.」

4) 신용카드 결제인증 프로그램 사건[2-11)]

<사안의 개요>

㈜○○은(이하 'ILK')는 ㈜△△(이하 'KDE')의 위탁을 받아 '신용카드회사 무권 서버컴퓨터용 소프트웨어'(이하 '이 사건 프로그램')를 개발하였다. 피고 1, 3, 4 등은 2005.경 일본에서 IP통신을 이용한 결제단말기 초고속화를 실시하기 위한 협업정책을 구축하기로 하고 이후 도쿄소프트 주식회사(이하 '도쿄소프트')도 위 협업정책에 참여하게 되었다. 한편 원고는 2005. 5. 25. 도쿄소프트와 사이에 KDE제 결제단말기를 판매하는 것에 대한 기본계약을 체결하고, 도쿄소프트에게 위 협업정책 시행 운용에서 사용되는 결제단말기 10대를 무상 대여하고 2만대를 발주받기로 하였다. 원고는 2005. 6. 23. KDE와 일본에서의 이 사건 프로그램 및 KDE제 결제단말기 관리시스템 개발 및 구축에 대하여 합의하고, 2007. 10. 8. KDE로부터 이 사건 프로그램의 저작권을 양도받았으며, 2011. 12. 16. 대한민국에 프로그램저작권등록을 하였다.

원고는 다음과 같이 주장하며, 피고들을 상대로 저작권침해금지 등 청구소송을 제기하였다. "KDE는 이 사건 프로그램과 연동되는 결제단말기에 대한 제품 기능 평가 작업을 수행하는 조건으로 일시적으로 피고 1에게 이용을 허락하였고, 위 프로그램을 채택하지 않는다고 하여 원고가 피고 1에게 프로그램 및 본건 서버 삭제 및 반환 요구를 하였으나, 피고 1은 거부하고 현재까지도 이용중이고 피고 4에게 본건 서버를 무단으로 양도하였다. 피고 3은 피고 1의 중개인 역할을 하면서 피고 1, 4의 무단 사용행위에 적극 가담하였을 뿐만 아니라 일시적 허락임을 알고 있었으므로 원고의 반환요구에 대하여 피고 1에게 위 프로그램의 설치목적을 고지하고 반환하도록 할 의무가 있음에도 이를 이행하지 않아 위 프로그램의 무단 사용을 방조하였다. 위와 같이 피고 1, 3, 4는 공동으로 원고의 저작권을 침해하였다."

2-11) 서울중앙지방법원 2013. 8. 14. 선고 2012가합53616 판결(서울고등법원 2015. 1. 15. 선고 2013나55531 판결).

<법원의 판단>

위 소송에서 법원은 국제재판관할에 관하여 다음과 같이 판단하였다.

「이 사건에서는… 다음과 같은 사정들을 종합하여 볼 때, 대한민국 법원에 국제재판관할권이 인정될 수 없으므로 위 피고들에 대한 소는 부적법하다.

① 민사소송법 제5조에 따른 일반관할에 관하여 보건대, 원고는 물론 피고 1, 3, 4의 주된 사무소 또는 영업소가 있는 곳도 모두 일본이다.

② 민사소송법 제18조에 따른 특별관할에 관하여 보건대,

(1) 우선 행위지에 대한민국이 포함되는지 살펴보면, 우선 원고가 주장하는 저작권 침해행위는 사용 허락 기간 만료 이후 무단으로 사용한 행위 및 무단으로 양도하고 이를 받아 사용한 행위와 권한 없이 2차저작물을 작성한 행위를 들고 있는데, 위 행위들이 모두 일본에서 이뤄졌음은 당사자들 사이에 다툼이 없는 사실로 인정되므로 이에 관하여 대한민국이 행위지가 될 수는 없다.

원고는 이 사건 프로그램의 창작행위부터 설치행위도 불법행위의 일부에 해당한다고 주장하나, 이 사건 프로그램 창작행위 자체는 피고들과는 전혀 무관한 것이고, 원고의 주장에 의하더라도 최초 프로그램 설치는 원고의 일시적 허락에 근거하여 이뤄진 것이므로 위 설치를 받은 행위를 불법행위라고 할 수 없을 뿐만 아니라, 설치행위가 불법행위에 해당한다 하더라도 위 설치행위는 일본에 있는 피고들의 사무소 등에서 이뤄졌으므로 불법행위의 행위지는 일본이다.

(2) 다음으로, 불법행위에 관한 소는 행위지 법원에 제기할 수 있고 여기의 행위지에는 결과발생지까지 포함된다고 할 것이나, 이 사건에서 피고 4와 가맹점카드계약을 한 회사의 결제단말기를 통해 결제된 신용카드의 경우 대한민국에서 카드를 사용하였다 하더라도 IP통신으로 피고 4가 구축한 서버 및 프로그램이 데이터를 전송받아 처리하는 방식으로 결제가 이뤄지는 것이므로 위 서버 및 프로그램이 사용되는 일본에서 저작권 침해의 결과가 발생하는 것이 되고, 원고는 일본법에 따라 설립된 일본법인이므로 특별한 사정이 없는 한 위 프로그램의 무단이용 행위 등으로 손해가 발생한 곳 역시 일본이라고 봄이 상당하다.

원고의 실질적 지배자가 대한민국 국민이어서 사실상 경제적 손해가 대한민국 국민에게 귀속된다고 하더라도 위와 같은 우연한 사정까지 고려하게

되면 가해자들로서는 재판관할을 예측하기가 곤란하게 되므로 위 내용은 손해 발생지 판단에 고려할 사항이 아니라고 할 것이다. 또한 저작권은 권리의 발생이나 소멸에 등록을 요하는 것이 아니어서 저작권 등록국만이 저작권 침해의 결과발생지가 된다고 할 수도 없으므로, 원고가 대한민국에 저작권등록을 하였다는 사정도 위와 같은 판단에 고려할 사항이 아니다.

③ 피고 2에 대하여는 일응 대한민국 법원에 국제재판관할권이 인정되는데(원고가 주장하는 불법행위에 관하여 실질적 관련성이 일본과 더 밀접하기는 하나 피고 2의 일반관할로 대한민국이 인정되고, 국제재판관할이 중복적으로 인정되는 것도 가능하므로 피고 2에 대하여는 대한민국 법원도 국제재판관할권을 가진다고 할 것이고, 피고 2도 대한민국 법원에 국제재판관할권이 있음을 다투지 아니하면서 청구기각을 구하고 있다), 피고 2와 주관적 병합으로 대한민국 법원이 피고 1, 3, 4에 대하여도 국제재판관할권을 가지는지에 관하여 살핀다.

국제재판관할에서의 관련 재판적은 피고의 입장에서 부당하게 응소를 강요당하지 않도록 청구의 견련성, 분쟁의 1회 해결 가능성, 피고의 현실적 응소가능성 등을 종합적으로 고려하여 신중하게 인정되어야 하고(대법원 2003. 9. 26. 선고 2003다29555 판결 참조), 소송의 목적이 되는 권리나 의무가 여러 사람에게 공통되거나 사실상 또는 법률상 같은 원인으로 말미암은 경우에 인정되는 주관적 병합은 국내 관할권을 전제로 한 규정이기 때문에 피고의 응소부담이 큰 불법행위 내지 지적재산권관련 국제소송사건에서는 위의 사정만으로 피고에 대한 국제재판관할권을 인정하기는 곤란하며 적어도 다른 피고들도 그 곳과 실질적 관련성을 띠며, 판결의 모순을 피하기 위하여 불가피한 경우에만 주관적 병합을 인정함이 상당하다.

이 사건 프로그램의 개발이 대한민국에서 대한민국 기업에 의하여 이뤄졌음은 명백하고, 위 프로그램의 개발과정 및 프로그램의 저작자, 그 권리의 귀속 여부에 대하여는 당사자들 사이에 다툼이 없을 뿐만 아니라 위 내용들은 이 사건의 쟁점과 무관한 사항들이며, 오히려 이 사건의 쟁점은 일본에서 행해진 위 프로그램의 무단 사용 및 무단 양도, 2차저작물작성 행위인데 이 쟁점에 관하여는 대한민국과 어떠한 실질적 관련성이 있다고 보기가 어렵다. 또한 이 사건의 당사자는 원고 법인으로서 그 대표이사 또는 실질적 지배자인 개인과는 명백하게 구분되는 것이므로, 원고의 대표이사이자 실질적인 지배 주주가 대한민국 국민이라는 이유만으로는 이 사건의 당사자가 대한민국과 실질적 관련성이 있다고 보기에도 부족하다.」

5) 특허출원서 사건[2-12]

<사안의 개요>

외국회사를 포함한 피고들이 시행하는 IBT 토플시험 등이 자신의 프로그램 저작물을 침해했다고 주장하며 침해정지 및 손해배상을 청구한 사안으로, 피고○○, 피고△△ 등(이하 '피고○○ 외 4인'), 원고의 피고○○ 등에 대한 소 중 대한민국 외의 국가에서의 침해행위 금지 및 위 침해행위에 따른 손해배상 청구 부분과 피고△△에 대한 소 중 대한민국 외의 국가에서의 침해행위 금지청구 부분(위 청구를 통틀어 이하 '국외침해 청구 부분')에 대하여는 대한민국 법원에 국제재판관할권이 없으므로, 위 청구 부분이 부적법하다고 주장하였다.

<법원의 판단>

「다음과 같은 사정을 모두 종합하여 볼 때, 국외침해 청구 부분에 대하여는 대한민국 법원에 국제재판관할권이 인정될 수 없으므로, 위 청구 부분은 부적법하다고 할 것이어서, 피고○○ 외 4인의 본안전 항변은 이유 있다.

① 피고○○ 외 4인은 미국법 또는 영국법에 따라 설립된 외국 법인으로 그 주된 사무소를 미국 또는 영국에 두고 있고, 위 피고들이 대한민국 내에 사무소, 영업소 또는 업무담당자의 주소를 두고 있음을 인정할 증거가 없다.

② 원고가 주장하는 저작권 침해행위는 위 피고들이 원고의 창작물인 시험형식을 도용하여 온라인 또는 오프라인에서 시험을 시행·대행하고, 그 시험 관련 컴퓨터프로그램을 제3자에게 전송하였다는 것으로서 원고의 주장에 따르더라도 국외에서 시행된 시험 및 국외에서의 컴퓨터프로그램 전송행위와 관련하여서는 대한민국을 저작권 침해행위의 행위지라고 볼 수는 없다.

③ 민사소송법 제8조는 "재산권에 관한 소는 거소지 또는 의무이행지의 법원에 제기할 수 있다"고 규정하고 있고, 위 규정 또한 국제재판관할권 인정의 근거가 될 수도 있다 하겠으나, 위 규정의 취지를 모든 지참채무에 확대한다면 불법행위에 의한 법정채무에 대해서까지 의무이행지에 관할을 인정하게 되어 피고의 관할 이익을 박탈하여 부당하게 될 우려가 있으므로, 위 규정에 의한 국재재판관할권은 채권계약으로부터 발생하는 채무에 한정

2-12) 서울중앙지방법원 2013. 9. 27. 선고 2011가합89861 판결(항소중).

하여 인정할 필요가 있다.』

6) 아이폰 사건[2-13)]

<사안의 개요>

원고는 미국회사인 피고 애플사가 아이폰 제품에서 자신의 프로그램 저작물을 침해했다고 주장하며 손해배상을 청구한 사안으로 국제재판관할 여부가 쟁점으로 되었다.

<법원의 판단>

『피고가 이 사건 침해물이 운영체제로 사용되는 아이폰 등 제품을 국내에도 배포하고 있음은 앞서 본 바와 같고, 원고가 주장하는 이 사건 저작물에 대한 저작권 침해행위에는 위 배포행위도 포함되는 것으로 보여 침해행위의 불법행위지가 국내에 해당하는바, 원고가 위 불법행위로 입은 손해의 배상과 침해행위에 대한 금지 및 예방을 청구하는 이 사건 소는 대한민국과 실질적 관련이 있으며, 피고도 대한민국 법원에 제소될 수 있다고 합리적으로 예견할 수 있었다고 보이므로, 위 침해행위로 인한 손해배상 및 침해행위의 금지 및 예방을 구하는 이 사건 소는 대한민국 법원에 국제재판관할이 인정된다고 봄이 타당하다.』

나. 준거법

국제사법 제24조는 "지식재산권의 보호는 그 침해지법에 의한다."고 정하고 있다. 저작권 침해를 원인으로 한 침해정지 및 손해배상청구소송에 있어서도 침해지법이 준거법이 된다. 다만, 이는 지적재산권에 관한 국제조약에 준거법에 관한 규정이 없는 경우를 대비한 보충적 성격의 규정이므로, 국제조약에 당해 사건에서 문제된 법률관계에 적용될 준거법에 관한 규정이 있는 경우에는 그에 따라 준거법을 결정하여야 할 것이다.

우리나라가 1996. 8. 21. 가입한 베른협약(Berne Convention for the Protection of Literary and Artistic Works) 제5조 제2항은 "…저작자의 권리에 대한 보호의 범위와 이를 보호하기 위하여 주어지는 구제의 수단은 오로지 보호가 요구된 국가의 법률에 따라 규율된다."[2-14)]고 규정하고 있다. 위 조항

2-13) 서울고등법원 2014. 11. 27. 선고 2014나27212 판결(심불기각).

의 의미에 관하여, ① 베른협약의 '보호가 요구된 국가(the country where protection is claimed)'는 그 영토 내에서 침해행위에 대하여 보호가 요구되고 있는 국가를 의미한다고 보는 '보호국법설', ② 당사자가 그 국내에서 보호를 주장하는 국가 즉 법정지국을 의미한다고 보는 '법정지국설', ③ 위 조항의 입법 경위에 비추어 이는 준거법 지정을 위한 규정이 아니라 외인법(外人法)상의 규정에 불과하다고 보는 '외인법설'의 대립이 있다.[2-15] 아래에서 보는 바와 같이 우리나라 판례는 보호국법설의 입장에 서있는 것으로 보인다.[2-16]

1) 파이널판타지 사건[2-17]

「우리나라와 일본은 모두 베른조약의 동맹국이고, 이 사건 영상저작물은 일본법인인 원고가 저작자이며, 일본에서 최초로 발행된 저작물이므로 일본을 본국으로 하고, 일본의 법령이 정하는 바에 따라 보호됨(베른조약 제2조 제1항, 제3조 제1항, 제5조 제3항, 제4항)과 동시에 우리나라에서도 우리나라의 법에 의해 보호를 받는다{구 법(2006. 12. 28 법률 제8101호로 전부 개정되기 이전의 것, 이하 같다) 제3조 제1항, 베른조약 제5조 제1항}. 따라서 원고의 청구들이 어느 나라의 법률을 준거법으로 하는 지에 관해서 본다.

2-14) Consequently, apart from the provisions of this Convention, the extent of protection, as well as the means of redress afforded to the author to protect his rights, shall be governed exclusively by the laws of the country where protection is claimed.

2-15) 학설의 소개에 관해서는, 석광현, "외국저작권 침해의 준거법", 서울지방변호사회 판례연구 23집(1)(2009. 9), 215~224면 및 오승종, "국제 저작권 분쟁에 있어서의 국제재판관할과 준거법", 계간 저작권 97호(2012. 봄호), 265~271면.

2-16) 한편, 미국인인 원고가 창작한 음악저작물의 국내에서의 침해가 문제된 사안인 데스페라도 사건(서울고등법원 2008. 9. 23. 선고 2007나127657 판결)에서 법원은 「이 사건 음악저작물은 베른협약 제2조 제1항의 '가사가 있는 또는 없는 작곡'의 일종으로서 베른협약의 적용대상인 문학적·예술적 저작물에 해당하므로, 위 법규 및 조약의 취지에 따라 이 사건 음악저작물은 우리나라에서도 보호되며, 한편 국제사법 제24조는 "지적재산권의 보호는 그 침해지법에 의한다."라고 규정하고 있으므로, 이 사건 음악저작물에 관한 저작권의 침해 여부와 손해배상책임의 성립 여부 및 손해배상의 범위 등에 관하여는 우리나라의 법이 적용된다」고 판시하여 베른협약이 아닌 국제사법을 적용하여 외인법설의 입장을 취하였다고 볼 여지도 있으나, 아래 소개한 바와 같이 다수의 판례는 보호국법설을 취하고 있는 것으로 보인다.

2-17) 서울중앙지방법원 2008. 3. 13. 선고 2007가합53681 판결(항소심에서 조정성립).

먼저 저작인격권을 보호하기 위한 금지청구와 명예회복 등의 청구는 저작자의 인격적 이익, 즉 저작자의 권리를 보전하기 위한 구제방법이므로 그 법률관계의 성질은 저작자의 권리를 보전하기 위한 구제방법이라고 결정하여야 한다. 저작자의 권리를 보전하기 위한 구제방법의 준거법에 관해서는 베른조약 제6조의2 제3항에 의해 보호가 요구된 국가의 법령이 정하는 바에 의한다고 해석함이 상당하다(반면에 저작재산권에 기초한 금지청구는 저작재산권의 배타적 효력에 기초해서 저작재산권을 보전하기 위한 구제방법이므로 그 법률관계의 성질을 저작재산권을 보전하기 위한 구제방법이라고 결정하여야 한다. 저작재산권을 보전하기 위한 구제방법의 준거법에 관해서는 베른조약 제5조 제2항에 의해 보호가 요구된 국가의 법령이 정하는 바에 따른다고 해석함이 상당하다).

이 사건에서 보호가 요구된 국가는 우리나라이고, 저작권에 기초한 금지청구와 명예회복을 위한 조치로서 해명광고청구에 관해서는 베른조약 제5조 제2항, 제6조의2 제3항에 의해 우리나라의 법률을 준거법으로 하여야 한다(국제사법 제24조에 따르면, 지적재산권의 보호는 그 침해지법에 의한다고 규정하고 있으나, 이 조항은 지적재산권에 관한 국제조약에 대하여 보충적인 규정으로서, 관련 국제조약에 저촉규정을 두고 있는 경우에는 우선적으로 그에 따르고, 관련 국제조약이 존재하지 않거나 저촉규정을 두고 있지 않은 때에만 적용된다).

저작권침해를 이유로 하는 손해배상청구의 법률관계의 성질은 불법행위이고, 그 준거법에 관해서는 국제사법 제32조 제1항에 따라야 한다. 위 손해배상청구에 관해서 국제사법 제32조 제1항에 정해진 "불법행위가 행하여진 곳"은 피고들의 뮤직비디오가 배포된 곳이 우리나라이고, 우리나라에서 저작권의 침해에 의한 손해가 문제가 되고 있는 점에 비추어 우리나라라고 해석해야 한다. 따라서 그 청구에 관해서는 우리나라의 법률을 준거법으로 하여야 한다.」

☞ 위 사건은 손해배상청구사건의 경우 베른협약에 의해 규율되지 않는다고 보아 불법행위의 준거법을 정한 국제사법 제32조 제1항(불법행위는 그 행위가 행하여진 곳의 법에 의한다)에 의하여 준거법을 결정하였다. 이에 대하여 베른협약이 손해배상청구를 규율하지 않는다고 볼 근거가 없고, 가사 그렇게 보더라도 지적재산권 사건의 준거법에 관한 국제사법 제24조를 적용해야 한다는 비판이 있다.[2-18]

2) 중문 서적 사건[2-19]

「원고는 자신의 저작재산권이 침해됨을 원인으로 한 손해배상을 구하고 있다. ① 지적재산권의 침해는 일반 불법행위와는 다른 특수한 성격이 있음을 고려하여 국제사법이 불법행위에 관한 준거법 규정(제32조) 이외에 '지적재산권의 보호'에 관한 법률관계에 적용될 준거법 규정(제24조)을 별도로 두고 있고, ② 손해배상청구 역시 지적재산권의 침해행위에 대하여 저작재산권자의 권리를 보호하기 위한 구제수단이므로 지적재산권의 침해를 원인으로 한 손해배상청구는 '지적재산권의 보호'에 관한 법률관계로서 원칙적으로 국제사법 제24조에 의해 그 준거법을 '침해지법'으로 정함이 상당하다(대법원 2004. 7. 22. 선고 2003다62910 판결 참조).

다만 국제사법 제24조는 지적재산권에 관한 국제조약에 준거법에 관한 규정이 없는 경우를 대비한 보충적 성격의 규정이므로, 국제조약에 이 사건에서 문제된 법률관계에 적용될 준거법에 관한 규정이 있는 경우에는 그에 따라 준거법을 결정하여야 할 것이다. 그런데 대한민국과 중국은 모두 베른협약의 가입국이고, 이 사건 중문 서적은 베른협약 제1조, 제2조 제1항의 '문학적·예술적 저작물(literary and artistic works)'에 해당하며, 베른조약 제5조 제2항 제2문은 "저작자의 권리에 대한 보호의 범위와 이를 보호하기 위하여 주어지는 구제의 수단은 오로지 보호가 요구된 국가의 법률에 의해 규율된다."라고 하여, 저작재산권의 보호의 준거법에 관해 규정하고 있으므로, 저작재산권의 보호에 관해서는 베른협약 제5조 제2항에 의하여 준거법이 결정된다.

한편, 베른협약 제5조 제2항에 규정된 '보호가 요구된 국가(the country where protection is claimed)'라 함은 '그 영토 내에서의 보호가 요구되고 있는 국가', 즉 '보호국'을 의미하며, 특히 저작재산권의 침해 문제에 관련해서는 '그 영토 내에서의 침해행위에 대하여 보호가 요구되고 있는 국가', 즉 '침해지국'을 의미하는바(국제사법 제24조도 같음), 이 사건에서 원고는 자신의 저작재산권에 대한 침해행위가 대한민국 영토 내에서 발생하였음을 주장하며 이에 대한 보호를 요구하고 있으므로, 결국 대한민국 법률이 보호국법이자 침해지국법으로써 이 사건에 적용될 준거법이 된다.」

2-18) 석광현, "외국저작권 침해의 준거법", 서울지방변호사회판례연구 23집(1)(2009. 9), 215~224면.

2-19) 서울고등법원 2013. 1. 23. 선고 2012나24622 판결.

☞ 위 판결에서는 각주로 준거법 판단에 관하여 다음과 같이 언급하였다. 『베른협약 제5조 제2항이 과연 준거법에 관한 규정인지 여부 및 베른협약 제5조 제2항의 '보호가 요구되는 국가'가 과연 보호국을 의미하는지에 관해서는 이견이 있으나, ① 베른협약 제5조 제2항이 준거법에 관한 규정이 아니라 단순히 외인법(外人法)적 규정에 불과한 것으로 해석할 경우, 보충규정인 국제사법 제24조에 의해 '침해지법'이 준거법이 될 것이므로, 이 사건에서 대한민국 법률이 준거법이 되고, ② 베른협약 제5조 제2항의 '보호가 요구되는 국가'를 법정지국(法廷地國)으로 해석한다 하더라도, 이 사건의 법정지는 대한민국이므로 역시 대한민국 법률이 준거법이 된다.』 위 판결과 같은 취지로 여우도안 사건,[2-20] GMAT 사건[2-21]에서도, 미국 법인인 원고가 창작한 저작물에 대한 침해가 문제된 사안에서 같은 취지로 판시하며, 대한민국 법을 준거법으로 보았다.

3) 플라잉 아이볼 사건[2-22]

<사안의 개요>

미국인 망 케네스 하워드는 '플라잉 아이볼(Flying Eyeball)'이란 명칭의 각 저작물(이하 '이 사건 저작물')의 저작자로서 사망하였고, 그 상속인들이 위 망인의 이 사건 각 저작권을 상속하였다. 소외 상속인들은 2000. 3. 31. 일본의 주식회사 우에노 쇼카이(이하 '우에노 쇼카이')에게 이 사건 각 저작권을 포함한 일체의 지적재산권을 양도하는 계약(이하 '이 사건 제1-1 양도계약')을 체결하였고, 우에노 쇼카이는 2002. 5. 15. 미국의 본 더치 오리지날 엘엘씨(Von Dutch Original LLC, 이하 '본 더치 오리지날')에게 이 사건 각 저작권을 포함한 일체의 지적재산권을 재차 양도하는 계약(이하 '이 사건 제1-2 양도계약')을 체결하였다.

소외 상속인들은 2005. 6. 8. 원고에게 이 사건 각 저작권을 포함한 일체의 지적재산권을 매출액의 2.5%를 대금으로 정하여 양도하는 계약을 체결하였다. 우에노 쇼카이와 본 더치 오리지날은 일본, 미국 등에서 이 사건 각 저작물을 그대로 표장으로 상표화(merchandising, 이하 '이 사건 상표')하여 이에 관한 상표권등록을 마쳤고, 그 무렵부터 현재까지 이 사건 각 상표를 부착한

2-20) 서울고등법원 2012. 7. 25. 선고 2011나70802 판결(대법원 2014. 12. 11. 선고 2012다76829 판결).

2-21) 서울중앙지방법원 2014. 10. 10. 선고 2013가합93239 판결(확정).

2-22) 서울고등법원 2009. 6. 3. 선고 2008나80427 판결(확정).

상품을 생산, 판매하는 등 이를 사용하여 왔으나, 국내외에서 이 사건 각 저작물에 관하여는 아무런 저작권등록도 마치지 않았다. 원고는 2005. 6. 18. 국내에서 이 사건 제1저작물에 관한 저작권양도등록을 마쳤다.

원고가 피고들이 이 사건 저작물의 국내 등록저작권자인 원고의 동의를 얻지 아니한 채 이에 저촉되는 표를 사용하여 원고의 저작권을 침해하였다고 주장한 사안에서, 법원은 준거법에 관하여 다음과 같이 판단하였다.

<법원의 판단>

「먼저 원고가 이 사건 각 저작권을 적법하게 취득하였는지 여부의 판단 기준이 될 준거법에 관하여 본다.

이 사건 각 저작물의 최초 발생국(본국)인 미국과 원고가 이 사건 각 저작권의 보호를 구하는 국가(보호국)인 우리나라는 모두 문학적·예술적 저작물의 보호를 위한 베른협약의 가입국이고, 이 사건 각 저작물은 베른협약 제2조 제1항의 회화, 스케치 기타 응용미술저작물의 일종으로서 베른협약의 적용대상인 문학적·예술적 저작물에 해당하는데, 저작권자가 소송의 제기를 통하여 저작권의 보호를 받고자 하는 경우에 있어서 본국법과 보호국법 중 어느 법을 적용해야 할 것인지에 관하여, 베른협약 제5조 제1항은 "저작자는 이 협약에 따라 보호되는 저작물에 관하여 본국 이외의 동맹국에서 각 법률이 현재 또는 장래에 자국민에게 부여하는 권리 및 이 협약이 특별히 부여하는 권리를 향유한다."라고 규정하여 이른바 내국민대우의 원칙을 천명하고, 제5조 제2항은 "위 권리의 향유와 행사는 어떠한 방식에 따를 것을 조건으로 하지 않는다. 그러한 향유와 행사는 저작물의 본국에서 보호가 존재하는지 여부와 관계가 없다. 따라서 이 협약의 규정과는 별도로 보호의 범위와 저작자의 권리를 보호하기 위하여 주어지는 구제의 방법은 오로지 보호가 주장되는 국가의 법률에 의한다."라고 규정함으로써 보호국법주의를 채택하고 있다.

우리나라는 베른협약에서 채택한 보호국법주의를 국내법으로 명문화하여 국제사법 제24조에 "지적재산권의 보호는 그 침해지법에 의한다."라고 규정하였는데, 여기서 지적재산권의 보호와 관련하여 보호국법이 적용되는 범위가, 피고들이 주장하는 것처럼 베른협약 제5조 제2항 규정상의 '권리보호의 범위', '권리구제의 방법'으로 한정되는 것인지, 아니면 저작권자의 결정이나 저작권의 양도성 등에 대하여도 보호국법을 적용할 것인지가 문제된다.

저작권자의 결정 등의 문제를 본국법에 의할 경우에는 우선 본국법을 정하는 것 자체가 쉽지 않을 뿐만 아니라, 같은 영토 내에서도 저작물의 본국이 어디냐에 따라 저작권 침해 여부 판단이나 저작권자 결정의 결론이 달라져 저작물 이용자나 법원 등이 이를 판단, 적용하기가 쉽지 아니 한 반면, 저작권자의 결정 문제는 저작권의 존부 및 내용과 밀접하게 결부되어 있어 각 보호국이 이를 통일적으로 해석 적용할 필요가 있고, 그렇게 하는 것이 각 동맹국이 자국의 영토 내에서 통상 법정지와 일치하기 마련인 보호국법을 간편하게 적용함으로써 내국민대우에 의한 보호를 부여하기에도 용이한 점에 비추어 보면, 국제협약에서 명시적으로 본국법에 의하도록 규정하지 아니 한 이상 저작권자의 결정이나 권리의 성립, 소멸, 양도성 등 지적재산권에 관한 일체의 문제를 보호국법에 따라 결정함이 타당하며, 우리나라 국제사법 제24조가 지적재산권에 관한 모든 분야에 관하여 보호국법주의를 명시하는 대신 지적재산권 침해의 경우만을 규정하는 방식을 취하고 있다 하더라도, 이를 넓게 해석하여 지적재산권의 성립, 이전 등 전반에 관하여 보호국법주의 원칙을 채택한 것으로 해석함이 상당하다.

따라서 이 사건 쟁점 중 하나인 저작권양도등록이 저작권양도의 성립요건과 대항요건 중 어느 것에 해당하는지, 대항요건에 해당한다면 대항요건의 구비에 필요한 구체적인 판단기준은 무엇인지 등에 관한 준거법은 보호국법인 우리나라 법이 된다{보호국법인 한국법과 본국법인 미국법이 모두 대항요건주의를 취한다는 점에서 양 법은 차이가 없다. 다만 대항요건의 구비에 필요한 구체적인 판단기준에 관하여는 차이를 보이는데, 한국 법 및 판례에 의하면, 저작권 이중양도의 계약상대방들 중 먼저 저작권등록을 경료한 사람이 원칙적으로 적법한 권리자로 보호받고, 다만 선등록한 후순위 양수인이 저작권자의 배임행위에 적극적으로 가담한 경우에 한하여 그 권리의 보호가 부정되는데 비하여(법 제52조 제1호, 서울중앙지방법원 2006. 10. 10. 선고 2003가합66177 판결 등 참조), 미국 저작권법 및 판례에 의하면, 선등록한 후순위 양수인이 적법한 권리자로 보호받기 위해서는 우리 법상의 위와 같은 요건 외에도, ① 후순위 양수인이 선순위 양도계약의 존재를 몰랐을 것, ② 후순위 양수인이 상당한 대가를 지급하였을 것 등의 추가적인 요건을 필요로 한다(Melville B. Nimmer, 'Nimmer on Copyright', vol.3, Chapter 10.07 [A][1][a], 10-56.15 참조)}.』

☞ 저작권을 적법하게 취득하였는지 여부 즉, 저작권자의 결정 문제에 대해서 베

른협약 및 국제사법 제24조의 규정에 비추어 보호국법인 국내법에 의하여야 한다고 본 사례이다. 위 판결과 같은 취지로 르 슈크레 사건[2-23]에서도 캐릭터의 최초 발생국이 일본인 저작물에 대한 침해가 문제된 사안에서 같은 취지로 저작권의 성립요건과 관련된 판단기준이 무엇인지 등에 관한 준거법은 보호국법에 의하여야 한다고 판시하며, 대한민국 법을 준거법으로 보았다.

한편, 본 더치 오리지날(위 사건의 제1-2 양수인)이 위 사건 원고(제2 양수인)를 상대로 한 저작권 확인 등 사건[2-24]에서 법원은, 저작권이전의 원인행위인 양도계약의 성립과 효력에 관해 적용되어야 할 준거법과 저작권의 물권유사의 지배관계의 변동(저작권 이전의 효력)에 관해 적용되어야 할 준거법을 구분하여, 전자에 대해서는,

「법률행위의 준거법 일반에 관해 규정한 국제사법 제25조 제1항에서 정한 바와 같이 1차적으로는 당사자의 의사에 따라야 하며」

이 사건에서는 우리나라의 법령을 준거법으로 하는 내용의 묵시적인 합의가 성립되었다고 추인함이 상당하다고 보았고, 후자에 대해서는,

「저작권은 그 권리의 내용과 효력이 이를 보호하는 나라(보호국)의 법령에 따라 정해지고 또한 저작물의 이용에 관해서 제3자에 대한 배타적 효력을 가지므로 물권의 득실변경에 관해서도 소재지법이 적용되는 것과 마찬가지 이유로 저작권이라고 하는 물권 유사의 지배관계의 변동에 관해서는 보호국의 법령이 준거법이 된다고 해석함이 상당하다.」

고 판시하였다.[2-25]

2-23) 대전지방법원 2015. 8. 28. 선고 2014노2441 판결(확정).

2-24) 서울중앙지방법원 2007. 5. 10. 선고 2005가합114391 판결.

2-25) 위 관련 사건에 관하여 가장 나중에 있었던 서울고등법원 2009. 6. 3. 선고 2008나80427 판결(확정)에서는, 「상속인들이 원고에게 이 사건 제1저작권 등을 양도하기에 앞서서 우에노쇼카이에게 이 사건 제1저작권 등을 양도하고 미국에서 이 사건 제1저작물에 관하여 미국법에 따라 우에노쇼카이 명의로 그 이전등록까지 마쳐진 이상, 이 사건 제1저작물에 관하여는 상속인들은 이 사건 제2양도계약 체결 당시 적법한 저작권자였다고 할 수 없으므로, 상속인들로부터 이 사건 제1저작권을 양수한 원고가 국내에서 이 사건 제1저작물에 관하여 먼저 저작권이전등록을 마쳤다 하더라도 그러한 사정만으로는 이 사건 제1저작물에 관하여 원고가 적법한 저작권자가 된다고는 할 수 없다」고 하여 원고의 청구를 기각하였다.

4. 재판에서의 주장·증명

가. 원고의 주장·증명

저작권침해소송에서 원고는 저작권침해의 요건사실을 주장·증명하여야 한다. 요건사실로는 크게 ① 원고가 주장하는 피침해대상이 저작물인 점, ② 원고가 그 저작물에 대한 법이 보호하는 권리(저작재산권, 저작인격권, 저작인접권 등)의 귀속주체인 점, ③ 피고가 원고의 저작권 등 권리를 침해한 점을 들 수 있다. 저작권침해행위에 해당하려면 피고가 ⅰ) 원고의 저작물에 의거하여 ⅱ) 원고의 저작물과 동일하거나 실질적으로 유사한 작품을 ⅲ) 법이 정한 유형의 행위방법(예컨대, 복제, 공연, 전송, 전시 등)으로 이용하였어야 한다. 나아가 침해정지·금지를 구하는 경우에는 피고의 고의 또는 과실을 요하지 아니하나, ④ 저작권침해를 원인으로 한 손해배상청구를 하는 경우에는 피고의 고의나 과실, 손해의 발생 및 그 액수, 침해행위와 손해 사이의 인과관계 등 불법행위 요건을 추가로 주장·증명하여야 한다. ⑤ 침해정지·금지·예방을 구하는 경우에는 정지·금지를 구하는 피고의 침해행위가 현존하는 점을, 현존하지 않는 경우 침해할 우려가 있는 점을 주장·증명하여야 한다. 상세는 추후 별도의 장에서 설명한다.

나. 피고의 항변 등

원고의 청구에 대해 통상적으로 피고는 먼저 원고가 저작권침해의 요건사실을 증명하지 못하였다고 주장하게 된다. 예컨대, 원고의 작품이 법의 보호대상인 저작물이 아니라거나, 피고의 작품이 원고의 작품에 의거하지 않았고 양 작품이 실질적으로 유사하지 않다는 등 원고의 주장사실을 부인하는 방법으로 다툴 수 있다.

나아가 피고는 저작권자 등 권리자로부터 이용허락을 받는 등 저작물에 대한 이용 권원을 취득한 점, 법상의 권리제한규정(법 제23조 내지 제36조)에 의하여 자유로운 이용이 인정되는 경우에 해당하는 점, 원고의 권리행사가 권리남용에 해당하거나 권리의 포기, 묵시적 승낙이 있었다는 등의 사정, 온라인

서비스제공자의 책임 제한 규정에 따라 책임이 감면된다는 등의 사정을 들어 항변할 수 있다. 상세는 추후 별도의 장에서 설명한다.

5. 저작권침해금지가처분

저작권자 등은 저작권을 침해하거나 침해할 우려가 있는 자를 상대로 보전처분으로 침해금지 등을 구하는 가처분을 신청할 수 있다. 이는 민사집행법 제300조 제2항에서 규정하는 임시의 지위를 정하기 위한 가처분으로서, 침해금지가처분이 인용되기 위해서는 피보전권리(저작권침해로 인한 금지·정지 등 청구권)와 보전의 필요성이 인정되어야 한다. 이는 다툼 있는 권리관계에 관하여 그것이 본안소송에 의하여 확정되기까지의 사이에 가처분권리자가 현재의 현저한 손해를 피하거나 급박한 강포를 방지하기 위하여, 또는 기타의 이유가 있는 때에 한하여 허용되는 응급적·잠정적인 처분인바, 이러한 가처분을 필요로 하는지의 여부는 당해 가처분신청의 인용 여부에 따른 당사자 쌍방의 이해득실관계, 본안소송에 있어서의 장래의 승패의 예상, 기타의 제반 사정을 고려하여 법원의 재량에 따라 합목적적으로 결정하여야 할 것이다. 더구나 가처분채무자에 대하여 본안판결에서 명하는 것과 같은 내용의 만족적인 처분을 구하는 경우(예를 들어 영화 자체에 대한 상영금지 내지 그 영화 내용에 관한 직접적인 수정 등)에는 채권자들로서는 종국적으로 만족을 얻는 것과 동일한 결과에 이르게 되는 반면에 채무자들의 입장에서는 본안소송에서 다투어 볼 기회조차 없이 기존 창작물의 본래 모습을 일반대중들에게 선보일 수 있는 기회 자체를 봉쇄당할 위험이 크기 때문에, 이러한 가처분을 발령함에 있어서는 그 피보전권리 등에 관하여 통상적 보전처분의 경우보다 높은 정도의 소명이 요구된다.[2-26)]

2-26) 서울고등법원 2005. 1. 17.자 2004라439 결정은 실제 사건을 소재로 하는 상업영화인 '실미도'에 관하여 사건 관련자 및 그 유족들이 인격권 침해를 원인으로 영화상영금지등가처분을 구한 사안이다. 법원은, 『법원에서 '예술적 창작물'인 영화의 상영 자체를 금지하거나 혹은 그 영화내용을 직접적으로 수정·삭제하여 달라는 취지의 피해자의 청구를 인용하는 것은 사법절차를 통하여 예술의 자유를 직접적으로 제한하는 결과를 야기할 수 있다는 점에 비추어 볼 때, 명예훼손 또는 인격권 침해의 태양 및 그 정도, 침해경위 등 제반 사정을 종합적으로 고려하여 피해자의 인격권의 핵심적 내용이 중대하게 훼손되는 경우 등에 한하여 그와 같은 직접적

저작권침해금지가처분의 경우에는 보전의 필요성이 인정되지 아니하는 경우가 많다. ① 드라마 대본의 저작권 침해를 이유로 그 대본을 이용한 드라마 제작의 금지를 구한 사안에서 드라마 전체의 방영이 완료되었고 위 대본에 기해 별도의 영상을 제작할 예정이라는 소명이 없어 보전의 필요성이 없다고 본 사례,[2-27] ② 수익금 분배 문제가 분쟁의 핵심 내용이어서 채권자의 손해는 금전지급을 구하는 본안소송을 통해 손해가 전보될 수 있으므로 긴급하게 채무자의 행위 금지를 구할 보전의 필요성이 없다고 본 사례,[2-28] ③ 분쟁의 실질적인 이유가 저작료 미지급 등 금전채권적 성격이 강하고, 분쟁당사자 사이에 협의를 통해 새로운 사업모델을 창출할 기회를 부여하는 것이 바람직한 점 등의 사정을 들어 보전의 필요성이 없다고 본 사례,[2-29] ④ 채권자가 채무자에게 설계도서를 제공하고 이에 따라 채무자가 공사를 하고 있던 중 채무자가 설계용역대금을 지급하지 아니하거나 설계용역계약을 해제하자, 채권자가 설계도서에 관한 저작권에 기하여 공사금지를 구한 사안에서, 설계용역대금의 청구 등 금전배상을 구하는 것은 별론으로 하고 공사금지를 구할 수는 없다고 본 사례,[2-30] ⑤ 일정한 시간적 간격을 두고 발행되는 잡지나, 특정한 목적으로 한정 수량 발행되는 서적의 경우 이미 발행되어 배포가 완료된 경우에는 더 이상 가처분으로써 침해금지를 구할 만한 보전의 필요성을 인정하기 어렵다고 본 사례, ⑥ 분쟁으로 인하여 출시가 지연될 경우 종국적으로 누가 저작권자로 판명이 되던(채권자가 저작권자라 하더라도) 쌍방 모두 손해를 회복할 길이 없을 것으로 보여 출시 자체를 저지하려는 가처분 신

구제수단이 허용된다』고 판시하면서 위 영화가 신빙성 있는 자료에 근거하지 않고 임의로 역사적 사실에 배치되는 내용을 기재하여 사건 관련자 및 그 유족들의 인격권을 중대하게 침해하였다고 인정하면서도, 영화 자체에 대한 상영금지 내지 영화내용에 대한 직접적인 수정 등을 구하는 가처분신청은 받아들이지 않고, 다만 영화 홈페이지, DVD 등에서 역사적 사실에 배치되는 묘사를 한 일부 내용을 삭제하지 않고 운영, 배포 등을 하여서는 아니 되고, 역사적 사실 그대로 제작된 것처럼 홍보·광고하여서는 아니 된다고 하며 신청을 일부 인용하였다.

2-27) 서울중앙지방법원 2010. 1. 25.자 2009카합3885 결정.

2-28) 서울고등법원 2010. 3. 31.자 2008라867 결정.

2-29) 서울고등법원 2008. 3. 12.자 2007라872 결정.

2-30) 서울중앙지방법원 2007. 8. 28.자 2007카합642 결정.

청을 기각한 사례 등이 있다.

또한, 채권자의 권리에 대한 침해행위가 인정되더라도 침해의 정지·예방을 위해 요구되는 상당한 정도를 넘어서 피고의 행위를 제한하는 청구는 과잉금지의 원칙에 반하여 허용되지 않는다.[2-31]

Ⅱ. 저작권법위반 형사소송

법은 제136조 제1항에서 저작재산권 그 밖에 저작권법에 따라 보호되는 재산적 권리를 복제, 공연, 공중송신, 전시, 배포, 대여, 2차적 저작물 작성의 방법으로 침해하는 저작재산권침해죄를 처벌하면서, 제136조 제2항에서 저작인격권 또는 실연자의 인격권을 침해하여 저작자 또는 실연자의 명예를 훼손한 자(제1호), 저작권의 등록 등을 거짓으로 한 자(제2호), 제124조 제1항의 규정에 따른 침해행위로 보는 행위를 한 자(제4호), 업으로 또는 영리를 목적으로 제124조 제2항의 규정에 따라 침해행위로 보는 행위를 한 자(제5호) 등을 처벌하는 규정을 두고 있다. 저작권 침해로 인한 형사책임이 성립하기 위해서는 ① 침해자의 행위가 형사처벌조항에서 정하는 범죄구성요건에 해당하여야 하고(특히 고의가 있어야 한다), ② 침해자의 행위가 위법하여야 하며, ③ 책임이 인정되어야 한다.[2-32] 또한 형사소추조건으로서 고소가 있어야 하는 것이 원칙이나(법 제140조), 영리를 목적으로 하거나, 상습적으로 소정의 침해행위를 한 경우에는 고소가 필요 없는 비친고죄이다.[2-33]

2-31) 채무자의 서비스 자체에 대한 금지청구는 자유로운 이용이 보장된 파일 공유 등이 적법한 이용행위 및 채무자의 적법한 영업활동을 막게 되어 이용자들의 이용권한 및 채무자의 영업상 자유를 필요 이상으로 제한하게 되어 부당하며, 서비스 이용 양상에 비추어 상당한 정도의 비침해적 이용이 이루어질 경우 서비스 자체의 중단을 명하는 것은 과잉금지 원칙에 반한다고 본 사례(서울중앙지방법원 2008. 8. 5. 자 2008카합968 결정)가 대표적이다.

2-32) 법 제102조는 온라인서비스제공자의 경우에는 소정의 기술적보호조치를 하거나 보호조치를 취하는 것이 불가능한 경우 형사책임을 면제하고 있으며, 동 규정은 형사상 책임에도 적용된다(대법원 2013. 9. 26. 선고 2011도1435 판결).

2-33) 저작권침해방조행위에 대하여도 그것이 영리를 위하여 상습적으로 행하여지는 경우 친고죄 규정이 배제된다. 이와 관련하여 현행 저작권법을 개정하여, 저작재산권 등의 침해 행위가 영리를 목적으로 하는 경우 또는 저작권자에게 100만 원 이상의

저작권법위반죄는 침해 저작물마다 1죄가 성립하고,[2-34] 수개의 저작물의 저작권을 침해한 경우 각 침해죄 사이의 실체적 경합범에 해당하며, 하나의 저작권침해행위가 저작재산권침해죄와 저작인격권침해죄를 같이 구성하는 경우에는 상상적 경합범으로 봄이 상당하다. 웹하드 사이트를 운영하는 자에 의하여 이루어지는 저작권위반방조죄는 '영리를 위하여 상습적'으로 행하여지는 경우가 많을 것인데, 이를 포괄일죄로 볼 것인지, 경합범으로 볼 것인지도 문제되나, 상습으로 제136조 제1항의 죄를 저지른 경우를 가중처벌한다는 규정은 따로 두고 있지 않다. 따라서 수회에 걸쳐 법 제136조 제1항의 죄를 범한 것이 상습성의 발현에 따른 것이라고 하더라도, 이는 원칙적으로 경합범으로 보아야 하는 것이지 하나의 죄로 처단되는 상습범으로 볼 것은 아니다 (대법원 2012. 5. 10. 선고 2011도12131 판결).

형사재판에서는 침해의 고의가 존재하는지(주로 방조범의 경우에 침해의 고의가 없었다고 다투는 경우가 많다[2-35]), 영리를 목적으로 하는지, 상습성이 인정되는지, 기술적보호조치를 이행하였거나 조치를 취하는 것이 기술적으로 불가능한지 여부 등이 쟁점이 되는 경우가 많다.

피해가 발생한 경우로 형사처벌 대상을 제한하는 한편, 비친고죄의 범위를 축소하는 것을 주요내용으로 하는 저작권법 개정안이 발의되어 국회에서 논의 중이다. 이는 경미한 저작권 침해에 대해서도 고소·고발이 남용되고 고소 취하 대가로 과도한 합의금을 요구하는 소위 '합의금 장사'가 사회적으로 문제가 되고 있는 실정을 고려하여 "비영리 규모의 일정 규모 이하 저작권 침해행위를 형사처벌 대상에서 제외함으로써 과도한 형사범죄자의 양산을 방지"하려는 것인데, 이를 반대하는 저작권자단체와 위 개정안을 지지하는 오픈넷 등 단체 사이에 치열한 논쟁이 있다.

2-34) 하나의 저작물을 복제, 전시, 배포하는 경우, 복제권, 전시권, 배포권 침해죄 사이의 죄수가 문제되나, 하나의 저작물에 대한 것인 이상 포괄하여 법 제136조 제1항의 일죄를 구성한다고 본다.

2-35) 저작권법위반방조와 관련하여서는 방조의 고의를 부인하는 경우가 있으나 이를 받아들인 사례는 발견하기 어렵다. 웹하드 사이트에서 저작권 침해행위를 방지하기 위하여 행하여지는 조치로는 1단계로 금칙어 설정, 2단계로 문자열 검색어 차단, 3단계로 고유값(해쉬값) 등록, 4단계로 오디오 필터링, 5단계로 비디오 필터링 등을 들 수 있는데, 위와 같은 조치가 형식적으로 이루어지는 것으로 보이는 경우에는 (저작권을 침해한 다수의 저작물이 오래기간 동안 웹하드에 게시되고 다운로드 된 경우 등) 방조행위의 고의를 인정함에 별다른 지장이 없다. 아직 비디오 필터링 조치까지 취한 사례에 대해서는 다투어진 바는 없는 듯하다.

제3장 저작물 - 저작권법의 보호대상

Ⅰ. 서 설

저작권법의 보호대상인 저작물에 관하여 법 제2조 제1호는 '인간의 사상 또는 감정을 표현한 창작물'이라고 정의하고 있다.[3-1] 무엇을 저작물로 보호할 것인가 하는 점은 지속적으로 제기되는 문제이며, 역사적으로 저작권법의 보호대상 즉 저작물의 종류와 범위는 계속 확대되어 왔다. 과거에는 어문저작물이 주를 이루었으나 오늘날에는 컴퓨터 프로그램이나 캐릭터 등과 같이 기능적, 실용적인 것에 이르기까지 저작권법의 틀 안에서 보호하고 있다.

Ⅱ. 저작물의 성립요건

1. 서 설

저작물의 성립요건으로서는 일반적으로 인간의 사상이나 감정을 '표현'한 것일 것과 '창작'물일 것이 요구된다. 전자의 요건 중에는 특히 법의 보호대상인 '표현'과 그렇지 않은 '아이디어'의 구분이 문제되며, 후자에 대해서는

3-1) 구 법(2006. 12. 28. 개정되기 전의 것)은 저작물을 '문학, 학술 또는 예술의 범위에 속하는 창작물'이라고 정의하였으나, 구 법 하에서도 법원은 「교과서, 참고서 기타 교재의 일정한 부분을 발췌하거나 변형하여 구성된 대입 본고사 입시문제도 최소한도의 창작성이 인정된다면 저작권법에 의하여 보호되는 저작물에 해당한다」(대법원 1997. 11. 25. 선고 97도2227 판결), 「광고용책자에 게재된 광고사진 중 찜질방 내부 전경 사진은 촬영자의 개성과 창조성을 인정할 수 있는 사진저작물에 해당한다」(대법원 2006. 12. 8. 선고 2005도3130 판결)고 판시하여 문학, 학술 또는 예술의 범위를 넓게 해석하였다.

어느 정도 창작성이 있어야 저작물로 볼 수 있는가가 주요 쟁점이다. 세분하여 살펴본다.

2. 인간의 사상이나 감정의 표현

가. '인간의'

인간의 사상이나 감정의 표현이어야 하므로 원숭이가 찍은 사진이나 코끼리가 그린 그림[3-2]은 저작물이 될 수 없다.

나. '사상이나 감정'

사상이나 감정의 표현이어야 하므로, 사실(fact) 자체는 법의 보호대상이 되지 않는다. 사실[3-3]의 발견, 과학적인 원리, 역사적인 사실은 이를 저자가 창작한 것이라 할 수 없으므로, 저작물에 해당하지 않는다.

1) 이휘소 사건[3-4]

<사안의 개요>

3-2) 참고로 영국 사진작가 데이비드 슬레이터(David Slater)는 2011년 인도네시아 술라웨시섬을 여행하다가 잠시 카메라를 내려놓은 순간 검정짧은꼬리원숭이 암컷 한마리가 슬레이터의 카메라를 낚아채 사진을 찍었고, 몇 장이 소위 '셀카'가 되었는데 위키피디아의 검정짧은꼬리원숭이 페이지에 사진이 첨부되었다. 이것이 저작물인지에 관한 논의가 있었으나 저작권청은 2014. 12. 22.부터 유효한 '미국 저작권청 실무개요서(The Compendium of U.S. Copyright Office Practices, 3rd Edition)' 313.2 Works That Lack Human Authorship에 '자연이나, 동식물이 만든 것에는 저작권을 등록하지 않을 것'이라고 하며 ･A photograph taken by a monkey. ･A mural painted by an elephant. 등이 등록제외 대상임을 명시하였다.

3-3) 「지도상에 표현되는 자연적 현상과 인문적 현상은 사실 그 자체일 뿐 저작권의 보호대상은 아니다.」(대법원 2003. 10. 9. 선고 2001다50586 판결). 「여행책자 중 여행지의 역사, 관련 교통 및 위치 정보, 운영시간, 전화번호 및 주소, 입장료, 쇼핑, 식당 및 숙박 정보 등에 관한 부분은 객관적 사실이나 정보를 별다른 특색 없이 일반적인 표현형식에 따라 있는 그대로 기술한 것에 지나지 않아 창작성을 인정할 수 없다.」(대법원 2011. 2. 10. 선고 2009도291 판결)

3-4) 서울서부지방법원 1998. 11. 12. 선고 95가합17007 판결(확정), 서울서부지방법원 1996. 4. 19. 선고 95카합3836 판결(서울고등법원 1997. 4. 23. 선고 96나18627 판결, 대법원 1998. 7. 10. 선고 97다34839 판결).

피신청인 ○○은 이휘소(이하 '망인')를 모델로 한 소설 '무궁화꽃이 피었습니다'(이하 '이 사건 소설')을 저술하면서 사실적으로 묘사하기 위하여 신청인이 저술한 '핵물리학자 이휘소'에 묘사된 망인에 관한 내용을 상당부분 참고하였다. '핵물리학자 이휘소'는 망인에 관한 이야기로 그 중 망인의 성장과정, 가족관계, 학력, 학자로서의 활동상황, 연구업적, 편지들의 내용, 망인의 사망 일시·장소 및 그 경위, 박정희 대통령은 자주국방을 내세우면서 핵무기 개발에 강한 집착을 보였고 장거리유도탄 개발에 성공했다는 내용 등에 대한 부분은 신청인이 직접 수집한 자료들과 당시 항간에 떠돌던 소문 등을 신청인의 독창적인 표현기법에 따라 기술(記述)한 것이고, 대통령으로부터 핵무기 개발을 위하여 귀국해 달라는 내용의 편지를 받고 고민하는 모습, 망인이 자신의 다리뼈 속에 핵무기와 유도탄개발에 필요한 원리가 축약되어 있는 계산서를 넣는 수술을 받고 은밀하게 한국을 방문하여 위 계산서를 다리뼈 속에서 꺼내어 대통령에게 전달한 부분은 신청인이 창작한 허구를 기술한 것이다.

신청인은 피신청인 ○○이 '핵물리학자 이휘소'의 핵심 내용을 무단으로 전재(轉載)하고 신청인이 창작한 허구적 스토리들을 그대로 이용하는 등 '핵물리학자 이휘소'를 표절하였다고 주장하며 판매금지 등 가처분을 신청하였다.

<법원의 판단>

법원은 '핵물리학자 이휘소'가 저작권의 보호대상인지 여부에 관하여,

『'핵물리학자 이휘소'는 주로 망인에 관한 객관적인 사실과 소문을 바탕으로 하고 일부 허구의 내용을 포함한 소설과 전기물의 중간형태의 창작물로서, 그 내용 중 먼저, 망인의 성장과정, 학력, 미국 유학생활, 경력, 학자로서의 뛰어난 연구업적, 당시의 시대상황과 주변정세(한국에서의 유신체제, 미국에서의 카터 대통령의 당선과 주한미군 철수 움직임 등)하에서 망인이 유신과 주한미군 철수를 모두 반대하였던 일, 핵무기개발을 향한 박정희의 은밀하고도 집요한 노력, 그 과정에서 박정희가 망인의 도움을 필요로 하였던 점, 한국이 유도탄 개발 초기에 실패하였다가 끝내는 장거리유도탄 개발에 성공하였던 일, 박정희가 사망한 후 국내에서는 핵무기개발을 저지하려는 미국이 배후에서 이를 교사하였을 것이라는 소문이 한때 나돌았던 점 등은 객관적인 사실이거나 그렇지 않더라도 적어도 당시 항간에 나돌던 소문에

불과할 뿐이어서, 그 표현이 아닌 내용 자체는 신청인의 사상이 담긴 창작이라고 할 수 없으므로, 위 내용부분에 관하여는 신청인의 저작권이 미친다 할 수 없고, 다만 외부에 표현된 표현형식에 한하여만 저작권의 보호대상이 될 수 있다 할 것이며, 다음으로 신청인이 허구로 지어낸 스토리부분의 경우에는 그 표현형식 뿐만 아니라 구체화된 스토리 자체도 저작물로 보호받는다고 볼 것』

이라고 판시하였다.

2) 까레이스키 사건[3-5)]

<사안의 개요>

원고는 일제시대 러시아에 이주하였다가 연해주에서 중앙아시아로 강제이주 해 간 한인들의 삶을 그린 장편대하소설 '텐산산맥'을 출간하였다. 피고는 러시아에 이주한 한인들의 삶에 관한 이야기를 다룬 텔레비전 드라마 '까레이스키'를 제작·방영하였다.

원고는 드라마 까레이스키가 많은 부분에서 소설 텐산산맥을 분해하여 모자이크 식으로 표절한 것이라고 주장하며, 피고를 상대로 손해배상청구소송을 제기하였다.

<법원의 판단>

법원은 소설 텐산산맥과 드라마 까레이스키의 실질적 유사성을 판단하면서,

『두 작품은 모두 일제치하에 연해주로 이주한 한인들의 삶이라는 공통된 시공의 배경과 사실을 소재로 주인공들의 일제 식민지로부터의 탈출, 연해주에의 정착, 1937년 스탈린에 의한 한인들의 중앙아시아로의 강제이주라는 공통된 전개방식을 통해 제정 러시아의 붕괴, 볼셰비키 혁명(1917년), 적백내전, 소련공산정권의 수립, 스탈린의 공포정치 등 러시아 변혁의 과정에서 연해주와 중앙아시아에 사는 한인들이 어떠한 대우를 받았고 어떻게 적응하며 살아왔는지 그 실상을 파헤쳐 우리에게 비교적 생소한 러시아 한인들의 삶과 현실을 소개하여 그 이해를 돕고 아울러 한민족으로서 동포적 사랑과 자긍심을 불러일으키려 함에 그 주제가 있다는 점에서 유사한 면이 있으나, 이는 공통의 역사적 사실을 소재로 한데서 오는 당연한 결과』

3-5) 대법원 2000. 10. 24. 선고 99다10813 판결(서울남부지방법원 1996. 10. 16. 선고 95가합7674 판결, 서울고등법원 1999. 1. 20. 선고 96나45391 판결).

라고 판시하였다. 즉, 설시된 역사적 사실·배경은 저작권의 보호대상이 아니라고 본 것이다.

3) 연합뉴스 사건[3-6]

<사안의 개요>

피고가 원고 소속 기자들이 취재, 작성한 뉴스기사를 그대로 또는 일부 변경하여 자신의 웹사이트에 게재한 사안에서 뉴스기사의 저작물성이 쟁점이 되었다.

<법원의 판단>

『별지 1 기사목록 '원고기사저작권인정 여부'란에 '○'로 표시된 피고의 기사에 대응하는 원고의 각 기사(이하 '이 사건 저작권인정 기사'라고 한다)는 그 내용에 비추어 보면 단순히 사실을 전달하는데 그치지 않고, 기사의 내용인 사실을 기초로 한 작성자의 비판, 예상, 전망 등이 표현되어 있고, 그 길이와 내용에 비추어 볼 때 이를 작성한 기자가, 그 수집한 소재를 선택, 배열, 표현할 수 있는 다양한 방법 중 자신의 일정한 관점과 판단기준에 근거하여 소재를 선택하고, 이를 배열한 후 독자의 이해를 돕기 위한 어투, 어휘를 선택하여 표현하였다고 할 것이어서, 이에는 작성자의 창조적 개성이 드러나 있다고 할 것이므로 이는 저작권법의 보호대상이 되는 저작물』이라고 판단한 반면에,

『이 사건 원고 기사 중 이 사건 저작권인정 기사를 제외한 나머지 기사들(이 사건 원고 기사 중 별지 1 기사목록 '원고기사저작권인정 여부'란에 '×'로 표시된 피고 기사에 대응하는 원고의 기사)에 대하여 보건대, 위 각 기사는 그 내용이 ① 경찰, 검찰 등 수사기관의 수사, 체포, 구속 등에 관련된 기사(1유형), ② 단일한 사항에 관한 객관적인 사실만을 전하는 기사(2유형), ③ 법원의 재판, 판결에 관한 기사(3유형, 위 각 기사의 기사별 유형은 별지 1 기사목록 유형란에 기재된 숫자와 같다)로 구별할 수 있는데, ① 1유형의 기사는 사건발생 경위, 사건의 결과, 관계자의 언급 내용, 수사기관의 수사진행 상황 등에 관한 객관적인 사실로 구성되고, 그 배열은 보통 체포·구속되었다는 사실, 혐의내용, 체포·구속의 과정, 목격자 또는 수사관계

3-6) 서울고등법원 2006. 11. 29. 선고 2006나2355 판결(대법원 2009. 5. 28. 선고 2007다354 판결로 손해액 등 부분에 대해 일부 파기환송되었고, 환송심에서 강제조정).

자의 언급내용, 향후 수사방향 등의 순서로 이루어지며, 그 표현 또한 "누가 … 체포·구속됐다", "… 적발됐다", "목격자는 … 라고 말했다", "경찰은 … 조사 중이다", "…라고 드러났다", "…입건했다", "…기소했다", "…한 혐의를 받고 있다" 등의 전형적인 표현이 사용되며, ② 2유형의 기사는 단일한 사항에 대하여 과거에 있었거나, 앞으로 예정된 객관적인 사실만으로 구성되고, 그 배열은 보통 사건의 발생·예정, 관계자의 언급, 관련사항(주로 사건, 사고의 경우 경찰의 조사상황)의 순서로 이루어지며, 그 표현 또한 "언제, 어떤 일이 발생했다", "원인은 …로 밝혀졌다", "관계자(목격자)는 말했다", "…할 예정이다" 등의 전형적인 표현이 사용되고, ③ 3유형의 기사는 법원의 재판과정에 있었던 사실이나, 법원이 선고한 판결에 관련된 객관적 사실만으로 구성되고, 그 배열은 판결의 선고사실, 선고결과, 재판부의 언급, 판결의 대상이 된 관련사실 등의 순서로 이루어지며, 그 표현 또한 "…한 판결이 선고되었다", "…라고 밝혔다", "재판부는 …라고 강조했다", "…라고 덧붙였다", "…소송을 냈다"는 등의 전형적인 표현이 사용되고, 위 각 기사는 비교적 길이가 짧고, 기사의 내용을 구성하는 사실의 선택, 배열 등에 있어 특별한 순서나 의미를 가진다고 보이지 않으며, 그 표현 자체가 지극히 전형적으로 이루어지고, 깊이 있는 취재에 의한 것이 아니라 단순한 관계기관의 발표, 자료 등에 의존하여 간단하게 구성되어 그 작성자가 다양한 표현방법 중 특별한 방법을 선택하였다고 보이지 않는 등 위 각 기사는 위와 같은 사항을 취재하여 기사를 작성하는 기자라면 누구나 위 각 기사와 같거나, 유사한 표현을 사용할 것이라고 보이는 기사로서 그 내용, 길이 등에 비추어 소재의 선택, 배열, 구체적인 용어의 선택, 어투, 그 밖의 문장표현에 창작성이 인정된다거나, 그 기사를 작성한 기자의 평가, 비판 등의 사상이나 감정이 표현되어 있는 기사에 해당한다고 볼 수 없으므로 위 각 기사는 저작권법에 의하여 보호되는 저작물이라고 할 수 없다.」고 판단하였다.

☞ 사실의 전달에 불과한 시사보도[3-7]와 저작권법의 보호대상인 시사보도의 구분에 관하여[3-8], 판례는 『스포츠 소식을 비롯하여 각종 사건이나 사고, 수사나 재판 상황, 판결 내용 등 여러 가지 사실이나 정보들을 언론매체의 정형적이고 간결한 문체와 표현 형식을 통하여 있는 그대로 전달하는 정도에 불과하고 독창적

3-7) 저작권법 제7조 제5호는 '사실의 전달에 불과한 시사보도'는 저작권법에 의한 보호를 받지 못한다고 규정하고 있다.

3-8) 최경진, "뉴스(News)와 저작권", 성균관법학 20권 3호(2009), 1032~1039면; 박준우, "보도기사의 저작물성", 저작권문화 161호(2008. 1).

이고 개성 있는 표현 수준에 이르지 않은 것은 '사실의 전달에 불과한 시사보도'에 해당하여 저작권법에 의한 보호대상에서 저작권법에 의하여 보호되는 저작물이라고 할 수 없다」고 설시(대법원 2009. 5. 28. 선고 2007다354 판결)하고 있는데, 여기에서의 사실의 전달에 불과한 시사보도라 함은 저작권법에 의한 보호를 받을 가치가 없을 정도로 최소한도의 창작성조차 인정되지 않는 경우, 누가 하더라도 같거나 비슷할 수밖에 없는 표현, 즉 저작물 작성자의 창조적 개성이 드러나지 않는 표현을 담고 있는 것을 의미하는 것으로서, 위 규정은 인사발령기사, 부고기사, 간단한 사건사고 기사와 같이 누가, 언제, 어디서, 무엇을 어떻게 했다는 등을 전하는 짧은 기사, 누가 작성하더라도 같거나 비슷하게 표현될 수밖에 없는 사실을 간결하게 전달하는 기사 등은 저작권법이 보호하는 저작물이 아님을 주의적으로 표현한 것에 지나지 않는다고 보아야 할 것이다.[3-9] 객관적 사실을 전달하기 위한 기사라고 하더라도 기사의 내용, 길이 등에 비추어 소재의 선택, 배열, 구체적인 용어의 선택, 어투, 그 밖의 문장표현에 창작성이 인정되거나, 그 기사를 작성한 기자의 평가, 비판 등의 사상이나 감정이 표현되어 있는 경우에는 저작권법이 보호하는 저작물에 해당한다.[3-10]

다. '표 현'

저작권은 추상적인 아이디어의 내용 그 자체에는 미치지 아니하고 그 내용을 나타내는 상세하고 구체적인 표현에만 미친다.[3-11] 저작권의 보호 대상은 인간의 사상 또는 감정을 말, 문자, 음, 색 등에 의하여 구체적으로 외부에 표현한 창작적인 '표현' 형식이므로, 표현되어 있는 내용 즉 아이디어나 그 기초 이론 등은 설사 독창성·신규성이 있는 것이라 하더라도 저작권의 보호 대상이 될 수 없다.[3-12] 다만 소설의 줄거리의 경우에는 저작자의 창작성이 나타난 구체적인 부분은 표현형식으로서 보호받을 수 있다.[3-13]

3-9) 서울고등법원 2006. 11. 29. 선고 2006나2355 판결.

3-10) 서울중앙지방법원 2011. 7. 8. 선고 2010나51177 판결.

3-11) 그러한 제도설계의 이유와 의미에 관하여는 제1장 참조.

3-12) 창작 동기에는 창조성이 있으나 결과물은 그렇지 않은 경우, 예를 들어 개념 예술(conceptual art)로 분류되는 Marcel Duchamp의 'Fountain'(기성품인 소변기를 설치함)이나 John Cage의 4'33"(4분 33초 동안의 침묵으로 구성됨) 같은 경우 이를 저작물로 볼 수 있을 것인가가 문제된다. 만약 이를 저작물로 보호된다면 침해 판단에 어려움이 예상된다. 4'33"에 관한 상세는 임원선, 68면 참조.

3-13) 「극적 저작물의 경우는 각 인물들이 설정된 배경 하에서 만들어 내는 구체적인 사건들의 연속으로 이루어지고, 그 사건들은 일정한 패턴의 전개과정을 통해서 구체적인 줄거리로 파악되어 인물들의 갈등과 그 해결과정을 내용으로 하고 있으며,

학술의 범위에 속하는 저작물의 경우 그 학술적인 내용은 만인에게 공통되는 것이고 누구에 대하여도 자유로운 이용이 허용되어야 하는 것으로서 그 저작권의 보호는 창작적인 표현형식에 있지 학술적인 내용에 있는 것은 아니다.[3-14]

1) 아이디어와 표현의 구분

저작권자가 저작물을 창작함에 있어서 구상, 고안, 영감 등을 아이디어라고 할 때 이를 구체적인 말, 문자, 음, 색 등으로 외부로 나타낸 것이 표현에 해당한다. 저작권법의 보호대상은 표현에 한정되나, 아이디어와 표현이 항상 명확하게 구분되는 것은 아니다.[3-15]

가) 표현으로 본 사례

(1) 이것이 미국영어다 사건[3-16]

인물들의 갈등과 해결과정은 인물들 성격의 상호관계와 그 대응구도에 의하여 그려지는 것인바, 이는 아이디어의 차원을 넘어 표현에 해당하는 부분이다.」(서울남부지방법원 2004. 3. 18. 선고 2002가합4017 판결)

3-14) 대법원 1993. 6. 8. 선고 93다3073, 93다3080 판결(키-레터스를 이용한 희랍어의 분석방법은 비록 그것이 독창적이라 하더라도 어문법적인 원리나 법칙에 해당하므로 저작권의 보호대상인 표현의 영역에 속하는 것이 아니라 보호대상이 아닌 아이디어의 영역에 속하므로 그 이론을 이용하더라도 구체적인 표현까지 베끼지 않는 한 저작권의 침해로 되지 아니한다), 대법원 2012. 8. 30. 선고 2010다70520, 70537 판결 등; 서달주, "학술적 어문저작물의 창작성 판단", 계간 저작권 74호(2006. 6), 66~69면은, 학술적 어문저작물을 저작권법의 보호범위에서 제외하는 것의 근거로, 학술적 어문저작물의 경우 헌법상 '학문의 자유'와 '사상의 자유'에 의하여 저작권법의 효력이 제한받을 수 있는 점, 주로 사고법칙(논리학적 법칙)에 따라 작성되어 있어 자유도가 풍부하지 못한 점, 대부분 통례적, 관용적, 일상적 용어, 문장, 문단 형식으로 구성되어 있는 점, 비교적 높은 보호의 하한선을 요구하는 '실용적' 어문저작물인 점 등을 들고 있다.

3-15) 판례는, 「타자기의 글자 배열표는 사람의 정신적 노력에 의하여 얻어진 사상 또는 감정에 관한 창작적인 표현물로서 저작권법에서 말하는 저작물에 해당한다.」(대법원 1977. 12. 13. 선고 77누76 판결)고 한 반면, 「신청인의 한글교육교재는 그 소재인 글자교육카드의 선택 또는 배열이 창작성이 있다고 할 수 없어 이를 편집저작물로 볼 수 없고, 위 한글교육교재가 채택하고 있는 순차적 교육방식이라는 것은 아이디어에 불과하여 저작물로서 보호받을 수 없다.」(대법원 1996. 6. 14. 선고 96다6264 판결)고 판단하였다.

3-16) 서울서부지방법원 2008. 10. 2. 선고 2007가합4127 판결(항소심에서 강제조정).

<사안의 개요>

원고는 영어를 배우는 데 필요한 유익한 표현 등을 기록해두었다가 이를 모아서 서적으로 출판하였는데, 원고의 서적은 구체적인 상황에 따라 미국인들이 자주 사용하는 관용어구나 독특한 표현들에 관하여 그러한 표현들이 사용되는 이야기를 창작하여 그 안에 설명하고자 하는 영어표현들을 함께 넣은 다음 그러한 영어표현들이 포함되어 있는 예문을 창작하여 설명하는 내용으로 구성되어 있다. 피고가 저술한 서적에는 원고 서적에 수록된 예문과 완전히 동일하거나 인명과 지명 등 고유명사나 숫자 등을 바꾸고 문장배열의 순서를 일부 바꾸거나 일부 문구의 삽입과 삭제 등의 방법으로 지엽적인 변형을 가한 것에 불과한 예문들이 많이 포함되어 있다.

<법원의 판단>

위 예문들의 저작물성에 관하여 법원은,

『숙어 및 관용구 그 자체는 저작권의 보호대상이라고 할 수 없지만 이를 포함하여 창작된 문장 및 그 문장들의 조합, 배열된 대화문은 위에서 본 '최소한도의 창작성'을 갖추고 있다고 할 것이다. 사실정보에 관한 저작물 속에 들어 있는 공지의 사실 또는 일반상식에 속하는 사실은 저작권의 보호대상인 '표현'의 영역이 아니라 보호받지 못하는 '아이디어'의 영역에 속한다 할 것이지만, 이를 표현하는 서술의 순서, 설명 양식, 제시방법 등 구체적인 표현에 창작성이 있는 경우에는 저작권법상 보호의 대상이 될 수 있다고 할 것이다. 원고 서적에 실린 영어 예문들은 단순한 영어 숙어나 관용구가 아니라 원고가 미국에서 20여년간 생활한 것을 바탕으로 하여 한국인들이 쉽게 익힐 수 있도록 영어 관용어구를 기초로 대화문장을 창작한 다음 이를 조합 배열하여 위 문장들이 사용되는 상황에 맞추어 알기 쉽게 서술한 것으로서 저작권법에 의하여 보호되는 저작물이라고 할 것이다.』

고 판시하여 그 저작물성을 인정하였다.

나) 표현이 아니라고 본 사례

(1) 피아노교본 사건[3-17]

『고소인의 '알프레드(Alfred) 피아노 교본'에서 택하고 있는 어린이를 대상으로 한 피아노 교습에 관한 교육이론과 이에 기한 교습방법 또는 순서

3-17) 대법원 1999. 10. 22. 선고 98도112 판결.

자체는 이를 저작권의 보호대상이 되는 표현형식에 해당한다고 할 수 없으므로 피고인이 인쇄·판매한 '엘리트 피아노 교본'이 설사 고소인측 교본과 같은 교육이론에 따른 것이라고 하더라도 이를 가리켜 저작권 침해가 되는 무단 복제에 해당한다고 할 수 없다.」

☞ 유사한 사례로, 『신청인의 서적에 저술된 학술적, 이론적인 내용, 즉 신청인이 개발한 독창적인 속독법에 관한 기본 원리는 표현이 아닌 아이디어로서 저작권의 보호대상이 아니다』라고 본 사례,[3-18] 『키-레터스를 이용한 희랍어의 분석방법은 비록 그것이 독창적이라 하더라도 어문법적인 원리나 법칙에 해당하므로 저작권의 보호대상인 표현의 영역에 속하는 것이 아니라 보호대상이 아닌 아이디어의 영역에 속하므로 그 이론을 이용하더라도 구체적인 표현까지 베끼지 않는 한 저작권의 침해로 되지 아니한다』고 본 사례,[3-19] 『신청인의 한글교육교재가 채택하고 있는 순차적 교육방식이라는 것은 아이디어에 불과하여 저작물로서 보호받을 수 없다』고 본 사례[3-20] 등이 있다.

(2) 여우와 솜사탕(사랑이 뭐길래) 사건[3-21]

<사안의 개요>

원고는 '사랑이 뭐길래' 드라마 대본의 저작권자인데, 피고들이 집필 또는 방영한 '여우와 솜사탕' 드라마 및 그 대본이 원고의 저작권을 침해하였다고 주장하며 손해배상을 청구하였다. 소송에서 대본과 그에 따라 제작된 드라마의 저작물성이 쟁점으로 되었다.

<법원의 판단>

『극적 저작물의 경우는 각 인물들이 설정된 배경하에서 만들어 내는 구체적인 사건들의 연속으로 이루어지고, 그 사건들은 일정한 패턴의 전개과정을 통해서 구체적인 줄거리로 파악되어 인물들의 갈등과 그 해결과정을 내용으로 하고 있으며, 인물들의 갈등과 해결과정은 인물들 성격의 상호관계와 그 대응구도에 의하여 그려지는 것인바, 이는 아이디어의 차원을 넘어 표현에 해당하는 부분이다. 원고의 대본과 피고들의 대본 및 드라마 모두

3-18) 대법원 1997. 9. 29.자 97마330 결정.

3-19) 대법원 1993. 6. 8. 선고 93다3073, 93다3080 판결.

3-20) 대법원 1996. 6. 14. 선고 96다6264 판결.

3-21) 서울남부지방법원 2004. 3. 18. 선고 2002가합4017 판결〔서울고등법원 2005. 9. 13. 2004나27480 판결(확정)〕.

남자주인공과 여자주인공의 사랑과 결혼을 둘러싼 두 집안의 이야기가 주된 줄거리라고 할 것인데, 이러한 주된 줄거리 부분은 소재로서 아이디어에 해당하는 부분이다. 그러나 원고의 대본과 피고들의 대본 및 드라마의 구체적인 줄거리나 사건의 전개과정을 보면 아래에서 보는 바와 같은 유사성이 인정되고, 이는 아이디어의 차원을 넘어 표현에 해당하는 부분이다.

즉 ① 가풍의 측면에서 남자주인공(대발, 강철)의 집안은 남성위주의 가부장적 분위기이며 여자주인공(지은, 선녀)의 집안은 여성위주의 개방적인 분위기라는 대조적 양상을 띠고 있고, 여자주인공은 모두 학력이 높고(지은은 명문대학 법대에서 석사학위를 받았고, 선녀는 한의대 졸업반이다) 여자주인공측 집안에서 특히 어머니로부터 큰 기대를 받고 자라온 수재라는 점, ② 여자주인공이 남자주인공에게 먼저 청혼하지만, 남자주인공에게는 여자주인공 이외의 다른 여자친구도 있었으며 이 때문에 여자주인공과 마찰을 빚게 되고, 남자주인공은 처음에 결혼을 완강히 반대하며 자유인으로 살겠다고 하지만 결국에는 결혼을 받아들인다는 점, ③ 남자주인공과 여자주인공의 어머니들은 고교동창 사이로서 여자주인공네가 남자주인공네로 우연히 새집을 지어 이사를 오게 되면서 오랜만에 재회하게 되지만, 그들 사이는 껄끄러운 관계라는 점, ④ 여자주인공의 어머니는 장래가 유망한 자신의 딸이 공부를 중단해야 한다는 것 등의 이유로 결혼에 반대하고, 여자주인공의 아버지는 남자주인공을 마음에 들어하고 결혼을 적극 지원하며, 남자주인공의 집에서는 적극적으로 결혼에 찬성한다는 점, ⑤ 주인공 어머니들은 상견례장에서야 비로소 자신들이 서로 사돈이 될 사이라는 것을 알게 되고 결사적으로 결혼에 반대하고, 주인공 어머니들 사이의 갈등은 여고 동창생의 악의없는 행동으로 더욱 커진다는 점, ⑥ 우여곡절 끝에 결혼을 하기로 하지만 이번에는 주인공 어머니들은 혼수준비과정에서 실랑이를 벌이게 되고, 이 과정에서 남자주인공 아버지는 남자주인공 어머니에게 사치 운운하며 질책을 하게 되며, 결국 혼수를 줄이는 쪽으로 합의를 본다는 점, ⑦ 결혼식을 전후해서 여자주인공 어머니는 딸과의 화해를 시도하지만, 여자주인공은 결혼과정에서의 불만을 표출하면서 그 화해를 받아들이지 않고, 이로 인해 두 모녀의 갈등은 더 깊어진다는 점, ⑧ 여자주인공이 남자주인공의 집안에 들어가 시집살이를 하게 되는데, 여자주인공이 남자주인공 집안의 보수적인 분위기를 바꾸자는 제안을 하게 되고, 시아버지는 며느리의 의견을 대부분 존중하고 변화를 허락한다는 점, ⑨ 양가의 어머니들은 서로 질투하던 관계였지만, 자녀들의 결혼 이후 서로를 이해하고, 동정을 하게 되면서 절친하게 마음을 터놓고 지내게 된다는 점, ⑩ 청혼은 여자주인공이 먼저 했지만, 결혼 후에는 여자주인공이 주도권을 잡고 남자주인공에 대한 압박을 하면서 남자주인공이 여자주인공에게 상당히 길들여진다는 점, ⑪ 처가에 들른 주인공 부부는 장모에게서 자신의 동서가 될 사람과의 차별을 경험하고 처갓집을 나와 버리는 사태가 발생한다는 점, ⑫ 남자주인공의 어머니들은 결혼 이후로 집안에서 자신의 발언권을 강화하고자 노력한다는 점 등이 동일하거나 유사하게 전개된다.』

☞ 소설의 줄거리 등은 어느 정도 구체화되었는지에 따라 표현인지 여부가 달라질 수 있다. 법원은 '시체가 돌아왔다' 사건[3-22]에서, 『이 사건 시나리오와 신청인 측 시나리오는 모두 '주인공들이 특정 회사로부터 억울한 피해를 입고 급하게 돈이 필요하게 된 상황에서 시체를 훔쳐서 상대방에게 그 몸값을 요구한다'는 내용을 기본 줄거리로 삼고 있고, 코미디 장르에 속한다는 점에서는 유사한 면이 있기는 하다. 그러나 이러한 줄거리는 아이디어의 영역에 속하는 것으로서 저작권법에 의한 보호를 받을 수 없고, 나아가 코미디 장르를 특정인에게 독점시키는 것은 부당하므로 양자가 모두 코미디 장르에 속한다는 사정만으로 달리 볼 수 없다.』고 판시하였고, 영화 클래식 사건[3-23]에서도 신청인의 영화 '클래식'과 피신청인의 드라마 '사랑비'의 『기본적인 줄거리와 인물 유형을 비교해 보면, 양 작품은 모두 남자주인공과 여자주인공 및 남자주인공의 친구가 삼각관계를 이루어 괴로워 하다가 남·여주인공이 결국 헤어지게 되고, 부모세대의 못다 이룬 사랑을 남자주인공의 아들과 여자주인공의 딸이 우연히 만나 결실을 맺게 된다는 구조를 갖추고 있어, 개괄적인 줄거리와 주요 인물 유형이 서로 유사하다. 그러나 이러한 추상적인 줄거리나 인물유형은 저작권법에 의하여 보호되지 않는 추상적인 아이디어의 영역에 속할 뿐, 저작권의 보호 대상이 되는 표현형식에 해당한다고 볼 수 없다.』고 판시하였다.

(3) 한자 학습방법 사건[3-24]

<사안의 개요>

피고는 일반인들이 한자를 쉽게 배울 수 있는 학습방법에 관하여 연구하던 중 개별 한자에 대하여 공통적인 뜻으로 사용될 수 있는 구성요소들을 발굴하고, 그 각 구성요소에 대하여 해당 뜻(訓)에 부합하는 명칭을 부여하며, 그

3-22) 서울중앙지방법원 2012. 8. 31.자 2012카합1494 결정(확정).

3-23) 서울중앙지방법원 2012. 7. 20.자 2012카합1315 결정(확정).

3-24) 서울고등법원 2008. 6. 10. 선고 2007나87117 판결(확정).

각 구성요소의 뜻을 조합하는 것만으로 해당 한자의 뜻을 연상하여 암기할 수 있도록 하는 학습방법을 착상(이하 '이 사건 착상')하였고, 이를 기초로 하여 기존의 한자 부수 214자 대신에 한자의 기본이 되는 80종 149개의 구성요소(이하 '이 사건 자원부호')를 선별하여, 이를 가리켜 '자원부호(字源符號)' 또는 '뿌리부호'라고 명명한 뒤, ① 그 중 기존의 한자 부수와 동일한 모양의 자원부호에 대하여는, 부수의 원래 명칭에서 음(音)을 제외한 뜻(訓)만으로 해당 자원부호에 대한 명칭을 부여하거나, 기존의 부수에 없는 새로운 뜻을 만들어 명칭을 부여하고, ② 나머지 기존의 한자 부수와 상이한 모양의 자원부호에 대하여는, 피고가 독자적으로 뜻을 만들어 해당 자원부호에 대한 명칭을 부여하는 등의 방식으로, 기존의 한자 체계와 대비되는 새로운 한자 체계(이하 '이 사건 자원부호 체계')를 고안한 뒤, 이 사건 자원부호 체계를 구체적으로 해설하는 학습서로서 '한자해설과 속습법' 등을 서적을 저술하였다. 원고는 '속성한자 2,000자'라는 제호의 서적을 저술하였는데, 위 서적은 이 사건 자원부호 체계를 구체적으로 해설하는 학습서로서, 위 서적에는 피고 서적에 수록된 것과 동일한 이 사건 자원부호 체계를 도시한 일람표가 수록되어 있다.

<법원의 판단>

『이 사건 자원부호 체계가 아이디어인지 표현인지 여부에 관하여, 이 사건 자원부호 체계는 기존의 한자 부수 214자 대신에 한자의 기본이 되는 80종 149개의 자원부호를 선별하여 개별 한자에 위 각 자원부호를 적용하는 경우 모든 한자의 뜻을 연상, 암기할 수 있도록 하는 학술적인 이론 체계로서, 위와 같은 자원부호 중 일부가 변경, 삭제되는 경우에는 단순히 다양한 선택가능성 중의 하나인 표현형식이 변경되는 것이 아니라, 전체적인 이론 체계의 동일성 내지 완성도에 변화를 가져오게 되므로, 이 사건 자원부호 체계는 학술적인 이론으로서의 아이디어에 속한다고 봄이 상당하다. …이 사건 착상에 기하여 고안될 수 있는 자원부호 체계가 이 사건 자원부호 체계 외에 별도로 존재할 수 있다거나, 그 자원부호 체계가 보다 합리적·효율적일 수 있다는 사실이 인정된다고 하더라도, 그와 같은 사실이 이 사건 자원부호 체계가 학술적인 이론으로서 표현형식이 아니라 아이디어에 속한다는 점에 어떠한 영향을 미칠 수 없다.』

나아가 이 사건 자원부호 체계 중 피고에 의하여 선별된 80종 149개의 자원부호에 대하여 피고가 부여한 각 명칭, 배열 및 이를 도시한 피고 일람표 등이 표현형식에 속하는지 여부에 관하여 법원은,

「(가) 먼저 이 사건 자원부호에 부여된 각 명칭에 관하여 보건대, 자원부호의 명칭은 해당 학술분야에 속하는 사람들 또는 학습자들을 대상으로 해당 한자가 가지고 있는 본래의 뜻이나 유사한 뜻을 이용하여 이를 알기 쉬운 국문으로 나타낸 것으로서, 위와 같은 명칭의 부여는 극히 제한되어 있는 선택가능성 중의 하나를 채택한 것에 불과하여 여기에 피고의 표현상의 개성이 반영되어 있다고 보기 어렵고, 또한 학습자들이 이 사건 자원부호 체계를 학술적인 이론으로 받아들여 이를 이용함에 있어서, 자원부호의 명칭만을 전체적인 체계와 분리하여 개인이 독점적으로 이용할 수 있다고 하는 경우에는, 위 이론체계를 이용하는 사회구성원들이 상황에 따라 각기 다른 명칭을 부여, 이용해야 할 불합리함을 초래할 우려가 있고, 이는 결국 학술적인 이론은 만인에게 공통되는 것이고 누구에 대하여도 자유로운 이용이 허용되어야 한다는 법리를 훼손하는 것으로서 저작권법의 본래의 취지에 어긋나게 되므로, 이 사건 자원부호에 대하여 피고가 부여한 각 명칭이 전체적인 자원부호 체계와 분리하여 저작권법의 보호대상이 된다고 할 수 없다.

(나) 다음으로, 이 사건 자원부호의 배열 및 이를 도시한 피고 일람표에 관하여 보건대, 이 사건 자원부호의 배열방식은 본래 한자 부수의 배열 방식과 같이 자원부호의 획수에 따라 그 배열을 한 것에 지나지 않고, 한편 이 사건 자원부호를 도시한 피고 일람표도 통상적인 일람표의 도시 방식과 대비하여 볼 때, 저작자의 개성이 반영되었다고 볼 만한 별다른 표현상의 창작성을 찾아볼 수 없는바, 위 사실을 위 법리에 비추어 보면, 이 사건 자원부호의 배열 및 이를 도시한 피고 일람표 역시 전체적인 자원부호 체계와 분리하여 저작권법의 보호대상이 된다고 할 수 없다.」고 판시하였다.

☞ 유사 사례로, 고려수지침요법강좌Ⅱ 사건[3-25]에서, 원고가 원고의 서적에서 수지침이론을 설명하면서 기맥과 혈점을 표현함에 있어 영문 알파벳과 아라비아숫자를 조합하는 방식을 사용하였고, 이에 따라 알파벳과 아라비아숫자는 본래의 의미를 벗어나 기맥과 혈점을 의미하는 것으로 재창조되었으므로 알파벳과 아라비아숫자를 이용한 14기맥과 345개 혈점의 표현방식은 저작물에 해당한다고 주장한 것에 대하여, 법원은, 「원고가 손에 존재하는 14기맥과 345개 혈점을

3-25) 서울중앙지방법원 2008. 10. 9. 선고 2006가합83852 판결(확정).

정의하면서 일반인들도 이해하기 쉽도록 영문 알파벳과 아라비아 숫자를 결합하는 방식을 사용하는 것은 수지침이론을 전개하기 위한 전제로서 14기맥과 345개 혈점의 명명방법에 불과하여 아이디어 또는 이론적 체계에 불과하고, 어떠한 구체적인 사상이나 감정 등이 구체적으로 표현된 것이라고 보기 어렵다. 따라서 원고의 영문 알파벳과 아라비아숫자를 이용한 14기맥과 345개 혈점의 표현방식은 저작권법에 정해진 저작물에 해당하지 않는다.」고 판시하여 저작물성을 부인하였다.

(4) 파닉스교재 사건[3-26]

「원고가 출판·판매한 파닉스 방식의 영어교재는 ① 전체 구성면에서 영어의 26개 알파벳 음가를 알파벳 순서에 따라 총 8개 단원으로 나누되 각 단원에서 학습할 알파벳 음가를 A부터 R까지는 3개씩을 한 단원으로, S부터 Z까지는 4개씩을 한 단원으로 각각 구성하고, 4단원과 8단원 뒤에 각각 복습활동(Review)을, 8단원 뒤의 복습활동에 이어서 추가복습활동(Challenge-Game)을, 맨 뒤에 테스트 활동을 두며(이하 '이 사건 저작물 1권 전체구성'이라 한다), ② 목차에서는 각 단원별로 가로로 긴 직사각형 형태를 가지되 각 모서리가 둥근 박스를 만들고, 박스별로 파스텔 톤의 연두, 주황, 파랑, 보라, 노랑 등 바탕색을 달리하여, 각 박스 안에 해당 단원에서 학습할 알파벳을 대문자와 소문자로 함께 표시하고 각 알파벳 음가별로 그 단원에서 학습할 3개의 단어(총 78단어)를 열거하고 있으며(이하 '이 사건 저작물 1권 목차구성'이라 한다), ③ 각 단원별로 처음 'Learn' 단계는 그 단원에서 학습할 3개 또는 4개의 알파벳 음가에 해당하는 각 알파벳 문자와 각 알파벳 음가가 포함된 단어 중 학습자에게 친숙한 단어 1개를 선별하여 이를 그림으로 제시하고 이 사건 저작물과 같이 제공되는 오디오 CD를 통해 이를 듣고 따라하는 과정, 해당 알파벳의 대문자와 소문자를 한 번씩 따라 쓰는 과정으로 구성되고, 'Practice' 단계는 해당 알파벳과 그 알파벳이 포함되어 있는 단어에 해당하는 그림을 연결시키는 과정, 단어를 그림으로 제시하고 그에 사용된 알파벳을 쓰거나 찾거나, 또는 해당 알파벳의 대소문자가 바르게 연결된 것을 찾는 과정으로 구성되며, 'Listen More' 단계는 각 음가마다 앞서 제시한 단어와 원고가 선별한 2개의 확장단어를 그림으로 제시하고 오디오 CD를 통해 이를 듣고 따라하는 과정으로 구성되고, 'Practice

3-26) 알파벳 학습교재의 구성 등의 창작성이 있는지 여부가 쟁점이다. 서울고등법원 2011. 12. 14. 선고 2011나20227 판결(확정).

More' 단계는 각 음가가 포함된 단어에 해당하는 그림을 찾아 색칠하게 하는 과정, 그림에 해당하는 단어에 포함된 음가에 맞는 알파벳을 찾거나 해당 알파벳의 대소문자를 연결시키는 과정으로 구성되며, 'Listen & Do' 단계는 단어를 듣고, 그 단어의 첫 음가에 해당하는 단어를 찾거나 쓰는 과정, 소리를 듣고 그 음가가 포함된 그림을 찾거나 그림이 그 음가를 포함하는지 여부를 체크하는 과정으로 구성되고, 'Read & Do' 단계에서는 해당 알파벳의 쓰기연습을 하거나 단어를 그림으로 제시하고 그 단어에 포함된 음가에 해당하는 알파벳을 찾아 쓰기연습을 하는 과정으로 구성되어 있다(이하 '이 사건 저작물 1권 단원구성'이라 한다). 이 사건 저작물 1권 전체구성은 영어 알파벳의 음가를 각각 알파벳의 순서에 따라 순차배열하고 1개의 단원에서 학습할 음가를 적절히 안배한 것에 불과하므로, 그러한 배열과 구성에 저작권법으로 보호할 만한 창작적 요소가 있다고 볼 수 없다. 이 사건 저작물 1권(의) 목차구성 역시 파닉스 교재에서 흔히 취하는 구성방식임이 인정되므로, 여기에 저작권법으로 보호할 만한 창작적 요소가 있다고 볼 수 없다(피고가 제출한 참고자료도 유사한 구성방식을 취하고 있다). 다만, 그 목차구성의 구체적인 표현형식 즉, 목차에서 각 단원별로 가로로 긴 직사각형 형태를 가지되 각 모서리가 둥근 박스를 만들고, 박스별로 파스텔 톤의 연두, 주황, 파랑, 보라, 노랑 등 바탕색을 달리하여, 각 박스 안에 단원별 목차의 내용을 기재하는 것은 저작권법에 의하여 보호되는 창작성 있는 표현으로 볼 수 있다. 이 사건 저작물 1권 단원구성 중 '각 단원의 도입부에 해당 음가가 포함된 단어 중 학습자에게 친숙한 단어 1개를 그림과 함께 제시하여 이를 학습하게 한 다음 해당 음가가 포함된 새로운 단어를 그림과 함께 추가로 제시하여 이를 학습하게 하는 방법' 자체는 학습자로 하여금 파닉스를 효과적으로 익힐 수 있도록 하는 교육방법, 즉 아이디어 영역에 해당하는 것이어서 저작권법의 보호대상이 아니다. 이에 대하여 원고는 이 사건 저작물이 편집저작물로서의 성격도 있음을 전제로 위와 같은 구성은 편집저작물의 내재적 표현으로서 창작성이 있으므로 저작권의 보호대상에 해당한다고 주장하나, 이 사건 저작물은 영어의 파닉스 원리를 습득하게 한다는 목적과 기능을 위해 교재 전체 내용이 유기적으로 연결되어 있는 학습교재여서, 저작물이나 부호·문자·음·영상 그 밖의 형태의 자료의 집합물로서 그 소재의 선택·배열 또는 구성에 창작성이 있는 편집저작물과는 그 성격이 다르므로, 이 사건 저작물이 편집저작물의 성격을 가지고 있음을 전제로 한 원고의 위 주장은 이유 없다. 또한, 이 사건 저작물 1권(의) 단원구성 중 각 세부구성 역시 각 세부구성에서 취하고 있는 개별 학습방법 자체, 즉 오디오 CD를 듣고 따라하거나, 해당 알파벳과 그 알파벳이 포함되어 있는 단어에 해당하는 그림을 연결시키도록 하거나, 그림에 해당하는 단어에 포함된 알파벳을 쓰게 하거나, 각 음가를 포함한 단어에 해당하는 그림을 찾아 색칠하게 하거나, 단어를 듣고 각운이 같거나 다른 단어를 찾는 등의 학습방법 자체는 아이디어 영역에 해당하는 것이어서 저작권법에 의한 보호대상에 해당하지 아니할 뿐더러, 설령 그러한 학습방법을 표현에 해당한다고 보더라도 그러한 학습방법은 일반적으로 통용되는 것이어서 저작권법에 의하여 보호되는 창작성 있는 표현에 해당한다고 볼 수 없다(피고가 제출한 참고자료 1, 10 내지 17도 그와 동일·유사한 학습방법을 취하고 있다). 다만, 각 세부구성에 나타난 학습방법의 구체적 표현내용 즉, 그 학습방법의 구현을 위한 단어의 선택, 사용된 그림이나 문제, 단원의 구체적 배열 및 구성 등은 개별적으로 창작성이 인정되는 범위 내에서 저작권법의 보호대상이 되는 표현에 해당한다.』

(5) 디오스냉장고 사건[3-27)]

<사안의 개요>

원고는 '청계천 색동벽화'(이하 '이 사건 작품')를 창작·공표하였는데, 이 사건 작품의 바탕은 삼베 질감이 나도록 작성되었다(이하 위 삼베 질감 바탕을 '이 사건 삼베 바탕'). 피고는 제품 전면 바탕에 삼베 문양이 있는 김치냉장고, 냉장고, 에어컨 등(이하 제품 전면 바탕의 삼베 문양을 '이 사건 문양')을 생산·판매하였다. 피고가 원고의 동의나 허락 없이 이 사건 삼베 바탕과 유사한 이 사건 문양이 있는 제품을 생산·판매함으로써, 원고의 이 사건 작품에 대한 저작권을 침해하였다고 주장하였다.

<법원의 판단>

『선을 상하 및 좌우로 교차시켜 삼베의 질감을 묘사하는 기법은, ① 자연계에 이미 존재하는 삼베의 질감을 사실적으로 묘사하는 것인 점, ② 삼베의 질감을 묘사하기 위해서는 선을 상하 및 좌우로 교차시키는 것이 필수적

3-27) 서울고등법원 2011. 4. 13. 선고 2009나111823 판결(대법원 2011. 8. 25. 선고 2011다43075 판결).

인 점 등에 비추어 보면, 이른바 아이디어의 영역에 해당하는 것이지 표현에 해당하는 것은 아니어서 저작권의 보호대상이 아니라고 봄이 타당하다. 따라서 원고의 주장과 같이 이 사건 문양이 이 사건 삼베 바탕을 모방하여 자유롭고 끊어진 선을 상하 및 좌우로 교차시켜 삼베 질감을 나타낸 것이라 하더라도, 이는 저작권의 보호대상이 아닌 아이디어를 차용한 것에 불과하므로, 이를 두고 이 사건 작품에 대한 저작권을 침해한 것이라고 할 수는 없다.』

<별지 1>

<별지 2>

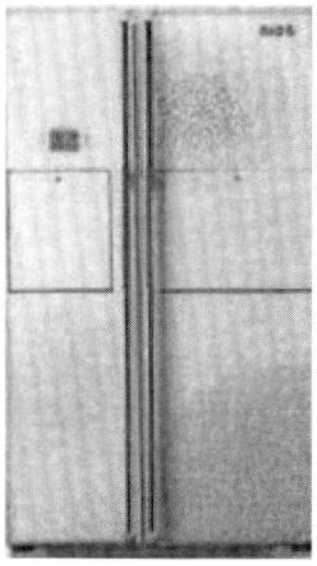
<별지 3>

☞ 이와 달리 서울서부지방법원 2011. 10. 28. 선고 2011가합1408 판결(확정)에서는, 피고의 의뢰로 원고가 창작한 '바람꽃' 등 문양을 피고가 김치냉장고 등에 적용하여 판매하면서 제3자의 작품인 것처럼 홍보한 사안에서, 꽃문양 디자인의 창작성을 인정하였다.

(6) 특허출원서 사건[3-28]

<사안의 개요>

'인터넷상의 객관식 시험방법'에 대한 특허권자인 원고가 IBT 토플 등 온

3-28) 서울중앙지방법원 2013. 9. 27. 선고 2011가합89861 판결(항소중).

라인 또는 오프라인 시험을 시행·대행하는 피고들에 대하여 저작권 등 침해를 주장한 사안으로 출원서의 저작물성이 쟁점으로 되었다.

<법원의 판단>

『특허출원서에 담긴 기술적 사상에 대하여 발명으로서의 신규성, 진보성이 인정되지 아니하는 경우라도 출원서를 구성하는 어문 또는 도형이 인간의 사상 또는 감정을 표현한 것으로서 창작성이 있다면 저작물로서 보호받을 수 있다고 볼 것이지만, 그와 같은 경우라도 저작권법이 보호하는 것은 인간의 사상 또는 감정을 말·문자·음·색 등에 의하여 구체적으로 외부에 표현하는 창작적인 표현형식이고, 그 표현되어 있는 내용 즉 아이디어나 이론 등의 사상 및 감정 그 자체는 설사 그것이 창작성이 있다 하더라도 원칙적으로는 저작권법에서 정하는 저작권의 보호대상이 되지 아니한다. 살피건대, 이 사건 특허출원서 중 원고가 창작성이 있는 핵심적 구성요소라고 주장하는 부분은 컴퓨터를 이용한 시험에 있어 종이시험조건을 재현할 수 있는 시험형식에 관한 아이디어를 도면 또는 글을 통해 일반적인 방식으로 표현하고 배열한 것일 뿐이어서 그 표현형식에 있어서나 소재의 선택·배열 또는 구성에 있어 창작성을 인정하기 어렵고, 원고가 피고들에 의해 도용되었다고 주장하는 대상 또한 위 특허출원서에 기재된 구체적인 표현 등이 아닌 시험형식에 관한 아이디어 자체인바, 원고가 고안하였다는 시험형식에 관한 아이디어에 창작성이 있는지 여부 등은 별론으로 하고, 피고들이 원고의 저작권을 침해하였다고 보기는 어렵고, 달리 이를 인정할 만한 증거도 없다. 따라서 원고의 이 부분 주장은 이유 없다.』

(7) 입체퍼즐 사건[3-29]

<사안의 개요>

숭례문, 광화문 등의 건축물에 대한 평면설계도를 우드락에 구현하여 칼이나 풀을 사용하지 않고 뜯어 접거나 꽂는 등의 방법으로 입체로 조립할 수 있는 3차원 입체 퍼즐에 창작성이 있는지 여부가 쟁점으로 된 사건이다.

<법원의 판단>

『입체 퍼즐은 예술성보다는 특별한 기능을 주된 목적으로 하는 기능적

3-29) 서울서부지방법원 2015. 2. 12. 선고 2012가합32560 판결(항소중). 서울고등법원 2014. 3. 31.자 2013라293 결정[확정, 1심 의정부지방법원 고양지원 2012. 10. 5.자 2012카합338 결정(2013카합563 인가결정)]도 같은 취지이다.

저작물에 해당하고 서로 간에 유사한 부분은 동일하거나 같은 시대의 유사한 건축양식이 반영된 역사적 건조물을 우드락 퍼즐의 조립이라는 방식적 한계 속에서 최대한 실제와 유사하도록 구현하기 위한 것으로서 그 기능적 저작물의 최종 입체물은 누가 하더라도 같거나 비슷할 수밖에 없어 저작물 작성자의 창조적 개성이 나타나 있다고 할 수 없고, 각 입체 퍼즐 간에 드러나는 다소간의 차이는 저작권법에서 보호대상으로 하고 있는 표현이라기보다는 아이디어 또는 보호받지 못하는 표현에 해당한다.』

2) 아이디어와 표현의 합체

저작물의 창작적인 표현이더라도 아이디어가 오직 그 표현방법 이외에는 달리 효과적으로 표현할 방법이 없는 경우에는 그 저작물의 표현에 대해서는 저작권으로서 보호해서는 안 된다(합체의 원칙, merge doctrine).[3-30)]

소설이나 극본 같은 문예저작물의 경우는 표현방법이 다양하므로 동일한 아이디어를 다른 표현으로 표현하는 것이 가능하지만, 사실과 정보의 전달을 주목적으로 하는 사실저작물이나 기능저작물의 경우에는 하나의 아이디어나 기능을 표현하는데 하나 또는 제한된 방법의 표현만이 존재하기 때문에 그러한 표현에 대하여 저작권 보호를 주면 사실상 아이디어를 보호하는 결과가 될 수 있다. 예컨대, 문법을 설명하기 위한 제한된 표현, 업무의 효율성을 표현하기 위한 공란의 서식, 게임의 규칙, 컴퓨터프로그램에서 일정한 기능의 수행에 필수적인 모듈, 실물을 그대로 모방한 모형 등은 모두 아이디어와 표현이 합체된 것으로 판단되면 보호를 받을 수 없을 것이다.

이는 합체가 후발적으로 일어난 경우에도 마찬가지이다. 저작자가 창작을 할 당시에는 그 작품에 내재된 아이디어를 표현할 방법이 많이 있었는데 나중에 가서 특정 표현방식이 업계의 '사실상의 표준(de facto standard)'이 되어 버림으로써 후발적인 합체현상이 나타나는 경우로 이른바 컴퓨터 프로그램의 사용자 인터페이스 등에서 볼 수 있다.

가) PDA 증권프로그램 사건[3-31)]

<사안의 개요>

3-30) 정상조 편, 저작권법 주해(2007), 1093면(권영준 집필 부분).

3-31) 서울고등법원 2008. 6. 10. 선고 2007나58805 판결(확정).

원고가 피고가 서비스 제공하는 PDA용 증권프로그램이 원고가 서비스 제공하는 PDA용 증권프로그램의 서비스 화면구성 등을 그대로 복제한 것이어서 원고의 저작권 등을 침해한 것이라고 주장한 사안으로 사용자 인터페이스의 저작물성이 쟁점으로 되었다.

<법원의 판단>

『위 화면구성이 편집저작물에 해당하는지에 관하여 보건대, 위 화면구성이 자료 또는 소재의 집합임은 앞서 본 바와 같으나, 이는 증권거래에 있어서 필요한 여러 가지 기능을 PDA 화면상에 배치한 것으로서 예술성의 표현보다는 기능이나 실용적인 사상의 표현을 주된 목적으로 하는 기능적 저작물의 일종이라 할 것이어서, 그 표현하고자 하는 기능 또는 실용적인 사상이 속하는 분야에서의 일반적인 표현방법, 규격 또는 그 용도나 기능 자체, 저작물 이용자의 이해의 편의성 등에 의하여 그 표현이 제한되는 경우가 많으므로, 창작성을 인정하는 데에는 이와 같은 점을 고려하여야 할 것이다. 살피건대, …원고 서비스 중 주식매도주문화년에서 '현', '호', '관', '?'로 표시한 현가, 호가, 관심종목, 도움말 등 단축키 버튼의 표현방식과 종목검색화면 중 교차분석, 이동평균의 '검색조건'을 축약하여 나타낸 문구는, 위 단축키 버튼이나 검색조건에 약자나 축약 표현을 사용하지 않고 있는 다른 증권사(피고 제외)가 제공하는 PDA 화면구성과는 차이가 있는 사실을 인정할 수 있으며, 여기에는 원고 나름 대로의 개성이 드러나 있다고 할 것이다. 그러나 ① 다른 증권사의 PDA 화면구성에서도 다른 기능키의 버튼에는 약어를 사용하는 예가 있고(선물/옵션을 표현하기 위한 '선/옵' 등), 현재가, 호가, 관심종목 등은 그 기능이 병렬적이거나 밀접하게 관련되어 있어 해당 기능키 버튼 중 2개를 좌우 또는 상하로 나란히 배열하는 경우가 적지 아니하며, '?'표의 버튼은 이미 엑셀 등 상용화된 프로그램에서 '도움말'의 바로가기 버튼으로 사용되어 왔었던 점, ② 검색조건의 표현방식은 증권사들이 통상 채택하고 있는 검색조건을 약어와 숫자, 영문으로 축약한 것으로서 이는 표현이라기 보다는 아이디어에 해당한다고 보이는 점, ③ 기능 버튼을 클릭하면 우측에 상하로 스크롤이 가능한 상세화면창이 뜨는 기능은 이 사건 화면구성이 도입되기 전에 상용화된 컴퓨터 프로그램의 사용자 인터페이스에서 널리 사용되고 있었던 것인 점, ④ 일반 컴퓨터 모니터와 같은 넓은 화면이 아니라 PDA 단말기의 좁은 화면에서 구현하기 위한 것이므로 이러

한 기능들의 배치, 폰트의 크기나 기능버튼의 활용 등에 있어서 제약이 따를 수밖에 없는 점, ⑤ 원고 서비스는 증권 서비스 고객들의 이용 편의를 위해 개발된 것이므로 기존 홈트레이딩 시스템의 메뉴구조 및 기능 배치를 상당부분 따를 수밖에 없는 점, ⑥ 원고 서비스의 화면구성에 저작권을 인정하여 독점적인 보호를 할 경우 후발 사업자에게는 화면 구성에 있어 제한적인 선택의 가능성만 남게 될 것으로 보이는 점, ⑦ 특히, 선발업체가 채택한 사용자 인터페이스가 광범위하게 전파될 경우 그 인터페이스의 특징이 기능적인 것으로 변화되고 사실상의 표준으로 작용할 수밖에 없는데, 이를 저작권법에 의하여 장기간 독점적으로 보호할 경우 사용자는 직접 또는 간접적으로 저작권이용료를 부담하여야 하고 이를 피해가기 위하여는 다른 인터페이스를 선택하여 새로운 사용방법을 익혀야 하는 점 등에 비추어 보면, 이 사건 화면구성을 저작권법이 보호하는 편집저작물로 인정하기는 어렵다고 할 것이다.』

나) 봄버맨 사건[3-32]

<사안의 개요>

피고가 개발하고 서비스한 '비엔비' 게임이 원고가 개발하고 서비스한 '봄버맨' 게임의 저작권을 침해하였는지 여부가 문제된 사안으로 게임의 전개방식, 규칙 등의 저작물성이 쟁점으로 되었다.

<법원의 판단>

『게임의 전개방식, 규칙 등이 게임 저작물의 내재적 표현으로 인정되어 저작권의 보호대상이 되기 위하여는 그러한 게임의 전개방식, 규칙 그 자체 또는 그러한 것들의 선택과 배열 그 자체가 무한히 많은 표현형태 중에서 저작자의 개성을 드러내는 것이어서 표현으로 볼 수 있는 경우여야 하고, 컴퓨터를 통해 조작하고 컴퓨터 모니터에 표현되어야 하는 한계, 승패를 가려야 하고 사용자의 흥미와 몰입도, 게임용량, 호환성 등을 고려하여야 한다는 점과 같이 컴퓨터 게임이 갖는 제약에 의해 표현이 제한되는 경우에는 특정한 게임방식이나 규칙이 게임에 내재되어 있다고 하여 아이디어의 차원을 넘어 작성자의 개성 있는 표현에 이르렀다고 볼 수 없고, 오히려 그러한 게임방식이나 규칙은 특정인에게 독점권이 있는 것이 아니라 누구나 자유롭

3-32) 서울중앙지방법원 2007. 1. 17. 선고 2005가합65093(본소), 2006가합54557(반소) 판결(항소심 소취하로 확정).

게 사용하여 다양한 표현으로 다양한 게임을 만들 수 있도록 하여야 한다. …게임의 전개방식, 플레이필드와 맵의 구성, 폭탄 및 블록, 아이템의 구성과 기능, 게임의 재미를 위한 각종 설정 등을 전체로서 배열하고 선택하는데 저작자의 개성있는 표현의 여지가 크다고도 볼 수 없다. …봄버맨 게임에 관하여 피고가 주장하는 내재적 표현은, 다양한 표현 가운데서 저작자가 자신의 개성을 드러낸 것이라고 보기 어려워 저작권법이 보호하는 표현이라고 볼 수 없고(이를 저작권법이 보호하여 피고가 독점할 수 있도록 한다면 직사각형의 플레이필드 내에서 폭탄을 터뜨려 상대방 캐릭터를 제압하는 것을 기본원리로 하는 게임은 모두 봄버맨 게임의 저작권을 침해하게 될 우려가 있다), 위와 같은 게임방식이나 규칙 등이 이를 표현하는 구체적인 플레이필드, 맵, 캐릭터, 아이템, 폭탄 등의 디자인, 색채, 음향 등과 결합하여 표현된 경우에 그러한 구체적인 표현만이 저작권법에 의하여 보호받을 수 있다.」

☞ 이와 유사한 사례로, 포트리스 사건[3-33]을 보면, 피신청인들이 개발, 서비스한 '건바운드'게임이 신청인이 개발한 '포트리스2 블루'라는 온라인 게임(온라인상에서 이용자 각자가 선택한 탱크를 사용하여 제한시간 내에 각도와 거리, 바람의 세기 등을 고려하여 상대방 탱크를 향해 포탄을 발사하여 맞춤으로써 상대방 탱크의 에너지를 모두 소진시키거나 상대방 탱크의 주위 지형을 함몰시켜 그 탱크가 함몰된 지형으로 추락하게 되면 승리하는 게임)의 저작권을 침해하였는지 여부가 문제된 사안인데, ① 두 게임 중 포탄 폭발의 모양, 폭발에 의하여 지형이 파괴되는 모양, 캐릭터 손상시 모양, 채팅창·시간제한·파워게이지·랜덤·캐릭터 능력치에 관한 표현 등 상당부분은 동일하거나 유사하다고 보기 어렵고, ② 포트리스2 블루 게임의 목적, 게임 조작 방법, 진행 방식, 승리 조건 등이 그 이전에 제작된 게임과 동일하거나 유사할 뿐 아니라, 포트리스2 블루에 나타나는 게임의 중요요소들도 그 이전에 제작된 게임에서 동일하거나 유사하게 표현되었으므로, 포트리스2 블루 게임의 상당 부분은 그 이전에 제작된 게임에 사용된 요소들을 반영하여 제작되었다고 볼 여지가 충분하여 그 독창성을 인정하기 곤란하며, 또한 포트리스2 블루에 사용된 일부 아이디어는 컴퓨터라는 표현 매체의 한계성 때문에 특정 형태로 표현되는 것이 불가피하다고 보이는바, 이러한 경우에 있어서까지 저작권법에 의하여 보호해야 할 가치가 있는 것인지도 의문이라는 점 등을 이유로 신청인의의 가처분 신청을 기각하였다. 또한 최근 선고된 포레스트 매니아 사건[3-34]을 보면 '이 사건 원고 게임의 특징

3-33) 서울중앙지방법원 2002. 9. 19.자 2002카합1989 결정[최성준, "게임 캐릭터의 저작물성 및 실질적 유사성", Law & technology 제3권 제5호(2007. 9), 174~175면에서 인용].

적인 규칙 부분' 중 '가) 규칙 그 자체의 경우'에서 이 사건 원고 게임의 경우 '매치-3-게임'의 기본 규칙에 더하여 기본 보너스 규칙, 추가 보너스 규칙, 히어로 모드 규칙 등이 최초로 도입한 사실, 그런데 그보다 늦게 출시된 이 사건 피고 게임에서도 위와 같은 규칙들이 그대로 채택되어 있는 사실을 인정할 수 있지만 이와 같은 규칙들은 추상적인 게임의 개념이나 장르, 게임의 전개방식 등을 결정하는 도구로서 그 자체는 아이디어에 불과하므로, 위와 같은 규칙 자체가 저작권법의 보호 대상이 된다고 할 수는 없고 나아가 이 사건 원고 게임과 이 사건 피고 게임은 각 단계마다 주어진 목표를 달성하는 것을 기본 진행방식으로 하는 캐주얼 게임(casual game, 대규모의 다중 사용자 온라인게임인 MMORPG에 대응되는 것으로서, 게임방식이 쉽거나 간편해 자투리 시간을 이용해 누구나 쉽게 즐길 수 있는 소규모 온라인게임의 한 장르)으로, 게임진행 과정에서 소설과 유사하게 어떠한 에피소드나 스토리를 형성해 나가는 것이 아니므로, 위와 같은 규칙들이 전체적으로 적용 또는 순차로 선택되어 배열된다거나 이를 통하여 게임의 각 단계가 진행·전개됨으로써 게임 속에서 구현된다고 하더라도, 이는 개별 미션을 처리하는 과정 혹은 그 방법에 대해서만 영향을 미칠 뿐 이로써 게임의 에피소드나 스토리 자체의 전개 및 그 표현에 영향을 미친다고 볼 수 없으므로, 위와 같은 규칙들의 조합 자체만으로는 게임 개발자의 개성을 드러내는 '표현'이라 할 수 없다 … (3) 한편 이 사건 원고 게임과 이 사건 피고 게임은 모두 매치-3-게임을 기본적인 형태로 하고 있고 조그만 스마트폰 화면에서 그 규칙들이 표현되어야 하므로, 이와 같은 한계 내에서는 위 규칙들을 효과적으로 표현할 수 있는 매우 다양한 방법이 있다고 보기는 어렵다 할 것인바, 이를 구체적으로 살펴본 후 결국 이 사건 원고 게임에 관하여 원고가 주장하는 내재적 표현은, 위와 같은 새로운 규칙들을 효과적으로 표현할 수 있는 매우 다양한 표현 가운데 저작자가 자신의 개성을 드러낸 것이라고 보기 어려워 그것만으로 저작권법이 보호하는 표현이라고 볼 수 없고, 위 규칙들이나 게임 전개방식이 이를 표현하는 캐릭터 등 구체적이고 시각적인 형상, 색채, 디자인 등과 결합하여 표현된 경우에 그러한 구체적인 표현만이 저작권법에 의하여 보호받을 수 있다고 설시하고 있다.

다) 위디스크 사건[3-35]

<사안의 개요>

원고는 그 인터넷 홈페이지(이하 '위디스크')를 통해 고객들에게 다양한 디

3-34) 서울중앙지방법원 2015. 10. 30. 선고 2014가합567553 판결(항소중).

3-35) 부산지방법원 2009. 8. 27. 선고 2008가합705 판결(부산고등법원 2010. 4. 28. 선고 2009나15084 판결, 대법원 2010. 9. 9. 선고 2010다43467 판결).

지털콘텐츠를 올리거나 내려받을 수 있는 저장공간을 제공하는 등의 서비스를 제공하여 왔는데, 피고가 인터넷 홈페이지(이하 '엠파일')를 개설하여 고객들에게 여러 가지 자료나 정보 등 디지털콘텐츠를 올리거나 내려받을 수 있는 저장공간을 제공하는 등의 서비스를 제공한 것이 원고의 인터넷 홈페이지 위디스크와 관련된 저작권을 침해한 것인지 여부가 문제된 사안으로 홈페이지 인터페이스의 구조, 배치 등의 저작물성이 쟁점으로 되었다.

<법원의 판단>

『원고가 주장하는 컴퓨터프로그램저작물 또는 온라인디지털콘텐츠라 주장되는 그 밖의 서비스 또는 홈페이지 인터페이스(사용자 화면)의 구조 및 배치 등(이하 '이 사건 기타 서비스 등'이라 한다)은, 3일간의 무료다운로드 기능, 다운로드 속도를 날씨형상의 그래픽과 쾌적, 양호, 다소 느림, 느림 등의 문자로 나타낸 서버상태 표시 기능, 분류되는 연결 콘텐츠에 휴대기기 추가기능, 아이템 구매시 게시기간 연장 등으로서 원고가 제공하는 각종 서비스 자체를 가리키거나, 그와 같은 각종 서비스를 인터넷 홈페이지의 인터페이스에 메뉴로 구현시키는 방식·도구 즉, 위 각 서비스 메뉴의 배치, 팝업 또는 배너 설정, 인터페이스의 그래픽, 레이아웃, 디자인, 서비스의 표현 문구 등을 가리키는 것으로 보인다.

저작권법 등은 아이디어 자체가 아닌 아이디어가 표현된 창작물을 보호하는 것인데, 먼저 원고가 제공하고 있는 이 사건 기타 서비스나 각종 기능들은 아이디어 자체에 해당하는 것으로서 그것이 표현되어 비로소 생성되는 저작물 등에 해당하지 않음이 명백하고, 위와 같이 각 서비스를 인터넷 홈페이지의 메뉴로 배치하여 이를 인터페이스로 구현시키는 방식·구조는 프로그램의 본질적인 부분에 해당하지 않고 단지 이를 사용하거나 조작하기 위한 약속인 규약에 해당한다거나 설령 규약에 해당하지 않는다 하더라도 기능적 프로그램저작물에 해당하여 그 메뉴의 구성이나 기능별 배치가 표준화된 인터페이스를 벗어나 창조적인 개성을 가질 때에 비로소 프로그램저작물로서 보호받을 수 있다 할 것인데, 원고의 위디스크에 나타난 이 사건 기타 서비스 등에 원고만의 창조적인 개성이 발현되었음을 인정할 증거가 없다(오히려, 원고가 주장하는 '필로그'라는 용어는 '블로그'와 '파일'이라는 단어가 합쳐져 생성된 온라인디지털콘텐츠의 저장공간을 가리키는 일반용어로 보이고, '내가 받은 자료' 및 '내가 올린 자료'의 '받은' 및 '올린' 등 용어 역시 온라인디지털콘텐츠 이용자 사이에서 널리 사용되고 있으며, 서버상태 표시를 위한 '쾌적', '양호', '느림' 등 용어만으로 원고의 독창적인 개성이 발현된 것이라 보기도 어렵고, 피고를 비롯하여 동종의 온라인정보제공업체들이 서로 인터넷 홈페이지의 메뉴 구성이나 배치·기능 등을 포함한 인터페이스를 이용자들의 편의에 맞게 수정·보완하고 있는 것으로 보인다). 나아가, 이 사건 각종 서비스나 각종 기능 및 이를 인터넷 홈페이지에 각종 메뉴로서 구현한 구조·배치 등 인터페이스를 그 자체로서 표상하고자 하는 내용을 포함하는 완결성을 갖춘 자료 또는 정보에 해당하는 온라인디지털콘텐츠에 해당한다거나, 원고의 위디스크 소스코드를 무단으로 복제한 것이 아니라 독자적인 소스코드를 개발하여 엠파일 프로그램을 제작한 피고의 행위가 원고의 저작권 등을 침해하였다고 볼 수도 없다. 따라서 이 사건 기타 서비스 등이 저작권법 등에 의하여 보호됨을 전제로 한 원고의 주장 역시 이를 받아들일 수 없다.』

3) 필수적 장면의 원칙(표준적 삽화의 원칙)

주로 소설이나 희곡 등에서 있어서 그 작품에 내재되어 있는 보호받지 못하는 아이디어(예컨대 소설의 주제나 기본적인 플롯)가 전형적으로 예정하고 있는 사건이나 배경, 등장인물의 성격타입 등과 같이 요소는 아이디어의 영역에 속하는 것으로 보아 저작권의 보호를 받지 못한다. 다만 극적 저작물의 경우는 사실저작물, 역사저작물, 기술적(기능적) 저작물, 편집저작물과는 달리 일정한 소재나 주제 또는 추상적 줄거리에 대하여 표현방법이 매우 다양할 수 있다는 점에서 전형적인 필수장면에 해당하는지 여부를 좁게 해석해야 한다.[3-36] 다만 실제 소송에서는 이 원칙이 저작물성의 판단단계에서 적용되기

3-36) 여우와 솜사탕 사건(서울남부지방법원 2004. 3. 18. 선고 2002가합4017 판결)에서 피고들은 소설이나 희곡과 같은 '가공적 저작물(fictional works)'에서 그 작품에 내재되어 있는 보호받지 못하는 아이디어가 전형적으로 예정하고 있는 사건들(전형적 장면, 필수장면)이라든가 등장인물의 성격타입 등과 같은 요소들에 대하여는 설사 그러한 요소들이 표현에 해당하는 것이라 하더라도 저작권의 보호를 받을 수가 없는 것인바, 원고의 드라마대본 '사랑이 뭐길래'와 피고들의 드라마 '여우와 솜사탕' 사이에 유사하다고 지적되는 부분은 아이디어에 해당하는 것이거나 필수장면에 해당하는 것으로서 저작권법상 보호받지 못하는 것이므로 이 부분이 유사하다고 하여 실질적 유사성을 인정할 수는 없는 것이라고 주장하였다. 이에 대해 법원은『위 내용들은 구체적인 줄거리에 해당하는 것으로서 아이디어 부분이라고 볼

보다는(즉, 원고의 저작물이 저작물로서의 요건을 갖추지 못하였다고 배척하는 방식보다는), 실질적 유사성 판단단계에서 반영되는 경우가 더 많은 듯하다.

가) 애마부인 사건[3-37)]

『모두 중년에 이른 여인의 원만하지 못한 가정생활과 이로 인한 갈등과 방황 등을 소재로 하고 있고, 남편의 이름이 현우이며 동엽이라는 이름의 남자가 등장한다는 점과 남편의 모습에서 말을 연상해 본다든가 말을 타는 여자주인공의 모습을 등장시킨다는 점에 있어서 유사점이 있어도 보이나 그 정도의 유사점은 본질적인 것이라 할 수 없다(중년여인을 소재로 한 이른바 성인용 소설 또는 성인용 영화가 원만하지 않은 가정생활 등을 갈등의 원인으로 제시하고 말을 상징으로 도입하는 등의 패턴을 취하고 있음은 흔히 볼 수 있다).』

나) 까레이스키 사건[3-38)]

<사안의 개요>

일제치하에 연해주로 이주한 한인들의 삶'이라는 역사적 사실을 소재로 한 소설 '텐산산맥'과 TV드라마 '까레이스키'의 실질적 유사성이 문제된 사안이다.

<법원의 판단>

『두 작품 모두 일제치하에 연해주로 이주한 한인들의 삶이라는 공통된 배경과 사실을 소재로 주인공들의 일제 식민지로부터 탈출, 연해주 정착, 1937년 스탈린에 의한 한인들의 중앙아시아로 강제이주라는 공통된 전개방식을 통해 제정 러시아의 붕괴, 볼셰비키 혁명(1917년), 적백내전, 소련공산

수는 없고, 사실저작물, 역사저작물, 기술적(기능적) 저작물, 편집저작물과는 달리 극적 저작물의 경우는 일정한 소재나 주제 또는 추상적 줄거리에 대하여 표현방법이 매우 다양할 수 있다는 점에서 전형적인 필수장면에 해당한다고도 볼 수 없다』고 하여 피고들의 위 주장을 받아들이지 아니하였다.

3-37) 서울민사지방법원 1991. 6. 3.자 91카41790 결정〔서울고등법원 1991. 9. 5.자 91라79 결정(확정)〕.

3-38) 대법원 2000. 10. 24. 선고 99다10813 판결, 위 판결에 대한 판례평석으로는, 이태종, "동일한 주제의 드라마가 기존 소설의 저작권을 침해하는 것으로 인정하기 위한 요건", 대법원판례해설 제35호(2001).

정권의 수립, 스탈린의 공포정치 등 러시아의 변혁 과정에서 연해주와 중앙아시아에 사는 한인들이 어떠한 대우를 받았고 어떻게 적응하며 살아왔는지 그 실상을 파헤치고 있다는 점에서 유사한 면은 있지만, 이는 공통의 역사적 사실을 소재로 하고 있는 데서 오는 결과일 뿐이고, 양자의 실질적 동일성 내지 종속성에 관하여 살펴볼 때 소설 '텐산산맥'은 이야기의 구성이 단조롭고 등장인물의 발굴과 성격도 비교적 단순한 데 반하여, 드라마 '까레이스키'는 등장인물의 수나 성격이 훨씬 다양하고 사건의 전개방식도 더 복잡하며 이야기의 구성이나 인물의 심리묘사 등도 보다 치밀하고, 극 전체의 완성도, 분위기 및 기법 등에 상당한 차이가 있는 점, 드라마 '까레이스키'의 등장인물의 설정과 성격, 이야기의 구성, 사건의 전개방식 등에 있어 상규의 연해주 탈출, 항일운동, 기순과의 결혼, 시베리아 유배, 강제수용소 탈출, 남영의 공산당 여성간부로서의 활동, 상규 2세의 뒷바라지, 기철의 공산당 간부로서의 활약, 기순의 고리대금업, 정신 이상 등의 기본적인 줄거리는 원고의 소설 출간 이전에 작성된 이상현의 1차 시놉시스 및 방송대본과 크게 다른 점이 없는 점, '까레이스키'라는 드라마의 제목이나, 양 저작물에서 사랑하는 사람을 그리워하는 남자 주인공의 모습, 남녀 한 쌍의 주인공이 눈 속에서 헤매는 모습, 송월선생과 성암선생, 여자 주인공의 직업과 러시아 의사와의 관계 설정, 1937년 강제이주의 상황묘사, 연해주 망명과 유격대 독립운동사 등에 관하여도 저작권 보호의 대상이 되지 않거나 원고의 소설 출간 이전부터 예정된 줄거리라는 점 등 전체적으로 볼 때 드라마 '까레이스키'는 원고의 소설과는 완연히 그 예술성과 창작성을 달리 하는 별개의 작품이라 할 수 있고 양자가 실질적으로 동일하다거나 종속적인 관계에 있음을 인정하기 어려워 드라마 '까레이스키'가 소설 '텐산산맥'의 저작권을 침해하였다고 인정되지 않는다.』

다) 귀신이 산다 사건[3-39]

<사안의 개요>

장편소설 '기억'(이하 '이 사건 소설')의 원저작자인 채권자가 채무자들이 투자, 제작한 영화 '귀신이 산다'(이하 '이 사건 영화')가 자신의 소설을 무단으로 이용하여 만들어진 것이라고 주장하며 영화 상영금지 등을 구하는 가처분을 신청한 사건이다.

3-39) 서울고등법원 2005. 2. 15.자 2004라362 결정(확정).

<법원의 판단>

『이 사건 소설과 영화를 대비하여 보면, 우선 두 작품은 모두 '귀신'을 주요 소재로 하여, 귀신이 나온다는 소문이 있는 외딴 집을 아무 것도 모르는 주인공이 구입한 이후 진행되는 사건으로 구성되어 있다는 점, 주위 사람들이 흉가에 이사 온 사람의 안위를 걱정한다거나, 귀신의 존재를 믿지 않는 경찰관이 등장하는 점, 문제된 집의 처분과 관련하여 집 주인과 악덕 부동산개발업자가 대립하고 부동산개발업자는 집 주인을 몰아내는 수단의 하나로 방화를 시도하며 결국 부동산개발업자 측의 몰락으로 갈등이 종료된다는 점, 배우자와의 만남을 염원하는 여자 귀신이 등장하고, 병원에 입원하여 죽음을 앞두고 있는 배우자를 만나기 위하여 살아있는 사람의 몸을 빌리는 빙의(憑依) 현상을 이용한다는 점, 귀신과 소통하게 된 남자 주인공이 서로 도우며 부동산개발업자에 대항하거나, 사랑하는 이와 만나기 위해 노력한다는 점, 마지막 단계에 이르러 배우자가 입원해 있는 병실에 들어가는 것을 방해하는 사람이 등장하고 이를 피해 병실에서 배우자와 해후한 뒤 뜻을 이룬 귀신들이 승천한다는 점 등에서 유사한 면이 발견되기는 한다. 그러나 위와 같은 이 사건 소설과 영화 사이의 공통적인 요소들은 모두 귀신 혹은 흉가를 소재로 한 기존의 문학작품이나 영화들에서 사용되어 온 추상적인 인물의 유형이거나 대강의 줄거리 또는 통상적인 상황의 전개과정 등을 차용한 것이거나, 특정 주제의 표현에 전형적으로 수반되는 사건 또는 배경에 속하는 것들로서 우선 그 창작성을 인정하기 어려운 데다가, 이들 부분이 이 사건 영화에서 차지하는 비중은 그리 크지 않은 반면, 두 작품 사이의 성격과 유형, 이야기 줄거리, 등장인물의 성격과 상호관계, 사건의 전개 등은 아래 '두 작품의 비교'에서 보는 바와 같이 현저히 상이하며, 그러한 차이가 이 사건 영화의 창작적 표현형식에 해당함과 동시에, 지배적인 특징을 이루고 있는 까닭에, 전체적으로 볼 때 통상의 청중들로 하여금 이 사건 소설과 영화 사이에서 동일한 관념과 느낌을 불러일으킨다고 하기 어렵고, 따라서 이 사건 영화는 이 사건 소설과 실질적으로 동일하다거나 종속적인 관계에 있다고 할 수 없으며, 이 사건 소설과는 별개의 창작성 있는 저작물에 해당한다고 봄이 상당하다.』

라) 영화 클래식 사건[3-40)]

3-40) 서울중앙지방법원 2012. 7. 20.자 2012카합1315 결정(확정).

<사안의 개요>

신청인의 영화 '클래식'과 피신청인의 드라마 '사랑비'의 실질적 유사성이 문제된 사안이다.

<법원의 판단>

『신청인이 양 작품에서의 '유사 상황'이라고 적시한 주인공이 '일기'와 '대필편지'를 통해 사랑하는 사람의 매개체역할을 하는 상황 등과, 신청인이 양 작품의 '유사 배경'이라고 적시한 넝쿨담장 이미지 등 및 신청인이 양 작품의 '유사 장면'이라고 적시한 교내 학군단 경례장면 등은, 각 남녀 주인공이 등장하여 사랑 또는 삼각관계를 이루는 것을 주제로 하는 극저작물에서 흔히 사용되는 일반적이고 전형적인 인물표현이거나, 1960년대 또는 1970년대 한국의 시대상을 담아내면서 그 속의 고등학생 또는 대학생들의 사랑을 그리기 위하여 수반되는 전형적이고 필수적인 표현 또는 표준적인 삽화들로서, 모두 저작권법에 의하여 보호되지 않는 추상적인 아이디어의 영역에 해당한다.』

3. 창작성

저작권법에 의하여 보호되는 저작물이기 위해서는 창작물이어야 하므로 그 요건으로서 창작성이 요구된다. 여기서 말하는 창작성이란 완전한 의미의 독창성을 말하는 것은 아니며 남의 것을 단순히 베낀 것이 아니고 저작자 자신의 독자적인 사상 또는 감정의 표현을 담고 있음을 의미할 뿐이어서 이러한 요건을 충족하기 위해서는 단지 저작물에 그 저작자 나름대로 정신적 노력의 소산으로서의 특성이 부여되어 있고 다른 저작자의 기존의 작품과 구별할 수 있을 정도이면 충분하다(대법원 2003. 10. 23. 선고 2002도446 판결). 그러나 적어도 어떠한 작품이 단순히 남의 것을 모방한 것이어서는 안 되고 저작자 자신의 독자적인 사상이나 감정의 표현을 담고 있어야 할 것이므로, 누가 하더라도 같거나 비슷할 수밖에 없는 표현, 즉 저작물 작성자의 창조적 개성이 드러나지 않는 표현을 담고 있는 것은 창작물이라고 할 수 없다(대법원 2011. 2. 10. 선고 2009도291 판결).[3-41]

3-41) 특허법상 신규성 등과의 비교에 관하여는 제1장 참조.

제작에 많은 노력이 들어갔으나 결과물에 창작성이 거의 없는 경우 저작물로 보호할 수 있을까? 판례[3-42]는 제품의 구조, 규격, 기능 등을 당해 기술분야의 통상적인 기술자들이 정확하게 이해할 수 있도록 일반적인 표현방법, 도면작성방법에 따라 표현된 제품도면의 경우 작성자의 창조적 개성이 드러나 있다고 할 수 없어 저작권법의 보호대상이 아니며, 이러한 사정은 도면을 작성함에 있어서 상당한 정도의 시간과 노력이 들어갔다고 하여 달리 볼 것은 아니라고 하여 이른바 창작성 판단에 있어서의 노동이론(sweat of brow)을 부정하고 있다. 다만 예외적으로 데이터베이스 등의 경우 일정 요건 하에 제작자의 권리를 보호하고 있다(저작권법 제4장).

이하에서는 저작물의 유형별로 창작성과 관련한 법원의 판단 사례를 검토하기로 한다.

가. 기능적 저작물

지도, 설계도, 서식, 규칙집, 컴퓨터프로그램, 실용서 등과 같이 예술성의 표현보다는 특정한 기능 또는 지식·개념을 전달하거나, 방법이나 해법, 작업과정 등을 설명한 것을 주된 목적으로 하는 저작물을 이른바 기능적 저작물이라 한다.

이와 같이 기능적 저작물은 해당 분야에서의 일반적인 표현방법, 규격 또는 그 용도나 기능 자체, 저작물 이용자의 이해의 편의성 등에 의하여 그 표현이 제한되는 경우가 많으므로 작성자의 창조적 개성이 드러나지 않을 가능성이 상대적으로 크다(대법원 2005. 1. 27. 선고 2002도965 판결).

그러므로 기능성 저작물의 창작성 판단기준에 관하여는, 창작성이 인정되기 위해서는 전통적인 문예저작물 등에 비해 상대적으로 높은 정도의 창조적 개성이 있을 것이 요구된다는 견해[3-43]와 다른 저작물과 같은 정도의 창조적 개성이 발현되어 있으면 창작성을 인정하여야 하고 기능적 저작물의 보호와 그에 대한 일반 대중의 이해관계의 조정은 실질적 유사성 단계에서 저작권의

3-42) 대법원 2007. 8. 24. 선고 2007도4848 판결(실링휠팅 등 기계장치 설계도의 창작성을 부정한 사례).

3-43) 오승종, 46~47면, 이해완, 26면.

보호범위를 적정하게 설정함으로써 해결하여야 한다는 견해[3-44]가 있다.

한편, 판례는 문학적, 예술적 표현을 목적으로 하는 저작물과 달리 기능적 저작물에 대해서는 창작성 요건을 다소 엄격하게 보고 있다.[3-45] 즉, 기능적 저작물의 경우 작성자에 따라 정확하게 동일하지 아니하고 다소간의 차이가 있을 수 있더라도 그러한 사정만으로 창작성을 인정할 수는 없고, 작성자의 창조적 개성이 드러나 있는지를 별도로 판단하여야 한다거나,[3-46] 동일한 기능을 하는 기계장치나 시스템의 연결관계를 표현하는 기능적 저작물에 있어서 그 장치 등을 구성하는 장비 등이 달라지는 경우 그 표현이 달라지는 것은 당연한 것이고, 저작권법은 기능적 저작물이 담고 있는 사상을 보호하는 것이 아니라, 그 저작물의 창작성 있는 표현을 보호하는 것이므로, 기술 구성의 차이에 따라 달라진 표현에 대하여 동일한 기능을 달리 표현하였다는 사정만으로 그 창작성을 인정할 수는 없고 창조적 개성이 드러나 있는지 여부를 별도로 판단하여야 한다[3-47]고 판시하고 있다.

3-44) 권영준, 19～21면.

3-45) 기능적 저작물에 대하여 창작성의 수준을 높게 요구하는 법원의 태도에 관하여, 창작성 판단에 있어서 판단자의 자의에 흐를 위험이 있고, 창작성의 기준을 너무 높게 인정하여 남의 노력의 결과를 도용하는 것을 비호하는 결과가 된다고 하여 이를 비판하는 견해{이상정, "기능적 저작물의 창작성 유무의 판단 방법", 계간 저작권 72호(2005. 12), 66～67면}와 창작성 유무의 판단에서 고려할 요소와 창작성의 정도(저작권의 보호의 범위) 사이에는 밀접한 관계가 있기 때문에 따로 판단하는 것이 곤란하여, 창작성이 있는지 없는지 여부를 판단하면서 창작성의 정도를 동시에 고려하지 않을 수 없는 상황에서 창작성의 유무와 그 정도의 판단에서 고려할 요소를 구분하여 경계 짓고 저작물성 유무와 침해의 유무로 단계적으로 판단하여야 하는 번거로움을 피할 수 있어(저작물성 판단기준을 완화하게 되면 침해유무의 판단 작업이 그만큼 번거로워지게 된다) 실무상으로 더 바람직한 방법이라고 하여 찬성하는 견해{손흥수, "설계도면의 저작물성", 저스티스 84호(2005. 5), 30면}, 위 찬성하는 견해에 동조하면서 다만, 우리 대법원도 dead copy까지는 허용할 수 없다고 판단되는 사실적·기능적 저작물의 경우에는, 창작성 자체는 인정하고 그 보호범위를 제한하는 2단계의 논리 구성을 취할 수밖에 없을 것이라는 견해{유영선, "사실적·기능적 저작물의 실질적 유사성 판단방법", 기업법·지식재산법의 새로운 지평, 진산 김문환선생정년기념논문집 제2권(2011), 656면}가 있다.

3-46) 대법원 2007. 8. 24. 선고 2007도4848 판결(실링휠팅 등 기계장치 설계도의 창작성을 부정한 사례).

3-47) 대법원 2005. 1. 27. 선고 2002도965 판결(지하철 통신설비 중 화상전송설비에 대

하급심 판결에서도, 토목공학 분야 수험용 서적 사건[3-48]에서,

「기능적 저작물은 그것이 목적으로 하는 기능을 수행하기 위하여 표준적인 용어와 개념을 사용하여야 하고, 아울러 타인이 쉽고 정확하게 알 수 있는 해설방식을 사용하여야 하므로, 그 표현방식은 상당히 제한될 수밖에 없고, 그에 내재된 보호받지 못하는 요소들, 즉 개념이나 방법·해법, 작업과정 등 아이디어와 표현이 밀접하게 연관될 수밖에 없고, 결과적으로 보호받아서는 아니 되는 아이디어가 보호되는 일이 없도록 보호범위를 제한적으로 해석하여야 한다」

고 하거나, 기계설계교재 사건[3-49]에서,

「누가 표현하더라도 비슷하게 표현할 수밖에 없는 표현 또는 아이디어와 표현이 합체되어 있어 이러한 표현을 보호하는 경우 아이디어까지 보호되는 결과에 이르게 되는 경우에는 저작권법의 보호대상인 저작물로 볼 수 없다」

고 판시하여 기능적 저작물에 있어서 보호범위를 제한적으로 해석하고 있다.[3-50]

한 제안서도면의 창작성을 부정한 사례).

3-48) 서울고등법원 2012. 11. 7. 선고 2012나17693 판결.

3-49) 서울고등법원 2012. 11. 8. 선고 2010나1151(본소), 1168(반소) 판결{대법원 2014. 9. 4. 선고 2012다115625(본소), 115632(반소) 판결}.

3-50) 한편, 최근 선고된 인쇄작업가이드 사건[서울고등법원 2015. 6. 25. 선고 2014나2032883 판결(심불기각)]에서는 「기능적 저작물 등을 저작권법에 의해 보호한다고 하더라도 그와 같은 창작적인 표현 형식만의 대비에 의해서 복제권 또는 2차적 저작물 작성권 등의 침해 여부가 가려지기 때문에, 그러한 보호로 인하여 기능적 저작물 등이 담고 있는 아이디어나 이론, 지식이나 정보, 사실 등과 같은 사상 자체가 보호받게 되는 문제는 발생하지 않는다. 결국, 위와 같은 문제를 우려한 나머지 기능적 저작물 등의 창작성을 다른 종류의 저작물에 비하여 특별히 엄격하게 볼 것은 아니다. 다만, 기능적 저작물 등이 가지고 있는 위와 같은 특성을 고려하여 실질적 유사성이 있는가의 여부를 엄격하게 판단함으로써 기능적 저작물 등이 담고 있는 사상 자체가 저작권에 의하여 보호받게 되는 일이 없도록 할 필요가 있으나, 어느 저작물이 기능적 저작물 등을 그대로 복제하였거나 또는 이와 거의 동일하게 볼 수 있을 정도라면 특별한 사정이 없는 한 두 저작물 사이의 실질적 유사성을 인정해야 한다」고 판시하면서, 원고가 고객들이 온라인 인쇄시스템에 따라 직접 주문을 하여 인쇄하는 과정에서의 인쇄사고를 예방하기 위하여 그 과정에서 유의할 사항 등을 설명해 놓은 '작업가이드'에 대해, 기능적 저작물로서 저작자 나름대로의 정신적 노력의 소산으로서의 특성이 부여되어 있는 표현을 사용함으로써 저작자의 창조적 개성이 발현되어 있다고 할 것이므로 저작권법에 의해 보호되는

기능적 저작물과 관련하여, 판례에서 창작성을 인정하기 어렵다는 이유로 그 저작물성을 부인한 사례로는, ① 지하철 통신설비 중 화상전송설비에 대한 제안서 도면,[3-51] ② 지도,[3-52] ③ 종이접기 순서도,[3-53] ④ 목측량을 기준으로 각 식품별 해당 중량과 열량 및 섬유소의 함량을 표시한 도표,[3-54] ⑤ 고속버스승차권 예약 및 안내 서비스에 사용된 고속버스터미널, 고속버스승차권의 종류 등을 배열한 코드표 및 ARS서비스 시스템에 사용된 시나리오, 고속버스승차권 판매업무에 사용되는 상업용 양식[3-55] 등이 있다.

1) 창작성을 인정한 사례

가) 고려수지요법강좌 Ⅰ 사건[3-56][3-57]

창작물에 해당하며, 피고의 작업가이드는 원고의 작업가이드를 거의 그대로 복제한 것이어서 실질적 유사성도 인정된다고 보았다. 즉 종래 기능적 저작물이라는 것만으로 창작성 자체를 부정하려는 실무추세는 지양되어야 하고, 기능적 저작물에서도 최소한 dead copy는 저작권 침해로 보아야 한다는 취지로 해석된다.

3-51) 대법원 2005. 1. 27. 선고 2002도965 판결.

3-52) 대법원 2003. 10. 9. 선고 2001다50586 판결.

3-53) 대법원 2011. 5. 13. 선고 2009도6073 판결, 서울중앙지방법원 2011. 7. 14. 선고 2011노1577 판결(확정).

3-54) 서울동부지방법원 2005. 8. 26. 선고 2004가합12811 판결(서울고등법원 2006. 7. 5. 선고 2005나83753 판결).

3-55) 서울중앙지방법원 2002. 10. 11. 선고 2001가합31818 판결(확정).

3-56) 서울고등법원 1998. 8. 12. 선고 97나53696 판결(대법원 1999. 11. 26. 선고 98다46259 판결).

3-57) 한편, 위 사건 원고가 그 후 다른 피고의 서적에 관하여 저작권 침해를 주장한 사안(고려수지요법강좌 Ⅱ사건, 서울중앙지방법원 2008. 10. 9. 선고 2006가합83852 판결)에서 법원은, 「원고의 서적에서 수지침이론을 설명하면서 기맥과 혈점을 표현함에 있어 영문 알파벳과 아라비아숫자를 조합하는 방식을 사용하였고, 이에 따라 알파벳과 아라비아숫자는 본래의 의미를 벗어나 기맥과 혈점을 의미하는 것으로 재창조되었으므로 알파벳과 아라비아숫자를 이용한 14기맥과 345개 혈점의 표현방식은 저작물에 해당한다」는 원고의 주장에 대하여, 「원고가 손에 존재하는 14기맥과 345개 혈점을 정의하면서 일반인들도 이해하기 쉽도록 영문 알파벳과 아라비아숫자를 결합하는 방식을 사용하는 것은 수지침이론을 전개하기 위한 전제로서 14기맥과 345개 혈점의 명명방법에 불과하여 아이디어 또는 이론적 체계에 불과하고, 어떠한 구체적인 사상이나 감정 등이 구체적으로 표현된 것이라고 보기 어렵다. 따라서 원고의 영문 알파벳과 아라비아숫자를 이용한 14기맥과 345개 혈점의 표현방식은 저작권법에 정해진 저작물에 해당하지 않는다」고 판시하였다.

<사안의 개요>

원고는 기존의 전통 한의학이론이나 기타 여러 서적에 나타난 이론 등을 하나의 체계로 정리하여 수지침에 관한 하나의 이론적 체계를 세우고, '고려수지요법강좌' 등의 서적을 통하여 이러한 수지침에 대한 이론체계를 앞서 본 서적을 통하여 출간, 발표하였다. 위 서적에 기재된 수지침의 이론 등의 내용을 원고가 발견하였다거나 그러한 개개의 이론을 정립한 것이라고는 보기 어려우나, 어쨌든 산재하고 있는 손침에 관한 이론이나 혈점 등을 종합적으로 정리하여 하나의 새로운 체계를 세운 것은 원고가 처음이다. 피고는 수지침 서적을 저술하면서, 원고의 허락없이 위 '고려수지요법강좌'에 기술된 내용을 그대로 인용하거나 약간의 변경을 가하는 방법을 이용하여, 위 '고려수지요법강좌'에서와 같은 원리와 구성 및 전개방식에 따라 수지침이론을 설명하는 한편 그 표현방식, 특히 인체의 상응점이나 혈점, 오행 등을 각종 그림에 의하여 설명함에 있어 위 '고려수지요법강좌'의 그림 등을 거의 그대로 또는 손이나 팔의 방향이나 위치, 대상그림의 성별 등에 있어서의 약간의 변형만을 가하여 이를 이용하였으며, 원고가 혈의 특성을 설명하기 위하여 혈번호, 인체부분상응부위, 체침과의 비교혈, 취혈법, 적응증을 기록하여 작성한 도표를 거의 그대로 인용하였다. 원고가 피고를 상대로 저작권 침해를 주장하며 손해배상을 청구한 사안에서 법원은 다음과 같이 판단하였다.

<법원의 판단>

「원고는 기존의 전통 한의학이론이나 다른 서적들에 의하여 소개된 상응요법, 오지의 진단법 등의 이론을 체계적으로 정리하여 수지침이론을 정립한 후 이를 위 '고려수지요법강좌'에 저술함으로써 그 저작권을 취득하였다 할 것이고, 한편 피고는 원고의 허락없이 이론의 전개방식이나 서술내용, 그림, 도표 등을 그대로 인용하거나 일부 변경 또는 순서를 바꾸는 등의 방법으로 위 '고려수지요법강좌'를 실질적으로 복제함으로써 원고의 위 '고려수지요법강좌'에 대한 저작권을 침해하였다고 할 것이므로, 피고는 이로 인하여 원고가 입은 손해를 배상할 책임이 있다 할 것이다.

피고는 원고의 수지침이론은 독창적인 것이 아니라 전통 한의학의 이론이나 기존의 다른 서적에 소개된 이론 등을 그대로 인용, 응용한 것에 불과하므로 원고는 위 '고려수지요법강좌'에 대한 저작권을 취득하지 못하였고, 나아가 피고도 위와 같은 이론에 근거하여 이를 정리한 것이므로 원고의 저작권을 침해한 것은 아니라는 취지로 주장하므로 살피건대, 이 사건에 문제된 바와 같이, 수지침이론이라는 하나의 학술이론을 내용으로 하는 저작물에 있어 자작권으로 보호되는 것은 그 학술이론 자체가 아니라 그 저작물에 나타난 학술이론 저술의 '표현방식'이라 할 것이고, 한편 저작권법상의 저작물이기 위한 요건으로서의 창작성이란 완전한 의미의 독창성을 말하는 것이 아니라 단지 어떠한 작품이 남의 것을 단순히 모방한 것이 아니고 작가 자신의 독자적인 사상 또는 감정의 표현을 담고 있음을 의미할 뿐인데, 원고의 경우 비록 기존의 전통 한의학이론이나 다른 서적들에 의하여 이미 소개된 상응요법, 오지의 진단법 등의 이론을 그 기초로 하기는 하였으나 이를 체계적으로 정리하여 앞서 본 바와 같이 새로운 수지침이론을 정립하였음은 물론 이를 원고 나름대로의 표현방식에 따라 위 '고려수지요법강좌'에 표현하여 저술한 이상 이는 원고의 창조적인 정신적 노작으로서의 성격을 가지고 있다 할 것이고, 거기에 일부 기존의 이론 등이 포함되었다 하여 이를 달리 볼 것이 아닌바, 이와 같은 이유로 원고의 위 '고려수지요법강좌'는 저작권법에 의하여 보호되는 저작물로서의 창작성을 갖고 있다 할 것이고, 나아가 피고는 이러한 원고 저술의 위 '고려수지요법강좌'를 실질적으로 복제하였음은 앞서 본 바와 같으므로(즉, 피고 저술의 이론이 기존에 이미 소개된 이론이라 하더라도 앞서 본 피고의 행위가 저작권의 침해가 되지 않는 것은 아니라 할 것이다), 피고의 위 주장은 모두 이유없다 할 것이다.』

☞ 유사한 취지로 실용서적, 학술서적에 관하여 창작성을 인정한 사례로는, 피해자가 저술한 '세탁학기술개론'을 기존의 교재, 교과서 등과 비교하여 보면, 부분적으로는 동일, 유사한 표현이 존재하는 것은 사실이나 전체적인 구성이나 표현형식에 있어서는 위에 나온 기존의 다른 책자들과 뚜렷이 구별할 수 있어서 그 창작성을 인정할 수 있다고 본 사례,[3-58] 피해자가 저술한 '현대부동산학'에 게재되어 있는 미국리얼터협회의 윤리강령 서문의 일부와 미국평가협회의 시장가치의 정의에 대한 번역 표현이 어문저작물로서 저작권 보호의 대상이 된다고 본 사례[3-59]가 있다.

한편, 기계설계교재 사건[3-60]에서는, 『원고 서적 중 일부 부분은, 비록 원고가

3-58) 대법원 1995. 11. 14. 선고 94도2238 판결.

3-59) 대법원 2005. 12. 23. 선고 2005도6403 판결.

3-60) 서울고등법원 2012. 11. 8. 선고 2010나1151(본소), 1168(반소) 판결〔대법원 2014. 9. 4. 선고 2012다115625(본소), 115632(반소) 판결〕, 원고 서적과 피고 서적들 사

그 내용에 담긴 사상을 창안한 것은 아니라 하더라도 선행저작물들과는 다른 표현방법을 사용한 것으로서 창작성을 인정할 수 있으나, 같은 목록 중 나머지 부분은, ① 비슷한 내용의 교과서들이 저술되어 왔고, 원고 역시 이러한 선행문헌들을 참고 및 인용하여 기계설계의 기술분야에서 이미 알려진 지식을 취합해서 원고 서적을 집필함으로써 선행문헌 등에 있는 표현과 동일 또는 유사하여 그 창작성을 인정할 수 없거나, ② 기계설계에 필요한 물리적 이론 및 원리, 기계재료와 각종 수단(결합요소, 축계요소, 동력전달요소, 운동제어요소) 및 KS 등 각종 규격을 설명한 것으로서 누가 표현하더라도 비슷하게 표현할 수밖에 없는 표현 또는 아이디어와 표현이 합체되어 있어 이러한 표현을 보호하는 경우 아이디어까지 보호되는 결과에 이르게 되는 경우에 해당하여 저작권법의 보호대상인 저작물로 볼 수 없다.』고 보았다.

나) 제품홍보도안 사건[3-61]

<사안의 개요>

원고는 피고가 그 카탈로그에 원고의 도안과 유사한 도안을 게재함으로써 원고의 저작권을 침해하였다고 주장하며, 침해금지 등을 구하는 소송을 제기하였다. 위 도안은 카탈로그 제작 및 기타 홍보용으로 사용할 목적으로 자력선별기기가 자석을 이용하여 철과 비금속, 비철금속을 선별하는 원리를 색, 글자, 도형을 적절히 이용하여 알기 쉽게 그린 그림이다.

<법원의 판단>

『원고의 이 사건 도안은 디자이너의 감각과 기술을 구사하여 자력선별기기가 자석을 이용하여 철과 비금속, 비철금속을 선별하는 원리를 색, 글자, 도형을 적절히 이용하여 알기 쉽게 그린 것이므로 창조적인 정신적 노작으로서의 성격을 가진다 할 것이고, 또한, 창작성이란 표현의 내용인 사상에 대하여 요구되는 것이 아니라 표현의 구체적 형식에 대해 요구되는 것이므로 공지의 사실 또는 일반상식에 속하는 사항에 대하여도 이것을 어떻게 감득하고 어떠한 언어를 사용하여 표현하는가는 각자의 개성에 따라 다를 수 있으므로, 원고의 이 사건 도안이 동종 업계에 널리 공개된 기술을 알리는 것이라고 하더라도 그것만으로 창작성이 없다고 할 수 없는바, 이와 같은

이에 공통오류가 발견된 사례.

3-61) 서울중앙지방법원 2003. 8. 22. 선고 2002가합64815 판결(서울고등법원 2004. 5. 25. 선고 2003나69210 판결, 대법원 2004. 10. 29. 선고 2004다32664 판결).

이유로 이 사건 도안은 저작권법에 의하여 보호되는 저작물로서의 창작성이 있다 할 것이다. …이 사건 도안은 사용자로 하여금 그 저작물을 통하여 특정한 과제를 달성하도록 한다는 실용적인 기능을 주된 목적으로 하여 제작된 것으로 이른바 기능적 저작물이다. 기능적 저작물에 대한 저작권침해 여부를 판단함에 있어서는 위와 같은 특성을 감안하여, 저작물 사이에 현저한 유사성이 있는 경우라고 하더라도 그러한 유사성이 공통된 기능상의 제약 또는 표준적인 관행에 따른 결과라고 볼 수밖에 없다면 저작권침해를 인정할 수 없으나, 반면에 이와 아무런 관련도 없는 공통적 요소가 저작물 사이에서 발견되는 경우라든지 저작물을 그대로 모방하는 정도의 강한 유사성이 발견된다면 저작물을 베낀 것으로 침해를 일응 인정할 수 있다.

피고가 제품 홍보용 카탈로그에 사용한 도안은 철과 비금속, 비철금속이 분리되는 모양 및 그 표현에 사용된 도형의 형태 및 자석, 사슬의 모양 등 전체적 모양이나 그림의 구도가 서로 유사한 사실이 인정된다. 피고로서는 얼마든지 다른 형태로 피고 제품의 원리를 표현할 수 있었을 것이고, 이러한 표현의 유사성이 자력선별기기의 공통된 기능상의 제약 또는 표준적인 관행에 따른 결과라고 볼 수도 없다고 판단된다. 따라서 피고가 이 사건 도안에 대한 저작권자인 원고의 동의나 승낙 없이 이 사건 도안과 유사한 도안을 제품 카탈로그나 잡지에 이용, 게재하고 동시에 그 저작자의 성명을 표시하지 아니하였다면 위 피고들은 원고의 저작재산권 및 저작인격권 중 성명표시권을 침해하였다 할 것이다.』

☞ 이와 달리 치핵절제사진 사건(대법원 2010. 12. 23. 선고 2008다44542 판결)에서는, 고주파 수술기 제품 관련 도안에 관하여, 『이 사건 그림은 고주파 수술기를 이용한 고주파 응고법의 치료원리, 응고 깊이·범위 등에 있어서의 특징을 도형을 이용하여 단순하게 도식화한 것(으로) … 고주파 수술기를 이용한 고주파 응고법의 치료원리와 효과 등을 나타내기 위한 것임을 알 수 있으므로 그 학술적인 내용은 누구에 대하여도 자유로운 이용이 허용되어야 하고, 그 표현형식에 있어 저작자의 독자적인 개성이 나타나 법적으로 보호할 가치 있는 창작적 표현이 있다고 보기도 어렵다.』고 판시한 바 있다.

다) 고등학교 시험문제 사건[3-62)]

<사안의 개요>

3-62) 서울고등법원 2007. 12. 12. 선고 2006나110270 판결(대법원 2008. 4. 10. 선고 2008다5004 판결).

원고들은 고등학교 교사들로 각 소속 고등학교 학생들의 학업성취도 평가 및 대학입시에 필요한 내신성적을 산출하기 위하여 시험문제(이하 '이 사건 전체 시험문제')를 단독 혹은 공동으로 출제하였다. 피고 회사는 인터넷상에 www.zocbo.com(이하 '족보닷컴')이라는 홈페이지를 운영하면서 전국의 중·고등학교 시험문제를 자료화한 후 이용자들에게 유상으로 제공함으로써 전국의 각 중·고등학교 시험문제를 복제 또는 전송하고 있다. 원고들이 피고 회사를 상대로 저작권 침해를 주장하며 제기한 손해배상청구소송에서 법원은 시험문제의 저작물성에 대하여 다음과 같이 판단하였다.

<법원의 판단>

『(2) 이 사건 전체 시험 문제 중 별지 목록 제64항 기재 시험문제의 객관식 21번, 30번 문제 및 별지 2 목록 제70항 기재 시험문제 중 객관식 5번 문제의 저작물성 인정 여부

원고들이 위 각 시험문제를 단독 혹은 공동으로 출제한 사실은 앞서 본 바와 같으나, …별지 목록 제64항 기재 시험문제 중 객관식 21번 문제는 2002년도 ○○고등학교 1학년 1학기 중간고사 객관식 11번 문제와, 별지 목록 제64항 기재 시험문제 중 객관식 30번 문제는 2003년도 △△고등학교 1학년 1학기 기말고사 객관식 17번 문제와, 별지 목록 제70항 기재 시험문제 중 객관식 5번 문제는 2002년도 ◇◇고등학교 1학년 1학기 기말고사 객관식 25번 문제와 완전히 동일한 사실을 인정할 수 있어, 저작권법에 의한 보호를 받을 정도의 최소한도의 창작성도 인정되지 아니하므로 위 시험문제에 대한 원고들의 위 주장은 이유 없다.

(3) 이 사건 전체 시험문제 중 위 (2)항의 각 시험문제를 제외한 부분(이하 '이 사건 시험문제'라 한다)의 저작물성 인정 여부

원고들이 이 사건 전체 시험문제를 단독 혹은 공동으로 출제한 사실은 앞서 본 바와 같고, …이 사건 시험문제가 고등학교 교육과정에서 요구되는 역사적인 사실이나 문학작품 등의 인문·사회학적 지식과 이해의 정도, 자연과학적인 원리나 컴퓨터 등에 대한 지식과 이해의 정도, 외국어의 해독능력 등을 묻는 것인 사실, 교사인 원고들이 남의 것을 그대로 베끼지 아니하고 이 사건 시험문제를 출제한 사실을 인정할 수 있는바, 비록 이 사건 시험문제의 일부는 교과서, 참고서, 타 학교 기출시험문제 등의 일정한 부분을 발췌하거나 변형하여 구성된 점이 인정되고, 이 사건 시험문제가 현행 교과과

정에 따른 교육내용을 전달하기 위하여 그 교육과정에서 요구되는 정형화된 내용들과 불가분의 관계에 있다 하더라도, 교사인 원고들이 자신들의 교육이념에 따라서 소속 학교 학생들의 학업수행 정도의 측정 및 내신성적을 산출하기 위하여 정신적인 노력을 기울여 남의 것을 그대로 베끼지 아니하고 이 사건 시험문제를 출제하였고, 그 출제한 문제에 있어서 질문의 표현이나 제시된 답안의 표현에 최소한도의 창작성이 있음이 인정되므로, 이 사건 시험문제는 저작권법에 의하여 보호되는 저작물에 해당한다고 봄이 상당하다.』

☞ 유사한 사례로, 법원은 대학입학시험문제 사건[3-63]에서 『입시문제가 역사적인 사실이나 자연과학적인 원리에 대한 인식의 정도나 외국어의 해독능력 등을 묻는 것이고, 또 교과서, 참고서 기타 교재의 일정한 부분을 발췌하거나 변형하여 구성된 측면이 있다고 하더라도, 출제위원들이 우수한 인재를 선발하기 위하여 정신적인 노력과 고심 끝에 남의 것을 베끼지 아니하고 문제를 출제하였고 그 출제한 문제의 질문의 표현이나 제시된 여러 개의 답안의 표현에 최소한도의 창작성이 인정된다면, 이를 저작권법에 의하여 보호되는 저작물로 보는 데 아무런 지장이 없다』고 하여 대학입학 본고사의 입시문제의 창작성을 인정한 바 있고, 중학교 문제집 사건[3-64]에서, 『중학교 교과과정에 대한 설명이나 문제라고 하여 일반적으로 창작성이 없다고 볼 수는 없다』고 하면서, 다만 대화에서 관행적으로 사용되는 간단한 문장이거나, 수학의 정의규정에 불과하여 이를 누가 표현하더라도 그 표현이 같거나 거의 유사할 수밖에 없는 것으로 보이는 일부 문제나 설명 등에 대해서만 창작성을 부인하였다.

라) 비행운영교범 사건[3-65]

<사안의 개요>

피고가 원고의 비행운영교범(Flight Operations Manual, 이하 'FOM')을 모방한 피고의 비행운영규정을 제작하고 배포함으로써 원고의 비행운영교범에 관한 저작권을 침해한다고 주장한 사안에서, 법원은 비행운영규범의 창작성에 관하여 다음과 같이 판단하였다.

<법원의 판단>

『원고의 비행운영교범은 항공운송사업을 수행하는데 필요한 정책, 절차, 기준 및 지침을 정하는 동시에 항공운항과 관련된 기능을 구체적으로 설명

3-63) 대법원 1997. 11. 25. 선고 97도2227 판결.

3-64) 대법원 2007. 11. 30. 선고 2005도8981 판결.

3-65) 서울중앙지방법원 2008. 4. 10. 선고 2006가합75936 판결(확정).

한 것으로 기능적인 성격을 가지고 있다. 하지만 관계 법령이나 국제민간항공기구의 국제민간항공조약과 그 부속서 등은 운항규정에 포함되어야 할 내용을 추상적으로 정하고 있을 뿐이고(항공법과 항공법 시행규칙도 각 항공사가 독자적으로 서로 다른 FOM을 만들 것을 예정하여 FOM에 포함되어야 할 내용만을 정하고 있다), 원고가 많은 노력을 들여 여러 차례의 검토와 수정을 거쳐 비행운영교범을 작성하였으며, 원고의 비행운영교범은 약 800면에 이르는 분량임에도 불구하고 그 중에서 일부분만이 피고나 다른 외국항공사들의 FOM과 동일하거나 유사할 뿐이고 나머지 대부분은 그 내용과 표현형식이 서로 다르다. 그러므로 원고의 비행운영교범 중 항공업계에서 공유되는 지식을 단순히 열거한 것에 불과하거나 그 기능적인 성질상 내용을 달리 표현할 여지가 거의 없어 창작성이 부정되는 항목들이 포함되어 있다고 하더라도 원고의 비행운영교범 자체는 전체적으로 보아 원고가 원고의 운항경험, 내부의 문화, 운항조직, 영업환경 등을 반영하여 그 개성이 나타나 있는 것으로 저작권법에 정해진 언어저작물에 해당한다고 보아야 한다.」

마) 인쇄작업가이드 사건[3-66]

<사안의 개요>

원고가 자신의 온라인 홈페이지에 올린 고객 이용 매뉴얼인 온라인인쇄 작업가이드의 저작물성이 다투어진 사건이다.

<법원의 판단>

「예술성의 표현보다는 기능이나 실용적인 사상의 표현을 주된 목적으로 하는 이른바 기능적 저작물 또는 실용적 저작물(이하 '기능적 저작물 등'이라고 한다)의 경우, 그 내용 자체는 기존에 알려진 아이디어나 이론, 지식이나 정보, 사실 등을 기초로 한 것이어서 독창적이지는 않더라도, 이를 저술하면서 그러한 사항들을 전달하기 위하여 일반적으로 사용되는 표현이나 누가 하더라도 같거나 비슷할 수밖에 없는 표현만을 사용한 것이 아니라 저작자 나름대로의 정신적 노력의 소산으로서의 특성이 부여되어 있는 표현을 사용하였다면, 이는 저작자의 창조적 개성이 발현되어 있는 것이므로 저작

3-66) 서울고등법원 2015. 6. 25. 선고 2014나2032883 판결(심불기각), 원고 작업가이드는 그 표현형식에 있어 저작자의 독자적인 창조적 개성이 나타난 저작물이라고 보기 어렵다는 이유로 청구를 기각한 1심(서울동부지방법원 2014. 8. 13. 선고 2013가합15553 판결)과 결론을 달리한 것이다.

권법에 의해 보호되는 창작물에 해당한다 할 것이다(대법원 2005. 1. 27. 선고 2002도965 판결, 대법원 2012. 8. 30. 선고 2010다70520, 70537 판결 등 참조). 한편 저작권법이 보호하는 것은 인간의 사상 또는 감정을 말·문자·음·색 등에 의하여 구체적으로 외부에 표현하는 창작적인 표현 형식이므로, 복제권 또는 2차적 저작물 작성권 등의 침해 여부를 가리기 위하여 두 저작물 사이에 실질적 유사성이 있는가의 여부를 판단함에 있어서는 창작적인 표현 형식에 해당하는 것만을 가지고 대비하여야 한다(대법원 2000. 10. 24. 선고 99다10813 판결, 대법원 2010. 2. 11. 선고 2007다63409 판결 등 참조). 따라서 앞서와 같이 저작자 개인의 정신적 노력의 소산으로서의 특성이 부여되어 있는 표현을 사용한 기능적 저작물 등을 저작권법에 의해 보호한다고 하더라도, 그와 같은 창작적인 표현 형식만의 대비에 의해서 복제권 또는 2차적 저작물 작성권 등의 침해 여부가 가려지기 때문에, 그러한 보호로 인하여 기능적 저작물 등이 담고 있는 아이디어나 이론, 지식이나 정보, 사실 등과 같은 사상 자체가 보호받게 되는 문제는 발생하지 않는다. 결국, 위와 같은 문제를 우려한 나머지 기능적 저작물 등의 창작성을 다른 종류의 저작물에 비하여 특별히 엄격하게 볼 것은 아니다. 다만, 기능적 저작물 등이 가지고 있는 위와 같은 특성을 고려하여 실질적 유사성이 있는가의 여부를 엄격하게 판단함으로써 기능적 저작물 등이 담고 있는 사상 자체가 저작권에 의하여 보호받게 되는 일이 없도록 할 필요가 있으나, 어느 저작물이 기능적 저작물 등을 그대로 복제하였거나 또는 이와 거의 동일하게 볼 수 있을 정도라면 특별한 사정이 없는 한 두 저작물 사이의 실질적 유사성을 인정해야 한다.

…이 사건 작업가이드는 원고의 고객들이 온라인 인쇄시스템에 따라 직접 주문을 하여 인쇄하는 과정에서의 인쇄사고를 예방하기 위하여 그 과정에서 유의할 사항 등을 설명해 놓은 것으로서 기능적 저작물 등에 해당한다. 그런데 아래와 같은 사정들에 비추어 보면, 이 사건 작업가이드는 위와 같은 설명을 위하여 일반적으로 사용되는 표현이나 누가 하더라도 같거나 비슷할 수밖에 없는 표현만을 사용한 것이 아니라, 저작자 나름대로의 정신적 노력의 소산으로서의 특성이 부여되어 있는 표현을 사용함으로써 저작자의 창조적 개성이 발현되어 있다고 할 것이므로 저작권법에 의해 보호되는 창작물에 해당한다. ① 이 사건 작업가이드는 단편적인 문구나 짧은 문장들, 간단한 서식, 또는 일반적인 컴퓨터 화면의 단순한 캡처 화면 등으로만 이루어져 있는 것이 아니라, [별지 1] '원고 작업물 목록'과 [별지 3] '원고와

피고 회사의 홈페이지에 게시된 작업물 대비표'의 각 기재와 같이 수많은 문장(그 문장의 길이가 꽤 긴 것도 상당히 많이 포함되어 있다)과 여러 형태로 다양하게 조합된 도형 등으로 이루어져 있다. 따라서 이와 다른 표현의 문장, 도형 등을 사용하여 같은 내용을 설명하는 것도 얼마든지 가능하다고 보인다. ② 원고와 같은 인쇄업자들이 사용하는 프로그램의 설명서인 어도비(adobe) 사의 매뉴얼 등에는 인쇄 과정에서 유의할 사항 등 공통되는 정보가 포함되어 있기는 하지만 그 표현 형식은 전체적으로 이 사건 작업가이드와 다르고, 또한 인쇄업자들이 사용하는 작업가이드는 각각 그 표현 형식에서 서로 차이가 있다. 피고들 역시 2014. 6.경 이후에 작업가이드를 개편하면서부터는 이 사건 작업가이드와는 다른 표현 형식을 사용하여 온라인 인쇄시스템에 따라 인쇄하는 과정에서 유의할 사항 등을 설명하고 있다. ③ 이 사건 작업가이드에는 동일한 내용을 설명하기 위하여 필수적으로 요구되는 단어(예를 들어, '문서, 도큐먼트, 설정, 대화상자, 유실, 서체' 등)나 문구(예를 들어, '…를 합니다, …의 경우 …를 하거나 …를 합니다.' 등) 등이 섞여 있기는 하나, 이 사건 작업가이드에만 개별적으로 나타나는 표현들(예를 들어, '문서에서 사용된 서체가 시스템에 설치되지 않았을 경우 유실된 서체로 인식하여 분홍색으로 표시됩니다.', '패키지로 출력은 작업에 사용한 모든 서체, 이미지, 클립아트 등을 한 곳에 모아주는 기능입니다.' 등)도 많이 존재한다. 즉, 이 사건 작업가이드에서 전달하고자 하는 지식이나 정보 등 사상은 이미 공지된 것이고 일반적으로 통용되는 단어나 문구 등을 사용하여 설명하는 것이 불가피한 부분도 있기는 하지만, 문장이나 문단의 전체적인 구조, 단어의 조합, 도형의 구체적인 표현 형식 등에서 이 사건 작업가이드만의 독특한 특성이 표현되어 있다. ④ [별지 1] '원고 작업물 목록'의 순번 12번(접지방식 설명 및 이미지) 부분의 경우, 인쇄물을 접는 방법은 종래부터 인쇄업계에서 통용되던 방법에 불과하지만, 구체적인 도형의 형태와 조합, 접는 순서의 표현 형식 등에서 이 사건 작업가이드에 나타나 있는 것과 다르게 표현하는 것도 얼마든지 가능한 것으로 보인다. 또한, [별지 1] '원고 작업물 목록'의 순번 13번(일러스트 작업가이드) 부분의 경우, 그 이미지에 표현된 색상 자체는 인쇄 프로그램 및 자연계에 이미 존재하는 것이고 팔레트 이미지 역시 흔히 사용되는 것에 불과하기는 하지만, 구체적인 도형의 형태와 조합, 설명 문구 등에서 이 사건 작업가이드에 나타나 있는 것과 다르게 표현하는 것도 얼마든지 가능한 것으로 보인다.』

바) 스크린골프코스 사건[3-67]

<사안의 개요>

골프장의 지형, 배치 등 전반적인 구성이 창작성이 있는 저작물인지 여부가 쟁점으로 된 사건이다.

<법원의 판단>

『저작권법에 의하여 보호되는 저작물이기 위해서는 인간의 사상 또는 감정을 표현한 창작물이어야 하므로 그 요건으로서 창작성이 요구되나, 여기서 말하는 창작성이란 완전한 의미의 독창성을 말하는 것은 아니며 단지 어떠한 작품이 남의 것을 단순히 모방한 것이 아니고 작자 자신의 독자적인 사상 또는 감정의 표현을 담고 있음을 의미할 뿐이어서 이러한 요건을 충족하기 위해서는 단지 저작물에 그 저작자 나름대로 정신적 노력의 소산으로서의 특성이 부여되어 있고 다른 저작자의 기존의 작품과 구별할 수 있을 정도이면 충분하다(대법원 2011. 8. 25. 선고 2009다73882 판결 등 참조).

골프장의 경우 연못이나 홀의 위치와 배치, 골프코스가 돌아가는 흐름(이른바 Routing Plan) 등을 어떻게 정하느냐에 따라 다른 골프장과 구분되는 개성이 드러날 수 있고, 시설물이나 골프코스의 배치 및 루팅 플랜 등을 정함에 있어 골프장 부지의 지형, 토양, 일조방향, 바람, 식생 등 자연적 요소와 진입도로, 관리도로, 상수, 오수, 전기, 통신 등의 관로배치 등을 종합적으로 고려함으로써 골프장의 전체적인 미적 형상을 표현하게 되는바, 앞서 든 증거에 의하면 제1, 2, 3골프장은 클럽하우스, 연결도로, 홀(티 박스, 페어웨이, 그린, 벙커, 러프 등), 연못과 그 밖의 부대시설 등의 구성요소가 골프장 부지 내에서 배치되고 서로 연결됨에 있어 각각 다른 골프장들과 구별할 수 있을 정도로 창조적인 개성이 인정된다고 할 것이므로, 저작권의 보호대상인 저작물에 해당한다고 볼 수 있다.』

2) 창작성을 부정한 사례

가) 토목시공기술사 수험서 사건[3-68]

3-67) 서울중앙지방법원 2015. 2. 13. 선고 2014가합520165 판결(항소중). 피고가 개발한 골프 시뮬레이션 시스템은 국내외의 여러 골프장의 실제 모습을 항공 촬영한 다음 그 사진 등을 토대로 거의 그대로 재현함으로써 이용자들로 하여금 특정 골프장을 선택하면 그 골프장에서 골프를 즐기는 것과 같은 환경을 제공해주고 있어 실질적 유사성은 문제되지 아니하였다.

<사안의 개요>

원고와 피고들 서적은 토목시공기술 분야의 각종 서적 등 선행 문헌들을 기초로 그 핵심적인 내용과 표현을 선택, 배열 및 편집하여 토목시공기술사 시험을 대비한 수험용 교재로 작성된 것인데, 원고는 피고들이 저술한 서적이 원고의 서적에 관한 저작권을 침해하였다고 주장하였다. 원고 서적 표현의 창작성이 쟁점으로 되었다.

<법원의 판단>

『(1) 저작의 대상이 '토목시공기술'이라는 전문적인 공학 분야에 대한 수험교재로서 원고와 피고들 서적은 문예적 저작물이 아닌 사실적·기능적 저작물로서의 특성을 지님.

- 원고와 피고들 서적은 토목시공기술 분야의 각종 서적, 콘크리트학회지 등 토목 관련 학회지, 논문 등의 1차 자료들은 물론이고, 기술사 시험대비 '예상문제에 대한 모범답안' 등과 같은 학원가의 2차 자료들을 기초로, 그 핵심적인 내용과 표현을 선택, 배열 및 편집하여 토목시공기술사 시험대비 교재를 작성한 것으로서, 시공재료(콘크리트 등)·건설기계, 토질·지반·기초, 교량·도로·댐·하천·항만, 건설·공정관리 등에 대한 개요, 용어정의, 종류, 특징(장단점) 및 유의사항 등을 다루고 있는데, 주로 위 분야에서 일반화·정형화·표준화된 이론, 개념, 방법, 절차, 공식, 도표 및 데이터 등을 요약, 정리하고 있다. 이는 저작권법상 어문저작물의 일종으로서, 편집저작물 또는 기능적·사실적 저작물로서의 성격을 갖는데, 외부로 드러난 표현의 동일·유사성은 토목시공기술이라는 전문 분야에서 보편적인 학술이론과 사실정보를 다룰 뿐만 아니라 그에 관해 서술함에 있어서 공통적인 소재와 자료를 이용할 수밖에 없다는 제한으로 인하여 누가 하더라도 그 표현이 같거나 유사해질 수밖에 없다는 한계에 기인한다.
- 공학, 기술 분야에 관한 서술은 그 성격상 일상용어가 아니라 특정한 의미가 부여되고 당해 분야에서 장기간 일반적으로 통용되어 온 전문적이고 표준적인 용어로 표현될 수밖에 없고, 저작자의 독창적이고 개성적인 용어의 선택, 사용 가능성은 제한적이다. 원고 서적과 피고들 서적이 함께 포함, 설시하고 있는 각종 토목 관련 도표와 그림 및 수식들은 이미 주지저명한 서적이나 논문 및 정부 간행물 등을 통하여 학문적으로 널리 알려

3-68) 서울고등법원 2012. 11. 7. 선고 2012나17693 판결(확정).

지고 국내외 학계에서 표준으로 정립된 것들이다. 원고와 피고들 서적에서 다루는 내용에 대한 표현형식(문장, 구문, 도표, 그림, 각종 수식 등)과 동일·유사성의 정도가 두드러지거나, 원고와 피고들 서적이 의거하였다고 보이는 토목시공기술 관련 선행문헌의 내역과 해당 표현부분은 아래 표 기재와 같은데, 이를 구체적으로 대비, 검토하면 원고 서적은 물론이고 피고들 서적 역시 선행문헌에 기재된 내용뿐만 아니라 그 표현형식까지도 전반적이고 포괄적으로 이용했다고 보이며, 표현 내용 및 형식의 참조, 인용은 선행문헌들 상호간에 있어서도 마찬가지다.

또한 선행문헌들은 토목시공기술 분야의 특성상 추상적이고 학문적인 이론보다는 현장에서 수많은 시행착오를 거쳐 경험적으로 확인, 검증된 것들로서 실제 시공현장에 바로 적용 가능한 실용적이고 기술적인 지식 내지 매뉴얼(특정 시공방법의 시행단계별 주의점 등) 위주로 서술되어 있는 관계로 그 내용 및 표현에 있어서 큰 차이는 없다고 보인다.

○ 또한 토목시공기술 분야에서 공식적인 표준으로 자리를 잡고 있는 정부에서 간행한 '콘크리트표준시방서(CSS, 1962. 5. 제정)'나 건축공사표준시방서(KASS) 등은 위 분야에서 사실상 법령과 같은 지위를 갖는다고 보이고, 따라서 위 시방서 등에서 다루는 용어나 개념 등은 위 분야에 관한 서적에서는 이를 그대로 차용하여 사용할 수밖에 없다.

○ 토목시공기술 분야에 관하여 서술함에 있어서는, ① 각종 공법과 시공재료 등의 개요, 정의, 개념, 분류, 종류, 비교, ② 각종 공법과 시공재료 등의 특성, 장단점, 차이점, 적용/사용 조건, 시공 순서/단계, 적용/사용 시 주의할 사항, ③ 각종 공법의 적용 및 특정 재료의 사용 시 발생 가능한 문제점, 그 정의/개념, 발생 원인과 대응책, ④ 각종 공법, 시공재료, 시공조건/환경(지반, 토질, 암반 등)에 적용되는 각종 수치/비율의 범위, 토목 관련 공식, 도형, 도표, 도안, 도식 등에 관한 서술 및 소개 등이 필수적으로 포함되어야 할 것으로 보이고, 실제로 원고와 피고들 서적 및 위 선행문헌들에서는 위의 내용에 대한 서술이 중심적인 위치를 차지하고 있다.

○ 나아가 일부 특수한 공법이나 재료, 그 적용/사용 환경 등에 대하여만 한정하여 다루는 이론적이고 학술적인 논문 형식이 아니라, 원고와 피고들 서적과 같이 토목시공기술 분야 전체를 한두권의 책 분량으로 명료하고 객관적으로 서술하기 위해서는, 더구나 서술 대상 및 내용에 반드시 포함되어야 한다고 요구되는 공통적인 소재/주제 내지 요소들을 망라하여 이

를 경험적·논리적인 정합성을 갖추어 서술하기 위해서는 그 표현형식 및 방법에 대한 선택에 있어서 상당한 제한이 따를 수밖에 없고 저작자의 개성이 발휘될 여지는 크지 않다.

○ 한편, 선행문헌의 상당수는 비교적 장문의 문장을 사용하여 독자들이 설명 대상을 쉽고 정확하게 알 수 있게 해설하는 방식을 취하고 있음에 반해(최신콘크리트공학, 최신토목재료학 등), 원고와 피고들 서적은 모두 선행문언의 서술형 문단 또는 구성 문장 중 일부를 핵심적인 문장, 구문, 명사, 용어 위주로 잘라내어 이를 다시 간략히 정리, 분류, 도식화하여 항목을 구분하고 그 앞에 항목번호를 부여한 것이다. …원고마저도 '굵은 골재의 분리에 영향을 주는 인자'에 관하여 …같은 방식으로 서술하고 있는 점에 비추어 보더라도, 전문 토목시공기술 분야에서 표현의 다양성을 발휘하는데 상당한 제한이 있다고 보인다.

(2) 더구나 원고와 피고들 서적은 실용기술 분야에 관한 수험교재라는 특성이 있음

○ 원고와 피고들 서적은 모두 토목시공기술사 시험을 대비한 수험용 교재로서, 주된 목적은 학술적인 이론이나 주장을 전개하는 것이 아니라, 시험에 적합하고 필요한 한도 내에서, 시공현장과 밀접한 실용적이고 객관적인 지식의 전달을 목적으로 한다.

○ 원고 서적의 표현들에 담긴 내용이나 사상은 그 대부분이 원고 스스로 연구하여 창안해낸 것이 아니라, 토목시공기술 분야의 학계와 실무에서 널리 알려진 지식들과 관련 정부부처 등에서 제정한 각종 표준(콘크리트구조설계기준, 항만시설물설계기준 등), 전문시방서(콘크리트표준시방서, 도로공사표준시방서 등), 토목공학 관련 학회(대한토목학회 등), 교수 및 연구원들에 의해 작성된 서적, 논문 및 외국번역물 등에 기재된 내용과 표현을 취합하여 시험대비에 적합하게 정리, 요약, 분류한 것에 지나지 않는 것인 관계로, 앞서 예시한 바와 같이 선행의 1차적 저작물에 나타난 표현과 원고 서적의 그것 사이의 부분적·문자적 동일, 유사성의 정도는 매우 크다.

○ 그런데 수험용 교재는 그 서술방식에 있어서 장황한 서술형 문장이 아니라 명사나 핵심 용어 위주로 구성된 구문, 각종 도식, 공식, 도표 및 그림 등을 적절하게 배열, 구성함으로써 시험에 필요한 지식을 체계적이고 일목요연하며 암기하기 쉬운 방식으로 수험생에게 전달하는 것이 필수적이

므로, 출제가 예상되거나 서술하려는 대상·내용에 관하여 당해 저자들이 선택할 수 있는 표현의 형식 및 방식에는 상당한 제한이 있을 수밖에 없다.

◦ 기술사 시험이 수십년 전부터 시행되어 오는 동안 다수의 단답형 및 논술형 기출문제가 누적되어 오면서, 시험 주관기관, 시험대비 학원 및 수험생들 사이에서는 답안에 반드시 포함되어야 할 핵심 내용은 물론, 이를 출제자의 의도에 부합하게 효과적으로 답안지에 서술, 표현해내는 '모범답안' 형태의 표준적인 표현양식이 존재하고 있다고 보이고, 이에 따라 수험생들은 기출 및 예상 문제에 대한 모범답안으로 인정되는 내용, 구성 및 형식에 대하여 학습해 왔고, 수험교재 저자들 역시 그에 초점을 맞춰 '핵심 및 요점정리' 형태로 교재를 작성해온 결과, 수많은 수험교재가 그 내용은 물론이고 표현의 형식에 있어서도 상당한 정도의 동일·유사성을 띨 수밖에 없었다고 보인다.

◦ 결국, 이와 같은 사정으로 인하여 아래에서 보는 바와 같이 원고가 원고 서적의 표현 중 창작성이 있다고 주장하는 표현 중 상당수가 선행문헌에 나타난 표현과 동일·유사해질 수밖에 없었다고 보이고, 같은 맥락에서 피고들 서적의 표현형식 역시 원고 서적을 포함한 선행문헌의 표현과 동일·유사해질 수밖에 없었다고 보인다.

(3) 선행문헌의 표현형식과 비교할 때 원고 서적의 표현형식은 그 창작성을 인정하기 어려움

◦ 원고가 침해당하였다고 주장하는 원고 서적의 표현 중 상당 부분은 기존 문헌에 있는 표현과 동일, 유사하고… 특히 2011. 9. 16.자 청구취지 및 청구원인 변경 신청서에 첨부된 제Ⅱ, Ⅲ 대비표의 우측면에서 원고가 창작성 있다고 특정한 표현은 모두 그와 동일, 유사한 표현이 나타난 선행문헌이 존재하고 있는 점에 비추어 위 표현들에 대한 창작성을 인정하기 어렵다.

◦ 한편, 선행문헌에 있는 표현과 다르거나, 그와 유사하다고 볼 수 있는 표현이 나타난 선행문헌이 제출되지 않은 나머지 표현…의 경우에 관하여 보건대, 앞서 본 바와 같이 원고 서적은 토목시공기술이라는 전문 공학 분야의 기술사 시험을 대비하기 위한 수험교재로서 그에 적합하게 요약, 정리된 지식의 전달을 목적으로 하는 기능적 저작물로서 그 표현방식이 제한되어 있어서 그에 대한 보호범위는 제한적이라 할 것인 점, 원고 서적의 표현에 담긴 사상, 내용은 원고가 스스로 창안한 것이 아니라 토목

공학기술 등의 분야에서 이미 일반적으로 알려져 있는 지식을 취합하여 요약, 정리한 것에 불과한 점, 원고가 창작성이 있다고 주장하는 표현의 거의 대부분이 선행문헌 등에 있는 표현형식과 동일·유사하기까지 한 점, 위 각 표현부분은 매우 간단하고 압축적으로 서술되어 있어서 그 내용을 유사하지 않은 다른 형식으로 표현하기 어렵다고 보이는 점, 위 각 표현부분이 원고 서적에서 차지하는 양적·질적 비중 또한 그리 크다고 보이지는 않는 점 등의 제반 사정을 고려하여 보면, 원고 서적의 표현 전부가 선행문헌과 동일, 유사한 것이라는 점이 확인되지 않았다고 하여 위 표현부분의 창작성을 인정하거나 그에 대하여 보호를 부여하는 것은 타당하지 않다.

(4) 선행 저작물들에 대한 실질적 개변 또는 기존 소재(저작물)의 선택·배열 또는 구성(서술 대상의 재해석·분류, 요약, 재구성, 항목의 구분과 배치 및 제목 부여, 새로운 표현의 추가 등)의 측면에서 원고 서적의 전체적인 창작성이 인정될 수 있다고 하더라도, 앞서 본 제반 사정에 비추어 그 보호범위는 제한적이라 할 것이고, 원고와 피고들 서적 상호간에 무슨 종속·우열관계가 있다고 보기도 어려우며, 나아가 원고 서적에 개성적이고 창의적인 표현이 일부 담겨있다 하더라도 표현하고자 하는 대상 및 내용의 성격에 비추어 당해 표현부분이 전체 저작물 내에서 차지하는 비중이 크다고 보이지 아니하므로, 피고들이 원고 서적에 내재하는 고유하고 창의적인 소재의 배열 또는 구성과 표현형식상의 본질적인 부분 내지 구조 자체를 이용하였다거나, 사실상 원고 서적을 재제(再製)한 정도에 이르렀다고 보기 어려운 이상, 침해가 성립한다고 보기 어려움』

☞ 전문 분야에서의 보편적인 학술이론 등을 서술하고자 하는 교과서나 국가고시나 전문자격시험 등의 수험서 등 실용적 저작물의 경우에도, 『그 내용 자체는 기존의 서적, 논문 등과 공통되거나 공지의 사실을 기초로 한 것이어서 독창적이지는 않더라도, 저작자가 이용자들이 쉽게 이해할 수 있도록 해당 분야 학계에서 논의되는 이론, 학설들을 잘 정리하여 저작자 나름대로의 표현방법에 따라 설명하는 방식으로 서적을 저술하였다면, 이는 저작자의 창조적 개성이 발현되어 있는 것이므로 저작권법에 의해 보호되는 창작물에 해당한다고 할 것이나, 다만 복제 여부가 다투어지는 부분이 기존의 다른 저작물의 표현과 동일·유사한 경우는 물론 기존 이론이나 개념을 그 분야에서 일반적으로 사용하는 용어에 의하여 설명하거나 정리한 경우 또는 논리구성상 달리 표현하기 어렵거나 다르게 표현하는 것이 적합하지 아니한 경우 등 누가 하더라도 같거나 비슷

할 수밖에 없는 표현, 즉 저작물 작성자의 창조적 개성이 발현될 여지가 없는 경우에는 저작물의 창작성이 인정되기 어렵다 할 것이므로 복제권 등의 침해도 인정될 수 없다.」(대법원 2012. 8. 30. 선고 2010다70520, 70537 판결[3-69])

나) 주름개선시술 동영상 사건[3-70]

<사안의 개요>

성형외과 원장인 원고가 피고 회사가 개최한 세미나에 참여하여 돌기를 가진 특수실을 이용하여 피부를 절개하지 않는 방식의 주름개선시술방법에 관하여 시술방법을 강연하였고, 피고 회사가 이를 동영상으로 만들어 배포하자 원고가 저작권 침해를 이유로 손해배상을 청구하였다. 위 강의 동영상의 저작물성이 쟁점으로 되었다.

<법원의 판단>

「먼저 원고의 위 강의가 신규성, 진보성이 있는 독창적인 내용의 시술 기법에 대한 것이라는 원고의 주장은 저작권법이 보호하는 사상의 표현방식이 아니라 사상의 영역에 속하는 아이디어 자체에 대한 보호를 주장하는 취지임이 분명하므로 받아들일 수 없다.

나아가 원고가 위 강의에서 시술 기법, 도구, 주의사항, 기타 필요한 세부적인 사항을 나름대로 효율적으로 배치하여 설명하고 있다고 하더라도, 이는 원고의 주름개선 시술기법의 구체적인 실시방법을 원고가 직접 시연하는 과정에서 그 요령과 기법 등을 그대로 설명하는 것으로서 기능이나 실용적

3-69) 원고의 서적(공인회계사 수험서) 중 복제권 등의 침해 여부가 다투어지는 부분이 창작성이 있는지를 구체적으로 검토하지 아니한 채 만연히 원고의 서적이 전체적으로 창작성이 인정되고 피고의 서적 중 일부 내용이 원고의 서적 중 일부 내용과 유사하다는 이유로, 피고가 원고의 서적에 관한 복제권 등을 침해하였다고 인정한 원심 판결에 대해 저작물의 창작성에 관한 법리를 오해하여 필요한 심리를 다하지 아니함으로써 판결에 영향을 미친 위법이 있다는 이유로 파기환송한 사례로 환송심에서는 「원고의 서적이 창작물에 해당하여 저작권법에 의한 보호를 받는다고 하더라도, 유사하다고 다투어지는 해당 부분에 대해서까지 창작성이 인정되어 원고의 복제권 등이 미친다거나, 피고의 서적 중 해당 부분이 원고의 서적 중 같은 목록 기재 해당 부분에 의거하여 작성되었다고 보기 어렵다」는 이유로 원고의 청구를 기각하였다{서울중앙지방법원 2013. 1. 15. 선고 2012나43941(본소), 2012나43958(반소) 판결}.

3-70) 서울고등법원 2012. 1. 12. 선고 2011나47635 판결(대법원 2014. 2. 27. 선고 2012다28745 판결).

인 사상의 표현을 주된 목적으로 하는 내용에 불과하다고 보인다(즉, 강의의 주된 내용은 특수 실을 이용한 주름개선 시술의 과정과 방법을 화면으로 시연하여 보여주는 것으로서, 특수 실을 삽입하는 각도와 방향, 실을 피부에 넣는 위치, 실을 이용하여 피부의 모양을 형성한 후 고정하는 요령, 시술 마무리 방법 등에 대한 원고의 설명은 시술 장면을 위주로 하되 단순히 이를 해설하는 보조적 역할에 그치고 있으며, 이러한 설명의 시간순서는 결국 아이디어에 해당하는 시술 단계의 결정에 따르게 된다).

이 같은 경우 원고가 표현하고자 하는 기능 또는 실용적인 사상이 속하는 분야에서의 일반적인 표현방법, 그 용도나 기능 자체, 저작물 이용자의 이해 편의성 등에 의하여 그 표현이 제한되는 경우가 많으므로 원고의 창조적 개성이 드러나지 않을 가능성이 크고, 설령 피시술자의 특성에 따라 같은 시술 방법을 표현하는 형식에 다소간의 차이가 있을 수 있다고 하더라도 그러한 사정만으로는 창작성을 인정할 수 없고, 원고의 창조적 개성이 드러나 있는지는 별도로 판단되어야 한다. 그리고 이러한 원고의 주름개선 시술 기법이라는 학술적인 내용에 대해서는 누구에 대하여도 자유로운 이용이 허용되어야 하는 것으로 이에 대한 원고의 독점권은 인정될 수 없다.

이러한 점을 종합하면, 위 강의에서 나타난 원고의 표현형식은 시술 방법에 대한 시연을 통하여 정보를 전달하는 과정에서 부수적으로 이루어진 일반적인 설명에 그치는 것으로 보일 뿐이고, 원고의 창조적인 개성이 나타나 법적으로 보호할 가치 있는 표현에까지 이른 부분은 발견하기 어렵다. 따라서 이를 저작권법이 보호하는 어문저작물이라고 볼 수 없다.」

다) 그 밖에 도형저작물과 관련하여, 실링휘팅 등 기계장치의 평면도, 단면도 등 설계도면(대법원 2007. 8. 24. 선고 2007도4848 판결), 건설회사에서 작성한 설계도면을 단순 변용한 정도의 아파트 평면도 및 배치도(대법원 2009. 1. 30. 선고 2008도29 판결), 지도(대법원 2003. 10. 9. 선고 2001다50586 판결) 등에 대해 창작성을 부인하였는데, 이에 대해서는 아래「자. 도형저작물」부분에서 살펴보기로 한다.

나. 어문저작물

주로 광고문구 등과 같이 저작물의 길이가 비교적 짧거나 실용적, 기능적인 성격을 가지고 있는 경우에 창작성이 문제된다. 소설이나 시 등과 같은 문예저작물이나 상당한 정도 정리된 길이의 어문저작물의 경우에는 그 집필에 있어 본인의 창작·궁리를 응축해서 문장에 본인의 개성이 반영되는 것이 보통이므로 창작성이 부정되는 예가 거의 없다. 그러나 문장이 비교적 짧고, 단순히 사실을 소개한 것으로서 다른 표현을 상정할 수 없는 것 또는 구체적인 표현이 매우 흔한 경우, 예를 들어 서적의 제호나 광고문구, 제품설명서 등에 있어서는 저작자의 개성이 반영되어 있다고 보기 어렵다.

판례는 어문저작물의 경우 창작행위에 저작자의 개성이 나타나 있는지를 판단함에 있어서는

『용어의 선택, 전체구성의 궁리, 특징적인 표현이 있는지 하는 그 작품의 표현형식과 그 작품이 표현하려고 하는 내용·목적 및 그에 따르는 표현상의 제약유무와 정도, 그 표현방법이 같은 내용, 목적을 기술하기 위해 일반적, 일상적으로 사용되는 표현을 사용한 것인지 여부 등을 종합적으로 검토해서 결정함이 상당하다.』

고 한다.[3-71] 또한 어문저작물에서 사상이나 감정의 전달이라는 언어의 본연의 기능과 관계없이 표현되는 문자나 음성의 크기, 글자체 등은 어문저작물로서 보호되는 표현에 해당하지 않는다.[3-72]

1) 편지 사건[3-73]

단순한 문안 인사나 사실의 통지에 불과한 편지는 저작권의 보호대상이 아니지만, 학자·예술가가 학문상의 의견이나 예술적 견해를 쓴 편지뿐만 아니라 자신의 생활을 서술하면서 자신의 사상이나 감정을 표현한 편지는 저작권의 보호대상이 된다.

2) 영어공부 절대로 하지마라 사건[3-74]

『일반적으로 저작물의 제호 자체는 저작물의 표지에 불과하고 독립된 사

3-71) 서울중앙지방법원 2008. 4. 10. 선고 2006가합75936 판결(비행운영교범 사건).

3-72) 서울중앙지방법원 2008. 4. 17. 선고 2007가합80973 판결(글라스락 사건).

3-73) 서울지방법원 1995. 6. 23. 선고 94카합9230 판결.

3-74) 서울고등법원 2006. 11. 28. 선고 2005나62640(본소), 2005나62657(반소) 판결(확정). 서적 제호의 저작물성이 문제되었다.

상, 감정의 창작적 표현이라고 보기 어려워 저작물로서의 조건을 구비하지 못하고 있으므로 저작물로서 보호를 받을 수 없는 것인바, 이 사건 제호인 '영어공부 절대로 하지마라' 또한 비록 반어적인 의미의 문장적 구성을 가지고 있기는 하나, 기존의 통념화된 영어학습방법을 거부한다는 구호적 의미를 전달하는 것으로서 일견 독특하게는 보이더라도 창작적 표현이라기보다는 아이디어의 영역에 해당하여, 그 자체만으로는 저작물로 보기 어렵다.』

☞ 판례는 일관되게 서적의 제호, 출판사의 상호 등의 저작물성을 부인하고 있다. 대법원 1977. 7. 12. 선고 77다90 판결에서는, 『만화 제명 '또복이'는 사상 또는 감정의 표명이라고 볼 수 없어 저작물로서 보호받을 수 없다.』고 하였고, 대법원 1996. 8. 23. 선고 96다273 판결에서는, 『신청인이 출판하여 발행한 '운전면허 학과시험 문제집' 및 '운전면허 2주완성 문제집'의 각 표지 하단에 인쇄된 '크라운출판사'라는 부분은 사상 또는 감정을 창작적으로 표현한 것이 아니어서 저작물로서 보호받을 수 없다.』고 하였으며, 서울고등법원 1989. 4. 11.자 89라28 결정에서는 『신청인이 그의 연극대본 제목으로 사용하고 있는 '품바'라는 단어는 그 주장 자체에 의하더라도 각설이타령의 후렴구에서 따온 의성어의 일종이라는 것이어서 정신적 활동의 산물이라고 할 수 없을뿐더러 일반적으로 저작물의 제목자체는 저작물의 표지에 불과하고 독립된 사상이나 감정의 창작적 표현이라고 할 수 없는 경우가 많아서 저작물로서의 요건을 구비하지 못하고 있다.』고 하였고, '행복은 성적순이 아니잖아요' 사건[3-75]에서는 『사상이나 감정의 표현이라고 볼 수 없어서 저작권의 보호대상이 될 수 없는 이건 무용극의 '행복은 성적순이 아니잖아요'라는 제명이 이건 영화 및 소설의 제명과 동일하다 해서 막바로 저작권침해가 될 수는 없다』고 하였으며, '애마부인' 사건[3-76]에서도 『일반적으로 저작물의 제호 자체는 저작물의 표지에 불과하고 독립된 사상, 감정의 창작적 표현이라고 보기 어려워 저작물로서의 요건을 구비하지 못하고 있다 할 것이므로 위 소설의 제호인 '애마부인'이 저작물임을 전제로 한 신청인의 주장은 이유 없다.』고 하였다. 다만, '불타는 빙벽' 사건[3-77]에서는, 서적의 제호는 일반적으로 저작물로 보호받을 수 없되, 『설사 현대 사회에서 제호가 갖는 사회적·경제적 중요성 등을 고려하여 제호의 저작물성을 일률적으로 부인하지 않고 제호 중 창작적 사상 또는 감정을 충분히 표현한 것을 선별하여 독립된 저작물로 보호하는 입장에 선다고 하더라도, 완성된 문장의 형태가 아닌 불과 두 개의 단어로만 구성되어 있는 이 사건 제호가 독자적으로 특정의 사상이나 감정 혹은 기타의 정보를 충분히 표현한 것으로 보기 어렵다』고 설시하였

3-75) 서울민사지방법원 1990. 9. 20. 선고 89가합62247 판결.

3-76) 서울고등법원 1991. 9. 5.자 91라79 결정.

3-77) 서울남부지방법원 2005. 3. 18. 선고 2004가단31955 판결(확정).

다.[3-78] 그리고 최근 '바보처럼 공부하고 천재처럼 꿈꿔라'라는 제호의 책에 관하여 『이 사건 제호는 이 사건 저작물을 나타내는 상징적인 표현으로 이 사건 저작물의 주요 부분이라 할 것인데, 피신청인 서적은 이 사건 제호를 그대로 사용하고 있는 점, 별지2 목록 비교표와 같이 피신청인 서적에는 신청인이 창작하여 이 사건 저작물에 포함된 다양한 에피소드에 관한 표현 및 기술방식 등이 매우 유사하게 기재되어 있는 점, 위 유사 부분의 분량이 전체 서적에서 상당한 부분을 차지하고 있는 점 등을 고려하면, 피고 서적은 이 사건 저작물과 실질적으로 유사한 것으로 보인다』라고 설시하고 있는데 위 결정은 제호만을 따로 보호여부를 판단한 것은 아니지만 저작물의 주요부분으로 인정하여 결국 제호 자체의 보호를 긍정하는 취지를 내포한 것이라는 해석이 있다.[3-79]

3-78) 우선 이 부분 설시에 관하여는 비록 가정적 판단이지만 제호 자체도 저작물로 인정될 여지를 열어 놓은 최초의 판결로 주목되고, 서울중앙지방법원 2012. 7. 23.자 2012카합996 결정(확정)에서도 그 순차적 판단구조와 문구가 그대로 차용된 바 있다고 한다(이해완, 287면). 즉 2012카합996 결정을 보건대, 신청인은 '테디'라는 예명으로 활동하고 있는 주식회사 ○○ 소속 작사가 겸 작곡가로서 위 회사 소속 여성 가요그룹인 투애니원(2NE1)의 두 번째 미니앨범 수록곡인 '내가 제일 잘 나가'라는 제호의 대중가요를 작사, 작곡한 사람이고, 피신청인은 '나가사끼 짬뽕'이라는 명칭의 라면을 생산·판매하는 회사인데, 피신청인은 2012. 3. 5.경부터 '

'이라는 문구를 사용하여 자사 라면에 관한 광고를 하였다. 신청인은 위 제호 자체가 저작권법상의 저작물에 해당하므로 '사끼 짬뽕' 부분을 결합하여 광고 문구로 사용하는 것은 신청인의 위 제호에 관한 저작재산권을 침해한다고 주장하였다. 이에 대하여 법원은 제호의 예외적 보호가능성을 전제로 하더라도 이 사건 제호는 '내가 인기를 많이 얻거나 사회적으로 성공하였다'는 단순한 내용을 표현한 것으로서 그 문구가 짧고 의미도 단순하여 어떤 보호할 만한 독창적인 표현형식이 포함되어 있다고 보기 어려우므로, 이 사건 제호가 저작물로 보호되는 것은 아니라고 판시하였다; 또한 제호에 대해서는, '행복은 성적순이 아니잖아요'라는 무용극의 제호와 같이 여러 개의 단어로 구성된 문장이나 구절은 단순히 하나의 단어로 되어 있는 제호와는 달리 완성된 문장의 형태로 되어 있는 제호가 독자적으로 특정의 사상이나 감정 또는 기타의 정보를 전달하는 창작적인 표현에 해당되는 한 저작물로 보호되지 못할 이유가 없고, 완성된 문장의 형태로 된 제호가 짧은 시의 제호로서 당해 시의 핵심적인 부분에 해당되는 경우에는 그러한 제호가 보호받지 못한다면 당해 시에 대한 저작권 보호도 무의미하게 되므로, 모든 제호가 사상이나 감정 또는 정보를 전달하는 표현에 해당하지 않는다고 보아 저작물성을 일률적으로 부인할 것이 아니라 당해 제호가 창작적인 표현에 해당되는지 여부를 기준으로 판단함이 타당하다는 견해가 있다(정상조 외 1인, 291면).

3-79) 이해완, 287면.

3) 글라스락 사건[3-80]

<사안의 개요>

원고는 주방용 유리밀폐용기(제품명 : '글라스락')를 출시하면서 제품의 특징을 소비자에게 쉽게 전달하기 위해, '글라스락은 강하고 안전합니다', '글라스락은 간편합니다', '글라스락은 깨끗합니다'라는 설명문구를 빨간색, 황토색, 파란색의 배경에 다른 문구보다 크게 하고, 그 아래에 제품의 구체적인 특징을 작은 글씨로 기재하여 배치하는 방식으로 제품에 부착하였다. 원고는 제품설명문구에 있어 사용된 문구와 그 배치방식에 창작성이 있으므로 원고의 제품설명문구는 어문저작물에 해당하는데, 피고가 이를 침해하였다고 주장하며 침해중지 등을 청구하였다. 위 문구의 저작물성이 쟁점으로 되었다.

<법원의 판단>

「원고의 제품설명문구에서 사용된 문구와 문장이 모두 극히 간결하고, 각 문구나 문장이 유리밀폐용기의 특징을 그대로 표현한 것이고, 원고가 표현하고자 하였던 유리밀폐용기의 특징은 거래자 또는 수요자에게 일반적으로 알려져 있다. 한편 원고는 글라스락 제품의 특징을 '글라스락은 강하고 안전합니다', '글라스락은 간편합니다', '글라스락은 깨끗합니다'로 요약하여 표현하고 있으나, 그 부분은 문장이 극히 간결할 뿐만 아니라 주방용 유리밀폐용기의 특성이나 용도에 비추어 쉽게 연상되고 그 아래 기재된 개개의 문구나 문구가 전달하고자 하는 특성을 요약한 것으로서 창조적 개성이 있다고 보기 어렵다. 더구나 원고가 어문저작물로서 보호되는 표현으로 주장하고 있는 주방용 유리밀폐용기제품의 주된 특성을 요약하여 큰 글씨로 기재하고, 그 아래에 구체적인 특성을 작은 글씨로 기재하는 부분과 제품의 주된 특성을 요약하여 기재하는 부분에 배경색을 둔 것은 어문저작물로 보호되는 부분이 아니다(그와 같은 구성방식은 일반적으로 글을 쓸 때에 단락의 내용을 요약하는 큰 글자체의 제목 아래에 그보다 작은 글자체로 구체적인 설명을 서술하는 것과 같이 제품의 특성을 설명함에 있어서 뿐만 아니라 어떠한 사항을 설명하거나 논술하는 글을 서술함에 있어 누구나 흔히 사용하고 있는 방법이고, 전체적인 설명문구 중 중요한 문구에 배경색을 두는 것도 그 문구를 특히 강조하기 위해 흔히 사용되는 방법이므로 원고의 구성방식에

3-80) 서울중앙지방법원 2008. 4. 17. 선고 2007가합80973 판결(확정). 광고문구의 저작물성이 문제된 사안이다.

창조적 개성이 드러나 있다고 볼 수도 없다). 또한 강화유리재질로 된 주방용 유리밀폐용기가 환경호르몬을 배출하지 않아 친환경적이고, 음식을 보관하기에 안전하고 위생적인 용기이며, 강화유리재질로 만들어져 잘 긁히지 않고 충격에 강하여 잘 깨지지 않고, 전자레인지나 오븐에서도 사용이 가능하며, 산성의 음식물 조리와 보관에 좋고, 용기에 음식물이나 음식물의 냄새가 잘 배지 않는 내용의 문구는 원고와 피고의 제품 외에 다른 주방용 유리밀폐용기제품의 제품설명문구에서도 흔히 게재되는 것이다. 따라서 원고의 제품설명문구가 저작물에 해당함을 전제로 하는 원고의 주장은 나아가 볼 필요없이 모두 이유 없다.』

☞ 유사 사례로서, 하이트맥주 사건[3-81] 판결에서, 원고의 맥주 광고문구('가장 맛있는 온도가 되면 암반천연수 마크가 나타나는 하이트. 눈으로 확인하세요')에 관하여, 『열감지테이프나 열감지잉크 등의 온도감응수단을 부착하여 가장 맛있는 온도에서 맥주나 음료수를 마실수 있도록 한 고안에 대하여는 그 광고나 설명에서도 맛있는 온도를 시각적으로 확인할 수 있다는 내용이 필수적으로 포함되게 되어 있다 할 것인데, 원고가 제안한 광고문구와 피고가 사용한 위 광고문구 사이에의 각 뒷부분 '눈으로 확인하세요'와 '눈으로 확인하십시오' 부분은 그 표현에 있어 유사하기는 하나…모두 '맛있는 온도'를 '눈으로 알 수 있다'는 단순한 내용을 표현한 것으로서 그 문구가 짧고, 의미도 단순하여 그 표현형식에 위 내용 외에 어떤 보호할 만한 독창적인 표현형식이 포함되어 있다고 볼 여지도 없다 할 것이어서 위 광고문구에 저작권을 인정할 수 있는 전제로서의 창작성이나 아이디어로서의 참신성을 인정할 수 없다』고 판시한 바 있다.

4) 2,000원 밥상 사건[3-82]

<사안의 개요>

원고의 서적('2,000원으로 밥상 차리기')의 표지 상단에 기재된 홍보문구인 '값비싼 그릇, 본 적도 없는 재료, 집에 없는 조리도구로 서민들 기죽이는 요리책은 가라! 인터넷 최고의 요리작가 나물이가 직접 장을 보고 요리하고 사진 찍고 레시피를 정리한 100% 서민을 위한 요리책' 부분의 저작물성이 쟁점으로 된 사건이다.

<법원의 판단>

3-81) 서울고등법원 1998. 7. 7. 선고 97나15229 판결(확정).

3-82) 서울남부지방법원 2011. 5. 19. 선고 2010가합20113 판결(서울고등법원 2012. 4. 18. 선고 2011나45837 판결, 대법원 2013. 4. 25. 선고 2012다41410 판결).

『이 사건 초판 문구는 비록 이 사건 초판 서적 중 '2,000원으로 밥상 차리기'의 내용을 효과적으로 전달하기 위한 수단으로서 기재된 것이기는 하나, '저렴한 예산 범위 내에서 사진을 보며 쉽게 따라할 수 있다는 점에서 서민의 처지에서는 현실적으로 따라할 수 없었던 기존 요리책들과 차별되는 서민을 위한 요리책'이라는 사상 내지는 감정을 표현한 것으로서, 원고 ○○이 위 문구를 다른 곳에서 베꼈다고 볼 자료가 없고, 저작권법에 의한 보호를 받을 가치가 있는 정도의 최소한도의 창작성도 인정된다. 그런데 피고 ㈜△△이 …서적에 사용한 이 사건 개정판 문구는 '2003년 최초로 밥숟가락 계량법을 개발한', '대한민국 국민이 가장 사랑하는' 정도의 문구를 삽입한 외에는 이 사건 초판 문구를 거의 그대로 베낀 것으로서 이 사건 초판 문구를 실질적으로 복제한 것으로 볼 수 있다.』

5) 애완견사료 문구 사건[3-83]

<사안의 개요>

원고는 'Nutri + gen'이라는 상표의 애완동물 보조사료 제품을 판매하면서, 제품 포장지에 상품설명으로 "뉴트리플러스젠 종합은 가장 기본에 충실한 포뮬러의 고급영양제입니다. 뉴트리플러스젠 종합영양제는 면역체계를 강화시켜주며, 애완동물에 필요한 영양분을 보충해주는 영양제입니다. 애완동물의 일상에서 섭취가 부족한 다량의 비타민과 미네랄을 공급해줍니다. 최고급 원료와 풍부한 미네랄, 비타민을 함유했으며, 애완동물의 건강을 생각한 최고의 영양제입니다. 모질의 최상의 컨디션을 유지해주며, 피부질환에 도움이 되는 성분을 함유하고 있습니다. 노령견, 산모견, 활동견, 성장자견에게 급여시 최상의 컨디션을 만들어줍니다." 등의 문구를, 급여방법으로 "영양제는 2～3개월 급여를 권장합니다. 1일 1～3회를 적정량을 급여해 주십시오." 등의 문구를 기재하였는데, 위 문구의 저작물성이 쟁점으로 되었다.

<법원의 판단>

『피고들이 원고가 작성한 …문구와 거의 동일한 …문구를 뉴트리사이언스 각 제품의 포장에 사용한 사실은 앞서 본 바와 같으나, 그 내용은 소비자에게 상품의 정보를 전달하기 위하여 상품의 효능, 특징, 급여방법을 간략히 기재한 것으로서 다른 동종제품의 상품설명에서도 흔히 찾아볼 수 있는

3-83) 서울남부지방법원 2011. 7. 19. 선고 2010가합19069 판결(확정).

수준에 불과하고, 저작물로서 보호될 정도의 개성과 창조성이 인정되지 아니한다.」

6) 엑스포 기획서 사건[3-84]

<사안의 개요>

원고는 피고 ○○이 원고 회사에 입사한 후 원고의 지시에 따라 원고가 기획한 성경을 테마로 한 전시 행사인 슈퍼 바이블 엑스포 행사를 위해 이 사건 1 기획서를 작성하였으므로, 이 사건 1 기획서는 업무상 저작물로서 원고에게 저작권이 귀속되는데, 피고 ○○은 원고에서 퇴직한 후, 피고 회사와 함께 이 사건 1 기획서와 구성, 내용, 표현이 유사한 이 사건 2 기획서를 작성하였고, 이를 이용하여 원고가 기획한 것과 같은 '더 바이블 엑스포 2010' 문화행사의 개최를 추진하고 있는바, 이 사건 2 기획서는 원고의 저작권을 침해하고 있다고 주장하며 침해금지등 청구소송을 제기하였다. 이 사건 1 기획서의 저작물성이 쟁점으로 되었다.

<법원의 판단>

「이 사건 1 기획서의 내용에 성경구절 및 인터넷상의 이미지, 역사적인 사진의 일정 부분을 그대로 활용하거나 변형하여 구성한 것으로 보이므로, 적어도 위 각 부분은 창작성이 인정되지 아니하나, 한편 …다음과 같은 사정들, 즉 슈퍼 바이블 엑스포라는 행사를 위해서는 통상 기획서 작성이 필수적이고 그 기획서의 내용이 결과적으로 행사에 전반적인 영향을 미치는 점, 위 기획서는 저작권자가 상당기간 동안 성경의 내용에 바탕을 둔 구조물과 체험관 등을 설치하여 관람객을 유치하기 위해 저작자 나름대로의 정신적 노력으로 작성된 점, 위 기획서에는 슈퍼 바이블 엑스포라는 성경을 테마로 한 문화행사를 개최하는데 사용할 목적으로 그 기획배경, 행사목표, 행사개요, 기대효과, 설치물 개요, 운영계획, 홍보 마케팅계획, 재무계획 등의 계획이 나름대로 제시되어 있는 점 등에 비추어 볼 때 위 기획서는 그 표현에 저작권자의 정신적 노력의 소산으로서의 개성이 나타나 있어 저작물

3-84) 서울서부지방법원 2011. 4. 7. 선고 2010가합4394 판결(확정). 위 판결에 대하여 작성자의 정신적 노력 등은 창작성 판단과 무관하고, 창작성 인정의 근거로 든 내용은 어떤 행사기획서라도 당연히 포함하고 있어야 할 목차나 세부내용들에 불과하다는 비판이 있다{박준석, "콘텐츠 산업에서의 저작권: 최근 1년간의 관련 판례들을 중심으로", 창작과 권리 67호(2012년 여름호), 세창출판사 127~128면}.

로서의 최소한의 창작성은 인정된다. 따라서 이는 저작권법에 정해진 저작물에 해당한다.」

☞ 대법원 1991. 9. 10. 선고 91도1597 판결에서는, 「"소비자권리를 아십니까"라는 홍보용 팸플릿도 지적·문화적인 창작이 들어 있는 것이라면 저작권법 소정의 저작물에 해당한다.」고 판시하였다.

다. 음악저작물

일반적으로 음악저작물 자체의 창작성이 부정되는 경우는 많지 않다. 그러나 음악저작물이 저작물로서 가치를 가지려면 사람들에게 선호하는 감정과 느낌을 불러일으킬 수 있어야 하므로, 어문저작물이나 미술저작물의 경우와 비교하여 음악저작물의 경우에는 상대적으로 창작 과정에서 실제로 활용할 수 있는 표현방법이 제한되어 있다고 할 수 있다.[3-85] 예를 들어 음을 배열함에 있어서도 청중들에게 예술적 느낌을 부여하게 하려면 특정 음이 위치한 전후에 올 수 있는 음은 일정한 범위로 제한될 수밖에 없고, 그 중에서 사람들의 선호도, 음악을 연주하는 수단의 한계, 특정 음악장르의 특성 등을 고려하게 되면, 음의 배열은 더욱 제한될 수밖에 없다.[3-86] 이와 같이 음악저작물은 그 이용 가능한 소재에 한계가 있어 매우 보편적인 음이나 화음의 연속, 리듬의 설정 등은 공유되어야 할 것이므로, 만일 음악저작물 중 일부가 대중들에 의해 일반적으로 공유되어 온 관용구에 불과하다고 인정될 경우에 그 부분은 저작권법에 의해 보호되지 않는다(아래 3) 드림하이 사건 참조).

음악저작물은 크게 가락(melody), 화음(harmony), 리듬(rhythm)의 3가지 요소로 구성되는데, 창작성이라는 측면에서 위 요소들 간 비중의 순위를 정해도 결국 위 순서로 될 것이다. 특히 위 요소 중 리듬과 화음은 아이디어의 성격이 강하여 일반적으로 리듬, 화음 그 자체만으로 창작성 있는 표현에 해당한다고 보기는 어려우나, 리듬이나 화음이 매우 독특하여 충분히 독창성이 인정되는 경우에는 저작권법에서 보호하는 표현에 해당할 수 있다.[3-87]

3-85) 김병일, "음악저작물의 표절 및 공정이용의 기준", 디지털재산법연구 6권 2호(2007), 118면.

3-86) 김병일, "음악저작물의 표절 및 공정이용의 기준", 118면.

3-87) 칵테일 사랑 사건에서 법원은 코러스 부분에 단순히 화음을 넣은 수준을 뛰어넘은

한편 음악저작물의 가치는 소리의 전달에 의한 느낌 또는 관념에 있으므로, 창작성 또는 실질적 유사성은 듣는 사람의 느낌과 관념을 기준으로 전체적으로 판단되어야 한다.[3-88]

1) 사랑은 아무나 하나 사건[3-89]

<사안의 개요>

원고 1.은 원고 2.의 편곡을 거쳐 구전가요 2곡을 기초로 '여자야'라는 노래(이하 '이 사건 가요')를 완성하고 이를 수록한 음반을 발매, 공표하였다. 한편 피고 조○○은 '태진아'라는 예명으로 가수 겸 음반제작자 등으로 활동하고 있는 연예인인데, 이 사건 가요를 접하게 되어 친숙한 가락에 흥미를 느끼던 차에, 이 사건 가요가 구전가요를 토대로 한 것임을 알고는 구전가요라면 누구나 이를 이용할 수 있다고 생각하고, 스스로 이 사건 가요의 출처로 알려진 구전가요들을 채보, 소집한 다음, 그 기본 가락과 화성에다가, 일부 증감 및 변형을 거치고 새로 가사를 붙인 뒤, 피고 박△△의 편곡을 거치는 방법으로, 2000. 4.경 '사랑은 아무나 하나'라는 노래를 제작한 다음, 피고 ㈜◇◇를 통해 피고의 가요가 실린 음반을 판매하였다. 원고들이 피고들을 상대로 저작권 침해를 주장하며 제기한 손해배상청구소송에서 법원은, 구전가요를 토대로 한 이 사건 가요가 저작물인지 여부가 쟁점으로 되었다.

<법원의 판단>

『원고들은 구전가요인 위 '영자송'과 '구전 여자야'를 기초로, 이들을 하나의 노래로 합쳐서 적절히 편곡하는 방법으로 이 사건 가요를 작성한 것이고, 또 그 상호간의 실질적 유사성으로 말미암아 이들 구전가요를 알고 있는 청중이라면 누구나 쉽사리 이 사건 가요를 들으면서 그 연상작용으로 위 '영자송'과 '구전 여자야'의 존재를 떠올릴 수 있을 것이어서, 이 사건 가요는 위 구전가요들에 대하여 상당한 정도의 종속성을 지닌다고 봄이 상당하므로, 이 사건 가요를 위 구전가요들과 별개의 저작물이라 할 수는 없다 하

독창성이 있다며 2차적 저작권으로서 보호받을 만한 창작성을 인정한 바 있다(서울민사지방법원 1995. 1. 18.자 94카합9052 결정).

3-88) 서울중앙지방법원 2012. 2. 10. 선고 2011가합70768 판결(드림하이 사건).

3-89) 서울고등법원 2004. 3. 16. 선고 2002나61547 판결(대법원 2004. 7. 8. 선고 2004다18736 판결).

겠으나, 다른 한편 원고들은 이 사건 가요를 만들면서 단순히 위 '영자송'과 '구전 여자야'의 음표와 음계만을 일부 가감하여 나열함으로써 이들 노래의 리듬, 가락, 화성에 사소한 변형을 가하는데 그치지 않고, 두 노래를 자연스럽게 연결될 수 있도록 적절히 배치하고, 여기에다가 한국전통대중가요로 분류되는 이들 노래에 디스코 풍의 경쾌한 템포를 적용함과 아울러, 하나의 노래로서 완성도를 높이기 위하여 전주 및 간주 부분을 새로 부가하는 등 원고들의 노력과 음악적 재능을 투입함으로써, 위 구전가요들에 친숙한 청중에게도 기존의 노래와 다른 새로운 느낌을 받을 수 있을 정도에 이르게 한 것이어서, 사회통념상 위 구전가요들과는 구분되는 새로운 저작물이 될 수 있을 만한 창작성이 인정된다 하겠고, 원저작자의 동의 유무는 2차적 저작권의 발생에는 영향이 없는 것이므로, 결국 원고들이 작성한 이 사건 가요는 2차적 저작물로서 저작권법의 보호대상이라 할 것이다.」[3-90)]

2) 너에게 쓰는 편지 사건[3-91)]

<사안의 개요>

원고는 피고가 작곡한 '너에게 쓰는 편지'의 후렴구 8소절(이하 '피고 대비 부분')이 원고가 작곡한 'It's you'의 후렴부 8소절(이하 '원고 대비 부분')을 그대로 표절하거나 일부 변형하여 사용함으로써 원고의 위 곡 'It's you'에 대한 성명표시권 및 동일성 유지권을 침해하였다고 주장하면서 피고를 상대로 손해배상청구소송을 제기하였다. 위 사건에서 피고는, '원고 대비 부분'이 미국의 전래민요인 '할아버지의 시계(Grand-father's clock)'나 스탠다드 팝(Standard Pop) 음악에서 1960년대 이후 비틀즈(Beatles) 등 여러 가수들의 곡에서 널리 사용되어 온 관용구(Cliche)로서 창작성이 없다고 주장한다.

<법원의 판단>

3-90) 1심 판결은 『원고들이 '구전가요 여자야'와 '영자야'라는 노래의 리듬이나 가락 등을 일부 수정하여 '여자야'라는 노래를 만들었으나 그 노래는 전반부와 후반부는 '구전가요 여자야'를 다소 수정·증감하였을 뿐 그대로 옮겨왔고, 중반부는 '영자야'라는 노래에 다소의 수정·증감을 가한 데 불과하며 전주부 역시 위 두 곡의 구전가요를 연상케 하는 편곡부분인 사실을 인정할 수 있고, 위 인정사실에 의하면 원고들의 '여자야'는 사회통념상 새로운 저작물로 인정될 정도의 창작성 있는 수정이나 변경이 가해졌다고는 보기 어려우므로 원고들이 만든 '여자야'라는 노래는 2차적 저작물로서 보호받을 수 없다』고 판시하여 원고청구를 기각하였다.

3-91) 수원지방법원 2006. 10. 20. 선고 2006가합8583 판결(확정).

『원고의 곡 중 '원고 대비 부분'이 저작권법상 보호받을만한 창작성이 있는지(창작성이 없는 단순한 관용구에 불과한 것인지) 여부에 관하여 보건대, …를 종합하면 아래 사실이 인정되는바, 그렇다면 원고 대비 부분이 이미 이전부터 널리 사용되어 오던 관용구(Cliche)로서 창작성이 없는 부분에 해당하여 대비의 대상으로 삼을 수 없다는 피고의 주장은 채용하기 어렵다.

(1) 피고가 제시한 'If you go'(대비 부분의 곡의 진행은 별지 목록 4 기재와 같다)의 전반부 3소절 정도의 가락이 '솔-도-도 / 솔-레-레 / 솔-미-미-파-미-레-도'로 구성되어, '솔-도-도 / 솔-레-레 / 도-레-미-파-미-레-도'로 구성된 원고의 곡과 유사한 듯 보이나, 위 대비 곡은 첫번째와 두번째 소절의 마지막 '도'음의 길이가 '8분음표+2분음표'로서 '8분음표+8분음표'로 된 원고의 곡의 동일 부분과 다르고, 첫 소절만 8분 쉼표가 있는 원고의 곡과 달리 각 소절이 모두 8분 쉼표로 시작하며, 나아가 앞 2소절을 제외하고는 화성의 진행과 박자의 분할이 전혀 달라 전체적인 유사성을 인정하기 어렵다.

(2) 또한, 피고 주장의 'Grandfather's clock'(대비 부분의 곡의 진행은 별지 목록 3 기재와 같다)의 해당 부분 가락이 '솔-도 / 시-도-레 / 도-레-미-파-미-레-도'로 구성되어, 원고 대비 부분과 일부 유사한 가락의 진행 흐름(세번째, 네번째 소절 부분)이 발견되기는 하나, 위 부분에 있어서도 가락 진행의 흐름을 제외한 나머지 요소들, 즉 구성음 박자의 장단, 박자의 분할, 코드의 진행 등이 전체적으로 상이하다.』

3) 드림하이 사건[3-92]

<사안의 개요>

원고는 '내 남자에게'라는 제목의 음악저작물(이하 '원고 음악저작물')의 작사, 작곡 및 편곡을 담당하였고, 피고는 드라마 '드림하이'의 오리지널 사운드트랙(OST, Original Sound Track) 음반의 표지에 위 음반에 수록된 'Some-day'라는 제목의 음악저작물(이하 '피고 음악저작물')의 작사, 작곡 및 편곡을 담당하였다고 기재되어 있다. 원고는 원고 음악저작물과 피고 음악저작물의 각 후렴구 8마디는 위 각 음악저작물의 핵심적인 부분으로서 그 가

3-92) 서울중앙지방법원 2012. 2. 10. 선고 2011가합70768 판결, 서울고등법원 2013. 1. 23. 선고 2012나24707 판결, 대법원 2015. 8. 13. 선고 2013다14828 판결(파기환송).

락, 화성 및 리듬이 매우 유사하고, 전체 악곡 중에서 차지하고 있는 비율도 상당한바, 피고 음악저작물은 원고 음악저작물의 2차적 저작물에 해당한다고 주장하며 피고를 상대로 2차적 저작물 작성권 침해로 인한 손해배상청구소송을 제기하였다. 위 소송에서 피고는 원고 음악저작물의 후렴구는 그 가락, 화성 및 리듬, 배치 및 분량 등이 국내 및 해외의 음악저작물 작성에 일반적으로 사용되어 온 관용구로서 창작성이 없다고 주장하였다.

<법원의 판단>

1심[3-93] 및 2심 법원은, 원고 음악저작물의 후렴구이자 도입부의 첫 4마디(이하 '원고 대비 부분')가 저작권법에 의해 보호받을만한 창작성이 있는지 여부에 관하여, '호산나(Hosanna)'라는 제목으로 2002년경 커크 프랭클린(Kirk Franklin)에 의해 공표된 음악저작물(이하 '비교대상1 저작물') 등과 대비하여 가락 또는 화음의 유사성이 발견되나,

> 「원고 음악저작물의 창작성은 이를 구성하고 있는 개별음의 고저(pitch), 음의 장단(duration)의 복합적인 연속으로서 가락, 화음 및 리듬에 원고의 독자적인 감정의 표현을 담고 있는지 여부에 의해 판단되어야 하는바, 원고가 다른 음악저작물에 의거하여 원고 음악저작물을 작곡함으로써 스스로 타인의 저작권을 침해하였다거나, 원고 대비 부분이 오랫동안 수많은 음악저작물에 사용되고 일반 대중들에게 노출되어 공유의 영역이 되었다는 등의 사정이 인정되지 않는 이상, 남의 것을 모방하지 않고 원고 자신의 독자적

3-93) 한편 1심 법원은 「원고 음악저작물이 공표되기 전 또는 후에 공표된 상당수의 음악저작물들에서 원고 음악저작물과의 가락 또는 화음의 유사성이 발견되는 사실은 앞서 본 바와 같다. 그러나 원고 음악저작물의 창작성은 이를 구성하고 있는 개별음의 고저(pitch), 음의 장단(duration)의 복합적인 연속으로서 가락, 화음 및 리듬에 원고의 독자적인 감정의 표현을 담고 있는지 여부에 의해 판단되어야 하는바, 원고가 다른 음악저작물에 의거하여 원고 음악저작물을 작곡함으로써 스스로 타인의 저작권을 침해하였다거나, 원고 대비 부분이 오랫동안 수많은 음악저작물에 사용되고 일반 대중들에게 노출되어 공유의 영역이 되었다는 등의 사정이 인정되지 않는 이상, 남의 것을 모방하지 않고 원고 자신의 독자적인 감정의 표현을 담고 있다는 의미에서의 저작권법상 창작성은 인정된다고 봄이 상당하다」라고 판시(2심 판결은 이 부분을 인용하고 있음)하고 있는바 저작권침해소송에서 요건사실 중 원고가 주장하는 피침해대상이 저작물인 점을 원고가 입증하여야 하는 점에서 볼 때, 그러한 원고의 저작물이 공유의 영역에 있게 되었음은 '부인'에 해당하지만 결국 피고의 입증이 필요한 것으로 보인다(간접반증).

인 감정의 표현을 담고 있다는 의미에서의 저작권법상 창작성은 인정된다」고 판단하였다.

그러나 대법원은 다음과 같이 판시하며, 원심을 파기환송하였다.

「원저작물이 전체적으로 볼 때에는 저작권법이 정한 창작물에 해당한다 하더라도 그 내용 중 창작성이 없는 표현 부분에 대해서는 원저작물에 관한 복제권 등의 효력이 미치지 않는다. 따라서 음악저작물에 관한 저작권침해소송에서 원저작물 전체가 아니라 그 중 일부가 상대방 저작물에 복제되었다고 다투어지는 경우에는 먼저 원저작물 중 침해 여부가 다투어지는 부분이 창작성 있는 표현에 해당하는지 여부를 살펴보아야 한다(대법원 2012. 8. 30. 선고 2010다70520, 70537 판결 참조). 한편, 음악저작물은 일반적으로 가락(melody), 리듬(rhythm), 화성(harmony)의 3가지 요소로 구성되고, 이 3가지 요소들이 일정한 질서에 따라 선택·배열됨으로써 음악적 구조를 이루게 된다. 따라서 음악저작물의 창작성 여부를 판단함에 있어서는 음악저작물의 표현에 있어서 가장 구체적이고 독창적인 형태로 표현되는 가락을 중심으로 하여 리듬, 화성 등의 요소를 종합적으로 고려하여 판단하여야 한다.

(1) 원심판결 이유와 기록에 의하면 다음과 같은 사정들을 알 수 있다.

① 원심이 인용한 제1심 판시 비교대상1 저작물은 원고 음악저작물보다 앞서 2002년 미국에서 공표되었는데, 이를 부른 가수인 커크 프랭클린(Kirk Franklin)은 그래미상을 수상하는 등 가스펠(gospel) 음악 사상 영향력 있는 가수로 손꼽힐 정도로 널리 알려졌고, 한편 원고는 미국에서 음악대학을 수료한 이후 계속하여 음악활동을 해 오고 있는 작곡가이다. ② 그런데 원고 대비 부분을 원심이 인용한 제1심 판시 비교대상1 부분과 대비해 보면, 원고 대비 부분의 시작음이 '솔'인 데 비해 비교대상1 부분의 시작음이 '도'인 정도의 차이가 있을 뿐이어서 두 부분의 가락은 현저히 유사하고, 리듬도 유사하다. ③ 또한 원고 대비 부분의 화성은 원고 음악저작물보다 앞서 공표된 다수의 선행 음악저작물들의 화성과 유사한 것으로서 음악저작물에서 일반적으로 사용되는 정도의 것이다.

(2) 위와 같은 비교대상1 저작물에 대한 원고의 접근가능성과 원고 대비 부분 및 비교대상1 부분 사이의 유사성을 종합하면 원고 대비 부분은 비교대상1 부분에 의거하여 작곡된 것으로 추정되고, 또한 원고 대비 부분과 비교대상1 부분은 가락을 중심으로 하여 리듬과 화성을 종합적으로 고려할 때 실질적으로 유사하다고 할 것이며, 원고 대비 부분에 가해진 수정·증감이나

변경은 새로운 창작성을 더한 정도에는 이르지 아니한 것으로 보인다. 그렇다면 원고 대비 부분은 창작성이 있는 표현에 해당한다고 볼 수 없어, 이 부분에 대해서까지 원고의 복제권 등의 효력이 미치는 것은 아니라고 할 것이다.』

4) 사랑해요 LG송 사건[3-94]

<사안의 개요>

원고는 음악저작물인 '가버린 당신'(이하 '이 사건 음악저작물')의 작곡자이고, 피고는 김○○이 작곡한 광고방송용 노래(이하 '사랑해요 LG송')를 여성 솔로로 가창된 것, 합창으로 가창된 것, 첼로와 록밴드로 연주된 것, 신디사이저로 연주된 것, 가야금으로 연주된 것, 당김음을 사용한 것, 일부음을 반음 내린 것 등 16개의 다른 버전으로 만든 후, 방송 등을 통해 피고 그룹의 광고에 사용하였다. 원고는, '사랑해요 LG송'은 이 사건 음악저작물의 모티브 및 앞 4마디('솔미미미-라파파파-솔솔라솔레파-미' 부분으로 이하 '이 사건 노래 부분')를 그대로 표절한 것인데, 피고가 이 사건 음악저작물을 이용하여 만든 '사랑해요 LG송'을 자신의 광고에 사용하여 원고의 2차적 저작물 작성권 등을 침해하였다고 주장하며 손해배상청구소송을 제기하였다. 위 소송에서 피고는, ① 이 사건 노래 부분은 6도 음정으로 도약하는 음악기법으로서, 바흐(Bach)의 '무반주 첼로 조곡 1번'과 같이 18~19세기에 많이 사용되었을 뿐만 아니라, 오늘날에서도 'My Way', '월남에서 돌아온 김상사', 론 밀러(Ron Miller)의 'J.C. On The Land', 칼 시그먼(Carl Sigman)의 'Love Story', 랄프 허드슨(Ralph Hudson)의 '날 대속하신 예수께', 김희갑 작곡의 '향수' 및 돈 모엔(Don Moen) 작곡의 'I offer my life'(위 곡들을 통칭하여 '이 사건 대비곡들'이라 한다) 등에서 볼 수 있는 바와 같이 음악저작물에 흔히 사용되는 관용구이거나 아이디어에 해당하고, 화성의 구성음만으로 작성된 것이어서 창작성이 없다고 주장하였다.

<법원의 판단>

『이 사건 노래 부분이 저작권법상 보호받을 만한 창작성이 있는지 여부

3-94) 서울고등법원 2012. 10. 18. 선고 2011나103375 판결(대법원 2013. 2. 15. 선고 2012다103783 판결).

에 관하여 보건대, …다음과 같은 사정들 즉, 김희갑 작곡의 '향수'와 돈 모엔(Don Moen) 작곡의 'I offer my life'는 이 사건 음악저작물이 발표된 이후에 발표된 곡인 점, 화성의 구성음만으로도 선율의 변화와 리듬의 배치에 따라 매우 다른 감정의 표현이 가능하므로, 화성의 구성음만으로 작성된 음악저작물이라는 사정만으로 보편적, 관용적 표현으로서 독창성을 부여할 수 없다고 단정하기도 어려운 점, '사랑해요 LG송'과 이 사건 대비곡들은 별지 3 대비표 기재와 같이 선율의 흐름, 구성음 박자의 장단, 박자의 분할, 코드의 진행 등이 전체적으로 다른 점, 이 사건 대비곡들만으로는 이 사건 노래 부분이 오랫동안 수많은 음악저작물에 사용되고 일반 대중들에게 노출되어 공유의 영역이 되었다고 인정하기 부족한 점 등의 제반 사정을 종합하여 보면, 이 사건 노래 부분은 비록 그 중 일부가 그 이전에 창작된 음악저작물의 일부와 일치한다 하더라도(이 사건 노래 부분의 제3, 4마디와 '월남에서 돌아온 김상사'의 제3, 4마디는 첫 두 음이 한 옥타브 차이가 있는 외에는 일치한다), 남의 것을 모방하지 않고 원고 자신의 독자적인 감정의 표현을 담고 있다는 의미에서의 저작권법상 창작성은 인정된다고 보아야 한다.』

라. 연극, 무용저작물

1) 샤이보이 안무 사건[3-95]

<사안의 개요>

원고는 안무가로서 시크릿의 샤이보이라는 노래에 맞는 안무(이하, '이 사건 안무')를 제작하였다. 피고들은 댄스교습학원을 운영하면서 이 사건 안무를 수강생들에게 가르치고, 댄스 강사와 수강생들에 의하여 재현된 안무 모습을 촬영·녹화하여 그 사진과 동영상을 피고 회사의 인터넷 홈페이지 등에 게시하였는데, 당시 이 사건 안무의 저작권자가 원고임을 표시하지 않았고, 이에 원고는 저작권침해를 주장하였다. 이 사건 안무의 저작물성이 쟁점이다.

<법원의 판단>

『이 사건 안무에 사용된 각종 동작의 요소를 개별적으로 분석하면 …각종 댄스 장르의 전형적인 춤 동작, 그리고 이미 공개된 여러 춤에서 발견되

3-95) 서울고등법원 2012. 10. 24. 선고 2011나104668 판결(확정).

는 특징들과 유사한 측면이 있지만, 이 사건 안무는 '샤이보이'라는 노래의 전체적인 흐름, 분위기, 가사 진행에 맞게 종합적으로 재구성된 것이고, 4인조 여성 그룹 '시크릿' 구성원…의 각자 역할(랩, 노래, 춤 등)에 맞게 춤의 방식과 동선을 유기적으로 구성하였으며, 기존에 알려진 다양한 춤 동작도 소녀들로 구성된 '시크릿'과 '샤이보이'라는 악곡의 느낌에 맞게 상당한 창조적 변형이 이루어졌고, 각 춤 동작들이 곡의 흐름에 맞게 완결되어 이 사건 안무 역시 전체적으로 하나의 작품으로 인식되는 점 등을 종합하면, 이 사건 안무는 전문 안무가인 원고가 '샤이보이' 노래에 맞게 소녀들에게 적합한 일련의 신체적 동작과 몸짓을 창조적으로 조합·배열한 것으로서 원고의 사상 또는 감정을 표현한 창작물에 해당한다.』

마. 미술저작물

법은 제4조 제1항 제4호에서 회화·서예·조각·판화·공예·응용미술저작물[3-96] 등을 미술저작물로 예시하고 있다. 순수미술 작품 외에 만화나 삽화, 표장 등도 미술저작물에 해당한다. 회화·서예·조각·판화 등 순수미술의 범주에 포함되는 미술저작물의 경우에는 그 예술적 가치의 고저를 불문하고 창작성이 부정되는 사례가 거의 없으나,[3-97] 공예, 응용미술저작물이나 삽화, 표장 등 응용미술이나 산업미술의 경우 실용성, 제품의 속성 등으로 인해 표현 방법이 제한될 수 있어서 어느 정도 독창성이 있는 경우 창작성을 인정할 것인지가

3-96) 편의상 응용미술저작물 사례에 대해서는 다음 항에서 살펴보기로 한다.

3-97) 대중문화 속에 등장하는 각종 이미지를 미술로 수용한 소위 '팝아트' 그림에 대하여 창작성을 인정하는 전제에서 저작권 침해를 인정한 사례{서울중앙지방법원 2001. 9. 21. 선고 2000가합29184 판결(확정)}, 계란이라는 일상적 소재를 선택하여 이를 원형의 극도로 단순화, 추상화시킨 형태로 구성한 뒤 기하하적 배열구도에 따라 반복적으로 나열하는 방식으로 또는 실물 프라이팬의 바닥에 프라이된 계란의 모습을 그려 넣는 방식으로 창작한 원고의 작품에 대하여 개인적인 사상과 감정을 창작적으로 표현하고 있다 할 것이므로, 이는 미술의 범위에 속하는 것으로서 저작물성이 있다고 본 사례{서울고등법원 1999. 7. 7. 선고 98나39611(본소), 98나39628(반소) 판결}, 동양화가인 원고가 크리스마스 카드용으로 제작한 그림에 대하여 저작자의 개인적인 사상과 감정을 창작적으로 표현하고 있다 할 것이므로, 이는 예술(회화)의 범위에 속하는 것으로서 저작물성이 있고, 위 그림이 크리스마스 카드용 그림에 흔히 이용되는 화풍을 따르고 있다는 이유만으로 창작성이 없다고 할 수 없다고 한 사례(서울지방법원 1998. 6. 19. 선고 97가합13097 판결) 등.

문제된다.

1) 디지털 이미지 – 구름 이미지 사건[3-98]

『원고가 포토샵 등 프로그램과 태블릿 도구를 이용하여 레이어 방식으로 제작한 원고 물방울 이미지 및 각 구름 이미지는 물방울 또는 구름의 윤곽선이나 형태, 색채, 명암, 물방울에 빛이 반사되는 모습이나 구름에 햇빛이 비치는 모습 등이 저작자인 원고 나름의 표현방법으로 세밀하게 표현되어 일반인들이 실제 물방울 또는 구름의 모습이라고 착각할 정도로 정교하게 표현된 물방울 또는 구름 이미지인 점을 인정할 수 있는바, 자연에 이미 존재하는 형상의 하나인 물방울 또는 구름 모양이라 하더라도 그 구체적인 윤곽선이나 형태, 색채, 명암, 빛의 반사 및 그 조합 방식에 따라 얼마든지 상이한 모습으로 창작될 수 있는데, 원고 물방울 이미지 및 각 구름 이미지의 구체적 윤곽선이나 형태, 색채, 명암 등을 고려할 때 원고 물방울 이미지 및 각 구름 이미지는 누가 하더라도 같거나 비슷하게 표현할 수밖에 없는 형상의 물방울 또는 구름 모양이라고는 볼 수 없고, 원고 나름의 정신적 노력의 소산으로서의 특성이 부여되어 있는 저작권법 보호대상인 미술저작물에 해당한다고 봄이 상당하다.』

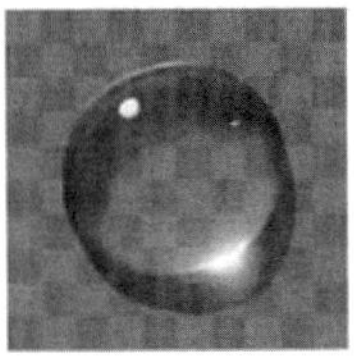

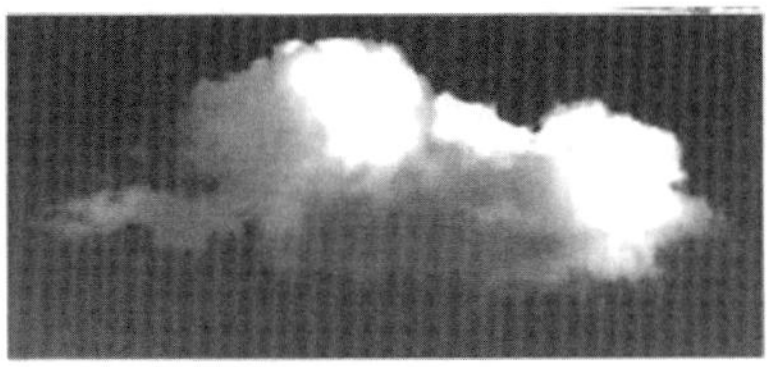

2) 도 안

가) 여우 이미지 사건[3-99]

<사안의 개요>

3-98) 서울중앙지방법원 2014. 7. 1. 선고 2013가합505657(본소), 2013가합541073(반소) 판결(항소심에서 화해, 물방울이미지 포함), 같은 원고의 구름이미지에 대한 사례로, 서울중앙지방법원 2012. 9. 25. 선고 2012가합503548 판결(같은 법원 같은 날 선고된 2011가합139414 판결은 위 사건과 원피고가 반대인 저작권침해정지청구권등부존재확인 사건이다. 서울고등법원 2013. 4. 11. 선고 2012나86941 판결).

3-99) 서울고등법원 2012. 7. 25. 선고 2011나70802 판결(대법원 2014. 12. 11. 선고 2012다76829 판결).

원고는 각주 기재 도안[3-100]을 각 작성하여 미국에서 그 명의로 공표하여 사용해 오고 있는데, 피고가 이와 동일한 도안을 사용하자 저작권침해를 주장한 사안이다. 위 도안의 저작물성이 쟁점으로 되었는데, 위 도안이 상품의 식별표지로 사용되는 점이 저작물성에 영향을 주는지 여부도 다투어졌다.

<법원의 판단>

『먼저 ' ', ' ' 도안은 '전체적으로 갸름하지만 양 볼이 볼록하게 튀어나온 역삼각형의 두상을 기본으로 하면서 하단의 역삼각형 모양의 주둥이가 얼굴의 하단으로 갈수록 날카롭게 좁아지고, 양 볼의 아래쪽에는 털 갈퀴가 불규칙한 톱니 모양으로 표현되며, 눈과 코는 각각의 눈에서 콧날로 이어지는 격자형 선분으로 간략하게 표시되어 여우 특유의 매섭고 날카로운 인상을 더해주는 여우의 머리 형상'으로 이루어져 있다. …나아가 ' ' 등 도안은 영문 'FOX'의 형상 중 알파벳 문자 'O'에 해당하는 부분을 위와 같은 여우 머리 형상으로 대체하여 간략하면서도 강렬한 여우의 머리 형상의 이미지를 부가하고 있다.

…이 사건 원고 도안이 저작권법에 의하여 보호되는 저작물의 요건으로서 창작성을 구비하였는지 여부는 도안 그 자체로 일반적인 미술저작물로서 창작성을 구비하였는지 여부에 따라 판단하면 충분하다고 할 것이다. 그런데 이 사건 원고 도안은 모두 자연계에 존재하는 일반적인 여우의 머리와는 구별되는 독특한 여우 머리로 도안화되었거나 이와 같이 도안화된 여우 머리 형상을 포함하고 있어, 여기에는 창작자 나름의 정신적 노력의 소산으로서의 특성이 부여되어 있고 이는 다른 저작자의 기존 작품과 구별될 수 있는 정도라고 보인다. 그러므로 이 사건 원고 도안은 저작권법에 의하여 보호되는 저작물의 요건으로서 창작성을 구비하였다고 할 것이다. 그리고 이 사건 원고 도안이 상품의 출처표시를 위하여 사용되고 있다는 사정은, 이를 저작권법에 의하여 보호하는데 장애가 되는 사유가 아니다.』

나) 택지경관조형물 사건[3-101]

3-100)

3-101) 서울중앙지방법원 2008. 8. 13. 선고 2006가합51459 판결(항소심에서 강제조정).

<사안의 개요>

피고는 택지조성공사 입찰에 참가하면서 원고에게 피고의 실시설계(안) 중 경관계획분야 작성에 참여하여 줄 것을 제의하였고, 원고는 피고에게 이 사건 택지조성공사를 낙찰받기 위한 아이디어의 하나로 유명 조형작가들의 조형물을 설치하는 것을 제안하였으며, 피고가 이를 받아들여 원고는 조형작가들로부터 조형물 구상도안(스케치)을 받아 이를 피고에게 제출하였다. 이후 피고가 택지조성공사를 낙찰받았으나, 원고와 사이에 위 조형물 구상도안을 이용한 조형물의 제작·시공과 관련하여 조건이 맞지 않아 협의에 이르지 못하였고, 이에 피고는 다른 조경업자 등에게 용역을 주어 위 조형물 구상도안을 그대로 모방한 조형물을 설치하도록 하였다. 원고는 작가들로부터 조형물 구상도안을 받을 때 그들로부터 위 구상도안에 대한 저작재산권을 양수하였는데, 피고가 위 구상도안의 작가들의 동의나 승낙 없이 위 조형물 구상도안을 이용하여 모방조형물을 제작·설치함으로써 원고를 비롯한 작가들의 저작권(복제권)을 침해하였다고 주장하며 피고를 상대로 손해배상청구소송을 제기하였다. 원고의 조형물 구상도안의 저작물성이 쟁점이다.

<법원의 판단>

> 『순번 1 내지 9, 순번 12 내지 16의 조형물 구상도안 및 순번 11의 조형물 구상도안 중 용머리 형상을 한 난간 부분은 단순한 조형물의 스케치에 불과한 수준을 넘어서 위 구상도안을 토대로 하여 조형물을 제작할 수 있는 수준에 이른 도안이고, 그 조형물 구상도안에 심미적, 예술적 표현도 상당한 정도 나타나는 점 등을 종합하여 보면, …미술저작물에 해당한다고 봄이 상당하다. 그러나, …순번 11의 교명주 부분은 단순히 육면체의 석재에 교량의 이름을 새겨 넣은 부분으로서 그 조형물 구상도안에 심미적, 예술적 표현이 나타나 있다고 볼 수 없어 미술저작물에 해당하지 아니하고, 순번 10의 조형물 구상도안(난간의 일종) 및 순번 11의 조형물 구상도안 중 보도포장 부분은 그 대상이 보도육교 및 교량의 구성요소 중 하나인 건축 부속 공작물에 불과하여 공간 및 각종 구성부분의 배치와 조합을 포함한 전체적인 디자인으로서의 건축미술작품에 해당한다고 할 수 없어 건축저작물로서의 도안이라고 평가하기 어려우며, 또한…위 조형물 구상도안의 외관, 형상, 문양 및 그 이용된 물품의 기능적 특수성 등을 종합하여 볼 때, 위 구상도안은

어느 정도 독특한 형상과 문양에서 미적인 요소를 지니고 있다고 할 수는 있겠으나, 기본적으로는 그 이용된 물품인 난간 및 보도포장의 실용적인 목적이 주가 되어 직선과 곡선, 대나무 형태의 문양 또는 원 모양을 결합하여 배치함으로써 통상의 난간 및 보도포장에 다소간의 심미적인 요소를 부가한 것에 불과하다고 할 것이지 난간 및 보도포장의 기능과 별도로 그 자체가 하나의 독립적인 예술적 특성이나 가치를 지니고 있다고 보기 어려우므로 응용미술작품에도 해당하지 않는다고 봄이 상당하다.」

순번 10. 보도 육교 디자인

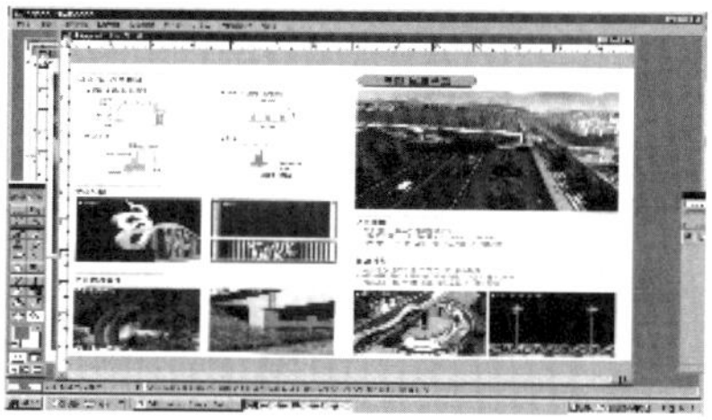

순번 11. 탄천1교(교명주, 보도포장, 난간) 디자인

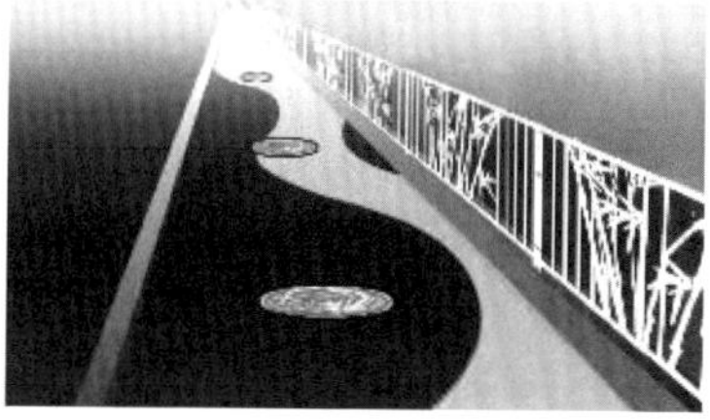

3) 삽 화 – 국제실용한자명해 사건[3-102]

<사안의 개요>

원고는 한자 교재인 '자원도해 국제실용한자명해'(이하 '원고의 책자')의 저자인데, 원고의 책자 중 '부수자의 도설(圖說)' 부분에는 한자 부수 214자 및 이에 병렬하여 각 대응되는 한자 부수의 이해를 돕기 위한 각 삽화(이하 '원고의 삽화')가 포함되어 있다. 피고는 한자 교재인 '자원풀이 해법한자' 등(이하 '피고의 책자들')을 각 저술하였는데, 피고의 책자들에는 한자 부수 214자

3-102) 서울중앙지방법원 2012. 7. 17. 선고 2011가합56847 판결(확정), 서울중앙지방법원 2012. 5. 1.자 2011카합1433 결정.

및 이에 병렬하여 각 대응되는 한자 부수의 이해를 돕기 위한 각 삽화(이하 '피고의 삽화')가 각 포함되어 있다. 원고는 피고가 피고의 책자들에 원고의 미술저작물인 원고의 각 삽화와 동일·유사한 피고의 각 삽화를 게재하여 원고의 복제권 등을 침해하였다고 주장하며 침해정지등 청구소송을 제기하였다. 위 삽화의 저작물성이 쟁점이다.

<법원의 판단>

『원고의 각 삽화가 한자 부수의 이해를 돕기 위하여 한자 학습 교재에 삽입된 그림들인 점은 앞서 본 바와 같고, …중국 후한(後漢)시대(서기 25년～서기 220년)의 허신(許愼)이 '설문해자(說問解字)'에서 한자 부수 540자의 구성 원리 및 용법을 밝혀 저술한 이후 한자 부수에 대한 학문 및 교육방법이 점차 체계화되어 1716년경 강희자전(康熙字典)에 이르러서는 한자 부수가 214자로 정착되는 한편, 위 강희자전의 자원설명(字源說明)을 통하여 각 한자 부수의 구성 원리 등에 대한 설명이 다시 게재되었던 점, 위 허신의 설문해자 및 강희자전의 자원설명은 한자 교육을 위하여 현재에도 한자문화권 나라들의 모든 사람들이 공유하여 참조하고 있는 고전으로 보이는 점, 한자 부수를 삽화로 표현하여 이를 학습에 이용하는 방법은 일반적인 한자 부수의 학습 방법인 점을 인정할 수 있는바, 이에 비추어 보면, 한자 부수 자체의 모양과 뜻, 허신의 설문해자 등 만인에게 공유되어 있는 한자 부수의 구성 원리 및 설명을 참조하여 누가 하더라도 같거나 비슷하게 표현할 수밖에 없는 한자 부수 삽화의 표현은 저작물 작성자의 창조적 개성이 드러나지 않는 표현으로서, 저작권법상 보호되는 저작물이라 볼 수 없다.

…원고의 순번 31 삽화의 경우, '戈(창 과)'의 이해를 돕기 위한 삽화로서, 구체적인 형상은 별지 2 목록 '원고의 각 삽화'란 기재 순번 31 삽화와 같은바, 그 형상이 매우 단순하여 긴 자루의 끝에 창날이 붙어 있는 장창을 한자 부수 자체의 모양에 맞추어 형상화한 것이고, 이에 대하여 허신의 설문해자 번역문에는 '〔|〕는 자루를 본떴고, 〔−〕는 창을 본떴다. 창은 적과 싸울 때 손을 미끄러짐을 방지했다.'라고 기재되어 있는 점, 원고의 순번 33 삽화의 경우, '支(지탱할 지)'의 이해를 돕기 위한 삽화로서, 구체적인 형상은 별지 2 목록 '원고의 각 삽화'란 기재 순번 33 삽화와 같은바, 그 형상이 단순하여 한 손으로 대나무를 잡고 있는 모습을 나타낸 것인데, 이에 대하여 허신의 설문해자 번역문에는 '자형은 오른손으로 대나무를 잡고 있음을

따랐다. 대나무를 제거한 가지라 보았다.'라고 기재되어 있는 점…을 인정할 수 있는바, 이에 비추어 보면, 원고의 순번 2, 5, 9, 10, 21, 22, 29, 31, 33, 37, 49, 50, 54, 72 각 삽화는 각 한자 부수 자체의 모양 및 뜻, 허신의 설문해자 등 만인에게 공유되어 있는 한자 부수의 구성 원리 및 설명을 참조하여 누가 하더라도 같거나 비슷할 수밖에 없는 삽화의 표현에 불과하다고 할 것이므로, 저작권법상 보호되는 저작물이라 볼 수 없는 반면, 앞서 본 원고의 2, 5, 9, 10, 21, 22, 29, 31, 33, 37, 49, 50, 54, 72 각 삽화를 제외한 원고의 나머지 각 삽화의 경우, 허신의 설문해자에 나온 설명을 참작하여 원고가 각 삽화의 구체적 형상, 크기, 화면 구성 등의 시각적 요소를 원고 나름의 방법으로 표현한 것으로서, 각 삽화에 원고의 정신적 노력의 소산으로서의 특성이 부여되어 있는 점이 인정되므로, 원고의 위 각 삽화는 저작권법의 보호대상인 미술저작물에 해당한다.』

순번	원고의 삽화	피고의 삽화	허신의 설문해자 번역문	비 교
31 戈창 과			'丨'는 자루를 본떴고, '一'은 창을 본떴다. 창은 적과 싸울 때 손을 미끄러짐을 방지했다.(부수한자 214: 140~141쪽)	본문 참조
32 戶지게문 호	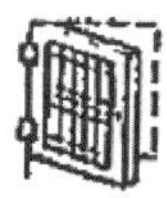		실내를 보호하는 문이다. 문의 반쪽 하나를 [戶]라 부른다. 지게문을 설치했는데 재화를 보호하려고 했다.(부수한자 214: 142~143쪽)	양 삽화 모두 창호지와 나뭇대로 이루어진 방문이 반쯤 열려져 있는 모습을 표현하고 있는바, 문고리 부분의 위치 차이에 불구하고, 실질적으로 유사하다.
33 支지탱할 지			자형은 오른손으로 대나무를 잡고 있음을 따랐다. 대나무를 제거한 가지라 보았다.(부수한자 214: 145~146쪽)	본문 참조

4) 표 장

가) 에비수 사건[3-103)]

<사안의 개요>

원고○○은 원고 ㈜에비수재팬을 설립하여 데님 소재 의류의 판매를 계속하면서 그 무렵 "", "", "", "", "" ""와 같은 도형들을 공표하고 위 도형들과 이와 매우 유사한 도형들을 표기한 청바지 등의 의류를 생산하여 판매하였다. 피고 ㈜△△는 '에비수 골프'라는 명칭으로 골프웨어를 생산·판매하면서 위 도형들을 사용하였고, 피고 ㈜◇◇도 '에비수'라는 의류 브랜드를 만들어 위 도형들을 그려 넣은 청바지를 생산·판매하였다. 위 도형들의 저작물성이 쟁점이다.

<법원의 판단>

『""은 하나의 선으로 이루어진 도형으로서, 선의 왼쪽과 오른쪽에 각각 돌출부(산봉우리처럼 볼록하게 튀어나온 부분)가 형성되어 있고 왼쪽 돌출부가 오른쪽 돌출부 보다 위로 더 볼록하게 솟아 있어 도형의 왼쪽과 오른쪽이 비대칭을 이루고 있다. 그러나 위 도형은 왼쪽 돌출부와 오른쪽 돌출부의 높이 차이나 선의 양끝이 구부러진 정도 등에 따라 다양한 형태로 변형될 수 있다. 원고는 일본에서 ""와 유사한 도형에 관하여 상표권을 등록하였는데 당시 상표로 등록된 도형은 ""에 비하여 오른쪽 돌출부가 위로 솟아있는 형태였고, 위 원고가 청바지를 생산하면서 청바지의 뒷주머니에 그려 넣은 도형도 ""보다는 오른쪽 돌출부가 위로 더 솟아 있는 모양인 사실을 인정할 수 있는바, 돌출부 간의 높이 차이에 정형화된 비율이 있지 않은 것으로 보이고, 위 도형 자체만으로는 의미하는 바가 분명하지 아니하여 굴곡부를 가진 하나의 선으로 이루어진 다른 도형들과 구별되는 고유한 의미가 담겨져 있는 것으로 보기도 어려우므로 창작성이 인정된다고 볼 수 없다(위 도형은 하나의 선으로 이루어진 단순한 도형이지만 주로 청바지의 뒷주머니나 의류 내부에 부착되어 있는 브랜드 명을 표기하는 라벨지에 함께 표기되어 원고들이 생산하는 청바지 등의 의류에 심미감을 부가하는 요소로 사용되거나 식별력을 위한 표지로 사용된 것으로 보

3-103) 서울고등법원 2010. 8. 26. 선고 2009나122304 판결(확정).

이므로 위 도형에 대한 보호는 오히려 상표나 디자인의 영역으로 보인다).」

또한 도형(" ", " ")의 창작성에 관하여 다음과 같이 판단하였다.

「" "는 일본의 전통신인 에비수의 형상 밑에 에비수의 영어철자인 'EVIS'를 결합한 것인데, " " 중 에비수신의 형상 부분은 원고 야마네 히데히코가 창작하기 이전부터 일본 오사카에 위치한 이마미야 에비수 신사의 축제나 그 홍보물 등에서 널리 사용되는 에비수신의 형상과 실질적으로 동일한 사실을 인정할 수 있고, "EVIS"는 에비수신의 영어철자에 불과하므로, 위 에비수신의 형상과 "EVIS"를 결합한 " "은 저작권법에 의한 보호를 받을 가치가 있는 정도의 창작성이 있는 저작물이라고 할 수는 없다.」

「" "는 청바지 뒷면 모양에 엉덩이 부분에서 무릎 부분까지 'M'과 유사한 형태의 도형을 삽입한 형태로서 응용미술작품의 일종이라고 할 수 있는데, 응용미술저작물은 그 이용된 물품과 구분되어 독자성을 인정할 수 있는 경우에 저작물로 보호받을 수 있다(대법원 2004. 7. 22. 선고 2003도7572 판결 등 참조).

" "에서 "M"과 유사한 형태를 제외한 나머지 부분은 청바지 자체로서 " "은 그 이용된 물품인 청바지와 구분되어 독자성을 인정할 수 없고, " "에서 물품인 청바지와 구분되어 독자성을 인정할 수 있는 "M"과 유사한 형태 부분은 저작권법에 의한 보호를 받을 가치가 있는 정도의 창작성을 인정할 수 없으므로, " "은 어느 모로 보나 그 창작성이 인정되기 어렵다.」

나) 윈 표장 사건[3-104)]

<사안의 개요>

원고는 라스베가스의 벨라지오 호텔 등을 건설한 윈리조트(Wynn Resorts, Ltd, 이하 '윈리조트')의 자회사로서, "WYNN" 표장 등에 대한 등록상표 및 서비스표(이하 '이 사건 각 표장')의 권리자이며, 그 영업에 관하여 " "

3-104) 서울중앙지방법원 2009. 10. 21. 선고 2008가합132550 판결(확정).

표장을 사용하고 있다. 피고들은 비만전문클리닉인 ‘윈 클리닉(Wynn Clinic)’의 상호로 “ ” 또는 “ ”등의 표장을 사용하였다.

법원은 “ ” 표장의 저작물성에 관하여 다음과 같이 판단하였다.

<법원의 판단>

『일응 위 표장은 “W”를 대문자 필기체로 쓴 뒤, “ynn”은 소문자 필기체로 쓴 것으로 보이나, 통상의 필기체 대문자 “W”는 양쪽 끝의 높이가 동일하고, 양 쪽 끝에 꼬리처럼 수평한 부분이 있음에 반하여(예컨대 “ ” 의 형태와 같다), 원고의 표장의 ‘W’자는 왼쪽이 더 낮고 오른쪽을 길게 뺀 형상이며, “y”의 경우 일반적인 형태와 달리 아래부분을 길게 빼내었으며, “nn”의 경우에도 글자 뒷 부분을 “ ”와 같이 길게 늘이다가 점을 찍는 방법으로 글자가 흐르는 느낌을 강조하고 있다. 따라서 위 표장은 단순히 “Wynn”을 필기체로 쓴 것에 지나지 않는 것이 아니라, 글자의 예술적 측면을 강조하여 그 느낌을 창작적으로 표현한 지적·문화적 정신활동의 소산으로서 예술적 특성과 가치를 가지는 창작물로 봄이 상당하므로, 위 표장의 저작물성이 인정된다고 할 것이다.』

5) 무대장치－컨츄리꼬꼬 사건[3-105)]

<사안의 개요>

원고 ㈜○○(이하 ‘원고 회사’)은 원고 이△△의 2007년 연말 공연을 위해 올림픽공원 펜싱경기장(이하 ‘이 사건 공연장’)을 빌렸고, 원고 이△△은 12. 22.과 12. 24. 각 공연을 하였다. 피고들은 가수 ‘컨츄리꼬꼬’의 2007년 크리스마스 공연을 기획, 연출하였는데, 원고 회사에게 이△△ 공연 계획이 없는 12. 25.에 이 사건 공연장에서 공연을 하기 위해 공연장의 재대관을 요청하였고, 이로써 컨츄리꼬꼬가 이 사건 공연장에서 12. 25. 공연을 하게 되었다. 원고 이△△의 공연에서는 위 원고가 기획·디자인한 원통형 게이트, 휘장 천, 금빛 테두리가 공연의 무대장치(이하 ‘이 사건 무대장치’)로 사용되었다(구체

3-105) 서울중앙지방법원 2009. 2. 6. 선고 2008가합1908(본소), 2008가합30029(반소) 판결(확정).

적으로, ① 원통형 게이트는 무대 중앙에 위치하며 공연 후반부에 그 내부에서 비행기 모형이 등장하는 방식 등으로, ② 휘장 천은 공연 초반에 무대 전체에 걸쳐 드리워져 무대 뒤를 가려주고 신비감을 주는 방식으로, ③ 금빛 테두리는 무대 옆 스피커 주위에 장식으로 부착되는 방식으로 각 사용되었다). 컨츄리꼬꼬는 다음 날인 12. 25. 공연을 하였는데, 위 공연 무대에는 이 사건 무대장치 일부가 철거되지 않은 채 그대로 사용되었다. 특히, 공연 시작 즈음 휘장 천 뒤에 컨츄리꼬꼬가 서 있다가 휘장 천이 위로 들리면서 등장하였고, 원통형 게이트는 공연 내내 무대 중앙에 위치하였는데, 초대 연예인과 컨츄리꼬꼬가 원통형 게이트가 열리면서 그 안에서부터 등장하는 방식으로 사용되었다. 원고 회사는 피고 회사들에게 이 사건 공연장을 재대관하면서 무대바닥, 조명·음향·영상 등의 무대장치에 한하여 사용을 허락하였을 뿐이고 이 사건 무대장치에 대해서는 이용허락을 한 바가 없음에도, 피고 회사들은 컨츄리꼬꼬 공연에 이 사건 무대장치를 무단으로 사용하였고 나아가 위 공연을 촬영한 영상물을 제작·판매하려고 하고 있는바, 이는 원고 회사의 저작권을 침해하는 것이라고 주장하며, 공연물제작 및 판매금지청구 등 소송을 제기하였다. 이 사건 무대장치 중 원통형 게이트의 저작물성이 쟁점으로 되었다.

<법원의 판단>

『원통형 게이트는 원고 이△△이 자신의 공연에 사용하기 위하여 공연의 전체적인 주제, 의도 및 분위기(컨셉, concept)에 맞추어 원통의 지름, 높이, 색상, 재질, 원통에 뚫린 구멍의 수·위치·크기, 내부 조명의 크기 및 위치 등을 조절함으로써 설계·도안한 조형물로서 창작성이 인정된다.』

6) 캐릭터[3-106]

일반적으로 캐릭터란 만화, 텔레비전, 영화, 신문, 잡지, 소설, 연극 등 대중이 접하는 매체를 통하여 등장하는 인물, 동물, 물건의 특징, 성격, 생김새, 명칭, 도안, 특이한 동작 그리고 더 나아가서 작가나 배우가 부여한 특수한

3-106) 캐릭터는 그 내용에 따라 어문저작물, 미술저작물 또는 영상저작물에 해당할 수 있는데, 주로 만화, 게임 등의 캐릭터가 문제된 사례가 많아 편의상 미술저작물에서 소개한다.

성격을 묘사한 인물을 포함하는 것으로서 그것이 상품이나 서비스, 영업에 수반하여 고객흡인력 또는 광고효과라는 경제적 가치를 지니는 것을 말한다.[3-107]

캐릭터도 그 표현에 작성자의 창조적 개성이 드러나 있으면 원저작물과 별개로 저작권법에 의하여 보호되는 저작물이 될 수 있다.[3-108] 이 경우 캐릭터가 특정분야 또는 일반대중에게 널리 알려진 것이라거나 고객흡인력을 가졌는지의 여부는 저작물인지 여부를 판단함에 있어서 고려할 사항이 아니다.[3-109]

가) 달마시안 사건[3-110]

『달마시안 종의 개 101마리라는 설정과 이에 따른 101이라는 숫자 및 달마시안 무늬로 만든 디자인으로 표현된 위 회사의 저작물은 자연계에 존재하는 달마시안 종 일반을 연상시키는 것이 아니라 오로지 위 회사가 창작한 만화영화 속 주인공인 101마리의 달마시안 종의 개만을 연상하게 하며, 달마시안 종의 개가 원래 자연계에 존재한다고는 하지만 위 회사는 달마시안 종의 개에게 만화주인공으로서만이 가질 수 있는 독특한 사랑스러움과 친숙함 등을 느낄 수 있도록 도안함으로써 저작권법에서 요구하는 창작성의 요건을 갖추었으므로, 이는 창작성이 있는 저작물로서 저작권법의 보호대상이 되고, …의하면 피고인들이 만화영화 속의 달마시안와 실질적으로 유사한 개의 모양을 각 섬유직물의 원단 등에 복제하여 판매 등을 한 사실을 인정할 수 있으므로, 피고인들의 이러한 행위는 저작재산권 침해행위에 해당된다.』

☞ 미국 디즈니사의 만화영화 '101마리 달마시안'에 등장하는 달마시안은, 자연계에 존재하는 달마시안 종 일반을 연상시키는 것이 아니라 오로지 위 회사가 창작한 만화영화 속 주인공인 101마리의 달마시안 종의 개만을 연상하게 하며, 달마시안 종의 개가 원래 자연계에 존재한다고는 하지만 위 회사는 달마시안 종의 개에게 만화주인공으로서만이 가질 수 있는 독특한 사랑스러움과 친숙함

3-107) 서울고등법원 2007. 8. 22. 선고 2006나72392 판결.

3-108) 대법원 2003. 10. 23. 선고 2002도446 판결, 대법원 2005. 4. 29. 선고 2005도70 판결 등.

3-109) 대법원 1999. 5. 14. 선고 99도115 판결.

3-110) 대법원 2003. 10. 23. 선고 2002도446 판결로 파기환송되어, 광주지방법원 2004. 2. 11. 선고 2003노2195 판결로 확정되었으나, 파기환송의 취지는 친고죄의 고소에 관한 법리오해에 따른 것이고 위 설시 부분은 대법원에서 확정되었다.

등을 느낄 수 있도록 도안함으로써 저작권법에서 요구하는 창작성의 요건을 갖추었으므로, 달마시안 캐릭터는 영상저작물인 만화영화와 별개로 미술저작물에 해당한다는 취지이다. 참고로 1심판결은 「…만화 영화에 나오는 달마시안종(種) 개의 모습 그 자체는, 비록 실제보다 더 단순화되어 표현되었거나 개의 몸에 있는 점의 수나 크기가 달리 표현되어 있는 점은 있으나 이는 만화로서 표현되는 특성상의 차이점에 불과할 뿐, 원래의 자연에 존재하는 달마시안종 개의 모습과 본질적으로 차이를 보여서 사람의 사상이나 감정에 의하여 새로이 창작된 모습이라고 볼 수는 없고 자연에 존재하는 달마시안종 개를 거의 그대로 묘사하였다」는 이유로 저작물성을 부인하였다. 이에 대하여 저작권의 보호를 받지 못하는 부분이 존재하는 것(가상의 외양이 아닌 자연계에 존재한 대상을 재현)임에도 어느 부분이 실질적으로 유사한지에 대한 판단이 누락되어 아쉽다는 비판[3-111]이 있다.

나) 실황야구 사건[3-112]

<사안의 개요>

원고는 1994년 출시한 '실황 파워풀 프로야구(이하 '실황야구')'라는 제호의 게임기용(PS2) 야구게임 소프트웨어의 저작권자인바, '실황야구'는 사람의 모습을 한 등장인물 대신에 귀엽고 친근감 있는 캐릭터를 이용한 야구게임을 제작하여 왔는데, 2000년경에 이르러 별지 대비목록 영상 중 '실황야구' 캐릭터 (1) 내지 (32)와 같은 모습을 갖추게 되었고, 피고 주식회사 ○○은 2005. 5.경 별지 대비목록 영상 중 '신야구' 캐릭터 (1) 내지 (32)(이하 '신야구' 캐릭터)가 등장하는 '신야구'라는 제호의 온라인 야구게임을 제작하였고, 피고 주식회사 △△소프트는 자신이 운영하는 인터넷 사이트(www.hanbiton.com)를 통해 위 야구게임을 제공하고 있다.

원고 승계참가인은, 피고들이 별지 대비목록 각 영상과 같이 원고 승계참가인이 저작권을 갖는 '실황야구' 캐릭터와 실질적으로 유사한 '신야구' 캐릭터가 등장하는 '신야구' 게임을 제작·제공함으로써 원고 승계참가인의 '실황야구' 캐릭터에 대한 복제권을 침해하였으므로, 피고들에 대하여 청구취지 기재와 같이 그 침해의 금지를 구한다고 주장하고, 이에 대하여 피고들은, '실

3-111) 오승종, 1212면.

3-112) 서울중앙지방법원 2006. 7. 20. 선고 2005가합76758 판결(서울고등법원 2007. 8. 22. 선고 2006나72392 판결, 대법원 2010. 2. 11. 선고 2007다63409 판결).

황야구' 캐릭터는 창작성이 없어 저작권의 보호대상에 해당하지 않을 뿐 아니라, '신야구' 캐릭터는 그 표현형식에 있어서 '실황야구' 캐릭터와 실질적으로 유사하지 않다고 다투었다.

원심은 피고들의 주장을 받아들였으나, 대법원은 다음과 같이 판단하였다.[3-113)]

<법원의 판단>

『야구를 소재로 한 게임물인 '실황야구'에 등장하는 '실황야구' 캐릭터는 야구선수 또는 심판에게 만화 속 등장인물과 같은 귀여운 이미지를 느낄 수 있도록 인물의 모습을 개성적으로 도안함으로써 저작권법이 요구하는 창작성의 요건을 갖추었으므로, 이는 창작성이 있는 저작물로서 원저작물인 게임물과 별개로 저작권법의 보호대상이 될 수 있고, 한편 위 '실황야구' 캐릭터에 관하여 상품화가 이루어졌는지 여부는 저작권법에 의한 보호 여부를 판단함에 있어서 고려할 사항이 아니다.

그럼에도 불구하고 원심이 캐릭터라 함은 일정한 이름, 용모, 역할 등의 특징을 가진 등장인물이 반복하여 묘사됨으로써, 각각의 표현을 떠나 일반인의 머릿속에 형성된 일종의 이미지로서 표현과는 대비된다는 전제에서, 위 '실황야구' 캐릭터가 상품화 과정을 거쳐 독자적인 저작물성을 인정할 정도에 이르지 않았다는 이유로 독립된 저작권법의 보호대상으로 보기에는 부족하다고 판단한 것은 잘못이라 할 것이다.』

<원고 '실황야구' 캐릭터>

<피고 '신야구' 캐릭터>

다) 마시마로 사건[3-114)]

3-113) 다만, '신야구' 캐릭터가 '실황야구' 캐릭터를 복제한 것이라고 볼 수 없음은 물론 '실황야구' 캐릭터의 2차적 저작물에 해당한다고도 볼 수 없다고 하여 결과적으로 원고의 상고를 기각하였다. 상세한 내용은 「제5장 저작권의 종류」 해당 판례부분 참조.

3-114) 서울고등법원 2004. 2. 11. 선고 2003나28448 판결(대법원 2004. 6. 14. 선고 2004

<사안의 개요>

원고들은 봉제인형을 제조, 판매하는 업자이고, 피고는 유아용 콘텐츠 캐릭터로 삽화형태의 마시마로를 창작한 후 마시마로를 등장인물로 하는 '마시마로 숲 이야기'라는 플래쉬 애니메이션을 제작하였으며, 위 마시마로 캐릭터를 미술저작물로 등록하였는데, 위 마시마로 캐릭터의 창작성이 다투어졌다.

<법원의 판단>

『피고가 창작한 마시마로는 머리를 몸통보다 크게 강조하고 눈, 코, 입이 아래쪽으로 몰려있으며, 귀는 가늘고 작은 유선형으로, 눈은 양옆으로 처진 직선의 형태로 표현되어 전체적으로 나약하고 귀여운 기존의 토끼 이미지와는 달리 반항적인 모습으로 표현되어 있는바, 앞서 본 바와 같이 7회까지 연재된 플래쉬 애니메이션에서 전개되는 독창적이고 엽기적인 내용과, 마시마로라는 등장인물의 반항적인 성격이 몸통보다 큰 머리, 가늘고 작은 귀, 일직선으로 닫힌 눈 등의 특징적인 표현으로 나타난 것으로서, 피고 나름대로의 정신적 노력의 소산으로서의 특성이 부여되어 있고, 다른 저작자의 기존의 작품과 구별할 수 있을 정도에 이르렀다고 봄이 상당하다 할 것이므로 저작권법에서 요구하는 창작성의 요건을 일응 충족하였다고 할 것이다. … 마시마로가 피고의 독자적인 사상 또는 감정의 구체적 표현을 담고 있어 창작성이 인정됨은 앞서 본 바와 같고, 또한, 저작권법상 미술저작물이란 형상 또는 색채에 의해 미적으로 표현되어 있는 저작물로서, 회화, 서예, 도안, 조각, 공예, 응용미술작품 등이 예시되어 있으나 그 외에도 만화 또는 삽화 등도 미술저작물에 포함된다고 할 것인데, 마시마로는 당초 삽화 형태의 미술저작물로 창작되었다가 차후에 이를 주인공으로 한 '마시마로의 숲 이야기'라는 플래쉬 애니메이션이 제작되게 된 사실은 앞서 본 바와 같은 바, 이와 같은 마시마로의 창작과정과 플래쉬 애니메이션의 제작경위 등 제반사정에 의할 때, 위 플래쉬 애니메이션이 영상저작물의 성격을 지니고 영상저작물로 보호된다고 하여 마시마로가 별도의 미술저작물로 보호될 수 없다고는 할 수 없으므로, 마시마로를 구체적인 표현물로 볼 수 없다거나 플래쉬 애니메이션과 분리된 독자적인 저작물로 볼 수 없다는 원고들의 주장은 이유 없다.』

☞ 유사 사례로 '피구왕 통키' 사건[3-115]에서 만화영화 '피구왕 통키'의 등장인물 캐

다15096 판결).

릭터의 저작물성을 인정하였고, 'HELLO KITTY Ⅰ' 사건[3-116]에서 원고의 고양이 그림 캐릭터가 고양이의 얼굴부위를 단순화, 의인화한 도안의 구성과 다양한 사용형태에 비추어 볼 때 그 자체가 상품과 물리적, 개념적으로 분리되는 독립한 예술적 특성을 지니고 있으므로, 저작권법상 미술저작물에 해당한다고 보았으며, '무대리' 사건[3-117]에서, 만화가인 채권자가 저작한 만화 '용하다 용해'의 주인공 무용해('무대리') 캐릭터가 저작물에 해당하는지에 대하여, 『채권자는 직장인인 무대리 캐릭터를 3등신, 둥글납작한 얼굴에 졸린 눈, 들창코, 크고 도톰한 입술, 덥수룩한 머리, 통통하고 짧은 팔과 다리 등의 형태로 나타내어 전체적으로 어리숙하고 바보스러워 누구나 친근감을 느낄 수 있는 모습으로 특징적으로 표현한 것이어서, 채권자 나름대로의 정신적 노력의 소산으로서의 특성이 부여되어 있고, 다른 저작자의 기존의 작품과 구별할 수 있을 정도에 이르렀다고 봄이 상당하므로, 저작권법에서 요구하는 창작성의 요건을 충족하였다고 할 것이다』라고 판시한 바 있다.

라) HELLO KITTY Ⅱ 사건[3-118]

<사안의 개요>

원고들은 드라마 '겨울연가', '황진이', '대장금'을 제작·방영한 방송사와 그 방송사와 사이에 위 드라마에 관하여 상품화사업계약을 체결한 사업자이다. 피고들이 헬로키티 캐릭터가 드라마 '겨울연가'의 남녀 주인공이 입은 코트와 목도리, '황진이'의 황진이가 입었던 한복, '대장금'의 장금이 입었던 의녀 복장 등의 소품을 하고 있는 제품을 제작·판매하였다. 이 사건에서 원고들은 피고 제품이 위 각 드라마 속의 캐릭터를 그대로 복제하거나 이에 의거하여

3-115) 서울지방법원 1998. 4. 3. 선고 96가합56868(본소), 96가합80106(반소) 판결(확정).

3-116) 서울고등법원 1999. 12. 21. 선고 99나23521 판결(대법원 2001. 4. 10. 선고 2000다4500 판결).

3-117) 대구지방법원 2008. 7. 31.자 2008카합286 결정(확정).

3-118) 서울고등법원 2010. 1. 14. 선고 2009나4116 판결(대법원 2012. 3. 29. 선고 2010다20044 판결); 위 판결에서는 피고들이 드라마 속 캐릭터를 복제한 것이라는 원고의 주장은 배척하였으나, 다만 피고가 이 사건 각 드라마의 인기에 편승하여 부당한 이익을 얻고자 이 사건 각 드라마를 연상하게 하는 형태의 제품을 제조·판매하여 상도덕이나 상관습 등 사회질서에 반하는 행위를 하였고, 피고 제품을 제조·판매한 행위는 원고 방송사들의 법적으로 보호할 가치 있는 이익을 침해하는 위법한 행위로서 불법행위를 구성한다고 판단하였다(이에 관하여는 「제7장 권리자의 공격방법」 참조). 위 판결에 대한 판례해설로는, 이숙연, "지적재산권법 체계하에서의 불법행위법의 역할", Law & technology 제6권 제2호(2010. 3) 참조.

2차적 저작물을 작성함으로써 원고들의 위 각 캐릭터에 대한 복제권 및 2차적 저작물 작성권을 침해하였다고 주장하였는데, 위 드라마 속 각 캐릭터의 저작물성이 쟁점으로 되었다.

<법원의 판단>

「영화나 드라마의 캐릭터는 자신만의 독특한 외양을 가진 배우의 실연에 의하여 표현되며, 등장인물의 용모, 행동거지, 명칭, 성격, 목소리, 말투, 상황이나 대사 등을 모두 합한 총체적인 아이덴티티(identity)를 말하는 것이어서, 시각적 요소가 모두 창작에 의하여 만들어지는 만화나 만화영화의 캐릭터보다는 소설, 희곡 등 어문저작물의 캐릭터에 가깝다고 할 것이다.

따라서 드라마의 등장인물로부터 위와 같은 속성을 배제한 채 그 명칭이나 복장, 사용하는 소품만을 따로 떼어 낸 캐릭터가 원래의 저작물로부터 독립하여 별도로 저작권에 의하여 보호된다고는 보기 어렵다(이 점에서 시각적 요소가 모두 창작에 의하여 만들어진 만화 캐릭터에 관한 대법원 1999. 5. 14. 선고 99도115 판결, 2005. 4. 29. 선고 2005도70 판결은 이 사안에는 부합하지 아니한다).

이 사건에서, ① 드라마 '겨울연가'의 경우, 남녀 주인공이 위 저작물에서 비로소 창작된 캐릭터이긴 하나, 남녀주인공의 성격 및 주요 줄거리 등과 무관하게, 또한 실제 주연 배우를 배제한 채, 남녀주인공이 극중에서 자주 입었던 의상(긴 코트와 목도리)이나 눈이 오는 풍경 등만으로는 일반적인 연인의 모습과 구별되는 위 각 주인공 캐릭터만의 고유한 특징을 찾아볼 수 없어 이를 독자적인 저작물이라 할 수 없고, ② 드라마 '대장금'의 경우 주인공인 '장금'이라는 인물이 조선시대의 실존 인물이나 의녀라는 것 이외에 전혀 알려진 바가 없어, 성격, 주변 인물, 성공 과정, 수랏간 궁녀로서의 생활 등 주인공에 관한 대부분의 내용이 위 저작물에서 비로소 창작되었으나, 극중 인물의 성격, 주변 인물과의 관계, 에피소드나 줄거리 등과 무관하게, 또한 실제 주연 배우를 배제한 채, 주인공이 입었던 의상, 드라마에 등장한 궁중음식인 '신선로' 등만으로는 위 드라마 이전에 등장하였던 의녀와 구별되는 위 주인공 캐릭터 등만의 고유한 특징을 찾아볼 수 없어 이를 독자적인 저작물이라 할 수 없으며, ③ 드라마 '주몽'의 경우 고구려를 건국한 역사적 인물인 '고주몽'의 일대기를 그린 영상저작물로서, '고주몽'과 그의 부인인 '소서노' 등이 역사적 실존 인물이긴 하지만 구체적인 행적에 관하여 거의 알려진 바가 없어, 주몽의 왕으로서 성장과정, 고구려 건국 과정, 주변 인물과의 관계 등 주인공 캐릭터에 관한 대부분의 내용이 위 저작물에서 창작된 것이나, 이러한 특징들 및 실제 주연 배우들을 배제한 채, 주몽이 입었던 것과 유사한 갑옷, 소서노가 극 중에서 입었던 것과 유사한 의상 등만으로는 타 저작물에서의 장군 등의 모습 등과 구별되는 위 각 캐릭터만의 고유한 특징을 찾아볼 수 없어 이를 독자적인 저작물이라 할 수 없고, ④ 드라마 '황진이'의 경우 조선시대 기녀인 '황진이'가 기녀로 되는 과정, 주변 인물들과의 관계, 황진이의 춤과 거문고 연주 실력, 황진이의 외모와 화려한 복장 및 장신구 등 구체적인 내용들은 모두 위 저작물에서 창작된 것이나, 이러한 특징들 및 실제 주연배우 등을 배제한 채, 극중에서 황진이가 입었던 것과 유사한 한복, 거문고, 큰머리 또는 어여머리를 올린 헤어스타일 등만으로는 조선시대 기녀의 모습을 묘사한 타 저작물과 구별되는 위 캐릭터만의 고유한 특징을 찾아볼 수 없어 이를 독자적인 저작물이라 할 수 없다.』

바. 응용미술저작물

구 법(2000. 1. 12. 개정되기 전의 것) 제4조 제1항 제4호는 "회화·서예·도안·조각·공예·응용미술작품 그 밖의 미술저작물" 등을 저작물로 예시하고 있었고, 여기서 말하는 '응용미술작품'이란, 산업상 대량생산에의 이용을 목적으로 하여 창작된 것으로서, 그 자체가 하나의 독립적인 예술적 특성이나 가치를 지니고 있어 예술의 범위에 속하는 창작물에 해당하는 경우에 한하고, 이러한 요건을 충족하여야만 저작권법에 의한 저작물로서 보호되는 것으로 해석되었다(대법원 1996. 2. 23. 선고 94도3266 판결, 대법원 2000. 3. 28. 선고 2000도79 판결 등). 그러나 2000. 7. 1.부터 시행된 개정법은 제2조 제11의2호에서 '응용미술저작물'을 "물품에 동일한 형상으로 복제될 수 있는 미술저작물로서 그 이용된 물품과 구분되어 독자성을 인정할 수 있는 것을 말하며, 디자인 등을 포함한다"고 규정하고, 그 제4조 제1항 제4호에서 응용미술저작물 등을 저작물로 예시함으로써 응용미술저작물에 관한 정의규정을 신설하고 응용미술저작물이 저작권의 보호대상임을 명백히 하였다.[3-119] 따라서 산업상 대량생산에

3-119) 이하에서는 개정 저작권법에 따른 판결례만을 살펴보기로 한다.

의 이용을 목적으로 하여 창작된 응용미술품이 '물품에 동일한 형상으로 복제될 수 있는 미술저작물'에 해당하고, 또한 그 이용된 물품과 구분되어 독자성을 인정할 수 있는 것이라면 법 제2조 제11의2호에서 정하는 응용미술저작물에 해당한다.[3-120)]

즉 응용미술저작물에 해당하기 위해서는 미술저작물의 일반적 요건인 '창작성'의 요건을 갖추는 이외에 ① 산업적 목적으로의 이용을 위한 '물품에 동일한 형상으로 복제될 수 있는 미술저작물일 것'과, ② 당해 물품의 실용적·기능적 요소로부터 구분되어 독자성(분리가능성)을 인정할 수 있는 것이라는 두 가지 요건을 충족하여야 하고, 여기서 독자성(분리가능성)이란 예를 들어 넥타이의 문양과 같이 당해 물품의 기능적 요소와는 구분되는 미적인 요소로서 그 독자성이 인정됨에 따라 그 자체로 얼마든지 다른 물품(의류, 가방 등)에도 적용될 수 있는 성질을 의미한다.[3-121)]

한편, 응용미술저작물의 경우 기능적 저작물과 마찬가지로 구현하고자 하는 기능(아이디어)에 따라 또는 적용되는 제품에 따라 표현이 한정될 가능성이 많으므로 그 보호범위를 다소 제한적으로 해석하여야 한다.

1) 창작성을 인정한 사례

가) 히딩크 넥타이 사건[3-122)]

3-120) 대법원 2004. 7. 22. 선고 2003도7572 판결.

3-121) 위 2003도7572 판결.

3-122) 대법원 2004. 7. 22. 선고 2003도7572 판결. 환송심인 서울중앙지방법원 2005. 2. 4. 선고 2004노2851 판결은 『'히딩크 넥타이' 도안은 우리 민족 전래의 태극문양 및 팔괘 문양이 상하 좌우 연속 반복되어 있는 문양으로서 중앙의 삼태극을 중심으로 팔방으로 배치된 팔괘와 그 외곽을 두 겹의 동심원으로 둘러싸고 있는 주된 문양, 선형 태극으로 이루어진 부차적인 문양, 주된 문양과 부차적인 문양을 둘러싸고 가상의 마름모꼴과 사각꼴의 꼭지점에 각 배치되어 있는 서로 다른 크기와 색상의 점 등으로 조화롭게 구성되어 있는바, 이는 고소인 ○○이 저작권법이 시행된 2000. 7. 1. 이후에 2002 월드컵 축구대회의 승리를 기원하는 의미에서 창작한 것인 사실, 고소인은 위 도안을 직물에다가 선염 또는 나염의 방법으로 복제한 넥타이를 제작하여 판매하였고, 피고인 △△ 역시 같은 방법으로 복제한 넥타이를 제작하여 판매한 사실 등을 인정할 수 있는바, 위 각 인정사실에 의하면, 판시 '히딩크 넥타이' 도안은 그 독특한 형상과 문양에서 미적인 요소를 지니고 있어 응용미술작품의 일종으로 '물품에 동일한 형상으로 복제될 수 있는 미술저작

『'히딩크 넥타이' 도안은 고소인이 저작권법이 시행된 2000. 7. 1. 이후에 2002 월드컵 축구대회의 승리를 기원하는 의미에서 창작한 것인 사실, 고소인은 위 도안을 직물에다가 선염 또는 나염의 방법으로 복제한 넥타이를 제작하여 판매하였고, 피고인 1 역시 같은 방법으로 복제한 넥타이를 제작하여 판매한 사실을 각 인정할 수 있고, 원심의 인정과 같이 위 도안이 우리 민족 전래의 태극문양 및 팔괘문양을 상하 좌우 연속 반복한 넥타이 도안으로서 응용미술작품의 일종이라면 위 도안은 '물품에 동일한 형상으로 복제될 수 있는 미술저작물'에 해당한다고 할 것이며, 또한 그 이용된 물품(이 사건의 경우에는 넥타이)과 구분되어 독자성을 인정할 수 있는 것이라면 법 제2조 제11의2호에서 정하는 응용미술저작물에 해당한다고 할 것이다.』

나) 길상문 문양 사건[3-123]

『이 사건 각 문양 중 순번 1, 3, 4, 8, 13 기재 각 문양은, 피해자가 한국 전통문양에 관한 여러 자료에서 그 소재를 발굴한 다음 이에 피해자 나름의 방식으로 단순, 추상화하는 등 변형을 가하고, 구성을 새롭게 하거나 배열을 달리하는 등의 방법으로 원래의 전통문양과는 다른 새로운 문양을 창작한 것으로 볼 수 있으므로, 위 각 문양들은 인간의 사상 또는 감정을 표현한 창작물로서 법 제2조 제15호, 제4조 제1항 제4호에 정한 응용미술저작물이라고 할 것이다.

그러나 이 사건 각 문양 중 순번 2, 5 내지 7, 11, 12, 14, 15 기재 각 문양은, 연꽃과 연잎, 난초, 새와 꽃나무, 나비, 국화를 소재로 한 문양으로서, 자연에 실재하는 동, 식물을 별다른 변형 없이 그대로 묘사한 것에 불과하고, 위와 같이 동, 식물을 실재 있는 모습대로 묘사하는 것은 누가 이를 표

물'에 해당한다고 할 것이고, 또한 그 이용된 물품인 넥타이는 판시 '히딩크 넥타이' 도안을 직물에다가 선염 또는 나염의 방법으로 복제하는 방법으로 제작된 것으로서 위 도안은 얼마든지 다른 실용품의 디자인으로도 이용될 수 있다고 보이고, 넥타이의 실용적 기능이 위 도안의 그 미적인 요소보다 결코 주된 용도라고도 보이지 아니하여, 결국 판시 '히딩크 넥타이' 도안은 넥타이의 기능과 관념적으로 구분되어 그 독자성을 인정할 수도 있다고 할 것이므로 저작권법의 보호대상인 저작물에 해당한다고 봄이 상당하다』고 판시하였다.

위 판결에 대해 공유의 영역에 있는 태극문양 및 팔괘 문양을 상하 좌우로 반복한 것에 불과하여 창작성이 없다는 비판이 있다{이상정, "이른바 히딩크 넥타이의 도안의 저작물성", 창작과 권리 제42호(2006)}.

3-123) 대구지방법원 2009. 1. 6. 선고 2008가합5442 판결(확정).

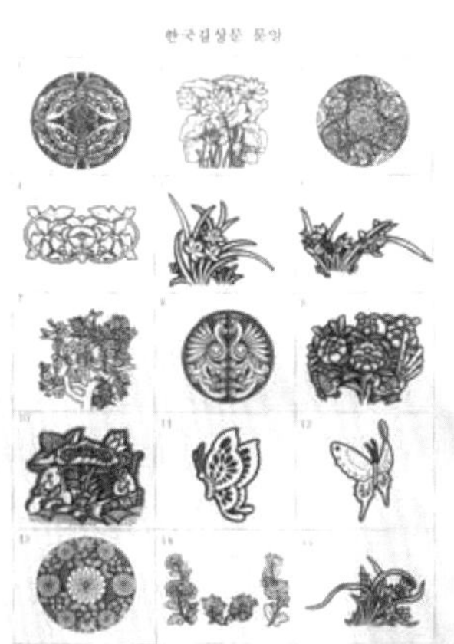

현하더라도 같거나 비슷할 수밖에 없어 저작물 작성자의 창조적 개성이 드러나지 않는 표현이므로, 위 문양들에 저작권법에 의하여 보호받을 가치가 있을 정도의 창작성이 있다고 볼 수 없다.

또한 이 사건 각 문양 중 순번 9, 10 기재 각 문양을 '참고문양' 기재 각 문양(출처 : 신상재 저 '한국인의 생활문양')과 비교하면, 위 각 문양은 위 참고문양과 소재, 형상, 구도, 구성의 용이성 등 전체적인 형상이 대체로 같거나 비슷하고, 단지 위 참고문양에 나타난 선, 모양 등을 보다 단순화하거나 음양에 차이를 둔 정도에 불과하여 저작물 작성자의 창조적 개성이 표현된 것이라고 보기 어려우므로, 위 문양들에 저작권법에 의하여 보호받을 가치가 있을 정도의 창작성이 있다고 볼 수 없다.』

다) 아트월 사건[3-124)]

『먼저 아트월에 관하여 살펴보면, …이 사건 아트월은 붉은 색 바탕벽에 인쇄용지를 형상화한 사각형 내지 사각틀의 형상을 불규칙하게 배치하되, 그 중 일부 사각형은 반투명한 소재로 만들고 뒤에 등을 설치하였고, 나머지 사각형 내지 사각틀은 바탕벽보다는 조금 밝은 색깔의 붉은 색으로 배치하였던바, 위 각 디자인은 아트월의 바탕벽과 구분되고, 동일한 형상으로 반복 설치가 가능하므로 응용미술저작물에 해당한다 할 것이다.

다음으로 …안내데스크의 형상 및 그에 관한 도면 부분은 위 안내데스크가 사무실의 구성요소 중 하나인 건축 부속 공작물에 불과하여 공간 및 각종 구성부분의 배치와 조합을 포함한 전체적인 디자인으로서의 건축저작물 내지 그에 대한 설계도면으로는 보기 어렵고, 안내데스크 자체와 분리가 가능하지 않아 응용미술저작물로 보기도 어려우나, 다만 안내데스크 정면의 흰색 바탕에 사각형 무늬의 경우 안내데스크와 분리하여 복제 가능하므로 응용미술저작물로 인정될 수 있을 것이다.』

3-124) 서울중앙지방법원 2010. 2. 12. 선고 2009가합33025 판결(서울고등법원 2010. 12. 16. 선고 2010나36737 판결).

라) 김 포장 디자인 사건[3-125]

<사안의 개요>

원고는 피고로부터 영유아 전용 김 제품에 쓸 포장디자인을 의뢰받아 4명의 아이들의 웃는 얼굴로 이루어진 '우리애들' 캐릭터( , 이하 '이 사건 캐릭터')를 창작한 뒤 제품명 도안 및 안내문구와 함께 배열하여 '우리애들 김' 포장디자인을 제작하였다. 위 캐릭터의 저작물성이 쟁점으로 되었다.

<법원의 판단>

「이 사건 캐릭터는 '우리애들'이라는 명명 하에 4명의 아이들의 얼굴에 귀엽고 친근한 이미지를 느낄 수 있도록 웃는 표정과 익숙한 머리 모양을 부여하고, 음영을 주는 등의 방법으로 인물의 모습을 원고 나름의 방법으로 개성적으로 도안하여, 원고의 정신적 노력의 소산으로서의 특성이 부여되어 있다고 보이므로 저작물로서의 창작성이 인정되고, 또한 응용미술작품의 일종으로 '물품에 동일한 형상으로 복제될 수 있는 미술저작물'에 해당하며, 그 이용된 물품인 제품의 포장은 이 사건 캐릭터를 종이에 그대로 인쇄 및 복제하는 방법으로 제작된 것으로서 이 사건 캐릭터는 얼마든지 다른 실용품의 디자인으로도 이용될 수 있어 '그 이용된 물품과 구분되어 독자성을 인정할 수 있는 것'에도 해당하므로, 저작권법의 보호대상인 응용미술저작물에 해당한다.」

☞ 이와 달리 '구어스치킨' 사건[3-126]에서는, 치킨배달업체 홍보를 위한 캐릭터()에 관하여, 「① 이 사건 캐릭터는 수탉이 선글라스를 쓰고 한손에 치킨을 들고 있는 채로 오토바이를 타고 배달을 가는 모습으로 치킨배달을 이미지화하기 위한 실용적인 목적으로 디자인된 것인 점, ② 이 사건 캐릭터는 피해자 회사의 영업이사가 외국 여행 중 비슷한 모양을 보고서 디자인하게 된 것인 점, ③ 치킨배달을 이미지화하기 위하여 수탉, 통닭, 오토바이를 조합한 이 사건 캐릭터가 사람의 사상이나 감정에 의하여 새로이 창작된 모습이라고 보기는 어려운 점 등을 고려하면, 이 사건 캐릭터가 저작권법에 의한 보호를 받을 가치가 있는 정도로 최소한도의 창작성이 있다고 보기는 어렵다」고 보았다.

3-125) 서울중앙지방법원 2011. 6. 17. 선고 2010가합92280 판결(확정).

3-126) 의정부지방법원 2012. 5. 3. 선고 2012노144 판결(확정).

마) 청첩장 도안 사건[3-127]

『원고의 각 청첩장 전체 도안은 청첩장의 전체 형태 및 색상, 꽃, 나비, 리본, 하트, 장미꽃 넝쿨 문양, 스티치 문양 등 각종 문양, 청첩장에 사용한 한글·한자·영문 문구의 내용 및 활자의 색상·크기·형태 등의 시각적 요소를 원고 나름의 방법으로 표현한 것임이 인정되고, 나아가 원고의 정신적 노력의 소산으로서의 특성이 잘 부여되어 있다고 보이므로 저작물로서의 창작성이 인정되고, 또한 그 독특한 형상과 문양에서 미적인 요소를 지니고 있어 응용미술작품의 일종으로 '물품에 동일한 형상으로 복제될 수 있는 미술저작물'에 해당하며, 그 이용된 물품인 청첩장은 각 도안을 종이에 그대로 인쇄 및 복제하는 방법으로 제작된 것으로서 각 도안은 얼마든지 다른 실용품의 디자인으로도 이용될 수 있어 '그 이용된 물품과 구분되어 독자성을 인정할 수 있는 것'에도 해당하므로, 저작권법의 보호대상인 응용미술저작물에 해당한다.』

바) 로고 디자인 사건[3-128]

<사안의 개요>

원고의 직원이 창작한 'history' 로고 디자인( )을 피고가 상가 외벽에 부착하는 등으로 사용한 사안이다. 위 로고 디자인이 저작물성이 쟁점으로 되었다.

법원은 다음과 같이 판단하였다.

<법원의 판단>

3-127) 서울고등법원 2011. 1. 19. 선고 2010나54063 판결(대법원 2013. 2. 14. 선고 2011다20584 판결). 1심인 서울서부지방법원 2010. 5. 13. 선고 2009가합7816 판결에서는 원고청구가 전부 기각되었다.

3-128) 수원지방법원 안양지원 2014. 4. 4. 선고 2012가합7583 판결(서울고등법원 2014. 12. 18. 선고 2014나22002 판결).

『원고는 빛, 색, 리듬을 기본개념으로 옵아트적 요소의 미니멀한 작품을 만든다는 목표 하에 동화상가의 명칭인 'history'의 각 글자를 파랑색, 노랑색, 하늘색, 보라색, 회색, 초록색, 빨강색으로 하고, 위 각 글자의 크기, 글씨체, 위치를 다르게 하여 시각적인 효과를 극대화하고자 한 사실을 인정할 수 있는바, 이에 비추어 보면 이 사건 디자인은 원고가 자신의 독자적인 사상을 원고 나름의 방법으로 표현한 것으로 볼 수 있고, 원고의 정신적 노력의 소산으로서의 특성이 부여되어 있다고 보이므로 저작물로서의 창작성이 인정되며, 앞서 본 바와 같이 이 사건 디자인은 그 이용된 물품과 구분되어 독자성을 인정할 수 있고, 다른 물품에 동일한 형상으로 복제될 수도 있다 할 것이므로, 법 제4조 제1항 제4호의 보호대상인 응용미술저작물에 해당한다.』

사) 말도안 사건[3-129]

『눈, 코, 입이 없고 귀만 뾰족하게 돌출되어 있으며 다리는 끝이 뭉툭하게 앞뒤 1개씩만 그려져 있고 발굽이 별도로 표시되어 있지 않으며 꼬리가 없는, 단순화된 말의 형상 위에 영국 국기의 도안을 채색하고 그 위에는 왕관을 그려 넣은 도안(이하 '말 형상 도안'이라 한다)에 관하여 보건대, 말 부분의 형상은 비교대상 도안의 말 형상과 유사하다고 볼 여지가 있고, 청색 바탕 위에 적색과 흰색의 직선 및 사선이 교차하는 형태의 영국 국기의 도안 자체는 채권자가 창작한 것으로 보기 어렵다. 그러나 정방형 또는 직사각형의 배경이 아닌 부정형의 말 형상의 도안 위에 영국 국기의 도안 중 중심이 되는 적색과 흰색의 사선이 교차하는 부분이 말의 둔부에 위치하도록 채색하고 나아가 그 위에 작은 왕관을 덧붙여 말이 왕관을 쓰고 있는 듯이 표현한 말 형상 도안 전체는 채권자의 창작적인 표현 형식으로 볼 여지가 있고, 비교대상 도안 중 영국 국기의 도안으로 채색되었거나 왕관과 함께 사용된 말 형상은 없는 점 등에 비추어 보면, 말 형상 도안이 비교대상 도안에 의하여 그 창작성이 없다고 단정하기는 어렵다.

그리고 말 형상 도안이 사용된 채권자의 커튼은 그 도안을 해당 물품에 그대로 인쇄 및 복제하는 방법으로 제작된 것이어서, 말 형상 도안은 다른 물품에도 동일한 형상으로 복제되어 실용품의 도안으로 이용될 수 있고 그 이용된 물품과 구분되어 독자성을 인정할 수 있는 것으로 보인다.

3-129) 서울중앙지방법원 2015. 6. 24.자 2015카합569 결정(확정).

따라서 말 형상 도안은 저작권법에 의하여 보호되는 응용미술저작물에 해당하고, 법 제2조 제15호가 응용미술저작물에 관하여 '디자인 등을 포함한다'고 규정하고 있는 이상, 위 도안이 디자인권의 보호대상에 해당하더라도 그와 별도로 저작권법에 의하여 보호되는 응용미술저작물에도 해당할 수 있다.」

2) 창작성을 부정한 사례

가) 철재울타리 사건[3-130]

<사안의 개요>

소외 회사의 대표이사인 피고는 철재 울타리 디자인을 응용미술저작물이라 하여 각 "물의 길"()이라는 제호와 "세레나데" ()라는 제호로 각 저작권 등록하였다(이하 '이 사건 각 디자인'). 이 사건 각 디자인의 저작물성이 다투어졌다.

<법원의 판단>

「우선 이 사건 각 디자인은, 소외 회사가 소유권 표시로서 건물이나 대지의 경계선을 확정함과 아울러, 외부의 침입을 예방, 차단하는 등의 목적을 가진 철재 울타리의 제작 도안으로 사용해 온 것인바, 그 대상이 건축물의 표준적인 구성요소 중 하나인 건축 부속 공작물에 불과하여, 공간 및 각종 구성부분의 배치와 조합을 포함한 전체적인 디자인으로서의 건축미술작품에 해당한다고 할 수는 없고(또한, 이 사건 각 디자인이 적용된 철재 울타리를 해당 건축물과 따로 떼어서 그 자체가 창작성을 가지는 독립된 저작권법상의 건축저작물이라고 평가하기도 어렵다), 다만 실용품에 응용된 디자인으로서 응용미술의 범주에 속한다고 할 수 있을 뿐이므로, 나아가 이 사건 각 디자인이 저작권법의 보호를 받는 응용미술저작물인지 여부에 관하여 살펴본다.

…위 인정사실에 나타난 이 사건 각 디자인의 외관, 형상, 문양 및 그 이용된 물품(철재 울타리)의 기능적 특수성 등을 종합하여 볼 때, 이 사건 각 디자인은 소유권의 경계표시 기능만을 가지는 일반적인 철재 울타리의 경우

3-130) 서울고등법원 2005. 1. 25. 선고 2004나48890(본소), 48906(병합), 48913(병합), 48920(병합), 48937(반소) 판결(확정).

와 달리 그 독특한 형상과 문양에서 미적인 요소를 지니고 있어 응용미술작품의 일종으로 '물품에 동일한 형상으로 복제될 수 있는 미술저작물'에는 해당한다고 할 수는 있겠으나, 기본적으로는 그 이용된 물품인 철재 울타리의 실용적인 목적이 주가 되어 직선과 곡선, 몇 가지 형태의 타원 및 작은 원 등을 기하학적으로 결합한 울타리 살을 철재 기둥 사이에 배치함으로써 통상의 철재 울타리에다가 다소간의 심미적인 요소를 부가한 것에 불과하다고 할 것이지, 울타리의 기능과 물리적 혹은 관념적으로 구분되어 독자성을 가지는 정도의 것이라고 볼 수 없어, 개정 저작권법의 보호대상인 저작물에 해당하지 않는다.』

나) 묵주반지 사건[3-131)]

『이 사건 각 묵주반지가 저작권법의 보호대상인 저작물에 해당하는지 여부에 대하여 살핀다.

…이 사건 각 묵주반지 자체가 일품제작의 미술공예품이 아님은 기록상 명백하므로, 이 사건 공소사실을 모두 유죄로 인정하기 위해서는 위 이○○이 저작권 등록한 위 각 묵주반지 디자인이 위 이○○의 창작물로서 그 이용된 물품인 반지와 구분되어 독자성을 인정할 수 있는 것, 즉 저작권법의 보호대상인 응용미술저작물에 해당하여야 할 것이다.

…① 묵주반지는 통상적으로 둥근 반지의 형태에 1개의 십자가와 10개의 묵주알이 돌출되어 있는데, 돌출된 묵주알에는 일정한 문양이 새겨져 있거나 보석이 박혀 있는 점, ② 묵주반지는 하나의 몸체로 구성되어 있는 일체형인 '일단 묵주반지'와 두 겹으로 이루어져 있어서 반지의 전체 틀은 고정되어 있으면서 십자가와 10개의 묵주알이 돌출되어 있는 가운데 부분을 돌릴 수 있는 분리형인 '돌림 묵주반지'로 분류할 수 있는 점, ③ 십자가는 가장 대표적인 그리스도교의 상징들 가운데 하나인데, 그 문양이 전통적인 것이나 근대적인 것을 막론하고 모두 교회 내에서 보편적으로 사용되고 있으며, 묵주반지에 돌출되어 있는 십자가 문양은 대개 성혈을 의미하는 붉은색으로 채색되어 있는 점, ④ 우리나라에서는 묵주알을 세면서 바치는 기도라는 뜻에서 '묵주기도'라 부르지만, 서양에서는 '장미꽃다발 또는 장미꽃밭(라틴어 Rosarium, 이탈리아어 Rosario, 영어 Rosary) 기도'라고 부르므로,

---

3-131) 서울중앙지방법원 2006. 2. 9. 선고 2005노3421 판결(대법원 2008. 2. 1. 선고 2006도1553 판결).

묵주알 하나는 장미 한 송이를 의미하기 때문에, 묵주반지에는 장미꽃 문양이 보편적으로 사용되고 있는 점, ⑤ 이 사건 장미계단묵주반지의 묵주알에 새겨진 장미꽃 문양은 국내외에서 널리 판매되고 있는 묵주반지에 새겨진 통상적인 장미꽃 문양과 별다른 차이가 없는 것으로 보이는 점 등을 알 수 있다.

그렇다면, 저작권등록부에 기재된 저작물의 내용을 통해 추려낼 수 있는 이 사건 각 묵주반지 디자인, 즉 ① 위 각 묵주반지의 기본적인 형상이나 모양 및 그 구성요소와 배치(일단 묵주반지인지 돌림 묵주반지인지와 반지 가운데에 일정한 간격으로 1개의 십자가와 10개의 묵주알이 돌출되어 있는 것), ② 위 각 묵주반지에 돌출되어 있는 십자가의 문양 및 색채, ③ 위 각 묵주반지에 돌출되어 있는 10개의 묵주알의 형태 및 문양 그 어느 것 하나 위 이○○의 '창작물'로서 위 각 묵주반지와 구분되어 '독자성'을 인정할 수 있는 것이라고 보기는 어렵다.』

다) 초밥집 디자인 사건[3-132]

<사안의 개요>

피고 ㈜○○는 회전초밥식당 프랜차이즈사업을 영위하고 있는 회사이고, 피고 김○○ 등은 피고 ㈜○○와 가맹점계약을 체결하고 회전초밥식당을 운영하고 있다. 원고는 회전초밥식당을 개업하면서 남○○과 원고 점포의 실내외 디자인의 설계 및 그 시공에 관한 계약을 체결하였다. 남○○은 위 계약에 따라 실내외 디자인을 설계하고, 공사를 마친 후 원고에게 이 사건 각 설계도와 위 공사의 결과물에 관한 모든 권리를 이전하였다. 원고는 피고들이 위 설계도 및 원고 점포의 실내외 디자인에 대한 저작권을 침해하였다고 주장하며 침해금지 등 청구소송을 제기하였고, 위 소송에서 원고 점포의 실내외 디자인 및 그 설계도의 저작물성이 쟁점으로 되었다.

<법원의 판단>

『이 사건 각 설계도는 점포의 실내외 장식을 위해 필요한 형상·치수 등의 사항을 일정한 규약에 따라 도면에 표시한 것이고, 원고 점포의 실내외 디자인은 점포의 실내외 장식에 관한 것으로서 상호의 홍보를 극대화하기

3-132) 서울중앙지방법원 2006. 7. 12. 선고 2006가합14405 판결(확정).

위한 간판의 구성, 회전초밥식당으로서의 이미지 부각 및 고급스러운 분위기를 구현하기 위하여, 간판, 창외 장식, 내벽 부분의 벽지, 창내 부분의 블라인드 부분 등의 형태, 색채, 문양 등을 취사선택하고, 취사선택된 각 부분을 적절히 조합, 배열하여 만들어진 디자인을 건축물인 원고 점포의 실내외에 시공한 것으로서 건축물에 동일한 형상으로 복제될 수 있고, 그 디자인이 이용된 건축물인 원고 점포와 구분되어 독자성이 있다고 인정할 수 있으므로, 이 사건 각 설계도는 도형저작물에 해당하고, 원고 점포의 실내외 디자인은 응용미술저작물에 해당한다고 인정할 수 있는바, 이 사건 설계도와 원고 점포의 실내외 디자인은 예술성의 표현보다는 기능이나 실용적인 사상의 표현을 주된 목적으로 하는 기능적 저작물이라고 할 것이므로, 기능적 요소 이외의 요소를 갖추고 전체적인 외관에 창작성이 인정되는 경우에 저작권의 보호를 받는 저작물에 해당한다(원고는 이 사건 각 설계도 및 원고 점포의 실내외 디자인은 실내건축에 관한 것으로서 건축저작물에 해당한다고 주장하므로 살피건대, 앞에서 살핀 바와 같이 이 사건 각 설계도와 원고 점포의 실내외 디자인은 건축물의 실내외 장식에 관한 것으로서 그 디자인이 이용된 건축물인 원고 점포와 구분되어 인식되는 것으로서, 건축물 내지 건축을 위한 설계도서가 아니라고 할 것인바, 이 사건 각 설계도와 원고 점포의 디자인은 법 제4조 제1항 제5호에서 규정한 건축저작물에 해당한다고 할 수 없으므로, 원고의 위 주장은 이유 없다).

이 사건 각 설계도와 원고 점포의 실내외 디자인 중 기능적 요소 이외의 부분으로는 ① 외부 간판 및 창외 장식과 관련하여, ㉠ 간판이 상부 간판과 장막형태의 하부 간판으로 구성되어 있고, 하부 간판이 세부분으로 나누어져 있는 점, ㉡ 간판에서의 상호와 인터넷 주소 등의 도안 및 그 배열, ㉢ 하부 간판이 직선에 의해 분할되었고, 측면은 삼각형으로 처리되어 경사진 형태로 입체적인 점, ㉣ 상·하부 간판의 색채 및 문자부분의 색채, ㉤ 창외 부분에 소형 원형 장식물과 대형 직사각형 장식물이 설치된 점, ㉥ 하부간판 내부에 조명이 설치되어 야간에도 그 색감이 나타나는 점, ② 내벽 장식과 관련하여, ㉠ 내벽부분의 중앙부분은 벽돌무늬벽지로, 좌우부분은 목재무늬벽지로 구성되었거나(제2설계도), 회색벽지와 목재무늬벽지로 구성된 점(실제 원고 점포에 구현된 내벽 디자인), ㉡ 벽돌무늬벽지 및 목재무늬벽지의 문양, ㉢ 벽돌무늬부분 중앙부분에 원형의 소형 조형물이 배치된 점, ③ 창내 장식과 관련하여, ㉠ 블라인드가 목재무늬로 되어있고, 기둥부가 목재무늬로 구성된 점, ㉡ 기둥부의 목재무늬가 직선으로 공간 분할된 점 등을 들 수 있으므로, 위 각 부분의 표현방식 및 그 조합, 배열에 따라 그 전체적인 외관에 창작성이 인정되는지 여부에 대하여 살핀다.

…앞에서 살핀 이 사건 각 설계도와 원고 점포의 실내외 디자인 중 기능적 요소 이외의 부분으로 인정한 점들 중, ⓐ 간판에서의 상호의 도안, ⓑ 간판의 전체적인 색채가 녹색인 점, ⓒ 간판을 세부분으로 나누어 구성한 점, ⓓ 내벽 부분의 중앙부분을 벽돌무늬벽지로, 좌우부분은 목재무늬벽지로 구성한 점, ⓒ 벽돌무늬부분의 문양, ⓓ 벽돌무늬부분과 목재무늬부분의 배치, ⓔ 목재무늬부분의 블라인드, ⓕ 기둥부를 목재무늬로 구성한 점 등은 남○○이 이 사건 각 설계도를 작성하고 원고 점포의 실내외 디자인을 구성하면서 참조한 피고 회사 본점의 실내외 디자인에서 사용된 표현방식 및 그 조합, 배열에 있어 동일, 유사하거나, 일부 변형된 것에 불과하고, 나머지 점들 또한 국내 상가의 실내외 디자인에서 일반적으로 사용되는 표현방식 및 그 조합, 배열에 있어 동일, 유사하거나, 일부 변형된 것에 불과하여, 이 사건 각 설계도 및 원고 점포의 실내외 디자인의 그 구성부분 또는 그 전체적인 외관에 창작성이 있다고 인정할 수 없고, 달리 이를 인정할 증거가 없으므로, 이 사건 각 설계도 및 원고 점포의 실내외 디자인은 저작권법이 보호하는 저작물에 해당한다고 할 수 없다.』

라) 교과서 디자인 사건[3-133]

<사안의 개요>

신청인은 피신청인 ○○과 이 사건 교과서에 관한 디자인용역계약을 체결하고 이 사건 교과서의 디자인에 관한 작업을 담당하였는데, 피신청인들은 이 사건 교과서를 출판하면서 신청인이 아니라 피신청인 천재교육 소속 직원들을 그 디자인을 한 사람으로 기재하였다. 이에 신청인은 이 사건 교과서 디자인은 저작권법이 정한 '응용미술저작물'에 해당하고, 피신청인이 신청인의 성명표시권을 침해하였다고 주장하며 저작권침해금지가처분을 신청하였다. 위 사건에서 법원은 교과서 디자인이 응용미술저작물인지 여부가 다투어졌다.

<법원의 판단>

3-133) 서울중앙지방법원 2010. 1. 13.자 2009카합3104 결정(항고심에서 강제조정).

『신청인이 행한 이 사건 교과서 디자인이 응용미술저작물로서 저작권법의 보호를 받기 위해서는, 적어도 ① 산업적 목적의 이용을 위한 '복제가능성'과, ② 당해 물품의 실용적·기능적 요소로부터의 '분리가능성'이라는 두 가지의 요건이 충족되어야 한다.

이 사건 교과서는 중, 고등학교 영어 또는 수학 교재로서 개별 단원별로 학습 과제 설명 및 문제 풀이 등으로 구성되어 있다. …우선 이 사건 교과서는 그 성질상 각 학교의 학생들에게 배포할 목적으로 대량 생산되는 물품이라 할 것이므로, 앞에서 본 응용미술저작물의 요건 중 '복제가능성'은 쉽게 충족된다.

그러나 다른 요건인 '분리가능성'에 관하여 살펴보면, 이는 예를 들어 넥타이의 문양과 같이 당해 물품의 기능적 요소와는 구분되는 미적인 요소로서 그 독자성이 인정됨에 따라 그 자체로 얼마든지 다른 물품(의류, 가방 등)에도 적용될 수 있는 성질을 의미한다고 할 것인데(대법원 2004. 7. 22. 선고 2003도7572 판결 참조), 신청인이 담당하였다는 이 사건 교과서의 편집이나 구성 등 형식적인 부분은 모두 그 내용(교과서 원고)의 존재를 전제로 이를 효과적으로 전달하기 위한 수단에 불과하므로, 문자, 그림의 형태나 배열 등의 형식적 요소 자체만으로는 하나의 미술저작물이라고 할 수 있을 정도의 독자적인 실체가 인정되지 않는다. 교과서를 비롯한 학습도서는 원칙적으로 문자를 그 구성요소로 하고 있고 신청인의 작업 부분도 상당 부분 문자의 형태(서체, 크기 등)나 배치(줄 간격 등)와 관련되어 있는데, 이는 도서의 고유한 특성으로서 문자를 구성요소로 하지 않는 대부분의 물품에는 이를 그대로 적용할 수가 없으므로(문양이나 장식이 여러 물품에 실질적으로 동일한 형태로 구현될 수 있는 것과 대조된다), 이 점에서도 신청인의 작업물이 물품과의 '분리가능성'을 요건으로 하는 응용미술저작물에 해당한다고 보기 어렵다.

다만 이 사건 교과서의 편집 형식이나 구성의 저작물성이 부정되는 것과는 별개로, 신청인이 이 사건 교과서에 삽입한 그림 중 신청인이 직접 창작하여 독립적인 예술적 특성이나 가치를 가지고 있는 것은 개별적으로 응용미술저작물로 인정될 여지도 있으나, 이에 대한 주장, 입증이 전혀 없을 뿐만 아니라 기록상 삽화 작업은 위 디자인용역계약의 내용에 포함되지도 않았으므로, 이 사건 교과서 디자인 중 개별적으로 응용미술저작권에 해당하는 부분이 있다고도 보기 어렵다.』

☞ 같은 취지로, 서적 표지디자인에 관하여, 『원고 서적 표지디자인은 제호, 색상, 만화의 배치·내용 등의 구성에 비추어 서적 표지라는 실용적인 기능과 물리적 혹은 관념적으로 분리하여 인식되면서 독립적으로 존재할 수 없다고 할 것이어서 결국 서적과 구분되어 그 독자성을 인정하기 어려우므로, 저작권법의 보호대상이 되는 응용미술저작물에 해당한다고 볼 수 없다』고 본 사례,[3-134] 서적 제호디자인에 관하여, 『제호 디자인은 이 사건 서적의 내용이 존재함을 전제로 하여 이를 효과적으로 전달하기 위한 수단에 불과하고, 서적 표지라는 실용적인 기능과 물리적 혹은 관념적으로 분리하여 인식되면서 독립적으로 존재할 수 없으며, 그 문자, 그림의 형태나 배열 등의 형식적 요소 자체만으로는 하나의 미술저작물이라고 할 수 있을 정도의 독자적인 실체가 인정되지 않는다』고 하여 응용미술저작물에 해당하지 않는다고 본 사례[3-135]가 있다.

마) 요플레 요구르트 사건[3-136]

<사안의 개요>

원고 ○○은 세계 약 50여 개국에서 'ACTIVIA'라는 상표(일본에서는 'IO'라는 상표를 사용)를 사용하여 진한 초록색 바탕의 포장(이하 '원고 포장')을 사용하여 떠먹는 요구르트 제품을 판매하여 왔다. 피고 △△는 '닥터 캡슐'이라는 상품명으로 병 모양의 용기에 초록색 바탕을 사용한 포장에 마시는 요구르트를 담아 판매하다가, 떠먹는 요구르트를 개발하면서 위 포장을 일부 변경한 포장을 사용하여 '바이오플레'라는 상품명으로 판매하고 있다. 원고 포장의 저작물성이 쟁점으로 되었다.

<법원의 판단>

『원고 포장의 특징부로 볼 수 있는 그라데이션 부분은 장(腸)의 모양 내지 원활한 소화기능을 나타내고, 과일이나 스푼 도형 그리고 초록 바탕색은 관련 업계에서 흔히 사용되고 있거나, 상품인 발효유의 재료특성 또는 떠먹는 요구르트의 음용방법을 공통으로 가지는 상품이라면 누구나 자유롭게 사용할 수 있는 포장으로 보인다. 이러한 원고 포장에서 살펴 볼 수 있는 구체적인 형상, 색상과 그 전체적인 선택, 조정, 배열 등을 두루 고려할 때, 원

3-134) 서울중앙지방법원 2007. 8. 8. 선고 2007가합5972 판결(확정).

3-135) 2000원 밥상 사건〔서울남부지방법원 2011. 5. 19. 선고 2010가합20113 판결(서울고등법원 2012. 4. 18. 선고 2011나45837 판결, 대법원 2013. 4. 25. 선고 2012다41410 판결)〕.

3-136) 서울고등법원 2011. 3. 23. 선고 2010나42886 판결(확정).

고 포장이 그 상품과 분리되어 실용적·기능적 측면으로부터 독립된 미적 가치를 가진다고 볼 수 없고, 달리 원고 포장이 저작권법의 보호대상이 되는 저작물에 해당된다고 볼만한 증거가 없다.』

☞ 개정 저작권법이 적용되는 사안으로 보이는데, '독립된 미적 가치'라는 용어를 사용하여 구 저작권법 하의 판례에서 응용미술저작물의 요건으로 본 '독립적인 예술적 특성이나 가치'를 요하는 듯한 설시를 하였다.

바) 포트메리온 II 사건[3-137]

<사안의 개요>

원고들은 이 사건 포트메리온 포장박스 문양은 원고 포트메리온의 직원이 창작한 원고 포트메리온의 저작물인데, 피고가 이 사건 포트메리온 포장박스 문양에 의거하여 문양, 색채, 위치와 방향, 바탕색까지 유사한 이 사건 철기아트 포장박스를 제작·판매하여 원고 포트메리온의 저작권을 침해하였다고 주장한 사건이다. 이 사건 포트메리온 포장박스 문양의 저작물성이 쟁점으로 되었다.

<법원의 판단>

『① 이 사건 포트메리온 포장박스에 있는 문자는 상품의 표지, 명칭, 주소, 출처를 표시한 단순한 영문 문자이고, ② ‘ ’는 원고 포트메리온의 영문 상호를 녹색 바탕의 타원형 도형에 흰색 영문 문자로 표시하고 그 도형의 테두리를 따라 나뭇잎 모양이 연속적으로 둘러싼 단순한 도형으로서 원고 포트메리온의 영문 상호를 지시적으로 전달하는 것에 주안점이 있으며, ③ 타원형 도형과 영문 문자를 녹색 계통의 상표와 문자열로 표시하여 45°로 기울어진 사선형태로 배열한 것은 간단하고 흔한 배치 방식이고, ④ 갈황색 배경은 포장박스 재료의 종이 색상으로써 흔하게 사용되는 색상이며, ⑤ 그 문자와 도형이 함께 구성되고 배치된 전체 이미지 역시 원고 포트메리온을 표시하는 상호와 문자를 사선형으로 반복하는 정도에 불과한 것이고, ⑥ 문자와 도형의 지시적 기능을 제외한 단순한 타원형과 글자들의 배열을 사선으로 반복하여 배치한 문양이 원고 포트메리온만의 고유한 창작물이라고 볼 수도 없으며, ⑦ 원고 포트메리온이 이 사건 포트메리온 포장박스의 디자인에 관하여 한국저작권위원회에 응용미술 저작물의 저작자로서

3-137) 서울고등법원 2012. 6. 13. 선고 2011나50785 판결(심불기각).

등록하였다고 하더라도, 법 제130조에 의하여 문화체육관광부 장관으로부터 저작권 등록에 관한 업무를 위탁받아 수행하고 있는 한국저작권위원회는 등록신청서나 제출된 물품 자체에 의하여 저작권 등록 신청 대상이 저작물에 해당하지 아니함이 법률상 명백하다고 인정되는 경우에 한하여 등록을 거부하는 등 형식적 심사권한만 행사하여 등록한 것에 불과하다.

따라서 이 사건 포트메리온 포장박스 문양은 원고 포트메리온의 상호와 주소를 단순하게 반복적으로 표시한 결과에 수반한 것에 불과하고, 포장박스로서 원고 포트메리온 제품을 포함하고 있다는 지시적 기능과 분리되어 별도의 저작물로서 감상의 대상이 될 정도로 인간의 사상 또는 감정이 표현된 창작물이라고는 볼 수 없으므로 이 사건 포트메리온 포장박스의 문양이 법 제4조 제1항 제4호의 '응용미술저작물'에 해당함을 전제로 한 원고 포트메리온의 주장은 이유 없다.」

사) 자전거 보관대 사건[3-138]

「가) 원고 디자인 1에 관하여()

먼저 원고 디자인 1 전체에 관하여 보건대, 원고 디자인 1 중 자전거를 세워두기 위한 거치대 부분, 지붕을 떠받치기 위하여 좌우에 위치한 넓은 판 형태의 기둥, 눈, 비 등을 막기 위한 완만한 호 형태의 지붕은 자전거 보관대를 구성하기 위한 필수적 요소로서, 그 자체로 그 이용된 물품인 자전거 보관대와 구분되어 독자성을 인정할 수 있는 것이라 보기 어렵다. 따라서 원고의 주장과 같이 원고 디자인 1 전체가 저작권법에 의하여 보호되는 응용미술저작물에 해당한다고 할 수 없다.

그러나 원고 디자인 1 중 기둥에 존재하는 흰색 모양(이하 '원고 디자인 1 모양'이라 한다)에 관하여 보건대, …원고는 ○○주식회사가 2006. 9.경 아파트 브랜드를 '힐스테이트'로 변경하는 과정에서 ○○주식회사에게 '힐스테이트' 브랜드 이미지와 맞는 통일감 있는 조경시설물의 표준화를 제안한 사실, 그 과정에서 원고는 '고귀한 단순함과 고요한 위대함'이라는 신고전주의 건축 스타일의 조경시설물을 디자인하게 되었고, 신고전주의의 단순함과 고요함에 자연을 모티프로 한 곡선으로 포인트를 주어 숭고한 아름다움과 자연을 조화시킨다는 개념 아래 위 모양을 디자인한 사실, 특히 원고 디자

3-138) 서울중앙지방법원 2013. 9. 27. 선고 2013가합27850 판결(확정).

인 1의 경우 '신고전주의와 아르누보', '전통과 현대'를 디자인의 제목으로 사용한 사실을 각 인정할 수 있는바, 이에 비추어 보면 원고 디자인 1 모양은 흰색 곡선의 배열을 통해서 원고가 자신의 독자적인 사상을 원고 나름의 방법으로 표현한 것임이 인정되고, 나아가 원고의 정신적 노력의 소산으로서의 특성이 부여되어 있다고 보이므로 저작물로서의 창작성이 인정되며, 또한 그 이용된 물품인 자전거 보관대는 원고 디자인 1 모양을 기둥에 그대로 인쇄 및 복제하는 방법으로 제작된 것으로서 원고 디자인 1 모양은 얼마든지 다른 실용품의 디자인으로도 이용될 수 있어 그 이용된 물품과 구분되어 독자성을 인정할 수 있으며 다른 물품에 동일한 형상으로 복제될 수 있다고 할 것이므로, 저작권법의 보호대상인 응용미술저작물에 해당한다.

나) 원고 디자인 2에 관하여()

먼저 원고 디자인 2가 법 제4조 제1항 제5호가 규정하고 있는 건축저작물에 해당하는지 여부에 관하여 보건대, 저작권법은 건축저작물의 대상으로 건축물, 건축을 위한 모형 및 설계도서 등을 예로 들고 있을 뿐 그 대상이 되는 건축물에 관하여는 아무런 정의 규정을 두고 있지 않으나, 건축물이란 '땅 위에 지은 구조물 중에서 지붕, 기둥, 벽이 있는 건물을 통틀어 이르는 말'이고, 건물이란 '사람이 들어 살거나, 일을 하거나, 물건을 넣어 두기 위하여 지은 집을 통틀어 이르는 말'로서, 저작권법의 보호대상인 건축저작물에 해당하기 위해서 반드시 주거를 목적으로 할 필요는 없지만 어느 정도 사람의 통상적인 출입이 예정되어 있고, 건축물의 지붕, 기둥, 벽을 통해서 실내외를 구분할 수 있을 정도에는 이르러야 한다 할 것인바, 원고 디자인 2는 실외의 사람이 통행하는 길에 설치되어 장미 등의 식물이 옆 기둥 및 천정 부분을 타고 올라가는 용도로 사용되는 것으로서 사람이 그 내부에서 일정한 활동을 하기 위한 건축물에 해당한다고 할 수 없고, 결국 원고 디자인 2는 저작권법의 보호대상인 건축저작물이라 할 수 없다.

한편 원고 디자인 2가 저작권법이 보호하는 응용미술저작물에 해당하는지 여부에 관하여 보건대, 원고 디자인 2는 좌우의 기둥 및 지붕으로만 구성되어 있어 그 자체로 그 이용된 물품인 장미아치와 구분되어 독자성을 인정할 수 있다고 보기 어렵고, 다른 실용품에 복제될 수도 없으므로 저작권법의 보호대상인 응용미술저작물이라 할 수 없다.

다) 원고 디자인 3에 관하여()

원고 디자인 3이 저작권법이 보호하는 응용미술저작물에 해당하는지 여부에 관하여 보건대, 원고 디자인 3은 좌우의 원형의 기둥 및 이에 연결된 지붕, 자전거를 세워두기 위한 거치대로만 구성되어 있어 그 자체로 그 이용된 물품인 자전거 보관대와 구분되어 독자성을 인정할 수 있다고 보기 어렵고, 다른 실용품에 복제될 수도 없으므로 저작권법의 보호대상인 응용미술저작물이라 할 수 없다. 따라서 원고 디자인 3이 저작권법의 보호대상인 응용미술저작물임을 전제로 한 원고의 원고 디자인 3에 관한 주장은 더 나아가 살펴볼 필요 없이 이유 없다.』

아) 서체도안 사건[3-139][3-140]

『이 사건 서체도안()이 제품 박스포장 등에 사용할 글자인 '담양한우' 제품브랜드 서체로 개발된 점은 앞에서 본 바와 같고, 이 사건 서체도안은 주로 한글 자모의 모양 및 그 초·중·종성 결합형태와 관련하여 글자체를 미적으로 변형하여 표현한 것으로서 그 특유 형태의 디자인을 한 일종의 서체도안에 해당하고, 문자·글자가 의사 전달 수단 내지 언어, 사상 등의 표현수단으로 사용되는 것에 부수하여 그 기본적인 형태는 그대로 유지하면서 다만 문자 등의 표시에 시각적 효과 등을 첨가하거나 강화함으로써 보다 효과적으로 의사 등을 표현·전달하는 데에 사용될 것을 의도하여 만들어졌다

3-139) 광주고등법원 2014. 10. 24. 선고 2013나11996 판결(확정).

3-140) 서체도안은 미술저작물의 일종인 서예와는 개념(서체도안은 한 벌의 문자, 서체 등에 대하여 독특한 형태의 디자인을 한 것이고, 서예 작품은 서예가의 사상 또는 감정을 창작적으로 표현한 정신활동의 소산물로서 독립적으로 예술적 특징과 가치를 가지는 창작물), 기능(서체도안은 인쇄기술에 의하여 사상이나 정보 등을 전달하고, 서예 작품은 그 작품에 화체된 서예가의 사상이나 감정 등을 전달), 용도(서체도안은 문자 등의 표시에 시각적 효과 등을 첨가하가나 강화함으로써 보다 효과적으로 정보 등을 표현·전달하기 위한 것이고, 서예 작품은 미적 감상의 용도) 등에 있어서 차이가 있는바, 일반적인 서체도안의 경우 전시회 전시 등 미적 감상의 대상으로 할 의도로 작성된 경우 등의 특별한 사정이 없는 한 그 자체를 미적 감상의 대상으로 할 의도로 작성되는 것은 아니라고 할 것이다(광주고등법원 2014. 10. 24. 선고 2013나11996 판결).

고 할 것이다.

…이 사건 서체도안은 우리 민족의 문화유산으로서 누구나 자유롭게 사용하여야 할 문자인 한글 자모의 모양을 기본으로 삼아 인쇄기술에 의하여 사상이나 정보 등을 전달한다는 실용적인 기능을 주된 목적으로 하여 만들어진 것으로서, 일부 창작성이 포함되어 있고 문자의 실용성에 부수하여 미감을 불러일으킬 수 있는 점도 있으나 그 미적 요소 내지 창작성이 문자의 본래의 기능으로부터 분리·독립되어 별도로 감상의 대상이 될 정도로 독자적이라고 인정하기 어려워 그 자체가 예술에 관한 사상 또는 감정의 창작적 표현물이라고 보기 어려울 뿐만 아니라, 실용적인 기능과 별도로 하나의 독립적인 예술적 특성이나 가치를 가지고 있다고 보기도 어렵다. 따라서 …이 사건 서체도안이 저작권법상 보호의 대상이 되는 저작물이라고 보기 어렵고 달리 이를 인정할 만한 증거가 없으므로, 이 사건 서체도안이 저작권법의 보호대상인 저작물에 해당함을 전제로 하는 원고의 주장은 받아들이지 아니한다.』

☞ 개정 저작권법이 적용되는 사안임에도 구 저작권법 하의 판례에서 응용미술저작물의 요건으로 본 '독립적인 예술적 특성이나 가치'를 요하는 듯한 설시를 하였다.

☞ 유사한 사례로, 미트트리 사건[3-141]에서도, 

도안에 대하여, 『위 각 서체도안이나 그림은 그 목적·기능에 있어서 회화나 문자를 소재로 하여 서예가의 사상 또는 감정을 창작적으로 표현한 순수 서예작품과 달리 그 자체로 독립하여 감상의 대상으로 삼기 위하여 창작된 것이라기보다 주로 인터넷 웹페이지에 표시되어 상품의 가치를 높여 고객흡인력을 발휘하도록 하거나 홍보에 이용하는 것과 같은 실용적인 목적에 주안점을 두고 있을 뿐만 아니라, 앞서 살펴본 내용이나 표현형식을 더하여 함께 고려하여 보면, 위 각 서체도안이나 그림은 원고 회사나 원고 회사가 판매하는 상품에 관한 정보를 효과적으로 전달하기 위한 실용적 기능에 관한 관념을 불러일으킬 뿐 그와는 분리된 별개의 미적 관념을 불러일으킨다고 보기 어렵고, 그 제작과정에 있어서도 그와 같은 실용적인 기능에 대한 고려가 결정적으로 영향을 미쳤다고 할 것이므로, 위 각 서체도안이나 그림의 경우 통상적인 출처 내지 브랜드의 표시에다가 다소간의 심미적인 요소를 부가한 것에 불과하다』고 보아 응용미술저작물성을 부인하였다.

3-141) 서울중앙지방법원 2015. 5. 15. 선고 2013가합558316 판결(확정).

☞ 서체도안에 관하여 판례는, 『인쇄용 서체도안과 같이 실용적인 기능을 주된 목적으로 하여 창작된 응용미술 작품으로서의 서체도안은 거기에 미적인 요소가 가미되어 있다고 하더라도 그 자체가 실용적인 기능과 별도로 하나의 독립적인 예술적 특성이나 가치를 가지고 있어서 예술의 범위에 속하는 창작물에 해당하는 경우에만 저작물로서 보호된다'고 하면서, '산돌체모음', '안상수체모음', '윤체B', '공한체 및 한체모음' 등 서체도안들은 우리 민족의 문화유산으로서 누구나 자유롭게 사용하여야 할 문자인 한글 자모의 모양을 기본으로 삼아 인쇄기술에 의해 사상이나 정보 등을 전달한다는 실용적인 기능을 주된 목적으로 하여 만들어진 것임이 분명하여, 우리 저작권법의 해석상으로는 그와 같은 서체도안은 신청서 및 제출된 물품 자체에 의한 심사만으로도 저작권법에 의한 보호 대상인 저작물에 해당하지 아니함이 명백하다』고 한 바 있다.[3-142)]

한편, 판례[3-143)]는 『서체 도안을 스캐너(scanner)로 읽어들이는 등의 방법으로 컴퓨터 작업이 가능한 디지털 데이터로 전환한 다음, 컴퓨터 모니터상에서 마우스를 이용하여 윤곽선을 가감·수정하면서 윤곽선을 연결하는 좌표를 설정하는 과정을 거쳐 작성한 서체 파일프로그램에 대해서는 저작권법에 의하여 보호되는 컴퓨터 프로그램 저작물에 해당한다』고 보고 있다.

자) 붉은 악마 사건[3-144)]

『이 사건 도안( )은 박○○이 2002년 한일월드컵이 개최될 무렵 우리나라 월드컵 축구 대표팀의 서포터 단체인 '붉은 악마'의 캠페인 목적으로 제작한 것으로 월드컵의 성공을 기원함은 물론 온 국민의 화합된 응원으로 하나 되자는 의미를 담아 'Reds ! ' 부분은 붓글씨 서체를 사용하여 묵필법으로 혼신의 힘과 역동적이고 살아 있는 듯한 응원의 느낌을 강조하였고, 'Be The' 부분은 일반 도안체로 'Reds ! ' 부분의 상단에 작게 표시하여 안정감을 주도록 하였으며, 'R'자는 12번째 선수가 되자는 '붉은 악마' 응원단의 캐치프레이즈를 살리기 위해 숫자를 응용하여 디자인한 사실, 박○○은 이 사건 도안을 한국저작권위원회에 미술저작물로 등록을 마친 사실, 실제로 이 사건 도안은 붉은색 티셔츠나 두건 등 실용품에 동일한 형상으로

3-142) 대법원 1996. 8. 23. 선고 94누5632 판결.

3-143) 대법원 2001. 6. 29. 선고 99다23246 판결, 서울중앙지방법원 2011. 8. 24. 선고 2011가합17576 판결.

3-144) 서울중앙지방법원 2012. 8. 24. 선고 2012노564 판결(대법원 2014. 8. 26. 선고 2012도10734 판결). 피고인이 저작권자의 동의 없이 임의로 이 사건 도안이 새겨진 티셔츠, 두건 등을 입은 모델들을 촬영한 사진을 게시하여 피해자의 저작권을 침해하였다고 본 사례.

복제, 인쇄되어 사용된 사실을 인정할 수 있다.

위와 같은 이 사건 도안의 창작 경위와 이용실태 등을 고려할 때 순수 서예작품처럼 그 자체로 독립하여 감상의 대상으로 삼기 위해서 창작된 것이라기보다 주로 티셔츠, 두건 등의 상품에 동일한 형상으로 복제, 인쇄되어 상품의 가치를 높이거나 고객흡인력을 발휘하도록 하거나 광고에 이용하는 것과 같은 실용적인 목적에 주안점을 둔 것으로 이용되는 상품 자체와 구분되어 어느 정도의 독자성이 인정된다는 점에서 응용미술저작물로 볼 수 있고, 앞서 본 이 사건 도안의 창작 경위, 도안의 형태, 표현 방법, 도안의 의미 등에 비추어 이 사건 도안은 박○○의 예술적 노력의 산물로서 그의 독창적인 사상 또는 감정이 표현된 것이므로 저작권법의 보호를 받는 저작물에 해당한다고 볼 수 있다.』

사. 건축저작물

건축저작물은 사상이나 감정이 토지상의 공작물에 표현되어 있는 저작물로서 법은 제4조 제1항 제5호에서 건축물, 건축을 위한 모형 및 설계도서 등을 건축저작물로 예시하고 있다.[3-145] 건축저작물에 있어서 저작권의 보호를 받는 것은 건축물에 의하여 표현된 미적형상(美的形象)으로서 전체적인 외관(디자인)이다. 건축저작물은 기본적으로 기능적 저작물로서 이에 기초한 건축물의 편의성, 실용성 및 효율성 등의 기능적 가치에 중점을 둘 수밖에 없으며, 주거성, 실용성 등을 높이기 위한 기능적 요소에 대하여는 설사 그 요소에 창작성이 있다고 하더라도 저작권의 보호가 제한된다.[3-146]

1) 비행기 모양 레스토랑 사건[3-147]

<사안의 개요>

원고는 원고의 레스토랑이 절단 해체한 폐비행기 동체부분을 건축자재로

3-145) 『다만 건축을 위한 도면에 저작물성이 인정된다 하여 곧바로 그 도면에 따라 시공한 건축물이 건축저작물에 해당하는 것은 아니므로 법 제4조 제1항 제5호에 정한 건축을 위한 모형 또는 설계도서에 해당하기 위해서는 거기에 표현되어 있는 건축물의 저작물성이 인정되는 경우에 한정된다.』(서울고등법원 2008. 10. 29. 선고 2008나4461 판결).

3-146) 서울고등법원 2001. 8. 14. 선고 2000나38178 판결(확정).

3-147) 위 2000나38178 판결.

이용하여 재구성, 정리, 배열함으로써 실제 비행기와 같은 외관을 갖춘 건축물로서 창작성이 있는 건축저작물인데도 피고가 원고의 동의도 얻지 아니하고 원고 레스토랑과 유사한 건물을 축조하여 자신의 레스토랑 영업에 이용함으로써 원고의 저작권을 침해하였다고 주장하였다. 원고가 주장하는 권리의 대상의 저작물성이 쟁점으로 되었다.

<법원의 판단>

『원고는 자신의 레스토랑 건물은 비행기를 그대로 옮겨 놓은 것이 아니라 폐비행기를 절단한 조각을 일종의 건축자재로 이용하여 이를 재구성, 정리, 배열한 독창적 저작물이라고 주장하면서 그 근거로서, 절단 해체한 폐비행기 동체부분을 6개의 기둥으로 지지된 철골 프레임상에 조립함으로써 비행기 동체를 원형 그대로 공중에 설치하였다는 점, 지상으로부터 출입문에 이르기까지 비행기 트랩과 같은 모양의 계단을 설치하였다는 점, 비행기의 측면에 별도의 건물을 축조하고 이를 비행기 내부와 연결하여 건물의 일부로 활용하고 있다는 점, 비행기 출입문들 중 일부를 떼어내고 투명창을 설치한 점 등의 외관 및 설계상의 특징이 있음을 들고 있으나, 그러한 특징들은 폐비행기를 지상에 고정하여 건물을 건축하고 식당영업을 하기 위한 기능적 요소이고, 원고의 레스토랑 건물이 기능적 요소를 넘어서 그 전체적인 외관에 있어서 창작적인 디자인 요소를 갖추었다고 볼 수 없다. 결국, 원고의 레스토랑 건물은 법 제4조 제1항 제5호에서 규정하는 '건축저작물'에 해당하지 아니하므로 저작권의 침해에 관한 원고의 주장은 더 나아가 살필 필요 없이 이유 없다.』

2) 경주엑스포 사건[3-148]

<사안의 개요>

피고는 경주세계문화엑스포의 상징건축물 등을 건립하기 위하여 건축설계경기(이하 '이 사건 설계경기')를 공고하였는데, 위 설계경기지침에는 당선작의 저작권은 피고에게 귀속된다는 내용도 들어 있다. 원고는 위 설계경기에서 신라 8층 석탑을 음각으로 형상화한 상징건축물(이하 '원고 상징건축물')에 관한 설계설명서를 제출하였고, 원고가 응모한 설계는 우수작으로 선정되

3-148) 서울고등법원 2011. 3. 23. 선고 2010나47782 판결(대법원 2011. 7. 14. 선고 2011다32747 판결).

었다. 피고는 당선작 제출자와 당선작을 수정, 변경하여 황룡사 9층 목탑을 음각으로 표현한 상징건축물(아래에서는 '피고 상징건축물')이 건축되었다. 원고 상징건축물의 저작물성이 다투어졌다.

<법원의 판단>

「원고는 피고의 문화엑스포 상징건축물의 건축설계경기공고에 응모하면서 상징건축물 설계의 전체 구성에 관하여 '대지(大地), 돌(石,) 금속(金屬), 유리(琉璃) 및 숲(綠)으로 틀을 잡고, 그 중 '유리의 탑'의 '비움(Void)'에 상징건축물을 투영하여 음양을 실존화시키는 상징탑을 설정한 사실, 원고가 설계한 상징탑은 높이 70m의 유리탑으로 가운데에 석탑을 음각하여 그 자체로 석탑의 존재와 음양(陰陽)을 상기시키는 모양을 표현하는 한편, 상징탑 최상층에 전망대와 카페를 설치하고 그 아래 두 개 층에 조직위원회 사무국과 프레스센터를 설치하는 내용으로 구성된 사실을 인정할 수 있는바, 위 인정사실에 의하면 원고 상징건축물의 설계는 독자적인 사상이 담겨 있고, 나름대로의 정신적 노력의 소산으로서의 특성이 부여되어 있는 표현물로서 저작권법에 의한 저작물에 해당한다.」

<원고 상징건축물>

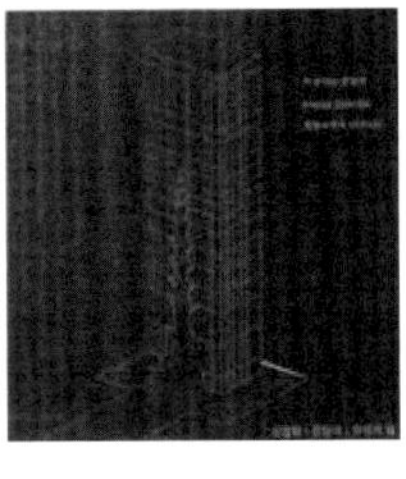

<피고 상징건축물>

3) 삼각형펜션 사건[3-149]

「이 사건 원고 건축물()은 삼각텐트를 모티브로 하여 삼각형의 상단 일부를 절단한 후, 정면 중앙에 출입문을 두고 그 좌측에는 삼각뿔 형태의 통유리 구조물이, 그 우측에는 사각뿔 형태의 통유리 구조물이 위치하고 있고, 건축물의 양 측면에는 창문이 설치되어 있는 사실을 인정할 수 있다. 이에 의하면 이 사건 원고 건축물은 삼각형 또는 삼각텐트를

3-149) 서울중앙지방법원 2013. 9. 6. 선고 2013가합23179 판결(항소심에서 조정).

기본으로 창작자인 원고 고유의 개성적인 표현이 나타나 있고, 피고가 유사한 건축물이라고 주장하는 한옥, 사원, 궁궐 등의 전통건축물이나 야외용 텐트, '드'자 형식의 건축물 등과는 그 외형이 확연히 다르므로, 창작성이 있는 건축저작물이라고 봄이 상당하다.

한편 이 사건 원고 건축물은 건축저작물로 기능적 저작물이기는 하나, 앞서 본 이 사건 원고 건축물의 특징적 모습들은 주거성, 실용성 등을 높이기 위한 기능적 요소와는 오히려 배치되는 것이고, 일반적으로 펜션은 단순히 주거성, 실용성 등에 초점을 둔 건축물이 아니라 고객들의 관심을 끌 수 있는 미적인 외형을 갖추는 데 더 초점을 둔 건축물이라는 점을 고려하면, 기능적 저작물이라는 이유만으로 이 사건 원고 건축물의 창작성이 부정된다고 보기는 어렵다.』

☞ 유사 사례로 버섯 모양 지붕을 가진 건축물에 대해 창작성을 인정한 버섯궁전 사건이 있다.[3-150]

4) 건축설계도서

판례는 건축설계도서의 경우 아파트 평면도 등과 같이 건축관계 법령의 제약, 수분양자들의 선호 평형이나 배치 등으로 인한 제한이 있고, 건축물의 편의성, 실용성, 효율성 등 기능적 가치가 중요시되어 누가 하더라도 비슷할 수밖에 없는 종류의 설계도면에 대해서는 대체로 창작성을 부정하는 반면, 호텔 등의 설계도나 택지개발설계, 단지설계 등과 같이 설계자의 독창성이 반영될 여지가 있는 설계도면의 경우 창작성을 인정하는 경향을 보인다.

가) 창작성이 인정된 사례

(1) 호텔 모형도 사건[3-151]

피고가 일본 미에(三重)현 사까리바라에 건축비 약 1,000억 원을 들여 연건면적 약 30,000평 규모의 호텔을 신축하면서 건축가인 원고에게 기본설계를 맡아달라고 제의하였고, 그에 따라 원고는 피고와 계약서를 작성하지는

3-150) 의정부지방법원 2000. 7. 11. 선고 99고단4209 판결(서울중앙지방법원 2000. 11. 8. 선고 2000노6604 판결, 상고기각), 피해자가 만화영화 '스머프'의 장면에서 모방을 하였더라도 이를 실제 건물의 형태로 창작해 낸 이상 독자적인 저작물로 보호된다고 보았다.

3-151) 서울지방법원 1995. 8. 18. 선고 95가합52463 판결(확정).

않은 상태에서 자신이 구상한 호텔의 모형도 및 투시도를 피고에게 교부하였다. 피고는 원고의 모형도 및 투시도를 모방하여 건축물의 모형도, 투시도 등을 제작한 뒤 이를 기초로 건축허가를 받은 사안에서, 법원은 위 모형도 및 투시도가 저작물에 해당한다는 전제에서 피고의 저작권 침해를 인정하였다.

(2) 수색지구 설계도면 사건[3-152]

<사안의 개요>

원고는 서울시가 주최하는 수색지구 기본계획기술응모(택지개발현상설계)에 응모하여 '수색지구 택지개발계획'이라는 설계도를 작성, 제출하였고, 우수작으로 선정되었다. 서울시는 상암지구 건설공사를 하면서 피고들이 속한 컨소시엄을 실시설계 및 시공업체로 선정하였다. 피고 ○○은 건설공사 업체선정을 위한 입찰과정에서의 기본구상도, 토지이용계획도, 조감도 등을 작성하면서 크게는 설계도면상 월드컵 주경기장을 포함한 스포츠컴플렉스지역, 국제컨벤션센타지역, 생태과학공원지역, 수색택지개발지역 등으로 나누었는데, 이중 수색택지개발지역 부분은 원고의 위 설계도 내용대로 하여 피고들 명의로 제출하였다. 피고들은, 원고의 수색지구 주거지역의 설계도면은 서울시가 현상공모한 '수색지구 기본계획 기술공모'에 응모하여 작성, 제출된 것으로 이는 위 현상공모 과정에서 서울시가 제시한 기본적인 개발 관념을 보다 상세하게 표현한 것에 불과하고, 원고의 독자적인 아이디어의 표현이라고는 보기 어렵다는 취지로 주장하였다.

<법원의 판단>

『중앙의 수평과 수직의 十자의 교차로, 수평축 하부 쪽의 반원형 굴곡 도로, 十자 중앙으로부터 방사상으로 뻗어 나간 도로와 건물의 배치 등을 종합하여 볼 때, 원고의 이 사건 설계도는 원고의 경험 사상을 표현함에 있어 그 전체적인 표현이 창작성을 가지는 저작물이다.』

(3) PC방 평면도[3-153]

『이 사건 도면은 건축물의 설계도면으로서 비록 기능적 성격을 띠고 있

3-152) 서울지방법원 2000. 6. 2. 선고 99가합12579 판결(항소심에서 조정성립).

3-153) 서울동부지방법원 2004. 7. 2. 선고 2003가합9191 판결(확정).

기는 하나, …좌석을 10개씩 그룹으로 묶어 5개씩 마주보게 배치하고 그 그룹들 사이에 격벽과 복도를 두어 구획을 나누어 게임존(Game Zone), 인터넷존(Internet Zone)을 설치하고, 그와 별도로 좌석 4개의 비즈니스존(Business Zone)과 좌석 6개의 커플존(Couple Zone)을 별도로 설치하고, 휴게공간(Rest Area)을 출입구 바로 앞에 배치하고, 흡연실을 따로 카운터 뒤에 배치하는 등 나름대로의 특성을 가지고 있는 사실을 인정할 수 있는바, 이 사건 도면은 저작물로서 요구되는 창작성을 갖추었다고 할 것이므로 법 제4조 제1항 제5호의 건축저작물 또는 같은 항 제8호의 도형저작물에 해당한다 {이 점에서, 이 사건 도면은 그에 나타난 컴퓨터 등의 배치가 (주)유니넷 등 다른 PC방 프랜차이즈 업체가 사용하는 것과 차이가 없어 창작성이 없으므로 저작물이 아니라는 취지의 피고의 주장은 받아들이지 않는다}.』

(4) 아파트단지배치도 사건[3-154]

<사안의 개요>

원고는 재건축조합과 사이에 재건축사업에 관한 설계용역계약을 체결하고, 사업계획승인에 필요한 설계도를 작성하였다. 원고가 작성한 단지배치도 등의 창작성이 문제되었다.

<법원의 판단>

『위 단지배치도가 저작권법에 의하여 보호받을 수 있는 저작물인지에 관하여 살피건대, …위 단지배치도는 쾌적한 주거환경 확보와 도시 경관을 조성하기 위하여 이 사건 조합아파트의 사업부지 내에 건설될 아파트, 근린생활시설, 주민공동시설, 보육시설 등 건물과 도로, 조경, 운동시설, 놀이터 등의 시설물을 조화롭게 배치하여 각 건물 및 시설물의 구조와 형태를 표현한 것으로 전체적인 외관에 있어서 창작성이 있으므로 위 단지배치도는 저작권법이 보호하는 저작물에 해당한다.』

☞ 다만, 위 판결에서 아파트 정면도에 대해서는 『정면도 중 옥탑부분을 제외한 나머지 부분은 이 사건 조합아파트 사업부지의 규모, 관계법령 등에 따라 산출된 세대수에 따라 그 층수를 달리하였을 뿐 이미 공개되어 사용되는 아파트 설계도의 표현형식을 그대로 사용한 것이라고 할 것이고, 위 정면도 중 옥탑부분 또한 기존에 존재하는 옥탑의 표현형식을 일부 수정한 것에 불과하여 창작성이 있다고 할 수 없다』고 보았다.

3-154) 서울중앙지방법원 2005. 11. 30. 선고 2005가합3613 판결(확정).

나) 창작성이 부정된 사례

(1) 아파트베이형설계도 사건[3-155]

<사안의 개요>

채권자는 34평형 아파트에 관하여 안방 벽면 중 일면의 약 80%가 전면 베란다에 접하게 하는 방식의 '3.8 베이(Bay)형'의 설계도(이하 '이 사건 설계도')의 저작권자인데, 채무자는 충북 청원군 오창면에 분양 예정인 아파트의 35평형 비(B) 타입을 채권자의 동의 없이 위 설계도와 거의 동일한 형태로 설계하게 하고 이를 분양하려고 함으로써 채권자의 저작권을 침해하였다고 주장하였다. 이 사건 설계도의 창작성이 쟁점으로 되었다.

<법원의 판단>

『이 사건 설계도에는, 욕실을 현관 측부에 배치하지 않고 안쪽에 배치함으로써 양쪽에 신발장을 두어 충분한 수납공간을 확보한 점, 주방에 냉장고를 배치할 수 있도록 부부욕실 배치와 더불어 계획한 점, 안방에 후면 발코니와 파우더룸, 수납공간을 같이 배치하여 발코니 확장시 수납공간을 강화할 수 있는 점 등의 설계상 특징이 있다고 주장하나, 이러한 특징들은 수납공간을 확보한다는 등 아파트 내부 공간 활용의 편의성을 도모하기 위한 공간 및 요소들의 배치 및 구성에 관련된 것으로 기능적 요소라 할 것이므로, 그 자체로는 아이디어에 해당하여 저작권적인 보호 대상이 될 수는 없다.

이에 채권자는 이 사건 설계도는 위와 같은 기능적 요소를 넘어 전체적인 외관 등 그 표현 자체에 창작성이 있어 독자적인 저작물로서 보호되어야 한다고 주장하므로 살피건대, 이 사건 기록을 살펴보아도 이 사건 설계도가 34~35평형 아파트에 관한 설계도면으로서 그 표현에 있어 창작성을 구비하고 있다고 소명할 만한 자료를 찾아볼 수 없고, 오히려 기록에 의하면, 이 사건 설계도처럼 34~35평형 아파트를 설계함에 있어서는 법령상 인정되는 세제상의 혜택 등을 누리기 위하여 전용면적을 85㎡(이른바 국민주택 규모임)에 근접하는 면적으로 설계를 하게 되는 사실, 요즈음 34~35평형 아파트는 침실 3개, 화장실 2개, 주방과 파우더룸 등으로 구성되는 것이 설계관행인 사실, 이 사건 설계도가 작성되기 이전에 관련 아파트 설계업계에서는 이미 '3 베이형(3개 방의 벽면이 전면 베란다와 접하는 형식)', '3.5 베이형(4개 방이 전면 베란다에 접하되, 그 중 안방 벽면은 약 50%가 베란다에 접

3-155) 서울고등법원 2004. 9. 22.자 2004라312 결정(확정).

하는 형식)' 등의 아파트 설계도 작성이 일반화되어 있었던 사실, 위 '3.5 베이형'에서도 실질적으로 안방 벽면 중 70~80%가 베란다에 접하는 경우도 있었던 사실(이 경우 실질적으로는 '3.7 베이형', '3.8 베이형'이 된다), 이 밖에도 현관 욕실을 안쪽에 배치하거나 냉장고를 배치하도록 부부욕실을 배치하는 등의 설계는 이 사건 설계도 작성 이전부터 활용되고 있었던 사실을 인정할 수 있고 반증이 없는바, 그렇다면 이 사건 설계도는 이미 존재하는 아파트 설계도 형식을 그대로 사용하거나 다소 변용한 것에 불과하여 저작권으로써 보호받을 만한 어떠한 독창성을 가지고 있다고 할 수 없을 뿐 아니라('3.8 베이형'이라는 용어 자체는 저작권으로서 보호받을 수 없다), 또한 34~35평형 아파트를 설계하는데 있어서 공간적 제약, 필요한 방실의 수 등의 제약요소로 인하여 상정이 가능한 극히 제한된 표현형태의 하나로 볼 것이므로, 합체의 원칙에 의하여 저작권적 보호를 받을 수 없다.」

☞ 유사 사례[3-156]로, 빌라재건축사업계획승인을 받기 위해 제출한 동배치도, 건물 단면도·입면도, 단위세대 평면도 등 설계도서의 창작성에 관하여, 위 설계도서에 나타난 「각 동의 구조 및 배치계획, 단위세대 평면계획, 입면계획, 단면계획 등은 아파트의 주거성, 실용성을 높이기 위한 기능적인 요소로서 그 자체로서 아이디어에 해당하거나, 대지의 조건 및 현황, 관련 법령상의 제약 등에 비추어 여러 가지 형태로 표현하기가 어렵다고 보이므로, 이에 대하여 바로 저작권적 보호를 인정하기 어렵다」고 판시한 사례가 있다.

(2) 상가설계도 사건[3-157]

「이 사건 건축물인 제1, 2종 근린생활시설 등을 포함한 상가설계도와 같은 경우에는 그 기능을 구현하는 표현방법에 있어 다양성이 제한되어 있는 관계로 현실적으로 저작권적 보호가 인정되는 부분은 극히 제한될 수밖에 없다. 또한, 건축물에 있어서 표준적인 개개의 구성요소들, 예를 들어 창문, 문 또는 그 밖의 주요한 건물의 구성요소들은 건축저작물로서 보호를 받을 수 있는 부분이 아니고, 건축저작물에 있어서의 창작성은 주로 그 자체로서는 저작권의 보호를 받지 못하는 개개의 구성요소를 미적으로 선택·배열·조합함으로써 전체적으로 보호받는 저작물을 만들어 내는 데 있다. …원고는 이 사건 제1설계도의 저작물성과 관련하여, 이 사건 건축물은 전체적으로 볼 때 건축물 오른쪽에 주차타워가 있고 왼쪽에 건물이 배치되어 있고, 주

3-156) 서울고등법원 2004. 10. 6.자 2004라21 결정(확정).
3-157) 대구지방법원 2004. 11. 2. 선고 2003가합10005 판결(확정).

차타워와 건물 사이에 지상주차장을 배치시켜 놓았으며, 자동차가 다니는 동선과 사람이 다닐 수 있는 동선을 완전히 구분시켜 놓았고, 지하 1층 주차장에 대지 고저차로 인해 생기는 공간을 활용하기 위해 중층을 신설하여 선컨을 두어 지하 1층을 지상 1층처럼 자연채광이 되도록 설계하였으므로 이런 점에서 다른 일반건물과 구별되는 특징이 있다는 취지로 주장하나, 이러한 특징들은 일반음식점, 약국, 병원 등의 근린생활시설이 입주한 이 사건 건축물 이용자들의 주차공간을 확보하고, 건축물 이용자의 차량에 대한 안전을 보호하는 등 건축물 내·외부 공간 활용의 편의성을 도모하기 위한 공간 및 요소들의 배치 및 구성에 관련된 것으로 기능적 요소라 할 것이므로, 그 자체로는 아이디어에 해당하여 저작권적인 보호 대상인 건축저작물이 될 수 없다. …원고는 이 사건 제1설계도면에는 위와 같은 기능적 요소를 넘어 전체적인 외관 등 그 표현 자체에도 창작성이 있어 독자적인 건축저작물로서 보호되어야 한다는 취지로 주장하므로 보건대, …이 사건 제1설계도면이 이 사건 건축물의 편의성, 실용성 및 효율성 등의 기능적 요소를 넘어 전체적인 외관 등 그 표현 자체에 창작성을 구비하고 있음을 인정하기 어렵고, 달리 이를 인정할 증거가 없으며, 오히려 이 사건 제1설계도면은 이미 존재하는 근린생활시설 및 상가에 대한 설계도 형식을 그대로 사용하거나 다소 변경한 것에 불과하여 건축저작물로서 보호받을 만한 어떠한 독창성을 가지고 있다고 할 수 없을 뿐만 아니라, 근린생활시설 및 상가를 설계하는데 있어서 공간적 제약, 필요한 공간 등의 제약요소로 인하여 상정이 가능한 극히 제한된 표현형태의 하나로 볼 수 있을 뿐이므로 건축저작물로서 보호를 받을 수 없다고 할 것이다.』

(3) 아파트백과 사건[3-158]

<사안의 개요>

피고인이 피해자 제작한 아파트백과 책자 내용을 불법으로 복사한 아파트 평면도 및 배치도에 자신의 회사명을 기재하여 인터넷 홈페이지에 게재한 것에 관하여 저작권법위반죄로 기소된 사건이다. 위 사건에서 아파트 평면도, 배치도의 창작성이 쟁점으로 되었다.

3-158) 서울중앙지방법원 2007. 12. 12. 선고 2007노3160 판결(대법원 2009. 1. 30. 선고 2008도29 판결).

<법원의 판단>

「이 사건 도면은 건설회사에서 공개한 설계도면 등을 토대로 작성된 것인데… 이 사건 도면과 건설회사가 공개한 도면과의 차이점은 이 사건 도면상 발코니 바닥무늬, 식탁과 주방기구 및 치수를 나타내는 숫자가 독특하게 표현된 점 등에 있으나, 아파트의 경우 해당 건축관계 법령에 따라 건축조건이 이미 결정되어 있는 부분이 많고 각 세대전용면적은 법령상 인정되는 세제상 혜택이나 그 당시 유행하는 선호평형이 있어 건축이 가능한 각 세대별 전용면적의 선택에서는 제약이 따를 수밖에 없고, 그 결과 아파트의 경우 공간적 제약, 필요한 방수의 제약, 건축관계 법령의 제약 등으로 평면도, 배치도 등의 작성에 있어서 서로 유사점이 많은 점, 이 사건 도면은 기본적으로 건설회사에서 공개한 설계도면을 단순화하여 일반인들이 보기 쉽게 만든 것으로서 이 사건 도면에 있어 발코니 바닥무늬, 식탁과 주방가구 및 숫자 등 일부 표현방식이 독특하게 되어있다고 하더라도 이는 이미 존재하는 아파트 배치도 및 평면도 형식을 다소 변용한 것에 불과한 것으로 보이는 점 등에 비추어 보면, 이 사건 도면은 동일한 기능을 달리 표현하는 등 원저작물에 다소의 수정·증감을 가한 데 불과할 뿐 사회통념상 새로운 저작물이 될 수 있을 정도의 수정·증감을 가하여 새로운 창작성이 부가되었다고 보기는 어렵다.」

아. 사진저작물

사진은 다른 종류의 저작물과는 달리 피사체가 있어 이미 존재하는 피사체의 모습이 어느 정도 재현될 수밖에 없는 면이 있으나, 사진촬영, 현상 및 인화과정에서 인간의 생각이나 감정이 표현되는 것에 충분히 저작자의 독창성이 발현될 수 있고, 피사체의 선정, 구도의 설정, 빛의 방향과 양의 조절, 카메라 각도의 설정, 셔터의 속도, 촬영기회의 포착, 기타 촬영방법, 현상과 인화 등의 과정에서 촬영자의 개성과 창조성이 인정되는 경우에는 저작권법에 의하여 보호되는 저작물이 된다.[3-159)]

다만 사진촬영이 기계적 작용에 의존하는 부분이 많다는 점에서 다른 저작물과는 차이가 있으므로 어떠한 사진이 저작권법에서 보호하는 사진저작

3-159) 대법원 2001. 5. 8. 선고 98다43366 판결.

물에 해당하는지 여부를 판단함에 있어서는 그와 같은 사정을 고려하여야 한다.[3-160] 가령, ① 사진이나 기타 인쇄물의 단순한 복제에 지나지 않는 것, 예를 들어 서화집이나 사진첩 등을 그대로 평면적으로 복제한 것, ② 실용만을 목적으로 제작된 사진, 예를 들어 주민등록증, 운전면허증, 여권 등 각종 증명사진, 속도단속용 자동사진 등, ③ 기계의 부품 등의 카탈로그사진 등은 기계 메커니즘을 이용하여 피사체를 충실하게 재제한 것에 불과하여 마치 복사기를 사용하여 복사한 것과 동일하므로 거기에 새로운 창작성이 있다고 보기 어렵다.[3-161]

1) 초상 사진

가) 베이비유 사건[3-162]

<사안의 개요>

원고는 유아사진촬영과 앨범제작 등 영업을 하는 법인인데, 피고가 원고의 사진을 모방하여 그와 실질적으로 유사한 피고의 사진을 제작하여 영업에 사용함으로써 원고의 저작권을 침해하였다고 주장한 사건이다. 원고 사진의 저작물성이 쟁점으로 되었다.

<법원의 판단>

『원고의 사진은 촬영자가 아기의 옷·모자의 색상과 곰인형 몸체의 색상을 일치시키고, 아기에게 곰인형의 머리 형태와 유사하게 보이도록 전체적으로 동그란 형태의 모자를 씌운 후 아기를 곰인형 사이에 앉히고, 아기의 몸이 오른쪽으로 약간 기울어지면서 시선이 반대편 허공으로 향하는 순간을 포착하여 촬영한 것으로써 아기의 귀엽고 사랑스러운 이미지를 생동감 있게 표현하려는 촬영자의 창작성과 개성이 충분히 인정된다. 따라서 원고의 사진은 저작권법에 의하여 보호되는 저작물에 해당한다.』

3-160) 서울중앙지방법원 2007. 6. 21. 선고 2007가합16095 판결(모발이식사진 사건).

3-161) 권택수, "사진저작물이 저작권법에 의하여 보호되는 저작물에 해당하기 위한 요건", 대법원판례해설 제37호(2001년 상반기), 340면.

3-162) 서울고등법원 2010. 3. 18. 선고 2009나74658 판결(확정).

<원고 사진>

나) 빙벽등반사진 사건[3-163)]

원고는 산악 관련 사진을 전문적으로 찍는 사람으로 빙벽대회 참가자를 촬영한 사진(이하 '이 사건 사진') 자신의 블로그에 업로드하였다. 피고는 산악장비 및 의류를 판매하는 법인인데, 위 사진을 편집하여 한쪽 팔 부분에 인쇄한 티셔츠를 제작·판매하였다. 원고가 피고를 상대로 제기한 손해배상청구소송에서 이 사건 사진의 창작성이 다투어졌다.

<법원의 판단>

『이 사건 사진은 실용적 목적을 달성하기 위한 단순한 광고용 사진이 아니라 전문산악인의 역동적인 빙벽등반 모습을 촬영한 사진이라는 점, 이와 같은 빙벽등반에 관한 사진촬영은 그 특성상 촬영의 순간포착이 중요하고, 일반적 사진촬영과 달리 등반선수의 동선을 따라가야 하는 등 그 촬영에 있어 어려움이 많다는 점, 기타 이 사건 사진에서 촬영된 등반선수의 역동적 자세, 빙벽에 표시된 붉은 표시와 등반선수의 배치, 전체적 구도 등을 종합적으로 고려할 때, 위 사진은 빙벽등반선수의 역동적인 모습을 극대화하고자 하는 촬영자의 개성과 창조성이 있다고 볼 수 있어, 저작권법상 보호되는 저작물이라 할 것이다.』

2) 풍경사진

가) 제주도풍경사진 사건[3-164)]

3-163) 서울중앙지방법원 2010. 8. 13. 선고 2009가합136313 판결(서울고등법원 2011. 7. 20. 선고 2010나85752 판결 - 1심과 손해액만 달리 보았다).

3-164) 수원지방법원 2005. 9. 21. 선고 2005노2725 판결(대법원 2006. 2. 24. 선고 2005

여행사를 운영하는 피고인이 피해자가 저작권을 가지고 있는 '실경산수(제주권) – 제주의 봄'라는 제목의 제주도풍경사진을 임의로 여행사 홈페이지에 여행객 모집을 위한 광고용 사진으로 사용한 사안이다. 위 사진의 저작물성이 다투어졌는데, 법원은 사진저작물로 판단하였다.

나) 솔섬사진 사건[3-165)]

<사안의 개요>

영국 출신 사진작가 마이클 케나는 2007년 2월경 삼척시 원덕읍 호산리에 있는 '솔섬'을 촬영한 후 이를 발표하였고, 별지 1 사진(이하 '이 사건 사진저작물')은 당시 발표한 사진 중의 하나이다. 원고는 갤러리를 운영하는 개인사업자로서, 2010. 10. 28. 마이클 케나와 사이에 에이전시 계약을 체결하고, 2010. 11. 4. 마이클 케나로부터 '마이클 케나의 솔섬 사진 시리즈 작품들의 한국 저작권과 처분권, 소유권을 추후 통지가 있을 때까지 원고에게 이전한다'는 내용의 확인서를 받았다. 한편 아마추어 사진작가인 김○○은 2010년경 피고가 주최한 제17회 대한항공 여행사진 공모전에 '솔섬'을 촬영한 별지 2 사진(이하 '이 사건 공모전 사진')을 출품하였고, 2010. 10. 5. 위 사진이 입선으로 당선되었는데, 피고는 2011년경 외주 광고제작사인 'HS애드'가 이 사건 공모전 사진을 이용하여 제작한 광고 영상을 2011. 8. 11.부터 TV 및 인터넷을 통해 방송하였다. 이에 원고는 선택적으로 저작권침해나 부정경쟁행위를 근거로 하는 손해배상을 청구하였는데, 이 사건 사진저작물의 저작물성이 다투어졌다.

도7673 판결).

3-165) 서울고등법원 2014. 12. 4. 선고 2014나2011480 판결(확정), 한편, 위 사건의 1심인 서울중앙지방법원 2014. 3. 27. 선고 2013가합527718 판결에서는, 「동일한 피사체를 촬영하는 경우 이미 존재하고 있는 자연물이나 풍경을 어느 계절의 어느 시간에 어느 장소에서 어떠한 앵글로 촬영하느냐의 선택은 일종의 아이디어로서 저작권의 보호대상이 될 수 없(고) … 비록 이 사건 사진저작물과 이 사건 공모전 사진이 모두 같은 촬영지점에서 '물에 비친 솔섬을 통하여 물과 하늘과 나무가 조화를 이루고 있는 모습'을 표현하고 있어 전체적인 콘셉트(Concept)나 느낌이 유사하다 하더라도 그 자체만으로는 저작권의 보호대상이 된다고 보기 어렵다」고 판시하였으나, 항소심은 다음에 보듯이 구체적으로 그 이유를 설시하고 있다. 사진은 「제6장 저작권의 침해여부 판단」 참조.

<법원의 판단>

『가) 피사체의 선정 : 이 사건 사진저작물의 피사체는 '솔섬'(이하 인용부호는 생략한다)이라는 이미 존재하고 있는 자연물과 이를 중심으로 한 풍경으로서 이처럼 누구나 접근 가능한 자연물이나 풍경을 대상으로 선택하고 촬영하는 행위 자체로 인한 창작성을 인할 수는 없다.

나) 구도의 설정 : 이미 존재하는 자연물에 대한 구도의 설정은 사진을 촬영한 장소에 따라 큰 영향을 받게 된다. 해당 자연물을 촬영할 수 있는 장소는 일반적으로 공개되고 알려져 있거나 반대로 주변 환경에 따라 매우 제한되어 있어 그 장소의 선택에는 창작성을 인정할 수 없는 경우가 대부분일 것이다. 다만 일반적으로 알려지지 않은 새로운 장소나 구도를 선택하여 그 자연물을 촬영한 경우에는 그에 따른 창작성을 인정할 여지가 있다. …마이클 케나는 2007년 2월경 인근 해수욕장의 감시탑(watch tower)을 촬영한 후 차를 타고 돌아 나오는 길에 우연히 솔섬을 발견하고 도로에 차를 세운 후 뚝방을 걸어 다니면서 적절한 촬영장소를 찾다가 물가로 내려가 1시간 반 정도 머무르면서 이 사건 사진저작물을 촬영한 사실을 인정할 수 있다. 그러나 위 사실만으로는 마이클 케나가 이 사건 사진저작물을 촬영한 지점이 그 동안 전혀 알려지지 아니하였던 새로운 곳으로서 그의 독창적인 노력에 의해 발견된 독특한 장소라고 인정하기 부족하고, 달리 그 사실을 인정하기에 충분한 증거는 없다. 반면, …2006년 제2회 삼척관광 전국사진공모전에서 솔섬을 주제로 한 '호산의 여명'이라는 작품이 입선작으로 선정되었는데, 이 사건 사진저작물보다 먼저 촬영된 위 작품은 이 사건 사진저작물의 촬영구도와 완전히 같지는 아니하지만 상당히 유사한 구도로 촬영된 사실을 알 수 있다. 그 결과 이 사건 사진저작물과 마찬가지로 위 '호산의 여명' 작품에서도 사진의 중앙 부근에 솔섬이 위치하고 있고, 하늘과 나무의 반영(反影)이 물에 나타나는 표현을 볼 수 있다(이처럼 섬을 비롯한 수상물체를 수평선 중심으로 촬영하여 하늘과 물을 대칭 구도로 표현하는 것은 일반적으로 알려져 있는 촬영 기법이라고 보인다). 따라서 이 사건 사진저작물의 구도 설정은 그 창작성이 인정되기 어렵거나, 그 창작성이 미약한 정도에 불과하다고 보아야 한다.

다) 빛의 방향과 양의 조절 및 셔터찬스의 포착 : 이러한 요소는 주로 촬영한 계절·일시와 빛에 대한 노출 정도 등에 영향을 받는 창작성이 큰 표현부분에 해당한다. 마○○는 2007년 2월경 낮으로 추정되는 시간에 이 사건

사진저작물을 촬영하였고 조리개를 적게 연 상태에서 장시간 노출하는 기법을 사용한 것으로 보인다. 이 사건 사진저작물에서 태양 빛은 솔섬의 왼쪽 방향에서 비추고 있다(다만 촬영 대상이 고정된 자연물이므로 셔터찬스의 포착은 별다른 의미를 갖기 어렵다).

라) 카메라 각도의 설정 : 카메라 각도가 통상적인 것이 아니라 다른 사람이 생각하기 어려운 독창적인 각도라면 창작적인 표현에 해당할 수 있을 것이나, 앞서 본 것처럼 이미 존재하는 자연물인 솔섬에 대한 구도의 설정이 제한되는 경우라면 그 카메라 각도의 범위 역시 상당히 제한될 것이므로, 창작성이 없거나 미약하다. 앞서 나)항에서 살핀 '호산의 여명' 작품과 이 사건 사진저작물을 비교하여 보면, 약간의 차이가 있을 뿐 양자 모두 수평에 가까운 카메라 각도를 채택하고 있으므로 이 사건 사진저작물의 카메라 각도 설정은 앞서 본 구도의 설정과 마찬가지로 그 창작성이 없거나 미약한 정도에 그친다고 보인다.

마) 셔터의 속도, 기타 촬영방법 : 이 사건 사진저작물은 흑백으로 촬영되었고(셔터의 속도는 공개되지 아니하였다), 하늘의 구름을 제거한 후 수면을 매끄럽게 처리하여 나무가 거울처럼 반사되도록 함으로써 동양의 수묵화와 같은 정적인 느낌, 감성적이고 몽환적인 느낌을 들게 한다. 이러한 표현은 일반적인 마이클 케나 사진의 독창성을 보여주는 것으로 그 창작성이 매우 큰 부분이다.

바) 현상 및 인화 등의 과정 : 이 사건 저작물 사진은 통상 8×10인치(201×252㎜)의 크기(정사각형에 가까운 형태)로 인화되며, 이러한 부분에도 어느 정도의 창작성을 인정할 여지는 있다.』

3) 서비스 광고사진

가) 찜질방사진 사건[3-166]

『피해자의 광고사진 중 일식 음식점의 내부 공간을 촬영한 ○○맛죽 사진은 단순히 깨끗하게 정리된 음식점의 내부만을 충실히 촬영한 것으로서 누가 찍어도 비슷한 결과가 나올 수밖에 없는 사진으로 봄이 상당하므로 그 사진에는 촬영자의 개성과 창조성이 있는 사진저작물에 해당한다고 보기 어렵다. 하지만 피해자의 광고사진 중 △△레저텔 내부 전경 사진은 목욕을 즐기면서 해운대의 바깥 풍경을 바라볼 수 있다는 △△레저텔 업소만의 장

3-166) 대법원 2006. 12. 8. 선고 2005도3130 판결.

점을 부각하기 위하여 피해자 소속 촬영담당자가 유리창을 통하여 저녁 해와 바다가 동시에 보이는 시간대와 각도를 선택하여 촬영하고 그 옆에 편한 자세로 찜질방에 눕거나 앉아 있는 손님의 모습을 촬영한 사진을 배치함으로써 해운대 바닷가를 조망하면서 휴식을 취할 수 있는 최상의 공간이라는 이미지를 창출시키기 위한 촬영자의 창작적인 고려가 나타나 있다고 볼 수 있고, 또한 △△레저텔의 내부공간은 어떤 부분을 어떤 각도에서 촬영하는가에 따라 전혀 다른 느낌의 분위기를 나타낼 수 있으므로 누가 촬영하여도 같거나 비슷한 결과가 나올 수밖에 없는 경우에 해당한다고도 보기 어렵다. 그렇다면 △△레저텔 사진은 그 촬영의 목적 자체가 피사체의 충실한 재현에 있다거나 촬영자의 고려 역시 피사체의 충실한 재현을 위한 기술적인 측면에서만 행하여졌다고 할 수 없고, 광고대상의 이미지를 부각시켜 광고의 효과를 극대화하고자 하는 촬영자의 개성과 창조성이 있다고 볼 수 있다.』

나) 리조트 사진 사건[3-167]

<사안의 개요>

원고는 여행업을 영위하는 회사인데, 필리핀, 태국 등의 나라를 방문하여 여행지의 현장사진(이하, '이 사건 사진저작물')을 카메라로 촬영한 후 홈페이지에 게재하였다. 피고들은 여행업에 종사하면서 원고의 허락 없이 위 사진들을 각 자신들의 홈페이지에 게재하였다. 원고가 피고들을 상대로 제기한 손해배상청구소송에서 이 사건 사진저작물의 저작물성이 다투어졌다.

<법원의 판단>

『이 사건 사진저작물은 원고의 대표이사 등이 직접 해외에 나가 자신들이 직접 선정한 여행지 중에서도 여행객들의 관심을 불러 일으킬만한 장면과 구도를 선택하고, 위 장면을 촬영할 적절한 시각을 설정한 뒤, 주변 장식품의 배치, 카메라의 각도 및 빛의 방향 등을 조절하는 등의 노력(예를 들어 촬영장면이 욕실인 경우 욕조 내부에 꽃잎을 뿌려놓거나 욕실 내부에 장식품을 배치하는 방법, 촬영장면이 침실인 경우 내부조명을 켜거나 끄는 등의 선택 또는 베개나 장식품을 배치하는 방법 등)을 통해 여행지의 이미지를 부각시켜 광고 효과를 극대화하기 위하여 촬영된 것이므로, 그 자체로서 여행지의 모습에 촬영자의 개성과 창조성이 반영되어 있다. 따라서 이 사건

3-167) 서울중앙지방법원 2011. 9. 7. 선고 2010가합53476 판결(확정).

사진저작물은 저작권법에 의하여 보호되는 저작물이다.』

<원고 사진 중 일부>

다) 웨딩사진 사건[3-168)]

원고가 파티복, 웨딩드레스 등을 판매하면서 온라인 쇼핑몰에 게시한 사진을 피고가 자신의 온라인 쇼핑몰에 무단 게시한 사안에서, 법원은, 이른바 모델사진(제품을 모델에게 착용시키고 주변의 가구, 배경, 장식물 등과 조화롭게 배치하며 모델로 하여금 여러 가지 자세를 취하도록 하여 촬영함)에 대해서는, 제품의 이미지를 부각시켜 광고의 효과를 극대화하기 위하여 피사체(제품과 이를 착용한 모델 및 주변 사물)의 선정, 구도의 설정, 빛의 방향과 양의 조절, 기타 촬영방법에 있어 촬영자의 개성과 창조성을 발휘하여 촬영한 것으로 저작물에 해당한다고 본 반면에, 제품사진(드레스 등 제품 자체를 촬영한 사진)에 대해서는 피사체인 상품 자체를 충실하게 표현하여 광고라는 실용적인 목적을 달성하기 위하여 고도의 사진기술을 이용한 것에 불과하여 창작성이 없다고 보았다.

4) 제품사진

판매나 홍보 목적으로 제품을 촬영한 사진에 대하여 저작물성이 다투어지는 경우가 많다. 판례는 제품 그 자체만을 충실하여 촬영한 사진인지, 피사체의 선정, 배경, 장식, 소품 등의 선택, 배치, 사진의 구도 등을 통해 광고하고자 하는 특정 이미지를 부각시켜 광고의 효과를 극대화하기 위한 사진인지 여부를 구별하여 전자는 창작성을 부정하고, 후자에 대해서는 창작성을 인정하고 있다.[3-169)]

3-168) 서울중앙지방법원 2015. 7. 23. 선고 2015가합519612 판결(항소심 조정성립).

3-169) 이러한 판례의 태도에 대해 후자의 경우에도, 촬영자가 사용한 표현형식이 업계

가) 창작성이 인정된 사례

(1) 애완견사진 사건[3-170]

<사안의 개요>

원고는 애완견을 사육·분양 및 애완견 용품들을 판매하는 사람인데, 전문 사진사인 이○○에게 의뢰하여 자신이 사육하던 애견들에 대한 사진(이하 '이 사건 사진들')을 촬영하였고, 이○○으로부터 이 사건 사진들에 관한 일체의 권리를 양도받았다. 원고가 이 사건 사진들을 인터넷 사이트에 피고를 상대로 손해배상을 청구한 사건 이 사건 사진의 저작물성이 다투어졌다.

<법원의 판단>

『이○○은 이 사건 사진들을 촬영함에 있어 원고가 사육하던 애완견들의 생김새, 색깔과 이미지 등에 따라 바닥과 배경의 색상 및 소재, 애완견이 착용하는 장식물 및 주변 소품 등을 결정하고, 애완견의 배치, 조명의 선택, 촬영 각도, 움직이는 애완견들에 대한 촬영순간의 포착 등에 있어서 나름대로의 개성을 반영한 사실을 인정할 수 있으므로, 이 사건 사진들은 위 이○○의 창작성이 발현된 것으로 저작권법에 의하여 보호되는 저작물에 해당된다.』

(2) 봉추찜닭 사건[3-171]

<사안의 개요>

원고는 '봉추찜닭'이라는 상호로 찜닭요리 프랜차이즈 사업을 운영하는 회사인데, 원고가 제작한 광고용 카탈로그(이하 '이 사건 저작물')에는 안동찜닭요리를 접시에 푸짐하게 담고 있거나, 그 주변에 젓가락, 동치미, 술병 등을 조화롭게 배치하여 맛깔스러운 이미지를 극대화시킨 여러 장의 이미지 사진이 포함되어 있다. 찜닭요리 프랜차이즈 사업 또는 찜닭요리 전문음식점을

에서 통상적으로 이용되는 표현형식의 정도를 벗어나지 못한 것이라면 이는 촬영자의 개성이나 창조성이 드러나지 아니한 아이디어의 영역에 있는 것으로서 저작물성이 부인되어야 하는데, 통상의 촬영기법에 대한 심리가 없었던 것으로 보인다고 비판하는 견해가 있다. 자세한 내용은 박준우, "홍보사진의 탐색비용감소기능과 저작물성의 한계", 계간 저작권 95호(2011. 9), 90면 참조.

3-170) 서울지방법원 2003. 1. 17. 선고 2001가단173463 판결(확정).

3-171) 서울중앙지방법원 2003. 5. 16. 선고 2001가합78237 판결(확정).

운영하는 피고들은 자신의 영업을 광고하면서 위 원고 사진을 사용하였다. 원고가 피고들을 상대로 제기한 손해배상청구소송에서 이 사건 저작물의 저작물성이 다투어졌다.

<법원의 판단>

『이 사건 저작물이 예술성보다는 광고용이라는 특별한 기능을 주된 목적으로 삼는 기능적 저작물에 해당하나, 이러한 성격을 감안하더라도, 이 사건 저작물 중 사업설명문, 광고문 및 점포시설투자표는 안동찜닭 및 그 프랜차이즈 사업에 관한 원고의 독자적인 사상 또는 감정, 즉 아이디어를 표현한 지적·문화적인 창작물이라고 봄이 상당하고, 이미지사진은 단순히 안동찜닭 요리 자체를 촬영하였다기보다는, 닭고기, 고추, 감자, 당면 등 재료들이 조화롭고 배치되고 또한 푸짐하게 접시에 담겨 있는 모습을 촬영함으로써 안동찜닭의 맛깔스러운 이미지를 부각시켜 광고의 효과를 극대화하기 위한 사진이라는 점에서 촬영자의 개성과 창조성을 엿볼 수 있으므로, 이 사건 저작물은 저작권법의 보호를 받는 저작물에 해당한다.』

(3) 가구사진 사건[3-172)]

<사안의 개요>

원고는 가구의 제조와 판매를 영업을 하면서, 사진사인 정○○에게 제품소개를 위한 카탈로그에 사용할 디지털사진의 제작을 의뢰하였고, 이에 정○○은 원고의 이동식수납옷걸이 내부나 주변에 의류, 수납함, 인형, 시계, 꽃병과 같은 각종 소품을 배치하고 영업장 내 촬영세트장을 배경으로 활용하여 이 사건 사진들을 촬영하였다. 원고는 정○○으로부터 이 사건 사진들에 대한 저작재산권 일체를 양수하였다. 피고는 자신이 제작·생산하는 이동식수납옷걸이 등을 인터넷쇼핑몰을 통해 판매하고 있는데, 제품카탈로그를 제작하면서 이 사건 사진들의 일부를 이용해서 그 일부 이용한 부분들을 조합하거나 다른 사진과 합성하는 방법으로 사진을 만들었다. 원고가 피고를 상대로 제기한 손해배상청구소송에서 이 사건 사진들의 저작물성이 다투어졌다.

<법원의 판단>

『원고의 카탈로그용 가구사진들은 원고의 이동식수납옷걸이의 판매광고용

3-172) 서울중앙지방법원 2007. 9. 6. 선고 2006가합106830 판결(항소심에서 화해권고결정).

사진으로 만들어진 것이다. 하지만 이는 원고의 가구제품 자체만을 충실히 표현하기 위한 실용적 목적만을 달성하기 위해 사진촬영기술을 이용한 사진에 불과한 것이 아니고, 가구제품의 이미지를 부각시켜 인터넷쇼핑몰을 통한 제품의 소개와 광고의 효과를 극대화하기 위한 것이고, 원고의 가구제품과 각종 소품, 배경 등이 독창적으로 조화롭게 배치한 다음에 촬영한 것으로 피사체인 원고의 가구제품과 소품의 배치, 배경과 구도의 설정 등에 촬영자만의 발상과 개성이 표현되어 있다. 따라서 원고의 사진들은 촬영자의 사상과 감정을 창작적으로 표현한 것으로 보이므로 이는 사진저작물에 해당한다.」

나) 창작성이 부정된 사례

(1) 남부햄 사건[3-173]

<사안의 개요>

원고는, 피고회사가 제조, 판매하는 햄(ham)제품에 대한 광고용 카탈로그의 제작을 의뢰받고, 피고회사가 제작, 판매하는 햄제품 자체를 촬영하는 사진(이하, '제품사진')과 이러한 햄제품을 다른 장식물이나 과일, 술병 등과 조화롭게 배치하여 촬영함으로써 제품의 이미지를 부각시켜 광고의 효과를 극대화하기 위한 사진(이하, '이미지사진')을 촬영하였다. 제품사진은, 피고회사의 햄제품만을 종류별로 피고보조참가인이 미리 준비한, 쇼핑이라는 햄제품과 대비될 물질이 깔려있는 우드락이라는 흰 상자속에 넣고 촬영하는 것이고, 이미지사진은, 피고보조참가인이 미리 작성하여 온 촬영시안을 기초로 역시 피고보조참가인이 미리 준비한 햄제품은 물론 양주병과 잔, 쏘스, 쏘스그릇, 과일, 주전자 등의 각종 요리도구와 원고 운영의 위 구포토스튜디오 내에 있던 리본 등의 소도구를 적절히 배치하여 촬영한 것이다.

원고는, 이 사건 제품사진 및 이미지사진은 모두 그의 사진저작물이고 피고회사의 자체 광고용 카탈로그에 한정하여 이용허락한 것인데, 피고회사가 서울시내 백화점들의 가이드북에 이를 무단 이용함으로써 그 저작권을 침해하였다고 주장하며, 피고회사를 상대로 손해배상을 청구하였다. 위 소송에서 이

3-173) 서울고등법원 1998. 7. 22. 선고 96나39570 판결(대법원 2001. 5. 8. 선고 98다43366 판결).

사건 사진의 저작물성이 쟁점으로 되었다.

<법원의 판단>

『먼저 제품사진에 대하여 보건대, 이는 앞서 본 바와 같이 피고회사의 햄제품을 종류별로 제품과 대비될 물질이 깔려있는 우드락이라는 흰 상자속에 넣고 촬영한 것으로, 비록 광고사진작가인 원고의 기술에 의하여 이를 촬영하였다고 하더라도, 그 목적은 그 피사체인 햄제품 자체만을 충실하게 표현하여 광고라는 실용적인 목적을 달성하기 위한 것이고, 다만 이때 그와 같은 목적에 부응하기 위하여 그 분야의 고도의 기술을 가지고 있는 원고의 사진기술을 이용한 것에 불과하다 할 것이며 …거기에 저작권법에 의하여 보호할만한 원고의 어떤 창작적 노력 내지 개성을 인정하기 어렵다 할 것이고, 나아가 원고는 촬영이 잘 된 사진을 이용할 수 있도록 제품종류별로 3 내지 4컷을 촬영하였다는 것인데 이 점은 바로 위와 같은 제품사진에 있어 중요한 것은 얼마나 그 피사체를 충실하게 표현하였나 하는 사진기술적인 문제이고, 그 표현하는 방법이나 표현에 있어서의 창작성은 아니라는 것을 말해주고 있다 할 것이니, 비록 거기에 원고의 창작이 전혀 개재되어 있지 않다고는 할 수 없을지는 몰라도 그와 같은 창작의 정도가 저작권법에 의하여 보호할만한 것으로는 보기 어렵다 할 것이어서 …결국 이 사건 제품사진이 저작권법에 의한 사진저작물임을 전제로 하는 원고의 이 부분에 대한 청구는 더 나아가 다른 점에 대하여 살펴볼 필요 없이 이유 없다 할 것이다. 그러나 이 사건 이미지사진의 경우에 대하여 보면, 이는 제품사진의 경우와는 달리, 제품의 이미지를 부각시켜 광고의 효과를 극대화하기 위하여 촬영된 것으로 단지 사진기술만을 이용하여 그 피사체만을 표현하려 한 것으로는 볼 수 없고, 오히려 앞서 본 바와 같이 피고회사의 햄제품과 배경장식물등을 독창적으로 조화롭게 배치하여 놓고 이를 촬영한 것으로서 그 창작성이 있다고 볼 것이어서 사진저작물에 해당된다고 볼 것이고, 그 촬영목적이 광고라는 것은 저작물임을 인정하는 데에 아무런 방해가 되지 않는다 할 것이다.』

(2) 음성증폭기 사건[3-174)]

<사안의 개요>

3-174) 서울중앙지방법원 2012. 4. 10. 선고 2011가합99530 판결(서울고등법원 2013. 2. 21. 선고 2012나33510 판결, 대법원 2013. 7. 11. 선고 2013다203017 판결).

원고들은 음향기기, 음향장비 등의 도·소매 및 제조업을 영위하고 있는데, 소외 ㈜○○으로부터 음성증폭기의 생산을 의뢰받고, 소외 ㈜△△에게 생산을 위탁하였다. 그 후 피고는 위 음성증폭기에 관한 사업의 기술 및 영업권, 위 사업에 종속되는 일체의 권리 등을 양수하였다. 이 사건 사진들은 ㈜△△가 이 사건 음성증폭기의 케이스를 제작하면서 사진관에 의뢰하여 촬영하였던 것인데, 피고는 위 사진들에 관하여 저작권 등록을 마쳤다. 원고는 이 사건 사진들을 원고들이 생산, 판매하는 청력보조기에 관한 홍보 책자 등에 사용하고 있다. 이 사건 사진들이 저작물성이 쟁점으로 되었다.

<법원의 판단>

『피고 등록사진 중 제1항 사진은 여성 모델이 피고의 제품인 이 사건 음성증폭기의 위쪽과 아래쪽을 각각 엄지손가락과 검지손가락으로 잡고 있는 모습을 촬영한 것이고, 제2항 사진은 이 사건 음성증폭기를 어댑터에 부착시켜 콘센트에 연결한 모습을 촬영한 것이며, 제3항 사진은 이 사건 음성증폭기의 구성제품 중 하나인 '이어후크'만을 별도로 촬영한 것이고, 제4항 사진은 이 사건 음성증폭기를 USB 케이블로 노트북에 연결시킨 다음 노트북 위에 제품을 올려놓은 장면을 촬영한 것이며, 제5항 사진은 이 사건 음성증폭기에 연결되는 USB 케이블만을 별도로 촬영한 것인바, 이와 같이 위 사진들은 모두 그 피사체가 제1항 사진의 여성 모델 이외에는 피고의 제품 자체 또는 그 주변기기에만 한정되어 있는 점, 위 사진들 모두 단순히 피사체가 명확하고 선명하게 나오도록 하기 위하여 피사체를 중앙에 위치시킨 다음 적당한 거리에서 찍는 통상적인 방법에 의해 촬영된 것으로 보일 뿐이고, 그 밖에 위 사진들의 촬영 과정에서 빛의 방향과 양의 조절, 카메라 각도의 설정, 셔터의 속도, 셔터찬스의 포착 등에 관한 특수한 기법이 사용되었다거나, 위 사진들의 현상 및 인화 과정에 특이점이 존재한다는 등의 정황을 전혀 발견할 수 없는 점, 위 사진들은 오로지 피고의 제품을 광고·홍보할 목적으로 촬영된 것인 점 등에 비추어 보면, 비록 피고 등록사진의 촬영 과정에서 촬영자가 어느 정도의 기술과 노력을 기울였을 수는 있겠으나, 피고 등록사진은 통상적인 방법에 따라 피사체인 이 사건 음성증폭기와 그 주변기기만을 충실하게 표현하여 단순히 피고의 제품을 홍보하려는 실용적인 목적으로 촬영된 것에 불과하여, 피고 등록사진에 저작권법으로 보호할 만한 촬영자의 개성과 창조성이 인정된다고 보기는 어려우므로, 결국 피고 등록사

진이 저작권법에 의하여 보호되는 사진저작물에 해당한다고 볼 수 없다.」

<피고 사진 중 일부>

☞ 한편, 유사한 사안인 음향기기 사진 사건3-175)에서 법원은 채권자가 자신이 판매하는 AV 리시버 제품에 대한 소개 목적으로 촬영한 제품사진의 창작성에 관하여, 『채권자의 사진은 채권자가 판매하는 제품들의 특성을 살리고 고급 브랜드의 이미지를 효과적으로 표현하기 위해 전문사진촬영업체에 촬영을 의뢰하여 제작한 사진으로서, 채권자는 상당한 비용과 시간을 들여 이 사건 사진을 제작하였고, 비록 사진의 용도가 제품의 모습 자체를 충실하게 표현하여 광고라는 실용적인 목적을 달성하기 위한 것이라 하더라도 이 사건 사진 촬영을 위하여 투자한 시간과 비용, 선정과정 등 기록상 소명되는 사정에 비추어 볼 때 이 사건 사진은 제작자의 지적·정신적 노력이 투입됨으로써 창작성을 지니고 있다』고 판단한 바 있으나, 위 결정에서 판단의 근거로 삼은 투자한 시간, 비용, 선정과정 등이 사진저작물로서의 창작성과 관련 있는지 의문이다.

(3) 도시락 사건3-176)

<사안의 개요>

피해자가 행사용 도시락 판매업체를 운영하면서 제품 판매 및 홍보를 위하여 촬영한 도시락 등 사진의 저작물성이 쟁점으로 되었다.

<법원의 판단>

『이 사건 각 사진들 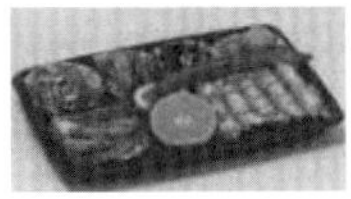 은 피해자가 판매하는 도시락, 후식 등 제품(샌드위치, 김밥, 과일, 떡, 쿠키, 케이크 등 종류별 단품제품 또는 여러 개 품목이 하나의 제품으로 구성된 다양한 모둠제품 등)만을 개별적으로

3-175) 서울서부지방법원 2006. 3. 22.자 2005카합1848 결정(확정).

3-176) 서울동부지방법원 2015. 6. 12. 선고 2014고정1201 판결(서울동부지방법원 2015. 9. 25. 선고 2015노793 판결).

흰색 또는 상아색 배경에 두고, 해당 제품의 내용과 구성이 잘 보이도록 약간 위에서 내려 보는 시선 및 각도로 촬영하여 피사체인 해당 도시락 제품의 내용과 구성 자체만을 충실하게 표현하고 있는 점, ③ 이처럼 이 사건 각 사진들은 해당 상품의 구성과 내용에 관한 정확하고 명확한 정보를 표현하여 제품에 대한 정보전달과 광고라는 실용적인 목적에서 촬영된 것으로 그 제작 경위와 표현 내용에 비추어, 이 사건 각 사진들에 있어 중요한 것은 얼마나 그 피사체를 충실하게 표현하였나 하는 사진기술적인 문제이고, 그 표현하는 방법이나 표현에 있어서의 창작성은 아니라고 할 것인 점 등에 비추어 보면, 이 사건 각 사진들이 저작권법상의 사진저작물로서 보호될 정도로 촬영자의 개성과 창조성이 인정되는 저작물에 해당한다고 보기는 어렵다.」

5) 환부 사진

가) 모발이식사진 사건[3-177)]

<사안의 개요>

원고는 성형외과를 운영하면서 모발이식 전후의 환자사진과, 환자의 질문에 대한 상담내용을 홈페이지에 게재하였는데 피고가 원고의 허락을 받지 않고 위 사진과 상담내용 등을 자신의 홈페이지에 무단 게시한 사건이다. 원고는 주위적으로 위 사진부분에 대하여는 사진저작권 등의 침해를 주장하고, 예비적으로 일반불법행위책임을 주장하였다. 주위적 주장과 관련하여 위 사진의 저작물성이 쟁점으로 되었다.

<법원의 판단>

「모발이식수술 자체에 원고의 개성과 창조성이 드러나 있다고 하여 원고 사진들에 원고의 개성이나 창조성이 있다고 볼 수는 없고, 원고의 사진들은 모두 원고가 모발치료를 담당하였던 환자들을 피사체로 선정하여 그들이 원고로부터 모발이식수술을 받은 수술의 전후 모습을 대비함으로써 모발치료의 효과를 나타내고자 하는 목적에서 촬영한 것이고, 위 사진들의 구체적인 촬영방법인 카메라의 각도나 빛의 방향과 양의 조절, 촬영시점의 포착 등에

3-177) 서울중앙지방법원 2007. 6. 21. 선고 2007가합16095 판결(확정). 이 사건에서 법원은 모발이식수술을 한 환자들의 수술 전후의 비교사진의 저작물성은 부인하였으나, 피고가 위 사진 등을 도용한 행위는 민법상 불법행위에 해당한다고 보았다. 자세한 내용은 「제7장 권리자의 공격방법」 참조.

있어서 원고의 개성이나 창조성이 있다고 보기 어렵고, 촬영후의 현상과 인화의 과정에서 배경, 구도, 조명, 빛의 양 등에 원고의 개성이나 창조성을 가미하고 있다고 볼 수도 없으므로 원고의 위와 같은 사진들은 사진저작물로 보기 어렵다.』

나) 치핵절제사진 사건[3-178]

<사안의 개요>

원고 ㈜○○은 고주파수술기를 비롯한 의료용구를 생산, 판매하는 일본국 법인이고, 원고 △△…는 원고 회사의 지속적인 지원을 받아 고주파치료술을 개발해 온 산부인과 의사들이다(이하 '원고 의사들'). 이 사건 사진은 원고 의사들이 발표한 논문들에 게재된 사진으로서, 고주파수술기를 이용한 고주파치료술의 시술 장면 또는 시술 전후의 환부의 모습을 담고 있는데, 원고 의사들은 원고 회사에게 위 사진들을 상업적으로 독점 이용할 수 있는 권리를 부여하였고, 원고 회사는 자사 고주파수술기의 홍보물에 위 사진들을 이용하여 왔다. 피고들은 고주파수술기를 제조, 판매하면서 원고들의 허락없이 이 사건 사진을 사용하였다. 원고들이 피고들을 상대로 제기한 저작권침해금지 등 청구소송에서 법원은 이 사건 사진의 저작물성이 다투어졌다.

<법원의 판단>

『학술 논문의 일부로서 그 내용을 시각적으로 구체화하기 위하여 사용된 사진이라 하더라도, 저작권의 보호대상이 되는 것은 그 사진에 의하여 표현되는 학술적 사상이나 이론이 아니라 이를 외부에 표현한 창작적인 표현형식이므로, 피사체의 선정, 구도의 설정, 빛의 방향과 양의 조절, 카메라 각도의 설정, 셔터의 속도, 셔터찬스의 포착, 기타 촬영방법, 현상 및 인화 등의 과정에서 촬영자의 개성과 창조성이 인정되어야 저작권법에 의하여 보호되는 사진저작물에 해당된다고 할 것이다.

이와 같은 법리에 따라 이 사건 사진이 저작권법에 의하여 보호되는 사진저작물에 해당하는지에 관하여 보건대, …① 별지 1의 사진들은 고주파수술

3-178) 서울고등법원 2008. 5. 14. 선고 2006나21479 판결{대법원 2010. 12. 23. 선고 2008다44542 판결(파기환송), 서울고등법원 2011. 7. 6. 선고 2011나1813 판결. 영업비밀 침해 여부가 다투어져 대법원에서 파기환송되었고, 저작권 부분에 대한 상고는 받아들여지지 아니하였으며, 위 판례는 환송전 항소심 판결의 내용이다}.

기를 이용하여 치핵절제시술을 하는 과정을 촬영한 것으로, 고리형의 악세사리를 이용하여 치핵을 절제하는 장면, 수술 직후 지혈을 위하여 편평형 악세사리로 고주파응고법을 시술하면서 무결찰로 시행한 경우 출혈이 감소한 장면을 담고 있는 사실, ② 별지 2의 사진들은 고주파응고법에 의한 자궁질부미란 치료의 경과를 촬영한 것으로, 시술 직후 및 1 내지 3주 후의 환부 상태, 완전히 회복된 상태, 응고가 불충분하게 된 경우, 외자궁구의 협착이 발생한 경우를 담고 있는 사실, ③ 별지 3의 사진들은 고주파원추절제기를 이용한 시술방법을 촬영한 것으로, 환부를 절제하는 방법, 절제된 환부 부위를 반구형 악세사리로 응고하는 방법, 위와 같은 절제 및 응고 전후의 환부 상태를 담고 있는 사실, ④ 별지 4의 사진들은 고주파원추절제기를 사용한 절제 직후의 환부 모습과 절제 전후의 경과를 담고 있는 사실, ⑤ 별지 5의 사진들은 고주파원추절제기로 절제한 표본들을 촬영한 것으로, 그 크기를 나타내기 위해 눈금이 있는 자 옆에 표본을 놓고 촬영한 장면과 시술로 인한 변성, 병변 등이 없음을 나타내기 위해 절제한 표본의 단면을 촬영한 장면인 사실, ⑥ 위 사진들은 모두 촬영 대상을 명확하게 나타내기 위해 촬영 대상을 중앙 부분에 위치시킨 채 근접한 상태에서 촬영한 것으로 표현형식에 있어 특이점을 찾아볼 수 없는 사실, ⑦ 위 사진들은 모두 원고 의사들이 고주파수술기를 이용한 임상실험 과정과 결과를 논문에서 설명하면서 그 설명 내용을 반영할 수 있도록 촬영하여 게재한 것인 사실이 인정된다.

위 인정 사실에 의하면, 이 사건 사진은 그 목적이 피사체 자체를 충실하게 표현하여 이를 정확하게 인식할 수 있도록 하는 것으로서, 피사체의 선정, 구도의 설정, 빛의 방향과 양의 조절, 카메라 각도의 설정, 셔터의 속도, 셔터찬스의 포착, 기타 촬영방법, 현상 및 인화 등의 과정에서 저작권법으로 보호할 만한 촬영자의 개성과 창조성을 인정하기 어려우므로 저작권법에 의하여 보호되는 사진저작물에 해당한다고 볼 수 없다(이 사건 사진들이 고주파수술기를 이용한 임상실험 논문의 일부를 이루면서 그 기술된 내용을 시각적인 예시 형태로 압축적으로 보여주고 있는 학술적 창작물이라 하더라도, 표현형식 자체에 개성과 창조성이 없는 이상 논문과 별도로 사진저작물로서 보호를 받는다고 볼 수 없다).』

자. 도형저작물

지도·도표·설계도·약도·모형 등 도형저작물은 정보 전달의 목적을 가진 기능적 저작물로 분류될 수 있으며, 판례는 이에 대해 창작성을 엄격하게 인정하는 경향이다.

1) 창작성이 인정된 사례

가) 골프장 설계도면 사건[3-179]

<사안의 개요>

원고는 골프장에 대한 설계도면을 작성하여 소외 ○○컨트리클럽에 납품하였고, 위 컨트리클럽으로부터 골프장 건설공사를 수급한 시공사인 피고는 시공상 문제점을 이유로 제공받은 설계도면을 일부변경한 뒤 그에 따라 골프장 공사를 진행하였다. 원고는 피고가 골프장 설계도면에 대한 원고의 저작권을 침해하였다고 주장하며 손해배상을 청구하였다. 골프장 설계에 관한 아이디어와 골프장 설계도면의 저작물성이 쟁점으로 되었다.

<법원의 판단>

『(1) 골프장 설계에 관한 아이디어

원고는 골프장 설계에서 클럽하우스, 진입도로, 연습장 등의 시설물의 위치, 연못이나 홀의 위치와 배치, 골프코스가 돌아가는 흐름(이른바 Routing Plan) 등에 관한 설계자의 독창적인 아이디어가 핵심이고 가장 중요하므로, 이를 저작권의 보호대상으로 삼아야 한다는 취지로 주장한다. 그러나 저작권법이 보호하고 있는 것은 사상, 감정을 말, 문자, 음(音), 색(色) 등에 의하여 구체적으로 외부에 표현한 창작적인 표현형식이고, 그 표현되어 있는 내용, 즉 아이디어나 이론 등의 사상 및 감정 그 자체는 설사 그것이 독창성, 신규성이 있다 하더라도 저작물이 될 수 없어 원칙적으로 저작권법의 보호대상이 되지 아니한다. 따라서 원고가 주장하는 골프장 설계의 루팅 플랜이나 시설물 배치에 관한 아이디어 그 자체(예컨대, 원고의 주장과 같이 클럽하우스를 골프장 부지의 중앙에 배치할지, 아니면 가장자리에 배치할지 등)는 비록 원고의 지적(知的) 노력이 투입되었고 원고만의 독창성이 인정된다 하더라도 저작권법이 보호하는 저작물에 해당하지 아니한다.

3-179) 서울고등법원 2007. 5. 1. 선고 2006나43295 판결(대법원 2009. 7. 9. 선고 2007다36384 판결).

(2) 골프장 설계도면

골프장 설계의 루팅 플랜이나 시설물 배치에 관한 아이디어, 나아가 골프장 부지의 지형, 토양, 일조방향, 바람, 식생 등 자연적 요소와 진입도로, 관리도로, 상수, 오수, 전기, 통신 등의 관로배치 등을 종합적으로 고려하고 위 아이디어를 보다 구체화하여 설계도면에 표현한 경우, 그 설계도면은 법 제4조 제5호의 건축저작물 또는 같은 조 제8호의 도형저작물에 해당하여 저작권법에 의하여 보호받을 수 있다. 다만, 위와 같이 골프장 설계도면이 건축저작물 또는 도형저작물로서 저작권법상 보호대상이 될 수 있다 하더라도, 이를 모두 저작물로서 보호될 수 있는 것이 아니고, 그 설계도면의 내용인 루팅 플랜, 시설물 배치 및 골프코스의 배치 등을 표현함에 있어 그 표현형식에 관하여 다른 저작물과 구분될 정도로 저작자의 개성이 드러나야 한다. 나아가 골프장 설계도면의 도형저작물적 측면을 살펴보면, 예술성의 표현보다는 기능이나 실용적인 사상의 표현을 주된 목적으로 하는 기능적 저작물로서, 기능적 저작물은 그 표현하고자 하는 기능 또는 실용적인 사상이 속하는 분야에서의 일반적인 표현방법, 규격 또는 그 용도나 기능 자체, 저작물 이용자의 이해의 편의성 등에 의하여 그 표현이 제한되는 경우가 많으므로 작성자의 창조적 개성이 드러나지 않을 가능성이 크고, 건축저작물적 측면을 살펴보더라도, 건축물의 개개의 구성요소(이 사건의 경우, 진입도로, 클럽하우스, 연습장, 각각의 홀, 연못 등)가 아닌 건축물이 차지하는 공간 내에서 개개의 구성요소의 배치와 조합을 포함한 건축물의 전체적인 디자인이 다른 건축물의 그것과 구분됨으로써 미적(美的) 형상에 있어 창작성이 인정되어야 한다. 이 사건 골프장의 설계도면의 저작물성을 살펴보면, 그 골프장 설계도면은 이 사건 골프장을 구성하는 클럽하우스, 연습장, 휴게소, 주차장, 펜션, 식당, 숙소, 진입도로, 연결도로, 홀(티 박스, 페어웨이, 그린, 벙커, 러프 등), 연못과 그 밖의 부대시설의 모양, 위치, 배열 정도를 설계도면에 도시(圖示)한 것으로서, 각 구성요소의 모양의 표현방식{예컨대, 클럽하우스를 지붕의 평면도 또는 사각형으로 표시하거나, 주차장의 주차구획을 선으로 표시하거나, 홀의 가장자리를 단선(單線)으로 표시하거나, 연결도로를 복선(複線)으로 표시하는 것 등}은 골프장 설계도면을 작성하는 자가 통상적으로 사용하는 표현으로 보이므로, 설계도면 작성자의 창조적인 개성이 드러나 있는 표현이라고 할 수 없다. 그러나 각 구성요소를 골프장 부지 내에서 어떻게 배치하고 서로 연결할 것인가, 그리고 이를 통해 골프장의 전체적인 미적 형상을 어떻게 표현할 것인가는 설계도면 작성자의 창조적인 개성이 드러나는 부분으로 그 표현방식에 있어 창작성이 있다고 할 것이다. 따라서 원고는 이 사건 골프장의 설계도면에 관하여 위 인정범위 내에서 저작권을 가진다.』

☞ 골프장 설계도면이 갖는 건축저작물로서의 성격이 창작성 판단에 반영되었다고 보인다. 판례는 법 제4조 제5호의 건축저작물로 분류되는 건축설계도의 경우 법은 제4조 제1항 제8호의 도형저작물로 분류되는 설계도에 비해 창작성을 다소 넓게 인정하고 있다.

나) 스크린골프코스 사건[3-180)]

2) 창작성이 부정된 사례

가) 지하철통신설비도면 사건[3-181)]

<사안의 개요>

피해자 ㈜△△(이하 '피해자 회사')은 광주도시철도 1호선 통신설비공사에 입찰하기 위해 통신설비 중 화상전송설비에 대한 설계도면(이하 '이 사건 도면'이라 한다)을 작성한 후 그 설계도면의 CAD작업을 소외 회사에 의뢰하였는데, 피고인 ㈜○○은 도시철도 통신설비공사에 입찰하는 과정에서 자체기술력의 부족으로 위 화상전송설비의 설계도면을 독자적으로 작성할 능력이 없자 피고인 김○○ 등을 통해 소외 회사가 소지하고 있는 피해자 회사의 이 사건 도면을 입수하여 이를 자신의 설계도면인 것처럼 조달청에 제출하였다. 피고인들은 저작권법위반죄로 기소되었고, 제1심은 이 사건 도면은 저작권법에 의하여 보호되는 저작물로 볼 수 없을 뿐만 아니라 일부 피고인들의 저작권 침해에 대한 범의의 증명이 부족하다는 이유로 피고인들에게 모두 무죄를 선고하였는데, 항소심[3-182)]은 이 사건 도면의 저작물성과 피해자의 이

3-180) 서울중앙지방법원 2015. 2. 13. 선고 2014가합520165 판결(항소중). 앞서 본 바와 같으므로 설명은 생략한다.

3-181) 대법원 2005. 1. 27. 선고 2002도965 판결.

3-182) 항소심의 판단은 다음과 같다.
「(1) 이 사건 기록에 의하면, 이 사건 도면은 광주지하철공사 입찰시방서에 제시된 화상전송기능을 구현하는 화상전송설비, 즉 일반역, 관리역, 종합사령실별로 설치될 각종 카메라, 모니터와 이들에 대한 통제장치 및 전원공급장치 등 각종

사건 도면에 대한 저작권을 인정한 다음, 피고인들의 범의를 인정하기에 충분하다는 이유로 제1심 판결을 파기하고 이 사건 공소사실을 모두 유죄로 인

장비의 배치 및 연결관계를 기호, 수치, 점, 선, 그림 등으로 표현한 도면으로서, 먼저 화상전송기능을 구현하는 방식이나 장비의 종류, 배치 및 배선의 선택에 따라 도면의 전체적인 구도 및 개별 장비와 그 연결관계를 나타내는 표현이 크게 달라지게 되고, 나아가 기능 구현 방식, 장비, 배치 및 배선에 관하여 동일한 선택을 한다고 하더라도 이를 도면상에 나타냄에 있어서 개별 장비의 모양, 배치 및 연결관계 등에 관하여 그 표현방법이나 구체적 표현이 어느 한 가지로 확립되어 있는 것은 아니고 작성자마다 달라질 수 있으며 그 표현하는 방법이나 구체적 표현에서 작성자의 개성을 감지할 수 있는 사실, …이 사건 입찰에서 외국의 SI(System Integration)업체들과 제휴한 다른 참여업체들(피고인 2 주식회사 제외)이 영상교환장치(Video Matrix distributer)라는 하나의 몸체 내에 각 기능이 다른 영상정보수신장치(Video Alarm Unit), 문자발생장치(Character Generator), 각종 인터페이스접속장치(Interface Unit) 등을 함께 내장하도록 하는 것과는 달리 피해자 회사는 기능이 다른 위 장치들을 각 별도로 제작·설치할 수 있도록 하는 방식을 채택하여 유지·보수의 편의를 도모하고, 일부 장비들을 국산화함으로써 이 사건 도면의 체제, 구도와 장비의 종류, 배열 및 그에 따른 배선의 각 표현이 다른 참여업체들의 제안서도면과 전혀 다른 사실을 인정할 수 있는바, …위 인정 사실에 의하면 이 사건 도면은 화상전송기능을 구현하는 방식, 장비의 종류와 그 배치 및 배선에 관한 창작적 표현물로서 저작권법이 보호하는 저작물이라고 할 것이다.

(2) 사상과 융합된 표현에 대하여 저작권의 보호가 주어져서는 아니 된다는 이른바 '합체의 원칙(Merger Doctrine)'은 게임규칙이나 컴퓨터프로그램 등에 있어서 어떤 사상이 그 표현방법 외에는 달리 효과적으로 표현할 방법이 없는 경우에 적용되는 것이고, 사상을 표현하는 방법이 한 가지 이상 있을 경우에는 비록 그 사상의 성질상 그것을 표현하는 방법이 상당히 제한되어 있다고 하더라도 위 원칙을 적용할 수 없다고 할 것인바, 앞에서 본 바와 같이 화상전송기능을 구현하는 기술적 원리를 실현하는 방식은 여러 가지가 있을 수 있고, 채택한 그 방식에 따라 설계도면이 달라지며(앞에서 본 바와 같이 이 사건 도면은 다른 참여업체들인 …의 설계도면과 그 체제, 구도 및 구체적 표현방법이 완전히 다를 뿐만 아니라, 이 사건에 있어서 피해자 회사가 채택한 표현방법이 관련업계에서 사실상의 표준으로 되어 있어 달리 더 효율적인 다른 방법이 없는 경우인 것으로 보이지도 않는다), 같은 방식을 선택하는 경우에 있어서도 표현방법이나 구체적 표현이 작성자마다 달라질 수 있는 점 등에 비추어 보면, 이 사건 도면에 사상과 표현이 융합되어 있다고 볼 수 없고, 또 저작권법은 기술을 보호하는 것이 아니라 표현을 보호하는 것이므로 기술사상의 변경이 없다 하더라도 표현에 있어서 선택 가능성이 있고, 그 표현에 저작자의 개성이 나타나 있다면 저작권법상 무의미한 개변이라고 할 수 없다.」

정하였다. 이에 대하여 상고가 제기되었는데, 쟁점은 이 사건 도면의 저작물성 인정 여부이다.

<법원의 판단>

『동일한 기능을 하는 기계장치나 시스템의 연결관계를 표현하는 기능적 저작물에 있어서 그 장치 등을 구성하는 장비 등이 달라지는 경우 그 표현이 달라지는 것은 당연한 것이고, 저작권법은 기능적 저작물이 담고 있는 사상을 보호하는 것이 아니라, 그 저작물의 창작성 있는 표현을 보호하는 것이므로, 기술 구성의 차이에 따라 달라진 표현에 대하여 동일한 기능을 달리 표현하였다는 사정만으로 그 창작성을 인정할 수는 없고 창조적 개성이 드러나 있는지 여부를 별도로 판단하여야 한다.

…이 사건 도면 중 도면번호 KJVTS-004 내지 KJVTS-022 도면의 저작물성에 관하여

(1) 종합사령실, 관리역, 일반역의 시스템 블록 다이어그램(System Block Diagram, KJVTS-005 내지 KJVTS-022)과 광주도시철도 1호선 시스템 종합구성도(KJVTS-004)는 지하철의 역명 등 일부 부분을 제외하고는 인천지하철 승인도면과 차이가 없으나, 인천지하철의 승인도면이나 이 사건 도면 중 위 도면들(이하 '이 사건 배치도면'이라고 한다)은 모두 각종 장비의 배치, 연결관계를 그대로 시공이 가능할 정도로 상세하게 묘사하고 있는 도면으로서, 그 도면에서 배치하고 있는 각종 장비들은 이미 입찰시방서에서 종류와 수량, 규격, 기능이 제시되었고(수사기록 870, 880, 884, 890, 904쪽), 그 기능 및 화상신호 등의 흐름에 따른 연결관계가 정하여져 있는 장비들의 구체적인 연결관계가 입찰시방서의 도면(수사기록 910, 912, 913쪽)에 도시되어 있으므로, 이 사건 배치도면에서 작성자의 창조적 개성이 발휘될 수 있는 부분은 각 장비 등의 구체적인 모양이나 위치 배열 정도에 지나지 않는다.

(2) 이 사건 배치도면에 배치된 장비나 연결선 등의 모양에 관하여 보면, 이 사건 배치도면에서 폐쇄회로 카메라와 모니터, 컴퓨터를 제외한 나머지 장비들을 단순한 사각형으로 도시하고, 장비들을 연결하는 배선을 직선의 실선, 일점쇄선, 점선 등으로 표시하는 것 및 그 장비에 표시한 단자의 모양은 기계설계분야에서 통상적으로 사용하는 블록 다이어그램의 작도법에 불과하므로, 거기에 창작성이 있다고 할 수는 없고, 폐쇄회로 카메라와 모니터, 컴퓨터는 실물모양을 간략하게 표현한 것이기는 하지만, 그 간략화된 실

물모양은 이 사건 배치도면을 작성한 자가 독자적으로 창작한 것이 아니라, 이 사건 도면을 작성하는데 사용한 CAD프로그램에서 제공하고 있는 정형화된 실물그림 중 하나를 선택한 것으로서 그 선택에 도면 작성자의 개성이 나타나 있다고 보기 어려울 정도의 표준화된 그림이므로, 이 사건 배치도면에서 묘사하고 있는 장비나 연결선, 단자 등의 모양에 창작성이 있다고 할 수 없다.

…(8) 위 알카텔 사의 도면은 이 사건 배치도면에 비하여 선의 연결관계가 단순하게 되어 있는 점에서 차이가 있기는 하지만, 이러한 차이는 이 사건 배치도면이 실제 시공이 가능할 정도로 상세하게 작성된 것인데 비하여, 알카텔 사의 도면은 기본적인 장비의 구성, 연결을 간략하게 묘사한 것인 점 및 알카텔 사가 채택한 영상교환장치는 여러 다른 장치까지도 하나의 몸체에 내장한 것인데 비하여, 피해자 회사가 채택한 장비는 영상교환장치와 다른 장치를 별도로 분리하여 설치하는 것인 점에 기인한 것이고, 이러한 차이는 표현방법의 차이가 아니라 표현하고자 하는 기술적 사상의 차이에서 오는 것이므로 원심이 이러한 사정을 들어 이 사건 도면의 창작성을 인정한 것은 잘못이다. 또한, 피고인들 제출의 참고자료 47의 1내지 19 도면은 이 사건 배치도면과 다른 기술 사상을 나타내는 도면이고, 그에 따라 그 표현이 달라진 것임에도 불구하고, 원심이 그 도면들과 이 사건 도면의 구체적인 표현이 다르다는 사정을 들어 이 사건 도면의 창작성을 인정한 것도 잘못이다.』

☞ 위 판결에 대해서는, 기술분야에 있어서 대부분의 도면이 컴퓨터프로그램으로 작성되고 있으므로 일정한 기술적 사상이 정해지면 그 표현방법이 유사하게 나타날 가능성이 많은바, 그러한 기술적인 도면에 저작권을 부여한다면 제3자가 그 도면에 표현된 기술사상을 이용하는 것을 제약하는 결과가 되는 점을 고려한 것이라는 견해,[3-183] 기능적 저작물의 속성을 지나치게 강조한 것으로, 저작물성을 부인할 만큼 전혀 창작적 요소가 없다고 볼 것인지 의문이라는 견해,[3-184] 창작성은 방법이나 아이디어 필요한 것이 아니고 표현에 필요한 것이라면 통상적인 방법을 이용했더라도 화면 구도상 보기 좋은 위치에 통상적인 방법으로 그 연결 관계에 따라 장비를 적절히 배치한 것이라면 도면 저작물의 특성상 배치에 창작성이 없다고 할 수는 없을 것이라는 견해[3-185] 등이 주장되고 있다.

3-183) 강기중, “기능적 저작물의 저작물성에 관한 판례 해설”, 지적재산권 제7호(2005. 4), 32면.

3-184) 정상조 편, 237면(정상조 집필 부분).

나) 기계장치 설계도면 사건[3-186)]

<사안의 개요>

피고인들은 피해자 회사에서 제작한 실링휘팅, 케이블그랜더, 500와트더블항공장해등의 캐드(CAD)제품도면들을 입수한 다음, 그 도면들의 주요 부분은 그대로 두고 회사 상호 일부에만 수정을 가하는 방법으로 실링휘팅, 케이블그랜더, 500와트더블항공장해 등의 제품도면을 만들어 홈페이지에 게재함으로써 피해자 회사의 저작권을 침해하였다는 등의 공소사실로 기소된 사건이다. 위 도면들이 저작물성이 다투어졌다.

<법원의 판단>

『이 사건 도면들이 저작권법에 의하여 보호되는 저작물에 해당하는지에 관하여 보건대, 이 사건 도면들은 피해자 회사가 생산하는 제품의 모양, 구조, 치수, 구성부분의 재질 등을 도면에 표시한 것으로서, 위 도면들에는 제품의 모양을 간략하게 도시한 평면도와 단면도가 그려져 있고, 제품의 치수, 구성부분의 재질 등 그에 관한 정보를 나타낸 표가 기재되어 있으며, 도면의 하단부에 회사 상호, 작성일, 작성자 등이 기재되어 있는바(수사기록 5권 1375면, 1379면, 1391면 참조), 이 사건 도면들이 제품의 모양을 평면도와 단면도로 표현하고, 제품의 치수, 구성부분의 재질, 규격 등을 표에 의하여 나타낸 것은 제품의 도면을 작성하는 자가 통상적으로 사용하는 방법에 의한 것으로 보이고, 달리 이 사건 도면들에서 작성자가 제품에 관한 아이디어를 표현함에 있어 창조적 개성이 드러난 부분을 찾을 수 없으므로, 이 사건 도면들은 저작권법에 의하여 보호되는 저작물이 아니라고 할 것이다.』

다) 종이접기 순서도 사건[3-187)]

<사안의 개요>

피고인들은 피해자들과 사이에 피해자들이 저자인 '수학능력을 키워주는 종이접기 도형놀이'에 대한 출판권 설정계약을 체결하였는데, 위 계약에서 약

3-185) 이상정, "기능적 저작물의 창작성 유무의 판단 방법", 계간 저작권 72호(2005. 12), 65~66면.

3-186) 수원지방법원 2007. 5. 31. 선고 2006노612 판결(대법원 2007. 8. 24. 선고 2007도4848 판결).

3-187) 대법원 2011. 5. 13. 선고 2009도6073 판결(환송 후 서울중앙지방법원 2011. 7. 14. 선고 2011노1577 판결).

정한 출판권의 존속기간이 경과한 이후 위 '수학능력을 키워주는 종이접기 도형놀이'의 내용 중 제1장 I. '변의분할', III. '평면도형', 제3장 I. '황금분할'의 도형 그림 상에 점선·실선·화살표 등으로 접는 방향을 표시한 부분과 그 밑에 종이 접는 방법과 도형의 길이 및 넓이 등에 관하여 설명을 기재한 부분을 피해자들의 승낙 없이, 피고인이 출판한 '합격 종이접기마스터'라는 제목의 종이접기 지도사 자격시험대비 학습서에 그대로 옮겨 실은 후 판매하여 피해자들의 저작재산권을 침해하였다는 내용으로 기소되었다. 종이접기 부분의 창작성이 다투어졌다.

<법원의 판단>

『① 이 사건 각 종이접기 부분의 순서도에서 앞, 뒷면을 나타내는 방식이나 접은 선, 각종 화살표 기호 등은 국내 및 일본의 종이접기 분야에서 표준화된 기호 또는 도식이고, 위 순서도에 부가된 수학적인 설명 등은 수학분야 등에서 널리 알려져 있는 기본적인 원리를 표현한 것에 불과한 점, ② 한편, 이 사건 각 종이접기 부분은 국내 및 일본에서의 관련 종이접기 순서도에 비하여 그 배치나 순서 등에서 일부 차이가 있기는 하지만, 그 종이접기 방법이 새로운 것도 아니고 새로운 표현형식으로 도면을 그리거나 설명한 것도 아니며 누가 작성하더라도 달리 표현될 여지가 거의 없을 뿐 아니라, 설령 작성자에 따라서 다소 다르게 표현될 수 있는 여지가 있다고 하더라도 이 사건 각 종이접기 부분에 작성자의 창조적 개성이 드러나 있다고 할 수 없는 점 등에 비추어 볼 때, 이 사건 각 종이접기 부분은 구 저작권법상의 저작물로서의 창작성이 있다고 보기 어렵다.』

라) 예술의 전당 도면 사건[3-188)]

『법 제4조 제5호의 건축저작물로 분류되는 건축설계도는 그에 의해 표현되는 건축물의 미적 형상으로서의 전체적인 디자인에 작성자의 창조적 개성이 발휘될 수 있는 여지가 비교적 큰 반면, 건축물이 아닌 기계·설비 등의 설계도로서 법은 제4조 제1항 제8호의 도형저작물로 분류되는 설계도는 그 기능적 성격이 보다 강하여 그에 의해 표현되는 기계·설비 등의 형상 자체에 고유한 미감이 부여되어 있는 경우는 이례적이고, 그 표현방식에 있어서도 작성자의 창조적 개성이 발휘될 수 있는 부분이 매우 적으며, 특히 제약

3-188) 서울중앙지방법원 2011. 9. 23. 선고 2009가합84030 판결(확정).

된 환경이나 조건 아래에서 특정의 기술사상을 표현한 설계도의 경우에는 그 표현방법에 대폭적인 제한이 있을 수밖에 없으므로, 그 독창성 판단은 보다 엄격하게 이루어져야 할 것이다.

…이 사건 설계도면은 오페라극장의 무대를 구동하고 조명과 음향 등을 연출하기 위한 각종 기계장치의 설치에 필요한 부품과 설비의 규격, 형태 및 수량, 그 배치 구조와 위치 등을 당해 기술분야의 기술자들이 정확하게 이해할 수 있도록 CAD(Computer Aided Design 컴퓨터 지원설계) 프로그램에 의하여 표준화된 기호, 수치 등으로 객관적으로 표현되어 있는 사실, 이 사건 설계도면은 피고 ○○이 ㈜△△에 의뢰하여 마련한 과업지침서 …의 기준에 맞게 작성된 것인데, 위 과업지침서에는 구체적인 설계 사양과 종목별 설비기술에 관한 기준이 상세하게 기재되어 있는 사실, 이 사건 공사는 완전히 새로운 무대기계를 설치하는 것이 아니라 화재로 인하여 소실된 기존 무대기계의 기본적인 철골구조와 규격에 맞추어 부분적으로 개선된 기능을 가진 무대기계를 설치하기 위한 것으로, 원고는 위 과업지침서에 따라 달라진 기술 내용을 표현하기 위하여 이 사건 준공도면…을 수정·증감하여 이 사건 설계도면을 작성한 사실 등을 인정할 수 있는바, 위 인정사실에 의하면, 이 사건 설계도면에 의해 표현되는 무대기계 형상 자체에 특별한 미감을 느끼게 하는 디자인적 요소가 부여되어 있지는 아니하고, 이 사건 설계도면은 단지 기능적인 무대기계 설치에 관한 내용을 객관적으로 표현하고 있을 뿐 그 표현방식에 있어 통상적으로 사용되는 설계도면 작성방식과 구별되는 독특한 점을 찾기 어려우며, 또한 이 사건 설계도면은 피고 ○○의 위 과업지침서상의 상세한 기준에 의하여 작성된 것으로 그 기준에 따른 설계에는 상당한 제약이 있을 수밖에 없을 뿐만 아니라, 이 사건 준공도면과 비교하더라도 그 표현방식에 있어 별다른 차이가 없어 사회통념상 새로운 저작물이 될 수 있을 정도로 새로운 창작성이 부가되어 있다고 할 수도 없다.』

마) 관광지도 사건[3-189]

<사안의 개요>

원고는 '전국도로관광지도', '1/100,000 도로지도' 등의 지도책을 각 발행하

3-189) 서울고등법원 2001. 5. 29. 선고 2000나16673 판결(대법원 2003. 10. 9. 선고 2001다50586 판결).

였는데, 피고가 발행한 정밀지도 등이 원고의 위 각 지도책에 관한 저작권을 침해하였다고 주장하며 저작권침해금지 등 청구소송을 제기하였다. 원고 제작 지도의 창작성이 쟁점으로 되었다.

<법원의 판단>

『일반적으로 지도는 지표상의 산맥, 하천 등의 자연적 현상과 도로, 도시, 건물 등의 인문적 현상을 일정한 축적으로 미리 약속한 특정한 기호를 사용하여 객관적으로 표현한 것으로서 지도상에 표현되는 산맥, 하천 등의 자연적 현상과 도로, 도시, 건물 등의 인문적 현상은 사실 그 자체로서 저작권의 보호대상이 아니라고 할 것이어서 지도의 창작성 유무의 판단에 있어서는 지도의 내용이 되는 자연적 현상과 인문적 현상을 종래와 다른 새로운 방식으로 표현하였는지 여부와 그 표현된 내용의 취사선택에 창작성이 있는지 여부가 문제로 된다고 할 것이고, 한편 지도의 표현방식에 있어서도 미리 약속된 특정의 기호를 사용하여야 하는 등 상당한 제한이 있어 동일한 지역을 대상으로 하는 것인 한 그 내용 자체는 어느 정도 유사성을 가질 수밖에 없는 것이라 할 것이다.

…원고가 자신이 발행한 지도책들의 창작성에 대한 근거사실로 내세우는 사실 중 ① 전국을 권역으로 나누어 각 권역마다 다른 색상을 부여하고 위 권역을 다시 구획으로 나누어 각 구획마다 다른 번호를 부여한 후 구획번호 순으로 각 구획에 대한 세부지도를 편제하고, 속표지 상반부에 천연색 고속도로 사진을 배경으로 제호와 출판사를 표시하고, 하반부에 지도에 사용된 기호를 설명하는 범례를 표시하는 점, 권말에 찾아보기 면을 만들어 지명, 관공서, 대학, 언론기관, 금융기관, 종합병원 등 주요 기관의 지도상의 위치와 전화번호를 수록하면서 찾아보기 다음에 전국의 호텔 목록과 전국 유명 음식점 안내를 수록한 점, ② 각 구획면의 좌우 상단 모서리에는 그 구획이 속하는 권역의 색상을 바탕색으로 사각형을 만들어 사각형안에 구획번호를 역상으로 표시하고, 그 옆에 지명을 흑색으로 표시하면서, 각 구획면의 상하좌우 여백 중앙에 굵은 화살표를 하고 화살표의 중앙에 연속되는 지역의 구획번호를 표시하고, 하단 여백 우측 끝 부분에 그 구획의 위치를 도해식으로 표시한 점, 각 구획면의 가로, 세로를 각각 나누어 좌표로 설정한 다음 구획면 가장자리에 테두리를 둘러 그 위에 각 좌표를 표시한 점, 도로의 구간거리를 표시한 점, ③ 지표상의 자연적, 인문적 현상을 표시하는 기호에

있어, 도로의 경우 도로 종류에 따라 각각 다른 색상을 사용하고, 주유소, 국보, 보물, 사적, 절, 계곡 등 주요장소 및 관광지 등은 색상이 있는 약기호로 표현한 점, ④ 서울에서 각 시, 군까지의 거리를 시군거리표로 표현한 점, ⑤ 건물의 표시를 실형으로 표시하고, 건물의 용도별로 색상을 구분한 점, ⑥ 아파트의 동별로 동번호와 아파트 평수를 표기한 점 등의 표현방식과 그 표현된 내용의 취사선택은 원고들 주장의 지도책들 발행 이전에 국내 및 일본에서 발행되었던 지도책들이 채택하였던 표현방식과 그 표현된 내용의 취사선택에 있어 동일, 유사한 사실을 인정할 수 있고, 이를 제외한 원고 주장의 나머지 표현방식 및 그 표현내용의 취사선택도 국내외에서 보편적으로 통용되는 기호의 형태를 약간 변형시킨 것에 불과하므로 원고 발행의 지도책들의 창작성을 인정할 수 없다.』

바) 여행지도 사건[3-190]

<사안의 개요>

피고는 프랑스의 란도 출판사에서 발행한 'Tous Les Chemins Menent A Compostelle'라는 제호의 서적(이하, '원서')을 이용하여 프랑스 및 스페인의 순례길을 소개·안내하는 내용의 책을 발간하기로 하면서 원서에 실려 있는 8개의 지역별 순례길 지도를 합쳐 한 개의 지도로 만들어 이를 그 책의 부록으로 덧붙이기로 하고, 원고에게 위 지도의 제작을 의뢰하였다. 원고는 순례길이 표시되고 주요 순례 명소가 사진 또는 이 사건 각 일러스트의 형태로 삽입된 전체 지도를 제작하였는데, 마무리 작업을 하던 단계에서 제작을 그만두었고, 피고는 위 지도에 지명을 표기하고 주요 명소에 대한 설명을 기재하는 등 마무리 작업을 하여 이 사건 지도를 완성하였다. 소송에서 원고가 제작한 이 사건 지도 및 지도상의 삽화(일러스트)의 창작성이 다투어졌다.

<법원의 판단>

『① 원고가 이 사건 지도의 외곽 형태를 손으로 그림으로써 기초 자료로 삼은 당초 지도의 외곽 형태보다 굴곡이 지고 날카로워지는 등으로 다소 변형되기는 하였으나, 기능적 저작물인 지도에 있어서 외곽 형태를 선으로 표시하는 것은 일반적인 표현방법이고 위와 같이 손으로 그린 탓에 선의 형태에 다소 변형이 있다는 것만으로는 그것이 종래와 다른 새로운 방식의 표현

3-190) 서울서부지방법원 2014. 4. 11. 선고 2013가합33966 판결(항소심에서 조정).

이라거나 이에 어떠한 창조적 개성이 있다고 볼 수 없는 점, ② 이 사건 지도와 같은 여행지도는 기본적으로 길과 주요 명소를 시각적으로 손쉽게 파악할 수 있도록 한다는 실용적인 목적을 위한 것으로, 그와 같은 목적 달성을 위하여 지도에 주요 명소 또는 명물을 사진으로 삽입하거나 또는 그 형태를 회화적인 기법으로 표현하여 표시하는 방식은 이미 널리 통상적으로 사용되고 있는 표현방법이고, 따라서 그와 같은 표현방법의 사용으로 인하여 지도가 그 자체로 심미적인 요소를 가지게 된다고 하더라도 그 표현방법에 창작성이 있는 것이 아닌 한 지도가 창작성이 있는 저작물에 해당한다고는 볼 수 없는 점, ③ 한편, 이 사건 각 일러스트는 대상물을 '선'만으로 간결하고 단순하게 표현한 것으로, 원고는 원서에 삽입되어 있는 명소 등의 사진 또는 삽화 자료에 '플래쉬'라는 컴퓨터 프로그램의 '레이어' 기능을 적용시켜 위 사진 또는 삽화에 담긴 형상의 윤곽선이 드러나게 한 다음 태블릿 펜으로 그 윤곽선을 따라 그리는 방법으로 이를 제작하였는바, 이와 같은 표현 방식은 지도의 실용적인 목적에 맞도록 원자료의 본래 형상과 가깝게 단순화한 기술적인 표현에 그치는 것으로서 일러스트 제작 분야에 관하여 통상적인 기술을 가진 사람이라면 이와 유사하게 표현할 것으로 보이고, 작성자에 따라 그 형태가 다소 다르게 표현될 여지가 있다고 하더라도 그 창작의 정도가 저작권법에 의하여 보호할 만한 것으로는 보기 어려운 점, 이 사건 각 일러스트 중 별지 목록 3, 10, 13, 38, 39, 47 기재 각 일러스트는 원고가 원자료를 일부 변형·재배치 또는 고안하여 제작한 것이기는 하나 이 역시 선만으로 간결하고 단순하게 표현된 그림으로서 위와 같은 방식으로 제작된 이상 달리 보기 어려운 점, ④ 순례길을 주제로 한 여행지도를 제작하는 사람이라면 일부 차이가 있을 수는 있겠지만 통상적으로 이 사건 지도에 삽입된 이 사건 각 일러스트 및 사진과 동일 또는 유사한 자료를 선택하여 지도에 표시할 것으로 보이고, 그 구성 역시 그와 같은 종류의 자료의 구성 내지 배치에서 통상적으로 행하여지는 방법으로서 그러한 자료의 구성에 특별한 창조적 개성이 나타나 있다고 할 수 없는 점, ⑤ 원고는 이 사건 지도의 배경 산을 각각 크기가 다른 삼각형 모양에 그라데이션 효과를 주는 방법으로 표현하고 이를 지도 곳곳에 배치하였는데, 지도에서 산을 표시함에 있어 크기가 다른 삼각형 모양으로 나타내는 것은 일반적인 표현방식으로서 이에 그라데이션 효과를 가미하였다는 것만으로는 그에 저작권법에 의하여 보호할 만한 창작적 노력 내지 개성을 인정하기 어려운 점, ⑥

순례길을 안내하는 이 사건 지도의 이미지에 걸맞게 그 인쇄지로 크라프트지를 선택하는 것은 아이디어 자체에 불과하여 저작권의 보호 대상이 되지 아니하고, 크라프트지 고유의 색을 고려하여 이 사건 지도의 배경색, 채도, 투명도 등을 조절하는 것 역시 그와 같이 고유의 색을 가진 인쇄지를 활용할 경우 통상적으로 사용될 수 있는 표현방식으로서 이에 특별한 창조적 개성이 나타나 있다고 보기 어려운 점 등을 종합하여 보면, 이 사건 지도 및 이 사건 각 일러스트에 대하여 독자적인 저작물로서의 창작성을 인정할 수는 없다.』

차. 컴퓨터프로그램저작물

컴퓨터프로그램저작물은 이른바 기능적 저작물에 해당하나, 판례는 다른 기능적 저작물의 경우와 다소 상이하게 그 창작성을 일단 인정한 후에 실질적 유사성 판단의 문제로 접근하려는 경향을 보이는 것으로 생각된다.[3-191)]

1) 서체파일 프로그램 사건[3-192)]

『서체파일의 소스코드는 ① 그것이 비록 다른 응용프로그램의 도움 없이는 바로 실행되지 아니한다고 하여도 컴퓨터 내에서 특정한 모양의 서체의 윤곽선을 크기, 장평, 굵기, 기울기 등을 조절하여 반복적이고 편리하게 출력하도록 특정한 결과를 얻기 위하여 프로그래밍 언어의 일종인 포스트스크립트(PostScript) 언어로 제작된 표현물이고, ② 서체파일 제작 프로그램에서 마우스의 조작으로 서체의 모양을 가감하거나 수정하여 좌표값을 지정하고 이를 이동하거나 연결하여 저장함으로써, 제작자가 특정한 결과를 얻기 위하여 스스로의 알고리즘(algorithm)에 따라 프로그래밍 언어로 직접 코드를 작성하는 보통의 프로그램 제작과정과는 다르다 하여도, 포스트스크립트 언어로 작성되어 사람에게 이해될 수 있고 그 내용도 좌표값과 좌표값을 연결하는 일련의 지시, 명령으로 이루어져 있으므로, 컴퓨터프로그램보호법상의 컴퓨터프로그램에 해당한다.

3-191) 인쇄용 서체도안의 창작성은 부인하면서도(대법원 1996. 8. 23. 선고 94누5632 판결), 서체파일 프로그램에 대해서는 창작성을 인정하고 있다(대법원 2001. 5. 15. 선고 98도732 판결). 상세한 설명은 이해완, 290면 이하 참조.

3-192) 대법원 2001. 6. 29. 선고 99다23246 판결, 대법원 2001. 5. 15. 선고 98도732 판결, 서울중앙지방법원 2011. 8. 24. 선고 2011가합17576 판결(확정).

…서체파일 제작용 프로그램인 폰토그라퍼(fontographer)에서 윤곽선 추출기능을 통해 자동으로 추출된 윤곽선은 본래의 서체 원도와는 일치하지 않는 불완전한 모습으로 나타나기 때문에 다시 마우스를 사용하여 윤곽선을 수정하여야 하고, 또한 폰토그라퍼에서 하나의 글자를 제작하기 위한 서체 제작용 창의 좌표는 가로축 1,000, 세로축 1,000의 좌표로 세분되어 있어, 동일한 모양의 글자라 하더라도 윤곽선의 각 제어점들의 구체적 좌표값이 위와 같은 수정 부분에 있어서도 일치할 가능성은 거의 없다고 보여지므로, 서체파일을 제작하는 과정에서 글자의 윤곽선을 수정하거나 제작하기 위한 제어점들의 좌표값과 그 지시·명령어를 선택하는 것에는 서체파일 제작자의 정신적 노력의 산물인 창의적 개성이 표현되어 있다고 봄이 상당하고, 따라서 윤곽선의 수정 내지 제작작업을 한 부분의 서체파일은 프로그램저작물로서의 창작성이 인정된다.」

4. 기타 요건

가. 고정될 것을 요하는가?

저작권법상의 저작물로 보호되기 위해서 유형물에 고정될 것을 필요로 하지는 않는다. 어문저작물에 있어서 문서나 기호로 표시될 필요는 없고, 음악저작물도 반드시 악보나 음반 등에 고정화될 필요는 없다.[3-193] 이러한 경우 원고에게 자신이 창작한 저작물의 내용 등에 대해 입증의 부담이 있을 뿐이다.

나. 음란물이 저작권법의 보호대상이 되는가?

저작권법의 보호대상인 저작물이라 함은 사상 또는 감정을 창작적으로 표현한 것으로서 문학, 학술 또는 예술의 범위에 속하는 것이면 되고 윤리성 여하는 문제되지 아니하므로 설사 그 내용 중에 부도덕하거나 위법한 부분이 포함되어 있다 하더라도 저작권법상 저작물로 보호된다 할 것이다(대법원 2015. 6. 11. 선고 2011도10872 판결, 대법원 1990. 10. 23. 선고 90다카8845 판결[3-194]).

3-193) 영상저작물의 경우에는 고정을 요한다는 견해가 있다(오승종, 132면, 정상조 편, 80면).

음란물을 업로드한 사건[3-195]에서 법원은, 음란물이 저작권법으로 보호되는지 여부에 관하여 『① 저작권법은 저작자의 권리와 이에 인접하는 권리를 보호하고 저작물의 공정한 이용을 도모함으로써 문화 및 관련 산업의 향상발전에 이바지함을 목적(법 제1조)으로 하고, 2006. 10. 4. 법률 제8029호로 개정되기 전에는 저작물을 '문학·학술 또는 예술의 범위에 속하는 창작물'(법 제2조 제1호)로 정의하였다가 이후 '저작물은 인간의 사상 또는 감정을 표현한 창작물'로 조문을 개정하였는바, 이러한 점에 비추어 보면 저작권법은 단지 표현된 형태를 보호할 뿐이지 이로써 표현된 아이디어나 사상의 내용을 보호하는 것이 아닌 점, ② 특허법, 상표법, 디자인보호법에는 선량한 풍속에 반하는 지적재산권은 보호대상이 아님을 명백히 하고 있으나 보호받지 못하는 저작물을 열거하고 있는 제7조에는 이러한 규정이 없는 점, ③ 음란성에 대한 평가는 사회적·역사적 맥락에 따라 변화하는데 이러한 유동적·상대적 개념을 저작권 보호범위의 기준으로 삼는 것은 적절하지 않은 점, ④ 저작권법을 통해 창작물과 이에 대한 권리를 보호하는 것과 형법을 통해 음란물의 사회적 해악을 제거하는 것은 별개의 문제인 점 등에 비추어 보면, 음란물도 저작권법상의 보호대상이 된다고 판단된다.』고 하여 이를 긍정하였다.

Ⅲ. 2차적 저작물

1. 성립요건

원저작물을 기초로 이를 변형하여 새로운 저작물이 창작된 경우 그 새로운 저작물을 2차적 저작물이라 한다. 법 제5조 제1항은 원저작물을 번역·편곡·

3-194) 2011도10872 판결(음란물 업로드 사건)은 피고인은 인터넷 파일 공유 사이트인 ○에 접속하여 최신 영화를 복제한 후 이를 업로드하여 불특정 다수의 위 사이트 회원들이 이를 다운로드 받을 수 있도록 한 것을 비롯하여, …디지털 콘텐츠들을 업로드하고 이를 회원들이 다운로드받게 함으로써 영리를 위하여 상습적으로 저작권자의 복제권 및 공중송신권을 침해하였다고 기소되었는데 피고인이 그 중 일부 콘텐츠가 음란물이므로 저작권법의 보호대상이 아니라고 주장한 점에 대한 판결이고, 90다카8845 판결은 누드사진의 저작물성을 인정한 사안이다.

3-195) 서울중앙지방법원 2011. 11. 23. 선고 2011노2664 판결(확정).

변형·각색·영상제작 그 밖의 방법으로 작성한 창작물은 독자적인 저작물로서 보호된다고 규정하고 있다.

2차적 저작물로 보호를 받기 위해서는 ① 원저작물을 기초로, 번역·편곡·변형·각색·영상제작 그 밖의 방법으로 작성하되, ② 그 새로운 저작물이 원저작물과 실질적 유사성을 유지하고, ③ 원저작물에 사회통념상 새로운 저작물이 될 수 있을 정도의 수정·증감을 가하여 새로운 창작성이 부가되어야 한다. 원저작물에 다소의 수정·증감을 가한 것에 불과하여 독창적인 저작물이라고 볼 수 없는 경우에는 저작권법에 의한 보호를 받을 수 없다.[3-196]

실제 소송에서 '어떤 저작물이 누군가의 작품의 2차적 저작물에 해당한다'는 주장은 2가지 의미를 가질 수 있다. 첫째는 원고의 저작물이 다른 누군가의 저작물에 대한 2차적 저작물이라고 주장하는 경우이고, 다른 하나는 피고의 저작물이 원고의 저작물에 대한 2차적 저작물에 해당하므로 원고의 2차적 저작물 작성권을 침해한다고 주장하는 경우이다. 2차적 저작물 작성권에 대하여는 제5장에서 따로 설명하므로, 여기에서 설명하는 부분은 주로 전자 부분이나, 2차적 저작물 작성권 침해가 되기 위해서는 2차적 저작물로 성립하여야 한다는 점에서 그 성립요건은 동일하다.

가. 원저작물의 변형

원저작물[3-197]을 기초로 이를 변형할 것이 요구되며,[3-198] 변형의 방법에는 제한이 없다. 저작권법은 번역·편곡·변형·각색·영상제작 등의 방법을 예시하고 있으나, 이에 한정되지 아니한다.[3-199]

3-196) 대법원 2010. 2. 11. 선고 2007다63409 판결, 대법원 2012. 2. 23. 선고 2010다66637 판결 등.

3-197) 원저작물이 저작권법상 보호되는 저작물일 필요는 없다[구전가요를 기초로 작성한 가요를 2차적 저작물로 본 사례－사랑은 아무나 하나 사건(대법원 2004. 7. 8. 선고 2004다18736 판결)].

3-198) 대법원 2008. 4. 24. 선고 2006다55593 판결(피고가 이 사건 동요를 부모와 유아들이 쉽게 따라 부를 수 있도록 동요의 악보와 가사에 배경그림을 넣어서 따로 '노랫말 카드'를 제작하였다고 하더라도, 이 사건 동요의 가사나 멜로디에 아무런 변형이 이루어진 바 없어 이것이 2차적 저작물 작성에 해당한다고 볼 수 없다).

3-199) 원저작물을 기초로 하지 아니한 경우 즉, 원저작물에 의거하지 아니하고, 단순한

1) 성경전서 개역한글판 사건[3-200]

<사안의 개요>

원고는 현재 피고가 발행하고 있는 '성경전서 개역한글판'이 피고가 1952년판 성경을 어법에 맞도록 일부 표현을 바꾸고 오기를 바로잡고, 외국 고유명사의 한글표기를 약간 다르게 하여 발행한 것이어서 1952년판 성경과 다른 별도의 2차적 저작물이 아니라 이와 동일한 저작물이라고 주장한 사건이다.

<법원의 판단>

「피고가 1952년판 성경의 잘못 번역된 부분 또는 현실 언어에 맞지 않는 부분 등을 원문성경에 맞도록 다시 수정 또는 변경하고, 일부 번역을 달리하거나, 국어문법과 한글식 표현에 맞게 번역을 수정하였는바, '성경전서 개역한글판' 성경은 1952년판 성경의 오역을 원문에 맞도록 수정하여 그 의미내용을 바꾸고 표현을 변경한 것으로서, 그 범위 내에서 2차적 저작물의 창작성을 논함에 있어서 저작자인 피고의 정신적 노작의 소산인 사상이나 생각의 독창성이 표현되어 있다고 못 볼 바 아니므로, '성경전서 개역한글판' 성경은 1952년판 성경과 동일한 것이라고 보기 어렵고 별개로 저작권의 보호대상이 된다.」

☞ 한편, 서울고등법원 1998. 8. 18.자 97라235 결정은, 「위 1952년판 성경과 '성경전서 개열한글판' 성경(이하 '1961년판 성경')에 대해 신학적인 면에서 비판적인 입장에 선 교단들이 설립한 사단인 피신청인이, 1952년판 성경을 밑본으로 하여 그 내용 중에서 피신청인 소속 교단들의 교리에서 볼 때 신학적으로 문제되는 부분, 어휘의 번역상 문제가 있는 부분, 어려운 한자어 부분, 번역이 미숙한 부분, 현대어법에 어긋나는 부분 등을 수정하기만 하되 그 이외에는 1952년판 성경의 내용을 그대로 채택하는 것을 원칙으로 하여 원본성경을 번역하여 간행한 '하나님의 말씀 신구약성경'에 대하여, 1961년판 성경과 비교할 때 전체 절중 36% 정도가 상이하나 대부분 한 두 단어정도가 바뀐 것이고, 상이한 부분도 어려운 한자를 고치거나, 고어를 현대어로 고치고, 문장의 태(態)를 바꾼 것, 토씨를 바꾼 것 등에 불과하며, 단어의 구성과 배열순서까지 완전히 동일한 절

우연의 일치, 공통 소재를 이용한 데서 오는 자연적 귀결, 만인공유의 영역에 속하는 다른 저작물을 이용한 데서 오는 결과로 유사한 경우는 2차적 저작물이 아니다[우성엽, "2차적 저작물의 법률관계", Law & Technology 제4권 제5호(2008년 11월), 41면].

3-200) 서울고등법원 1993. 1. 20. 선고 92나39176 판결(대법원 1994. 8. 12. 선고 93다9460 판결).

이 64%에 이르러 전체적으로 서로 유사하며, 1961년판 성경이 1952년판 성경을 약 738곳에서 수정한 것이어서 결국 위 성경은 1952년판 성경과 유사하다고 판시하면서, 피신청인이 신청인의 1952년판 성경에 관한 변경권 및 1961년판 성경에 관한 복제권을 침해하였다」고 판단하였다.

2) 강아지 왈츠 사건[3-201]

<사안의 개요>

원고는 '내 마음의 노래', '강아지왈츠' 등(이하 '이 사건 곡')의 악보를 수록한 '꼬마 피아니스트의 독주곡집'이라는 제목의 어린이들을 위한 피아노 교습용 악보책을 출판하였다. 피고는 위 '꼬마 피아니스트의 독주곡집'에 수록된 곡들 중 이 사건 곡의 악보와 거의 동일한 내용의 악보를 그가 출판한 '새로운 피아노 소곡집' 등에 수록하여 출판하였다. 원고의 악보책에 수록된 이 사건 곡이 2차적 저작물에 해당하는지 여부가 쟁점으로 되었다.

<법원의 판단>

「① 위 강아지 왈츠'의 원곡은 쇼팡(F. CHOPIN)에 의하여 작곡된 것(원제 : OP.64 NO.1 VALSE IN D FLAT)인데 원곡은 매우 빨리 연주하도록 되어 있어 어린이들이 연주하기에 부적절한 부분이 많다. 원고는 위 원곡을 어린이들이 쉽고 재미있게 연주할 수 있도록 고치려는 의도에서, 위 원곡은 내림 디(Db)장조인 것을 내림 이(Eb)장조로 한 음을 높여 변조함으로써 느린 속도로 연주하여도 속도감이 있을 듯한 효과를 내었고 위 원곡의 지나치게 빠른 연속음 연주와 화려하지만 어려운 꾸밈음 연주를 간략하게 고치거나 줄여, 쉬우면서도 웅장하게 연주할 수 있도록 수정하는 외에 부선율을 붙이는 등으로 새로운 변화를 가하면서도 원곡의 예술성을 대체로 살림으로써 원곡에다가 원고의 창의에 의한 부가가치를 덧붙였다. …② 위 '내 마음의 노래'의 원곡은 헨리 반 게엘(HENRI VAN GAEL)에 의하여 작곡된 것(원제 THE VOICE OF HEART OP.51)인데 원곡은 상당히 까다로운 연주를 요하는 피아노의 초보자가 연주하기에 어려운 부분이 많다. 원고는 위 원곡을 초보자라도 흥미를 갖고 쉽게 연주할 수 있도록 고치려는 의도에서, 원곡에는 오른손의 운지법이 까다롭고 1옥타브 이상을 움직이도록 되어 있으며 왼손의 운지법도 이음줄에 의한 연주 부분이 많은 것을 모두 단순화하

3-201) 서울고등법원 1995. 12. 5. 선고 94나9186 판결(대법원 1997. 5. 28. 선고 96다2460 판결).

고 이음줄을 삭제하는 대신 'legato'(이어서 치라는 뜻의 악상기호)라고 덧붙여 기재해 두는 등으로 새로운 변화를 가하면서도 원곡의 특성을 거의 유지함으로써 원곡에다가 원고의 창의에 의한 부가가치를 덧붙였다.』

고 판시하면서, 이 사건 곡이 원곡들 중 어린이들의 연주에 부적절하거나 어려운 부분을 적절하게 고치고 원곡을 최대한 살리면서 새로운 변화를 가한 결과로서 창의성과 예술적 부가가치를 가진 편곡저작물에 해당한다고 보았다.[3-202)]

3) 비상교육 사건[3-203)]

<사안의 개요>

원고 한○○ 등은 중학교 교과서인 이 사건 각 교과서의 공동저작자 중 일부이고, 원고 ㈜△△은 원고 한○○ 등으로부터 이 사건 각 교과서에 대한 출판권을 설정받고 2차적 저작물 작성권을 양도받았다. 피고들은 이 사건 각 교과서를 채택한 학교의 학생들이 풀어 볼 수 있도록 한 이 사건 각 문제집을 발행 또는 판매하였다. 이 사건 각 문제집은 이 사건 각 교과서에 기초하여 만들어진 것으로서, 대응하는 각 교과서의 목차를 그대로 따르고 있고, 개별 단원의 제목, 배열순서 및 핵심 내용이 대응하는 각 교과서의 그것과 일치하며, 대응하는 각 교과서에 수록된 핵심 지문들을 그대로 인용하고 있고, 인용된 지문에 관하여 피고들이 입수한 기출 문제나 예상 문제를 지문 밑에 수록하는 방식으로 구성되어 있다. 다만, 이 사건 각 문제집에는 이 사건 각 교과서에 수록된 지문을 인용한 부분보다 그 지문에 관하여 피고들이 별도로 입수한 기출 문제나 예상 문제를 부가한 부분이 더 주된 부분으로서 더 많은 분량을 차지하고 있다. 위 사건에서 이 사건 각 교과서에 대한 2차적 저작물 작성권의 침해여부가 다투어졌다.

<법원의 판단>

『이 사건 각 문제집은 이 사건 각 교과서의 목차와 개별 단원의 제목 및 배열순서, 수록된 핵심 지문 등을 인용하되 여기에 관련된 기출 문제나 예

3-202) 위 소송에서 피고는, 원고가 이 사건 곡들의 원저작자의 동의를 얻지 않았으니 그 편곡저작권을 취득하지 못하였다고 주장하였으나, 법원은 구 법 제5조에서 저작물의 개작에 있어서 원저작자의 동의를 얻도록 하고 있으나, 이는 편곡저작권의 성립요건은 아니라고 판시하였다.

3-203) 서울남부지방법원 2014. 6. 12. 선고 2013가합5771 판결(확정).

상 문제를 부가함으로써 이 사건 각 교과서와 실질적 유사성을 유지한 상태에서 수정·증감을 하여 새로운 창작성을 가미하였다고 봄이 타당하므로, 이 사건 각 문제집은 저작권법에서 정한 2차적 저작물에 해당한다.』

4) 트릭아트 사건[3-204]

<사안의 개요>

원·피고는 체험형 착시미술 상설전시관을 운영하고 있다. 위 전시관에 전시된 전시품들은 관람객이 실제로 그림과 일체가 되는 듯한 장면을 연출할 수 있도록 독자적으로 제작하거나 명화와 같이 널리 알려진 유명 작품, 대중적인 마술용품 등의 원저작물을 변형 또는 모티브로 하여 제작한 착시미술품이다. 원고는 소송에서 자신의 전시품들이 기존에 알려진 작품들의 2차적 저작물임을 전제로 피고 전시품들이 원고 전시품들의 2차적 저작물에 해당하므로 2차적 저작물 작성권 침해를 주장하였다.

<법원의 판단>

『원고 전시품들 및 피고 전시품들은 기존 작품 또는 명화 등 알려진 소재에 일정한 변형을 가하여 착시기법을 적용한 것임을 알 수 있는바, 별지 제1 목록 순번 제11 기재 원고 전시품은 이른바 '진실의 입'을 그대로 모방한 것으로서 새로운 저작물이 될 수 있을 정도의 수정·증감이 이루어졌다고 보기 어려우므로, 저작권법상 보호되는 저작물이라고 할 수 없다.』

고 판시하였다.[3-205]

나. 원저작물과의 실질적 유사성 유지

어떤 저작물이 기존의 저작물을 다소 이용하였더라도 기존의 저작물과 실질적인 유사성이 없는 별개의 독립적인 신저작물이 되었다면, 이는 기존의 저작물의 저작권을 침해한 것이 되지 아니한다.[3-206]

3-204) 서울고등법원 2014. 4. 15. 선고 2013나58097 판결(확정).

3-205) 나머지 전시품들에 대해서는 창작성이 없거나 원저작물에 새롭게 부가한 표현방식에 있어서 차이가 있어서 원·피고의 전시품들이 실질적으로 유사하지 않다고 판단하였다.

3-206) 대법원 2010. 2. 11. 선고 2007다63409 판결(피고가 제작한 게임물 '신야구'에 등장하는 '신야구' 캐릭터가 원고의 저작물인 '실황야구' 캐릭터와 일부 유사한 면이

저작권법이 보호하는 것은 인간의 사상 또는 감정을 말·문자·음·색 등에 의하여 구체적으로 외부에 표현하는 창작적인 표현 형식이므로, 2차적 저작물 작성권의 침해 여부를 가리기 위하여 두 저작물 사이에 실질적 유사성이 있는가의 여부를 판단함에 있어서는 창작적인 표현형식에 해당하는 것만을 가지고 대비하여야 한다.[3-207] 또한, 기존 저작물 전체가 아니라 그 중 일부를 가지고 2차적 저작물 작성권의 침해 여부가 다투어지는 경우에 먼저 기존 저작물과 대상 작품의 동일성이 인정되는 부분을 인정한 다음, 그 동일성이 있는 부분이 창작성 있는 표현에 해당하는지, 상대방의 해당 부분이 기존 저작물의 해당 부분에 의거하여 작성된 것인지와 기존 저작물의 내용과 형식을 인식할 수 있거나 감지할 수 있는지 또는 표현상의 본질적 특징을 직접 느껴서 알 수 있는지를 개별적으로 판단하여야 한다.[3-208]

2차적 저작물 작성권 침해와 관련된 실질적 유사성 판단에 관하여는 '복제권침해와 관련하여 발전되어 온 실질적 유사성의 법리가 2차적 저작물 작성권 침해사례에도 그대로 적용될 수 있는가'가 논의된다. 그런데 2차적 저작물이 '원저작물의 이용'과 '창작성의 부가'라는 두 요소로 되어 있고 그중 전자의 면에서 복제권과 다를 것이 없으므로 동일한 판단기준이 적용된다는 것이 일반적이다.[3-209] 대법원 2013. 8. 22. 선고 2011도3599 판결도 "2차적 저작물이 되기 위해서는 원저작물을 기초로 수정·증감이 가해지되 원저작물과 실질적 유사성을 유지하여야 한다. 따라서 어문저작물인 원저작물을 기초로 하여 이를 요약한 요약물이 원저작물과 실질적인 유사성이 없는 별개의 독립적인 새로운 저작물이 된 경우에는 원저작물 저작권자의 2차적 저작물 작성권을 침해한 것으로 되지는 아니하는데…"라고 판시하고 있다. 그러므로 중복 설명을 피하기 위하여 실질적 유사성에 관한 설명은 「제6장 저작권의 침해여부

있으나, '실황야구' 캐릭터 저작자의 창조적 개성이 가장 잘 드러난 부분인 얼굴 내 이목구비의 생김새와 표정 및 신발의 구체적인 디자인 등에서 상당한 차이가 있어, 양 캐릭터 사이에 실질적 유사성이 인정되지 아니하므로, '신야구' 캐릭터가 '실황야구' 캐릭터의 2차적 저작물에 해당하지 않는다고 본 사례).

3-207) 위 2007다63409 판결.

3-208) 서울중앙지방법원 2013. 5. 10. 선고 2012가합80045 판결(석굴암서적 사건, 어문저작물 사이의 실질적 유사성이 문제된 사례).

3-209) 권영준, 285면, 박성호, 652면 참조.

판단」 부분에서 함께 논의하기로 한다.

다. 원저작물에 새로운 창작성을 부가

원저작물에 다소의 수정, 변경을 가하였더라도 새로운 창작성이 더해진 것이 인정되지 않는 경우 원저작물의 복제물에 해당할 뿐 2차적 저작물이라고 할 수는 없다.3-210)

1) 창작성이 인정된 사례

가) 칵테일사랑 사건3-211)

<사안의 개요>

신청인이 피신청인 회사의 음반기획자로부터 '칵테일 사랑'이라는 악보를 받아 수일간에 걸쳐 그 코러스를 편곡하였다. 위 사건에서 코러스 편곡부분이 2차적 저작물인지 여부가 쟁점으로 되었다.

<법원의 판단>

> 『위 노래에서 코러스가 많은 비중을 차지하고 있으며, 또한 위 노래는 주멜로디를 그대로 유지한 채 주멜로디에 위 코러스를 부가하는 방식으로 만들어졌지만, 위 코러스 부분은 일정한 높낮이의 음을 넣는 수준의 단순한 화음이 아니라 신청인 이외의 다른 사람에 의하여서는 동일한 코러스를 만드는 것이 거의 불가능하다고 볼 수 있을 정도로 독창적이고, 위 노래의 내용과 전체적인 분위기에 결정적인 요소로 작용하고 있다. …주멜로디를 그대로 둔 채 코러스를 부가한 이른바 '코러스 편곡'의 경우에도 창작성이 있는지 여부에 따라 2차적 저작권의 일종인 편곡저작권이 될 수 있을 것이다. 그러므로 위 '칵테일 사랑'의 코러스 부분이 창작성이 있다고 볼 수 있는지에 관하여 보건대, 위 1항에서 본 바와 같이 '칵테일 사랑'에서 코러스가 상

3-210) 2차적 저작물이 되기 위해서는 보통의 저작물에서 요구하는 창작성보다 더 실질적이고 높은 정도의 창작성 즉, 사회통념상 원저작물과 별개의 저작물이라고 할 정도의 실질적인 개변이 요구된다[정상조 편, 246면(이춘수 집필 부분)]; 나아가 저작권양도계약에 있어서 2차적 저작물 작성권은 유보하는 것으로 추정되므로, 복제권과 2차적 저작물 작성권이 서로 다른 사람에게 귀속될 수 있어서 복제권 침해인지, 2차적 저작물 작성권 침해인지 여부의 구분하는 의미가 있다(우성엽, "2차적 저작물의 법률관계", 45면).

3-211) 서울민사지방법원 1995. 1. 18.자 94카합9052 결정(확정).

당한 비중을 차지하고 있고, '칵테일 사랑'의 코러스 부분은 주멜로디를 토대로 단순히 화음을 넣은 수준을 뛰어넘어 신청인의 노력과 음악적 재능이 투입되어 만들어진 것으로 독창성이 있다고 할 것이므로, 저작권법상 2차적 저작권으로서 보호받을 만한 창작성이 있다.』

나) 동요편곡 사건[3-212)]

<사안의 개요>

고소인은 피고인 운영의 스튜디오 책임자인 신○○에게 전래영어동요 20곡을 편곡하고 그와 같이 편곡된 동요를 고소인이 제작하는 영어동화테이프에 삽입하여 영어동화테이프를 제작하여 줄 것을 의뢰하였고, 이에 위 스튜디오 직원인 김△△가 컴퓨터 미디작업을 통해 전래 동요의 멜로디에 전주와 간주를 넣고 다양한 악기반주를 첨가할 뿐만 아니라 그 리듬과 음역대를 조절하는 등의 방법으로 전래영어동요를 편곡한 후 고소인에게 영어동화테이프를 제작하여 주었다. 고소인이 김△△에게 작업의뢰를 할 때 멜로디 악보를 제공한 곡도 있었고, 악보를 전혀 제공하지 않은 곡도 있었기 때문에, 김△△는 멜로디 악보를 제공받은 경우는 반주를 제작하고 상황에 맞게 노래의 분위기를 바꾸는 등으로 편곡 작업을 하고, 악보를 제공받지 못한 경우에는 원래 위 영어동요가 누구나 알 수 있는 곡이었으므로 자신이 직접 멜로디를 만들고 편곡까지 하였다. 그 후 피고인은 위 스튜디오에서 마스터테이프로 보관 중이던 위 영어동화테이프 중에서 위 전래영어동요 20곡을 씨디(CD)로 복제하여 판매하였다. 피고인이 저작권법위반죄로 기소된 사안에서, 전래영어동요 20곡의 저작권자가 고소인인지 김△△인지 여부가 쟁점으로 되었다.

<법원의 판단>

『김△△는 컴퓨터 미디작업을 통하여 단순한 멜로디 악보에 다양한 악기반주를 첨가하고 전주와 간주를 삽입하는 작업을 하였는데, 이러한 작업은 음악에 대한 전문적인 지식을 요하는 것으로서 일반적으로 음악계에서 편곡으로 인정되는 점 등을 들어 이 사건 전래영어동요 20곡의 저작권은 이를 편곡, 제작한 김△△에게 있다.』

3-212) 대법원 2002. 3. 15. 선고 2002도81 판결.

☞ 위 판결에서 대법원은 『고소인에게 위 전래영어동요 20곡에 대한 저작권은 없다 할지라도, 위 동요를 음으로써 유형물에 고정한 이른바 음반을 제작하였으므로, 음반제작자의 복제·배포권이 있다고 보이고, 따라서 피고인이 동요 부분을 위 영어동화테이프의 마스터테이프 원본에서 임의로 복제하여 판매한 위 행위는 고소인의 음반제작자의 복제·배포권 침해죄를 구성할 수 있는 여지가 있어 보이기는 하나, 공소사실에 포함되지 아니하여 음반제작자로의 복제·배포권 침해죄 성립 여부는 법원의 심판 대상이 되지 못한다』고 판단하였다. 저작권의 침해는 되지 않지만, 저작인접권의 침해는 된다는 취지의 판단이다.

다) 만화요약 사건3-213)

<사안의 개요>

피고인이, 피해자 ㈜○○가 만화 저작권자와 저작물 사용계약을 체결하고 그 웹사이트를 통해 제공하는 만화 작품의 전반적인 내용을 소개하기 위하여 요약 정리한 줄거리를 복제한 것 등과 관련하여 기소된 사안이다. 위와 같이 요약한 줄거리 등이 2차적 저작물에 해당하는지 여부가 쟁점으로 되었다.

<법원의 판단>

『만화가 피해자 ㈜○○가 만든 '괴물같은 놈', '강타자'의 '줄거리'는 위 만화내용을 그대로 옮긴 것이 아니라 만화편집에 전문적인 노하우를 가진 6명 정도의 위 피해자 회사 직원들이 위 만화내용을 압축적으로 표현하여 이를 작성하였고, 위 피해자 회사 명의로 위 '줄거리'가 공표된 사실, 피고인은 위 '줄거리'의 일부를 그대로 베껴서 복제한 사실을 인정할 수 있고, 기록에 나타난 위 '줄거리'의 내용에 비추어 볼 때 이를 만들기 위해서는 만화에 대한 높은 수준의 이해가 필요할 뿐만 아니라 만화내용과 어긋나지 아니하는 범위 내에서 인터넷 이용자들로 하여금 흥미를 느껴 그 만화를 선택하여 볼 수 있도록 압축적으로 재미있게 만화내용을 새로이 표현한 것이어서 위 '줄거리'에 원래의 만화내용과의 차별성 및 독창성이 인정되므로, 위 피해자 회사가 그 직원들로 하여금 만들게 한 위 '줄거리'는 고도의 창작적 노력이 개입되어 작성된 것으로 저작권법에 의하여 보호될 가치가 있는 2차적 저작물에 해당한다.』

3-213) 서울중앙지방법원 2004. 12. 3. 선고 2004노555 판결(대법원 2006. 2. 10. 선고 2004도9073 판결).

라) 한글자막삽입 사건[3-214)]

<사안의 개요>

피고인은 자신이 운영하는 DVD방에서 ㈜○○가 '라파에트' 영화에 한글 번역 자막을 삽입하여 작성한 2차적 저작물인 '라파에트' DVD를 ㈜○○로부터 저작권을 신탁받은 사단법인 한국영상산업협회의 사전 허락 없이 손님들에게 돈을 받고 공연(시청제공)한 것에 대하여 저작권법위반죄로 기소되었다. 위 사건에서 피고인은 한글자막을 넣은 DVD가 2차적 저작물에 해당하지 아니한다고 주장하였다.

<법원의 판단>

『원래의 영상저작물인 영화 '라파에트'는 프랑스 영화인데 ㈜○○는 위 영화의 판권을 양수한 다음 △△영상에 의뢰하여 위 영화의 대사를 한글로 번역하고 그 내용을 한글자막으로 삽입하여 '라파에트' DVD를 제작한 사실이 인정되는바, DVD 제작 과정에서 별도의 심의를 거치기 때문에 DVD 제작사는 극장에서 상영하는 자막을 그대로 가져다 쓰지 않고 별도로 자막을 작성하는 점, DVD에는 영화 자체 영상 이외에도 '코멘터리' 및 '서플먼트' 부가영상이 추가되고 여기에도 자막을 작성하는 점 등을 종합하여 보면 번역저작물에는 원저작물의 창작성과는 별도로 번역자의 창작성이 부가된다고 봄이 상당하므로 원래의 영상저작물에 한글자막을 넣은 영상저작물인 DVD 역시 창작성을 갖춘 2차적 저작물에 해당한다.』

마) 비보이 사건[3-215)]

<사안의 개요>

피고인은 ○○○워크와 □□□크루에서 각 연출을 담당한 자인데, 2007. 2. 2.경…, 저작권자의 허락을 받지 아니한 채 어문저작물인 '비보이를 사랑한 발레리나' 시놉시스와 실질적으로 유사한 내용의 공연을 진행한 것을 비롯하여 …등지에서 공연을 진행함으로써 저작재산권을 침해하였다고 기소된 사안

3-214) 서울중앙지방법원 2010. 7. 9. 선고 2009노3941 판결(대법원 2011. 4. 28. 선고 2010도9498 판결).

3-215) 서울고등법원 2010. 5. 27. 선고 2009노2514 판결(대법원 2011. 5. 13. 선고 2010도7234 판결에서 부정경쟁방지 및 영업비밀보호에 관한 법률위반의 점에 대해 파기되었고, 저작권 침해 여부에 관한 판단은 유지되었다. 설명된 바와 같은 판례 부분은 환송전 항소심 판결의 내용이다).

이다.

<법원의 판단>

『① 최○○은 2005. 8.경 비보이와 발레리나가 다양한 춤을 보여주는 무언극 '프리즈'를 관람한 후 '프리즈'의 예술감독인 이△△에게 '프리즈'의 기본 설정을 토대로 한 새로운 공연을 제안하였고, 2005. 9. 13. 투자를 받아 에스제이비보이즈를 설립한 점, ② 에스제이비보이즈는 2005. 9. 28. 공연을 위한 전용극장으로 서울 마포구 서교동 338-8 소재 ○○빌딩 지하 1층을 임차하였고, 2005. 9. 29. 위 '프리즈'의 저작권자인 주식회사 제이에스픽쳐스에게 1억 원을 지급하고 '프리즈'의 저작권과 공연에 필요한 자료 등 일체를 양수한 점, ③ 최○○의 주도하에 2005. 10.경 공연 제목이 '비보이를 사랑한 발레리나'로 정해졌고, 그 제목 자체가 이 사건 무언극의 내용을 함축적으로 담고 있는 점, ④ 최○○은 2005. 10.경 '프리즈'의 기본 설정을 토대로 이 사건 무언극의 시놉시스를 작성하기 시작하였고, 2005. 11. 21.경 작성 중인 시놉시스를 본인의 이메일로 송부하기도 하였으며, 2005. 12. 2.경 공연 홍보 등을 위하여 보다 구체화된 시놉시스를 김◇◇ 등에게 이메일로 송부한 점, ⑤ 최○○은 '프리즈'를 다소 변형한 공연을 제안하였던 이△△에게 '프리즈'를 토대로 한 독자적 작품을 공연할 것을 주장한 점, ⑥ 원심 판시 최○○ 작성의 시놉시스 내용을 보면, 단순한 아이디어나 이론 등의 사상 및 감정 그 자체를 나열한 것이 아니라, 창작적인 표현형식에 해당하는 것까지 포함되어 있는 점, ⑦ 최○○의 시놉시스와 '프리즈' 시놉시스는 우연히 비보이를 만나게 된 발레리나가 비보이로 동화되어 간다는 기본 설정이 실질적으로 유사하나, 최○○은 단순히 '프리즈' 시놉시스의 기본 설정을 그대로 차용하여 구체적인 상황설정 등에만 다소의 수정·증감을 가한 데에 그친 것이 아니라, 발레리나가 비보이와 동화되어 가는 과정에서의 사랑, 내·외적 갈등, 극복 구조를 추가하는 등 구체적인 상황설정 및 창작적 노력을 투입하여 주제를 향해 이야기를 전개하는 방식에도 수정·증감을 가한 점, ⑧ 이 사건 무언극은 2005. 12. 9. 초연된 이래 관객 및 국·내외 언론으로부터 그 작품성과 흥행성을 널리 인정받게 되었고, 이로 인해 텔레비전 광고에도 등장하는 등 성황리에 공연이 진행되고 있었으며, 공연이 진행되는 과정에서 최○○, 피고인 등에 의하여 일부 내용이 덧붙여지는 등 계속적인 보완 작업이 이루어졌지만, 공연의 기본적인 설정에 근본적인 변화가 있었던 것은 아닌 점, ⑨ 2006. 9.경 재계약협상 과정에서 에스제이비보이즈와

전속 무용수들 사이에 갈등이 발생하였고, 결국 피고인과 김◎◎ 등 전속 무용수들은 에스제이비보이즈와 결별하게 된 점, ⑩ 최○○은 2006. 11. 9. 저작권심의조정위원회에 '비보이를 사랑한 발레리나'라는 제호의 어문저작물에 관하여 창작일 2005. 10. 5., 공표일 2005. 12. 9.로 된 저작권등록을 마친 점(등록번호 제C-2006-005468호), ⑪ 피고인과 김◎◎ 등 전속 무용수들은 이 사건 무언극에 관한 저작권을 주장하면서 최○○과 협의하거나 최○○의 사전 동의 없이 피고인이 이사로 있는 주식회사 스카이워크 및 피고인이 주주로 있는 주식회사 고릴라크루와 순차적으로 공연 제작 계약을 체결하고, 2007. 2. 2.경부터 원심 판시 기재와 같이 '비보이를 사랑한 발레리나', '비보이를 사랑한 발레리나S', '비보이를 사랑한 발레리나 시즌1'과 같은 제목으로 공연을 진행한 점, ⑫ 피고인이 진행한 위 공연들이 이 사건 무언극과 구체적인 상황설정 등까지 완벽하게 동일한 것은 아니었고, 공연 진행과정에서 지속적인 수정·증감이 있기도 하였지만, 공연의 기본적인 설정에 있어 이 사건 무언극과 근본적인 차이가 있었던 것은 아닌 점 등을 종합하면, 최○○ 작성의 이 사건 무언극의 시놉시스는 최○○에 의하여 창작된 독자적인 어문저작물로 보이고, 피고인이 위와 같이 최○○이 창작한 시놉시스와 실질적으로 유사한 내용의 공연을 진행한 이상 최○○의 저작재산권을 침해하였다는 사실이 충분히 인정되므로, 피고인의 이 부분 사실오인 주장은 이유 없다.」

바) 메가스터디 Ⅰ 사건[3-216)]

3-216) 서울중앙지방법원 2011. 9. 8.자 2011카합683 결정(서울고등법원 2012. 1. 10.자 2011라1498 결정). 위 2011카합683 결정과 같은 날 내려 진 2011카합709 결정은 모두 위와 같이 특정출판사의 국어 등 교과서와 문제집을 기본교재로 하여 동영상 강의를 제작하여 서비스한 사례에 대한 것으로 법원은 동영상 강의 업체가 출판사의 교과서 및 문제집에 대한 2차적 저작물 작성권을 침해하였는지 여부에 관하여, 피신청인이 이 사건 각 동영상을 제작하는 행위는 교과서 및 문제집에 대한 2차적 저작물 작성권을 침해하는 행위에 해당하나, 신청인들이 피신청인에 대하여 금전적인 보상 제의를 일체 거절하고 이 사건 각 교과서 및 문제집의 사용금지를 구하는 것은 독점규제법에서 금지하고 있는 시장지배적 지위의 남용행위에 해당할 여지가 많은 등 사유로 권리남용에 해당할 여지가 있으므로, 이 사건 신청은 그 피보전권리에 대한 소명이 부족하다고 하여 신청을 기각하여 주목을 받은 바 있다. 그러나 683결정에 대한 항고심(2011라1498 결정)은 항고기각으로 확정되었지만, 709결정에 대한 항고심(메가스터디 Ⅱ결정. 서울고등법원 2012. 4. 4.자 2011라1456 결정)에서는 피신청인의 권리남용항변은 배척하고 단지 보전의

<사안의 개요>

신청인 조○○ 등은 이 사건 각 교과서 및 문제집의 저자이고, 신청인 ㈜△△은 위 교과서 및 문제집을 발행한 회사이며, 피신청인은 온라인 교육정보 제공업을 영위하는 회사로서 신청인 ㈜△△와의 저작물 이용허락계약 기간이 만료된 이후 계속 이 사건 각 교과서 및 문제집을 교재로 사용하여 한 강의를 녹화하여 제작한 동영상을 그 웹사이트를 통해 제공하고 있다.

위 사건에서 신청인들은, 이 사건 각 동영상에 녹화된 강의에서, 피신청인 소속 강사가 이 사건 각 교과서 및 문제집의 지문과 문제 등 내용을 낭독하면서 이에 기초하여 해설강의를 하고 있고, 일부 지문내용은 파워포인트 등을 사용하여 화면에 영사하거나 직접 칠판에 판서하는 방식으로 인용하고 있으므로, 피신청인이 제작한 이 사건 각 동영상은 신청인의 이 사건 각 교과서 및 문제집에 관한 2차적 저작물 작성권 등을 침해하는 것이라고 주장하였다.

<법원의 판단>

『별지 1 목록 기재 각 강의는 이 사건 교과서 및 평가문제집의 지문 일부를 칠판에 그대로 적거나 영사하는 부분, 지문 등 일부를 그대로 낭독하는 부분, 수강생들이 각종 시험에 대비하여 손쉽고 재미있게 지문의 내용을 이해·암기하거나 출제 가능한 문제의 풀이방법을 지득할 수 있도록 강사 나름의 요령과 방식에 따라 지문 이외의 설명을 부가한 부분이 서로 혼재되어 있고, 위 설명 부분의 경우에는 강사 나름의 독창적인 표현방법으로서의 창작성이 인정될 여지가 있다.

이에 대하여 신청인들은 이 사건 각 동영상을 제작하는 행위는 신청인들의 이 사건 각 교과서 및 문제집에 대한 2차적 저작물 작성권을 침해하는 행위라고 주장하는 반면, 피신청인은 이 사건 각 동영상은 이 사건 각 교과서 및 문제집과는 별개의 독립된 저작물에 해당하여 신청인들이 이 사건 각 교과서 및 문제집에 대하여 가지는 저작권의 효력이 미치지 않는다고 주장한다.

다른 사람의 원저작물을 원형 그대로 복제하지 않고 다소의 수정·증감이나 변경을 가한 경우, 사회통념상 새로운 저작물이 될 수 있을 정도의 수

필요성이 없다는 이유로 가처분 신청을 기각함이 상당하다고 판시하였다. 「제7장 권리자의 공격방법 Ⅲ. 2. 3) 메가스터디 Ⅱ 사건, 제8장 침해자의 방어방법 Ⅳ. 3. 다. 메가스터디 Ⅱ 사건」 해설 참조.

정·증감·변경을 가하여 새로운 창작성을 부가하였더라도 원저작물과의 실질적 유사성이 유지되고 있다면 이는 원저작물과는 별개의 독립된 저작물이 아니라 2차적 저작물에 해당하고, 원저작물과의 실질적 유사성을 상실하게 되었다면 이는 원저작물과는 별개의 독립된 저작물로서 원저작자의 2차적 저작물 작성권의 효력이 미치지 아니한다.

이에 따라 살피건대, 이 사건 각 동영상에 녹화된 별지 1 목록 기재 각 강의에서 각 강사들은 위에서 본 바와 같이 이 사건 각 교과서 및 문제집의 내용(다만 이 사건 각 교과서 및 문제집 중 타인의 저작물을 인용한 부분은 제외한다)을 그대로 판서, 영사하거나 낭독하면서 그 내용을 나름의 요령과 방식으로 설명하고 있고, 피신청인은 위 각 강의를 녹화하여 영상물인 이 사건 각 동영상으로 제작함으로써 추가적인 변형을 가하였다. 그러나 이러한 부가, 변형부분을 모두 감안하더라도, 국어 교과의 목적과 교육 대상 학생의 연령 등을 고려할 때 이 사건 각 교과서 및 문제집의 기본 틀과 지문이 위 각 강의에서 그대로 사용될 것인 점 등을 고려하면, 이는 이 사건 각 교과서 및 문제집의 본질적인 특성을 해하지 않는 범위 내에서의 수정·증감·변경에 지나지 않는 것으로 보이므로, 이 사건 각 동영상은 피신청인의 주장과 같이 별개의 저작물에 이르기보다는 이 사건 각 교과서 및 문제집과의 실질적 유사성이 인정되는 2차적 저작물에 해당할 여지가 많다.

그러므로 피신청인이 신청인들의 허락 없이 이 사건 각 동영상을 제작하는 행위는 특별한 사정이 없는 한 신청인 ㈜△△을 제외한 나머지 신청인들의 이 사건 각 교과서에 대한 2차적 저작물 작성권 및 신청인 ㈜△△의 이 사건 각 문제집에 대한 2차적 저작물 작성권의 침해행위에 해당한다.』

☞ 한편, 기존의 교재를 사용한 동영상 강의를 교재와는 독립된 별개의 저작물로 본 개념원리 수학 사건[3-217]도 있다.

<사안의 개요>

신청인 이○○은 수학 학습서인 '개념원리 중학수학' 및 '개념원리 수학' 시리즈(이하 '이 사건 학습서')를 저술하였다. 피신청인은 신청인 이○○과 이용허락계약을 체결하고 이 사건 학습서를 사용한 동영상 강의를 제작하여 자신이 운영하는 웹사이트를 통해 제공하여 왔는데, 계약기간이 만료된 이후에도 현재까지 계속하여 그 웹사이트를 통하여 이 사건 학습서를 사용한 동영상 강의를 제작, 판매하고 있다. 위 사건에서 피신청인이 제작한 동영상 강의가 이 사건

3-217) 서울고등법원 2005. 7. 27.자 2004라689 결정(대법원 2005. 12. 23.자 2005마759 결정).

학습서에 대한 2차적 저작물인지 여부가 쟁점으로 되었다.

<법원의 판단>

「피신청인이 제작하는 동영상 강의들이 기본적으로 이 사건 학습서의 편성과 진도에 맞추어 진행되고 있기는 하지만, 이와 같은 학습 진도는 초·중등교육법에 따라 초·중등학교의 교육목적과 교육목표를 달성하기 위하여 교육인적자원부 장관이 고시한 중학교 및 고등학교 교육과정의 내용에 따른 것인 사실, 이 사건 학습서에 수록된 수학문제들의 풀이 과정이 위 동영상 강의의 기본적인 내용을 이루고 있기는 하지만, 이 사건 학습서에는 문제 풀이를 위한 기본적인 개요만이 논리과정을 따라 기술되어 있는 반면, 위 동영상 강의의 강사들은 수강생들의 이해를 돕기 위하여 기본 개념을 다시 일깨워 주거나, 유사한 예를 들어서 비교하거나, 이전 강의에서 설명한 내용을 상기시키는 방법을 사용하기도 하고, 수강생들에게 기본적인 풀이 방법을 암기시키기 위하여 약간은 억지스럽기도 하고 우스꽝스럽기도 한 기호를 만들어 내어 가르치기도 하며, 기본 개념이나 문제 풀이 방법을 재미있는 방식으로 상호 연상시키기도 하는 등의 방법을 사용하고 있는 사실이 소명되며, 일반적으로 수험생들이 학습서를 구입하여 스스로 공부하는 이외에 학원 강의 또는 인터넷 동영상 강의를 듣는 이유는 학습서에 나와 있는 기본적인 문제 해결 방법 이외에 강사의 다양한 기법을 동원한 문제 풀이를 통하여 보다 이해하기 쉽고 잘 잊히지 않는 문제 해결의 방법을 찾고자 함에 있다는 학습 강의의 특성을 참작하여 본다면, 위 동영상 강의는 이 사건 학습서의 내용을 변형·각색하여 영상으로 제작한 2차적 저작물이라고 볼 수 없고, 비록 이 사건 학습서의 편성과 진도를 따라 진행되고 그에 실린 수학 문제를 풀이하는 것을 기본 내용으로 하고 있기는 하지만, 그 구체적인 강의의 내용은 각 강사의 독창적인 방식에 따라 진행되며, 강사의 상당한 노력에 의하여 준비된 독특한 문제 해결 방법이 상당 부분을 이루고 있으므로 이를 이 사건 학습서와는 독립된 별개의 저작물로 인정함이 상당하다.」

사) 오크라운지 사건[3-218]

<사안의 개요>

호텔 오크우드는 미술작가인 원고가 제작한 말의 군상을 형상화한 설치 작품(이하, '원고 작품')을 구입하여 호텔라운지의 한 쪽 벽면에 설치하였다. 피고 ㈜○○은 피고 ㈜△△에게 아파트 브랜드에 관한 동영상 광고제작을 의뢰하였는데, 피고 ㈜△△는 위 광고를 원고 작품이 설치되어 있는 호텔 오크우드 라운지에서 촬영하였고, 완성된 광고작품의 처음 부분 10초간 원고 작

3-218) 서울중앙지방법원 2007. 5. 17. 선고 2006가합104292 판결(확정).

품이 광고 출연자의 뒷부분 배경화면으로 나오며, 피고 ㈜○○은 위 광고작품을 TV를 통하여 방영하였다. 원고는 피고들이 원고의 미술저작물을 복제하여 광고에 사용하고 방송 내지 전송한 행위가 원고의 미술저작물에 대한 원고의 저작권재산권(복제권, 방송권, 전송권) 등을 침해하는 것이라고 주장하였다.

<법원의 판단>

『…예술의 범주에 속하는 미술이란 엄밀하게 정의하기 곤란하지만, 일단 공간 또는 물건의 형상, 모양 또는 색채를 창출하거나 이용함으로써 사람의 시각을 통하여 미적인 가치를 추구하는 표현기술 또는 활동이라고 할 수 있다. 따라서 어떤 작품이 미술저작물로서 보호받기 위해서는 사상 또는 감정을 창조적으로 표현한 것이고, 또한 공간이나 물건의 형상, 모양 또는 색채를 창출하거나 이용함으로써 사람의 시각을 통한 미적인 가치를 추구하는 표현물에 해당하여야 한다.

앞서 본 전제사실에 의하면, 원고의 작품은 말의 모양을 본 뜬 입체감 있게 표현된 알루미늄 철망을 벽면에서 5㎝~15㎝ 정도 떨어진 상태로 고정시키고, 여기에 조명으로 망을 비추어 그 그림자와 철망의 모습이 함께 어우러져 말이 역동적으로 움직이는 이미지를 나타내어 평원을 질주하는 말의 군상을 형상화한 미술작품으로서 그 독특한 표현기법에 비추어 보면 원고 작품이 원고의 개성을 발휘한 미술저작물에 해당하는 것은 의심의 여지가 없다.

…피고들은 …저작재산권자인 원고의 이용허락을 받지 아니하고, 원고의 미술저작물에 의거해서 이를 배경으로 동영상광고를 제작하였으므로 피고들은 공동으로 원고의 미술저작물에 대한 복제권을 침해하였다. 또 위와 같이 이러한 동영상광고를 일반공중으로 하여금 동시에 수신하게 할 목적으로 TV를 통하여 송신하였으므로 원고의 미술저작물에 대한 방송권을 침해하고, 일반공중이 선택한 시간과 장소에서 이용할 수 있도록 인터넷 홈페이지에 그 동영상을 올려 이용에 제공함으로써 원고의 미술저작물에 대한 전송권을 침해하였다.』

☞ 소송에서 본격적으로 다투어지지는 않았으나, 2차적 저작물로서의 실질적인 개변이 있다고 볼 수 없어 피고들의 광고는 원고 작품의 2차적 저작물에 해당하지 않는다고 할 것이다.

유사한 사례로, 스노보드 동영상 사건[3-219]에서, 원고가 피고 운영의 스키장에서 스노보더(snowboarder) 5명의 활강 모습 등을 촬영하여 스노보더별로 각 1~2분 분량의 동영상 5개를 제작하였는데, 피고가 스키장 광고 영상으로 사용하기 위해 원고로부터 위 동영상 파일을 제공받은 뒤 원고와 사이에 위 동영상에 대한 사용 협상이 결렬되었음에도 불구하고, 위 동영상의 편집본을 스키장 광고 영상으로 사용한 사안에서, 법원은 복제권, 공중송신권, 배포권 침해를 인정하였다.

2) 창작성이 부정된 사례

가) 디지털 샘플링 사건[3-220]

『원고가 복제하여 거래처들을 통하여 판매한 음악 CD 세트 중 저작재산권의 침해가 문제된 2장(이하 '이 사건 CD들'이라 한다)은 그라모폰사 외국에서 녹음한 아날로그 음원을 가지고 디지털 샘플링 작업을 하면서 실제 연주에 근사한 음질을 재현하기 위하여 여러 가지 기술을 이용하여 기존의 잡음을 제거하고 나아가 일부 손상된 부분을 회복시키되 연주의 속도, 리듬, 가락 등에는 아무런 변화를 주지 않은 것으로서, 그와 같은 작업을 가리켜 사회통념상 새로운 저작물을 생성할 수 있는 정도의 수정·증감이라고 볼 수 없을 것이며, 설령 원고의 주장과 같이 위 작업의 결과로 음악의 재생시간이 다소 변화하였다고 하여도 이를 달리 볼 것이 아니어서, 결국 이 사건 CD들은 위 부칙에서 말하는 계속 이용이 가능한 2차적 저작물에 해당한다고 할 수 없다.』

나) 21세기 찬송가 사건[3-221]

<사안의 개요>

한국찬송가공회(이하 '소외 공회')는 기존에 사용되고 있던 '통일찬송가'를 대체할 '21세기 찬송가'의 개발작업을 하면서, 원고 등 20여명의 작곡가를 선정하여 '21세기 찬송가'에 추가될 새로운 찬송가의 작곡을 의뢰하였다. 소외 공회는 작곡을 의뢰한 찬송가와 관련하여 해당 찬송가의 원작곡자들에게 대가를 지급하고 해당 찬송가에 관한 저작재산권을 모두 양수하였다. 소외 공회 산하 음악분과위원회는 '21세기 찬송가'에 수록될 개별 찬송가들에 대한

3-219) 서울중앙지방법원 2014. 5. 2. 선고 2013가합51624 판결(서울고등법원 2014. 12. 4. 선고 2014나25308 판결).

3-220) 대법원 2006. 2. 10. 선고 2003다41555 판결.

3-221) 서울고등법원 2012. 9. 5. 선고 2011나45370 판결(확정).

검토를 실시하여 거의 전곡에 대해 수정작업을 진행하였는데, 수정의 방향과 내용은 음악분과위원회 회의에서 정하되 실제 수정작업은 원작곡자나 지정된 수정자 등에게 이를 지시하는 방식으로 수정작업을 진행하였다. 원고는 음악분과위원회 및 편집분과위원회 위원으로서 '21세기 찬송가' 수정작업 및 개발에 참여하였다. 피고는 소외 공회로부터 '21세기 찬송가'에 대한 저작권 등을 출연받아 '21세기 찬송가'를 발행하였다. 이 사건 소송에서 원고는 '21세기 찬송가'에 수록된 '언약의 주 하나님' 등 네 곡의 찬송가(이하 '이 사건 찬송가')에 관한 편곡자라고 주장하며, 피고에게 저작권 사용료 등을 청구하였는데, 기존 악곡을 편곡한 이 사건 찬송가가 2차적 저작물에 해당하는지 여부가 쟁점으로 되었다.

<법원의 판단>

『2차적 저작물은 원저작물을 토대로 이것에 대하여 새로운 창작성, 즉, 실질적인 개변이 이루어진 새로운 저작물로서, 기존의 악곡에 대한 2차적 저작물인 편곡에 해당하기 위해서는 기존의 악곡을 변조하여 원곡에 새로운 부가가치를 발생시켜야 하고, 단순히 기존 악곡의 리듬, 가락, 화성에 사소한 변형을 가하는 정도로는 편곡에 해당하지 아니하며, 이 사건 네 곡의 찬송가가 기존 악곡에 대한 사소한 교정·수정 내지 변형을 넘어 기존 악곡을 실질적으로 개변한 것으로서 2차적 저작물의 일종인 편곡저작물에 해당한다고 인정하기에 부족하고, 달리 이를 인정할 만한 증거가 없다.』

다) 백미폐해동영상 사건[3-222)]

<사안의 개요>

원고는 '약이 되는 쌀, 독이 되는 쌀'이라는 제목으로 백미의 폐해를 소개하면서 미정백 곡물을 섭취하여야 한다는 내용의 동영상(이하 '이 사건 동영상')을 제작하였고, 위 동영상은 방송사를 통해 방송되었다. 피고들은 자신들이 운영하는 인터넷 홈페이지에 이 사건 동영상을 게시하여 위 인터넷 홈페이지를 방문한 사람들이 동영상 화면의 재생 버튼을 클릭하면 이 사건 동영상이 재생되도록 하였다. 원고는 이 사건 소송에서 피고 백○○이 이 사건 동영상을 2분 4초 분량으로 편집하고 여기에 자막과 배경음악을 삽입함으로

3-222) 서울고등법원 2014. 11. 6. 선고 2013나2024465 판결(확정).

써, 또 피고 조△△이 사건 동영상의 전·후에 각 자신이 만든 자료를 삽입함으로써 원고의 2차적 저작물 작성권을 침해하였다고 주장하였다.

<법원의 판단>

「피고 백○○이 원고의 주장과 같은 편집 동영상을 직접 제작하였음을 인정하기에 부족하고 달리 이를 인정할 증거가 없다. 오히려 …동영상 공유 사이트에서 위와 같이 편집된 동영상을 제공하고 있는 사실을 인정할 수 있으므로, 원고의 위 주장은 이유 없다. …2차적 저작물로 보호받기 위해서는 원저작물을 기초로 하되 원저작물과 실질적 유사성을 유지하고 이것에 사회통념상 새로운 저작물이 될 수 있을 정도의 수정·증감을 가하여 새로운 창작성을 부가하여야 하는 것인데(대법원 2004. 7. 8. 선고 2004다18736 판결 등 참조), …이 사건 동영상의 시작 전에 배아(현)미의 효능을 설명한 자료 등이, 종료 후에 즉석도정기를 설명하는 자료 등이 각 영상화되어 위치하고 있는 사실은 인정되나, 이러한 자료를 피고 조△△이 직접 제작하였다고 단정하기 어려운데다가 위 증거에 의하더라도 이 사건 동영상의 재생을 위해서는 동영상의 시작 화면에 위치한 재생 버튼을 별도로 클릭하여야만 재생이 이루어지도록 구성된 것으로 보이므로, 위와 같이 영상화된 자료와 이 사건 동영상이 일체로 되어 새로운 창작성 있는 영상저작물이 되었다고도 보기 어렵다. 따라서 원고의 위 주장 역시 이유 없다.」

라. 2차적 저작물의 보호범위

2차적 저작물의 보호범위는 2차적 저작물 작성자에 의하여 원저작물에 새로운 창작성을 부가한 부분에 한정된다. 따라서 2차적 저작물에 대한 저작권 침해사건에서 실질적 유사성 여부를 판단함에 있어서는 2차적 저작물 작성자가 원저작물에 새롭게 부가한 창작적인 표현형식에 해당하는 것만을 가지고 대비하여야 한다. 2차적 저작물 중 원저작물에 기인한 부분만을 복제하였다면 원저작물에 대한 저작권 침해가 됨은 별론으로 2차적 저작물에 대한 저작권 침해는 되지 않는다.

1) 당나귀 귀 사건[3-223]

3-223) 서울고등법원 2005. 7. 13. 선고 2004나86199 판결(대법원 2007. 3. 29. 선고 2005다44138 판결).

<사안의 개요>

원고는 어린이 책 전문 출판사의 대표로서 프랑스의 에꼴드루와지르 출판사(이하 '원저작권자')와 독점 번역출판계약을 체결하고 '당나귀 귀'라는 프랑스 소설을 번역한 소설(이하 '이 사건 소설')을 출판하였으며, 이 사건 소설의 번역자인 소외 박○○으로부터 이 사건 소설에 대한 번역저작권을 양수하였다. 피고 이○○은 동화작가로서 동화 '날개달린 달팽이를 보았니?'(이하 '대상 동화')를 저술하였다. 원고는, 피고 이○○이 이 사건 소설의 원저작권자의 저작권과 원고의 이 사건 소설에 관한 번역저작권을 침해하였다고 주장하였다.

<법원의 판단>

『번역저작권과 같은 2차적 저작권의 침해 여부를 가리기 위하여 두 저작물 사이에 실질적 유사성이 있는가의 여부를 판단함에 있어서도 원저작물에 새롭게 부가한 2차적 저작물에서의 창작적인 표현형식에 해당하는 것만을 가지고 대비하여야 할 것이다(대법원 1999. 10. 22. 선고 98도112 판결, 대법원 2004. 7. 8. 선고 2004다18736 판결 참조).

살피건대, 우선 별지 제4목록 기재 각 표현 중 제1항, 제6항, 제7항, 제14항, 제16항, 제24항, 제31항, 제34항, 제36항, 제40항, 제47항을 제외한 나머지 항들에 기재된 두 작품의 각 표현들은 유사한 상황을 묘사하고 있는 것에 불과할 뿐 상호간에 서술의 순서, 단어의 선택, 표현 방법 등 그 표현에 있어 상당히 차이가 나서 구체적인 표현을 베낀 것이라고 볼 수 없다.

다음으로 제6항, 제7항, 제24항, 제31항, 제36항, 제40항, 제47항에 기재된 두 작품의 각 표현들은 상호 동일·유사하기는 하나, 동일·유사한 인물들이 동일·유사한 상황에서 동일·유사한 사건을 전개함에 있어 전형적이고 일상적으로 쓰이는 표현들이거나, 번역 저작물로서의 창작성의 정도가 낮은 표현들이어서 그 표현들만을 분리하여 그 독창성을 인정할 수 없는 것들이라 할 것이며, 대상 동화가 이 사건 소설과 동일·유사한 사건을 전개하면서 줄거리에서 상당한 정도의 유사성을 보이고 있으나, 이러한 부분은 원고가 번역저작권자로서 창작성이 있는 번역 표현 부분에 대하여만 저작권이 있고 줄거리 부분에 대하여는 저작권이 없으므로 번역저작권의 침해가 되지 않는다고 할 것이다.

마지막으로, 제1항, 제14항, 제16항, 제34항에 기재된 이 사건 소설의 각 표현들은 번역자가 프랑스 소설 원문의 의미가 충실하고 효과적으로 전달될 수 있게 프랑스어 원문 표현을 미감이 느껴지도록 적절히 수정하거나 해당 상황에 적합한 수식어를 부가한 한글 표현으로 번역한 것으로 사회통념상 새로운 저작물이 될 수 있을 정도의 수정, 증감을 가한 새로운 창작성을 부가한 표현들이라 할 것인데, 같은 항에 기재된 대상 동화의 각 표현들은 동일·유사한 상황에서 이 사건 소설의 위 표현들을 거의 그대로 베낀 것이므로, 대상 동화의 위 표현들은 이 사건 소설의 위 표현들과 동일 또는 유사하다고 할 것이다. 그러나 두 작품이 공통의 소재를 다룬 유사한 줄거리의 작품이라는 점, 위 네 문장이 전체 문장이 2,000여개가 넘는 이 사건 소설책과 전체 문장이 1,000여개가 넘는 대상 동화에서 차지하는 비중이 극히 미미한 점 등에 비추어 보면 위 네 문장 정도의 동일, 유사함만으로 이 사건 소설과 대상 동화 사이에 실질적 유사성이 있다고 보기는 어렵다. 결국, 대상 동화로 말미암아 원고의 이 사건 소설에 대한 번역 저작권이 침해되었다고 볼 수 없다.

…앞서 살핀 바에 의하면 대상 동화를 이 사건 소설의 번역물이라거나 그에 준하는 작품이라고는 도저히 볼 수 없고, 소재와 갈등구조, 구성 등의 아이디어를 바탕으로 삼았을 뿐, 세부적인 줄거리나 반전의 계기가 되는 사건의 내용, 등장인물의 직업과 최종결말 등을 전혀 달리하는 별개의 작품인 사실이 인정되는바, 독점적번역출판권자인 원고에게는 원저작물의 번역물이나 이에 준하는 작품이라고 볼 여지가 있는 저작물의 범주를 벗어난 피고들의 저작물에 대하여는 원저작자를 대위하여 침해금지를 구할 권리는 없다고 보아야 할 것이다.」

2) 슈퍼삼국지 사건[3-224]

<사안의 개요>

원고는 '전략 삼국지'의 일본어 원판의 저작자로부터 위 만화의 한국어판(그림 부분은 그대로 두고 설명, 인물의 대화 등 언어로 표현되는 부분은 전부 한국어로 변경한 판)을 독점 출판할 수 있는 권리를 부여받아 '전략 삼국지'를 출판하고 있다. 피고는 '슈퍼 삼국지'를 출판하고 있다. 원고는, 피고의 '슈퍼 삼국지'가 원고가 독점적 출판권을 가지고 있는 '전략 삼국지'의 등장인

3-224) 대법원 2005. 9. 9. 선고 2003다47782 판결(환송 후 항소심에 대하여 다시 상고하였다가 소취하로 종결).

물과 배경 및 대화내용 등의 구체적 표현을 그대로 모방하거나 약간 변형하여 작성된 것에 불과하므로, 피고는 '슈퍼 삼국지'를 출판함으로써 원고의 '전략 삼국지'에 대한 출판권을 침해하였다고 주장하였다.

<법원의 판단>

『원심은, '슈퍼삼국지'는 대표적인 등장인물들의 얼굴형이 '전략삼국지'의 그것과 확연히 달라 그림의 표현형식에 있어서 그 자체로 창작성이 인정될 정도로 독특하여 양 작품 사이에 실질적 유사성을 인정할 수 없으나, 말풍선 내의 대사의 흐름, 대사를 끊어 주는 시점 등에 있어서 양 작품 사이에 상당한 유사성이 발견되고, 양 작품 사이에는 원작이 나관중의 '삼국지연의'이기 때문이라는 것만으로는 설명할 수 없을 정도로 개개 컷의 구성, 컷 내의 그림의 배치, 컷 나누기에 있어 유사한 점을 많이 발견할 수 있고 이러한 정도의 유사성은 '슈퍼삼국지'의 저작과정에서 '전략삼국지'를 모방하지 않았다면 나올 수 없을 정도의 유사성이라고 보아야 하고, 총 10,816쪽인 '슈퍼삼국지'의 만화 쪽수 중 적어도 3,000쪽 이상의 일부 또는 전부의 컷에 있어서, 그 컷 내의 사람, 말, 배, 수레, 나무, 건물, 무기 등의 묘사 및 배치가 '전략삼국지'의 그것과 동일하거나 단지 좌우대칭으로 변형하거나 그 컷 내의 한 부분을 클로즈업(close-up)한 것이며, 또한 시각, 목적물의 거리, 명암 등이 유사하여 '슈퍼삼국지' 중 3,000쪽 이상에서 전부 또는 일부 컷이 '전략삼국지'를 모방하여 제작되었다 할 것이어서, 비록 피고가 '슈퍼삼국지'를 저작함에 있어서 등장인물들에 관하여 독창적인 시각적 묘사를 하였다고 하더라도, 컷 나누기라든지 인물의 대화의 기재, 인물의 표정·동작 및 주변 상황의 묘사 등에 있어서 '전략삼국지'를 상당 부분 모방하였으므로, 피고는 원고의 출판권을 침해하였다.』

는 취지로 판단하였다. 이에 대하여 대법원은, 다음과 같이 판시하며 원심을 파기환송하였다.

『(1) 법 제54조 소정의 출판권은 저작물을 복제·배포할 권리를 가진 자와의 설정행위에서 정하는 바에 따라 저작물을 원작 그대로 출판하는 것을 그 내용으로 하는 권리인바, 제3자가 출판권자의 허락 없이 원작의 전부 또는 상당 부분과 동일성 있는 작품을 출판하는 때에는 출판권 침해가 성립된다 할 것이지만(대법원 2003. 2. 28. 선고 2001도3115 판결 참조), 원작과의 동일성을 손상하는 정도로 원작을 변경하여 출판하는 때에는 저작자의 2차적 저작물 작성권 침해에 해당할지언정 출판권자의 출판권 침해는 성립되지 않는다 할 것이다. 그리고 글과 그림이 유기적으로 결합된 만화저작물에 있어서 원작과 제3자가 출판한 작품과의 동일성 여부는 글과 그림의 표현형식, 연출의 방법(이야기의 전개순서에 따라 글과 그림으로 구성되는 개개의 장면을 구상하고 그 이야기의 전개를 위해 지면을 다양한 크기와 모양의 칸으로 분할하며 그 분할된 해당 칸에 구상한 장면을 배열하는 것) 등을 종합적으로 고려하여 판단하여야 한다.

(2) 기록에 비추어 살펴보면, 피고 출판의 '슈퍼삼국지'와 원고 출판의 '전략삼국지'는 전체의 약 30% 가량에 해당되는 쪽의 전부 또는 일부 컷에 있어서 말풍선 내의 대사의 흐름, 대사를 끊어주는 시점, 컷 나누기, 개개 컷의 구성, 컷 내의 그림의 배치, 인물의 표정·동작 및 주변의 묘사 등이 상당히 유사하지만, 그림의 표현형식에 있어서 '전략삼국지'는 약화체로 표현되어 있고 흑백의 단색으로 되어 있는 데에 비하여 '슈퍼삼국지'는 사실체로 표현되어 있고 컴퓨터 그래픽 채색작업에 의한 천연색으로 되어 있을 뿐만 아니라, 대표적인 등장인물들의 얼굴형이 '전략삼국지'의 그것과 확연히 달라 그 자체로 창작성이 인정될 정도로 독특하고, 원심이 채용한 원심의 한국만화애니메이션학회장에 대한 감정촉탁 결과에 의하더라도 '슈퍼삼국지'는 스토리 전개 및 연출방식에서 '전략삼국지'를 표절하였을 가능성은 높지만, 그림체에서는 '전략삼국지'를 표절하였을 가능성이 매우 낮다고 되어 있는바, 사정이 이러하다면 앞에서 본 바와 같은 양 작품의 유사점만으로는 곧바로 '슈퍼삼국지'와 '전략삼국지'가 동일성이 있는 작품이라고 단정하기 어렵고, 오히려 '슈퍼삼국지'가 '전략삼국지'와의 동일성을 손상할 정도로 변경되었다고 볼 여지도 있다고 할 것이다.

그렇다면 원심으로서는 그림의 표현형식에서 나타나는 양 작품의 위와 같은 차이로 인하여 '슈퍼삼국지'가 '전략삼국지'와의 동일성을 손상할 정도로 변경되었는지, 아니면 그러한 차이에도 불구하고 '슈퍼삼국지'가 '전략삼국지'의 전부 또는 상당 부분과 동일성이 있다고 평가할 수 있는지 등에 관하여 더 심리해 본 연후에 출판권 침해 여부를 판단함이 상당하다 할 것임에도 불구하고, 원심은 이러한 점에 관하여는 심리해 보지도 아니한 채 피고가 '슈퍼삼국지'를 저작함에 있어서 컷 나누기라든지 인물의 대화의 기재, 인물의 표정·동작 및 주변상황 등의 묘사에 있어서 '전략삼국지'를 상당 부분 모방하였다는 사정만으로 피고가 원고의 출판권을 침해하였다고 판단하고 말았으니, 원심판결에는 출판권 침해에 관한 법리를 오해하고 필요한 심리를 다하지 아니하여 판결 결과에 영향을 미친 위법이 있다고 할 것이다.」[3-225)]

2. 원저작물 저작권과의 관계

타인의 원저작물을 이용하여 2차적 저작물을 작성하려면 원저작물 저작권자의 동의를 얻어야 한다. 원저작물 저작권자의 허락없이 2차적 저작물을 작성하는 경우 원저작물 저작권자의 저작권을 침해하게 된다. 그러나 이와 별개로 원저작물 저작권자의 동의를 받지 아니하고 작성된 2차적 저작물이라도 2차적 저작물 자체의 저작권 발생에는 아무런 영향이 없다.

한편, 2차적 저작물을 이용하려고 하는 경우에는, 2차적 저작물 저작자와 원저작물 저작자 양자로부터 허락을 받아야 한다.

가. 세탁학개론 사건[2-226)]

피해자가 저술한 '세탁학기술개론'을 기존의 한국세탁업협회에서 발행한 교

3-225) 한편, 환송 후 서울고등법원 2006. 5. 17. 선고 2005나80013 판결은, 『'슈퍼 삼국지'는 스토리 및 연출방법에 있어 '전략 삼국지'와 동일하거나 유사한 부분이 많이 있으나, ① '슈퍼 삼국지'나 '전략 삼국지'는 모두 '삼국지연의'의 2차적 저작물에 해당하기 때문에 그 전체적인 스토리가 동일 또는 유사한 것은 당연한 결과인 점, 그런 와중에도 '슈퍼 삼국지'가 '전략 삼국지'에 비해 역사적 사실을 보다 더 구체적으로 묘사하고 있고, 캐릭터들의 대화내용에 있어서도 더 순화되고 부드러운 표현을 사용하고 있는 점, ② 양 저작물은 주요 캐릭터들의 얼굴형, 표정 등에 있어 확연히 차이가 있는 점, 컷(cut)의 배경이나 그 묘사 방법에 있어 '전략 삼국지'가 대강의 윤곽만을 스케치 형식으로 간략하게 표현하고 있음에 반하여 '슈퍼 삼국지'는 보다 정밀하고 사실적으로 묘사하고 있는 점, 특히 '전략 삼국지'가 흑백의 단색으로 되어 있음에 반하여 '슈퍼 삼국지'는 컴퓨터 그래픽 채색작업에 의한 천연색으로 되어 있는 점, ③ 연출방법에 있어서도 약 30% 가량에 해당하는 쪽의 전부 또는 일부 컷에 있어 그 구성상의 유사성이 인정될 뿐 구체적인 컷의 외형은 동일하지 아니한 점 등을 종합하여 보면, 위와 같이 동일 또는 유사한 부분이 있다는 사정만으로는 '슈퍼 삼국지'가 원고의 '전략 삼국지'에 대한 출판권을 침해할 정도로 '전략 삼국지'의 전부 또는 상당 부분과 동일성 있는 작품에 해당한다고 볼 수 없다』고 하여 실질적 유사성을 부정하여 출판권 침해가 아니라고 판단하였다.

3-226) 대법원 1995. 11. 14. 선고 94도2238 판결.

재들 및 서울대 교수 저작의 '피복관리학' 등과 비교하여, 가사 피해자의 저작이 원저작물과의 관계에서 이것을 토대로 하였다는 의미에서의 종속성을 인정할 수 있어 소위 2차적 저작물에 해당한다 할지라도 원저작자에 대한 관계에서 저작권 침해로 되는 것은 별문제로 하고 저작권법상 2차적 저작물로서 보호된다.

나. 까만나라 하얀나라 사건[3-227)]

<사안의 개요>

원고는 자신이 검사 및 변호사로서 일하면서 얻은 경험을 소재로 젊은 법조인이 검사 및 변호사로서 활동하며 겪게 되는 고민과 갈등을 법조계 내부 관계 및 사건 의뢰인들과의 관계를 중심으로 엮은 소설 '하얀나라 까만나라'(이하 '이 사건 소설')를 집필, 발행하였다. 피고 △△공사와 피고 ㈜○○은 검사, 변호사, 일간스포츠기자, 서양화가 등 2, 30대 연령층의 전문직업인들의 일과 사랑을 현대적 감각으로 표현·구성하는 내용의 주말연속극 '연인'을 제작, 방영하였는데, 피고 최○○는 위 드라마의 방송대본을 집필하였다. 원고는 위 방송대본이 2차적 저작물 작성권을 침해한 것이라고 주장하면서, 피고 △△공사와 피고 ㈜○○에 대하여, 피고 △△공사와 피고 ㈜○○은 피고 최○○로부터 이 방송대본에 기한 드라마 '연인'의 저작재산권을 취득하였고, 이는 원고와의 관계에 있어서는 원고의 저작권을 이용할 계약상 또는 법률상 원인 없이 위 드라마에 대한 저작권을 취득하여 이익을 얻었으므로 그 이득액을 각자 원고에게 반환할 의무가 있다고 주장하였다.

<법원의 판단>

『타인의 저작권을 침해하여 이루어진 저작물이라고 할지라도 원저작자에 대한 관계에서 저작권 침해로 되는 것은 별론으로 하고 원저작자 이외의 제3자에 대한 관계에 있어서는 적법한 저작물로서 보호된다고 할 것이고 따라서 저작권 침해자로부터 그 침해사실을 모르고 침해된 저작물에 대하여 적법한 계약에 의하여 2차적 저작물 작성권을 취득한 제3자는 침해된 저작물

3-227) 서울고등법원 1995. 10. 19. 선고 95나18736 판결(대법원 1996. 6. 11. 선고 95다49639 판결).

자체에 대한 2차적 저작물 작성권을 취득한 것이 되어 원저작자에 대한 관계에서 법률상 원인 없이 이익을 얻고 이로 인하여 원저작자에게 손해를 가한 것이 된다고 볼 수 없다고 할 것인바, 피고 △△공사와 피고 ㈜○○이 피고 최○○의 원고에 대한 저작권 침해사실을 모르고 위 최○○와의 대본 집필계약에 의하여 위 최○○의 '연인'의 대본에 대한 방영권 및 영상저작물작성권을 취득한 사실은 앞에서 본 바와 같으므로 피고 △△공사와 피고 ㈜○○이 취득한 것이 원고에 대한 관계에 있어서 부당이득이 됨을 전제로 한 원고의 예비적 청구는 다른 점에 관하여 더 나아가 살펴 볼 필요 없이 이유 없다.』

다. 비상교육 사건[3-228)]

원고 한○○ 등은 중학교 교과서인 이 사건 각 교과서의 공동저작자 중 일부이고, 원고 ㈜△△은 원고 한○○ 등으로부터 이 사건 각 교과서에 대한 출판권을 설정받고 2차적 저작물 작성권을 양도받았다. 피고들은 이 사건 각 교과서를 채택한 학교의 학생들이 내신 시험에 대비하여 기출 문제 및 예상 문제를 풀어 볼 수 있도록 한 이 사건 각 문제집을 발행 또는 판매하였다.

이 사건에서 법원은, 피고들이 이 사건 각 교과서의 목차와 개별 단원의 제목 및 수록된 핵심 지문들을 그대로 인용하여 이 사건 각 문제집을 제작하고 이를 발행하여 판매함으로써 원고 한○○ 등의 복제권을 침해하였고, 이 사건 각 문제집은 이 사건 각 교과서의 2차적 저작물에 해당하는바, 피고들이 이 사건 각 문제집을 발행하여 판매함으로써 원고 ㈜△△의 이 사건 각 교과서에 관한 2차적 저작물 작성권을 침해하였다고 인정하였다.

Ⅳ. 편집저작물

1. 성립요건

편집저작물이란 '편집물로서 그 소재의 선택·배열 또는 구성에 창작성이 있는 것'을 말하는데(법 제2조 제18호), 여기서 '편집물'이란 저작물이나 부호·문

3-228) 서울남부지방법원 2014. 6. 12. 선고 2013가합5771 판결(확정).

자·음·영상 그 밖의 형태의 자료의 집합물로서 데이터베이스를 포함한다(같은 조 제17호).

가. 소 재

편집저작물을 구성하는 소재는 부호·문자·음·영상 그 밖의 모든 형태의 자료를 포섭한다. 소재 자체가 저작권법에 의하여 보호되는 것일 필요도 없다. 저작물이 아닌 사실이나 데이터 등이나 보호기간이 만료된 저작물도 편집저작물의 소재가 될 수 있다.

1) 법전편찬 사건[3-229]

『피고들은 원고가 발행한 법전을 법 제7조에 의하여 보호받지 못하는 저작물인 '법령'을 그 내용물로 하고 있으므로 법 제6조 소정의 편집저작물로서 보호받을 수 없는 것이라고 주장하나, 법 제7조 제4호의 규정에 비추어 법령을 내용으로 하더라도 국가 또는 지방공공단체 이외의 자가 작성한 편집물은 소재의 선택 또는 배열의 창작성이 인정되는 한 편집저작물로서 보호되어야 한다고 볼 것이므로 위 주장은 이유 없다.』

2) 미술연표 사건[3-230]

<사안의 개요>

신청인은 프랑스 센느출판사로부터 '20세기 미술의 모험'이라는 제호의 저작물에 관하여 한국 내에서의 위 저작물의 복제·배포·번역과 번역물에 대한 복제·배포·등 일체의 권리를 양도받아 위 저작물의 한국어 번역본을 1, 2권으로 나누어 출판하였다. 위 '20세기 미술의 모험'에는 1900년부터 1989년까지의 미술분야에서의 중요사건 및 사실을 연대순으로 선택·배열하여 10년 단위로 위 책에 각 분산하여 수록하면서 미술분야가 아닌 문학·음악 및 공연예술·영화·과학·기술·정치 및 기타의 항목도 함께 대비하여 각 분야의 중요한 역사적 사실을 간략하게 수록한 연표가 들어 있다. 피신청인은 '20세기 미술의 시각(이○○편)'이라는 책을 출판하면서 미술분야(회화, 조각, 건축, 사진)에서의 역사적인 중요사건, 사실을 인접분야(음악, 영화, 연극, 무용, 문학, 과

3-229) 서울고등법원 1992. 10. 9. 선고 91나51711 판결(상고기각).

3-230) 대법원 1993. 1. 21.자 92마1081 결정.

학, 기술, 정치 및 기타)의 역사적 사건, 사실과 함께 정리한 '20세기 서양미술사연표'를 수록하였는데, 그 내용은 신청인이 출판한 '20세기 미술의 모험'에 수록된 연표를 기초로 하면서도 항목을 더 많이 추가하고 소재의 배열을 약간 달리하여 작성한 것이었다. 신청인 책에 수록된 연표가 편집저작물에 해당하는지 여부가 쟁점이다.

<법원의 판단>

『연표라고 하는 것은 역사적으로 중요한 과거의 사실 또는 사건 등을 수집하고 이를 간결하게 정리하여 연대순으로 배열하는 것으로서, 그 연표 속의 개개의 항목은 단순한 사실을 소재로 삼아 이를 객관적으로 압축하여 표현하는 것이므로, 이는 누가 작성하더라도 동일 또는 유사하게 표현될 수밖에 없어, 위 개개의 항목에 관하여는 저작물이 갖추어야 할 창작성이 있다고 할 수 없겠으나, 그 내용인 소재의 선택이나 배열에 있어서 창작성이 있는 경우에는 이른바 편집저작물로서 독자적인 저작물로 보호를 받을 수 있는 것인바, 신청인이 출판한 위 책에 들어 있는 연표는 그 배열이나 구성방식에 있어서 저작물로 보호받아야 될 정도의 창작성이 있다고 보기 어렵고(미술사 연표를 작성함에 있어서 미술분야 외의 인접분야의 역사적 사건 및 사실을 함께 수록하는 것은 흔히 있는 연표의 구성방식이다), 가사 위 책의 연표가 편집저작물로 보호되어야 할 정도의 창작성이 있다 할지라도, 그 편집저작권은 편집저작물 전체를 이용할 경우에만 적용한다고 할 터인데, 피신청인이 출판한 위 '20세기 미술의 시각'이라는 책에도 … 연표에 미술분야에서의 역사적인 중요사건 및 사실을 인접분야의 역사적 사건 및 사실과 함께 수록하고 있고, 그 항목의 일부가 신청인이 출판한 책 위의 연표 항목과 일치하고 있지만, 전체적으로 볼 때에는 그 항목의 선택이나 배열이 서로 달라 신청인이 출판한 위 책의 연표를 그대로 옮겨 모방한 것이라고 보기 어려워, 피신청인이 신청인의 편집저작권을 침해하였다고 볼 수 없다.』[3-231)]

3-231) 위 판례에 대하여는 "이 사건에 있어서 신청인의 책에 수록된 연표가 미술에 관한 책으로서 단순히 미술분야에 관계되는 역사적 인물·사건 등을 나열하는 것에 그쳤다면 그 소재의 선택이나 배열에 있어 독창성이 있다고 보기 어렵겠지만, 미술 이외의 인접분야의 역사적 사건·인물을 망라하여 미술분야와 동 시대의 다른 분야의 역사적 사건·인물을 대비해 볼 수 있도록 해놓은 것이기 때문에 그 소재의 선택이나 배열에 있어서 독창성이 있다고 봄이 타당하다"는 평석이 있다. 자세한 내용은, 김경종, "편집저작권의 침해", 대법원판례해설 제19-2호(1993), 407

3) 한국인의 웃음 사건[3-232]

이○○는 우리나라의 옛 문헌들 속에 수록되어 있는 이야기나 구전되어 오는 이야기들 중에서 소화(웃음거리)만을 수집하여 한문으로 된 옛 문헌은 현대어로 역해하고 구전된 소재는 정리한 후 그 내용을 첨삭하여 집필한 도합 365개의 단편적인 이야기를 모아 '한국인의 웃음'이라는 책을 발행하였다. 그렇다면 위 이야기들은 그 소재의 선택과 표현기법 등에 있어 이○○의 정신적인 노력을 바탕으로 한 새로운 저작물이다.

피고는 위 '한국인의 웃음'에 수록된 이야기들은 대부분 한국토착민속집 중 이른바 10대 기서에 게재되어 있는 것으로서 소외 조△△이 이미 한문으로 되어 있는 위 10대 기서를 한글로 번역하여 '고금소총'이라는 제명으로 출판하였는바, 위 '한국인의 웃음'은 위 10대기서와 '고금소총'에서 그 내용을 발췌한 것으로 이○○이 창작한 저작물이 아니라고 주장하였으나, '한국인의 웃음'에 수록된 이야기들이 '고금소총'이나 10대 기서를 표절한 것이라고 인정할 증거가 없다고 판단하였다.

4) 인터넷 홈페이지 관련 사례들

인터넷 홈페이지도 그 구성형식, 소재의 선택이나 배열에 있어 창작성이 있는 경우에는 편집저작물에 해당하여 독자적인 저작물로 보호받을 수 있다.[3-233]

판례 중에는, PC방 가맹사업 홈페이지에 관하여 원고 홈페이지의 내용은 PC방 사업과 관련한 수익모델, 개점절차, 투자항목 등의 여러 가지 사항을 PC방 창업을 희망하는 고객에게 제공하기 위하여 이에 대한 원고 나름의 지식과 노하우를 독자적인 방법으로 표현한 편집저작물로서 그 창작성이 인정된다고 본 사례,[3-234] 자동차 영업 관련 홈페이지에 관하여 자동차 영업사원

면 참조.

3-232) 서울고등법원 1987. 8. 21. 선고 86나1846 판결(확정).

3-233) 서울동부지방법원 2012. 2. 15. 선고 2011노1590 판결(상고기각)(문제된 피해자의 인터넷 홈페이지상 각 화면은, 효율적인 고객관리를 위해 다양한 기준에 따라 각 상황에 맞는 문자메시지나 이메일을 보내주는 내용을 담고 있는바, 그 구성형식, 소재의 선택이나 배열에 있어 창작성이 인정된다).

3-234) 서울고등법원 2008. 7. 23. 선고 2007나110116 판결(확정).

들을 그 주요 고객으로 하여 국내·외 신차에 관한 정보와 세부 견적 등을 제공하기 위하여 채권자 나름의 지식과 노하우를 독자적인 방법으로 표현한 편집저작물에 해당한다고 본 사례,[3-235] 해외상품 구매대행 홈페이지에 관하여 상품정보 등의 구성형식이나 배열, 서비스 메뉴의 구성 등은 편집저작물로 볼 수 있다고 한 사례[3-236] 등 창작성을 인정한 사례가 있는 반면, 부동산 홈페이지에 관하여 『이 사건 각 홈페이지는 원고들이 소속된 부동산중개사무소가 중개하는 부동산 매물을 대중에게 알리고 부동산 거래를 원하는 사람 등에게 부동산 매물에 관한 정보를 제공하기 위해 만들어진 것으로서, 동종 업체의 홈페이지에서도 일반적으로 사용되는 구성 및 내용으로 그 소재의 선택 및 배열방법에 있어 제작자의 개성을 인정하기 어려우므로, 위 홈페이지의 구성 및 내용을 저작권법에 의해 보호되는 편집저작물로 보기는 어렵다』고 한 사례,[3-237] 유학 관련 알선 사업, 보험대리업 등을 영위하는 원고 회사의 홈페이지에 관하여, 『원고 홈페이지의 메인화면의 경우 가운데 부분에 사진이 있고, 그 오른쪽에 로그인 화면, 상단에 대분류 카테고리로, 하단에 보험종류별 카테고리로 각 분류하며, 그 아래에 제휴 페이지, 고객센터 정보 등을 게시하는 등으로 배치하고 있고, 벼룩시장 페이지에는 상단에 쇼핑백을 들고 있는 사람의 그림이 있고, 그 옆에 영어로 'Buy and Sell'라고 기재한 후 그 아래에 게시물이 게재되어 있는 사실, 피고들 홈페이지에도 메인화면의 가운데 원고 홈페이지의 것과 동일한 사진이 게시되어 있고, 그 오른쪽에 로그인 화면, 상단의 대분류, 하단의 보험종류별 분류, 그 아래에 제휴페이지와 고객센터 안내가 기재되어 있고, 벼룩시장 페이지의 사진이나 구성도 원고 홈페이지의 그것과 유사한 사실은 인정되나, 원고 홈페이지의 위와 같은 구성이나 배열은 일반적으로 전자상거래 업체의 홈페이지에서 흔히 볼 수 있는 형태의 배열이나 구성에 불과하고, 달리 그 분류, 배열, 구성 등에서 창조성이 인정된다고 보기 어렵다』고 판시한 사례,[3-238] 피고가 원고의 네이버 카페의

3-235) 인천지방법원 2011. 12. 23.자 2011카합1946 결정(확정).

3-236) 서울지방법원 2003. 8. 19.자 2003카합1713 결정(신청인의 상품정보 등은 온라인디지털콘텐츠산업발전법 소정의 '온라인디지털콘텐츠'에 해당한다).

3-237) 대구지방법원 2013. 9. 5. 선고 2012가합42110 판결(항소심에서 화해권고결정).

3-238) 서울중앙지방법원 2009. 10. 30. 선고 2009가합16426 판결(항소심에서 조정).

카페 슬로건(카페 대문화면의 소개문구), 상담신청서 및 카페가입신청서 문구, 카페 메뉴의 형태(레이아웃), 카페 운영 시스템을 그대로 도용하여 자신의 네이버 카페를 개설한 사안에서, 『'네이버 카페 제작·디자인·포스팅·활성화·관리·홍보대행'이라는 카페 슬로건문구는 사업내용을 단순히 나열하여 일반적인 방식으로 표현한 것에 지나지 않고, 상담신청서 문구는 카페의 제작 및 운영과 관련된 업무를 대행하여 주는 사업을 하는 업체가 잠정적 고객에게 상담 전 사전정보를 얻기 위하여 작성된 설문지 형식의 글로서 고객의 연령대, 희망서비스의 내용, 중점적으로 원하는 점 등을 나열식으로 열거한 다음 여기에 고객이 체크를 하도록 한 것이고, 가입신청서 문구는 관심마케팅 분야를 묻고, 등급상승기준을 알려주는 내용에 불과하며, 공지글은 관리자정보, 제휴신청서 양식 등으로 창작성이 없고, 게시판 레이아웃의 카페 게시판 메뉴는 공지사항과 상담예약현황 등이 나열되어 있는 것에 불과하여 창작성을 인정하기 어렵다』고 한 사례[3-239] 등 창작성을 부정한 사례도 있다. 한편, 밥버거 사건[3-240]에서는 「원고 홈페이지가 시중에서 일반적으로 판매되는 밥버거의 판매를 홍보하고 가맹점을 모집하기 위해 만들어진 것으로서, 동종 영업을 하는 업체의 기존 홈페이지를 변형하면 비교적 어렵지 않게 원고 홈페이지의 기본적인 구성이나 배열과 유사한 홈페이지가 제작될 수 있을 것으로 보이고, 유사한 목적을 가진 다른 업체에서 제작하더라도 어느 정도 비슷한 내용과 형식으로 제작할 가능성이 충분한 점』 등을 들어 편집저작물로서의 창작성을 부인하면서도 피고가 영리를 목적으로 경쟁관계에 있는 원고가 노동력과 비용을 들여 제작한 원고 홈페이지를 무단 복제해서 영업에 활용한 행위는 현저하게 불공정한 수단을 사용하여 법적으로 보호할 가치 있는 원고의 정당한 이익을 위법하게 침해하는 것이어서 민법 제750조의 불법행위에 해당한다고 보았다.

나. 선택·배열·구성의 창작성

편집물이 저작물로서 보호를 받으려면 일정한 방침 혹은 목적을 가지고 소

3-239) 부산지방법원 2015. 6. 19. 선고 2014나16804 판결(확정).

3-240) 서울중앙지방법원 2015. 7. 15. 선고 2013가단5176545 판결(항소취하로 확정).

재를 수집·분류·선택하고 배열하여 편집물을 작성하는 행위에 창작성이 있어야 한다.[3-241] 그 창작성은 작품이 저자 자신의 작품으로서 남의 것을 복제한 것이 아니라는 것과 최소한도의 창작성이 있는 것을 의미하므로, 반드시 작품의 수준이 높아야 하는 것은 아니지만 저작권법에 의한 보호를 받을 가치가 있는 정도의 최소한의 창작성은 있어야 하고, 누가 하더라도 같거나 비슷할 수밖에 없는 성질의 것이라면 거기에 창작성이 있다고 할 수 없다.[3-242]

비록 편집 과정에서 상당한 노력이 들었다고 하더라도 저작권은 노력이 아닌 창작에 대한 보상의 성격을 띠고 있으므로 상당한 노력을 기울여 편집행위를 하였다는 이유만으로 당연히 저작물이 되는 것은 아니다.[3-243]

1) 창작성이 인정된 사례

가) 표준전과 사건[3-244]

<사안의 개요>

초등학교 국어 읽기·말하기·듣기·쓰기 교과서에 실린 삽화의 제작자인 원고가 그 삽화를 사용하여 표준전과를 제작, 판매한 피고를 상대로 손해배상청구소송을 제기한 사건이다. 위 교과서가 편집저작물에 해당하는지 여부가 다투어졌다.

<법원의 판단>

> 『위 교과서는 그 내용인 글과 원고가 제작한 삽화를 배열하여 이루어진 편집저작물로서 삽화와 글이 분리되어 이용될 수 있어 공동저작물이 아니고 편집저작물이라 할 것이므로 피고가 주장하는 바와 같이 위 교과서의 저작권이 교육부에 있더라도 이에 수록된 삽화에 대한 저작권은 원저작자인 원고에게 있다.』[3-245]

3-241) 노래와 가사가 함께 있는 악곡, 소설과 그에 따른 삽화가 함께 게재된 책 등은 결합저작물 또는 공동저작물이지 편집저작물은 아니다(오승종, 176면).

3-242) 대법원 2003. 11. 28. 선고 2001다9359 판결(법조수첩 사건).

3-243) 서울고등법원 1997. 12. 9. 선고 96나52092 판결(북역고려사 사건), 서울고등법원 1999. 8. 31. 선고 98나66446 판결(경매예상지 사건), 부산지방법원 2000. 9. 20. 선고 99가합18766 판결(사진집 사건).

3-244) 서울민사지방법원 1992. 6. 5. 선고 91가합39509 판결(서울고등법원 1993. 6. 15. 선고 92나40695 판결).

3-245) 서울중앙지방법원 2014. 11. 28. 선고 2014나17779 판결(확정)에서도, 장애인 활동

나) 마을문화 사건[3-246)]

피해자 윤○○이 부산에서 '마을문화'라는 광고사를 경영하면서 부산시내 각종 사업체의 전화번호 및 주요 사업내용 등을 수집하여 이를 지역별, 업종별로 정리, 배열하고, 사업체 중 희망업체에 대하여는 컴퓨터 그림편집 프로그램을 이용하여 캐릭터, 그림 등이 포함된 독특한 광고 내용을 작성하거나 해당 업체의 외관 등을 사진으로 찍어 이를 광고내용에 포함시키는 등의 방법으로 <마을문화>라는 전화번호부를 만들었는데, 피고인들이 위 <마을문화>의 저작물 내용을 편집, 인쇄하여 <상가시대>라는 전화번호부를 제작·배포한 사안에서, 법원은 피해자가 만든 <마을문화>는 독창적인 내용의 편집저작물에 해당하고, 피고인들은 피해자의 위 편집저작물의 저작권을 침해하였다고 판시하였다.

다) 운전면허문제집 사건[3-247)]

<사안의 개요>

원고는 자동차운전면허시험문제집인 '운전면허학과시험'을 집필·발행하여 왔는데, 피고들이 유사한 외형, 구성, 내용을 담은 '운전면허시험문제집' 책을 발행하자 피고를 상대로 저작권침해로 인한 손해배상을 구한 사건이다. 원고 발행서적이 편집저작물에 해당하는지 여부가 쟁점이다.

<법원의 판단>

『이 사건 저작물은 국가의 법령이나 타인의 저작물을 평면적으로 요약하고 기출문제 등을 수집한 것에 그치지 않고, 우선 운전면허시험안내 편에서는 운전면허시험을 준비함에 있어서 필수적인 일반적인 지식이나 자료들을 수집·소개하고 있으며, 교통법령요점정리 편에서는 국가의 법령 중 출제가능성이 높은 법률·시행령·시행규칙을 선별하여 요약·정리·해설하되 해당 법률과 시행령, 시행규칙을 관련항목에 따라 묶어서 정리하였고, 자동차구조

보조인을 위한 교육교재인 '장애인과 함께 하는 활동보조인 양성과정'이라는 제목의 책자에 삽입된 교재의 내용을 설명하는 삽화의 저작권 침해가 문제된 사안에서 『이 사건 교재는 그 내용인 글과 이 사건 삽화 등의 소재를 창작성 있게 선택, 배열, 구성한 편집저작물』이라고 판시한 바 있다.

3-246) 부산지방법원 동부지원 2001. 5. 31. 선고 2000고단1892 판결(확정).

3-247) 서울중앙지방법원 1995. 4. 7. 선고 94가합63879 판결(확정).

요점정리 편에서는 복잡한 자동차구조에 관한 이론 중 출제가능성이 높은 부분만을 발췌하여 적절히 그림 등을 덧붙여 정리하는 등 가급적 간단명료하고 통일적인 정리가 될 수 있도록 노력하였고, 각 이론부분 설명에 따라 예상문제를 직접 작성하기도 하고 기출문제를 일부 수집하기도 하여 이를 적절하게 종합·배열하고 있으며, 이 사건 저작물 이전에 이 사건 저작물과 동일하거나 유사한 체제를 갖춘 저작물이 있었다는 점을 인정할 자료가 없으므로 이 사건 저작물의 전체적인 체제 또한 일응 그 독창성을 지니고 있는 것이라고 할 것이니, 결국 이 사건 저작물은 그 소재의 선택 및 배열이 창작성을 지닌 저작권법이 보호하는 편집저작물에 해당한다.』

☞ 유사 사례로 세법해설서 사건[3-248]에서, 세법 분야의 각 해당 법률의 조문순서에 따라 각 조문에 대한 요지·연혁·주석·관련예규·판례를 항목을 나누어 서술하고, 각 항목의 필요한 부분에 각 해당 법률·시행령·시행규칙, 그 외 관계법령·국세청기본통칙·국세청예규·관련대법원판례를 인용·열거한 다음 그에 대하여 해설하는 방식으로 저술된 책이, 여러 개의 기존 저작물 또는 여러 가지의 자료나 정보를 특정한 의도 하에 정리·배열하여 만들어 낸 이른바 그 소재의 선택 및 배열이 창작성을 지닌 편집저작물에 해당한다고 보았다.

또한, 수험정보지 사건[3-249]에서도, 대학원 진학 및 취직 시험을 준비하는 대학생들을 위한 수험정보지로서 각종 채용정보와 진학정보 외에 영문잡지인 TIME지의 기사 일부를 발췌하여 이를 국문으로 번역한 번역기사와 소외 김○○이 발행하던 '정문영어'라는 책자 중에서 '영어연습문제 및 해설'을 선별하여 이를 적절한 순서로 배열하여 수록하는 한편, 그 부록으로 원고가 수집한 각 대학원 및 기업체의 영어문제와 그 해설지, 대학원의 전공별 '전공기출문제자료집'을 연도별, 전공별로 선별하여 첨부하는 방법으로 제작된 주간지에 대하여, 그 소재의 선택 또는 배열에 창작성이 있는 편집저작물로 보았다.

라) 입찰경매정보지 사건[3-250]

법원게시판에 공고되거나 일간신문에 게재된 내용을 토대로 경매사건 번호, 소재지, 종별, 최저경매가로 구분하여 수록하고, 이에 덧붙여 원고 회사 직원들이 직접 열람한 경매기록이나 등기부등본을 통하여 알게 된 목적물의 주요 현황, 준공일자, 입주자, 임차금, 입주일 등의 임대차관계, 감정평가액

3-248) 서울중앙지방법원 1995. 6. 23. 선고 94가합67215 판결(항소심에서 조정).

3-249) 서울고등법원 2001. 8. 29. 선고 2001나8181 판결(대법원 2001. 11. 14. 선고 2001다60279 판결).

3-250) 서울고등법원 2001. 7. 10. 선고 2001나3919 판결(확정).

및 경매결과, 등기부상의 권리관계 등을 구독자에게 알아보기 쉽게 필요한 부분만을 발췌, 요약하여 수록한 경매정보지인 '한국입찰경매정보'에 관하여, 경매물건에 관한 조사 자료의 집합물로서 그 자료의 선택 또는 배열에 있어 그 전체적인 표현이 창작성을 가지는 편집저작물이라고 보았다.

☞ 이와 달리 경마예상지에 대해서는, 『한국마사회 등으로부터 제공받은 자료를 일반적인 표현방식으로 편집한 것에 불과하여 타 경마예상지와 차별화되어 저작물로 보호받아야 할 정도로 그 표현방식에 창작성이 있다고 보이지 않는다』고 판시하여 창작성이 부정된 사례도 있다.3-251)

마) 인쇄매체수용자조사 사건3-252)

<사안의 개요>

원고는 광고환경 조사 및 개선사업 등을 영위할 목적으로 신문 및 TV 광고의 광고주들을 회원들로 하여 설립된 사단법인으로서, 회원인 광고주들의 효율적인 광고전략 수립과 집행에 도움을 줄 목적으로 인쇄매체수용자조사를 하여 왔고 2001년도 인쇄매체 수용자 조사결과를 토대로 통계편과 요약편 2권의 책자로 이루어진 '2001 인쇄매체수용자조사'라는 이름의 보고서(이하 '이 사건 보고서')를 작성하였다. 원고는 자신의 회원들 또는 신문사들을 비롯한 비회원들에게 이 사건 보고서를 배포하면서, 원고의 동의 없이 이 사건 보고서를 공표하거나 인용하지 아니하겠다는 내용의 각서를 받았고, 이 사건 보고서에는 "원고의 동의 없이 위 보고서를 복사, 배포, 유인, 공표, 인용하여서는 아니 된다"는 내용의 글이 기재되어 있는데, 피고 (주)○○은 자신이 발행하는 '미디어오늘'이라는 주간지에 '신문시장 독과점 심화… 조선·중앙·동아 74% 차지'라는 제목으로 원고가 실시한 2001 인쇄매체수용자조사의 개요, 가구구독률, 가판구매자 비율 등 이 사건 조사결과의 일부를 보도기사로 게재하였다. 이 사건 보고서가 편집저작물에 해당하는지 여부가 다투어졌다.

<법원의 판단>

『원고가 인쇄매체 관련 시장상황 및 구독실태, 신문별 이미지 특성 및 만

3-251) 대법원 2000. 6. 23. 선고 99다57133 판결. 신청사건인 서울고등법원 1999. 4. 7.자 98라247 결정(확정)의 본안사건으로 보인다.

3-252) 서울중앙지방법원 2001. 12. 14. 선고 2001가합17140 판결(확정).

족도 등 일반적인 신문구독행태의 파악과 신문별 광고효과 측정을 통하여 회원인 광고주들의 효율적인 광고전략 수립과 집행에 도움을 줄 목적으로, 소외 회사에게 2001 인쇄매체수용자조사 용역의 시행을 의뢰하여, 소외 회사로부터 위와 같은 인쇄매체수용자조사를 시행한 이 사건 조사결과를 제공받은 다음, 내용을 크게 신문구독현황, 가판구매현황, 신문접촉현황, 매체별 특성, 광고 관련, 응답자 특성 등의 항으로 구분한 후, 그 항을 다시 별지 제1목록 기재와 같이 세분하고 각각의 세분된 항목들에 대하여 인쇄매체별, 조사지역별, 조사연령별로 상세한 표를 만든 다음, 각각의 표에 조사된 숫자 또는 백분율을 기재하는 방법으로 이 사건 조사결과를 표현한 통계편 책자와 내용을 크게 조사개요, 신문구독 및 접촉현황 요약, 조사결과로 나누고, 조사결과를 다시 신문구독현황, 신문접촉현황, 매체 특성, 광고 관련, 응답자 특성 등의 항으로 구분한 후, 위와 같이 구분된 항들을 다시 별지 제2목록 기재와 같이 세분하여, 각각의 세분된 항목들에 대하여, 인쇄매체별, 조사지역별, 조사연령별로 요약된 표 또는 막대그래프를 작성한 다음, 각각의 요약된 표와 막대그래프 등에 조사된 숫자 또는 백분율을 요약 기재하는 방법으로 위와 같이 통계편 책자에 상세히 나타난 이 사건 조사결과를 간결하게 요약, 정리한 요약편 책자를 작성함으로써, 통계편 책자와 요약편 책자로 이루어진 이 사건 보고서를 작성한 점은 위에서 본 바와 같은 바, 위 인정사실에 의하면, ① 원고가 작성한 이 사건 보고서가 인쇄매체 관련 시장상황 및 구독실태, 신문별 이미지 특성 및 만족도 등 일반적인 신문구독행태의 파악과 신문별 광고효과 측정을 통하여 회원인 광고주들의 효율적인 광고전략 수립과 집행에 도움을 줄 목적으로 제작되었다는 점에서 문학·학술 또는 예술의 범위에 속하는 점을 인정할 수 있고, ② 원고가 이 사건 조사결과를 토대로 위 조사결과를 정리하여 이 사건 보고서를 작성하였다는 점에서 위 보고서가 사람의 사상이나 감정을 표현한 창작물에 해당하는 점을 인정할 수 있으며, ③ 원고가 위와 같은 체계로 그 내용을 구분하는 방법으로 이 사건 조사결과를 정리하여 이 사건 보고서를 작성하였다는 점에서 위 보고서가 소재의 선택 및 배열에 있어 창작성이 있는 점을 인정할 수 있으므로, 이 사건 보고서가 저작권법상 보호되는 저작물 또는 편집저작물에 해당하는 점을 인정할 수 있다.』

바) 회사 이미지 카탈로그 사건[3-253]

「피해자의 카탈로그는 ○○산업의 연혁과 개요, ○○산업이 소유한 기계의 종류 및 생산된 제품의 특성, 기타 ○○산업의 연구개발노력 및 직원들에 대한 복지시설, 마켓팅전략 등을 소개하여 전반적인 회사의 이미지를 제고함으로서 판매촉진을 도모할 목적으로 제작된 것으로서 그 문구(영문포함)의 내용이나 형태, 사진의 배치 등 소재의 선택과 배열에 저작자 나름대로의 정신적인 노력의 소산으로서 특성이 있고 기존의 회사홍보용 카탈로그와 구별할 수 있을 정도의 창작성을 인정할 수 있으므로 저작권법 소정의 편집저작물에 해당한다.」

사) 편집앨범 사건[3-254]

「이 사건 CD는 상주앙(SANJUAN) 뮤직그룹의 팝송 CD 23장에 수록된 470여곡 및 한도라는 업체로부터 음원이용을 허락받은 연주곡 40여곡 중에서 원고가 주된 수요 연령층을 40대 후반에서 70대 초반으로 정하고, 소재 선택 기준은 ① 위 수요자 층이 들었을 때 향수에 젖을 수 있는 음악, ② 위 수요자 층이 어릴 때 혹은 젊었을 때 자주 접할 수 있었던 1950년대 이후 1980년대 초 사이의 음악, ③ 광고배경음악이나 영화 삽입곡으로 쓰여 위 수요자 층에 친숙한 음악이라는 나름의 기준을 정하여 총 108곡을 선별한 뒤, '추억', '사랑', '연인', '순수', '열정', '명화음악'이라는 6개의 소주제를 정하고, 가사나 제목, 삽입되었던 영화나 드라마의 내용 등이 각 소주제와 관련성이 있는지를 기준으로 6장의 CD에 나누어 수록한 것으로서, 소재 선택, 분류 및 구성에 창작성이 있다고 할 것이다. 따라서 이 사건 CD는 편집저작물에 해당한다.」

☞ 한편, 재편집앨범 사건[3-255]에서는, 가수인 원고들과 전속계약을 체결한 피고 회사가 전속기간 만료 이후 전속계약 기간 동안 제작한 음반(원반)을 사용하여 편집앨범을 제작, 판매한 것에 관하여, 「피고 회사가 기존 원반 2개에 녹음된

3-253) 전주지방법원 2003. 5. 16. 선고 2002노1133 판결(확정). 제1심은 「피해자가 작성한 카탈로그의 기계별 특성 및 제품의 특성에 대한 문구(영문포함)와 사진은 각 기계 및 제품의 특성에 대한 사실적 표현에 불과하고 그 표현에 어떠한 창작성이 인정되지 아니할 뿐만 아니라, 카탈로그를 구성하는 소재들의 선택이나 배열에 창작성이 있어 보이지도 아니하고, 피고인 작성의 카탈로그에 나타난 소재들의 배열과 동일성도 있어 보이지 아니한다」는 이유로 피고인들에 대하여 무죄를 선고하였다.

3-254) 서울중앙지방법원 2008. 3. 21. 선고 2007가합20803 판결(확정).

3-255) 서울고등법원 1995. 3. 21. 선고 94나6668 판결(확정).

가요 및 가창을 이용하여 새로 만든 재편집 원반(히트곡 모음)은 통일한 작곡, 작사가 및 가수의 가요 21곡 중 16곡을 단순히 발췌하여 배열만 달리 하여 모아놓은 정도의 편집을 한 것임은 위 제1항에서 본 바와 같은바, 그 정도라면 여타의 음반회사들이 히트곡 모음집을 만들기 위하여 사용된 궁리방법에 의한 선택과 배열 정도에 불과하여 그 소재의 선택 및 배열에 있어서 창작성이 있다고는 볼 수 없다 할 것이므로, 위 재편집 원반은 창작성이 있는 편집저작물에는 해당하지 않는다」고 보았다.

아) 여행책자 사건[3-256)]

「피해자의 △△천하유럽이 저작권법상 보호대상인 독자적 저작물인지 여부

…피해자의 △△천하유럽은 유럽여행 준비에 실질적인 도움을 주고 유럽 문화를 체험하는 여행을 할 수 있게 하는 여행안내서적을 만들자는 피해자의 기획의도에 따라 피해자 및 피고인 등의 해외여행으로 축적된 지식과 경험 등을 바탕으로 다른 여행안내서적, 팜플렛, 백과사전 및 전문서적 등과 같은 관련 자료들을 통하여 수집한 정보들 중 유럽 각 나라와 주요 도시들의 소개에 필요하다고 판단되어 취사선택된 정보들이 단문형식으로 간략하게 기술되어 있는 책으로서, 책 중간 중간에 현지답사 등을 통하여 얻은 감상 등도 같이 기술되어 있는 사실을 인정할 수 있다.

위 서적은 여행정보를 제공하기 위하여 팜플렛, 백과사전, 관련 서적 등과 같은 자료들을 편집한 편집물의 성격을 일부 지니고 있는데, 이러한 편집물이 편집저작물로서 보호를 받으려면 일정한 방침 혹은 목적을 가지고 소재를 수집, 분류, 선택하고 배열하여 편집물을 작성하는 행위에 창작성이 있어야 할 것이고(대법원 1996. 6. 14. 선고 96다6264 판결 등 참조), 그 창작성은 작품이 저자 자신의 작품으로 남의 것을 복제한 것이 아니라는 것과 최소한도의 창작성이 있다는 것을 의미하므로 반드시 작품의 수준이 높아야 하는 것은 아니지만 저작권법에 의한 보호를 받을 가치가 있는 최소한의 창작성은 있어야 한다(대법원 1997. 11. 25. 선고 97도2227 판결 참조).

위와 같은 법리에 비추어 보면, △△천하유럽은 기존의 다른 여행안내서적이나 백과사전 등에 소개된 내용들을 기초로 제작된 것으로 보이기는 하나, 수많은 여행지 및 그 여행지에서의 볼거리, 교통정보, 숙박 시설, 식당

3-256) 서울서부지방법원 2008. 12. 16. 선고 2008노760 판결(대법원 2011. 2. 10. 선고 2009도291 판결).

등 여러 정보들에 대하여 피해자 등의 축적된 여행경험과 지식을 바탕으로 기획의도에 맞추어 필요하다고 선별한 내용들을 모아 나름대로의 표현방식으로 기술한 것이고, 거기에 피해자 등이 직접 방문시 느꼈던 감상 등도 일부 추가하여 기술한 것이므로, 여행지에 대한 여러 객관적 정보를 취사선택하여 기술한 부분에 대해서는 소재 선택이나 배열에 창작성이 있는 편집저작물의 성격을, 관광 명소에 대한 주관적인 묘사나 여행지에서의 감상 등이 기술된 부분에 대해서는 어문저작물의 성격을 지니고 있다고 판단된다. 따라서 피해자의 서적은 저작권법상 보호할 가치가 있는 저작물이라 할 것이다.』

☞ 여행책자의 관광지, 볼거리, 음식 등을 주관적으로 묘사하거나 설명하고 있는 부분 중 일부에 대해 해당 관광지 등에 관하여 알려져 있는 특성과 평판 등을 이전의 다른 여행책자들에서도 쉽게 찾아볼 수 있을 정도의 통상적인 표현방식에 의하여 그대로 기술한 것에 불과하거나 누가 하더라도 같거나 비슷하게 표현할 수밖에 없어 창작성을 인정할 수 없는 표현들이라고 보았다. 같은 취지로, 리조트 사진 사건[3-257]에서도, 원고들이 필리핀, 태국, 인도네시아, 홍콩, 호주 등의 각 나라를 방문하여 여행지의 현장사진을 카메라로 촬영한 후 각 여행지에 대한 설명문과 함께 원고의 홈페이지에 게재하였는데, 피고들이 원고의 허락을 받지 아니한 채 이를 자신들의 홈페이지에 게재한 사안에서 원고들이 홈페이지에 게재한 여행지에 대한 설명 부분이 저작물인지 여부에 관하여, 『이 사건 어문저작물은…여행지의 교통, 객실, 식당 등에 관한 설명을 일부 포함하고 있는바, 이러한 여행지에 대한 설명 부분은 객관적 사실이나 정보를 일반적인 표현형식에 따라 있는 그대로 기술한 것에 지나지 않아 창작성을 인정하기 어렵다. 그러나 위 어문저작물 중 관광지, 볼거리, 음식 등을 주관적으로 묘사하거나 여행객을 대상으로 여행지를 즐기는 방법 및 주의사항 등에 관해 기술하고 있는 부분에는 작성한 사람의 창작과 노력에 따른 개성이 나타나 있어 창작성이 인정된다. 나아가 이 사건 어문저작물은 전체적으로 보아 원고의 대표이사 등이 선택한 여행지의 정보들 중에서 여행객들이 궁금해할만한 사항을 선택하여 수집·배열한 점에 있어 편집저작물로서의 독자적인 창작성도 인정된다. 따라서 이 사건 어문저작물은 저작권법에 의하여 보호되는 저작물이다』라고 판시하였다.

자) 유아교육교재 사건[3-258]

3-257) 서울중앙지방법원 2011. 9. 7. 선고 2010가합53476 판결(확정).

3-258) 서울중앙지방법원 2009. 1. 8. 선고 2007가합35102 판결(확정).

『원고들 교재 중 구체적인 소재 중에는 그 자체로 독창적이라 할 수 없거나 공지의 것들이 다소 존재하고, 그 내용 중에는 기존의 유아교육용 교재들을 기초로 하고 있는 부분이 있기는 하나, 원고들이 4세 내지 7세의 유아들이 한글, 수학, 음악, 한자부수, 시조, 속담, 사자성어 등을 쉽고 체계적으로 학습할 수 있도록 하기 위한 목적으로 10년 이상 기간 동안의 교수 경험과 연구결과를 토대로 글과 그림을 선택하여 배열하고, 여기에 나름대로의 표현방식에 따라 창조적인 표현들을 부가하여 제작한 체계적인 편집저작물인 사실이 인정된다.

피고들은 원고들 교재 또는 교수법이 원고들 고유의 것이 아니고, ○○사의 유아교재 프로그램이나 △△ 등의 교재와 유사하여 독창성이 인정되지 않는다고 다투므로, 이하 위 각 증거들에 의하여 각 교재별 독창성에 관하여 보기로 한다.

(한글 읽기 교재)

기존의 한글 읽기 교재는 일반적으로, 모음의 순서를 '아, 야, 어, 여, 오, 요, 우, 유, 으, 이'의 순서로 가르치거나, '아, 어, 오, 우, 으, 이' 순서로 가르치고 있으나, 원고들 교재는 유아들의 발음시 입모양에 착안하여 모음 순서를 '아, 이, 오, 우, 어, 으'의 순서로 구성하였다(피고들 주장에 의하더라도 피고 백○○의 배열순서 '아, 이, 어, 오, 우, 으'는 원고들 교재보다 나중의 것이다).

(한글 쓰기 교재)

원고들 교재는 유아들에게 바른글씨체를 가르치기 위하여 '용머리' 쓰기의 중요성을 강조하고, 쓰기 교재의 첫 장은 '용머리'를 쓰는 연습으로 시작하여, 유아들이 글자를 쓸 때 적절한 크기, 공간 배정, 일률적인 글자 쓰기의 패턴을 익힐 수 있도록 하기 위하여 글자를 쓰는 모든 칸은 점선으로 네 개의 공간으로 나누었다(피고들은 용머리 연습이 한글 교육의 기본이라고 다투나 원고들 교재 이전에 위와 같은 방식으로 이루어진 교재들이 제작되어 판매되고 있다는 점을 인정할 증거가 없다).

또한 원고들 교재 중 쓰기 교재에 나오는 모든 쓰기 글자는 각 획마다 쓰는 순서에 따라 '빨강 → 노랑 → 파랑 → 초록 → 보라'의 색깔을 넣었으며, 이에 따라 유아들이 색깔 패턴을 익혀 바른 순서에 따라 글씨를 스스로 쓸 수 있도록 하고 있다.

…따라서 원고들 교재는 그 전체나 각 과목별 교재 모두 소재의 수집, 분

류, 선택 및 배열에 최소한도의 창작성을 가지고 있다고 봄이 상당하므로, 저작권법에 의하여 보호되는 편집저작물에 해당하고, 각 과목별 교재 중 위와 같이 독창성이 인정되는 부분은 그 자체로서 저작권법에 의하여 보호되는 어문저작물 내지 미술저작물에 해당하므로, 원고들 교재가 저작물에 해당하지 않는다는 피고들의 다툼은 이유 없다.』

☞ 한편, 한글교육교재의 소재인 글자교육카드의 선택 또는 배열이 창작성이 있다고 할 수 없어 이를 편집저작물로 볼 수 없고, 그 한글교육교재가 채택하고 있는 순차적 교육방식이라는 것은 아이디어에 불과하여 저작물로서 보호받을 수 없다고 판단한 원심판결을 수긍한 사례도 있다(대법원 1996. 6. 14. 선고 96다6264 판결).

차) 한어대사전 사건[3-259]

<사안의 개요>

원고는 중국 상해세기출판고분유한공사 사서출판사(이하 '사서출판사')와 '한어대사전'을 한국어로 번역하여 출판하기로 하는 독점적 번역출판계약(이하 '이 사건 계약')을 체결하였다. 원고는 '한한대사전'을 발행·출판하고 있는 피고를 상대로 소를 제기하여 편집저작권 등 침해를 주장하였는데, 한어대사전이 편집저작물에 해당하는지 여부가 쟁점으로 되었다.

<법원의 판단>

『한어대사전은 한어(漢語)의 고유 명사를 비롯한 모든 단어를 일일이 수록하기 보다는 중국고전에 쓰임으로써 예문이 존재하는 일반 어휘를 수록한다는 지침에 따라 편찬된 한자사전으로, 문자 자체가 고유의 음과 뜻을 지

3-259) 서울중앙지방법원 2011. 12. 2. 선고 2010가합104893 판결(항소심에서 강제조정); 한편, 한자옥편에 대하여 대법원 1968. 7. 16. 선고 68다938 판결은 『현재 국내에서 간행되는 한자에 관한 옥편이나 자전류들은 그 전부가 2백년전에 간행된 전운옥편을 위시하여 중국의 강희자전 등을 토대로 하고, 지석영 저 '자전석요', 최남선 편 '신자전' 등을 참고하여 구매독자의 흡수를 위한 편찬의 지명에 의하여 약간씩의 질적인 향상을 꾀하였음에 지나지 않는 것들이었다는 옥편편저에 관한 역사적인 사실과 한자의 주석에 있어서는 전시대에 이루어진 것들을 시범으로 하여 이에 약간의 첨가·삭제를 하는 정도를 벗어날 수는 없는 것이라는 옥편편저의 본질적이며 역사적인 제약 등에 비추어 본건 '증보명문신옥편'도 새로운 사색에 의하여 창조된 정신적 제작물의 배타적인 이용을 내용으로 하는 저작권의 대상이 될 수 없는 것이다』라고 판시한 바 있다.

닌 표의문자인 한자(漢字)의 특성에 따라 ① 표제자(글자)와 ② 표제자를 기반으로 만들어진 표제어(단어)를 배열하고, ③ 표제자 및 표제어에 대한 의미를 설명하는 주석 다음에, ④ 표제자 및 표제어가 쓰인 예문을 중국고전에서 선택하여 예문 원전의 연대순으로 배열하는 구성을 취하고 있는 사실, 한어대사전에는 한어대사전 이전에 발행된 일본의 대한화사전이나 대만의 중문대사전에는 실리지 않았던 표제어가 최초로 선택되어 그에 관한 주석 및 예문과 함께 실리거나, 기존의 위 사전들에 있던 표제어에 관하여 주석과 예문이 새롭게 추가되기도 한 사실을 인정할 수 있으므로, 위 인정사실에 의하면 한어대사전은 저작물이나 문자 등의 자료의 집합물로서 법 제2조 제17호의 '편집물'에 해당하고, 한어대사전 자체는 전체적으로 보아 일반단어 중 예문이 있는 것을 선택하여 배열한다는 독자적인 기준에 의해 만들어진 한자사전으로서 특히 그 소재의 선택에 있어 기존의 사전들과 구분되는 새로운 저작물로서의 창작성이 인정되므로, 법 제2조 제18호, 제6조에 따라 '편집저작물'로 보호될 수 있다.』

카) 차량케미컬제품라벨 사건[3-260]

<사안의 개요>

원고는 피고 ㈜○○이 출시할 일반인용 차량 케미컬 제품에 사용될 라벨을 제작하였다. 위 라벨이 편집저작물로서의 창작성을 가지는지 여부가 쟁점으로 되었다.

<법원의 판단>

『편집물이 저작물로서 보호를 받으려면 일정한 방침 혹은 목적을 가지고 소재를 수집·분류·선택하고 배열하여 편집물을 작성하는 행위에 창작성이 있어야 하는바, 그 창작성은 작품이 저자 자신의 작품으로서 남의 것을 복제한 것이 아니라는 것과 최소한도의 창작성이 있는 것을 의미하므로 반드시 작품의 수준이 높아야 하는 것은 아니지만 저작권법에 의한 보호를 받을 가치가 있는 정도의 최소한의 창작성은 있어야 하고, 누가 하더라도 같거나 비슷할 수밖에 없는 성질의 것이라면 거기에 창작성이 있다고 할 수 없다(대법원 2003. 11. 28. 선고 2001다9359 판결 등 참조).

위와 같은 법리를 염두에 두고 이 사건으로 돌아와 살피건대, …① 원고

3-260) 서울중앙지방법원 2014. 7. 4. 선고 2013가합55534 판결(확정).

는 피고 ㈜○○의 브랜드인 쉐보레(CHEVROLET) 표장을 사용하여 생산될 일반인용 차량 용품 용기의 외부에 부착하기 위한 목적으로 이 사건 각 라벨을 제작하게 된 점, ② 이 사건 각 라벨은 모서리 및 각 선이 곡선으로 처리된 삼각형이나 직사각형(별지 목록 1 기재 라벨 중 순번 1 내지 8, 13), 또는 일반적인 직사각형(별지 목록 1 기재 라벨 중 순번 9 내지 12, 14, 15) 모양의 검은색 도형이 바탕이 되고 있는 점, ③ 그 바탕 맨 윗부분에는 황금색을 띠는 피고 ㈜○○의 자동차 브랜드인 쉐보레 표장이 위치하고 있고, 그 표장 바로 밑에 영문으로 CHEVROLET라는 글씨가 위치하고 있으며, 바탕 가운데 부분에는 각 제품의 특성에 맞게 피고 ㈜○○이 생산하는 자동차들의 내·외부 사진 및 이미지가 자리잡고 있는 점(가령 유리 세정제 제품에는 자동차 전면 유리 부분의 사진이 있고, 레자 왁스 제품에는 자동차 내부의 가죽 의자 사진이 있다), ④ 그리고 바탕 가운데 부분의 자동차 내·외부 사진 및 이미지 바로 왼쪽 옆을 따라서 PREMIUM이라는 흰색 영어 글자가 세로로 기재되어 있고, 그 하단부에는 제품명의 영어표현, 제품명, 그리고 제품의 특성을 드러내는 표어가 위에서 아래로 순차로 기재되어 있는 문구가 기재되어 있는 점(가령 타이어 광택제 제품의 경우'TIRE POLISH'라는 제품명의 영어표현, '타이어 광택제' 제품명, '타이어 전용 광택&보호!'라는 표어가 순차로 위·아래로 기재되어 있다), ⑤ 위 순차 기재 문구는 각 제품에 따라 여러 가지 색을 띠고 있으며, 그 색은 왼쪽에서 오른쪽으로 갈수록 조금씩 그 채색 정도가 옅어지는, 일단 모서리 부분이 둥글게 처리된 직사각형 모양의 박스 안에 위치하고 있는 점 등의 사정을 종합하여 보면, 이 사건 각 라벨은 일정한 목적 하에서 특정 색을 띠는 도형, 제품명 및 제품의 특성을 드러내는 문구, 제품이 주로 쓰이는 대상인 자동차 부분의 사진, 기타 문양 등의 소재가 통일성 있게, 그리고 최소한의 창작성을 가지면서 선택·배열된 것으로서 독자적인 저작물로서 보호되는 편집저작물에 해당한다고 봄이 상당하다.』

타) 건물신축단가표 사건[3-261)]

<사안의 개요>

원고는 국유재산현물출자에관한법률에 기하여 설립된 회사로서, 각종 건축

3-261) 서울고등법원 2004. 6. 2. 선고 2003나80316 판결(대법원 2004. 8. 20. 선고 2004다33414 판결).

물의 가격감정평가 등에 사용될 수 있는 표준적인 자료로서 '건물신축단가표'라는 제호의 출판물(이하 '이 사건 제1출판물')을 발간해오고 있다. 피고 ○○감정평가법인은 '건축물 표준 신축 단가표'라는 제호의 출판물(이하 '이 사건 제2출판물')을 발간하였고, 피고 ㈜○○은 그 홈페이지에 '건축물 표준 신축 단가표'라는 제목하에 이 사건 제2출판물 제2장의 건물별 ㎡당 공사비 적산표를 인터넷서비스로 제공하고 있으며, 피고 ㈜△△는 ㎡당 공사비 적산표를 작성하여 이 사건 제2출판물을 발간하는데 제공하였다. 이 사건 소송에서 법원은 이 사건 제1출판물이 보호받는 저작물인지 여부가 다투어졌다.

<법원의 판단>

『이 사건 제1출판물은 건축물의 ㎡당 신축 공사비를 표로 작성한 것인바, 여기에 사용된 건축물의 명칭, 용어 및 공사단가 등 개개의 소재는 기존의 법령상 또는 업계 관행상의 명칭, 용어에 불과하거나 사실에 기초한 산술적인 계산 등에 의하여 용이하게 산출될 수 있으므로, 이러한 것들은 누가 하더라도 같거나 비슷하게 표현될 수밖에 없는 성질의 것이어서 그러한 소재 자체에 관하여는 저작물이 갖추어야 할 창작성이 있다고 보기는 어렵다 할 것이다. 그러나 앞서 본 바와 같이, 원고는 1969년부터 각종 건축물의 가격감정평가 등에 사용될 수 있는 표준적인 자료로서 지속적으로 건물신축표준단가표를 수정·보완하여 왔던 점, 이 사건 제1출판물은 그 핵심적인 부분인 '제2장 건물표준단가'에서 각 건물을 용도, 구조 및 지붕틀에 따라 4단계로 구분한 후, 각 구분번호(분류번호)별로 1면을 할애하여 그 각각의 지면의 상단부에 ① 분류번호, 용도, 구조, 급수, 표준단가) 및 ② 내용연수를 배치하고, 이어 하단으로 가면서 ③ 바닥, 내벽 등 5개 항목으로 구분하여 설명한 주요재료 및 실내마감표, ④ 가설공사 등 10여개 내외의 세부공사별로 ㎡당 산정한 공사비의 적산표를 각 배치하고 있는데, 이와 같이 건물감정 평가를 정확하고 용이하게 하기 위한 목적으로 건물을 나름대로 분류하고, 그 각각의 건물에 대하여 세부항목별로 공사비 적산표를 두고 있는 구성체계를 가지고 있는 점 등에 비추어 보면, 이 사건 제1출판물은 비록 기능적 성격을 띠고 있기는 하나, 전체로서 볼 때 그 소재의 선택 및 배열에 있어 편집저작물로서 요구되는 최소한의 창작성을 만족한다고 볼 것이다.』

파) 구청 업무 홍보책자 사건[3-262]

<사안의 개요>

원고는 마포구청과 용역계약을 체결하고, '2013 마포구 주요업무계획' 책자(이하 '원고 저작물')를 제작, 출간하였고, 그 후 피고는 강북구청의 의뢰를 받아 '2013 강북구 주요업무계획' 책자(이하 '피고 저작물')를 제작, 출간하였다. 원고 저작물이 보호받는 편집저작물에 해당하는지 여부가 쟁점이다.

<법원의 판단>

『가) 원고 저작물의 창작성

1) 편집저작물로서 창작성이 인정되는 부분

원고 저작물은 구청 주요업무계획을 통일성 있고 일관성 있게 표현한다는 일정한 목적 아래 '길(路)'을 테마로 하여 ① 표지에는 마포구를 나타내는 영어 'MAPO'를 파스텔 톤의 물방울 모양을 이용하여 부드러운 곡선 형태로 도안화한 후 마포구가 표방하는 도시에 관한 소제목을 각 색표시와 함께 좌측하단에 배열하고, 우측상단에는 책의 제목인 '마포'라는 글자를 특정 글씨체를 이용하여 배열하였으며('  '), ② 표지 다음의 첫 페이지에는 정면에 교차로와 빌딩 사이로 길게 뻗은 도로가 보이는 사진을 선택하고, 좌측상단 및 우측상단에 마포구가 표방하는 도시의 내용을 배열하였고('  '), ③ 마포구의 비전에 대하여 '하얀색 링과 그 위에 떠 있는 파란색 링, 하얀색 링 주위 외곽에는 다양한 색상의 링'이 배치된 클립아트를 선택하고, 하얀색 링과 파란색 링 안에 마포구의 전체적인 목표를 기재하고, 하얀색 링 주변의 다양한 색상의 링에는 마포구가 표방하는 도시를 기재하고, 하단에는 지역특성을 기재하였으며(' 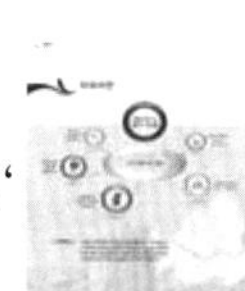 '), ④ 목차

3-262) 서울중앙지방법원 2013. 11. 29. 선고 2013가합29818 판결(확정).

의 경우 좌측상단에 마포구의 명소 사진을 배열하고, 그 아래에 파란색 배경에 건물 그림이 희미하게 보이도록 배치하였으며, 목차에는 각 소제목에 보라색, 주황색, 분홍색, 초록색, 파란색 등의 색을 넣었고('  '), ⑤ 각 소주제별 도입부에는 좌측면 전부와 우측면 1/3에 걸쳐 사진을 배치하고, 그 사진의 등장인물 이외의 배경은 그 소주제 별로 특정한 색을 띠도록 하였으며, 우측상단에서부터 좌측하단으로 길을 표방하는 흐르는 듯한 긴 곡선을 배치하고 그 곡선 위로 나무, 사람, 건물 등의 문양을 배치하였으며 ('  '), ⑥ 각 소주제별 본문의 경우 그 소주제에 지정한 색을 이용하여 각 소제목을 표현하고, 본문 하단에는 가로 크기의 1/2에 해당하는 사진을 좌측에, 그 우측상단에는 위와 같이 지정한 색을 바탕색으로 하여 각 사진을 설명하는 글이 적혀 있는 상자를, 그 우측에 같은 크기의 사진을, 그 아래에 긴 사진을 배열하고, 그 위에 인물 사진 및 페이지 우측 상단의 원형 무늬 안에 사진을 배열('  ','  ','  ') 하는 등으로 원고 저작물에 사용된 소재인 특정 문구, 사진, 특정 문양 및 특정 색을 원고 자신의 독자적인 표현방법에 따라 선택, 배열하였으므로 원고 저작물은 …창작성이 인정되지 않는 일부분을 제외한 나머지 부분에 대하여는 편집저작물로서 창작성이 인정되어 독자적인 저작물로 보호받을 수 있다고 할 것이다.

2) 편집저작물로서 창작성이 인정되지 않는 부분

원고 저작물 중 "표지, 도시 사진, 구청장 인사말, 비전, 목차, 전년도 수상현황, '경제도시' 도입부, '경제도시' 소목차 및 내용, 이하 같은 방식으로 '교육·문화도시', '복지도시', '녹색도시', '열린도시' 순으로 각 주제의 도입부, 소목차 및 내용이 반복되는 본문, 구정현황, 주요 주민이용시설 안내, 관광안내도"를 배열하는 '전체적인 내용의 구성'은 '2013 광진구 주요업무계획'

책자, '2013 노원구 주요업무계획' 책자, '2013 도봉구 주요업무계획' 책자 등 각 구청의 '주요업무계획' 책자에서 널리 쓰이는 방식으로 누가 하더라도 같거나 비슷할 수밖에 없는 성질의 것이어서 이 부분에 창작성이 있다고 할 수 없다. 다만, 창작성이 인정되지 않는 부분은 구청의 주요업무계획이라는 내용을 일정한 구성으로 배열하는 것에 한정되며, 원고 저작물 중 특정 내용, 특정한 색, 특정한 문양(클립아트) 및 특정한 사진을 선택하고 그 각 소재를 독창적으로 배열한 부분까지 창작성이 부인되는 것은 아니다.

원고의 저작물 중 '마포 신 성장동력' 부분(' 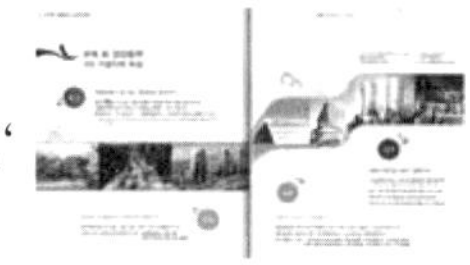 ')에 관하여 보건대, 원고는 2013. 9. 11.자 준비서면에서 G마켓 2010후원백서 ('  ')에서 모티브를 얻었다고 진술하여, 위 'G마켓 2010후원백서'에 의거하여 해당 부분을 창작하였음을 인정하고 있다. 원고는 계단식으로 배열한 사진의 위 아래로 풍선을 달아 색깔을 넣고, 색깔에 맞는 별, 꽃 등과 같은 클립아트를 풍선 옆에 배열하고, 중앙 사진 위아래를 회색선으로 덮어 지면을 표현한 뒤 자전거나 나무, 가로등 등 클립아트를 삽입하는 등으로 창작성 있는 표현을 추가하여 새롭게 창작성을 부여하였다는 취지로 주장하나, 'G마켓 2010후원백서'(비교대상 저작물 목록 제1의 라항)와 원고 저작물의 '마포 신 성장동력' 부분은 사진이 계단식으로 배열되고 각 사진의 위아래에 원형의 도형이 배열된 점에서 그 주된 표현이 동일하고, 원고가 위 원형의 도형에 색을 넣거나 일부 문양을 추가한 것만으로는 'G마켓 2010후원백서'와 구별되는 새로운 창작성을 부여하였다고 인정할 수 없으므로, 결국 원고의 저작물 중 '마포 신 성장동력' 부분은 창작성이 있다고 할 수 없다.

원고의 저작물 중 본문 일부('  ')에 관하여 보건대, 원고가 원고 저작물을 창작하면서 'G마켓 2010후원백서'를 참고한 사실은 앞서 인정한 바와 같고, 'G마켓 2010후원백서' 중 본문 부분('  '

‘’)과 원고 저작물 중 위 본문 일부는 페이지의 좌측 또는 우측에 페이지 전체의 약 1/3 크기의 사진을 세로로 연결하여 배열하고, 그 사진 아래에 좌측하단은 직각으로, 우측하단은 둥글게 처리한 도형을 배열한 점에서 유사하여 이 부분의 배열 역시 원고가 위 ‘G마켓 2010후원백서’를 모방한 것으로 보인다. 원고는 위와 같은 배열의 특이성을 들어 원고 저작물과 피고 저작물의 본문 일부가 유사하다고 주장하고 있으나, 위와 같은 배열은 원고가 창작한 것으로 볼 수 없으므로, 위와 같은 배열의 유사성은 실질적 유사성 판단에서 고려될 수 없다.』

2) 창작성이 부정된 사례

가) 파트너 성경 사건3-263)

<사안의 개요>

신청인은 자신이 출판한 ‘파트너 성경’(이하 ‘이 사건 성경책’)이 최초로 대한성서공회가 발행한 ‘한글판 개역 관주 성경전서’의 본문을 12권으로 분책하고 각 권을 휴대하기 편리한 크기로 하고 12권의 책표지를 3권씩 각 다른 색상으로 하여 제작하는 등 독창성을 가진 편집저작물인데, 피신청인이 이 사건 성경책과 유사한 책자를 제작·배포함으로써 신청인의 이 사건 성경책에 대한 편집저작권을 침해하고 있다고 주장하였다. 이 사건 성경책이 법상 보호받는 편집저작물인지 여부가 다투어졌다.

<법원의 판단>

『저작권법상의 보호대상으로서의 편집저작물이라 함은 편집물로서 그 소재의 선택 또는 배열이 창작성이 있는 것을 말하는 바, 기록에 의하면 신구약성경의 내용을 12권으로 분책한 것은 이 사건 성경책이 출판되기 이전부터 흔히 실시되어 온 분책방식임을 알 수 있고, 가사 이 사건 성경책과 같은 분류로 12권으로 분책한 것이 이 사건 성경책에서 처음으로 시도된 것이라 하더라도 이는 신구약성경의 차례나 기존의 분책방식으로부터 용이하게 착안될 수 있는 것임에 비추어, 신청인이 성경전서의 내용을 이 사건 성경책과 같이 12부분으로 분류한 다음 그 분류에 따라 12권으로 분책한 이 사

3-263) 서울고등법원 1996. 8. 21.자 96라95 결정.

건 성경책을 제작하였다 하여 소재의 선택이나 배열에 창작성이 있다고 할 수 없으며, 이 사건 성경책을 휴대하기 용이한 크기로 12권으로 분책한 것은 기술적사상의 표현에 해당할 여지는 있다 할 것이나 그것이 곧바로 소재의 선택이나 배열의 문제라고 단정할 수는 없고, 이 사건 성경책 12권의 표지가 3권씩 색상을 달리하고 있는 것도 미술저작물로서의 보호는 별론으로 하고 그것 역시 소재의 선택이나 배열에 관한 창작이라고는 단정할 수 없으므로, 결국 이 사건 성경책은 저작권법상의 보호대상인 편집저작물이라고 할 수 없다.』

나) 북역고려사 사건[3-264)]

<사안의 개요>

원고는 북한사회과학원 고전연구소가 고려사원문을 한글로 옮겨 발간한 「고려사역본」을 입수하여 이를 편집한 「북역고려사」를 발행·판매하여 왔는데, 그 편집형태는 고려사역본을 가로 5%, 세로 3% 정도 축소하여 게재한 다음, 연세대학교 한국학연구소에서 펴낸 고려사한문원본을 원래의 크기보다 64% 가량 축소하여 고려사역본의 내용과 일치하도록 같은 면의 좌우단 옆에 게재한 것으로서, 고려사한문원본과 한글로 된 고려사역본을 동일한 면에서 서로 비교·대조하여 볼 수 있도록 되어 있었다. 위 북역고려사가 법상 보호받는 편집저작물인지 여부가 다투어졌다.

<법원의 판단>

『원고의 북역고려사는 저작물인 고려사원본과 북한사회과학연구원 고전연구소가 발행한 고려사 역본을 수집하여 작성한 편집물이라고 할 것이고, 이러한 편집물이 그 소재인 저작물과 독립하는 별개의 저작물인 편집저작물로서 보호를 받으려면, 편집자가 가지는 지적인 독창성, 즉 일정한 방침 또는 목적을 가지고 소재를 수집·분류·선택하고 배열하여 편집물을 작성하는 행위에 창작성이 있어야 할 것인바, 이 사건 북역고려사는 독자들의 입장에서 한문실력의 배양, 고서에 대한 거부감 불식, 독서시간의 절약 등 편의성이 있는 것이기는 하나, 원고의 편집행위의 내용이 원고가 입수한 북한사회과학원 고전연구소발간의 고려사역본을 그대로 축소복제하여 배치한 다음 동일한 면의 좌우여백에 해당하는 부분에 고려사역본의 내용에 대응하는 고려

3-264) 서울고등법원 1997. 12. 9. 선고 96나52092 판결(확정).

사한문원본을 대비시킨 것으로서 한글로 옮겨진 역본에 이미 널리 알려진 한문원본을 단순히 기계적으로 결합·배치한 것에 불과하여 그 소재의 선택 또는 배열에 창작성이 있다고 할 수 없어 이를 편집저작물로 볼 수 없다.」

다) 국세청기준시가자료집 사건3-265)

<사안의 개요>

국세청에서는 매년 국내의 아파트·연립주택 등 부동산과 골프회원권의 기준시가를 고시하고 있는데, 원고는 국세청 고시 기준시가를 모은 「1997. 5. 1. 고시 국세청기준시가」라는 책자를 제작·판매하였다. 위 책자는 아파트기준시가의 경우 고시된 아파트들을 그 소재지·명칭·평형·층수·해당동의 순서로 배열한 다음, 각 동마다 고시금액을 층별 및 고시일자별로 구별하여 최고층부터 1층까지의 순서로 배열하는 방식으로 작성되어 있었다. 위 책자가 법상 보호받는 편집저작물인지 여부가 쟁점으로 되었다.

<법원의 판단>

「소재의 선택 또는 배열의 창작성이란 소재를 일정한 방침 혹은 목적을 가지고 수집·선택·배열 또는 분류하는데 창의성을 발휘한 것을 말하고, 단지 소재를 잡다하게 끌어모은 것이거나 기계적으로 배열한 데 그친 것은 그 작업을 위하여 노력과 자본이 어느 정도 투입되었는지의 여부와는 무관하게 편집저작물로서 보호될 수 없다고 할 것인바, 원고가 제작한 이 사건 책자는 국세청고시자료의 내용 중 1996년 이전의 고시금액을 모두 삭제하고 대신 참조할 국세청고시자료(책자)의 해당 쪽수를 표기한 점, 아파트 등의 소재지표기에 있어 '시·군·구'를 '－'로 대체하거나, 금액·층수 등의 용어를 '고시금액'·'해당 층' 등으로 변경한 점 등의 차이점이 있는 사실이 인정되나, 이 사건 책자와 국세청고시자료의 각 내용 및 배열방식 등을 전체적으로 대비하여 보면 이 사건 책자는 국세청고시자료를 그대로 옮겨 놓는 단순한 기계적 작업의 범주를 벗어나지 않는 것이어서, 위와 같은 차이점이 있다는 사정만으로 이 사건 책자가 독자적인 저작물로 보호될 정도로 그 소재의 선택 또는 배열에 있어서 창작성이 있다고 인정되지 않는다. 따라서 이 사건 책자는 저작권법의 보호대상이 되는 편집저작물에는 해당되지 아니한다.」

3-265) 서울지방법원 1998. 7. 10. 선고 97가합75507 판결(서울고등법원 1999. 4. 14. 선고 98나45784 판결).

라) 우표앨범 사건[3-266]

<사안의 개요>

신청인은 신청인이 수집하였던 과거의 우표와 한국우표도감에 나오는 우표 등을 기초로 1884년부터 발행된 한국우표들을 연대순, 주제순으로 분류, 배열하고 각 우표에 정보통신부에서 사용한 제목을 붙이고, 기념우표에는 C, 연하우표에는 N 등 영문자에 이어 발행순서에 따라 일련번호를 부여하여 9권으로 나누어 수록한 "KPC 한국우표앨범"이란 책(이하 '신청인의 우표앨범')을 간행하여 매년 그 추록분을 증보하여 출판하여오고 있다. 신청인의 우표앨범의 편집저작물성이 소송에서 다투어졌다.

<법원의 판단>

> 「우선 신청인이 수집하여 수록하였다는 한국우표들이 1884년경부터 발행된 모든 우표들을 망라한 것은 아닐지라도 어떠한 주제와 의도를 가지고 수집하고 분류하였는지가 신청인의 주장 자체로도 불분명할 뿐만 아니라 내용상으로도 기존에 발행된 모든 한국우표들과 거의 차이가 없는데다가 이를 배열한 방식도 특정한 목적을 두고 이루어진 것이 아니라 종래부터 있어왔던 발행순과 시리즈물이 나온 주제에 따라 우표들을 한데 모아 놓은 데에 불과하여 그다지 독창성이 있는 것으로는 보이지 않고, 전 9권으로 나누어 분류 수록하였다는 점도 어떤 주제와 의도를 가지고 작위적으로 한 것이 아니라 발행순과 주제순에 따라 우표를 나열해가면서 분량을 조정하기 위하여 임의적으로 나눈 데 불과하여 역시 편집저작물로서의 독창성이 있다 할 수는 없으며, 신청인이 보기 쉽고 알기 쉽게 붙였다는 고유번호도 이 사건 기록에 의하면 1973년경부터 대한우표회에서 간행된 "표준한국우표목록"의 우표분류방식과 크게 다르지 아니하여 원고가 독창적으로 고안해낸 우표분류번호라 할 수도 없고, 마지막으로 바인더식 편철방법을 채택하였다는 점도 이미 다른 저작물에서는 통상적으로 이용되고 있는 편철방식일 뿐만 아니라 그 자체로는 편집저작물로서의 저작권을 인정할 것인가 아니할 것인가를 정함에 있어 아무런 관련도 없다 할 것이어서, 결국 신청인의 우표앨범은 편집저작물로서의 창작성을 인정하기 어렵고 달리 이를 인정할만한 소명자료가 없으므로, 신청인의 위 주장은 이유 없다.」

☞ 같은 취지로, 유치원생들의 단독사진, 2인 사진, 단체사진, 반별사진과 각종 행

3-266) 서울고등법원 1999. 6. 30.자 98라240 결정(확정).

사사진 등을 소재로 하여 사진의 내용 및 구성을 다양한 형태 또는 모양을 가지도록 편집하는 방법으로 제작한 유치원졸업앨범 사건[3-267]에서, 법원은 『이 사건 앨범은 유치원 교육과정에서 진행된 소풍, 현장학습, 생일잔치, 수업모습, 학예발표회 등의 행사에 대한 사진을 시간과 주제에 따라 배열하고 그에 따른 제목과 간단한 글을 기재하여 제작된 사실을 인정할 수 있다. 그러나 사진을 시간과 주제에 따라 분류, 배열하는 방식은 앨범을 제작하는 사람이라면 누구나 위 방식과 같거나 그와 유사한 방식을 사용하는 것이 일반적이므로(시간과 주제를 기준으로 사진을 배열하는 방식 이외에 다른 방식으로 사진을 분류, 배열할 수 있는 경우는 거의 없어 보인다), 이 사건 앨범이 그 소재의 분류, 배열에 있어 창작성이 인정된다고 할 수 없다. 따라서 원고가 상당한 노력을 기울여 위와 같이 편집행위를 하였다 하더라도 그 이유만으로 당연히 저작물이 되는 것을 아니라 할 것이므로, 이 사건 앨범이 편집저작물임을 전제로 한 원고들의 주장은 이유 없다』고 판시한 사례가 있다.

마) 경마예상지 사건[3-268]

<사안의 개요>

원고들과 피고들은 아래 표 등록일자란 기재 각 일자에 저작권법상 실명등록을 하고 같은 표 제호란 기재 각 제호로 각 경마예상지를 발행 판매하고 있는 자들인바, 각 주 2회씩 한국마사회의 경마실시 일정에 맞추어 발행하여 과천경마장 등 한국마사회가 지정한 장소에서 이를 판매하고 있고, 모두 한국마사회로부터 제공받은 각 출주마들의 명칭, 몸무게, 나이, 등급(어느 군에 속하는지), 병력, 전적, 조교사와 기수에 관한 사항 및 지난 경기에 관한 성적, 경주거리, 경쟁상대, 경기의 초·중·종반의 선두다툼 양상, 경기당시 날씨 등 여러 정보를 게재하고, 이 정보들을 토대로 하여 나름대로 우승이 유력한 말과 우승이 가능한 말 등을 예상하여 게재하고 있다. 원고들의 경마예상지가 법상 보호받은 편집저작물에 해당하는지 여부가 쟁점으로 되었다.

<법원의 판단>

『가. 별지 A의 1부분에 대하여

3-267) 서울서부지방법원 2007. 11. 13. 선고 2007가단10736 판결(확정).

3-268) 서울고등법원 1999. 8. 31. 선고 98나66446 판결(대법원 2000. 6. 23. 선고 99다57133 판결), 신청사건으로 서울고등법원 1999. 4. 7.자 98라247 결정(확정)이 있다; 같은 취지로 대법원 1999. 11. 23. 선고 99다51371 판결, 수원지방법원 2013. 11. 7. 선고 2013노2683 판결 등 참조.

경마경기의 전개상황과 최종결과를 미리 예상하여 이를 경마장의 트랙을 닮은 타원형의 그림 둘레에 각 마번을 적은 동그라미 등의 도형으로 표시하고, 각 경주마들이 앞서고 뒤서는 상황을 마번이 적혀있는 동그라미들로 나타내는 표현방식은, 원고 민○○가 이를 게재하기 수년 전부터 국내와 일본의 다수 경마예상지에서 사용되고 있었던 방식일 뿐 아니라 …트랙상에서 순위를 다투는 경주의 결과를 예상함에 있어서 그 트랙을 형상하는 타원과 출전자들을 상징하는 번호를 이용하여 이를 도형으로 표현하는 것은 어느 누가 하더라도 비슷할 수밖에 없는 일반적인 표현방식으로 보이므로, 원고 민○○가 위 '컴퓨터추리전개도'의 제작에 컴퓨터프로그램을 사용하는 등 막대한 비용과 노력을 들였다 하더라도, 위와 같은 표현방식 또는 편집방식 자체에 창작성이 있다고 할 수 없다.

나. 별지 A의 2 및 3 부분과 별지 D의 2 부분에 대하여

위 각 부분은 한국마사회로부터 제공받은 각종의 단순한 기록 정보들로부터 최고기록이나 평균기록, 2착내 기록, 구간별 기록 등을 추출하여 도표화한 것인바, 1차 기록정보를 바탕으로 최고기록 혹은 평균기록 등 2차 자료를 추출하여내는 것 자체는 아이디어 즉, 사상, 감정 그 자체에 해당하므로 저작물로서 보호되지 않는다. 한편, 추출된 위 2차 자료를 배열하는데 있어서 각 마필에 대응하는 도표를 만들어 일렬로 나열하는 방식은 오래 전부터 흔히 사용되어 오던 일반적인 방식이므로, 결국 위 각 부분에 어떠한 창작성이 있다고 할 수 없다(그 정보추출, 정리작업에 컴퓨터를 이용하였다거나 그에 관한 프로그램을 등록하였다는 사정은 저작물성 인정 여부와 아무런 관계가 없음은 위에서 본 바와 같다).

다. 별지 B의 1 부분에 대하여

출전마필들 중 5마리의 유력마를 선정하고 그 마필들의 습성과 능력, 입상 유력 사유 등을 해설하는 방식은 원고 김○○이 이를 사용하기 수년 전부터 국내의 다수 경마예상지에서 사용되고 있었을 뿐 아니라 …14마리 정도의 출전마필들 중에서 지나치게 많거나 적지 않은 약 1/3 정도인 5마리의 후보마를 선정한 것에 어떤 창작적 개성이 들어있다 할 수 없다. 또한, 선정된 후보 마필들의 습성과 능력, 입상 유력 사유 등을 해설한 것도 선정된 후보마의 우승이 유력하다는 점을 독자들에게 설득하기 위하여는 누가 하더라도 그렇게 할 수밖에 없는 방법이니 여기에 창작성이 있다고도 할 수 없으며, 위와 같은 개개의 해설내용 자체도 마필의 습성, 능력 등에 관한 전형

적인 표현들로 이루어져 있어 여기에 어문저작물로서의 창작성이 있다고도 할 수 없다.

…바. 별지 C의 1 부분 및 별지 D의 1 부분에 대하여

위 각 부분은 조교상태 현황이나 마필능력 상태, 또는 최고기록, 능력지수 등의 순위를 매김에 있어서 ☆, ◎, ○, △, ※ 등과 같은 종전부터 사용되어 오던 관용적인 부호나, 上, 中, 下 등의 일반적인 표기를 사용한 것에 불과하여, 이를 독창적 편집방식이라고 볼 수 없다.

…아. 별지 C의 3 부분, 별지 D의 3 및 4 부분에 대하여

위 각 부분은 위에서 본 '약식 경주전적 기록란'이라는 공통적인 양식의 우측에 1칸을 추가하여 그 안에 최근 4경기 이전 경주기록들을 횡렬로 나열한 것이거나, 거기에다가 극히 단순한 선(線)그래프로 착순의 변동내역을 표시한 것, 또는 마권판매액으로 표시하여 오던 각 출주마필에 대한 인기도를 그 판매액이 많은 순서대로 순위를 매긴 것에 불과하여, 위 각 부분이 위 공통된 양식과 구별되는 독창적 편집방식이라고 할 수 없고, 위와 같은 극히 단순한 그래프를 창작성이 있는 도형저작물이라고 할 수도 없다(게다가 피고 김△△, 전△△이 사용하고 있다는 별지 9의 3, 별지 10의 2, 별지 11의 3, 4 부분들은 위 각 부분들과 실질적으로 동일하거나 유사한 것도 아니라고 판단된다).』

바) 법조수첩 사건[3-269)]

『원심은, 원고가 1999년초에 발행한 1999년용 수첩(이하 '원고의 수첩'이라 한다)은 ① 권두(卷頭)에 법관, 법제처, 헌법재판소, 검사, 법원 및 검찰 5급 이상 공무원, 교도소, 소년원, 보호관찰소의 기구 및 구성원 배치표를 수록하고, ② 책자 2면 내지 204면에서, 전국법원 및 관내 등기소, 법무부·검찰청의 부서별 전화번호, 대한변호사협회 및 지방변호사회, 지방법원·지원별 관내 변호사 명단 및 주소와 전화번호(법무법인, 공증인가합동법률사무소, 공동법률사무소의 주소·전화번호·구성원이 따로 정리되어 있다), 법무사·변리사의 명단 및 전화번호를 수록하였으며, ③ 책자 205면 내지 236면에서, 각급 법원 및 등기소 관할구역, 법원사건부호표, 민사소송등 인지액, 소가산정기준, 민사접수서류에 첨부할 인지액 일람표, 송달료납부기준, 법원별 수납은행, 등기신청 및 등초본발급수수료, 호프만식 및 라이프니쯔식 계

3-269) 대법원 2003. 11. 28. 선고 2001다9359 판결.

수표 등을 수록하였고, ④ 그 뒤에는 통상의 일지에 해당하는 부분이 수록되어 이용자가 1년간 날짜별로 메모 등의 기재를 할 수 있게 되어 있으며, ⑤ 책자 말미에는 우편번호, 주요 전화번호, 장거리자동전화번호, 교통수단별 시간표, 지도 등이 수록되어 있는 사실을 인정한 다음, 원고의 수첩에 수록된 기관별 명단 및 전화번호, 관련기관 배치표 등은 그 대부분이 각 해당기관 및 단체에서 배포하였거나 일반에 공개된 자료를 특별한 수정작업 없이 전재한 것이고, 법원관할구역 등 소송관련 정보를 수록한 부분도 시중에 판매되는 법전이나 그 부록, 또는 변호사단체에서 발간한 책자에 수록되어 있는 것과 거의 동일한 내용임을 알 수 있으므로, 원고의 수첩을 구성하는 각 소재의 내용은 저작권의 보호대상이 될 수 없으나, 원고의 수첩 중 ①, ② 부분은 법조 유관기관 및 단체의 조직표나 명단, 전화번호 등을 계통별·직역별로 체계적인 순서를 정하여 수록함으로써 이용자로 하여금 각 기관·단체의 전체적 구조와 구성원 등에 관한 정보를 용이하게 얻을 수 있도록 한 것이고, ③ 부분은 각종 법령 등에 산재하여 있는 소송절차에 필요한 다양한 자료를 발췌하여 일목요연하게 정리해 놓음으로써 소송관계인이 소송이나 법률문제를 처리함에 있어서 손쉽게 이용할 수 있도록 한 것이며, 이러한 부분들이 통상적으로 일지형식의 책자를 구성하는 ④, ⑤부분과 결합하여 이용자에게 편의를 제공하고 있으므로, 원고의 수첩은 소재 또는 자료의 선택 및 배열에 있어서 창작성을 인정할 수 있는 편집저작물로서 저작권법상의 보호대상에 해당한다 할 것이고, 법 제9조에 의하여 그 저작권은 그 발행명의인인 원고에게 귀속된다는 이유로 피고가 원고의 수첩과 소재의 선택 및 배열이 거의 동일한 법률일지를 제작·배포하는 것은 원고의 편집저작권을 침해하는 행위에 해당한다는 취지로 판단하였다.

그러나 …원고의 수첩을 이용하는 자가 법조 유관기관 및 단체에 관한 사항과 소송 등 업무처리에 필요한 사항 등을 손쉽게 찾아볼 수 있다고 보이기는 하지만, 유용한 기능 그 자체는 창작적인 표현형식이 아니므로, 원고의 수첩에 이러한 기능이 있다고 하여 곧바로 편집저작물에 요구되는 최소한의 창작성이 있다고 할 수는 없는 것이고, 원고의 수첩에 수록된 자료들은 법조 유관기관이나 단체가 배포하는 자료 또는 종래 법전 등이나 일지형식의 수첩형 책자에 수록되어 있는 것이어서 누구나 손쉽게 그 자료를 구할 수 있을 뿐 아니라, 법률사무에 종사하는 자를 대상으로 한 일지 형태의 수첩을 제작하는 자라면 누구나 원고의 수첩에 실린 자료와 동일 또는 유사한 자료를 선택하여 수첩을 편집할 것으로 보이고, 원고의 수첩에 나타난 조직과 기능별 자료배치 및 법률사무에 필요한 참고자료의 나열 정도는 그와 같은 종류의 자료의 편집에서 통상적으로 행하여지는 편집방법이며, 그러한 자료의 배열에 원고의 개성이 나타나 있지도 아니하므로 원고의 수첩은 그 소재의 선택 또는 배열에 창작성이 있는 편집물이라고 할 수 없다.』

사) 눈성형비교사진 사건[3-270]

<사안의 개요>

원고 병원의 홈페이지에는, 원고 병원에서 눈성형을 시술받은 환자들의 시술 전·후의 사진들(이하 '이 사건 사진')이 해당 환자별로 2장씩 짝('시술 전 사진'과 '시술 후 사진')을 이루어 각 시술부위 및 시술종류별('눈밑트임', '쌍꺼풀', '눈밑애교수술', '쌍꺼풀재수술', '안검하수', '눈밑주름제거', '앞트임', '뒤트임' 등)로 분류되어 게시되어 있다. 이 사건 사진이 법상 보호받는 편집저작물인지 여부가 다투어졌다.

<법원의 판단>

『이 사건 사진이 원고 병원에서 직접 시술을 받은 환자를 대상으로 하여 해당 환자들의 각기 다른 눈 모양에 대한 시술 전·후의 사진들을 개별적으로 선별하여 편집한 것이라는 원고의 주장을 그대로 인정한다고 하더라도, 이는 해당 환자들의 개별적 눈 모양에 따른 시술 결과를 구체적으로 확인할 수 있다는 측면에서 이 사건 사진의 유용한 효과가 된다고 할 수는 있을지언정, 그 유용한 효과 자체가 편집자의 창작적인 표현형식이라거나 이로써 편집저작물에 요구되는 최소한의 창작성이 만족되었다고 보기는 어렵고, 또한 이 사건 사진이 해당 환자들의 눈 부위에 대한 시술 전·후의 사진을 좌우로 근접 배치함으로써 이 사건 시술의 효과를 직접적으로 대비하여 인식할 수 있게 한 점은 인정되나, 성형 시술의 효과를 나타내기 위한 목적으로 일련의 사진들을 편집하는 자라면 누구나 시술 전의 사진과 시술 후의 사진을 선택하여 두 사진이 비교 가능하도록 좌우 또는 상하로 근접 배치하여 편집할 것으로 보이고, 이 사건 사진에 나타난 각 사진의 선택, 배열 또는 구성 정도는 그와 같은 종류의 사진 편집에서 통상적으로 행하여지는 편집방법으로서, 그러한 사진의 배열, 구성에 편집자의 개성이 나타나 있다고 볼

3-270) 서울중앙지방법원 2011. 7. 19. 선고 2011가합3027 판결(확정).

수 없다고 할 것인바, 결국 이 사건 사진은 그 소재의 선택, 배열 또는 구성에 창작성이 있는 편집물이라고 할 수 없으므로, 이와 다른 전제에 선 원고의 주장은 더 나아가 살펴볼 필요 없이 이유 없다.」[3-271)]

아) 대동보 사건[3-272)]

<사안의 개요>

원고 종중은 자신이 발간한 ○○대동보가 수많은 문헌과 자료를 검토하고 비용을 들여 집대성한 편집저작물인데, 피고들이 ○○대동보의 일부를 표절하여 △△대동보를 편찬함으로써 원고 종중의 ○○대동보에 관한 저작권을 침해하였다고 주장하였다. 위 ○○대동보가 법상 보호받는 편집저작물에 해당하는지 여부가 다투어졌다.

<법원의 판단>

「원고 종중의 ○○대동보는 선조의 생졸연월일, 행적, 묘소, 배우자를 그 순서대로 기록하고, 6단으로 구성하였는데 ○○대동보와 △△대동보뿐만 아니라 다른 종중의 족보도 대체로 ○○대동보와 같은 편집방법을 채택하고 있는 사실을 인정할 수 있다.

3-271) 위 소송에서 원고는 동종 영업을 하는 피고가 그 홈페이지에 원고의 이 사건 사진과 유사한 사진을 게시한 행위가 민법상 불법행위에 해당한다고도 주장하였는데, 이에 대하여 법원은, 「경쟁자가 상당한 노력과 투자에 의하여 구축한 성과물을 상도덕이나 공정한 경쟁질서에 반하여 자신의 영업을 위하여 무단으로 이용함으로써 경쟁자의 노력과 투자에 편승하여 부당하게 이익을 얻고 경쟁자의 법률상 보호할 가치가 있는 이익을 침해하는 행위는 부정한 경쟁행위로서 민법상 불법행위에 해당한다(대법원 2010. 8. 25.자 2008마1541 결정 참조). 그러나 별지 제2목록 기재 사진들은 모두 피고가 원고 병원에서 근무할 당시 피고로부터 시술받은 환자들의 시술부위를 촬영한 사진이고, 별지 제2목록 기재 사진들의 대부분이 피고가 직접 촬영하여 분류·정리한 사진들인 점을 인정할 수 있는바, 사정이 이러하다면, 비록 피고가 원고 병원의 홈페이지에 있는 이 사건 사진을 이용하여 피고 병원의 홈페이지에 별지 제2목록 기재 사진을 게시하였다 하더라도 이러한 점만으로는 피고가 상도덕이나 공정한 경쟁질서에 반하여 원고의 노력과 투자에 편승하여 원고의 법률상 보호할 가치가 있는 이익을 침해하여 부당하게 이익을 침해하였다고 쉽사리 단정하기 곤란하다 할 것이고, 달리 피고의 사진 게시행위가 부정한 경쟁행위임을 인정할 증거가 없으므로, 원고의 관련 주장은 이유 없다」고 하여 배척하였다.

3-272) 서울중앙지방법원 2011. 11. 2. 선고 2011가합34830 판결(항소심에서 편집저작권 침해부분은 취하).

위 인정사실에 의하면, ○○대동보의 편집방법은 대동보와 같은 종류의 자료의 편집에서 통상적으로 행하여지는 편집방법이며, 그러한 자료의 배열에 편집자의 개성이 나타나 있지도 아니하므로 ○○대동보는 그 소재의 선택 또는 배열에 창작성이 있는 편집물이라고 할 수 없고, 저작권은 노력이 아닌 창작에 대한 보상의 성격을 띠고 있으므로 상당한 노력을 기울여 위와 같이 편집행위를 하였다는 이유만으로 당연히 저작물이 되는 것은 아니다.

…원고 종중의 주장 속에 편집저작물인 ○○대동보의 소재를 구성하는 선조들의 생졸연월일, 행적, 묘소, 배우자 등의 기재 자체가 저작물이라는 취지를 포함하고 있다고 선해하여 보더라도, ○○대동보의 기재내용 중 생졸연월일, 묘소, 배우자에 관한 부분은 객관적 사실이나 정보를 별다른 특색 없이 일반적인 표현형식에 따라 있는 그대로 기술한 것에 지나지 아니하므로 그 창작성을 인정할 수 없고, 행적에 관한 부분도 역임한 관직 등을 순서대로 열거한 수준에 그칠 뿐 독자적인 사상이나 감정의 표현을 담고 있다고 보기 어려워 저작물로서 보호될 만한 창작성을 인정하기 어려우므로 원고 종중의 위 주장 또한 받아들이기 어렵다.』

자) 살아 있는 동안 꼭 해야 할 49가지 사건[3-273)]

<사안의 개요>

중국인인 탄줘잉(覃卓穎)과 왕징(王晶)은 일상생활에서 잔잔한 감동을 주는 이야기 99가지(그 중 상당수는 기존의 미담(美談) 등 소재를 정리한 것이고, 일부 이야기는 탄줘잉이 스스로 창작한 것이다)를 모은 후, '一生要做的99件事'(일생에 해야 할 99가지 일)이라는 제목의 중문서적(이하 '이 사건 중문서적')을 저술하였고, 원고에게 이 사건 중문서적에 관한 저작재산권을 양도하였으며, 원고는 북경공업대학출판사(이하 '북경출판사')와 이 사건 중문서적에 대한 출판계약을 체결하였다. 피고는 북경출판사와 이 사건 중문서적에 관하여 한국어로 한국 내에서 출판하는 것에 대한 '판권 사용허가 계약'을 체결하고, 이 사건 중문서적에 실려있는 이야기 중 45가지를 선별하여 번역하고, 4가지 이야기를 추가하고, 이야기별로 짧은 감상과 삽화를 추가하여 '살

3-273) 서울고등법원 2013. 1. 23. 선고 2012나24622 판결(대법원 2013. 7. 12. 선고 2013다22775 판결에서 환송 후 원심의 심판범위에 잘못이 있다고 보아 일부 파기자판하였다).

아 있는 동안 꼭 해야 할 49가지'라는 제목의 책(이하 '이 사건 번역서적')을 출판하였다. 원고는 이 사건 중문서적이 편집저작물에 해당함을 전제로 피고가 위 저작물에 기한 저작권을 침해한다고 주장하였다.

<법원의 판단>

『위와 같이 특정 주제로 이야기를 수집하고 배열한 것이 편집저작물로서 보호되는지 살펴보면, ① 하나의 주제로 여러 가지 이야기를 수집하여 이를 배열하는 구성 방식은 과거부터 이 사건 중문서적 제작 당시에 이르기까지 누구나 쉽게 생각할 수 있는 아이디어에 불과한 점, ② 이 사건 중문서적 제작 전후에 걸쳐 중국에서도 일생 동안 하여야 할 일에 관련된 비슷한 주제의 서적이 다수 출간된 점, ③ 수집된 개별 이야기에 삽입된 구체적인 그림이나 사진, 삽화의 표현 방식이 개별 이야기에 대한 2차적 저작물에 해당할 수 있으나, 수집된 전체 이야기를 단순히 나열하고 각 그 이야기에 그림이나 사진, 삽화를 삽입하는 방식은 그와 같은 편집에 있어 통상적으로 행하여지는 편집 방법인 점, ④ 탄줘잉, 왕징이 특정 주제 아래 이야기를 수집하기 위하여 일정한 노력을 기울였지만, 편집저작권으로서 보호되는 것은 자료 수집을 위한 노력이 아니라 표현으로 드러나는 창작적 구성인 점, ⑤ 이 사건 중문서적에 나타난 이야기의 배열 순서에 특별한 의미가 있다고 보이지 않는 점 등을 종합하면, 하나의 주제에 따라 단순히 여러 이야기를 수집한 정도에 불과한 이 사건 중문서적에 편집저작자의 독자적 개성, 즉 소재의 선택, 배열 또는 구성에 있어서 창작성이 있다고 인정되지 않는다.

설령 견해를 달리하여 이 사건 중문서적이 편집저작물에 해당한다고 하더라도, 피고는 이 사건 번역 서적을 제작함에 있어 그 중 일부의 이야기만을 채택하였고, 그 이야기를 배열하는 순서를 이 사건 중문서적의 순서와 전혀 다르게 구성하여 사용하였으며, 이 사건 번역 서적에 표현된 이야기의 위치, 표지, 서체, 그림, 삽화, 감상, 제본 방식 등이 이 사건 중문 서적에 표현된 방식과 전혀 달라, 이 사건 중문 서적에 나타난 전체적, 구체적 편집상의 표현이 이 사건 번역 서적에 실질적으로 유사한 형태로 차용되었다고 볼 수 없다.

따라서 이 사건 중문서적이 전체적으로 저작권법으로 보호되는 편집저작물에 해당한다고 볼 수 없고, 설령 편집저작물이라고 하더라도 이 사건 번역 서적이 이 사건 중문서적에 나타난 소재의 선택, 배열 또는 구성에 있어서의 창작성 있는 부분과 실질적으로 유사하지 않아 그 편집저작물에 관한 저작권을 침해하였다고 볼 수 없으므로 이에 관한 원고의 주장은 이유 없다.」[3-274)]

2. 보호범위 : 편집저작물의 실질적 유사성 – 「제6장 저작권의 침해 여부 판단」에서 함께 살펴보기로 한다.

3. 소재저작물 저작권과의 관계

편집저작물의 보호는 그 구성 부분이 되는 소재 저작물의 저작권과 구분된다. 소재저작물의 저작권자의 동의를 얻지 아니하고 편집저작물을 작성하였다면 편집저작물에 대해 저작권이 인정되는 것과 별개로 소재 저작물 저작자의 저작권을 침해하게 된다.[3-275)] 또한 편집물을 복제하는 등의 방법으로 편집저작물을 이용하고자 하는 경우에는 편집저작물의 저작자와 해당 부분 소재저작물 저작자 양자 모두의 허락을 얻어야 한다.

가. 표준전과 사건[3-276)]

<사안의 개요>

초등학교 국어 읽기·말하기·듣기·쓰기 교과서에 실린 삽화의 제작자인 원고가 그 삽화를 사용하여 표준전과를 제작, 판매한 피고를 상대로 손해배상 청구소송을 제기한 사건에서, 피고는 교과서가 다차적 저작물 또는 다중적 편집저작물이므로 교육부의 사용허락만 있으면 그에 수록된 삽화를 사용할 수 있다고 주장하였다.

3-274) 한편 이 사건 중문서적에 수록된 일부 이야기 부분에 대하여는 2차적 저작물 작성권 침해가 인정되었다.

3-275) 대법원 2004. 8. 16. 선고 2002다47792 판결(소재저작물의 저작권자의 동의를 얻어 편집저작물을 작성하였다고 하더라도, 소재저작물의 저작권자가 그 이용을 허락한 기간이 경과한 후 계속하여 편집저작물을 복제, 배포하는 행위는 소재저작물 저작자의 저작권을 침해한 것이라고 본 사례).

3-276) 서울민사지방법원 1992. 6. 5. 선고 91가합39509 판결(서울고등법원 1993. 6. 15. 선고 92나40695 판결).

<법원의 판단>

『편집저작물의 경우 그 구성부분에 대한 저작권은 원저작자에게 있고 편집저작물을 이용하는 경우에는 편집저작권자와 그 구성부분인 저작물의 저작권자 양자의 사용 허락을 얻어야 한다.』

나. 이동식 교각 카탈로그 사건3-277)

<사안의 개요>

피고는 자신의 이동식 교각에 관한 카탈로그를 만들면서 원고의 허락 없이 원고의 카탈로그상의 원고상품의 사진의 상호 등을 지우고 필름을 거꾸로 인화하는 방법 등으로 원고의 카탈로그를 이용하였고, 카탈로그의 발송 봉투에 원고의 카탈로그상의 만화캐릭터를 그려 넣었다. 소송에서는 전체의 편집저작물에 기한 저작권 침해인지, 아니면 소재저작물에 기한 저작권 침해인지 여부가 다투어졌다.

『우선, 피고의 카탈로그가 하나의 편집저작물로서의 원고의 카탈로그 및 제품기술설명서의 저작권을 침해했는지 여부에 관하여 보건대, …카탈로그와 제품기술설명서는 모두 제품의 기능을 설명하는 기능저작물로서 앞서 보았듯이 원·피고 제품의 기능이 유사하므로 어느 정도 유사성을 띨 수밖에 없는 점, 국·내외 다른 제품의 카탈로그에도 유사한 설명 및 사진이 기재되어 있는 점 외에 원고의 카탈로그와 피고 카탈로그상에 수록된 사진의 총수, 사진 및 문자의 배열 등을 전체적으로 볼 때, 원고의 카탈로그상의 사진 중 3장 및 만화캐릭터를 이용하였다는 점만으로 양자 사이에 실질적인 유사성이 있는 것으로 단정하기는 어려우므로, 이러한 의미에서의 피고의 저작권 침해가 인정되지는 아니한다.

그러나 피고가 이용한 위 사진 3장 및 만화캐릭터 개개에 관한 저작권 침해 여부에 관하여 보건대, 위 각 사진은 원고의 이동식 교각을 단순히 촬영한 것에 그치지 아니하고 원고의 이동식 교각이 컨테이너 차량에 연결된 상태에서 지게차가 무거운 짐을 옮기고 있는 작업모습을 측면 및 대각선 방향에서 포착한 것으로서 피사체의 선정, 구도의 설정, 카메라 각도의 설정 등에서 촬영자의 개성과 창조성이 드러나 있고, 위 만화캐릭터의 경우도 원고

3-277) 수원지방법원 2007. 2. 13. 선고 2004나18337 판결(대법원 2007. 8. 23. 선고 2007다22880 판결).

의 이동식 교각의 기능 및 그 편이성을 만화의 형식으로 효과적으로 나타내는 미술저작물의 하나임을 부정할 수 없으므로 이는 모두 저작권법상 보호되는 저작물에 해당한다 할 것인바, 앞서 보았듯이 피고가 위 각 사진 및 만화캐릭터를 원고의 허락 없이 피고의 카탈로그 및 그 발송용 봉투에 이를 변형하여 혹은 그대로 사용함으로써, 피고는 원고의 저작권을 침해하였다고 할 것이므로, 피고는 이로 인한 손해를 배상할 책임이 있다.』

다. 유배지에서 보낸 편지 사건[3-278]

<사안의 개요>

피고가 교과서 등을 출판하면서 원고 박○○가 저술한 '유배지에서 보낸 편지'의 일부를 동의 없이 수록하였다. 이 사건 소송에서 피고는 '유배지에서 보낸 편지'의 저작권은 원작자인 다산 정약용에게 있으므로, 피고가 위 저작물의 내용 중 일부를 이 사건 침해저작물에 재수록하였다고 하더라도 원고 박○○의 저작권을 침해하였다고 볼 수 없다고 주장하였다.

<법원의 판단>

『'유배지에서 보낸 편지'의 원작자가 다산 정약용인 사실은 인정할 수 있으나, …위 저작물은 정약용이 아내와 자식, 그리고 제자들에게 한문으로 보낸 편지들을 원고 박○○가 모두 모아서 이를 번역하고 편집하여 완성한 후 이를 ㈜△△를 통하여 출판한 사실을 인정할 수 있는 바, 이에 비추어 보면 위 저작물은 법 제5조의 번역저작물 또는 제6조의 편집저작물로 봄이 상당하므로, 그 번역 및 편집자인 원고 박○○에게도 저작권이 있다고 봄이 상당하다.』

4. 데이터베이스

'데이터베이스'는 소재를 체계적으로 배열 또는 구성한 편집물로서 개별적으로 그 소재에 접근하거나 그 소재를 검색할 수 있도록 한 것을 말하고(법 제2조 제19호), '데이터베이스제작자'는 데이터베이스의 제작 또는 그 소재의 갱신·검증 또는 보충에 인적 또는 물적으로 상당한 투자를 한 자를 말한다

3-278) 서울중앙지방법원 2014. 10. 31. 선고 2014가합501898 판결(확정).

(같은 조 제20호). 데이터베이스제작자는 그의 데이터베이스의 전부 또는 상당한 부분을 복제·배포·방송 또는 전송(이하 '복제 등'이라고 한다)할 권리를 가진다(법 제93조 제1항).[3-279]

데이터베이스의 개별 소재는 당해 데이터베이스의 상당한 부분으로 간주되지 아니하나, 다만 데이터베이스의 개별 소재 또는 그 상당한 부분에 이르지 못하는 부분의 복제 등이라 하더라도 반복적이거나 특정한 목적을 위하여 체계적으로 함으로써 당해 데이터베이스의 통상적인 이용과 충돌하거나 데이터베이스제작자의 이익을 부당하게 해치는 경우에는 당해 데이터베이스의 상당한 부분의 복제 등으로 본다(법 제93조 제2항).

데이터베이스는 저작물과 달리 법률상 보호를 받기 위해 창작성이 요구되지 않는데, 그 취지는 데이터의 수집, 배열, 구성 등에 데이터베이스제작자가 들인 노력을 보호하기 위해서이므로, 저작권법상 데이터베이스로서 보호받기 위해서는 데이터베이스제작자가 데이터의 수집, 배열, 구성 등에 법률상 보호받기 위한 정도의 상당한 노력을 들였어야 하고, 데이터베이스에 수록된 데이터의 양 역시 법률상 보호받기 위한 정도의 상당한 정도에 이르러야 한다.[3-280]

가. 병역특례정보 사이트 사건[3-281]

『○○사이트는 병역특례에 관한 제반 정보들을 한 곳에서 편리하게 제공받을 수 있게 할 목적으로 이△△ 또는 원고가 수집하여 구성한 집합물로서 이를 컴퓨터의 정보처리장치를 이용하여 검색할 수 있도록 한 편집물인 이른바 데이터베이스라고 할 것인바, 이러한 데이터베이스가 편집저작물로서 보호받기 위해서는 편집자가 가지는 지적인 독창성 즉, 일정한 방침 또는 목적을 가지고 소재를 수집, 분류, 선택하고 배열하여 편집물을 작성하는 데에 창작성(전통적인 편집저작물의 요소)이 있어야 할 것이다(특히 데이터

3-279) 창작성 없는 데이터베이스를 저작권법으로 보호하는 것은 저작물로서의 보호가 아니라 일종의 독자적 권리(sui generis right)의 대상으로 보호하는 것이다. 그에 대한 논의의 연혁과 각국의 입법례 등 상세는 이해완, 893면 이하 참조.

3-280) 서울중앙지방법원 2012. 1. 12. 선고 2011가합76742 판결.

3-281) 서울중앙지방법원 2004. 1. 7. 선고 2002가단88234 판결〔서울고등법원 2004. 12. 28. 선고 2004나12457 판결(확정)〕.

베이스에서는 정보량의 많고 적음 및 검색의 용이성이 창작성 인정에 많이 참고된다).

위에서 인정한 바와 같이 구인정보의 업체정보는 이△△ 또는 원고가 대부분 각 업체에 이메일이나 팩스 등을 보내 직접 수집하고 일부는 병무청의 홈페이지 등에서 수집하여 용이하게 검색할 수 있도록 분류, 정돈하였을 뿐만 아니라 그 정보량도 이 사건 소 제기시까지 5,700여개 업체에 달한 것으로서 대단히 많고, 특례강의실과 자격증자료실의 각 자료도 병역특례업체에 취업하기 위한 조건 및 병역의무를 면하기 위한 조건에 관한 법령해석, 수험정보, 지원방법 등에 관한 자료를 수집, 편집 또는 제작한 것으로 각 이용자가 필요한 부분에 관하여 용이하게 검색할 수 있도록 종합적이고 입체적으로 분류, 정돈한 것이므로, 소재인 정보의 선택, 배열, 검색조건, 검색화면 구성 등에 관하여 독창성이 있다고 할 것이므로 구 법(2003. 5. 27 법률 제6881호로 개정되기 전의 것) 제6조의 편집저작물에 해당한다고 할 것이다.』

나. 물가정보지 사건[3-282)]

『원고 물가정보지는 2007년 3월부터 2007년 12월까지 발행한 잡지에 19만 5,000개에서 20여만개의 물품의 시중단가를 체계적으로 배열하여 수록함으로써 이용자가 원고 물가정보지로부터 개별 소재인 가격정보를 일정한 기준에 따라 검색할 수 있도록 하였으므로, 원고 물가정보지는 데이터베이스에 해당하고, 나아가 원고는 매달 조사대상인 물품을 선정한 후 직원으로 하여금 해당 물품공급업체를 방문·설문하는 등으로 가격정보를 조사하게 하는 방식으로 자료를 모아 왔고, 이와 같이 수집된 정보를 여러 기준에 따라 분류하여 수록함으로써 원고 물가정보지의 제작 또는 그 소재의 갱신·검증 또는 보충에 인적 또는 물적으로 상당한 투자를 하였으므로, 원고는 원고 물가정보지에 대한 데이터베이스제작자에 해당한다.

따라서 원고는 타인에 대하여 원고 물가정보지의 전부 또는 상당한 부분을 복제·배포하지 말 것을 청구할 수 있다고 할 것인데, 피고는 2007년 3월·6월·9월·12월에 원고 물가정보지에서 원고의 홈페이지에서 검색순위가 1위부터 100위 사이에 이르는 가격정보로서 원고 물가정보지에서 질적으로 상당한 정도의 분량을 차지하는 가격정보 가운데 분기별로 7,361개 상당의

3-282) 서울고등법원 2010. 5. 26. 선고 2009나96306 판결(확정).

물가정보를 추출하여 피고 프로그램에 연동할 수 있는 피고 데이터파일로 만들어 이를 피고의 유료회원들에게 배포하였으므로, 피고는 원고의 데이터베이스제작자로서의 권리를 침해하였다.

비록 원고 물가정보지에 수록된 가격정보가 사실에 관한 정보라고 해도 원고가 원고 물가정보지의 제작 또는 그 소재의 갱신·검증 또는 보충에 인적 또는 물적으로 상당한 투자를 한 이상에는 그에 따른 데이터베이스제작자로서의 권리를 보호해 주어야 한다는 점에 이론이 있을 수 없고, 원고 물가정보지에 담긴 가격정보가 국가나 지방자치단체에 의해 조사되어 공표되는 자료도 아닌 이상, 이를 두고 법 제7조 제2호에서 정한 고시, 공고, 훈령, 그 밖의 이와 유사한 것에 해당한다고 할 수도 없다.

피고는 단순히 원고 물가정보지의 개별 소재를 사용한 것에 불과하여 데이터베이스의 상당한 부분을 복제한 것이라고 할 수 없다고도 주장하나, 앞에서 본 바와 같이 피고가 원고의 홈페이지에서 검색순위가 1위부터 100위 사이에 이르는 중요한 가격정보만을 추출해 피고 데이터파일을 만든 이상, 이를 두고 단순히 원고 물가정보지의 개별 소재를 사용한 것에 불과하다고 할 수 없을 뿐만 아니라, 인정 사실에 따르면, 원고의 수익은 물가정보지 판매수익과 물가정보지에 게재되는 광고수익으로 구성되어 있고, 기업이 공사내역서에 물가정보의 정확한 근거를 밝히기 위해서는 물가정보가 수록된 물가정보지의 발행 호수와 쪽수를 기입해야 하기 때문에 그 기입을 위해서는 해당 물가정보지를 구입할 수밖에 없는데, 이러한 점은 법 제93조 제2항 단서에서 정한 바와 같이, 데이터베이스의 개별 소재 또는 그 상당한 부분에 이르지 못하는 부분의 복제 등이라 하더라도 반복적이거나 특정한 목적을 위하여 체계적으로 함으로써 당해 데이터베이스의 통상적인 이용과 충돌하거나 데이터베이스제작자의 이익을 부당하게 해치는 경우에 해당한다고 볼 수 있으므로, 이러한 관점에서 보더라도 피고는 원고 물가정보지의 상당한 부분을 복제한 것으로 볼 수밖에 없다.』

다. 실험결과표 사건[3-283]

『원고가 데이터베이스라고 주장하는 부분은 8행×3열의 실험결과 표와 그 아래에 기재된 2줄의 실험조건 및 1줄의 실험결과에 대한 해석 뿐으로

3-283) 서울중앙지방법원 2012. 1. 12. 선고 2011가합76742 판결(확정).

써, 개별 데이터에 접근하기 위해서는 이용자가 특별한 검색을 할 필요가 없을 정도로 적은 분량인 점, 원고는 ○○대학 산하 치과의료기기시험평가센터에 임플란트용 부품에 대한 실험을 의뢰하여 그 결과를 제공받았는데, 원고 주장의 데이터베이스 중 8행×3열의 실험결과표는 위 시험평가센터에서 보내온 표와 동일한 점 등을 종합하여 볼 때, 위 실험결과 표를 제작하는데 원고가 법률상 보호받기 위한 정도의 상당한 노력을 들였다거나, 표에 수록된 데이터의 양이 법률상 보호받기 위한 정도의 상당한 정도에 이르렀다고 보기 어렵고, 달리 이를 인정할 증거가 없다. 따라서 데이터베이스제작자로서의 권리 침해를 주장하는 원고의 주장은 다른 점에 관하여 살필 필요 없이 이유 없다.

…원고는 위 시험평가센터에 임플란트용 부품에 대한 압축전단하중의 측정을 의뢰하여 실험결과(갑 제4호증)를 받았는데, 원고가 편집저작물이라고 주장하는 〔아래 1〕 부분 중 상단에 배치된 표는 위 시험평가센터에서 보내온 실험결과표를 그대로 배치한 것이고, 그 아래에 'CCM Casting Abutment를 casting', '30도로 기울여서 적정하중을 가함', 'Fixture에 30N으로 체결'로 기재된 부분은 실험의 대상이 된 부품을 어떠한 조건하에서 어떠한 방식으로 실험을 하였는지에 관한 기재이며, 가장 아랫줄의 '기존의 cemented abutment와 비교하여 우수함'이라는 부분은 위 부품(CCM casting abutment)을 실험한 결과 종래 제품보다 우수한 결과가 나왔다는 실험결과에 대한 간략한 평가인바, 임플란트용 부품의 제조 분야에 종사하는 사람이 위 시험평가센터에서 보내온 실험결과(갑 제4호증)를 본다면 〔아래 1〕 부분과 비슷한 방식으로 표현 또는 배치할 수밖에 없을 것으로 봄이 상당하므로, 여기에 저작권법에 의해 보호를 받을 가치가 있는 정도의 최소한의 창작성이 있다고 할 수 없고, 달리 이를 인정할 증거가 없다.

따라서 데이터베이스제작자로서의 권리 또는 편집저작권에 대한 침해를 주장하는 원고의 주장은 다른 점에 관하여 살필 필요 없이 이유 없다.』

라. 부동산중개업 홈페이지 사건[3-284)]

<사안의 개요>

원고들은 부동산중개사무소에 소속 보조중개인들로서, 광고대행업을 하면

3-284) 대구지방법원 2013. 9. 5. 선고 2012가합42110 판결(항소심에서 화해).

서 부동산중개사무소에 매물로 나와 있는 부동산을 원고들이 개설한 홈페이지(이하 '이 사건 각 홈페이지')에 등록하고 광고하여 거래를 원하는 사람들이 있는 경우 부동산중개사무소에 연결을 해주고, 거래가 성사되면 부동산중개사무소로부터 수수료를 받고 있다. 이 사건 각 홈페이지는 대구와 경산시의 원룸 등을 지역, 부동산 종류, 가격, 면적 등으로 분류하여 검색할 수 있도록 구성되어 있고, 특정 부동산 사진을 클릭하면 그 부동산에 관한 상세정보와 함께 내부를 촬영한 사진들을 볼 수 있다. 피고들은 이 사건 각 홈페이지에 게시되어 있던 원고들이 촬영한 부동산 매물 사진 합계 12,820장(이하 '이 사건 각 사진')을 원고들의 허락을 받지 않고, 피고들이 운영하는 홈페이지에 게시하였다. 원고들의 이 사건 각 홈페이지가 법상 보호받는 데이터베이스인지 여부가 쟁점으로 되었다.

『이 사건 각 홈페이지는 대구와 경산시의 원룸 등을 지역, 부동산 종류, 가격, 면적 등으로 분류하고 이를 체계적으로 배열하여 수록함으로써 이용자가 이 사건 각 홈페이지로부터 개별 소재인 매물 정보 및 이 사건 각 사진을 일정한 기준에 따라 검색할 수 있도록 하였으므로, 원고들의 홈페이지는 데이터베이스에 해당한다.

또한 원고들은 직접 원룸 등의 사진을 촬영하는 방식으로 자료를 모아왔고, 이와 같이 수집된 정보를 여러 기준에 따라 분류하여 수록함으로써 부동산 중개 정보 홈페이지의 제작 또는 그 소재의 갱신·검증 또는 보충에 인적 또는 물적으로 상당한 투자를 하였으므로, 원고들은 이 사건 각 홈페이지에 대한 데이터베이스제작자에 해당한다.

…피고들은 그들의 부동산중개업을 위하여 원고들의 승낙을 받지 아니하고 이 사건 각 홈페이지에 게시되어 있는 이 사건 각 사진을 반복적으로 게시하였으므로, 피고들은 원고들의 데이터베이스제작자로서 그들의 데이터베이스를 복제할 권리를 침해하였다. 따라서 피고들은 이로 인한 손해배상을 할 의무가 있다.』

마. GIS수치지도데이터 사건[3-285]

『원고들이 제작한 GIS수치지도데이터(지표면·지하·수중 및 공간의 위치

3-285) 서울남부지방법원 2015. 3. 12. 선고 2014가합108028 판결(확정).

와 지하·지물 및 지명 등의 각종 지형공간정보를 전산시스템을 이용하여 일정한 축척에 따라 디지털 형태로 나타낸 것)는 지형물 등에 관한 배경 데이터, 주소 등에 관한 검색용 데이터, 출발지에서 목적지까지의 경로를 찾기 위한 도로망 데이터로 구성되는 데이터베이스로 구성되는 사실이 인정되는바, 원고의 GIS수치지도데이터는 저작권법으로 보호되는 데이터베이스에 해당한다.』

제4장 저작권자-권리의 주체

Ⅰ. 저작자

1. 저작자의 개념

저작물을 최초로 창작한 자는 저작자로서 별도의 등록절차 없이 자동적으로 저작권을 원시 취득한다(제10조 제2항). 위 규정은 강행규정이며, 저작자 또는 저작권이 귀속에 관하여 당사자 사이에 합의가 있는 경우에도 당사자 사이의 계약에 의하여 실제로 제작하지 아니한 자를 저작자로 할 수는 없다.[4-1] 저작물의 작성에 수인이 관여한 경우 창작적인 표현 형식 자체에 기여한 자만이 그 저작물의 저작자가 되며, 창작적인 표현 형식에 기여하지 아니한 자는 비록 저작물의 작성 과정에서 아이디어나 소재 또는 필요한 자료를 제공하는 등의 관여를 하였다고 하더라도 그 저작물의 저작자가 되는 것은 아니다.[4-2]

가. 유아동요모음집 사건[4-3]

<사안의 개요>

4-1) 대법원 1992. 12. 24. 선고 92다31309 판결[피신청인이 롯데월드의 상징도안(캐릭터)의 제작을 ○○기획에 의뢰하고 ○○기획이 다시 신청인과 응용도안 제작계약을 체결하면서, 작품에 대한 권리를 주문자에게 귀속시키고 수정을 요구할 수 있도록 한 사안에서, 응용도안의 소재선정이나 작성은 전적으로 제작자인 신청인의 재량과 예술적인 감각 및 기술에 의한 것이므로, 위 계약 내용에도 불구하고, 응용도안의 저작자는 제작자인 신청인이라고 한 사례].

4-2) 대법원 2009. 12. 10. 선고 2007도7181 판결.

4-3) 서울중앙지방법원 2006. 10. 18. 선고 2005가합99515 판결(확정).

원고는 '기초능력'을 운영하는 피고 김○○, 윤○○으로부터 유아용 교육교재에 쓰일 곡의 작곡을 의뢰받고, 피고 윤○○으로부터 가사를 전달받으면 그에 적합한 유아교육용 곡을 작곡하는 방식으로 곡들(이하 '이 사건 창작곡')을 작곡하였다. 피고들은 유아교육을 위한 교재, 씨디 또는 카세트테이프 세트를 각 제작·판매(이하 위 각 서적, 씨디, 카세트테이프 세트를 통틀어 '이 사건 교재')하면서 이 사건 창작곡을 수록하였는데, 원고의 이름은 표시하지 않았다. 피고들이 이 사건 창작곡의 공동저작자인지 여부가 쟁점이다.

<법원의 판단>

『피고들은 원고로부터 넘겨받은 악보를 피고 김○○가 피아노를 치고 피고들이 노래를 부르며 검토해, 어린이들이 부르기에 너무 높은 곡은 조를 낮추어 부르기 쉽게 만들고, 점음표가 너무 많거나 음이 맞지 않아 부르기 어려운 부분, 가사전달이 잘 되지 않는 부분을 수정하며, 일부 곡은 2마디씩 추가하는 등으로 저작에 기여하였으므로 피고들 역시 이 사건 창작곡의 저작권자라는 취지로 주장한다.

살피건대, 2인 이상이 공동으로 창작한 저작물로서 각자의 이바지한 부분을 분리하여 이용할 수 없는 것은 공동저작물로서 수인이 공동으로 저작재산권 및 저작인격권을 갖는다고 할 것이고, 이 사건 창작곡은 그 창작에 관여한 수인의 저작자들 각자의 이바지한 부분이 분리되어 이용될 수 없는 경우이므로 공동저작물이라고 할 것인바, 피고들이 원고가 작곡한 곡을 수정한 것이 공동저작권자로 인정되기 위하여 요구되는 창작성의 정도는 고도의 것임을 요하지는 않으나, 간단한 수정이나 변경을 가하는 정도만으로는 부족하고 창작성 있는 수정이나 변경이 가해질 것을 요한다고 할 것이고, 그 창작성의 유무는 음악의 제요소인 선율, 박자, 화음, 형식 등을 두루 고려하여 종합적으로 판단하여야 할 것인데, 을 제9호증의 일부 기재만으로는 피고들이 창작성 있는 수정이나 변경을 가하였다고 인정하기에 부족하고(피고들 주장과 같이 단순히 곡의 조옮김을 하는 것과 같은 행위는 저작권자로 인정되기 위하여 요구되는 창작성이 있다고 보기 어렵고, 일부 곡에 대하여 2마디를 더하거나 많이 수정하였다는 부분도 피고들의 수정요청을 받은 원고가 창작하여 작성한 것이 아니라 피고들이 직접 창작하여 작성하였다는 점을 인정하기에 부족하며, 오히려 갑 제34호증의 1 내지 33의 각 기재에 의하면 수정 부분도 대부분 원고가 직접 창작·작성한 것으로 보인다), 달리

이를 인정할 증거가 없으므로 피고들의 주장은 이유 없다.』[4-4)]

나. iBT 프로그램 사건[4-5)]

<사안의 개요>

원고들과 피고는 한국외국어평가원의 의뢰로 영어능력 모의평가시험인 iBT 서비스 개발사업을 공동으로 추진하였는데, 원고 황○○은 iBT 영어시험에 대한 기획분석과 정보제공, 현장 테스트, 마케팅 등을, 원고 김○○는 프로그램 디자인, 영어문제 개발 및 채점 등을, 피고는 프로그램 코딩 작업을 맡기로 하고, 이를 위해 원고들과 피고 3인이 균등하게 권리를 갖는 주식회사(아이비토)를 설립하였다. 그 후 피고는 인터넷을 이용한 영어능력 모의평가시험 프로그램(이하 '이 사건 프로그램')에 관하여 저작권 등록을 마쳤다.

이 사건 소송에서 원고들은 이 사건 프로그램은 한국외국어평가원의 의뢰를 받아 원고들과 피고의 공동 노력으로 제작된 것이므로, 이에 대한 저작권은 원고들과 피고에게 각 1/3씩 귀속된다고 주장하였다.

<법원의 판단>

『원고 황○○의 주장에 의하더라도 자신은 iBT 영어시험에 대한 기획분석과 정보제공, 현장 테스트, 마케팅 등을 담당하였다는 것인데, 원고 황○○의 이러한 행위가 이 사건 프로그램의 제작에 기여한 바가 있다고 하더라도 이는 이 사건 프로그램의 창작적인 표현 형식 자체에 기여한 것이 아니라 필요한 자료를 제공하는 등의 관여를 한 것에 불과하므로 원고 황○○을 이 사건 프로그램의 저작자라고 할 수 없다.

또한, 원고들이 제출한 증거만으로는 원고 김○○가 인터넷을 이용한 영어능력 모의평가시험 프로그램의 디자인 창작에 직접 기여하였다는 점 및 위 디자인이 이 사건 프로그램에 반영되어 그 일부를 이루고 있다는 점을 인정하기에 부족하고, 달리 이를 인정할 증거가 없다.

나아가 증거에 의하면, 원고들과 피고가 2010. 4.경부터 같은 해 10.경까지 사이에 메일을 주고받으면서 이 사건 iBT 영어시험 서비스에 대한 프로그램 제작에 도움이 될 만한 타사 …의 문제를 분석하고 프로그램에 대한

4-4) 피고들이 이 사건 창작곡의 저작권 일체를 원고로부터 양수하였다고 인정하였는바 이에 관하여는 후술한다.

4-5) 서울중앙지방법원 2013. 3. 22. 선고 2012가합42456 판결(확정).

전반적인 조언과 디자인에 대한 의견을 교환한 사실은 인정되나, 원고 김○○의 이러한 행위가 이 사건 프로그램 창작에 필요한 자료를 제공한 것을 넘어 이 사건 프로그램의 작성 행위 자체에 기여하였다는 점에 관하여는 구체적인 주장과 입증이 없으므로, 위 원고의 위 주장도 이유 없다.

따라서 원고들이 이 사건 프로그램의 창작적인 표현 형식 자체에 기여하였다는 점을 인정할 수 없으므로, 원고들은 이 사건 프로그램의 저작자가 아니다.』

☞ 당사자 사이에 프로그램의 저작권을 공동으로 소유하기로 하는 합의가 있었더라도, 실제로 창작적인 표현 형식에 기여하지 않은 자가 합의에 의하여 저작자로 될 수는 없다고 본 사례로, 쟁점이 되지는 않았지만, 사안에 따라 이러한 합의가 저작권 양도 또는 이용허락에 관한 합의로 인정될 수는 있을 것이다.

2. 저작자의 추정

실제 저작물의 저작자가 누구인지는 저작활동에 관여하지 않은 다른 사람들로서는 알기 어렵고, 이를 둘러싸고 법적 분쟁이 발생하였을 경우 진정한 저작자임을 입증하는 것이 곤란한 경우가 많다. 이에 저작권법은 저작물의 원작품이나 그 복제물에 저작자로서의 성명 또는 그의 예명·아호·약칭 등으로서 널리 알려진 것이 일반적인 방법으로 표시된 자(제8조 제1항 제1호), 또는 저작물을 공연·방송 또는 전송함에 있어서 저작자로서의 실명 또는 저작자의 널리 알려진 이명으로서 표시된 자(제2호)를 저작자로 추정하고 있다. 이 규정에 의해 저작권자로 추정되는 경우, 이를 다투는 측에서 추정규정의 적용을 받는 사람이 실제로 창작에 기여하지 않았다는 것을 증명하여 추정을 뒤집어야 한다.

가. 한국어교재 사건[4-6]

<사안의 개요>

선교단체인 ○○재단은 한국에 입국하는 외국인들에게 한국어를 가르치는 부설기관인 명도원의 한국어 교재로 사용하기 위해 「MYONGDO's KOREAN

4-6) 서울지방법원 1997. 10. 24. 선고 96가합59454 판결(확정).

'68」이라는 제목의 서적(이하 '이 사건 저작물')을 간행, 배포하였다. 이 사건 저작물에는 안○○ 및 원고가 공동저작자로 표기되어 있다. 피고들은 ○○재단과 사이에 계약을 체결하고, 이 사건 저작물을 수정한 개정판 서적을 제작, 출간하였는데, 위 서적에는 안○○과 피고 홍○○이 저작자로 표기되어 있다. 원고는 이 사건 저작물의 공동저작자인데, 피고들이 원고의 동의 없이 이 사건 저작물의 내용을 함부로 수정하고, 공동저작자를 안○○과 피고 홍○○으로 표시하여 간행, 배포함으로써 원고의 저작권을 침해하였다고 주장하였는데, 소송에서 원고가 이 사건 저작물의 공동저작자인지 여부가 다투어졌다.

<법원의 판단>

『이 사건 저작물이 1967. 10. 무렵 최초로 간행될 당시 원고와 안○○이 그 공동저작자로 표시되어 있었던 이상 원고와 안○○은 구 법(1986. 12. 31. 법률 제3916호로 전문 개정되기 전의 것) 제6조 제1호에 의하여 이 사건 저작물의 공동저작자로 추정된다 할 것이다. 한편, …달리 이 사건 저작물이 원고와 안○○의 공동저작물이라는 추정을 번복할만한 증거가 없으며, 오히려 …명도원에서는 원래 외국인에게 한국어를 가르치는 교재로서 △△대학교 한국어학당의 학습교재…를 사용하고 있었는데, 당시 명도원의 원장이던 위 안○○와 강사인 원고가 위 교재가 강의에 부적합하다고 생각하여 다른 강사들의 도움을 받으면서 공동으로 이 사건 저작물을 저작한 사실이 인정된다.』[4-7]

나. 님은 먼 곳에 사건[4-8]

<사안의 개요>

원고는 방송작가로서 동양방송의 '님은 먼 곳에'라는 연속극(이하 '이 사건 연속극')의 극본을 집필하였다. 피고는 동양방송으로부터 이 사건 연속극의 주제가의 작곡을 부탁받았는데, 방송작가가 연속극과 같은 이름의 주제곡을

4-7) 다만, 이 사건 저작물에 "이 서적에 관한 모든 권리는 안○○과 명도원에게 배타적으로 귀속된다"는 기재가 있는 점 등을 들어, 원고가 이 사건 저작물에 대한 저작재산권을 안○○과 소외 ○○재단에 양도하였다고 보았다.

4-8) 서울고등법원 2006. 10. 10. 선고 2006나3204 판결(대법원 2007. 1. 26. 선고 2006다75933 판결).

직접 작사하는 그 무렵의 방송 관례에 따라, 원고는 이 사건 연속극 주제곡의 가사로서 노랫말을 원고지에 직접 작성하여 방송관계자를 통하여 작곡자인 피고에게 건네주었다. 그 후 피고의 작곡에 의하여 '님은 먼 곳에'라는 노래(이하 '이 사건 노래')가 제작되었다. 이 사건 노래는 이 사건 연속극에 삽입되어 방송되었는데, 이 사건 연속극 방영 말미에 이어진 자막(End Credits)에 이 사건 노래의 작사자로 원고의 예명 유호가, 작곡자로 피고가 각 표시되었다. 피고는 이 사건 연속극 방영 이후인 음반을 제작·배포하면서 위 음반에 이 사건 노래를 포함시켰는데, 이 사건 노래의 작사자로 피고 자신의 성명을 표기하였다. 이 사건 노래 가사의 저작자가 누구인지가 쟁점으로 되었다.

<법원의 판단>

『(1) 저작자의 추정

이 사건 노래는 이 사건 연속극에 삽입되어 방송됨으로써 처음으로 공표된 사실, 이 사건 연속극은 원고의 널리 알려진 예명인 '유호'를 이 사건 노래의 작사자로 표시한 자막(End Credits)을 삽입하여 말미에 함께 방영한 사실은 앞서 본 바와 같으므로, 이 사건 가사의 저작자는 원고로 추정된다.

(2) 피고의 추정 복멸 주장 및 이에 대한 판단

피고는, 이 사건 가사는 원고의 작사법과 달리 3부 형식으로 같은 말을 반복하고 내적 표현에 치중하는 등 피고가 즐겨 사용하는 작사형식으로 이루어져 있고, 이 사건 노래를 수록한 음반 및 가요집에 이 사건 가사의 작사자로 피고가 표시되어 왔으며, 원고는 이 사건 소송 제기 전까지 30년 이상 동안 이 사건 가사에 대한 권리를 주장한 바 없고, 사단법인 한국음악저작권협회 역시 피고를 이 사건 가사의 저작권자로 인정하고 저작권사용료를 지급하여 왔으므로, 이 사건 가사의 저작권자가 원고라는 추정은 깨어졌다는 취지로 주장한다.

살피건대, 앞서 든 각 증거에 의하면, ① 원고 작성의 가사는 2절 구조를 취하면서 장문의 서술형 문장으로 내용의 전달에 중점을 두는 것이 많은 반면, 피고 작성의 가사는 통절 구조를 취하면서 단순한 문장의 반복적 사용으로 감정의 호소에 중점을 두는 것이 많은 사실, ② 이 사건 가사는 통절 구조를 취하면서 짧고 간결한 문체를 사용하고 동일한 어구를 반복적으로 배열하는 특징을 가지고 있는 사실, ③ 이 사건 노래가 수록된 다수의 음반 및 이 사건 노래의 악보가 수록된 대중가요 모음집 등 각종 서적에 피고의 성명이 작사자로 표시되어 왔고, 사단법인 한국음악저작권협회에도 피고가 이 사건 가사의 작사자로 등록되어 피고가 이 사건 가사의 저작권사용료를 수령하여 왔던 사실, ④ 그런데도 원고는 이에 대하여 약 30년간 별다른 이의를 제기한 바 없는 사실을 인정할 수 있다.

그러나 한편, 앞서 든 각 증거에 의하면, 이 사건 노래 제작 당시는 연속극의 내용을 잘 알고 있는 연속극의 작가가 연속극의 분위기에 어울리도록 주제곡의 가사를 작사하고 이에 맞추어서 작곡자가 작곡을 하는 것이 일반적인 방송관행이었던 사실, 원고는 이 사건 가사 이외에도 '신라의 달밤' 등 지금도 널리 불리는 노래들의 작사가로서 이름이 높았던 사실, 원고는 이 사건 가사 외에도 '푸른 잔디'와 같이 같은 절에서 반복되는 구절을 가진 노래의 가사를 작사하기도 한 사실, 이 사건 노래 제작 당시 원고는 상당한 영향력을 가진 중견 방송작가 겸 여러 히트곡을 가진 작사자였음에 반하여 피고는 젊은 대중음악인으로 방송제작에 있어 그 영향력이나 위상이 원고에 미치지 못하였던 사실, 사단법인 한국음악저작권협회는 1992년경 전산프로그램이 개발되기 전까지는 공표 및 출반된 기존의 음반 내지 관련 도서 등에 의존하여 음악저작물의 등록절차를 관리하였던 사실, 1971. 4. 25. 발행된 '오늘의 가요'라는 대중가요 서적에는 이 사건 노래의 작사자로 원고의 예명인 '유호'를 표시하고 있는 사실, 이 사건 연속극 및 노래의 제작에 직접 관여하여 그 내막을 잘 아는 위치에 있는 이 사건 연속극의 조연출 김현일, 이 사건 연속극의 음악담당이었던 김기갑 등이 이 사건 가사의 작사자를 원고라고 진술하고 있는 사실을 인정할 수 있다.

이러한 인정사실에 방송작가로서 뿐만 아니라 작사가로도 널리 알려진 원고가 단지 참고용 또는 피고의 작사 작업을 돕기 위한 용도만으로 직접 가사를 원고지에 적어주었다거나, 피고가 원고로부터 건네받은 위 가사를 원고나 연출진의 동의 없이 임의로 고쳤다는 것은 위 가사의 작성 경위, 당시의 방송관행, 당사자들의 위상 및 그 역학관계에 비추어 쉽게 납득하기 어렵고, 통상적인 작사형식만으로 구체적인 노래의 작사자를 판별하거나 단정짓기는 곤란하며, 다수의 음반 및 서적과 한국음악저작권협회에 이 사건 가사의 작사자로 피고가 표시·등록된 것은 이 사건 노래를 실은 최초의 음반인 이 사건 음반의 기재에 근거한 것으로 보이는 점 등 제반사정을 종합하여 보면, 위 ① 내지 ④의 인정사실만으로는 원고가 이 사건 노래의 작사자라는 추정이 깨어졌다고 할 수 없고, 달리 피고의 주장을 인정할 만한 증거가 없다. 따라서 피고의 위 주장은 이유 없다.』

다. 사랑을 멈출 수 없는 여자 사건4-9)

<사안의 개요>

원고는 시집 등을 출간하지는 않은 채 시를 써 오다가 작곡가인 피고를 알게 되었고, 그 이후 원고와 피고는, 원고가 피고에게 초고를 건네주면 피고가 이를 바탕으로 작사 및 작곡을 하는 방식으로 노래 몇 곡을 만들게 되었는데, 원고가 피고에게 건네준 초고들 중, 노래 <어떤 결정>, <이별 전야>, <황혼>, <어떤 결정>(이하 '이 사건 노래')의 각 가사 초고가 포함되어 있다. 위 각 노래가 수록되어 발매된 각 음반 표지 또는 그에 첨부된 가사집에는 이 사건 노래 가사들의 작사자는 '이수월', 작곡가는 피고로 각 기재되어 있다. 이 사건 소송에서 원고는, 원고가 피고에게 이 사건 노래 가사들의 초고를 제공하여 피고가 그 초고에 기초하여 이 사건 노래 가사들을 완성하였으므로, 이 사건 노래 가사들의 저작자는 원고라고 주장하는 반면, 피고는, 이 사건 노래 중 노래 <사랑을 멈출 수 없는 여자>, <이별전야>, <황혼>의 가사는 피고가 원고의 초고를 상당히 수정하여 새로운 창작성을 부가한 것으로서 원·피고 공동저작물이거나 또는 피고의 2차적 저작물이고, 노래 <어떤 결정>과 <숙명>의 가사는 피고가 단독 작사한 단독 저작물이라고 주장하였다.

<법원의 판단>

『가. 이 사건 노래의 저작자 추정 여부

앞서 본 바와 같이 이 사건 노래가 수록, 발매된 각 음반에 원고의 실명인 '이수월'이 이 사건 노래 가사들의 작사자로 각 기재되어 있으므로, 원고는 법 제8조 제1항 제1호에 의하여 이 사건 노래 가사들의 각 저작자로 추정된다.

이에 대하여 피고는, 피고가 원고의 이름인 '이수월'을 피고의 예명으로 사용하였으므로, '이수월'은 피고를 지칭하는 것이라고 주장하므로 살피건대,

---

4-9) 서울고등법원 2009. 9. 16. 선고 2008나96026 판결(대법원 2010. 1. 28. 선고 2009다82916 판결).

…피고는 이 사건 노래가 수록된 각 음반이 발매된 이후인 1991. 10. 26.경 한국음악저작권협회에 원고의 이름인 '이수월'을 피고의 예명으로 등록신청한 뒤, 그 무렵 이 사건 노래 전부를 피고의 예명인 '이수월' 작사로 하여 한국음악저작권협회에 등록한 사실은 인정되나, 1991. 10. 26.경 이전에 발표된 노래 <숙명>, <이별전야>, <황혼>이 수록된 박○○의 음반에 피고의 예명 '태정'과 피고가 자신의 예명이라고 주장하는 원고의 이름 '이수월'이 함께 표시되어 있는 점에 비추어, 피고가 위와 같이 한국음악저작권협회에 예명 등록신청을 한 1991. 10. 26.경 이전에 '이수월'을 피고의 예명으로 사용하였다는 점에 관하여는 이 법원의 사단법인 한국음악저작권협회에 대한 사실조회결과…만으로는 이를 인정하기에 부족하고 달리 이를 인정할 증거가 없으므로, 위 인정사실만으로는 원고가 이 사건 노래 가사들의 저작자라는 추정을 복멸할 수 없으므로, 피고의 위 주장은 이유 없다.

다만, 비록 원고가 법 제8조 제1항 제1호에 의하여 이 사건 노래 가사들의 저작자로 추정되기는 하나, …피고가 이 사건 노래 가사들에 대하여 관여한 정도를 파악하여 과연 원고 또는 피고 중 실제로 누가 이 사건 노래 가사들의 저작자인지 여부에 대하여 살펴보기로 한다.

나. 노래 <사랑을 멈출 수 없는 여자>, <이별전야>, <황혼>, <어떤 결정>의 가사들의 저작자가 누구인지 여부

(1) …원고와 피고는 2003. 3.경 이 사건 노래의 작사자에 관하여 서로 이견이 있어 이를 협의하였는데, 그 당시 노래 <사랑을 멈출 수 없는 여자>, <이별전야>, <황혼>, <어떤 결정>에 관하여는 원고와 피고가 공동저작자인 것으로 합의하여, 원고가 2003. 3. 21.경 한국음악저작권협회에 위 노래들에 관하여 원고와 피고가 공동작사자라는 취지로 작품신고서를 제출하였고, 이에 따라 위 노래들에 관하여 원고 및 피고의 예명인 '태정'의 공동작사로 각 등록되었다.

(2) 또한, 노래 <이별전야>, <황혼>, <어떤 결정>의 가사들 …과 이 사건 초고를 비교하여 보면 …노래 <이별 전야>의 가사와 초고 <흩어지는 어둠 속으로>는, ① 가사 중 1, 2, 6, 7행의 내용 및 표현이 초고와 동일 내지 유사하나, ② 3, 4, 5행의 내용은 위 초고와는 다른 내용으로 이 부분이 추가됨으로써 위 초고와는 다소 다른 느낌을 주고, 노래 <황혼>의 가사와 초고 <계절>은, ① 가사 중 3절의 내용 및 표현이 초고와 동일 내지 유사하나, ② 1절과 2절의 내용은 위 초고와는 다른 내용으로 이 부분이 추가된

것으로 보이며, 노래 <어떤 결정>의 가사와 초고 <결정>은, 전체적인 주제나 느낌에 있어서는 유사하나 구체적인 표현에 있어서는 '결정'이라는 단어가 사용되었다는 점을 제외하면 강한 유사성을 발견하기는 어렵다.

(3) 공동저작물이란 2인 이상이 공동으로 창작한 저작물로서 각자의 이바지한 부분을 분리하여 이용할 수 없는 것을 말하는바, 공동저작물로 인정되려면, ① 2인 이상이 창작성 있는 표현 자체에 관여하여야 하고, ② 2인 이상의 창작행위로 인하여 하나의 저작물이 발생하였다는 객관적 공동관계와 당사자 사이에 적어도 상대방의 의사에 반하지 않는다는 주관적 공동관계가 존재하여야 하며, ③ 각자의 기여분이 분리되어 개별적으로 이용될 수 없어야 하는데, 위 (2)항의 비교 결과를 고려하여 볼 때, 피고는 원고로부터 건네받은 초고의 내용 및 형식 중 일부를 이 사건 노래 가사에 보다 적합하도록 수정하였고, 수정된 부분들은 이 사건 노래 가사들의 다른 부분과 불가분하게 결합하면서 새로운 창작성을 더하고 있다고 인정되고, 여기에 앞서 본 바와 같이 ① 원고는 피고에게 '본인의 작품'은 원·피고의 '공동작품'이라는 위임장을 작성해 주었고, ② 원고는 피고가 한국음악저작권협회에 이 사건 노래의 단독 작사자로 등록한 1991. 10.경으로부터 약 12년이 경과한 2003. 3.경에야 비로소 피고에게 작사자를 원고로 변경하여 달라고 요청하였으며, ③ 이에 피고가 원고와의 협의에 의하여 노래 <사랑을 멈출 수 없는 여자>, <어떤 결정>, <이별 전야>, <황혼>에 대하여 원·피고 공동 작사자로 변경해 주었음에도, 원고는 2005. 5. 16.경 노래 <숙명>도 원고가 작사하였다고 주장하였을 뿐 위 나머지 노래들을 원·피고 공동 작사자로 등재한 점에 대하여는 이의를 제기하지 않다가, 이 사건 소 제기 약 3개월 전인 2007. 11. 22.에서야 이 사건 노래 모두가 원고의 단독 작사라고 통지한 점 등까지 함께 고려하면, 노래 <사랑을 멈출 수 없는 여자>, <이별전야>, <황혼>, <어떤 결정>의 가사들은 원·피고 공동저작물이라고 할 것이다.』

Ⅱ. 공동저작물

1. 의의 및 요건

공동저작물이란 2인 이상이 공동으로 창작한 저작물로서 각자의 이바지한 부분을 분리하여 이용할 수 없는 것을 말한다(제2조 제13호). 2인 이상이 공동 창작의 의사를 가지고 창작적인 표현형식 자체에 공동의 기여를 함으로써 각자의 이바지한 부분을 분리하여 이용할 수 없는 단일한 저작물을 창작한 경우 이들은 그 저작물의 공동저작자가 된다.

가. 2인 이상이 창작

어떤 저작물의 저작권자임을 주장하는 자가 수인이 있는 경우 그 중에서 저작물의 창작적인 표현 형식 자체에 기여한 자만이 저작자가 된다.[4-10] 2인 이상이 저작물의 작성에 관여한 경우 그 중에서 창작적인 표현 형식 자체에 기여한 자만이 그 저작물의 저작자가 되므로, 비록 수인이 저작물의 작성 과정에서 아이디어나 소재 또는 필요한 자료를 제공하는 등의 관여를 하였다고 하더라도 창작적인 표현 형식에 기여하지 아니하였다면, 그 저작물을 관여자들의 공동저작물이라고 할 수는 없다.

1) 창작적인 기여를 인정한 사례

가) 논문공저 사건[4-11]

<사안의 개요>

원고는 교수승급심사를 위해 논문게재실적이 필요하다는 피고의 부탁을 받고 자신이 연구 중이던 주제에 대한 이 사건 논문 작성 작업에 피고를 참여시켜주기로 하였다. 피고는 원고로부터 연구메모 및 통계분석 관련 자료를 넘겨받아 논문의 형식을 갖추어 목차를 구성하고 통계분석결과의 내용을 기술하는 등의 작업을 하였고, 이후 원고의 내용 보완, 수정 등을 거쳐 이 사건 논문이 완성되었다. 원고는 이 사건 논문은 원고가 논문의 주제를 정하고 그 관련 선행연구들의 검토, 연구목적 및 주제의 구체화, 연구가설의 개발, 분석모형의 개발, 변수측정 방법의 개발 등 독창적인 연구를 수행하여 구체적인 논문으로 작성된 것이고, 통계분석까지 마쳐 그 결과까지 표로 작성되어 있

4-10) 대법원 1992. 12. 8. 선고 92도2296 판결(교정 등 단순작업을 한 사람은 만화전집의 저작자로 볼 수 없다고 한 사례).

4-11) 서울동부지방법원 2012. 7. 4. 선고 2011가합23093 판결(서울고등법원 2013. 1. 24. 선고 2012나61409 판결).

었던 상황이었고, 피고가 나중에 한 일은 단지 위와 같이 완성된 통계분석결과표를 보고 그 내용을 그대로 글로 기술한 것뿐으로서, 위 논문의 창작적인 내용을 스스로 집필한 바가 전혀 없으므로, 피고에게는 이 사건 논문에 대한 저작권이 없다고 주장하며, 저작권의 부존재확인을 구하였다.

<법원의 판단>

『피고가 이 사건 논문 작성과정에서 창작에 실제 관여하였다고 인정할 수 있는지 본다.

다음과 같은 사정들, 즉 ① 이 사건 논문에 피고가 공동저자로 기재되어 게재되었음은 앞서 본 바와 같으므로 법 제8조 제1항에 의하여 피고가 이 사건 논문에 대하여 저작권을 가지는 것으로 추정되는 점, ② 이 사건 논문은 실증분석을 연구목적으로 하는데, 이 사건 논문 중 통계분석결과표에 대하여 피고가 이를 해석하는 내용이 기재된 부분은 위 해석 작업이 단순히 기계적인 기술(記述)에 불과하여 창의적인 기여가 전혀 없다고 보기는 어려운 점, ③ 피고가 원고의 이 사건 연구메모 등의 자료를 토대로 이 사건 영문 초안으로 번역할 때, 논문 형식을 갖추어 목차를 구성하고, 문장 순서를 일부 변경하고, 문단을 배열하고, 각주를 일부 추가하며, 통계분석결과표를 배치하는 등 이 사건 논문의 표현형식에 기여를 한 점, ④ 피고가 2006. 1. 26. 원고에게 보낸 파일 중 '2.1.'에서 위 Penman 교수의 교과서 내용을 참조하여 본 실증연구의 동기 또는 의의와 관련된 내용을 추가하였는데 이 내용이 이 사건 논문 각주에 문구만 일부 수정된 채 기재된 사실을 인정할 수 있는바, 실증연구의 의의를 언급하는 이 부분이 단순히 Penman 교수의 교과서를 그대로 복제하였거나 원고의 기존 논문 내용을 그대로 기술하였다고 보기에는 부족한 점, ⑤ 피고가 원고의 이 사건 연구메모 및 통계분석 관련 논문 초안을 원문의 문장 순서에 따라 영문으로 번역하고, 피고가 다시 원고의 이 사건 영문논문을 원문의 문장 순서에 따라 국문으로 번역한 사실이 인정되나, 위 번역과정 및 피고가 원고의 이 사건 영문 논문을 다시 이 사건 국문 논문 초안으로 번역하면서 이 사건 논문을 완성해가는 과정을 보면, 원고와 피고 사이에 수차례 논문 내용에 대한 수정 이메일과 검토 논의가 오고 가면서 피고 역시 수정 및 검토의견을 제시하기도 하고 일부 내용을 검토하여 수정·보완하기도 한 점, ⑥ 그 밖에 피고가 이 사건 논문의 게재심사 과정에서 심사자들의 의견에 대하여 반박서 초안을 직접 작성하기도

한 점 등을 종합하면, 피고가 이 사건 논문의 작성에 있어 창작적인 표현 형식에 실제 관여하여 기여하였다고 봄이 상당하므로 이 사건 논문에 대한 공동저자로서 피고에게 저작권이 인정되지 않는다고 단정할 수 없고, 달리 원고의 주장을 인정할 만한 증거가 없으므로 위 주장은 이유 없다.』

나) 권투선수 사건4-12)

<사안의 개요>

피고는 영화사 ㈜○○에 소속되어 '울산에 사는 어느 권투선수'에 관한 영화의 제작을 준비하였고, 원고는 ㈜○○과 작가계약을 체결하였다. 원·피고는 '오○○'라는 권투선수에 관한 영화의 각본을 제작하는 작업을 진행하였으며, 그 과정에서 수차례 각본의 내용에 관한 회의를 하였다. 위 각 본의 초고('이 사건 각본')가 완성되었으나 ㈜○○의 경영상 문제로 영화화가 어렵게 되자, 원·피고는 다른 영화사로 옮겨 영화를 제작하기로 협의하고, ㈜△△과 공동작가계약을 체결하고, 함께 이 사건 각본의 수정작업을 진행하였다. 원고는 ㈜△△이 일부 계약금을 지급하지 않자 수정작업을 그만두고 위 회사를 떠났는데, 이후 영화사인 도◇◇이 ㈜△△으로부터 이 사건 각본을 영화화하는 권리를 인수하였다.

이 사건 소송에서 원고는 자신이 이 사건 각본을 집필하였으므로 이 사건 각본의 단독 저작자라고 주장하는 반면, 피고는 원고와 공동으로 이 사건 각본을 창작하였으므로 원고와 피고는 이 사건 각본의 공동저작자라고 주장하였다.

<법원의 판단>

『1) 원고에 대하여

…다음과 같은 사정 즉, ① 원고는 본격적으로 이 사건 각본이 제작된 2003년 11월경부터 이 사건 각본 제작과정에 참여하여, 이 사건 각본의 줄거리, 각 장면의 배치, 문구 등을 수정·편집하는 작업을 직접 수행한 점, ② 피고도 ㈜○○에서 원고와 공동으로 이 사건 각본을 창작하였다고 인정하고 있는 점 등을 종합하면, 원고가 이 사건 각본의 창작에 이바지하였다 할 것이다.

4-12) 의정부지방법원 고양지원 2013. 4. 26. 선고 2012가합50780 판결(확정).

2) 피고에 대하여

…다음과 같은 사정 즉, ① 원고는 이 사건 각본 중 피고가 쓴 부분은 전혀 없다고 주장하나, 이 사건 각본의 제작과정에서 원고와 피고 사이에 트리트먼트 기타 여러 자료들이 수시로 오고간 것으로 보이는바, 그 자료들을 실제로 누가 작성한 것인지 여부가 명확하지 않은 점(원고가 자료들을 작성하여 피고에게 주었을 가능성도 있고, 피고가 작성하여 원고에게 준 자료를 원고가 수정하였을 가능성도 있다), ② 가사 이 사건 각본을 전부 원고가 작성하였다고 하더라도, 이 사건 각본과 같은 어문저작물의 경우 그 창작적 요소는 등장인물, 줄거리, 각 장면의 구성 및 순서, 대사 등이 모두 포함되고, 저작자로서의 창작적 기여라 함은 위와 같은 요소들을 구상하여 각본에 반영하는 것 자체를 의미하는 것이고, 원고의 주장과 같이 단순하게 각본 작성행위 자체를 의미하는 것이라고 볼 수는 없는 점, ③ 피고는 1996년경부터 영화제에 단편영화를 출품하고 여러 영화의 제작과정에 참여하였는바, 충분히 각본을 제작할 수 있는 능력을 가지고 있었다고 보이는 점, ④ 원고는 피고와 ㈜△△에서 공동작가계약을 체결한 것에 대하여, 피고가 자신이 영화감독으로 데뷔하기 위해서는 공동작가계약을 체결해야 하기에 도와달라고 하였기 때문이라고 주장하나, 위와 같이 ㈜△△와의 공동작가계약이 형식적으로 체결된 것이라는 점을 인정할 직접적인 자료가 없는 점, ⑤ …일반적으로 아이디어 발상, 시나리오 작성, 영화촬영 등의 순서로 전개되는 영화제작에 있어서 피고는 이 사건 각본이 본격적으로 제작되기 시작한 2003년 11월 이전부터 울산을 방문하여 여러 현장을 취재하고 자료를 수집하였으며, 이 사건 각본의 대강의 줄거리, 등장인물, 각본을 통해 표현하고자 하는 의도 등을 정리함으로써 이 사건 각본의 아이디어 발상단계부터 적극적으로 진행하여 왔는바…, 이는 어느 정도 완성된 각본을 가지고 영화를 제작하는 통상적인 감독의 모습과는 차이가 있는 점, ⑥ 피고가 이 사건 각본을 준비하기 시작한 2003년 6월경부터 작성한 것으로 보이는 작가노트 …에는 이 사건 각본이 본격적으로 제작되기 전에 피고가 담고자 하는 주인공 '오광기'의 캐릭터, 각본을 통해 보여주고자 하는 시대상, 작가의도 등이 기재되어 있고…, 나아가 이 사건 각본에 넣을 각 장면의 내용, 장소적 배경, 대사, 각 장면의 순서 및 배치, 등장인물들의 캐릭터 및 등장인물간의 관계 등에 대한 부분도 기재되어 있는바…, 피고는 2003년 11월 이전부터 이 사건 각본의 전체적인 줄거리, 등장인물, 배경, 대사 등에 대하여 어느 정도의

구상을 마친 상태였다고 보이고, 이러한 구상이 이 사건 각본의 창작 과정에 상당부분 반영되었을 것으로 보이는 점… 등을 종합하면, 피고도 이 사건 각본의 창작에 이바지하였던 것으로 보인다.

3) 소결론

따라서 원고와 피고는 모두 이 사건 각본의 창작에 공동으로 이바지한 공동저작자라 할 것이고, 이 사건 각본은 원고와 피고가 각자 이바지한 부분을 분리하여 이용할 수 없다고 보이므로 원고와 피고의 공동저작물에 해당한다 할 것이다.』

2) 창작적인 기여를 부정한 사례

가) 두만강 700리 사건[4-13]

<사안의 개요>

피고는 두만강 일대의 조선족들의 역사와 문화유산, 생활풍속 등을 주된 내용으로 하는 '두만강 700리'(가제)라는 TV 영상물을 제작하기로 하고, 원고와의 사이에 협의서를 작성하였는데, 그 당시 원고는 피고측 취재인원들의 중국입국 및 체류와 현장취재, 촬영장비의 중국반입을 책임지기로 약정하였다. 피고는 두만강 일대를 취재·촬영하여 제작된 영상물(이하 '이 사건 영상물')을 방송하였다. 원고는 소송에서 이 사건 영상물의 제작·기획, 감독, 카메라촬영, 제작편집 등에 직접 참여함으로써 이 사건 영상물의 제작에 창작적으로 기여하였다고 주장하였으므로, 원고가 공동저작자인지 여부가 쟁점이다.

<법원의 판단>

『원고가 피고측 취재인원들이 중국에서 이 사건 영상물의 제작을 위한 촬영을 함에 있어, 피고측 취재인원들에게 숙박시설, 방한복, 식사 등을 제공하고 현지 안내를 해 준 사실, 중국 도문의 변경지역은 북한과의 경계지역인 관계로 경계가 삼엄하여 피고측 취재인원이 접근할 수 없자, 피고측 취재인원이 동행하던 원고측 안내인에게 부탁하여 그로 하여금 피고측의 카메라를 가지고 도문의 변경지역을 10분 정도 촬영하도록 한 사실을 인정할 수 있을 뿐 이 사건 영상물의 제작에 직접 참여하여 창작적으로 기여하였음을 인정할 증거가 없다.』

4-13) 서울남부지방법원 2004. 5. 21. 선고 2003가합8504 판결(확정).

나) 교과서공저 사건[4-14]

<사안의 개요>

대학교수인 피고인은 시간강사인 피해자가 '○○정책론'이라는 책을 저술 중이라는 사실을 알고, 피해자에게 위 '○○정책론'을 피고인과 피해자의 공저로 출간할 것을 제안하였고, 피해자는 피고인에게 초안 파일을 교부하였다. 그런데 피고인이 피해자 저술의 일부분을 자신의 단독 논문으로 편집하고 있는 것을 피해자가 알게 되었고, 피해자는 피고인에게 공저 출간 의사를 철회하는 의사를 표시하였다. 그 후 피해자가 단독으로 '○○정책론'을 출간하자 피고인은 피해자를 저작권법위반 등 혐의로 고소하였다. 피고인은 피해자와 합의 없이 피해자 저술 부분 중 일부에 자신의 저술을 추가한 후 피해자와 공저로 '□□정책'이라는 교재를 발간하였다. 이에 대해 피해자는 피고인을 무고 및 저작권법위반 등 혐의로 고소하였다. 피고인은 '○○정책론' 및 '□□정책'은 자신과 피해자가 공동으로 저작한 것이라고 주장하였다.

<법원의 판단>

「① 피고인은 피해자가 … 지급한 원고 초고 및 파일들을 이용하여 간단한 수정 또는 교정작업 만을 하였을 뿐, 특별히 '○○정책론' 저술과 관련하여 자신의 창작적인 내용을 먼저 피해자에게 제시하거나 특별한 내용을 담은 파일 등을 피해자에게 교부한 사실은 없는 점, ② 변○○도 1999. 3.경 피해자에게 해양정책에 대한 저서의 집필을 권유하였고, 1999. 1학기 방학이 끝난 후 피해자가 수백 페이지에 달하는 연구결과물을 가져와서 이를 자신에게 보여주었다고 진술하고 있어 변○○의 권유에 따라 1999. 1학기 여름방학까지 '○○정책론'에 대한 저술의 초안을 작성하였다는 피해자의 진술에 부합하고 있는 점, ③ 피고인이 '○○정책론'의 전체적인 구상을 하고 내용을 주도적으로 집필하였고, 해양정책론의 문외한이었던 피해자를 가르치면서 책을 집필하였다면 교수인 피고인과 시간 강사인 피해자의 신분관계 등에 비추어 볼 때 위 저작물은 오히려 피고인의 저작물이라고 보아야 할 것인데도, 피고인은 자신의 아이디어에 대한 편집작업만을 담당하였다는 피해자에게 공동저작권을 인정하여 주었고, 2000. 1. 피해자를 고소한 이후에

4-14) 부산지방법원 2006. 8. 10. 선고 2006노1 판결(대법원 2009. 12. 10. 선고 2007도7181 판결). 위 사건에 대한 판례해설로는, 남현, "2인 이상이 저작물의 작성에 관여한 경우 저작자의 인정", 대법원판례해설 82호(2009년 하반기).

도 일방적으로 고소를 취소하여 주었으며, 2000. 4.경 화해를 위하여 만난 자리에서도 '○○정책론'을 피해자 단독 명의로 발간한데 대한 특별한 논의나 합의를 하지 아니하였고, 나아가 '○○정책론' 발간 이후에는 피해자가 수정작업 등에 관여한 바도 없음에도 '□□정책'을 피해자와 공동저자로 출판하였는바, 이러한 사정들은 피해자가 '○○정책론'을 주도적으로 저술하였음을 반증하는 것이라고 볼 수 있는 점, ④ 피고인은 피해자에게 자료를 제공하였다고 주장하지만, 주장하는 자료가 '○○정책론'의 어느 부분에 인용되었는지 설명하고 있지 못할 뿐만 아니라, 제공하였다고 주장하는 자료 즉 도서들도 전체 인용도서 등에 비하여 매우 미미한 부분이고, 나아가 피고인은 피고인과 피해자 사이의 해양력 이론 사건 이후에야 '○○정책론' 가제본에 기재된 참고도서들을 구입하였으므로, 피고인이 실제 '○○정책론'에 인용된 참고 도서의 내용에 대하여는 잘 모르고 있었다고 봄이 상당한 점, ⑤ 피고인은 1990년대 초반부터 자신의 학문적 경험을 바탕으로 '○○정책론'의 집필을 준비하고 있었다고 주장하지만, 최○○은 자신이 근무하기 시작한 1999. 8. 3. 이후에도 1999. 9.까지는 '○○정책론'의 파일들에 대한 수정작업을 하지 않았고, 1999. 9. 이후에도 일부 수정작업을 한 바는 있지만 이를 별도로 관리하였다고 진술하고 있고, 피고인이 주장하는 수정부분은 피해자가 발간한 '○○정책론' 저서에는 반영된 것이 거의 없는바, 위 사실들에서 알 수 있듯이 피고인은 피해자로부터 디스켓 등을 지급받은 1999. 9. 이후에야 '○○정책론'과 관련된 작업을 하였고, 그 내용도 공저와는 별 관계없는 자신이 보관할 파일을 수정작업을 한 것으로 보이는 점, ⑥ 피해자는 김○○ 교수에게 피고인이 해양정책론의 수정, 보완 작업을 하기로 하였으나, 실제 기여가 거의 없다는 취지로 말한 바 있는데, 당시 피고인과 피해자의 △△대학교에서의 지위와 피해자가 △△대학교의 전임교수 자리를 얻기 위하여 노력하고 있었던 상황이었던 점, 김○○ 교수와 피고인은 고등학교 선후배 관계로서 김○○ 교수가 피해자를 피고인에게 소개해 주었던 점 등을 고려하여 볼 때, 실제 피고인의 주장과 같이 피고인이 '○○정책론'의 전체적인 초안을 잡고, 저술의 전반적인 수정, 보완 작업을 하였다면 피고인이 김○○ 교수에게 위와 같은 내용의 이야기를 하기는 어려웠을 것으로 보이는 점 … 등을 종합하여 보면, '○○정책론'은 피해자가 단독으로 저술하였거나, 가사 피고인이 일부 관여한 부분이 있다고 하더라도 그 부분은 뒤에서 보는 바와 같은 공저 출간의 합의가 이루어진 이후에 피해자의 저술작업에 자구 수정 등 보조적인 작업을 한 것이거나, 일부 소재를 제공한 것으로 위와 같은 행위만으로는 피해자와 피고인이 '○○정책론'을 공동저작하였다고는 할 수 없으므로, '○○정책론'은 피해자의 단독저작물이라고 할 것이다.』

다) 내일은 김연아 사건[4-15)]

<사안의 개요>

피고가 원고에게 '내일은 김연아 1, 2, 3'(이하 '이 사건 각 만화')의 저작재산권을 양도하는 대가로 금원을 지급받았는데, 이에 대해 원고가 이 사건 각 만화의 저작자는 피고가 아닌 배○○, 표○○라는 이유로 피고를 상대로 손해배상 등을 청구한 사안이다. 위 사건에서 피고는, 이 사건 각 만화는 피고가 운영하는 '비타컴'이라는 학습만화팀에서 제작한 것으로, 피고가 그 전체적인 기획을 하고 모든 파트에 대한 구체적인 연출(콘티), 배경작업, 스토리작업 등을 직접 수행하였으며 피고의 실질적인 의사관여 하에 각 팀원들이 부분별 해당 파트를 기계적으로 작업하는 형식으로 제작된 것이므로, 이 사건 각 만화의 저작권자는 피고라고 주장하였다.

<법원의 판단>

『① 배○○, 표○○은 2008년경 '은반의 프리마돈나'라는 학습만화 기획서를 피고에게 제출하였고, 피고의 승인 하에 '은반의 프리마돈나' 제작을 진행하게 되었다. ② 배○○은 '은반의 프리마돈나'의 스토리를 집필하였고, 표○○이 운영하는 '오렌지'라는 만화창작팀이 위 스토리에 기초하여 그림을 그렸다. ③ 만화창작팀 오렌지에서 표○○은 캐릭터 창작, 마스크 펜터치, 컬러링 등을 담당하였고, 김△△은 연필뎃생, 김△△는 몸·배경 펜처리, 서△△은 컬러링을 각 담당하였는데, 이들의 작업은 모두 표○○의 구체적인 지시나 감독 하에 이루어졌다. ④ 배○○, 표○○은 완성된 '은반의 프리마돈나'의 원고(原稿)를 출판을 위해 피고에게 제공하였다. ⑤ 피고는 '은반의 프리마돈나'의 제목을 '내일은 김연아'로 변경하고, 전제사실에서 본 바와 같이 2009. 1. 23. 원고에게 이에 관한 출판권을 설정하여 주었다. ⑥ 내

4-15) 서울중앙지방법원 2015. 7. 23. 선고 2014가합572906 판결(항소중). 같은 쟁점의 신청사건은 의정부지방법원 고양지원 2014. 5. 21.자 2014카합57 결정〔서울고등법원 2015. 8. 13.자 2015라511 결정(확정)〕.

일은 김연아 2, 3 역시 배○○이 스토리를 쓰고 표○○이 운영하는 오렌지에서 그림을 그려 피고에게 제공하였다. ⑦ 배○○, 표○○은 이 사건 각 만화에 관한 기획, 구상, 작성 등의 과정에서 피고로부터 구체적인 작업 지시나 감독을 받지 않았다.

그렇다면, 이 사건 각 만화는 공동창작의 의사로 배○○이 스토리 부분을, 표○○이 그림 부분을 각 담당하여 창작하고 그 스토리와 그림 부분을 분리하여 이용할 수 없는 것으로서, 배○○, 표○○의 공동저작물이라 할 것이다(오렌지에 소속된 김△△, 김△△, 서△△은 표○○의 작업에 관여한 업무보조자라 할 것이다). 그리고 피고가 이 사건 각 만화의 기획 및 제작과정에서 아이디어, 소재 등을 제공하는 방법으로 일정 정도 관여한바 있다 하더라도, 이 사건 각 만화의 창작적 표현 형식에 직접 기여하였다고 인정되지 않는 이상, 피고를 이 사건 각 만화의 저작자 또는 공동저작자라고 할 수 없다.』

나. 공동으로 창작

'공동의 창작행위'는 주관적으로는 공동창작의 의사를 가지고 객관적으로는 공동저작자 모두 창작에 참여하는 것을 의미하지만, 시간과 장소를 같이 해야만 하는 것은 아니고 상이한 시간과 상이한 장소에서도 공동저작자들이 공동창작의 의사를 가지고 각각 맡은 부분의 창작을 하는 경우도 포함된다. 하나의 저작물에 2인 이상이 시기를 달리하여 창작에 관여한 경우, 선행 저작자에게는 자신의 저작물이 완결되지 아니한 상태로서 후행 저작자가 이를 수정·보완하여 새로운 창작성을 부가하는 것을 허락 내지 수인하는 의사가 있고, 후행 저작자에게는 선행 저작자의 저작물에 터잡아 새로운 창작을 부가하는 의사가 있다면, 이들에게는 각 창작부분의 상호 보완에 의하여 하나의 저작물을 완성하려는 공동창작의 의사가 있는 것으로 인정할 수 있다.[4-16] 공

4-16) 아래의 서울고등법원 2009. 9. 3. 선고 2009나2950 판결; 공동창작의 의사가 있다는 점에서 선행 저작자에게 위와 같은 의사가 없이 후행 저작자에 의하여 새로운 창작성이 부가된 '2차적 저작물'과 구별된다. 공동저작물인 경우 2차적 저작물과 달리 저작권 행사에 공동저작자 전원의 합의가 있어야 하고, 공동저작자 중 최후 사망자의 사망 후 50년간이 존속기간이 되는데 반하여 2차적 저작물은 권리행사 시 원저작자의 동의를 필요로 하지 않고, 저작물의 보호기간도 별도로 판단되는 등의 차이가 있으므로, 양자를 구분하는 의미가 있다[우성엽, "2차적 저작물의 법

동창작의 의사는 법적으로 공동저작자가 되려는 의사를 뜻하는 것이 아니라, 공동의 창작행위에 의하여 각자의 이바지한 부분을 분리하여 이용할 수 없는 단일한 저작물을 만들어 내려는 의사를 뜻한다.[4-17)]

1) 6년째 연애중 사건[4-18)]

<사안의 개요>

피고 ㈜○○는 남녀 간의 만남과 사랑, 결혼, 이혼을 소재로 한 로맨틱코미디 영화를 만들기로 하고, 서○○과 사이에 영화제작에 필요한 시나리오 집필계약을 체결하였다. 서○○은 2004. 5. 7. 피고 ㈜○○에 시나리오(이하, '서○○ 시나리오')를 제출하였으나, 피고 ㈜○○가 의도하는 영화의 방향을 시나리오에 반영하지 못하자 피고 ㈜○○는 새로운 작가를 섭외하여 서○○ 시나리오를 전면적으로 수정하기로 하고, 원고와 사이에 '연애 7년차'라는 제목의 로맨틱코미디풍의 멜로드라마의 영화 시나리오를 작성하여 주기로 하는 내용의 시나리오 집필계약을 체결하였다. 그 후 원·피고 사이에 시나리오의 방향에 대해서 의견충돌이 있었고, 피고 ㈜○○에서 새로운 작가를 구해 시나리오 집필 작업을 인수·인계한 후 그 작가로 하여금 나머지 수정작업을 진행하기로 당사자 사이에 합의가 있었으나, 인수·인계 과정에서 원고와 피고 ㈜○○ 사이에 시나리오 집필계약의 해제여부와 보수의 지급을 둘러싸고 다툼이 생겼다. 피고 ㈜○○는 2004. 8. 18. 피고 박○○과 새로이 시나리오 집필계약을 체결하여 피고 박○○으로 하여금 원고가 그때까지 만들어 제출한 시나리오를 수정하도록 하였다. 그 과정에서 피고 박○○이 시나리오의 제목을 '연애 7년차'에서 '6년째 연애 중'으로 변경하고, 시나리오 각색 작업을 진행하여 최종적으로 시나리오를 완성하였다(이하, '피고 시나리오'). 피고 회사는 위 시나리오에 기초하여 이 사건 영화를 만든 다음 피고 박○○을 각본

률관계", Law&technology 제4권 제5호(2008. 11), 44~45면], 공동창작의 의사는 먼저 창작된 저작물의 창작 당시에 존재하여야 한다는 견해가 있다(정상조 외 1, 284면).

4-17) 대법원 2014. 12. 11. 선고 2012도16066 판결(친정엄마 사건).

4-18) 서울고등법원 2009. 9. 3. 선고 2009나2950 판결(대법원 2011. 8. 25. 선고 2009다73882 판결). 순차적인 수정작업을 거친 영화시나리오에 관하여 수정작업에 관여한 집필작가들 모두의 공동저작물로 본 사례이다.

작가로 표시하여 이 사건 영화를 개봉하였다.

<법원의 판단>

시나리오 저작자를 누구로 볼 것인지에 대해 법원은 다음과 같이 판단하였다.

『(1) 시나리오 저작자의 결정

…시나리오와 같이 여러 집필작가의 동시 또는 순차의 수정작업에 의하여 완성되며 최종적으로 완성된 시나리오를 각 작가가 기여한 부분별로 분리하여 이용할 수 없는 저작물이라면, 후행 저작자의 수정·보완의 결과 선행 저작자의 창작적 기여 부분이 전혀 남아 있지 아니한 경우를 제외하고는, 완성된 저작물은 이에 대하여 창작적 기여를 한 작가들의 공동저작물로 봄이 상당하다.

(2) 원고의 창작적 기여 여부

…원고 시나리오와 서○○ 시나리오는 영화의 제목이 같고, 남녀주인공이 오랜 기간 연애를 하면서 그들의 상대역들에 대해 느끼는 새로운 감정을 통해 그들 사이의 사랑에 대해 다시 돌아보게 된다는 주제가 유사하며, 그들의 주변 인물들에 대하여 일과 사랑에 관한 고민을 털어 놓음으로써 관객들에게 남녀주인공들의 결혼이나 연애관을 소개하는 매개체로 사용한다는 점 등에 있어서 서로 유사하다.

그러나 한편, 서○○ 시나리오와 원고 시나리오는 등장인물들의 이름이나 직업 및 등장인물간 관계설정에 다른 점이 있고, 그 전개과정에 있어서도 원고 시나리오에서는 남자 주인공이 한 명의 여자 상대역과 바람을 피우고 남녀주인공이 동일한 비중으로 나오며 여자주인공이 결혼보다 일을 중시하는 모습이 부각되는 한편, 서○○ 시나리오에서는 남자주인공이 세 명의 이성과 바람을 피우며 각기 다른 색깔의 사랑을 경험하고, 가부장적인 아버지의 성화로 다른 여성을 데리고 상견례를 하며, 여자주인공이 결혼을 위해 퇴직을 하려 했음을 암시하는 등 다소 진부하고 보수적인 전개를 보인다.

원고 시나리오와 서○○ 시나리오에서는 대사가 동일한 일부 장면을 제외하고는 등장인물들이 처한 구체적인 상황과 그들 사이에 발생하는 사건, 구체적인 대사가 서로 다르다.

위 인정사실에 따르면, 원고 시나리오가 영화제목이나 주제, 전개과정이나 인물들에 대한 포괄적인 설정에 있어서 서○○ 시나리오와 유사한 부분이 있고, 일부의 장면에서는 그 대사가 유사하더라도, 원고 시나리오는 주제를 향해 이야기를 전개하는 방식이나 구체적인 상황설정, 대사의 구체적인 내용, 특징적인 표현에 있어서 서○○ 시나리오와 많이 다르고, 대사가 동일한 장면은 원고 시나리오에서 차지하는 비중이 극히 미미하며 그 내용도 일상적인 대화에 불과하여 전체적인 줄거리와 주제를 이끌어가는 데에 미치는 영향이 크지 않다.

사정이 이러하다면 원고 시나리오는 서○○ 시나리오를 기초로 하여 이를 수정하여 작성된 것이지만 그 수정의 정도에 비추어 원고 시나리오에는 원고의 창작적 기여가 부가되었다고 할 것이다.

…(나) 원고가 피고 시나리오에 창작적으로 기여하였는지 여부

비록 피고 박○○ 등이 원고 시나리오를 수정하면서 상당한 부분의 창작이 가미되었음은 부인할 수 없으나, 그럼에도 불구하고 피고 시나리오에 원고 시나리오와 피고 시나리오는 표현의 영역에 있는 사건의 전개과정, 등장인물에 있어서 실질적 유사성을 인정할 수 있고 대사에 있어서도 유사성이 인정되는 부분이 다수 존재하는바, 위 (2)항에서 본 서○○ 시나리오와 원고 시나리오의 차이점에 비추어 보면, 원고는 피고 시나리오의 작성에 창작적으로 기여한 자로서 피고 시나리오의 공동저작자 중 1인으로 봄이 상당하다.」

2) 친정엄마 사건[4-19)]

<사안의 개요>

피고는 '친정엄마'라는 제목의 수필집을 집필하여 이를 출간하였는데, 소외 ㈜○○와 위 수필을 연극화하여 공연할 목적으로 극본계약을 체결하고, 약 50쪽 분량의 연극대본(이하 '이 사건 초벌극본')을 작성하였다. 연극 '친정엄마'의 연출자인 구○○은 이 사건 초벌극본을 수정·보완할 필요가 있다고 판단하여, 피고 등과 협의한 다음 원고에게 각색을 의뢰하였고, 원고는 이 무렵부터 이 사건 초벌극본을 수정·보완하기 시작하여 5회에 걸쳐 위 초벌극본을 수정한 극본을 작성하였다. 연극 '친정엄마'는 원고가 마지막으로 수정·보완

4-19) 서울남부지방법원 2013. 2. 19. 선고 2011가합10007 판결(항소심에서 조정). 이에 관한 형사사건으로 대법원 2014. 12. 11. 선고 2012도16066 판결이 있고 이 사건에서 후술하듯이 저작권 행사 방법 문제로 논의가 있다.

작업을 한 5차 수정극본(이하 '이 사건 각색극본')을 현장에서 연기자와 연출가가 일부 가감 첨삭한 내용으로 공연되었는데, 당시 위 각색극본의 표지와 연극 포스터에는 '극본 피고, 각색 원고'라고 기재되어 있었다. 그 후 피고는 소외 ㈜△△와 뮤지컬 '친정엄마'를 공연하는 계약(이하 '이 사건 뮤지컬계약', 위 뮤지컬을 '이 사건 뮤지컬')을 체결하였고, 위 뮤지컬은 서울에서 4회, 지방에서 40회 공연되었다. 이 사건 각색극본의 주요 배역, 주요 사건, 주요 대사 등은 이 사건 초벌극본과 동일하거나 유사하며, 이 사건 뮤지컬 극본도 노래가 추가되고, 일부 사건이 추가·변경되기는 하였으나 이 사건 초벌극본 및 이 사건 각색극본과 그 주요한 배역, 사건 등이 유사하였다. 원고가 이 사건 각색극본의 저작자인지 여부가 쟁점이다.

<법원의 판단>

법원은 다음과 같이 판단하였다.

「가) 이 사건 각색극본에 새로운 창작성이 부가되었는지에 관한 판단

…원고가 저작자인지, 이 사건 각색극본이 어떠한 성격의 저작물인지를 판단하기에 앞서, 이 사건 각색극본이 저작물인지, 즉 이 사건 각색극본에 이 사건 초벌극본과 구별되는 창작성이 부가되었는지를 우선 살펴본다.

위 기초사실과 극본비교표에 의하면 다음 ① 내지 ④의 내용이 이 사건 초벌극본과 달리 이 사건 각색극본에만 있는 사실을 인정할 수 있다.

① '서울댁'이라는 인물이 창조되어 극에 희극적 요소를 더하면서, 이 인물과 관련한 여러 사건, 대사가 추가되었고, 어떤 인물은 삭제하여 집중도를 높였으며, 조명, 동선 등 연극적 장치가 부가되었다.

② 주인공인 '엄마'가 병에 걸려 있는 상황에서도 '딸'을 위해 희생한다는 설정이 도입되면서, '엄마'가 갑자기 가슴을 움켜쥔다는 등의 동작 표현 및 이와 관련한 대사 등이 추가되었다.

③ '딸'이 시아버지의 생일상을 차리는 것을 '엄마'가 도와주는 사건, '남편'이 도시락을 들고 방송국에서 일하는 '딸'을 찾아오는 사건, 기차를 타고 가는 '딸'이 '엄마'와 통화하는 장면 등이 추가되었고, '딸'이 대학 진학을 위해 상경하는 과정에서 일어난 '딸'과 '엄마'의 대화 장면 등에서 기존 대사도 상당히 변경되었다.

④ 이 사건 초벌극본이 연대기적 구성을 채택한 것과 달리 이 사건 각색극본은 과거와 현재를 교차 편집하는 입체적인 구성을 채택하였고, 이 사건

초벌극본에는 빈약한 지문 부분과 무대공연을 전제로 하는 전문용어들이 대폭 보강되었다.

살피건대, 위 ① 내지 ④의 요소들은 명백히 사람의 정신적 노력에 의하여 얻어진 사상 또는 감정을 말, 문자, 음, 색에 의하여 구체적으로 외부에 표현한 창작적인 표현형식이므로 이 사건 각색극본에는 이 사건 초벌극본에 부가된 창작성이 있다고 할 것이고, 이렇게 이 사건 각색극본에 새로이 부가된 창작성은 저작권의 보호 대상이 된다고 할 것이다(대법원 2000. 10. 24. 선고 99다10813 판결 참조).

나) 원고가 이 사건 각색극본의 창작에 이바지했는지에 관한 판단

…원고가 독자적으로 '서울댁'이라는 인물을 만들고, 이와 관련한 사건과 장면들을 삽입한 점, 원고가… 구○○에게 수차례, "각색의도와 스토리 단상을 보낸다.", "원작의 따뜻한 부분은 살리고, '엄마' 캐릭터에는 변화를 주지 않도록 하되, 최대한 인물을 줄이고, '엄마'가 병으로 죽어서 슬픈 것이 아니라 그저 '엄마'의 죽음 자체가 누구에게나 슬픈 느낌이 들도록 하고 싶었다.", "현재의 '딸'이 기차를 타고 시골집에 내려가면서 과거를 떠올리는 방식으로 구성하되, 엔딩 부분에서는 가장 마지막 과거와 가장 최근의 현재가 이어지도록 했다.", "조명은 주로 탑(TOP) 조명으로 하여 대사에 대한 집중도를 높이는 것으로 생각하며 집필했다."라는 등의 내용으로 이메일을 보낸 점…, 이에 비추어 보면 적어도 위 ① 내지 ④의 요소 중 ①, ④의 요소는 거의 전부를 원고가 창작하였거나, 원고가 주도적인 위치에서 창작에 관여하였고, ②, ③의 요소에 대해서도 원고가 창작 과정에 일정 부분 참여하였다고 판단할 수 있다.

다) 이 사건 각색극본에 대한 저작권의 귀속 형태

이 사건 각색극본 중 원고의 창작 부분과 피고의 창작 부분이 등장인물을 공유하면서 하나의 사건 내에서도 각자 창작한 대사 부분을 통해 섞여 있음은 위 기초사실에서 본 바와 같고, 그렇다면 각자 창작한 일부 대사나 표현만을 분리하여서는 이를 이용할 수 없다고 할 것이다.

한편, 증거에 의하면, ① 원고는 구○○에게 "새롭게 연극다운 대본을 만들어 보겠다. 이렇게 해도 되느냐?"라고 물어 허락을 받았고, 피고는 이 같은 구○○의 허락과 원고의 포괄적인 수정에 대해 별 이의를 제기하지 않은 점, ② 원고가 2006. 12. 21.과 26. "우선 말씀하신 부분을 수정해 보았는데, 제가 잘 이해를 하고 썼는지, 걱정되는 부분들도 있습니다.", "선생님 말

씀대로 수정해보니, 저도 지금 마지막 수정본이 처음보다 좋은 대본임을 느낍니다."라는 내용으로 피고에게 이메일을 보낸 점, ③ 원고가 수정·보완한 내용 중에 '엄마'가 아버지에 의해 구타당하는 장면 등은 피고의 의사를 반영하여 삭제한 점, ④ 이 사건 초벌극본의 각색은 주로 구○○이 피고와 협의하여 연극연출의 기본적인 방향을 정하면 원고가 그에 따라 수정·보완하는 방식으로 진행되었고, 원고의 수정·보완 과정에서 피고는 사전에 원고에게 대략적인 의견을 표명하거나 사후에 원고가 수정·보완한 내용 중 일부를 삭제하는 등으로 관여한 점, ⑤ 이 사건 각색극본의 표지와 포스터에는 '극본 피고, 각색 원고'라고 표시되어 피고와 원고가 모두 극본의 완성에 기여한 것으로 표현되어 있었고, 피고가 이에 대해 이의를 제기하지 않은 점 등을 인정할 수 있는바, 여기에 앞서 본 바와 같이 원고가 구○○에게 "원작의 따뜻한 느낌을 최대한 살리고, '엄마'의 캐릭터에는 변화를 주지 않으려 했다."라는 내용으로 이메일을 보낸 점 등을 보태어 보면, 선행 창작자인 피고는 원고가 이 사건 각색극본에 새로운 창작성을 부가하는 것을 허락 내지 수인하였고, 후행 창작자인 원고 역시 이 사건 초벌극본에 터잡아 새로운 창작을 부가하는 의사가 있었다고 볼 것이므로 원고와 피고에게 이 사건 각색극본을 공동으로 창작할 의사가 있었음을 추인할 수 있다. 그렇다면 이 사건 각색극본은 공동저작물로서, 비록 피고만이 극본을 집필한 사람으로 표시되어 있다고 하더라도, 원고에게는 공동저작자 중 1인으로서의 지위가 인정된다.』

다. 분리하여 이용할 수 없는 경우

공동저작자 각자의 기여부분의 분리가 불가능한 경우뿐만 아니라 분리할 수는 있지만 현실적으로 그 분리이용이 불가능한 경우도 포함한다. 저작물의 창작에 복수의 사람이 관여하였다고 하더라도 각 사람의 창작활동의 성과를 분리하여 이용할 수 있는 경우에는 공동저작물이 아니라 수 개의 개별 저작물의 모아 놓은 이른바 결합저작물에 불과하다. 공동저작물의 경우에는 저작권 행사는 원칙적으로 저작권자 전원의 합의에 의하여야 하나, 결합저작물의 경우에는 각자 자신의 저작물에 대해 단독으로 저작권을 행사할 수 있다.

1) 공동저작물로 본 사례

가) 데스페라도 사건[4-20)]

<사안의 개요>

원고들은 미국의 록그룹(Rock group) 이글스(Eagles)의 구성원들로서 음악저작물인 '데스페라도(Desperado)'의 가사와 악곡을 공동으로 만들었다. 원고들은 함께 메모용지에 가사를 쓰고 수정하면서 데스페라도의 가사를 창작하였고, 원고 1이 노래를 부르고, 원고 2가 노래에 맞추어 피아노로 반주를 하면서 함께 여러 가지 악상을 시도하면서 데스페라도 악곡을 창작하였다. 소송에서 데스페라도가 공동저작물인지 아니면 결합저작물인지 여부가 다투어졌다.

<법원의 판단>

『일반적으로 가사와 그에 대응한 악곡은 일체로서 이용되는 것이 많다고 하더라도 각각 분리해서 이용할 수 있으므로 공동저작물에 해당하지 않지만, 데스페라도는 원고들이 공동으로 가사와 그에 대응하는 악곡을 만드는데 창작적으로 기여한 하나의 불가분인 저작물로서 각자의 이바지한 부분을 분리하여 이용할 수 없는 공동저작물에 해당한다고 봄이 상당하다.』

나) 만화스토리 사건[4-21)]

<사안의 개요>

원고들은 만화스토리를 창작하여 만화가에게 제공하는 '만화스토리작가'로 활동하고 있는데, 만화가인 피고의 의뢰를 받아, 원고 최○○은 만화 '지옥의 세레나데' 등(이하 '이 사건 제1 만화')의 스토리를, 원고 임○○은 만화 '신 보디가드' 등(이하 '이 사건 제2 만화')의 스토리를, 원고 유○○은 만화 '백색여왕'의 스토리를 각 작성하여 이를 피고에게 제공하였다. 원고들은 만화스토리의 구상, 기획, 작성 단계에서부터 자신들의 책임하에 보조자들의 도움을

4-20) 서울중앙지방법원 2007. 11. 15. 선고 2006가합110242 판결(가사와 악곡을 공동저작물로 볼 수 있다는 결론에 대하여 항소심인 서울고등법원 2008. 9. 23. 선고 2007나127657 판결에서는 손해배상액수만 다르게 판단하였다).

4-21) 서울북부지방법원 2008. 12. 30. 선고 2007가합5940 판결(확정); 이와 달리 그리스로마신화 사건(서울고등법원 2007. 2. 7. 선고 2005나20837 판결)에서는 「이 사건 만화는 A의 스토리 작성(대사부분 포함)과 원고의 콘티 작성 및 그림작업이 결합되어 이루어진 결합저작물」이라고 설시한바 있으나, 위 사건에서는 공동저작물인지, 결합저작물인지 여부가 쟁점이 된 것은 아니었다.

받아 작업하거나 독자적으로 작업을 하였고, 피고로부터 구체적인 만화스토리의 내용, 전개방향 등에 관한 지시를 받지 않았을 뿐 아니라 작업장소와 작업도구, 재료 등을 제공받거나 업무시간의 통제 등에 관한 감독도 받지 않았으며, 스토리 작성과정에서 수정요구를 받거나 만화스토리 제공 이후 변경요구 등도 없었다. 피고는 원고들로부터 제공받은 위와 같은 만화스토리에 대하여 일정한 대가를 지급하였고, 시나리오 형식 또는 콘티 형식의 만화스토리에 기초하여 다양한 모양과 형식으로 장면을 구분하여 이를 적절하게 배치한 후, 피고가 고용한 보조자들의 도움을 받아 그 각 장면에 적합한 등장인물의 표정, 행동, 주변 배경 등을 세부적으로 묘사하는 그림을 그리고, 말풍선의 지문, 대화 등을 통하여 전개과정이나 주제, 내용 등이 표현될 수 있도록 함으로써 만화를 완성하였으며, 위 완성된 만화에 대하여 출판사와 사이에 출판권설정계약을 체결하여 원고들의 성명 등을 표시하지 않은 채 피고의 명의로 만화를 출간하였다. 원고들이 이 사건 만화들의 저작권자 여부가 다투어졌다.

<법원의 판단>

「가) 이 사건 만화들의 특성

이 사건 만화들은 캐릭터의 행동과 묘사의 정황적 설명을 글과 그림으로 나타내어 이야기를 전개시키는 코믹 스트립스(comic strips)의 일종으로서, 하고자 하는 이야기를 그 전개순서에 따라 글과 그림으로 구성되는 개개의 장면을 구상하고 그 전개를 위해 지면을 다양한 크기와 모양의 칸으로 분할하며, 그 분할된 해당 칸에 구상한 장면에 자유로운 과장법과 생략법을 사용한 그림과 말풍선 등에 들어가는 대사를 배열하는 형식을 취한 저작물이므로, 소설처럼 글로만 표현되는 장르가 아니고 그림을 통한 이야기의 전개가 필수적인 요소로서 시각적으로 보여주는 것이기 때문에 하고 싶은 이야기의 주제를 정하고 스토리를 쓰는 작업과 이를 연출하기 위해 다양한 모양과 형식의 컷을 나누고 배치하여 그림을 그리는 작업 모두가 필요하다.

나) 판 단

위 인정사실 및 위 각 증거에 의하여 인정되는 다음과 같은 사정들, 위 원고들이 이 사건 만화들을 만들기 위해 표현하고 싶은 이야기의 주제를 정하고, 다양한 시간적·장소적 배경을 설정한 다음 주인공과 다른 등장인물들 사이의 갈등·대결·화해 등의 관계구조를 이용하여 만화스토리를 창작하여 이를 시나리오 또는 콘티 형식으로 피고에게 제공한 점, 피고는 위 제공받은 만화스토리에 기초하여 다양한 모양과 형식으로 장면을 구분하여 배치하고 배경 등 그림을 그리는 역할을 담당한 점, 피고는 만화 완성의 의도로 위 원고들에게 만화스토리의 작성을 의뢰하였고, 위 원고들도 피고의 그림작업 등을 거쳐 만화를 완성하는 것을 전제로 피고에게 만화스토리를 제공하였으며, 그러한 사정은 위 원고들과 피고가 충분히 인식하고 있었다고 할 것인 점, 이 사건 만화들은 위 원고들이 창작하여 제공한 스토리, 구체적으로 묘사한 등장인물의 성격, 배경 설명 등과 이에 기초한 피고 특유한 그림 등이 결합하여 독창적인 만화가 완성되었다고 할 것이고, 피고 이외의 다른 만화작가에게 제공되는 경우에는 그 성격 등의 기본적인 구조가 변형되었을 가능성이 높은 점, 또한 위 원고들은 피고로부터 이 사건 만화들에 관한 스토리의 기획, 구상, 작성 등의 과정에서 구체적인 작업 지시나 감독을 받은 바 없는 점, 피고는 위 원고들로부터 제공받은 만화스토리에 대한 검토, 수정도 하였을 것이나, 모든 만화스토리에 자신의 고유한 아이디어·기획의도를 표현하기는 물리적으로 어려울 것으로 보이는 점, 그 밖에 위에서 살펴본 바와 같은 이 사건 만화들의 특성 등을 종합하면, 이 사건 만화들은 원고 최○○, 임○○과 피고가 하나의 만화를 만들기 위해 공동창작의 의사를 가지고 각각 맡은 부분의 창작을 함으로써 주제, 스토리와 그 연출방법, 그림 등의 유기적인 결합으로 완성되어 각 기여부분을 분리하여 이용할 수 없는 저작물이라 할 것이고, 원고 최○○, 임○○이 피고의 지휘·감독하에 단순히 만화스토리 등을 제공한 것에 불과하다거나, 피고가 기획, 구상한 만화를 만드는 작업에 관여한 업무보조자에 불과하다고 할 수 없다.

따라서, 이 사건 제1만화는 원고 최○○과 피고의, 이 사건 제2만화는 원고 임○○과 피고의 각 공동저작물이라고 할 것이다.』

☞ 한편, 위 판결에서는, 공동저작물과 2차적 저작물의 구별4-22)에 관하여, 『여러 사람이 관여하여 하나의 저작물을 작성하는 경우 관여자들이 그 작성에 기여하는 정도, 작성되는 저작물의 성질에 따라 그 저작물이 공동저작물이 될 수도 있고, 2차적 저작물이 될 수도 있다고 할 것인데, 만화저작물의 경우 만화스토리 작성자가 만화작가와 사이에 기획의도·전개방향 등에 대한 구체적인 협의

4-22) 공동저작물과 2차적 저작물의 병존가능성에 대해서는, 박성호, 2차적 저작물과 공동저작물의 관련성 : 월트 디즈니 사건, 계간 저작권 59호(2002. 9). 가을호.

없이 단순히 만화의 줄거리로 사용하기 위해 독자적인 시나리오 내지 소설 형식으로 만화스토리를 작성하고, 이를 제공받은 만화작가가 만화스토리의 구체적인 표현방식을 글(언어)에서 그림으로 변경하면서 만화적 표현방식에 맞게 수정·보완하고, 그 만화스토리의 기본적인 전개에 근본적인 변경이 없는 경우에는 만화스토리를 원저작물, 만화를 2차적 저작물로 볼 여지가 있으나, 위에서 살펴 본 바와 같이 위 원고들과 피고는 최종적으로 만화작품의 완성이라는 공동창작의 의사를 가지고 있었던 점, 위 원고들의 만화스토리는 피고에게만 제공된 점, 이 사건 만화들은 위 원고들의 만화스토리와 피고의 그림, 장면 설정, 배치 등이 결합하여 만들어지는 저작물인 점, 위 원고들과 피고의 작업과정 등에 비추어 보면 이 사건 만화들은 피고가 위 원고들의 스토리를 변형, 각색 등의 방법으로 작성한 창작물이라기보다 위 원고들이 창작하여 제공한 만화스토리와 피고의 독자적인 그림 등이 유기적으로 어우러져 창작된 위 원고들과 피고의 공동저작물이라고 봄이 상당하다」고 판시하였다.

2) 결합저작물로 본 사례

가) 오페라 무영탑 사건[4-23]

「오페라는 음악, 가사, 안무, 무대장치 등이 결합되어 있는 종합예술의 장르에 속하고, 수인의 저작자에 의하여 외관상 하나의 저작물이 작성된 경우이기는 하나, 그 창작에 관여한 수인의 저작자들 각자의 이바지한 부분이 분리되어 이용될 수도 있다는 점에서, 공동저작물이 아닌 단독 저작물의 결합에 불과한 '결합저작물'이라고 봄이 상당하다고 하겠고, 따라서 결합저작물의 각 저작자는 각자 분담부분에 대하여 개별적인 저작권자로 취급된다.

또한, 오페라의 제작, 공연에 참여한 자들 중 전체를 기획하고 책임지는 자의 경우, 원칙적으로, 오페라의 완성에 창작적으로 기여한 바가 없는 이상 독자적인 저작권자라고 볼 수는 없고, 다만, 오페라를 구성하는 개별 저작물이 모두 그의 기획 하에 그 업무에 종사하는 자가 업무상 작성하는 저작물로서 법 제9조 소정의 단체명의 저작물에 해당하거나, 개별 저작권자들로부터 별도로 그 각각의 저작권을 양도받거나 이들을 대표한 경우에 한하여 오페라에 관한 저작권을 행사할 수 있을 따름이다.

따라서 이 사건 오페라는 결합저작물로서 그 중 음악의 저작권은 그 작곡가인 이○○에게, 대본의 저작권은 김○○에게, 무대장치의 저작권은 무대장치를 직접 디자인, 제작한 사람에게 그 저작권이 귀속된다고 할 것이고,

4-23) 대구지방법원 2005. 11. 29. 선고 2004가합14585 판결(확정).

한편, 이 사건의 오페라의 제작, 공연 과정에서 이를 실질적으로 기획, 감독한 사람은 당시 △△오페라단의 부단장 겸 음악감독이었던 김○○이었음은 앞서 본 것과 같으므로, 이 사건 오페라의 완성에 창작적으로 기여한 바가 없는 원고를 독자적인 저작권자로 볼 수는 없다할 것인바, 원고가 이 사건 오페라 전체의 기획·제작에 참여하였음을 이유로 그에 대한 저작권을 주장하려면, 이 사건 오페라가 단체명의 저작물에 해당하거나, 위 각 저작권자들로부터 각각의 저작권을 양도받은 사실이 인정되어야 할 것이다.』

나) 사랑은 비를 타고 사건[4-24]

<사안의 개요>

원고들은 미국 영화인 '사랑의 행로'(My Fabulous Baker Boys)를 뮤지컬로 제작하기로 하고, 각 제작자, 기획자, 연출자로 참여하여 초연 뮤지컬을 제작하였다. 원고들은 피고 최○○에게 초연 뮤지컬의 작곡을, 피고 오○○에게 초연 뮤지컬의 각본 작성을 의뢰하였다. 피고 ㈜○○과 피고 ㈜△△은 피고 최○○, 오○○로부터 동의를 받아 이 사건 뮤지컬 '사랑은 비를 타고'를 제작·공연하였는데, 이 사건 뮤지컬을 공연하면서 그 공연 작품이 원고들에 의하여 초연된 작품을 승계하는 것임을 홍보하였다. 이 사건 소송에서 원고들은, 뮤지컬, 특히 이 사건 뮤지컬과 같은 창작뮤지컬은 그 구성요소인 악곡, 각본, 가사, 안무, 무대장치, 조명, 의상, 연기 등을 분리할 수 없는 것은 아니지만 그 구성요소가 유기적으로 결합하여 새로운 예술작품으로 완성되고, 만일 뮤지컬의 구성요소를 분리한다면 종합예술작품으로서의 예술적 완성도와 가치를 잃게 되므로, 뮤지컬은 그 구성요소가 유기적으로 결합하여 완성된 새로운 예술작품으로 그 자체가 저작권법의 보호대상인 독립된 저작물이며, 제작과정에서 예술적인 미(美)를 구현하는 주체인 제작자와 연출자가 뮤지컬에 관한 저작권을 가지는바, 원고들이 초연 뮤지컬 및 이 사건 뮤지컬의 저작권자라고 주장하였다.

<법원의 판단>

『뮤지컬은 악곡, 각본, 가사, 안무, 무대장치, 조명, 의상, 연기 등이 극(劇)의 구성·전개에 긴밀하게 짜 맞추어진 종합예술의 하나로서, 일반적으로 제

4-24) 서울고등법원 2007. 5. 22. 선고 2006나47785 판결(확정).

작자의 기획과 연출자의 전체적인 조율 및 지휘·감독 아래 단일한 제목의 작품으로 공연되어 외관상 하나의 작품으로 인식되기도 한다.

그러나 뮤지컬이 그 구성요소와 별도로 법의 보호를 받은 저작물로 성립하기 위해서는 그 제작·공연에 참여한 사람들의 창작에 이바지한 부분을 분리하여 이용할 수 없어야 하는데(공동저작물에 관한 법 제2조 제13호 참조), 뮤지컬의 구성요소인 악곡, 각본, 가사, 안무, 무대장치, 조명, 의상, 연기 등은 그 각각이 인간의 예술에 관한 사상 또는 감정을 표현한 창작물로서 저작권의 보호대상이 될 뿐만 아니라, 예컨대 악곡이 독립하여 또는 가사와 함께 음악저작물로 공연·방송되거나 각본이 독립하여 어문저작물로 출판되거나 무대장치, 의상 등이 독립하여 미술저작물로 전시되는 것처럼 뮤지컬의 제작·공연에 공동으로 참여한 저작자들 각자의 이바지한 부분을 분리하여 이용할 수 있으므로, 뮤지컬은 이른바 결합저작물이라고 보아야 한다(이 사건 뮤지컬의 공연금지가처분사건에 관한 대법원 2005. 10. 4.자 2004마639 결정 참조).

한편, 법은 영상저작물이 종합예술로서 그 창작에 여러 사람의 노력이 필요하고 영상제작자가 영상저작물의 제작에 큰 비용을 투자하므로, 관련자들의 다양한 이해관계를 조정하고 영상제작자의 투하자본의 회수를 원활하게 함으로써 영상저작물의 창작 및 이용을 장려하기 위하여 영상저작물을 그 소재인 각본, 음악 등과 별개의 독자적인 저작물로 보호하면서 제5장에서 영상저작물의 권리관계에 관한 특례를 두고 있다(다만, 법도 영상저작물의 저작자가 누구인지, 그 저작권이 누구에게 속하는지에 관하여는 특별히 규정하고 있지 않다).

그러나 영상저작물은 연속적인 영상이 수록된 창작물로서 그 영상을 기계 또는 전자장치에 의하여 재생하여 볼 수 있거나 보고 들을 수 있는 것을 말하므로(법 제2조 제10호), 뮤지컬이 여기에 해당하지 않음은 명백하고, 뮤지컬제작자가 상당한 제작비용을 투자하거나 그 제작·공연에 여러 사람이 관여한다는 등 뮤지컬의 제작과정에 영상저작물의 제작과정과 유사한 측면이 있다는 사정만으로 영상저작물의 독자적인 저작물 성립에 관한 법 규정을 연극저작물의 한 유형인 뮤지컬에 유추적용할 수도 없다(위 대법원 2004마639 결정 참조).

…따라서 뮤지컬이 악곡, 각본 등 구성요소의 저작물 성립 내지 저작권 귀속과 별도로 독자적인 저작물로서 성립하고 그 저작권이 제작자, 연출자

에게 귀속한다는 원고들의 주장은 받아들일 수 없다.』

☞ 한편, 뮤지컬 지저스크라이스트 슈퍼스타 사건[4-25]에서는, 제반 사정에 비추어 본건 뮤지컬이 단체명의 저작물[4-26]로서 그 기획·제작자인 원고를 저작권자로 보았다.[4-27] 구체적으로는, 『원고는 위 뮤지컬을 우리나라에서 초연하기로 기획한 후 정○○에게 300만 원 정도를 지급하고 원곡을 편곡하도록 하였고 영문가사를 우리말로 번역한 김○○는 원고의 공동창설자이며, 이들은 각 원고의 기획의도에 맞도록 원고를 위하여 편곡과 번역을 하였던 사실, 원고는 이를 원고의 명의로 초연하여 공표한 이래 위 편곡된 악곡과 번역된 가사를 이용하여 위 뮤지컬을 공연하여 왔으며, 이 사건 뮤지컬에서도 위 편곡과 가사를 그대로 이용하고 그 밖에 안무자나 무대장치 담당자 등을 전체적으로 지휘·감독하여 원고의 명의로 위 뮤지컬을 제작·공연한 사실, 정○○나 김○○ 등은 위 초연에서는 물론 원고의 2차 내지 이 사건 뮤지컬을 거쳐 20여년이 경과하도록 원고나 제3자에 대하여 자신의 저작권을 주장한 일이 전혀 없는 사실 등을 인정할 수 있고, …위 인정사실들과, 이 사건 뮤지컬은 여러 가지 저작물들이 제작자의 창작의도에 따라 상호 조화롭게 융화되도록 원고가 제작과정부터 공연에 이르기까지 전체적인 조율과 지휘·감독을 하지 않을 수 없다는 사정 등에 비추어 보건대, 정○○나 김○○ 등은 원고의 기획하에 원고를 위한 업무로서 이 사건 뮤지컬의 악곡과 가사 등을 작성하였다고 볼 것이므로 이 사건 뮤지컬에 관한 모든 저작권은 그 공표자인 원고에게 원시적으로 귀속된다고 할 것이다(이에 대하여 피고는 이 사건 뮤지컬의 팜플렛에 정○○ 등의 명의가 기재되어

4-25) 서울고등법원 2002. 10. 15. 선고 2002나986 판결(대법원 2003. 3. 25. 선고 2002다66946 판결). 피고가 원고가 제작·공연한 뮤지컬 "지저스 크라이스트 슈퍼스타"의 동영상을 그 홈페이지에 게재한 것에 대해 원고가 피고를 상대로 손해배상을 청구한 사건이다.

4-26) 구 법(2006. 12. 28. 법률 제8101호로 개정되기 전의 것) 제9조 "법인·단체 그밖의 사용자(이하 이 조에서는 '법인 등'이라 한다)의 기획하에 법인 등의 업무에 종사하는 자가 업무상 작성하는 저작물로서 법인 등의 명의로 공표된 것(이하 '단체명의저작물'이라 한다)의 저작자는 계약 또는 근무규칙 등에 다른 정함이 없는 때에는 그 법인 등이 된다. 다만, 기명저작물의 경우에는 그러하지 아니하다"

4-27) 위 판결에 대한 평석으로는, 양현주, "뮤지컬 지저스 크라이스트 수퍼스타의 인터넷 VOD 방송 사건", 정보법학 7권 2호(2003)(원고와 편곡자인 정○○ 등의 관계가 고용관계라기 보다는 오히려 도급에 가까우며, 악곡 이외에 다른 저작물의 작성자라고 볼 수 있는 자들은 누구이며 그들이 각자 원고와 사용관계에 있었는지 등이 심리·판단된 바 없어 일반적인 해석론으로서는 다소 무리한 점이 있으나, 이 사건 뮤지컬의 창작에 관여한 자들이 저작권자라고 주장하지 않는 등 이를 원고에게 원시적으로 귀속시키려는 의사였던 것으로 보이고, 또 이렇게 보면 이 사건 뮤지컬의 저작권 관계가 매우 간명해지는 편리한 점도 무시할 수 없다).

있으므로 위 악곡과 가사 등은 기명저작물로서 원고의 명의로 공표된 것으로 볼 수 없다고 주장하므로 살피건대, …이 사건 뮤지컬의 팜플렛에 편곡자 정○○, 번역 김○○으로 각 기재되어 있는 사실은 인정할 수 있으나 이러한 기재는 위 뮤지컬의 제작에 기여한 자들의 업무분담내용과 출연자들을 소개하는 것일 뿐 저작자의 명의를 기재한 것은 아니라고 할 것이므로 피고의 위 주장은 이유 없다)』고 판시하였다.

다) 키즈브라운 사건[4-28]

<사안의 개요>

황○○은 '스토리박스'로부터 영어 교재 개발에 대한 용역을 의뢰받아 '키즈브라운 구판 원고'를 작성하여 스토리박스에 제공하였다. 스토리박스는 강△△의 그림책들을 토대로 황○○이 개발한 '키즈브라운 구판 원고'와 영어 교재에 맞게 스토리박스 소속 디자이너들이 창작한 그림들을 더하고, 황○○과 협의를 거쳐 수정·편집 작업을 계속하여 '키즈브라운 구판 원고'가 실린 '키즈브라운' 스토리북, 워크북 및 '키즈브라운 구판 원고'에 따라 녹음되거나 영상물로 제작된 오디오·멀티미디어 CD를 제작하였다. 그 후 스토리박스는 원고에게 '키즈브라운' 등의 콘텐츠와 출판권, 황○○ 등과의 계약 당사자 지위를 양도하였다. 피고는 스토리박스로부터 '키즈브라운' 중 그림, 캐릭터디자인, 온라인 프로그램, 플래시 소스에 관한 저작권을 양수한 뒤 '키즈브라운'을 대폭 수정하고 변경한 '키즈브라운 2.0'을 판매하였다. 이 사건 소송에서 황○○이 '키즈브라운'의 저작권자인지 여부 및 저작권의 범위가 다투어졌다.

<법원의 판단>

『스토리북에 그림(illustration)과 내용(contents)의 저작자를 구분하여 내용은 원고가 저작자임을 표시하고 있고, 워크북에는 황○○이 교육 내용을 기획하고 작성한 것처럼 표시되어 있으며, 황○○이 '키즈브라운 구판 원고'를 개발함에 있어 유아용 수준에 맞는 아주 단순한 여러 영어 문장들을 사용하였다거나 흔히 익숙한 가락에 가사를 붙였다고 하더라도 스토리북, 워크북, 오디오·멀티미디어 CD에 나타난 그 소재(구체적인 영어 표현)의 선

4-28) 서울고등법원 2012. 4. 18. 선고 2011나2373 판결(확정). 여러 명이 창작한 글, 그림, 음악, 동영상으로 구성된 영어교재가 결합저작물에 해당하는지 여부가 다투어졌다.

택, 배열 또는 구성에 있어 나름대로의 정신적 노력의 소산으로서의 특성이 부여되어 있고 그 특성으로 다른 유아용 영어 교재 저작자의 작품과 구별할 수 있는 정도이므로, '키즈브라운' 스토리북, 워크북, 오디오·멀티미디어 CD에 포함되어 구성·배치되어 실제로 실린 전체적인 영어 표현들('키즈브라운 구판 원고' 중 구성에 관한 지시사항 부분을 제외하고 실제 '키즈브라운'에 반영되어 구성·배치된 영어표현들에 한정하여 이하 '키즈브라운 구판 표현') 에 관하여 황○○의 저작권이 인정된다.

…'키즈브라운'은 황○○이 개발한 '키즈브라운 구판 표현'과 스토리박스 직원들에 의하여 만들어진 그림, 음악, 동영상이 결합하여 외관상 하나의 저작물로 작성되었으나, 위 스토리북 저작권 표기 방식에서 볼 수 있듯이 '키즈브라운 구판 표현'과 그림 등이 분리하여 인식되고 이용될 수도 있어 이는 공동저작물이 아닌 '결합저작물'이라고 보는 것이 타당하므로, 황○○의 저작권은 '키즈브라운' 전체가 아닌 '키즈브라운 구판 표현'에 한정된다고 할 것이다.』

라) 난타 시나리오 사건[4-29]

<사안의 개요>

피고는 대사 없이 리듬과 비트, 상황만으로 구성된 비언어극인 난타(NANTA)(이하 '난타')를 기획, 공연하였는데, 원고는 피고와 사이에 난타의 연출계약을 체결하고, 난타 공연에 관한 시나리오(이하 '이 사건 시나리오')를 작성하였다. 이 사건 시나리오에는 난타의 비언어극적 요소에 입각하여, 배우들의 행동을 기술한 계획(Plan), 연출의 내용(Direction), 음악(Sound), 조명(Light), 무대(Stage), 그리고 기타 특수 효과를 기술한 설명(Remark) 등 총 6가지 요소가 기재되어 있다. 원고는, 원고가 난타의 이 사건 시나리오를 창작한 저작자이고, 현재 피고는 이 사건 시나리오를 기본으로 약간의 변형이 가해진 난타를 공연하고 있는바, 이는 이 사건 시나리오에 관한 원고의 저작권 중 공연권과 2차적 저작물 작성권을 침해하는 행위라고 주장하면서, 피고를 상대로 난타 공연의 금지를 구하였다. 이 사건 시나리오와 난타가 공동저작물인지, 결합저작물인지 여부가 쟁점으로 되었다.

4-29) 서울고등법원 2012. 11. 21. 선고 2011나104699 판결(심불기각).

<법원의 판단>

『(1) 이 사건 시나리오에는 4인의 등장인물〔모모(MOMO), Mr.X, 바바(BABA), 나나(NANA)〕의 행동이 언어로 구체적으로 표현되어 있고, 등장인물의 동작에 의해 벌어지는 주변 상황, 등장인물이 내는 소리와 이에 맞추어 진행될 조명, 음악 등의 효과가 상세히 지시·서술되고 있는바, 이는 그 표현형식상 인간의 사상이나 감정이 언어(글)를 통하여 표현된 창작물로서 법 제4조 제1항 제1호에서 정한 '어문저작물'의 범주에 속한다.

(2) 이에 대하여 난타는 대사 없이 일체의 언어적 요소가 배제되고 일상의 소음과 주방의 갖가지 소리를 위주로 한 '소리'와 사물놀이, Rock, Punky 등의 다양한 장르의 음악에서 유래한 '리듬과 비트', 그리고 상황에 따른 등장인물들의 다양한 '움직임'(연극, 무용, 마임적 성격)을 중심적 소재로 하여 극이 구성, 전개된다는 점에서, 법 제4조 제1항 제3호에서 정한 '연극 및 무용·무언극 그 밖의 연극저작물'의 범주에 속한다.

한편 협의의 연극이란 배우가 관객에게 보이기 위하여 극장에서 각본에 의하여 연출하는 종합예술로서, 그 중 각본이나 대본과 같은 것은 어문저작물에 속하고, 연기 자체는 법 제2조 제4호에서 정한 실연에 해당하는 것으로서 저작인접권의 보호를 받으므로, 결국 연극과 무용·무언극 등을 포함하는 연극저작물에서 핵심적 대상은 연기(演技)의 형(型)으로서 이미 구성되어 있는 안무(按舞)라 할 수 있다.

(3) 위와 같이 연극저작물의 범주에 속하는 난타는 악곡, 각본, 안무, 무대장치, 조명, 의상, 연기 등의 구성요소가 극의 구성·전개에 긴밀하게 짜 맞추어진 종합공연예술의 하나로서, 사회통념상 제작자의 기획과 연출자의 전체적인 조율 및 지휘·감독 아래 단일한 제목의 작품으로 공연되어 외관상 하나의 작품으로 인식될 수 있으나, 그 구성요소와 별도로 법의 보호를 받는 저작물로서 성립하기 위해서는 그 제작·공연에 참여한 사람들의 창작에 이바지한 부분을 분리하여 이용할 수 없어야 하는데(법 제2조 제21호 참조), 위 난타의 구성요소들은 그 각각이 인간의 예술에 관한 사상 또는 감정을 표현한 창작물로서 저작권의 보호대상이 될 뿐만 아니라, 악곡이 음악저작물로 공연·방송되거나 각본이 독립하여 어문저작물로 출판되거나 무대장치, 의상 등이 독립하여 미술저작물로 전시되는 것처럼, 난타의 제작·공연에 공동으로 참여한 저작자들 각자가 이바지한 부분을 분리하여 이용할 수 있으므로, 일응 난타는 공동저작물이 아닌 다수의 개별 저작물이 결합한 이른바 결합저작물로 봄이

상당하다.

…(5) 창작 대상의 측면에서, 앞서 본 바와 같이 난타는 소리, 리듬, 동작이 공연의 구성·전개에 긴밀하게 짜 맞추어진 공연예술로서 다양한 예술적 표현양식, 즉 배경음악, 무대미술, 연기·안무·동작 등이 결합된 종합공연예술의 한 분야에 속한다. 그런데 앞서 본 바와 같이 난타의 제작·공연에 참여한 복수의 저작자들 각자가 이바지한 부분이 분리되어 이용될 수 있다는 점에서 난타를 결합저작물로 관념한다 하더라도, 이는 음악과 미술 및 안무 등과 같이 독립성을 갖는 예술적 표현양식들 사이에서 그렇다는 것이지 난타를 구성하는 개별 저작물이 공동저작물로 성립할 수 없다는 것은 아니라고 할 것인바, 초연 준비 과정에서의 참여자들의 난타 창작에 대한 기여 방식 및 형태는 각자 맡은 고유의 역할은 물론이고 표현양식의 경계까지 넘나드는 전반적인 것이었다는 점을 고려할 때, 난타는 다수의 공동저작물이 결합한 결합저작물로서의 성격을 갖는다고 볼 수 있다. 특히 앞서 본 초연 당시의 팸플릿에 기재된 난타의 창작 과정에 대한 원고의 설명내용을 고려할 때, 음악, 동작·안무, 미술 등 난타를 구성하는 다른 표현양식들과 이를 매개로 한 참여자들 사이에서, 그리고 각각의 표현양식들과 참여자들이 서로 영향을 주고받고 중첩적으로 얽히는 과정에서, 초연 준비와 연습 과정을 통하여 난타의 구체적인 줄거리와 사건의 구성 및 전개과정, 그리고 등장인물 사이의 관계·교차 등이 구체적이고 독자적이며 창작적으로 표현됨으로써 연극저작물로서의 난타가 성립, 창작되었다고 봄이 상당하다.』

2. 공동저작물의 저작권 행사

공동저작물의 저작권은 그 저작권자 전원의 합의에 의하지 아니하고는 이를 행사할 수 없으며, 다른 저작재산권자의 동의가 없으면 그 지분을 양도하거나 질권의 목적으로 할 수 없다(법 제48조 제1항 전문). 여기서 공동저작물의 저작재산권 행사라고 함은, 저작권의 내용을 구체적으로 실현하는 적극적인 행위를 말하고, 구체적으로 저작물의 이용을 허락하거나 출판권을 설정하는 행위뿐만 아니라 공유자 중 일부의 사람이 스스로 해당 저작물을 복제, 출판, 그 밖의 이용행위를 포함한다. 다만 공동저작물의 각 저작권자는 신의에 반하여 합의의 성립을 방해하거나 동의를 거부할 수 없다(법 제48조 제1항 후문).

공동저작물의 각 저작자 또는 각 저작재산권자는 다른 저작자 또는 다른 저작재산권자의 동의 없이 침해의 정지 등을 청구할 수 있으며 그 저작재산권의 침해에 관하여 자신의 지분에 관한 손해배상의 청구를 할 수 있다(법 제129조).

가. 종교 보고서 사건[4-30]

<사안의 개요>

원고는 피고 산하 '이단, 사이비 대책위원회'의 하부위원회의 전문위원으로 활동하였는데, 위 하부위원회는 소외 최○○ 및 그 일가가 △△교와 관련되어 있는지 여부에 대해 조사하여 조사보고서를 작성하였고, 원고는 조사위원으로 위 보고서에 서명, 날인하였다. 그 후 위 하부위원회는 위 조사보고서와 각 조사위원들이 제출한 중간보고서 및 관련 자료들을 묶어 서적(이하 '이 사건 서적')을 제작하였다. 원고는 이 사건 서적이 원고를 포함한 조사위원들이 공동으로 작성한 공동저작물인바, 공동저작자의 1인으로서 위 서적의 출판, 발매, 배포의 금지를 구하였다. 이러한 청구가 허용되는지 여부가 쟁점으로 되었다.

<법원의 판단>

법원은 이 사건 서적에 관한 저작권의 귀속에 관하여,

> 『이 사건 서적에 작성자로 원고 등 조사위원을 명시하고 있으므로, 법 제9조 단서의 기명저작물에 해당하여 작성자로 표시된 원고 등 조사위원들이 그 저작권을 가지며, 공동의 조사내용을 토대로 공동으로 작성한 것으로 이들의 공동저작물에 해당한다고 보았다.
>
> 그러나 이 사건 서적이 조사위원들이 자주 모여 서로 정보교환, 토론을 한 것을 토대로 작성되었고, 원고가 작성명의인으로 되어 있는 부분은 전체 455면 중 10면에 불과한 등 이 사건 서적의 전체적인 창작성에 원고의 기여부분이 차지하고 있는 비중이 극히 미미하다고 보이며, 피고측이 이 사건 서적에서 원고의 이름을 삭제하고 조사위원직에서 사임한다는 뜻을 기재하겠다고 제의하였고, 이로써 원고의 의도가 달성될 수 있다고 보임에도 불구하고, 이 사건 서적이 최○○의 명예를 훼손한 것이어서 출판시 공동저작자

4-30) 서울지방법원 1995. 4. 28. 선고 94가합50354 판결(확정). 공동저작자 중 1인의 서적배포금지 등 청구가 신의칙에 반하는지 여부가 다투어 졌다.

로서 손해배상청구를 당할 수 있다는 추상적인 이유만을 내세워 여러 사람의 노력이 응집되어 있는 공동저작물에 대해, 그것도 원고 스스로 조사보고를 완료하여 이미 그에 기하여 종합보고서가 제작 완료된 단계에서 그 출판, 발매, 배포의 금지를 구하는 것은 신의칙에 반하여 허용될 수 없다.』

고 판시하였다.

나. 친정엄마 사건[4-31]

<사안의 개요>

피고인은 소외 ㈜△△와 뮤지컬 '친정엄마'의 제작·공연을 위한 원작계약 및 극본계약을 체결하고, 뮤지컬 '친정엄마'의 극본을 집필하였다. 피고인이 고소인의 동의 없이 고소인의 2차적 저작물인 위 연극 '친정엄마'의 극본에 등장하는 인물, 대사 등 표현의 대부분을 그대로 옮겨 뮤지컬 '친정엄마'의 대본을 완성하고, 위 뮤지컬 대본을 이용하여 제작된 뮤지컬 '친정엄마'를 공

4-31) 서울남부지방법원 2012. 12. 6. 선고 2012노979 판결(대법원 2014. 12. 11. 선고 2012도16066 판결). 공동저작자 사이에서 저작권침해행위가 성립할 수 있는지 여부가 쟁점이다; 한편, 같은 사안의 민사 사건인 서울남부지방법원 2013. 2. 19. 선고 2011가합10007 판결(항소심에서 조정)에서는, 공동저작자 중 어느 일방이 상대방의 동의 없이 저작물에 대해 저작권을 행사하였다고 하더라도 이는 상대방의 저작권을 침해하는 것이 아니라 단순히 공동행사의무를 불이행한 것에 불과하다는 피고의 주장을 배척하면서, 『저작재산권은 배타적 지배권으로서, 저작재산권 그 밖에 저작권법에 따라 보호되는 권리를 가진 저작재산권자 등은 그 권리가 침해되는 경우에 손해의 배상을 청구할 수 있는데(법 제125조 제1항), 공동저작물에 관해서는 공동저작자가 저작물의 창작에 이바지한 정도에 따라 공동저작물에 대한 지분이 인정되고(법 제48조 제2항, 제3항), 공동저작물의 저작인격권과 저작재산권은 저작권자 전원의 합의에 의하지 아니하고는 이를 행사할 수 없으며(법 제15조, 제48조 제1항), 공동저작자는 자신의 지분의 범위에 관해 자유롭게 손해배상의 청구를 할 수 있으므로(법 제129조), 이를 종합하면 공동저작자 중 일부가 합의 없이 전체 저작물에 대한 저작재산권을 행사하는 경우는, 다른 공동저작자의 저작재산권 지분 또는 합의하여 공동저작물을 행사할 권리 등 저작권법에 따라 보호되는 권리를 침해하는 경우에 해당한다고 할 것이므로 공동저작자에게 별개의 저작권이 없음을 전제로 공동저작자 사이에서는 저작권 침해행위가 성립할 수 없다는 피고의 위 주장은 받아들일 수 없다』고 판시하였다. 이러한 민·형사 판단의 괴리에 관하여, 특히 형사판단이 공유일반론에 반한다는 점에 관하여 비판적 논의가 있다. 이해완, 350면; 김병일, "공동저작과 저작물의 공유", 저작권 이슈와 쟁점(2015. 6. 26. 사단법인 한국저작권법학회 학술세미나 자료집), 84면 참조.

연토록 하여 고소인의 저작권을 침해하였다'는 내용으로 기소된 사안에서, 법원은 이 사건 최종대본이 피고인과 고소인의 공동저작물에 해당한다고 판단하면서, 공동저작자 사이에서 저작권침해행위의 성립 여부에 관하여 다음과 같이 판단하였다.

<법원의 판단>

『공동저작물의 저작재산권은 구 법 제48조 제1항에 의하여 그 저작재산권자 전원의 합의에 의하지 아니하고는 이를 행사할 수 없는바, 피고인이 공동저작물인 이 사건 최종대본을 이 사건 공소사실 기재와 같이 공동저작(권)자인 고소인의 동의 없이 뮤지컬 대본으로 사용하는 경우 위 규정을 위반하는 위법행위로서 민사상의 손해배상 기타 불법행위책임을 부담할 수 있다.

나아가 위와 같은 피고인의 행위가 형사처벌이 규정된 구 법 제136조 제1항의 저작권침해행위에 해당하는지 여부에 관하여 살피건대, ① 피고인도 고소인과 마찬가지로 공동저작물인 이 사건 최종대본 전부에 대하여 저작권을 가지고 있고 공동저작물의 특성상 이를 분리하여 이용하는 것이 불가능한 점, ② 구 법 제48조 제2항에서 공동저작물의 이용에 따른 이익의 배분방법이 규정되어 있어 공동저작권자 1인이 단독으로 공동저작물을 이용하더라도 위 규정에 따라 그 이익을 분배하여 공동저작권자 상호간의 이해관계를 조정할 수 있는 점, ③ 공동저작권자 중 1인이라도 반대하는 경우 그 반대자의 창작기여정도 등을 고려하지 아니하고 무조건 저작권침해행위로서 형사처벌한다면 공동저작물의 이용을 지나치게 제한하여 자칫 공동저작물이 사장될 위험이 있는 점, ④ 이 사건 최종대본과 같이 연극대본 또는 영화시나리오 등 다수의 작가 또는 관련자들이 동시 또는 순차로 관여하여 완성되는 창작물의 경우 법원 등의 유권적인 판단이 있기 전까지는 공동저작권자의 범위를 확정하는 것이 쉽지는 않은 점, ⑤ 형벌규정의 해석은 엄격하여야 하고 명문규정의 의미를 피고인에게 불리한 방향으로 지나치게 확장해석하거나 유추해석하는 것은 죄형법정주의의 원칙에 어긋나 허용되지 않는 점 등에 비추어 보면, 피고인이 공동저작물인 이 사건 최종대본을 단독으로 이용하였다 하더라도 이는 앞서본 구 법 제48조 제1항의 저작권행사방법을 위반하는 것일 뿐 같은 법 제136조 제1항의 저작권침해행위에는 해당하지 아니한다고 해석함이 상당하다.

…기록에 의하면, 원심이 그 판시와 같은 이유로 이 사건 최종대본을 피고인과 고소인의 공동저작물로 보고 이를 전제로 피고인이 이 사건 최종대본을 단독으로 이용하였다 하더라도 이는 구 법 제48조 제1항의 저작권행사방법을 위반하는 것일 뿐 같은 법 제136조 제1항의 저작권침해행위에는 해당하지 아니한다고 판단한 것은 정당한 것으로 수긍이 간다.』

다. 스크린골프 프로그램 사건[4-32)]

『2인 이상이 공동으로 창작한 저작물로서 각자의 이바지한 부분을 분리하여 이용할 수 없는 공동저작물은 공동으로 창작한 사람들의 준공유에 속하고, 공유에 관한 민법 제262조 이하의 규정이 준용된다. 그런데 저작권법은 저작물에 관한 권리의 특수성을 고려하여 민법의 규정과 관계에서 특칙을 정하고 있다. 공동저작물의 저작재산권은 그 저작재산권자 전원의 합의에 의하지 아니하고는 이를 행사할 수 없고, 다른 저작재산권자의 동의가 없으면 그 지분을 양도하거나 질권의 목적으로 할 수 없다고 규정하고 있다(법 제48조 제1항). 여기서 공동저작물의 저작재산권 행사라고 함은, 저작권의 내용을 구체적으로 실현하는 적극적인 행위를 말하고, 구체적으로 저작물의 이용을 허락하거나 출판권을 설정하는 행위뿐만 아니라 공유자 중 일부의 사람이 스스로 해당 저작물을 복제, 출판, 그 밖의 이용행위를 포함한다. 따라서 공동저작물의 저작재산권에 관한 이용허락은 공동저작권자인 수인에게 귀속하는 권리로서 모든 수인이 공동하여 행사할 것이 요구되고 있으므로 제3자가 공동저작자를 상대로 공동저작물에 관한 이용권의 내용과 그 귀속관계의 확인을 구하는 소송은 공동저작물의 저작재산권 행사인 이용허락의 효력을 둘러싼 분쟁으로서 그 소송의 목적이 공동저작자 전원에 관하여 합일적으로만 확정되어야 하는 필수적 공동소송에 해당한다고 봄이 타당하다.

…이 사건에서 보면, 원고의 피고 ㈜○○, ㈜△△를 공동피고로 하여 공동저작물인 골프프로그램에 대한 이용권이 원고에게 귀속한다는 내용의 확인을 구하는 소는 공동저작물인 골프프로그램의 저작재산권 행사에 해당하는 이용허락의 효력을 둘러싼 분쟁으로서 공동저작자 전원에 대하여 합일적

4-32) 서울고등법원 2014. 1. 16. 선고 2013나35025 판결(대법원 2014. 5. 15. 선고 2014다12157 판결). 공동저작물에 관한 이용권의 내용과 그 귀속관계의 확인을 구하는 소송이 필수적 공동소송인지 여부가 쟁점이었다.

으로 확정되어야 하는 필수적 공동소송에 해당하므로 원고가 공동저작권자 중 1인인 피고 ㈜△△에 대한 소를 취하하였다 하더라도 이는 피고가 다수인 고유필수적 공동소송에서 일부의 피고에 대한 소를 취하하는 것으로서 허용되지 않으므로 피고 ㈜△△의 동의 여부를 묻지 않고 소 취하의 효력이 생기지 아니한다. 그뿐만 아니라 소의 취하는 원고가 제기한 소를 철회하여 소송 계속을 소멸시키는 원고의 법원에 대한 소송행위로서 일단 소 취하의 효력이 발생한 뒤에는 원칙적으로 그 철회가 허용되지 아니하고(대법원 1984. 5. 29. 선고 82다카963 판결, 대법원 1985. 9. 24. 선고 82다카312, 313, 314 판결 등 참조), 적법한 소 취하의 서면이 제출된 이상 그 서면이 상대방에게 송달되기 전·후를 묻지 않고 원고는 이를 마음대로 철회할 수 없다(대법원 1997. 6. 27. 선고 97다6124 판결 참조). 따라서 원고가 변론기일에 한 소 취하 철회도 아무런 효력이 없다.』

라. 두사부일체 사건[4-33)]

<사안의 개요>

영화제작사인 ㈜○○와 투자사인 ㈜△△는 영화 '두사부일체'를 공동 제작하되, ㈜△△는 15억 원을 투자하고 비용의 집행, 투자의 유치, 판권 거래 등을 담당하고, ㈜○○는 영화의 제작을 담당하기로 하였다. ㈜△△은 투자사인 원고로부터 영화 '두사부일체' 제작과 관련하여 15억 원을 투자받으면서 위 영화에 대한 저작재산권을 수익금의 분배비율에 따라 원고와 공동 소유하기로 약정하였는데(이하 '이 사건 투자계약'), ㈜○○으로부터 저작재산권 지분의 양도에 관하여 동의를 받지는 않았다. ㈜○○와 ㈜△△는 감독, 연출, 촬영, 편집을 담당할 자들과 배우들 및 기타 스태프들과 사이에 '두사부일체'에 관한 판권 등 제반 권리를 ㈜○○와 ㈜△△가 갖는 것으로 하는 영화제작협력계약을 체결하였고, 영화 '두사부일체'를 제작하여 상영하였다. 그 후 피고는 ㈜△△의 동의하에 ㈜○○으로부터 영화 '두사부일체' 관련 저작재산권 및 제작사가 갖는 모든 권리를 승계한 뒤 ㈜△△ 등으로부터 투자를 받아 영화 '투사부일체'를 제작하여 상영하였다. '투사부일체'는 '두사부일체'와 주연 및 주요 조연배우들이 동일하고, 등장하는 인물들의 이름, 직업, 성격

4-33) 서울고등법원 2008. 7. 22. 선고 2007나67809 판결(확정).

등 전체적인 캐릭터, 극중 관계 등을 그대로 토대로 하되 '두사부일체'와는 다른 이야기를 전개하는, 소위 '두사부일체'의 '속편'으로서 기획·제작되었고, 관객들에게 '투사부일체'가 '두사부일체'를 토대로 한 속편이라는 점이 집중적으로 홍보되었으며, '투사부일체'는 '두사부일체'와의 연관성을 관객들에게 상기시키고 이로 인해 웃음을 주기 위하여 '두사부일체'에 나왔던 많은 장면들을 차용하거나 변형, 패러디하여 사용하였다. 원고는 피고가 '두사부일체'의 공동저작권자로서 위 영화에 대한 2차적 저작물 작성권을 공동 보유하고 있는 원고의 동의 없이 위 영화의 2차적 저작물인 '투사부일체'를 제작함으로써 원고의 저작권을 침해하였다고 주장하며 손해배상청구소송을 제기하였다. 소송에서 ㈜△△이 '두사부일체'에 관한 저작재산권 중 자신이 보유한 지분의 일부를 다른 공동영상제작자인 ㈜○○의 동의 없이 원고에게 양도한 행위가 유효한지 여부가 다투어졌고 법 제48조 제1항[4-34]이 저작권을 후발적으로 공동 보유하게 된 경우에도 유추 적용되는지 여부가 법적 쟁점이었다.

<법원의 판단>

『구 법은 공동저작물의 저작재산권은 다른 저작재산권자의 동의가 없으면 그 지분을 양도할 수 없다고 규정하고 있으나, 저작재산권을 후발적 사유에 의하여 공동보유하는 경우 공동보유자 중 일인의 지분 양도에 관하여는 아무런 규정이 없는데(이는 현행 저작권법도 마찬가지이다), 이 사건과 같이 저작재산권을 법률의 규정 및 당사자간의 약정에 의하여 공동으로 양도받아 보유하는 경우 그 지분의 양도에 관하여 구 법 제45조의 규정이 적용 또는 유추적용되는지 여부는 저작권의 특성, 공동보유자 상호간의 인적 결합관계, 저작재산권을 공동보유하게 된 경위 등을 종합적으로 고려하여 판단하여야 할 것이다.

먼저 저작권의 특성에 비추어 보건대, ① 저작권을 그 권리의 종류별로 나누어 처분하거나 이용을 허락하는 것은 몰라도, 저작물, 특히 영상저작물

4-34) 구 법(2006. 12. 28. 법률 제8101호로 전문 개정되기 전의 것) 제45조 제1항과 동일. "법 제48조(공동저작물의 저작재산권의 행사) ① 공동저작물의 저작재산권은 그 저작재산권자 전원의 합의에 의하지 아니하고는 이를 행사할 수 없으며, 다른 저작재산권자의 동의가 없으면 그 지분을 양도하거나 질권의 목적으로 할 수 없다. 이 경우 각 저작재산권자는 신의에 반하여 합의의 성립을 방해하거나 동의를 거부할 수 없다."

을 지분으로 분할하여 양도하거나 이용허락할 것을 상정하기 어려운 점, ② 공동저작에 의하여 저작권을 원시적으로 공동보유하게 된 경우와 저작권 성립 후 이를 수인이 공동으로 양수하거나, 일부 지분의 양도, 상속 등에 의하여 후발적으로 공동보유하게 되는 경우를 차별할 근거를 발견하기 어려운 점, ③ 구 법 제45조는 공동저작물의 저작재산권은 그 지분 등의 양도에 '다른 저작자' 전원의 합의가 아니라 '다른 저작재산권자' 전원의 합의를 얻도록 규정하고 있어, 위 규정 자체가 공동저작자가 아닌 다른 자가 저작재산권을 보유하게 될 경우를 상정하고 있는 것으로 보이는 점, ④ 특허권 및 상표권은 공유관계의 발생이 원시적인지 후발적인지를 묻지 아니하고 권리의 행사 및 지분 양도 제한에 관한 규정{특허법 제99조(특허권의 양도 및 공유), 상표법 제54조(상표권등의 이전 및 공유)}을 두고 있는 점 등에 비추어 보면, 저작재산권을 후발적 사유에 의하여 공동보유하는 경우 특약에 의하여 배제하거나, 공동보유자 상호간에 저작물의 행사 등에 관하여 협의할 만한 인적결합관계가 없는 특별한 경우가 아닌 한 저작재산권의 공동보유자 사이의 저작재산권 행사 등에 관하여는 일반적으로 구 법 제45조를 유추적용함이 상당하다.

특히 이 사건에 있어서 ① ㈜△△와 ㈜○○는 '두사부일체'의 제작이라는 공동사업을 위하여 ㈜△△는 투자금을, ㈜○○는 영화의 제작이라는 노무를 각 출자하고 '두사부일체'로 인한 수익의 배분을 정하고 있어 이 사건 영화제작계약은 일종의 조합계약의 성격을 갖는 점, ② ㈜△△와 ㈜○○는 '두사부일체'의 제작을 위하여 역할을 분담하여 업무를 수행하였고, 위 영화의 완성과 함께 법률의 규정 및 이 사건 영화제작협력계약에 의하여 그 저작재산권을 공동으로 양수한 점 등을 고려하면, ㈜△△와 ㈜○○는 공동저작자의 관계에 준할 정도의 긴밀한 인적결합관계에 있다고 할 것이다.

따라서 구 법 제45조 제1항에 의하여 ㈜△△는 그가 ㈜○○와 공동보유하고 있는 '두사부일체'에 관한 저작재산권의 지분 전부 또는 일부를 양도함에 있어 다른 저작재산권자인 ㈜○○의 동의를 얻어야 하며(지분의 일부를 양도한 경우와 전부를 양도한 경우를 달리 볼 이유가 없다), 그와 같은 동의가 없는 양도는 다른 저작재산권자인 ㈜○○에게는 물론 그로부터 '두사부일체'에 대한 저작재산권 일체를 승계한 피고에 대하여도 효력이 없다고 할 것이다.』

Ⅲ. 업무상저작물

1. 의의 및 요건

법인·단체 그 밖의 사용자의 기획 하에 법인 등의 업무에 종사하는 자가 업무상 작성하는 저작물(이하 '업무상 저작물')은, 법인 등 사용자의 명의로 공표되는 경우 계약 또는 근무규칙에 다른 정함이 없는 때에는 법인 등 사용자가 저작자가 된다(법 제9조[4-35]). 이는 실제로 저작물을 창작한 자를 저작자로 정하는 법 제2조 제2호의 예외규정에 해당하는데, 사용자가 취득하게 되는 권리는 저작재산권에 국한되지 않고, 저작인격권도 포함한다.

가. 법인 등 사용자의 기획 하에 업무상 작성할 것.

'법인 등의 기획'이라 함은 법인 등이 일정한 의도에 기초하여 저작물의 작성을 구상한 뒤 그 구체적인 제작을 업무에 종사하는 자에게 명하고, 각 제작 과정을 검토, 점검하여 제작 과정에 구체적으로 관여하는 것을 말하는 것으로, 사용자가 법인이나 단체인 경우 법인이나 단체 스스로의 기획이란 실제로 상정하기 어려우므로 법인의 의사결정기관인 주주총회 또는 이사회, 집행기관인 대표이사 등이 기획하는 경우는 물론, 피용자에 대하여 지휘·감독의 권한을 갖는 상사의 기획이나 동료들 사이의 의견교환의 결과 확정된 기획도 포함된다. 이러한 경우의 기획은 단순한 아이디어가 아니라 사용자의 의사가 명백히 현출되어야 하고, 이는 명시적은 물론 묵시적으로도 이루어질 수 있지만, 묵시적인 기획이 있었다고 하기 위해서는 명시적으로 의사 현출된 경우와 동일시할 수 있을 정도로 그 의사를 추단할 만한 사정이 있는 경우에 한정된다.[4-36]

피용자가 사용자로부터 지휘·감독을 받은 바 없이 법인 등 사용자의 업무

4-35) 저작권법이 2006. 12. 28. 법률 제8101호로 전문 개정되면서 '단체명의저작물'이라는 명칭을 '업무상저작물'로 변경하고, 기명저작물의 예외를 둔 단서를 삭제하였다.

4-36) 대법원 2010. 1. 14. 선고 2007다61168 판결, 서울고등법원 2007. 7. 18. 선고 2006나58921 판결.

와 무관하게 개인적으로 창작한 저작물은 업무상 저작물에 해당하지 않는다.

1) 코덱 프로그램 사건[4-37]

<사안의 개요>

원고회사는 ㈜○○으로부터 티아이 디에스피용 엠펙4 코덱 프로그램을 양수한 뒤 위 프로그램을 원고회사의 디브이알(DVR, Digital Video Recorder) 시스템에 사용하기 위한 티아이 디에스피용 엠펙4 어플리케이션 프로그램(이하 '제1의 나.항 프로그램') 등의 개발하기로 하고, 이를 위해 피고와 계약기간을 1년으로 하는 고용계약을 체결하였다. 원고회사는, 원고회사의 수석연구원인 이○○이 직원인 피고에게 티아이 디에스피용 H.264 코덱(이하 '제2의 가.항 프로그램')의 개발을 지시하였고, 피고가 위 지시에 따라 제2의 가.항 프로그램 등을 개발하였으므로, 원고회사가 위 각 프로그램의 저작권자라고 주장하며, 피고를 상대로 저작권침해금지 등 청구소송을 제기하였다. 원고 회사가 제2의 가.항 프로그램의 저작권자인지 여부가 다투어졌다.

<법원의 판단>

「원고회사는 보안장비 및 소프트웨어의 개발, 판매를 업으로 하는 회사라는 것은 앞서 본 바와 같은데, 이러한 회사로서는 프로그램의 개발이 회사의 시장 경쟁에 있어서 사활이 걸린 문제이고, 동영상 압축 코덱의 기술발전으로 보아 제1항의 엠펙4(MPEG4) 코덱에서 제2항의 H.264 코덱으로 나아가고 있는 상황이었으므로 원고회사로서는 이러한 기술의 발전에 따른 상응한 기술개발에 대한 기획을 하고 이를 지시하여 프로그램을 개발하도록 하였어야 함에도 불구하고, 원고회사는 제2의 가.항 프로그램 기획과 관련한 어떠한 내부문서뿐만 아니라 제작 과정에 관여한 자료도 제출하지 못하고 있어 업무상 저작물에 있어서 사용자인 법인의 명시적 의사가 현출되었다고 볼 수 없고, 다음으로 위와 같은 명시적 의사에 상응하는 정도로 이러한 의사가 명백히 추단할 수 있는지에 관하여 보건대… ① 피고는 원고회사에 입사할 때 근로계약서나 영업비밀 침해금지 각서를 작성하지 않았고, 원고회사가 직원들에게 업무관리를 위하여 작성·제출하도록 요구하는 'MBO (Management by Objectives; 목표관리)'도 제출한 적이 없었고, 2004. 12.경

4-37) 서울고등법원 2007. 7. 18. 선고 2006나58921 판결(대법원 2010. 1. 14. 선고 2007다61168 판결).

부터 출퇴근도 자유롭게 하는 등 원고회사의 일반 근로자와는 다르게 근무하였던 사실, ② 원고회사의 종업원 중 제2항 각 프로그램을 개발할 수 있는 자는 피고뿐이고, 피고는 2004. 8. 이후에도 16채널 DVR에 과부하가 걸려 동영상이 전부 녹화되지 않는 문제를 해결하거나, 4채널 DVR의 코덱 통합작업을 수행하는 등 엠펙4(MPEG4) 코덱에 관련된 업무를 수행하여 온 사실, ③ 피고는 원고회사에 입사하기 이전인 2003. 4.경 ㈜△△의 직원으로부터 제2의 가.항 프로그램 개발에 필요한 H.264 오리지널 소스코드 및 다큐멘트를 취득하여 제2의 가.항 프로그램 개발을 시작한 사실… ⑤ H.264 코덱에 사용할 DSP칩의 분석은 당해 칩의 성능이나 구조를 단순히 살피고 그 내용을 숙지하는데 그치는 것이 아니라, 개발하려는 특정한 코덱의 종류, 성능 등을 고려하여 칩의 특성 및 성능을 분석·검토하고 향후 최적의 코덱을 개발하기 위해 필요한 정보를 수집·분석하고 개발방향을 정하는 과정으로 상당한 시간이 소요되는데, 원고회사가 피고에게 제2의 가.항 프로그램의 개발을 지시하면서 H.264 오리지널 소스코드를 건네주었다고 주장하는 2004. 3.경부터 불과 6개여월만인 2004. 9.경 제1의 나.항 및 다.항 각 프로그램 개발 작업을 하고 있던 피고가 제2의 가.항 프로그램을 시연한 사실, ⑥ 피고는 10년 이상 프로그램 개발 업무에 종사하여 온 자로서 업무상 창작한 프로그램의 귀속에 대한 법규정을 소상히 알고 있는데도, 원고회사가 2005. 5. 16.경 영국 버밍햄에서 개최된 IFSEC 2005 보안제품전시회에 제2의 가.항 프로그램이 탑재된 디브이알 제품을 출품하기 이전인 2005. 4.경 원고회사에 피고가 대표이사로 있는 ㈜◇◇이 원고회사에게 H.264 코덱 및 그와 관련된 프로그램을 공급하는 내용의 공급계약서 초안을 보낸 사실 등을 인정할 수 있고, 위 인정사실에 의하면 피고는 원고회사로부터 제2의 가.항 프로그램의 개발을 지시받지 아니한 채 개인적으로 제2의 가.항 프로그램을 창작하였다고 추인할 수 있을 뿐이므로, 제2의 가.항 프로그램이 업무상 창작한 프로그램으로서 그 저작권이 원고회사에게 있다는 원고회사의 이 부분 주장은 이유 없다.』

2) 카마지 캐릭터 사건[4-38]

<사안의 개요>

원고 회사는 캐릭터사업부를 신설하고 캐릭터 사업을 시작하였고, 이○○

4-38) 서울중앙지방법원 2009. 5. 28. 선고 2008가합102474 판결(항소심에서 조정).

는 원고 회사의 캐릭터사업부에 입사하여 캐릭터 개발업무를 담당하였다. 그 후 원고 회사는 '카마지(Camazi)'라는 이름으로 이 사건 캐릭터를 공표하고 이를 '2001년도 대한민국 캐릭터연감'에 등록하였다. 이 사건 소송에서 원고는 카마지 캐릭터가 이○○이 원고 회사에 입사한 후 원고 회사의 지시에 따라 창작한 업무상 저작물이라고 주장하였다.

<법원의 판단>

『① 이○○는 1996년 무렵 △△애니메이션에서 근무한 이래 캐릭터제작과 관련된 일을 계속하여 왔고 2001. 3. 12.부터 2001. 11. 30.까지는 ㈜○○에서 근무하다가 2001. 12. 3.부터 원고 회사에서 근무하기 시작하였다.

② 이○○가 ㈜○○에 근무하는 동안 2002년 한일월드컵을 대비하여 축구와 관련된 캐릭터인 '레드 데블', 킥보드와 관련된 캐릭터인 '파키' 등을 직접 창작하였고 ㈜○○는 이○○ 등이 창작한 캐릭터를 가지고 2001. 7. 28.부터 2001. 8. 28.까지 열린 '2001년 코리아컨텐츠 캐릭터 페스티발'에 참가하였는데, 당시 소외회사가 위 페스티벌에 제출한 홍보자료에는 이 사건 캐릭터 및 위 캐릭터가 왼쪽으로 허리를 굽히고 있거나 오른손을 들고 있는 등 자세를 다소 변형한 캐릭터가 '레드데블' 등과 함께 실려 있고, 홍보자료의 하단에는 그 캐릭터들이 이○○에 의하여 제작되었다는 의미로 'character designed by ◇◇◇'라고 기재되어 있다.

③ 이○○는 소외회사에 근무할 당시 창작한 캐릭터들과 위 홍보자료의 원본파일을 CD에 저장해 두었는데, 그 CD에 저장되어 있는 카마지 캐릭터와 홍보자료 원본파일의 작성일자는 이○○가 원고 회사에 입사하기 전인 2001. 4. 내지 6. 무렵이다.

위 인정사실에 비추어 보면, 이○○는 원고 회사에 입사하기 전 이미 카마지 캐릭터를 창작하였다고 봄이 상당하므로 카마지 캐릭터에 대한 저작권은 이○○에게 귀속되고, 이○○가 원고 회사에 근무하는 동안 카마지 캐릭터를 창작하였음을 전제로 한 원고 회사의 주장은 이유 없다.』

나. 법인 등 사용자의 업무에 종사하는 자에 의해 작성될 것.

법인 등 사용자와 업무에 종사하는 자 사이에 고용관계 기타 실질적인 지휘·감독관계가 성립되어야 한다. '법인 등의 업무에 종사하는 자'에 해당하기 위해서는, 작성자와 법인 사이의 고용 내지 근로계약의 내용, 작성자가 업무

수행과정에서 법인 등으로부터 구체적, 개별적인 지휘·감독이 있었는지 여부, 임금 내지 보수의 지급 여부, 계속적으로 업무에 종사하였는지 여부, 법인 등에 의하여 근무시간과 근무장소가 지정되고 이에 구속을 받는지 여부 등을 종합적으로 고려하여 판단하여야 한다.[4-39] 법 제9조가 저작물의 창작자에게 저작권을 부여하는 원칙에 대한 예외 규정인 만큼 이를 제한적으로 해석하여야 하고, 이를 저작물의 제작에 관한 도급계약에까지 유추 적용할 수는 없다(대법원 1992. 12. 24. 선고 92다31309 판결). 위임이나 도급에 의한 저작물 작성에 있어서 수임인이나 수급인은 도급인에 대하여 독립된 지위에 서고 자신의 재량에 의하여 활동을 하는 것이어서, 저작물의 작성에 관하여 도급인이 계획을 하고 수급인이 도급인의 지시 또는 주문 사항을 작품 중에 나타냈다고 하더라도 작성자인 수급인이 스스로의 창의와 수법에 의하여 저작물을 완성하였다면 수급인이 저작권자가 된다.[4-40]

1) 임플란트 수술기 프로그램 사건[4-41]

<사안의 개요>

피고는 원고의 사무실 중 일부를 임대하여 사용하면서 원고에게 자신이 개발한 치석제거기 프로그램 및 회로를 제공하였는데, 원고는 개인사업자에서 원고 회사로 법인화되면서 회계처리를 위해 피고를 형식상의 직원으로 등재하고 매월 일정 금액을 급여로 입금한 것으로 처리하였다. 그 후 피고는 초음파 임플란트 수술기 프로그램 및 회로(이하 '이 사건 수술기 프로그램 및 회로')를 개발하였고, 원고가 제공한 컴퓨터칩에 피고가 이 사건 수술기 프로그램 및 회로를 설치하여 다시 원고에게 인도하는 방식으로 이를 제공하였다.

이 사건 소송에서 이 사건 수술기 프로그램 및 회로가 업무상저작물인지

4-39) 서울고등법원 2012. 8. 3. 선고 2011나57212 판결(건설기계 종합관리프로그램 사건).

4-40) 서울중앙지방법원 2006. 10. 18. 선고 2005가합99515 판결(원고가 피고들이 경영하는 기초능력의 대전지부장으로 있으면서, 피고들의 의뢰를 받아 피고들이 제공한 전자키보드, 레코딩기계, 편곡을 위한 소프트웨어 등으로 기초능력이 제작·판매하는 교재에 수록된 창작곡을 작곡한 사안에서, 그러한 사정만으로 원고가 이 사건 창작곡을 작곡함에 있어 위 피고들의 피용자라거나 실질적 지휘감독을 받는 관계였다고 인정하기에 부족하다고 보았다).

4-41) 인천지방법원 부천지원 2010. 11. 30. 선고 2009가합6775 판결(항소심에서 조정).

여부가 다투어졌다.

<법원의 판단>

『피고는 2004년부터 원고로부터 연봉 형식의 돈을 지급받았고, 원고를 사업장으로 하여 고용보험, 국민연금 등이 가입되어 있으며, 원고가 제공한 장비를 사용하여 프로그램을 개발하였으나, 한편, 피고는 회계처리상 필요에 의해 이미 2001. 7. 6.경부터 형식상 원고의 직원으로 등재되어 있었고, 고용보험 및 국민연금도 2004년보다 훨씬 이전에 가입되어 있었던 점, 피고는 원고의 사무실에 거의 출근하지 않고 피고의 집에서 혼자 프로그램을 개발하여 왔던 점, 피고는 이 사건 수술기 프로그램의 개발을 마친 뒤에도 원본 파일을 원고에게 공개하지 않은 채 자신이 보유하면서 원고가 제공하는 컴퓨터칩에 프로그램을 입력하여 회로를 만든 뒤 이를 다시 원고에게 제공하는 방식으로 일하였는데, 원고 주장과 같이 이 사건 수술기 프로그램 및 회로의 저작권이 원고에게 있고 피고는 원고의 직원에 불과하다면 원고가 굳이 위와 같은 생산방식을 취할 이유가 없는 점, 2004년 당시 피고는 이 사건 치석제거기 프로그램의 저작권을 가지고 있었고, 이로 인하여 원고로부터 2002년에 14,420,000원, 2003년에 22,000,000원의 프로그램 사용료를 지급받았는데, 2004.부터 연봉 형식으로 지급받은 돈의 액수는 2004년에 22,000,000원, 2005년에 27,000,000원, 2006년에 30,000,000원 등으로 기존에 지급받은 프로그램 사용료보다 크게 증가하였다고 볼 수 없는바, 피고로서는 굳이 위와 같은 연봉을 받고 원고의 지시·감독을 받으며 피고가 제작한 프로그램의 저작권도 자신이 보유할 수 없게 되는 고용계약을 체결할 이유가 없는 점, 피고는 관련 형사사건에서 원고가 제공한 장비는 원고로부터 대여한 것이라고 주장한 점 등을 고려할 때, 피고가 원고의 직원으로 고용되어 원고의 실질적인 지휘·감독 아래 이 사건 수술기 프로그램 및 회로를 개발하였다고 보기 어렵다. 따라서 피고가 개발한 이 사건 수술기 프로그램 및 회로는 업무상저작물이라고 할 수 없으므로, 이를 전제로 한 원고의 이 부분 청구는 이유 없다.』

2) 엑스포 기획서 사건[4-42]

<사안의 개요>

피고 이○○은 원고 대표의 직함을 사용하면서 성경을 테마로 한 전시 행

4-42) 서울서부지방법원 2011. 4. 7. 선고 2010가합4394 판결(확정).

사인 슈퍼 바이블 엑스포 행사를 위해 이 사건 1 기획서를 작성하였다. 원고는 피고 이○○이 원고 회사에 입사한 후 원고의 지시에 따라 원고가 기획한 행사를 위해 이 사건 1 기획서를 작성하였으므로, 이 사건 1 기획서는 업무상 저작물로서 원고에게 저작권이 귀속된다고 주장하였다.

<법원의 판단>

『이 사건 1 기획서가 원고의 기획 하에 피고 이○○이 원고의 지휘·감독을 받으면서 작성한 것인지에 관하여 살피건대, …원고가 피고 이○○에게 2008. 2.부터 2009. 3.까지 매월 3,000,000원씩을 지급한 사실은 인정되나, 위 인정사실만으로는 피고 이○○이 원고의 지휘·감독을 받으면서 이 사건 1 기획서를 작성하였다고 보기에 부족하고, 달리 이를 인정할 증거가 없으며, 오히려… 피고 이○○은 고양시에서 개최된 세계빛엑스포, 대전에서 개최된 2007 슈퍼차이나 페스티벌 등 대형 전시행사의 기획 업무를 담당해 오면서 성경을 테마로 한 문화행사를 구상하고 있었던 점, 피고 이○○은 2008. 1. 경 정△△과 함께 슈퍼 바이블 엑스포를 개최하기로 하였고, 정△△은 피고 이○○에게 원고의 대표이사 직함을 사용하게 하면서 정△△이 소유하고 있던 원고의 주식 49%를 양도하여 준 점, 정△△은 피고 이○○이 사용하는 직원의 인건비, 사무실 임대료, 사무실 집기구입기, 경비 등에 사용할 자금을 지출하였고, 피고 이○○은 직접 슈퍼 바이블 엑스포를 위한 직원채용, 자금유치와 전문가 섭외, 디자인 실행계획, 부지계약 등을 진행한 점, 피고 이○○은 이 사건 1 기획서를 작성하고 이를 이용하여 자금유치활동을 하였으나 자금조달이 여의치 아니하자, 정△△은 2009. 3.경부터 피고 이○○에게 그 동안 투입한 자금이 3억 원 이상이라고 주장하면서 일부 자금을 반환해 줄 것을 요구한 점, 정△△은 2009. 5.경 피고 이○○이 근무하는 사무실을 폐쇄시키고 피고 이○○에게 투입한 자금과 주식을 모두 반환해 줄 것을 요구하고 있는 점 등에 비추어 보면, 피고 이○○은 원고에게 고용되어 원고의 지휘·감독을 받은 것이 아니라 원고와 위 행사를 위하여 동업관계를 맺은 것이라 봄이 상당하므로, 이 사건 1 기획서는 피고 이○○이 기획하여 작성한 것으로서 그 저작권은 피고 이○○에게 있다. 따라서 이 사건 1 기획서의 저작권자가 원고임을 전제로 한 원고의 이 사건 청구는 더 나아가 살펴 볼 필요 없이 이유 없다.』

3) 독서실 전등제어 프로그램 사건[4-43]

<사안의 개요>

원고는 피고 장○○의 요청에 따라 독서실관리 프로그램, 전등제어기, 전등제어기 인터페이스, 키패드로 구성된 독서실 전등제어시스템(이하 '이 사건 시스템') 개발작업을 하였고, 위와 같이 개발한 전등제어기에 설치되는 롬 코드인 이 사건 프로그램도 함께 창작하였다. 피고 하△△은 전등제어기를 판매하고 있는데, 위 전등제어기에 설치되어 있는 롬 코드는 이 사건 프로그램과 동일한 프로그램이다. 소송에서 피고는 업무상 창작된 프로그램이므로 저작권이 피고에게 귀속된다고 주장하였다.

<법원의 판단>

『이 사건 프로그램이 피고 장○○의 기획하에 그의 피용자인 원고가 창작하였는지에 관하여 보건대, …①… 피고 장○○이 원고에게 2003년말부터 2004년경까지 2003. 11. 13. 30만 원 … 송금한 사실은 인정되나, 위와 같이 송금한 각 금원의 액수나 송금시기가 불규칙한 점에 비추어 위와 같이 송금한 금원을 피고 장○○이 원고에게 지급한 급여라고 보기는 어렵고, 오히려 … 장○○의 위와 같은 송금방식은 원고가 피고 장○○의 직원이 아니었던 2003년도나 2005년도에 피고 장○○이 원고에게 컴퓨터프로그램 개발비 등을 송금하던 방식과 유사한 것으로 보이므로, 피고 장○○이 원고에게 지급한 위와 같은 금원은 이 사건 시스템의 개발비 중 일부로 보이는 점, ②… 원고가 이 사건 시스템의 개발에 필요한 통신 칩을 구입하거나 시제품 제작비용, 키패드 위탁제작비용 등을 지급하였음이 인정되는 점, ③…원고가 이 사건 시스템 개발작업 중인 2004년도에도 2004년 1월경부터 2004년말까지 서광이라는 상호로 자동제어기 등의 제조업을 영위하는 서◇◇로부터 모직물 제작기계를 제어하는 캐드(CAD) 및 캠(CAM) 프로그램 개발작업을 위탁받아 이를 수행하고, 2004년 4월경부터 2004년 5월경까지 ㈜◇◇의 정저항 배터리 방전시험기 프로그램 개발작업을 수행하는 등 이 사건 시스템 개발작업을 하는 중에 다른 업체의 컴퓨터프로그램 등 개발작업에도 관여한 사실이 인정되는 점, ④ 위탁계약에 기하여 작성된 컴퓨터프로그램이라도 계약상 저작권을 위탁자에게 양도하기로 한 것이거나 피용자가 직무상 작성한 컴퓨터프로그램인 경우에 창작자인 수탁자나 피용자는 그 컴퓨터프로그

4-43) 서울고등법원 2011. 6. 22. 선고 2010나89533 판결(대법원 2013. 5. 9. 선고 2011다69725 판결).

램의 소스코드를 위탁자나 사용자에게 인도하는 것이 관례인데, 피고 장○○이나 피고 하△△이 원고로부터 이 사건 프로그램의 소스코드를 넘겨받았음을 인정할 아무런 증거가 없는 점(오히려 …피고 장○○은 원고로부터 이 사건 프로그램의 소스코드를 넘겨받지 못한 것으로 보인다) 등에 비추어 보면, 원고가 피고 장○○이 운영하던 참인테리어 사무실에서 이 사건 시스템 개발작업을 하면서 참인테리어의 개발부장이라는 직함을 사용하였다거나 피고 장○○이 이 사건 시스템 개발에 드는 비용을 부담하기로 하였다거나 이 사건 프로그램을 포함하여 이 사건 시스템의 개발이 피고 장○○의 요청에 따라 이루어졌다는 사정만으로는 원고가 피고 장○○의 기획하에 그의 피용자로서 또는 그의 실질적 지휘·감독에 따라 이 사건 프로그램을 창작하였다거나 원고가 피고 장○○에게 이 사건 프로그램 저작권에 대한 처분권을 위임하였다고 보기 어렵고, 피고 하△△의 주장과 같이 이 사건 프로그램이 피고 장○○과 피고 하△△ 사이에 체결된 전원제어시스템 개발계약(을가 제5호증)에 따라 개발된 것이라고 하더라도 그 계약은 피고 장○○과 피고 하△△ 사이에 체결된 것이어서 그 효력이 제3자인 원고에게까지 미칠 수는 없으므로 그러한 계약이 존재한다고 하여 달리 보기는 어려우며, 달리 피고 하△△의 위와 같은 주장을 인정할 증거가 없으므로, 피고 하△△의 위와 같은 주장은 이유 없다(위와 같은 제반사정에 비추어 보면 원고와 피고 장○○ 사이에 이 사건 프로그램을 포함하여 이 사건 시스템 개발에 관한 계약은 결국 개발위탁계약으로 볼 수밖에 없는데, 그 계약상 이 사건 프로그램 등에 관한 저작권을 누구에게 귀속시키기로 하였는지에 대한 원고의 입증이 없으므로, 앞서 본 바와 같이 컴퓨터프로그램보호법상의 원칙으로 돌아가 이 사건 프로그램의 저작권은 그 창작자인 원고에게 귀속된다고 봄이 타당하다).』

다. 법인 등 사용자의 명의로 공표될 것.

법인 등 사용자의 명의로 공표되었거나 공표될 예정일 것을 요한다. 다만, 컴퓨터프로그램저작물의 경우 공표될 것을 요하지 아니한다.

1) 연합뉴스 사건[4-44)]

4-44) 서울고등법원 2006. 11. 29. 선고 2006나2355 판결(상고심인 대법원 2009. 5. 28. 선고 2007다354 판결에서 손해액의 산정 등에 관하여 다투어져 파기환송되었고,

<사안의 개요>

피고가 원고 소속 기자들이 취재, 작성한 뉴스기사를 그대로 또는 일부 변경하여 자신의 웹사이트에 게재한 사안에서, 위 뉴스기사가 업무상 창작된 저작물로서 그 저작권이 원고에게 귀속되는지 여부, 언론사와 기자의 이름을 병기한 것이 공표에 해당하는지 여부가 쟁점으로 되었다.

<법원의 판단>

『원고는 국내 주요 신문사, 방송사, 포털업체 등 언론기관과 사이에, 원고는 원고 소속의 기자들이 작성한 기사를 위 언론기관에 제공하고, 위 각 언론기관은 원고에게 매월 일정액의 전재료를 지급하기로 하는 전재계약을 체결한 사실, 이 사건 저작권인정 기사들은 원고 소속의 기자들이 취재와 조사를 거쳐 작성하게 되나, 원고의 기본적인 기획 하에 업무로서 취재 및 조사가 이루어지는 사실, 원고 소속의 기자들이 작성한 기사의 경우 기사 상단에는 그 기사를 작성한 기자의 이름이 기재되어 있고, 하단에는 그 기자의 이메일 주소가 기재되어 있기는 하지만, 그 작성 기자 이름 옆에는 원고의 상호가 기재되고{예를 들면 (서울=연합뉴스), (여수=연합뉴스) 등으로 기재된다}, 언론기관이 원고로부터 제공받은 기사를 게재하는 경우 그 기사 아래에는 '<저작권자(c)연합뉴스. 무단전재-재배포금지.>'라는 당해 기사의 저작권이 원고에게 있다는 취지의 표시가 이루어지는 사실을 인정할 수 있다.

위 인정사실에 의하면, 이 사건 저작권인정 기사는 원고의 기획 하에 원고의 소속 기자들이 업무로서 작성한 것으로 원고의 명의로 공표된 기사라고 할 것이므로 이 사건 저작권인정 기사의 저작권은 원고에게 귀속된다고 할 것이다(위 각 기사의 상단과 하단에 기자의 이름 및 이메일주소를 기재하는 것은 그 기사에 대한 책임과 평가를 전적으로 그 기자에게 돌리기 위한 것으로 볼 수는 없고, 다만 원고 내부의 업무분담을 표시하고 독자로 하여금 제보사항이나 기사 내용과 관련된 문의사항이 있을 경우 그 작성 기자를 확인할 수 있도록 그 작성 기자에 대한 정보를 제공하는데 불과하다).』

2) 고등학교 시험문제 사건[4-45]

저작권자에 대해서는 환송전 항소심 판결에서 위와 같이 판단하고 있다).

4-45) 서울고등법원 2007. 12. 12. 선고 2006나110270 판결(대법원 2008. 4. 10. 선고 2008다5004 판결).

<사안의 개요>

공립, 사립 고등학교 시험문제를 실제로 출제한 원고들이 이를 무단 사용하는 피고에 대하여 손해배상을 청구한 사건이다. 피고는 위 시험문제들이 업무상 저작물로서의 요건을 갖추었으므로 원고들은 저작권자가 아니라고 주장하였다.

<법원의 판단>

『가. ○○고 시험문제의 저작권자 판단

증거에 의하면, ① 서울에 위치한 공립고등학교인 ○○고의 학업성적관리규정에 따라서 교과 협의회에서 결정된 시험 범위 및 교사별 출제 내용 및 문항 수에 따라서 해당 교사들이 이 사건 경기고 시험문제를 출제한 사실, ② 출제자들의 출제 문제들에 대한 문항검토회의를 거쳐서 최종 시험문제가 결정되면 대표 출제 교사가 문제지 편집과 출제계획서를 작성해 교무부 교사계, 교무부장, 교감, 교장의 순으로 내부 결재를 받은 사실, ③ 이 사건 경기고 시험문제는 시험지 우측 하단에 '○○고등학교'라고 한글 또는 한자로 표시되어 있으나 출제자의 표시는 되어 있지 않은 사실, ④ 이 사건 ○○고 시험문제가 경기고 학생들에게 해당 중간·기말 고사 시험평가를 위하여 배포되고 회수되지는 않은 사실을 인정할 수 있는바, 위 인정사실에 의하면 ○○고의 실질적 지휘·감독하에 있는 ○○고 교사인 원고들의 업무에는 소속 학생들의 내신 성적 등의 평가를 위하여 시험문제를 출제하는 업무가 통상적인 업무로서 포함된다고 할 것이며, 시험문제지 우측 하단에 '○○고등학교'라고 명기되고 출제자 표시는 되어 있지 않은 이 사건 ○○고 시험문제가 특정 다수인인 ○○고 해당 학년 학생들에게 시험 평가를 위하여 배포되고 회수되지 않았으므로 이 사건 ○○고 시험문제는 ○○고 명의로 공표되었다고 할 것인바, ○○고의 기획하에 그 업무에 종사하는 ○○고 교사들이 업무상 작성한 이 사건 ○○고 시험문제가 ○○고의 명의로 일반공중인 소속 학생들에게 공표되었으므로, 단체명의저작물인 이 사건 ○○고 시험문제의 저작권은 법 제9조에 의하여 ○○고의 설립·경영주체인 서울특별시에 귀속된다 할 것이다.

한편, 위 원고들은 법 제9조의 단체명의저작물의 성립 여부에 관하여 '법인 등의 명의로 공표'라는 요건을 엄격히 해석하여 창작과정에 복수인이 관여한 정도가 다양하여 특정 자연인에게 저작권의 귀속을 인정하는 것이 부당한 경우에 창작을 기획한 사용자가 당해 저작물을 사용자의 저작물로 인정받기 위하여 사용자 명의를 대외적으로 공표하고, 제3자 역시 이를 사용자의 저작물로 믿을 수 있을 정도로 사용자 명의가 표현되어야 이를 업무상 저작물로 인정할 수 있다는 전제하에 이 사건에서 출제자가 구체적인 출제계획서를 작성하여 이를 토대로 저작물을 창작하였고, 실제 출제자가 각 교과를 담당하는 교사들이라는 사실이 이미 공개되어 있는 상황에서 이 사건 ○○고 시험문제 하단에 '○○고등학교'라는 표시가 있더라도 이는 단지 시험학교를 특정하고 인쇄의 편의를 위하여 임의적으로 표시된 것에 불과하므로 '법인등의 명의로 공표'라는 요건에 충족되었다고 볼 수 없고, 기명저작물의 예외요건은 주의적인 규정으로서 이 사건과 같이 교사 개인의 창작물이 명백한 경우에 있어서는 설령 교사 개인의 기명이 표시되어 있지 않아도 교사 개인의 저작물을 업무상 저작물로 볼 수 있다고 주장하므로 우선 '공표'의 의미에 관하여 보건대, 공표는 저작물을 공연, 방송 또는 전시의 방법으로 공중에게 공개하는 경우와 저작물을 발행하는 경우를 말하는 것으로 이 중 발행은 저작물을 공중의 수요에 충족시키기 위하여 복제·배포하는 것을 의미하는 것이고, 단체명의 저작물의 경우 공중의 의미를 단체 내지 단체구성원을 제외한 불특정다수 또는 특정 다수로 범위를 축소하여 해석할 아무런 근거가 없는 이상, 이 사건 ○○고 시험문제는 ○○고라는 단체의 구성원인 특정 다수의 학생에게 배포한 발행에 해당하여 '법인 등의 명의로 공표'라는 요건에 충족되었다고 할 것이고, 이와 같이 ○○고라는 법인 등의 명의로 공표된 이상 달리 기명저작물의 예외에 해당하지 아니한 이 사건에 있어서 ○○고와 위 원고들 사이에 계약 또는 근무규칙 등에 다른 정함이 없으므로 이 사건 ○○고 시험문제의 저작권자는 출제자인 교사가 아니라 ○○고의 설립·경영주체인 서울특별시에 귀속된다고 할 것이어서 위 주장은 이유 없다.

나. △△고 및 ◇◇여고 시험문제 부분의 저작권자 판단

저작자가 아닌 법인 등에게 법 제9조에 따라서 저작권이 귀속되기 위한 요건 중 먼저 이 사건 △△·◇◇여고 시험문제가 해당 학교의 명의로 공표되었는지 여부 및 저작자의 기명저작물에 해당하는지 여부에 관하여 살펴보기로 한다.

(가) 인정되는 사실관계

△△고, ◇◇여고 교사인 원고들이 이 사건 △△·◇◇여고 시험문제를

단독 혹은 공동으로 출제한 사실은 앞서 본 바와 같고, …① 위 원고들이 담당과목의 시험문제를 공동으로 출제한 경우 공동으로 문항 검토 및 수정 절차를 거친 사실, ② △△고, ◇◇여고는 각 사립학교인 사실, ③ 이 사건 △△·◇◇여고 시험문제가 해당 학교 학생들에게 해당 중간·기말 고사에서 교부되고 회수되지 않은 사실, ④ 이 사건 △△·◇◇여고 시험문제는 시험지 첫 장 상단에 출제자인 교사들의 성명이 '출제자' 또는 '출제' 란에 표시되고 출제자의 인장이 날인된 상태로 학생들에게 교부된 사실, ⑤ 이 사건 △△고 시험문제의 시험지 첫 장 상단에는 학년, 학기, 과목, 시험의 종류(중간 또는 기말고사)가 표시(이하 '시험지 표제문구')되어 있는데, 이 사건 △△고 시험문제 중 일부에는 출제자가 임의적으로 시험지 표제문구에 '△△고'를 부가해 '△△고 1학년 영어 1학기 중간고사', '△△고 1학년 영어 1학기 기말고사'라고 표시한 사실, ⑥ 이 사건 △△고 시험문제의 시험지 첫 장 우상단에 연구부장, 교감, 교장의 내부결재를 거치면서 각 날인을 받은 사실을 인정할 수 있고, 반증이 없다.

(나) 이 사건 △△고 시험문제의 학교 명의 공표 여부

위 (가)항 인정사실 및 다음과 같은 사정, 즉 이 사건 △△고 시험문제의 시험지 중 일부에 해당 시험을 특정하는 시험지 표제문구로 사용된 '△△고 1학년 영어 1학기 중간고사', '△△고 1학년 영어 1학기 기말고사' 표기 중 '△△고' 부분은 '중간고사'나 '기말고사'를 수식하는 문구에 불과하고, 출제자가 임의적으로 해당 시험을 특정하는 문구로서 '△△고'라 표시한 것이므로 저작권 귀속주체로 표시한 것으로 보기 어려운 점, 시험문제지에 내부결재권자인 연구부장, 교감, 교장의 날인이 된 것만으로는 그것이 출제자를 표시하는 표장이라고 보기 어려운 점 등에 비추어 이 사건 △△고 시험문제는 △△고의 명의로 공표되었다고 인정하기 어렵고 달리 이를 인정할 증거가 없다.

(다) 이 사건 ◇◇여고 시험문제의 학교 명의 공표 여부

이 사건 ◇◇여고 시험문제가 ◇◇여고의 명의로 공표되었다고 인정할 아무런 증거가 없고, 오히려 위 인정사실에 의하면, 이 사건 ◇◇여고 시험문제가 학교 명의의 표시 없이 출제자의 성명만 시험지에 명기된 상태로 소속 학교 학생들에게 배포되었으므로 ◇◇여고의 명의가 아니라 출제자의 명의로 공표되었다고 봄이 상당하다.

(라) 출제자의 기명저작물성 여부

저작권법은 저작물을 창작한 자를 저작자로 함이 원칙이고(제2조 제2호), 단체명의저작물의 저작권에 관한 법 제9조를 해석함에 있어서도 위 규정이 예외규정인 만큼 이를 제한적으로 해석하여야 하고(대법원 1992. 12. 24. 선고 92다31309 판결 참조), 이 사건 △△·◇◇여고 시험문제에 출제자의 기명이 있음은 앞서 본 바와 같은바, 위 기명이 단순한 업무 분담의 표시에 그친다고 볼 자료가 없으므로 이 사건 △△·◇◇여고 시험문제는 출제자의 기명저작물이라 할 것이다.

(마) 따라서, 이 사건 △△·◇◇여고 시험문제는 법 제9조의 단체명의저작물에 해당하지 아니하므로 △△고, ◇◇여고 교사인 원고들이 이 사건 △△·◇◇여고 시험문제의 저작권자 또는 공동저작권자라 할 것이며, 공동출제한 시험문제에 대한 공동출제자 각자의 지분은 서로 균등한 것으로 봄이 상당하다.』

☞ 위 판결에 대해서는, 사립학교의 경우에도 교사들이 시험문제를 공동으로 출제한 후 문항 검토 및 수정 절차를 거치고, 학생들에게 교부한 후 회수하지 않고 있으며, 내부적인 결재선에 따라 결재를 받고, 시험문제지 일부에 고등학교 표시를 하고 있는 등 교사들이 업무상 작성한 것이라고 볼 여지가 있음에도 불구하고 공립학교와 사립학교를 나누어 달리 볼 이유가 있는지에 대해 의문을 제기하는 견해,[4-46] 구 법 제9조 단서의 기명저작물의 예외규정(기명저작물에 대하여는 업무상 저작물 규정의 적용을 배제)을 적용한 것으로 현행 저작권법에는 위 단서규정이 삭제되었으므로 개정법에 의하면 사립학교 시험문제의 경우에도 사용자인 법인이 저작자가 될 가능성이 크다는 견해[4-47]가 있다.[4-48]

3) 미공표 신문기사 사건[4-49]

<사안의 개요>

원고는, 피고가 원고 소속 기자 이○○가 작성한 뉴스기사 및 사진(이하 '이 사건 저작물')를 출처 표시 없이 자신의 웹사이트에 게재함으로써 원고의

4-46) 계승균, "중·고등학교시험문제와 저작권", 재산법연구 24권 1호(2007. 6).

4-47) 김상채, "시험문제의 저작물성과 저작권 귀속관계", Law & technology 제4권 제1호(2008년 1월).

4-48) 대법원 1997. 11. 25. 선고 97도2227 판결에서는 연세대 등 사립대학교의 대학별 대학입시문제(본고사)의 저작권이 각 대학교의 학교법인에 귀속된다고 보았다.

4-49) 광주지방법원 2012. 4. 19. 선고 2011나15427 판결(확정). 향후 공표할 예정인 업무상 저작물에 대한 저작권이 누구에게 귀속되는지 여부가 다투어진 사안이다.

저작권을 침해하였다고 주장하였는데, 이에 대하여 피고는, 이 사건 저작물이 원고가 발행하는 △△일보에 게재된 사실이 없고 원고 명의로 공표된 사실도 없으므로 저작권자는 원고가 아닌 이○○ 개인이라고 다투었다.

<법원의 판단>

「업무상 저작물이란 법인·단체 그 밖의 사용자의 기획 하에 법인 등의 업무에 종사하는 자가 업무상 작성하는 저작물로(법 제2조 제31호), 법 제9조는 "법인 등의 명의로 공표되는 업무상 저작물의 저작자는 계약 또는 근무규칙 등에 다른 정함이 없는 때에는 그 법인 등이 된다."고 규정하고 있어서 계약 또는 근무규칙에서 다른 사항을 정하지 않은 경우에는 법인 등의 명의로 공표되는 업무상 저작물은 법인 등이 그 저작자로 된다. 2006년 저작권법을 개정하면서 위 조항의 문언 중 '공표된'을 '공표되는'으로 변경하였는데, 이러한 변경의 이유는 종전에는 법인 등의 명의로 공표된 저작물에 한정하여 업무상 저작물로 인정하여 공표되지 않은 저작물에 대해서는 누구의 저작물인지 의견이 분분하였으므로, 비록 공표되지 않은 상태이더라도 공표를 예정하고 있다면 그 저작자를 법인 등으로 보아 법적 안정성을 확보하기 위한 것으로 봄이 타당하다. 따라서 이러한 입법 취지를 고려할 때, 법인 등의 명의로 공표할 예정으로 작성한 저작물이라면 비록 공표되지 않았다 하더라도 법 제9조에 의하여 법인 등이 저작권자가 된다고 할 것이다.

이 사건에 관하여 보건대, 이 사건 저작물이 원고가 발행한 △△일보에 게재된 사실이 없다는 점에 대해서는 당사자 사이에 다툼이 없고, ○○신문에도 원고의 제호인 '△△일보'와 취재기자인 '△△일보 이○○ 기자'를 명기하지 않은 채 이 사건 저작물이 게재된 사실은 앞서 본 바와 같다. 그러나 원고 회사 편집국장인 이△△가 원고 소속 이○○ 기자에게 취재를 지시하여 이○○가 이 사건 기사를 작성한 점, 이○○가 이 사건 기사를 작성하는 과정에서 원고와 저작권의 귀속에 관한 별도의 계약을 체결하지 아니한 점, 원고가 기사 상단에 원고의 제호인 '△△일보'를, 기사 하단에 '△△일보 이○○ 기자'를 각각 명기하는 조건으로 피고에게 이 사건 저작물을 전재하는 것을 허락한 점, 한편 원고는 소외 회사가 원고의 계열회사라는 것을 고려하여 ○○신문에 원고의 제호와 취재기자를 명기하지 않은 채 이 사건 저작물을 게재하는 것을 허락한 점 등에 비추어 보면, 이 사건 저작물은 원고의 기획 하에 소속 기자가 작성한 업무상 저작물로서, 비록 △△일보에 게재할 목적으로 작성된 것은 아니었다고 하더라도 다른 언론사 등에 공급되는 경우에는 원고 명의로 공표되는 것을 예정하고 있었다고 보이므로, 법 제9조에서 규정하는 법인 등의 명의로 공표되는 업무상 저작물로서 원고가 이 사건 저작물의 저작권자라고 할 것이다.』

Ⅳ. 저작재산권의 양도 및 이용허락

1. 양도와 이용허락의 구별

저작권자가 아닌 자가 저작물을 이용하려면 저작권자로부터 저작재산권을 양도받거나 저작물의 이용허락을 받아야 한다.[4-50] 실제로는 당사자 사이에 체결된 계약이 저작재산권의 양도계약인지 아니면 이용허락계약인지 분명하지 아니한 경우가 많은데, 이러한 계약을 해석함에 있어서 저작재산권의 양도되었음이 외부적으로 표현되지 아니한 때에는 저작자에게 저작재산권이 유보된 것으로 추정하여야 하고, 계약 내용이 분명하지 아니하다면 구체적인 의미를 해석함에 있어 거래의 관행이나 당사자의 지적 수준, 행동 등을 종합하여 해석하여야 한다.[4-51]

가. 이용허락으로 본 사례

1) 이상문학상 사건[4-52]

<사안의 개요>

4-50) 법 제45조 제1항(저작재산권은 전부 또는 일부를 양도할 수 있다), 법 제46조 제1항(저작재산권자는 다른 사람에게 그 저작물의 이용을 허락할 수 있다).

4-51) 대법원 1996. 7. 30. 선고 95다29130 판결, 대법원 2012. 1. 27. 선고 2010다50250 판결 등. 음반제작자 등의 저작인접권에 대해서도, 가수와 음반기획사 사이의 음반 출시와 관련한 약정이 저작인접권 양도계약인지 이용허락계약인지 명백하지 아니한 경우 이용허락계약으로 추정한다(서울고등법원 2007. 12. 26. 선고 2007나52074 판결). 관련된 논의의 상세는 이영욱, "공정한 저작권계약을 위한 입법적 보완방안에 관한 연구", 고려대학교 대학원 박사학위논문(2014), 참조.

4-52) 서울고등법원 2002. 7. 24. 선고 2001나5755 판결(대법원 2004. 8. 16. 선고 2002다47792 판결).

피고는 1977.경 '이상문학상'을 제정하고 매년 1년간 문예지 등에 발표된 신작 중에서 작품성을 위주로 선정하여 상금을 수여하여 왔다. 피고는 이상문학상을 제정·시상한 이후부터 매년 계속하여 대상작, 추천우수작, 기수상작가 우수작을 한데 모아 '이상문학상수상작품집'이라는 하나의 단행본(이하 '이 사건 서적')으로 출판하여 왔다. 피고는 1986.부터는 이 사건 서적의 권말에 '이상문학상의 취지와 선정 방법'이라는 제목의 이상문학상 운영위원회 명의의 글을 게재하였는데, 그 중 제6항 저작권 부분은 "대상 수상 작품의 출판 저작권은 문학사상사에 귀속된다. 단 2차 저작권(번역출판권, 영화화·연극화 등의 저작권)은 저자에게 있고, 이상문학상수상작품집 발행 후 3년이 경과하면 저자의 작품집에 수록할 수 있으나, 그 작품집의 서명은 이상문학상수상작품집과 같은 수상 작품명으로 할 수 없다. 단 우수작상 및 기수상작가 우수작상은 관례에 따라 수록된 당해 연도 작품집에 한하여 본사가 계속 저작권을 갖는다."라고 되어 있다(이하 '이 사건 저작권 조항').

김○○ 외 12명의 문학작가들(이하 '이 사건 신탁자들')들은 이 사건 저작물의 저작자들로서, 이 사건 저작물이 '이상문학상'의 대상, 추천우수작상 또는 기수상작가 우수작상으로 선정되어 피고로부터 소정의 상금을 각 지급받았다. 원고는 이 사건 신탁자들과 각 저작권신탁약정을 체결한 후 위 신탁자들이 가지는 저작권 일체를 신탁받았다.

이 사건 소송에서 원고는, 이 사건 신탁자들이 관행상 피고가 이 사건 저작물을 수록한 이 사건 서적을 3년간 출판하는 것에는 묵시적으로나마 동의하였다고 할 것이나, 달리 이 사건 신탁자들과 피고 사이에 이 사건 저작물에 관한 출판권설정계약이나 저작권양도계약을 체결한 사실이 없으므로, 피고는 3년이 경과한 이후부터는 저작자들에게 인세 등 이 사건 저작물의 이용대가를 지급할 의무가 있고, 따라서 피고가 이를 지급하지 아니한 채 이 사건 서적을 계속 복제·판매하는 것은 원고가 신탁자들로부터 신탁받은 이 사건 저작물에 대한 저작권을 침해하는 행위라고 주장하였고, 이에 대하여 피고는 이 사건 신탁자들과 피고 사이의 계약, 민법 제678조의 우수현상광고의 법리 또는 출판계의 관습에 의하여 이 사건 저작물에 대한 저작권 또는 복제·배포권을 양도받았다고 다투었다.

<법원의 판단>

『피고가 이 사건 신탁자들에게 상금을 지급하고 그들의 묵시적 허락을 받아 이 사건 저작물을 이 사건 서적에 수록하여 출판하였으나, ① 당시 위 출판에 관하여 정식으로 계약서가 작성된 사실이 없고, 1986년 이후에도 최○○ 등과는 달리, 이 사건 신탁자들…과 피고 사이에 수상 규정 동의서 등이 작성되지 않은 점, ② 피고가 이 사건 신탁자들에게 수여한 상금이 단순히 당해 저작물의 우수성에 대한 표창의 의미만 있는 것이 아니라 이 사건 저작물의 출판에 따른 대가(인세 또는 원고료)까지 포함한다고 볼 수는 있지만 그 비율이 어느 정도인지 알 수가 없고, 또 이 사건 신탁자들이 받은 상금이 저작재산권 또는 복제·배포권의 양도대가로 볼 수 있을 정도의 고액이라고 보기는 어려운 점(추천우수작상 수상자의 경우는 더욱 그러하다), ③ 피고가 이 사건 서적의 권말에 이 사건 저작권 조항이 포함된 '이상문학상의 취지와 선정 방법'이라는 글을 게재하기는 하였지만, …피고가 이 사건 신탁자들에게 이 사건 저작권 조항을 고지하거나 설명하였다는 사실을 인정할 증거가 없고, 달리 신탁자들이 이 사건 저작권 조항에 동의하여 그 조항에 따라 출판허락을 하였다고 볼 만한 사정이 없는 점, ④ 이 사건 신탁자들의 대부분이 신인 작가가 아닌 기성 작가들로서 '이상문학상'의 수상을 통하여 자신의 이름을 알리는 이점이 그다지 크지 아니한 점, ⑤ 이 사건 신탁자들이 피고에게 이 사건 저작물에 대하여 독점적인 출판권을 부여할 목적으로 피고에게 출판허락을 하였다고 볼만한 특별한 사정이 없는 점, ⑥ 이 사건 신탁자들이 이 사건 저작물의 출판을 허락하게 된 데는 피고의 경영자였던 이○○과의 인간적인 관계도 영향을 미쳤을 것으로 보여 피고가 이 사건 신탁자들로부터 부여받은, 이 사건 저작물을 출판할 수 있는 권리를 제3자에게 양도하는 것까지 허용하였을 것으로 보이지는 않는 점 등을 종합하여 보면, 위와 같은 이 사건 신탁자들의 출판 허락은 이를 이 사건 저작물에 대한 출판권설정계약이나 저작권 또는 복제·배포권의 양도라고 보기는 어렵고, 이 사건 저작물에 대한, 법 제42조 소정의 저작물이용허락에 해당하는, 이 사건 신탁자들에게 수여한 상금에 이용대가가 포함되어 있는 출판허락이라고 봄이 상당하다.』

2) 그리스로마신화 사건[4-53]

4-53) 서울고등법원 2007. 2. 7. 선고 2005나20837 판결(확정).

<사안의 개요>

피고 ㈜○○은 만화가인 원고와 '만화로 보는 그리스 로마 신화' 시리즈물(이하 '이 사건 만화')을 출간하기로 합의하고 이 사건 만화를 출판해 오고 있다. 이 사건 만화가 어린이들 사이에 폭발적인 인기를 끌어 판매부수가 급증하자, 피고 ㈜○○의 실질적인 경영자인 피고 김○○은 이 사건 만화를 기초로 한 애니메이션 제작 및 캐릭터사업을 하기 위해 원고로부터 '이 사건 만화에 대한 2차적 저작물 및 저작물의 이미지를 이용한 상품화(캐릭터라이센싱)권리를 포함하여 출판계약서에 명시된 출판권 이외의 모든 저작권'을 양수하는 내용의 저작재산권양도계약(이하 '이 사건 양도계약')을 체결하였다.

이 사건 양도계약이 실질이 양도인지 이용허락인지 여부가 다투어졌다.

<법원의 판단>

『양도계약서 제9조에 "본 계약의 유효기간은 10년으로 한다. 단, 계약 종료 3개월 이전까지 서면상 해지통보가 없는 경우 3년씩 자동연장되는 것으로 한다"라고 규정하고 있는바, 이 규정에 비추어 보면 이 사건 양도계약은 문서의 제목이나 다른 조항에서 '저작권 양도'라고 표시하였다 하더라도 계약당사자간의 진실한 의사표시는 '저작권 이용'에 관한 계약이라고 봄이 타당하다.』

3) 만화스토리 사건[4-54)]

<사안의 개요>

피고가 원고들에게 일정한 대가를 지급하고 원고들이 창작한 만화스토리를 제공받아 이에 기초하여 만화를 완성·출간한 사안에서, 피고는 원고들로부터 만화스토리에 대한 저작권을 양수하였다고 주장하였다. 저작권의 양도인지, 이용허락인지 여부가 쟁점이다.

『원고 최○○, 임○○와 피고 사이의 소위 매절계약에 의하여 만화스토리에 대한 저작권을 양도하였는가에 대하여 살피건대, 저작권에 관한 계약이 저작권 양도계약인지 이용허락계약인지 불분명하여 저작권 양도 또는 이용허락되었음이 외부적으로 표현되지 아니한 경우 저작권자에게 권리가 유보된 것으로 유리하게 추정(presumtion for the author)함이 상당하며, 계약

4-54) 서울북부지방법원 2008. 12. 30. 선고 2007가합5940 판결(확정).

내용이 불분명한 경우 구체적인 의미를 해석함에 있어 거래관행이나 당사자의 지식, 행동 등을 종합하여 해석함이 상당하다(대법원 1996. 7. 30. 선고 95다29130 판결 참조).

이 사건에 관하여 보건대, 위 원고들이 피고의 의뢰에 의하여 만화스토리를 작성하여 피고에게 제공하고 그 대가로 피고로부터 일정액을 지급받은 사실은 당사자 사이에 다툼이 없고, 피고로부터 받은 대가는 그 저작물의 이용대가를 판매부수에 따라 지급받는 것이 아니라 사전에 일괄하여 지급받은 것이라고 할 것이나, 위 각 증거 및 변론 전체의 취지에 의하여 인정되는 다음과 같은 사정들, ① 위 원고들과 피고 사이에 만화스토리 제공 당시 저작권에 관한 별도의 약정을 하지 않았고, 약정서도 작성하지 않은 점, ② 만화 제작과정 및 위 원고들의 작업방식과 기여 정도 등에 비추어 볼 때 피고가 주인공을 비롯한 등장인물의 성격, 전개과정 등에 개입할 여지는 있으나, 위 원고들이 독창적으로 작성한 만화스토리를 제공하고 이를 기초로 만화가 완성된 점, ③ 피고가 위 원고들에게 제공한 대가가 통상적인 출판계약상의 인세 상당액을 크게 넘는다고 인정할 자료도 없는 점(위 원고들과 피고는 만화스토리 제공에 구체적인 대가나 내역을 밝히지 못하고 있다), ④ 위 원고들이 피고에게 만화스토리를 제공할 당시에는 서적 형태의 출판 통한 배포, 대여 등이 이루어졌고, 인터넷 서비스 제공업체를 통한 온라인상의 만화 콘텐츠 전송은 활성화되지 않은 상태였으며, 향후 위와 같은 새로운 매체를 통한 만화 콘텐츠의 제공 등의 활성화를 예상한 것으로는 보이지 않는 점, ⑤ 피고가 위 원고들로부터 제공받은 만화스토리로 완성한 만화책을 출판하면서 위 원고들의 스토리 제공 여부를 표시하지 않거나 피고에 의해 만화스토리가 작성된 것으로 표시하였다고 하더라도 작가의 인지도 등을 고려하여 이를 승낙하거나 동의할 수도 있으므로 그러한 사정만으로 저작권이 양도되었다고 단정할 수는 없는 점 등의 사정을 종합하면, 위 원고들은 그들이 제공한 만화스토리에 의해 완성된 만화가 출판되는 것에 대한 대가를 피고로부터 일괄 지급받은 것으로서 출판권설정계약 내지 저작권이용허락을 한 것이라고 봄이 상당하고, 달리 위 원고들이 이 사건 만화들에 대한 저작권을 양도, 포기하였다거나 향후 재출판 또는 인터넷을 통한 온라인 서비스 제공 등 다른 매체를 통한 배포, 전송 등에 대하여도 이용허락을 하였다고 인정할 증거가 없으므로, 피고와 위 원고들 사이에 이 사건 만화에 관하여 소위 매절계약 내지 이를 통한 저작권양도계약이 체결되었음을 전제로 한 피고의 위 주장은 이유 없다.」

4) 친정엄마 사건[4-55)]

<사안의 개요>

원고가 ㈜○○와 사이에 체결한 이 사건 각색계약 제5조 제4항에는 "㈜○○는 원고의 각색 대본에 대한 모든 권리를 갖게 되며, 추후 공연에 있어서 본 각색대본을 사용하는데 있어서도 어떠한 제약도 받지 않는다."고, 제7조 제3항에는 "원고는 본 조항에 따라 연극 친정엄마 작품의 각색을 담당하며, 약정된 내용 외에 추가적인 권리를 요구하지 않는다."고 규정되어 있다. 피고는 이를 들어 원고가 ㈜○○에게 자신의 저작권을 양도하였으므로 저작권자로서의 권리를 주장할 수 없다고 다투었다.

<법원의 판단>

「저작권에 관한 어떤 계약이 저작권 양도계약인지 이용허락계약인지는 명백하지 아니한 때, 저작권 양도 또는 이용허락되었음이 외부적으로 표현되지 아니한 경우 저작자에게 권리가 유보된 것으로 유리하게 추정함이 상당하며, 계약내용이 불분명한 경우 구체적인 의미를 해석함에 있어 거래관행이나 당사자의 지식, 행동 등을 종합하여 해석함이 상당하다고 할 것인데(대법원 1996. 7. 30. 선고 95다29130 판결 참조), …다음과 같은 사정, 즉 ① 원고는 ㈜○○와 이 사건 각색계약을 체결하면서, 일시금으로 200만 원, 공연 1회당 사용료(로열티)로 서울 10만 원, 지방 5만 원이라는 적은 돈만을 받은 점, ② ㈜○○는 원고에게 2007년부터 지속적으로 사용료(로열티)를 지급하는 형태로 계약을 체결하였고, 이 사건 각색계약이 만료하는 2011년에도 같은 형태로 '재계약'을 하려고 했던 점, ③ ㈜○○의 대표이사가 형사사건에 증인으로 출석하여 이 사건 각색계약의 체결 과정에 대해 "원고는 각색작가로서 각색부분에 대해 독자적인 저작권이 있고 따라서 공연당 일정 금원을 사용료(로열티)로 지급한 것"이라고 진술한 점 등을 종합하면 앞서 인정한 사실만 가지고는 이 사건 각색계약이 저작재산권을 양도하는 계약이라고 추인하기에 부족하고 달리 이를 인정할만한 증거가 없으므로 피고의 위 주장은 이유 없다.」

4-55) 서울남부지방법원 2013. 2. 19. 선고 2011가합10007 판결(항소심에서 조정).

나. 양도로 본 사례

1) 교과서 삽화 사건[4-56]

<사안의 개요>

원고들이 그린 각 삽화(이하 '이 사건 각 삽화')는 피고들이 심의하여 편찬, 발행한 1999학년도 초등학교 2학기용 각 교과서 및 교사용지도서에 각 게재되었다. 원고들은 이 사건 각 삽화에 관한 각 저작권자들임을 전제로 법 제23조 제3항에 따른 보상금지급청구권을 주장하며 피고들을 상대로 보상금의 지급을 구하였다. 피고는 원고가 대한민국에 저작권을 양도하였다고 주장하였다.

<법원의 판단>

『(가) … ① 한국교육개발원 등은 피고 대한민국 산하 교육인적자원부(당시의 교육부)의 편찬계획과 지침에 따라 이 사건 각 도서의 편찬을 위탁받은 후 위 각 도서의 개발과정에서 원고들에게 삽화의 제작을 의뢰한 사실, ② 위 제작의뢰시 한국교육개발원 등은 삽화가를 섭외하여 교육부에서 정한 삽화대금을 지급받고 삽화를 제작할 의향이 있는지 여부를 구두 또는 서면으로 확인한 후, 이에 동의한 삽화가들과 사이에 삽화 제작계약을 체결한 사실, ③ 한국교육개발원 등과 원고들 사이에 체결된 위 삽화제작계약은, 원고들이 제작할 작품내역{도서명(교과, 학년 등), 작품명 및 목록}과 계약금액을 정하고(계약서 제1, 2조), 삽화료는 계약시 착수금으로 총액의 1/3 금액을, 삽화제작 완료 검수 후 잔액을 각 지급하기로 하였으며(제3조), "원고들은 저작권법에 따라 교육부가 제정한 교과용도서에관한규정에 의거, 본 작품에 대한 저작권 및 발표권을 주장할 수 없다(제11조)"는 약정 등이 포함된 정형화된 계약서식에 따라 이루어진 사실, ④ 한국교육개발원 등은 위 계약내용에 따라 원고들에게 삽화제작에 필요한 원고(原稿)와 착수금을 제공하고, 원고들이 지정된 날짜까지 삽화를 제작해 오면 삽화가 원고대로 그려졌는지 여부를 심사한 다음 심사에 합격한 삽화에 대해 나머지 삽화료를 지급하고 원고들로부터 그 원화를 수령하여 이 사건 각 도서의 발행권자인 피고 ㈜○○에 인도한 사실 등을 인정할 수 있다.

(나) 이러한 이 사건 각 삽화의 제작경위, 즉 이 사건 각 삽화는 교과서 등에 수록되는 다른 저작물(어문, 미술, 사진 등)과 같이 별도로 존재하고

4-56) 서울고등법원 2004. 1. 14. 선고 2003나12214 판결(확정).

있던 기존의 저작물이 아니라 순전히 교과서 등의 이해를 돕기 위한 목적에서 의뢰를 받아 비로소 제작된 것으로 교과서 등과 분리되어서는 그 활용도가 극히 떨어지는 점, 지속적인 발간이 예정되어 있는 교과서 등 도서의 특성상 피고들로서는 위와 같이 제작된 이 사건 삽화를 계속하여 사용할 수 있도록 원고들로부터 그 저작재산권을 양도받을 필요가 있었던 점, 당사자들 사이에 체결된 계약에 의하더라도 원고들이 이 사건 각 삽화에 대한 저작권 등을 주장할 수 없도록 약정하였던 점, 이 사건 이전에 피고들은 관행적으로 교과서 등 도서에 수록되는 삽화에 대하여 삽화료를 지급함으로써 확정적으로 저작재산권을 보유하게 된 것으로 업무처리를 하여 왔었던 점 등에 비추어 보면, 원고들은 한국교육개발원 등과의 삽화제작계약을 통하여 이 사건 각 삽화에 대한 저작재산권을 양도하였다고 봄이 상당하다.』

2) 유아동요모음집 사건[4-57]

<사안의 개요>

원고는 '기초능력'을 운영하는 피고 김○○, 윤○○으로부터 유아용 교육교재에 쓰일 곡의 작곡을 의뢰받고, 피고 윤○○으로부터 가사를 전달받으면 그에 적합한 유아교육용 곡을 작곡하는 방식으로 곡들(이하 '이 사건 창작곡')을 작곡하였다. 피고들은 유아교육을 위한 교재, 씨디 또는 카세트테이프 세트를 각 제작·판매(이하 위 각 서적, 씨디, 카세트테이프 세트를 통틀어 '이 사건 교재')하면서 이 사건 창작곡을 수록하였다.

이 사건 소송에서, 피고들은 이 사건 창작곡에 대한 일체의 저작권을 원고로부터 양수하였다고 주장하는 반면 원고는 피고들과 사이에 이 사건 창작곡에 대한 사용을 허락하는 대가로 월 60만 원의 사용료를 지급받기로 약정하였다고 주장하였다.

<법원의 판단>

『이 사건 창작곡의 저작재산권에 관하여 보건대, …피고들은 원고에게 이 사건 창작곡의 작곡에 대한 대가로 작곡이 시작된 무렵인 1999. 11. 11. 70만 원을 지급한 것을 시작으로, …2001. 9. 27. 60만 원을 각 지급하여 온 사실(다만 위 금원에는 이 사건 창작곡의 작곡과 무관하게 지부장의 지위에서 받은 금원도 일부나마 포함되어 있는 것으로 보인다), 이 사건 창작곡

4-57) 서울중앙지방법원 2006. 10. 18. 선고 2005가합99515 판결(확정).

120곡 중 대부분인 약 110곡은 1999. 11.경부터 2001. 9.경 사이에 작곡된 사실을 인정할 수 있고, 이에 더하여 앞서 본 증거들에 변론 전체의 취지를 종합하면 인정되는 다음과 같은 사정, 즉 원고가 피고들의 의뢰에 따라 전체 몇 곡을 작곡하게 될지, 그 곡을 활용한 교재를 어떠한 형태로 제작·판매할지 짐작하기 어려운 상황이었던 작곡 시작단계에서부터 아직 작곡되지도 아니한 향후 작곡될 곡 전부에 대해 일정한 사용료를 정하여 지급받는다는 것은 극히 이례적이라는 점, 이 사건 창작곡은 유아에게 한자, 고사성어, 속담 등을 교육하는 내용의 가사를 담는데 주목적이 있어 선율과 곡의 전개가 비교적 단순하고, 평이하여 그 창작에 고도의 노력이나 창의력이 요구되는 것으로는 보이지 않는 점, 원고가 피고들로부터 지급받은 돈이 10만 원 단위로 총액이 일정하지 않게 비정기적으로 지급된 점, 2001. 9.경까지 지급받은 돈의 합계가 1,000여만 원으로 그 무렵까지 작곡한 약 110곡에 곡당 10만 원을 곱한 액수와 대체로 일치하는 점, 원고가 이 사건 작곡 이전에 대학에서 작곡을 전공하고, 각종 동요제, 음악제 등에 참가하는 등으로 일정한 작곡 경력은 있으나 작곡에 대한 대가로 돈을 받거나 작곡을 직업으로 삼은 적은 없었던 것으로 보이므로 작곡에 대한 금전적 대가가 높지는 않았을 것이라는 점, 직업작곡가의 경우에도 이 사건 창작곡과 같은 곡을 작곡하는 경우에는 곡당 15만 원 정도에 저작재산권을 양도하는 예도 있는 점, 원고는 이 사건 작곡의 대가로 앞에서 본 금원 외에 수백만 원 상당의 악기, 프로그램 등도 교부받은 점, 원고는 2001. 9. 이후 아무런 사용료를 지급받지 못하였고, 2003. 9.경 피고들과의 거래관계가 중단되었음에도 2005. 3.경까지 아무런 이의제기가 없었던 것으로 보이는 점, 피고들의 금원 지급이 중단된 이후인 2003년 초순경 피고들로부터 3개의 곡을 추가로 의뢰받아 작곡하면서도 30만 원 정도만을 지급받은 것으로 보이는 점, 이 사건 창작곡의 녹음에 각 편곡자, 가수, 음반제작자의 형태로 참여하였던 직업작곡가 김○○, 직업가수 원○○, 음반회사 ㈜○○ 등도 저작권을 전혀 주장하지 않고 피고들 또는 기초능력에 저작권이 있음을 인정하고 있는 점, 기초능력과 유사한 유아·아동용 교재개발업체인 한솔교육, 기탄교육, 대교 등도 교재에 활용될 교육용 곡의 작곡을 의뢰하면서 곡당 일정액을 지급하고 곡에 대한 저작재산권을 양도받고 있는 점, 원고는 2003. 9.경 이후 피고들과의 관계를 종료하면서 삼성창의개발 등에 유아교육교재용 곡을 제공하면서 이 사건 창작곡을 활용하지 아니하고 이 사건 창작곡을 변형하여 제공한 점, 특히 원고가 피고들과의 관계가 종료된 직후인 2003. 10.경 아동학습교재업체인 칭찬나라 큰나라로부터 원고가 아동학습용 한자교재 10권(각 권당 24쪽)을 집필하고 교재에 쓰일 곡 약 20곡을 작곡하며, 교재에 대한 교사용 지침서 작성과 교사들에 대한 교육을 월 1회 이상 하는 것 전부에 대한 대가로 1천만 원을 받고 교재 및 곡에 대한 저작권 일체를 위 업체에 양도한 사정에 비추어 보면 피고들이 이 사건 창작곡의 대가로 지급한 금원이 적다고는 볼 수 없는 점을 고려하면 피고들은 원고에게 곡당 10만 원을 지급하고, 전자키보드, 편곡 프로그램 등을 제공하는 대가로 원고로부터 이 사건 창작곡에 대한 저작재산권 일체를 양수하였다고 추인할 수 있다.』

3) 카페베네 홈페이지 사건[4-58]

<사안의 개요>

커피체인점을 운영하는 원고는 인터넷 홈페이지 제작업체인 피고와 사이에 원고의 홈페이지 제작 및 설치에 관한 계약(이하 '이 사건 계약')을 체결하였는데, 위 계약서 제10조(산출물의 소유)에는 "원고는 피고가 산출물을 웹사이트에 설치한 이후부터 산출물에 대한 소유권과 저작물에 대한 웹사이트 내에서의 전반적인 권리 즉, 저작물의 복사, 변경, 삭제, 수정 등을 포함하여 일절의 권리를 갖게 되며 저작권법에 따른 모든 권리를 행사할 수 있다. 단, 원고가 웹사이트 외에 용도로 사용할 시 피고와 별도로 협의해야 하며, 원고가 피고에게 용역에 대한 대가지불이 계약조건에 따라 완료되지 못한 때에는 산출물의 소유권은 피고에 귀속되어 있는 것으로 간주한다"고 정하고 있다. 피고는 이 사건 계약에 따라 이 사건 홈페이지의 메인화면, 세부화면 및 프레임 등을 디자인하고, 회원가입 및 실명인증, 회원관리 프로그램 및 고객센터 게시판 등이 포함되어 있는 홈페이지를 제작하였다. 그 후 원고는 피고가 제작한 홈페이지의 메인화면 이미지(이하 '이 사건 저작물') 등을 가맹점의 실내 벽지에 프린트하여 전시하는 방법으로 이용하였다. 이 사건 소송에서 원고는 피고로부터 이 사건 계약에 따라 이 사건 저작물에 관한 저작재산권을 양도받았다고 주장하고, 이에 대하여 피고는 원고에게 이 사건 저작물을 포

4-58) 서울고등법원 2010. 6. 22. 선고 2010나103217 판결(대법원 2011. 11. 10. 선고 2011다64058 판결).

함한 이 사건 홈페이지에 관하여 웹사이트 내에서의 이용에 한정하여 복사, 변경, 삭제, 수정하는 등의 권리를 행사할 수 있도록 허락한 것에 불과하다고 다투었다.

<법원의 판단>

『이 사건 계약 제10조를 볼 때, 위 규정이 피고가 이 사건 저작물에 대한 저작재산권을 원고에게 양도하기로 하는 취지라면, 굳이 원고가 이 사건 웹사이트 외에서 사용할 경우 피고와 협의하도록 단서를 둘 필요가 있었는지에 관한 의문이 들기는 한다. 반면, 피고가 저작재산권을 원고에게 양도하지 않고 전적으로 피고에게 귀속되는 취지의 약정이라면 이 사건 저작물인 산출물에 대한 소유권을 원고가 가진다는 내용으로 명문의 약정을 두거나, 대가가 지불되지 않을 경우 산출물의 소유권이 피고에게 귀속된다는 내용의 약정을 굳이 둘 필요가 전혀 없었을 것으로 보인다. 또한 피고가 주장하는 웹사이트 안에서 복사, 변경, 삭제, 수정 등에 필요한 권리를 따로 원고에게 유보한 점은 양도할 수 없는 저작인격권의 내용인 동일성 유지권 침해에 관하여 피고가 원고에게 이의하지 않기로 한 약정으로 볼 수 있을 뿐, 피고 주장과 같이 이 부분 약정이 이 사건 저작물에 관한 저작재산권의 귀속을 결정짓는 요소로 볼 수는 없다. 더구나 … 이 사건 저작물은 원고가 웹사이트에 이용할 목적으로 피고에게 대가를 주고 위탁한 결과물이고, 그 산출물의 질과 양을 객관적으로 평가하거나 그 제작과정에서 원고가 기여한 정도를 볼 때 원고가 지불한 금액은 이 사건 저작재산권을 원고에게 양도하는 대가로 보더라도 부족함이 없다. 나아가 이 사건 저작물에는 원고의 상호가 주요 구성부분인 3층 건물에 붙어 있거나 걸려 있어 이 사건 계약 당시 원고로서는 피고가 이 사건 저작물에 관하여 온전히 재산상 권리를 행사하도록 용인하였을 것으로 보이지 않고, 피고가 전적으로 그 권리를 행사할 수 있을 것으로 기대되지도 않는다.

위와 같은 사정을 모두 고려하면, 이 사건 계약 제10조는 피고가 이 사건 저작물에 관한 저작재산권을 원고에게 양도하고, 원고가 필요한 범위에서 이 사건 저작물에 대한 수정 등을 할 수 있도록 피고가 동일성 유지권 침해에 관하여 이의하지 아니하며, 다만 이 사건 저작물에 따른 대가 산정시 고려되지 않은 웹사이트 이외에서의 원고의 이 사건 저작물의 사용에 관해서는 따로 원고와 피고가 그 대가에 관한 협의를 하여야 한다는 채권적 제한을 원고가 부담하고, 이 사건 계약상 대금을 원고가 지불하지 아니하면 이 사건 저작물에 관한 저작재산권의 양도는 이루어지지 않고 여전히 피고에게 남아 있다는 취지로 해석함이 상당하다. 따라서 이 사건 저작물에 관한 저작재산권은 이 사건 계약에 따라 원고에게 양도되었다고 할 것이다.』

4) 예술의 전당 도면 사건[4-59)]

<사안의 개요>

피고 ○○은 오페라극장에 대한 복구공사를 시행하면서 원고 및 소외 ◇◇으로 구성된 컨소시엄과 사이에 오페라극장 무대기계 설치공사(이하 '이 사건 공사')의 설계·시공 일괄 도급계약(이하 '이 사건 도급계약')을 체결하였다. 그 후 원고가 이 사건 도급계약에 따른 의무를 위반하자, 피고 ○○은 이 사건 도급계약을 해제하고 피고 ㈜△△과 새로 도급계약을 체결하였다.

원고는 이 사건 도급계약이 해지되기 전에 피고 ○○에게 무대기계 설계도면(이하 '이 사건 설계도면')을 제공하였는데, 피고들이 원고의 허락 없이 원고의 저작물인 이 사건 설계도면을 이용하여 이와 동일·유사한 피고들 설계도면을 작성하고, 이를 토대로 이 사건 공사를 한 것은 원고의 이 사건 설계도면에 관한 저작권을 침해한 것이라고 주장하였다. 소송에서 이 사건 설계도면에 대한 저작권이 양도되었는지 여부가 다투어졌다.

<법원의 판단>

『설령 원고의 주장대로 이 사건 설계도면의 저작물성이 인정되고, 피고들이 이 사건 설계도면과 실질적으로 유사한 피고들 설계도면을 작성하여 공사를 시행하였다고 하더라도, 위 기초사실에서 본 바와 같이 원고와 소외 ◇◇ 및 피고 ○○ 사이에 체결된 이 사건 도급계약의 내용으로 편입된 입찰안내서에 의하면, …원고가 실시설계를 총괄하기로 되어 있는 한편, 이 사건 공사와 관련하여 낙찰자로 선정된 입찰자가 작성한 설계도서에 관한 저작권 및 소유권은 '발주자'인 피고 ○○에게 무상으로 귀속되는바, 여기에 더하여 일반적으로 실시설계도서는 기본설계도서를 시공상의 필요에 따라 공사현장의 환경과 여건에 맞추어 그 내용을 일부 수정하는 작업을 통해 작성되는 것으로서 그 표현방식에 있어 새로운 창작성이 부가되는 경우는 드물어 실시설계도서가 기본설계도서와 구별되는 별도의 저작물로 인정되는

4-59) 서울중앙지방법원 2011. 9. 23. 선고 2009가합84030 판결(확정).

경우는 매우 이례적이라는 점, 실제로 원고가 작성한 이 사건 설계도면과 피고들 설계도면 중 소외 ◇◇가 작성한 것을 비교하여 보아도 그 표현방식에 있어 서로 구별되는 특색을 찾기 힘든 점 등을 종합하여 보면, 이 사건 도급계약에 나타난 당사자의 의사는 공동수급인인 원고와 소외 ◇◇가 제공하는 설계도면 일체의 저작권이 피고 ○○에게 귀속되는 것으로 약정한 것으로 해석될 수 있으므로, 이 사건 설계도면에 관한 저작권이 피고 ○○에게 양도된 것으로 볼 수 있다.」

다. 컴퓨터프로그램 개발위탁계약에 있어서 저작권의 귀속

컴퓨터프로그램 개발위탁계약에서는 위탁자로부터의 주문에 기초하더라도 수탁자의 기술지도에 의해 위탁자 측에서 업무를 행하는 것이 예정되어 있는 경우에는 개발업무의 성과물도 완성과 동시에 위탁자에게 귀속하지만, 일반적으로 이루어지는 것과 같이 위탁자가 수탁자에게 컴퓨터프로그램을 주문하여 그 수탁자가 컴퓨터프로그램을 개발한 다음 위탁자에게 납품하는 경우에는 그 업무의 성과는 일단 일의 완성을 수급한 수탁자에게 발생하고, 개발행위의 성과물로서 생긴 프로그램은 위탁자가 전적으로 프로그램에 대한 기획을 하고 자금을 투자하면서 수탁자의 인력만을 빌어 그에게 개발을 위탁하고 이를 위탁받은 수탁자가 당해 프로그램을 오로지 위탁자만을 위해서 개발·납품하여 결국 위탁자의 명의로 공표하는 것과 같은 특별한 사정이 없는 한 원칙적으로 저작자인 수탁자가 그 프로그램저작권을 가지게 된다.

이러한 컴퓨터프로그램 개발위탁계약에 있어서 당사자 사이에 위탁자의 요청으로 개발되는 프로그램의 지적재산권 및 상업적 소유권 일체를 위탁자에게 귀속하는 것으로 약정하는 경우 이는 개발의 성과물로서 공급된 유체물에 관한 소유권의 귀속과 프로그램 저작권의 귀속을 정한 것이라 할 수 있다. 그런데 당사자 사이에 컴퓨터프로그램 저작권을 위탁자가 원시적으로 취득하는 것으로 약정하였다고 하더라도 앞서 본 바와 같이 특별한 사정이 없다면 개발행위의 성과물로서 생긴 컴퓨터프로그램은 저작자인 수탁자가 그 저작권을 가지게 되므로, 위탁자와 수탁자 사이의 이러한 약정은 그 프로그램 저작권을 수탁자가 그대로 보유하지 아니하고 수탁자가 취득한 컴퓨터프로그램 저

작권을 위탁자에게 양도하기로 하는 내용의 약정이라고 해석할 수 있다.[4-60)]

1) 호퍼스케일컨트롤러 소프트웨어 사건[4-61)]

<사안의 개요>

신청인은 이○○에게 의뢰하여 수분측정 호퍼스케일의 콘트롤 부분의 개발을 의뢰하였고, 이○○과 상의하여 그 중 소프트웨어를 담당하였던 안△△로부터 원 프로그램을 넘겨받아 이 사건 프로그램을 개발하였다. 신청인은 피신청인들이 신청인의 허락 없이 위 프로그램을 복제 또는 개작한 프로그램을 사용하여 수분측정 호퍼스케일을 제작·판매하여 신청인의 이 사건 프로그램에 대한 복제권·개작권 등의 저작권을 침해하였다고 주장하였고, 이에 대하여 피신청인들은, 신청인은 이 사건 프로그램의 저작권자가 아니고, 가사 저작자라고 하더라도 원 프로그램의 저작권자인 이○○의 허락없이 이를 도용하여 이 사건 프로그램을 만들었으므로 신청인에게는 이 사건 프로그램의 저작권이 없다고 다투었다.

<법원의 판단>

『기록에 의하면, 신청인(최○○)이 1993. 11. 6. 대성산전을 운영하는 이○○과 사이에 체결한 호퍼스케일컨트롤러 개발용역계약서 제3조에 "갑(최○○)이 을(이○○)에게 의뢰하여 개발된 기술의 소유권은 갑에게 있고, 을은 갑이 의뢰하여 개발한 기술을 자동계량기를 생산하는 자, 동종의 계량기를 생산하고자 하는 자에게 개발된 기술을 제공할 수 없으며, 이를 위반할 경우 을은 갑의 손실을 배상하고 민·형사상의 모든 책임을 진다."는 내용이 기재되어 있으며, 이○○은 개발의 편의를 위해 ㈜△△으로부터 이미 작성된 컨트롤러 회로도를 제공받고 ㈜△△에서 기존에 사용하던 프로그램을 제공받아 참고한 사실, 컨트롤러는 사용자가 기계를 제어할 수 있게 하여 주는 부품으로서 롬에 내장된 프로그램에 의하여 작동되는 것인바, 이는 프로그램이 하드웨어와 일체화되어 작동되게 되며, 원시 코드가 기계어의 형태로 기억·저장되어 있는 롬이 없이는 호퍼스케일의 자동제어는 불가능하고, 위와 같은 컨트롤러 개발에는 롬에 내장될 제어프로그램 제작이 필수적이고, 위 계약의 계약서상 그 개발 및 납품 범위에 롬에 내장된 프로그램의

4-60) 대법원 2005. 8. 25. 선고 2004다60461 판결(영화관 소프트웨어 위탁개발 사건).
4-61) 대법원 2002. 12. 26. 선고 2000다13757 판결.

소스만을 특별히 제외한다는 취지는 전혀 보이지 않는 사실, 호퍼스케일 컨트롤러 등 산업용계량기기는 측정하려는 물건을 담거나 배출하기 위한 기계장치와 기계장치를 구동하는 전자회로, 전자회로를 제어하는 소프트웨어 프로그램을 가지고 있는 중앙처리장치로 되어 있는데, 위와 같은 계량기기는 측정하고자 하는 물건 및 작업환경의 변화에 따라 공급게이트를 제어하는 중앙처리장치에 들어 있는 프로그램에 변화를 주어야 제대로 측량을 할 수 있고, 이러한 변화 내지는 성능의 개선 등(이른바 업그레이드)을 할 수 없다면, 기술개발 자체가 별 의미가 없어지는데, 당시 ㈜△△에서 제작하는 수분측정호퍼스케일은 타 업체와는 달리 범용 컨트롤러를 사용하지 아니하고 마이크로프로세서 형식의 전용 컨트롤러를 사용한 사실, 위 호퍼스케일을 제어할 이 사건 프로그램의 원 프로그램은 당시 대성산전의 직원인 안△△가 개발하였고, 하드웨어 설계 부분은 나△△이 담당하였으며, 이○○은 1994. 5.경 원 프로그램이 기계어의 형태로 내장되어 있는 롬 등 컨트롤러 일체를 ㈜△△에 납품 완료하였고, 그 후 몇 개월간 기술지도를 한 사실, 이○○은 그 무렵 소스프로그램이 회사에서 필요 없는 물건이어서 소스프로그램에 대하여 관심을 가질 필요가 없었다고 인정하고 있으며, 이후 ㈜△△에 소스프로그램의 이용 내지 활용과 관련하여 어떠한 이의도 제기한 바가 없는 사실이 인정되고 위 인정 사실에 의하면, 원 프로그램의 원시 코드에 대한 저작권은 원래 이○○이 원시취득한 것이지만 위 용역개발계약 제3조에 의하여 그 저작권이 신청인에게 양도된 것이고 이 사건 프로그램은 신청인이 이○○으로부터 양도받은 원 프로그램을 개작한 것이므로 원 프로그램 및 이 사건 프로그램의 저작권은 모두 신청인에게 속하는 것이라고 봄이 상당하다.』

2) 건설기계 종합관리프로그램 사건[4-62]

<사안의 개요>

최○○은 1994년경 '리버소프트웨어'라는 상호로 화물차 및 건설기계 종합관리프로그램 개발 및 판매 사업을 운영하였고, 박○○과 피고 한△△는 최○○이 운영하는 '리버소프트웨어'의 직원으로서 건설기계 및 화물자동차 위수탁관리업무를 통합한 프로그램인 CEMSv5.0을 개발하였다. 최○○은 피고

4-62) 서울고등법원 2012. 8. 3. 선고 2011나57212 판결(확정).

한△△에게 리버소프트웨어의 부산, 경남, 경북 지역의 소유권 및 거래처, 영업 기타 제반사항을 배타적으로 이전하고, 최○○이 개발한 모든 소프트웨어를 피고 한△△에게 제공, 교육하기로 하였다. 최○○은 리버소프트웨어를 법인으로 전환하여 ○○시스템을 설립하였고, ○○시스템은 1997. 10.경 리버소프트웨어가 개발한 CEMSv5.0을 업그레이드한 CEMSv6.0을 개발하였다. 이후 ○○시스템은 원고 ㈜○○에게 영업 및 CEMSv6.0의 저작권을 양도하였다. 한편 피고 한△△는 위와 같이 최○○으로부터 리버소프트웨어 부산지사 소유권을 양수한 후 CEMSv5.0을 이용하여 영업을 계속하면서 1997. 10.경 CEMS21-v6.0을 독자 개발하였고, 그 후 피고 △△정보기술을 설립하고 CEMS21-v6.0을 CEMS21-v8.0까지 업그레이드하여 사용하였다. 이 사건 소송에서 원고 ㈜○○은 피고 한△△가 CEMSv6.0의 저작권자인 위 원고의 승낙 없이 위 프로그램과 실질적으로 동일하거나 개작한 CEMS21-v8.0을 개발하여 사용함으로써 원고 ㈜○○의 저작권을 침해하였다고 주장하였고, 피고들은 CEMS21-v8.0은 CEMSv5.0을 개작한 것으로서 피고 한△△가 CEMSv5.0에 대한 공동저작권 내지 사용권을 가지고 있으므로 원고 ㈜○○의 저작권을 침해한 것이 아니라고 주장하였다.

<법원의 판단>

『먼저 원고 ㈜○○이 저작권을 등록한 CEMSv6.0이 리버소프트웨어가 개발한 CEMSv5.0의 업그레이드 버전이라는 사실은 당사자 사이에 다툼이 없고, 나아가 CEMSv5.0의 저작권자에 대하여 보건대, 컴퓨터프로그램에 대한 저작권은 원칙적으로 창작자라고 볼 수 있는 개발자에게 원시적으로 귀속되는 것인바, 위 인정사실에 의하여 인정되는 아래의 제반 사정들에 비추어, 피고 한△△에게는 CEMSv5.0에 대한 창작자로서의 공동저작권 또는 이를 자유롭게 사용하고 독자적으로 업그레이드하는 등으로 개작할 수 있는 권한이 있다고 봄이 상당하다.

(1) 피고 한△△는 리버소프트웨어가 CEMSv5.0을 개발할 당시 리버소프트웨어 부산지사의 프로그램 개발자로 근무하면서 박○○과 함께 위 프로그램을 포함한 다수의 프로그램…의 개발에 기여하였고(을 제1, 2, 3호증), 이에 1996. 6. 20. 그 공로를 인정받아 4,000만 원에 리버소프트웨어 부산지사의 자산과 영업권 일체를 양수하였다. 위 양수 당시 피고 한△△는

인수한 프로그램에 대한 소스코드를 리버소프트웨어로부터 넘겨받았고 프로그램 사용에 관련된 권한의 범위 등에 관하여 별다른 약정이 없었다…

(2) 피고 한△△는 CEMSv5.0을 이용한 영업을 계속하던 중에 CEMS21-v6.0을 독자적으로 개발하였고, 그 당시까지 ○○시스템의 직원이었던 박○○과 프로그램 개발에 관한 정보를 서로 공유하였다.

(3) 피고 한△△는 1996년경부터 2004년경까지 9년간 CEMSv5.0을 사용하여 영업을 하면서 피고 △△정보기술을 설립하고, CEMSv5.0을 CEMS21-v6.0을 거쳐 CEMS21-v8.0까지 업그레이드하는 방식으로 변개해 왔음에도 불구하고 ○○시스템으로부터 아무런 제지를 받지 않았다.』

3) 전자식전압기록계 프로그램 사건[4-63]

<사안의 개요>

○○전기는 소외 한국전력공사로부터 전자식전압기록계의 납품을 수주받아, 그 대표이사인 소외 천○○는 그 개발 및 이와 관련된 프로그램의 개발 업무를 모두 당시 위 ○○전기의 상무인 피고 최△△에게 일임하였다. 피고 최△△은 ○○전기의 명의로 전압기록계에 필요한 컴퓨터프로그램 중 관리프로그램은 소외 정△△에게 그 개발을 위탁하였고, ○○전기는 위 정△△과의 사이에 관리프로그램의 개발을 대금을 금 11,000,000원으로 하는 프로그램위탁개발 계약을 체결하면서, 개발된 프로그램에 대한 공업소유권의 출원이 필요할 때에는 ○○전기의 명의로 하고, 정△△은 개발결과물 기타 자료 등을 쟁송상의 목적으로 사용할 수 없다는 내용의 약정을 하였고, 위 정△△은 관리프로그램을 개발하여 컴퓨터 디스켓에 수록한 뒤 이를 ○○전기에 넘겨주었다. 정△△이 개발한 관리프로그램에 분석프로그램과의 호환 등 문제가 있어 피고 최△△은 소외 박◇◇에게 이를 수정하여 줄 것을 요구하였고, 위 박◇◇는 수정된 관리프로그램을 피고 최△△을 통하여 ○○전기에 넘겨주었다. ○○전기는 위 관리프로그램에 관하여 저작권 등록을 하였고, 원고는 ○○전기로부터 위 관리프로그램에 관한 저작권을 양수하고 프로그램저작권 이전등록을 마쳤다. 이 사건 수정된 관리프로그램의 저작권이 누구

4-63) 서울고등법원 1998. 11. 10. 선고 98나4844 판결(대법원 2000. 11. 10. 선고 98다60590 판결).

에게 있는지 여부가 쟁점으로 되었다.

<법원의 판단>

『이 사건에서 위 수정된 관리프로그램의 저작권의 귀속에 관하여 보건대, 위 인정사실에 의하면, 위 2200호 및 2231호 프로그램 및 그 기초가 된 관리프로그램은 ○○전기가 소외 한국전력공사로부터 전압기록계의 납품을 수주받은 위 전압기록계의 제작에 필수적인 프로그램으로서 위 ○○전기의 전적인 기획과 투자로 인하여 개발하게 되었다 할 것인바, 소외 정△△에게 위탁하여 개발한 최초의 관리프로그램에 관한 저작권은 ○○전기와 위 정△△ 사이의 위 약정에 따라 ○○전기에 귀속되었다 할 것이고, 그 후 위 박◇◇에 의하여 수정, 보완된 관리프로그램 역시 원프로그램에 대한 2차적 프로그램으로서 독창성을 가진다 하더라도 ○○전기의 기획과 투자에 의한 관리프로그램 개발업무의 일환으로 위 박◇◇에게 위탁되어 그 인력을 빌어 창작된 것이라 할 것이므로 주문자인 ○○전기가 직접 그 저작권자가 되는 것으로 보아야 할 것이다(위 프로그램은 그 적용된 전압기록계가 위 ○○전기에 의하여 1992.말경 한국전력공사에 납품됨으로써 동종업계에서는 위 ○○전기가 위 프로그램의 저작권자로 공표된 것으로 보아야 할 것이다).』

4) 화물관제 프로그램 사건[4-64)]

<사안의 개요>

원고와 소외 ㈜○○으로부터 화물업종지원 관제시스템(이하 '이 사건 관제시스템')을 대금 1억 9,789만 원에 공급받는 내용의 계약을 체결하였고, 위 회사 직원이던 피고가 약 3개월 동안 원고의 사무실에 상주하여 이 사건 관제시스템 중 관제프로그램(이하 '이 사건 관제프로그램')의 개발을 담당하였다. 이 사건 관제시스템은 화물 중개 업체의 서버에 화물 관제프로그램을 설치하고, 화물 관제서비스에 가입하는 차주가 소지하는 무전기 등 단말기와 위 화물 관제프로그램을 TRS망을 통하여 연동시킴으로써 화물 중개 업체에 운송을 의뢰하는 화주와 차주를 연결해주는 관제시스템이다. 그 후 피고는 위 회사에서 퇴사하여 ㈜△△를 설립한 후, 화물 중개 업체의 서버에 설치될 화물 관제프로그램인 화물 나르미 1.0 관제프로그램(이하 '피고 관제프로그

4-64) 서울남부지방법원 2013. 9. 13. 선고 2012가합100181 판결(확정).

램')을 개발하였고, 이는 차주가 소지하는 스마트폰, 무전기 등 단말기와 연동하여 화물 중개 업체에 운송을 의뢰하는 화주와 차주를 연결해주는 프로그램이다.

원고는 피고가 원고에게 저작권이 있는 이 사건 관제프로그램을 이용하여 이와 실질적으로 유사한 프로그램인 피고 프로그램을 제작·판매함으로써 원고의 저작권을 침해하였다고 주장하였다. 이 사건 관제프로그램의 저작권자가 누구인지가 다투어졌다.

<법원의 판단>

『① 원고는 화주와 차주를 연결해주는 관제프로그램의 개선을 위하여 2008. 9. 1.경 자신의 홈페이지에 향후 다양한 서비스로 활용 가능한 확장성이 있는 소프트웨어를 포함한 'TRS와 연계한 물류 및 운송사업지원 관제시스템 개발 프로젝트'를 공모하였고, 이후 원고와 ㈜○○ 사이에 이 사건 계약이 체결된 사실, ② 이 사건 계약에 대한 대금은 1억 9,789만 원인데, 외부 업체에서 구매하여 공급하는 서버 990만 원과 맵 6,600만 원을 제외하고, 총 대금의 약 61%에 해당하는 1억 2,100만 원… 이 6개월 동안의 이 사건 관제프로그램 개발비, 즉 개발 인력의 인건비로 책정된 사실, ③ ㈜○○은 원고로부터 이 사건 관제프로그램의 목적, 기능 등의 요구사항을 제시받고, TRS 무전 수신을 위한 연동 모듈을 제공받아 이 사건 관제프로그램을 개발한 사실, ④ 피고를 포함한 ㈜○○의 이 사건 관제프로그램 개발 담당 직원이 약 3개월 동안 원고 사무실에 상주하여 이 사건 관제프로그램의 개발을 담당한 사실, ⑤ 약 6개월에 걸쳐 이 사건 관제프로그램의 개발이 완료된 후 원고는 이 사건 계약에 따라 ㈜○○으로부터 이 사건 관제프로그램에 관한 소스코드를 모두 제공받았고, '관리자용 시스템 및 콜센터용 프로그램'의 설치 및 배포의 권리까지 이전받았으며, ㈜○○은 원고 외에 다른 업체에 이 사건 관제프로그램을 제공한 바 없는 사실, ⑥ 이 사건 관제프로그램 설치파일 실행 시 초기화면에 'COPYRIGHT(C) 2009-POWER TRUCK, 본 프로그램(파워트럭)의 라이센스는 원고에게 있습니다.'라는 문구가 기재된 창이 현출되는 사실을 인정할 수 있고, 이에 의하면 이 사건 관제프로그램은 주문자인 원고가 전적으로 프로그램에 대한 기획을 하고 자금을 투자하면서 개발업자인 ㈜○○의 인력을 빌어 그에게 개발을 위탁하고 ㈜○○이 이 사건 관제프로그램을 원고만을 위해서 개발·납품하여 결국 원고의 명

의로 공표하였다고 할 것이어서, 이 사건 관제프로그램의 저작자는 원고라고 봄이 상당하다.』

5) 영화관 소프트웨어 위탁개발 사건[4-65]

<사안의 개요>

원고는 피고 유○○에게 아이디에스(IDS) 프로그램(수 개의 영화를 동시에 상영하는 영화관에서, 상영되는 영화 및 좌석 현황에 대한 정보를 여러 개의 모니터를 통하여 제공하는 프로그램; 이하 '이 사건 프로그램')의 제작을 도급하였다. 위 도급계약서에는 "원고의 요청에 의하여 개발되는 제품의 지적 및 상업적 소유권 일체는 원고에게 귀속되고, 피고 유○○은 원고와의 계약에 의거 개발되는 제품과 이를 응용한 유사제품을 개발하는 행위를 포함하여 원고의 승인 없이 스스로 버전업을 하거나 이를 제3자에게 양도할 수 없으며, 계약의 이행을 위하여 원고로부터 취득한 일체의 사항을 타인에게 발설 또는 유출하지 아니한다."는 내용이 포함되어 있다.

피고 정○○, 박○○은 소외 ㈜△△와 사이에 멀티플렉스극장 멀티 디스플레이 시스템 공급계약을 각 체결하고, 영화관에 상영 영화 및 좌석 현황 정보 제공 시스템을 설치하였는데, 설치된 시스템에는 모두 피고 유○○이 개발한 아이디에스(IDS) 프로그램이 포함되어 있었고, 그 프로그램들은 지엽적인 일부분을 제외하고는 이 사건 프로그램과 동일한 프로그램이며, 원고는 피고들의 위와 같은 프로그램 공급, 설치를 허락한 바 없다.

원심은, 원고가 이 사건 프로그램의 저작자 또는 저작권의 양수인으로서 피고들에 의하여 컴퓨터프로그램 저작권이 침해되었음을 이유로 한 손해배상 청구에 대하여, 이 사건 계약상 대금 25,000,000원 중 잔금 50%를 개발 서류 검수완료일로부터 1개월 이내에 지급하기로 한 점과 검수에 관한 조항의 내용에 비추어 보면, 이 사건 프로그램 저작권의 이전 시기는 이와 같은 조건이 성취된 때, 즉 피고 유○○이 이 사건 프로그램을 완성하여 검수를 마친 시점이거나 또는 늦어도 피고 유○○이 대금을 전부 지급받은 시점이라고 봄이 상당하다고 할 것인데, 이 사건 프로그램에 대하여 위 계약에서 정하고

4-65) 서울고등법원 2004. 10. 6. 선고 2002나35586 판결, 대법원 2005. 8. 25. 선고 2004다60461 판결. 파기 후 항소심에서 조정성립.

있는 검수가 마쳐졌다거나 피고 유○○이 원고로부터 이 사건 계약에서 정한 대금 25,000,000원을 전액 지급받았다는 점은 이를 인정할 증거가 없으므로, 원고는 피고 유○○이 개발한 이 사건 프로그램의 저작권을 취득하지 못하였다고 판단하여, 이 사건 프로그램의 저작자 또는 저작권의 양수인임을 전제로 한 원고의 주위적 청구를 배척하였다. 쟁점은 원고가 저작권을 양도받은 시점이 언제인지 여부이다.

<법원의 판단>

『위와 같은 원심의 판단은 다음과 같은 이유로 수긍하기 어렵다.

이 사건 계약에서 "원고의 요청에 의하여 개발되는 제품의 지적 및 상업적 소유권 일체는 원고에게 귀속된다."고 정한 것은, 원고와 피고 유○○이 이 사건 프로그램의 저작권을 원고가 원시취득하는 것으로 약정한 것이라고 할 것인데, 일반적으로 독립한 컴퓨터프로그램 개발업자에게 컴퓨터프로그램을 주문하여 그 개발업자가 컴퓨터프로그램을 개발한 다음 주문자에게 납품하는 내용의 계약을 체결함에 있어서 당사자 사이에 컴퓨터프로그램 저작권을 주문자가 원시취득하는 것으로 약정하였다고 하더라도, 특별한 사정이 없는 한 그 컴퓨터프로그램은 주문자의 업무에 종사하는 자가 업무상 창작한 것이라고 볼 수 없으므로, 그 개발업자를 컴퓨터프로그램의 저작자로 보아야 할 것이어서, 위와 같은 약정은 개발업자가 원시취득한 컴퓨터프로그램 저작권을 주문자에게 양도하는 내용의 약정이라고 보아야 할 것이다.

이 사건에 있어서 원고와 피고 유○○이 이 사건 프로그램의 저작권을 원고에게 귀속시키기로 약정한 것은 대금지급이나 검수 등을 조건으로 하지 아니하는 원시적 귀속에 관한 약정이므로, 그와 같은 약정이 위에서 본 바와 같이 약정 내용 그대로의 효력을 가질 수는 없다고 하더라도, 위와 같은 무조건적인 저작권의 귀속에 관한 약정은 위 피고가 이 사건 프로그램 저작권을 원시취득한 후 원고에게 양도하는 경우에도 특별한 사정이 없는 한 그대로 적용되어야 할 것으로 보이는 점, 컴퓨터프로그램 저작권의 양도는 계약만으로 이루어지는 것이고, 개발된 제품의 인도를 요건으로 하지 아니하는 점, 피고 유○○이 검수는 물론 잔금지급 전인 1999. 6. 11. 한국소프트웨어진흥원에 원고 명의로 이 사건 프로그램을 등록한 점 등에 비추어 보면, 원고와 피고 유○○은 이 사건 프로그램의 검수나 잔금지급과는 별도로 위 피고가 이 사건 프로그램의 개발을 완료한 후 즉시 원고에게 이를 양도하는 것으로 약정하였다고 볼 여지가 많다고 할 것이다.

그럼에도 불구하고 원심은, 이 사건 프로그램 저작권의 양도시기를 피고 유태성이 이 사건 프로그램을 완성하여 검수를 마친 시점이거나 늦어도 피고 유○○이 대금을 전부 지급받은 시점이라고 보고, 위와 같은 시점에 이르지 아니하였음을 이유로, 원고의 컴퓨터프로그램 저작권 양수 주장을 배척하였으니, 원심판결에는 심리를 다하지 아니하고 채증법칙을 위반하여 사실을 잘못 인정하였거나 컴퓨터프로그램 저작권의 양도에 관한 법리를 오해함으로써 판결 결과에 영향을 미친 위법이 있다고 할 것이다.」

6) 은행단말 프로그램 사건[4-66]

<사안의 개요>

소프트웨어 개발 회사인 원고는 저축은행의 감독업무를 하는 피고와 사이에, 원고가 피고에게 원고가 개발한 단말솔루션인 프리모 텔러를 사용하여 웹기반 단말시스템, 단말시스템 주변기기 인터페이스, 단말거래 화면개발 툴 등의 기능을 가진 단말시스템을 구축하고, 피고가 원고에게 프리모 텔러 사용에 관한 사이트 사용권(소프트웨어를 사용할 수 있는 일정한 장소의 범위를 결정하고 그 범위 내에서는 일정한 대금을 지급하면 해당 소프트웨어를 무제한으로 설치할 수 있도록 하는 방식) 비용을 지급하기로 하는 차세대 단말시스템 구축계약을 체결하였는데, 위 단말시스템 구축계약에는 "단말시스템 구축을 위하여 제공되는 단말솔루션 및 기타에 대한 소유권은 전적으로 피고에게 있다"고 정하고 있다. 위 계약에 따라 원고는 피고에게 단말시스템과 함께 그 소스코드를 제공하였다. 이 사건 소송에서 단말시스템에 관한 저작재산권이 양도되었는지 여부가 다투어졌다.

<법원의 판단>

「가. 단말시스템에 관한 저작재산권이 원고에게 귀속하는지

(1) …에 의하면, 다음과 같은 사실을 인정할 수 있다.

(가) 피고는 단말시스템 구축을 위한 단말솔루션을 제작할 업체를 선정하면서 피고의 통합금융정보시스템(IFIS)의 현황과 네트워크 흐름도, 저축은행의 하드웨어 및 소프트웨어 현황, 차세대 단말시스템이 갖추어야 할 기능을

4-66) 서울고등법원 2014. 6. 19. 선고 2013나71670 판결(확정).

개괄적, 추상적으로 적은 제안요청서를 작성하여 입찰에 참가하려는 사업자에게 주면서 제안요청서에 있는 요구사항을 구현하기 위한 구체적인 기술자료를 포함한 제안서를 내라고 요청하였다.

(나) 원고는 제안요청서에 따라 피고가 원하는 개괄적인 기능을 구현하기 위한 세부적인 기능과 그에 관한 기술적 자료들이 포함된 제안서(90면 정도)를 제출하였다.

(다) 피고에게는 단말시스템의 소스코드 내용을 점검하고 이에 관한 지휘를 할 만한 기술력을 가진 인력이 없다.

(라) 단말시스템이 피고와 피고에 가입한 저축은행의 각종 하드웨어(현금자동입출금기, 통장 발행기, 카드 발급기, 핀패드, 지로 장표 수납기 등)와 피고의 통합금융정보시스템을 연동하는 작업이었기 때문에 원고의 직원을 피고에 파견하여 개발작업을 하게 되었다.

…위 인정사실에 의하면, 피고는 제안요청을 통하여 단말시스템이 갖추어야 할 개괄적이고 외형적인 기능들을 추상적으로 적시하였을 뿐이고, 피고의 기획 내용이나 피고가 원고의 직원을 지휘·감독한 내용에 대하여 구체적인 주장과 입증이 없으므로 원고와 피고 사이의 단말시스템 구축계약에 따른 단말시스템 프로그램에 관한 저작권은 프로그램개발을 위탁한 위탁자인 피고가 아니라 개발자인 원고에게 귀속된다고 보아야 한다.

나. 원고가 피고에게 단말시스템의 저작권을 양도하였는지 여부

…피고는 단말시스템 구축계약을 위한 제안요청을 통하여 개발 완료 후 피고의 요구에 따라 맞추어진(customized) 소프트웨어의 소스코드는 피고에게 귀속하는 것으로 제시하였고, 원고는 피고의 제안요청을 그대로 받아들여 최종적으로 원고와 피고 사이에 차세대 단말시스템 구축계약이 체결되었으며, 비록 원고와 피고 사이의 계약 내용에서 명시하지 않았지만, 원고가 완성한 단말시스템 구축계약에 따른 프로그램의 소스코드를 피고에게 인도한 사실을 인정할 수 있다.

앞서 본 전제사실과 위 인정사실에 의하면, 원고와 피고는 단말시스템 구축계약과 제안요청을 통하여 단말시스템 구축을 위하여 제공되는 단말솔루션 및 기타에 관한 소유권이 피고에게 있고, 개발 완료 후 피고의 요구에 맞추어진 프로그램의 소스코드가 피고에게 귀속하기로 약정하였다. 그러나 프로그램 개발위탁계약의 목적은 수탁자가 특정한 성과물을 개발하여 위탁자에게 제공하는데 있고, 구체적인 성과물로 무엇을 제공하여야 하는지는

계약서에 명시되는 것이 일반적이므로 원고와 피고 사이의 이러한 약정은 단말시스템 구축계약에 따라 원고가 개발하여 피고에게 제공한 유체물에 해당하는 단말시스템 프로그램 또는 그 소스코드에 관하여 발생하는 물건을 지배하는 소유권이 피고에게 귀속된다는 약정에 불과하고, 그러한 성과물에 포함된 단말시스템에 관한 프로그램 저작권에 관한 저작재산권과 같은 지식재산권 그 자체를 피고에게 양도하기로 약정한 것으로 해석할 수는 없다(더욱이 이러한 약정을 단말시스템에 관한 저작권 자체를 양도하는 것으로 해석하게 되면 단말시스템 구축계약에서 개발비 외에 원고가 개발한 단말솔루션 사용에 관한 사이트 사용료를 별도로 약정한 것과 어긋나게 된다). 따라서 단말시스템에 관한 저작재산권은 피고에게 양도되지 않고, 원고에게 귀속한다고 보아야 한다.』

2. 저작재산권의 양도

가. 양도의 범위

일신전속적 권리인 저작인격권과 달리 저작재산권은 이를 타인에게 양도할 수 있다. 저작재산권의 일부 양도, 분할 양도도 가능한데(법 제45조 제1항), 예를 들어 저작재산권의 내용을 구성하는 복제권, 배포권, 공연권 등을 일부만, 개별적으로 양도할 수도 있고, 시간, 장소, 내용 등에 제한을 가하여 양도할 수도 있다. 다만 저작재산권 전부를 양도하기로 하였더라도 특약이 없다면 2차적 저작물을 작성하여 이용할 권리는 양도 대상에 포함되지 않은 것으로 추정된다(법 제45조 제2항). 그러나 반대로 컴퓨터 프로그램 저작권 전부를 양도하는 경우에는 특약이 없다면 프로그램 개작권은 양수인에게 이전하는 것으로 본다(같은 항 단서). 실용적, 기능적 저작물에 해당하는 컴퓨터프로그램 저작물의 특성상 업그레이드나 이용환경에 적합하도록 변형하는 등의 개작이 필수불가결하게 빈번하게 일어날 수밖에 없는 사정을 고려한 것이다.[4-67]

1) 이은미 스페셜 음반 사건[4-68]

4-67) 서울고등법원 2013. 12. 12. 선고 2013나2032 판결(로지큐브 사건).

4-68) 서울고등법원 2012. 10. 24. 선고 2011나96415 판결(확정). 가창자인 원고가 실연자로서의 권리를 양도한 경우로서, 양도 당시 전혀 예정된 바 없었던 영상물을 제작

<사안의 개요>

음반 기획·제작업에 종사하던 최○○은 정식 대중가수로 데뷔하기 전인 원고로 하여금 별지 목록에 기재된 12곡의 노래를 부르게 하고, 다른 연주자들이 반주를 연주하도록 하여 이를 녹음한 다음 이 사건 음원을 제작하였다. 최○○은 원고의 매니저에게 가창료, 연주료 등 명목으로 약 2,000만 원을 지급하였고, 원고는 그 중 가창료로 1곡당 5만 원을 지급받았다. 최○○는 이 사건 음원을 사용하여 영어교육용 테이프, '이은미의 팝스월드' 등의 LP 또는 CD 음반을 제작·판매하였으나 이에 대해 원고는 이의하지 않았다. 피고는 최○○와 사이에 이 사건 음원을 사용한 음반을 제작하고 판매하기 위한 계약을 체결하였고, 이에 따라 피고는 이 사건 음원을 담은 CD, 이 사건 음원에 사진이나 미술 작품을 배경으로 하는 영상을 넣고 영어로 된 제목과 가사를 추가한 영상물을 수록한 DVD를 각각 만들고 이를 함께 묶어 'THE BEST POP BALLAD 이은미스페셜 CD+DVD'(이하 이 사건 음원이 담긴 CD를 '이 사건 음반', DVD를 '이 사건 영상물')라는 제목으로 출시하여 판매하였다. 원고는 최○○에게 사용을 허락한 영어교육용 테이프의 범위를 초과하여 피고가 원고의 동의 없이 이 사건 음원이 수록된 이 사건 음반과 영상물을 제작·판매하여 실연자인 원고의 복제권, 배포권을 침해하였다고 주장하였다. 쟁점은 실연자인 원고의 복제, 배포권이 최○○에게 양도되었는지 여부이다.

<법원의 판단>

『① 이 사건 음원 제작 후 최초로 영어교육용 음반으로 제작·판매되었으나 그 이후 계속적으로 최○○에 의하여 10년 넘게 일반 팝송 음반으로 제작·판매되었음에도 이 사건 음반과 영상물 판매 이전까지는 원고가 이에 관하여 아무런 문제 제기를 한 바 없는 점, ② 이 사건 음원에서 확인되는 녹음 방식, 내용, 편곡과 반주 수준, 완성도, 발음, 제작자와 실연자의 당시 경력 등에 비추어 이 사건 음원 자체가 객관적으로 영어교육 용도로 제작된 것이라고 보기 어려운 점, ③ 이 사건 음원에 단지 여러 배경 사진과 가사를 싣는 정도에 불과한 이 사건 영상물이 DVD로 판매된 후 원고가 문제 제기를 한 점, ④ 이 사건 음원 제작 당시 원고와 최○○ 사이에 계약서를

할 수 있는 권리까지 양도하였는지 여부가 쟁점이다.

작성하는 등 명확한 합의는 없었지만, 원고로서는 음반을 출시하여 정식 대중가수로서 활동할 수 있는 기반이 마련되기를 바라고 있었고, 최○○로서는 대중이 원하는 음반을 제작하여 이를 다양한 상업적 용도로 활용하기를 바라고 있었던 상황에서 서로의 의사와 이해관계가 일치하였던 점, ⑤ 원고와 최○○의 위와 같은 당시 사정에 비추어 이 사건 음원을 특정 용도로만 활용하기로 하는 의사의 합치가 있었다는 것은 매우 이례적인 점, ⑥ 이 사건 음원 제작 당시 원고와 최○○의 명확한 의사가 객관적으로 확인되지 않고, 최○○가 당시 음반제작업에만 종사하였으며, 당시 DVD와 같은 매체의 출현을 예상하기 어려웠던 점, ⑦ 원고가 당시 예상할 수 없었던 영상물을 제작할 수 있는 권리까지 포함하여 최○○에게 양도하였다고 보기 어려운 점 등을 종합하면, 이 사건 음원 제작 당시 원고는 최○○에게 이 사건 음반과 같이 음이 유형물에 고정되는 방식의 음반 제작에 동의하여 이 사건 음원에 관한 복제, 배포, 전송 등 실연자로서의 권리를 최○○에게 양도하였다고 판단되나, 다만 이 사건 영상물과 같이 당시 전혀 예정된 바 없었던 영상물(DVD 등)을 제작할 수 있는 권리까지 최○○에게 양도하였다고는 판단되지 않는다.

따라서 최○○는 여전히 이 사건 음반을 제작·판매할 권리가 있으나, 이 사건 영상물에 관하여는 저작권법상 실연권자인 원고가 그 제작·판매에 동의하거나 그 권리를 양도한 바 없음에도 피고는 이 사건 영상물을 제작·판매하였으므로 원고의 복제권, 배포권을 침해하였다고 판단된다.』

2) 일본어교육교재 사건[4-69]

<사안의 개요>

채권자는 그가 운영하는 '글로벌교육문화원'에서 사용할 목적으로 일본어 교재 'SUPER JAPANESE 69 DAYS'(이하 '채권자 서적')을 개발·제작하면서, 신청외 양○○과 사이에 양○○은 위 교재내용을 이해하는데 도움을 주는 삽화를 약 1,500컷 제작하여 채권자에게 납품함과 아울러 삽화저작권 일체를 채권자에게 양도하고, 채권자는 양○○에게 위 삽화 1컷당 1만 원씩 모두 1,500만 원을 지급하되, 양○○은 위 삽화저작과 관련하여 그 자료를 외부로 유출하거나 다른 도서에 이를 표절, 인용하여서는 아니 되는 의무를 부

4-69) 서울지방법원 서부지원 2000. 6. 21. 선고 2000카합442 판결(확정).

담하기로 하는 내용의 삽화제작용역계약을 체결하였다. 채무자는 채권자의 의뢰로 채권자 서적의 편집작업을 하던 중 양○○에게 의뢰하여 위 채무자가 출판하려고 하는 일본어 초급교재에 삽화를 제작하게 하였는데, 위 채무자 교재에 수록된 삽화는 채권자 서적의 삽화와 전체적으로 보아 각 삽화의 장면 및 소재가 일정 정도 중복될 뿐만 아니라, 그 등장인물과 사물, 배경, 부호의 배치 및 구도, 용모와 인상, 표정, 분위기가 매우 유사하다. 소송에서 위 삽화에 대한 2차적 저작물 작성권이 양○○에서 채권자에게 양도되었는지 여부가 다투어졌다.

<법원의 판단>

「위 인정사실에 의하면, 채권자 서적은 그 내용인 글과 양○○이 제작한 삽화를 배열하여 이루어진 저작물로서 삽화가 글과 분리되어 이용될 수 있어 공동저작물이 아니고 편집저작물이라고 할 것이므로, 위 저작에 수록된 삽화에 대한 저작권은 그 삽화의 제작과 동시에 원저작자인 양○○에게 귀속되는 것이나, 양○○이 채권자와 사이에 체결된 위 삽화제작용역계약에 따라 채권자 서적에 수록될 삽화를 납품하면서 2차적 저작물 작성권을 포함한 저작재산권 일체를 채권자에게 양도하였다고 볼 것이므로, 채권자는 위 삽화에 대한 저작권자라고 할 것이다.

이에 관하여 채무자들은 저작재산권의 전부를 양도하는 경우 특약이 없는 한 2차적 저작물 작성권은 그 양도되는 권리에 포함되지 아니하는 것으로 추정되는 것이므로, 위 삽화에 대한 2차적 저작권은 채권자에게 양도되지 아니하였고, 여전히 원저작자인 양○○에게 유보되어 있다고 주장하나, 앞서 본 바와 같이 채권자와 양○○…와 사이에 체결된 계약의 목적은 채권자가 출판업자의 지위에서 위 신청외인들의 저작 출판을 위한 것이 아니라, 채권자가 경영하는 어학원에서 사용될 교재 발간을 위한 것으로 그 개발과정에서 기획, 주문, 지시, 자료제공 등을 통한 채권자의 관여 및 개입의 여지가 상당하여 그 내용이 도급계약에 가까운 것인 점, 양○○에 대하여 용역도급의 대가로 지불하기로 한 금 1,500만 원은 통상의 인세상당액을 크게 상회하는 것으로 보이는 점, 채권자와 양○○ 사이의 계약에 사용된 계약서(소갑 제3호증의 2)의 기재 내용에 2차적 저작물 작성권이라는 용어가 사용된 것은 아니지만, 양○○이 용역 수행과 관련하여 자료의 유출과 다른 도서에의 표절 또는 인용을 하지 아니할 의무를 부담하고, 표절의 경우 저작권침해에 따른 책임을 부담한다는 내용이 있는 점, 더구나 양○○의 경우는 원△△, 이△△와 달리 그 계약내용 중 채권자 서적에 개발자로서 그 이름을 표시하기로 하는 사항이 포함되어 있지 아니한 점 등에 비추어 보면, 적어도 일본어교육교재에 관련한 2차적 저작물 작성권까지는 채권자에게 양도되었다고 봄이 상당하므로, 일본어교육교재인 별지목록 기재 서적이 채권자의 저작권을 침해한 저작물인지의 여부가 다투어지는 이 사건에 있어 채무자들의 위 주장은 받아들이지 않는다.」[4-70]

3) 로지큐브 사건[4-71]

<사안의 개요>

원고는 창고관리 프로그램인 '로지큐브'를 개발하여 판매하고 있다.

EXE㈜는 원고와 사이에 창고관리 프로그램인 'EXEOnline' 프로그램 개발위탁계약을 체결하면서, '원고가 제출한 개발위탁의 산출물에 대한 모든 권리는 EXE㈜에 귀속한다'고 정하였고, 이에 따라 원고는 EXE㈜에게 EXEOnline을 제공함과 동시에 그 소스코드도 제공하였다. 로지큐브, EXEOnline은 대체로 ① 데이터베이스와 스크립트, ② 웹 소스, ③ PDA(현장 작업자용), ④ EDI(interface), Install, Program 매뉴얼 등으로 구성되어 있는데, EXEOnline은 로지큐브의 ①, ② 부분 중 일부를 변경하고, ③, ④ 부분을 새로 개발한 프로그램이다. EXE㈜는 EXEOnline 개발위탁 이후 3년 동안 수십억 원의 연구비를 투입하여 렙실론을 개발하였는데, 렙실론은 EXEOnline에 기초하여 ①

4-70) 채무자들은 원저작자인 양○○으로부터 저작재산권을 양도받거나 또는 이용허락을 받았으므로, 채권자가 채무자들에 대하여 저작재산권을 주장할 수 없다는 취지의 주장을 한 것에 관하여, 저작재산권을 양도받은 경우, 그 이전등록을 하지 아니하면 이전사실을 제3자에게 대항할 수 없는 것이지만, 채무자 이△△이 채권자와 사이에 양○○과 유사한 내용의 용역계약을 체결하고 채권자 서적에 대한 편집작업을 하면서 양○○을 만나 그에게 별지목록 기재 서적에 수록할 삽화의 제작을 의뢰하게 된 경위에 비추어, 위 채무자로서는 채권자 서적에 수록될 삽화에 대한 저작재산권 이전사실을 잘 알고 있었으면서도 저작재산권 양도인인 양○○의 배임행위에 적극적으로 가담하여 저작재산권을 양수하거나 그 이용 허락을 받았다고 볼 것인바, 그렇다면 이러한 채무가 등록의 흠결을 주장하는데 대하여 정당한 이익을 갖는 '제3자'에 해당한다고 볼 수 없다고 하여 채무자들의 주장을 배척하였다.

4-71) 서울고등법원 2013. 12. 12. 선고 2013나2032 판결(상고중). 컴퓨터프로그램 저작권 전부를 양도한 경우 그에 대한 개작권이 양수인에게 이전하는지 여부가 쟁점이다.

부분 중 상당 부분을 변경하고, ②, ③, ④ 부분 중 상당 부분을 새로 개발한 것이다. 피고들은 EXE㈜로부터 렙실론 프로그램을 공급받아 사용하고 있다.

이 사건 소송에서 EXE㈜가 EXEOnline 프로그램을 기초로 렙실론을 개발할 개작권이 있는지 여부에 관하여, 피고들은 EXE㈜가 개발위탁계약에 따라 적법하게 EXEOnline을 개작할 권리를 가지고 있고, 이에 따라 로지큐브가 아닌 EXEOnline에 기초하여 렙실론을 개발한 것이므로 원고의 로지큐브 프로그램 저작권을 침해하는 행위에 해당하지 않는다고 주장하였고, 원고는 EXE㈜가 개발위탁계약을 통하여 취득한 EXEOnline에 관한 권리는 아이비엠의 DB2 데이터베이스 관리시스템에서 ASP 방식으로 작동하는 프로그램에 한정된 것이므로 EXE㈜가 EXEOnline을 기초로 ASP 방식이 아닌 오라클 데이터베이스 관리시스템을 기반으로 동작하는 렙실론을 개발한 것은 원고의 프로그램 저작권을 침해하는 행위에 해당한다고 다투었다.

<법원의 판단>

『원고와 EXE㈜는 소프트웨어 개발위탁계약을 체결하면서 개발성과물에 포함된 프로그램인 EXEOnline에 관한 모든 권리는 EXE㈜에 귀속하는 것으로 약정하였고, 원고와 EXE㈜ 사이에 실질적인 지휘·감독관계가 있는 등 원고를 EXE㈜의 업무에 종사하는 자로 볼만한 특별한 사정이 없으므로 이는 원고가 EXE㈜에 EXEOnline에 관한 컴퓨터프로그램 저작재산권을 전부 양도하기로 하는 약정으로 해석하여야 한다.

그리고 원고가 EXE㈜에 EXEOnline에 관한 프로그램 저작재산권을 양도함으로써 EXEOnline 프로그램에 포함된 어떤 루틴(컴퓨터 프로그램의 일부로서, 특정한 일을 실행하기 위한 일련의 명령)이나 모듈 등의 구성부품에 관한 저작권 또는 성과물인 EXEOnline 프로그램 중 수탁자인 원고가 종전부터 가지고 있던 로지큐브에 대한 저작권을 수탁자인 원고에게 유보하기로 하는 내용 등의 특약이 없이 원고가 개발위탁계약에 따른 성과물인 EXE Online에 모든 권리를 EXE㈜에게 귀속키기로 약정한 이 사건에서는 개발위탁에 따른 성과물에 해당하는 EXEOnline 프로그램의 일련의 지시·명령의 전부 또는 상당 부분을 이용하여 새로운 프로그램을 창작하는 개작권 내지 2차적 저작물 작성권은 원고에게 유보되지 않고 EXEOnline의 양수인인 EXE㈜에 모두 이전한다.

또 렙실론은 EXEOnline의 일련의 지시·명령의 전부 또는 상당 부분을 이용하여 창작된 새로운 프로그램으로서 EXEOnline을 개작한 프로그램이고, 렙실론에 로지큐브와 실질적으로 유사한 부분이 있다고 하더라도 이는 로지큐브를 개작한 EXEOnline을 다시 개작한 것에서 유래하는 것에 불과하므로 EXE㈜의 프로그램인 렙실론이 원고의 로지큐브 프로그램과 실질적으로 유사하다고 하더라도 EXE㈜가 렙실론 프로그램을 제작하여 판매하는 행위는 원고가 양도한 개발위탁계약의 성과물인 EXEOnline 프로그램을 개작할 권리에 포함된다고 보아야 한다. 따라서 EXE㈜의 위와 같은 행위는 원고의 로지큐브 프로그램 저작물을 침해하는 행위에 해당하지 않는다. 피고의 위 주장은 이유 있다(원고는 EXEOnline을 개작할 권리가 EXE㈜에 양도되었다고 하더라도 아이비엠의 DB2 데이터베이스 관리시스템에서 ASP 방식으로 작동하는 프로그램에 한정된다고 주장한다. 그러나 개작권 중 일부를 제한하는 등 구 컴퓨터프로그램보호법 제15조 제2항의 적용을 배제할 특약이 있었다고 인정할 자료나 개작할 권리 양도에 관한 추정을 뒤집을 만한 증거가 없다).』

나. 양도의 효과(이중양도)

저작재산권을 양도받은 자는 양도인을 포함한 제3자에 대하여 저작재산권자로서 권리를 행사할 수 있다. 법 제54조는 "저작재산권의 양도는 이를 등록하지 아니하면 제3자에게 대항할 수 없다"라고 규정하고 있으나, 위 규정에 따른 저작재산권의 양도등록은 그 양도의 유효요건이 아니라 제3자에 대한 대항요건에 불과하다. 여기서 등록하지 아니하면 제3자에게 대항할 수 없다고 할 때의 '제3자'란 당해 저작재산권의 양도에 관하여 양수인의 지위와 양립할 수 없는 법률상 지위를 취득한 경우[4-72] 등 저작재산권의 양도에 관한 등록의 흠결을 주장함에 정당한 이익을 가지는 제3자에 한하고, 저작재산

4-72) 외국 작가의 저작물의 번역을 완성함으로써 그 2차적 저작물에 대한 저작권을 원시적으로 취득한 자가 그 2차적 저작물에 대한 저작재산권을 갑에게 양도하였으나 갑이 이에 대한 등록을 하지 아니한 사이에, 그 저작재산권 양도 사실을 모르는 을이 그 2차적 저작물의 저작권자와 저작물을 일부 수정, 가필하여 다시 출판하기로 하는 출판권 설정계약을 체결하고 그 등록까지 마쳤다면, 갑은 그 저작권의 양수로써 을에게 대항할 수 없다(대법원 1995. 9. 26. 선고 95다3381 판결).

권을 침해한 사람은 여기서 말하는 제3자에 해당되지 않는다. 따라서 저작재산권을 양도받은 사람은 그 양도에 관한 등록 여부에 관계없이 그 저작재산권을 침해한 사람을 고소할 수 있고,[4-73] 저작권 침해자에 대하여 침해금지청구 및 손해배상청구를 청구할 수 있다.[4-74]

1) 요리책 사건[4-75]

『이 사건 공소사실의 요지는, 피고인이 정○○이 저작재산권을 가지는 프랑스어판 요리책 「유로델리세스(Eurodlices, 아래에서는 '이 사건 요리책'이라고 한다)」의 한국어판 번역문을 복제하고 그 내용으로 한국어판 해설집 책자 300권 가량을 제작한 뒤 그 무렵 그 중 145권을 판매하여 정○○의 저작재산권을 침해하였다는 것이다.

원심은, 이 사건 공소사실은 구 저작권법(2000. 1. 12. 법률 제6134호로 개정되기 전의 것, 아래에서도 같다) 제98조 제1호에 해당하는 죄로서 제102조에 따라 고소가 있어야 공소를 제기할 수 있고, 한편 구 저작권법 제52조는 저작재산권의 양도 등은 등록하지 아니하면 제3자에게 대항할 수 없다고 규정하고 있는데, 정○○이 외국의 저작권자와 이 사건 요리책을 한국어판으로 번역·출판할 수 있는 계약을 체결한 뒤 김△△에게 그 계약에 따른 권리 일체를 양도하였고, 김△△이 이 사건 요리책의 한국어판 해설집 책자를 제작·판매한 피고인을 저작권법위반으로 고소한 사실은 인정되지만, 정○○이나 김△△이 위와 같이 이 사건 요리책을 한국어판으로 번역·출판하

4-73) 대법원 2002. 11. 26. 선고 2002도4849 판결.

4-74) 대법원 2006. 7. 13. 선고 2004다10756 판결(롯데리아 판촉음반 사건, 신탁법 제3조 제1항의 취지는 등기 또는 등록하여야 할 재산권에 관하여 신탁재산이라는 뜻을 등기 또는 등록하지 않으면 제3자에게 신탁재산임을 주장할 수 없다는 취지에 불과한 것이고, 법 제52조에 따른 저작재산권의 양도등록은 그 양도의 유효요건이 아니라 제3자에 대한 대항요건에 불과하고, 여기서 등록하지 아니하면 제3자에게 대항할 수 없다고 할 때의 '제3자'란 당해 저작재산권의 양도에 관하여 양수인의 지위와 양립할 수 없는 법률상 지위를 취득한 경우 등 저작재산권의 양도에 관한 등록의 흠결을 주장함에 정당한 이익을 가지는 제3자에 한하고, 저작재산권을 침해한 사람은 여기서 말하는 제3자에 해당하지 않는다. 따라서 음악저작물의 저작권자로부터 저작권을 신탁적으로 양도받은 사람은 신탁법 및 저작권법상의 등록을 하지 않았더라도 저작권침해자에 대하여 손해배상을 청구할 수 있다).

4-75) 대법원 2002. 11. 26. 선고 2002도4849 판결. 저작권 양수인이 제3자를 침해죄로 고소하기 위해서 등록을 하여야 하는지 여부가 쟁점이다.

는 것 등에 관한 저작재산권을 양도받아 이를 등록한 사실을 인정할 수 없으므로, 이 사건 고소는 이 사건 요리책에 관한 저작재산권 양도의 등록이 없는 상태에서 이루어져 적법한 고소권자에 의한 고소라고 볼 수 없고, 따라서 이 사건 공소는 공소제기의 절차가 법률의 규정에 위반하여 무효인 때에 해당한다고 하여 이 사건 공소를 기각하였다.

그러나 구 법 제52조에 따른 저작재산권의 양도등록은 그 양도의 유효요건이 아니라 제3자에 대한 대항요건에 불과하고, 여기서 등록하지 아니하면 제3자에게 대항할 수 없다고 할 때의 "제3자"란 당해 저작재산권의 양도에 관하여 양수인의 지위와 양립할 수 없는 법률상 지위를 취득한 경우 등 저작재산권의 양도에 관한 등록의 흠결을 주장함에 정당한 이익을 가지는 제3자에 한하고, 저작재산권을 침해한 사람은 여기서 말하는 제3자가 아니므로, 저작재산권을 양도받은 사람은 그 양도에 관한 등록 여부에 관계없이 그 저작재산권을 침해한 사람을 고소할 수 있다.

따라서 원심이 이 사건 고소가 이 사건 요리책에 관한 저작재산권의 양도등록이 없는 상태에서 이루어져 적법한 고소권자에 의한 고소가 아니라고 판단한 것은 잘못이다. 그런데 이 사건에서 보면, 이 사건 범죄의 피해자는 정○○임이 공소사실 자체에 의하여 분명하므로 정○○ 만이 고소권자이고 이 사건 범죄 이후 정○○으로부터 저작재산권을 양수하였다는 김△△은 고소권자가 될 수 없다. 그리고 김△△이 정○○을 대리하여 이 사건 고소를 한 것으로 볼 자료도 없다. 그렇다면 이 사건 고소가 적법한 고소권자에 의한 고소가 아니라고 본 원심의 판단은 위와 같은 잘못에도 불구하고 결과적으로 옳고, 상고이유는 받아들일 수 없다.』

2) 쩐의 전쟁 사건[4-76]

<사안의 개요>

피고는 만화 '쩐의 전쟁'의 저작권자인 박○○과 사이에, 피고가 만화 '쩐의 전쟁'을 TV드라마 영상물로 제작하고 제작된 TV드라마 영상물에 대한 제반 권리(이하 '이 사건 TV드라마저작권') 등을 5년 동안 보유하는 저작권 양도계약을 체결하고, 계약금을 지급하였다. 그런데 그 후 원고가 박○○와 사이에, 원고가 만화 '쩐의 전쟁'에 대한 TV드라마저작권을 5년 동안 보유하

4-76) 서울서부지방법원 2007. 4. 18. 선고 2006가합10323(본소), 2007가합1692(반소) 판결(확정).

는 저작권 양도계약을 체결하고, 박○○으로부터 '쩐의 전쟁 제1부 돈맛편' 및 '쩐의 전쟁 제2부 돈귀신편'의 저작재산권 중 드라마화권을 양도받았음을 저작권등록부에 등록하였다.

이 사건 TV드라마저작권이 원·피고에게 이중으로 양도됨에 따라 원고가 피고를 상대로 권리를 행사할 수 있는지 여부가 쟁점으로 되었다.

<법원의 판단>

『(가) 법 제52조 제1호는 저작재산권의 양도 또는 처분제한에 관한 사항은 이를 등록하지 아니하면 제3자에게 대항할 수 없다고 규정하고 있으므로 저작권 중 저작인격권을 제외한 저작재산권의 이전변동을 제3자에게 대항하기 위해서는 그 이전등록을 하여야 하는바, 여기에서 '제3자'라 함은 권리변동에 관계한 당사자의 법률상 지위와 양립할 수 없는 법률상 지위를 취득하는 등 등록의 흠결을 주장하는데 대하여 정당한 이익을 가지는 자를 의미하고, 제3자가 저작재산권 양도인의 배임행위를 알고 이에 적극 가담하는 등의 사정으로 인해 양수인으로 하여금 등록의 흠결을 이유로 그에게 대항하지 못하게 하는 것이 신의칙에 반하는 경우 그 제3자는 법 제52조에서 정한 저작재산권의 변동을 등록하지 않으면 대항할 수 없는 제3자에 포함되지 않는다고 할 것이다.

(나) 돌이켜 이 사건에 관하여 보건대, 피고가 2004. 11. 6. 저작권자인 박○○로부터 이 사건 TV드라마저작권을 사용기간 5년으로 하여 양수한 사실은 앞에서 살펴 본 바와 같으나, 원고가 2006. 7. 12. 박○○로부터 이 사건 TV드라마저작권을 사용기간 5년으로 하여 양수한 다음 2006. 12. 27. 박○○로부터 '쩐의 전쟁 제1부 돈맛편' 및 '쩐의 전쟁 제2부 돈귀신편'의 저작재산권 중 드라마화권을 양도받았음을 저작권등록부에 등록한 사실 또한 앞에서 살펴 본 바와 같은바, 비록 피고는 자신이 먼저 박○○로부터 이 사건 TV드라마저작권을 양도받았다고 하더라도 이러한 사항을 등록한 바 없으므로 특별한 사정이 없는 한 위와 같이 박○○로부터 이 사건 TV드라마저작권을 양도받았다는 점을 들어 박○○로부터 이 사건 TV드라마저작권을 이중으로 양도받음으로써 피고의 법률상 지위와 양립할 수 없는 법률상 지위를 가지고 이에 대해 등록까지 마친 원고에 대하여 대항할 수 없다 할 것이다.』

3) 본더치 사건[4-77)]

<사안의 개요>

미국인 망 케네스 하워드는 '플라잉 아이볼(Flying Eyeball)'이란 명칭의 각 저작물(이하 '이 사건 저작물')의 저작자로서 1992. 9. 19. 사망하였고, 그 상속인들이 위 망인의 이 사건 각 저작권을 상속하였다. 소외 상속인들은 2000. 3. 31. 일본의 주식회사 우에노 쇼카이(이하 '우에노 쇼카이')에게 이 사건 각 저작권을 포함한 일체의 지적재산권을 미화 50만달러에 양도하는 계약(이하 '이 사건 제1-1 양도계약')을 체결하였고, 우에노 쇼카이는 2002. 5. 15. 미국의 본 더치 오리지날 엘엘씨(Von Dutch Original LLC, 이하 '본 더치 오리지날')에게 이 사건 각 저작권을 포함한 일체의 지적재산권을 미화 50만달러에 재차 양도하는 계약(이하 '이 사건 제1-2 양도계약')을 체결하였다. 한편 소외 상속인들은 2005. 6. 8. 원고에게 이 사건 각 저작권을 포함한 일체의 지적재산권을 매출액의 2.5%를 대금으로 정하여 양도하는 계약을 체결하였다(이하 '이 사건 제2 양도계약'). 원고는 2005. 6. 18. 국내에서 이 사건 제1 저작물에 관한 저작권양도등록을 마쳤다.

이 사건 소송에서 피고들은, 원고가 이 사건 제2 양도계약을 체결할 당시

4-77) 서울고등법원 2008. 7. 8. 선고 2007나80093 판결(대법원 2008. 11. 13. 선고 2008다59001 판결); 한편 동일 사안에 대하여 서울고등법원 2009. 6. 3. 선고 2008나80427 판결(확정)은, 우에노 쇼카이가 국내외에서 저작권 등록을 하지 않았다고 사실 인정한 위 판결과 달리, 이 사건 제1 양도계약의 당사자인 우에노 쇼카이가 미국에서 저작권이전등록을 하였다고 사실 인정한 뒤, 「이 사건에 있어서는 저작권의 이중양도의 문제(통상의 경우 저작권의 이중양도라 함은 적법한 저작권자가 자신이 가지는 저작권을 이중으로 양도하는 경우, 양수시기의 선·후에 관계없이 서로 대등한 지위에 있는 이중양수인 중 누가 특정 요건을 갖춤으로써 우선하게 되는 것인지 여부의 문제라 할 것이다)라기보다는 이중양도가 있기 이전에 이미 선양수인이 특정 요건(저작권 이전등록)을 갖춘 경우 양도인이 여전히 유효한 저작권자로서 다시 저작권을 양도할 수 있는지 여부가 쟁점이라 할 것이다. 그런데 앞서 본 바와 같이 상속인들이 원고에게 이 사건 제1저작권 등을 양도하기에 앞서서 우에노 쇼카이에게 이 사건 제1저작권 등을 양도하고 미국에서 이 사건 제1저작물에 관하여 미국법에 따라 우에노 쇼카이로 그 이전등록까지 마쳐진 이상, 이 사건 제1저작물에 관하여는 상속인들은 이 사건 제2 양도계약 체결 당시 적법한 저작권자였다고 할 수 없으므로, 상속인들로부터 이 사건 제1저작권을 양수한 원고가 국내에서 이 사건 제1저작물에 관하여 먼저 저작권이전등록을 마쳤다 하더라도 그러한 사정만으로는 이 사건 제1저작물에 관하여 원고가 적법한 저작권자가 된다고는 할 수 없다」고 판시하였다.

양도인인 소외 상속인들은 우에노 쇼카이와 사이에 이 사건 제1-1 양도계약을 체결하고 그 양도대금을 모두 지급받음으로써 이 사건 각 저작권을 이미 상실한 상태였다고 주장하였다.

<법원의 판단>

『우리나라는 법 제52조 제1호에 "저작재산권의 양도 또는 처분제한에 관한 사항은 이를 등록하지 아니하면 제3자에게 대항할 수 없다."라고 규정함으로써 저작권등록과 관련하여 대항요건주의를 채택하고 있는바, 이는 저작권자가 계약상대방과 저작권양도계약을 체결하는 경우에는 별도의 저작권양도등록 없이도 위와 같은 의사표시의 합치에 의하여 저작권 이전이라고 하는 법률효과를 곧바로 발생시키고, 다만 저작권양도등록은 계약상대방과 양립할 수 없는 지위에 있는 제3자에 대한 관계에 있어서 계약상대방과 제3자 중 누구를 권리자로 볼 것인지에 관한 대항요건에 해당한다는 법리이다.

그런데 피고들이 주장하는 바와 같이, 원래 저작권자였던 소외 상속인들이 이 사건 제1-1 양도계약을 체결하고 선순위 양수인인 우에노 쇼카이로부터 양도대금을 모두 지급받은 경우를 가리켜 대항요건주의 내지 의사주의 원칙에 따라 소외 상속인들이 무권리자가 되었다고 전제한 다음, 후순위 양수인인 원고가 체결한 이 사건 제2양도계약은 무권리자로부터 저작권을 양수받은 경우에 해당하여 무효라고 보는 경우에는, 결국 후순위 양수인은 저작권양도등록을 먼저 경료하였는지 여부에 관계없이 언제나 선순위 양수인에게 대항할 수 없는 결과를 초래하게 되는데, 이러한 결과는 이중 양수인들 사이에는 저작권등록을 먼저 경료한 사람을 권리자로서 보호하는 우리 저작권법의 취지에 명백히 반하는 것으로서 허용된다고 할 수 없고, 이 사건 제1-1 양도계약의 체결 및 이행이 이 사건 제2양도계약의 체결 및 이행보다 수년 전에 저작물 발생국인 미국에서 이루어진 것이라고 하여 달리 볼 것은 아니므로, 피고들의 위 주장은 이유 없다.』

3. 저작물의 이용허락

가. 허락의 범위(허락의 제한)

저작물의 이용허락을 받은 자는 허락계약으로 정해진 이용방법 및 조건의 범위 안에서 그 저작물을 이용할 수 있다(법 제46조 제2항). 계약에서 정한 이용방법 및 조건에 반하는 이용은 채무불이행이 됨에 그치고, 나아가 저작권 침해를 구성하기 위해서는 저작권의 본질적인 내용을 정한 이용방법 및 조건에 반하는 경우라야 한다.[4-78]

저작권의 이용허락에 관한 계약을 해석함에 있어 이용허락의 범위가 명백하지 아니한 경우에는 당사자가 이용허락계약을 체결하게 된 동기 및 경위, 이용허락계약에 의하여 달성하려는 목적, 거래관행, 당사자의 지식, 경험 및 경제적 지위, 수수된 급부가 균형을 유지하고 있는지 여부, 이용허락 당시 당해 저작물의 이용방법이 예견 가능하였는지 및 그러한 이용방법을 알았더라면 당사자가 다른 내용의 약정을 하였을 것이라고 예상되는지 여부, 당해 저작물의 이용방법이 관련 기존 시장을 대체하는 것인지 아니면 새로운 시장을 창출하는 것인지 여부 등 여러 사정을 종합하여 그 이용허락의 범위를 사회일반의 상식과 거래의 통념에 따라 합리적으로 해석하여야 한다.[4-79]

1) 음악극 신데렐라 사건[4-80]

<사안의 개요>

원고는 1984. 4.경 ○○극단의 대표인 피고로부터 제1회 한국어린이 예술큰잔치에 공연할 음악극 신데렐라 주제곡의 작곡을 의뢰받아 '신데렐라의 노래' 등 6곡의 음악극 신데렐라의 주제곡(이하 '이 사건 주제곡')을 작곡하고, 작곡료로 금 300,000원을 지급받았다. 피고는 위 음악극을 같은 해 5. 3.부터 5. 8.까지 국립극장 소극장에서 초연하고, 위 초연 3일 후인 1984. 5. 11.부터 같은 달 14.까지 안양사랑 소극장에서 8회 공연한 것을 비롯하여 합계 310회 이 사건 주제곡을 이용하여 위 음악극 신데렐라를 공연하였다. 피고는 원고에게 이 사건 주제곡에 대한 사용료 내지 저작권료를 지급하지 않았는데, 원

4-78) 서울고등법원 2014. 10. 23. 선고 2013나55869(본소), 2013나55876(반소) 판결(저작권사용료의 지급을 전제로 저작물의 이용을 허락하였음에도 약정한 저작권료를 지급하지 아니하더라도 특별한 사정이 없다면 이는 단순한 채무불이행에 불과하고 저작권 침해행위가 되는 것은 아니다).

4-79) 대법원 2006. 12. 22. 선고 2006다21002 판결, 대법원 2007. 2. 22. 선고 2005다74894 판결, 대법원 2008. 4. 24. 선고 2006다55593 판결 등.

4-80) 서울고등법원 1993. 9. 7. 선고 92나45362 판결(대법원 1994. 12. 9. 선고 93다50321 판결).

고는 피고가 저작권료를 지급하지 않고 주제곡을 사용하여 얻은 부당이득을 반환하여야 한다고 주장하였다.

<법원의 판단>

『특단의 사정이 없는 한 피고가 지급한 작곡료는 ○○극단이 위 음악극 신데렐라의 공연과 관련하여 이 사건 주제곡에 대하여 그 작곡을 의뢰할 당시 이미 예정되거나 또는 앞으로 그 공연을 예견할 수 있는 범위 내에서 향후 상당기간 내에 이루어지는 재공연에 대한 저작권료를 지급한 것으로 봄이 상당하고, 또한 위 1차 공연은 초연 후 불과 3일 후에 장소만을 옮겨 재공연된 것으로서 초연 당시 이미 예정되어 있었다고 보이므로 초연시 지급받은 위 작곡료 금 300,000원에는 최소한 위 1차 공연시 사용될 이 사건 주제곡에 대한 저작권료를 포함하고 있다고 봄이 상당하고 나아가 위 2차 내지 6차 재공연시 이 사건 주제곡을 사용함에 있어 원고가 이를 묵시적으로 승낙한 사실은 원고 스스로 자인하고 있는바 달리 이 사건 주제곡의 저작권료 내지 사용료를 추가로 지급하기로 약정하였음을 인정할 증거가 없는 이 사건에 있어서 피고가 원고의 승낙 하에 이 사건 주제곡을 사용하였다면 그 사용으로 인하여 피고가 법률상 원인 없이 이득을 얻었다고 인정하기 어렵다.』

2) 떠나가는 배 사건[4-81]

<사안의 개요>

대중가수인 원고들은 1984. 9. 피고 회사와 사이에 계약기간을 1987. 8.까지로 하고, 원고들이 가수로서 전속기간 중 피고 회사에서 취입한 가창을 음반 및 비디오물 일체에 사용하는 권한을 피고 회사에 부여하는 내용의 전속계약을 체결하였다. 피고 회사는 위 전속계약기간 동안 원고들의 가창을 녹음한 가요 '떠나가는 배' 등의 원반을 제작·판매하였다. 피고 회사는 전속계약기간이 지난 후에도 기존 원반을 이용한 엘피 음반 등을 계속 복제·판매하고 있고, 기존 원반에 녹음된 가요 중 일부를 추려서 원형을 변형하지 않고 배열만 바꾸어 재편집한 원반을 제작하여 '○○힛트곡 모음'이라는 제목의 엘피 음반 등으로 복제·판매하고 있다.

이 사건 소송에서 원고들은, 피고 회사가 원고들의 전속기간 중에 제작한

4-81) 서울고등법원 1995. 3. 21. 선고 94나6668 판결(확정).

기존 원반을 전속기간 이후 음반에 복제하여 판매하려면 원고들에게 인세를 지급할 의무가 있고, 원고들로부터 위 가요 및 가창을 1회에 한하여 음반으로 제작·판매할 것을 허락받았음에도 이용허락의 범위를 초과하여 히트곡을 추려 재편집한 음반을 제작·판매함으로써 원고들의 저작권을 침해하였다고 주장하였다. 전속기간 경과후 기존 원반을 복제·판매하는 행위, 기존 음반에 수록된 가요 및 가창을 재편집하여 제작한 원반을 복제·판매하는 행위가 저작권침해가 되는지 여부가 다투어졌다.

<법원의 판단>

『원고들이 위 가요 및 가창을 피고 회사가 음반 등 녹음물 일체에 이용하는 것을 허락한 이상, 그 이용기간을 정하는 등 특별한 약정이 없는 한 피고 회사가 위 전속기간 중 제작한 기존 원반을 그 전속기간 경과 후에 복제하여 판매하는 행위는 위 이용허락의 범위에 속함이 명백하다.

…피고 회사는 원고 정○○이 작곡, 작사한 가요를 원고들로 하여금 부르게 하여 이를 원반에 녹음한 다음 이 원반을 사용하여 음반 동 녹음물로 복제하여 판매할 목적으로 원고들로부터 위 가요 및 가창에 대한 이용권을 취득하였던 것이고 원고들도 이러한 피고 회사의 목적을 잘 알고 있었다 할 것인바, 원반 제작에는 당연히 녹음할 음악의 편집과정이 포함되는 점 및 피고 회사가 원반을 제작함에 있어 원고들은 이용료를 받고 가요 및 가창만 제공하였을 뿐 편집 등 다른 제작과정에는 전혀 관여 하지 않은 점 동에 비추어 볼 때, 원고들은 위 가요 및 가창의 이용을 허락하면서 피고 회사에게 음반 등 녹음물을 판매할 목적으로 원반의 제작에 필요한 범위 내에서 위 가요 및 가창을 그 원형을 변형시키지 않고 편집하는 권한까지 부여하였다고 봄이 상당하다 할 것이다. …원고들이 피고 회사에게 위 가요 및 가창을 음반 등 녹음물 일체에 이용하는 것을 허락하였을 뿐 그 이용 기간, 횟수 동을 제한하지 않았던 점, 음반 등 녹음물의 제작, 판매라는 위 이용허락의 목적에 비추어 볼 때, …원고들이 피고 회사에게 1회에 한하여 편집할 권한을 부여한 것이라고 인정하기에 부족하고 달리 이를 인정할 만한 증거가 없다. 그리고 이 사건에서 피고 회사가 기존 원반 2개에 녹음된 가요 및 가창을 이용하여 새로 만든 재편집 원반(히트곡 모음)은 통일한 작곡, 작사가 및 가수의 가요 21곡 중 16곡을 단순히 발췌하여 배열만 달리 하여 모아놓은 정도의 편집을 한 것임은 위 제1항에서 본 바와 같은바, 그 정도라면 여타의

음반회사들이 히트곡 모음집을 만들기 위하여 사용된 궁리방법에 의한 선택과 배열 정도에 불과하여 그 소재의 선택 및 배열에 있어서 창작성이 있다고는 볼 수 없다 할 것이므로, 위 재편집 원반은 창작성이 있는 편집저작물에는 해당하지 않고 따라서 원고들이 가지는 편집저작물을 작성할 권리를 침해하였다고 볼 수는 없다고 보아야 할 것이니, 결국 위와 같은 범위 내에서 기존 원반을 이용하여 재편집 원반을 제작한 행위는 원반 제작의 회수를 제한하지 않고 있는 위 각 이용허락의 범위에 포함된 것이라고 할 것이다.』

☞ 이 사건 당시 음반업계 및 가요계의 관행(원고들이 가수로서 피고 회사에 전속되어 있을 당시 우리나라 가요계 및 음반업계의 관행상 가수들은 음반제작자로부터 전속료만 받고 취입한 가창에 대한 복제권 및 배포권을 기한의 제한이 없이 음반제작자에게 부여하는 것이 일반적이었다) 등을 들어 원고들의 주장을 배척한 것인데, 현재의 시점에서 체결된 계약의 경우에도 위 판결과 같은 결론이 유지될 것인지는 의문이다.

3) 노래방기기 사건[4-82)]

<사안의 개요>

노래방을 운영하는 피고인이 저작권자의 이용허락 없이 복제된 노래반주용 기계를 구입하여 노래방에서 복제된 가사와 악곡을 재생하는 방식으로 일반공중을 상대로 영업한 것에 대하여 공연권 침해 등의 저작권법위반죄로 기소된 사안이다. 피고인은 '노래방업자들은 상당한 비용을 들여 노래반주기 제조사로부터 노래반주기 및 음악저작물을 구입하고 있는데 이로써 노래방업주들은 음악저작권 사용에 대한 충분한 대가를 지불하고 있음에도 또다시 한국음악저작권협회가 노래방업자에게 저작권료 지급을 요구하는 것은 이중으로 부담을 과하는 부당한 것'이므로 별도로 이용허락을 받을 의무는 없다고 주장하였다.

<법원의 판단>

『한국음악저작권협회가 영상반주기 등 노래방 기기의 제작이나 신곡의 추가 입력시에 그 제작업자들로부터 사용료를 받고서 음악저작물의 이용을 허락한 것은 특별한 사정이 없는 한 위 제작업자들이 저작물을 복제하여 노

4-82) 인천지방법원 2001. 7. 12. 선고 2001노784 판결(대법원 2001. 9. 28. 선고 2001도4100 판결). 노래방 기기 제작업자에 대한 음악저작물 이용 허락의 효력이 그 기기를 구입하여 영업하는 노래방 영업자에게 미치는지 여부가 쟁점이다.

래방 기기에 수록하고 노래방 기기와 함께 판매·배포하는 범위에 한정되는 것이고, 그와 같은 허락의 효력이 노래방 기기를 구입한 노래방 영업자가 일반공중을 상대로 거기에 수록된 저작물을 재생하여 주는 방식으로 이용하는 데에까지 미치는 것은 아니므로, 피고인이 별도로 저작권법 소정의 이용허락을 받아야 하는 것이 이중부담이라 할 수는 없다.」

4) 야후 백과사전 사건[4-83]

<사안의 개요>

원고 고○○은 '동서문화 한국세계대백과사전'(이하 '이 사건 백과사전')을 제작한 저작권자이고, 원고 이○○ 등은 원고 고○○으로부터 위 백과사전을 책으로 출판할 권리를 설정받았다. 피고 ㈜△△은 원고 고○○로부터 계약기간을 5년으로 하여 이 사건 백과사전의 CD-ROM, 통신서비스, 인터넷의 제작·판매권을 독점적으로 부여받은 뒤 이 사건 백과사전의 내용을 데이터베이스화하고, 컴퓨터의 사용환경에 맞추어 백과사전의 내용과 관련된 동영상과 사운드를 추가하는 등 멀티미디어 기능을 강화한 '한메 디지탈 세계대백과'라는 이름의 백과사전 CD-ROM(이하 '이 사건 CD')을 제작하여 판매하였다. 피고 ㈜△△은 피고 ㈜◇◇과 사이에 백과사전 등의 각종 사전 서비스를 제공하기로 하는 서비스 공급계약을 체결하였고, 피고 ㈜◇◇는 신의 인터넷 사이트에서 '야후! 백과사전'이라는 제목으로 일반인이 무료로 이 사건 CD의 내용을 검색할 수 있는 백과사전 검색서비스(이하 '이 사건 백과사전 검색서비스')를 실시하였다. 이 사건 소송에서 원고들은, 피고 ㈜△△에게 CD-ROM의 제작·판매만을 허용하였거나 이 사건 백과사전에 대하여 유료로 인터넷 서비스를 제공하는 것만 허용하였음에도, 피고들이 저작권자인 원고 고○○의 허락을 받지 아니하고 피고 ㈜◇◇의 인터넷 사이트에서 백과사전의 제호를 달리하여 '야후! 백과사전'이라는 명칭으로 일반인이 무료로 이용할 수 있는 이 사건 백과사전 검색서비스를 실시함으로써, 원고 고○○의 저작권 및 원고 이○○의 출판권을 침해하였다고 주장하였다. 쟁점은 피고 ㈜△△이 원고 고○○로부터 이 사건 백과사전에 대하여 인터넷 서비스를 제

4-83) 서울고등법원 2002. 10. 22. 선고 2001나37271 판결(대법원 2003. 6. 13. 선고 2002다73739 판결).

공할 수 있는 권리를 부여받았는지 여부이다.

<법원의 판단>

『이 사건 계약에서 '인터넷 제작·판매'를 그 대상으로 명시하고 있으므로, 피고 ㈜△△은 일단 이 사건 백과사전과 동일한 내용으로 인터넷 서비스를 제공할 수 있는 권리를 원고로부터 부여받았다고 할 것이지만, 이 사건 계약을 체결하던 당시에는 인터넷을 이용할 수 있는 기반시설 및 여건이 현재와 같이 완비되어 있지 않아 인터넷의 제작·판매라는 포괄적인 규정을 하였을 뿐 이에 대한 자세한 약정을 하지 않았음은 피고 ㈜△△도 인정하고 있고, …이 사건 계약에서는 CD-ROM의 제작·판매와 인터넷 제작·판매를 동일하게 열거하고 있는데, 그 중 CD-ROM의 제작·판매와 관련하여 원고 고○○은 자신에 대한 채권 회수의 한 방편으로서 이 사건 백과사전에 대한 출판을 하고 있던 원고 이○○의 도서출판업 영업이익이 과다하게 감소하지 않도록 그 판매량을 조절하기 위하여, 피고 ㈜△△이 CD-ROM을 제작·판매함에 있어 원고 고○○이 제공하는 케이스 등만을 사용하고, 판매지역, 대상, 시기, 가격을 사전에 협의하도록 의무를 부과하는 등 일정한 규제를 가하고 있었고 피고 ㈜△△도 이를 수용하였던 점 등에 비추어 보면, 피고 ㈜△△이 이 사건 계약을 통하여 원고 고○○로부터 부여받은 인터넷 서비스권에는 적어도 이 사건 백과사전을 인터넷 검색서비스를 통하여 일반인에게 무료로 제공할 수 있는 권리는 포함되지 않은 것으로 봄이 상당하다. 따라서 피고 ㈜△△는 이 사건 백과사전 검색서비스가 실시되도록 피고 ㈜◇◇에게 그 자료를 제공하여 저작권자인 원고 고○○로부터 허락받은 이용방법 및 조건을 넘어서서 저작물을 이용함으로써 원고들의 권리를 침해하였다고 할 것이고, 피고 ㈜◇◇는 인터넷 관련 서비스의 개발·판매를 목적으로 하는 전문회사로서, 피고 ㈜△△가 원저작권자인 원고 고○○로부터 일반인에게 무료로 이 사건 백과사전에 대한 인터넷 서비스를 제공할 수 있는 권리를 부여받았는지 여부를 확인하였어야 함에도 이를 게을리 한 채, 그와 같은 권리가 없는 피고 ㈜△△부터 이 사건 백과사전에 대한 사전 서비스를 제공받아 이를 자신의 인터넷 사이트에서 무료로 실시함으로써 원고들의 권리를 침해였다고 할 것이므로, 피고들은 공동불법행위자로서 이로 인한 원고들의 손해를 배상할 책임이 있다.』

5) CD-ROM 약관 사건[4-84]

<사안의 개요>

피해자 회사는 홍보물 제작 등에 필요한 사진, 일러스트레이션 등을 제작하여 서적이나 CD-ROM 형태로 판매하고 있다. 피고인은 피해자 회사로부터 중국요리 이미지인 이 사건 사진저작물을 구입하였는데, 위 사진저작물의 구입약관에는 그 사용 범위와 관련하여 "이 CD-ROM의 이미지는 이를 구매하고 피해자 회사에 등록한 한 회사나 한 개인의 영업에만 사용할 수 있습니다(제1조). 본 CD-ROM의 중국요리 이미지는 광고선전용 카탈로그나 전단 등에 자유롭게 사용될 수 있습니다. 단, 중국요리 이미지가 들어있는 매체가 소비자에게 판매용으로 이용될 때는 별도의 사용료(5만 원~50만 원)를 지불해야 합니다(제3조)."라고 기재되어 있고, 표지에는 '전자출판, 광고디자인, 실사출력을 위한 PHOTO CD-ROM'이라고 기재되어 있었다.

피고인은 그 홈페이지에 이 사건 사진저작물에 게재된 일부 중국요리 이미지 사진을 이용하여 광고전단용 또는 메뉴판용 이미지 사진을 게재하여 둔 다음, 중국음식점 등으로부터 광고전단지나 메뉴판의 인쇄를 의뢰받은 광고기획업자가 광고전단지 등의 인쇄를 주문하면, 이 사건 사진저작물을 이용하여 중국요리 이미지 사진을 편집, 디자인한 다음 이를 출력하여 광고기획업자에게 판매하여 왔다. 피고인은 저작권법위반죄로 기소되었는데, 피고인은 법 제25조에서 정한 '저작물의 정당한 이용'에 해당하므로 무죄를 주장하였다.

<법원의 판단>

『앞서 본 구입약관은 CD-ROM을 구입한 자가 자신이 최종 소비자로서 CD-ROM에 실려 있는 사진저작물을 이용하는 경우(예컨대, 중국음식점 영업자가 자신의 영업 선전을 위하여 광고전단을 제작하는 경우)와 CD-ROM을 구입한 자가 최종 소비자가 아니라 CD-ROM에 실려 있는 사진저작물을 이용하여 제작한 매체를 다시 최종 소비자에게 판매하는 경우(예컨대, 전단지 제작자가 사진을 이용한 전단지를 제작하여 중국음식점 영업자에게 판매하는 경우)를 모두 허용하면서, 다만, 후자의 경우 일정한 사용료를 지급할 것을 규정하고 있는데, 피고인들이 피고인 회사의 홈페이지에 이 사건 사진

4-84) 서울중앙지방법원 2005. 6. 2. 선고 2004노3463 판결(대법원 2005. 9. 28. 선고 2005도4472 판결).

저작물을 게재한 것은 피고인 회사의 영업을 위하여 피고인 회사의 영업고객인 광고기획사들로 하여금 홈페이지에 게재된 견본용 사진을 보게 하여 그들로부터 광고전단이나 메뉴판의 제작을 주문받기 위한 것으로, 이는 피고인들이 광고기획사들에게 직접 CD-ROM에 실려 있는 사진을 보여주고 전단지 등에 게재할 사진을 지정받아 전단지 등을 제작하는 것과 마찬가지로 위 약관 제1조에서 규정한 CD-ROM 구입자 자신의 영업을 위한 사용한 것으로 위 약관에서 허용된 저작물의 정당한 이용행위에 해당한다고 봄이 상당하다. 피해자 회사가 위 약관 작성 당시 CD-ROM 구입자들이 사진 전송의 방법으로 이 사건 사진저작물을 사용할 것을 미처 예상하지 못하였다고 하여, 피고인들이 자신의 영업 수단으로 고객들로 하여금 이 사건 사진저작물을 전송받을 수 있도록 한 것이 약관상 허용된 사용 범위를 벗어난 것이라 할 수 없고, 피고인들로부터 이 사건 사진저작물을 전송받은 고객들이 전송받은 사진저작물을 마음대로 이용하였다고 하더라도, 피고인들에게 그 책임이 있다고도 할 수 없다.』

나. 새로운 매체

새로운 매체에 관한 이용허락에 대한 명시적인 약정이 없는 경우 과연 당사자 사이에 새로운 매체에 관하여도 이용을 허락한 것으로 볼 것인지가 다투어지는 경우가 많다. 이에 관하여서는 의사표시를 해석하여야 할 것인데, 법원에 의해 확립된 의사 해석의 원칙은, ① 계약 당시 새로운 매체가 알려지지 아니한 경우인지 여부, 당사자가 계약의 구체적 의미를 제대로 이해한 경우인지 여부, 포괄적 이용허락에 비하여 현저히 균형을 잃은 대가만을 지급받았다고 보이는 경우로서 저작자의 보호와 공평의 견지에서 새로운 매체에 대한 예외조항을 명시하지 아니하였다고 하여 그 책임을 저작자에게 돌리는 것이 바람직하지 않은 경우인지 여부 등 당사자의 새로운 매체에 대한 지식, 경험, 경제적 지위, 진정한 의사, 관행 등을 고려하고, ② 이용허락계약 조건이 저작물 이용에 따른 수익과 비교하여 지나치게 적은 대가만을 지급하는 조건으로 되어 있어 중대한 불균형이 있는 경우인지 여부, 이용을 허락받은 자는 계약서에서 기술하고 있는 매체의 범위 내에 들어간다고 봄이 합리적이라고 판단되는 어떠한 사용도 가능하다고 해석할 수 있는 경우인지 여부 등 사회일반의 상식과 거래의 통념에 따른 계약의 합리적이고 공평한 해석의 필요성을 참작하며, ③ 새로운 매체를 통한 저작물의 이용이 기존의 매체를 통한 저작물의 이용에 미치는 경제적 영향, 만일 계약 당시 당사자들이 새로운 매체의 등장을 알았더라면 당사자들이 다른 내용의 약정을 하였으리라고 예상되는 경우인지 여부, 새로운 매체가 기존의 매체와 사용, 소비 방법에 있어 유사하여 기존 매체시장을 잠식, 대체하는 측면이 강한 경우이어서 이용자에게 새로운 매체에 대한 이용권이 허락된 것으로 볼 수 있는지 아니면 그와 달리 새로운 매체가 기술혁신을 통해 기존의 매체시장에 별다른 영향을 미치지 않으면서 새로운 시장을 창출하는 측면이 강한 경우이어서 새로운 매체에 대한 이용권이 저작자에게 유보된 것으로 볼 수 있는지 여부 등 새로운 매체로 인한 경제적 이익의 적절한 안배의 필요성 등을 종합적으로 고려하여 사회정의와 형평의 이념에 맞도록 해석하여야 한다.[4-85)]

1) 당신은 안개였나요 사건[4-86)]

<사안의 개요>

피고 회사는 1984. 4.경 원고들과의 사이에 음반제작계약(이하 '이 사건 계약')을 체결한 다음, 원고 우○○가 작사하고, 원고 신○○이 작곡 및 편곡한 가요 등에 원고 이○○의 가창을 녹음한 원반(이하 '이 사건 원반')을 제작하고, 이를 엘피 음반으로 복제하여 판매하였다. 그 후 피고 회사는 이 사건 원반에 수록된 가요 10곡(이하 '이 사건 가요')에다가 원고 이○○가 가창한 7

4-85) 대법원 1996. 7. 30. 선고 95다29130 판결, 대법원 2006. 7. 4. 선고 2004다10756 판결, 대법원 2006. 12. 22. 선고 2006다21002 판결 등.

4-86) 새로운 매체인 CD음반으로 제작·판매한 것이 이용허락 범위 내에 포함되는지 여부가 다투어진 사안. 서울고등법원 1995. 6. 1. 선고 94나19909 판결(대법원 1996. 7. 30. 선고 95다29130 판결). 위 대법원 판결에서는, 『원고들이 이 사건 계약 이후 소외 ○○레코드사와 음반출판계약을 체결하고 다시 CD음반을 복제, 판매하였음에도 피고가 이에 대하여 아무런 이의를 제기하지 아니한 점, 원고들이 가수인 원심 원고 이○○의 인지도를 높이기 위한 목적에서 대가를 지급받음이 없이 이 사건 계약에 이르게 된 것이지 가창, 작곡, 작사에 관한 저작권을 모두 피고에게 양도하려는 목적 하에 이 사건 계약에 이르게 된 것이라고는 보이지 아니하는 점 등에 비추어, 이 사건 계약은 비배타적 저작권 이용허락계약이라고 봄이 상당하다』고 판시하였다.

곡을 추가시켜 재편집한 원반을 제작한 다음, 콤팩트 디스크(이하 'CD')로 복제하여 판매하였다.

이 사건 소송에서 원고들은, 피고 회사는 이 사건 원반에 수록된 이 사건 가요 및 그 가창을 재편집함이 없이 1회의 기회에 한하여 엘피 음반으로 복제하여 판매할 권리를 가질 뿐임에도 불구하고, 이 사건 계약에 따른 이용허락의 범위를 벗어나 재편집한 원반을 계약일로부터 약 10년이 지나서까지 위 계약 당시 예상하지 못했던 새로운 복제 매체인 CD로 복제하여 판매함으로써 원고들의 저작권을 침해하였다고 주장하였다.

<법원의 판단>

「가. 이 사건 계약의 성격 및 그 내용

이 사건 계약체결 당시 원고들이 피고 회사로부터 작곡료, 작사료, 가창료를 일체 받지 않는 대신에, 피고 회사는 위 가창의 녹음시 원고 이○○의 개성에 맞는 악단을 편성하고, 이 사건 원반의 제작 및 그것으로 복제한 음반의 판매에 소요되는 기획료, 스튜디오 사용료, 엔지니어 수고료, 악단 연주료, 제작료, 광고료, 제세공과금 등 비용 일체를 부담하기로 약정한 사실, 또한 이 사건 가요 10곡에 관한 음반 출반의 수량, 횟수, 기간 및 종류 등에 관하여 어떠한 제한도 두지 않은 사실, …또한 당시 우리 나라의 음반업계의 관행상 가수들이 음반의 제작·판매회사로부터 보수를 받지 않고, 음반의 제작·판매회사의 비용부담으로 음반을 취입하여 자신의 장래의 가능성을 시험하는 계기로 삼는 경우가 있었는데, 이 때 음반의 제작·판매회사로서는 투자된 비용을 회수하고 이윤을 얻을 수 있을지가 불확실하므로 작곡가, 작사자, 가수로부터 곡에 관한 가창 복제권을 수량, 횟수, 기간 및 종류 등에 제한 없이 양수하는 것이 통례였던 사실을 인정할 수 있고, 한편 현행 법은 음반제작자의 권리를 저작권이 아닌 저작인접권으로 보호하고 있으나, 그 부칙 제2조 제2항 제1호에서 종전의 법 제2조의 규정에 의한 음반에 대하여 종전의 규정에 의한다고 규정하고 있고, 위 구법 제2조는 음반을 저작물로서 예시하고 있으므로 피고 회사도 이 사건 원반의 제작자로서(현행 법 제2조 제6호 및 제7호에 의하면 음반은 음이 유형물에 고정된 것, 음반제작자는 음을 음반에 맨처음 고정한 자라고 각 정의하고 있는바, 여기서 음반제작자라 함은 원반제작자를 의미한다) 이 사건 원반에 관한 한 구 법상의 저작권자로서 보호를 받게 되고, 피고 회사는 저작권자로서 이 사건 원반을 음반으로 복제, 배포할 권리를 갖게 된다. 위 인정 사실 및 이 사건 계약으로 인하여 피고 회사가 가지게 되는 이 사건 원반에 관한 저작권자로서의 권리의 내용에 비추어 볼 때, 이 사건 계약은 원고들이 피고 회사로 하여금 이 사건 원반을 이용하여 그에 수록된 원고들의 저작물을 엘피 음반 등 녹음물 일체에 복제하는 것을 허락하는 내용의 것으로서, 위에서 본 바와 같이 이 사건 계약 당시 그 이용기간이나 복제의 횟수를 정하지 아니한 이상 이를 원고들 주장과 같이 1회의 기회에 한하여 엘피 음반에 복제하는 것만을 허용하는 내용의 계약이라고 해석할 수는 없다 할 것이므로, 이와 견해를 달리하는 원고들의 위 주장은 받아들일 수 없다.

나. 피고 회사가 이 사건 원반을 이용하여 새로운 복제매체인 콤팩트 디스크로 복제하는 행위가 허용되는지

…가사 원고들이나 피고 회사가 이 사건 계약 당시 이 사건 가요 및 가창을 새로운 복제매체인 콤팩트 디스크라는 음반으로 복제하는 상황을 예상하지 못하였음이 원고들 주장과 같다 하더라도, 위 나.항에서 본 바와 같이 이 사건 계약 당시 복제매체에 관하여 어떠한 제약이 있었다는 점을 인정할 만한 증거가 없고 오히려 위 계약이 피고 회사로 하여금 이 사건 원반을 이용하여 그에 수록된 원고들의 저작물을 엘피 음반 등 녹음물 일체에 복제하는 것을 허락하는 내용의 것이라고 봄이 상당하고, 한편, …엘피 음반과 콤팩트 디스크는 소리의 수록방식과 재생과정에 차이가 있을 뿐 소리를 기계적으로 기록하여 종국적으로는 스피커를 통하여 소리를 재생할 수 있는 음반인 것은 같으며 콤팩트 디스크가 엘피 음반의 대체물인 경향이 강한 사실을 인정할 수 있을 뿐만 아니라 여기에 위 나.항에서 본 피고 회사의 음반제작자로서의 저작권의 내용에 비추어 볼 때 피고 회사가 이 사건 원반을 이용하여 원고들의 저작물을 콤팩트 디스크로 복제하는 행위가 이 사건 계약에 의한 원고들의 저작물의 이용범위를 벗어난 것이라는 원고들의 위 주장도 이유 없다.

다. 피고 회사가 이 사건 원반을 재편집한 원반을 제작하는 행위가 허용되는지 여부

…이 사건 계약 당시 위 가요 10곡에 대한 원고들의 저작물의 재편집을 제한하였다거나 재편집 원반의 제작을 금지하였다는 점을 인정할 만한 증거는 없고, 한편 …이 사건 계약 당시 원반을 제작함에 있어서 작곡가, 작사가, 가수는 개개의 가사, 곡 및 가창만을 제공하고, 원반에 고정된 가창을

검토, 취사선택하는 등으로 편집하여 음반을 제작, 판매하는 것은 음반의 제작·판매업자가 담당하고 있었던 사실을 인정할 수 있는바, 위 인정 사실에 비추어 볼 때도 피고 회사가 이 사건 원반을 재편집하였다 하여 그 자체로서 원고들의 저작권을 침해하였다고 단정할 수는 없다. 다만, 현행 법 제6조는 편집물로서 그 소재의 선택 또는 배열이 창작성이 있는 것(이하 '편집저작물')은 독자적인 저작물로서 보호되나, 편집저작물의 보호는 그 편집저작물의 구성 부분이 되는 저작물의 저작자의 권리에 영향을 미치지 아니한다고 규정하고, 같은 법 제21조는 저작자는 그 저작물을 구성 부분으로 하는 편집저작물을 작성하여 이용할 권리를 가진다고 규정하고 있으며, 같은 법 제41조 제2항은 저작재산권의 전부를 양도하는 경우에 특약이 없는 때에는 편집저작물을 작성할 권리는 포함되지 아니한 것으로 보도록 규정하고 있으므로 저작자로부터 저작물의 편집권이 포함된 이용허락을 받은 경우라 하더라도 당사자 사이에 특약이 없는 한 저작자가 가지는 새로운 편집저작물을 작성할 권리까지는 부여받지 않았다고 보아야 할 것이지만, 이 사건의 경우 이 사건 원반 제작 당시 그 편집권이 피고 회사에 있었음이 위에서 인정한 바와 같을 뿐만 아니라 위 1의 다.항에서 인정한 바와 같이 피고 회사의 재편집 원반의 제작행위는 단순히 이 사건 가요 10곡의 수록 순서를 바꾸고 이에 원고 이○○가 가창한 7곡의 다른 곡을 추가한 것에 불과하기 때문에 이는 이 사건 계약에 의하여 피고 회사에게 허용되는 원고들 저작물의 이용범위 내에 속한다 할 것이므로 원고들이 가지는 새로운 편집저작물을 작성할 권리를 침해하였다고 볼 수도 없다 하겠다.

라. 피고 회사가 이 사건 계약에 의하여 원고들의 저작물을 사용하는데 기간의 제한은 없는지 여부

마지막으로 원고들은, 이 사건 계약 당시 원고들이 제공한 저작물의 이용기간을 정하지 아니하였고 위 계약상 피고 회사에게 이 사건 원반을 이용한 재편집 원반의 제작 및 콤팩트 디스크에 의한 복제, 판매행위가 허용된다고 하더라도 이를 언제까지나 무한정 허용할 수는 없고 그 이용기간은 합리적 범위 내에서 제한되어야 한다는 취지로 주장하나, 위 나.항에서 본 바와 같은 이 사건 계약 당시의 우리나라 음반업계의 실태나 계약관행과 이 사건 계약으로 인하여 피고 회사가 음반제작자로서의 저작권을 취득하게 된 점에 비추어 볼 때 피고 회사가 이 사건 원반을 사용하는 것인 한 원고들의 이 사건 10곡에 대한 저작물의 이용기간에 어떠한 제한이 있다고 할 수는 없으

므로 원고들의 위 주장 또한 받아들일 수 없다.」

☞ 유사 사례로, 피고가 1979. 2. 국악인인 원고와 전속계약을 체결하고, 원고의 가창을 녹음한 원반을 제작한 뒤 전속계약 만료일 이후에도 엘피, CD 등의 형태로 복제·판매한 사안[4-87]에서, 법원은 「이 사건 전속계약은 피고의 음반 복제·판매를 목적으로 체결된 것으로서 그 당시 가수들이 전속료를 받고 취입한 가창에 대하여 그 음반 출반의 수량, 회수, 기간이나 종류의 제한을 두지 않는 것이 일반적이었고, 이 사건 전속계약 역시 그 음반 출반의 기간 등에 대하여 어떠한 제한을 둔 바가 없으므로, 원고는 피고에게 기간의 제한없이 위 원반을 사용하여 음반을 제작하고 복제·배포하는 것을 허락하였다고 봄이 상당하고, 원고는 이 사건 전속계약 체결시 무명가수였으나 유명작곡가인 피고가 원고의 장래성을 보고 이 사건 전속계약을 체결하였고, 당시 우리나라의 대중가요계 및 음반업계에서는 가수들이 전속료를 받고 취입한 가창에 대하여 그 음반 출반의 기간이나 종류 등의 제한을 두지 않는 것이 일반적이었으며, 원고는 피고의 지도 아래 가수로서의 훈련을 받은 후 이 사건 음반을 녹음하였고, 피고로부터 가수활동을 지원받은 사실은 앞서 인정한 바와 같은바, 여기에 엘피(LP) 음반과 CD 음반은 소리의 수록방식과 재생과정에 차이가 있을 뿐 그 음반에 고정된 음은 동일한 것이고, 일반적으로 CD 음반이 엘피 음반의 대체물인 경향이 강한 점 및 원고가 이 사건 음반의 제조·판매에 있어 별도로 그 비용을 부담한 바는 없으며, 음반 제작 실패로 인한 위험부담이 고스란히 피고에게 전가되는 점 등을 종합하여 볼 때, 원고의 위 원반 사용 허락의 범위에 CD 음반의 제작·판매가 제외된다고 볼 수 없다」 고 판시하였다.[4-88]

☞ 위 판결에 대해서는, CD 음반이 LP 음반과 비교할 때 원음 보존 및 재생, 음반 제작, 운반 보관상 탁월한 특성을 가지고 있어 음반 시장 전체 규모를 확대

4-87) 서울중앙지방법원 2000. 9. 29. 선고 99가합83250 판결(서울고등법원 2001. 8. 22. 선고 2000나53511 판결, 대법원 2001. 12. 24. 선고 2001다60248 판결).

4-88) 한편, 나도야 간다 사건〔수원지방법원 2005. 9. 23. 선고 2004가합7630 판결(서울고등법원 2006. 5. 30. 선고 2005나94784 판결)〕에서는, 1983. 1. 체결된 전속계약에 따라 제작된 음반에 대하여 「전속계약금만을 지급받고 별도의 인세 지급 약정없이 음반제작자에게 음반 제작에 관하여 이용허락하는 것이 당시 음반 업계에서 일반적이었고, 위 계약 기간 동안에 제작된 원반을 이용하여 위 전속 기간을 경과한 이후로도 음반을 복제, 배포하는 것을 허락하였다고 봄이 상당하며, 또한 이용허락의 범위에는 녹음된 곡의 원형을 변형시키지 않고 선택, 재배열하는 권한도 포함되어 있다」고 판시하면서, 음반제작업자가 원본을 이용하여 다시 추가로 LP 음반이나 카세트 테이프 음반을 제작, 판매하려면 이에 대하여 어떤 형태로든 다시 저작권자의 이용허락을 받아야 한다는 원고의 주장을 배척하였다(다만 1990년대에 들어서면서 전속 계약금 외에도 음반의 판매에 비례한 인세에 관하여 지급을 약정하는 계약 형태가 생겨난 사실이 인정된다고 하였다).

시킨 점을 고려하지 않았고, 원고들이 경제적 지위에 있어서 현저히 약자적 입장에 있었던 점, 음반 제작비용이나 선전비용 상당의 대가만으로 과연 새로운 매체인 CD 음반에 대한 이용허락도 하였다고 볼 수 있는지 의문인 점 등을 고려할 때, 당사자들이 당시 CD 음반에 대한 이용가능성을 인식하고 있었다는 것을 전제로 하지 않고는 설득력이 부족하다는 비판이 있다.[4-89]

2) 신기한 아기나라 사건[4-90]

<사안의 개요>

피고는 윤○○에게 자신이 제작하는 유아용 교육물인 '신기한 아기나라'에 포함시킬 창작동요의 작사작곡을 의뢰하였고, 그에 따라 윤○○은 피고에게 '내 나이 두 살', '엄마 사랑해요' 등 16곡(이하 '이 사건 16곡')을 제공하였으며, 피고는 윤○○에게 대가로 약정한 720만 원을 지급하였다. 그 후 피고는 이 사건 16곡의 동요에 대한 녹음을 마치고, 이를 이용하여 '신기한 아기나라'의 구성부분인 '예쁜노래 고운노래'라는 제목의 '카세트 테이프' 등을 제작하여 '신기한 아기나라'와 함께 판매하였으며, 2000. 10.경부터는 카세트 테이프 대신 일반 CD(콤팩트디스크)로 제작하여 판매하였다. 윤○○으로부터 저작권을 신탁받은 원고는, 윤○○이 피고와 이 사건 계약을 체결할 당시 이 사건 16곡의 사용매체를 '카세트 테이프'로 한정하고 1회에 한하여 사용할 것을 허락하였는데, 피고가 이 사건 16곡을 'CD'로 제작하여 판매하고, 나아가 '노랫말 카드'를 제작하여 판매함으로써 윤○○의 이 사건 16곡에 대한 저작권을 침해하였다고 주장하였다. 이 사건 계약 당시 윤○○이 피고에게 이 사건 16곡의 이용형태를 제한하여 '카세트 테이프'에 한정하고 1회에 한하여 그 이용을 허락하였는지 여부가 쟁점이다.

<법원의 판단>

『윤○○는 피고와 사이에 이 사건 계약을 체결하면서 '신기한 아기나라'의 매출량에 따라 대가를 지급받기로 한 것이 아니라 그와 관계없이 이 사건 16곡의 1곡당 400,000원(기존곡) 또는 500,000원(신곡)으로 확정된 금액

4-89) 이진우·김원일, "새로운 매체와 저작물 이용허락의 범위", 계간 저작권 44호(1998. 12).

4-90) 서울고등법원 2006. 7. 26. 선고 2005나100276 판결(대법원 2008. 4. 24. 선고 2006다55593 판결).

을 지급받기로 하였고, 이 사건 16곡에 대하여 그 사용기간을 한정하지 않았음은 물론 신곡에 대하여는 피고를 제외한 동종 업계에 중복하여 제공하지 않기로 약정한 사실, 이 사건 계약 당시 윤○○는 서울음반을 통해 60곡의 동요를 발표한 것 외에는 별다른 경력이 없었던 사실, 피고는 윤○○에게 이 사건 16곡으로 제작한 '신기한 아기나라' 카세트 테이프를 제공하였고, 위 카세트 테이프 표지에는 저작권자가 피고로 기재되어 있었음에도 불구하고, 윤○○은 이에 대하여 일체 이의를 제기하지 않은 사실, 피고는 1997년경 윤○○ 이외의 다른 사람들에게 동요 작곡 등을 의뢰하면서 동요 1곡당 약 200,000원 또는 400,000원을 지급하고 그 작곡자 등이 제공한 곡의 저작권을 양수한 바 있고, 2000년경에는 작사가들에게 동요 가사 1곡당 100,000원을 지급하고 저작재산권 및 저작물을 응용하여 이용할 수 있는 권리를 양수받은 바 있는 사실을 각 인정할 수 있고, 여기에다가 앞서 본 바와 같이 윤○○는 피고가 기획한 신기한 아기나라의 기획방향에 맞추어 새로이 8곡을 작사·작곡하고, 기존곡에서 8곡을 선정하여 피고에게 제공한 점, 윤○○는 이 사건 16곡의 사용기간을 한정하지 않으면서 신곡 8곡에 대하여는 동종 업체에 중복하여 제공하지 않기로 약정하였는데, 피고가 CD를 제작할지 여부가 불확실한 상황에서 카세트 테이프에 한정하여 사용허락을 하였다는 것은 선뜻 수긍할 수 없는 점, 피고가 이 사건 16곡에 대하여 윤○○에게 지급한 비용은 다른 작사, 작곡들에게 지급한 비용보다 많은 액수인 점 등을 종합하여 보면, 윤○○와 피고는 이 사건 계약 당시 이 사건 16곡에 대하여 그 횟수는 물론 사용매체에 대하여도 아무런 제한을 두지 않고 피고가 이를 사용할 수 있는 것으로 약정하였던 것으로 봄이 상당하다.』

3) 봄여름가을겨울 사건[4-91]

<사안의 개요>

가수인 원고들은 1988. 6. 무렵부터 2002. 1. 무렵까지 피고가 운영하는 ○○기획 등을 통하여 이 사건 각 음반을 출반하였다. 위 음반 출반 계약 당시 원고들과 피고는, 원고들이 피고로부터 일정한 돈(다만, 일부 음반에 관하여는 일정 수 이상의 음반이 판매될 경우 초과 판매분에 대하여 판매량에 비례

4-91) 서울고등법원 2007. 12. 26. 선고 2007나52074 판결(대법원 2008. 4. 24. 선고 2008다8720 판결). 이용허락의 범위가 편집앨범을 제작하거나, 모바일·인터넷서비스에 제공하는 행위는 포함되는지가 쟁점이다.

한 인세를 지급하거나 일정 판매량에 도달할 경우 정액의 보너스를 지급하기로 약정하였다)을 지급받고 원반을 제작하여 피고에게 교부하면, 피고가 그 원반을 이용하여 음반을 제작, 유통, 홍보, 판매하고 그 수익은 모두 피고에게 귀속되는 것으로 약정하였다. 피고는 이 사건 각 음반의 수록곡을 한국음원제작자협회에 신탁하여 모바일 서비스(마이벨, 라이브벨, 컬러링, 음악편지 등)와 인터넷 서비스(스트리밍 서비스 등)에 제공하였고, 이 사건 각 음반의 수록곡을 이용하여 스스로 편집앨범을 제작하거나, 다른 음반제작사가 이를 이용하여 편집음반을 제작하도록 허락하였다. 이 사건 소송에서 원고들은, 피고가 원고들로부터 이 사건 각 음반의 유통, 판매에 관한 권한만을 허락받았음에도 불구하고, 이 사건 각 음반의 수록곡 중 일부를 복제한 후 스스로 음반을 발매하거나 다른 음반사에 배포하여 이들 음반사로 하여금 편집음반을 제작하게 하고, 그 음원을 모바일 서비스업체나 인터넷 서비스업체에 배포하여 원고들의 저작인접권을 침해하였다고 주장하였다. 원고들이 피고에게 이 사건 각 음반에 대한 음반제작자의 권리를 이용 허락한 범위가 쟁점이다.

<법원의 판단>

『각 약정만으로는 원고들과 피고 사이에 체결된 이용허락계약의 범위가 명백하지 아니하나, 위와 같은 경우 당사자가 그 이용허락계약을 체결하게 된 동기 및 경위, 그 이용허락계약에 의하여 달성하려는 목적, 거래관행, 당사자의 지식, 경험 및 경제적 지위, 수수된 급부가 균형을 유지하고 있는지 여부, 이용허락 당시 당해 음악저작물의 이용방법이 예견 가능하였는지 및 그러한 이용방법을 알았더라면 당사자가 다른 내용의 약정을 하였을 것이라고 예상되는지 여부, 당해 음악저작물의 이용방법이 기존 음반시장을 대체하는 것인지 아니면 새로운 시장을 창출하는 것인지 여부 등 여러 사정을 종합하여 그 이용허락의 범위를 사회 일반의 상식과 거래의 통념에 따라 합리적으로 해석하여야 할 것인바(대법원 2007. 2. 22. 선고 2005다74894 판결 참조), 원고들이 허락한 저작인접권 이용기간이 비교적 장기간이고, 원고들로서는 각 음반의 발매시점에 교부받은 계약금 명목의 돈 외에 달리 피고로부터 음반판매량에 따른 수익금을 나누어 받지 못한 점, 이 사건 각 음반의 발매 당시 편집음반이나 모바일·인터넷 음원 제공 서비스의 활성화를 예견하였다면 원고들로서는 그에 대한 다른 약정을 하였을 것으로 보이는 점,

이 사건 각 음반에 수록된 음원을 이용하여 무제한적으로 편집앨범을 제작하거나, 모바일·인터넷서비스에 제공하는 행위는 이 사건 각 음반에 수록된 대부분의 곡에 대한 저작권을 가진 원고들의 저작권을 부당하게 침해하는 행위로 보이는 점 등에 비추어 그 범위는 해당 음반의 제조, 유통, 판매에 한정되는 것으로 봄이 상당하다.』

4) 가요 아파트 사건4-92)

<사안의 개요>

가수인 윤○○은 1981년경 피고인 회사와 자신이 제작한 윤○○밴드 음반을 LP와 카세트 테잎으로 판매할 수 있도록 하는 계약(이하 '이 사건 계약')을 체결하고 1집부터 4집까지 계약을 유지해 오다가 당시 윤○○이 피고인 회사에 부담하고 있던 1,800만 원의 채무를 정산하기 위하여 우선 윤○○의 위 앨범에 대한 판권(음반제작자로서의 저작인접권)을 피고인 회사에 담보로 제공하되, 6개월 내에 돈을 갚지 않으면 피고인 회사에 판권이 귀속된다는 내용의 계약을 체결하였는데, 그 후 윤○○은 위 채무를 변제하지 못하였다.

피고인 회사의 대표이사인 피고인 신○○는 피해자 윤○○로부터 음악저작물의 이용허락을 받지 아니한 채 '파란', '버디뮤직' 등 온라인서비스제공자들과 음원사용계약을 체결한 후 위 제공자들로 하여금 온라인상에 '아파트' 등 음악저작물(이하 '이 사건 음악저작물')을 게시, 이용에 제공하여 피해자의 저작재산권을 침해한 혐의로 기소되었다.

이 사건 저작물의 인터넷을 통한 이용행위가 위 계약에서 허락받은 이용방법 및 조건의 범위 안에 포함되는지 여부가 쟁점으로 되었다.

<법원의 판단>

『윤○○은 피고인 회사에 부담하고 있던 채무를 담보 또는 정산하기 위하여 이 사건 저작물에 대한 이용허락계약을 체결하게 된 사실, 1985년 당시에는 국내에 CD음반마저 일반화되지 못한 상황으로서 아날로그 형태의 음원을 디지털 형태의 음원으로 변환한 후 인터넷을 통하여 유통하는 형태의 이용방법은 거의 예상하기 어려웠던 사실, 이 사건과 같이 일반공중이

4-92) 서울중앙지방법원 2008. 10. 15. 선고 2008노2199 판결(대법원 2009. 1. 30. 선고 2008도9880 판결).

개별적으로 선택한 시간과 장소에서 수신 하거나 이용할 수 있도록 저작물을 무선 또는 유선통신의 방법에 의하여 송신하거나 이용에 제공하는 것을 내용으로 하는 음반제작자의 전송권은 2004. 10. 16. 저작권법(법률 제7233호)이 개정되면서 비로소 신설된 사실, 피고인 회사에서 2004년부터 2007년까지 이 사건 저작물의 인터넷을 통한 음원서비스의 제공으로 약 31만 원의 매출을 올리는데 그치기는 하였으나 앞으로의 인터넷을 통한 음원서비스 제공관련산업은 계속 발전되고 그 시장은 예상하기 어려울 정도로 확대될 것으로 보이는 사실을 인정할 수 있고, 여기에 윤○○이 한국음악저작권협회에서 유·무선 인터넷을 통한 전송에서 발생한 사용료를 포함한 저작권사용료를 지급받은 사실이 있으나 그 내역에는 누가 어떠한 음악저작물을 제공한 것에 대한 대가인지 구체적으로 나타나 있지 않았을 뿐 아니라, 다른 음반사와 베스트앨범 계약을 체결한 윤○○로서는 피고인들의 저작권침해 내용을 인식하지 못하였을 것으로 보이는 사정 등을 모두 종합하면, 이 사건 이용허락계약에 새로운 매체인 인터넷을 통한 온라인서비스제공에 대한 이용허락까지 포함되어 있다고 볼 수 없음이 상당하다.』

5) 하늘색 꿈 Ⅱ 사건[4-93]

<사안의 개요>

원고는 대중가요인 '하늘색 꿈'의 악곡부분(이하 '이 사건 음악저작물')을 작곡한 저작권자이다. 원고는 한국음악저작권협회(이하 '저작권협회')와 사이에 이 사건 음악저작물에 관한 저작권신탁계약을 체결하였으나, 위 신탁계약은 2004. 4. 6.자로 해지되었다. 피고 ㈜○○ 등은 원고로부터 별도의 이용허락을 받지 아니한 채, 1998. 2. 25. 저작권협회에게 280,000원을 지급하고 이 사건 음악저작물에 대한 사용승인을 받은 후 이 사건 음악저작물을 노래 반주곡으로 제작하여 업소용 노래 반주기 등에 수록하여 판매하고, 노래 반주기 이용자들이 인터넷 사이트 '질러' 등을 통해 노래녹음파일을 전송받을 수 있도록 하고, 위 노래 반주곡을 '질러' 사이트 등에서 유료서비스 음원으로

4-93) 서울고등법원 2012. 10. 25. 선고 2011나89103 판결. 상고심(대법원 2015. 4. 9. 선고 2012다109798 판결)에서 신탁계약 종료 이후 이용허락계약의 효력과 녹음파일 저장 및 다운로드서비스 제공이 사적이용을 위한 복제인지 여부에 대해 법리 오해가 있다는 이유로 파기환송되어 다시 항소심 진행 중이다.

제공하였다. 원고는 피고 ㈜○○ 등이 이 사건 음악저작물에 관하여 저작권협회로부터 1998년 1~3월에 출시된 ROM-IC 방식의 노래반주기에 한정하여 사용허락을 받았음에도 위 승인 범위를 벗어나 업소용 노래반주기 등에 사용하였다고 주장하였다.

<법원의 판단>

『설령 이 사건 이용허락의 범위가 노래반주기 전체에 대한 것이 아니고 'ROM-IC' 방식이라는 특정 범주의 노래반주기에 대하여만 이용허락이 이루어진 것이라고 하더라도, …원고가 새로운 이용허락이 필요하다고 주장하고 있는 업소용 노래반주기, 마이크용 노래반주기, 가정용 및 차량용 노래반주기 등은 모두 노래방 프로그램과 위 프로그램이 구동되는 컴퓨터 및 주변영상기기 등을 이용하여 노래를 반주하게 하는 것으로서 저작물이 저장되는 매체의 종류만이 다를 뿐 저작물 이용의 본질적 모습이 다르지 아니한 점, 이 사건 이용허락 당시 저작권협회는 컴퓨터 노래반주기에 대하여 이용허락을 한 것일 뿐 저장매체를 특정한 것은 아니라고 보이고(…'CMCG'는 '컴퓨터 가라오케'를 통칭하는 말 또는 '컴퓨터 노래반주기'를 총칭했던 매체명이라는 것이다), 이 사건 이용허락의 대상은 이 사건 음악저작물이 저장되는 특정 매체가 아니라 이 사건 음악저작물을 연주할 수 있는 노래반주기라고 보아야 하는 점, 위와 같은 저장매체의 변경은 모두 컴퓨터를 기반으로 한 것으로 이 사건 이용허락 당시 예견 불가능하였던 것은 아니라고 보이며, 그 저장매체의 변경만으로 새로운 시장이 창출된다고 보기는 어려운 점, 피고 ㈜△△의 일부 노래반주기에 인터넷 연결 기능이 있다고 하더라도 이는 이용자들의 적극적인 선택에 따라 활성화되는 기능으로서 노래반주기 이용자들의 흥미를 높이기 위한 부수적 요소일 뿐이므로 그 노래반주기가 본격적인 음악저작물의 전송이나 복제를 목적으로 한 매체라고 보기는 어려운 점 등을 종합하면, 피고 티제이미디어가 노래반주기에서 이 사건 음악저작물을 사용하는 행위는 그 노래반주기의 형태를 불문하고 이 사건 이용허락의 범위 내라고 보아야 할 것이다. 한편, 이 사건 사용승인서의 '타이틀명'란에 '1~3월'이란 기재가 있으나 앞서 판단과 같이 이 사건 이용허락의 매체를 모든 형태의 노래반주기로 보는 이상 위 '1~3월'의 의미를 그 기간에 출시된 노래반주기로 한정하여 해석할 수는 없다.』[4-94]

4-94) 한편, 피고 ㈜○○ 등이 이 사건 음악저작물을 인터넷 사이트 '질러' 등에서 유료

다. 편집음반 사례

음악저작물의 저작권자가 음반을 제작하고자 하는 음반제작자에게 음악저작물의 이용을 허락하는 것은 특별한 사정이 없는 한 음반제작자가 음반의 원반(原盤)을 제작하고 이를 보통의 음반으로 복제하여 판매·배포함을 허락하는 범위에 한정되는 것이므로, 저작권자가 이러한 이용허락의 범위를 넘어 자신의 저작재산권 중 복제·배포권의 처분권한까지를 음반제작자에게 부여하였다거나, 또는 음반제작자로 하여금 저작인접물인 음반 이외에 저작권자의 저작물에 대해서까지 이용허락을 할 수 있는 권한 또는 저작물의 이용권을 제3자에게 양도할 수 있는 권한을 부여하였다는 등의 특별한 사정이 인정되지 않는 한, 음반제작자에 의하여 제작된 원반(原盤) 등 저작인접물에 수록된 내용 중 일부씩을 발췌하여 이른바 '편집앨범'을 제작하고자 하는 자는 그 음반제작자의 그 저작인접물에 대한 이용허락 이외에 저작권자로부터 음악저작물에 대한 이용허락을 아울러 얻어야 한다.[4-95]

1) 너에게 들려주고 싶은 명곡 사건[4-96]

<사안의 개요>

원고는 별지 목록 기재 각 음악저작물(이하 '이 사건 각 음악저작물')에 관하여 그 작사자 또는 작곡가(이하 '이 사건 각 저작자')와 사이에 저작권신탁

서비스 음원으로 사용하도록 한 것은 이 사건 이용허락의 대상 매체를 노래반주기로 제한한 범위를 벗어난 것이라고 보았으며, 노래반주기 이용자들이 노래반주기를 이용해 부른 노래 음원을 휴대용 저장장치에 저장할 수 있도록 한 것은 이용자의 행위에 불과할 뿐이라고 보았고, 노래반주기 이용자가 위 음원을 '질러' 사이트를 통해 전송받은 것은 사적 이용행위에 해당하다고 보았다.

4-95) 대법원 2002. 9. 24. 선고 2001다60682 판결(이 사건 각 음악저작물을 수록한 편집음반을 제작한 피고가 이 사건 각 음악저작물의 저작자로부터 사용허락을 받은 음반제작자들로부터 사용허락을 받았다고 항변한 것에 대하여, 피고가 음반제작자들로부터 그 원반에 관한 사용허락을 받기 전에 이미 이 사건 각 저작자들은 원고와 사이에 이 사건 각 음악저작물을 포함한 저작물들에 관하여 저작권신탁계약을 체결함으로써 이 사건 각 음악저작물에 대한 저작재산권이 원고에게 이전되었으므로, 저작재산권자인 원고의 사용허락을 받아야 한다고 하여 피고의 위 주장을 배척하였다).

4-96) 서울고등법원 2001. 8. 29. 선고 2000나53085 판결(대법원 2002. 9. 24. 선고 2001다60682 판결).

계약을 체결하여 신탁받았다. 피고는 원고의 허락을 받지 아니한 채 이 사건 각 음악저작물을 수록한 '너에게 들려주고 싶은 명곡 I'이라는 제목의 콤팩트 디스크(CD) 및 카세트테이프(이하 '이 사건 각 음반')를 각 제작·판매하였다. 피고는 이 사건 각 저작자로부터 이용허락을 받고 이 사건 각 음반을 제작하였으므로 저작권 침해가 성립하지 않는다고 주장하였다.

『신탁자인 이 사건 각 저작자와 수탁자인 원고 사이에 이 사건 각 음악저작물을 포함한 이 사건 각 저작자의 저작물들에 관하여 저작권신탁계약이 체결됨으로써 이 사건 각 음악저작물에 대한 저작재산권은 법률상 이 사건 각 저작자로부터 원고에게 완전히 이전하여 원고가 권리자가 되고 그 권리에 대하여 소제기의 권한을 포함한 모든 관리처분권이 원고에게 속하게 된다 할 것이고, 따라서 피고가 원고의 허락을 받지 아니하고 이 사건 각 음악저작물을 수록한 이 사건 각 음반을 복제·배포하는 행위는 특별한 사정이 없는 한 이 사건 각 음악저작물에 관한 원고의 저작권을 침해하는 행위에 해당한다 할 것이므로 원고는 피고에게 그 침해행위의 정지를 청구할 수 있다.

…피고는, 이 사건 각 저작자로부터 이 사건 각 음악저작물에 대하여 사용허락을 받아 원반(원반, 소위 마스터테이프)을 제작한 음반제작자들로부터 그 원반에 관한 사용허락을 받아 이 사건 각 음반을 제작하였으므로, 피고의 이 사건 각 음반의 복제·판매행위는 이 사건 각 음악저작물에 대한 저작권 침해행위에 해당하지 아니한다고 항변한다.

…피고가 이 사건 각 저작자로부터 이 사건 각 음악저작물에 대하여 사용허락을 받아 원반을 제작한 음반제작자들로부터 그 원반에 관한 사용허락을 받기 전에 이미 이 사건 각 저작자들은 원고와 사이에 이 사건 각 음악저작물을 포함한 이 사건 각 저작자들의 저작물들에 관하여 위와 같이 저작권신탁계약을 체결함으로써 이 사건 각 음악저작물에 대한 저작재산권이 원고에게 이전된 사실을 인정할 수 있고 반증이 없으므로, 피고가 이 사건 각 음반을 복제·배포하기 위하여는 이 사건 각 음악저작물에 대한 저작재산권자인 원고의 사용허락을 받아야 할 것인데, 피고가 이 사건 각 음악저작물에 대하여 원고로부터 아무런 사용허락을 받지 아니하였음은 이를 자인하고 있으므로 피고의 위 항변은 더 나아가 판단할 필요 없이 이유 없다.』

2) 롯데리아 편집음반 사건[4-97]

<사안의 개요>

원고 김○○는 롯데리아와 사이에 이 사건 음악저작물 12곡을 수록한 판촉용 CD를 제작, 공급하기로 하는 계약을 맺고, 원고 ㈜○○으로부터 위 음악저작물들이 수록된 CD(이하 '이 사건 편집음반')를 공급받아 이를 롯데리아에 납품하였다. 이 사건 편집음반은 원고 ㈜○○이 편집음반에 수록하기로 하여 선곡한 곡에 대하여 각 음악저작물의 원반(原盤, Master Tape)을 제작한 음반제작자들로부터 이용허락을 받아 그 곡의 배열을 정하는 등 편집과정을 거쳐서 만든 음반인데, 원고들은 위 편집음반을 제작하거나 공급하여 배포함에 있어 이 사건 저작자로부터 저작권을 신탁받은 피고로부터 이 사건 저작물에 관한 이용허락을 받지는 않았다. 원고들은 우리나라 음악저작물의 성립과 거래 관행 등에 비추어볼 때, 위 편집음반에 수록된 각 음악저작물에 관하여 그 원반을 제작한 음반제작자들로부터 이용허락을 받은 이상 이 사건 저작자로부터 별도의 이용허락을 받을 필요가 없다고 주장하였다.

<법원의 판단>

「법 제2조 제7호는 "음반제작자는 음(音)을 음반에 맨 처음 고정한 자를 말한다."고 규정하고, 같은 법 제67조는 "음반제작자는 그 음반을 복제·배포할 권리를 가진다."고 규정하며, 같은 법 제62조는 "(음반제작자 등의) 저작인접권에 관한 규정이 저작권에 영향을 미치는 것으로 해석되어서는 아니된다"고 규정하고, 같은 법 제42조 제3항은 "저작재산권자의 저작물 이용허락에 의하여 저작물을 이용할 수 있는 권리는 저작재산권자의 동의 없이 제3자에게 이를 양도할 수 없다."고 규정하는바, 음악저작물의 저작권자가 음반을 제작하고자 하는 음반제작자에게 음악저작물의 이용을 허락하는 것은 특별한 사정이 없는 한 음반제작자가 음반의 원반을 제작하고 이를 보통의 음반으로 복제하여 판매·배포함을 허락하는 범위에 한정되는 것이며, 음반제작자가 작사자나 작곡자에게 이용료를 선지급하고 저작을 의뢰하더라도 당연히 그 저작물에 대한 포괄적인 이용권을 가지거나 타에 양도할 수 있는 권한 등을 가진다고 할 수 없으므로, 저작권자가 이러한 이용허락의 범위를 넘어 자신의 저작재산권 중 복제·배포권의 처분권한까지를 음반제작자에게

4-97) 서울고등법원 2004. 1. 27. 선고 2003나1832 판결(대법원 2006. 7. 13. 선고 2004다10756 판결).

부여하였다거나, 또는 음반제작자로 하여금 저작인접물인 음반 이외에 저작권자의 저작물에 대해서까지 이용허락을 할 수 있는 권한 또는 저작물의 이용권을 제3자에게 양도할 수 있는 권한을 부여하였다는 등의 특별한 사정이 인정되지 않는 한, 음반제작자에 의하여 제작된 원반 등 저작인접물에 수록된 내용 중 일부씩을 발췌하여 이른바 '편집앨범'을 제작하고자 하는 자는 그 음반제작자의 그 저작인접물에 대한 이용허락 이외에 저작권자로부터 음악저작물에 대한 이용허락을 아울러 얻어야 한다고 할 것이다(대법원 2002. 9. 24. 선고 2001다60682 판결 참조).」[4-98]

3) 베이비복스 편집음반 사건[4-99]

<사안의 개요>

피고 윤○○은 2002. 4.경 이 사건 음악저작물이 포함된 음반명 '베이비복스 5.5집 스페셜 앨범'을 기획하고, 피고 회사에게 도급을 주어 위 앨범을 제작한 후 이를 판매하였다(이하 '이 사건 편집음반'). 이 사건 편집음반에 수록된 곡 중 2곡(이하 '이 사건 신곡')을 제외한 나머지 곡들은 피고 윤○○이 그 원반(原盤, Master Tape)을 제작한 베이비복스 1집 내지 5집(이하 '이 사건 원반')에 수록된 곡을 그대로 복제한 후 가수의 노래와 반주는 바꾸지 않고 전주와 후주 부분의 일부를 줄이거나 곡과 곡 사이의 브릿지를 없애는 등으로 원래 4분 분량의 곡을 3분 30초 정도로 줄이고 그 순서를 바꿔 수록한 것이고, 이 사건 신곡은 피고들이 이 사건 편집음반을 제작하면서 그 작사자 및 작곡자의 이용허락을 받아 최초로 그 음을 고정하여 수록한 것이다. 이 사건 원반은 이 사건 음악저작물의 음이 맨 처음 고정된 '신보음반'이며, 이 사건 원반과 이 사건 편집음반은 '베이비복스'라는 가수가 부른 노래 또는 가수의 노래가 생략된 반주만으로 구성되어 있다.

4-98) 우리나라 음악저작물의 거래관행상 이 사건 음악저작물의 저작자들은 음반제작자에게 편집음반의 제작 등 포괄적으로 이용 허락하였고, 음반 외에 포괄적으로 그 음악저작물을 이용허락을 할 수 있는 권한 또는 저작물의 이용권을 제3자에게 양도할 수 있는 권한도 부여하였다는 원고들의 주장도 배척하였다.

4-99) 서울고등법원 2006. 3. 15. 선고 2005나48392 판결(대법원 2006. 12. 22. 선고 2006다21002 판결). 저작권 신탁 후 신탁자와 체결한 음반제작계약의 유효 여부와 음반제작계약에 따른 이용허락의 범위에 편집음반 제작이 포함되는지 여부가 쟁점이다.

피고들은 이 사건 편집음반을 제작·판매함에 있어 이 사건 음악저작물의 저작자로부터 저작권을 신탁받은 원고로부터 별도의 이용허락을 받지는 않았다.

<법원의 판단>

먼저 원고는 피고 윤○○이 이 사건 원반을 제작할 당시에 이 사건 저작자들로부터 이 사건 음악저작물에 대한 이용허락을 받지 않았고, 이용허락을 받았다 하더라도 그 허락을 받은 시점이 원고가 위 저작자들과 저작권신탁계약을 체결한 이후이므로 위 이용허락은 무권리자로부터의 허락으로서 그 효력이 없다고 주장하였는데, 이에 대하여 법원은, 『신보인세제가 시행되기 이전에는 원고가 이 사건 저작권자들에게 '저작권자 자신이 신보음반의 제작자에 대하여 음악저작물의 이용을 허락할 수 있는 권리'를 묵시적으로 유보시킨 것으로 봄이 상당하므로, 이 사건 저작자들이 피고 윤○○에게 한 이 사건 이용허락은 유효하다』고 보았다.

또한 원고는 이 사건 원반 제작에 대한 이용허락이 유효라 하더라도 그 이용허락의 범위 및 피고 윤○○이 저작인접권자로서 가지는 복제·배포권의 범위는 이 사건 원반의 제작·판매에만 미칠 뿐이고, 이 사건 원반에 고정된 음원에 일부 변형을 가하고 곡의 배열 순서를 바꾸어 다른 신곡과 함께 새로운 편집음반을 제작하는 것은 위 허락의 범위를 벗어나는 것이라고 주장하였는데, 이에 대하여 법원은, 『이 사건 이용허락에는 원반제작자인 피고 윤○○이 제3자에게 이 사건 음악저작물의 이용을 허락하거나 이 사건 음악저작물의 이용권을 양도할 수 있는 권한 또는 스스로 위 이용허락을 받아 최초로 제작한 음반에 수록된 곡을 '베이비복스' 이외의 다른 가수가 부른 곡 등과 혼합하여 새로운 음반(편집음반 등)을 제작할 수 있는 권한까지는 포함되지 않았다고 하더라도, 이 사건 원반에 수록된 곡들을 이용하여 '베이비복스'가 부른 노래만으로 구성된 편집음반을 제작·판매할 수 있는 권한은 포함된다』고 보았다.

☞ 한편 위 판결에서는 저작인접권자로서 갖는 복제·배포권에 편집음반의 제작·판매도 포함된다는 내용의 설시가 있었는데, 이에 대해서는, 음반제작자는 원저작자와의 이용허락계약에 의하여 허락된 범위(이용기간, 이용방법 등) 내에서 음

반을 제작·판매할 수 있는바, 음반제작자가 가지는 저작인접권자로서의 복제·배포권은 원저작자의 이용허락에 기초한 권리일 뿐이므로 원반 제작시 원저작자와 음반제작자 사이에 체결된 이용허락계약의 해석에 의하여 판단하여야 할 문제이지, 음반제작자가 독자적으로 원반에 수록된 음악저작물을 편집음반 등에 복제할 수 있는 것처럼 설시한 것은 잘못이라는 비판이 있다.[4-100)]

☞ 위 판결에서는 원고(한국음악저작권협회)가 2003. 7. 1. 신보인세제(新譜印稅制)[4-101)]를 시행하기 이전에는, 비록 저작권을 신탁한 작사자 및 작곡자라 하더라도 음악저작물을 맨처음 음반으로 제작하려 하는 경우(신보 제작의 경우)에는 원저작자가 직접 음반제작자를 선정하고 음반제작자로부터 일정액의 금원(곡비)을 지급받고 음반제작을 허락하는 음반제작계약을 체결하였고, 원고가 이러한 음반제작계약을 묵인하고 음반제작자에게 별도로 저작물의 사용료를 청구하지 아니하는 관행이 있었던 것을 인정하여, 저작권을 신탁하여 그 처분권을 상실한 신탁자와 체결한 음반제작계약을 무효라고 보는 대신 저작자와 수탁사 사이에 신탁계약이 체결된 후 이와 별도로 저작자와 음반제작자 사이에 체결된 저작물 이용허락계약의 내용을 들어 앞서 체결된 신탁계약을 제한적으로 해석한 사례이다.

이에 대하여 신탁계약을 신탁법상 신탁으로 보는 종전 대법원 판례와 일견 모순되나, 음반업계의 현실적 사정을 고려하여 구체적 타당성을 추구한 판례라는 견해가 있다.[4-102)]

4) 연가 편집음반 사건[4-103)]

<사안의 개요>

피고들은 공동으로 이 사건 67곡의 음악저작물을 4개의 CD 또는 TAPE에 나누어 수록한 음반을 '연가'라는 제목으로 기획·제작하여 판매하였다(이하

4-100) 오영준, "음반제작자가 저작자의 이용허락을 얻어 제작한 원반을 이용하여 스스로 편집음반을 제작·판매하는 것이 음반제작자가 저작인접권자로서 갖는 복제·배포권의 범위에 당연히 포함되는지 여부", 대법원판례해설 66호(2006년 하반기), 31～34면.

4-101) 음반제작자는 신보음반 제작의 경우에도 한국음악저작권협회로부터 저작물 사용승인을 받아야 하고, 모든 음반에 원고가 제작한 인지를 부착하여 판매한 후 원고에게 음반 출고가의 일정비율로 정한 곡당 인세를 지급하도록 한 제도(오영준, 위 논문, 28면).

4-102) 배대헌, "이른바 '곡비' 지급에 따른 음악저작물의 이용허락계약과 신탁계약 효력", 계간 저작권 77호(2007. 4).

4-103) 대법원 2007. 2. 22. 선고 2005다74894 판결(환송심에서 강제조정).

'연가 편집음반'). 피고들은 이 사건 편집음반에 수록된 곡 중 15개곡(이하 '이 사건 15개 음악저작물')에 대해서는 원반을 직접 제작한 원반제작자이고, 나머지 곡(이하 '이 사건 나머지 음악저작물')에 대하여는 각 음악저작물의 원반(原盤, Master Tape)을 제작한 음반제작자들로부터 원반에 수록되어 있는 음원의 이용허락을 받았으나, 이 사건 저작자들로부터 저작권을 신탁받은 원고로부터 다시 이용허락을 받지는 아니하였다. 원고는, 피고들이 이 사건 음악저작물을 수록한 이 사건 각 편집음반을 제작, 배포하기 위해서는 각 음반제작자로부터 이용허락을 받는 외에 이 사건 음악저작물의 저작권을 신탁받은 원고로부터도 이용허락을 받아야 한다고 주장하였다.

이에 대하여 원심은

『음반제작자가 원반을 제작하기에 앞서 저작자로부터 이용허락을 받는 것은 저작인접권자로서의 권리가 발생하기 전에 음악저작물을 음반에 고정시키는데 사용하기 위한 것이고, 원반을 제작한 이후에는 저작인접권자의 고유의 권리로서 원반에 관한 복제권·배포권을 취득하게 되므로, 음반제작자가 자신이 음악저작물을 맨처음 고정시킨 원반을 복제하거나 이를 배포할 수 있는 권리는 저작자의 허락에 의하여 음악저작물을 이용할 수 있는 권리가 아니라 저작인접권자의 고유의 권리인 원반에 관한 복제권·배포권에 기인하는 것이므로, ① 음악저작물의 저작자로부터 이용허락을 받아 원반을 제작한 음반제작자가 원반을 복제·배포하는 경우, 이는 음반제작자의 복제권·배포권의 범위 내의 행위이므로 음악저작물에 관한 저작권자로부터 별도로 이용허락을 받을 필요가 없으나, ② 음악저작물의 저작자로부터 이용허락을 받아 원반을 제작한 음반제작자가 아닌 제3자가 그 원반을 복제·배포하려고 하는 경우에는 제3자는 그 음이 고정된 원반을 이용하여 음악저작물을 사용하는 것인데, 음악제작자는 원반에 관한 권리를 가지고 있고, 저작자는 음악저작물에 관한 권리를 가지고 있으며, 양자의 권리는 서로 영향을 미치지 아니하고 병존하므로, 양자의 권리를 모두 이용하려고 하는 제3자로서는 원반에 관하여 복제권·배포권을 가지고 있는 음반제작자로부터 원반의 이용허락을 받아야 할 뿐만 아니라, 음악저작물에 관한 저작권자로부터 저작물의 이용허락도 받아야 한다.』

고 판시하면서, 이 사건 15개 음악저작물의 경우에는 원반제작자인 피고들이 위 곡의 원반을 재생하여 위 곡을 다른 음반에 녹음한 다음 이를 배포하는 것은 음반제작자의 복제권·배포권의 범위 내의 행위이므로 별도로 저작자로부터 저작권을 신탁받은 원고로부터 다시 이용허락을 받지 않았다 하더라도 원고의 저작권을 침해하였다고 할 수 없으나,4-104) 이 사건 나머지 음악저작물의 경우에는 피고들로서는 각 음악저작물을 이 사건 각 편집음반에 수록하기 위하여 각 음악저작물이 고정된 원반 자체를 복제함과 동시에 이 사건 음악저작물을 이용하는 것이므로, 원반에 관한 복제권·배포권을 가지고 있는 음반제작자의 이용허락 뿐만 아니라 음악저작물에 관한 저작권을 가지고 있는 원고의 이용허락 또한 받아야 한다고 보았다.

<법원의 판단>

> 『(이 사건 15개 음악저작물과 관련하여) 피고들이 '이 사건 15개 음악저작물'의 저작자들로부터 이용허락을 받아 그에 관한 원반을 제작하였던 자로서 그 원반의 복제·배포권을 갖게 되었다 하더라도, 그 저작자들이 '이 사건 15개 음악저작물'에 대하여 이용허락을 한 구체적인 범위가 어디까지인지를 심리하지 아니하고서는, 위와 같은 사정만으로 곧바로 피고들이 '이 사건 15개 음악저작물'의 원반 등을 복제하여 '연가 편집음반'을 제작·판매한 행위가 원고의 '이 사건 15개 음악저작물'에 대한 저작재산권의 침해에 해당하지 않는다고 단정할 수 없다. 그럼에도 불구하고, 피고들이 '이 사건 15개 음악저작물'의 저작자들로부터 이용허락을 받아 원반을 제작한 이상 그 이용허락의 구체적인 범위와 관계없이 음반제작자의 복제·배포권의 행사로서 당연히 '이 사건 15개 음악저작물' 등을 수록한 '연가 편집음반'을 제작·판매

4-104) 다만, 『피고들이 위 15개의 음악저작물의 원반을 제작하기 이전에 그 음악저작물의 저작자가 그 저작권을 원고에게 신탁하였다면, 피고들은 위 15개의 음악저작물의 원반을 제작함에 있어 그 저작자가 아닌 원고로부터 이용허락을 받아야 함이 원칙이나, 그 당시에는 관행상 비록 저작권이 신탁되어 있다 하더라도 그 음악저작물에 관하여 최초로 음반을 제작하는 경우에는 음반제작자가 원고가 아닌 저작자로부터 이용허락을 받고 저작자에게 정액으로 사용료를 지급하였으며, 원고도 위 관행을 인정하여 위 음반제작자로부터 그 음악저작물의 사용료는 징수하지 아니하고 그 후 제3자가 원반에 고정된 음악저작물을 재생, 녹음, 방송 등의 방법으로 사용하는 경우에만 사용료를 징수하여 왔고, 수탁자로서의 원고의 권리는 애초 저작자가 음악저작물에 관하여 가지고 있는 권리의 범위를 초과할 수 없다는 점에서, 수탁자로서 저작자의 권리를 대신하여 행사하는 원고로서는 음반제작자가 원반을 제작하거나 복제, 배포함에 있어 저작자 이외에 원고로부터도 음악저작물의 이용허락을 받아야 한다고 주장할 수 없다』고 판시하였다.

할 수 있다고 본 원심의 판단에는, 음반제작자의 복제·배포권의 법리를 오해한 나머지 '이 사건 15개 음악저작물'에 대한 이용허락의 구체적인 범위에 관하여 필요한 심리를 다하지 아니함으로써 판결 결과에 영향을 미친 위법이 있다. 이 점을 지적하는 상고이유는 이유 있다.」

고 보아 파기 환송하였고, 이 사건 나머지 음악저작물에 대해서는 피고들의 상고를 기각하였다.

☞ 위 판결에 대해서는, 편집앨범 중 특정 가수의 히트곡을 모아서 하나의 음반으로 제작하는 베스트 음반은 전 세계 대중음악계에 공통적으로 존재하는 오래된 관행으로 원저작자로서는 자신의 곡이 추후 베스트 음반에 수록될 수 있다는 것을 충분히 예견할 수 있으나, 이 사건 편집음반을 시초로 비로소 제작되기 시작한 여러 가수의 히트곡을 모은 컴필레이션 음반의 경우에는 원저작자가 이를 예상하기 어려웠을 것으로 보이고, 다양한 가수의 히트곡을 모아서 간편하게 들을 수 있다는 점에서 원래의 음반의 수요를 대체한다기보다는 새로운 수요를 창출해낸다고 볼 수도 있어서 이용허락이 범위를 벗어나는 행위라고 볼 여지가 더 많다는 견해가 있다.4-105)

라. 설계도면 관련

일반적인 설계용역계약에 따라 설계도를 작성하여 이를 발주자에게 제공한 설계도 작성자는 발주자로 하여금 그 설계도를 본래의 취지대로 이용할 수 있도록 허락한 것으로 볼 수 있고, 발주자 및 발주자로부터 그 시공을 도급받은 시공자가 그 설계도를 기반으로 설계용역계약이 상정하고 있는 특정한 공사를 시행하는 것은 위와 같은 이용허락의 범위 내에 있는 정당한 이용행위이다.

법원도 가분적인 내용들로 이루어진 건축설계계약에 있어서 설계도서 등이 완성되어 건축주에게 교부되고 그에 따라 설계비 중 상당 부분이 지급되었으며 그 설계도서 등에 따른 건축공사가 상당한 정도로 진척되어 이를 중단할 경우 중대한 사회적·경제적 손실을 초래하게 되고 완성된 부분이 건축주에게 이익이 되는 경우에는 건축사와 건축주와의 사이에 건축설계계약관계가 해소되더라도 일단 건축주에게 허여된 설계도서 등에 관한 이용권은 의연 건축주

4-105) 윤인태, "음반제작자 또는 그 허락을 받은 제3자의 편집앨범 제작", 부산판례연구회 판례연구 19집(2008. 2), 516~518면.

에게 유보된다고 판단한 바 있다.[4-106)]

1) 사인물 디자인 사건[4-107)]

<사안의 개요>

㈜○○은 카지노 영업장을 개설하기로 하고 소외 △△전자에 영업장 외부의 사인물 등의 공사(이하 '이 사건 공사')의 설계용역을 발주하였고, △△전자는 원고에게 이를 하도급하였다. 그에 따라 원고는 ㈜○○에게 사인물 디자인의 배열 도안 및 설계도(이하 '이 사건 설계도')를 제공하였으나, △△전자로부터 용역대금을 지급받지 못하였다. 피고는 ㈜○○으로부터 이 사건 설계도를 제공받아 이를 기반으로 사인물을 제작하였다. 원고는 피고가 아무런 권한 없이 이 사건 설계도를 기반으로 사인물을 제작하여 원고의 복제권 및 2차적 저작물 작성권을 침해하였다고 주장하였다.

<법원의 판단>

> 『시공자가 설계도에 관한 복제권 및 2차적 저작물 작성권을 침해하였다고 하기 위해서는, 그와 같은 설계도가 작성되어 시공자에게 제공되기까지의 경위가 아무런 정당한 사유 없이 무단으로 이루어진 경우라거나, 설계도가 시공자에게 제공된 본래의 취지를 벗어나서 그 사용 한도를 일탈하였다는 등의 사정이 있어야 하는 것이고, 설계자가 설계용역계약에 기하여 설계도를 작성하여 이를 발주자에게 제공한 경우에는 당해 설계용역계약을 통하여 달성하고자 하는 계약 당사자들의 목적과 저작재산권자는 다른 사람에게 그 저작물의 이용을 허락할 수 있고, …설계용역계약이 상정하고 있는 특정한 공사에 대하여는 발주자 및 시공자가 그 설계도를 기반으로 공사를 시행하였다고 하더라도 저작물의 이용허락을 받은 정당한 이용행위로 평가되어 설계도에 관한 복제권 및 2차적 저작물 작성권을 침해하였다고 볼 수 없다.
>
> …원고는 이 사건 설계용역계약에 기하여 발주자인 ㈜○○에게 이 사건 설계도를 작성·제공하였고, 피고는 ㈜○○로부터 이 사건 공사를 하도급 받아 같은 회사로부터 제공받은 이 사건 설계도를 기반으로 공사를 시행한 것으로서, 이는 저작물의 이용허락을 받은 범위 내에서의 정당한 이용행위로 평가되므로, 특별한 사정이 없는 한 피고가 이 사건 설계도에 관한 복제권

4-106) 대법원 2000. 6. 13.자 99마7466 결정.

4-107) 서울고등법원 2007. 10. 30. 선고 2006나113866 판결(확정).

및 2차적 저작물 작성권을 침해하였다고 볼 수 없다.

…원고가 △△전자로부터 설계용역대금을 제대로 지급받지 못한 사실이 있다고 하더라도 이는 원고와 △△전자 사이의 용역대금채무에 관한 문제일 뿐, 그와 같은 사정만으로 이 사건 설계용역계약의 효력 및 저작물의 이용허락에 어떠한 영향을 미치는 것은 아니다.』

Ⅴ. 영상저작물의 특례

1. 이용허락 범위의 추정

저작재산권자가 저작물의 영상화를 다른 사람에게 허락한 경우에 특약이 없는 때에는 영상저작물을 제작하기 위하여 저작물을 각색하는 것 등 일정한 권리를 포함하여 허락한 것으로 추정한다(법 제99조 제1항).

1) 영화사용 음악저작물 사건4-108)

<사안의 개요>

저작권신탁관리업자인 원고는 영화상영관을 운영하는 피고에 대하여, 피고가 영화관에서 영화를 상영하거나 영화에 삽입된 음반을 재생하여 음악저작권자들의 공연권을 침해하였다고 주장하였고, 이에 대하여 피고는 법 제99조 제1항 제2호의 규정에 비추어 영화제작자들이 원고로부터 음악저작물을 영화에 이용하는 것에 대하여 받은 허락에는 음악을 복제하는 것뿐만 아니라 공

4-108) 서울중앙지방법원 2013. 5. 23. 선고 2012가합512054 판결(서울고등법원 2013. 12. 19. 선고 2013나2010916 판결로 원고의 항소가 기각되었고, 대법원 2016. 1. 14. 선고 2014다202110 판결로 상고기각되었는데, 음악저작물을 특별한 변형 없이 영상저작물에 이용하는 것도 '저작물의 영상화'로서 저작권법 제99조 제1항에 따라 저작권자가 그에 관한 허락을 한 경우 특약이 없는 한 그에는 영상저작물을 공개상영하는 형태의 음악저작물의 공연권에 관한 이용허락도 포함된 것으로 추정되고, 위 추정 배제 특약이 있다고 볼 수도 없으며, 해당 영화를 위하여 창작된 음악저작물의 경우 원고가 그 저작자로부터 저작재산권을 신탁받았다고 하더라도 그 이전등록을 마치지 않은 이상 저작권법 제54조에 따라 위 저작자로부터 적어도 이용허락을 받은 영화제작자 및 그로부터 영화를 공급받아 상영한 피고에 대하여 저작재산권 신탁에 따른 양수로써 대항할 수 없다고 판시하였다).

연하는 것도 포함되어 있다 할 것이어서 피고가 원고에게 별도의 공연사용료를 지급할 의무가 없다고 다투었다.

<법원의 판단>

『법 제99조 제1항은 “저작재산권자가 저작물의 영상화를 다른 사람에게 허락한 경우에 특약이 없는 때에는 다음 각 호의 권리를 포함하여 허락한 것으로 추정한다. 2. 공개상영을 목적으로 한 영상저작물을 공개상영하는 것”이라고 규정하고 있다. 위 규정에 따르면 특별한 약정이 없는 이상 저작재산권자로부터 저작물의 영상화를 허락받은 경우 설령 영상저작물을 상영하는 것이 해당 저작물의 공연에 해당한다 하더라도 별도의 공연사용료를 지급할 의무는 없다.

…이에 대하여 원고는 위 조항에서 말하는 ‘저작물의 영상화’란 저작물을 시각적인 영상으로 만드는 것을 의미하고 그러기 위해서는 일정한 이야기가 있어야 하므로, 위 조항은 일정한 이야기가 있는 어문저작물에만 적용될 뿐 일정한 이야기가 없는 음악저작물의 경우에는 적용되지 않는다고 주장한다.

살피건대, ① 법 제2조 제1호는 저작물을 ‘인간의 사상 또는 감정을 표현한 창작물’로 규정하고 있는바, 위 규정에 의하면 법 제99조 제1항의 저작물을 어문저작물로만 한정하여 해석할 아무런 근거가 없는 점, ② 법 제100조 제1항은 “영상 제작자와 영상저작물의 제작에 협력을 약정한 자가 그 영상저작물에 대하여 저작권을 취득한 경우 특약이 없는 한 그 영상저작물의 이용을 위하여 필요한 권리는 영상제작자가 이를 양도받은 것으로 추정한다.”라고 규정하면서 같은 조 제2항에서는 “영상저작물의 제작에 사용되는 소설·각본·미술저작물 또는 음악저작물 등의 저작재산권은 제1항의 규정으로 인하여 영향을 받지 아니한다.”라고 규정함으로써, 음악저작물도 소설, 각본 등의 어문저작물과 마찬가지로 영상화의 대상이 됨을 전제로 하고 있는 점, ③ 법 제99조 제1항의 저작물의 범위를 어문저작물로만 한정하고 음악저작물을 제외하게 된다면, 영화의 제작단계에서 개별 저작권자들로부터 이용허락을 받았다고 하더라도 그 상영을 위하여 별도로 모든 저작권자들의 허락을 받아야 하는 문제가 발생하므로 영상저작물에 대하여 종합예술로서 특성을 살리고 그 이용의 원활을 기하고자 하는 위 조항의 입법취지가 크게 훼손되는 점 등을 고려하여 보면, 법 제99조 제1항의 저작물에는 음악저작물도 포함된다고 봄이 상당하다. 따라서 원고의 위 주장은 받아들일 수 없다.

…다시 원고는 법 제99조 제1항의 저작물에 음악저작물이 포함된다 하더라도 음악저작물의 이미지를 영상으로 제작하는 경우에만 '저작물의 영상화'에 해당하고, 음악저작물을 단순히 주제곡이나 배경음악으로 사용하는 경우에는 저작물의 영상화로 볼 수 없다고 주장한다.

살피건대, ① 원고의 주장과 같이 '음악저작물의 영상화'가 저작권법상 원저작물인 음악저작물을 편곡·영상제작, 그 밖의 방법으로 작성한 창작물인 '2차적 저작물을 작성하는 행위'와 동일한 의미를 가진다고 해석할 법률적 근거가 없는 점, ② 음악저작물이 영화에 이용되는 형태 중에는 음악저작물을 특별한 변형 없이 영화의 주제곡이나 배경음악으로 이용하는 경우가 훨씬 더 많은데, 이러한 경우를 법 제99조 제1항의 '저작물의 영상화'에서 제외시킨다면 앞서 본 바와 같이 법 제99조 제1항의 입법취지가 몰각되는 점 등을 고려하여 보면, 음악저작물을 영화의 주제곡이나 배경음악으로만 사용하는 경우에는 저작물의 영상화로 볼 수 없다는 위 주장도 받아들일 수 없다.

따라서 법 제99조 제1항은 음악저작물이 영화의 주제곡이나 배경음악 그 밖의 어떤 형태로든 영상화된 경우 그 적용이 있다고 보아야 할 것이다.」

2. 영상제작물에 대한 권리 양도 추정

법 제100조 제1항은, "영상제작자와 영상저작물의 제작에 협력할 것을 약정한 자가 그 영상저작물에 대하여 저작권을 취득한 경우 특약이 없는 한 그 영상저작물의 이용을 위하여 필요한 권리는 영상제작자가 이를 양도 받은 것으로 추정한다"고 규정하고 있다. 여기서 영상제작자는 영상저작물 자체의 창작과정을 기획하고 책임을 지는 자만을 의미하는 것으로 좁게 해석할 수는 없고, 그 외 영상저작물의 제작을 위하여 직접 투자를 하거나 다른 투자자를 유치하고 영상저작물의 제작과 관련된 제반 사무처리 및 회계업무를 담당하는 등 영상저작물의 제작과 관련된 사무적인 업무를 전체적으로 기획하고 책임을 진 자 역시 전체 영상 제작과정에 기여한 정도에 따라 영상제작자에 포함될 수 있다.[4-109] '영상저작물의 이용을 위하여 필요한 권리'란, 복제권·배포권·공개상영권·방송권·전송권 그 외의 방법으로 이용할 권리이며, 다만 2

4-109) 서울고등법원 2008. 7. 22. 선고 2007나67809 판결(두사부일체 사건).

차적 저작물 작성권은 위 법률의 규정에 의하여 양도된 것으로 간주되지 않는다.

1) 두사부일체 사건[4-110]

<사안의 개요>

영화제작사인 ㈜○○와 투자사인 ㈜△△는 영화 '두사부일체'를 공동 제작하되, ㈜△△는 15억 원을 투자하고 비용의 집행, 투자의 유치, 판권 거래 등을 담당하고, ㈜○○는 영화의 제작을 담당하기로 하였다. ㈜○○와 ㈜△△는 감독, 연출, 촬영, 편집을 담당할 자들과 배우들 및 기타 스태프들과 사이에 '두사부일체'에 관한 판권 등 제반 권리를 ㈜○○와 ㈜△△가 갖는 것으로 하는 영화제작협력계약(이하 '이 사건 영화제작협력계약')을 체결하였고, 영화 '두사부일체'를 제작하여 상영하였다. '두사부일체'의 영상제작자가 누구인지 여부, 이 사건 영화제작협력계약을 통해 양도받은 권리의 범위가 쟁점으로 되었다.

<법원의 판단>

『가. '두사부일체'의 영상제작자의 확정

(1) 영화라는 영상저작물은 대규모의 자금이 투입되는 특성상 당해 영상저작물을 원활히 이용하여 투입된 자금을 신속히 회수할 수 있는 장치가 마련되어야 하고, 또한 영화의 제작에는 시나리오작가 등 이른바 '고전적 저작자'의 원저작물을 밑거름삼아 감독, 연출, 촬영, 편집 등 '근대적 저작자'의 창작적 기여와 배우 등 실연자 및 기타 보조 스태프의 참여가 수반되므로, 영화의 제작에 관여하는 다수 당사자 중 누구를 저작자로 인정할 것인지 또는 누구에게 저작재산권이 귀속되는 것으로 할지를 정하여야 하며, 이러한 문제들이 해결되어야 영화제작에 관여하는 다수인들 사이의 저작권분쟁을 미연에 방지하고 영화산업의 지속가능한 발전을 도모할 수 있을 것이다.

구 저작권법은 이를 해결하기 위하여 영상저작물에 관한 특례를 두어 영상제작자가 저작물의 이용에 필요한 권리를 양도받은 것으로 의제(현행 저작권법상 '추정')하고 있는바, 저작권법이 규정하고 있는 영상제작자는 영상저작물 자체의 창작과정을 기획하고 책임을 지는 자만을 의미하는 것으로 좁게 해석할 수는 없고, 그 외 영상저작물의 제작을 위하여 직접 투자를 하

4-110) 서울고등법원 2008. 7. 22. 선고 2007나67809 판결(두사부일체 사건)(확정).

거나 다른 투자자를 유치하고 영상저작물의 제작과 관련된 제반 사무처리 및 회계업무를 담당하는 등 영상저작물의 제작과 관련된 사무적인 업무를 전체적으로 기획하고 책임을 진 자 역시 전체 영상 제작과정에 기여한 정도에 따라 영상제작자에 포함될 수 있다.

(2) 이 사건에 관하여 보건대, 앞에서 본 다음과 같은 사정, 즉 ① ㈜△△와 ㈜○○는 '두사부일체'의 '공동 제작'을 위하여 이 사건 영화제작계약을 체결하면서, ㈜○○는 영화의 제작 관련 업무를, ㈜△△는 판권 거래 등 모든 상행위 관련 업무를 각 담당하기로 역할을 분담하여 각 해당 분야의 전체를 기획하고 책임진 점, ② ㈜○○와 ㈜△△는 '두사부일체'의 감독, 연출, 촬영감독, 편집 등 그리고 배우 및 기타 스탭진과의 사이에 각기 별도의 계약서에 의하여 영화제작협력계약을 체결한 점, ③ ㈜○○가 영화의 제작을 담당하기로 하면서도 제작과 관련한 결정을 ㈜△△와 상의하여 진행한 점, ④ 영화산업의 발전에 따라 영화 제작의 규모가 갈수록 커지면서 영화 제작에 있어서 투자자의 역할 역시 중요시되고 있는 점, ⑤ 영상저작물의 이용을 위하여 필요한 권리가 영상제작자에게 양도된 것으로 추정 또는 의제하는 저작권법 규정을 뒤집어 보면, 이는 영상제작자가 반드시 영상저작물에 창작적 기여를 한 자일 것을 요구하지 않는다는 점과 ⑥ '두사부일체'에 대한 보도자료, 포스터, '두사부일체' 영화 크레디트 등에 ㈜△△와 ㈜○○가 '공동제작자'로 표시되어 있는 점(갑 제23호증의 3) 등을 종합하여 볼 때, ㈜△△와 ㈜○○는 '두사부일체'의 제작과 관련하여 각자 역할을 분담하여 공동으로 전체를 기획하고 그 책임을 가진 것으로 봄이 상당하므로, ㈜△△가 '두사부일체'의 창작에 기여하였는지 여부와 관계없이 ㈜△△와 ㈜○○는 모두 '두사부일체'의 공동 영상제작자에 해당한다고 할 것이다.

나. 공동 영상제작자의 권리

(1) 2003년 개정전 법 제75조에 의하여 양도받은 것으로 간주되는 권리

2003년 개정전 법 제75조 제1항은 영상저작물의 제작에 협력할 것을 약정한 자가 영상저작물에 창작적으로 기여하여 저작권을 원시취득한 경우(통상의 경우 창작적 기여를 하는 자는 감독, 연출, 촬영, 편집 등 '근대적 저작자'에 국한되는 경우가 대부분이며, 이들은 공동저작자로서 그 기여한 비율에 따라 저작권을 취득한다고 할 것이다)에는 '그 영상저작물의 이용을 위하여 필요한 권리'가 영상제작자에게 양도된 것으로 간주하고 있다.

더 나아가, 위와 같이 법정 양도에 의하여 영상제작자가 보유하는 권리를

2003년 개정전 법 제76조는 '영상저작물이 수록된 녹화물을 복제·배포하거나 공개상영 또는 방송에 이용할 권리'로 규정하고 있는바, 그 권리의 성격을 살펴보면, ① 이는 영상제작자가 당해 영상저작물의 공동저작자들과의 사이에 저작재산권에 관한 분쟁 없이 당해 영상저작물을 원활히 이용하여 투입된 자본을 신속히 회수할 수 있도록 마련된 권리인 점, ② 영상제작자의 권리가 저작인접권이나 법정이용권에 불과하다고 볼 경우 저작재산권 중 복제권, 배포권, 공연권, 방송권은 여전히 영화의 공동저작자들에게 남아 있게 되어 오히려 법률관계의 혼란을 가져오는 점, ③ 같은 법 제75조 제1항에 의하더라도 영상제작자는 공동저작자들이 취득한 저작권 중 영상저작물의 이용을 위하여 필요한 권리를 '양도'받은 것으로 규정할 뿐 '이용허락' 등의 용어를 사용하고 있지 아니한 점 등에 비추어 보면, '영상저작물이 수록된 녹화물'이라는 표현에도 불구하고, 영상제작자가 보유하는 권리는 당해 영상저작물에 대한 저작재산권으로서, 투입된 자본의 회수에 필요한 권리를 한정적으로 열거한 것으로 봄이 상당하다(따라서, 2차적 저작물 작성권은 위 법률의 규정에 의하여 양도된 것으로 간주되지 아니한다).

한편, 같은 법 제75조 제2항은 영상저작물의 제작에 협력할 것을 약정한 실연자의 그 영상저작물의 이용에 관한 구 법 제63조의 복제권, 제64조의 실연방송권도 특약이 없는 한 영상제작자에게 양도된 것으로 간주한다.

(2) 이 사건 영화제작협력계약에 의하여 양도받은 권리

한편, 2003년 개정전 법 제75조 제1항에 의하더라도 당사자 사이에 특약에 의하여 영상저작물의 제작에 협력할 것을 약정한 자가 영상제작자에게 위 조항에서 정한 것보다 더 많은 권리를 양도하는 특약은 유효하다고 할 것이다.

이 사건에서 ㈜△△와 ㈜○○가 각기 '두사부일체'의 감독 등과 사이에 이 사건 영화제작협력계약을 체결하면서 위 영화의 판권, 기타 영화로부터 발생가능한 직·간접적인 모든 권리는 각 ㈜△△와 ㈜○○가 갖기로 약정하였음은 앞서 본 바와 같으므로, ㈜△△와 ㈜○○는 이 사건 영화제작협력계약에 의하여 '두사부일체'의 제작에 협력할 것을 약정한 자들로부터 이 영화에 관한 저작재산권 및 저작인접권 전부를 양도받았다고 할 것이다(다만, 2차적 저작물 작성권의 양도 여부에 관하여는 뒤에서 판단한다).

(3) 소결론

그러므로, ㈜△△와 ㈜○○는 위 영화의 공동영상제작자로서 구 법 제75

조 제1항 및 이 사건 영화제작협력계약에 의하여 영상저작물의 제작에 창작적으로 기여한 자들로부터 '두사부일체'에 관한 저작재산권 전부를, 실연자들로부터는 이들의 저작인접권 전부를 공동으로 양도받아, 이 사건 영화제작계약에서 합의한 지분의 비율로 이를 공동보유하는 관계에 있다고 할 것이다.』[4-111]

☞ 한편, 사랑은 비를 타고 사건[4-112]에서는 영상저작물에 관한 동 규정이 뮤지컬에는 유추적용되지 않는다고 보았고, 난타 사건에서는 당사자 사이의 계약에 기해 저작재산권이 양도되었다고 보았다.[4-113]

4-111) 방론으로 2차적 저작물 작성권의 양도 여부에 관하여, 『구 법 제75조 제1항에 의하여 양도한 것으로 간주되는 권리에는 '두사부일체'에 관한 2차적 저작물 작성권은 포함되지 아니함이 법문상 명백하고, ㈜△△ 및 ㈜○○는 이 사건 영화제작협력계약에 의하여 '두사부일체'에 관한 저작재산권 전부를 양도받았다고 할 것이나, 특약으로서 명시적인 약정이 없는 한 2차적 저작물 작성권은 포함되지 아니한 것으로 추정되는데(구 법 제41조 제2항), 이 사건 영화제작협력계약을 아무리 살펴보아도 속편 제작에 관한 2차적 저작물 작성권까지 양도의 대상으로 하였다고는 보기 어려운바(㈜○○가 '두사부일체'의 제작에 창작적으로 기여하여 2차적 저작물 작성권을 취득하였는지는 별론으로 한다), ㈜△△가 구 법 제75조 제1항 또는 이 사건 영화제작협력계약에 의하여 위 2차적 저작물 작성권 또는 그 지분을 양도받아 그 중 일부 지분을 다시 원고에게 양도하였음을 전제로 한 원고의 청구는 위와 같은 측면에서도 이유 없다』고 판시하였다.

4-112) 서울고등법원 2007. 5. 22. 선고 2006나47785 판결(확정).

4-113) 서울고등법원 2012. 11. 21. 선고 2011나104699 판결(심불기각).

원고는 극단 환 퍼포먼스와 난타 연출계약을 체결하였는데, 위 계약서 제4조에는 '극단 환 퍼포먼스가 제작하는 본 공연의 모든 저작권 및 제작인접권(초상권 포함)'은 극단 환 퍼포먼스에게 귀속되며, 극단 환 퍼포먼스는 원고가 출연한 공연물을 이용하여 2차 제작물 및 편집저작물로 활용할 권리를 갖는다고 정하고 있었다. 위 조항의 의미에 관하여 법원은, 『이 사건 계약서 제4조가 극단 환 퍼포먼스로의 귀속 또는 양도를 예정하고 있는 '극단 환 퍼포먼스가 제작하는 난타의 모든 저작권 및 저작인접권'에는, 난타의 제작 내지 초연 준비 과정에서 작성된 것으로서, 종합공연예술로서의 난타를 구성하면서 장래 그 원활한 공연을 위하여 필수적인 저작물에 대한 권리, 즉 최소한으로 보더라도, 원고가 연출대본으로 사용하기 위하여 작성한 이 사건 시나리오와 관련해서는, 이 사건 시나리오를 대본으로 삼아 이를 무대 위에서 공연할 수 있는 '공연권', 이 사건 시나리오를 원저작물로 삼아 이를 변형, 각색할 수 있는 '2차적 저작물 작성권', 그리고 다시 이를 이용하여 변형, 각색한 공연을 할 수 있는 공연권 등이 포함된다고 봄이 상당하므로, 결국 이 사건 시나리오에 대한 공연권 및 2차적 저작물 작성권은 이 사건 계약에 의해 극단 환 퍼포먼스의 권리를 승계한 피고에게 귀속되었다고 할 것이

Ⅵ. 저작권의 신탁

저작권법은 제7장(법 제105조 내지 제111조)에서 저작권신탁관리업에 관한 규정을 두고, 문화체육관광부장관의 허가를 받은 저작권집중관리단체가 저작재산권자, 출판권자, 저작인접권자 또는 데이터베이스제작자의 권리를 가진 자를 위하여 그 권리를 신탁받아 이를 지속적으로 관리할 수 있도록 하고 있다.

저작권법에 의한 신탁관리는 신탁법상 신탁에 해당하며, 저작권신탁계약이 체결됨으로써 저작물에 대한 저작재산권은 수탁자에게 이전되고, 대외적으로 수탁자만이 저작권자로서 소제기의 권한을 포함한 모든 관리처분권을 행사할 수 있다.[4-114)]

법 제45조 제2항(저작재산권의 전부를 양도하는 경우에 특약이 없는 때에는 제22조의 규정에 의한 2차적 저작물을 작성하여 이용할 권리는 포함되지 아니하는 것으로 추정한다) 규정이 저작권의 신탁의 경우에도 적용될 것인지에 대하여, 법원은 베이비복스 편집음반 사건[4-115)]에서

『법 제41조 제2항은 저작재산권의 전부를 양도하는 경우에 특약이 없는 때에는 같은 법 제21조의 규정에 의한 2차적 저작물 또는 편집저작물을 작성할 권리는 포함되지 아니한 것으로 추정한다고 규정하고 있는바, 기록을 살펴보아도 원고가 이 사건 저작자들로부터 이 사건 음악저작물에 대한 저작재산권을 신탁받으면서 이 사건 음악저작물에 관한 편집저작물을 작성할 권리까지 이전받았다고 인정할 만한 자료가 없으므로, 이 사건 편집음반이 편집저작물에 해당하는지 여부는 별론으로 하고, 이 사건 음악저작물의 저작재산권을 신탁받은 원고가 편집저작물 작성권을 침해당하였음을 이유로 피고들에게 그 손해의 배상을 구할 수는 없다.』

고 판시하였는바, 긍정설의 입장에 있는 것으로 보인다.[4-116)]

다」라고 판시하였다.

4-114) 대법원 2002. 9. 24. 선고 2001다60682 판결(너에게 들려주고 싶은 명곡 사건) 등. 다만 신보인세제 이전에 체결된 신보음반제작계약에 대하여 예외를 둔 판결로는 대법원 2006. 12. 22. 선고 2006다21002 판결(베이비복스 편집음반 사건), 대법원 2007. 2. 22. 선고 2005다74894 판결(연가 음반 사건).

4-115) 대법원 2006. 12. 22. 선고 2006다21002 판결.

1. 하늘색 꿈 II 사건[4-117)]

<사안의 개요>

원고는 대중가요인 '하늘색 꿈'의 악곡부분(이하 '이 사건 음악저작물')을 작곡한 저작권자이다. 원고는 한국음악저작권협회(이하 '저작권협회')와 사이에 이 사건 음악저작물에 관한 저작권신탁계약을 체결하였으나, 위 신탁계약은 2004. 4. 6.자로 해지되었다. 피고 ㈜○○ 등은 원고로부터 별도의 이용허락을 받지 아니한 채, 1998. 2. 25. 저작권협회에게 280,000원을 지급하고 이 사건 음악저작물에 대한 사용승인을 받은 후 이 사건 음악저작물을 노래 반주곡으로 제작하여 업소용 노래 반주기 등에 수록하여 판매하고, 노래 반주기 이용자들이 인터넷 사이트 '질러' 등을 통해 노래녹음파일을 전송받을 수 있도록 하고, 위 노래 반주곡을 '질러' 사이트 등에서 유료서비스 음원으로 제공하였다. 원고는 피고 ㈜○○이 저작권협회로부터 이 사건 음악저작물에 대해 포괄적으로 이용허락을 받았다고 하더라도 이용허락의 효력은 저작권협회가 신탁 받은 기간에 한정되는 것이므로, 원고가 2004. 4. 6. 저작권협회에 대한 신탁계약을 해지한 때부터는 이 사건 이용허락의 효력은 자동적으로 상실되며, 저작권협회가 영구히 사용할 수 있는 정액제 형태의 포괄방식의 승인을 하는 것은 권한을 넘은 것으로 원고에게 효력이 없다고 주장하였다.

이에 대하여 원심[4-118)]은 피고 ㈜○○가 저작권협회로부터 받은 포괄적 이용허락의 효력은 특별한 사정이 없는 한 저작권협회가 신탁받은 기간의 종료나 신탁계약의 해지 여부에도 불구하고 효력을 상실하지 않는다고 보았

4-116) 학설은 신탁적 양도가 이루어지면 저작권이 전부 양도되는 것과 같은 결과가 되므로 달리 볼 이유가 없다고 하는 적용긍정설과, 특약이 없는 경우 비록 신탁에 의하여 수탁자가 갖게 되는 권리의 성질이 신탁 재산에 대한 물권적인 권리라 하더라도 신탁은 법적 권리와 형평법상의 권리가 각각 수탁자와 수익자에게 분리, 귀속되는 등 양도와는 다른 법적 성질을 가지므로 명문의 규정이 없는 한 신탁한 저작자가 위 규정을 원용하는 것은 허용되지 않는다는 적용부정설이 있다(윤인태, "음반제작자 또는 그 허락을 받은 제3자의 편집앨범 제작", 490면).

4-117) 대법원 2015. 4. 9. 선고 2012다109798 판결.

4-118) 서울고등법원 2012. 10. 25. 선고 2011나89103 판결.

고,[4-119] 이에 대하여 상고가 제기되었다.

<법원의 판단>

「저작물 이용자가 저작권자와의 이용허락계약에 의하여 취득하는 이용권은 저작권자에 대한 관계에서 자신의 저작물 이용행위를 정당화할 수 있는 채권으로서의 성질을 가지는 데 불과하므로, 저작권신탁이 종료되어 저작권이 원저작권자인 위탁자에게 이전된 경우에는 원저작권자와 수탁자 사이에 수탁자가 행한 이용허락을 원저작권자가 승계하기로 하는 약정이 존재하는 등의 특별한 사정이 없는 한 저작물 이용자는 신탁종료에 따른 저작권 이전 후의 이용행위에 대해서까지 수탁자의 이용허락이 있었음을 들어 원저작권자에게 대항할 수 없다.

…원고와 음악저작권협회 사이의 신탁계약이 종료되어 이 사건 음악저작물의 저작권이 원저작권자인 원고에게 이전된 이상, 피고 ㈜○○는 특별한 사정이 없는 한 그 이후 이 사건 음악저작물을 노래반주기와 노래반주기용 DVD 타이틀 제조에 이용하는 행위에 대하여 음악저작권협회의 이용허락을 들어 원고에게 대항할 수는 없다.

그리고 설령 위 이용허락에서 이용기간을 제한하지 아니하였고 이용료 지급방식이 정액제로 정하여져 있었다고 하더라도, 원고가 이와 같은 사정을 모두 알면서 이의 없이 위 이용허락에 따른 이용료를 지급받았음을 인정할 자료가 없는 이상, 그러한 사정만으로는 원고가 위 이용허락에 관한 음악저작권협회의 지위 또는 의무를 승계하는 데에 묵시적으로라도 동의하였다고 보기에 부족하고, 기록을 살펴보아도 달리 이를 인정할 증거가 없으므로, 이 사건에서는 피고 ㈜○○가 원고에게 대항할 수 있는 특별한 사정이 있다고

4-119) 그 사유로 「저작권이 신탁된 경우 저작권은 수탁자에게 완전히 이전하여 모든 관리·처분권한이 수탁자에게 속하게 되므로 원칙적으로 수탁자가 체결한 포괄적 이용허락의 효력과 내용을 후일 신탁자인 원저작자가 좌우할 수 없다고 보아야 한다. 만일 수탁자인 저작권협회가 적법하게 포괄적인 이용허락을 하였음에도 후일 신탁계약기간이 만료하거나 신탁자가 계약을 해지하는 경우 그때부터 이용허락의 효력을 전부 상실하는 것으로 해석한다면, 수탁자가 정액제로 이용허락을 할 경우 원저작자로서는 신탁계약을 조기에 해지하는 편이 오히려 유리하게 되어 저작자 사이의 불균형은 물론 저작권신탁제도에 혼란이 초래될 우려가 있고, 저작물 이용자의 지위는 극히 불안정해질 뿐 아니라 저작권 이용계약의 내용도 복잡하게 될 것이다. 이에 따라 거래비용도 증가할 것인데, 이는 법률로 도입된 저작권신탁관리업제도의 취지를 상당 부분 몰각시킬 우려가 있다」는 점을 들었다.

할 수도 없다.

그럼에도 원심은 이와 달리 피고 ㈜○○가 음악저작권협회로부터 받은 이용허락의 효력을 신탁계약의 종료와 무관하게 원고에게도 주장할 수 있다고 판단하였으니, 이러한 원심판결에는 저작권 신탁 및 저작물의 이용허락에 관한 법리를 오해하여 판결에 영향을 미친 위법이 있다.』

2. 컴백홈 사건[4-120)]

<사안의 개요>

인기가수인 원고는 음악저작권 신탁관리업을 영위하는 비영리법인인 피고와 사이에, 원고가 피고에게 원고의 음악저작물에 관한 저작재산권을 계약기간 중 신탁재산으로 피고에게 이전하고, 피고는 그 저작물의 이용허락 기타 그 저작재산권 등을 관리하고 이로 인하여 얻어진 저작물사용료 등을 분배하기로 하며, 계약기간은 계약체결일로부터 5년으로 하되, 상호 이의가 없는 한 10년 단위로 그 기간이 자동 연장되도록 정하여 저작권 신탁관리계약(이하 '이 사건 신탁계약')을 체결하였고, 위 계약은 계약체결일로부터 5년 후인 1997. 5. 15. 신탁관리계약 약관에 의하여 자동으로 연장되었다. 위 신탁계약 기간 중인 2001. 7.경 소외 이○○ 등이 원고의 동의 없이 원고가 창작한 'COME BACK HOME'이라는 제목의 음악저작물(이하 '이 사건 저작물')의 가사 및 음정, 박자 중 일부를 변경하여 '컴배콤'이라는 노래를 만들고 이를 수록한 음반과 뮤직비디오 등을 제작·발표하자, 원고는 피고에게 위 이○○ 등에게 이 사건 저작물의 사용허락을 하여 주지 말 것과 위 컴배콤 노래의 방송금지 등 법적 조치를 취해 줄 것을 수차 요청하였으나, 피고는 뚜렷한 법적 조치를 취하지 않다가 원고의 동의가 없었음에도 2001. 7. 16.경 위 이○○ 등에게 원고의 저작인격권을 침해하여서는 아니 된다는 조건을 붙여 이 사건 저작물의 사용을 허락하여 주었고 그로부터 침해저작물의 경우에 준한 사용료를 지급받았다. 원고는 이 사건 저작물에 대하여 저작권침해금지를

4-120) 서울고등법원 2013. 1. 16. 선고 2012나57455 판결(대법원 2013. 5. 23. 선고 2013다17650 판결).

구하는 가처분을 신청하였고, 피고에 대하여 2002. 1. 22. 내용증명으로 '피고가 저작권신탁관리에 따른 제반 의무를 다하지 못하였고 당사자 사이의 신뢰관계가 깨어짐으로써 신탁계약을 존속시키기 어려운 객관적인 사유가 발생하였다는 이유로 이 사건 신탁계약을 해지한다'는 의사를 표시하였으며, 그 무렵 그 의사표시가 피고에게 도달되었다. 원고는 이 사건 소송에서, 주위적으로 신탁관계에 의한 저작물사용료/분배금 청구를, 예비적으로 저작물사용료 상당의 부당이득반환청구를 하였다. 소송에서 이 사건 신탁계약이 적법하게 해지되었는지 여부, 해지 직후에 저작권이 원고에게 복귀하는지 여부, 법정신탁관계가 종료되는 시점, 그 이후의 법률관계 등이 쟁점으로 되었다.

<법원의 판단>

『가. 이 사건 신탁계약의 해지 여부

(1) 저작권신탁계약의 해지 가부

…피고는 이 사건 신탁계약을 약관에 의하여 체결하였는데, 그 약관 제18조 제2항(이하 '이 사건 조항')은 "위탁자는 수탁자의 동의 없이 신탁계약을 해제할 수 없다"라고 되어 있는 사실이 인정되는바, 이 사건 조항에서 해지요건을 더욱 가중하는 이유는 저작권 신탁관리업체인 피고의 우월적, 독점적 지위를 보장받기 위한 것으로 보일 뿐 달리 '상당한 이유'를 발견하기 어렵다. 결국, 이 사건 조항은 위탁자가 신탁이익의 전부를 향수하는 이른바 '자익신탁'에서 공평의 관점에서 보아 위탁자가 보유하는 해지의 자유를 상당한 이유 없이 제한하고 일방적으로 저작권 신탁관리업체인 피고에게만 유리하게 한 약관 조항으로서, 구 약관규제법 제6조 제1항 소정의 '신의성실의 원칙에 반하여 공정을 잃은 약관조항'에 해당하여 무효라고 할 것이다.

(2) 원고의 신탁계약 해지 의사표시의 효력

그런데 앞서 본 바와 같이 이○○ 등이 원고의 동의 없이 원고의 이 사건 저작물 중 일부를 변경하여 '컴배콤'이라는 노래를 만들고 이를 수록한 음반과 뮤직비디오 등을 제작·발표한 것에 대하여, 원고가 원고의 음악저작물에 관한 저작재산권을 신탁받은 피고에게 그에 관한 사용을 허락하지 말고 이○○ 등에 대하여 방송금지 등 법적 조치를 취할 것을 수차례에 걸쳐 요청하였음에도 불구하고, 피고가 이○○ 등에 대하여 법적 조치를 게을리하고, 오히려 원고의 명백한 의사에 반하여 이○○ 등에게 이 사건 저작물에 대한 사용을 허락한 행위는 저작권신탁관리에 따른 제반 의무를 다하지 못한 경우에 해당할 뿐 아니라, 원고와 피고 사이의 신뢰관계가 깨어져 회복되기 어려운 상태에 있었다고 보이는바, 이는 부득이한 사유로 인하여 더 이상 계약관계를 유지할 수 없을 경우에 해당한다고 할 것이므로, 이러한 사유를 이유로 하는 원고의 2002. 1. 22.자 해지통보에 의하여 이 사건 신탁계약은 적법하게 해지되었다고 할 것이다.

나. 이 사건 신탁계약 해지 이후의 법률관계

원고와 피고는 이 사건 신탁계약에서 “위탁자는 신탁계약이 종료되었을 때는 지체 없이 신탁증서를 반환하고 저작권의 이전을 받아야 한다”라고만 약정하였을 뿐, 신탁종료 시에 수탁자가 청산의무를 부담한다고 달리 약정한 바 없음을 알 수 있고, 그 신탁취지상으로 신탁종료시 수탁자는 신탁사무의 처리로 인하여 제3자에게 가지거나 부담하게 된 채권·채무를 청산할 의무를 부담한다고 보기도 어렵다.

따라서 원고의 2002. 1. 22.자 해지통보로 이 사건 신탁계약이 해지되었음에도 불구하고, 피고로서는 원고에게 원고의 음악저작물에 대한 저작재산권 등 신탁재산을 이전할 의무를 부담하게 될 뿐 신탁재산이 원고에게 당연히 복귀되거나 승계되는 것은 아니고, 저작권을 이전할 때까지는 수탁자인 피고가 원고를 위한 법정신탁의 수탁자로서 신탁사무의 종결과 최종의 계산의 목적 범위 내에서 원고의 음악저작물에 관한 저작재산권을 계속 관리할 권한과 의무를 부담하며, 원고는 신탁수익권의 형태로서 잔여재산에 대한 권리를 보유하게 될 뿐이다. 이처럼 청산의무를 부담하지 않는 이상 피고는 각 지상파방송사 등 제3자와 체결한 원고의 음악저작물의 저작물사용계약에 관하여 아직 이행을 완료하지 아니한 때에는 그 계약을 원고에게 인수시킬 수도 있는 것이고, 반드시 계약을 해지하는 등으로 이를 청산하여야만 하는 것은 아니다.

원고의 이 사건 신탁계약 해지 이후 피고가 각 지상파방송사 등 원고의 음악저작물의 일부 사용자들로부터 그에 대한 사용료를 징수하였다는 것은 앞서 본 바인데, 원고의 음악저작물에 대한 저작권이 원고에게 이전될 때까지는 피고는 원고의 음악저작물에 대한 저작재산권자 겸 원고를 위한 법정신탁의 수탁자로서 원고의 음악저작물을 계속 관리할 권한과 의무를 부담하고 거기에서 발생하는 신탁수익을 원고에게 반환할 채무를 부담하므로, 피고가 각 지상파방송사 등 일부 사용자들로부터 징수한 사용료를 원고에게 분배하지 않았다면 이는 원고에게 신탁수익을 반환하여 줄 채무를 이행하지 않은 것이라 할 것이다.

한편 같은 취지에서, 피고에게 자신과 계약을 체결한 원고의 음악저작물 사용자들에 대하여 원고의 음악저작물은 더 이상 피고의 관리저작물이 아님을 통보하여 원고의 허락 없이는 원고의 음악저작물을 사용하지 못하도록 하여야 할 주의의무가 있다고 할 수 없을 뿐만 아니라, 피고가 그와 같은 통보를 하지 아니함으로써 방송사 등 사용자들이 원고의 허락을 받지 않고 원고의 음악저작물을 이용하였다고 하더라도 저작재산권을 이전받을 때까지는 단순한 채권자에 불과한 원고에게는 침해될 저작재산권도 없는 것이며, 피고가 음악저작물 사용자들에게 원고가 피고 협회의 회원이라는 태도를 보였다고 하더라도 이는 피고가 저작재산권자 겸 법정신탁의 수탁자의 지위에서 행한 것에 불과하다.

다. 법정신탁의 종료 시점

나아가 원고의 이 사건 신탁계약 해지로 성립한 법정신탁의 종료 시점에 관하여 보건대, …에 의하면 피고는 2006. 9. 1. 원고에게 이 사건 신탁계약을 해지한다고 통보한 사실을 인정할 수 있는바, 이에 의하면 원고의 2003. 1. 22.자 해지 의사표시와 피고의 위 2006. 9. 1.자 해지 의사표시의 합치로써 이 사건 신탁계약에 의하여 피고에게 이전되었던 원고의 음악저작물에 관한 저작재산권은 그 무렵 원고에게 다시 이전되었다 할 것이고, 또한 그와 동시에 법정신탁 역시 종료되었다고 할 것이다.

5. 이 사건 신탁계약 해지 이후 저작물사용료 분배청구권 내지 부당이득반환 청구권의 존부

가. 법정신탁 종료 이전(2004. 4. 1.~2006. 8. 31.)

이 사건 신탁계약이 원고의 해지통보로 해지되었음에도 불구하고, 원고의 음악저작물에 대한 저작재산권이 원고에게 이전되기 전까지는 피고는 원고의 음악저작물에 대한 저작재산권자 겸 귀속권리자인 원고를 위한 법정신탁의 수탁자로서 원고의 음악저작물을 계속 관리할 의무를 부담하고, 거기에서 발생하는 신탁수익을 원고에게 반환할 채무를 부담하므로, 피고는 원고에게 원고에 대한 분배금의 지급을 중단한 2003. 4. 1.부터 원고의 음악저작물에 대한 저작권이 이전되기 직전인 2006. 8. 31.까지의 기간에 대한 신탁수익 내지 그에 상당한 저작물사용료에 관한 분배금을 지급할 의무가 있다.

나. 법정신탁 종료 이후

(1) 신탁수익/저작물사용료 분배금 청구

원고의 음악저작물에 대한 저작재산권이 2006. 9. 1. 원고에게 이전됨으로써 원고와 피고 사이의 신탁관계가 완전히 종료되었음은 앞서 본 바이므로, 이와 다른 전제에 선 원고의 이 부분 청구는 나아가 살필 필요 없이 이유 없다.

(2) 저작물사용료 분배금 상당의 부당이득반환 청구

…아래의 사실 내지 사정을 종합하여 보면, …원고에게 저작재산권이 복귀되고 법정신탁까지 종료된 2006. 9. 1. 이후의 기간 동안 피고가 아무런 법률상 원인 없이 원고의 음악저작물에 대한 사용료를 음악저작물 사용자들(노래방, 각종 주점 및 무도장 사업자)로부터 징수함으로써 동액 상당의 이득을 얻었고, 그로 인하여 원고에게 동액 상당의 손해를 입혔다고 보기 어려우므로, 원고의 이 부분 청구 역시 나아가 살필 필요 없이 이유 없다.

먼저 피고가 2006. 9. 1. 이후 새로이 체결한 저작물사용계약의 대상 음악저작물에 원고의 음악저작물이 포함되어 있다거나, 피고의 2006. 9. 1.자 해지통보에도 불구하고 피고가 계속하여 원고의 음악저작물에 대한 사용료를 징수하였다고 인정할 수 있는 구체적이고 객관적인 증거가 없다.

가사 피고가 원고의 음악저작물에 대한 사용료를 징수하였다고 하더라도, 음악저작물 사용자들의 입장에서 피고에게 사용료를 지급할 당시 피고가 거래관념상 채권을 행사할 정당한 권한을 가진 것으로 믿을 만한 외관을 갖고 있었고, 그에 대한 사용료 지급이 선의이며 과실 없이 이루어졌다는 것과 같은 사정이 없는 한, 원고의 음악저작물을 무단으로 이용한 음악저작물 사용자들에 대한 원고의 사용료 상당의 손해배상채권이 소멸하는 것은 아니므로, 피고의 사용료 징수로 인하여 원고가 무슨 손해를 입었다고 평가할 수는 없는 것인바, 피고의 사용료 징수로 인하여 원고의 음악저작물 사용자들에 대한 사용료 상당의 손해배상채권이 소멸하였다고 인정할 수 있는 구체적인 사정에 대한 주장, 입증이 없다.

…원고의 음악저작물이 관리저작물로 포함된 시점에 '블랭킷 방식'에 의하여 피고와 사이에 사용계약을 체결한 음악저작물 사용자들이 2006. 9. 1. 이후 피고의 관리저작물에서 원고의 음악저작물이 제외된 사실을 알지 못한 채 이를 계속 사용하는 경우 이는 원고의 음악저작물에 대한 저작권 침해행위에 해당하고, 고의·과실 여부에 따라서는 불법행위로 인한 손해배상책임을 질 여지도 있다.

이와 관련하여 피고의 음악저작물 사용자들에 대한 통지의무의 존부가 문제될 수 있으나, 원고에게 저작재산권이 복귀되고 신탁관계가 완전히 종료된 이상, 당사자 사이의 개별 약정이나 약관 또는 별도의 법 규정이 없는 한 피고에게 음악저작물 사용자들에 대하여 원고의 음악저작물에 대한 신탁종료 사실을 통지할 의무 또는 신탁종료 이후의 원고의 음악저작물에 대한 무단사용을 방지할 의무가 있다고 보기 어렵다.

…(결국) 2006. 9. 1. 이후의 기간에 관하여는, 원고의 음악저작물에 관한 원고와 피고의 신탁관계가 완전히 종료되었으므로 …원고의 신탁이익 내지 분배금 청구는 이유 없고, 나아가 피고가 위 기간 동안 음악저작물 사용자들로부터 원고의 음악저작물에 대한 사용료를 징수하였다거나 그로 인하여 원고가 어떠한 손해를 입었다고 볼 수 없으므로, 부당이득반환 청구 역시 나아가 살필 필요 없이 이유 없으므로, 결국 위 기간에 관한 원고의 청구는 이유 없다.」[4-121)]

4-121) 위 판결에 대한 판례해설인 김병식, "저작권신탁계약의 해지 및 그에 따른 법률관계", 대법원판례해설 제94호(2012년 하)에서는 저작권신탁관리계약이 해지되면 곧바로 저작권이 위탁자에 복귀하는 것으로 보는 경우 생길 수 있는 거래당사자들 사이에 혼란을 줄이고 그 법률관계를 보다 명확하게 정리할 수 있도록 한 것이라고 설명한다.

제5장 저작권의 종류

Ⅰ. 서 설

법이 보호하는 저작권은 크게 저작인격권과 저작재산권으로 분류된다. 저작인격권은 저작물을 창작한 저작자의 인격적 이익을 보호하기 위한 권리로서 여기에는 공표권, 성명표시권, 동일성유지권이 포함된다. 저작재산권은 저작자의 재산적 이익을 보호하기 위한 권리로서, 복제권, 공연권, 공중송신권, 전시권, 배포권, 대여권, 2차적 저작물 작성권 등이 포함된다.

법은 저작자는 아니지만, 저작물의 실질적 활용에 기여하는 실연자, 음반제작자, 방송사업자의 정당한 이익을 보장하기 위하여 저작인접권을 보호하고 있다. 실연자에 대하여는 성명표시권 등의 저작인격권과 복제권 등의 저작재산권을 인정하고 있고, 음반제작자나 방송사업자에게는 복제권 등의 저작재산권만을 인정하고 있다.

한편 법은 이용의 활성화를 위해 저작재산권자가 제3자에게 배타적발행권, 출판권 등을 설정할 수 있도록 하고 있고, 저작권자가 저작물의 침해를 막기 위해 기술적 보호조치를 한 경우 이를 보호하고 있다.

개인의 인격적 아이덴티티(identity)에 대한 재산권의 성격을 가진 퍼블리시티권을 인정할지 여부에 관하여는 논란이 있으며, 하급심 판결 중에는 이를 인정하지 않은 판결이 다수를 차지하지만, 정면으로 인정한 판결도 있어 법원의 입장은 아직 정리되어 있지 않은 상태라고 볼 수 있다. 최근 대법원은 이론상 퍼블리시티권으로 포섭될 수 대상에 대한 침해행위에 대하여 불법행위책임을 인정하였고, 그 손해배상의 범위에 관하여서는 재산상의 손해까지도 인정하는 판단을 한 바 있다(자세한 내용은 후술하는 퍼블리시티권 부분 참조).

Ⅱ. 저작인격권

저작인격권에는 공표권, 성명표시권, 동일성유지권이 있다. 실무상 침해가 주장되는 저작인격권은 주로 성명표시권, 동일성유지권이고, 공표권이 문제되는 경우는 비교적 많지 않다.

1. 공표권

공표되지 않은 저작물을 일반에 공표할 것인지, 언제, 어떠한 방식으로 공표할 것인지를 결정할 수 있는 권리를 공표권이라 하고, 공표란 저작물을 공연, 공중송신 또는 전시 그 밖의 방법으로 공중에게 공개하는 경우와 저작물을 발행하는 경우를 말한다(법 제2조 제25호). 저작자가 미공표된 저작물의 저작재산권을 양도, 이용허락, 배타적발행권설정, 출판권설정 등을 한 경우 상대방에게 저작물의 공표를 동의한 것으로 추정되고(법 제11조 제2항), 미술저작물 등의 원본을 양도한 경우 상대방에게 원본의 전시방식에 의한 공표를 동의한 것으로 추정된다(법 제11조 제3항). 원저작자의 동의를 얻어 작성된 2차적 저작물 또는 편집저작물이 공표된 경우에는 그 원저작물도 공표된 것으로 본다(법 제11조 제4항). 공표하지 아니한 저작물을 저작자가 제31조의 도서관 등에 기증한 경우 별도의 의사를 표시하지 않는 한 기증한 때에 공표에 동의한 것으로 추정된다(법 제11조 제5항).

가. 칼빈주의 예정론 사건[5-1)]

<사안의 개요>

피고인이 피해자 공소외인과 공동 번역하여 출판하였던 '칼빈주의 예정론' 번역본을 피해자의 허락을 받지 아니하고 피고인이 단독 번역한 것으로 표시하여 인터넷사이트에 전시한 것이 공표권을 침해하였는지 여부가 쟁점으로 된 사건이다.

5-1) 대법원 2010. 9. 9. 선고 2010도4468 판결.

<법원의 판단>

『피고인이 위 '칼빈주의 예정론' 번역본 자체가 아니라 그 도서의 표지 사진을 저자·역자·출판연도·면수·가격 등의 표시 및 간략한 소개문과 함께 ○○○○선교연구원 인터넷 홈페이지에 링크된 도서출판 ○○○ 사이트에 게시하였을 뿐인 사실을 알 수 있는바, 위 번역본 저작물이 아닌 그 소개문에 위 번역본 저작물을 피고인이 단독 번역한 것으로 표시하여 공개된 웹사이트에 게시하였다 하여 이를 들어 저작자 아닌 자를 저작자로 표시하여 저작물을 공표한 행위에 해당한다고도 할 수 없다.』

나. 건축설계계약 해제사건[5-2]

『법 제11조 제2항에는 "저작자가 미공표 저작물의 저작재산권을 양도하거나 저작물의 이용 허락을 한 경우에는 그 상대방에게 저작물의 공표를 동의한 것으로 추정한다"고 규정하고 있고, 저작자가 일단 저작물의 공표에 동의하였거나 동의한 것으로 추정되는 이상 비록 그 저작물이 완전히 공표되지 않았다 하더라도 그 동의를 철회할 수는 없다 할 것이다. 원, 신청인이 피신청인에게 이 사건 설계계약을 통하여 그 설계도서 등에 대한 저작재산권 중 복제권을 양도한 것으로 보고 이 사건 건축설계계약이 피신청인의 귀책사유로 해제되었다 하더라도 신청인이 위 설계도서에 관한 저작재산권(복제권)자로서의 지위를 회복하는 것은 아니라고 한 것은 신청인이 피신청인에게 위 설계도서의 복제권을 양도함으로써 그 설계도서의 공표에 동의한 것으로 추정되어 비록 그 설계도서가 완전히 공표되지 않았다 하더라도 그 동의를 철회할 수 없다는 취지로 보여지고, 이는 위 법리에 따른 것으로서 정당하다.』

2. 성명표시권

성명표시권은 저작자가 저작물의 창작자임을 주장하고 저작물에 그 표시를 할 수 있는 권리로서 저작자는 저작물의 원작품이나 그 복제물에 또는 저작물이 공표에 있어서 그의 실명 또는 이명을 표시할 권리를 가진다(법 제12조

5-2) 대법원 2000. 6. 13.자 99마7466 결정. 저작물의 공표에 대하여 기존의 동의를 철회할 수 있는지 여부가 다투어 졌다.

제1항). 또한 저작물을 이용하는 자는 그 저작자의 특별한 의사표시가 없는 때에는 저작자가 그의 실명 또는 이명을 표시한 바에 따라 이를 표시하여야 하나, 저작물의 성질이나 그 이용의 목적 및 형태 등에 비추어 부득이하다고 인정되는 경우에는 그러하지 아니한데(법 제12조 제2항), 실무상 '부득이한지 여부'가 다투어지는 경우가 많다. 타인에 의하여 저작물의 원작품 또는 복제물이 타인의 저작물로 표시되지 아니할 권리를 포함한다.[5-3]

가. 문익환가의 사람들 사건[5-4]

<사안의 개요>

원고는 문익환과 가족과의 면담을 통해 수집한 자료를 토대로 '가정조선'에 '문익환가의 사람들'이라는 제목의 글을 기고하였다. 피고는 '월간현대'라는 잡지를 발행하는 사람으로 소외 최○○에게 문익환에 관한 글을 작성하도록 의뢰하였는데, 소외인이 사정상 글을 작성하는 것이 곤란해지자, 원고가 작성한 위 글을 참조하여 '인권목사 문익환 커넥션'이라는 제목의 글을 작성하여 월간현대에 보냈다. 소외인이 작성한 글 중 문익환의 가문, 가족관계, 민주화투쟁 참여 과정, 수감생활 등을 다룬 부분은 위 원고가 작성한 글의 관계 구절을 그대로 인용하거나 일부 수정하여 작성한 것으로 전체적으로 보아 60~70% 정도는 소외인이 원고의 글을 표절하여 작성한 것이다. 월간현대의 편집진은 소외인으로부터 넘겨받아 일부 수정하여 월간현대에 작성자를 소외인으로 표시하여 게재하였다. 성명표시권 침해주장에 대하여 원심은 '저작자의 성명표시권을 침해하였다고 하려면 저작자의 저작물을 그대로 게재하면서 그 저작자의 표시를 변경하거나 은닉하여야 하는데 소외인은 나름대로 위 인권목사 문익환 커넥션이란 글을 작성한 이상 그 내용에 있어 원고의 글의 내용을 일부 표절한 부분이 상당한 정도 포함되어 있다고 하더라도 소외인의 글을 놓고 바로 원고의 저작물이라고 볼 수 없으니 위 잡지에 이 글을 게재하면서 그 필자를 소외인으로 표시하였다고 하여 원고의 성명표시권을 침해하

5-3) 대법원 1989. 10. 24. 선고 89다카12824 판결.

5-4) 대법원 1989. 10. 24. 선고 89다카12824 판결. 원저작물을 그대로 게재하여야만 성명표시권이 침해될 수 있는지 여부가 쟁점이다.

였다고 볼 수도 없다'고 판단하였다.

<법원의 판단>

『원저작물을 원형 그대로 복제하지 아니하고 다소의 변경을 가한 것이라고 하여도 원저작물의 재제 또는 동일성이 감지되는 정도이면 복제가 되는 것이고 이와 같은 복제물이 타인의 저작물로 공표되게 되면 원저작자의 성명표시권의 침해가 있었다고 보아야 할 것이고… 그렇다면 원심이 소외인을 필자로 하여 월간현대에 게재된 위 글이 원고의 위 저작물의 복제에 해당하는 것인지 여부에 대하여 판단하지 아니한 채 그 글이 원고의 저작물을 그대로 게재된 것이 아니고 소외인에 의하여 작성된 것이라는 이유만으로 원고의 성명표시권 침해가 없다고 판단한 것은 법의 법리를 오해하였거나 심리를 미진한 위법이 있다고 보아야 할 것이다.』

나. 동영상 인터넷 링크 사건[5-5)]

『법은 제12조 제1항에서 "저작자는 저작물의 원본이나 그 복제물에 또는 저작물의 공표 매체에 그의 실명 또는 이명을 표시할 권리를 가진다"고 규정하고, 같은 조 제2항 본문에서 "저작물을 이용하는 자는 그 저작자의 특별한 의사표시가 없는 때에는 저작자가 그의 실명 또는 이명을 표시한 바에 따라 이를 표시하여야 한다"고 규정하며, 제37조 제1항 본문에서 "이 관에 따라 저작물을 이용하는 자는 그 출처를 명시하여야 한다"고 규정하고 있는바, 위 각 법률조항의 입법 취지나 관련 법규정 등에 비추어 볼 때 제12조 제2항, 제37조 제1항 각 본문에서 규정한 '저작물을 이용'한다고 함은 같은 법에서 저작자의 권리로서 보호하는 복제, 전송, 전시 등과 같은 방식으로 저작물을 이용하는 것을 의미한다고 봄이 상당하다(대법원 2010. 3. 11. 선고 2009다4343 판결 참조). 따라서 이미지나 동영상 등을 인터넷 홈페이지에 게시함으로써 그에 대한 저작자의 성명표시권을 침해하였다고 인정하기 위하여서도, 복제 등과 같은 방식의 저작물 이용이 전제되는 이상, 이를 일시적 또는 영구적으로 유형물에 고정하는 행위 즉, 이를 행위자가 직접 관리하는 서버 등의 유형물에 저장하고 있었다는 점이 입증되어야 한다. 그러나 위 피고들은 자신들이 운영하는 인터넷 홈페이지에 별지 목록과 같이 이

5-5) 서울동부지방법원 2013. 10. 16. 선고 2013가합100796 판결. 복제의 방식으로 성명표시권의 침해 여부가 문제되는 경우, 복제의 요건을 충족하여야 하는지 여부가 쟁점이다.

사건 동영상을 게시하여, 위 피고들의 홈페이지를 방문한 자들이 동영상 화면의 재생 버튼을 클릭하면 이 사건 동영상이 재생되도록 한 사실은 인정되나, 나아가 위 피고들이 이 사건 동영상을 자신들이 직접 관리하는 서버 등의 유형물에 저장하고 있었던 것인지에 관하여는 위에서 든 증거들만으로는 이를 인정하기 부족하고 달리 이를 인정할 증거가 없다(위 피고들 중 피고 조○○을 제외한 나머지 피고들은 자신들이 각 홈페이지에 이 사건 동영상이 업로드 되어 있는 사이트의 인터넷 주소를 링크해 놓았을 뿐이라고 진술하고 있는바, 이러한 인터넷 링크 행위가 있었다는 것만으로 이 사건 동영상을 '자신이 직접 관리하는 서버 등의 유형물에 저장한 것'이라고 단정할 수는 없다).』

다. 검색이미지 제공 사건[5-6)]

<사안의 개요>

온라인서비스제공자인 피고가 운영하는 웹사이트에서 '해외이미지'라는 분류를 통해 검색되는 원고의 사진작품 또는 그 복제물인 외부이미지 221점을 원고의 허락 없이 복제한 후, 500×330 픽셀 크기(인쇄할 경우 약 17.64㎝×13.23㎝)로 변환하여 게시함으로써 다수 인터넷 이용자의 이용에 제공한 사건이다. 원고는 피고가 이러한 상세보기를 제공하면서 이미지에 원고의 성명을 표시하지 않은 것이 성명표시권 침해에 해당한다고 주장하였다. 성명표시권 침해가 성립하기 위해서는 저작물의 이용으로서의 요건이 전제되어야 하는지 여부가 다투어 졌다.

<법원의 판단>

『법은 제12조 제1항에서 "저작자는 저작물의 원작품이나 그 복제물에 또는 저작물의 공표에 있어서 그의 실명 또는 이명을 표시할 권리를 가진다"고 규정하고, 같은 조 제2항 본문에서 "저작물을 이용하는 자는 그 저작자

5-6) 서울고등법원 2010. 7. 15. 선고 2010나31879 판결[파기환송 후 항소심, 서울고등법원 2008. 11. 19. 선고 2008나35779 판결(원고 일부승소), 대법원 2010. 3. 11. 선고 2009다4343 판결(파기환송). 이 사건은 같은 날 선고된 2007다76733, 2009다5643, 2009다76256, 2009다80637 사건의 각 판결과 동일 쟁점으로 결론이 엇갈린 항소심 판결들을 모아 결론과 법리를 정리한 것이다]. 이 사건 중 아래 OSP책임 등 부분은 「제9장 디지털 저작물의 침해와 보호, 제10장 온라인서비스제공자의 책임과 제한」에서 별도로 설명한다.

의 특별한 의사표시가 없는 때에는 저작자가 그의 실명 또는 이명을 표시한 바에 따라 이를 표시하여야 한다"고 규정하고, 제34조 제1항 본문에서 "이 절의 규정에 의하여 저작물을 이용하는 자는 그 출처를 명시하여야 한다"고 규정하고 있는바, 위 각 법률조항의 입법취지나 관련 법규정 등에 비추어 볼 때 구법 제12조 제2항, 제34조 제1항 각 본문에서 규정한 '저작물을 이용'한다고 함은 같은 법에서 저작자의 권리로서 보호하는 복제, 전송, 전시 등과 같은 방식으로 저작물을 이용하는 것을 의미한다고 봄이 상당하다. 위 법리와 기록에 비추어 살펴보면, 피고의 웹사이트에서 '해외이미지'라는 분류를 통해 검색되는 원고의 사진 또는 그 복제물인 외부이미지 221점 중 '슬라이드 쇼' 기능을 선택하면 화면에 보이는 이미지 102점에 관하여 원고의 주장처럼 피고가 원고의 성명표시권을 침해하였다거나 출처명시의무를 위반하였다고 인정하기 위하여는, 그 전제로서 이를 구법에서 저작자의 권리로서 보호하는 복제, 전송, 전시 등과 같은 방식으로 이용한 사실이 인정되어야 하는데, 피고가 위 이미지들을 그와 같은 방식으로 이용하였다고 단정할 수 없음은 앞서 본 바와 같다.』

☞ 이 판결에 대하여는 다음과 같은 비판이 있다. 즉 성명표시권과 관련한 '이용'의 개념이 저작권자의 권리로서 보호하는 행위만을 의미하지는 않으며, 우리나라의 저작권자에게 주어지는 여러 권리의 다발을 크게 저작재산권과 저작인격권으로 대별하는 이원적 사고에 입각해 있으므로 복제, 전시, 전송 등 저작재산권이 침해되지 않는다고 곧바로 저작인격권도 침해되지 않는다고 해석하는 것은 부당하다는 것이다.[5-7]

라. 삼각형펜션 사건[5-8]

원고는 삼각형 도형을 기본 형상으로 한 매우 독특한 외관을 가진 건축물을 설계, 시공하였고, 피고는 원고의 건축물과 그 외관이 극히 유사한 피고 건축물을 설계, 시공한 사건이다. 법원은 피고가 피고 건축물에 원고의 성명을 표시하지 아니함으로써 이 사건 원고 건축물에 관한 원고의 저작인격권을 침해하였다고 판단하였다.

5-7) 상세한 설명은 박준석, "이미지 검색엔진의 인터넷 링크 등에 따른 복제, 전시, 전송 관련 저작권 침해책임", 민사판례연구 33-1권, 2011. 2. 박영사.

5-8) 서울중앙지방법원 2013. 9. 6. 선고 2013가합23179 판결(항소심에서 조정).

마. 샤이보이 안무 사건[5-9)]

<사안의 개요>

피고들은 댄스학원을 운영하였는데, 수강생들 앞에서 이 사건 안무(샤이보이라는 노래의 안무)를 재현한 다음 수강생들이 이를 따라 하도록 하고, 댄스강사와 수강생들에 의하여 재현된 안무 모습을 촬영·녹화하여, 그 사진과 동영상을 피고 회사의 인터넷 홈페이지와 인터넷 게시판에 게시하였다. 피고들은 댄스 강습을 하거나 홈페이지와 게시판에 이 사건 안무 강습 영상을 게시할 당시 이 사건 안무의 저작권자가 원고임을 표시하지 아니하였는데, 이것이 성명표시권 침해에 해당하는지 여부가 쟁점으로 되었다.

<법원의 판단>

> 『피고들은 댄스 강습을 하거나 홈페이지와 게시판에 원고가 창작한 이 사건 안무 강습 사진과 동영상을 게시할 당시 이 사건 안무의 저작권자가 원고임을 표시하지 아니하여 원고의 저작자로서의 성명표시권을 침해하였다. 당시 통상적으로 이 사건 안무와 같이 대중가요와 함께 재현되는 무용의 저작권자임을 밝히지 않는 관행이 있었다고 하더라도 앞서 든 각 증거에 의하여 인정되는 다음과 같은 사정 즉, 국내에 잘 알려진 포털 사이트를 통하여 이 사건 안무의 창작자가 원고라는 사실을 쉽게 알 수 있었던 점, 학원에서 댄스 강습을 할 당시나 홈페이지와 게시판에 이 사건 안무가 재현되는 영상을 게시할 당시 적당한 방법으로 저작자를 충분히 표시할 수 있었던 점, 원고가 가수가 소속된 회사와 용역계약을 체결하면서도 이 사건 안무의 저작권자임을 분명히 하여 장래 저작권자로서 권리행사를 할 것임을 예정한 점 등에 비추어 이 사건 안무와 같이 대중가요의 안무에 있어 저작권자를 표시하지 않는 관행이 공정한 것이라고 볼 수 없다. 따라서 이를 저작물의 성질이나 그 이용의 목적 및 형태 등에 비추어 부득이하게 저작자를 표시하지 못한 경우라고도 볼 수 없다.』

5-9) 서울고등법원 2012. 10. 24. 선고 2011나104668 판결(확정). 피고들이 교습생과 자신들이 재연한 안무를 촬영한 동영상을 게시하면서 저작자의 표시를 하지 않은 것이 성명표시권 침해인지 여부가 쟁점이다.

바. 하늘색 꿈 I 사건[5-10)]

<사안의 개요>

원고는 하늘색꿈이라는 제목으로 알려진 노래의 작곡가인데, 피고들은 저작권자인 원고로부터 이용허락을 받지 아니한 상태에서 원고의 성명을 표시하지 않은 채, 음악저작물을 디지털압축파일로 변환하여 자신의 음악사이트나 다른 회사의 음악사이트를 통하여 인터넷 이용자에게 음원서비스를 제공하거나, 마이크형 노래반주기 및 노래칩을 판매한 사건이다. 원심은 원고의 성명표시권 침해를 인정하면서도, 원고가 음악저작물 중 가사부분의 저작권자는 아니므로 이 부분에 대한 침해는 성립하지 않는다고 판단하였고, 이에 대하여 대법원은 다음과 같이 판단하였다.

『원심은, 피고 ○○○○인터넷이 그가 운영하는 음악 사이트에서 제공하는 MP3 파일 다운로드, 미리듣기 등의 서비스에서는 '하늘색 꿈'의 작곡자인 원고의 성명을 표시하지 않고, 위 저작물에 관한 가사보기 서비스에서만 작곡자의 성명을 '최○○'로 잘못 표시한 사실을 인정한 다음, '하늘색 꿈'과 관련된 MP3 파일 다운로드, 미리듣기 등의 서비스에 관하여는 위 피고가 원고의 성명표시권을 침해하였다고 인정하면서도 원고가 위 저작물의 작곡자이지 작사자는 아니므로 가사에 대한 저작권자가 아니라는 이유로 위 피고의 가사보기 서비스에 관하여는 원고의 성명표시권을 침해하지 않는다고 판단하였다. 그러나 원심이 인정한 사실과 기록에 의하여 알 수 있는 다음과 같은 사정, 즉 피고 ○○○○인터넷은 가사보기 서비스만을 제공하는 것이 아니라 MP3 파일 다운로드, 미리듣기 등의 서비스를 제공하고 있고, 이용자들은 위 서비스를 통하여 음악을 듣고 작사자, 작곡자 등을 알 수 있는 점, 위 피고는 다른 음원제공 서비스에서는 '하늘색 꿈'의 작곡자인 원고의 성명을 전혀 표시하지 않고, 위 저작물에 관한 가사보기 서비스에서만 작곡자의 성명을 '최○○'로 잘못 표시함으로써 이용자들이 위 저작물에 관한 작곡자를 '최○○'로 오인하도록 하고 있는 점 등에 비추어 보면, 위 피고가 운영하는 음악 사이트에서 MP3 파일 다운로드, 미리듣기 등의 서비스를 제공하면서 위 저작물에 관한 작곡자를 원고로 표시하여 전체적으로 위 저작물의 작곡자가 원고라고 인식되는 등의 특별한 사정이 없는 한, 가사보기 서비스에서 원고의 성명을 잘못 표시한 것이 원고의 성명표시권을 침해

5-10) 대법원 2012. 1. 12. 선고 2010다57497 판결.

한 것이 아니라고 할 수는 없다.』

사. 지하철벽화 사건[5-11)]

피고들은 원고의 허락을 받지 않고, 원고가 창작한 원화와 표현대상, 표현형태, 배치 및 기본적인 구도, 색상이 거의 같은 벽화를 지하철역에 설치하면서 약수역과 한강진역에 설치된 각 벽화의 작가란에는 '작가 미상'이라고 표시하였고, 학동역에 설치된 벽화에는 작가표시란 자체가 존재하지 않은 사건이다. 이에 대하여 법원은 피고 도시철도공사와 설계를 담당한 주식회사 ○○이 원고의 성명표시권을 침해하였다고 판단하였다.

아. 6년째 연애중 사건[5-12)]

<사안의 개요>

원고는 시나리오 작가이고 피고 회사는 '6년째 연애중'이라는 영화를 제작한 회사로서 피고 회사는 로맨틱코미디 영화를 제작하기 위해 소외 서○○에게 시나리오 집필을 의뢰하여 소외인이 집필하여 제출하였으나, 피고 회사는 소외인의 시나리오에 만족하지 못하고, 이를 전면적으로 수정하기 위해 원고와 사이에 시나리오 집필계약을 체결하여 원고로 하여금 위 시나리오를 수정하게 하였다. 피고 회사는 원고가 수정한 시나리오 내용이 마음에 들지 않아 의견충돌이 있었고, 원고가 시나리오 수정작업에 전념할 수 없는 상황에 처하자 원고는 수정작업을 중단하였다. 그 후 피고 회사는 피고 박○○와 집필계약을 체결하여 시나리오를 수정하게 하여 시나리오를 완성하여 영화를 제작하여, 각본작가로 피고 박○○ 등을 기재하였을 뿐 원고를 작가로 표시하지 않았다. 원고는 성명표시권 침해를 주장하였고, 원심은 원고를 공동저작자로 인정하고, 원고와 피고 회사 사이의 시나리오 집필계약이 유효하게 유지되고 있으며, 피고 회사가 원고의 성명표시권을 침해하였다고 판단하였다.

<법원의 판단>

5-11) 서울중앙지방법원 2006. 4. 12. 선고 2004가합67627 판결.

5-12) 서울고등법원 2009. 9. 3. 선고 2009나2950 판결(대법원 2011. 8. 25. 선고 2009다73882 판결). 시나리오집필계약이 해제된 후에도 저작자는 집필 중인 시나리오에 대하여 성명표시권을 가지는지 여부가 쟁점이다.

『이 사건 시나리오 집필계약이 합의해제 되었다고 하더라도, 앞서 본 바와 같이 원고는 피고 시나리오의 공동저작자로서 법에 기한 성명표시권을 가지고 있고, 피고들이 그와 같은 원고의 성명표시권을 침해한 이상 피고들은 원고에 대하여 구 법 제95조에 따라 손해배상 및 손해배상과 함께 명예회복을 위하여 필요한 조치를 하여야 할 책임을 부담한다고 할 것이다. 결국, 원심이 이 사건 시나리오 집필계약의 효력이 여전히 존속함을 전제로, 피고들의 이 사건 시나리오 집필계약에 의한 책임이 구 법에 기한 책임과 중첩적으로 인정된다고 한 부분에는 이 사건 시나리오 집필계약 해제에 관한 법리를 오해한 잘못이 있다고 할 것이나, 피고들의 원고에 대한 구 법에 기한 책임이 여전히 인정되므로, 원심의 위와 같은 잘못은 판결 결과에 영향을 미쳤다고 볼 수 없다. 나아가, 앞서 본 바와 같이 원고가 피고 시나리오의 공동저작자임이 인정되는 이상, 이 사건 시나리오 집필계약이 해제되었다고 하더라도, 원고는 구 법에 기한 성명표시권을 가진다고 할 것이므로, 원고에게 성명표시권이 인정되지 않는다는 취지의 상고이유의 주장은 받아들일 수 없다.』

자. 김치냉장고 패턴디자인 사건[5-13)]

3. 동일성유지권

동일성유지권은 저작자가 저작물의 내용, 형식, 제호의 동일성을 유지할 권리를 말하는 것으로서 저작물의 완전성을 유지하고 타인에 의하여 무단히 그의 저작물의 변경을 당하지 아니할 권리를 포함하는 것이다.[5-14)]

가. 문익환가의 사람들 사건[5-15)]

<사안의 개요>

피고는 '월간현대'라는 잡지를 발행하는 사람으로 소외 최○○에게 문익환

5-13) 수원지방법원 2011. 1. 17.자 2010카합312 결정. 채권자의 디자인을 다른 이름으로 표기한 사항으로, 상세는 「제7장 권리자의 공격방법」 참조.

5-14) 대법원 1989. 10. 24. 선고 89다카12824 판결.

5-15) 대법원 1989. 10. 24. 선고 89다카12824 판결. 원저작물을 일부 표절하여 작성한 글을 잡지에 게재한 것이 동일성유지권 침해에 해당하는지 여부가 쟁점이다.

에 관한 글을 작성하도록 의뢰하였는데, 소외인이 사정상 글을 작성하는 것이 곤란해지자, 원고가 작성한 위 글을 참조하여 '인권목사 문익환 커넥션'이라는 제목의 글을 작성하여 '월간현대'에 보냈다. 소외인이 작성한 글 중 문익환의 가문, 가족관계, 민주화투쟁 참여 과정, 수감생활 등을 다룬 부분은 위 원고가 작성한 글의 관계 구절을 그대로 인용하거나 일부 수정하여 작성한 것으로 전체적으로 보아 60~70% 정도는 소외인이 원고의 글을 표절하여 작성한 것이다. '월간현대'의 편집진은 소외인으로부터 넘겨받아 일부 수정하여 '월간현대'에 작성자를 소외인으로 표시하여 게재하였다. 동일성유지권 침해주장에 대하여 원심은 저작자의 저작물을 게재하면서 그 저작자의 동의 없이 그 내용을 수정·변경하여야 동일성유지권이 침해되는 것인데, '월간현대'에 게재된 위 글은 소외인에 의하여 작성된 이상 이를 게재하였다고 하여 동일성유지권이 침해되었다고 볼 수 없다고 판단하였다.

<법원의 판단>

『원저작물을 원형 그대로 복제하지 아니하고 다소의 변경을 가한 것이라고 하여도 원저작물의 재제 또는 동일성이 감지되는 정도이면 복제가 되는 것이고… 원저작물을 복제함에 있어 함부로 그 저작물의 내용, 형식, 제호에 변경을 가한 경우에는 원저작자의 동일성유지권을 침해한 경우에 해당한다고 보아야 할 것이다. 그렇다면 원심이 소외인을 필자로 하여 월간현대에 게재된 위 글이 원고의 위 저작물의 복제에 해당하는 것인지 여부에 대하여 판단하지 아니한 채 그 글이 원고의 저작물을 그대로 게재된 것이 아니고 소외인에 의하여 작성된 것이라는 이유만으로 동일성유지권의 침해가 없다고 판단한 것은 법의 법리를 오해하였거나 심리를 미진한 위법이 있다고 보아야 할 것이다.』

☞ 원저작물을 도용하면서 일부 수정하는 것을 복제권 또는 동일성유지권 침해라고 보는 위 판례에 대하여는 반대 견해가 있다. 이러한 경우에 동일성유지권의 침해가 성립하기 위해서는 저작물이 특정한 유체물에 화체되어 있는 것에 변경을 가하거나, 침해자가 변경된 저작물을 당해 저작자의 것이라고 표시하고 있는 경우 등에 한정하여야 한다는 입장으로(자세한 내용은 송영식 외 1, 197면 참조), 도용 및 수정행위에 의해 작성된 저작물에 원저작물과 연결될만한 연결고리가 없는 경우에는 동일성유지권 침해가 성립하지 않게 된다. 생각건대, 동일성유지권을 저작자의 인격적 가치를 보호하는 권리이므로, 침해결과물이 원

저작물을 기초로 작성된 것인 이상, 여기에 원저작물과의 연결고리가 없다고 하더라도, 저작물 전체로서의 완전성(integrity)에 대한 침해는 발생하였다고 보아야 하지 않을까 생각된다. 따라서 위 학설에 의하면 동일성유지권의 침해범위가 지나치게 좁아지므로 찬성하기 어렵다.

나. 야록 통일교회사 사건[5-16)]

<사안의 개요>

박○○는 피고 유○○와 함께 요구하여 위 제1저작물(통일교주의 사생활 등을 폭로하는 내용으로 박○○가 작성한 것이다) 중 일부를 발췌하여 '6마리아의 비극'이라는 제목으로 제2저작물을 출판하였다. 그 후 박○○와 피고 유○○는 다시 책을 출판하기로 약정하고, 박○○는 제1저작물을 정리, 축약한 제3저작물을 작성하여 피고 유○○에게 인도하였다. 피고 유○○는 제3저작물이 교주의 사생활 폭로 등의 내용이 만족스럽지 않다고 보고 제2저작물의 번역출판을 고집하였고, 이에 그 후폭풍을 두려워하는 박○○와 의견이 충돌하게 되었다. 피고 유○○는 피고 이○○와 제2저작물을 번역하여 제목을 '야록 통일교회사'로, 저자를 '박○○외 2인'으로 표시하여 제4저작물을 출판, 배포하였다. 박○○의 상속인들인 원고들은 피고들이 제2저작물을 번역하여 제4저작물을 출판, 배포함으로써 2차적 저작물 작성권과 동일성유지권을 침해하였다고 주장하였고, 법원은 2차적 저작물 작성권의 침해를 인정하였다. 동일성유지권이 침해되었는지에 관한 법원의 판단은 다음과 같다.

<법원의 판단>

「원고들은 피고들이 제2저작물을 번역, 출판함에 있어 원저작물의 18개 부분을 삭제하고 15개 부분 및 사진 18장을 무단으로 보충하여 제2저작물에 기한 망 박○○의 동일성유지권을 침해하였으므로, 피고들은 이로 인하여 망 박○○가 입은 손해도 배상하여야 한다고 주장하나, 동일성유지권이란 원저작물의 내용, 형식 및 제호의 동일성을 유지할 권리를 말하는 것으로서 원고들의 위 주장이 사실이라고 하더라도 그와 같은 사실만으로는 이 사건 원저작물과 번역저작물 사이에 본질적 부분의 변경이 있다고 하기에 부족하고, 또 원저작물로부터 2차적 저작물(번역물)을 작성하는 경우에는 원칙적으

5-16) 서울고등법원 1999. 5. 19. 선고 98나35459 판결(상고기각).

로 원저작물의 내용, 형식에 다소의 변경을 수반하기 때문에 본질적 부분의 변경이 없는 한 동일성유지권은 거론될 여지가 없다고 할 것이므로, 원고들의 위 주장은 이유 없다.」

☞ 이 판결의 취지는 앞서 본 '문익환가의 사람들' 사건의 판시내용과는 상당한 차이가 있다. 즉 문익환가의 사람들 사건에서는 "원저작물을 복제함에 있어 함부로 그 저작물의 내용, 형식, 제호에 변경을 가한 경우에는 원저작자의 동일성유지권을 침해한 경우에 해당한다"고 판단하여, "내용, 형식에 변경을 가한 경우에는 동일성유지권침해가 된다"고 판단한 반면, 이 사건에서는 "원저작물로부터 2차적 저작물(번역물)을 작성하는 경우에는 원칙적으로 원저작물의 내용, 형식에 다소의 변경을 수반하기 때문에 본질적 부분의 변경이 없는 한 동일성유지권은 거론될 여지가 없다"고 하여 "내용, 형식에 다소의 변경이 있더라도 본질적 부분의 변경이 없는 한 동일성유지권침해는 되지 않는다"고 판단하여 위 '문익환가의 사람들' 사건의 판단기준 보다는 상당히 완화된 기준이 적용되고 있다. 위 두 판결의 입장에 따르는 경우 원저작물에 기초하여 2차적 저작물이 작성된 경우 원저작자의 동일성유지권의 침해가 성립하는지 여부에 있어서 상반된 결론에 이를 가능성이 크다. 즉, 문익환가의 사람들 사건의 판단기준에 따르면 침해가 성립하고, 야록 통일교회사 사건의 기준에 의하면 본질적 부분의 변경이 없는 한 침해가 성립하지 않을 가능성이 크다. 참고로 원저작물이 기초하여 새로운 독창성을 갖는 2차적 저작물이 작성된 이상 2차적 저작물 작성권이 침해될 뿐 동일성유지권은 침해될 수 없다는 취지의 하급심판결도 있으나(서울서부지방법원 2006. 3. 17. 선고 2004가합4676 판결), 찬성하기는 어렵다.

2차적 저작물이란 원저작물을 기초하여 작성되어 창작자의 창작성이 가미되어 복제의 범위를 벗어났지만, 원저작물과 실질적 유사성을 가지는 경우를 말한다. 한편 원저작물의 완전성(integrity)를 훼손하는 일체의 행위라면 동일성유지권 침해가 된다. 따라서 원저작자의 동의 없이 원저작물을 수정, 변경하여 2차적 저작물이 작성되었다면, 재산권적인 측면에서는 원저작권자가 가지는 2차적 저작물을 작성하여 이용할 권리인 2차적 저작물 작성권의 침해로 되고, 이와 별도로 인격권적인 측면에서는 원저작물의 완전성이 훼손되었으므로 원저작자의 동일성유지권의 침해도 성립되지 않을까 생각된다.[5-17]

다. 도라산역 벽화 사건[5-18]

5-17) 이와 상반된 견해로는 송영식 외 1, 197면 참조.

5-18) 서울고등법원 2012. 11. 29. 선고 2012나31842 판결(대법원 2015. 8. 27. 선고 2012다204587로 상고기각). 저작권자인 원고가 항소심 판결에 대하여 상고를 제기하기 않아, 상고심에서는 동일성유지권 침해 여부는 쟁점으로 되지는 않았고, 벽화를 무

<사안의 개요>

원고는 도라산역에 설치된 벽화를 창작한 작가이고, 피고 대한민국은 위 벽화를 원고의 동의 없이 떼어내어 소각한 사건이다. 그러자 원고는 피고의 행위가 원고의 동일성유지권을 침해한 것이라고 주장하였다. 이 사건은 저작자의 저작인격권이 저작물의 소유권자의 저작물에 대한 처분권한을 넘어서는 범위에까지 인정될 수 있는가가 본질적인 쟁점이었는데, 법원은 다음과 같이 판단하여 원고의 동일성유지권 침해에는 해당하지 않는다고 판단하였다.

<법원의 판단>

『피고가 이 사건 벽화를 떼어낸 후 소각하여 폐기한 것은 이 사건 벽화의 소유권자로서의 권능을 행사한 것이라고 보아야 하고, 이에 대하여 원고가 동일성유지권을 주장할 수는 없다고 보아야 한다. 즉 원고가 저작물 원본에 대한 소유권을 피고에 양도하고 이에 대한 대가도 지급 받은 이상, 그 저작물이 화체된 유형물의 소유권자인 피고의 그 유형물 자체에 대한 처분행위를 제한할 법적 근거가 없으며, 특별한 사정이 없는 한 법상 동일성유지권이 보호하는 '저작물의 동일성'은 저작물이 화체된 유형물 자체의 존재나 귀속에 대한 것이 아니라 그 저작물의 내용 등을 대상으로 하는 것이라고 해석할 수밖에 없다. 만일 저작인격권자가 저작물 원본의 소유권 양도 후에도 동일성유지권을 유보하고 소유권의 행사에 대하여 언제라도 이를 추급할 수 있게 한다면, 저작물의 소유권자로 하여금 저작물 보유에 대한 예측할 수 없는 과도한 부담을 갖게 하여 오히려 저작물의 원활한 유통을 저해함으로써 저작권자의 권리를 해할 우려도 있다. 그리고 피고가 이 사건 벽화를 철거하는 과정에서 손상한 행위, 절단한 행위, 방치하여 추가로 손상한 행위는 개별적으로 나누어 보면 동일성유지권 침해 행위를 구성할 여지도 있으나, 위에서 살펴본 바와 같이, 그 궁극적인 폐기행위를 저작인격권의 침해로 볼 수 없는 이상, 위 손상, 절단 등의 행위는 폐기를 위한 전 단계 행위로서 그 폐기행위에 흡수되어 별도의 저작인격권 침해를 구성하지 아니한다고 보아야 할 것이다. 특정 형태의 저작물에 대하여는 소유권자에 대한

단 철거한 것이 인격권 침해로 인한 불법행위에 해당한다고 판단한 원심의 판단이 그대로 유지되었다(자세한 내용은 「제7장 Ⅳ. 민사적 구제－민법상 불법행위 책임」 부분 설명 참조). 이 사건에 관하여는 다수의 논문이나 평석이 있는데, 이상정, "법적 측면에서 본 도라산역 벽화 철거", 저작권 문화, 제196호, 2010., 계승균, "소유자의 저작물 파괴와 저작권", 창작과 권리, 62호, 2011. 등 참조.

저작자의 권리를 보장하여야 할 필요성이 있을 수도 있으나 이는 쌍방의 이해관계를 합리적으로 조정한 새로운 법률을 제정하는 방법으로 해결되어야 하며, 원고 주장처럼 쌍방 이익의 비교형량을 통한 현행법의 해석론으로 이를 인정할 수는 없다고 할 것이다. 원고의 주장은 현행법에 대한 해석의 한계를 벗어나는 것이다. 그리고 베른협약 제6조의2의 저작물에 대한 '기타의 침해'에 공공장소에 설치된 미술작품의 철거행위가 포함된다는 원고의 주장을 인정할 아무런 근거가 없고, 위 협약의 규정이 직접 이 사건에 적용된다고 볼 수도 없다(위 협약에서는 저작인격권의 보호를 '보호가 주장되는 국가'의 입법에 맡기고 있다).」

라. 금성출판사 교과서 수정 사건[5-19]

<사안의 개요>

원고들은 교과서의 공동저작자들인데 교과서 출판사인 피고들이 원고들의 동의 없이 교육과학기술부의 수정지시에 따라 교과서 내용을 수정한 사건으로, 동일성유지권 침해여부가 쟁점으로 되었다.

<법원의 판단>

「저작자는 그의 저작물의 내용·형식 및 제호의 동일성을 유지할 권리를 가지는데(제13조 제1항), 저작자가 명시적 또는 묵시적으로 동의한 범위 내에서 저작물을 변경한 경우에는 저작자의 위와 같은 동일성유지권 침해에 해당하지 아니한다(대법원 1992. 12. 24. 선고 92다31309 판결 등 참조). 그리고 저작물에 대한 출판계약을 체결한 저작자가 저작물의 변경에 대하여 동의하였는지 여부 및 동의의 범위는 출판계약의 성질·체결 경위·내용, 계약 당사자들의 지위와 상호관계, 출판의 목적, 출판물의 이용실태, 저작물의 성격 등 제반 사정을 종합적으로 고려하여 구체적·개별적으로 판단하여야 한다. 한편 행정처분이 아무리 위법하다고 하여도 그 하자가 중대하고 명백하여 당연 무효라고 보아야 할 사유가 있는 경우를 제외하고는 아무도 그 하자를 이유로 무단히 그 효과를 부정하지 못하는 것이므로(대법원 2010. 4. 29. 선고 2007다12012 판결 등 참조), 저작자가 출판계약에서 행정처분을 따르는 범위 내에서의 저작물 변경에 동의한 경우에는, 설사 행정처분이 위법하더라도 당연 무효라고 보아야 할 사유가 있다고 할 수 없는 이상 그 행정

5-19) 대법원 2013. 4. 26. 선고 2010다79923 판결.

처분에 따른 계약 상대방의 저작물 변경은 저작자의 동일성유지권 침해에 해당하지 아니한다. 원고들 등은 2001. 3. 24. 피고 금성출판사와 사이에, 교육과학기술부의 검정교과서 7차 교육과정에 따라 이 사건 교과서의 원고를 작성하여 피고 금성출판사에 인도하고, 피고 금성출판사는 위 원고 등을 이용하여 이 사건 교과서의 검정본을 제작하여 검정신청을 하기로 하는 내용의 교과서 출판계약을 체결하였다. 그런데 이 사건 출판계약 제6항에서, "원고들은 교육과학기술부로부터 이 사건 교과서에 대한 수정·개편 지시가 있을 때에는 소정의 기일 안에 그 작업을 완료할 수 있도록 수정·개편을 위한 원고 및 자료를 피고 금성출판사에게 인도하여야 하고, 피고 금성출판사는 원고들의 요구와 교육과학기술부의 지시에 따라 이 사건 교과서의 내용을 소정의 기일 안에 수정·개편하여야 한다"고 약정하였다. 원고들과 피고 금성출판사는 이 사건 출판계약 체결 이후인 2001. 12. 8. 한국교육과정평가원에 이 사건 교과서의 검정신청을 하면서, "이 사건 교과서의 저작권 및 발행권 행사에 있어서, 교과용도서의 원활한 발행·공급과 교육 부조리 방지를 위한 교육과학기술부장관'으로 통칭한다)의 지시사항을 성실히 이행할 것에 동의하고, 이를 위반할 때에는 발행권 정지 등 어떠한 조치도 감수할 것을 다짐한다"는 내용의 동의서를 작성하여 제출하였다. 위와 같은 사실관계에 나타난 이 사건 출판계약의 성질과 내용, 이 사건 동의서의 내용과 그 제출경위, 원고들과 피고 금성출판사의 지위와 상호관계, 출판의 목적, 이 사건 교과서의 성격, 그리고 그 당시 시행되고 있던 구 교과용 도서에 관한 규정에는 교과용 도서의 내용을 수정할 필요가 있으면 교육과학기술부장관은 검정도서의 저작자에게 수정을 명할 수 있고, 저작자가 이러한 수정명령을 위반하는 경우 그 검정합격을 취소하거나 1년의 범위 안에서 그 발행을 정지시킬 수 있다고 규정되어 있어서(현행 교과용 도서에 관한 규정에도 대동소이한 내용의 규정이 있다), 원고들이 교육과학기술부장관의 이러한 수정명령에 응하지 아니하면 검정합격의 취소나 발행 정지로 인해 이 사건 교과서의 발행이 무산될 수도 있었던 점 등을 종합적으로 고려해 보면, 원고들은 이 사건 출판계약의 체결 및 이 사건 동의서의 제출 당시 피고 금성출판사에 대하여 교육과학기술부장관의 수정지시를 이행하는 범위 내에서는 이 사건 교과서를 변경하는데 동의한 것으로 봄이 상당하다. 그런데 기록에 의하면, 교육과학기술부장관은 2008. 10. 30. 이 사건 교과서의 일부 내용을 수정하도록 권고하였으나 원고들이 그 중 상당수 항목에 관하여 수정권고를 수용할 수 없다는 의견을 제시하자, 피고 금성출판사에게 이 사건 교과서에 관하여 이 사건 수정지시를 하였고, 이에 피고 금성출판사가 이 사건 수정지시에 따라 이 사건 교과서를 수정하여 중·고등학교 검정교과서의 발행업무 등을 대행하는 피고 사단법인 한국검정교과서를 통하여 이를 발행·배포한 것임을 알 수 있다. 행정처분에 해당하는 이 사건 수정지시가 당연 무효라고 보아야 할 사유를 찾아볼 수 없는 이상, 이 사건 수정지시를 이행하기 위하여 피고들이 이 사건 교과서를 수정하여 발행·배포한 것은 원고들이 동의한 범위 내라고 할 것이어서 이 사건 교과서에 대한 원고들의 동일성유지권 침해에 해당한다고 볼 수 없다.』

마. 해운대 등대 사건[5-20)]

<사안의 개요>

원고는 피고로부터 디자인 제공 요청을 받고 3가지 등대대안을 피고에게 제공하였고, 피고는 이를 건축사에 의뢰하여 그 중 1개의 안을 기초로 구체 설계하게 하여 이에 따라 '해운대 APEC 기념등대'를 설치하게 한 사건이다. 피고는 등대도안에서 제시한 스테인리스강이 아닌 콘크리트로 등대를 제작하였고, 꽃잎의 크기, 폭 등의 전체적인 비례를 임의로 변경하는 등 원고의 창작의도와 다른 등대를 건축하여 원고의 등대도안에 관한 동일성유지권을 침해하였다고(즉 작가로부터 제출받은 등대도안에 기초하되 재질과 일부 외관을 변경하여 등대를 설치한 것이 동일성유지권 침해에 해당한다고) 주장하였다. 이에 대하여 법원은 다음과 같이 원고의 주장을 배척하였다.

<법원의 판단>

5-20) 서울고등법원 2008. 10. 29. 선고 2008나4461 판결(확정). 위 사건은 원고가 제출한 등대도안이 법이 보호하는 건축저작물에 해당하는지 여부가 보다 본질적인 쟁점인데, 이에 대하여 법원은 『원고의 등대도안은 등대의 제작을 위한 일종의 스케치로서 건축구상을 표현하고 있지만, 그 구상의 밀도에 있어서 개략적인 구상 단계에 불과하고, 그 표현에 있어도 건축설계도면이 가지는 기술성, 기능성보다는 형상, 색채, 구도 등의 미적 표현에 중점을 두고 있으며, 원고의 등대도안만으로는 실제로 등대를 건축할 수 없는 사실을 인정할 수 있는바, 위 인정 사실과 건축법의 규정 내용 등에 비추어 보면, 원고의 등대도안은 제4조 제1항 제5호에 정한 '설계도서'에 해당한다고 보기는 어렵고, 도형저작물이나 미술저작물에 해당할 뿐이라고 봄이 상당하다』고 판단하여 건축저작물성을 부정하였다.

『2차적 저작물의 작성에는 필연적으로 원저작물에 대한 개변이 동반되므로 형식적으로 동일성유지권을 침해하고 있는 것처럼 보이지만 2차적 저작물의 작성에 관해 저작자의 허락을 받은 경우에도 동일성유지권을 침해하는 것으로 보게 되면 개변에 관해 허락을 받은 의미를 무시해 버리는 결과가 된다. 따라서 법에 명문의 근거가 없다고 하더라도 개변된 내용이 저작자의 명예나 명성을 해치는 경우 또는 통상적인 변형에서 예정하고 있지 않은 본질적인 변형이 이루어진 경우에 해당하지 않는 한 저작자의 허락을 받고 2차적 저작물을 작성하는 행위는 저작자의 동일성유지권을 침해하는 것이 아니고, 이는 법이 당연히 예정하고 있다고 해석함이 상당하다. 살피건대, 원고는 자신의 등대도안에 기초해서 피고가 등대를 건축하도록 허락하였고, 피고가 건축한 등대의 모양도 기본적으로 원고의 등대도안의 표현과 같이 총 16장으로 된 등대의 하부기초인 꽃잎, 2단으로 구성된 꽃술의 기둥, 끝에 구를 단 8개의 기둥으로 이루어진 원기둥 형태의 꽃술 윗부분으로 이루어진 형상인바, 원고의 등대도안과 실제로 건축된 등대의 차이는 해상에서 등대로 건축하면서 예상할 수 있는 정도의 변경 범위에 속한다고 보이므로, 원고가 피고에게 등대도안의 이용을 허락한 이상 이러한 정도의 변경에 묵시적 동의가 있었다고 봄이 상당하다.』

바. 네이버 광고방해 사건[5-21]

『채권자가 그의 컴퓨터프로그램저작물로서 동일성유지권을 침해당하였다고 주장하는 HTML(Hypertext Markup Language, 인터넷 홈페이지의 하이퍼텍스트 문서를 만들기 위해 사용되는 기본 언어) 코드에는, 검색결과를 표시한 텍스트 부분과 이를 화면에 표시하기 위한 일반적인 HTML 태그 정도가 포함되어 있을 뿐 저작권으로 보호할 만한 창작적인 표현까지 포함되어 있다는 점을 소명할 자료가 없고, 나아가 채권자가 사용자의 컴퓨터로 보낸 HTML 파일은 그 내용이 화면에 나타나기 위하여 일시적으로 램(Random Access Memory)상으로 복제되게 되는데, 이 때 이 사건 프로그램에 의한 채무자의 HTML 코드 역시 램에 올라오면서 채권자의 HTML 코드 자체에는 영향을 미치지 않은 채 이와 별도로 존재할 여지가 있는 반

5-21) 대법원 2010. 8. 25.자 2008마1541 결정. 인터넷 웹페이지의 광고화면을 피신청인이 제공하는 광고로 대체하도록 한 것이 동일성유지권 침해에 해당하는지 여부가 쟁점이다.

면, 그것이 채권자의 HTML 코드에 삽입되어 채권자의 HTML 코드 자체를 변경시킨다는 점은 이를 소명할 자료가 부족하므로, 채무자의 이 사건 프로그램에 의한 광고행위로 인해 채권자의 HTML 코드에 대한 동일성유지권이 침해되었다고 할 수 없다.』

☞ 이 사건에서 채무자의 행위는 민법상 일반불법행위에 해당하는 것으로 판단되었고 결국 침해행위의 금지를 구하는 채권자의 가처분신청이 인용된 사안이다. 이 사건 이후 2013년 부정경쟁방지 및 영업비밀보호에 관한 법률이 개정되어 이러한 유형의 행위를 부정경쟁행위로 정의하는 내용의 규정이 신설되었다(동법 제2조 차.목). 자세한 설명은 뒤의 「제7장 권리자의 공격방법 Ⅳ. 민사적 구제 - 불법행위 책임」 부분 참조.

사. 하늘색 꿈 Ⅱ 사건[5-22]

『어문저작물이나 음악저작물·영상저작물 등의 일부만을 이용하더라도, 그 부분적 이용이 저작물 중 일부를 발췌하여 그대로 이용하는 것이어서 이용되는 부분 자체는 아무런 변경이 없고, 이용방법도 그 저작물의 통상적 이용방법을 따른 것이며, 그 저작물의 이용 관행에 비추어 일반 대중이나 당해 저작물의 수요자가 그 부분적 이용이 전체 저작물의 일부를 이용한 것임을 쉽게 알 수 있어 저작물 중 부분적으로 이용된 부분이 그 저작물의 전부인 것으로 오인되거나, 그 부분적 이용으로 그 저작물에 표현된 저작자의 사상·감정이 왜곡되거나 저작물의 내용이나 형식이 오인될 우려가 없는 경우에는, 그러한 부분적 이용은 그 저작물 전부를 이용하는 것과 이용하는 분량 면에서만 차이가 있을 뿐이어서 저작자의 동일성유지권을 침해한 것으로 볼 수 없다. 이는 그 부분적 이용에 관하여 저작재산권자의 이용허락을 받지 않은 경우에도 마찬가지이다.

원심판결 이유 및 원심이 채택한 증거에 의하면, 음악저작물의 미리듣기 서비스는 음악저작물의 음원 중 약 30초 내지 1분 정도의 분량을 스트리밍 방식으로 전송하여 인터넷 이용자가 이를 들을 수 있도록 하는 일종의 음원 샘플 제공 행위로서 인터넷상 음악저작물 이용거래에서 음악저작물의 홍보나 유료 이용에 도움을 주기 위하여 널리 행해지는 음악저작물의 이용 행태

5-22) 대법원 2015. 4. 9. 선고 2011다101148 판결(파기환송)(파기환송심에서 조정으로 확정). 피고들이 원곡의 일부를 절단하여 미리듣기 서비스를 제공한 것이 동일성유지권 침해에 해당하는지 여부가 쟁점이다.

중 하나이고, 음악저작물의 음원을 그대로 전송·재생하되 한정된 시간 동안 그 일부만 재생하도록 제한하고 있을 뿐이어서 음악저작물 중 미리듣기 서비스에 이용되는 부분 자체는 아무런 변경이 없는 점, 피고 금영이 그의 인터넷 사이트에서 제공한 이 사건 음악저작물의 미리듣기 서비스도 이 사건 음악저작물의 음원 중 약 30초 정도 분량만을 스트리밍 방식으로 무료로 전송·재생하는 것이어서 재생되는 부분 자체는 아무런 변경이 없는 점 등을 알 수 있다. 이러한 사정을 앞서 본 법리에 비추어 보면, 피고 금영이 제공하는 이 사건 음악저작물의 미리듣기 서비스는 통상적인 음악저작물의 미리듣기 서비스와 다를 바가 없어서 일반 대중이나 이 사건 음악저작물의 수요자로서는 이 사건 음악저작물의 미리듣기 서비스가 음악저작물 전부가 아닌 일부만을 제공하는 것임을 쉽게 알 수 있으므로, 이 사건 음악저작물 중 미리듣기 서비스에 이용된 부분이 이 사건 음악저작물의 전부인 것으로 오인되거나, 미리듣기 서비스로 인하여 이 사건 음악저작물에 표현된 원고의 사상·감정이 왜곡되거나 이 사건 음악저작물의 내용 또는 형식이 오인될 우려가 없다고 할 것이다. 따라서 피고 금영이 이용허락을 받지 아니한 채 이 사건 음악저작물의 미리듣기 서비스를 제공하였다고 하더라도 이것이 원고의 동일성유지권을 침해한 것이라고 볼 수는 없다.」

☞ 이 사건 이전에는 동일한 원고와 동일한 원곡에 기초하여 제기된 동일한 쟁점의 사건에 대하여 미리듣기 서비스가 동일성유지권 침해라고 판단된 바도 있으나,[5-23] 이 사건 대법원 판결로 노래의 전체 분량 중 일부를 제공하는 미리듣기 서비스는 동일성유지권 침해가 아니라는 입장으로 정리된 것으로 보인다.

Ⅲ 저작재산권

1. 복제권

'복제'는 인쇄·사진촬영·복사·녹음·녹화 그 밖의 방법으로 일시적 또는 영구적으로 유형물에 고정하거나 다시 제작하는 것을 말하며, 건축물의 경우에는 그 건축을 위한 모형 또는 설계도서에 따라 이를 시공하는 것을 포함한다(제2조 제22호). 구 법(2000. 1. 12. 개정 이전)에서는 복제의 정의를 "인쇄·사진·

5-23) 서울고등법원 2008. 9. 23. 선고 2007나70737 판결(상고기각).

복사·녹음·녹화 그 밖의 방법에 의하여 유형물로 다시 제작하는 것을 말한다"고 규정하여 복제의 개념을 그 표현형태를 직접 볼 수 있는 '인쇄물 등의 유형물로 다시 제작하는 것'에 한정시키고 있었다. 따라서 파일 등을 컴퓨터의 저장장치에 저장한 것은 복제에 해당하지 않는다고 판단되었는데, 그 후 법이 개정되어 복제의 정의를 "…유형물에 고정하거나 유형물로 다시 제작하는 것을 말하며"라고 유형물에 고정하는 것도 복제에 해당하는 것으로 그 범위가 확대되어, 컴퓨터 등의 기억장치에 저장하는 것도 복제에 해당하게 되었다(이에 관한 판례는 아래 「소리바다 형사 사건」 참조).

가. 소리바다 형사 사건[5-24]

『피고인들은 P2P 프로그램과 관련된 외국의 분쟁사례 등을 통하여 P2P 프로그램의 이용을 통한 음악파일의 공유행위는 대부분 정당한 허락 없는 음악 파일의 복제라는 결과에 이르게 됨을 예견하면서도(원심판결 이유에 의하면 실제로 이 사건 소리바다 이용자들이 교환한 음악 파일의 70%가 법이 보호하는 복제권을 침해하는 것이었다) 2000. 5. 중순경 MP3 파일 공유를 위한 P2P 프로그램인 이 사건 소리바다 프로그램을 개발하고 서버를 설치, 운영하면서 인터넷 웹사이트를 통하여 위 소리바다 프로그램을 무료로 널리 제공하였으며, 그 서버에 이용자 아이디, 패스워드, 이메일주소, 가입회원의 성별과 나이, 이용자의 인터넷 연결속도, 이용자의 최종접속 IP 주소 등의 접속정보를 보관하고, 이용자들이 서버에 접속하면 그 이용자의 컴퓨터 IP 주소를 송신받는 즉시 서버에서 보관하던 다른 이용자들의 IP 주소 등 접속정보를 5,000명 정도씩 묶어 제공함으로써 이용자가 용이하게 자신이 찾는 음악 MP3 파일을 검색할 수 있고, 나아가 최적의 다운로드 위치를

5-24) 대법원 2007. 12. 14. 선고 2005도872 판결. 소리바다 프로그램은 여러 차례에 걸쳐 파일이 공유되는 방식에 있어서 변화를 거쳐 왔는데, 이 사건은 소리바다에서 제공한 중앙 서버에 공유 파일이 저장되어 공유되는 방식이 아니라, 공유 파일은 각 이용자들의 컴퓨터 저장장치에 저장되며, 소리바다의 서버에서는 이용자 정보 등을 제공하는 방식에 관한 형사사건으로 파일공유를 위한 P2P 프로그램을 무료로 제공하여 이용자들로 하여금 파일을 공유하도록 한 것이 복제의 방조에 해당하는지 여부가 쟁점이다. 소리바다 프로그램과 관련하여서는 그 변화과정과 함께 다수의 판결이 존재하는데, 상세한 판결 내용은 「제10장 온라인서비스제공자의 책임과 제한」 부분의 설명 참조.

찾을 수 있게 해 주어 소리바다 이용자들이 음악 MP3 파일을 다운로드할 수 있게 해주는 한편, 피고인들도 매일 한두 번 소리바다 서버에 직접 접속함으로써 운영상태를 점검해 왔을 뿐 아니라, 음반제작자인 이 사건 피해자들이 회원으로 가입되어 있는 한국음반산업협회의 법제이사인 이○○가 2000. 8.경 피고인 양○○에게 소리바다 서비스가 법에 위반되는 것임을 경고하면서 서비스의 중단 내지 보완을 요청한 이래 수차례 경고와 요청을 한 바 있음에도 위와 같은 프로그램의 배포와 서버의 운영을 계속하여, 조○○은 2000. 7.경부터, 김○○은 2000. 7. 26.경부터, 이△△은 2001. 7.말경부터 각 2001. 8. 4.경까지 사이에 각 소리바다 서버에 접속하여 다른 이용자들의 접속 정보를 제공받아 다른 이용자들로부터 음악 MP3 파일을 다운로드받고 나아가 다시 그 파일들을 자신들의 컴퓨터 공유폴더에 담아둠으로써 다른 이용자들이 다운로드받을 수 있도록 하였다는 것이다. 위 조○○ 등의 이러한 행위는 음반을 복제한 음악 MP3 파일을 유형물의 일종인 컴퓨터 하드디스크에 전자적으로 저장하여 고정하는 것일 뿐, 음악 MP3 파일을 유형물로 다시 제작하는 것은 아니어서 구 법이 적용되는 2000. 6. 30.까지는 같은 법 제2조 제14호의 복제에 해당한다고 할 수 없지만(따라서 2000. 7. 1. 이후에 MP3 파일을 다운로드받았다고 단정하기 어려운 박○○, 최○○에 대해서는 피고인들이 복제권 침해행위의 방조범이 될 수 없다), 2000. 1. 12. 법률 제6134호로 개정된 법이 적용되는 2000. 7. 1. 이후에는 같은 법 제2조 제14호의 복제에 해당한다고 할 것이다(나아가 위 조○○ 등의 이러한 행위가 음반의 복제물을 유형물의 형태로 일반 공중에게 양도하거나 대여하는 것에 해당하는 것은 아니므로 제2조 제15호의 배포에 해당한다고는 할 수 없을 것이다). 결국, 위에서 본 여러 사정을 종합해보면 피고인들은 적어도 미필적인 고의를 가지고 위와 같이 이 사건 소리바다 프로그램을 배포하고 소리바다 서버를 운영하여 위 조○○, 김○○, 이△△의 2000. 7. 1. 이후의 복제권 침해행위를 용이하게 해준 것이라고 볼 것이다. 그럼에도 불구하고, 조○○, 김○○, 이△△의 복제권 침해행위에 대한 피고인들의 방조의 점에 대해서까지 무죄로 판단한 원심판결은 법이 보호하는 복제권 및 방조범에 관한 법리를 오해하여 판결결과에 영향을 미친 위법이 있고 이를 지적하는 검사의 상고이유의 주장은 이유가 있다.』

나. 하늘색 꿈 I 사건[5-25)]

『인터넷 링크(Internet link)의 경우는, 인터넷에서 링크하고자 하는 웹페이지나, 웹사이트 등의 서버에 저장된 개개의 저작물 등의 웹 위치 정보 내지 경로를 나타낸 것에 불과하여, 비록 인터넷 이용자가 링크 부분을 클릭함으로써 링크된 웹페이지나 개개의 저작물에 직접 연결한다 하더라도, 이는 법 제2조 제22호에 규정된 '유형물에 고정하거나 유형물로 다시 제작하는 것'에 해당하지 아니한다. 원심은 피고들이 인터넷 이용자에게 그 서버에 있는 원고의 음악저작물을 송신함으로써 원고의 음악저작물들에 대한 복제권 및 전송권을 침해하였다고 판단한 다음, 피고 2 주식회사 및 피고 3 주식회사가 운영하는 웹사이트의 서버 등에 저장된 원고의 음악저작물들이 인터넷 이용자에 의하여 링크되었다거나 피고 2 주식회사가 자신의 서버에 대한 링크를 쉽게 하도록 인터넷 이용자에게 인터넷 주소(URL) 및 하이퍼텍스트 태그 등의 정보를 제공하였더라도 그러한 사정만으로는 위 침해행위와 별도로 위 피고들이 원고의 음악저작물들에 대한 복제권 내지 전송권을 침해하였다고 할 수 없고, 그 밖에 원고가 제출한 증거만으로는 위 피고들에게 모든 음악저작물에 대한 링크를 사전에 방지하여야 할 의무가 있었다는 점을 인정하기에 부족하다는 이유로 이들 부분에 관한 원고의 주장을 배척하였다. 위 법리와 기록에 비추어 살펴보면, 원심의 판단은 정당하고, 거기에 상고이유로 주장하는 바와 같은 저작권자의 복제권 및 전송권에 관한 법리 오해 등의 위법이 없다.』

다. 샤이보이 안무 사건[5-26)]

피고들이 댄스학원을 운영하면서 수강생에게 이 사건 안무(샤이보이라는 노래에 맞춰진 안무이다)를 재현하여, 수강생들이 이를 따라 하도록 하여, 이 사건 안무에 관하여 댄스 강사와 수강생들에 의하여 재현된 안무 모습을 촬영·녹화하고, 그 사진과 동영상을 피고 회사의 인터넷 홈페이지, 피고 회사의 신림점에 연동하는 인터넷 게시판에 게시한 사건이다. 이 사건 안무저작

5-25) 대법원 2009. 11. 26. 선고 2008다77405 판결. 심층링크 내지 직접링크가 복제에 해당하는지 여부 및 디지털압축파일로 변환하여 서버의 저장장치에 저장하는 것이 복제에 해당하는지 여부가 쟁점이다.

5-26) 서울고등법원 2012. 10. 24. 선고 2011나104668 판결(확정).

물의 복제권 침해 여부에 관하여, 법원은 피고들이 위와 같이 재현된 이 사건 안무를 촬영·녹화하고, 피고 회사의 홈페이지와 피고 회사 신림점 연동 게시판에 게시한 행위를 원고의 이 사건 안무에 관한 복제권 침해라고 판단하였다.

라. 삐뽀삐뽀 119 소아과 사건[5-27)]

『다른 사람의 저작물을 무단복제하면 복제권의 침해가 되는 것이고 이 경우 저작물을 원형 그대로 복제하지 아니하고 다소의 수정증감이나 변경을 가하더라도 원저작물의 재제 또는 동일성이 인식되거나 감지되는 정도이면 복제로 보아야 할 것이며, 원저작물의 일부분을 재제하는 경우에도 그것이 원저작물의 본질적인 부분의 재제라면 역시 복제에 해당한다. 피고들이 저술, 판매한 '아기주치의'중 별지 제 2 목록 기재 각 부분은 원고가 제작, 판매한 '119소아과'의 각 해당 부분과 일부 표현이 다르고 문장을 첨삭하기는 하였으나 전체적으로 소재의 선택, 표현방법, 서술의 순서, 설명 양식, 단락의 구분, 문제의 구성 등을 그대로 인용하거나 동일성이 인식되는 정도로 극히 일부분을 변경한 것에 불과하므로, '아기주치의' 중 위 각 부분은 '119 소아과'의 각 해당부분과 그 표현이 실질적으로 유사하여 복제에 해당한다 할 것이다. 다만, 원고는 '아기주치의' 중 별지 제2 목록 기재 부분 이외의 부분도 원고의 '119소아과'의 각 해당부분과 유사하여 복제에 해당한다고 주장하나, 위 각 부분은 피고 이○○가 약 10여년 간의 소아과 전문의로서 활동하면서 체득한 정보를 기초로 하여 독창적으로 작성한 부분이거나, 전문가인 의사의 입장에서 일반인에게 설명하는 형식을 취하고 있는 '아기주치의'의 성격상 달리 표현될 수 없는 것, 또는 복제 부분이 극히 미미한 부분에 한정되어 표현상의 동일성을 인정할 수 없어 복제라고 볼 수 없는데다가, 그 부분이 '아기주치의' 서적 전체에서 차지하는 분량과 질이 상당하므로 원고의 이 부분 주장은 받아들이지 아니한다.』

마. 검색이미지 제공 사건[5-28)]

5-27) 서울서부지방법원 2002. 3. 27. 선고 2001가합3917 판결(확정). 저작물의 내용을 일부 수정하거나, 변경한 것이 복제권 침해에 해당하기 위한 요건이 쟁점이다.

5-28) 대법원 2010. 3. 11. 선고 2009다4343 판결. 파기환송심에서도 같은 취지로 판단하

『링크방식에 의한 이미지제공 : 이른바 인터넷 링크(Internet link)는 인터넷에서 링크하고자 하는 웹페이지나, 웹사이트 등의 서버에 저장된 개개의 저작물 등의 웹 위치 정보 내지 경로를 나타낸 것에 불과하여, 비록 인터넷 이용자가 링크 부분을 클릭함으로써 링크된 웹페이지나 개개의 저작물에 직접 연결한다 하더라도, 이는 구법 제2조 제14호에 규정된 '유형물에 고정하거나 유형물로 다시 제작하는 것'에 해당하지 아니한다. 온라인서비스제공자로서 인터넷 포털사이트인 원심 판시 피고 웹사이트를 개설·운영하고 있는 피고가 그 웹사이트에서, '웹이미지'라는 분류를 통해 검색되는 그 판시의 원고의 사진작품 또는 그 복제물인 외부이미지(이하 이미지 또는 그 전자파일을 '이미지'라고만 한다) 63점에 관하여, 인터넷 이용자가 그 썸네일 이미지(thumbnail image)를 선택(click)하면 피고 웹사이트의 화면 창(window)을 상·하단으로 나눈 다음, 상단에는 검색 결과에 해당하는 썸네일 이미지 목록 등을 하단에는 인터넷 이용자가 선택한 썸네일 이미지의 원래 이미지가 저장된 인터넷 주소에 연결(link)하여 원래의 웹페이지의 모습을 각 보여 주는 방식으로 이미지 검색 서비스를 제공하였다는 사유만으로는 원고의 복제권을 침해한 것으로 볼 수 없다.

상세보기 방식에 의한 외부이미지 제공 부분 : 원심은 그 판시와 같은 인정 사실들에 기초하여, 피고가 그 웹사이트에서 '해외이미지'라는 분류를 통해 검색되는 그 판시의 원고의 사진작품 또는 그 복제물인 외부이미지 221점을 원고의 허락 없이 복제한 후, 500×330 픽셀 크기(인쇄할 경우 약 17.64㎝×13.23㎝, 이하 위와 같은 크기의 이미지를 '상세보기 이미지'라고 한다)로 변환하여 게시함으로써 다수 인터넷 이용자의 이용에 제공한 이상, 이는 원고의 위 사진들에 대한 복제권을 침해한 것이라고 판단하였다. 그러나 원심의 판단은 다음과 같은 이유로 수긍하기 어렵다. 먼저 피고가 그 웹사이트에서 '해외이미지'라는 분류를 통해 검색되는 원고의 위 사진들에 대한 복제권을 침해하였다고 하기 위하여는 피고가 원래의 사진 이미지 또는 적어도 이를 상세보기 이미지 크기로 축소, 변환한 이미지를 자신이 직접 관리하는 서버 등의 유형물에 저장하고 있었다는 점을 원고가 입증하여야

였다(서울고등법원 2010. 7. 15. 선고 2010나31879 판결). 검색이미지를 인터넷링크 방식이나, 상세보기 방식으로 제공한 것이 복제권 침해에 해당하는지 여부가 쟁점이다. 상세는 「제9장 디지털 저작물의 침해와 보호, 제10장 온라인서비스제공자의 책임과 제한」 참조.

하는데, 기록을 살펴보아도 이를 인정할 직접적인 증거는 없다. 다만 기록에 의하면, 피고 웹사이트에서 '해외이미지'라는 분류를 통해 검색되는 외부이미지의 경우, 피고가 이미지 검색프로그램을 이용하여 각종 인터넷 웹사이트에 게시된 이미지를 무작위로 검색·수집하여 그 썸네일 이미지와 원래 이미지가 저장된 인터넷 주소를 자신의 서버에 저장해 두었다가, 인터넷 이용자가 검색어를 입력하면 그에 해당하는 썸네일 이미지를 목록화하여 보여주고, 인터넷 이용자가 다시 그 중 특정 썸네일 이미지를 선택하면 화면 중앙부에 원래의 이미지를 상세보기 이미지로 축소하여 보여 주며, 그 하단에서 원래 이미지가 위치한 인터넷 주소(URL), 파일 크기 등의 정보를 보여주고 있음을 알 수 있다. 그런데 이른바 인터넷 링크에 의하여 이미지를 보여 주는 방법에는 웹브라우저에서 인터넷 이용자를 특정 웹페이지로 이동시켜 주는 방식 외에, 동일 서버 또는 다른 서버에 있는 이미지를 링크를 제공하는 웹페이지의 특정한 위치에 특정한 크기로 나타나도록 하는 방식으로도 구현할 수 있으며, 후자의 방식에 의할 경우에는 웹브라우저의 주소창에 표시된 웹사이트의 주소가 변하지 않은 채 링크된 다른 웹사이트의 이미지 등에 직접 연결할 수 있는바, 앞서 본 바와 같이 인터넷 링크는 인터넷에서 링크하고자 하는 웹페이지나 개개의 저작물 등의 웹 위치 정보 내지 경로를 나타낸 것에 불과하여, 위와 같은 사정만으로는 피고가 원래의 이미지 또는 이를 축소, 변환한 상세보기 이미지를 자신이 직접 관리하는 서버 등의 유형물에 저장하였다고 단정하기에 부족하다. 그럼에도 불구하고 원심은, 피고가 그 웹사이트에서 '해외이미지'라는 분류를 통해 검색되는 원고의 사진 또는 그 복제물인 외부이미지 221점의 원래의 이미지 또는 이를 축소, 변환한 상세보기 이미지를 자신이 직접 관리하는 서버 등의 유형물에 저장하였음을 전제로 그 복제권 침해로 인한 손해배상책임을 부담한다고 판단하였으니, 원심판결에는 채증법칙을 위반하여 사실을 오인함으로써 판결에 영향을 미친 잘못이 있다.」

바. 벅스뮤직 사건[5-29)]

「피신청인은 2000. 2.경부터 www.bugsmusic.co.kr 사이트를 운영하면서 (그후 피신청인은 사이트 도메인을 www.bugs.co.kr로 변경하였다. 이하 이

5-29) 서울중앙지방법원 2009. 9. 30.자 2003카합2114, 2151 결정. 기타 사항은 「제10장 온라인서비스제공자의 책임과 제한」 참조.

사건 사이트), 별지 목록 기재 각 곡을 포함하여 약 150,000개의 음반을 ASF, OGG 등의 컴퓨터압축파일형태로 변환하여 이 사건 사이트 서버의 보조기억장치에 저장(이하 이 사건 파일저장행위)한 후 이 사건 사이트에 접속한 인터넷 이용자들에게 무료로 위와 같이 변환시킨 컴퓨터압축파일들 중 이용자들이 선택한 컴퓨터압축파일을 스트리밍 방식에 의하여 전송함으로써 이용자들이 실시간으로 음악을 청취할 수 있도록 하는 서비스(이하 이 사건 음악청취 서비스)를 제공하고 있다. 이 사건 음반기획제작자들은 별지 목록 기재 각 음반에 대한 제2조 제7호의 음반제작자에 해당하므로, 이 사건 음반기획제작자들과 이 사건 신탁관리 약정을 체결한 신청인은 제67조, 제2조 제18호에 의하여 온라인을 이용한 매체와 관련하여 별지 목록기재 각 음반에 대한 복제권을 가진다고 할 것이고, 한편, 음반을 컴퓨터압축파일로 변환하는 것은 변환 프로그램에 의하여 기계적으로 이루어지므로 창작성이 포함된다고 볼 여지가 없고, 변환된 컴퓨터압축파일이 컴퓨터의 보조기억장치에 저장되면 인위적인 삭제 등 특별한 사정이 없는 한 유형물에 고정되었다고 볼만한 영속성을 지니게 되므로 이 사건 파일저장행위도 음반의 복제에 해당한다고 할 것이어서 피신청인은 신청인이 신탁관리하는 저작인접권인 복제권을 침해하였다.』

2. 공연권

저작자는 그의 저작물을 공연할 권리를 가진다(법 제17조). '공연'은 저작물 또는 실연·음반·방송을 상연·연주·가창·구연·낭독·상영·재생 그 밖의 방법으로 공중에게 공개하는 것을 말하며, 동일인의 점유에 속하는 연결된 장소 안에서 이루어지는 송신(전송을 제외한다)을 포함한다(법 제2조 제3호). 한편 음반을 이용한 공연과 관련하여 청중 등으로부터 당해 공연에 관하여 반대급부를 받지 않는 경우 '판매용 음반' 등을 재생하여 공연한 행위가 시행령이 정하는 예외사유에 해당하지 않는 경우는 공연권 침해가 성립하지 않는다고 법에 예외를 두고 있으므로(법 제29조 제2항), '판매용 음반'에 해당하는지 여부가 문제되는 경우가 있다(자세한 내용은 아래 「나. 현대백화점 사건」 참조).

가. 샤이보이 안무 사건[5-30)]

『피고들이 댄스강사로서, 댄스 학원에서 참석한 다수의 수강생들 앞에서 원고가 창작한 이 사건 안무를 그대로 재현하고 수강생들로 하여금 이를 따라 하도록 하여 이 사건 안무에 관한 원고의 공연권을 침해하였다.』

나. 현대백화점 사건[5-31)]

『○○○뮤직은 음반제작자로부터 디지털 음원을 받아 이를 음원 데이터베이스(DB)에 저장, 관리하면서 필요할 때마다 음원을 추출하여 사용하는 사실, ○○○뮤직은 선곡된 음악의 사용빈도에 따라 원고들에게 제76조, 제83조에 의한 디지털음성송신보상금을 정산하여 지급하는데, 위 디지털음성송신보상금에 공연보상금은 포함되어 있지 아니한 사실, 피고는 ○○○뮤직에 매월 '매장음악서비스이용료'를 지급하고, ○○○뮤직으로부터 인증받은 컴퓨터에 소프트웨어를 다운로드한 후 ○○○뮤직이 제공한 웹페이지에 접속하여 아이디와 패스워드를 입력한 다음 ○○○뮤직이 스트리밍 방식(인터넷에서 영상이나 음향·애니메이션 등의 파일을 하드디스크 드라이브에 다운로드없이 여러 개의 파일로 나누어 보내어 실시간으로 재생해 주는 기법)으로 전송하는 음악을 실시간으로 매장에 틀어 놓는 사실, ○○○뮤직은 피고로부터 받은 위 '매장음악서비스이용료'의 일부를 위 디지털음성송신보상금으로 원고들에게 다시 지급하는 사실을 인정할 수 있다. 디지털 음원도 하드디스크와 같은 저장매체에 저장되는 방식으로 고정되면 법상 음반(제2조 제5호)이라고 볼 수 있는바, ○○○뮤직이 음반제작자로부터 받은 디지털 음원은 데이터베이스(DB)에 저장되는 방식으로 고정되므로 법상 '음반'에 해당한다. 또 ○○○뮤직과 피고는 원고들에게 이러한 디지털 음원의 사용에 따라 디지털음원송신보상금이라는 반대급부를 지급하고 있으므로, 위 디지털 음원은 판매를 통해 거래에 제공된 '음반'으로 보아야 한다. 피고가 ○○○뮤직으로부터 판매용 음반에 수록된 디지털 음원을 대가를 지급하고

5-30) 서울고등법원 2012. 10. 24. 선고 2011나104668 판결(확정).

5-31) 서울고등법원 2013. 11. 28. 선고 2013나2007545 판결(대법원 2015. 12. 10. 선고 2013다219616 판결). 이 사건은 직접 공연권 침해를 주장한 일반적인 침해소송이 아니라 공연보상금을 청구한 사건이었으나, 디지털 음원을 스트리밍 방식으로 재생하는 방법으로 백화점 매장에 틀어 놓은 피고의 행위가 보상금 청구의 대상에 해당하는 공연에 해당하는지 여부가 쟁점으로 되었다.

스트리밍 방법으로 전송받으면, 위 디지털 음원은 피고의 컴퓨터에 일시적으로 유형물로 고정되므로 판매용 음반인 점은 달라지지 않는다. 제2조 제3호는 '공연'에 관하여 '저작물 또는 실연·음반·방송을 상연·연주·가창·구연·낭독·상영·재생 그 밖의 방법으로 공중에게 공개하는 것'으로 정의하고 있으므로, 피고가 이러한 디지털 음원을 스트리밍 방식을 통하여 재생하는 방법으로 백화점 매장에 틀어 놓은 행위는 판매용 음반을 '사용'하여 '공연'한 행위에 해당한다고 보아야 한다.』

☞ 이 사건과 관련하여 최근 선고된 소규모매장공연사건[5-32]을 주목할 필요가 있는데, 이 사건에서는 피고가 웹캐스팅(스트리밍) 방식으로 디지털 음원을 전송해 주는 '매장음악서비스' 제공업체와 계약을 하고 매장들에서 음악을 재생·공연하였는데 위 매장들은 영업장면적이 대부분 3,000㎡ 미만이어서 음원사용료를 거의 징수하지 못한 점이 위 현대백화점 사건과는 다른 점이다(한국음악저작권협회가 승인받은 징수규정에는 3,000㎡ 이상의 대형매장 등에 대해서만 징수규정이 있었고, 원고측은 3,000㎡ 미만 매장에 대해서도 징수규정을 신설하려고 하였으나 신청이 반려된 바 있다). 원고는 징수를 못하게 되자 피고를 상대로 '공연권 침해로 인한 손해배상' 청구하였는데, 법원은 「피고는 원고의 이용허락 없이 피고의 매장들에서 이 사건 음악저작물들을 공연하였으므로, 특별한 사정이 없는 한 이로써 이 사건 음악저작물들에 관한 원고의 공연권을 침해하였다고 한 후 법 제105조 제5항에 '저작권위탁관리업자가 이용자로부터 받는 사용료의 요율 또는 금액은 문화체육관광부의 승인을 얻어 정한다'고 규정되어 있으나, 위 규정의 취지가 '그와 같은 승인받은 징수규정이 없을 때에는 법원에 저작권 침해를 원인으로 한 손해배상청구의 소를 제기하는 것까지 금지하는 것'이라고 볼 수 없고, 음악저작물들의 신탁자에 대한 관계에서 그 관리를 위탁받은 수탁자의 지위에 있는 협회가, 승인받은 사용료 요율 또는 금액이 없는 상태에서 위탁받은 음악저작물들의 공연권 침해를 원인으로 한 손해배상청구의 소를 법원에 제기하였다고 하여, 그러한 행위가 허가조건을 위반하거나 규제를 회피하는 것으로 신의성실의 원칙에 어긋나거나 권리남용에 해당한다고 볼 수 없으며, 매장음악서비스 제공업체들이 협회로부터 공중송신에 대한 이용허락만 받고 그에 대한 대가만 지급한 채 피고의 매장들에 전송한 음악저작물 음원들이 '시중에 판매할 목적으로 제작된 음반'에 해당한다고 볼 수 없다」며, 저작권법 제29조 제2항에 따라 저작권 침해에 해당하지 않는다는 피고의 주장을 배척

5-32) 서울고등법원 2015. 12. 10. 선고 2014나2023643 판결(상고중). 권리 행사로 협회가 통상 얻을 수 있는 금액(또는 상당한 손해액)으로 영업장면적에 따라 매장당 월 2~71만 원을 인정함. 손해배상액과 관련된 상세한 내용은 「제7장 권리자의 공격방법」 참조.

하였다. 두 사건 모두 공연권 침해라고 판단된 점은 동일하다. 즉, 공중송신에 대한 대가를 지급하든, 지급하지 않든, 음악서비스 제공업체가 공중송신에 대한 이용허락만을 받은 상태에서 매장에 전송한 음원들을 매장에서 재생한 것은 모두 공연권 침해라는 것이다. 다만 위 현대백화점 사건은 저작권 침해소송이 아닌 공연보상금 청구사건으로서 저작권법 제76조의2, 제83조의2의 적용이 문제되었고(위 규정은 실연자 등을 보호하기 위해 '판매용 음반'의 범위를 넓게 인정하자는 취지이다), 위 사건은 저작권 침해로 인한 손해배상 청구소송으로 법 제29조 제2항(저작권 침해의 범위를 제한하는 취지임)의 적용이 문제된 점에서 차이가 있다. 이 사건에서 판시한 제29조 제2항의 '판매용 음반'을 '시중에 판매할 목적으로 제작된 음반'으로 제한 해석해야 한다는 것은 대법원 2010다87474 판결[5-33]의 취지에 따른 것이다.

다. 노래반주기 공연 사건[5-34]

『법 제2조 제3호의 규정에 의하면 공연이라 함은 저작물을 상연·연주·가창·연술·상영 그밖의 방법으로 일반 공중에서 공개하는 것을 말하며, 공연·방송·실연의 녹음물을 재생하여 일반 공중에게 공개하는 것을 포함하는 것인바, 여기서 일반 공중에게 공개한다 함은 불특정인 누구에게나 요금을 내는 정도 외에 다른 제한 없이 공개된 장소 또는 통상적인 가족 및 친지의 범위를 넘는 다수인이 모여 있는 장소에서 저작물을 공개하거나, 반드시 같은 시간에 같은 장소에 모여 있지 않더라도 위와 같은 불특정 또는 다수인에게 전자장치 등을 이용하여 저작물을 전파·통신함으로써 공개하는 것을 의미한다고 할 것이므로(대법원 1996. 3. 22. 선고 95도1288 판결 참조), 피고인이 경영하는 이 사건 노래연습장이 3내지 4평의 좁은 공간을 몇 개의 작은 방실로 나눈 소규모에 불과하다고 하더라도, 피고인이 일반 고객 누구나 요금만 내면 제한 없이 이를 이용할 수 있는 공개된 장소인 위 노래방에서 고객들로 하여금 노래방 기기의 녹음 또는 녹화된 이 사건 음악저작물(컴퓨터음향반주기, 이하 저작물이라고만 한다)을 재생하는 방식으로 저작물을 이용하게 한 이상, 피고인의 위와 같은 소위는 일반 공중에게 저작물을 공개하여 공연한 행위에 해당된다고 할 것이니, 피고인이 이 사건 저작물에

5-33) 스타벅스 사건. 자세한 내용은「제9장 디지털 저작물의 침해와 보호」참조.

5-34) 대법원 2001. 4. 10. 선고 2000도5621 판결, 대법원 1996. 3. 22. 선고 95도1288 판결. 노래방에서 고객들로 하여금 노래반주기로 음악저작물을 재생하는 방식으로 이용하게 한 것이 공연에 해당하는지 및 음악저작물 이용허락이 위 공연에 까지 미치는지 여부가 쟁점이다.

대한 저작권 위탁관리업자인 사단법인 한국음악저작권협회(이하, 협회라고만 한다)로부터 저작물 이용허락을 받지 아니하고 이를 무단공연하였다면 제98조 제1호 소정의 저작재산권을 침해한 것으로 보아야 한다.」

「음악저작물에 대한 저작권위탁관리업자인 사단법인 한국음악저작권협회(이하 협회라고만 한다)가 영상반주기 등 노래방기기의 제작이나 신곡의 추가 입력시에 그 제작업자들로부터 사용료를 받고서 음악저작물의 이용을 허락한 것은 특별한 사정이 없는 한 위 제작업자들이 저작물을 복제하여 노래방기기에 수록하고 노래방기기와 함께 판매 배포하는 범위에 한정되는 것이라 할 것이고, 그와 같은 허락의 효력이 노래방기기를 구입한 노래방 영업자가 일반공중을 상대로 거기에 수록된 저작물을 재생하여 주는 방식으로 이용하는 데에까지 미치는 것은 아니라고 할 것이다.」

라. 도깨비방망이 극본 사건[5-35]

<사안의 개요>

원고는 피고 극본과 그에 기초한 뮤지컬 공연이 원고의 저작물(도깨비 방망이라는 제목의 뮤지컬 극본)에 대한 공연권을 침해한 것이라고 주장하였고, 피고는 원고의 저작물에 유사한 피고 극본에 의거하여 공연하였을 뿐 원고의 저작물에 의거한 것이 아니라고 주장한 사건이다. 원심은 피고가 원고의 공연권을 침해하였다고 판단하였으나, 대법원은 다음과 같이 피고의 공연이 원고의 저작물에 의거한 것인지 여부와 피고의 고의 또는 과실에 대한 심리가 미진하다는 이유로 원심판결을 파기하고 환송하였다.

<법원의 판단>

「법이 보호하는 공연권이 침해되었다고 하기 위해서는 침해되었다고 주장하는 기존의 저작물과 대비대상이 되는 공연 사이에 실질적 유사성이 있다는 점 외에도 그 공연이 기존의 저작물에 의거하여 이루어졌다는 점이 인

5-35) 서울남부지방법원 2013. 6. 26. 선고 2012가단32199 판결[서울남부지방법원 2014. 5. 15. 선고 2013나8637 판결, 대법원 2014. 9. 25. 선고 2014다37491 판결(파기환송), 서울남부지방법원 2014. 12. 5. 선고 2014나10460 판결(심불기각)]. 공연권이 침해되기 위해서는 극본과 공연의 실질적 유사성 외에 그 공연이 위 극본에 의거하여 이루어졌다는 점까지 인정되어야 하는지 여부가 쟁점이다. 파기환송심에서는 대법원의 파기환송의 취지에 따라 침해가 아니라고 판단하였다.

정되어야 한다(대법원 2007. 12. 13. 선고 2005다35707 판결 등 참조). 나아가 저작권 침해로 인하여 손해배상책임이 발생하기 위해서는 행위자의 고의·과실 등 민법 제750조에 의한 불법행위 성립요건이 구비되어야 한다. 기록에 의하면, 피고는 제1심에서부터 일관되게, 피고 극본은 1991년경 당시 경기도립극단 상임연출가였던 이○○이 전래동화를 바탕으로 줄거리를 작성하고 위 극단 단원 임○○ 등이 도깨비의 이름과 캐릭터를 정하는 등으로 공동작업을 하여 완성한 것이고, 이후 임○○는 1994년경 '극단 믈뫼'의 대표로서 피고 극본을 공연하는 등 경기도립극단 외에서도 이○○의 허락을 받아 위 극본을 공연해왔는데, 피고 자신은 2002년경 임○○에게 부탁하여 극본 및 공연CD를 받은 후 임○○을 통하여 이○○의 허락을 얻어 2008년경부터 공연한 것일 뿐, 피고로서는 이 사건 소송 전까지는 원고가 원고 극본을 작성하고 공연을 한 사실조차 알지 못하였다고 주장해왔음을 알 수 있다. 그런데 원심이 배척하지 아니한 증거에 의하면, 피고 주장과 같이 1991. 5. 18.경 이○○이 저작자로 표시되어 있는 '도깨비 방망이'라는 제목의 원고 극본과 유사한 내용의 극본이 실제로 존재하였고, 이를 바탕으로 하여 임○○ 및 피고가 공연을 해왔다는 사실을 알 수 있다. 한편 원고 극본은 출판되지 아니하였고 저작권등록도 이루어지지 아니하였는데, 원고 극본에 대해서 1997. 2.경의 공연 이후로는 더 이상 공연이 이루어졌음을 알 수 있는 증거가 제출되어 있지 아니할 뿐만 아니라, 이 사건 소제기 전에 원고가 임○○나 피고에게 저작권 침해 주장을 한 사정도 보이지 아니한다. 이렇듯 피고가 별도로 자신이 의거한 저작물의 존재를 주장하면서 이에 부합하는 증거를 제출하고 있고, 아울러 출판되거나 저작권등록이 이루어지지 아니한 원고 극본이 피고 극본의 공연시점으로부터 역산하여 장기간 공연된 바도 없는 등 피고가 원고 극본의 존재나 그 공연 사실을 알지 못한 채 피고 극본의 공연을 하였다고 볼 여지가 있는 사정도 나타나 있는 이상, 원심으로서는 과연 피고가 그 주장과 같이 이○○의 극본에 의거하여 공연한 것인지 여부, 만일 이 점이 인정된다면 이○○이 원고 극본에 관한 원고의 복제권 등 저작재산권을 침해한 것인지 여부, 나아가 이 점 또한 인정된다면 피고가 이○○의 침해 사실을 알았거나 알 수 있었는지 여부를 살펴본 다음 비로소 피고에게 원고 극본에 관한 원고의 저작권을 침해하였음을 원인으로 한 손해배상책임이 인정되는지 여부를 판단하였어야 한다. 그런데도 원심은 의거관계나 피고의 고의·과실에 관하여 제대로 심리·판단하지 아니한 채 피고에게 저작권 침해를 원인으로 한 손해배상을 명하고 말았으니, 이러한 원심판결에는 저작권 침해로 인한 손해배상책임에 관한 법리를 오해하여 필요한 심리를 다하지 아니함으로써 판결에 영향을 미친 위법이 있다. 이 점을 지적하는 상고이유 주장은 이유 있다.』

3. 공중송신권

'공중송신'은 저작물, 실연·음반·방송 또는 데이터베이스(이하 '저작물 등'이라 한다)를 공중이 수신하거나 접근하게 할 목적으로 무선 또는 유선통신의 방법에 의하여 송신하거나 이용에 제공하는 것을 말한다(법 제2조 제7호). 2006년에 개정된 법에서 신설된 조항으로 종래의 방송, 전송 및 디지털 음성송신을 모두 포괄하는 개념이다. 개정법 시행 전에는 '동시성(다수의 이용자가 동일 시간대에 수신하는지 여부)'의 요건을 충족하는지 여부에 따라 방송과 전송이 구별되었는데, 개정법의 시행으로 인해 이러한 구별은 큰 의미가 없게 되었다.

가. 하늘색 꿈 I 사건[5-36)]

『이미지나 동영상 등을 인터넷 홈페이지에 게시함으로써 그에 대한 저작자의 복제권 및 전송권을 침해하였다고 인정하기 위하여서는, 그 대상물을 일시적 또는 영구적으로 유형물에 고정하는 행위 즉, 이를 행위자가 직접 관리하는 서버 등의 유형물에 저장하고 있었다는 점이 인정되어야 하나, 인터넷 링크의 경우는, 인터넷에서 링크하고자 하는 웹페이지나, 웹사이트 등의 서버에 저장된 개개의 저작물 등의 웹 위치 정보 내지 경로를 나타낸 것에 불과하여, 비록 인터넷 이용자가 링크 부분을 클릭함으로써 링크된 웹페이지나 개개의 저작물에 직접 연결한다 하더라도, 이는 제2조 제22호에 규정된 '유형물에 고정하거나 유형물로 다시 제작하는 것'에 해당하지 아니하고, 또한 저작물의 전송의뢰를 하는 지시 또는 의뢰의 준비행위로 볼 수 있

5-36) 대법원 2009. 11. 26. 선고 2008다77405 판결, 대법원 2009. 11. 26. 선고 2008다77412 판결. 음악저작물이 이용자에 의하여 링크되거나 인터넷 주소 등의 정보를 제공한 것이 전송에 해당하는지 여부 및 음악사이트의 전체듣기, 미리듣기, MP3 파일 다운로드 서비스가 전송에 해당하는지 여부가 쟁점이다.

을지언정 같은 조 제10호에 규정된 '송신하거나 이용에 제공하는 것'에 해당하지 아니한다. 그러므로 위와 같은 링크를 하는 행위는 법이 규정하는 전송에 해당하지 않는다.」

「피고 1은 2004. 4. 20.경부터, 피고 2는 2005. 12. 1.경부터, 피고 3, 4는 각 2004. 4. 6.경부터 이 사건 음악저작물에 대한 이용허락을 받지 아니한 채, 이 사건 음악저작물을 디지털압축파일(asf, box, mmf 등의 파일형식)로 변환하여 자신들이 운영하는 음악사이트의 각 해당 서버에 저장한 다음, 인터넷 이용자에게 전체듣기, 미리듣기, MP3 파일 다운로드의 각 음원서비스 등을 제공하여 왔다. 이에 의하면, 피고들은 이 사건 음악저작물을 디지털압축파일로 변환하여 해당 서버의 보조기억장치에 고정, 저장함으로써, 인터넷 이용자의 개별적인 선택에 따라 그 이용자가 수신할 수 있도록 이 사건 음악저작물을 이용에 제공하였고, 실제로 인터넷 이용자의 개별적인 요청에 따라 유·무선 전기통신회선을 통하여 서버에 저장된 이 사건 음악저작물의 디지털압축파일을 그 각 이용자에게 송신하였으므로, 피고들의 행위는 원고의 전송권 침해에 해당한다.」

나. 샤이보이 안무 사건[5-37)]

「피고들이 원고가 창작한 안무를 수강생 앞에서 재현한 것을 촬영·녹화하여 이를 피고 회사의 홈페이지 및 그와 연동된 인터넷 게시판에 게시한 것은 원고의 위 안무에 관한 전송권을 침해한 것이다.」

다. 검색이미지 제공 사건[5-38)]

「'전송'은 일반공중이 개별적으로 선택한 시간과 장소에서 수신하거나 이용할 수 있도록 저작물을 무선 또는 유선통신의 방법에 의하여 송신하거나 이용에 제공하는 것을 말한다.

링크방식에 의한 이미지제공 : 이른바 인터넷 링크(Internet link)는 인터넷에서 링크하고자 하는 웹페이지나, 웹사이트 등의 서버에 저장된 개개의

5-37) 서울고등법원 2012. 10. 24. 선고 2011나104668 판결(확정).

5-38) 대법원 2010. 3. 11. 선고 2009다4343 판결. 검색이미지를 인터넷링크방식이나, 상세보기 방식으로 제공한 것이 전송권 침해에 해당하는지 여부가 쟁점으로 상세는 「제9장 디지털 저작물의 침해와 보호, 제10장 온라인서비스제공자의 책임과 제한」 참조.

저작물 등의 웹 위치 정보 내지 경로를 나타낸 것에 불과하여, 비록 인터넷 이용자가 링크 부분을 클릭함으로써 링크된 웹페이지나 개개의 저작물에 직접 연결한다 하더라도, 이는 저작물의 전송의뢰를 하는 지시 또는 의뢰의 준비행위로 볼 수 있을지언정 같은 조 제9의2호에 규정된 '송신하거나 이용에 제공하는 것'에 해당하지 아니하므로 위와 같은 링크를 하는 행위는 구법이 규정하는 전송에 해당하지 않는다고 할 것이다. 온라인서비스제공자로서 인터넷 포털사이트인 원심 판시 피고 웹사이트를 개설·운영하고 있는 피고가 그 웹사이트에서, '웹이미지'라는 분류를 통해 검색되는 그 판시의 원고의 사진작품 또는 그 복제물인 외부이미지(이하 이미지 또는 그 전자파일을 '이미지'라고만 한다) 63점에 관하여, 인터넷 이용자가 그 썸네일 이미지(thumbnail image)를 선택(click)하면 피고 웹사이트의 화면 창(window)을 상·하단으로 나눈 다음, 상단에는 검색 결과에 해당하는 썸네일 이미지 목록 등을 하단에는 인터넷 이용자가 선택한 썸네일 이미지의 원래 이미지가 저장된 인터넷 주소에 연결(link)하여 원래의 웹페이지의 모습을 각 보여 주는 방식으로 이미지 검색 서비스를 제공하였다는 사유만으로는 원고의 전송권을 침해한 것으로 볼 수 없다.

상세보기 방식에 의한 외부이미지 제공 부분 : 원심은 그 판시와 같은 인정 사실들에 기초하여, 피고가 그 웹사이트에서 '해외이미지'라는 분류를 통해 검색되는 그 판시의 원고의 사진작품 또는 그 복제물인 외부이미지 221점을 원고의 허락 없이 복제한 후, 500×330 픽셀 크기(인쇄할 경우 약 17.64㎝×13.23㎝, 이하 위와 같은 크기의 이미지를 '상세보기 이미지'라고 한다)로 변환하여 게시함으로써 다수 인터넷 이용자의 이용에 제공한 이상, 이는 원고의 위 사진들에 대한 전송권을 침해한 것이라고 판단하였다. 그러나 원심의 판단은 다음과 같은 이유로 수긍하기 어렵다. 먼저 피고가 그 웹사이트에서 '해외이미지'라는 분류를 통해 검색되는 원고의 위 사진들에 대한 전송권을 침해하였다고 하기 위하여는 피고가 원래의 사진 이미지 또는 적어도 이를 상세보기 이미지 크기로 축소, 변환한 이미지를 자신이 직접 관리하는 서버 등의 유형물에 저장하고 있었다는 점을 원고가 입증하여야 하는데, 기록을 살펴보아도 이를 인정할 직접적인 증거는 없다. 다만 기록에 의하면, 피고 웹사이트에서 '해외이미지'라는 분류를 통해 검색되는 외부이미지의 경우, 피고가 이미지 검색프로그램을 이용하여 각종 인터넷 웹사이트에 게시된 이미지를 무작위로 검색·수집하여 그 썸네일 이미지와 원래 이미지가 저장된 인터넷 주소를 자신의 서버에 저장해 두었다가, 인터넷 이용자가 검색어를 입력하면 그에 해당하는 썸네일 이미지를 목록화하여 보여 주고, 인터넷 이용자가 다시 그 중 특정 썸네일 이미지를 선택하면 화면 중앙부에 원래의 이미지를 상세보기 이미지로 축소하여 보여 주며, 그 하단에서 원래 이미지가 위치한 인터넷 주소(URL), 파일 크기 등의 정보를 보여 주고 있음을 알 수 있다. 그런데 이른바 인터넷 링크에 의하여 이미지를 보여 주는 방법에는 웹브라우저에서 인터넷 이용자를 특정 웹페이지로 이동시켜 주는 방식 외에, 동일 서버 또는 다른 서버에 있는 이미지를 링크를 제공하는 웹페이지의 특정한 위치에 특정한 크기로 나타나도록 하는 방식으로도 구현할 수 있으며, 후자의 방식에 의할 경우에는 웹브라우저의 주소창에 표시된 웹사이트의 주소가 변하지 않은 채 링크된 다른 웹사이트의 이미지 등에 직접 연결할 수 있는바, 앞서 본 바와 같이 인터넷 링크는 인터넷에서 링크하고자 하는 웹페이지나 개개의 저작물 등의 웹 위치 정보 내지 경로를 나타낸 것에 불과하여, 위와 같은 사정만으로는 피고가 원래의 이미지 또는 이를 축소, 변환한 상세보기 이미지를 자신이 직접 관리하는 서버 등의 유형물에 저장하였다고 단정하기에 부족하다. 그럼에도 불구하고 원심은, 피고가 그 웹사이트에서 '해외이미지'라는 분류를 통해 검색되는 원고의 사진 또는 그 복제물인 외부이미지 221점의 원래의 이미지 또는 이를 축소, 변환한 상세보기 이미지를 자신이 직접 관리하는 서버 등의 유형물에 저장하였음을 전제로 그 전송권 침해로 인한 손해배상책임을 부담한다고 판단하였으니, 원심판결에는 채증법칙을 위반하여 사실을 오인함으로써 판결에 영향을 미친 잘못이 있다.』

4. 전시권

저작자는 미술저작물 등의 원본이나 그 복제물을 전시할 권리를 가진다(법 제19조).

가. 검색이미지 제공 사건[5-39)]

5-39) 대법원 2010. 3. 11. 선고 2009다4343 판결. 검색이미지를 인터넷링크방식이나 상세보기 방식으로 제공한 것이 전시권 침해에 해당하는지 여부가 쟁점이다.

「링크방식에 의한 이미지제공 : 이른바 인터넷 링크(Internet link)는 인터넷에서 링크하고자 하는 웹페이지나, 웹사이트 등의 서버에 저장된 개개의 저작물 등의 웹 위치 정보 내지 경로를 나타낸 것에 불과하여, 비록 인터넷 이용자가 링크 부분을 클릭함으로써 링크된 웹페이지나 개개의 저작물에 직접 연결한다 하더라도, 이는 같은 법 제19조에서 말하는 '유형물을 진열하거나 게시하는 것'에도 해당하지 아니한다. 온라인서비스제공자로서 인터넷 포털사이트인 원심 판시 피고 웹사이트를 개설·운영하고 있는 피고가 그 웹사이트에서, '웹이미지'라는 분류를 통해 검색되는 그 판시의 원고의 사진작품 또는 그 복제물인 외부이미지(이하 이미지 또는 그 전자파일을 '이미지'라고만 한다) 63점에 관하여, 인터넷 이용자가 그 썸네일 이미지(thumbnail image)를 선택(click)하면 피고 웹사이트의 화면 창(window)을 상·하단으로 나눈 다음, 상단에는 검색 결과에 해당하는 썸네일 이미지 목록 등을 하단에는 인터넷 이용자가 선택한 썸네일 이미지의 원래 이미지가 저장된 인터넷 주소에 연결(link)하여 원래의 웹페이지의 모습을 각 보여 주는 방식으로 이미지 검색 서비스를 제공하였다는 사유만으로는 원고의 전시권을 침해한 것으로 볼 수 없다.

상세보기 방식에 의한 외부이미지 제공 : 원심은 그 판시와 같은 인정 사실들에 기초하여, 피고가 그 웹사이트에서 '해외이미지'라는 분류를 통해 검색되는 그 판시의 원고의 사진작품 또는 그 복제물인 외부이미지 221점을 원고의 허락 없이 복제한 후, 500×330 픽셀 크기(인쇄할 경우 약 17.64㎝×13.23㎝, 이하 위와 같은 크기의 이미지를 '상세보기 이미지'라고 한다)로 변환하여 게시함으로써 다수 인터넷 이용자의 이용에 제공한 이상, 이는 원고의 위 사진들에 대한 전시권을 침해한 것이라고 판단하였다. 그러나 원심의 판단은 다음과 같은 이유로 수긍하기 어렵다. 먼저 피고가 그 웹사이트에서 '해외이미지'라는 분류를 통해 검색되는 원고의 위 사진들에 대한 복제권, 전송권 및 전시권을 침해하였다고 하기 위하여는 피고가 원래의 사진 이미지 또는 적어도 이를 상세보기 이미지 크기로 축소, 변환한 이미지를 자신이 직접 관리하는 서버 등의 유형물에 저장하고 있었다는 점을 원고가 입증하여야 하는데, 기록을 살펴보아도 이를 인정할 직접적인 증거는 없다. 다만 기록에 의하면, 피고 웹사이트에서 '해외이미지'라는 분류를 통해 검색되는 외부이미지의 경우, 피고가 이미지 검색프로그램을 이용하여 각종 인터넷 웹사이트에 게시된 이미지를 무작위로 검색·수집하여 그 썸네일 이미지와 원래 이미지가 저장된 인터넷 주소를 자신의 서버에 저장해 두었다가, 인터넷 이용자가 검색어를 입력하면 그에 해당하는 썸네일 이미지를 목록화하여 보여 주고, 인터넷 이용자가 다시 그 중 특정 썸네일 이미지를 선택하면 화면 중앙부에 원래의 이미지를 상세보기 이미지로 축소하여 보여 주며, 그 하단에서 원래 이미지가 위치한 인터넷 주소(URL), 파일 크기 등의 정보를 보여 주고 있음을 알 수 있다. 그런데 이른바 인터넷 링크에 의하여 이미지를 보여 주는 방법에는 웹브라우저에서 인터넷 이용자를 특정 웹페이지로 이동시켜 주는 방식 외에, 동일 서버 또는 다른 서버에 있는 이미지를 링크를 제공하는 웹페이지의 특정한 위치에 특정한 크기로 나타나도록 하는 방식으로도 구현할 수 있으며, 후자의 방식에 의할 경우에는 웹브라우저의 주소창에 표시된 웹사이트의 주소가 변하지 않은 채 링크된 다른 웹사이트의 이미지 등에 직접 연결할 수 있는바, 앞서 본 바와 같이 인터넷 링크는 인터넷에서 링크하고자 하는 웹페이지나 개개의 저작물 등의 웹 위치 정보 내지 경로를 나타낸 것에 불과하여, 위와 같은 사정만으로는 피고가 원래의 이미지 또는 이를 축소, 변환한 상세보기 이미지를 자신이 직접 관리하는 서버 등의 유형물에 저장하였다고 단정하기에 부족하다. 그럼에도 불구하고 원심은, 피고가 그 웹사이트에서 '해외이미지'라는 분류를 통해 검색되는 원고의 사진 또는 그 복제물인 외부이미지 221점의 원래의 이미지 또는 이를 축소, 변환한 상세보기 이미지를 자신이 직접 관리하는 서버 등의 유형물에 저장하였음을 전제로 그 전시권 침해로 인한 손해배상책임을 부담한다고 판단하였으니, 원심판결에는 채증법칙을 위반하여 사실을 오인함으로써 판결에 영향을 미친 잘못이 있다.』

나. 칼빈주의 예정론 사건[5-40]

『법 제11조 제3항 및 제19조는 '전시권'의 보호대상인 저작물을 '미술저작물·건축저작물 또는 사진저작물(이하 '미술저작물 등'이라 한다)'에 한정하여 열거하고 있으므로, 미술저작물 등 외의 저작물은 전시의 방법으로는 그 저작재산권이 침해되지 아니한다. 원심판결 이유에 의하면, 원심은 피고인이 피해자 공소외인과 공동 번역하여 출판하였던 '칼빈주의 예정론' 번역본을 피해자의 허락을 받지 아니하고 피고인이 단독 번역한 것으로 표시하여 ○

5-40) 대법원 2010. 9. 9. 선고 2010도4468 판결. 어문저작물의 저작재산권이 '전시'의 방법으로 침해되는지 여부가 쟁점이다.

○○○선교연구원 인터넷 홈페이지에 링크된 도서출판 ○○○ 사이트에 전시하여 피해자의 저작재산권을 침해함과 동시에 저작자 아닌 자를 저작자로 표시하여 저작물을 공표하였다는 이 사건 공소사실을 모두 유죄로 인정한 제1심판결을 그대로 유지하였다. 그러나 앞서 본 법리에 비추어 보면, 피해자와 피고인이 공동 번역한 '칼빈주의 예정론' 번역본은 어문저작물에 해당하는 것이어서 전시의 방법으로는 그 저작재산권이 침해되지 아니하므로, 피고인이 피해자의 허락 없이 이를 ○○○○선교연구원 인터넷 홈페이지에 링크된 도서출판 ○○○ 사이트에 게시하였다 하더라도 전시의 방법에 의한 저작재산권 침해죄를 구성하지는 아니한다.』

5. 배포권

저작자는 저작물의 원본이나 그 복제물을 배포할 권리를 가진다. 다만 저작물의 원본이나 그 복제물이 해당 저작재산권자의 허락을 받아 판매 등의 방법으로 거래에 제공된 경우에는 그러하지 아니하다(법 제20조). '배포'는 저작물 등의 원본 또는 그 복제물을 공중에게 대가를 받거나 받지 아니하고 양도 또는 대여하는 것을 말한다(법 제2조 제23호).

가. 소리바다 형사 사건[5-41)]

『법 제2조 제15호에 의하면 '배포'라 함은 저작물의 원작품 또는 그 복제물을 일반공중에게 대가를 받거나 받지 아니하고 양도 또는 대여하는 것을 말하고, 이는 구 법의 배포 개념과 동일하다. 여기서, 배포행위인 '양도 또는 대여'는 원칙적으로 저작물의 유형물에 의한 보급(dissemination), 즉 저작물이 담겨져 있는 물체(원작품 또는 복제물)의 점유이전을 수반하는 개념으로서, 통신망을 통하여 무형적으로 디지털저작물을 일반공중에게 제공하는 행위를 포섭하기는 어렵다. 그런데, 정보통신망과 디지털기술의 발달에 따라 '디지털저작물'이 등장하는 등 저작권 주변환경의 변화에 맞추어 새로운 개

5-41) 서울중앙지방법원 2005. 1. 12. 선고 2003노4296 판결. mp3 파일을 개별이용자가 다운로드할 수 있도록 자신의 컴퓨터 저장장치에 담아 둔 것이 배포에 해당하는지 여부가 쟁점이다. 상세한 판결 내용은 「제10장 온라인서비스제공자의 책임과 제한」 부분의 설명 참조.

념정립이 요구되자, 2000. 1. 12. 법이 개정되면서 기존의 복제 개념에 '유형물에 고정'시키는 것을 추가하여 디지털 복제개념을 도입함과 동시에, 복제권·배포권과는 구별되는 '전송권'이라는 개념을 새로이 도입하게 되었다. 법 제2조 제9의2호에 의하면 '전송'이라 함은 일반공중이 개별적으로 선택한 시간과 장소에서 수신하거나 이용할 수 있도록 저작물을 무선 또는 유선통신의 방법에 의하여 송신하거나 이용에 제공하는 것을 말한다고 규정하고 있다. 이는 쌍방향적인 정보통신망에 의한 통신에 관한 권리로서, 기존의 복제권이나 배포권 또는 방송권이 컴퓨터 통신을 통한 저작물의 유통에 그대로 적용되기 어렵다는 이유 때문에, 즉 복제는 전송에 수반되어 이루어지는 행위일 뿐이고, 배포는 유체물의 점유이전을 수반하지 않는 전송에는 적합하지 아니한 개념이며(전송의 결과, 디지털 저작물의 원본은 전송 후에도 전송자의 컴퓨터 내에 그대로 남아 있으면서 동일한 복제물이 동시에 다수의 수신자 컴퓨터에 전달되어 저장되므로, 전송의 경우에는 유체물의 점유이전을 수반하지 않는다), 방송 또한 쌍방향적인 정보의 유통을 특징으로 하는 전송과는 상이한 개념이기 때문에, 컴퓨터 통신을 통한 저작물의 유통에 적합한 새로운 개념으로 '전송권'이라는 개념을 도입한 것으로 해석되고 있다. 법상 전송권은 저작자만이 갖고 있고(제18조의2), 음반제작회사인 저작인접권자에게는 복제·배포권 외에 따로 전송권이 부여되어 있지 않다(제67조).

조○○ 등의 배포권 침해 여부 : 우리 법은 저작재산권을 이른바 '권리의 다발(bundle of right)'로 파악하고, 다시 저작재산권을 여러 종류의 지분적 권리가 포함된 것으로 구성하고 있으며, 이러한 지분적 권리에 대하여 법에서 제한적으로 나열하는 열거주의 방식을 채택하고 있다. 따라서, 현실적으로 저작권자 등의 이익이 침해되는 사태가 발생한다 하더라도 법이 권리로서 보호를 하고 있지 아니하면 다른 법리에 의한 보호는 별론으로 하고, 법에 의한 보호는 받을 수 없다고 해석함이 상당하다. 그런데, 법은 제2조에서 전송(제9의2호), 복제(제14호), 배포(제15호)의 각 개념을 각자 다른 개념과 명확하게 구분하여 규정하고 있는바, 그렇다면 위 각 행위는 논리적으로 다른 행위에 해당하거나 포섭될 수 없다 할 것이다. 더욱이, 형사책임에 대하여는 엄격한 해석의 원칙이 적용되어야 하므로, 어느 한 개념표지에 해당하는 행위를 다른 개념에 해당하거나 포함되는 것으로 해석할 수는 없다. 이 사건에 돌아와 살피건대, 소리바다 시스템에서 이루어진 조○○ 등 개별 사용자들의 타인이 mp3 파일을 전송받아 갈 수 있는 상태에 두는 행위 또는 파일 교환행위 자체는 전통적인 의미에서 유형물의 점유이전을 수반하는 것으로는 볼 수 없어 배포 행위에 해당한다고 할 수 없고, 오히려 디지털 형태의 저작물을 컴퓨터 통신을 통하여 서로 주고받거나 그 이용에 제공하는 것에 해당한다 할 것이므로, 이는 법상 전송의 개념표지에 속하는 것으로 봄이 상당하다.』

☞ 이 사건에 대한 상고심에서 대법원에서도 동일한 취지로 판단되었다. 법 제2조 제15호에서 말하는 배포란 저작물의 원작품 또는 그 복제물을 유형물의 형태로 일반 공중에게 양도 또는 대여하는 것을 말하는 것이므로, 위와 같이 컴퓨터 하드디스크에 저장된 MP3 파일을 다른 P2P 프로그램 이용자들이 손쉽게 다운로드받을 수 있도록 자신의 컴퓨터 내의 공유폴더에 담아 두었다고 하더라도, 이러한 행위가 배포에 해당된다고는 할 수 없을 것이다(대법원 2007. 12. 14. 2005도872 판결).

나. 벅스뮤직 사건[5-42)]

『신청인은, 피신청인이 별지 목록 기재 각 곡의 음원을 컴퓨터압축파일로 변환하여 이 사건 사이트 서버의 보조기억장치에 저장한 후 이 사건 사이트에 접속한 이용자들에게 이 사건 음악청취 서비스를 제공함으로써 신청인이 신탁관리하는 음반제작자의 배포권을 침해하였다고 주장한다. 살피건대, 법상 '배포'라 함은 '저작물의 원작품 또는 그 복제물을 일반 공중에게 대가를 받거나 받지 아니하고 양도 또는 대여하는 것'을 뜻하는바(제2조 제15호), 위 인정사실과 같이 이용자들이 선택한 곡에 해당하는 컴퓨터압축파일을 스트리밍 방식에 의하여 이용자의 컴퓨터에 전송하고 실시간으로 재생되도록 하는 것이 저작물의 원작품이나 그 복제물을 일반공중에게 양도 또는 대여하는 것에 해당한다고 볼 수 없고, 달리 피신청인이 배포권을 침해하였다고 소명할 만한 자료가 없으므로 이 부분 주장은 받아들일 수 없다.』

6. 대여권

저작자는 저작물의 원본이나 그 복제물을 배포할 권리를 가진다. 다만, 저작물의 원본이나 그 복제물이 해당 저작재산권자의 허락을 받아 판매 등의

5-42) 서울중앙지방법원 2009. 9. 30.자 2003카합2114 결정. 음원압축파일을 스트리밍방식으로 이용자들에게 제공한 것이 복제권 침해가 되는지 여부가 쟁점이다.

방법으로 거래에 제공된 경우에는 그러하지 아니하다(법 제20조). 위 단서에도 불구하고 저작자는 판매용 음반이나 판매용 프로그램을 영리를 목적으로 대여할 권리를 가진다(법 제21조).

즉, 배포권의 권한범위에 '대여'가 포함되고, 배포권의 범위는 제20조 단서에 의해 최초판매의 원칙에 의해 제한되지만, 판매용 음반 및 판매용 프로그램의 경우는 이 원칙에 의해 제한되지 않는다는 취지로 2006년 개정 법에서 위 조항이 신설되었다.

7. 2차적 저작물 작성권

원저작물을 번역·편곡·변형·각색·영상제작 그 밖의 방법으로 작성한 2차적 저작물은 독자적인 저작물로서 보호된다(법 제5조). 저작자는 그의 저작물을 원저작물로 하는 2차적 저작물을 작성하여 이용할 권리를 가진다(법 제22조).

2차적 저작물이란, 원저작물을 기초로 하되 원저작물과 실질적 유사성을 유지하고 이것에 사회통념상 새로운 저작물이 될 수 있을 정도의 수정·증감을 가하여 새로운 창작성을 부가한 저작물을 말하므로, 어떤 저작물이 기존의 저작물을 다소 이용하였더라도 기존의 저작물과 실질적인 유사성이 없는 별개의 독립적인 저작물이 되었다면, 이는 창작으로서 기존 저작물의 2차적 저작물 작성권을 침해한 것이 되지 아니한다. 그리고 법이 보호하는 것은 인간의 사상 또는 감정을 말·문자·음·색 등에 의하여 구체적으로 외부에 표현하는 창작적인 표현형식이므로, 2차적 저작물 작성권의 침해 여부를 가리기 위하여 두 저작물 사이에 실질적 유사성이 있는가의 여부를 판단함에 있어서는 창작적인 표현형식에 해당하는 것만을 가지고 대비하여야 한다.[5-43]

가. 요약도서 번역 사건[5-44]

5-43) 대법원 2010. 2. 11. 선고 2007다63409 판결 등 참조.

5-44) 서울중앙지방법원 2010. 8. 12. 선고 2009고단5885 판결(서울중앙지방법원 2011. 2. 23. 선고 2010노3247 판결, 대법원 2013. 8. 22. 선고 2011도3599 판결). 상세는 박태일, "어문저작물인 원저작물을 요약한 요약물이 원저작물과 실질적인 유사성이 있는지 판단하는 기준에 관한 연구", 정보법학 18권 8호(2015), 113면 참조.

<사안의 개요>

공소외 1 외국회사는 미합중국 내에서 원저자의 허락 없이, 원저자가 저작권을 가지는 도서를 요약한 다음 인터넷 사이트를 통하여 그 요약본을 제공·판매하는 회사이다. 피고인은 '2003. 1.경부터 저작권자인 마이크넬슨의 저서 'Clutter-Proof Your Business(국내출간 번역도서명 : 다이어트 비즈니스, 국내 번역출판사 : 큰나무)'를 공소외 1 외국회사가 무단으로 요약한 요약물을 제공받은 후 이를 한글로 번역하여 위 피고인 2 주식회사의 인터넷 사이트를 통하여 건당 2,000원 가량을 받고 제공하였는데, 위 번역요약물은 'Clutter-Proof Your Business' 및 '다이어트 비즈니스'와 목차 및 주요 내용 등에 있어 상당부분 유사성을 지니고 있었다. 피고인은 '위와 같이 원저작물 및 번역저작물에 대한 2차적 저작물인 번역요약물을 작성하는 방법으로 원저작자와 번역저작자의 저작권을 침해하는 외에 2001. 12.경부터 현재까지 총 15종의 도서의 요약본을 건당 2,000원 내지 3,000원을 받고 제공하는 방법으로 영리를 위하여 상습적으로 저작권을 침해하였고, 피고인 2 주식회사는 위 기재 일시, 장소에서 피고인의 대표이사인 피고인 1이 업무에 관하여 위와 같은 행위를 함으로써 영리를 위하여 상습적으로 저작권을 침해하였다'고 기소되었다. 1심 법원은 침해의 고의가 없다는 이유로 무죄를 선고하였으나, 항소심 법원은 이와 상반되게 유죄를 선고하여 피고인들이 상고하였다.

<법원의 판단>

『법 제5조 제1항은 '원저작물을 번역·편곡·변형·각색·영상제작 그 밖의 방법으로 작성한 창작물'을 '2차적 저작물'이라고 규정하고 있는바, 2차적 저작물이 되기 위해서는 원저작물을 기초로 수정·증감이 가해지되 원저작물과 실질적 유사성을 유지하여야 한다. 따라서 어문저작물인 원저작물을 기초로 하여 이를 요약한 요약물이 원저작물과 실질적인 유사성이 없는 별개의 독립적인 새로운 저작물이 된 경우에는 원저작물 저작권자의 2차적 저작물 작성권을 침해한 것으로 되지는 아니하는데(대법원 2010. 2. 11. 선고 2007다63409 판결 등 참조), 여기서 요약물이 그 원저작물과 사이에 실질적인 유사성이 있는지 여부는, 요약물이 원저작물의 기본으로 되는 개요, 구조, 주된 구성 등을 그대로 유지하고 있는지 여부, 요약물이 원저작물을 이루는 문장들 중 일부만을 선택하여 발췌한 것이거나 발췌한 문장들의 표현을 단순히 단축한

정도에 불과한지 여부, 원저작물과 비교한 요약물의 상대적인 분량, 요약물의 원저작물에 대한 대체가능성 여부 등을 종합적으로 고려하여 판단해야 한다. 한편, 저작권의 보호 대상은 인간의 사상 또는 감정을 말, 문자, 음, 색 등에 의하여 구체적으로 외부에 표현한 창작적인 표현형식이고, 거기에 표현되어 있는 내용 즉 아이디어나 이론 등의 사상 또는 감정 그 자체는 원칙적으로 저작권의 보호 대상이 아니므로, 저작권의 침해 여부를 가리기 위하여 두 저작물 사이에 실질적인 유사성이 있는지 여부를 판단함에 있어서도 창작적인 표현형식에 해당하는 것만을 가지고 대비해 보아야 하고, 표현형식이 아닌 사상 또는 감정 그 자체에 독창성·신규성이 있는지를 고려하여서는 안 된다(대법원 2011. 2. 10. 선고 2009도291 판결 등 참조). 위 법리에 따라 원심이 적법하게 채택하여 조사한 증거를 종합하여 보면, 원심이 그 판시 범죄일람표 각 순번에 대하여 피고인 장○○이 작성한 번역요약물이 그 원저작물과 실질적으로 유사하여 2차적 저작물에 해당한다는 취지로 판단한 것은 정당한 것으로 수긍할 수 있다.』

참고로 항소심 법원의 판단은 다음과 같다.

『원심 및 당심이 적법하게 채택하여 조사한 증거들에 의하여 인정되는 다음과 같은 사정들을 종합하여 보면, 피고인들이 공소사실 기재와 같이 각 원저작물에 대한 2차적 저작물인 각 번역요약물을 작성하는 등의 방법으로 영리를 위하여 상습적으로 각 원저작자의 저작권을 침해하였음을 알 수 있다. (가) 생략. (나) 각 영문요약물은 각 원저작물을 요약한 것에 불과하고, 각 번역요약물은 위 각 영문요약물을 번역한 것에 불과하며, 각 영문요약물 및 번역요약물은 위 각 원저작물과 목차 및 주요내용 등에 있어서 상당부분 유사성을 가지고 있다. (다) 피고인들은 각 번역요약물 첫머리에 각 원저작자의 이름 뿐만 아니라, “본 도서 정보는 우수 도서를 홍보할 목적으로 원저작자로부터 정식 인가를 얻어 도서의 내용 일부를 발췌 요약한 것입니다. 법에 의하여 원저작자의 정식인가 없이 무단전재, 무단복재 및 전송을 할 수 없으며, 원본 도서의 모든 출판권과 전송권은 원저작자에게 있음을 알려드립니다.”라는 표현도 기재하였다. (라) 각 원저작물은 성공전략이나 경영전략에 대한 각 원저작자의 사상이 표현된 것으로서, 그 주요 전략내용 등은 각 영문요약물이나 각 번역요약물에도 그대로 유지되고 있다. (마) 생략.』

나. 드림하이 사건[5-45)]

원심은 제1심판결 이유를 인용하여, 원고 음악저작물은 법에 의해 보호를 받는다고 판단하고, 피고 대비 부분이 원고 대비 부분과 유사하다는 등의 이유로, 피고에게 저작권 침해를 원인으로 한 손해배상책임을 인정하였으나, 대법원은 아래와 같은 이유로 원심판결을 파기한 후 원심으로 환송하였다.

『가. 원저작물이 전체적으로 볼 때에는 법이 정한 창작물에 해당한다 하더라도 그 내용 중 창작성이 없는 표현 부분에 대해서는 원저작물에 관한 복제권 등의 효력이 미치지 않는다. 따라서 음악저작물에 관한 저작권침해소송에서 원저작물 전체가 아니라 그 중 일부가 상대방 저작물에 복제되었다고 다투어지는 경우에는 먼저 원저작물 중 침해 여부가 다투어지는 부분이 창작성 있는 표현에 해당하는지 여부를 살펴보아야 한다(대법원 2012. 8. 30. 선고 2010다70520, 70537 판결 참조). 한편, 음악저작물은 일반적으로 가락(melody), 리듬(rhythm), 화성(harmony)의 3가지 요소로 구성되고, 이 3가지 요소들이 일정한 질서에 따라 선택·배열됨으로써 음악적 구조를 이루게 된다. 따라서 음악저작물의 창작성 여부를 판단함에 있어서는 음악저작물의 표현에 있어서 가장 구체적이고 독창적인 형태로 표현되는 가락을 중심으로 하여 리듬, 화성 등의 요소를 종합적으로 고려하여 판단하여야 한다. 나. 위 법리와 기록에 비추어 살펴본다. (1) 원심판결 이유와 기록에 의하면 다음과 같은 사정들을 알 수 있다. ① 원심이 인용한 제1심 판시 비교대상1 저작물은 원고 음악저작물보다 앞서 2002년 미국에서 공표되었는데, 이를 부른 가수인 커크 프랭클린(Kirk Franklin)은 그래미상을 수상하는 등 가스펠(gospel) 음악 사상 영향력 있는 가수로 손꼽힐 정도로 널리 알려졌고, 한편 원고는 미국에서 음악대학을 수료한 이후 계속하여 음악활동을 해 오고 있는 작곡가이다. ② 그런데 원고 대비 부분을 원심이 인용한 제1심 판시 비교대상1 부분과 대비해 보면, 원고 대비 부분의 시작음이 '솔'인 데 비해 비교대상1 부분의 시작음이 '도'인 정도의 차이가 있을 뿐이어서 두 부분의 가락은 현저히 유사하고, 리듬도 유사하다. ③ 또한 원고 대비 부분의 화성은 원고 음악저작물보다 앞서 공표된 다수의 선행 음악저작물들의 화성과 유사한 것으로서 음악저작물에서 일반적으로 사용되는 정도의 것이다. (2) 위와 같은

5-45) 서울중앙지방법원 2012. 2. 10. 선고 2011가합70768 판결〔서울고등법원 2013. 1. 23. 선고 2012나24707 판결, 대법원 2015. 8. 13. 선고 2013다14828 판결(파기환송)〕. 상세는 「제6장 저작권의 침해여부 판단」 참조.

비교대상1 저작물에 대한 원고의 접근가능성과 원고 대비 부분 및 비교대상1 부분 사이의 유사성을 종합하면 원고 대비 부분은 비교대상1 부분에 의거하여 작곡된 것으로 추정되고, 또한 원고 대비 부분과 비교대상1 부분은 가락을 중심으로 하여 리듬과 화성을 종합적으로 고려할 때 실질적으로 유사하다고 할 것이며, 원고 대비 부분에 가해진 수정·증감이나 변경은 새로운 창작성을 더한 정도에는 이르지 아니한 것으로 보인다. 그렇다면 원고 대비 부분은 창작성이 있는 표현에 해당한다고 볼 수 없어, 이 부분에 대해서까지 원고의 복제권 등의 효력이 미치는 것은 아니라고 할 것이다.』

참고로 원심법원의 판단은 다음과 같다.

『음악저작물의 구성요소인 가락의 동일·유사성을 첫째로 고려하여야 하고, 나아가 화음, 리듬, 박자, 템포 등의 요소에 대하여도 고려하여야 한다. 특히 가락을 비교하기 위해서는 가락의 동일성을 일정하게 정리된 음열(Phrase) 단위로 비교한 후 그 비교 결과를 종합하여 판단하여야 한다. 이하에서는 가락, 화음 및 리듬을 중심으로 원고 음악저작물과 피고 음악저작물의 실질적 유사 여부를 살펴본다. 가락 : 원고 대비 부분과 피고 대비 부분의 가락을 구체적으로 표현하여 보면 (중략) 원고 대비 부분과 피고 대비 부분은, 2마디의 네번째음이 원고 대비 부분은 '도'이고, 피고 대비 부분은 '미'인 점만 제외하고 동일하다는 것을 인정할 수 있다. 화음 : 원고 대비 부분과 피고 대비 부분의 화음을 비교하여 보면 (중략) 원고 대비 부분과 피고 대비 부분은 그 화음이 동일하다는 것을 인정할 수 있다. 리듬 : 원고 대비 부분과 피고 대비 부분의 리듬을 구체적으로 표현하여 보면, 아래 악보 중 첫 4마디 부분 기재와 같다(악보 생략). 위 각 악보를 비교하여 보면, 원고 대비 부분과 피고 대비 부분은 그 리듬이 동일하다는 것을 인정할 수 있다. 또한 피고 음악저작물 악보의 기재에 의하면, 피고 대비 부분은 피고 음악저작물의 후렴구이자 도입부로서 위 음악저작물 총 86마디 중 20마디에 걸쳐 반복되고 있는 사실이 인정되는바, 위 인정사실과 음악저작물의 후렴구는 주도적으로 전체 곡의 성격을 지배하는 부분으로서 원고와 피고 음악저작물을 비롯한 상당수의 현대 대중 음악저작물이 후렴구를 도입부에 배치하고 이를 반복하는 것은 청중으로 하여금 후렴구를 쉽게 기억하도록 함으로써 곡 전체에 대한 인지도를 높이기 위함인 점 등의 사정을 종합하여 보면, 피고 음악저작물은 원고 대비 부분과 동일·유사한 피고 대비 부분을 기초로 하여 작성된 2차적 저작물이라고 봄이 상당하다.』

다. 알찬문제집 사건[5-46)]

<사안의 개요>

원고들이 제작한 문제집이 피고의 문제집에 있는 내용을 상당 부분 포함하고 있는 사건이다. 원고는 본소로서 침해금지청구권부존재 확인을 구하였고, 피고가 반소로서 2차적 저작물 작성권 침해로 인한 손해배상을 청구하였다.

<법원의 판단>

『원고들 문제집은 피고들 교과서에 기초하여 작성된 것으로, 알찬문제집은 피고들 교과서의 목차와 같고, 그 배열순서 역시 피고들 교과서의 배열순서와 일치하며, 피고들 교과서의 각 단원의 지문내용을 거의 그대로 인용되어 있는 사실, 한끝문제집 역시 별지 4 기재와 같은 피고들 교과서 중의 표현을 그대로 인용하고 있는 사실, 원고들은 원고들 문제집에 위 피고들 교과서 중의 지문 등의 표현을 이용하여 독자적인 문제를 만들어 배열한 사실, 원고들은 원고들의 문제집을 출판하기 전에 피고들에게 이용허락을 구하였으나 피고들이 이를 거부한 사실을 인정하여, 원고들 문제집은 원저작물인 피고들 교과서와 실질적 유사성을 유지하고 이것에 수정·증감을 가한 것으로 2차적 저작물이라고 봄이 상당하다. 한편 저작자는 그의 저작물을 원저작물로 하는 2차적 저작물을 작성하여 이용할 권리를 가지는바(법 제22조), 원고들이 피고들 저작물에 기초하여 원고들 문제집을 만들어 출판, 배포하는 등의 행위는 피고들의 2차적 저작물 작성권의 침해에 해당한다.』

라. 실황야구 사건[5-47)]

『다른 사람의 저작물을 무단히 복제하게 되면 복제권의 침해가 되는 것이고 이 경우 저작물을 원형 그대로 복제하지 아니하고 다소의 수정·증감이나 변경이 가하여진 것이라고 하더라도 새로운 창작성을 더하지 아니한 정도이면 복제로 보아야 할 것이며(대법원 1989. 10. 24. 선고 89다카12824 판결 참조), 한편 제5조 제1항 소정의 2차적 저작물로 보호받기 위하여는 원저작물을 기초로 하되 원저작물과 실질적 유사성을 유지하고 이것에 사회통

5-46) 서울중앙지방법원 2011. 12. 27. 선고 2011가합12175(본소), 2011가합67571(반소) 판결(확정).

5-47) 대법원 2010. 2. 11. 선고 2007다63409 판결. 상세는 「제6장 저작권의 침해여부 판단」 참조.

념상 새로운 저작물이 될 수 있을 정도의 수정·증감을 가하여 새로운 창작성을 부가하여야 하는 것이므로(대법원 2002. 1. 25. 선고 99도863 판결, 대법원 2004. 7. 8. 선고 2004다18736 판결 등 참조), 어떤 저작물이 기존의 저작물을 다소 이용하였더라도 기존의 저작물과 실질적인 유사성이 없는 별개의 독립적인 신저작물이 되었다면, 이는 창작으로서 기존의 저작물의 저작권을 침해한 것이 되지 아니한다. 그리고 법이 보호하는 것은 인간의 사상 또는 감정을 말·문자·음·색 등에 의하여 구체적으로 외부에 표현하는 창작적인 표현형식이므로, 복제권 또는 2차적 저작물 작성권의 침해 여부를 가리기 위하여 두 저작물 사이에 실질적 유사성이 있는가의 여부를 판단함에 있어서는 창작적인 표현형식에 해당하는 것만을 가지고 대비하여야 한다(대법원 1999. 11. 26. 선고 98다46259 판결, 대법원 2004. 7. 8. 선고 2004다18736 판결 등 참조). 위 법리와 기록에 비추어 살펴보면, 피고 주식회사 ○○○이 제작한 야구를 소재로 한 게임물인 원심 판시 '신야구'에 등장하는 '신야구' 캐릭터는 '실황야구' 캐릭터와, 귀여운 이미지의 야구선수 캐릭터라는 아이디어에 기초하여 각 신체 부위를 2등신 정도의 비율로 나누어 머리의 크기를 과장하고 얼굴의 모습을 부각시키되 다른 신체 부위의 모습은 과감하게 생략하거나 단순하게 표현하는 한편, 역동성을 표현하기 위해 다리를 생략하되 발을 실제 비율보다 크게 표현한 점 및 각 캐릭터의 야구게임 중 역할에 필요한 장비의 모양, 타격과 투구 등 정지 동작의 표현 등에 있어 유사한 면이 있다. 그러나 이와 같은 표현은 '실황야구' 캐릭터가 출시되기 이전에 이미 만화, 게임, 인형 등에서 귀여운 이미지의 어린아이 같은 캐릭터들을 표현하는 데에 흔히 사용되었던 것이거나 야구를 소재로 한 게임물의 특성상 필연적으로 유사하게 표현될 수밖에 없는 것이라 할 것이므로, 위와 같은 유사점들만으로는 양 캐릭터의 창작적 표현형식이 실질적으로 유사하다고 할 수 없는 반면, '실황야구' 캐릭터 저작자의 창조적 개성이 가장 잘 드러난 부분인 얼굴 내 이목구비의 생김새와 표정 및 신발의 구체적인 디자인 등에서 원심 판시와 같은 상당한 차이가 있어, 양 캐릭터 사이에 실질적 유사성이 인정되지 아니하므로, '신야구' 캐릭터가 '실황야구' 캐릭터를 복제한 것이라고 볼 수 없음은 물론 '실황야구' 캐릭터의 2차적 저작물에 해당한다고도 볼 수 없다.』

마. 해운대 등대 사건[5-48]

『피고가 건축한 등대 또는 피고가 등대를 건축함에 있어 사용한 건축설계도서가 원고의 등대도안의 2차적 저작물에 해당하는지에 관하여 살피건대, 2차적 저작물이라 함은 원저작물을 기초로 하고, 원저작물과 그 표현상의 본질적 동일성을 유지하면서 구체적인 표현에 수정, 증감, 변경 등을 가하여 새롭게 사상 또는 감정을 창작적으로 표현함으로 인해 이를 접하는 사람이 원저작물의 표현상의 본질적인 특징을 직접 느껴서 알 수 있는 별개의 저작물을 말하는 것이다. 이 사건에 있어 …를 종합하면, 원고의 등대도안을 기초로 안○○이 설계한 이 사건 등대의 전체적인 형상은 원고의 등대도안과 마찬가지로 등대의 하부기초를 꽃잎으로, 등탑을 꽃술로 하여 꽃술의 상부에 등대의 불빛을 밝히도록 하는 모양으로서 등대의 하부기초인 꽃잎은 총 16장으로 4장씩의 꽃잎이 3단으로 이루어져 있고, 등탑의 하단부인 꽃술의 기둥은 사선으로 구성된 아래기둥과 높낮이가 일정한 곡면으로 된 윗면을 가지는 윗기둥의 두 겹으로 구성되어 있으며, 등대의 상단부인 꽃술 윗부분은 끝에 구를 단 8개의 기둥이 아래로 내려갈수록 좁아지는 원기둥을 형성하고 그 내부에 등이 설치되도록 하는 형상인 사실, 안○○이 작성한 설계도면에 따라 피고가 건축한 등대도 이와 동일한 형상이고, 다만 윗기둥의 색상만 원고의 등대도안과 다르게 빨간색으로 도색되어 있는 사실을 인정할 수 있어, 피고가 사용한 설계도서는 원고의 등대도안과 세부적인 표현방식이 다를 뿐 예정하고 있는 건축물의 전체적인 형상은 동일하므로 표현상의 본질적 동일성을 유지하고 있고, 이를 접하는 사람은 그 본질적인 특성을 느껴서 알 수 있으며, 이 사건 등대는 이러한 설계도서에 따라 건축되었으므로 피고가 건축한 등대 또는 피고가 등대를 건축함에 있어 사용한 건축설계도서는 원고의 등대도안의 2차적 저작물에 해당한다.』

☞ 그러나 위 판결에서 법원은 원고가 피고와의 긴밀한 협조와 신뢰관계에 터 잡아 피고에게 원고의 등대도안의 이용을 허락하였다는 피고의 항변을 받아들여 결국 2차적 저작물 작성권의 침해 책임을 인정하지 않았다.

Ⅳ. 저작인접권

우리 법은 저작물의 창작자 이외에도 실연자, 음반제작자, 방송사업자 등

5-48) 서울고등법원 2008. 10. 29. 선고 2008나4461 판결.

저작물을 실연하거나, 녹음이나 방송 등을 통해 저작물의 전달에 기여한 사람에게도 저작인접권이라는 명칭으로 권리를 인정하여 보호하고 있다. 이들이 저작물의 창작, 이용 등에 직간접적으로 기여하는 현실을 고려한 취지인데, 그 관여정도에 따라 복제권, 배포권 등 제한된 범위에서의 저작재산권만이 인정된다.

1. 베이비복스 편집음반 사건[5-49)]

『법 제2조 제7호, 제67조는 음을 음반에 맨 처음 고정한 음반제작자는 그 음반을 복제·배포할 권리를 가진다고 규정하는 동시에 같은 법 제62조에서 음반제작자 등의 저작인접권에 관한 규정이 저작권에 영향을 미치는 것으로 해석되어서는 아니 된다고 규정하고 있는바, 음반제작자의 저작인접권은 음을 음반에 맨 처음 고정시키는 행위를 통하여 생성된 음반에 관하여 발생하는 권리로서 작사자나 작곡자 등 저작자의 저작물에 관한 저작재산권과는 별개의 독립된 권리이기는 하나, 저작인접물인 음반의 복제·배포에는 필연적으로 그 음반에 수록된 저작물의 이용이 수반되므로, 음반제작자 자신도 그 저작물의 저작재산권자로부터 이용허락을 받지 않으면 그 음반을 복제·배포할 수 없다. 그리고 제42조 제2항은 저작재산권자로부터 저작물의 이용허락을 받은 자는 허락받은 이용방법 및 조건의 범위 안에서 그 저작물을 이용할 수 있다고 규정하고 있는바, 음반제작자와 저작재산권자 사이에 체결된 이용허락계약을 해석함에 있어서 그 이용허락의 범위가 명백하지 아니한 경우에는 당사자가 그 이용허락계약을 체결하게 된 동기 및 경위, 그 이용허락계약에 의하여 달성하려는 목적, 거래관행, 당사자의 지식, 경험 및 경제적 지위, 수수된 급부가 균형을 유지하고 있는지 여부, 이용허락 당시 당해 음악저작물의 이용방법이 예견 가능하였는지 및 그러한 이용방법을 알았더라면 당사자가 다른 내용의 약정을 하였을 것이라고 예상되는지 여부, 당해 음악저작물의 이용방법이 기존 음반시장을 대체하는 것인지 아니면 새로운 시장을 창출하는 것인지 여부 등 여러 사정을 종합하여 그 이용허락의 범위를 사회 일반의 상식과 거래의 통념에 따라 합리적으로 해석하여야 한

5-49) 대법원 2006. 12. 22. 선고 2006다21002 판결. 음반제작자의 복제, 배포권의 범위 및 저작물에 대한 이용허락계약의 해석방법이 쟁점이다.

다. 원심판결 이유에 의하면, 원심은 그 채용 증거를 종합하여 피고 윤○○이 1997년경부터 2001년경까지 이 사건 저작자들로부터 이용허락을 받아 '베이비복스 1집 내지 5집'에 수록된 총 58곡의 원반(원반, Master Tape, 이하 '이 사건 원반'이라고 한다)을 제작하면서 이 사건 원반의 기획, 악단의 편성 및 섭외, 녹음 및 편집, 홍보 등 대부분의 제작업무 및 이에 소요되는 제반 비용을 부담하였고, 이 사건 저작자들 중 이 사건 원반의 제작에 참여한 자에 대하여는 별도의 작업비용을 지급하였던 점, 피고 윤○○과 이 사건 저작자들은 위 이용허락 당시 거래관행에 따라 그 이용기간, 최초로 지급되는 정액의 금원(통상 '곡비'라고 부른다) 외의 사용료 지급 여부 및 그 방식, 음악편집권의 주체 및 편집횟수, 매체선택을 포함한 이 사건 원반의 이용방법 등에 관하여 명시적으로 약정하지는 아니하였지만, 이 사건 저작자들로서는 음반을 출시한다고 하더라도 투자된 비용을 회수하고 이윤을 창출할 수 있을지가 불확실하여 그로 인한 저작권사용료 수입의 극대화보다는 자신의 음악저작물이 널리 알려짐으로써 출판, 공연, 방송 등을 통하여 저작권사용료 수입을 극대화하는 것에 더 큰 관심을 가지고 음반제작자의 기획·제작 및 홍보능력에 의지하여 그에게 자신의 음악저작물에 관하여 실연, 악단의 편성, 녹음, 편집, 홍보방법 등에 있어서 별다른 제한을 두지 않고 이용을 허락한 것으로 보이는 점, 피고 윤○○과 이 사건 저작자들은 이 사건 음악저작물에 대한 이용허락 당시 장차 음반제작자인 피고 윤○○이 음반시장의 변화에 대응하여 이 사건 음악저작물의 실연자로 예정된 '베이비복스'가 부른 노래만으로 구성된 별도의 편집음반에 이 사건 음악저작물을 포함시킬 수 있다는 정도는 예견할 수 있었던 점, 피고 윤○○이 이 사건 원반 중 이 사건 음악저작물을 포함한 39곡의 원반을 복제하여 제작·판매한 '베이비복스 5.5집 스페셜 앨범'(이하 '이 사건 편집음반'이라고 한다)은 모두 '베이비복스'에 의하여 실연된 곡들을 수록한 것으로서, 대부분 기존의 '베이비복스 1집 내지 5집'에 실린 곡들로 이루어져 음반시장의 측면에서는 '베이비복스 1집 내지 5집'을 대체하는 성격이 짙은 점 등의 여러 사정을 종합하여, 이 사건 음악저작물에 대한 이용허락의 범위에는 이 사건 편집음반의 제작·판매도 포함되어 있다는 취지로 판단하였다. 위 법리와 기록에 비추어 살펴보면, 원심의 위와 같은 판단은 정당한 것으로 수긍할 수 있고, 거기에 상고이유에서 주장하는 바와 같은 음악저작물에 대한 이용허락의 범위 등에 관한 법리오해, 채증법칙 위반 및 심리미진 등의 위법이 없다.』

2. 연가 편집음반 사건[5-50)]

『법 제2조 제7호, 제67조는 음(音)을 음반에 맨 처음 고정한 음반제작자는 그 음반을 복제·배포할 권리를 가진다고 규정하는 동시에 제62조에서 음반제작자 등의 저작인접권에 관한 규정이 저작권에 영향을 미치는 것으로 해석되어서는 아니 된다고 규정하고 있는바, 음반제작자의 저작인접권은 음을 음반에 맨 처음 고정시키는 행위를 통하여 생성된 음반에 관하여 발생하는 권리로서 작사자나 작곡자 등 저작자의 저작물에 관한 저작재산권과는 별개의 독립된 권리이기는 하나, 저작인접물인 음반의 복제·배포에는 필연적으로 그 음반에 수록된 저작물의 이용이 수반되므로, 음반제작자 자신도 그 저작물의 저작재산권자로부터 이용허락을 받지 않으면 그 음반을 복제·배포할 수 없다. 그리고 제42조 제2항은 저작재산권자로부터 저작물의 이용허락을 받은 자는 허락받은 이용방법 및 조건의 범위 안에서 그 저작물을 이용할 수 있다고 규정하고 있는바, 음반제작자와 저작재산권자 사이에 체결된 이용허락계약을 해석함에 있어서 그 이용허락의 범위가 명백하지 아니한 경우에는 당사자가 그 이용허락계약을 체결하게 된 동기 및 경위, 그 이용허락계약에 의하여 달성하려는 목적, 거래관행, 당사자의 지식, 경험 및 경제적 지위, 수수된 급부가 균형을 유지하고 있는지 여부, 이용허락 당시 당해 음악저작물의 이용방법이 예견 가능하였는지 및 그러한 이용방법을 알았더라면 당사자가 다른 내용의 약정을 하였을 것이라고 예상되는지 여부, 당해 음악저작물의 이용방법이 기존 음반시장을 대체하는 것인지 아니면 새로운 시장을 창출하는 것인지 여부 등 여러 사정을 종합하여 그 이용허락의 범위를 사회일반의 상식과 거래의 통념에 따라 합리적으로 해석하여야 한다. 위 법리와 기록에 비추어 살펴보면, 피고들이 '이 사건 15개 음악저작물'의 저작자들로부터 이용허락을 받아 그에 관한 원반을 제작하였던 자로서 그 원반의 복제·배포권을 갖게 되었다 하더라도, 그 저작자들이 '이 사건 15개 음악저작물'에 대하여 이용허락을 한 구체적인 범위가 어디까지인지를 심리하지 아니하고서는, 위와 같은 사정만으로 곧바로 피고들이 '이 사건 15

5-50) 대법원 2007. 2. 22. 선고 2005다74894 판결(파기환송심에서 강제조정). 원반에 대한 복제, 배포권을 가지는 음반제작자가 원반 등을 복제하여 편집음반을 제작, 판매할 권한을 가지는지 여부가 쟁점이다.

개 음악저작물'의 원반 등을 복제하여 '연가 편집음반'을 제작·판매한 행위가 원고의 '이 사건 15개 음악저작물'에 대한 저작재산권의 침해에 해당하지 않는다고 단정할 수 없다. 그럼에도 불구하고, 피고들이 '이 사건 15개 음악저작물'의 저작자들로부터 이용허락을 받아 원반을 제작한 이상 그 이용허락의 구체적인 범위와 관계없이 음반제작자의 복제·배포권의 행사로서 당연히 '이 사건 15개 음악저작물' 등을 수록한 '연가 편집음반'을 제작·판매할 수 있다고 본 원심의 판단에는, 음반제작자의 복제·배포권의 법리를 오해한 나머지 '이 사건 15개 음악저작물'에 대한 이용허락의 구체적인 범위에 관하여 필요한 심리를 다하지 아니함으로써 판결 결과에 영향을 미친 위법이 있다. 이 점을 지적하는 상고이유는 이유 있다.』

3. 롯데리아 편집음반 사건[5-51]

『법 제2조 제7호, 제67조가 음(音)을 음반에 맨 처음 고정한 음반제작자는 그 음반을 복제·배포할 권리를 가진다고 규정하면서도 같은 법 제62조에서 음반제작자 등의 저작인접권에 관한 규정이 저작권에 영향을 미치는 것으로 해석되어서는 아니 된다고 규정하고 있고, 같은 법 제42조 제3항에서 저작재산권자의 저작물 이용허락에 의하여 저작물을 이용할 수 있는 권리는 저작재산권자의 동의 없이 제3자에게 이를 양도할 수 없다고 규정하고 있고 있는 점에 비추어 볼 때, 저작권자가 자신의 저작재산권 중 복제·배포권의 처분권한까지 음반제작자에게 부여하였다거나 또는 음반제작자로 하여금 저작인접물인 음반 이외에 저작권자의 저작물에 대하여까지 이용허락을 할 수 있는 권한 내지 저작물의 이용권을 제3자에게 양도할 수 있는 권한을 부여하였다는 등의 특별한 사정이 인정되지 않는 한, 음반제작자에 의하여 제작된 원반(原盤) 등 저작인접물에 수록된 내용 중 일부씩을 발췌하여 이른바 '편집앨범'을 제작하고자 하는 자는 그 음반제작자의 저작인접물에 대한 이용허락 이외에 저작권자로부터도 음악저작물에 대한 이용허락을 얻어야 한다(대법원 2002. 9. 24. 선고 2001다60682 판결 참조). 원심은 그 채용 증거를 종합하여 그 판시와 같은 사실을 인정한 다음, 이 사건 음악저작물의 저

5-51) 대법원 2006. 7. 4. 선고 2004다10756 판결. 음반제작자가 제작한 원반 수록 내용을 일부 발췌하여 편집앨범을 제작하려는 경우 음반제작자 외에 저작권자로부터 이용허락을 받아야 하는지 여부가 쟁점이다.

작권자들이 음반제작자들에게 음악저작물에 대한 이용허락을 하면서, 음반제작자들에게 제3자가 그 음악저작물을 이용하는 것을 허락할 수 있거나 그 이용권을 제3자에게 양도할 수 있는 포괄적인 권한까지 부여한 바 있고, 우리나라 음악저작물의 거래관행상으로도 음악저작물의 저작권자와 음반제작자 사이에 그와 같은 관행이 있었다는 원고들의 주장에 대하여, 원고들이 제출한 증거만으로는 이를 인정하기 부족하고 달리 이를 인정할만한 증거가 없다는 이유로 이를 배척하고, 원고들이 이 사건 음악저작물의 저작권자들이나 그들과 신탁계약을 맺은 피고로부터 저작물에 관한 이용허락을 받지 않은 채 음반제작자로부터만 이용허락을 받아 이 사건 편집음반을 복제·배포한 것은 이 사건 음악저작물에 대한 피고의 저작권을 침해하는 행위에 해당한다고 판단하였다. 기록에 의하면, 원심의 이러한 사실인정은 정당하고 그 판단 또한 위와 같은 법리에 따른 것으로 정당하다. 원심판결에는 상고이유로 주장하는 바와 같은 채증법칙 위배로 인한 사실오인이나 음반제작자가 갖는 음반의 복제·배포권 및 이용허락권에 관한 법리오해 등의 위법이 없다.』

4. 장사익 사건[5-52]

『법은, 음반은 음이 유형물에 고정된 것으로서 음을 음반에 맨 처음 고정한 자를 음반제작자라고 정의하고(제2조 제6호), 음반은 저작인접권으로서 보호를 받으며(제61조 제2호), 음반제작자는 저작인접권으로서 음반을 복제·배포할 권리를 갖고(제67조), 방송사업자가 판매용 음반을 사용하여 방송하는 경우에는 그 음반제작자에게 상당한 보상을 하도록 규정하고 있는바(제68조 제1항), 저작인접권자로서 음반제작자는 물리적인 녹음행위에 종사한 사람이 아니라 자기의 계산과 책임으로 녹음한 사람으로서 일반적으로 원반(마스터 테이프) 제작 당시에 악곡의 녹음에 필요한 비용을 부담한 사람이 이에 해당한다고 해석함이 타당하다. 원고와 안○○은 전속계약을 통하여 안○○이 원고의 연예활동에 의한 저작품(음반, 비디오, 카세트 및 모든 음원, 저작의 종류는 작사, 작곡, 노래 기타 연예활동에 관한 것을 말한다)의 판권을 소유하기로 하고(제1조 (나)항), 전속 기간 중 원고는 안○○의 요구

5-52) 서울고등법원 2015. 3. 26. 선고 2014나25889 판결(심불기각). 음반제작자로서 저작인접권을 가지는 사람이 누구인지가 문제된 사건이다.

가 있을 때 작사, 작곡, 노래 녹음에 응하여야 하며, 완성된 작품은 안○○이 소유, 사용하기로 하고(제1조 (다)항), 원고는 안○○의 허락 없이 음반 녹음물에 대한 타이틀 곡을 어떤 목적으로도 사용할 수 없으며(제2조 (다)항), 안○○은 원고에게 이 사건 음반의 판매에 따른 수익 일부를 지급하기로 약정하였고(제4조 (나)항), 이 사건 음반 제작 당시 원고는 마흔이 넘은 신인가수로서 악보를 그릴줄 몰랐고 음반을 제작하였던 경험이 전혀 없었으며, '킹레코드'라는 상호로 음반 기획제작을 하던 안○○은 이 사건 음반을 전체적으로 기획하고, 직원 박○○을 통하여 제3자로부터 악곡을 녹음함에 필요한 녹음실을 임차하여 원고에게 제공하며, 음악감독 역할을 한 임○○과 연주자들에게 비용을 지급하고, 마스터링비와 음반 생산비 및 인쇄물 비용 등 이 사건 음반의 원반을 제작하는 과정에 필요한 모든 제작비용을 부담하였으며, 이처럼 처음 녹음된 원반을 가지고 음반회사(주식회사 에스케이씨 및 피고 예전미디어)와 계약을 체결하고 판매용 음반을 만들어 음반회사를 통하여 소비자들에게 판매하였음을 알 수 있다. 사정이 이러하다면, 이 사건 음반의 제작자는 음반에 수록된 악곡을 작곡 또는 작사하고 공연하거나 녹음과정에서 노래를 부른 원고가 아니라, 원반을 제작할 당시 음반을 전체적으로 기획하고 악곡의 녹음, 편집, 홍보 등에 필요한 모든 제작비용을 부담하면서 자기의 계산과 책임으로 녹음한 안○○으로 보아야 하고, 안○○은 이 사건 음반의 음반제작자인 저작인접권자로서 이 사건 음반을 복제·배포할 수 있는 권리를 가진다[원고는 전속계약을 통하여, 안○○이 지급한 음반제작비 2,000만 원을 원고에게 지급하여야 할 계약금 2,000만 원으로 정산하기로 약정(제4조 (마)항)하였으므로 음반제작비를 실제로 부담한 사람은 원고라고 주장한다. 그러나 전속계약서 제4조 (마)항에는 문제의 2,000만 원이 음반제작비라는 아무런 언급이 없을 뿐만 아니라, 오히려 전속계약서 제5조 (다)항에서 원고가 계약을 위반하면 계약금, 레코드 제작 및 홍보비 조로 손해배상금 5,000만 원을 지불하기로 약정한 점에 비추어 안○○은 계약금과 별도로 음반 제작 및 홍보비를 지급한 것으로 보이므로 원고에 대한 계약금으로 정산하기로 하였다는 2,000만 원이 음반제작비라고 단정하기 어렵고, 설령 그 2,000만 원이 기지급한 음반제작비나 그 일부를 의미한다 하더라도 안○○이 자금 사정상 원고에게 현실적으로 2,000만 원을 지급하는 대신 그 금액 상당을 지급한 후 이를 다시 차용한 것으로 하여 사후 정산하기로 한 취지로 볼 여지도 있어 달리 보기 어렵다]. 따라서 원고가 이 사건 음반에 관한 음반제작자로서의 저작인접권자임을 전제로 한 원고의 주장은 이유 없다.』

5. 신중현 사건[5-53]

<사안의 개요>

이 사건 음반에 수록된 음악을 작사·작곡·편곡하고, 음반 녹음과정에서 직접 노래를 부르거나 연주를 하는 등으로 음반 제작에 관여한 원고가 음반 제작에 필요한 자금 등을 제공하고 완성된 음반을 발매하여 판매한 박○○로부터 음반에 대한 권리를 차례로 양수받았다는 피고에 대하여 음반에 대한 복제권·배포권·대여권·전송권 등 저작인접권으로 인정된 모든 권리가 음반을 제작한 원고에게 귀속된다고 주장하면서 피고에게 음반에 대한 복제권·배포권·대여권·전송권 등 저작인접권으로 인정된 모든 권리가 존재하지 않는다는 확인을 구하는 사안이다.

<법원의 판단>

『음반제작자를 음을 음반에 맨 처음 고정한 자라고 규정한 1987년 법과 달리 구 법은 음반을 저작물 중 하나로 예시하여 규정하면서도 음반에 관한 저작권을 가지는 자에 관하여는 아무런 규정을 두고 있지 않았다. 그러나 구 법이 음반 그 자체를 저작물의 하나로 보호하고 있었으므로 구 법의 적용시점에 다른 사람의 저작물에 해당하는 음원 등의 악곡을 기계적으로 재생하는 음반에 적법하게 녹음한 사람에게는 그 악곡의 저작권과 별도로 그 음반에 대하여 새로운 저작권이 발생한다고 보아야 한다. 여기서 음반 그 자체의 저작권자는 물리적인 녹음행위에 종사한 사람이 아니라 자기의 계산과 책임으로 녹음한 사람으로서 일반적으로 원반(마스터 테이프) 제작 당시에 악곡의 녹음에 필요한 비용을 부담한 사람이 이에 해당한다고 해석함이 타당하다. 인정된 사실에 의하면, 박○○가 원고에게 악곡을 만들거나 노래를 부른 대가를 일부 지급하였고, 제3자로부터 악곡을 녹음함에 필요한 녹음실을 임차하여 원고에게 제공하는 등 이 사건 음반의 원반을 제작하는 과정에 필요한 모든 제작비용을 부담하였으며, 이처럼 처음 녹음된 원반을 소

5-53) 서울고등법원 2013. 6. 20. 선고 2012나50836 판결(상고중).

지하면서 이를 가지고 음반회사와 계약을 맺고 상품인 판매용 음반을 만들어 음반회사를 통하여 소비자들에게 판매하였다. 그러므로 이 사건 음반의 저작권자는 음반에 수록된 악곡을 작사, 작곡, 편곡하거나 녹음과정에서도 악곡을 직접 연주하거나 노래를 부른 원고가 아니라 원반을 제작할 당시에 악곡의 녹음에 필요한 모든 제작비용을 부담하면서 자기의 계산과 책임으로 녹음한 사람에 해당하는 박○○이고, 박○○는 음반 그 자체의 저작권자로서 음반을 복제·배포할 수 있는 저작권을 가진다. 그 후 피고가 박○○로부터 이 사건 음반의 저작에 관한 모든 권리(이른바 원반권)를 양수받았으므로 이 사건 음반에 대한 저작재산권은 피고에게 귀속되었다. 피고의 주장은 이유 있다.』

Ⅴ. 기타 권리들

1. 배타적 발행권, 출판권

저작물을 발행하거나 복제·전송할 권리를 가진 자는 다른 사람에게 그 저작물에 대하여 독점적으로 발행하거나 복제·전송할 수 있는 배타적 발행권을 설정할 수 있다(법 제57 내지 62조). 저작물의 복제·배포권을 가진 자로부터 이를 출판할 권리를 설정받은 출판권자는 당해 저작물을 원작 그대로 출판할 권리를 가진다(법 제63조). 출판권 침해가 주장되는 사건에서는 '원작 그대로'의 의미가 쟁점으로 되는 경우가 많은데, 출판을 하는 경우 원작을 기초로 하면서도 어느 정도 편집이나 수정을 거치는 경우가 많기 때문이다.

가. 편입영어스피드완성 사건[5-54)]

『원심은, 피고인이 이원도 저작의 '98 편입영어스피드완성'이라는 책자를 발간함에 있어서 피해자 한○○의 동의 없이, 위 '98 편입영어스피드완성'의 해설 부분 중 총 1,125문제가 한○○이 1997. 1. 10. 발행한 강○○ 저작의

5-54) 서울중앙지방법원 2001. 5. 23. 선고 2000노7094 판결〔대법원 2003. 2. 28. 선고 2001도3115 판결(파기환송)〕. 출판권자가 가지는 '원작 그대로' 출판할 권리의 의미가 다투어 진 사안인데 환송 후 항소심인 서울중앙지방법원 2003. 5. 30. 선고 2003노2204 판결에서는 출판권 침해의 점에 관하여 유죄가 인정되었다.

편입영어 시리즈 '편입어휘SPEED완성', '편입문법SPEED완성', '편입독해SPEED완성'의 내용 중 총 1,125문제의 해설 부분을 각 인용하여 위 3권의 책자에 게재된 내용과 같다는 정을 알면서도, 1998. 1. 중순경 및 같은 해 4. 경 '98 편입영어스피드완성' 책자 각 1,000부를 각 복제하여 배포함으로써 한○○의 출판권을 침해한 것이라는 요지의 이 사건 주된 공소사실에 대하여, 출판이라 함은 저작물을 '원작 그대로' 인쇄술에 의하여 문서 또는 도화로 복제·배포하는 것을 말하므로, 피고인이 한○○ 발행의 책자를 원작 그대로가 아니라 그 내용 중의 일부만을 그것도 저자를 달리하여 복제·배포한 것은 출판권 침해에 해당되지 않는다는 이유로, 이 사건 공소사실에 대하여 무죄를 선고한 제1심을 그대로 유지하였다. 그러나 일반적으로 출판이라 함은 저작물을 인쇄 그 밖의 이와 유사한 방법으로 문서 또는 도화로 발행 즉 복제·배포하는 행위를 말하는 것이고(법 제54조 제1항, 제2조 제16호), 제54조 제2항이 "출판권을 설정받은 자는 그 설정행위에서 정하는 바에 따라 그 출판권의 목적인 저작물을 원작 그대로 출판할 권리를 가진다"고 규정하고 있으나, 위 규정 중 '원작 그대로'라고 함은 원작을 개작하거나 번역하는 등의 방법으로 변경하지 않고 출판하는 것을 의미할 뿐 원작의 전부를 출판하는 것만을 의미하는 것은 아니며, 달리 원작의 전부를 복제·배포하는 것만을 출판으로 볼 이유는 없는 것이므로, 침해자가 출판된 저작물을 전부 복제하지 않았다 하더라도 그 중 상당한 양을 복제한 경우에는 출판권자의 출판권을 침해하는 것이라 할 것이고, 또 저작물을 복제함에 있어 저자의 표시를 달리 하였다 하여 출판권 침해가 되지 않는다고 볼 이유는 없다. 그럼에도 불구하고 원심은, 피고인이 출판한 저작물이 한○○ 출판의 저작물 중 상당한 양을 복제한 것인지에 대하여는 살펴보지도 아니한 채 저작물의 일부만을 그것도 저자를 달리하여 복제·배포하는 경우에는 출판권의 침해가 되지 않는다는 이유로 위 공소사실에 대하여 무죄를 선고한 제1심을 그대로 유지하였으니, 여기에는 출판권 침해에 관한 법리를 오해하여 판결의 결과에 영향을 미친 위법이 있고, 이를 내세우는 상고이유의 주장은 이유 있다.」

나. 슈퍼삼국지 사건[5-55)]

5-55) 원작과의 동일성을 손상하는 정도로 출판한 경우 출판권 침해가 성립하는지 아니면 2차적 저작물 작성권 침해가 성립하는지 여부가 다투어진 사안으로 대법원 2005. 9. 9. 선고 2003다47782 판결로 파기환송된 후 서울고등법원 2006. 5. 17. 선

『법 제54조 소정의 출판권은 저작물을 복제·배포할 권리를 가진 자와의 설정행위에서 정하는 바에 따라 저작물을 원작 그대로 출판하는 것을 그 내용으로 하는 권리인바, 제3자가 출판권자의 허락 없이 원작의 전부 또는 상당 부분과 동일성 있는 작품을 출판하는 때에는 출판권 침해가 성립된다 할 것이지만(대법원 2003. 2. 28. 선고 2001도3115 판결 참조), 원작과의 동일성을 손상하는 정도로 원작을 변경하여 출판하는 때에는 저작자의 2차적 저작물 작성권 침해에 해당할지언정 출판권자의 출판권 침해는 성립되지 않는다 할 것이다. 그리고 글과 그림이 유기적으로 결합된 만화저작물에 있어서 원작과 제3자가 출판한 작품과의 동일성 여부는 글과 그림의 표현형식, 연출의 방법(이야기의 전개순서에 따라 글과 그림으로 구성되는 개개의 장면을 구상하고 그 이야기의 전개를 위해 지면을 다양한 크기와 모양의 칸으로 분할하며 그 분할된 해당 칸에 구상한 장면을 배열하는 것) 등을 종합적으로 고려하여 판단하여야 한다. 기록에 비추어 살펴보면, 피고 출판의 '슈퍼삼국지'와 원고 출판의 '전략삼국지'는 전체의 약 30% 가량에 해당되는 쪽의 전부 또는 일부 컷에 있어서 말풍선 내의 대사의 흐름, 대사를 끊어주는 시점, 컷 나누기, 개개 컷의 구성, 컷 내의 그림의 배치, 인물의 표정·동작 및 주변의 묘사 등이 상당히 유사하지만, 그림의 표현형식에 있어서 '전략삼국지'는 약화체로 표현되어 있고 흑백의 단색으로 되어 있는 데에 비하여 '슈퍼삼국지'는 사실체로 표현되어 있고 컴퓨터 그래픽 채색작업에 의한 천연색으로 되어 있을 뿐만 아니라 대표적인 등장인물들의 얼굴형이 '전략삼국지'의 그것과 확연히 달라 그 자체로 창작성이 인정될 정도로 독특하고, 원심이 채용한 원심의 한국만화애니메이션학회장에 대한 감정촉탁결과에 의하더라도 '슈퍼삼국지'는 스토리 전개 및 연출방식에서 '전략삼국지'를 표절하였을 가능성은 높지만, 그림체에서는 '전략삼국지'를 표절하였을 가능성이 매우 낮다고 되어 있는바, 사정이 이러하다면 앞에서 본 바와 같은 양 작품의 유사점만으로는 곧바로 '슈퍼삼국지'와 '전략삼국지'가 동일성이 있는 작품이라고 단정하기 어렵고, 오히려 '슈퍼삼국지'가 '전략삼국지'와의 동일성을 손상할 정도로 변경되었다고 볼 여지도 있다고 할 것이다. 그렇다면 원심으로

고 2005나80013 판결에서는 두 저작물을 구체적으로 대비한 후, 위와 같이 동일 또는 유사한 부분이 있다는 사정만으로는 '슈퍼 삼국지'가 원고의 '전략 삼국지'에 대한 출판권을 침해할 정도로 '전략 삼국지'의 전부 또는 상당 부분과 동일성 있는 작품에 해당한다고 볼 수 없고, 달리 이를 인정할 만한 증거가 없다는 이유로 출판권 침해가 아니라고 판단하였고 이에 다시 상고하였다가 소취하로 종결되었다.

서는 그림의 표현형식에서 나타나는 양 작품의 위와 같은 차이로 인하여 '슈퍼삼국지'가 '전략삼국지'와의 동일성을 손상할 정도로 변경되었는지, 아니면 그러한 차이에도 불구하고 '슈퍼삼국지'가 '전략삼국지'의 전부 또는 상당 부분과 동일성이 있다고 평가할 수 있는지 등에 관하여 더 심리해 본 연후에 출판권 침해 여부를 판단함이 상당하다 할 것임에도 불구하고, 원심은 이러한 점에 관하여는 심리해 보지도 아니한 채 피고가 '슈퍼삼국지'를 저작함에 있어서 컷 나누기라든지 인물의 대화의 기재, 인물의 표정·동작 및 주변상황 등의 묘사에 있어서 '전략삼국지'를 상당 부분 모방하였다는 사정만으로 피고가 원고의 출판권을 침해하였다고 판단하고 말았으니, 원심판결에는 출판권 침해에 관한 법리를 오해하고 필요한 심리를 다하지 아니하여 판결 결과에 영향을 미친 위법이 있다고 할 것이다. 이 점을 지적하는 상고이유의 주장은 이유 있다.」

2. 퍼블리시티권

퍼블리시티권이란 사람의 초상, 성명 등 그 사람 자체를 가리키는 것(identity)을 광고, 상품 등에 상업적으로 사용하여 경제적 이익을 얻을 수 있는 권리이다. 퍼블리시티권의 인정 여부, 그 보호대상 및 보호범위,[5-56] 양도성·상속성의 인정 여부, 상속성을 인정할 경우 그 존속기간, 구제방법으로서 침해금지청구를 인정할 것인지 등이 학설과 실무상 문제되고 있다.

퍼블리시티권은 양도성·상속성의 인정 여부, 보호기간, 제한의 가부, 구제방법 등 결국은 입법으로 해결할 수밖에 없는 여러 쟁점을 가지고 있으므로, 관련 입법이 없는 상태에서는 그 인정에 신중을 기할 필요가 있지 않을까 생각된다. 특히 초상권 침해나 민법상 일반 불법행위로 포섭될 수 있는 경우까지 개념이나 성질에 있어 불분명한 '퍼블리시티권'을 인정할 것인지는 의문이다. 아직 대법원에서 퍼블리시티권의 인정 여부에 대해 명시적으로 판단된 바 없으나, 아래에서 설명하는 「신은경 사건」에서는 퍼블리시티권을 정면으

5-56) 연기자를 모방한 휴대폰 내 캐릭터에 대하여 퍼블리시티권의 침해로 본 사례(서울중앙지방법원 2005. 9. 7. 선고 2004가단235324 판결), 연기자의 동작, 실연 스타일, 유행어도 퍼블리시티권의 보호대상이라고 본 사례(서울중앙지방법원 2007. 1. 19. 선고 2006가단250396 판결) 등.

로 인정한 하급심 판결에 대하여 심리불속행 기각결정을 한 바 있다.[5-57] 하급심에서는 퍼블리시티권을 인정한 사례[5-58]가 있는 반면, 성문법주의를 취하고 있는 우리나라에서 법률, 조약 등 실정법이나 확립된 관습법 등의 근거 없이 필요성이 있다는 사정만으로 물권과 유사한 독점적·배타적 재산권인 퍼블리시티권을 인정하기는 어렵다고 하여 이를 부정한 사례[5-59]도 많이 있다.

퍼블리시티권을 정면으로 인정하는 대신, 인격권에서 유래한 초상권의 침해를 통해 피해자를 구제하는 방안도 생각할 수 있다. 대법원은 초상권의 내용으로 '자신의 얼굴 기타 사회통념상 특정인임을 식별할 수 있는 신체적 특징에 관하여 영리적으로 이용당하지 않을 권리'를 포함하고 있다고 판단한 바 있다.[5-60] 그러나 초상권 침해로 인한 불법행위책임을 인정하는 경우에 대부분은 위자료의 배상만을 인정하고 있는데, 초상권을 침해하는 경우 정신적 손해보다는 그 침해자가 초상을 활용함으로써 얻은 재산적 가치, 즉 초상이 가진 고객흡인력을 무단으로 사용함으로써 얻은 재산적 이익에 대한 배상이 제대로 이루어지지 않는다는 점에서 현실의 요구에 부응하지 못하는 문제가 있다. 이러한 이유에서 퍼블리시티권을 신설하자는 주장이 오래 전부터 있어 왔고, 현재에도 이러한 내용의 법안이 국회에 계류 중이다. 다만 아래에 소개하는 「신은경 사건」은 하급심 판결이기는 하나, 초상권의 내용으로서 퍼블리시티권을 정면으로 인정하고, 이에 대한 침해에 대하여 위자료 외에 재산상 손해에 대한 배상을 인정하였다는 점에서 이례적이다.

한편 우리 대법원은 '타인의 상당한 투자나 노력으로 만들어진 성과 등을

5-57) 서울고등법원 2013. 8. 22. 선고 2012나105675 판결(심불).

5-58) 서울고등법원 2013. 8. 22. 선고 2012나105675 판결, 서울고등법원 2005. 6. 22. 선고 2005나9168 판결, 서울고등법원 2010. 2. 9. 선고 2009나47458 판결(재산적 손해배상을 인정한 사례), 서울중앙지방법원 2010. 9. 3. 선고 2009가합137637 판결(침해금지청구를 인정한 사례).

5-59) 서울고등법원 2015. 6. 19. 선고 2014나2028495 판결, 서울고등법원 2002. 4. 16. 선고 2000나42061 판결, 서울중앙지방법원 2013. 12. 20. 선고 2013가합7337 판결, 서울중앙지방법원 2013. 8. 16. 선고 2012가합105722 판결.

5-60) 대법원 2006. 10. 13. 선고 2004다16280 판결. 다만 이 사건은 보험회사직원이 증거수집을 목적으로 피해자들의 일상을 촬영한 행위에 대하여 초상권 침해로 인한 위자료의 배상을 명한 사건으로서 퍼블리시티권이 문제되는 전형적인 사건은 아니다.

공정한 상거래 관행이나 경쟁질서에 반하는 방법으로 자신의 영업을 위하여 무단으로 사용함으로써 타인의 경제적 이익을 침해하는 행위'를 불법행위로 인정하여 왔고, 이를 반영하여 부정경쟁방지법의 개정이 이루어져서 현재 위 법률 제2조 차.목에 부정경쟁행위의 한 유형으로 규정됨에 이르렀다. 타인의 초상권 등의 재산적 가치를 타인의 승낙 없이 광고 등에 활용하는 유형의 전형적인 퍼블리시티 사건은 경우에 따라 위 부정경쟁행위의 한 유형으로 포섭될 수도 있지 않을까 생각된다.

가. 김선아 사건[5-61]

<사안의 개요>

병원 온라인 홍보업을 하는 서○○가 인터넷에 블로그를 개설하고 특정 성형외과 병원과 배우 김선아가 긴밀한 관계에 있다는 의미의 게시글과 사진 등을 게시한 사건이다. 원고는 위 성형외과 원장들을 상대로 하여 퍼블리시티권과 초상권 등 인격권 침해를 주장하였다.

<법원의 판단>

『1) 퍼블리시티권의 인정 여부

'재산권의 내용은 법률로 정한다'는 헌법 제23조 제1문에 따라 물권과 채권은 민법에 의하여, 지식재산권은 저작권법·상표법·특허법·디자인보호법 등에 의하여 각 인정하고 있는 반면, 독립적 재산권으로서의 퍼블리시티권이라는 개념을 인정하는 법률은 존재하지 않는다. 민법 제185조는 "물권은 법률 또는 관습법에 의하는 외에는 임의로 창설하지 못한다"라고 규정하여 이른바 물권법정주의를 선언하고 있고, 물권법의 강행법규성은 이를 중핵으로 하고 있으므로, 법률(성문법과 관습법)이 인정하지 않는 새로운 종류의 물권을 창설하는 것은 허용되지 아니한다(대법원 2002. 2. 26. 선고 2001다64165 판결). 그런데 원래 판례법(common law)에 그 연원을 가지는 미국의 경우와 달리 재산권으로서의 퍼블리시티권(the Right of Publicity)은 우리나라 성문법과 관습법 어디에도 그 근거를 찾아볼 수 없다. 결국, 성문법 국가로서 물권법정주의를 채택하고 있는 우리나라에서 법률, 조약 등 실정법

5-61) 서울고등법원 2015. 6. 19. 선고 2014나2028495 판결. 1심 법원(서울중앙지방법원 2014. 6. 27. 선고 2013가합503743 판결)은 퍼블리시티권 침해를 인정하였다.

이나 확립된 관습법 등의 근거 없이 그 필요성이 있다는 사정만으로 물권과 유사한 독점·배타적 재산권인 퍼블리시티권이라는 개념을 인정하기는 어렵고, 그러한 권리의 성립 요건, 양도성 및 상속성, 보호대상 및 존속기간, 침해가 있는 경우의 구제수단 등을 구체적으로 규정하는 법률적인 근거가 마련되어야만 비로소 인정할 수 있을 뿐이다. 따라서 퍼블리시티권이라는 권리의 존재를 전제로 한 원고의 주장은 받아들일 수 없다.

2) 인격권으로서의 성명권 및 초상권 침해 여부

가) 사람은 누구나 자신의 얼굴 기타 사회 통념상 특정인임을 식별할 수 있는 신체적 특징에 관하여 함부로 촬영 또는 그림 묘사되거나 공표되지 아니하며 영리적으로 이용당하지 않을 권리를 가지는데, 이러한 초상권은 우리 헌법 제10조 제1문에 의하여 헌법적으로 보장되는 권리이다(대법원 2006. 10. 13. 선고 2004다16280 판결 참조). 따라서 초상권에 대한 부당한 침해는 불법행위를 구성한다. 또한, 성명은 특정한 개인을 다른 사람으로부터 식별하는 표지가 됨과 동시에 이를 기초로 사회적 관계와 신뢰가 형성되는 등 고도의 사회성을 가지는 한편, 인격의 주체인 개인의 입장에서는 자기 스스로를 표현하는 인격의 상징으로서의 의미를 가지는바, 이에 기초한 성명권은 헌법상의 행복추구권과 인격권의 한 내용을 이루는 권리이다(대법원 2005. 11. 16.자 2005스26 결정 등 참조). 이러한 성명권에는 자신의 성명을 상업적으로 이용하고 통제할 수 있는 권리를 당연히 포함한다고 할 것이다.

나) 이 사건 게시물과 함께 게재된 이 사건 게시글을 보면 원고가 이 사건 성형외과를 직접 추천하고 있다고 명시적으로 기재하여 원고의 성명과 초상이 원고의 동의나 허락 없이 이 사건 성형외과의 광고에 사용되었음을 알 수 있다. 또한, 이 사건 게시글이 원고가 이 사건 성형외과와 좋은 관계에 있고, 조만간 방문할 것이라는 연락이 있었다는 등 허위 내용을 담고 있고, 이 사건 게시물 중 원고의 서명 옆에 성형외과 의사인 피고 홍○○의 이름이 임의로 기재되어 있음은 앞서 본 바와 같다. 일반적으로 연예인들에게 성형 여부는 연예인으로서의 평가, 명성, 인상에 큰 영향을 미치는 것이고, 이는 특히 여자 연예인들에게 더욱 그러하다. 연예인은 자신이 가진 이미지에 대한 대중의 관심을 바탕으로 활동하는 직업이므로 그 직업의 특성상 이미지 관리가 무엇보다 중요하고, 따라서 원고와 같은 유명 여자 연예인의 경우 성형과 조금이라도 연관되는 것을 극히 꺼릴 수밖에 없다. 이러

한 사정에 비추어 보면, 비록 피고들의 주장처럼 이 사건 게시글에 원고가 이 사건 성형외과에서 성형 수술을 받았다는 등의 명시적인 기재가 없다고 하더라도, 이 사건 게시물과 게시글의 게재행위는 초상권과 성명권을 포함한 원고의 인격권을 침해한 것으로 인정하기 충분하다.

다) 이렇게 원고의 성명과 초상이 본인의 동의나 허락 없이 상업적으로 이용됨으로써 그 인격권이 침해되었다면 특별한 사정이 없는 한, 피고들은 원고에게 이러한 불법행위로 인한 재산적, 정신적 손해를 배상할 의무를 부담하게 됨은 당연하다.』

나. 신은경 사건[5-62)]

<사안의 개요>

김선아 사건과 비슷한 사실관계로서, 한의원을 운영하는 피고들이 원고의 허락도 없이 영리를 목적으로 원고의 성명 등을 웹사이트에 게시하여 광고한 사건으로, 원고는 퍼블시티권 침해를 주장하였다.

<법원의 판단>

『사람의 성명, 초상 등(이하, '초상 등'이라 한다)은 한 개인 인격의 상징이므로 해당 개인은 인격권에서 유래하는 것으로서 이를 함부로 이용 당하지 않을 권리를 가지고, 초상 등이 상품의 판매 등을 촉진하는 고객흡인력을 가질 수가 있으며, 그와 같이 고객흡인력을 배타적으로 이용하는 권리(이하, '퍼블리시티권'이라 한다)는 초상 등 그 자체의 상업적 가치에 기초한 것이므로 위와 같은 인격권에서 유래하는 권리의 한 내용을 이루는 것이라고 할 수 있다. 한편 초상 등에 고객흡인력을 가지는 사람은 사회의 이목을 집중시키는 등으로 그 초상 등이 시사보도, 논설, 창작물 등에 사용되기도 하고, 그러한 사용을 정당한 표현행위 등으로서 수인하여야 하는 경우도 있다고 하여야 한다. 따라서 초상 등을 무단으로 사용하는 행위는 ① 초상 등 그 자체를 독립하여 감상의 대상이 되는 상품 등으로서 사용하거나 ② 상품 등을 차별화할 목적으로 초상 등을 상품에 붙이거나 ③ 초상 등을 상품의 광고로써 사용하는 등 오로지 초상 등이 가지고 있는 고객흡인력을 이용할 목적으로 한다고 할 수 있는 경우에 퍼블리시티권을 침해하는 것으로서 불법행위법상 위법하게 된다고 해석함이 타당하다. 앞서 본 전제사실과 위 인

5-62) 서울고등법원 2013. 8. 22. 선고 2012나105675(심불기각).

정사실에 의하면, 피고들이 원고의 성명 등을 웹사이트에 게시한 행위는 오로지 원고의 성명 등이 가지고 있는 고객흡인력을 이용할 목적으로 이를 사용한 것으로서 원고의 퍼블리시티권을 침해하는 위법한 행위로서 불법행위를 구성한다.

…피고들이 원고의 승낙을 받지 아니하고 무단으로 원고의 성명 등을 웹사이트에 게시하는 방법으로 사용함으로써 원고가 입은 손해액은 추상적으로는 원고의 성명 등을 웹사이트에 광고목적으로 게시함에 있어 원고가 원고의 성명 등의 사용을 허락한 경우에 통상 받을 수 있는 금액에 상당하는 금액으로 봄이 타당하다. 그리고 불법행위에 기초한 손해배상청구소송에서 재산적 손해의 발생 사실은 인정되나 구체적인 손해의 액수를 증명하는 것이 사안의 성질상 곤란한 경우에 법원은 증거조사의 결과와 변론 전체의 취지로 밝혀진 당사자들 사이의 관계, 불법행위와 그에 따른 재산적 손해가 발생하게 된 경위, 손해의 성격, 손해가 발생한 이후의 여러 정황 등 관련된 모든 간접사실을 종합하여 손해의 액수를 판단할 수 있다(대법원 2004. 6. 24. 선고 2002다6951, 6968 판결 참조). 이는 자유심증주의하에서 손해의 발생 사실은 입증되었으나 사안의 성질상 손해액에 관한 입증이 곤란한 경우에 증명의 정도를 감경함으로써 손해의 공평·타당한 분담을 지도원리로 하는 손해배상제도의 이상과 기능을 실현하기 위한 것이고, 법관에게 손해액의 산정에 관한 자유재량을 부여한 것은 아니므로 법원이 위와 같은 방법으로 구체적 손해액을 판단하는 경우에 손해액 산정의 근거가 되는 간접사실들의 탐색에 최선의 노력을 다하여야 하고, 그와 같은 간접사실을 합리적으로 평가하여 객관적으로 수긍할 수 있는 손해액을 산정하여야 한다(대법원 2007. 11. 29. 선고 2006다3561 판결, 대법원 2009. 9. 10. 선고 2006다64627 판결 등 참조).

이 사건에서 보면, 원고가 성명 등을 웹사이트에 광고목적으로 사용함을 허락하였을 경우에 받을 수 있는 사용료 상당액을 손해액으로 산정하는 것은 원고의 성명 등을 이용한 광고매체의 종류, 광고기간, 광고내용 등에 따라 달라질 수 있어 이를 일률적으로 정하기 어려운 사정에 비추어 보면 변론 전체의 취지와 증거조사의 결과에 기초하여 원고가 입은 손해액을 산정함이 상당하다. 앞서 본 전제사실과 위 인정사실에 의하면, 원고는 피고들과 같은 업종으로서 직접 치료를 받은 적이 있는 '○한의원'을 운영하는 김○○과 사이에 사진 1장을 6개월간 병원 홍보용으로 병원 웹사이트에 게시하는 대가로 1,500만 원을 지급받기로 하였다. 그러나 김○○은 '○한의원과 함께 한 스타'라는 별도의 코너에 다른 연예인들과 함께 원고의 사진과 성명을 게시한 반면에 피고들은 다른 연예인 모델 광고가 없었던 웹사이트의 메인 화면에 팝업창 형태로 원고의 사진을 게시하고 팝업창을 클릭할 경우 바로 원고의 사진과 원고 메모 및 자세한 치료 후기까지 게시되어 있는 창으로 연결되도록 함으로써 광고 형식이나 내용이 다르다(김○○도 원고의 친필 사인이 포함된 메모를 병원 웹사이트에 게시하였으나, 계약 내용에는 그와 같은 내용이 포함되지 않았다). '○한의원' 웹사이트에는 원고 외에도 많은 연예인의 사진이 게시되어 있어 원고로서는 큰 부담 없이 적은 돈을 받고도 초상권 사용계약을 체결하였을 가능성도 있다. 김○○은 원고의 성명 등 사용에 대한 대가로 1,500만 원 외에 원고의 가족과 소속사 임원들에 대한 무료 진료까지 약속하였다. 개인 웹사이트인 '○한의원' 웹사이트와 달리 피고 ○○○의 웹사이트는 8개의 한의원을 소개하고 있는 병원홍보사이트로서 그 광고효과에 차이가 있다. 비록 광고 형식과 내용은 다르지만, 원고는 ㈜유니와이드와 홈쇼핑 방송에 월 4회씩 1년간 출연하는 대가로 계약금 1억 원에 총 매출의 3% 상당액의 러닝 개런티를 받기로 하였을 뿐만 아니라 화이트 치과를 운영하는 강○○과 사이에 2년 동안 원고의 사진 등을 사용하는 대가로 1억 3,000만 원을 받기로 하였다. 또 원고의 성명 등이 웹사이트에 게시된 것은 14일에 불과하나, 그와 같은 광고목적 게시행위의 지속성과 인터넷을 통한 전파 가능성 등을 고려하면 적어도 1개월 이상의 광고효과가 있었던 것으로 볼 수도 있다. 이러한 사정에 비추어 보면, 비록 원고가 주로 6개월 또는 1년 단위로 초상권 등의 사용허락을 한 사례가 있다는 것을 고려하더라도 원고의 재산상 손해액은 2,000만 원 정도로 평가함이 타당하다.』

다. 패션모델사진 사건[5-63)]

『원고는, 피고가 전문 패션모델인 원고 정○○의 사진을 무단으로 이 사건 인터넷 쇼핑몰에 게재함으로써 원고 정○○의 초상권 내지 퍼블리시티권을 침해하였으므로, 피고는 원고 정○○에게 이로 인한 손해 2,050만 원(패션쇼 1회 출연료 500,000원+10개월간의 지면광고비 2,000만 원)과 이에

5-63) 서울고등법원 2010. 12. 22. 선고 2010나58188 판결(심불기각). 초상권 침해로 재산상 손해배상을 인정할 수 있는지 여부가 쟁점이다.

대한 지연손해금을 지급할 의무가 있다고 주장한다. 사람은 누구나 자신의 얼굴 기타 사회통념상 특정인임을 식별할 수 있는 신체적 특징에 관하여 함부로 촬영 또는 그림묘사되거나 공표되지 아니하며 영리적으로 이용당하지 않을 권리를 가지는데, 이러한 초상권은 우리 헌법 제10조 제1문에 의하여 헌법적으로 보장되는 권리이다(대법원 2006. 10. 13. 선고 2004다16280 판결 등 참조). 이 사건의 경우에, 피고가 피고 제품 판매를 위하여 원고 정○○의 모습이 담긴 이 사건 사진을 무단으로 이 사건 인터넷 쇼핑몰에 게재한 이상, 피고는 원고 정○○의 초상권을 침해하였음이 인정되므로, 피고는 원고 정○○에게 그로 인한 손해를 배상할 의무가 있다. 나아가 피고의 초상권 침해로 인하여 원고 정○○이 입은 재산적 손해에 관하여 보건대, 원고 정○○은 전문 모델인 점은 기초사실에서 본 바와 같고, 피고가 적어도 2009. 7. 14.부터 2010. 4. 14.까지 약 9개월간 이 사건 사진을 이 사건 인터넷 쇼핑몰에 게재한 사실, 원고 정○○이 모델활동으로 얻는 수익은 지면광고의 경우 1개월에 200만 원, TV 광고의 경우 3개월에 500만 원, 패션쇼의 경우 1회 40만 원 내지 50만 원인 사실이 인정되며, 이러한 인정사실에다가 인터넷 쇼핑몰의 사진 게재와 다른 광고매체와의 광고효과 및 그로 인한 모델 수익의 차이, 피고의 판매기간 및 판매량 등을 고려하면, 피고의 이 사건 사진 게재로 인한 원고 정○○의 재산상 손해액은 400만 원 정도로 봄이 타당하다.』

라. 이미테이션 가수 사건[5-64]

<사안의 개요>

피고인 임○○은 이른바 이미테이션 가수로서 유명가수인 박상민의 이름을 사용하고, 모자와 선글라스를 착용하고, 독특한 모양의 수염을 기르는 등 박상민의 외양을 흉내내고 박상민의 행동을 흉내내면서 나이트클럽 등에서 박상민이 발표한 노래를 틀어놓고 입모양만 따라하는 립싱크 방식으로 공연하였다. 검사는 이러한 행위를 '국내에 널리 알려진 영업표지'에 대한 영업주체 혼동행위에 해당한다고 공소를 제기한 사건이다.

5-64) 서울고등법원 2008. 6. 19. 선고 2008노108 판결(상고기각 확정). 전형적인 퍼블리시티권 침해사건인데, 검사는 부정경쟁방지법위반죄로 공소제기하였다. 저작권법이 쟁점은 아니나 소개할 가치가 있다고 생각되므로 요지만 소개하기로 한다.

<법원의 판단>

『박상민이라는 이름을 사용한 점 : 가수 박상민이 영리의 목적으로 나이트클럽 등에서 손님들에게 행하는 공연 활동은 부정경쟁방지법 소정의 '영업상의 활동'에 해당하고, 텔레비전, 라디오, 신문, 잡지 등 일반 대중이 접하는 매체를 통하여 등장하는 직업 가수가 공연 활동 등을 하면서 사용하는 '가수의 성명'은 일반인들에게 장기간 계속적·독점적으로 사용되거나 지속적인 방송 출연 등에 의하여 그 가수의 속성이 갖는 차별적인 특징이 그 가수가 가지는 고객흡인력 때문에 일반인들 대부분에게 해당 가수를 인식시킬 정도로 현저하게 개별화되고 우월적 지위를 취득한 경우에는 '국내에 널리 인식된 영업표지'라고 할 것이므로, 이 사건에서도 가수 박상민이 1993년경부터 전국적으로 방송에 출연하는 등의 왕성한 활동을 하면서 여러 히트곡을 발표하여 일반인들에게 알려져 있어서, 가수 박상민의 성명은 부정경쟁방지법 소정의 '국내에 널리 알려진 영업표지'라고 볼 것이다. 나아가, 피고인 임○○는 의도적으로 일반인들에게 널리 알려진 가수 박상민과 동일한 형태로 외양을 꾸미고, 미리 연습한 가수 박상민과 유사한 행동을 실제 나이트클럽 무대에서 실행하였던 점, 이 사건 범행이 행하여진 장소는 통상 실내의 조명이 어둡고, 찾아오는 손님들이 술을 마시거나 춤을 추고 있으면 무대에 가수 등이 출연하여 손님들의 흥을 돋구는 나이트클럽으로 가수 박상민도 영리의 목적으로 이 사건 무렵에 출연하였던 적이 있는 업소의 업종과 동일한 업종이었던 점, 피고인 임○○는 자신이 나이트클럽을 찾아 온 손님들에게 가수 박상민으로 직접 소개되거나 업소 내 전광판을 통하여 소개되는 사정을 알면서도 자신이 가수 박상민이 아닌 다른 가수라는 사정을 밝히지 않고 공연을 하였던 점, 피고인 임○○의 공연을 본 손님들은 가수 박상민이 실제 출연한 공연을 보는 것으로 오인하고 가수 박상민에게 문자 메세지를 보내기도 하였던 점 및 피고인 임○○ 등이 이 사건 이전에도 가수 박상민측으로부터 이 사건과 같은 방식으로 공연활동을 하는 것에 대한 경고를 받은 적이 있었던 점 등을 고려하면, 이 사건 범행은 부정경쟁방지법 소정의 '영업주체 혼동행위'에 해당한다고 할 것이다.

박상민의 외양이나 행동을 따라한 점 : 그러나, ① 단순히 모자와 선글라스 등으로 치장하고, 독특한 모양의 수염을 기르는 등의 타인의 외양과 타인의 독특한 행동 그 자체는 어떤 사물을 표시하기 위한 기록을 의미하는 '표지'로는 보기 어렵고, 단지 무형적이고 가변적인 인상 내지 이미지에 가까운 것이어서, 어떠한 사물을 다른 사물로부터 구별되게 하는 고정적인 징표(徵表)로서의 기능은 적다고 할 것인 점, ② 또한 이러한 특징적인 외양과 행동까지 '영업표지'로 보아 이를 이용한 행위에 대하여 부정경쟁방지법 위반으로 처벌한다면 이는 결과적으로 사람의 특정한 외양 등에 대하여까지 특정인의 독점적인 사용을 사실상 용인하는 것이 되어 어떠한 영업표지에 대하여 들인 많은 노력 및 투자와 그로 인하여 일반인들에게 널리 알려진 성과를 보호하여 무임승차자에 의한 경쟁질서의 왜곡을 막는데에 그 목적이 있는 부정경쟁방지법의 입법취지와는 거리가 있다고 할 것인 점, ③ 피고인 임○○가 위 공소사실 기재와 같이 나이트클럽에서 공연함에 있어, 모자와 선글라스 등으로 가수 박상민의 외모와 유사하게 치장하고, 소위 립싱크 방식으로 노래를 불렀던 사실은 앞서 인정한 바와 같은데, 이는 피고인 임○○가 가수 박상민과 유사한 외양을 꾸며 일반인들에게 혼동을 주게 하려는 행위의 수단으로 사용하여 이는 혼동행위의 태양으로 평가함이 상당한 점 등에 비추어 보면, 가수 박상민의 외양 등은 가수 박상민의 성명과 함께 총체적으로 파악하여 이를 부정경쟁방지법에서 말하는 '국내에 널리 알려진 영업표지'에 해당한다고 보기는 어렵다고 할 것이고, 달리 이를 인정할 증거도 없다.』

마. HELLO KITTY Ⅱ 사건[5-65]

<사안의 개요>

피고는 원고인 한국방송공사나 문화방송으로부터 허락을 받지 않고 겨울연가, 황진이, 대장금, 주몽 등 유명 드라마를 연상시키는 의상, 소품, 모습, 배경으로 꾸민 헬로키티 제품을 제조하여 판매하였고, 원고는 이에 대하여 손해배상을 청구한 사건이다. 대법원은 다음과 같이 판시하여 불법행위로 인한 손해배상책임을 인정하였다.

<법원의 판단>

『경쟁자가 상당한 노력과 투자에 의하여 구축한 성과물을 상도덕이나 공정한 경쟁질서에 반하여 자신의 영업을 위하여 무단으로 이용함으로써 경쟁

5-65) 대법원 2012. 3. 29. 선고 2010다20044 판결. 유명 드라마가 연상되는 의상, 소품 등으로 꾸민 헬로키티 인형을 제조, 판매한 것이 민법상 불법행위에 해당하는지 여부가 쟁점이다.

자의 노력과 투자에 편승하여 부당하게 이익을 얻고 경쟁자의 법률상 보호할 가치가 있는 이익을 침해하는 행위는 부정한 경쟁행위로서 민법상 불법행위에 해당한다. 원고 한국방송공사가 방영한 드라마 '겨울연가'와 '황진이' 및 원고 문화방송이 방영한 드라마 '대장금'과 '주몽'은 이들 방송사가 상당한 노력과 투자에 의하여 구축한 성과물로서, 이들 방송사는 각 해당 드라마의 명성과 고객흡인력을 이용하여 그에 관한 상품화 사업을 수행할 수 있는 권한을 타인에게 부여하고 대가를 받는 방식 등으로 영업해 오고 있음을 알 수 있는데, 이러한 영업을 통하여 원고 한국방송공사, 문화방송이 얻는 이익은 법률상 보호할 가치가 있는 이익에 해당한다. 그리고 이 사건 각 드라마가 국내뿐 아니라 해외에서도 인기를 얻어 국내 수요자나 해외 관광객들 사이에서 이와 관련한 상품에 대한 수요가 커지자, 피고 ○○○○는 이 사건 각 드라마를 구축한 원고 한국방송공사, 문화방송으로부터 허락도 받지 아니한 채, 피고 제품을 접한 수요자들로 하여금 이 사건 각 드라마를 직접적으로 연상하도록 하고 그러한 연상으로부터 생겨나는 수요자들의 제품 구매 욕구에 편승하여 피고 제품을 제조·판매하였음이 아래와 같은 사정들에 의하여 넉넉히 인정된다. 먼저 피고 ○○○○는 이 사건 각 드라마가 인기를 끌기 전까지는 피고 제품을 제조·판매한 적이 없었고, 또한 자신의 홈페이지에 "한류 열풍의 주역인 겨울연가, 대장금, 주몽 등 특별한 캐릭터들을 상품화시켜 이미지 변신을 꾀하고 있는데, 이런 멋진 상품들을 파는 매장들은 면세점이나 관광특구 지역에서 판매되고 있는데 남대문의 직영매장을 비롯한 명동, 인사동, 동대문에 가면 만날 수가 있습니다."라고 게시하여 피고 제품이 이 사건 각 드라마를 상품화한 것임을 명백히 하였다. 그리고 드라마 '겨울연가'와 관련하여 그 남녀 주인공들과 유사한 자세 및 그들이 착용하였던 것과 유사한 색깔, 스타일의 옷과 목도리, 겨울을 나타내는 눈과 앙상한 가지 등으로 꾸민 헬로키티 제품, 드라마 '황진이'와 관련하여 붉은색의 치마와 꽃무늬 저고리를 입고 어여머리를 올린 헬로키티 제품, 드라마 '대장금'과 관련하여 조선 시대 의녀의 복장을 하고 신선로를 들고 있는 헬로키티 제품, 드라마 '주몽'과 관련하여 갑옷을 입고 이마에 띠를 두른 다음 한 손에 칼을 들고 있거나 흰색 바탕에 분홍색의 점무늬가 섞여 있고 손목 부위에 분홍색 띠가 있는 옷을 입고 있는 헬로키티 제품 등 그 수요자들로 하여금 이 사건 각 드라마를 떠올리도록 하기에 충분한 의상과 소품, 모습, 배경 등으로 꾸민 피고 제품을 제조·판매하였다. 또한 피고 ○○○○

는 자신의 홈페이지에 게시한 피고 제품의 이름 앞에 '겨울연가', '황진이', '대장금', '주몽' 등 이 사건 각 드라마의 제호를 직접 기재하기까지 하였다. 그런데 드라마 관련 상품화 사업을 추진하기 위해서는 그에 관한 권리자로부터 허락을 받는 것이 그 거래사회에서 일반적인 관행인 점 등을 고려할 때, 원고 한국방송공사와 원고 문화방송으로부터 허락을 받지 아니한 피고 ○○○○의 위와 같은 행위는 상도덕이나 공정한 경쟁질서에 반하는 것이다. 그리고 이러한 행위는 드라마를 이용한 상품화 사업 분야에서 서로 경쟁자의 관계에 있는 위 원고들의 상당한 노력과 투자에 편승하여 이 사건 각 드라마의 명성과 고객흡인력을 자신의 영업을 위하여 무단으로 이용하여, 앞서 본 바와 같이 법률상 보호할 가치가 있는 위 원고들의 각 해당 드라마에 관한 상품화 사업을 통한 영업상의 이익을 침해하는 것이기도 하다. 따라서 피고 ○○○○의 위와 같은 피고 제품의 제조·판매 행위는 부정한 경쟁행위로서 민법상 불법행위에 해당한다. 원심은 이 사건 각 드라마 관련 피고 제품의 판매수량과 소매가 합계, 원고 한국방송공사, 문화방송이 직접 상품화사업을 하지는 아니한 점, 피고 ○○○○가 위 원고들과 각 상품화 사업 계약을 체결하였다면 지급하였을 사용료 및 이 경우 상품화권리를 부여받은 다른 업체들의 판매 감소로 인해 결과적으로 감소하였을 위 원고들의 사용료 수입, 통상적인 상품화사업 계약에서 소매가 대비 출고가의 비율과 사용료 요율 등을 참작하여, 피고 ○○○○의 원고 한국방송공사에 대한 손해배상액을 10,000,000원으로, 원고 문화방송에 대한 손해배상액을 20,000,000원으로 각 정하였다. 기록에 비추어 살펴보면, 원심의 위와 같은 판단에 상고이유의 주장과 같은 손해배상액의 산정에 관한 법리오해 등의 위법이 있다고 할 것은 아니다.』

☞ 이 사건은 퍼블리시티권의 대상에 해당하는 사항(드라마의 주인공을 연상시키는 의상, 모습, 배경 등)을 무단 사용한 경우 '법률상 보호할 가치가 있는 이익'의 침해행위로서 불법행위의 한 유형으로 볼 수 있다고 판단한 사건이다. 또한 판결내용에서 알 수 있듯이 '피고가 원고들과 상품화사업계약을 체결하였다면 지급하였을 사용료, 상품화권리를 부여 받은 다른 업체들의 판매감소로 인해 감소하였을 원고들의 사용료 수입, 통상적인 상품화사업계약에서 소매가 대비 출고가의 비율과 사용료 요율 등'을 참작하여 손해배상을 명하였는데, 이는 재산상의 손해배상을 인정한 것이다. 판시 내용은 현행 부정경쟁방지법 제2조 차.목에 규정된 '법률상 보호할 가치가 있는 이익의 침해행위'의 문언내용과 동일하다.

3. 기술적 보호조치, 권리관리정보

법은 저작권에는 속하지 않으나 저작권의 행사를 보조하거나, 침해행위를 억제하기 위한 기술적 보호조치와 저작물 등을 식별하기 위한 정보 등으로서 저작물관리에 편의를 제공하는 정보를 보호하기 위한 조항을 두고 있다. 기술적 보호조치란 '저작권, 그 밖에 이 법에 따라 보호되는 권리의 행사와 관련하여 이 법에 따라 보호되는 저작물 등에 대한 접근을 효과적으로 방지하거나 억제하기 위하여 그 권리자나 권리자의 동의를 받은 자가 적용하는 기술적 조치' 또는 '저작권, 그 밖에 이 법에 따라 보호되는 권리에 대한 침해행위를 효과적으로 방지하거나 억제하기 위하여 그 권리자나 권리자의 동의를 받은 자가 적용하는 기술적 조치'를 말한다(법 제2조 제28호 각 목). 권리관리정보란 '정보나 그 정보를 나타내는 숫자 또는 부호로서 각 정보가 저작권, 그 밖에 이 법에 따라 보호되는 권리에 의하여 보호되는 저작물 등의 원본이나 그 복제물에 부착되거나 그 공연·실행 또는 공중송신에 수반되는 것으로서, 가. 저작물 등을 식별하기 위한 정보 나. 저작권, 그 밖에 이 법에 따라 보호되는 권리를 가진 자를 식별하기 위한 정보 다. 저작물 등의 이용 방법 및 조건에 관한 정보' 중 어느 하나에 해당하는 것을 말한다.

누구든지 이러한 기술적 보호조치를 제거, 변경하거나 우회하는 등의 방법으로 무력화하여서는 아니 되며(법 제104조의2), 권리관리정보를 제거·변경 또는 거짓으로 부가하여서는 아니 된다(법 제104조의3). 이에 위반한 경우 권리자는 그 침해행위의 정지·예방, 또는 손해배상의 담보 또는 손해배상 등을 청구할 수 있고(법 제104조의8), 업이나 영리목적으로 무력화한 경우에 행위자는 형사처벌을 받을 수 있다(법 제136조). 아래에서는 기술적보호조치 무력화 등이 다루어진 사례를 살펴보기로 한다.

가. 대리운전 프로그램 사건[5-66)]

5-66) 대법원 2012. 2. 23. 선고 2010도1422 판결. 프로그램에 대한 접근만을 통제하는 기술적 조치가 기술적 보호조치에 해당하는지 여부가 쟁점이다. 상세는 「제9장 디지

나. 모드칩 사건[5-67)]

다. 지오서비스 사건[5-68)]

「피고가 이 사건 원고 프로그램에서 원고의 홈페이지 서버로 단말기에 등록된 각종 메일 주소, 단말기 고유 식별번호, 안드로이드 계정(ID), 메인 액티비티 클래스(Main Activity Class) 경로가 전송되도록 하는 기능과 라이선스를 취득하지 못한 단말기에서 이 사건 원고 프로그램을 사용할 경우 경고문구를 표시하고 프로그램의 사용을 차단하는 기능을 제거한 사건에서, 원고는 이 사건 원고 프로그램을 사용하는 단말기로부터 그 단말기에 등록된 각종 메일 주소, 단말기 고유 식별번호, 안드로이드 계정, 메인 액티비티 클래스 경로를 전송받아 적법한 라이선스가 부여된 단말기인지 여부를 식별한 다음, 적법한 라이선스가 부여되지 아니한 단말기로 판명된 경우에는 경고문구를 표시하면서 이 사건 원고 프로그램의 사용을 차단할 수 있는 기술적 보호조치를 설정해두었다 할 것인데, 피고는 원고의 허락 없이 이 사건 원고 프로그램에서 위와 같은 기술적 보호조치를 모두 제거하였으므로, 특별한 사정이 없는 이상 피고는 기술적 보호조치를 무력화하였다. 또한 피고가 이 사건 원고 프로그램의 데이터 파일의 확장자 및 헤더정보 확인코드에 기재된 원고 회사 홈페이지 주소(www.geoservice.co.kr)와 이를 검사하는 코드를 삭제하였고, 이 사건 원고 프로그램의 제품명을 표시하는 패키지명을 'GEOService.BlackPoint'에서 'SmartEye'로 변경하였는데, 이 사건 원고 프로그램에 내장된 데이터 파일의 확장자 및 헤더정보 확인코드에 기재된 원고 회사 홈페이지 주소와 이 사건 원고 프로그램의 제품명을 표시하는 패키지명은 모두 원고의 상호인 '지오서비스' 또는 원고가 대표이사로 있는 '주식회사 지오서비스'의 영문명칭인 'geoservice'를 포함하고 있어 이 사건 원고 프로그램의 저작권자인 원고를 식별하기 위한 권리관리정보에 해당한다 할 것인데, 피고는 원고의 허락 없이 위 권리관리정보를 모두 삭제하거

털 저작물의 침해와 제한」 참조.

5-67) 대법원 2006. 2. 24. 선고 2004도2743 판결. 상세는 「제9장 디지털 저작물의 침해와 제한」 참조.

5-68) 서울중앙지방법원 2013. 1. 23. 선고 2013가합23162 판결(항소취하). 계약에 따라 공급받은 프로그램 중 일부 기능을 제거 및 변경한 것이 기술적 보호조치 무력화에 해당하는지 여부가 쟁점이다.

나 다른 이름으로 변경하였으므로, 특별한 사정이 없는 이상 피고는 원고의 저작권을 침해하였다.』

라. 위성수신제한시스템 사건[5-69)]

마. 노래방 사제키트 사건[5-70)]

5-69) 서울중앙지방법원 2009. 2. 10. 선고 2008고단7990 판결. 위성방송업체들이 유료가입자들에게 제공하는 컨트롤워드를 해독하여 유료방송을 시청할 수 있게 하는 위성방송수신기를 제조, 판매한 것이 기술적 보호조치 무력화인지 여부가 쟁점으로 상세는 「제9장 디지털 저작물의 침해와 제한」 참조.

5-70) 대법원 2015. 7. 9. 선고 2015도3352 판결. 노래반주기의 인증수단이 기술적 보호조치에 해당하는지 여부가 쟁점으로 상세는 「제9장 디지털 저작물의 침해와 제한」 참조.

제6장 저작권의 침해여부 판단

Ⅰ. 침해판단의 대상－저작물의 보호범위

1. 침해의 요건

저작권침해소송에서 원고는 저작권침해의 요건사실을 주장·증명하여야 한다. 요건사실로는 크게 원고가 주장하는 피침해대상이 저작물인 점, 원고가 그 저작물에 대한 저작권법이 보호하는 권리의 귀속주체인 점, 피고가 원고의 저작권 등 권리를 침해한 점을 들 수 있을 것이다. 즉, 저작권침해행위에 해당하려면 피고가 원고의 저작물에 의거하여 원고의 저작물과 동일하거나 실질적으로 유사한 작품을 저작권법이 정한 유형의 행위방법으로 이용하였어야 한다. 침해금지를 구하는 경우에는 피고의 고의 또는 과실을 요하지 아니하나, 저작권침해를 원인으로 한 손해배상청구를 하는 경우에는 피고의 고의나 과실, 손해의 발생 및 그 액수, 침해행위와 손해 사이의 인과관계 등의 불법행위 요건을 추가로 주장·증명하여야 한다.

그러나 침해저작물이 피침해저작물과 약간의 유사성만 있다고 모두 저작권침해로 본다면 창작활동이 과도하게 제약될 우려가 있기 때문에 어느 범위에서 저작권침해를 인정할 것인지가 실무상 핵심적인 판단대상 될 수밖에 없다. 이를 위하여는 비교대상인 저작물이 피침해저작물에 의거하여 만들어졌다는 입증이 이루어진 전제에서, 두 저작물 사이에는 실질적인 유사성을 심리하게 되는데 표현과 아이디어를 구분하여 표현만을 보호한다는 대원칙하에, 합체의 원칙, 사실상 표준의 원칙 등 파생적인 판단기준들을 동원하게 되고 그 상세는 앞서 설명한 바와 같다.

2. 논의의 범위와 순서

첫째 의거성의 문제를 먼저 설명하게 되나 이는 논리적으로 그렇다는 것일 뿐 이후 사례들에서 보듯이 '현저한 유사성(striking similarity, 증명적 유사성)'이 의거성 판단에도 적지 않은 영향을 주게 된다는 점에서, 양자의 판단은 예외적으로 접근가능성이 아예 명백히 입증되지 않는 경우를 제외하고는 사실상 종합적으로 이루어지는 것이 보통의 실무라고 볼 수 있다(위와 같은 이유로 의거성을 부인하면서도 설사 접근가능성이 인정된다고 하더라도 실질적 유사성이 없다는 가정판단을 덧붙이는 사례도 종종 보게 된다). 그러므로 아래 'Ⅱ. 의거' 부분에서는 의거성이 부정된 사례(접근가능성은 물론 현저한 유사성도 인정되지 않은 경우일 것이다)를 주로 살펴보게 될 것이고, 의거성이 인정된 경우 중 다툼이 없었거나, 접근가능성에 대한 입증이 성공한 경우는 결국 실질적 유사성 논의로 넘어가는 전단계로 사실관계 문제가 된다.

둘째 실질적 유사성 일반론에 관하여는 아래 「3.항」에서 개략적으로 설명한 후 「Ⅲ.항 내지 Ⅺ.항」에서는 법 제4조에 따른 각 저작물 종류별 판단시 유의점과 사례들을 집중적으로 살펴보며, 「Ⅻ.항목」에서는 편집저작물 등을 다루어 본다.[6-1)]

그리고 침해문제의 일종이기는 하나 독자적 성격을 부여받은 기술적보호조치의 무력화금지, 권리관리정보 침해 문제 등은 디지털 저작물의 특유 문제

6-1) 2차적 저작물 작성권 침해와 관련된 실질적 유사성 판단에 관하여는 '복제권침해와 관련하여 발전되어 온 실질적 유사성의 법리가 2차적 저작물 작성권 침해사례에도 그대로 적용될 수 있는가'가 논의된다. 그런데 2차적 저작물이 '원저작물의 이용'과 '창작성의 부가'라는 두 요소로 되어 있고 그중 전자의 면에서 복제권과 다를 것이 없으므로 동일한 판단기준이 적용된다는 것이 일반적이다. 권영준, 285면, 박성호, 652면 참조. 대법원 2013. 8. 22. 선고 2011도3599 판결(요약도서번역 사건)도 『2차적 저작물이 되기 위해서는 원저작물을 기초로 수정·증감이 가해지되 원저작물과 실질적 유사성을 유지하여야 한다. 따라서 어문저작물인 원저작물을 기초로 하여 이를 요약한 요약물이 원저작물과 실질적인 유사성이 없는 별개의 독립적인 새로운 저작물이 된 경우에는 원저작물 저작권자의 2차적 저작물 작성권을 침해한 것으로 되지는 아니하는데…』라고 판시하고 있다. 그러므로 이 부분은 별도로 논의하지 아니한다.

이므로 제9장에서 별도로 다루고, 나아가 권리침해에 대한 온라인서비스제공자의 책임 제한 문제 역시 디지털 저작권 침해 관련 문제이기는 하나 소위 간접침해로 불리우는 법리의 특이성과 중요성 등에 비추어 다시 제9장에서 분리하여 제10장을 두어 다루기로 한다. 최근 많은 논란이 되고 있는 저작권 침해와 관련된 민법상 불법행위성립 여부 역시 별도로 제7장에서 다룬다.

3. 실질적 유사성 일반론[6-2)]

실질적 유사성이란 원, 피고의 각 저작물에 동일성(복제권침해의 경우) 또는 종속성(2차적 저작물 작성권침해의 경우)이 인정되는 경우를 포괄하는 개념이다.[6-3)]

그리고 실질적 유사성은 우리 판결들에서 전형적으로 설시되는 바와 같이 작품 속의 특정한 행이나 절 또는 기타 세부적인 부분이 복제됨으로써 양 저작물 사이에 문장 대 문장으로 대칭되는 유사성이 있는 경우(이하 '부분적·문자적 유사성')와 작품 속의 근본적인 본질 또는 구조를 복제함으로써 전체로서 포괄적인 유사성이 인정되는 경우(이하 '포괄적·비문자적 유사성')로 크게 구분하는 것이 상례인데, 두 유형 판단을 위하여는 공통적 불확정 개념인 '(실질적) 유사성'을 파악하여야 할 것이다.

우선 '유사성'의 판단에 관하여는 원고의 '창작적 표현'이 그 대상이 되어야 할 것으로, 예컨대 '사랑은 아무나 하나 사건(2004다18736)'에서 「표현에 해당하고 독창적인 부분, 즉 '보호받는 표현'만을 가지고 대비」하여야 한다고 설시한 부분이 이에 해당한다. 이는 후술하는 바와 같이 '드림하이' 사건(2013다14828)에서 다시 확인된 것으로 대법원은 원심이 창작성을 인정한 원고 음악저작물의 일부는 피고가 제시한 비교대상1 저작물과 가락 및 리듬이 유사

6-2) 일반이론들에 관하여는 모두의 참고문헌에서 상세하게 논의되고 있으므로 이하는 판례를 이해하기 위한 최소한의 설명에 한하여 다루도록 하되 박성호, 654면 이하를 주로 참고하여 정리한 것이다. 실질적 유사성론을 포함하여 소위 '표절'과 관련된 전반적인 논의는 남형두, 표절론, 현암사(2015)에서 매우 폭 넓고 깊게 다루고 있다.

6-3) 이해완, 1011면; 앞서 「제1장 서론」에서 보았듯이, 특허법의 균등론, 상표법의 동일·유사개념과 사실상 같은 의미이다.

하고, 화성은 일반적으로 사용되는 정도의 것임에도 이를 창작성 있는 것으로 보고 피고 저작물과 비교한 것은 부당하다고 지적한 바 있다.

다음 위와 같은 과정을 거쳐 창작성이 있는 부분의 존재가 인정되고 또 획정된다면 과연 침해혐의자의 저작물과 어느 정도 유사하여야 '실질적'으로 유사한 것인지의 판단 문제가 제기된다. 이는 창작성의 인정문제와는 또 다른 차원의 쟁점으로 실무적으로 저작권침해소송에서 가장 중요하고도 난해한 법적 판단의 핵심6-4)이라고 할 수 있다. 다만 이에 대하여는 저작물의 종류마다, 침해의 방법 등 사안의 성격(침해의 양과 질의 상관관계 중요하다. 예컨대 극히 중요한 부분이라면 그 양의 다소가 크게 문제되지 않을 것이다)마다 각각 고려하여야 할 요소가 많으므로 일률적으로 말하기는 어려운 것이나 그에 관한 일반적인 논의(많은 사례에서 연역적으로 추출되는 또 역으로 그러한 추출에 의하여 귀납적으로 다시 이후에 사례에 적용되는 '실질적 유사성'의 판단기법으로 논의되는 원칙)에 대하여 간략히 본다. 첫째 앞서 본 바와 같이 보호받지 못하는 요소를 제거한 후 판단에 들어가는 '분석적 접근법(dissection approach)'이 있는데 이를 컴퓨터프로그램 저작권침해사건에서는 '추상화(Abstraction)－여과(Filtration)－비교(Comparison)의 3단계테스트'로 불리기도 하고 현재 어문·음악저작물 등에도 적용되고 있으며, 우리 대법원도 이에 가까운 방법을 사용하는 것으로 평가받고 있다. 둘째 '전체적 접근법(comprehensive approach)'으로 양 저작물의 유사성을 보통 관찰자 혹은 일반 수요자의 관점에서 전체적인 느낌과 관념을 기준으로 판단하는 것이다. 셋째 '2단계 접근법(bifurcated approach)'으로 1단계에서는 보호받는 표현인

6-4) 이렇듯 실질적 유사성의 판단은 법적 평가라기보다는 사실인정의 문제이지만, '실질적', '유사'의 개념이 불확정적이고, 저작물의 유형이나 특성에 따라 저작권 침해가 인정되기 위해 요구되는 실질적 유사성의 정도가 달라지므로, 결국 구체적·세부적인 사실관계에 대한 평가가 필요한 부분이다. 실무는 컴퓨터프로그램 등 특수한 저작물의 경우를 제외한 대부분의 저작물에 대해 전문가에게 감정촉탁하는 대신 재판부가 당사자가 제출한 증거를 바탕으로 사실인정을 거친 후 직접 실질적 유사성을 판단하는 경우가 많다. 최근 한국저작권위원회(http://www.copyright.or.kr)는 뒤에 볼 컴퓨터프로그램 저작물에 관한 유사도감정 외에 일반저작권 침해감정도 업무에 포함시킨바 있으나, 실질적으로 유사한지 여부는 근본적으로 재판부가 판단할 사항이므로 당사자의 감정신청을 채택함에 신중한 것이 법원실무의 현실이다.

지 여부를 묻지 않고 저작물 전체를 놓고 비교검토한 후 2단계에서 그러한 베끼기가 원고 저작물의 보호받는 표현을 피고가 불법적으로 이용한 부당한 이용에 해당하는지를 통상의 관찰자에 의한 청중테스트로 판단한다.[6-5] 이하에서는 각 어문, 음악 등 유형별 저작물의 실질적 유사성 판단사례를 설명함에 있어 일반이론의 구체적 적용 여부 및 방법을 살펴본다.

특히 최근의 실질적 유사성 판단에 있어서는 만화를 원작으로 한 다수의 영화가 흥행에 성공하는 등 방송드라마, 영화 등과 관련하여 관련 저작물의 시장성이 커지고 있어 장르간의 교류가 활발해지는 경향이 두드러진다. 기존의 같은 장르 내에서의 전통적인 표절시비 외에도 장르간의 표절논의도 적지 않은 실정이므로 그 특성을 고려한 논의도 요구된다.[6-6]

Ⅱ. 의 거

1. 의거성 판단시 유의사항

가. 의거성의 의미

저작권은 특허권 등 산업재산권과는 달리 그 침해요건으로 '의거'를 요구하는데 이는 저작권이 모방금지권을 속성으로 하기 때문인 점은 서론에서 본 바와 같다.[6-7] 즉 문화적 다양성 추구라는 저작권법의 근본취지는 독립적으로

6-5) 박성호, 656~657면. 분석적 접근법은 복잡하고 번거로우며 사실상 불필요한 경우도 있어, 실제 사건에서는 전체적 접근법과 2단계접근법을 혼용한 판단방법이 더 많을 것이라고 한다. 그에 따를 때 ① 창작성 여부와 무관하게 저작물 대비를 통하여 유사한 부분을 모두 확정하고, ② 그 확정된 부분이 창작적 표현에 해당하는지를 판단한 후 ③ 그 창작적 특징이 피고 저작물에 감지되는지 여부를 거쳐 실질적 유사성 판단이 이루어지게 될 것이라고 한다.

6-6) 예컨대 홍승기, "저작권 침해 요건으로서의 '의거'", 계간 저작권 103호(2013 가을호) 220면[1930년대 미국 1심법원은 '무의식적 침해(unintentionally guilty of plagiarism) 이론'을 도입하는 등 침해요건을 지나치게 관대하게 하여 미국영상산업을 공포에 빠트린 적이 있는데 이후 항소심에서 아이디어·표현 이분법을 정밀하게 적용하여 영상산업에 자신감을 준 적이 있다고 한다].

6-7) 홍승기, "저작권 침해 요건으로서의 '의거'", 204면(결국 '의거'는 접근 여부를 확인하자는 취지이지만 달리 말하면 독립창작 여부를 밝히는 요건이라 할 수 있다).

창작된 저작물에 대하여는 그 유사성과 무관하게 기존 저작물의 권리를 미치지 않게 하는 것으로 달성될 수 있다고 보고 제도가 형성된 것이다.

그런데 '의거성'의 인정은 근본적으로 사실관계 확정과 밀접한 관련이 있는 것으로 법적 평가를 본질로 하는 '실질적 유사성'이라는 객관적 요건과 분리하여 그 전단계로 심리하는 것이 원칙일 것이나 앞서 보았듯이 다른 종류의 민사소송에서와 같은 방식으로 입증되어질 사실관계 확정 문제인 접근가능성 입증과 저작권법 특유의 판단문제인 유사성 인정 여부 문제가 혼재되어 있다. 즉 판결 중에도 사실관계 인정만을 통하여 접근가능성이 있다고 보아 '의거성'을 인정한 사례[6-8]도 적지 않지만 위와 같은 접근가능성의 입증이 어려울 경우 '유사성'이라는 정황증거의 참작도 필요하게 되는데, 다분히 교묘하게 표절을 숨기려는 시도가 점점 많아지는 점에 따른 심리방식의 정교화라고 볼 수 있을 것이다.

이러한 평가방법은 다소의 수정을 거쳐 후술할 선덕여왕 사건[6-9]에서 이르러 다음과 같이 정리된 바 있다.

6-8) 예컨대 후술할 까레이스키 사건의 항소심(서울고등법원 1999. 1. 20. 선고 96나45391 판결)은 「위 인정사실에 의하면, 드라마 까레이스키의 제작을 위해 이○○이 쓴 1차 시놉시스는 원고의 소설이 출간되기에 앞서 완성되었으므로 의거관계가 애초부터 성립될 여지가 없고 1차 시놉시스에 의하여 집필된 이○○의 방송대본 또한 특별한 사정이 없는 한 의거관계를 인정하기는 어렵다 할 것이나, 김△△ 등이 2차 시놉시스를 완성한 뒤 방송대본을 집필하고 실제 드라마 까레이스키가 제작될 시점에 있어서는 연출가인 장◇◇이 적어도 소설 텐산산맥의 존재를 이미 알고 있었다 할 것이므로, 피고로서도 원고의 소설에 대한 접근성을 가지고 있었다고 볼 것이고, 따라서 드라마 까레이스키는 소설 텐산산맥에 의거하여 그것을 이용하여 저작된 것으로 추정된다」라고 설시하고 있다. 시놉시스란 작가가 생각하는 주제를 다른 사람에게 알리기 위해 알기 쉽게 간단히 적은 것을 말하는데, 시놉시스는 작품의 의도가 무엇이고, 작가의 주관은 어떤 것이며, 전달하고자 하는 메시지는 무엇인지 분명하고도 확실한 내용을 전달할 수 있도록 명료하게 작성해야 하고, 주제·기획 및 집필의도·등장인물·전체 줄거리의 4가지 기본요소가 구체적으로 포함되어야 한다(후술할 비보이 사건 항소심 판결 참조).

6-9) 대법원 2014. 7. 24. 선고 2013다8984 판결. 과거 '의거성 판단 단계에서의 유사성' 역시 '실질적 유사성'이라고 하여 혼선을 빚은 바 있으나 '현저한' 유사성이라는 단어를 사용하고 그 의미까지 명확하게 설명하여 혼선을 해결한 것으로 보인다. 이러한 판시는 이미 호랑이코 그림 사건(대법원 2014. 5. 16. 선고 2012다55068 판결)에서 어느 정도 정립된 바 있다.

『저작권법이 보호하는 복제권이나 2차적 저작물 작성권의 침해가 성립되기 위하여는 대비대상이 되는 저작물이 침해되었다고 주장하는 기존의 저작물에 의거하여 작성되었다는 점이 인정되어야 한다. 이와 같은 의거관계는 기존의 저작물에 대한 접근가능성, 대상 저작물과 기존의 저작물 사이의 유사성이 인정되면 추정할 수 있고, 특히 대상 저작물과 기존의 저작물이 독립적으로 작성되어 같은 결과에 이르렀을 가능성을 배제할 수 있을 정도의 현저한 유사성이 인정되는 경우에는 그러한 사정만으로도 의거관계를 추정할 수 있다. 그리고 두 저작물 사이에 의거관계가 인정되는지 여부와 실질적 유사성이 있는지 여부는 서로 별개의 판단으로서, 전자의 판단에는 후자의 판단과 달리 저작권법에 의하여 보호받는 표현뿐만 아니라 저작권법에 의하여 보호받지 못하는 표현 등이 유사한지 여부도 함께 참작될 수 있다.』

그런데 실무에서는 침해혐의자가 '접근'자체를 인정하여 의거성 문제가 다투어지지 않는 상태가 아닌 이상 증거에 의한 접근가능성 인정과 더불어 현저한 유사성이나 공통의 오류 등을 추가적으로 설시하여 의거성을 확고히 하는 경향이 있다.[6-10] 이 두 요소는 상호 보완적이어서 둘을 합하여 어느 정도 수준 이상에 이를 때 의거성이 인정되는 결론에 이를 수 있는 것으로 그런 맥락에서 대법원은 강한 현저한 유사성이 인정되는 경우에는 그러한 사정만

6-10) 예컨대 후술할 여우와 솜사탕 사건에서 법원은 의거관계에 관하여 『먼저 ① 피고 ○○방송이 이 사건 1 대본에 의하여 제작한 이 사건 1 드라마는 1991. 11. 23.부터 1992. 5. 31.까지 방송되었고, 당시 매우 높은 시청률을 기록하여 상당수의 시청자들이 이 사건 1 드라마의 내용을 알고 있었다는 점, ② 이 사건 1 대본은 방송극본으로서는 이례적으로 5권의 단행본으로 1992년경 출간까지 되었다는 점, ③ 피고 ○○방송은 이 사건 1 드라마를 제작·방송하였고, 피고 정○은 1982년경 피고 ○○방송에 입사하여 드라마 연출을 담당하고 있었으며, 피고 김△△은 1999년경부터 피고 ○○방송에서 방영된 단편드라마의 대본을 쓴 적이 있는 작가로서 2001년경부터 피고 정○과의 논의와 수정 과정을 통해 이 사건 2 드라마를 준비하였다는 점 등에 비추어 보면, 피고들은 원고가 쓴 이 사건 1 대본의 존재 및 그 내용을 충분히 알고 있었다고 보여지므로 그 접근성이 인정되고, 다음으로 …를 종합하면, 이 사건 1 대본과 이 사건 2 대본 및 드라마 사이에는 별지 목록 기재와 같이 유사한 상황에서 우연의 일치라고 하기에는 너무나 일치하는 미적 특수표현으로서의 대사들이 공통적으로 분포되어 있어 그 현저한 유사성이 인정되므로, 이 사건 2 대본 및 드라마의 이 사건 1 대본에 대한 의거관계는 추인된다고 할 것이다』라고 판시한 바 있다.

으로도 의거관계를 추정할 수 있다고 판시한 것이다. 그 반대의 경우 즉 접근은 인정되지만 실질적 유사성이 없는 경우는 당연히 새로운 창작물, 혹은 2차적 저작물이 될 것이다.6-11)

나. 접근가능성 판단시 유의사항

대상 저작물을 경험하였을 '상당한 기회'가 필요하고 막연한 가능성으로는 충분하지 않다.6-12) 이하에서 의거성을 부정한 사례가 많이 있는 것은 침해자 측에서 저작물에 접근한 적이 없다고 본격적으로 다툴 경우 그 입증이 어려운 것도 그 이유 중 하나이기는 하지만, 그 보다는 그 이후 단계의 판단(실질적 유사성에 관하여 판단을 한 사건들은 대부분 의거성이 인정된 것을 전제로 한다. 단 베이비유 사건처럼 의거성이 없음에도 실질적 유사성에 관하여 가정적 판단을 한 예외적인 사건도 있는데 이는 주문의 정당성을 보강하기 위한 경우가 많다)에까지 이른 많은 사례의 상당수가 의거성에 다툼이 없거나, 피침해저작물이 널리 알려진 경우가 많아 특별히 쟁점화되지 않은 사안이기 때문이라 할 것이다. 또한 실질적 유사성이 강하게 인정될 경우 그에 근거하여 의거성을 인정하는 경우도 있으므로 접근가능성 자체에 대한 판단

6-11) 까레이스키 사건, 태왕사신기 사건의 경우가 의거성을 인정하면서도 실질적 유사성을 부인하여 저작권침해를 부인한 사례이다. 태왕사신기 사건의 경우 「피고가 원고의 바람의 나라에 대한 저작권을 침해하였다고 하기 위하여는 우선 주관적 요건으로서 피고가 원고의 바람의 나라에 의거하여 태왕사신기를 제작하였어야 한다. 이러한 의거관계는 ① 이를 입증할 직접증거에 의하여 인정될 수도 있고, 직접증거가 없거나 부족한 경우라도 ② 피고가 원고의 만화에 대한 접근 기회, 즉 원고의 만화를 볼 상당한 가능성이 있었음이 인정되면 추인될 수 있다 할 것이다. 그러므로 살피건대, 이 사건에서 위 ①과 같이 의거 관계를 인정할 직접증거는 없으나, …에 의하면, 원고의 저작물인 바람의 나라는 1992년부터 '댕기'라는 잡지에 연재되기 시작하여, 1998년부터 2004년경까지 22권의 단행본으로 발간되었고, 2001년에는 서울예술단에서 뮤지컬로 공연되었으며, 2004. 3.경에는 소설로 발간되는 등 만화 및 소설의 영역에 있어서 저명성과 광범위한 배포성을 가지고 있어 피고로서도 이를 보거나 접할 구체적인 접근 기회를 가졌다고 봄이 상당하므로 이로써 의거관계가 추인된다고 할 것이다」라고 의거성은 인정하였다.

6-12) 까만나라 하얀나라 사건(대법원 1995. 11. 14. 선고 94도2238 판결)의 경우는 「77고합1024호 강도치사」라는 사건번호의 공통점으로 최소한 접근가능성을 인정한 바 있다.

자체가 간략해질 수도 있는 것이다. 이렇듯 접근가능성 인정여부는 기본적으로 사실관계 인정 문제이므로 저작권 관련소송만의 특이점은 적은 편이다.

2. 판단 사례

가. 의거성을 부정한 사례

1) 야망의 도시 사건[6-13)]

<사안의 개요>

원고는 그가 1988. 12. 23. '야망의 도시'라는 제목의 시나리오를 완성하였고, 방송사인 피고는 1989. 3. 4.부터 매주 주말에 36회에 걸쳐 소외 이○○이 '야망의 도시를 표절(개작, 재제 또는 복제)한 극본에 따라 '유산'이라는 드라마를 방영하였으므로 피고는 저작권침해 불법행위자 본인 혹은 위 이○○ 등의 사용자로서 손해배상의무가 있다고 주장한다.

<법원의 판단>

『위 '유산'의 기획이나 그 극본의 저작이 '야망의 도시'보다 뒤에 이루어졌고, 소외 이○○나 정△△가 '야망의 도시'를 접할 만한 상당한 기회를 가졌는지에 관하여 보건대, …를 종합하면 원고가 '야망의 도시'를 완성한 후 그 복사본 1부씩을 그 완성 즉시 그의 친구인 …에게 각 교부한 사실은 인정할 수 있으나 소외 이○○나 정△△가 이에 접할 수 있는 상당한 기회를 가졌다는 점에 부합하는 것을 …만으로 인정하기에 부족하고 그밖에 이를 인정할 만한 아무런 증거가 없고, 오히려 …를 종합하면, 통상 텔레비전 주말드라마가 기획되어 방송되기까지는 6개월 이상이 소요되는바, '유산'의 경우 소외 이○○이 피고측의 의뢰에 따라 '야망의 도시'가 완성되기 이전인 1988. 9.경 시놉시스를 완성한 다음, …그 본집필에 착수한 사실을 인정할 수 있다.』

나아가 공통의 오류에 관하여는

『또한 두저작물 모두 작품의 흐름과는 다소 무관하게 검도장면과 장검이

6-13) 서울고등법원 1995. 6. 22. 선고 94나8954 판결(확정). 의거를 유사성에서 구분하여 설시하고, 공통의 오류를 의거성의 요소로 언급하는 점에서 의미가 있지만, 공통의 오류를 실질적 유사성 요건에서 판단하는 것은 논리적으로 세밀하지 못한 부분이라는 지적이 있다. 오승종, 1184면.

등장하고, 한국의 기업풍토와는 맞지 않게 주주총회를 기업탈취의 수단으로 묘사함으로써 다소 과장되고 얼마간 미흡한 전개를 하고 있으며, 주범이 총에 의하여 살해되는 비한국적이고 이국적인 처리수법을 쓰고 있다…위 기재의 사실만으로는 두 저작물 중 한 저작물이 다른 저작물에 의거하였다고 추정할 만한 공통의 오류로 보기도 어렵다 하겠다.』

고 설시하고 있다.

2) 식용유 광고 사건[6-14)]

<사안의 개요>

원고는 프랑스에서 활동하는 작가로 '생명의 근원'이라는 제목으로 패널 위에 아크릴 칼라로 그린, 극히 단순화된 원형의 깨뜨린 계란 수십 개를 일정한 틀 속에 상하좌우로 나란히 병렬시킨 모양의 평면회화 작품과 실제의 프라이팬 위에 깨진 계란모양의 그림을 그려 넣은 오브제 (Objet) 작품을 전시하였다. 원고는 식용주 제조회사인 피고 1, 광고제작사인 피고 2는 피고 1이 개발한 식용유의 샘방지마개를 선전하기 위하여 원고의 위 작품에 의거하여 혹은 이를 이용 또는 변형하여 각 광고도안을 제작 사용하였으므로 복제권 등을 침해한 것이라고 주장하였다.

<법원의 판단>

『별지 4., 5. 표시 각 광고도안 또는 그 구성부분인 별지 1., 2. 표시 각 도안이 원고의 이 사건 저작물을 모방한 복제물 또는 2차적 저작물이라고 하기 위해서는 위 광고도안들과 원고의 이 사건 저작물 사이에 상당한 유사성이 있다는 점만으로는 부족하고, 위 광고도안들이 원고의 이 사건 저작물에 '의거'하여 그것을 이용 또는 변형하여 제작된 것이라는 점이 인정되어야 할 것인데, 별지 4. 표시 광고도안이 제작 사용되기 2개월쯤 전에 원고의 이 사건 저작물이 화랑미술제 전시회에서 전시된 바 있고, 그 전시회 개최사실이 아침시간 TV방송 및 일간신문의 문화면 전시회란 등에 소개된 바 있는 사실은 앞서 본 바와 같으나, 위 사실만 가지고 위 광고도안의 제작에 관여한 피고들의 담당직원들이 원고의 이 사건 저작물을 사전에 능히 접할 수

6-14) 서울중앙지방법원 1998. 6. 19. 선고 97가합19248(본소), 66589(반소) 판결〔서울고등법원 1999. 7. 7. 선고 98나39611(본소), 98나39628(반소) 판결, 대법원 2000. 9. 5. 선고 99다41879 판결〕.

있었다고 인정하기에는 부족하고, 또한 피고들에 의한 독자적인 창작이나 우연의 일치, 공통의 소재를 이용함에서 오는 자연적 귀결일 가능성을 배제할 정도로 이 사건 저작물과 위 광고도안 사이의 유사성의 정도가 매우 현저하다고도 할 수 없으므로, 이 사건 저작물과 위 광고도안 사이에 상당한 유사성이 있다는 사정만 가지고 위 광고도안이 이 사건 저작물에 의거하여 그것을 이용 또는 변형하여 제작된 것이라고 단정할 수도 없다.』

3) 링시나리오 사건[6-15)]

『원고가 2001. 1. 30.경 이 사건 시나리오를 영어로 번역하여 피고 드림웍스, 위 스티븐 스필버그(Steven Spielberg), 위 제프리 카젠버그(Jeffrey Katzenberg), 위 데이비드 게펜(David Geffen)에게 끈으로 묶어서 누구나 쉽게 개봉할 수 있는 봉투에 넣어서 각 발송한 사실, 위 스티븐 스필버그(Steven Spielberg)에게 발송한 것을 제외한 나머지 3개의 시나리오는 2001. 2. 16. 한꺼번에 원고에게 반송되었으나, 위 스티븐 스필버그에게 발송한 시나리오는 2001. 2. 28. 봉투 아래쪽이 칼로 찢어진 상태로 반송된 사실은 위에서 본 바와 같으나, 한편 …를 종합하여 인정할 수 있는 다음과 같은 사정, 즉 피고 드림웍스, 위 스티븐 스필버그(Steven Spielberg), 위 제프리 카젠버그(Jeffrey Katzenberg), 위 데이비드 게펜(David Geffen)에게 발송된 시나리오는 2001. 2. 8. 반송되어 2001. 2. 16. 원고에게 송달되었고, 위 스티븐 스필버그(Steven Spielberg)에게 발송된 시나리오는 2001. 2. 20. 반송되어 2001. 2. 28. 원고에게 송달된 것에 비추어 원고가 피고 드림웍스, 위 스티븐 스필버그(Steven Spielberg), 위 제프리 카젠버그(Jeffrey Katzenberg), 위 데이비드 게펜(David Geffen)에게 2001. 1. 30. 발송한 시나리오는 약 8일 후인 2001. 2. 7.경 도달된 것으로 추인할 수 있는데, 위 3개의 시나리오는 그 다음날인 2001. 2. 8. '요청하지 않았음에도 발송된 자료(unsolicited mail)의 어떠한 사항도 고려하지 않고, 읽지 않고 반송한다는 피고 드림웍스의 엄격한 정책'을 알리는 서신이 동봉된 상태로 원고에게 반송된 점, 스티븐 스필버그(Steven Spielberg)에게 발송된 시나리오는 끈으로 묶어서 누구나 쉽게 개봉할 수 있는 봉투에 들어 있었음에도 봉투 아래쪽이 칼로 찢어진 상태로 반송되었다는 점, 위 스티븐 스필버그(Steven Spielberg)는 전 세계적으로 잘 알려진 유명인사로서 각종 편지나 소포 등에 의한 테러, 협박

6-15) 서울중앙지방법원 2005. 6. 22. 선고 2003가합87723 판결(확정).

등의 사례가 발생함에 따라 그에게 배달된 우편물의 경우 보안담당 직원이 폭발물이나 독극물 등이 있는지에 대한 안전검사를 하고, 그 검사결과 문제가 없을 경우 그 우편물에 소용돌이 문양을 찍게 되는데, 위 스티븐 스필버그(Steven Spielberg)로부터 반송된 시나리오의 봉투에는 다른 시나리오와 달리 안전검사를 통과하였다는 취지의 위 소용돌이 문양이 찍혀 있는 점, 피고 드림웍스는 세계적인 영화 제작, 배급사로서 일주일에 약 50건 정도의 '요청하지 않았음에도 발송된 자료'가 배달된다는 점, 이 사건 영화는 일본 영화인 원작 영화를 기초로 하여 서양인의 정서에 맞도록 개작한 것이라는 점 등에 비추어 보면 원고가 피고 드림웍스 등에게 이 사건 시나리오를 번역하여 끈으로 묶어서 누구나 쉽게 개봉할 수 있는 봉투에 넣어 각 발송하였고, 그 중 스티븐 스필버그에게 발송한 시나리오는 그 봉투 아래쪽이 칼로 찢어진 상태로 반송되었다는 사실만으로는 피고 드림웍스가 이 사건 시나리오에 의거하여 이 사건 영화를 제작하였다는 점을 인정하기에 부족하고 달리 이를 인정할 증거가 없으므로 피고 드림웍스가 이 사건 시나리오에 의거하여 이 사건 영화를 제작하였다는 원고의 위 주장은 이유 없다.』

☞ 미국 할리우드 영화사들은 자신들이 요청하지 않은 원고 투고를 금지한다는 방침을 갖고 있다고 한다.6-16)

4) 메이크업서적 사건6-17)

6-16) 표종록·이영욱, 호모루덴스를 위한 지식의 향연, 모든 이를 위한 엔터테인먼트, 라이프맵(2012), 57면(유니버셜 스튜디오 영화사의 홈페이지(http://www.universalstudios.com/contact_us.php)에는 다음과 같이 기재되어 있다. "While we are always happy to hear from you, it is Universal's policy not to accept or consider creative materials, ideas, or suggestions other than those we specifically request. This is to avoid any misunderstandings if your ideas are similar to those we have developed independently. Therefore we must request that you do not send to us any original creative materials such as screenplays, stories, original artwork, etc."〔우리는 당신으로부터 듣는 것을 항상 기쁘게 여기지만, 우리는 우리가 특별히 요청하지 않은 창조적 산출물들, 아이디어들 또는 제안들을 접수하거나 고려하지 않는 것을 원칙으로 하고 있습니다. 이것은 우리가 독립적으로 개발한 아이디어들이 당신의 아이디어와 유사하다는 오해를 막기 위해서입니다. 우리는 당신이 어떠한 것이든 독창적인 창조적 산출물(예를 들어, 각본, 스토리, 독창적 아트워크) 등을 우리에게 보내지 말 것을 요청합니다〕.

6-17) 본건은 저작권침해금지가처분 사건의 상고심인 대법원 2007. 12. 13. 선고 2005다35707 판결 설시이다. 위와 같은 이유로 파기환송 후 항소심에서 채권자가 신청취

<사안의 개요>

원고가 사계절 컬러이론, 개인의 피부색에 어울리는 색상의 선택과 화장법 등의 내용에 관한 서적, 홈페이지 게시물, 신문에의 기고문과 세미나자료 등의 저작물을 저술한 저작권자인데, 피고 신◯◯이 서적을 저술하면서 그 저작물 중 일부를 무단으로 인용하였고, 선정자 김△△가 이 서적을 출판하여 원고의 저작재산권 중 복제권과 성명표시권, 동일성유지권 등의 저작인격권을 침해하였다고 주장하면서 침해행위의 금지와 손해배상 등을 구하는 사안이다.

<법원의 판단>

『저작권법이 보호하는 복제권의 침해가 있다고 하기 위해서는 침해되었다고 주장되는 기존의 저작물과 대비대상이 되는 저작물 사이에 실질적 유사성이 있다는 점 이외에도 대상 저작물이 기존의 저작물에 의거하여 작성되었다는 점이 인정되어야 한다. 그리고 의거관계의 인정에 관하여 보건대, 대상 저작물이 기존의 저작물에 의거하여 작성되었다는 사실이 직접 인정되지 않더라도 기존의 저작물에 대한 접근가능성, 대상 저작물과 기존의 저작물 사이에 실질적 유사성 등의 간접사실이 인정되면 대상 저작물이 기존의 저작물에 의거하여 작성되었다는 점은 사실상 추정된다고 할 수 있지만, 대상 저작물이 기존의 저작물보다 먼저 창작되었다거나 후에 창작되었다고 하더라도 기존의 저작물과 무관하게 독립적으로 창작되었다고 볼 만한 간접사실이 인정되는 경우에는 대상 저작물이 기존의 저작물에 의거하여 작성되었다는 점이 추정된다고 단정하기 어렵다.

그런데 원심이 인정한 사실에 의하면, 피신청인 신○○이 이 사건 서적을 작성할 당시 이 사건 저작물에 대한 접근가능성이 있었고 이 사건 서적 중 원심판시의 별지 일람표 순번 1 내지 11, 16 내지 21, 23 내지 39, 41, 43, 44항 기재 부분과 이 사건 저작물의 각 대응부분과 사이에는 실질적 유사성이 있다고 볼 수 있으므로, 이 사건 서적이 이 사건 저작물에 의거하여 작성되었음을 사실상 추정할 수 있는 여지가 있으나, 다른 한편, 원심이 배척하지 아니한 피신청인 신○○이 제출한 증거에 의하면, 피신청인 신○○은 1995년경부터 사계절 색채 이론 및 메이크업 기술에 대해 관심을 가지고 연구를 계속하여 이 사건 서적을 저술할 만한 충분한 능력을 갖춘 것으로 보

하하는 내용의 화해권고결정이 확정되었다.

이는 점, 신청인의 이 사건 저작물은 대중을 상대로 한 수필집이거나 사계절 색채이론 및 메이크업 이론에 대한 일반적이고 기초적 수준의 설명인데 비해 이 사건 서적은 색채 이론 및 메이크업 기술에 대한 전문적인 이론서로서 전반적으로 이 사건 저작물에 비해 훨씬 풍부하고 깊은 내용을 담고 있는 점, 이 사건 저작물 중 신청인에 의해 침해로 주장되고 있는 부분들은 기존의 관련 서적들에 의해 이미 널리 알려져 있던 내용들을 요약해 놓은 것으로서, 피신청인 신○○이 이 사건 서적을 작성함에 있어 굳이 이 사건 저작물을 참조하여야 할 필요성이 없어 보이는데다가, 이 사건 서적의 뒷부분에는 피신청인 신○○이 이 사건 서적을 작성하면서 참조한 참고문헌 목록이 아주 세밀하고 광범위하게 망라되어 있는 점, 피신청인 신○○이 이 사건 서적을 작성함에 있어서 참고한 자료라고 하면서 제출한 각종 소명자료들은 이를 실제로 저술한 저작자가 아니면 제출이 불가능할 정도로 그 양이 방대하고 그 내용 또한 구체적이며 자세한 점을 알 수 있는 등 이 사건 서적이 이 사건 저작물과 무관하게 독립적으로 창작되었다고 볼 여지가 있는 다른 사정들이 나타나 있다. 그렇다면 원심으로서는 과연 이 사건 서적이 이 사건 저작물에 의거하여 작성되었는지를 살펴본 연후에, 신청인의 복제권이 침해되었는지 여부를 판단하였어야 한다.

그런데 원심은, 신청인의 복제권이 침해되었는지 여부를 판단하면서, 피신청인 신○○의 이 사건 서적 중 원심 판시의 별지 일람표 순번 1 내지 11, …기재 부분이 신청인의 이 사건 저작물에 의거하여 작성되었다는 점에 대하여는 심리·판단하지 아니한 채, 양자가 실질적으로 유사하다는 이유만으로 신청인의 복제권이 침해되었다고 판단하였는바, 이와 같은 원심판결에는 복제권 침해에 관한 법리를 오해하고 필요한 심리를 하지 아니함으로써 판결에 영향을 미친 위법이 있다.』

이에 따라 본안사건6-18)은 증거조사를 거쳐,

『위 인정사실에 따르면, 피고는 대학에서 미술을 전공한 경력이 있고, 피고의 서적을 저술할 무렵에는 대학원 박사과정에 있었으며, 오랜 기간 화장에 대해 강의하여 피고의 서적기재부분을 저술할만한 충분한 능력을 갖추고 있었던 것으로 보인다. 또 피고의 서적은 전문도서로서 원고의 서적 등과 웹사이트 게시글에 비해 그 내용이 훨씬 풍부하며 학술적이므로 원고의 서

6-18) 서울중앙지방법원 2007. 12. 20. 선고 2005가합66065 판결로 위 대법원 판결의 취지에 따라 아래와 같이 설시하며 원고의 청구를 기각하였다(항소심에서 소취하).

적 등과 웹사이트 게시글만을 참조해서는 피고가 피고의 서적을 저술할 수 없다고 보인다. 게다가 피고가 참고문헌으로 제출한 자료가 방대하고, 피고의 서적기재부분은 그 표현에 있어 참고문헌과 동일하다고 할 수는 없으나 그 내용이 참고문헌에 있는 내용과 동일하거나 유사한 것이고, 사계절 컬러 이론과 이에 따른 계절별 화장방법에 관한 내용은 피고가 피고의 서적을 저술할 당시 이미 국내에서 알려져 있었다. 그리고 사계절 색채이론과 이에 따른 화장방법을 기술함에 있어서는 빨간색, 브라운계열, 중간색, 원색 등 색채를 지칭하는 표현과 투명감이 있게나 어둡게, 진하게나 연하게, 가볍게나 두껍게 등 화장을 함에 있어 흔히 쓰는 표현 등은 중복하여 사용되어야 하므로 그러한 한도에서는 그 표현에 한계가 있다. 이러한 사정에 비추어 보면, 피고가 스스로 조사한 문헌들을 참고하여 피고의 서적기재부분을 저술하였을 가능성이 높다고 보이고, 피고가 원고의 직원으로 일하였고, 원고의 서적 등 및 웹사이트 게시글과 피고의 서적기재부분이 서로 실질적으로 유사하다는 사정으로부터 곧바로 피고가 피고의 서적기재부분을 원고의 서적 등과 웹사이트 게시글에 의거하여 작성하였다는 사실을 추인하기 어려우며, 달리 피고가 원고의 저작물에 의거해서 그 서적을 집필하였다는 사실을 인정할 증거가 없다.』

고 판시하였다.

5) 군마상 사건[6-19]

『피고들이 이 사건 드로잉 등에 의거하여 이 사건 군마상을 제작하였는지 여부

(가) 기록에 의하면, ① 박○○과 피고인은 서울숲 공원에 스타트 조형물을 설치하기로 하고 상당기간 같이 작업을 진행하였고, 이에 박○○의 작품구상이 ㈜동심원조경에 의한 서울숲 공원의 조경설계에도 반영되어 조형물 설치공간의 도면이 작성되었으며, 그에 따라 조형물 설치공간에 토피어리가 실제 배치되었고, 박○○의 작품구상에 따라 군마상의 평면도와 입면도가 그려진 사실, ② 피고인이 확파양에게 군마상 조형물의 제작을 요청하면서 토피어리로 나누어진 조형물 설치공간의 도면과 군마상의 평면도와 입면도를 보내기도 한 사실, ③ 그리고 이 사건 드로잉 등과 이 사건 군마상은 모두 기수를 태운 경주마들이 경주를 하는 모양의 조형물에 관한 것인 사실을

6-19) 서울중앙지방법원 2008. 10. 16. 선고 2008노547 판결(확정).

인정할 수 있다.

(나) 그러나 ① 박○○의 기마상은 실제 크기의 말머리의 조형물과 실제의 1/3 정도 크기의 기수를 태운 경주마 1기의 조형물에 불과하여 이 사건 군마상과 같이 6기의 서로 다른 질주동작의 경주마들이 경주하는 조형물과 서로 표현상의 유사점을 찾기 어려운 점, ② 그리고 이 사건 드로잉 등과 이 사건 군마상이 모두 기수를 태운 경주마들이 경주를 하는 모양의 그림이나 조형물이기는 하지만, '기수를 태운 경주마들이 경주를 하는 모습'은 피고인이 박○○이나 확파양에게 작품구상에 관해 요청한 사상 또는 감정에 불과하므로 그 부분은 서로 유사할 수밖에는 없는 점(이 사건 드로잉 등과 이 사건 군마상에서 개개의 경주마들이 서로 다른 질주동작을 하고 있는 것도 서로 유사한 점이나 여러 경주마들이 경주하는 모양의 조형물을 제작함에 있어 각각의 경주마를 서로 다른 질주동작으로 제작하는 것은 누구라고 생각할 수 있는 것이다), ③ 이 사건 드로잉 등에서 가장 특징적인 표현은 각각의 토피어리 위에 경주마를 배치시키고, 토피어리 사이를 보행로로 만든다는 것인데, 이 사건 군마상은 경주마들이 질주하는 역동성에 초점을 맞추어 토피어리와 관계없이 폭이 좁은 직사각형 모양의 설치공간에 경주마들을 앞·뒤로 배치하는 것이어서 그 부분에 있어 이 사건 드로잉 등과 이 사건 군마상은 큰 표현의 차이를 보이고 있는 점(이 사건 군마상 설치공간의 양 옆에 있는 토피어리는 피고인이 군마상을 설치하기 이전에 조형물설치공간에 이미 설치되어 있던 5줄의 토피어리 중 중간부분의 토피어리를 제거하여 군마상 설치공간으로 사용함에 따라 남게 된 부분이므로 그 부분은 이 사건 군마상 조형물과 일체된 조형물이라고 볼 수 없다). ④ 더구나 이 사건 드로잉 등은 스타트 조형물에 관한 구상을 표현한 것이기는 하지만 실제로 제작될 스타트 조형물에 대비하여 작품의 구상이 매우 구체화된 정도로 표현된 저작물이라고 보기는 어려운 점 등에 비추어 보면, 앞서의 사정만으로 피고인이 이 사건 드로잉 등에 나타난 표현에 의거하여 이 사건 군마상을 제작하였다고 단정하기 어렵고, 달리 이를 인정할 증거가 없다.』

6) 인테리어 필름 사건[6-20]

『먼저 피고 제품이 이 사건 저작물에 의거하였는지 여부에 관하여 살피건대, 원고의 이 사건 저작물과 피고 제품 사이에 나무판자를 잇대어 그 사

6-20) 서울중앙지방법원 2009. 5. 27. 선고 2008가합93853 판결(확정).

이로 풀이 자라나는 듯한 형상을 지녔다는 점에서 유사성은 인정되나, 한편 다툼이 없거나 …각 기재에 변론 전체의 취지를 종합하여 인정되는 다음 각 사정, 즉 ① 형제공업사는 건축자재 및 인테리어 제품의 디자인 패턴을 개발하거나, 제품들을 생산할 수 있는 필름, 동판, 인쇄 롤{벽지 등의 인테리어 제품을 찍어내기 위해, 디자인 패턴을 금속 롤(roll)에 조각하는 등 음영작업을 한 것}을 제작하는 회사로서, 이 사건 피고 회사를 비롯하여, △△종합화학 주식회사(이하 '△△종합화학'이라고 한다) 등 여러 업체들과 거래하고 있었던 점, ② △△종합화학은 형제공업사에게 나무무늬 결에 꽃이나 풀잎 문양이 형성된 패턴으로 만들어진 인쇄롤(roll) 제작을 의뢰하였고, 형제공업사의 이사 김○○는 2004. 3.경 형제공업사 직원들이 전국을 순회하면서 직접 찍은 나무무늬, 침목, 꽃, 풀 등의 사진을 이용하여 피고 제품과 유사한 디자인(나무판자를 잇대어 그 사이로 작은 꽃과 풀, 이끼 등이 배치되어 있는 디자인)을 개발하여 이를 △△종합화학에게 납품한 점, ③ 위 디자인을 납품받은 △△종합화학은 원고가 이 사건 저작물을 전시하기 약 1달 전인 2005. 11. 8. 형제공업사가 창작한 디자인을 출원한 점 등을 인정할 수 있는바, 이에 의하면 피고 제품은 형제공업사의 이사 김○○가 개발하여 △△종합화학에게 납품하였던 디자인을 기초로 위 김○○가 직접 개발하였으며, 김○○는 이를 개발하기 이전에 원고의 이 사건 저작물을 접할 기회가 있었다고 보여지지 않으므로 피고 제품은 이 사건 저작물에 의거하여 작성되었다고 보기 어렵다.』

7) 베이비유 사건[6-21)]

『피고의 사진이 원고의 저작권을 침해했다고 하기 위해서는 피고의 사진이 원고의 사진에 의거해서 제작되었다는 점이 인정되어야 하는바, 원고는, 피고의 사진이 원고의 사진보다 늦게 제작된 점, 곰인형 사이에 아기를 앉히고 찍은 피고 사진의 전체적인 구도나 조명, 카메라 앵글 등 촬영기법들이 원고 사진의 것과 거의 유사한 점, 원고가 우리나라 유아사진 촬영분야에서 선도적인 위치를 차지하고 있어 여러 후발업체들이 원고의 사진작품을 많이 참조하고 있는 점 등에 비추어 피고의 사진이 원고의 사진에 의거하여 제작되었음이 추정된다고 주장한다.

6-21) 서울고등법원 2010. 3. 18. 선고 2009나74658 판결(확정). 가정판단 형식으로 실질적 유사성 판단(후술)을 덧붙이고 있다.

그러므로 살피건대, 원고의 사진이 2007. 6.경 원고의 홈페이지에 게시되어 일반에 공개되었고 피고의 사진은 그 이후인 2007. 12.경 제작된 사실, 원고와 피고의 사진 모두 아기를 곰인형들 사이에 앉히고 찍은 사실은 앞서 본 바와 같고, …기재 및 영상, 증인 임○○의 증언에 변론의 전취지를 종합하면, 원고가 우리나라 유아사진 촬영분야에서 선두를 달리는 업체라는 사실은 인정된다.

그러나 …에 변론 전체의 취지를 종합하면, '모자를 쓴 아기 또는 아동을 한개 또는 다수의 곰인형과 함께 배치한 사진', '다양한 곰인형들이 아기 또는 아동을 촬영하는데 소품으로 사용된 사진', '가로 방향으로 나란히 나열된 다수의 곰인형 사이에 한명의 앉아 있는 남자 아동을 배치한 사진' 등이 원고의 사진이 창작되기 이전에 촬영되어 인터넷에 게시되어 있었던 사실이 인정되는바, 그렇다면 곰인형들 사이에 아기를 앉히고 촬영한 원고의 사진과 같은 구도는 이미 공지된 것이나 통상의 사진작가들이 기존의 사진들을 쉽게 변경하여 생각해 낼 수 있는 구도로 보이고, 여기에 원고가 사용한 촬영기법들은 스튜디오에서 아기의 기념촬영을 하는 경우 흔히 사용되는 기법인 점, 아래 다.항에서 보는 바와 같이 원고의 사진과 피고의 사진 사이에 실질적 유사성이 인정되지 않는 점을 보태어 보면, 위와 같은 사정들만으로는 피고의 사진이 원고의 사진에 의거하여 제작되었다고 보기 어렵고 달리 이를 인정할만한 증거가 없다.」

8) 난타 시나리오 사건[6-22]

「(2) 난타에 대한 이 사건 시나리오의 원저작물성(原著作物性) 여부 : 난타의 독립 창작성의 측면에서 부정

위 각 증거에 이 사건 변론 전체의 취지를 종합하여 인정되는 아래의 제반 사정에 비추어, 어문저작물로서의 이 사건 시나리오와 연극저작물로서의 난타는 서로 지속적으로 영향을 주고, 또 받으면서 창작된 것으로서, 난타는 적어도 이 사건 시나리오와 동시에 성립하였다고 봄이 합리적이므로, 이 사건 시나리오의 난타에 대한 선재성(先在性) 또는 난타의 이 사건 시나리오에 대한 종속성은 인정되기 어렵다.

○ 연극저작물은 외부의 물리적인 매체에 고정되지 못한다는 점에서 다른 저작물과 다른 장르상의 특성을 갖는다. 즉 어문저작물인 희곡 내지 대본과

6-22) 서울고등법원 2012. 11. 21. 선고 2011나104699 판결(심불기각).

연극저작물의 일종인 공연은 예술로서의 그 존재양식과 표현기법에 있어서 상당한 차이가 있다.

○ 이 사건 시나리오는 난타 연출작업 과정에서 원고가 작성한 일종의 공연(연출)대본이라 할 수 있는 것으로서, 연출자와 배우 및 기획자 등 참여자 사이의 상호작용을 통하여 지속적이고 반복적으로 수정, 형성되어 창작적인 표현양식으로 성립한 연극저작물의 일종인 난타, 그러나 연극저작물이라는 속성상 물리적인 매체에 고정하기 어려운 종합예술로서의 난타를 불완전하게나마 어문저작물의 형태로 변형, 고정함으로써 난타의 본질적인 구조 및 표현형식을 보존하고, 이후 실연(연출)되는 난타 공연의 전체적인 내용과 표현형식 및 구성상의 일관성을 도모하기 위하여 작성된 것이다.

○ 최초 기획에서부터 초연에 이르기까지의 과정을 전체적으로 고려할 때 난타의 초연 준비 당시 연출자인 원고와 배우 및 기획자 등 참여자가 공동으로 기여하여 창작하고자 했던 것은 원고가 그 저작권을 주장하는 어문저작물로서의 이 사건 시나리오가 아니라 연극저작물 또는 종합공연예술로서의 난타 그 자체였다고 봄이 상당하다.

○ 현재 상연되는 난타 공연의 사건의 구성, 전개과정 및 등장인물의 관계·교차 등을 포함한 그 구체적인 내용과 전체적인 줄거리 및 표현형식에 관하여 원고가 구체적으로 적시하지 않고 있으나, 그 주장 취지는 연극저작물로서의 난타는 어문저작물인 이 사건 시나리오를 원저작물로 하여 이를 각색, 변형한 2차적 저작물이라는 것으로 보인다.

그러나 다른 참여자, 즉 기획자, 감독(예술, 음악, 안무), 무대미술, 배우 등의 난타 창작에 대한 기여를 제외하더라도, 원고의 연출작업, 즉 연출의 기본적인 표현요소라 할 수 있는 '구성, 시각화, 동작, 리듬 및 무언의 극화(pantomimic dramatization)' 등의 작업을 통한 난타 창작에 대한 기여 정도를 단순히 이 사건 시나리오에 대한 관계에서 그 창작성의 정도가 없거나 미미한 '실연' 또는 '재현'의 정도에 그친다거나, 이를 변형, 각색한 것에 불과하다고 볼 수는 없고, 오히려 역으로 앞서 본 바와 같이 원고의 연출작업과 다른 참여자의 기여로 창작된 난타의 표현형식 중 일부를 이용하여 연출대본으로서의 이 사건 시나리오가 작성되었다고 봄이 상당하다. 나아가 비록 원고가 송○○의 추상적인 기획과 아이디어에 터잡아 구체적인 언어(글)로 시나리오 초안(갑 제4, 5, 6호증)을 작성하고 이를 발전시킴으로써 이 사건 시나리오가 작성되었다고 하더라도, 앞서 본 난타의 기획에서 초연에 이르기까지의 창작과정 및 시나리오 초안이 초연 준비 과정을 거치면서 참여자들의 적극적인 관여 아래 상당한 정도로 수정, 변형되었다는 점을 고려하면, 오히려 공동의 창작 과정에서 사건의 구성 및 전개과정, 그리고 등장인물 상호간의 관계·교차 등이 구체적으로 표현되어 창작되었으나 그 성격상 외부의 물리적인 매체에 고정되기 어려워 출연 배우 등 공연 참여자들의 몸과 기억에 각인된 형태로 존재하던 연극저작물로서의 난타를 원고가 연출작업을 위하여 구체적인 언어(글)라는 표현방식으로 변형, 각색한 결과 난타에 대하여 종속적인 지위에 있는 연출대본으로서의 이 사건 시나리오가 작성되었다고 볼 여지가 충분하다.』

9) 선덕여왕 사건6-23)

<사안의 개요>

원고는 2005년경 뮤지컬 제작을 위한 대본인 'The Rose of Sharon, 무궁화의 여왕 선덕'을 창작하였으나 저작권 등록은 하지 않았고, 위 대본 전체의 뮤지컬 공연이 실제로 이루어진 적은 없다. 한편 피고 문화방송은 2007. 3.경부터 '선덕여왕'이라는 제목의 드라마를 기획하여 피고 김◇◇, 박◎◎으로 하여금 위 드라마의 극본을 완성하게 한 다음, 위 드라마를 제작하여 2009. 5. 25.부터 2009. 12. 22.까지 주 2회(월, 화)씩 총 62회를 방송하였다. 이에 원고는 2010. 1. 28. 드라마 '선덕여왕'이 원고의 뮤지컬 대본 'The Rose of

6-23) 대법원은 접근가능성과 현저한 유사성 모두를 부인하여 결국 '의거관계'가 없다고 아래와 같이 설시하여 원고청구를 기각하였으나, 사안의 개요와 접근가능성 부분만 여기에서 설명하고 현저한 유사성 부분은 후술할 실질적 유사성 판단 부분에서 논의하는 것이 더 적절하다고 보아 그 장에서 상설한다. 본 사건은 아래에서 보듯이 1심은 의거성과 실질적(현저한) 유사성을 모두 부인하여 청구를 기각하였으나, 항소심은 양자를 모두 인정하여 원고청구를 일부인용한 바 있다. (1심) 서울남부지방법원 2012. 2. 2. 선고 2010가합1884 판결, (2심) 서울고등법원 2012. 12. 20. 선고 2012나17150 판결, (3심) 대법원 2014. 7. 24. 선고 2013다8984 판결(파기환송), (환송 후 2심) 서울고등법원 2014. 12. 11. 선고 2014나41430 판결(심불기각); 실질적 유사성을 인정하며 1심을 비판한 글로는 정상조, "상이한 문예 장르 간의 표절 : 서울남부지방법원 2010가합1884 판결에 대한 비판적 검토", : Law & technology 제8권 제4호(2012. 7), 이에 반하여 실질적 유사성을 부인하며 2심을 비판한 글로는 오승종, "극적 저작물(dramatic works)에 있어서의 표절 판단", 산업재산권 40호(2013) 참조. 그 외에 의거성과 관련하여 2심을 비판하고 있는 글로는 홍승기, "저작권 침해 요건으로서의 '의거'", 계간 저작권 103호(2013. 가을호)가 있다.

Sharon, 무궁화의 여왕 선덕'의 저작권(복제권, 2차적 저작물 작성권, 공중송신권 등 저작재산권, 동일성유지권－저작인격권)을 침해하였다고 주장하면서 침해금지 및 손해배상을 청구하였고, 소송계속 중 아이디어 도용에 의한 일반 불법행위도 청구원인으로 추가한 것이 본 사건이다.

<소송의 경과>

○ 1심 판단(원고패소)

－피고 문화방송의 드라마가 원고의 뮤지컬 대본에 의거하여 작성된 것이 아니고, 두 작품 사이에 실질적 유사성도 없다는 이유로 저작권 침해 부정

－의거관계가 인정되지 아니하므로 아이디어 도용에 의한 일반 불법행위 성립도 부정

○ 2심 판단(원고승소)

－의거관계와 실질적 유사성을 모두 인정하여 저작권 침해 긍정

－아이디어 도용에 의한 일반 불법행위 성립도 긍정

○ 상고심 및 파기 후 항소심 판단

－1심과 동일

<법원의 판단>

『먼저 접근가능성에 대하여 살펴본다.

(가) 원심판결 이유와 기록에 의하면, ① 원고는 2005년경 이 사건 대본을 창작하였는데, 그 완성 전인 2003. 9.경 세계 지식 포럼, 2003. 12.경 신라호텔 크리스마스 선덕여왕 갈라 디너쇼, 2004. 12.경 워커힐 W 호텔 GE코리아 임직원 대상 갈라쇼 등에서 일부 내용을 공연하였고, 이러한 공연은 언론에 보도된 사실, ② 또한 원고는 이 사건 대본으로 뮤지컬을 공연하는데 필요한 자금을 투자받기 위하여 2005. 6.경 IMM INVESTMENT와 투자교섭을 하고, 2005. 11.경 주식회사 아이에이치큐와 뮤지컬 공연에 관한 투자계약을 체결하는 과정에서 투자유치에 필요한 심사를 받기 위해 이 사건 대본을 이들 회사 측에 제공한 사실, ③ 나아가 원고는 2007. 12. 말경 피고 문화방송의 사극 담당자 조○○을 만나 뮤지컬 등 선덕여왕과 관련된 여러 프로젝트를 진행하고 있다는 점을 이야기하고, 그에게 2007. 12. 5. 출판한 책으로서 선덕여왕의 리더십에 관한 자신의 연구내용 등이 담겨있는 '크레이추얼파워'를 교부한 사실, ④ 한편 피고 문화방송의 자회사인 피고

주식회사 엠비씨씨앤아이 소속(출판팀) 직원 김△△는 2008. 10. 7.경 원고에게 '선덕여왕이 왕이 되기까지의 사연을 통해 오늘날 여성들의 처세, 리더십, 철학에 관한 소개를 다루는 책을 함께 발간하자'는 내용의 이메일을 발송한 사실, ⑤ 이 외에 피고 김◇◇은 2009. 12. 16.자 언론과의 인터뷰에서 "신라사에 대해서는 학계에서도 입장이 엇갈리고 정답이 없다. 가급적 역사적 근거에 충실하면서 작가적 상상력을 더했다. 물론 덕만과 천명은 쌍둥이가 아니다. 비담 또한 미실의 아들이 아니다. 그러나 그게 사실인가 아닌가보다 어느 면이 더 리얼한가, 정치적 상황으로서 리얼리티가 있는가를 우선시했다. 정적을 악마로 묘사해서 역사를 지나치게 판타지로 풀어가는 게 더 문제이고, 역사의식이 없는 거라고 생각한다."라고 말한 바 있는 사실, ⑥ 피고 문화방송이 2007. 6.경 이 사건 드라마 기획 초기에 예정하였던 드라마의 주제는 천명, 덕만, 선화 등 세 자매를 중심으로 한 이야기였는데, 이후 피고 김◇◇, 박◎◎이 2008. 3.경 작성한 시놉시스(synopsis, 개요)는 미실과 선덕여왕의 대결을 중심으로 한 이야기로 변경된 사실을 알 수 있다.

(나) 그러나 원심판결 이유와 기록에 의하여 알 수 있는 다음과 같은 사정에 비추어 보면 위 사실만으로는 이 사건 대본에 대한 피고들의 접근가능성을 인정하기에 부족하고 달리 이를 인정할 만한 증거가 없다.

① 먼저 이 사건 대본은 출판되지 아니하였고 저작권등록도 되지 아니하였으며 대본이 완성되기 전에 주로 갈라쇼 형식으로 일부 내용이 공연되었을 뿐 그 전체 내용이 공연된 바는 없고, 위 공연과 관련된 언론보도 사실의 증명을 위한 증거들 어느 것으로부터도 당시 이 사건 대본의 구체적인 내용을 알 수 있는 공연이 이루어졌음을 확인하기 어려운 이상, 이 사건 드라마 극본 완성 전에 피고들이 정상적인 방법으로 이 사건 대본을 입수하거나 그 구체적인 내용을 알 수 없는 상태였던 것으로 보인다.

② 또한 투자심사를 위해 원고로부터 이 사건 대본을 제공받은 IMM INVESTMENT나 주식회사 아이에이치큐의 투자심사에 피고들이 관여하였거나 이들 회사로부터 이 사건 대본이 피고들에게 유출되었음을 보여주는 증거는 기록상 찾아볼 수 없다.

③ 그리고 원고가 조○○에게 교부한 '크레이추얼파워' 책에는 이 사건 대본의 내용이 기술되어 있는 것은 아니고, 기록상 원고가 조○○에게 이 사건 대본의 구체적인 내용을 구두로 설명하였음을 인정할 신빙성 있는 증거를 찾아볼 수 없다.

④ 한편 김△△가 원고에게 보낸 이메일은 이 사건 드라마를 기초로 한 부가 사업을 담당하는 피고 엠비씨씨앤아이에서 선덕여왕 관련 저술의 출판을 타진해 보는 내용에 불과하여, 이러한 이메일 발송 사실은 이 사건 드라마 극본 완성 전에 피고들이 이 사건 대본에 접근하였음을 보여주는 정황이 된다고 하기 어렵다.

⑤ 이 외에 피고 김◇◇의 위 2009. 12. 16.자 언론과의 인터뷰는 이 사건 대본이 대중에게 전혀 알려져 있지도 아니한 상태에서 이 사건 대본과는 아무런 관계없이 이루어진 것이고, 그 전체적인 답변 내용상 '판타지'는 '리얼리티'에 대응되는 용어로 사용되었다고 보일 뿐 이 사건 대본을 언급한 것이라고 단정하기도 어려우므로, 이 역시 이 사건 드라마 극본 완성 전에 피고들이 이 사건 대본에 접근하였음을 보여주는 정황이 된다고 하기 어렵다.

⑥ 끝으로 이 사건 드라마 기획 초기 예정된 주제는 이 사건 드라마의 작가인 피고 김◇◇, 박◎◎과 무관하게 설정되었으므로 이후 위 작가들의 창작과정을 거쳐 작성된 시놉시스가 당초 기획안과 다른 내용으로 작성되는 일은 얼마든지 일어날 수 있다고 할 것이고, 아래에서 보는 바와 같이 덕만공주와 미실의 정치적 대립구도가 이 사건 대본과 드라마가 독립적으로 작성되어 같은 결과에 이르렀을 가능성을 배제할 수 있을 정도로 현저히 유사한 부분이라고 보기도 어려우므로, 위와 같이 시놉시스가 당초 기획안과 다르게 변경된 것 또한 이 사건 드라마 극본 완성 전에 피고들이 이 사건 대본에 접근하였음을 보여주는 정황이 된다고 하기 어렵다.』

10) 수리구조물보고서 사건6-24)

『채권자 ○○의 청평보고서, 탁수보고서의 내용 중 별지 2 목록 기재 각 해당 부분(같은 목록 제1항, 제3항, 제5항 부분에 한정된다. 이하 '이 사건 각 저작부분'이라 한다)과 채무자가 작성한 이 사건 보고서의 내용 중 각 대응 부분을 비교해 보면, 이 사건 보고서는 청평보고서, 탁수보고서에 표시된 성명, 지명 또는 기술적 또는 학술적 용어를 영문에서 한글로 표시하거나 한글과 영문을 동시에 표시하는 것으로 고치고, 같은 의미의 다른 용어로 대체하는 등의 사소한 변경만을 가하였을 뿐, 이 사건 보고서의 표현과 서술구성 대부분을 그대로 사용하고 있으므로, 이 사건 보고서는 청평보고서, 탁수보고서와 실질적 유사성이 인정된다. 나아가 기록에 의하면, 청평보고서

6-24) 서울중앙지방법원 2012. 7. 5.자 2011카합2416 결정(확정).

는 2008. 9.경 작성되었고, 탁수보고서는 2009. 6.경 작성된 사실, 이 사건 보고서는 위 각 보고서가 작성된 이후인 2010. 8.경 작성된 사실이 소명되는 바, 그 작성 시점의 선후에다가 이 사건 보고서와 청평보고서 및 탁수보고서 사이의 유사성이 현저한 점을 합하여 볼 때, 이 사건 보고서가 청평보고서 또는 탁수보고서에 의거하여 작성되었다고 볼 여지가 있다. 그러나, 기록 및 심문 전체의 취지에 의하면, 현대엔지니어링 주식회사가 2007. 12.경 작성한 '청평수력증서(4호기신설) 종합설계용역 수치해석 및 수리모형실험 보고서'에는 이 사건 각 저작부분의 표현과 서술구성이 거의 같은 부분이 포함되어 있는 사실, 2009학년도 동아대학교 대학원 토목공학과 석사학위논문인 'FLOW-3D를 이용한 댐 여수로 흐름현상 검토'에도 이 사건 각 저작부분의 표현과 서술구성이 거의 같은 부분이 포함되어 있는 사실이 소명된다.

위 소명사실에 의하면, 이 사건 각 저작부분의 표현과 서술구성은 청평보고서 및 탁수보고서가 작성되기 이전에도 다른 보고서 및 논문 등에 나타나 있던 것으로 보인다. 나아가 이 사건 각 저작부분의 내용은 이 사건 프로그램에 대한 소개 및 이용방법 등에 관한 것으로서 보고서의 전제 부분에 해당하는 점에 비추어, 채무자가 청평보고서 및 탁수보고서가 아닌 다른 보고서 및 논문 등에 의거하여 충분히 작성할 수도 있는 내용이라고 보인다. 사정이 이러하다면, 본안에서의 충실한 증거조사결과에 의하여 달리 판단될 여지는 있으나, 이 사건 보고서가 청평보고서 및 탁수보고서에 의거하여 작성되었다는 점이 추정된다고 단정하기 어렵다.』

11) 아이리스 Ⅱ 사건[6-25] – '후지산은 태양이 뜨지 않는다'

『이 사건에서, 피고 김○○ 등이 이 사건 드라마 대본을 집필함에 있어 이 사건 소설에 의거하였다는 점을 인정할 직접적인 증거는 없으므로, 접근가능성 또는 실질적 유사성 등의 간접사실을 통해 의거관계를 추정할 수 있는지를 살펴야 할 것이다.

2) 판 단

가) 먼저, 접근가능성에 대하여 보건대, 원고가 이 사건 드라마가 방영되기 약 10년전인 1999. 5. 15. 이 사건 소설을 출판한 사실은 앞서 본 바와 같고, …에 의하면, 이 사건 소설 출판 무렵 한국일보, 경향신문 등 전국을

6-25) 서울중앙지방법원 2014. 7. 17. 선고 2012가합86524 판결(항소중). 앞서 본 선덕여왕 사건 판결과 거의 같은 구조이다.

대상으로 하는 일간지에 이 사건 소설의 지면광고가 게재되었고, 연예정보 신문에 이 사건 소설에 대한 작품 소개 기사가 실리기도 하였던 사실, 이 사건 소설이 공공도서관, 대학도서관 등 전국 약 110여곳의 도서관에 비치되어 있는 사실은 인정할 수 있다. 그러나 한편, 앞서 든 증거들과 감정인 이○○의 감정결과 및 변론 전체의 취지를 종합하여 인정할 수 있는 다음과 같은 사정, 즉 ① 이 사건 소설은 초판 각 3,000부만이 발행된 후 절판된 점, ② 이 사건 소설의 출판 시점과 이 사건 드라마 대본의 집필 시점과는 상당한 시간 간격이 있는데, 피고 김○○ 등이 이 사건 드라마 대본을 집필할 무렵에는 이 사건 소설은 시중에서 더 이상 판매되고 있지 않았던 것으로 보이고, 전국 약 110여 곳의 도서관에 이 사건 소설이 비치되어 있다는 사정만으로 피고 김○○ 등이 이 사건 소설에 접근하는 것이 용이하였다고 쉽게 추단하기 어려운 점, ③ 이 사건 드라마가 제작되기 이전에 이 사건 소설을 드라마, 영화, 연극 등의 공연으로 제작하려는 시도가 있었다는 사정도 보이지 않는 점, ④ 피고 김○○은 원고가 위 피고를 저작권법위반 혐의로 고소한 사건에서 이 사건 드라마 대본 집필에 참고한 50여개의 자료를 제출하였던 점〔위 고소사건에서 2011. 7. 12. 피고 김○○에 대하여 불기소처분(혐의 없음, 증거불충분)이 내려졌다〕, ⑤ 감정인 이○○는 이 사건 드라마가 이 사건 소설에 의거하여 제작되었다고 의심할 만한 부분인 16장면의 방영시간은 15분 15초로, 드라마 전체 방영시간인 약 20시간 51분의 1.23%에 불과하다는 의견을 밝힌 점, ⑥ 원고는, 피고들 측에서 수사기관에 제출한 대본에는 이 사건 소설과 유사한 부분이 실제 방영된 드라마보다 많이 포함되어 있는데, 이는 표절 사실을 감추기 위해 드라마 제작 과정에서 의도적으로 그 중 일부 부분을 변경한 것이라는 취지로 주장하나, 드라마 제작 과정에서 초기 대본의 내용 일부를 변경하는 것이 이례적인 일이라고 보기 어렵고, 달리 피고들 측에서 표절 사실을 감추기 위해 의도적으로 대본 일부를 변경하였다고 인정할 만한 자료도 없는 점 등을 종합하여 보면, 앞서 본 인정사실만으로 피고 김○○ 등이 이 사건 드라마 대본 집필 당시 또는 그 이전에 이 사건 소설에 접근할 상당한 가능성이 있었다고 인정하기 부족하고, 달리 이를 인정할 증거가 없다.』

12) 다양한 기능 소프트웨어 사건[6-26]

6-26) 서울고등법원 2014. 11. 6. 선고 2014나2017914 판결(심불기각).

「1) 원고가 2010. 3. 17. '컴퓨터 등의 디바이스들이 다양한 기능을 갖도록 하는 소프트웨어'라는 명칭의 프로그램을 창작일을 '2006. 4. 28.'로 하여 한국저작권위원회에 저작권 등록을 한 사실은 앞서 본 바와 같고, …종합하면, 원고가 운영 중인 인터넷 사이트인 'www… com', 에 원고의 저작물이 게시되어 있는 사실을 인정할 수 있다.

2) 그러나… 기재 또는 영상에 변론 전체의 취지를 종합하여 알 수 있는 다음 사정 등을 앞서 본 법리에 따라 살펴보면, 원고가 주장하는 사정 및 제출한 증거들만으로는 피고가 원고의 저작물에 의거하여 피고의 실시품을 창작하였다고 인정하기에 부족하고, 달리 이를 인정할 만한 증거가 없다.

가) 접근가능성

○ 원고의 주장에 의하더라도, 원고의 저작물은 2006년 5월경에 최초 공표된 것이고, 제3자가 원고의 저작물에 최초로 접근한 시기는 2006. 6. 30.경이라는 것이다.

○ 피고의 실시품에 나타난 홈 스크린 화면에 사각격자를 바둑판 형태로 배열하는 기본적 표현형식은 애플 인크가 2006. 3. 8.경 이미 완성한 것으로 보인다(원고는 피고측이 2006. 3. 8.경 사각격자를 바둑판 형태로 배열하는 표현형식을 완성하였다는 사실을 뒷받침하기 위해 제출한 을 제1호증이 실제 제품이 아닌 입체모형의 영상에 불과하다고 다투나, 피고가 위 표현형식을 반드시 실제의 제품에 구현하여야만 이를 완성하는 것이라고 볼 수 없다). 특히 애플 인크는 2005. 12. 30. 이미 위 표현형식에 따라 배치된 아이콘들을 터치스크린 상의 입력에 따라 자유롭게 움직여 재배열하는 기술에 관하여 특허출원을 하기도 하였다.

○ 결국, 피고는 원고가 원고의 저작물과 유사하다고 주장하는 피고의 실시품의 표현형식을 늦어도 2006. 3. 8.경에는 이미 창작한 것으로 보이는데 반해, 원고의 저작물은 그 후인 2006년 5월경 비로소 공표되었을 뿐이어서, 제3자에 의한 접근도 그 후에야 가능하므로, 피고 실시품의 창작 전에 피고측이 원고의 저작물에 접근할 가능성은 인정되기 어렵다.

○ 삼성전자 주식회사, SK 하이닉스 주식회사의 직원인 한○○, 권△△, 심◇◇ 등이 원고의 인터넷 사이트 등을 통하여 원고의 저작물에 접근할 수 있었다거나, 동일한 법률 회사나 대리인이 애플 인크와 SK 하이닉스 주식회사 등을 대리하였다는 사정, 원고가 보낸 전자우편 또는 원고가 신청한 저작권분쟁조정사건을 통하여 피고 또는 애플 인크가 원고의 저작물을 접할

수 있었다는 등 원고가 주장하는 사정만으로는 피고 측의 접근가능성을 인정하기 부족하고, 달리 이를 인정할 만한 증거가 없다(원고가 원고의 저작물을 게시하였다고 주장하는 인터넷 사이트들은 그 생성일이 모두 2009년 이후로 되어 있고, 원고가 주장하는 위 사정들 역시 모두 애플 인크가 피고의 실시품의 핵심적인 표현형식을 완성한 이후에 발생한 것들에 불과하다).

○ 원고는, 원고가 이미 1991년 1월경 별지 1 조형물 영상과 같은 광고판 조형물을 제작하였고 원고의 저작물은 위 조형저작물의 2차적 저작물이므로, 원고의 저작물의 특징적 표현형식은 이미 1991년경 창작되었다는 취지로도 주장하나, 별지 1 조형물은 공중전화카드를 바둑판 형태로 배열한 것으로서 바둑판 형태의 배열 등 그 표현에 관한 아이디어가 원고의 저작물과 유사한 것에 불과하므로, 원고가 피고의 실시품과 실질적 유사성이 있다고 주장하는 원고의 저작물의 특징적 표현형식이 1991년경에도 이미 완성되어 있었다고 단정할 수는 없다.』

13) 도깨비방망이 극본 사건[6-27)]

『2) 앞서 본 인정사실에 의하면, 원고의 "도깨비 방망이"라는 어린이뮤지컬 극본은 두 개의 전래동화를 기초로 어린이 뮤지컬 공연에 적합하도록 개별 상황을 설정함으로써 새롭게 변형하여 만든 것으로서, 등장인물의 이름, 줄거리, 소재 등에 변형을 가하였다는 점과 소설에서 극본으로 장르를 달리 변형하였다는 점에서 저작권법 제5조가 규정하는 독자적인 저작물인 2차적 저작물에 해당한다.

또한, 앞서 든 증거와 …에 의하면, 원고의 극본과 피고가 공연한 뮤지컬의 극본은 다음과 같은 동일, 유사성이 인정된다.

○ 등장인물 중 형은 마음씨 나쁜 "심통이"이고, 동생은 마음씨 착한 "복동이"이다.
○ 공연이 시작되면 형이 관객을 대상으로 짓궂은 장난을 하다가 동생을 부른다. …
○ 동생이 호도(전래동화에서의 개암을 호도로 바꾼 것임)를 깨무는 상황이 동일하고, 그 소리에 놀라 도깨비가 도망간 후에 동생이 한 대사('하하하 도깨비도 알고 보니 순 겁쟁이로구나. 호도 깨무는 소리에 도망을 가다

6-27) 서울남부지방법원 2014. 12. 5. 선고 2014나10460 판결(심불기각). 공연권 침해가 문제된 사안으로 대법원 2014. 9. 25. 선고 2014다37491 판결로 파기환송된 후의 항소심이나 다시 상고하였다. 그 부분 설명은 「제5장 저작권의 종류」 참조.

니. 야 이거 참 신기한 방망이로구나. 야 이제 난 부자다. 난 부자가 된 거야)가 동일하다. …

3) 그러나 피고는 일관하여, 피고 극본은 1991년경 당시 경기도립극단 상임연출가였던 이○○이 전래동화를 바탕으로 줄거리를 작성하고 위 극단 단원 임△△ 등이 도깨비의 이름과 캐릭터를 정하는 등으로 공동작업을 하여 완성한 것이고, 임△△는 1994년경 '극단 믈뫼'의 대표로서 피고 극본을 공연하는 등 경기도립극단 외에서도 이○○의 허락을 받아 위 극본을 공연해왔는데, 피고는 2002년경 임△△에게 부탁하여 극본 및 공연CD를 받은 후 임△△를 통하여 이○○의 허락을 얻어 2008년경부터 공연한 것이라고 주장하고 있고, … 및 제1심 증인 임△△의 증언에 의하면, 피고 주장과 같이 1991. 5. 18.경 이○○이 저작자로 표시되어 있는 '도깨비 방망이'라는 제목의 원고 극본과 유사한 내용의 극본이 실제로 존재하였고, 이를 바탕으로 하여 임△△ 및 피고가 공연을 해왔다는 사실을 인정할 수 있다.

위와 같은 사정에 비추어 보면, 피고가 공연한 뮤지컬의 극본은 원고가 창작한 극본이 아니라 이○○이 임△△ 등과 공동으로 완성한 극본으로 보이고, 달리 피고가 공연한 뮤지컬이 원고가 창작한 극본에 의거하여 이루어졌음을 인정할 증거가 없다(원고는, 이○○이 과거에 원고로부터 한 차례 원고 극본 사용을 허락받고 위 극본으로 무료공연을 한 적이 있는데, 이때부터 이○○이 원고의 극본에 의거하여 계속 공연을 하였다는 취지로 주장하나, 이를 인정할 아무런 증거가 없다).」

나. 의거성을 인정한 사례

1) 무술고수 가족 사건[6-28]

<사안의 개요>

원고는 그가 그린 만화('웍더글 덕더글')는 모두 무술고수인 가족들을 소재로 한 것인데, 피고가 2003.부터 제작·상영하는 '점프'라는 무언무술행위극도 모두 무술고수로 이루어진 가족들을 소재로 한 것으로 등장하는 각 캐릭터가 위 만화의 캐릭터와 동일하고, 위 공연의 거의 절반을 자치하고 있는 도둑의 등장장면과 도둑과 가족의 결투장면 역시 위 만화와 동일하여 양자가 실질적

6-28) 서울중앙지방법원 2008. 6. 11. 선고 2007가합62777 판결(항소심에서 조정).

으로 유사하므로 피고는 원고의 2차적 저작물 작성권을 침해를 원인으로 손해배상을 하여야 한다고 주장한다.

<법원의 판단>

『…를 종합하면 이 사건 만화는 1991.부터 1993.까지 '르네상스'라는 만화잡지에 연재되다가 1993. 도서출판 라임에서 3권의 단행본으로 출판되었으며 1998. 주식회사 서울문화사에서 권당 15,000부씩 재출판된 사실, 이 사건 만화는 만화 영역에 있어서 저명성과 광범위한 배포성을 가지고 있는 사실을 인정할 수 있고, 위 인정사실에 의하면 피고로서도 이를 보거나 접할 구체적인 접근 기회를 가졌다고 봄이 상당하므로 이로써 피고가 원고의 이 사건 만화에 의거하여 이 사건 공연을 제작하였음이 추인된다고 할 것이다.』

☞ 피고측도 위와 같이 인정된 '저명성과 광범위한 배포성을 가진 사실'에 관하여 크게 다투지 않고 실질적 유사성에 집중하여 다툰 것으로 생각된다.

2) 귀여니 사건[6-29)]

『앞서 본 바와 같이 원고의 소설이 피고의 소설보다 먼저 창작되었고, 여러 차례에 걸쳐 인터넷사이트에 연재된 바 있는 점, 인터넷소설은 그 매체의 특성상 광범위한 배포성을 가지고 있는 점 등에 비추어 볼 때, 피고 이○○로서도 원고의 소설을 보거나 접할 구체적인 접근 기회를 가졌다고 봄이 상당하므로, 이로써 의거관계가 추인된다고 할 것이다.』

3) 기계설계교재 사건[6-30)]

『피고 정○○은 원고의 서적이 발행됨으로써 이를 보거나 접할 상당한 가능성이 있었다고 인정될 뿐만 아니라, 별지 2 목록 제1항 기재 번호 4-5, 7-4, 13, 13-1, 26, 30, 44, 45, 51, 55, 59, 60A-1, 66, 같은 목록 제2항 기재와 같이 원고 서적과 피고 서적들 사이에 공통오류가 발견되므로(창작성이나 유사성이 부정되어 저작권 침해로 인정되지 않는 부분도, 공통오류라는 사정은 다른 부분의 '의거성' 판단자료로 삼을 수 있다), 피고 서적 부분의 의거성을 추인할 수 있다.』

6-29) 수원지방법원 성남지원 2009. 9. 30. 선고 2007가단29996 판결〔서울고등법원 2010. 4. 15. 선고 2009나104634 판결(확정)〕.

6-30) 서울고등법원 2012. 11. 8. 선고 2010나1151(본소), 1168(반소) 판결〔대법원 2014. 9. 4. 선고 2012다115625(본소), 115632(반소) 판결〕.

4) 장보고동상 사건[6-31)]

『원고는 이 사건 공모 당시 피고 완도군에게 원고측 작품을 제출하였고, 우수작으로 당선된 이후 피고 완도군이 지정하는 장소에 일정 기간 모형도를 전시한 바 있어 원고측 작품에 대한 피고 완도군의 접근가능성이나 사전 인지가능성이 매우 큰 점, 원고측 작품이 먼저 창작되어 있었던 상태에서 피고 완도군이 무인성을 강조한 피고 강○○의 작품을 당선작으로 선정한 이후 해양수산부로부터 복식 재검토 요청과 소외 재단으로부터 무인 이미지 수정 의견을 제시받자, 피고들은 영정심의위원회의 심의를 받기 이전에 이미 최초 당선작과 달리 원고측 작품과 유사한 형태로 점차 변경한 점, 원고가 저작권 침해라고 주장하는 부분들은 위 영정심의위원회 심의 이전에 피고들에 의하여 대부분 원고측 작품과 유사하게 변경되었고, 위 심의 당시에는 이와 다른 부분들이 주로 문제되었을 뿐 원고가 주장하는 위 부분에 대해서는 별다른 지적이 없었던 것으로 보이는 점, 아래 4)항에서 보는 바와 같이 원고측 작품과 이 사건 동상 사이에 실질적 유사성이 인정되는 점 등을 인정할 수 있으므로, 이 사건 동상은 원고측 작품에 의거하여 작성된 것으로 추정된다고 할 것이다.』

Ⅲ. 소설·시·논문·강연·연설·각본 그 밖의 어문저작물의 실질적 유사성 판단

1. 어문저작물의 실질적 유사성 판단시 유의사항

가. 어문저작물의 특성

어문저작물은 시, 소설 같은 문예저작물이 대표적이지만 매뉴얼, 학술논문 등과 같은 기능성이 큰 저작물도 있어 그 폭이 매우 넓다. 특히 대표적인 기능적 저작물인 프로그램 저작물의 경우도 어문저작물로 보호하는 것이 현재까지의 세계적 흐름이나 우리 저작권법은 구체적 언급 없이 별도의 저작물로 보호[6-32)]하고 있으므로 일단 이는 해당 부분에서 유사성 판단논의를 하기로 하

6-31) 광주지방법원 2011. 1. 13. 선고 2010가합3522 판결(광주고등법원 2011. 9. 30. 선고 2011나961 판결, 대법원 2011. 12. 22. 선고 2011다89415 판결).

6-32) 그러한 의미에서 '기능적 어문저작물'이라고 부르기도 한다. 정상조 편, 239면. 종

고 본 장에서는 문예저작물을 중심으로 논의한다.

문예저작물의 실질적 유사성을 다루는 판결들이 다른 저작물에 비하여 많은데, 이에 대하여는 가장 보편적인 저작물형태이고, 기능적 저작물보다 저작물성 단계를 통과하기 쉬우므로 실질적 유사성 단계까지 많이 도달하며, 특히 드라마 각본 등처럼 현대사회에서 경제적 이해관계가 커진 것이 많기 때문이라는 설명이 있다.[6-33]

나. 보호의 정도 및 대비방법

어문저작물 특히 소설 등 문예창작물은 작가가 선정한 주제에서 시작하여 그 주제를 줄거리로 엮게 되고, 줄거리는 세부적으로 각종의 사건들의 연속체라 할 수 있으며, 각 사건의 묘사에 있어서는 그 배경, 분위기 설명 및 등장인물들의 대사가 그 주축을 이루게 된다. 그런데 어문저작물은 그 감상에 음악저작물이나, 미술저작물과 달리 직관적인 요소가 강하지 않고, 다분히 독자의 사유과정을 요하는 특징이 있다.

어문저작물 중 소설, 극본, 시나리오 등과 같은 극적 저작물은 등장인물과 작품의 전개과정(이른바 sequence)의 결합에 의하여 이루어지는 것이고, 작품의 전개과정은 아이디어(idea), 주제(theme), 구성(plot), 사건(incident), 대화와 어투(dialogue and language) 등으로 이루어지는 것인데, 이러한 각 구성요소 중 각 저작물에 특이한 사건이나 대화 또는 어투는 그 저작권침해 여부를 판단함에 있어서 중요한 요소가 된다. 그런데 이러한 과정을 거친 실질적 유사성 판단에는 작품 속의 근본적인 본질 또는 구조를 복제함으로써 전체로서 포괄적인 유사성이 인정되는 경우(이른바 포괄적·비문언적 유사성 : comprehensive nonliteral similarity)와 작품 속의 특정한 행이나 절 또는 기타 세부적인 부분이 복제됨으로써 양 저작물 사이에 문장 대 문장으로 대칭되는 유사성이 인정되는 보다 단순한 경우(이른바 부분적·문언적 유사성 : fragmented literal similarity)가 있고 위 두 가지 유사성 중 어느 하나가 있

래 2009. 4. 22. 저작권법으로 통합되기 전까지 컴퓨터프로그램보호법이란 별도의 법으로 보호하였다.

6-33) 권영준, 165면.

는 경우에는 실질적 유사성이 인정될 수 있다.6-34)

또한, 극적 저작물의 경우 등장인물이 일정한 배경 하에서 만들어 내는 구체적인 사건들의 연속으로 이루어지고, 그 사건들은 일정한 패턴의 전개과정을 통해서 구체적인 줄거리로 파악되어 인물들의 갈등과 그 해결과정을 내용으로 하고 있으며, 인물들의 갈등과 해결과정은 인물들 성격의 상호관계와 그 대응구도에 의하여 그려지는 것인바, 이는 아이디어의 차원을 넘어 표현에 해당하는 부분으로 보아야 하므로, 이러한 부분들이 같거나 유사하다면 포괄적·비문언적 유사성은 인정될 수 있을 것이다. 그러나 해당 저작물의 주제 등을 다루는 데 있어 전형적으로 수반되는 사건이나 배경(필수장면)에 해당하는 부분은 외관상을 표현적 요소이지만 이를 특정인에게 독점시키는 것은 문화발전에 오히려 역행할 수 있으므로 아이디어의 영역에 속하는 것으로 보아, 그러한 부분이 유사하다는 사정만으로 포괄적·비문언적 유사성을 쉽게 인정하여서는 아니 될 것이다.

실무적으로 구체적인 판단방법과 관련하여 사건의 전개과정에 관한 판단시는 '표현의 구체성'을 고려하여야 하고, 등장인물에 관한 판단시는 '등장인물의 독창성, 개발정도 및 상호관계'를 고려하여야 하며, 대사에 관한 판단시는 '그 비중, 흐름의 조절양식' 등을 고려하여야 하되, 기타 주제, 세팅, 분위기, 속도는 표현성이 부정될 개연성이 크므로 주로 소극적 요소로 고려되어야 할 것이라는 설명6-35)이 있다.6-36)

6-34) 다분히 단계적·논리추론적 대비를 요하는 것으로 아래에서 보듯이 많은 판결들에서 대비표를 만드는 방식으로 설시하곤 한다. 부분적·문언적 유사성의 경우는 단순히 평면적인 대비로 족하므로 그 판단이 비교적 용이하나, 포괄적·비문언적 유사성의 경우는 양 저작물의 성격, 주제 및 전체적인 줄거리, 등장인물의 구체적 성격과 역할 등 대비 및 분석작업을 하여야 할 요소가 많아 실질적 유사성 판단에 어려움이 적지 않고, 특히 장편소설이나 수십 회에 이르는 드라마처럼 저작물이 방대한 경우, 다른 장르에 속하는 경우 등은 어려움이 가중되게 되므로 불가피하게 전문가의 감정을 거쳐 쟁점에 관한 기초자료를 수집하는 경우도 적지 않다.

6-35) 권영준, 184~190면.

6-36) 통속적인 주제와 구성, 캘릭터 등에 의하여 구성된 영화, 드라마 등에 관하여는 저작권으로 보호받지 못할 일반적 요소들(아이디어 영역)의 유사성을 인하여 작가들(특히 영화사 등에 초안을 제출한 적이 있던 사람들)이 표절을 주장하는 경우가 많아 미국에서는 원고 청구가 기각되는 비율이 높다고 하는 분석이 있고 이 때 배

2. 판단 사례

가. 유사성을 부정한 사례

1) 테레사의 여인 사건[6-37)]

<사안의 개요>

원고는 자전적 장편소설인 '테레사의 여인'을 쓴 후 그 주제음악으로 '고독'을 작사·작곡하였고, 피고 방송사는 '가요드라마'라는 프로그램에서 위 노래를 주제로 극본을 구성하여 단막극 '고독'을 방영하였는데 위 단막극 자체는 소설 '테레사의 여인'을 임의로 모사한 것이고, 가사 그렇지 않더라도 가요 '고독'은 '테레사의 여인'의 2차적 저작물이므로 위 가요를 드라마화함에 있어 '테레사의 여인'의 줄거리를 떠나서는 아니됨에도 이를 무시한 채 소설 내용과는 다르게 단막극을 수정제작 방영하여 어문저작물인 '테레사의 여인'에 대한 방송권, 동일성유지권, 2차적 저작물 등의 작성권의 침해하였다고 주장한 사건이다.

<법원의 판단>

『가요드라마 '고독'은 원래 소외 홍○○이 1987. 9.경 피고의 신인작가 워크샵 및 그 연수기간 중에 떠낸 자전적 소설인 '서울의 비'를 제목만 신형원의 가요제목인 '유리벽'으로 바꾸어 제출한 것인데 프로듀서는 위 작품은 오히려 원고의 가요 '고독'에 그 분위기 및 노랫말이 더 잘 어울리겠다는 말을 듣고 제목을 고쳐 방영한 사실, 홍○○은 위 가요드라마를 시나리오로 저작할 당시까지 원고의 소설 '테레사의 여인'을 읽어 본 일이 없고 위 '서울의 비'는 순전한 그의 자전적 소설인 사실, 양 작품 모두 미혼 남자와 여자의 이루어질 수 없는 사랑과 고독, …등 이루어지지 못한 사랑에 다른 고독을 주제로 하고 있는 반면, …'테레사의 여인'은 기혼으로 아들 둘이 있는 남자

심원 재판의 위험성(이러한 구별이 잘 이루어지지 않고 판단될 개연성)을 우려하여 의도적으로 원고 청구를 기각하는 약식재판(summary judgement)으로 유도하는 경우가 많다고 한다. 오승종, 1178면.

6-37) 서울남부지방법원 1989. 12. 8. 선고 88가합2442 판결(확정). 의거성 문제를 실질적 유사성 문제와 더불어 한꺼번에 사실인정을 통하여 설시하는 방식을 취한 것으로, 이 사건은 가요 '고독'과 관련하여 음악저작물에서도 문제된다.

주인공이 같은 직장의 미혼인 젊은 여주인공과 엮어지는 사랑과 갈등, 고독을 묘사한 것임에 반하여 가요드라마 '고독'은 당초 미혼인 두 남녀가 서로 사랑하다가 남자 주인공이 독일유학 중 향수와 고독감에 다른 여자와 결혼하고 귀국하여 위 남녀주인공이 서로 재회하면서 엮어지는 사랑과 갈등, 고독을 묘사한 점, 기타 양 작품의 각 표현기법, 전개방법, 대화, 어투 등의 점에서 상당한 정도의 차이가 있는 사실은 인정할 수 있고 반증이 없으므로 피고의 가요드라마 '고독'이 원고의 소설 '테레사의 여인'을 모사하였음을 전제로 한 원고의 위 주장은 더 나아가 살펴볼 필요 없이 이유 없다.』

2) 애마부인 사건[6-38)]

<사안의 개요>

신청인이, 영화 "애마부인5"는 소설 "애마부인"의 표현상의 특징과 기법을 그대로 사용하고 있을 뿐만 아니라 신청인이 창출한 여주인공의 캐릭터까지도 그대로 표현하고 있으므로 이는 소설 "애마부인"을 원작으로 한 2차적 저작물(또는 3차적 저작물)에 불과함에도 피신청인은 원작자인 신청인의 동의 없이 위 영화를 제작하였으므로 이는 2차적 저작물 등의 작성권을 침해한 것이라고 주장한 사건이다.

<법원의 판단>

『원저작물에 대한 2차적 저작물이 되기 위하여는 원저작물을 토대로 작성된 저작물이 단순히 사상, 주제, 소재 등이 같거나 유사한 것만으로는 부족하고 두 저작물 사이에 사건의 구성, 전개과정, 등장인물의 교차 등에 공통점이 있어서 새로운 저작물로부터 원저작물의 본질적인 특징자체를 직접 감득할 수 있어야 할 것인데, …에 의하면 신청인의 소설 '애마부인'과 피신청인이 제작한 영화 '애마부인5'가 모두 중년에 이른 여인의 원만하지 못한 가정생활과 이로 인한 갈등과 방황 등을 소재로 하고 있고, 남편의 이름이 현우이며 동엽이라는 이름의 남자가 등장한다는 점과 남편의 모습에서 말을 연상해 본다든가 말을 타는 여자주인공의 모습을 등장시킨다는 점에 있어서 유사점이 있어도 보이나 그 정도의 유사점은 본질적인 것이라 할 수 없으며 (중년여인을 소재로 한 이른바 성인용 소설 또는 성인용 영화가 원만하지

6-38) 서울민사지방법원 1991. 6. 3.자 91카41790 결정〔서울고등법원 1991. 9. 5.자 91라79 결정(확정)〕.이 사건에는 그 외에도 제호의 저작물성, 부정경쟁방지법 쟁점이 있다.

않은 가정생활 등을 갈등의 원인으로 제시하고 말을 상징으로 도입하는 등의 패턴을 취하고 있음은 흔히 볼 수 있다), 소설 '애마부인'이 수희라는 여인이 과실치사로 형을 살고 있는 남편의 출소를 기다라는 동안에 일어나는 일들과 과거의 회상 등이 묘사되고 있는 반면 영화 '애마부인5'가 남편의 잦은 외도와 이로 인한 애마라는 대학강사직에 있는 여인의 방황 및 남편의 외도의 상대자인 하나꼬라는 여인에 의한 남편의 죽음 등을 그 줄거리로 하고 있어 그 줄거리도 차이가 있고 그에 따른 전개과정도 현저한 차이가 있어서 양자 사이에 원저작물과 2차적 저작물의 관계를 인정할 만한 본질적인 특징자체를 함께 하고 있다고 볼 수 없으므로 영화 '애마부인5'는 소설 '애마부인'과는 실질적 유사성이 없는 별개의 저작물(이다).』

☞ 이에 대하여 우선 "(중년여인을 … 패턴을 취하고 있음은 흔히 볼 수 있다)" 부분은 사실상 필수장면의 원칙을 적용한 것으로 설명하고, 위 판결은 미국 판례에서 사용하는 '실질적 유사성' 개념과 일본 판례에서 사용하는 '본질적 특징의 감득성'이라는 두 개념을 모두 사용하고 있다고 지적하는 견해가 있다.[6-39]

3) 희랍어문법 사건[6-40]

『학술의 범위에 속하는 저작물의 경우 그 학술적인 내용은 만인에게 공통되는 것이고, 누구에 대하여도 그 자유로운 이용이 허용되어야 하는 것이므로 그 저작권의 보호는 창작적인 표현형식에 있지 학술적인 내용에 있는 것은 아니라 할 것이다 … 피고가 그의 강의록에서 원고에 의하여 도용당했다고 주장하는 내용 중, 먼저 원심판결 별지 4.의 제1-5항의 각 기술부분은 히브리어와 희랍어의 특성과 신약이 희랍어로 구약이 히브리어로 기록되어 있다는 사실에 대한 단순한 기술이거나 희랍어의 학습방법에 관한 것으로서 피고가 독창적으로 창작한 것이라고 보기 어려울 뿐 아니라, 이러한 학술적인 내용은 저작권의 보호대상인 표현의 영역에 속하는 것이 아니라 보호대상이 아닌 아이디어의 영역에 속하므로 그 이론을 이용하더라도 구체적인

6-39) 오승종, "저작재산권 침해의 판단과 구제", 계간 저작권 100호(2012. 겨울호), 214, 215, 218면. 후술할 선덕여왕 사건의 항소심판결에도 "의거관계와 실질적 유사성이 인정되어 이 사건 드라마로부터 이 사건 대본의 본질적인 특징 자체를 직접 감득할 수 있는 경우에는, 이 사건 드라마는 이 사건 대본에 수정·개변을 가하여 작성된 새로운 저작물인 '2차적 저작물'로 보아야 한다."고 하는 등 수차례에 걸쳐 유사한 설시를 하고 있다.

6-40) 대법원 1993. 6. 8. 선고 93다3073(본소), 3080(반소) 판결(확정).

표현까지 베끼지 않는 한 저작권의 침해로 인정되지 아니할 것인 바, 원고의 저작물이 피고 강의록의 구체적인 표현까지 그대로 베꼈다고 인정되지 아니하므로 피고 저작권의 침해가 있다고 볼 수 없다.

다음으로 위 별지 4.의 제7-13항의 각 기술부분은 희랍어의 문법에 관한 단어의 음절구분과 이를 가로로 그은 선에 수직선을 내어 도식화하여 그 명칭, 액센트의 종류와 규칙, 액센트의 일반원리 등 희랍어의 문법적 특성에 관한 설명으로서, 위와 같은 문법적 특성은 동일한 사실에 관하여 여러 가지 표현형식이 있을 수 있는 문예작품과 달리 그 성질상 표현형식에 있어서 개성이 있기 어려울 뿐 아니라 피고가 사용하기 이전부터 보편적으로 사용되어 온 것임을 알 수 있으므로 피고의 강의록 중 위 부분이 독창적으로 표현된 것이라고 인정할 수 없고, 또 위 부분에 관한 설명을 함에 있어서 사용된 용어도 종래부터 사용되어 온 문법용어로서 저작권의 보호대상인 저작물이라고 볼 수 없으므로 원고가 그의 저서에서 피고의 강의록과 유사한 내용을 인용하고 있다 하더라도 저작권의 침해가 된다고 할 수 없다. 마지막으로 위 별지 4.의 제6항의 기술부분에 있어서 피고가 몇 개의 철자 {키-레터스(Key-letters)}로써 희랍어를 분석해가는, 종래에 사용된 바 없는 방법론을 사용하면서, 예를 들어 희랍어의 1인칭 복수에는 반드시 m(희랍어로는 μ)이 있으므로 m(μ)은 1인칭의 키-레터스이고, 2인칭 복수의 키-레터스는 t(τ)이며, 중간태와 수동태의 키-레터스는 Θ와 αι라는 등으로 설명을 하고 있는 바, 위 희랍어의 어미변화를 설명함에 있어 사용한 용어인 키-레터스(Key-letters)의 선택이나 분석내용의 기술방법에 독창성이 있는 것으로 보이고, 원고가 그의 저작물에서 희랍어의 분석방법론으로 사용한 키-레터스 또한 피고의 그것과 거의 동일한 내용인 점도 인정된다(이 점에 관하여 원심은, 원고가 사용한 키-레터스는 기존의 희랍어문법에 관한 국내외 학술서의 분석방법을 원용하면서 변화하는 어미 중 기본적인 인칭어미, 특정적인 인칭어미로서 그 인칭, 수 등을 알 수 있는 특징적인 중요한 요소라는 일반적인 의미 즉, 키워드(Keyword) 라는 의미로 사용하고 있으므로 피고의 위 키-레터스(Key-letters)와는 희랍어의 어미변화에 대한 표현방식을 달리한다고 하나, 이 부분의 판단은 잘못된 것으로 보인다)

그러나 피고가 사용하고 있는 키-레터스를 이용한 희랍어의 분석방법은 비록 그것이 독창적이라 하더라도 어문법적인 원리나 법칙에 해당하므로 저작권의 보호대상인 표현의 영역에 속하는 것이 아니라 보호대상이 아닌 아이디어의 영역에 속하므로 그 이론을 이용하더라도 구체적인 표현까지 베끼지 않는 한 저작권의 침해로 되지는 아니할 것인 바, 원고의 저서와 피고의 강의록의 내용으로 보아 원고가 피고의 표현형식을 그대로 베꼈다고는 인정되지 아니하므로 이 부분도 저작권의 침해가 된다고 할 수 없다.』

☞ 학술저작물의 경우 이론이나 체계는 합체의 이론 등에 따라 그 보호범위가 다소 좁게 인정될 수 있는 것은 사실이나 위 판시 중 피고가 사용하고 있는 독창적인 키-레터스를 이용한 희랍어의 분석방법도 어문법적 원리이므로 당연히 아이디어의 범주에 속한다고 하는 것은 그 분석방법이 독창적임에도 아이디어 영역에 속하는 것으로 단정하는 것인데, 그 방법이 무엇인지 불명확한 점 등에 의하여 자칫 본말전도된 법리로 오해의 소지가 있다는 비판[6-41]이 있다.

4) 야망의 도시 사건[6-42]

『위 '야망의 도시'와 '유산'은, (1) 위 두 작품 모두 전개되는 사건의 기본 골격에 있어 ① 대기업의 총수가 갑자기 죽고, ② 후계자인 맏자식이 미국에서 급거 귀국하며, ③ 부친의 죽음에 대하여 의문이 제기되면서 추리극의 형태로 발전하고, ④ 귀국한 자식이 부친의 자리를 승계받고자 하나 미리 계획된 음모에 의하여 방해를 받게 되며, ⑤ 기업을 빼앗고자 획책한 조직적 범죄의 주범은 측근인물임이 밝혀지고, ⑥ 음모를 감추기 위한 연쇄적 범죄 및 살인이 행해지며, ⑦ 결정적 증거로 '야망의 도시'에서는 비디오테이프, '유산'에서는 녹음테이프가 각 제시되면서 국면에 전환을 가져오고, ⑧ 공범들이 자중지란을 일으키며 배신당한 하수인이 주범을 권총으로 쏘아 죽음으로써 말미를 장식한다는 점에서 폭력 및 추리극적 기본 골격이 동일 또는 유사하고, (2) 시대배경과 주무대 및 주제에 있어서도 두 작품 모두 민주화 및 반정부 시위가 격심하고 기업이 정치권력에 유착하여 편법으로 치부함으로써 기업윤리가 타락하고 정치권력이 부패했을 당시의 서울을 극의 주무대로 삼고 있으며, 금전만능주의의 허상을 폭로하고, 정서의 파탄현상 및 젊은이들의 갈등과 파행욕을 고발함을 주제로 삼고 있다는 점에서 유사하다…. 위 기재와 같은 동일, 유사성은 예로부터 소설이나 추리극에서 흔히

6-41) 박성호, "저작물의 보호범위-'희랍어 분석방법' 사건", 한국저작권판례평석집[1](1998), 22면.

6-42) 서울고등법원 1995. 6. 22. 선고 94나8954 판결(확정). 전체적으로 의거성을 부인하는 과정에서 현저한 유사성 판단과 실질적 유사성 판단을 혼합하고 있는바 관련된 부분과 공통의 오류 등의 부분은 '의거성' 부분에서 설시하였다.

다루어진 거대한 유산을 둘러싼 정당한 상속자와 유산을 노리는 측근 인물 간의 암투, 이에 이어지는 정당한 상속자의 승리라는 권선징악, 또는 해피엔딩의 기본골격 및 주제에다가 두 작가가 겪은 우리나라의 시대상황과 두 저작물의 시대배경의 동일성, 재벌총수의 돌연한 사망이라는 극적동기 구성의 일치, 한국적 기업풍토의 도식적 면면의 공통성, 추리기법 동원의 동일성, 젊은이들의 비슷한 언어행동과 세계관 등 동일 내지 유사한 작의로서 구상 전개되어진 두 저작물간의 공통점 등이 중첩되어짐으로써 빚어진 우연의 일치로 볼 여지가 없지 아니한 사실, 위 두 저작물은 작품의 분량면에서 큰 차이가 있고 위 '유산'이 위 '야망의 도시'와는 별개의 작의 및 작풍을 지니고 있을 뿐만 아니라 전체내용과 등장인물의 수, 성격의 다양성, 사건의 복잡성, 구성의 치밀성, 심리묘사의 심층성, 극 전개의 능숙성, 극 분위기 및 기법의 격차 등으로 인하여 두저작물은 완연히 그 규모와 수준이 다른 별개의 작품으로서 각자의 독창성을 구비하고 있는 사실, '유산'은 주된 줄기가 가족중심의 갈등과 측근간의 암투를 그렸으되 의도적이다시피 복잡화시키고 잡아 늘여 현실과는 다소 유리되게 얼키설키 끌어간 전형적 한국풍의 심리극적 장편 홈드라마인데 반하여, '야망의 도시'는 암흑가의 두목과 수하조직간의 암약, 돈거래, 살인 등 폭력범죄를 추적하면서 연이은 은폐살인 유발에 또 다른 암살로서 복수하여 매듭짓는다는 단순하고 짧은 줄거리의, 실험성 짙고 흔한 외화풍의, 폭력 추리물인 점에서 작풍이 다른 별개의 작품인 사실 및 그밖에도 "야망의 도시"에서는 찾아볼 수 없는 '유산'만의 독자성 및 창의성 부분을 구체적으로 보면, 첫째, …일곱째… 등의 상이점 및 독자성이 나타나는 사실 등을 인정할 수 있는바, 위 인정사실에 의하면 … 기재 두 저작물 사이의 동일, 유사성은 아이디어의 영역에 속하는 것이거나 그것만으로는 위 '야망의 도시'와 '유산' 사이에 현저한 유사성이 있다고 단정하기 어려움은 물론 실질적 유사성이 있다고 보기도 어렵다.』

☞ 구체적인 표현에 있어서의 비유사성을 들어 실질적 유사성을 부인하였고 이는 열거된 바와 같은 작품의 전개과정이 그 자체로 저작권의 보호를 받을 정도로 충분히 구체적이지 못하다고 판단한 결과라는 평가[6-43]가 있다.

5) 4차원 속독법 사건[6-44]

6-43) 권영준, 177면(190면에서는 위 판결에서 '작풍'이 다르다고 설시한 점도 지적하고 있다).

『피신청인들의 저작물의 위 각 표현이 신청인의 저작물의 위 각 표현의 복제(표절)에 해당한다는 취지의 …과 제1심 감정인 이○○의 감정결과는 신청인의 일방적인 진술이거나 또는 앞에서 본 복제권 침해에 관한 일반이론에 비추어 이를 믿기 어렵고 달리 신청인의 주장과 같이 복제에 해당함을 인정할 만한 아무런 소명자료가 없으며, 오히려 속독의 방법이라는 극히 한정된 범위의 주제에 관하여 설명하고 있는 학술저작물(사실저작물)인 양 저작물에 있어서는 문예저작물과는 달리 그 주제에 관하여 아주 제한된 방법으로 표현할 수밖에 없는 점에 비추어 보면, 별지 대비표 <1> 기재와 같이 양 저작물의 목차가 많이 다르고, 피신청인들의 저작물의 위 각 표현이 신청인의 저작물의 위 각 표현과 상당히 많은 차이가 있는 이상, 신청인의 저작물의 위 각 표현과 피신청인들의 저작물의 위 각 표현이 그 서술의 순서나 용어의 선택 또는 구체적인 표현방법 등 문장표현상의 각 요소가 현저하게 실질적으로 유사하다고 할 수 없고, 또한 위 각 표현으로 인하여 양 저작물의 재제 또는 동일성이 인식되거나 감지되는 정도라고 할 수도 없으므로, 위 각 표현에 관하여 피신청인 조△△가 신청인의 복제권을 침해하였다고 할 수 없다.』

6) 까레이스키 사건[6-45)]

『원심은 그 판시와 같은 사실을 인정한 다음 피고측의 드라마 '까레이스키'의 제작을 위해 이○○이 쓴 1차 시놉시스는 원고의 소설 '텐산산맥'이 출간되기 전에 완성되었으므로 의거관계가 처음부터 성립될 여지가 없으나,

6-44) 서울고등법원 1997. 1. 15.자 96라49 결정(대법원 1997. 9. 29.자 97마330 결정). 권영준, 30, 112면은 '현저하게 실질적으로 유사'라는 표현의 부적절성을 지적하고 있고, 안효질, "저작권의 보호대상은 표현형식인가?", 한국저작권판례평석집[2](1999), 74면은 학술적 이론 보호에 관한 판례의 태도(앞서 본 희랍서 교재사건 포함)에 대한 의문을 제기하고 있다.

6-45) 대법원 2000. 10. 24. 선고 99다10813 판결(서울남부지방법원 1996. 10. 16. 선고 95가합7674 판결, 서울고등법원 1999. 1. 20. 선고 96나45391 판결). 본문의 내용은 항소심을 요약 정리한 대법원의 설시로, 원고는 사실심에서 피고측이 자신의 소설을 분해하여 모자이크식으로 표절하였다고 주장하였으나 법원은 의거성 추정된다고 하면서도, 역사적 사실에 기반한 사건의 전개과정은 그 속성상 누가 표현하더라도 다양성에 한계가 존재할 수밖에 없다는 전제하에 아주 구체적인 요소들을 심리하여 그 차이점을 인정하는 방식으로 구체적인 표현양식 자체만이 보호되는 점을 명확히 하고 있다. 이러한 점은 역사소설 유사성 판단시의 공통적 시각으로 보인다.

김△△ 등이 그 2차 시놉시스를 완성한 뒤 방송대본을 집필하고 실제 '까레이스키'가 제작될 시점에는 피고측의 연출가 장◇◇이 적어도 소설 '텐산산맥'의 존재를 이미 알고 있었다 할 것이어서 드라마 '까레이스키'는 소설 '텐산산맥'에 의거하여 그것을 이용하여 저작된 것으로 추정되고, 또한 두 작품 모두 일제치하에 연해주로 이주한 한인들의 삶이라는 공통된 배경과 사실을 소재로 주인공들의 일제 식민지로부터 탈출, 연해주 정착, 1937년 스탈린에 의한 한인들의 중앙아시아로 강제이주라는 공통된 전개방식을 통해 제정 러시아의 붕괴, 볼셰비키 혁명(1917년), 적백내전, 소련공산정권의 수립, 스탈린의 공포정치 등 러시아의 변혁 과정에서 연해주와 중앙아시아에 사는 한인들이 어떠한 대우를 받았고 어떻게 적응하며 살아왔는지 그 실상을 파헤치고 있다는 점에서 유사한 면은 있지만, 이는 공통의 역사적 사실을 소재로 하고 있는데서 오는 결과일 뿐이고, 양자의 실질적 동일성 내지 종속성에 관하여 살펴볼 때 소설 '텐산산맥'은 이야기의 구성이 단조롭고 등장인물의 발굴과 성격도 비교적 단순한데 반하여, 드라마 '까레이스키'는 등장인물의 수나 성격이 훨씬 다양하고 사건의 전개방식도 더 복잡하며 이야기의 구성이나 인물의 심리묘사 등도 보다 치밀하고, 극 전체의 완성도, 분위기 및 기법 등에 상당한 차이가 있는 점, 드라마 '까레이스키'의 등장인물의 설정과 성격, 이야기의 구성, 사건의 전개방식 등에 있어 상규의 연해주 탈출, 항일운동, 기순과의 결혼, 시베리아 유배, 강제수용소 탈출, 남영의 공산당 여성간부로서의 활동, 상규 2세의 뒷바라지, 기철의 공산당 간부로서의 활약, 기순의 고리대금업, 정신이상 등의 기본적인 줄거리는 원고의 소설 출간 이전에 작성된 이○○의 1차 시놉시스 및 방송대본과 크게 다른 점이 없는 점, '까레이스키'라는 드라마의 제목이나, 양 저작물에서 사랑하는 사람을 그리워하는 남자 주인공의 모습, 남녀 한 쌍의 주인공이 눈 속에서 헤매는 모습, 송월선생과 성암선생, 여자 주인공의 직업과 러시아 의사와의 관계 설정, 1937년 강제이주의 상황묘사, 연해주 망명과 유격대 독립운동사 등에 관하여도 저작권 보호의 대상이 되지 않거나 원고의 소설 출간 이전부터 예정된 줄거리라는 점 등 전체적으로 볼 때 드라마 '까레이스키'는 원고의 소설과는 완연히 그 예술성과 창작성을 달리 하는 별개의 작품이라 할 수 있고 양자가 실질적으로 동일하다거나 종속적인 관계에 있음을 인정하기 어려워 드라마 '까레이스키'가 소설 '텐산산맥'의 저작권을 침해하였다고 인정되지 않는다고 판단하였다… 법리오해 등의 위법이 있다고 할 수 없다.」

7) 이휘소 사건[6-46)]

『피신청인이 '핵물리학자 이휘소'에 나타난 신청인의 일부 창작부분, 즉 망인이 다리뼈 속에 핵개발 원리를 감추고 한국에 왔다는 내용, 박정희가 핵개발이 완료되면 대통령을 그만두고 영남대학교에 내려가겠다고 말하였다는 부분과 망인의 죽음에 대하여 매우 분개하면서 미국과의 단교까지 고려한 것으로 묘사된 부분, 미국의 아폴로 발사가 망인의 문제제기로 연기되었다는 부분 등을 이 사건 소설 중 별지 비교표 2의 우측란 기재의 부분(이하 이 사건 제2이용부분이라 한다)에 그 표현 형식을 달리하여 이용한 사실을 인정할 수 있으나, 위 인정사실만으로 곧 위 피신청인이 '핵물리학자 이휘소'에 관한 신청인의 저작권을 침해하였다고 볼 수는 없고, 오히려 앞서 든 소명자료들에 의하면 위 피신청인이 그 표현을 거의 그대로 베끼지는 아니하고, 그 내용을 충분히 소화하여 이 사건 소설 속의 상황에 부합하게끔 자기 나름대로의 스타일로 새롭게 표현한 사실이 인정되고, 위 인정사실에 의하면 위 피신청인의 위와 같은 이용행위는 신청인의 아이디어 또는 사상을 이용한 것에 불과할 뿐만 아니라 이로 인하여 이 사건 소설 중 해당 부분과 '핵물리학자 이휘소'의 해당부분 사이에 실질적 유사성도 없게 되었다고 보여지므로, 위 부분에 관하여는 피신청인들이 신청인의 저작권을 침해하였다고 볼 수 없다. (…에 의하면, '핵물리학자 이휘소'와 이 사건 소설에서 모두 페르미 랩 소장 윌슨 박사가 노벨상 수상자인 것으로 묘사되어 있는 사실을 인정할 수 있는바, 가사 위 윌슨이 노벨상 수상자가 아니어서 이 사건 소설 중 위의 부분을 '핵물리학자 이휘소'의 해당부분과 '공통의 오류'로 본다 하더라도, 위와 같은 사정은 피신청인 김○○이 이 사건 소설을 저술하면서 '핵물리학자 이휘소'에 의거하였음을 인정할 자료에 불과할 뿐이므로 양 저작물 사이의 실질적 유사성은 별도로 판단하여야 할 것이다).』

8) 비명을 찾아서 사건[6-47)]

6-46) 서울서부지방법원 1998. 11. 12. 선고 95가합17007 판결(확정), 서울서부지방법원 1996. 4. 19. 선고 95카합3836 판결(서울고등법원 1997. 4. 23. 선고 96나18627 판결, 대법원 1998. 7. 10. 선고 97다34839 판결).

6-47) 서울고등법원 2003. 12. 16. 선고 2003나6530 판결(확정). 정상조, "저작권침해의 판단기준으로서의 실질적 유사성", 정보법판례백선(Ⅰ), 526면은 단순한 상황설정이나 추상적 인물유형 또는 대체역사의 서술방법론에 있어서의 유사성은 저작권침해에 해당하는 창작적 표현의 실질적 유사성에 이르지 않는 점을 잘 설명하여 주

<사안의 개요>

원고는 1987. 4.경 장편소설 '비명(碑銘)을 찾아서 : 경성(京城), 쇼우와 62년'을 비롯하여 다수의 소설, 시집, 평론집, 산문집 등을 저작하여 출판한 작가이고, 피고는 영화기획, 제작 및 수입배급 등을 목적으로 설립된 회사로서, 영화 '2009 로스트 메모리즈(Lost Memories)'를 제작하였다. 위 영화의 시나리오는 1999년말경 완성되었고, 2001. 1. 30. 촬영이 시작되어 같은 해 9. 2. 촬영이 완료되었으며, 2002. 2. 1. 전국적으로 개봉되었는데, 위 영화의 자막에는 '원안 : 복거일의 <비명을 찾아서>'라는 문구가 기재되어 있다. 원고는, 위 영화는 1909년 안중근 의사의 이또우 히로부미 암살기도가 실패로 끝나서 한반도가 아직도 일본의 식민지라고 가정하는 동일한 상황설정을 통하여 역사의 전개과정을 재구성하는 대체역사(代替歷史, alternative history) 기법을 이용하여 구성하였고, 대체역사의 분기점인 안중근 의사의 암살기도 실패 이후의 시대상과 주제 및 이야기의 전개과정 등이 위 소설 중 많은 부분을 모방하여 실질적으로 동일하다고 할 것인바, 피고는 원고의 저작물인 위 소설의 저작권을 침해하여 위 소설과 종속적 관계에 있는 2차적 저작물인 위 영화를 제작하고, 원작 소설의 상업적 가치와 문학적 가치를 훼손하였으며 동일성 유지 등 저작인격권을 침해하였으므로, 원고는 위 영화의 제작자인 피고에 대하여 원고의 저작권 침해를 방지하기 위한 조치로서 별지 목록 기재 필름을 이용한 이 사건 영화의 상영금지와 위 필름에서 '원안 : 복거일의 <비명을 찾아서>'라는 자막의 삭제를 구함과 아울러 이 사건 소설의 저작권 침해 등으로 인하여 원고가 입은 손해의 배상을 구한다고 주장한다.

<법원의 판단>

『다. 실질적 유사성 유무

이 사건 영화가 아이디어의 영역을 넘어서 저작권으로 보호가 되는 이 사건 소설에 구체적으로 표현된 창작적인 표현형식 등을 복제하거나 이용하여 실질적인 유사성이나 종속관계가 있는 저작물에 해당하는가에 대하여 살펴본다.

고 있고, 특히 대상판결은 통상적 수요자/관찰자의 시각에서 대체역사의 방법론에 충실한 문학작품과 오락적 요소를 강조한 SF 액션영화의 상당한 차이점을 중시하고 있는 것으로 보인다고 설명한다.

(1) 상황설정과 소재 등

위 인정사실에 의하면, 이 사건 소설과 영화는 모두 안중근 의사가 1909. 10. 26. 하얼빈역에서 이또우 히로부미를 암살한 역사적 사실에 대하여 그 결말이 역사적 사실과 달리 암살이 미수에 그쳤다고 가정하면서 그 후의 역사 전개과정을 재구성하여 그것을 작품의 배경으로 삼는 대체역사 기법을 사용하고 있다는 점, 위와 같이 역사가 갈라지게 되는 분기점을 안중근 의사의 이또우 히로부미 암살사건으로 정하고, 안중근 의사의 암살기도가 실패로 끝나 이또우 히로부미가 16년간 더 생존하면서 다이쇼우(大正) 시대의 일본과 동북아 정세에 영향을 미치고, 일본이 제2차 세계대전의 패전국을 면하고 세계적인 강대국으로 성장하면서 전 세계 역사의 전개과정에 영향을 미치는 한반도가 아직도 일본의 식민지 상태라는 가공의 배경을 설정하고 있는 점, 조선의 역사와 문화에 대해서 알지 못하고 스스로 일본인으로 인식하는 주인공이 차츰 조선의 역사와 조선인으로서의 정체성을 찾아가는 과정을 그리고 있다는 점에서 역사적 배경이나 주제, 소재에 있어서 다소 유사점을 찾을 수 있으나, 이러한 요소들이 창작적인 노력에 의하여 외부로 표현되어 구체화되었을 때 실질적 유사성 등을 판단할 수 있다고 할 것이므로, 위와 같은 상황설정이나 배경 등의 유사만으로는 양자가 실질적 유사성이나 종속관계에 있다고 할 수 없고, 달리 이를 인정할 증거가 없다.

(2) 대체역사 기법

소설에 있어서의 대체역사 기법은 이 사건 소설의 '전제'부분(갑 제1호증, 상권 제9, 10쪽)에서 밝힌 것처럼 이 사건 소설만의 독특한 기법이 아니라 외국에서 1950년대부터 사용되어 온 것이고, 이 사건 영화가 대체역사의 분기점이 되는 상황과 시대적, 역사적 배경을 이 사건 소설과 동일하게 설정하고 이러한 가정 하에 역사가 전개됨을 전제로 하였다고 하더라도 이는 아이디어의 영역에 속하는 부분으로서 이러한 아이디어가 외부에 창작적인 표현형식으로 나타나 구체화되지 않는 한 이러한 소설의 기법을 차용하였다는 것만으로는 실질적인 유사성이나 종속관계를 인정할 수 없다고 할 것이다.

(3) 작품의 성격과 인물의 설정, 전개과정 등

먼저 작품의 성격에 대하여 보건대, 이 사건 소설은 쇼우와(昭和) 62년 경성(京城)을 주 무대로 하여 주인공이 1년 동안 일상생활 속에서 겪게 되는 사건들을 시간적 순서에 따라 기술하면서 그 사건들 속에서 주로 주인공의 심리 및 내면의 갈등에 초점을 맞추고 있는 문학작품인데 반하여, 이 사건 영화는 2009년 경성을 배경으로 하여 조선인 출신인 주인공이 소속된 일본 경찰과 조선인 레지스탕스들과의 총격전 등 물리적인 충돌 장면을 중점적으로 부각하면서 역사적 진실을 찾아 시간적 공간적 제약을 넘어 1909년으로 돌아가 조작, 왜곡된 역사를 바로잡고, 그 과정에서 일본인 동료 수사요원과의 갈등과 오락적 요소를 강조한 SF액션영화라고 할 것이다.

그리고 등장인물에 있어서도, 이 사건 소설의 주인공인 기노시다 히데요는 일본어만을 구사하고 취미로 시집을 내는 평범한 회사원인 기혼의 중년남성으로서 일본인 직장 상사(야마시타)의 조선인 차별과 직장 후배(시마즈 도끼에)와의 연인관계를 통하여 일상에서 일어나는 사건에서의 주인공의 심리와 당시의 시대적 상황 등을 표현하고 있는 반면에, 이 사건 영화의 주인공인 사카모토 마사유키는 젊고 유능한 일본 경찰 조사국(Japan Bureau of Investigation)의 특수수사요원으로서 한국어도 자유롭게 구사하며, 레지스탕스, 직장 동료(사이고 쇼지로) 등과의 대립, 갈등관계가 설정되어 있다.

또한 그 전개과정과 결말에 있어서도 … 이러한 점을 종합하면, 두 작품은 저작물의 성격이나 구체적인 인물 설정관계, 사건의 전개과정 및 결말, 사건의 표현방식 및 갈등의 해결방식 등에 있어서 상당한 차이가 있고, 그 구체적인 표현형식에 있어서도 서로 다르다고 할 것이므로, 이 사건 소설과 영화가 실질적으로 유사하거나 종속관계를 가진다고 하기 어렵다.

라. 구체적 표현형식의 유사성 유무

원고는 이 사건 영화의 다음과 같은 장면들이 이 사건 소설과 구체적으로 상당한 유사성이 있다고 주장하므로 …에 의하여 개별적으로 살펴본다.

(1) 장면 3, 4 {갑 제4호증(시나리오)을 기준으로 함. 이하 같다}

원고는, 이 사건 영화의 위 각 장면에서 1909. 10. 26. 9:00 하얼빈역에서 이또우 히로부미를 저격하여 암살을 기도하던 안중근 의사가 현장에서 사살되는 장면은 영화 속의 대체역사가 나오는 분기점에 해당하고, 이 사건 소설의 '전제'부분{갑 제1호증, 상권 5, 6쪽)과 제2장{상권, 23쪽, 이또우 히로부미의 허구적인 자서전 북정(北征)에서 인용한 부분}을 통해서 이또우 히로부미가 암살기도 사건에서 부상만 입었다는 가정 하에 쓰여진 대체역사임을 제시하고 있으므로 유사하다고 주장하나, 이 사건 소설의 '전제' 부분은 서언(序言, prologue)에 해당하는 것으로 작가가 소설로 들어가기 전에 독자들의 저작물에 대한 이해를 돕기 위하여 작품의 시간적, 공간적 위치를 간략하게 언급하면서 소설에서의 대체역사 기법에 대하여 기술한 것인데, 앞에서 본 바와 같이 이 사건 소설이 대체역사의 기법을 사용하면서 하얼빈역에서 안중근 의사의 이또우 히로부미의 암살기도 사건과 암살 미수라는 가정을 전제로 한 시대적 상황을 기초로 하여 전개하고 있는데, 소설에서 제시한 이러한 상황설정 자체는 아이디어의 영역에 속하는 것으로서 위 영화에서 이러한 상황설정에 따라 이에 반드시 수반되는 시간적, 공간적인 배경이 동일하거나 유사하다고 하더라도 위 소설과는 다른 성격의 등장인물, 전개방식과 결말 등을 통하여 구체적으로 표현하고 있다.

(2) 장면 5 (타이틀)…

마. 소결론

따라서 이 사건 영화가 이 사건 소설로부터 아이디어의 영역에 속하는 소설의 기법이나 일부의 상황설정 및 그 배경 등을 차용하였다고 하더라도, 등장인물의 성격이나 주변 인물과의 관계설정, 전개과정 및 결말 등을 참작하여 전체적으로 양자의 창작적인 표현형식에 해당하는 것을 대비하여 볼 때 이 사건 소설과는 다르게 구체적으로 독창성 있게 표현해 냄으로써 그 표현형식에 상당한 차이가 있고, 그 예술성과 창작성을 달리하여 실질적으로 유사하다거나 종속관계에 있다고 볼 수 없어 별개의 예술의 범위에 속하는 창작성 있는 저작물에 해당한다고 할 것이므로, 이 사건 영화가 이 사건 소설의 저작권을 침해하였다거나 위 소설의 2차적 저작물에 해당한다고 할 수 없을 뿐 아니라, 이로 인하여 이 사건 소설의 상업적 가치나 문학적 가치를 상실 또는 훼손하였다고 보기도 어렵다.』

9) 귀신이 산다 사건[6-48]

『위와 같은 이 사건 소설과 영화 사이의 공통적인 요소들은 모두 귀신 혹은 흉가를 소재로 한 기존의 문학작품이나 영화들에서 사용되어 온 추상적인 인물의 유형이거나 대강의 줄거리 또는 통상적인 상황의 전개과정 등을 차용한 것이거나, 특정 주제의 표현에 전형적으로 수반되는 사건 또는 배경에 속하는 것들로서 우선 그 창작성을 인정하기 어려운 데다가, 이들 부분이 이 사건 영화에서 차지하는 비중은 그리 크지 않은 반면, 두 작품 사이의 성격과 유형, 이야기 줄거리, 등장인물의 성격과 상호관계, 사건의 전개 등은 아래 '두 작품의 비교'에서 보는 바와 같이 현저히 상이하며, 그러한 차이가 이 사건 영화의 창작적 표현형식에 해당함과 동시에, 지배적인

6-48) 서울고등법원 2005. 2. 15.자 2004라362 결정(확정).

특징을 이루고 있는 까닭에, 전체적으로 볼 때 통상의 청중들로 하여금 이 사건 소설과 영화 사이에서 동일한 관념과 느낌을 불러일으킨다고 하기 어렵고, 따라서 이 사건 영화는 이 사건 소설과 실질적으로 동일하다거나 종속적인 관계에 있다고 할 수 없으며, 이 사건 소설과는 별개의 창작성 있는 저작물에 해당한다고 봄이 상당하고, 이와 달리 볼 만한 소명자료도 없으니 (두 작품 사이에 실질적 유사성이 인정된다는 취지의 위 서달주의 감정결과는, 소을6호증의 기재에 비추어 볼 때 이 사건 소설의 창작적인 표현형식 외에 아이디어의 유사성까지 포함해서 양자를 비교한 데 기인한 것이라고 판단되므로 받아들일 수 없다), 결국 이 사건 영화가 이 사건 소설의 저작권을 침해한 것이라는 채권자의 주장은 그 이유가 없는 것이다.

<두 작품의 비교>

(1) 작품의 성격과 유형

이 사건 소설은 불교의 윤회사상을 바탕으로 하고 남녀 간의 애절한 사랑을 서정적으로 묘사한 전형적인 문학작품으로서, 다른 사람의 방해로 사랑을 이루지 못한 한을 품은 귀신을 소재로 한 전통적인 귀신이야기의 범주에 속하는데 반하여, 이 사건 영화는 코믹 공포영화의 장르(genre)에 속하는 작품으로서, 귀신 연화의 공격 장면이나 슬픈 사연 등에서 관객들에게 공포감 혹은 진지함을 안겨주기도 하나, 코믹한 모습으로 그려지는 남자 주인공 필기와 귀신이라고 보기에는 너무 귀여운 귀신 연화를 중심으로 손과 발이 뒤바뀌거나 수많은 닭들이 와이어 액션을 하는 등 오락적인 요소를 강조함으로써 전체적으로 해학적이고 가벼운 인상을 주는 현대적인 형태의 귀신영화라는 점에서 현저한 차이가 있다.

(2) 이야기 줄거리…

(3) 등장인물…

(4) 사건의 전개…』

10) 당나귀 귀 사건[6-49]

『가. 번역저작물의 창작성은 원저작물을 언어체계가 다른 나라의 언어로 표현하기 위한 적절한 어휘와 구문의 선택 및 배열, 문장의 장단 및 서술의 순서, 원저작물에 대한 충실도, 문체, 어조 및 어감의 조절 등 번역자의 창

6-49) 서울고등법원 2005. 7. 13. 선고 2004나86199 판결(대법원 2007. 3. 29. 선고 2005다44138 판결).

의와 정신적 노력이 깃들은 부분에 있는 것이고, 그 번역저작물에 나타난 사건의 전개, 구체적인 줄거리, 등장인물의 성격과 상호관계, 배경설정 등은 경우에 따라 원저작물의 창작적 표현에 해당할 수 있음은 별론으로 하고 번역저작물의 창작적 표현이라 할 수 없으므로, 번역저작권의 침해 여부를 가리기 위하여 번역저작물과 대상 저작물 사이에 실질적 유사성이 있는가의 여부를 판단함에 있어서는 위와 같은 번역저작물의 창작적인 표현에 해당하는 것만을 가지고 대비하여야 한다.

나. 위 법리와 원심판결 이유 및 기록에 비추어 살펴보면 다음과 같다.

먼저, 이 사건 소설은 '당나귀 귀'라는 제호의 프랑스어 원작소설을 우리말로 번역한 저작물로서, 이 사건 소설과 대상 동화는 주요 인물들의 설정과 상호관계, 상황 설정, 구체적인 줄거리 및 사건의 전개과정, 구체적인 일화 등에 있어서 유사성이 있으나, 위와 같은 부분들은 위 프랑스어 원작소설의 창작적 표현이지 번역자에 의하여 이 사건 소설에 새롭게 부가된 창작적인 표현이 아니므로 위와 같은 부분들의 유사성을 이유로 양 저작물 사이에 실질적 유사성이 있다고 할 수 없다.

대상 저작물이 기존의 저작물에 의거하여 작성되었는지 여부와 양 저작물 사이에 실질적 유사성이 있는지 여부는 서로 별개의 판단으로서, 전자의 판단에는 후자의 판단과 달리 저작권법에 의하여 보호받는 표현뿐만 아니라 저작권법에 의하여 보호받지 못하는 표현 등이 유사한지 여부도 함께 참작될 수 있으므로, 대상 동화가 이 사건 소설에 의거하여 작성되었는지 여부를 판단함에 있어서 저작권법에 의하여 보호받지 못한 표현 등의 유사성을 참작할 수 있다고 하여, 양 저작물 사이의 실질적 유사성 여부를 판단함에 있어서도 동일하게 위와 같은 부분 등의 유사성을 참작하여야 하는 것은 아니다.

다음, 이 사건 소설의 개개 번역 표현들을 구성하고 있는 어휘나 구문과 부분적으로 유사해 보이는 어휘나 구문이 대상 동화에서 드문드문 발견되기는 하나, 그러한 사정만으로 바로 이 사건 소설과 대상 동화 사이에 실질적 유사성이 있다거나 이 사건 소설에 대한 번역저작권이 침해되었다고 단정할 수는 없고, 그 실질적 유사성을 인정하기 위해서는 대상 동화에서 유사 어휘나 구문이 사용된 결과 이 사건 소설이 번역저작물로서 갖는 창작적 특성이 대상 동화에서 감지될 정도에 이르렀다는 점이 인정되어야 한다. 그런데, 총 문장 2,000여개의 이 사건 소설과 총 문장 1,000여개의 대상 동화에서 원심판결의 별지 제4목록 기재 총 53항 중 일부 유사 어휘나 구문이 차지하는 질적 혹은 양적 비중은 미미하고, 이 사건 소설은 사회비판 소설로서 청소년 등을 독자층으로 하여 아이의 시각에서 위선적인 세상을 풍자하는 것을 주제로 설정하고 있는 반면, 대상 동화는 유아동화로서 아동 등을 독자층으로 삼아 학교에서 집단따돌림을 당하는 학생에게 희망과 꿈을 심어주는 것을 주제로 설정하여 교육성과 단순성 등이 이 사건 소설보다 훨씬 강한 관계로, 전체적으로 쉬운 어휘와 구문, 밝은 어조를 사용하여 독자에게 친근감과 안정감을 느끼도록 문장과 문단이 전개되고 있고, 그 결과 위와 같은 유사 어휘나 구문 등이 배열된 순서나 위치, 그 유사 어휘나 구문이 삽입된 전체 문장이나 문단의 구성, 문체, 어조 및 어감 등에서 이 사건 소설과 대상 동화는 상당한 차이를 보이고 있으므로, 위와 같은 정도의 일부 어휘나 구문의 유사성은 이 사건 소설과 대상 동화의 전체적인 구성이나 표현의 차이에 흡수되어 이 사건 소설이 번역저작물로서 갖는 창작적 특성이 대상 동화에서 감지된다고 보기는 어렵다. 따라서 이 사건 소설과 대상 동화 사이에 실질적 유사성이 있다고 할 수 없다.』

11) 링시나리오 사건[6-50]

『원고가 주장하는 ① 문맹인 글로브(Glove)와 워루드(Worud)의 영적 교감으로 사건을 해결하는 모티브, ② 글로브와 워루드가 교감하는 것이 에이더스(Aydus)가 워루드로 인하여 글로브가 남긴 그림의 의미를 파악하게 되는 복선 역할을 한다는 설정의 구도, ③ 에이더스는 워루드가 글로브의 집에서 냉장고를 보면서 '우유(Milk)!'라고 소리치는 것을 보고 글로브가 남긴 기호를 이해하여 다이아몬드가 숨겨진 곳을 알게 된다는 전개 구조, 콘(Corn)이 침대 밑으로 던진 CD를 에이더스가 발견함으로써 범인이 누구인지 알게 된다는 문제 해결 구조, ④ 이 사건 시나리오의 구성점,[6-51] ⑤ 이 사건 시나리오의 기본골격(pattern), ⑥ 주인공－메시지보유자－메시지전달자－보조자의 구도 등은 이 사건 시나리오와 같은 살인추리물에서 사건의

6-50) 서울중앙지방법원 2005. 6. 22. 선고 2003가합87723 판결(확정).

6-51) 이에 관하여 원고는 "구성점(plot point, 사건과 같은 것으로 행동을 결정해서 그것을 다른 방향으로 인도하는 것으로 이야기를 앞으로 진행시키는 요소)에 있어서, 이 사건 영화의 구성점은 ㉮ 레이첼(Rachal)이 24시간 속성인화를 맡긴 영수증을 발견하는 부분(이 부분이 없다면 레이첼은 산장을 찾아 비디오를 볼 수 없음)으로 이 부분이 아니었다면 이 사건 영화는 전개 자체가 불가능하다"고 주장하고 있다.

발생, 전개, 해결에 있어서 전형적으로 수반되는 것이므로 그러한 모티브, 구성, 기본골격, 구도 자체는 저작권의 보호대상인 창작적인 표현형식이라고 보기 어렵다.

(나) 실질적 유사성의 유무

나아가 이 사건 시나리오와 이 사건 영화 사이에 실질적 유사성이 있는지에 관하여 살피건대 이 사건 시나리오에서 글로브는 워루드와 그림 및 언어로서 상호 소통하는 관계이나 이 사건 영화에서는 인간인 에이단(Aidan)은 구원받지 못한 영혼인 사마라(Samara)가 염력을 통하여 일방적으로 보여주는 데로 레이첼(Rachal)에게 말하거나 그림을 그려주는 관계인 점, 이 사건 시나리오에서 글로브는 다이아몬드의 행방에 대한 단서를 기호로 남기지만 이 사건 영화에서 사마라는 자신이 죽은 장소와 자신을 죽인 사람을 알리기 위하여 에이단을 통하여 레이첼에게 단서를 제공하는 점, 이 사건 시나리오에서 에이더스가 글로브가 그린 기호를 해독하는 즉시 문제가 해결되나 이 사건 영화에서는 레이첼이 에이단을 통하여 사마라가 갇혀 있던 마굿간 위의 방을 찾은 것만으로는 문제가 해결되지 않고 다시 사마라가 자신의 죽음을 예견하고 그린 나무그림을 그 방 벽에서 발견하고, 레이첼이 그 나무가 산장 근처에 있던 나무임을 기억해 내어 산장의 방바닥에 있는 우물을 발견하고서야 문제가 해결되는 점, 이 사건 시나리오의 CD는 죤(John)이 범인임을 암시하는 단서에 그치나 이 사건 영화의 비디오테이프는 사마라의 저주에 의하여 만들어진 것으로 연속적인 살인을 일으키는 원인인 동시에 사건을 해결할 수 있는 단서로서의 역할을 하는 점, 이 사건 시나리오에서 콘은 CD를 숨기기 위해 침대 밑으로 던지나 이 사건 영화에서는 레이첼이 집으로 가져온 비디오테이프를 아들인 에이단이 거실에서 보게 되자 아들이 죽을 것을 두려워하며 비디오테이프를 무의식적으로 아무데나 던졌는데 거실의 쇼파 밑으로 우연히 들어가게 되는 점, 이 사건 시나리오에 사용된 글로브와 워루드의 교감을 통한 사건의 해결 방식, 사건 해결의 중요한 단서가 가구 밑에서 발견되는 설정은 공포물, 추리물 등에서 쉽게 발견할 수 있는 설정이고, 죽어가는 글로브가 기호로써 메시지를 남기는 설정, 주인공인 에이더스가 메시지전달자 워루드를 통하여 메시지보유자인 글로브가 만든 메시지를 이해하고 콘이 에이더스의 보조자로 역할을 한다는 구도 등도 살인사건을 소재로 한 추리소설 등에서 일반적으로 사용되는 구도인 점, 이 사건 시나리오는 살인추리물로서 이야기의 구성이 단조롭고 등장인물의 발굴과 성격도 비교적 단순하며 사건진행의 논리적인 흐름이 치밀하지 못하고 그 배경도 주로 주인공이 사는 아파트에 한정되어 있는 반면, 이 사건 영화는 일본의 공포영화인 원작 영화를 개작한 것으로 그 등장인물의 수나 성격이 훨씬 다양하고 사건의 전개방식이 더 복잡하며, 이야기의 구성이나 인물의 심리묘사 등도 모두 치밀하고, 주인공이 계속 여행을 다니며 사건을 해결하여 그 배경도 다양하며, 영화 전체의 완성도, 분위기 등에 많은 차이가 있는 점, 이 사건 시나리오와 이 사건 영화는 그 줄거리, 소재, 주제, 등장인물, 배경, 대화내용 등에 있어 특별한 유사성을 찾기 어려운 점 등에 비추어 볼 때 이 사건 시나리오와 이 사건 영화 사이에 실질적인 유사성이 있다고 할 수 없으므로 결국 이 사건 영화는 이 사건 시나리오의 근본적 본질 또는 구조를 복제함으로써 비록 문장 대 문장으로 대응되는 유사성은 없어도 전체로서 포괄적인 유사성이 인정된다는 원고의 위 주장도 이유 없다.」

12) 왕의 남자 사건[6-52)]

「신청인의 어문저작물인 희곡 '키스' 제1부에서는 별지 제3목록 기재와 같이 이 사건 대사('나 여기 있고 너 거기 있어') 및 이 사건 대사의 변주된 표현들을 치밀하게 배치하여 이러한 일련의 표현들의 결합을 통하여 인간 사이의 '소통의 부재'라는 주제를 표현하고 있는 반면, 영화 '왕의 남자'에서 사용된 이 사건 대사는 영화대본 중의 극히 일부분(영화대본은 전체 83장으로 되어 있는데, 그 중 2개의 장의 일부에 인용되고 있다)에 불과할 뿐만 아니라, 이 사건 대사는 장생과 공길이 하는 '맹인들의 소극(笑劇)'에 이용되어 관객으로 하여금 웃음을 자아내게 하거나(8장), 영화가 끝난 뒤 엔드 크레딧과 함께 '맹인들의 소극'장면을 보여줌으로써 관객으로 하여금 영화 '왕의 남자'가 광대들의 눈을 통하여 조선시대 제10대 왕인 연산군을 둘러싼 갈등과 이로 인한 죽음을 표현하고자 하였던 다소 무거운 이야기에서 벗어나 다시 일상으로 돌아가 웃을 수 있게 만드는 것이어서, 이 사건 대사가 '소통의 부재'라는 주제를 나타내기 위한 표현으로 사용되었다고 볼 수 없으므로, 양 저작물은 실질적인 유사성이 없다고 할 것이다.

…영화 '왕의 남자'의 원작 희곡인 '이(爾)'의 저작자인 김○○은 희곡 '이(爾)'의 2005년도 공연 팜플렛 중 '밝혀두기'란에서 "극중 등장하는 장님놀이의 일부는 극작가이자 서예가인 신청인의 작품 키스의 일부분을 허락 없이

6-52) 서울고등법원 2006. 11. 14.자 2006라503 결정(확정).

오마쥬(homage : 이는 hommage란 프랑스어에서 온 말로 경의의 표시 또는 경의의 표시로 바치는 것이라는 뜻을 가진 단어인데, 예술작품의 경우 어떤 작품이 다른 작품에 대한 존경의 표시로 일부러 모방을 한다든가, 기타 다른 형태의 인용을 하는 것을 표현할 때 쓰는 말이다)한 것이다"라고 기재한 사실과 2006. 2. 10.경 기독교방송국에 출연하여 위 영화 중 장님놀이 장면은 영화와 연극 모두에서 빠질 수 없는 장면으로서, '나 여기 있고, 너 거기 있지'라며 지팡이를 두드리는 장면은 관객들에게 '웃음과 놀이'의 진수를 확실히 각인시켜 주었고 "이 대사는 극작가 윤△△씨의 <키스>라는 작품에서 빌려온 것"이라고 밝히고, "영화화되면서 이것이 명시되지 않아 마음에 부담이 됐다"며 양해를 구한다는 취지의 말을 한 사실이 각 소명되나, 이는 김○○의 개인적인 견해에 불과하고, 이를 가지고 영화 '왕의 남자'에서도 그러한 취지로 이 사건 대사가 사용되었다고 추정할 수는 없다고 할 것이다.』

13) 태왕사신기 사건[6-53]

<사안의 개요>

원고는 '김진'이라는 필명의 만화작가로서, 1992년경부터 '바람의 나라'라는 제호의 만화를 저작하여 출판하였고, 피고는 '모래시계', '여명의 눈동자' 등을 쓴 드라마 작가로서, '태왕사신기'라는 제목의 드라마 시놉시스(synopsis)를 집필하여 2004. 9. 14. 서울 소공동 롯데호텔에서 제작발표회를 하였다. 원고는, 피고가 원고의 승낙 없이 원고의 저작물인 위 만화에 의거하여 위 시놉시스를 작성하였고, 양 작품 사이에 부분적·문언적 유사성은 없다고 하더라도, 위 시놉시스가 위 만화의 근본적인 본질 또는 구조인, '사신을 의인화하여 누군가의 수호신으로 설정하고, 각각의 사신 캐릭터들에 대하여 작가만의 독창적이고 개성적인 특성을 부여함으로써 구체적이고 독특하게 개발된 캐릭터와 그 캐릭터들의 상관관계를 통해 부도 또는 신시를 지향한다는 이야기 패턴(전개방식) 및 기타 에피소드' 등을 차용하여, 원고의 위 만화와 포괄적·비문언적 유사성이 있는 위 시놉시스를 발표함으로써 원고가 위 만화에 대하여 가지는 저작인격권 중 성명표시권 및 동일성 유지권과 저작재산권인 2차

6-53) 서울중앙지방법원 2007. 7. 13. 선고 2006나16757 판결(확정).

적 저작물 작성권을 침해하였으므로, 피고는 원고에게 이에 대한 손해를 배상할 의무가 있다고 주장한다.

<법원의 판단>

『피고는, 원고의 바람의 나라는 이미 22권의 단행본으로 출간된 완전한 형태의 만화저작물임에 비해, 피고의 태왕사신기는 '태왕사신기' 드라마의 제작 발표회에서 투자 유치를 위해 앞으로 피고가 저술할 드라마 시나리오의 대략적인 개요를 간단하게 정리하여 참석자들에게 배포한 시놉시스로서, 그 자체가 최종적이고 만족적인 어문저작물로 보기 어려운 면이 있으므로 실질적 유사성을 인정하기 어렵거나, 유사성 판단의 기준이 더욱 엄격하게 적용되어야 한다고 주장한다.

그러나 …에 의하면 태왕사신기는 A4 용지 35매에 걸쳐 작성된 것으로서 단순한 아이디어 차원을 넘어 각 등장인물들의 성격과 그들 상호 간의 상관관계, 대략적인 줄거리, 에피소드 등을 포함하고 있어 그 자체로 독자적인 완성된 저작물로 존재한다고 판단되고, 피고의 시놉시스가 바람의 나라와 실질적인 유사성이 인정된다면, 바로 원고에 대한 저작권 침해가 인정되는 것이고, 그것이 시나리오, 드라마의 형태로 다음 단계의 저작물들을 예상하고 있다는 이유만으로 실질적 유사성 판단의 대상이 되지 않는다거나, 판단기준을 완화하여야 한다는 근거가 없다고 할 것이다.

(4) 소재, 주제 등에 있어서의 실질적 유사성 판단

(가) 원고는 원·피고의 저작물이 바람의 나라의 근본적인 본질 또는 구조인, 사신을 의인화하여 누군가의 수호신으로 설정하고, 각각의 사신 캐릭터들에 대하여 작가만의 독창적이고 개성적인 특성을 부여함으로써 구체적이고 독특하게 개발된 캐릭터와 그 캐릭터들의 상관관계를 통해 부도 또는 신시를 지향한다는 이야기가 실질적으로 유사하다고 주장하는바, 별지 목록 기재 각 줄거리에 의하면 원·피고의 저작물은 '고구려를 배경으로 하여 고구려의 고분벽화인 사신도에서 발견되는 사신 또는 사수를 의인화하여 주인공 등의 수호신으로 설정하고, 주인공이 사신의 도움을 받아 부도 또는 신시라는 목표를 추구한다는 점'에서 그 역사적 배경, 소재 및 주제, 표현기법 등을 공통으로 한 결과 전체적인 관념이나 느낌에 있어서 유사성이 감지된다. 그런데 위와 같은 유사성이 저작권에 의하여 보호되지 않는 아이디어를 공통으로 한 데서 비롯된 것이라면 양 저작물은 실질적으로 유사하다고 볼 수 없는바, 이하에서는 위 공통된 요소들이 저작권에 의하여 보호되는 구체

적인 창작적 표현형식에 해당되는지 여부에 관하여 살펴보기로 한다.

(나) 사신개념의 사용…

(다) 사신의 의인화

원·피고의 저작물은 사신 또는 사신수가 의인화되어 있다는 점이 유사하나, 의인법이란 인간 이외의 사물이나 추상 개념에 인격적인 요소를 부여해서 표현하는 수사법으로 어문저작물에 있어서 일반적으로 사용되는 표현형식으로 공유되어야 할 아이디어에 해당한다 할 것이고, 원고의 작품 이외에도 사신을 의인화한 만화로 1992년부터 일본에서 단행본으로 출간된 와타세 유유의 '환상게임', 시노하라 치에의 '푸른 봉인' 등이 있는 점에 비추면, 사신에 의인법을 적용한 것이 원고만의 독창적인 표현으로 보호되어야 한다고 보기 어려울 뿐만 아니라, 바람의 나라에서는 사신수 중 현무와 청룡은 그들이 수호하는 주인과 이체(異體)로 존재하며 그를 위해서 싸우는 장면에서는 사신도의 현무, 청룡과 유사한 동물의 형상으로 변하여 초인적인 힘을 발휘하지만, 평상시에는 인간의 형상을 갖추고 있고, 자의식을 갖고 단독으로 행동하거나 말하기도 하며, 사랑을 하기도 하는 등 의인화되어 있는데, 백호와 주작은 전투 장면에서만 호랑이, 새의 형상으로 화하여 수호수로서의 이미지를 드러낼 뿐 주인과 이체로서 등장하거나 의인화되어 있지 않은 반면, 태왕사신기에서 사신은 동물로서의 속성은 전혀 나타나 있지 않고, 사방을 지키는 수호신으로서의 이미지가 부각되어 있으며, 그들이 원래 사신이라는 것을 자각하지 못한 채 여러 차례 인간으로 환생하며 이 땅에 살아오는데, 때가 되어 담덕을 주군으로 모시는 사신으로서의 자각이 이루어진 후에도 인간과 같이 말을 하고, 행동하며, 사랑을 하기도 하는 등 의인화되어 있다는 점에서 그 의인화의 방법이 확연히 구별된다.

(라) 사신의 수호신으로서의 설정…

(마) 부도, 신시의 유사성…

(바) 주인공이 사신의 도움을 받아 부도, 신시를 지향하는 줄거리의 유사성…

(5) 사신 캐릭터들 사이의 개별적인 유사성

(가) 원고의 주장 및 판단의 기초

원고는, 원고가 바람의 나라에서 의인화된 사신 등 여러 등장인물에 대하여 원고만의 독창적이고 개성적인 특성을 부여함으로써 구체적이고 독특하게 개발된 등장인물과 피고 작품에서의 사신들의 개별적인 캐릭터가 실질적으로 유사하다고 주장한다.

살피건대, 소설 등 문학작품에 있어서의 등장인물은 그 자체로는 저작권에 의하여 보호되는 표현에 해당한다고 볼 수 없으나, 구체성, 독창성, 복잡성을 가진 등장인물이거나, 다른 등장인물과의 상호과정을 통해 사건의 전개과정과 밀접한 관련을 가지면서 보호되는 표현에 해당할 수 있고, 그 등장인물이 작품에서 차지하는 비중이 클수록 이를 차용하는 경우 실질적 유사성이 인정될 가능성이 높아진다. 따라서 아래에서는 원고가 주장하는 등장인물 간의 유사성에 대하여 우선, 유사성이 인정되는지(이하 '1단계 유사성'이라고 한다), 다음, 그 등장인물의 특징이 구체성, 독창성, 복잡성이 인정되거나, 다른 등장인물들 간의 상호과정을 통해 사건의 전개과정과 밀접한 관련을 가지면서 표현으로 보호되는 것에 관한 유사성인지, 마지막으로 그 표현 사이에 실질적 유사성이 인정되는지에 관하여 차례로 검토하여야 할 것인바, 아래에서 인정하는 각 사실은 … 인정할 수 있다.

(나) 현무 캐릭터의 유사성 판단

원고는, 먼저 바람의 나라의 현무와 태왕사신기의 현무는 나이가 많다는 점, 나라를 넘어 이동하고 지혜가 뛰어나며 하늘에서 두 개의 별을 보고 예언이나 계시를 얻는다는 점 등에서 유사점이 인정된다고 주장한다.

살피건대, 바람의 나라의 현무는 주인공 무휼과 적대적 관계에 있는 부여의 왕 대소의 수호수인 암현무 '무파'와 수현무 '사구'로서 수시로 고구려로 와서 무휼을 곤경에 빠지게 하거나, 끊임없이 싸우는 신수이고, 요괴의 모습으로 표현되며, 특히 사구는 '하늘이 허락한 천년을 곱으로 더 살며 이 땅의 살아 있는 신'이 되는 것이 그의 목표이며, 그 목표를 위해 대소가 자신의 대를 잇게 하려는 용을 없애려고 공격하기도 하는 인물로 묘사되는 반면, 태왕사신기의 현무 '주안'은 사신 중 가장 먼저 사신임을 자각하고, 주군을 찾아 남아있는 사신들을 자각시키기 위해 떠돌아다니며, 담덕과 죽음의 길을 함께 하는 다른 사신들과 달리 사신 중 가장 끝까지 살아남아, 담덕의 사후 무덤에 사신의 영을 불러모으는 역할을 하고, 병법, 천문 등에 능한 지혜로운 인물로 묘사되는바, 두 인물의 전체적인 캐릭터에 관하여 보통 관찰자의 입장에서 볼 때 1단계 유사성조차 인정된다고 보기 어렵다. …

(다) 청룡 캐릭터의 혼성모방

…따라서 피고가 태왕사신기의 청룡 처로를 원고의 바람의 나라의 백호 괴유, 청룡 하안사녀, 천녀 가희의 캐릭터들을 혼성 모방하여 만든 것이라는

원고의 주장은 피고의 청룡 처로와 원고의 위 세 등장인물의 어느 하나와의 전체적인 유사성이 감지되지 않을 뿐 아니라, 등장인물들의 개별적인 특성 하나하나를 놓고 보더라도, 위와 같이 그 1단계 유사성이 인정되지 아니하거나, 1단계 유사성이 인정되는 부분은 일반적이고, 단순하며, 전형적인 캐릭터로서 저작권법에 의하여 보호되지 않는 아이디어에 해당하는 부분에 국한될 뿐, 나아가 표현에 있어서는 실질적 유사성이 인정되지 아니하므로, 더 나아가 살필 필요 없이 이유 없다. …

(6) 캐릭터 사이의 상관관계를 통한 이야기전개, 에피소드 등에 있어서의 유사성(생략)

(7) 소 결

그렇다면, 원·피고의 저작물은 고구려라는 역사적 배경, 사신, 부도, 신시라는 신화적 소재, 영토확장이나, 국가적 이상의 추구라는 주제 등 아이디어의 영역에 속하는 요소를 공통으로 할 뿐, 그 등장인물이나 주변인물과의 관계설정, 사건전개 등 저작권에 의하여 보호받는 창작적인 표현형식에 있어서는 만화와 드라마 시놉시스 사이에 내재하는 예술의 존재양식 및 표현기법의 차이를 감안하더라도 실질적으로 유사하지 아니하므로, 피고가 원고의 바람의 나라에 대한 저작권을 침해하였다고 볼 수 없다.』

☞ 1심 판결[6-54]은 다음과 같이 다소 특이하게 아래에서 보듯이 법경제학적 입장에서의 손익비용분석 과정으로 아직 시놉시스 단계에 불과한 피고 저작물로는 비교가 가능하지 않고 부적절하다는 근본입장을 취하고 있다.

『위와 같은 대략적인 줄거리 및 캐릭터의 성격에 있어 일부 유사한 점이 있다고 하더라도, 원고의 저작물과 피고의 저작물은 다음과 같은 점에서 포괄적·비문언적인 관점에서도 실질적으로 유사하다고 보기 어렵다.

우선, 원고의 저작물은 이미 22권의 단행본으로 출간된 완전한 형태의 만화저작물임에 비해, 피고의 저작물인 이 사건 시놉시스는 그 표현 그대로 '태왕사신기' 드라마의 제작 발표회에서 투자 유치를 위해 앞으로 피고가 저술할 드라마 시나리오의 대략적인 개요를 간단하게 정리하여 참석자들에게 배포한 것으로서, 그 자체가 최종적이고 만족적인 어문저작물로 보기 어려운 면이 있다. 가사, 피고의 저작물인 이 사건 시놉시스가 원고의 저작권을 침해할 수 있는 2차적 저작물에 해당한다고 하더라도 다음에서 보는 바와 같이 위에서 인정한 일부 유사성만으로는 두 저작물이 실질적으로 유사하다고 보기 어렵다.

원고는 자신이 고구려 역사 또는 신화에 나타난 사신 개념 그 자체에 대한 독점적인 저작권을 주장하는 것이 아니라, 사신개념(A), 사신을 의인화(B), 사

6-54) 서울중앙지방법원 2007. 7. 13. 선고 2005가단197078 판결.

신을 의인화하여 누군가의 수호신으로 설정(C), 사신을 의인화하여 누군가의 수호신으로 설정된 각 캐릭터에 작가만의 독창적이고 개성적인 특성을 부여(D), 사신을 의인화하여 누군가의 수호신으로 설정된 각 캐릭터에 작가만의 독창적이고 개성적인 특성이 부여된 캐릭터와 그 캐릭터의 상관관계(E)를 결합한 A+B+C+D+E 전체가 원고의 창작의 진수이고, 그에 대한 저작권을 요구하는 것이라고 주장한다.

살피건대, 위 A+B+C+D+E 전체에 대하여 원고에게 보호되어야 할 창작의 내용으로서 저작권이 존재한다는 점에 관한 원고의 위 주장 부분은 타당해 보인다. 그러나, 과연 피고의 저작물이 위 A+B+C+D+E의 결합물로서의 원고의 저작권을 침해하였는지 여부에 관하여 보면, 그렇다고 보기에는 피고의 저작물인 이 사건 시놉시스는 아직 그 내용이 너무나 간략하고, 구체적인 내용이 부족하다. 앞에서 인정한 바와 같이, 이 사건 시놉시스는 앞으로 제작될 '태왕사신기' 드라마의 대략적인 줄거리와 등장인물에 대한 간략한 설명만이 서술되어 있을 뿐이어서 그것 자체만으로는 원고가 주장하는 창작적 내용을 침해하였다고 인정할 수 없다. 또한 세부적인 내용을 살피더라도, …기재만으로는 이 사건 시놉시스의 내용이 원고의 창작물인 바람의 나라의 창작적 부분을 침해하였다고 인정하기에 부족하다.

다음으로, 앞에서 인정한 바와 같이 원·피고의 저작물에 있어서 주인공들이 심복을 얻는 과정 등의 내용이 유사하다고 하더라도 그것만으로는 저작권침해가 있었다고 보기 어렵다…

살피건대, 이 사건의 경우와 같이 저작권 보호의 범위, 그 내용으로서 실질적 유사성의 비교가 문제되는 사건에서 정확한 권리보호의 범위를 판단하는 것은 몹시 어려운 문제이나, 그 판단은 결국 저작권자의 권리를 보호함으로써 저작권자의 창작 의지를 고취시켜서 우리 사회가 얻을 수 있는 사회적 편익(social benefit)의 크기와, 저작권자의 권리로 보호됨으로 인해 더 이상 새로운 창작자들이 그 소재 및 내용을 사용하지 못하게 되어서 더 나은 창작물이 탄생하지 못하는 과정에서 우리 사회가 부담해야 하는 사회적 비용(social cost)의 크기를 형량해서 내려질 수밖에 없는 것이다.

원고에게 더 넓은 범위의 저작권 보호를 인정하면 할수록 원고의 편익은 더욱 증가하는 면이 있겠지만, 이는 또한 원고 자신의 비용의 증가로 귀결될 수도 있다. 왜냐하면, 원고의 저작물인 바람의 나라 중에서 저작권으로 보호되는 범위를 넓힐수록 그 부분은 원고가 아닌 다른 창작자들에 의해 이미 사용되어진 부분에 해당하게 될 가능성이 점점 높아지고, 원고 자신도 자신의 창작에 있어서 그 소재를 사용할 수 없게 될 뿐만 아니라, 이미 사용한 소재 및 캐릭터에 대하여 앞선 다른 창작자들로부터 저작권침해라는 주장을 당하게 될 것이기 때문이다(Richard A. Posner, Economic Analysis of Law(6th ed), 41,

Aspen Publishers 2003)(원·피고의 저작물 이전에 이미 사신의 개념을 사용한 만화 및 소설이 다수 창작되었음은 이 사건 구술변론 과정에서 충분히 나타난 바 있다).

이러한 제반 사정을 종합하면, 아직 시놉시스 단계에 불과한 피고의 이 사건 저작물을 상대로 원고가 이 사건 소를 제기한 것은 조금 성급했던 것으로 판단된다. 앞에서 여러 차례 지적한 바와 같이 원고의 저작물인 바람의 나라의 저작권을 침해하였다고 보기에는 피고의 저작물인 이 사건 시놉시스는 그 내용과 형태에 있어서 아직 최종적이지 않고 완성되지 않은 단계의 것이고, 아직 시놉시스 단계에 불과한 피고의 저작물에 사신의 개념 사용 등 일부 원고 저작물에서 표현된 내용과 유사한 부분이 있다고 해서 이를 두고 원고의 저작권을 침해하였다고 인정하기에는 그렇게 함으로써 우리 사회 및 원·피고 본인들이 얻게 되는 사회적 편익이 그에 수반되는 사회적 비용에 비해 더 크다고 보기 어렵기 때문이다.」

14) 무술고수 가족 사건[6-55)]

『(2) 소재, 주제 등에 있어서의 실질적 유사성 여부

원고는, 이 사건 만화는 모두 무술고수인 가족들을 소재로 한 것으로 가장인 아버지의 가부장적인 권위가 높아 6남매는 마치 군인들처럼 가장의 명령에 일사불란하게 새벽 6시에 기상하여 아버지의 구령에 따라 매일 새벽 무술훈련을 하는 것을 특징으로 하는데 이 사건 공연 역시 모두 이러한 특징을 갖고 있으므로 이 사건 공연은 이 사건 만화와 실질적으로 유사하다고 주장한다.

살피건대, 무술고수인 가족들은 일반적으로 코믹물에 자주 사용되는 공공의 영역에 속하는 소재들로서 이와 같은 소재는 저작권에 의하여 보호되지 않는 아이디어라 할 것이고, 이는 …에 의하여 알 수 있는 다음과 같은 사실, 즉 무술고수인 가족들이 등장하는 1987. 출간된 일본 만화 '란마 1/2', 1995. 출간된 한국 만화 '무술소년 꼬망' 등을 통해서도 확인할 수 있다.

또한, 무술가족을 소재로 한 코미디를 만들기 위해서 무술가족들이 다같이 모여 무술수련을 하는 장면을 생각하는 것은 통상적으로 누구나 생각할 수 있는 것에 불과하다고 보여 이 역시 저작권에 의하여 보호될 수 없는 아이디어에 불과하다 할 것이다.

(3) 캐릭터 등에 있어서의 실질적 유사성 여부

6-55) 서울중앙지방법원 2008. 6. 11. 선고 2007가합62777 판결(확정).

원고는, 이 사건 공연의 가부장적인 할아버지 캐릭터는 이 사건 만화의 가부장적인 아버지의 캐릭터와 유사하고, 이 사건 공연의 딸 캐릭터는 이 사건 만화에 등장하는 두 딸의 캐릭터를 혼합한 것이며 이 사건 공연의 삼촌의 캐릭터는 이 사건 만화의 둘째아들 캐릭터와 유사한 점 등에서 이 사건 공연의 캐릭터는 이 사건 만화의 캐릭터와 유사하다고 주장한다.

살피건대, 소설 등 작품에 등장하는 캐릭터는 그 자체로는 저작권에 의하여 보호되는 표현에 해당한다고 볼 수 없으나 구체적, 독창성, 복잡성을 가진 등장인물이거나, 다른 등장인물과의 상호과정을 통해 사건의 전개과정과 밀접한 관련을 가지면 보호되는 표현에 해당할 수 있고, 그 등장인물이 작품에서 차지하는 비중이 클수록 이를 차용하는 경우 실질적 유사성이 인정될 가능성이 높아진다 할 것이다.

이 사건에서 보건대, 원고가 주장하는 이 사건 만화의 캐릭터 중 가부장적인 아버지의 경우 이 사건 공연에서의 가부장적인 할아버지와 유사하다고 볼 수도 있으나 가부장적인 가장으로서 가족을 통솔하는 성인 남자라는 설정은 유교문화를 바탕으로 하고 있는 국내 다른 창작작품에서도 너무나 흔하게 등장하는 캐릭터라 할 것이어서 저작권법에 의하여 보호될 수 있는 표현이라고 볼 수 없고, 이 사건 만화의 캐릭터 중 여성스럽게 행동하고 싶으나 사실은 말괄량이인 딸들의 경우 이 사건 공연의 캐릭터 중 약혼자 앞에서 여성스럽게 행동하려고 노력하나 무의식적으로 무술실력이 나오는 딸과 유사하다고 보이나 이러한 딸의 특징들은 무술가족을 소재로 한 코미디 장르에서 딸을 등장시킬 경우 딸의 캐릭터로 선택할 수 있는 몇 안되는 선택가능성 중 하나라는 점을 고려해 볼 때 보호받을 수 있는 표현으로 볼 수 없으며, 이 사건 만화의 캐릭터 중 늘 술을 먹고 무술훈련에도 지각하는 둘째아들의 캐릭터의 경우 위 만화의 둘째아들이 술을 먹는 것과 이 사건 만화의 전개과정이 밀접한 관련이 없는 반면 이 사건 공연의 캐릭터 중 늘 술을 마시고 술에 취해있는 삼촌의 특징은 삼촌이 구사하는 취권과 밀접한 관련이 있다 할 것인데 이 사건 공연이 무술을 이용한 다양한 볼거리를 제공한다는 점에 중점을 두고 있는 이상 필수불가결한 설정이라는 점을 고려해 볼 때 이 사건 만화와는 단지 술을 마시고 늘 술에 취해있다는 점 외에는 유사하다고 볼 수 없다.

(4) 도둑이 침입하는 장면 및 도둑과 딸이 키스하는 장면의 실질적 유사성 여부

살피건대, 원고는 이 사건 만화에서 가족들이 모두 무술고수인지 모르고 도둑이 침입하여 도둑이 혼이 난다는 설정 및 도둑과 딸이 키스하는 장면이 이 사건 공연에서의 도둑들이 침입하는 장면과 실질적으로 유사하다고 주장하나, 일반적으로 무술가족이 사는 집에 도둑이 침입한다는 설정 및 도둑과 딸이 키스하는 장면 자체는 아이디어에 불과하여 저작권법에 의하여 보호받을 수 있는 표현에 해당한다고 볼 수 없고 다만 그 아이디어가 구체적인 전개방식으로 이루어져 있거나 독창성이 있는 표현과 일체가 되는 경우에만 저작권법에 의하여 보호받을 수 있다 할 것인데, 위 기초사실 및 …기재와 이 법원의 현증검증결과에 의하여 인정되는 다음과 같은 사정, 즉 이 사건 만화의 경우 첫번째 도둑들이 무술가족들이 모두 잠든 줄 알고 집에 침입하였으나 술래잡기를 하고 있던 가족들에게 혼쭐이 나는 장면 및 두번째 도둑이 몰래 들어왔다가 큰딸에게 붙잡히고 큰딸에게 키스함으로써 위기를 모면하려 하다가 가족들에게 맞고 도망치기 위해 어머니를 인질로 잡았다가 역시 무술의 고수였던 어머니에게 당하는 장면이 약 10여쪽에 걸쳐 간단히 묘사되어 있음에 반하여 이 사건 공연의 경우 집에 침입한 도둑들과 무술가족들간의 대결을 전체 약 1시간 15분의 공연시간 중 24분에 걸쳐 보여주는데 특히 도둑들과 무술가족들이 구체적으로 격투하는 장면 및 그와 관련된 소소한 웃음을 유발하는 장면들 위주로 구성되어 있는 점, 이 사건 만화에서의 키스 장면은 딸의 공격에 당황한 도둑이 빠져나가기 위한 수단으로 이용된 것이고 도둑은 그 대가로 다른 가족들로부터 공격을 당하나 이 사건 공연에서는 흉기를 든 도둑들의 공격에 딸이 미인계로 도둑의 혼을 빼려 하다가 그 분위기에 스스로 도취되어 엉겁결에 자발적으로 키스하게 되지만 불현듯 정신을 차린 딸이 크게 분개하여 직접 도둑을 무자비하게 두들겨 패는 것인 점 등에 비추어 볼 때 위 두 작품이 실질적으로 유사하다고 볼 수 없다.』

15) 여행책자 사건[6-56]

「저작권의 침해 여부를 가리기 위하여 두 저작물 사이에 실질적인 유사성이 있는지 여부를 판단함에 있어서도 창작적인 표현형식에 해당하는 것만을 가지고 대비해 보아야 하고…[6-57]

6-56) 서울서부지방법원 2008. 12. 16. 선고 2008노760 판결(대법원 2011. 2. 10. 선고 2009도291 판결). 「제3장 저작물-저작권법의 보호대상 및 본장 편집저작물 부분」 참조.

피고인 박○○이 발행한 '트래블월드유럽' 여행책자(이하 '트래블월드'라고 한다)와 피해자의 '여행천하유럽' 여행책자(이하 '여행천하'라고 한다) 사이에 실질적인 유사성이 있는지 여부를 살펴본다.

우선, 공소사실이 특정하고 있는 부분 중 여행지의 역사, 관련 교통 및 위치 정보, 운영시간, 전화번호 및 주소, 입장료, 쇼핑, 식당 및 숙박 정보 등에 관한 부분은 객관적 사실이나 정보를 별다른 특색 없이 일반적인 표현형식에 따라 있는 그대로 기술한 것에 지나지 아니하므로, 그 창작성을 인정할 수 없다. 그리고 여행천하에 실린 프랑크푸르트 지도를 살펴보면, 그 내용이 되는 마인강 등의 자연적 현상과 도로, 건물, 지하철 등의 인문적 현상이 종래의 통상적인 방식과 특별히 다르게 표현되어 있지는 않고 그 표현된 내용의 취사선택도 일반적인 여행지도와 별반 다를 것이 없으므로, 저작물로서 보호될 만한 창작성을 인정할 수가 없다. 따라서 이러한 부분들은 트래블월드와 여행천하 사이의 실질적인 유사성 여부를 판단함에 있어 대비대상으로 삼아서는 안 된다.

다음으로, 공소사실이 특정하고 있는 것들 중 관광지, 볼거리, 음식 등을 주관적으로 묘사하거나 설명하고 있는 부분을 보면, 여행천하의 표현들을 구성하고 있는 어휘나 구문과 유사해 보이는 어휘나 구문이 트래블월드에서 일부 발견되기는 한다. 그러나 그 중, 해당 관광지 등에 관하여 알려져 있는 특성과 평판 등을 이전의 다른 여행책자들에서도 쉽게 찾아볼 수 있을 정도의 통상적인 표현방식에 의하여 그대로 기술한 것에 불과하거나 누가 하더라도 같거나 비슷하게 표현할 수밖에 없어 창작성을 인정할 수 없는 표현들을 제외하고 나면, 그러한 어휘나 구문이 전체 책자에서 차지하는 질적·양적 비중이 미미하여 여행천하의 창작적 특성이 트래블월드에서 감지된다고 보기는 어려우므로, 이 부분을 들어 여행천하와 트래블월드 사이에 실질적 유사성이 있다고 할 수도 없다.』

16) 귀여니 사건[6-58)]

6-57) 이 부분에 관하여 오승종, 1278면은 외적보호범위에 대한 판단에는 비창작적 요소를 포함한 전체적인 대비관찰에 따른 판단이 필요하고 이 사건의 경우 편집저작권 침해여부가 다투어 지고 있는데도 이러한 분해식 접근방법을 취한 것으로 해석될 여지가 큰 표현을 사용하는 대법원 판시는 본격적인 재검토가 필요하다고 하다; 편집저작물 부분은 후술한다.

6-58) 수원지방법원 성남지원 2009. 9. 30. 선고 2007가단29996 판결〔서울고등법원 2010.

『(가) 사건의 전개과정 … 모티브에 있어서 유사성이 인정된다. 그러나 사건의 전개과정이 아이디어와 표현 중 어느 것에 해당하는가 하는 것은 그 전개과정이 얼마나 구체적으로 표현되어 있는가에 따라 결정된다고 할 것인데, ① 적대적인 가문의 두 남녀가 만나서 서로 사랑을 하게 된다거나 남자주인공의 아버지가 의도적으로 남녀주인공을 맺어주려고 하는 설정 등은 남녀간의 사랑을 소재로 하는 작품들에서 흔히 예상되는 일반적인 사건 전개에 불과하므로 아이디어에 해당한다고 할 것이고, ② 또한 남주인공의 아버지가 남녀주인공을 맺어주려는 목적이나 그 방법 등이 다르고(원고의 소설에서는 남주인공의 아버지가 자신이 이루지 못한 사랑을 자신의 아들과 여주인공의 딸이 대신 이루어주기를 바라는 마음으로 남녀주인공을 맺어주려 하였고 그 방법에 있어서도 남주인공과 내기를 하는 방식으로 여주인공과 교제하도록 유도하였으며 남주인공은 이러한 아버지의 의도를 알지 못한 채 오로지 내기에서 이기기 위한 목적으로 여주인공에게 접근하게 된 반면, 피고의 소설에서는 남주인공이 연인이었던 여주인공의 친구를 잊지 못해 자살하려 하자 남주인공의 아버지가 아들로 하여금 삶의 의욕을 되찾도록 하기 위하여 여주인공의 친구와 쏙 빼닮은 여주인공을 아들과 맺어주려 하였고, 남주인공 역시 아버지의 이러한 의도를 잘 알고 있었다), 원고의 소설은 결국 해피엔딩(번외전 제외)으로 결말을 맺고 있는데 반해 피고의 소설은 불행한 결말을 맺는 등 구체적이고 세부적인 사건전개의 내용이나 과정에 있어서 차이가 있는 점, ③ 양 소설에서 핵심적인 비밀로 다루어지는 여주인공의 엄마 또는 친구의 죽음에 대하여 소설 중간에 삽입하는 형식 또는 대화를 통해 밝혀지는 형식으로 처리하고 있어 그 전개순서를 달리하고 있는 점 등 구체적인 에피소드, 사건전개, 결론에 이르는 과정 등에 있어 차이점을 보이고 있으므로 아이디어의 공통성만이 존재할 뿐 표현에 있어서의 실질적 유사성이 존재하지 않는다. (나) 등장인물…(다) 대사…(라) 기타…』

17) 간신열전 사건[6-59]

『…가. 채권자들은 한국사에서 간신으로 행세하며 그들의 행적이 국가에 미친 영향을 다룬 책을 공동으로 창작하여 2007. 1. 24. 페이퍼로드 출판사

4. 15. 선고 2009나104634 판결(확정)].

6-59) 서울고등법원 2010. 4. 15.자 2009라2567 결정(대법원 2011. 11. 25.자 2010마742 결정).

를 통해 '다시 쓰는 간신열전'이라는 제목의 314쪽 분량의 책 1권으로 출판하였고, 채권자 함○○은 세종, 연산군, 광해군, 정조 등 조선 임금들의 정치투쟁과 교육, 취미, 인사권 행사 등을 다룬 책을 창작하여 2007. 12. 20. 같은 출판사를 통해 '왕의 투쟁'이라는 제목의 383쪽 분량의 책 1권으로 출판하였다(이들 채권자들의 서적을 합쳐서 '이 사건 채권자 서적'이라고 한다).

나. 채무자 백△△은 조선왕조실록에서 조선시대에 있었던 역사적 사건을 추려내어 그 사건을 백성들 시각에서 관찰하여 서술하는 내용의 책을 창작하여 2009. 2. 13. 채무자 주식회사 ○○출판사(이하 '채무자 회사'라고 한다)를 통해 합계 약 1,000쪽 분량의 별지 목록 기재 각 서적(이하 '이 사건 채무자 서적'이라고 한다)으로 출판하였다.

다. 한편, 이 사건 채무자 서적의 머리말에는 "이 책을 집필하면서 참고한 책이 하도 많아, 뒤에 참고서적 명단에 싣긴 했으나, 참고한 책의 저자들에게 일일이 양해를 구하지 못한 점을 용서하시기 바란다. 특히 이 책은 함○○ 선생의 '왕의 투쟁'과 최△△ 선생의 '다시 쓰는 간신열전'에서 많은 도움을 받았음을 밝혀 둔다"고 기재되어 있고, 마지막 부분의 참고문헌에 "22. 왕의 투쟁, 함○○, 페이퍼로드", "23. 다시 쓰는 간신열전, 최△△·함○○, 페이퍼로드"라고 기재되어 있다…

이 사건 채권자 서적과 이 사건 채무자 서적 사이에 실질적 유사성이 있는지 여부에 관하여 보건대, ① 이 사건 채권자 서적은 314쪽 분량의 책 1권과 383쪽 분량의 책 1권이고, 이 사건 채무자 서적은 약 1,000쪽 분량의 책인데, 채권자들이 유사성이 있다고 지적하는 부분은 10쪽 남짓 정도에 불과하여 이와 같이 개개 표현들을 구성하고 있는 어휘나 구문과 부분적으로 유사해 보이는 어휘나 구문이 대상 저작물에서 드문드문 발견될 뿐인데다가, 그 빈도 역시 극히 미미한 정도에 불과하고, ② 채권자들이 실질적 유사성의 근거로 들고 있는 별지 '대조표' 기재에 의하더라도 채권자들이 유사하다고 지적하는 부분들이 완전히 동일하지도 않을뿐더러, ③ 양 저작물 사이의 어휘나 구문에 어느 정도 유사성이 인정되는 부분이 있다고 해도, 이 사건 채권자 서적 중 조선시대 관련 부분이나 이 사건 채무자 서적은 모두 조선시대의 왕을 기준으로 하는 시대 구분에 따라 왕과 그 주변 신하들에 관한 이야기 전개가 그 중심이어서 양 저작물의 가장 중요한 근거자료는 조선왕조실록인 것으로 보여, 간혹 유사한 표현이 나온다고 해도 그 표현이 이 사건 채권자 서적에 기한 것인지, 이미 공표된 조선왕조실록의 내용인지 확연히 구분하기도 어려우며, ④ 여기에 더하여 이 사건 채권자 서적은 조선시대에 국한하지 않고 한국사 전체를 통괄하여 간신의 행적을 그린 서적과 조선시대 임금 중에서도 세종, 연산군, 광해군, 정조 등 특정 임금에 중점을 두고 서술된 서적으로 서로 별개의 두 권의 서적인데 비해, 이 사건 채무자 서적은 조선왕조실록을 중심으로 조선시대에 있었던 역사적 사건을 서술하는 내용으로, 양 저작물 사이에는 시대적 배경과 서술되는 인물에도 여러 차이가 있다는 점까지 함께 고려해 보면, 이 사건 채권자 서적과 이 사건 채무자 서적 사이에 실질적 유사성이 있다고 할 수 없다.』

18) 드라마 도신 사건[6-60]

『원고는 이 사건 드라마가 문화재를 소재로 하여 문화재 사랑을 기획의도로 삼은 점이 공통되고, 이 사건 저작물과 이 사건 드라마의 등장인물의 캐릭터가 유사하며, 그 스토리가 흡사하여 양 저작물에 포괄적·비문언적으로 유사성이 있다고 주장한다…

(가) 소재의 동일성이나 저작물의 기획의도는 저작권의 보호대상으로 하고 있지 않은 아이디어에 불과하고, 이 사건 저작물과 이 사건 드라마는 비록 문화재라는 소재를 공통으로 하고는 있으나, 이 사건 저작물의 기획의도는 불법문화재 유통과 문화재 해외유출의 문제점을 조명하고 괴도와 경찰의 사랑을 그린다는 것인데 반하여, 이 사건 드라마는 문화재의 가치를 환기시키고, 이를 둘러싼 문화재단속반 및 복원사 등 관계인물의 애정관계 등을 통하여 인생의 진정한 보물을 찾아보자는 것으로서 차이가 있다.

(나) 등장인물의 설정 및 에피소드의 유사 여부

원고는 남자주인공의 용모, 여성편력, 불법유출문화재를 국내에 다시 반입하는 설정이 유사하고, 여자주인공의 경우에도 문화재도굴범에 대하여 물불을 가리지 않는다는 성격 및 언더커버(undercover)로서 잠복근무를 하는 에피소드가 유사하며, 주변인물인 여주인공의 아버지가 도둑이라는 점에 있어서 일치하고, 여주인공이 남자주인공을 도둑으로 생각하여 반감을 가지다가 사랑에 빠지게 되는 점, 이 사건 드라마 제1화에서 남주인공이 문화재를 설명하는 장면과 여주인공이 박물관도난대비 모의훈련을 하는 장면의 교차편집되는 모습, 여주인공이 비밀업무를 수행하다가 위기에 빠지는 모습 등이

6-60) 서울남부지방법원 2010. 5. 7. 선고 2008가단90655 판결(확정).

매우 유사하다고 주장한다.

보건대, 양 저작물 사이에서 남자주인공의 직업, 성격이나 문화재 회수동기 등에 상당한 차이가 있어 유사한 설정이라고 보기 어렵고, 여주인공 또한 직업이 경찰과 문화재단속반원으로 차이가 있고 그 성격 역시 서로 다르며, 잠복근무의 에피소드는 경찰이나 문화재단속반원이라는 직업을 다루는데 있어 전형적인 설정이라 할 것이고, 드라마의 시작부분에서 주인공의 하는 일을 교차편집하여 보여주는 장면이나 비밀업무 수행중 위기를 맞는다는 설정은 통상 주제 등을 다루는 데 있어 전형적으로 수반되는 사건이나 배경(필수 장면)에 해당하는 것이라고 할 수 있고, 이와 같은 설정 등은 원칙적으로 아이디어에 해당하여 저작권의 보호대상이라고도 보기 어렵다.

(3) 따라서, 이 사건의 경우 원·피고의 저작물에 부분적·문언적 유사성을 찾아보기 어려울 뿐만 아니라 양 저작물 사이에서 포괄적·비문언적 유사성이 있다고 보기도 어려워 실질적 유사성을 인정할 수 없다.』

19) 아이리스 I 사건 – 한련초 시나리오 사건[6-61]

『…한련초 시나리오와 드라마 아이리스는 근본적으로 저작물 형태가 상이하고, 그 분량에도 상당한 차이가 나며, 두 저작물 사이에 부분적·문언적 유사성을 찾아보기 어렵다. 따라서 포괄적·비문언적 유사성이 인정되는지에 관하여 살펴보는데, 그 과정에서도 대한민국의 역사나 분단국가로서 대치상태에서 필연적으로 나타날 수 있는 소재나 상황 등은 원고가 독점할 수 없는 '공중의 영역'에 속하는 것으로서, 저작권에 의하여 보호되지 않는 아이디어에 해당하므로, 그 비교 대상에서 제외한다.

2) 구체적 판단

가) 소재 및 주제

① 별지 제1, 2목록 기재 각 줄거리에 의하면, 한련초 시나리오와 드라마 아이리스는 남북이 분단된 대한민국 현실에서 남북의 화합과 대화를 추구하려는 국가 지도부와 이를 반대하는 조직 사이의 갈등, 국가정보기관과 반대조직 사이의 첩보전, 반대조직의 조직원들 사이의 사랑, 반대조직의 무기탈취 및 테러위협 등이 그 내용에 포함되어 있다는 점에서 그 역사적 배경, 소재 및 주제 등을 공통으로 하고 있으며, 그 결과 전체적인 관념이나 느낌에 있어서 다소 유사한 면이 있다. 그러나 이 같은 유사성이 저작권에

6-61) 서울중앙지방법원 2011. 11. 4. 선고 2010가합111587 판결(확정).

의하여 보호되지 않는 아이디어의 범주에 포함된다면 이것만으로 두 저작물이 실질적으로 유사하다고 볼 수 없다고 할 것이므로, 위 공통 요소들이 저작권에 의하여 보호되는 구체적인 창작적 표현형식에 해당하는지 여부에 관하여 살펴본다.

② …남한과 북한으로 분단되어 있는 우리나라의 현실은 누구나 소재로 사용할 수 있는 공유의 영역에 속하는 것이며, 제3의 조직이 남북의 정상회담을 방해한다는 식의 주제 및 소재는 일반적이고 전형적인 아이디어에 불과한 것으로, 피고가 이를 작품의 주제나 소재로 삼은 것 자체만으로 원고의 저작권을 침해한다고 보기 어렵다. 이러한 주제나 소재는, 분단국가의 현실을 바탕으로 남한과 북한의 정상이 만나는 자리에서 남북의 화해모드에 반기를 든 북한 군인들이 테러를 시도하고 남한의 국가 비밀정보기관이 이를 저지한다는 내용을 다룬 종전의 영화 '쉬리'(별지 제3목록 기재 줄거리 참조)에서도 나타나고 있다.

나) 등장인물(캐릭터)

① 소설 등 문학작품에 있어서의 등장인물은 원칙적으로 그 자체로는 저작권에 의하여 보호되는 표현에 해당한다고 볼 수 없으나, 구체적이고 독창적이며 복잡한 내면을 가진 등장인물을 그리고 있거나, 다른 등장인물과의 상호과정을 통해 사건의 전개과정과 밀접한 관련을 가지면서 저작물에서 양적, 질적으로 차지하는 비중이 높아 그 저작물의 중핵에 해당하는 경우에는 저작권에 의하여 보호되는 표현에 해당할 수 있다. 이러한 관점에 따라 구체적 등장인물별로 상호간 유사성이 인정되는지 여부, 그 등장인물에 관한 표현이 저작권으로 보호되는 정도의 것인지 여부, 그 표현 상호간 실질적 유사성이 인정되는지 여부에 관하여 살펴본다.

② 김현준과 강철민

드라마 아이리스의 김현준은 드라마의 주인공으로 남한의 국가정보기관인 'NSS'의 요원이고, 아이리스의 실체를 파악하여 북한 군부나 아이리스의 테러 시도를 저지하는 역할을 한다는 점, 한련초 시나리오의 강철민도 위 시나리오의 주인공으로 국가정보원 태스크포스팀(이하 'TF팀'이라 한다)의 요원으로 한련초의 실체를 파악하여 그 테러 시도를 저지하는 역할을 한다는 점 등에서 유사점이 인정된다.

그러나 김현준은 이 같은 성격뿐만 아니라 핵 개발을 연구하는 물리학자이던 부모가 어린 시절 아이리스의 남한 담당 책임자인 백산에 의해 살해당하였다는 배경을 가지고 있다는 점, 그 후 NSS의 비밀임무를 수행하다가 백산에 의해 버림받아 잠적하게 되고 이후 북한의 세력에 합세하게 된다는 점, 그러던 중 북한의 공작원 선화를 만나 연합하여 활동하기도 하며, 선화가 김현준을 사랑하게 된다는 점 등에서 비교적 단조로운 성격을 가지고 있는 강철민에 비해 더 복합적이고 다변적인 특징을 보이고 있으며 인물의 심리 묘사도 치밀하게 되어 있어, 그 구체적 내용과 표현형식에서 실질적 유사성을 인정하기 어렵다. 두 등장인물 사이에 유사성이 인정되는 부분은 일반적이고 단순하며 전형적인 인물 표현에 불과하여, 저작권법에 의하여 보호되지 않는 추상적 아이디어의 영역에 해당된다고 할 것이다….

다) 조직, 이야기 전개 및 에피소드

① NSS와 TF팀…

라) 제목 : 아이리스와 한련초

원고는 드라마의 제목 '아이리스'는 꽃 이름으로 조직 이름에 꽃 이름을 사용한다는 점에서 '한련초'와 유사하다고 주장하나, 꽃 이름이 비밀조직의 명칭이고 이러한 비밀조직의 명칭을 드라마 제목으로 하였다는 것은 아이디어의 영역에 속한다고 할 것이다.

마) 소 결

이상 살펴본 바와 같이 원고의 한련초 시나리오와 피고의 드라마 아이리스는 상호간 주제나 소재, 등장인물과 사건 전개 등에서 일부 포괄적이고 비문언적인 유사점들을 가지고 있다. 그러나 이러한 유사점들은, 영화 '쉬리'나 다른 스파이물에서 보듯이, 그 같은 유형의 저작물을 창작할 때 필연적으로 들어가거나 들어갈 수밖에 없는 전형적인 것들로서, 저작권으로서 보호받을 수 없는 공중의 영역에 속한다고 보아야 한다.

나아가 원고의 한련초 시나리오와 피고의 드라마 아이리스에서 아이디어의 영역에 속하는 요소를 제외하면, 나머지 등장인물이나 주변인물과의 관계설정, 사건전개 등 저작권법에 의하여 보호받는 창작적인 표현형식에서는, 시나리오와 드라마 사이에 내재하는 예술의 존재양식 및 표현기법의 차이를 감안하더라도, 실질적으로 유사하다고 보기 어렵다.』

20) 한어대사전 사건[6-62)]

6-62) 서울중앙지방법원 2011. 12. 2. 선고 2010가합104893 판결(항소심에서 강제조정) 『사서출판사가 한어대사전의 저작권을 양수한 저작권자라거나, 저작권자로부터 원

『(2) 주 석

한자사전에 있어서 한자의 주석은 역사적으로 일정하게 형성되고 전시대에 이루어진 것들을 시범으로 하여 이에 약간의 첨가, 삭제를 하는 정도를 벗어날 수 없는 본질적인 제약이 있다는 점(대법원 1962. 10. 18. 선고 62다449 판결 참조)을 고려하여 판단하건대, 단어의 의미 자체는 이미 정하여진 것이므로 그 실질적인 내용이 유사할 수밖에 없고 그 의미를 가장 적확하게 전달하기 위한 표현이 동일할 여지가 많다. 특히 일반 문학작품 등과는 달리 정확한 설명을 요체로 하는 사전의 뜻풀이의 경우 이미 통용되는 뜻풀이와 구별되는 창작성 있는 표현이 사용될 여지가 좁을 뿐만 아니라, 동의어로 뜻풀이를 하는 경우 이미 고정화된 대응관계일 경우가 많으며, 비교적 뜻이 간단한 단어이거나 외국어 단어를 한국어로 설명하는 경우에는 용어의 선택 범위가 제한적이어서 유사한 표현이 사용될 가능성이 더 높다고 할 것이다.

따라서 사전의 주석 자체에 창작성을 인정하기 어려운 이상, 설령 원고의 주장대로 한한대사전의 주석 항목이 한어대사전의 것과 유사하고, 한한대사전이 한어대사전의 주석을 번역하여 실었다고 하더라도, 이러한 사정만으로 곧 한한대사전이 한어대사전의 주석에 관한 복제권이나 2차적 저작물 작성권인 번역권 기타 저작권을 침해하였다고 단정할 수 없다.』

21) 토목시공기술사 수험서 사건6-63)

『(1) 피고들 서적의 일부 표현이 원고 서적의 그것과 동일·유사하다고 보이고, 부분적·문자적 표현의 동일·유사성의 정도에 비추어 피고들 서적의 표현 중 상당 부분이 원고 서적에 의거한 것으로 보이기는 하나, 그것만으로 당연히 침해가 성립하는 것은 아님…, (2) 저작의 대상이 '토목시공기술'이라는 전문적인 공학 분야에 대한 수험교재로서 원고와 피고들 서적은 문예적 저작물이 아닌 사실적·기능적 저작물로서의 특성을 지님…, (3) 더구

고에게 독점적 번역출판권을 부여하는 내용의 이 사건 계약을 체결할 권리를 유효하게 양수하였다고 볼 수 없고, 이 사건 계약이 원고의 출판기한 도래로 실효되었다고 보는 이상, 이 사건 계약을 근거로 하여 원고가 피고를 상대로 사서출판사를 대위하여 침해금지청구권을 행사할 피보전권리가 있다고 할 수 없다.』고 하여 각하하면서 부가적 판단으로 피보전권리와 보전의 필요성이 인정되는 경우를 가정하여 저작물성과 실질적 유사성을 판단하고 있다. 또한 편집저작물의 유사성판단 부분은 해당부분에서 보도록 한다.

6-63) 서울고등법원 2012. 11. 7. 선고 2012가합17693 판결(확정).

나 원고와 피고들 서적은 실용기술 분야에 관한 수험교재라는 특성이 있음…, (4) 선행문헌의 표현형식과 비교할 때 원고 서적의 표현형식은 그 창작성을 인정하기 어려움…, (5) 선행 저작물들에 대한 실질적 개변 또는 기존 소재(저작물)의 선택·배열 또는 구성(서술 대상의 재해석·분류, 요약, 재구성, 항목의 구분과 배치 및 제목 부여, 새로운 표현의 추가 등)의 측면에서 원고 서적의 전체적인 창작성이 인정될 수 있다고 하더라도, 앞서 본 제반 사정에 비추어 그 보호범위는 제한적이라 할 것이고, 원고와 피고들 서적 상호간에 무슨 종속·우열관계가 있다고 보기도 어려우며, 나아가 원고 서적에 개성적이고 창의적인 표현이 일부 담겨있다 하더라도 표현하고자 하는 대상 및 내용의 성격에 비추어 당해 표현부분이 전체 저작물 내에서 차지하는 비중이 크다고 보이지 아니하므로, 피고들이 원고 서적에 내재하는 고유하고 창의적인 소재의 배열 또는 구성과 표현형식상의 본질적인 부분 내지 구조 자체를 이용하였다거나, 사실상 원고 서적을 재제(再製)한 정도에 이르렀다고 보기 어려운 이상, 침해가 성립한다고 보기 어려움.』

22) 선덕여왕 사건[6-64)]

『현저한 유사성에 대하여 살펴본다.

(가) 덕만공주의 서역 사막에서의 고난에 대하여

원심판결 이유와 기록에 의하면, 이 사건 대본과 드라마에는 모두 덕만공주가 신라를 떠나 서역의 사막에서 고난을 겪는 내용이 나오는데, 신라의 왕자나 공주가 신라 밖의 다른 나라, 특히 서역의 사막을 다녀온 후 왕위에 오른 적이 있다는 역사적 기록이 없음을 알 수 있다.

그러나 원심판결 이유와 기록에 의하여 알 수 있는 다음과 같은 사정에 비추어 보면, 이 부분이 이 사건 대본과 드라마가 독립적으로 작성되어 같은 결과에 이르렀을 가능성을 배제할 수 있을 정도로 현저히 유사한 부분이

6-64) 대법원 2014. 7. 24. 선고 2013다8984 판결. 앞서 「Ⅱ. 의거」 부분에서 본 바와 같이 대법원은 접근가능성과 현저한 유사성을 모두 부인하여 의거성이 없다고 판시하면서 파기환송하였는데 사안의 개요 및 접근가능성 부분과 참고문헌 등 전반적인 사항은 의거성 부분에 기재하였고 여기서는 의거성 판단시 참작가능한 '현저한 유사성'에 관하여만 본다. 현저한 유사성은 표현에서의 유사성에 한정되지 않고 아이디어에서의 유사성도 포함하므로 '실질적 유사성' 판단과는 다소 차이가 있지만, 대략적으로 일치한다고 보고 그 부분을 이곳에 기술하되 원래는 의거성 부분에서 논의될 수 있는 공통의 오류 등 요소도 실질적 유사성에 포함되어 판단된 것으로 생각되므로 이곳에서 함께 설명하기로 한다.

라고 보기 어렵다.

먼저 이 사건 대본과 드라마 이전부터 이미 사막은 극적 저작물에서 주인공의 고난을 상징하는 배경으로 사용되어 왔으므로, 주인공인 덕만공주가 사막에서 고난을 겪는 장면이 나오는 것 자체는 이 사건 대본만의 독특한 특징이라고 볼 수 없다. 뿐만 아니라, 이 사건 대본에서 덕만공주는 왕궁에서 공주로 자랐고, 어릴 때부터 여왕이 되고자 하는 꿈을 키우던 인물이었으며, 여왕이 되기 위해 미실과 제사 대결을 벌이다 마계(魔界)의 방해로 실패하여 서역의 사막으로 쫓겨 가게 된 것으로 설정되어 있는 반면에, 이 사건 드라마에서는 천명공주와 함께 덕만공주가 쌍둥이로 태어나자 '왕후가 쌍둥이를 출산하면 성골의 씨가 마른다'는 예언으로 인해 왕후가 폐비를 당할까 우려한 진평왕이 시녀 소화에게 덕만공주를 데리고 도망가도록 하였고, 이 때문에 덕만공주는 자신이 공주라는 사실도 모른 채 소화를 어머니로 알고 서역의 사막에서 자란 것으로 설정되어 있으므로, 이 사건 대본과 드라마에서 덕만공주의 서역 사막에서의 고난이 나타나는 원인과 구체적인 내용에 상당한 차이가 있다.

(나) 금관의 꽃 또는 동로마 등 서역의 문화와 사상의 습득에 대하여

원심판결 이유와 기록에 의하면, 이 사건 대본에는 덕만공주가 서역의 사막으로 가기 전 신라 왕궁에서 아라비아 상인으로부터 서역의 책을 구해 읽는 장면과 후에 서역의 사막에서 신라의 전설로 내려오는 금관의 꽃을 얻어 신라로 돌아와 금관의 꽃의 신령한 힘으로 마계를 이기고 신라의 왕이 되는 내용이 나오고, 한편 이 사건 드라마에는 덕만공주가 서역의 사막에서 자랄 때 동로마어를 배운 일, 위나라의 달력인 정광력을 얻은 일이 있었고 후에 동로마어 구사능력과 정광력을 이용하여 당시 미실이 독점하고 있었던 '달력을 통해 천문의 변화와 그 시기를 예측하고 이를 이용할 수 있는 힘'을 미실로부터 빼앗고 공주의 신분을 회복한 다음 첨성대를 건축하여 위와 같이 독점되었던 권력을 백성에게 나누어 주는 내용이 나오는데, 이러한 두 작품의 내용 가운데 첨성대 건축을 제외하고는 모두 역사적 기록이 없음을 알 수 있다.

그런데 이 사건 대본에서 금관의 꽃은 그 실체를 알 수 없는 상징적이고 추상적인 존재이자 힘을 상징하는 어떤 것으로 나타나 있을 뿐이어서 그 자체가 서역의 문화와 사상을 상징한다고 보기는 어렵고, 이 사건 대본에는 이 사건 드라마에서 그리고 있는 위와 같은 첨성대 건축의 경위와 의미는

전혀 나타나 있지 아니하다.

따라서 이 사건 대본과 드라마가 서역의 문화와 사상에 관한 부분에서 서로 유사하다고 하기는 어렵다.

(다) 덕만공주와 미실의 정치적 대립구도에 대하여

원심판결 이유와 기록에 의하면, 이 사건 대본과 드라마에는 모두 덕만공주와 미실이 대립구도를 형성하고 서로 제사 또는 천문으로 대결하는 내용이 나오는데, 미실은 삼국사기나 삼국유사에는 나타나지 않는 인물이고, 덕만공주와 미실이 정치적으로 대립하였음을 보여주거나 이를 유추할 수 있는 역사적 기록이 없음을 알 수 있다.

그러나 원심판결 이유와 기록에 의하여 알 수 있는 다음과 같은 사정에 비추어 보면, 이 사건 드라마의 미실은 필사본 화랑세기에 의거하여 작가적 상상력에 의해 덕만공주의 대적자로 재설정된 현실 정치가로 보일 뿐, 마계에 사로잡혀 인간계를 짓밟는 이 사건 대본의 미실과는 그 성격이 다른 캐릭터라 할 것이어서, 덕만공주와 미실의 정치적 대립구도가 이 사건 대본과 드라마가 독립적으로 작성되어 같은 결과에 이르렀을 가능성을 배제할 수 있을 정도로 현저히 유사한 부분이라고 보기 어렵다.

먼저 비록 진위 여부에 논란은 있으나, 미실은 화랑의 우두머리인 풍월주의 이야기가 1대 풍월주부터 32대 풍월주까지 연대기 순으로 기술되어 있는 필사본 화랑세기에 등장하는 인물로서, 진흥왕, 진지왕, 진평왕에 이르는 삼대의 왕에게 색공(色供)하며 수십 년 동안 신라 조정에 영향력을 행사하였고, 특히 진지왕이 자신을 왕후로 봉하겠다는 약속을 지키지 못하자 사도태후와 함께 낭도를 일으켜 진지왕을 폐위하고 진평왕을 즉위시킨 바 있으며, 필사본 화랑세기에 등장하는 풍월주들 가운데 5대 풍월주 사다함과는 결혼 전 연인관계, 6대 풍월주 세종과는 정식 부부관계, 7대 풍월주 설원과는 내연관계, 10대 풍월주 미생과는 남매관계(미생이 미실의 남동생), 11대 풍월주 하종 및 16대 풍월주 보종과는 각 모자관계(하종은 미실과 세종 사이의 아들, 보종은 미실과 설원 사이의 아들)에 있었던 것으로 나오는데, 이러한 미실의 지위와 풍월주들과의 인적관계는 이 사건 드라마에도 재연되어 있고, 또 필사본 화랑세기의 5대부터 18대까지 풍월주들 중 대부분이 이 사건 드라마에서 주요 등장인물로 그려지고 있다.

한편 이 사건 대본에서 미실은 단순히 마계에 사로잡혀 인간계의 백성을 괴롭히고 나라를 어지럽히는 존재로 나올 뿐 정치 감각과 통찰력을 발휘하여 국사를 자신의 뜻대로 이끌어가는 정치가의 모습으로는 그려지고 있지 아니하고, 마계에 사로잡혀 악행을 저지르면서도 덕만공주가 사막에서 고난을 이기고 금관의 꽃을 얻어 신라로 돌아와 마계의 지배를 끊음으로써 미실 자신의 영혼을 구제해 주기를 바라는 인물로 나온다. 반면에, 이 사건 드라마의 미실은 진흥왕 치하에서 색공뿐만 아니라 군사적 공로를 통해 권력을 얻고 뛰어난 정치 감각 및 사람에 대한 통찰력을 발휘하여 수많은 사람들을 자기편으로 포섭함으로써 진흥왕 사후 왕을 능가할 정도의 최고 권력자가 된 인물로 나오고, 합리적이고 이성에 입각하여 통치하며 대의를 중시하는 정치가로서, 덕만공주가 역량을 키우고 성장하는 데에 긍정적인 영향을 미치는 면도 많은 인물로 묘사되고 있다.

나아가 이 사건 대본에서 미실이 자신이 독을 발라둔 금관을 일부러 쓰고 자살한 것인지 아니면 금관을 가로채 쓰려다 죽음에 이르는 것인지 명확하게 나타나 있지는 아니한데, 다만 이 사건 대본에서 미실이 자살한 것으로 보더라도, 이는 어디까지나 미실이 근본적으로 자신의 의지가 아니라 마계에 사로잡혀 악행을 일삼으며 스스로가 괴물이 되었다고 여기고 있었고, 이러한 상황을 덕만공주가 대신 타개해주기를 바라는 마음도 가지고 있었던 인물이라는 점에서 근거하는 것이다. 반면에, 이 사건 드라마에서 미실이 자살을 선택한 것은 더 이상의 내전 확대로 자신과 전우들이 피 흘리며 이룩한 신라의 영토가 타국에 침탈되는 사태를 방지하고자 하는 대의와 함께, 덕만공주와 끝까지 대립하여 내전을 지속함으로써 자신의 세력이 완전히 붕괴되는 위험을 감수하는 대신에, 자신의 사람들이 덕만공주의 치세에서도 숙청되지 않고 세력을 유지하다가 미실의 아들인 비담을 왕으로 만들도록 하려는 의도에서이다.

(라) 덕만공주와 김유신의 애정관계에 대하여

원심판결 이유와 기록에 의하면, 이 사건 대본과 드라마에서 모두 김유신이 덕만공주에게 사랑의 감정을 느끼나 신라의 왕으로서 길을 가고자 하는 덕만공주의 태도에 사랑의 감정을 절제하며 군신관계에서 충절의 감정으로 승화시키는 인물로 묘사되는데, 덕만공주와 김유신 사이에 애정관계가 있었음을 보여주거나 이를 유추할 수 있는 역사적 기록이 없음은 알 수 있다.

그러나 원심판결 이유와 기록에 의하여 알 수 있는 다음과 같은 사정에 비추어 보면, 이 부분이 이 사건 대본과 드라마가 독립적으로 작성되어 같은 결과에 이르렀을 가능성을 배제할 수 있을 정도로 현저히 유사한 부분이라고 보기 어렵다.

먼저 역사적으로 애정관계가 있었다고 유추하기 어려운 인물이더라도 그들이 극 중 주요한 남성과 여성으로 나오는 이상 이들 사이에 애정관계를 설정하는 것 자체는 극적 저작물에서 일반적으로 이루어질 수 있는 수준의 창작이라고 볼 수 있다. 나아가 이 사건 대본에는 덕만공주가 김유신을 사랑하였음을 보여주는 장면은 나타나지 아니하고 다만 김유신이 덕만공주를 사모하였다가 스스로의 감정을 숨긴 채 충성심으로 승화시키는 것으로만 그려지고 있을 뿐이다. 반면에, 이 사건 드라마에서 덕만공주는 자신의 신분을 모른 상태로 남자 행세를 하면서 김유신의 낭도가 되어 김유신과 고난을 함께 겪다가 나중에 서로 사랑하는 사이로 발전하게 되나, 언니인 천명공주의 죽음을 계기로 개인적 행복을 버리고 여왕이 되고자 결심함으로써 김유신과의 사랑을 포기하는 것이고, 또한 김유신은 가문조차 버리고 덕만공주와의 사랑의 도피를 선택하려 하였고 이러한 자신의 강렬한 감정을 덕만공주에게 솔직하게 고백하였으나, 덕만공주의 여왕이 되고자 하는 강한 의지와 두 감정을 공존시킬 수 없는 김유신 자신의 성품 때문에 사랑을 포기하고 신하로서 충성을 다하기로 마음을 바꾸는 것으로 그려지고 있다. 이와 같이 이 사건 대본과 드라마에서 덕만공주와 김유신의 애정관계의 양상 및 전개과정에 상당한 차이가 있다.

(마) 미실 세력으로 인한 진평왕의 무력함에 대하여

원심판결 이유와 기록에 의하면, 이 사건 대본에서 진평왕은 미실과 비담 세력을 제압하지 못하고 덕만공주를 후대 왕으로 지정한 후 마야부인과 함께 덕만공주의 앞날을 걱정하다 살해되는 등 무력한 왕으로 묘사되어 있고, 이 사건 드라마에서 진평왕은 미실에 의해 왕위에 오르고 이후 인사권과 병권 등을 실질적으로 행사하지 못한 채 미실에게 휘둘리는 무력한 왕으로 묘사되는데, 역사학계에서 다수의 사학자들에 의해 받아들여지고 있는 역사적 사실은 진평왕이 즉위 직후 군사권과 인사권을 장악하여 강력한 왕권을 구축하였을 뿐만 아니라 체제 정비를 통하여 장기간 재위하며 칠숙과 석품의 반란을 진압하고 덕만공주가 왕이 되는 데 장애가 되는 세력을 모두 제거하는 등 강력한 왕권을 행사하였다는 것임을 알 수 있다.

그러나 원심판결 이유와 기록에 의하여 알 수 있는 다음과 같은 사정에 비추어 보면, 이 부분이 이 사건 대본과 드라마가 독립적으로 작성되어 같은 결과에 이르렀을 가능성을 배제할 수 있을 정도로 현저히 유사한 부분이라고 보기 어렵다.

먼저 선덕여왕을 주인공으로 하는 극적 저작물에서 선왕이 강력한 왕권에 의하여 선덕여왕을 보위에 올렸다고 묘사하는 것보다는 선왕의 미약한 왕권과 강력한 귀족세력의 반대라는 어려움을 선덕여왕 스스로가 극복하고 여왕의 자리를 쟁취하였다는 내용으로 구성하는 것이 자연스럽고 흥미를 유발할 수 있으므로, 역사적 사실과 무관하게 선덕여왕의 선왕인 진평왕을 강력한 귀족세력으로 인해 무력한 군주로 묘사하는 것 자체는 극적 저작물에서 일반적으로 이루어질 수 있는 수준의 창작이라고 볼 수 있다. 그리고 진평왕이 미실에 의해 왕위에 오르게 되는 사건은 이미 필사본 화랑세기에 나타나 있는 것인 이상, 이를 받아들여 극적 저작물을 작성할 경우 진평왕 즉위 후 미실 세력에 의해 왕권을 제약받는 것으로 묘사하는 정도는 다른 저작물에 의거하지 아니하더라도 충분히 가능한 수준의 창작으로 보인다. 나아가 이 사건 대본에서는 미실이 마계에 사로잡혀 마계의 힘으로 인간계에 해악을 끼치는 결과 인간계의 진평왕이 무력하게 묘사되고 있는 반면에, 이 사건 드라마에서는 진평왕이 애초에 미실 세력의 힘에 의하여 즉위하였고 이후에도 조정이 미실의 사람들로 채워져 있어 진평왕은 제대로 왕권을 행사하지 못하는 것으로 그려지고 있어, 이 사건 대본과 드라마에서 미실 세력이 진평왕을 무력하게 만드는 원천 자체가 다르다.

(바) 주제, 인물의 성격과 역할, 인물 사이의 관계, 줄거리, 구성에 대하여

덕만공주의 서역 사막에서의 고난, 금관의 꽃 또는 동로마 등 서역의 문화와 사상의 습득, 덕만공주와 미실의 정치적 대립구도, 덕만공주와 김유신의 애정관계, 미실 세력으로 인한 진평왕의 무력함은 모두 이 사건 대본과 드라마의 주제, 인물의 성격과 역할, 인물 사이의 관계, 줄거리, 구성에 큰 영향을 미치는 개별 요소들이라고 할 것이다. 그런데 위에서 본 바와 같이, 이러한 개별 요소들이 이 사건 대본만의 독특한 특징이라거나 이 사건 대본과 드라마가 독립적으로 작성되어 같은 결과에 이르렀을 가능성을 배제할 수 있을 정도로 현저히 유사한 부분이라고 보기 어려운 이상, 이 사건 대본과 드라마의 주제, 인물의 성격과 역할, 인물 사이의 관계, 줄거리, 구성 역시 양 작품 사이의 현저한 유사성을 인정할 수 있는 근거가 되기는 어렵다고 할 것이다.

(3) 그렇다면 피고들의 이 사건 대본에 대한 접근가능성이 인정되지 아니할 뿐만 아니라, 이 사건 드라마와 이 사건 대본이 독립적으로 작성되어

같은 결과에 이르렀을 가능성을 배제할 수 있을 정도의 현저한 유사성이 인정되지도 아니하므로, 두 저작물 사이에 의거관계가 있다고 할 수 없다. 그럼에도 이 사건 드라마의 극본이 이 사건 대본에 의거하여 작성되었다고 판단하고 이러한 판단을 전제로 하여, 이 사건 드라마가 이 사건 대본에 관한 원고의 저작권을 침해하였다거나, 피고들의 이 사건 드라마 극본 작성, 드라마 제작, 방송 및 판매, 이 사건 드라마의 DVD 제품과 관련 소설의 제작 및 판매와 같은 행위가 이 사건 대본에 관한 원고의 보호할 가치 있는 이익을 침해하는 것으로서 민법상 불법행위를 구성한다고 본 원심판결에는 저작권 침해 요건으로서의 의거관계 및 민법상 불법행위 성립에 관한 법리를 오해하여 판결 결과에 영향을 미친 위법이 있다. 이 점을 지적하는 상고이유 주장은 이유 있다.』

☞ 우선, 항소심은 위 (가)~(마)를 대본과 드라마의 공통된 역사적 오류라고 별도 항목으로 특정하여 설시하며 의거성 판단의 근거로 제시하며 및 실질적 유사성의 근거로 제시하고 있다. 그러면서 이 사건 대본과 드라마는 저작물의 형식(문예장르)에 차이가 있고 그 분량에 있어서도 매우 큰 차이가 있음을 강조하면서 양자 사이에 의거관계와 실질적 유사성이 인정되어 이 사건 드라마로부터 이 사건 대본의 본질적인 특징 자체를 직접 감득할 수 있는 경우에는, 이 사건 드라마는 이 사건 대본에 수정·개변을 가하여 작성된 새로운 저작물인 '2차적 저작물'로 보아야 한다고 설시하고 있다. 그리고 위 부분을 포함하여 나아가 포괄적·비문언적 유사성을 살펴보기 위하여, 등장인물의 구체적 성격, 등장인물 사이의 관계, 구체적인 줄거리와 사건전개 순서로 살펴보고 결론적으로 차이점 중 많은 부분이 '문예장르와 분량의 차이, 판타지적 요소의 가미 등으로 당연히 나타난 것에 불과하므로 그 부분에 비중을 둘 수 없다'는 입장을 취하여 실질적 유사성을 인정하고 있다.

그에 반하여 대법원은 (가)~(마) 요소들이 이 사건 대본만의 독특한 특징이라거나 이 사건 대본과 드라마가 독립적으로 작성되어 같은 결과에 이르렀을 가능성을 배제할 수 있을 정도로 현저히 유사한 부분이라고 보기 어려운 이상, 이 사건 대본과 드라마의 주제, 인물의 성격과 역할, 인물 사이의 관계, 줄거리, 구성 역시 양 작품 사이의 현저한 유사성을 인정할 수 있는 근거가 되기는 어렵다고 하며 실질적 유사성 판단에까지 본격적으로 나서지는 아니하며 현저한 유사성판단을 마무리하고 있다. 이는 의거성 요소 중 접근가능성이 부인된 점과도 상당부분 관련이 있다고 생각된다. 접근가능성이 인정되기 어려운 상황이라면 '유사성'은 보다 '현저'하여야 하고 그 판단이 좀 더 엄격하여질 개연성이 큰 것이다.

23) 시체가 돌아왔다 사건[6-65)]

『…신청인은 이 사건에서 신청인이 저작한 시나리오로서 '아르바이트'라는 제목의 영화 시나리오와 '노컷(NO CUT)'이라는 제목의 시나리오를 제출하고 있는바, 위 각 시나리오(이하 '신청인측 시나리오'라 한다)와 이 사건 시나리오 사이에 실질적 유사성이 있는지를 보기로 한다.

나) 부분적·문자적 유사성

살피건대, 이 사건 시나리오에 신청인측 시나리오상의 특정 대사나 지문이 그대로 들어있다거나, 이 사건 시나리오에 나타난 표현이 신청인측 시나리오에 나타난 표현을 모방한 것이라고 보기 어려우므로, 양자 사이에 문장 대 문장으로 대칭될 수 있는 유사성을 찾기 어렵다(신청인이 양자 사이에 부분적·문자적 유사성이 있다고 주장하는 부분들은 서로 유사하다고 보기 어려울 뿐만 아니라 위 각 부분들은 흔히 사용되는 일반적인 표현이거나 당해 상황에 수반되는 전형적인 표현들로서 저작권보호의 대상이라고 보기도 어렵다). 따라서 양자 사이에 부분적·문자적 유사성이 있다고 보기 어렵다.

다) 포괄적·비문자적 유사성

살피건대, 이 사건 시나리오와 신청인측 시나리오는 모두 '주인공들이 특정 회사로부터 억울한 피해를 입고 급하게 돈이 필요하게 된 상황에서 시체를 훔쳐서 상대방에게 그 몸값을 요구한다'는 내용을 기본 줄거리로 삼고 있고, 코미디 장르에 속한다는 점에서는 유사한 면이 있기는 하다. 그러나, 이러한 줄거리는 아이디어의 영역에 속하는 것으로서 저작권법에 의한 보호를 받을 수 없고, 나아가 코미디 장르를 특정인에게 독점시키는 것은 부당하므로 양자가 모두 코미디 장르에 속한다는 사정만으로 달리 볼 수 없다.

오히려, 이 사건 시나리오와 신청인측 시나리오는 등장인물의 관계 및 설정의 차이가 두드러지고, 망자의 사망 원인(시체가 된 원인), 시체 절취의 구체적 방법, 시체 절취 행위로 인해 나타난 결과, 상대방이 시체를 되찾으려는 동기, 기타 부수적 사건의 내용과 주요 사건과의 관련성 등 구체적 사건의 표현 방식 및 그 전개 과정에서 현저한 차이를 보이고 있으므로, 양자 사이에 포괄적·비문자적 유사성이 있다고 보기 어렵다.』

24) 아이리스 II 사건 – '후지산은 태양이 뜨지 않는다'[6-66)]

6-65) 서울중앙지방법원 2012. 8. 31.자 2012카합1494 결정(확정).

6-66) 서울중앙지방법원 2014. 7. 17. 선고 2012가합86524 판결(항소중). 앞서 본 선덕여

「3) 포괄적·비문언적 유사성

가) 주제 및 배경

항 목	이 사건 소설	이 사건 드라마
모티브 및 주제	동북아시아의 패권을 원하는 일본이 비밀리에 핵무장을 위해 노력하고 있을 수 있음을 모티브로 하여, 위와 같은 일본의 야욕을 반드시 막아야만 통일에 다가갈 수 있다는 내용을 그 주제로 하고 있다.	한국과 북한 내부에 어떤 방식으로든 통일을 원하지 않는 거대 권력(아이리스)이 존재할 수 있음을 모티브로 하여, 위와 같은 세력을 경계하고 그들과의 싸움을 두려워하지 말아야 한다는 내용을 그 주제로 하고 있다.
배경 (시대 및 장소)	○ 1998년 : 한국(진해, 제주도 등), 북한(원산항), 일본(도쿄, 후쿠오카 등), 러시아(모스크바, 상트 페테르부르크), 덴마크(코펜하겐), 프랑스(파리), 스위스(제네바 등), 독일(프랑크푸르트), 중국(하이난, 남중국해, 칭다오, 상하이 등), 라트비아 등 ○ 1991년 : 러시아(모스크바), 우크라이나(키예프), 스위스(제네바) 등	○ 2009년 : 한국(서울, 제주도 등), 북한(평양), 헝가리(부다페스트), 일본(아키타현), 중국(상하이) 등

위 표와 같이, 이 사건 소설은 일본의 팽창주의에 대한 경계를 강조하면서 우리 스스로 한반도의 평화를 지키기 위해 노력해야 한다는 것을 주제로 삼고 있는 반면, 이 사건 드라마는 통일을 방해하는 한국 또는 북한 내부의 세력에 대한 경계를 강조하고 있다는 점에서 서로 차이가 있다. 시대적 배경에 있어서도, 이 사건 소설은 1998년도를 주된 시점으로 하여 러시아의 쿠데타 미수 사건 발생시기인 1991. 8.경의 이야기가 일부 등장하는 반면, 이 사건 드라마는 현재(이 사건 드라마가 방영된 2009년도)를 배경으로 하고 있다(이 사건 소설은 작가가 그 배경 시점을 명확히 특정하고 있으나, 이 사건 드라마는 그 시점을 '현재'로 정하고 있을 뿐 구체적인 연도까지 특정하고 있지는 않다). 나아가 장소적 배경에 있어서도, 이 사건 소설에서는 한

왕 사건 판결과 거의 같은 구조이다.

국과 일본 외에도 유럽횡단열차의 횡단 국가인 덴마크, 독일, 프랑스 등 유럽 국가들의 주요 도시를 비롯하여 칭다오, 상하이 등 중국 대륙철도의 거점들이 중요한 장소로 등장하면서, 주인공 또한 철도의 경로를 따라 이동하는 특징을 보이는 반면, 이 사건 드라마에서는 한국의 서울과 헝가리의 부다페스트, 일본의 아키타, 북한의 평양이 주요 장소로 등장하는데, 대부분의 사건은 한국의 서울을 배경으로 발생하고, 유럽 국가는 헝가리의 부다페스트만이 사건이 발생하는 지역으로 등장한다는 점 등에서 서로 차이가 있다(북한의 평양과 일본의 아키타현이 극 중 등장하긴 하나, 그 비중은 그리 크지 않다).

나) 전체적인 줄거리

이 사건 소설은 일본, 러시아, 미국 등 핵을 둘러싼 각국의 세력 다툼을 바탕으로, 일본이 핵무기를 보유하려고 한다는 가정 하에 해군정보부 소속인 주인공 박준영, 북한 측 요원 강대성 등의 활약과 남·북한의 연합을 통해 일본의 핵 보유 시도를 저지하는 내용이 주된 줄거리인 반면, 이 사건 드라마는 주인공 김현준이 자신의 부모를 죽이고 나중에는 자신까지 죽이려고 하는 '아이리스'라는 집단의 실체를 알아가고 그에 복수하는 과정에서 한국 내 전쟁 발발을 위한 아이리스의 광화문 핵폭탄 테러 시도를 막아내는 과정을 주된 줄거리로 하고 있어, 전체적인 줄거리가 서로 일치한다고 보기 어렵다.

다) 주요 등장인물의 구체적 성격과 역할…』

25) 석굴암서적 사건6-67)

『2) 구체적인 판단

가) 판단순서

이 사건 서적 중 원고가 저작권을 침해당하였다고 주장하는 사항들은 그 성격에 따라 ① 역사적인 사실 및 이에 대한 해석을 기술한 부분, ② 객관적 사실 및 정보를 서술한 부분, ③ 주관적 묘사나 설명이 섞인 부분, ④ 설화의 해석에 관련된 부분으로 나누어 볼 수 있다. 위 각 부분은 창작성과 관련한 성격에 차이가 있으므로 분리하여 검토하도록 한다.

나) 역사적인 사실 및 이에 대한 해석을 기술한 부분

6-67) 서울중앙지방법원 2013. 5. 10. 선고 2012가합80045 판결(서울고등법원 2014. 1. 23. 선고 2013나33609 판결, 대법원 2014. 6. 12. 선고 2014다14375 판결).

(1) 이 사건 서적 중, 김대성과 경덕왕의 정치적 관계에 관한 서술(이 사건 서적 50쪽, 이하 쪽수만 기재한다), "어느 특정 세력과 손을 잡는 어리석은 짓 따위는 하지 않았을 것이다. 오히려 권력 싸움에서 멀찌감치 비켜나 초연한 모습을 보였기에"(51쪽), "자신의 재산을 쾌척해 …중략… 재산을 거의 탕진"(55쪽), "두 사찰을 짓기 위해 재산을 몽땅 탕진했을 …중략… 자신의 모든 것을 던져 대역사를 일으킨"(57쪽) 등의 표현은 역사적 사실을 토대로 하였으나, 단순히 역사적 사실을 나열한 것에 그치지 아니하고 원고가 독창적인 판단으로 사실을 재해석하여 표현하였으므로 창작성을 인정할 수는 있다. 그러나 새로운 해석론 그 자체는 아이디어의 영역에 속하므로 구체적인 표현을 베끼지 않는 한 저작권을 침해하였다고 볼 수는 없는 것이고, 원고가 저작권을 침해하여 서술한 부분이라고 주장하는 이 사건 소설 213, 226, 229쪽에는 위 서술 부분에 관한 표현과 동일 또는 유사한 문구가 없으므로 실질적 유사성이 있다고 할 수 없다…

다) 객관적인 사실 및 정보

(1) 이 사건 서적 중, "완벽한 힘의 균형상태가 발생한다", "면석들이 아래로 쏠리거나 서로 어긋나서 기우는 일이 일어나지 않게 된 셈이다", "면석들을 다섯층으로 쌓아 올라가다가", "세번째 층부터 마지막 층까지 각 층당 10개의 면석들 사이에 갈고리 모양의 부재 10개를 돌아가면서 끼워 넣었다", "앞으로 쏠리지 않도록", "면석들을 꽉 움켜잡도록 한 것이다"(155쪽) 등의 표현은 동틀돌의 모습을 통해 추론되는 설계 및 기능을 설명한 것으로, 객관적인 사실이나 정보를 별다른 특색 없이 그대로 기술한 것에 불과하므로 창작성을 인정할 수가 없다. 다만 "저 심원한 우주 공간을 유영하는 별들의 행진을 감상할 수 있게 되었다"(155쪽)의 표현은 창작성이 인정되나, 이와 대비되는 이 사건 소설은 "밤하늘의 별처럼 천장에 박혀 있다"라고 하여 다르게 표현하고 있으므로 실질적 유사성이 인정된다고 할 수 없다…

라) 주관적인 묘사나 설명이 있는 부분

(1) 이 사건 서적 중, '10개의 아치형 공간', '감실', '감실은 주실 공간의 심화 확장을 가져온다', '본존불 오른쪽'(199, 202, 214쪽) 등의 표현은 조각상의 특성 및 외관을 단순히 사실적으로 묘사한 것에 불과하여 누가 하더라도 이와 같거나 비슷하게 표현할 수밖에 없어서 창작성을 인정할 수 없는 표현들이다. 다만 ① "열정적으로 연설 중인", ② "간절히 기구하는", ③ "내면의 소리에 귀 기울이는 모습", ④ "사랑의 노래를 부르고 있는 듯하

다", ⑤ "병든 짐승처럼 웅크린 채"(186, 188, 207, 214쪽) 등의 표현은 주관적인 묘사가 가미되어 있으나, 원고의 서적 이전에 발행된 다른 서적에도 위 조각 등에 관하여(위 각 번호 순서대로 대응하여) "설교한다", "속으로 격한 기도를 한다", "조용히 생각에 잠긴다", "정토의 노래를 부르는 듯하다", "병든 몸을 가누기 힘든 듯 오른손은 몸 뒤에서 상을 짚고 몸을 지탱하고 있다"고 표현되어 있는 등 위 ① 내지 ⑤와 같은 표현은 이전의 다른 석굴암 관련 서적에서도 찾아볼 수 있는 것이어서 일반적이고 통상적인 표현의 범주를 벗어날 정도라고 보기는 어려우므로, 그에 대한 원고의 독자적인 창작성을 인정하기는 어렵다. 결국, "그 거룩한 새벽, 천상의 신들이 환희의 찬가를 바쳤듯이 말이다"(207쪽)는 표현 정도에서 창작성을 인정할 수 있으나, 이에 대비되는 이 사건 소설 부분은 "조용한 어둠속에서 깊은 천상의 어느 공간에서 그 소리가 들려오는 것만 같다"라고 하여 다르게 표현하고 있으므로 실질적 유사성이 있다고 볼 수 없다…』

나. 유사성을 인정한 사례

1) 까만나라 하얀나라 사건[6-68]

『…피고 최○○의 '연인'이라는 연속극의 대본 중에도 검사 및 변호사로 나오는 이건우와 한상훈이 각 수사하거나 수임하여 처리하는 사건에 관한 구체적, 사실적 표현 및 위 주인공들과 주변인물들이 주고받는 대화가 나오는데 그 중에는 예컨대, 원고의 이 사건 소설에 나오는 강동현 변호사가 맡게 되는 첫 사건과 위 피고의 대본상의 주인공인 이건우 변호사가 맡게 되는 첫사건, 원고의 이 사건 소설에 나오는 강동현 검사와 위 피고의 대본상의 주인공인 한상훈 검사가 기소유예처분을 하는 사건내용이 각 주거침입절도죄로 동일하고 그 처분을 하게 되는 경위도 동일하며, 이 사건 소설에서 나오는 「77고합1024호 강도치사」의 사건번호를 위 피고의 대본에서 그대로 이용하는 등 위 피고가 원고의 이 사건 소설에 나오는 사건과 동일한 사건 및 표현을 그대로 또는 다소의 변경을 가하여 위 대본의 집필에 사용한 부분은 위 대본 제1회분부터 8회분까지와 제14회분부터 18회분까지 합계 13회분이다…

6-68) 서울고등법원 1995. 10. 19. 선고 95나18736 판결(대법원 1996. 6. 11. 선고 95다49639 판결).

앞에서 인정한 사실에 터잡아 원고의 이 사건 소설과 위 피고의 '연인'이라는 연속극의 대본을 비교해 보면, 원고의 이 사건 소설과 위 피고의 대본 사이에는 소설과 대본이라는 표현형식, 그 주제 및 구성에 있어서는 전체적인 개념과 느낌에 있어서 상당한 차이가 있음이 인정되나 그 구성요소 중 일부 사건 및 대화와 어투에 있어서 공정한 인용 내지 양적 소량의 범위를 넘어서서 원고의 이 사건 소설과 동일성이 인정되고, 부분적 문자적 유사성이 인정되는 이상, 위 피고의 '연인'이라는 연속극의 대본의 일부는 원고의 이 사건 소설의 존재를 알고 이에 의거하여 이루어진 것으로서 비록 원고의 이 사건 소설의 일부라고 할지라도 그 본질적인 부분과 실질적 유사성이 있고 이른바 통상적인 아이디어(idea)의 영역을 넘어서 위 소설의 경험적, 구체적 표현을 무단이용하였다고 보이므로 원고의 이 사건 소설의 저작권을 침해한 것이 된다고 할 것이다. 나아가 그 침해의 범위에 관하여 보면, 원고는 위 피고가 실질적인 유사성이 있는 대본을 일부 집필함으로써 원고의 이 사건 소설에 의한 저작권을 침해한 이상 그 침해범위는 피고가 집필한 위 연속극의 대본 50회분의 전부에 미치고 따라서 위 50회분의 대본전부 또는 적어도 그 대본전체에서 실질적 유사성이 있는 부분의 비중을 고려하여 대본전체 중 그 침해의 범위를 정하여야 한다고 주장하므로 보건대, 위에서 본 바와 같이 위 피고의 제1회분부터 8회분까지와 제14회분부터 18회분까지 합계 13회분이 원고의 저작권을 침해하고 있는 점은 인정되나 그 밖에 이를 초과하는 나머지 부분에서도 원고의 저작권이 침해되었다는 주장부분에 대하여는 이를 인정할만한 증거가 없고 오히려, 위에서 본 증거들 및 인정사실에 터잡아 원고의 이 사건 소설과 위 피고의 대본을 비교해 보면, 원고의 소설과 위 피고의 대본사이에는 한쪽은 단행본소설인데 반하여 다른 쪽은 50회로 나뉘어 매회 주제에 변화를 주어 진행되는 연속극의 대본이라는 표현형식에 차이가 있는 점, 그 주제 및 구성에 있어서 상당한 차이가 보이는 점이 인정될 뿐인바, 이러한 점을 종합적으로 고려할 때 위 피고의 대본에 의한 원고의 저작권의 침해범위는 그 대본에 실질적 유사성이 있는 합계 13회분이라고 봄이 상당하다 할 것이다.』

☞ 보기 드물게 문예적·픽션 어문저작물에 있어서 저작권침해가 인정된 사례인데 구체적·사실적 표현이 동일하다고 하고 있을 뿐 어떠한 부분이 어떻게 동일한지에는 언급이 없고 사건명과 사건번호가 동일하다는 것은 그 자체가 보호받는 표현은 아니므로 '의거'요건을 추정하게 하는 자료는 될지언정 실질적 유사성을

인정할 자료로 보기는 어렵다는 비판[6-69]이 있다.

2) 아스팔트의 사나이 사건[6-70]

『① 원고가 집필한 '사하라일기'는 위에서 본 바와 같이 원고가 1987년 파리-다카르 랠리에 참가하여 완주한 후, 그 랠리에서의 자신의 경험과 사상을 일기체 형식으로 기록한 것으로서, 위 '사하라일기'에는 원고가 파리에서 다카르에 이르는 13,000km구간을 자동차를 운전하여 가면서 경험하는 사건, 광경, 느낌, 사상 등에 대한 사실적 표현이 그 주요 줄거리를 이루고 있다. ② 이 사건 만화는, 주인공인 이강토가 한국자동차산업의 발전을 위하여 국내의 순수한 기술로 국산자동차를 개발한 다음, 그 자동차를 자동차 경주대회에 참가시키는 등으로 그 우수성을 입증하여 일본 자동차를 수입하여 판매하는 국내의 다른 자동차회사와의 경쟁에서 이기고, 그 후 미국으로 진출하여 일본, 미국의 자동차회사와의 경쟁에서도 이김으로써 결국 세계 자동차시장을 석권하게 된다는 내용으로 되어 있는데, 피고 허○○은 위 만화내용 중 국산자동차의 우수성을 입증하기 위하여 국산자동차가 파리-다카르 랠리에 참가하여 완주하는 부분을 표현함에 있어 별지 2. 기재와 같이 원고가 파리-다카르 랠리를 완주하면서 개인적으로 경험하여 위 '사하라일기'에 서술한 사건, 사상에 대한 사실적 표현을 그대로 또는 다소의 변경을 가하여 사용하였다. …앞에서 인정한 사실에 터잡아 원고의 위 '사하라일기'와 피고 허○○의 이 사건 만화를 비교해 보면, 원고의 위 '사하라일기'와 이 사건 만화 사이에는 표현형식, 주제, 구성에 있어서는 전체적인 개념과 느낌에 있어 상당한 차이가 있음이 인정되나, 그 구성요소 중 일부 사건, 대화, 사상의 표현에 있어서 공정한 인용 내지 양적 소량의 범위를 넘어서서 원고의 위 '사하라일기'와 동일성이 인정되고, 부분적 문자적 유사성도 인정되는 이상, 위 피고의 이 사건 만화의 일부는 원고의 위 '사하라일기'에 의거하여 이루어진 것으로서 비록 원고의 위 '사하라일기'의 일부라고 할지라도 그 본질적인 부분과 실질적 유사성이 있고, 이른바 통상적인 아이디어(idea)의 영역을 넘어서 위 '사하라일기'의 구체적, 경험적 표현을 무단이용

6-69) 오승종, 1186면. 나아가 권영준, 183면은 본문 중의 '어투'는 대화 또는 대사에 포함될 수 있는 요소이므로 이를 별도의 실질적 구성요건 판단요소로 들 필요까지는 느끼지 못한다고 한다.

6-70) 서울지방법원 1996. 9. 6. 선고 95가합72771 판결〔서울고등법원 1997. 7. 22. 선고 96나41016 판결(확정)〕.

하였다고 보이므로 원고의 위 '사하라일기'에 대한 저작권을 침해한 것이 된다고 할 것이다.」

3) 고려수지요법강좌 I 사건[6-71)]

『(1) 그런데 위 '대한수지의학강좌'를 저술함에 있어 피고는, 비록 일부 다른 서적을 참고로 하기는 하였으나, 원고의 허락 없이 거의 위 '고려수지요법강좌'에 기술된 내용을 그대로 인용하거나 약간의 변경을 가하는 방법을 이용하여, 위 '고려수지요법강좌'에서와 같은 원리와 구성 및 전개방식에 따라 수지침이론을 설명하는 한편 그 표현방식, 특히 인체의 상응점이나 혈점, 오행 등을 각종 그림에 의하여 설명함에 있어 위 '고려수지요법강좌'의 그림 등을 거의 그대로 또는 손이나 팔의 방향이나 위치, 대상그림의 성별 등에 있어서의 약간의 변형만을 가하여 이를 이용하였다.

(2) 특히 피고는, 앞서 본 14기맥과 관련하여 이를 14경맥으로 고쳐 표현한 뒤, 위 '고려 수지요법강좌'에서와 같은 순서로 14개의 경맥에 에이(A)부터 엔(N)까지의 부호를 배당하고 그 선상에 356개의 혈점을 배당한 후 이에 에이(A)1부터 엔(N)18까지의 명칭을 부여하였으며, 원고가 혈의 특성을 설명하기 위하여 혈번호, 인체부분상응부위, 체침과의 비교혈, 취혈법, 적응증을 기록하여 작성한 도표를 거의 그대로 인용하였다.

다만 14경맥의 혈로 및 혈점을 정함에 있어, 1, 2, 4, 5지의 경우 위 '고려수지요법강좌'에서는 이를 손가락 측면의 모서리 즉, 각이 진 능선에서 취하고 있으나, 피고는 이를 손가락폭을 4등분한 선 중 측면에서의 첫번째 선, 이른바 1/4선상에서 취하고 있어 손가락의 굵기에 따라, 서로 최소 1밀리미터에서 최대 6밀리미터 정도까지의 차이를 보이고 있고, 또 혈점의 수가 달라 이 점에서도 혈점의 위치가 정확히 일치하고 있지는 않으나, 이러한 사실은 앞서 본 14기맥 내지 14경맥의 대체적인 위치나 부호, 혈점의 부호부여방식, 도표인용 등에 비추어 그 무단이용사실을 부정할만한 것이 되지 못한다.

(3) 그리고 피고는 위 '대한수지의학강좌'에서 그 서술순서를 총론, 수지의학의 본론, 14 경맥론, 총정리 순으로 하여 세부적인 목차를 바꾸었고, 부분적인 명칭을 ① 삼일체질 → 신음양좌우체질, ② 기맥 → 경맥, ③ 기모혈

6-71) 서울고등법원 1998. 8. 12. 선고 97나53696 판결(대법원 1999. 11. 26. 선고 98다46259 판결).

→ 수모혈, 기유혈 → 수유혈, 팔성혈 → 수지팔혈, ④ 내장체성반사 → 내장체표반사, ⑤ 정방과 승방 → 정격과 승격, 한방과 열방 → 한격과 열격 등과 같이 일부 변경하고 있으나, 그 내용에 있어서의 큰 차이는 없다.

(4) 나아가 위 '대한수지의학강좌'는 위 '고려수지요법강좌'와 표지의 색깔 및 재질, 제호의 색깔과 글체, 종이의 재질 등의 면에서 거의 동일하다.

2. 판 단

가. 손해배상책임의 발생

위 인정사실을 종합하면, … 한편 피고는 원고의 허락 없이 이론의 전개방식이나 서술내용, 그림, 도표 등을 그대로 인용하거나 일부 변경 또는 순서를 바꾸는 등의 방법으로 위 '고려수지요법강좌'를 실질적으로 복제함으로써 원고의 위 '고려수지요법강좌'에 대한 저작권을 침해하였다고 할 것이므로, 피고는 이로 인하여 원고가 입은 손해를 배상할 책임이 있다 할 것이다.」

4) 여우와 솜사탕(사랑이 뭐길래) 사건[6-72)]

<사안의 개요>

원고는 1991. 11. 23.부터 1992. 5. 31.까지 피고 주식회사 문화방송이 제작, 방영한 TV 주말드라마 '사랑이 뭐길래'('이 사건 1드라마')의 대본('이 사건 1 대본')을 집필한 이외에도 TV 장편드라마 '청춘의 덫', '사랑과 진실', '사랑과 야망', '불꽃', '배반의 장미' 등을 집필한 인기 드라마 작가이고, 피고 정○은 피고 문화방송이 2001. 10. 27.부터 2002. 4. 27.까지 제작, 방영한 주말드라마 '여우와 솜사탕'(회당 60분의 52회 분량의 드라마, '이 사건 2 드라마')을 기획, 연출한 피고 문화방송 드라마연출 담당직원이고, 피고 김△△은 이 사건 2 드라마의 대본('이 사건 2 대본')을 집필한 작가이다. 이 사건 1 드라마는 당시 전국적으로 시청자들의 많은 인기를 얻었는데, 이에 힘입어 1992. 9.경 이 사건 1 대본은 5권의 책으로 출판되기도 하였다. 피고 김△△은 1999. 1. 15.경부터 8회에 걸쳐 '12살 차이' 등 피고 문화방송이 방영하는 단편드라마 '베스트 극장' 대본을 쓴 적은 있으나, 장편 주말드라마는 이 사건 2 대본이

6-72) 서울남부지방법원 2004. 3. 18. 선고 2002가합4017 판결〔서울고등법원 2005. 9. 13. 2004나27480 판결(확정)〕. 오승종, "저작재산권 침해의 판단과 구제", 계간 저작권 100호(2012. 겨울호), 223면은 소위 유형이론을 적용한 사례로 보고 있다.

처음이었고, 피고 정○은 1982년경 피고 문화방송에 입사하여 이 사건 2 드라마 이외에 '한지붕 세가족', '서울의 달' 등을 기획, 연출해 왔다. 피고 김△△은 위 '12살 차이'라는 단막극의 내용을 바탕으로 하여 '보고 싶은 얼굴'이라는 가제로 2000. 9.경 90회 분량의 장편드라마 대본을 작성하였고, 이 대본을 기초로 하여 2001년경부터 피고 정○과의 논의를 통해 수정을 하여 가면서 2001년 가을에 방영될 이 사건 2 드라마를 준비하게 되었다. 이 사건 2 드라마는 그 방영 초기부터 이 사건 1 드라마를 표절한 것이라는 시비에 휘말리게 되었고, 사단법인 한국방송작가협회는 논란 끝에 2002. 4. 12. 위 협회 정관 규정에 따라 피고 김○○을 제명처리하였다. 원고에게, 피고들이 어문저작권의 복제권 침해에 따른 손해배상을 구하는 것이 본건이다.

<법원의 판단>

『다. 실질적 유사성

…(2) 포괄적, 비문자적 유사성

(가) 이 사건 1, 2 대본과 같은 극적 저작물의 경우는 각 인물들이 설정된 배경하에서 만들어 내는 구체적인 사건들의 연속으로 이루어지고, 그 사건들은 일정한 패턴의 전개과정을 통해서 구체적인 줄거리로 파악되어 인물들의 갈등과 그 해결과정을 내용으로 하고 있으며, 인물들의 갈등과 해결과정은 인물들 성격의 상호관계와 그 대응구도에 의하여 그려지는 것인바, 이는 아이디어의 차원을 넘어 표현에 해당하는 부분으로서 이러한 부분들이 같거나 유사하다면, 그것이 아이디어 부분이라고 할 수 있는 주제 등을 다루는 데 있어 전형적으로 수반되는 사건이나 배경(필수 장면)에 해당하는 것이 아닌 한, 포괄적·비문자적 유사성은 인정되어야 할 것이고, 그 전개과정이나 갈등의 해결과정에서의 구체적인 에피소드까지 같을 경우 그 유사성을 인정하는데 더욱 용이하다 할 것이다.

(나) 구체적인 줄거리 및 사건의 전개과정…

3) 판 단

가) 이 사건 1 대본과 이 사건 2 대본 및 드라마 모두 남자주인공과 여자주인공의 사랑과 결혼을 둘러싼 두 집안의 이야기가 주된 줄거리라고 할 것인데, 이러한 주된 줄거리 부분은 소재로서 아이디어에 해당하는 부분이므로 이 부분이 유사하다고 하여 실질적 유사성이 있다고 보기는 어렵다.

나) 그러나 이 사건 1 대본과 이 사건 2 대본 및 드라마의 구체적인 줄거

리나 사건의 전개과정을 보면 아래에서 보는 바와 같은 차이에도 불구하고 양자 사이에 실질적 유사성이 인정된다. 즉 ① 남녀 주인공이 만나게 된 계기에 있어서 이 사건 1 대본은 남녀 주인공은 서로 동창 사이로, 동창회에서 만나는 반면, 이 사건 2 대본 및 드라마는 남자 주인공이 병원에서 여자 주인공의 다이어리를 줍는 우연한 계기로 서로 만나게 된다는 점, ②…, ⑧ 이 사건 1 대본은 가부장적 집안과 페미니스트적인 현대적인 집안의 대립을 그리고 있음에 비하여, 이 사건 2 대본 및 드라마는 이러한 양가의 대립 구조 이외에 아저씨 같은 386세대의 남자와 톡톡 튀는 발랄한 성격의 신세대 아가씨가 서로 다른 가치관과 세대차를 극복하고 화합해 가는 과정, 즉 12살 차이의 남녀가 서로를 길들여 가는 과정에 있다는 점 등에 있어서 차이점은 발견되나, 이 사건 2 대본 및 드라마의 1회부터 38회까지 사이의 남녀 주인공의 사랑이야기 부분에 있어, ① 가풍의 측면에서 남자주인공(대발, 강철)의 집안은 남성위주의 가부장적 분위기이며 여자주인공(지은, 선녀)의 집안은 여성위주의 개방적인 분위기라는 대조적 양상을 띠고 있고, 여자주인공은 모두 학력이 높고(지은은 명문대학 법대에서 석사학위를 받았고, 선녀는 한의대 졸업반이다) 여자주인공측 집안에서 특히 어머니로부터 큰 기대를 받고 자라온 수재라는 점, ②…, ⑫ 남자주인공의 어머니들은 결혼 이후로 집안에서 자신의 발언권을 강화하고자 노력한다는 점 등이 동일하거나 유사하게 전개되는 사실을 알 수 있는바, 이 부분은 구체적인 줄거리나 사건전개의 측면에서 포괄적·비문자적 유사성이 인정되는 부분에 해당한다.

(다) 인물들의 갈등구조와 그 해소과정에서의 등장인물들의 상호관계의 구도…

3) 판 단

가) 등장인물들 각자의 캐릭터는 저작권법의 보호대상에 해당한다고 보기 어려우나, 사건의 전개는 등장인물들 각자의 캐릭터 상호간의 갈등의 표출과 그 해소과정이라고 볼 수 있다는 점에서 등장인물들의 갈등의 구체적인 내용이나 그 조합은 저작권법의 보호대상이 된다고 할 것이다.

그런데 위에서 본 바와 같이 주요 등장인물들 상호간의 갈등구조나 그 조합이 이 사건 1 대본과 이 사건 2 대본 및 드라마 사이에 상당할 정도로 동일하거나 유사하고 그 갈등의 내용이 구체적인 줄거리나 사건의 전개과정을 통하여 볼 때 양자가 상당 부분 대응된다는 점에서 이 부분에 있어 이 사건 1 대본과 이 사건 2 대본 및 드라마 사이의 비문자적·포괄적 유사성을 인정할 수 있다…

(3) 부분적, 문자적 유사성

이 사건 2 대본 및 드라마에는 별지목록 기재와 같이 이 사건 1 대본과 비슷한 상황에서 동일하거나 거의 유사한 대사가 등장하는 예가 발견됨으로써(동일 또는 유사한 대사는 이 사건 2 대본 및 드라마 36회까지 발견되고 39회부터는 발견되지 아니한다) 부분적·문자적 유사성이 인정된다.」

5) 만인의총 사건[6-73)]

「(다) 양 작품의 구성, 등장인물, 특이한 장면 등의 유사성에 관하여 살펴보자…

1) 극 전체의 구도와 진행방식에 관하여 살피건대, 원고 희곡은 9장, 이 사건 희곡의 신청대본은 3막 16장, 공연대본은 12장으로 구성되어 있고, 원고 희곡은 군인들이 만인의총을 방문하는 장면(서장) 정유재란 당시의 장면(1 내지 7장), 군인들이 만인의총을 참배하는 장면(종장)의 순서로 구성되어 있고, 이 사건 희곡의 신청대본은 정유재란 때 일본으로 피납되었던 도예가 심수관 일행이 만인의총을 방문하는 장면(1막), 정유재란 당시의 장면(2막), 심수관 일행이 만인의총을 참배하는 장면(3막)의 순서로 구성되어 있으며, 공연대본은 신청대본 중 1, 3막이 생략되고 정유재란 당시의 장면만 있다. 그리고 정유재란 당시의 장면 부분은 원고 희곡은 피난 장면, 산성을 불태운 장면, 용성관 장면, 대장장이 일가의 갈등 장면, 양원과 소서행장의 담판 장면, 옥쇄장면으로 구성되어 있고, 이 사건 희곡은 만골댁 딸인 옥이가 왜군에게 강간당하는 장면, 조정에서의 구원군을 둘러싼 갈등 장면, 옥이가 자살을 시도하는 장면, 산성을 불태운 장면, 용성관 장면, 만골댁 일가의 갈등 장면, 양원과 소서행장의 담판장면, 옥쇄장면으로 구성되어 있다.

2) 인물설정과 줄거리에 관하여 살피건대, 양 작품 모두 역사적 인물로 남원성 전투에 참가한 조선 장수로 남원 부사 임현, 별장 신호등과 명장 양원, 왜장 소서행장이 등장하고, 주인공으로 원고 희곡에서는 대장장이 일가가, 이 사건 희곡에서는 만골댁 일가가 설정되어 있는데, 양 작품의 주인공 일가의 성격에 극의 전개에 영향을 미칠 정도의 차이점은 없고, 양 작품 모두 주인공 일가가 왜군의 공격에 대하여 '피난을 갈 것인가, 전투에 참가할 것인가'라는 갈등하다가 남원성 전투에 참가하여 옥쇄하지만, 주인공 일가

6-73) 전주지방법원 남원지원 2004. 12. 22. 선고 2002가단3038 판결(확정).

중 임신부(원고 희곡은 금이, 이 사건 희곡은 숙이네)만 살아남는다는 유사한 줄거리를 가지고 있다(이 사건 희곡은 원고 희곡에는 없는 옥이가 왜군에게 강간당하는 내용이 나오는데, 이는 이 사건 희곡의 진행에 중요한 영향을 미치는 것은 아니다).

3) 양 작품 모두 용성관에서의 명장 양원과 조선인 장수들과의 갈등 장면이나 양원과 소서행장의 담판장면을 극 전개상 중요한 역사적 사건으로 다루어지고 있는데(위 사건 모두 주인공 일가의 갈등 구조와는 관계없다), 용성관 장면은 신호가 양원의 산성을 불태운 전술과 명군이 전투준비를 하지 않고 민폐를 끼치는 것을 비판하고, 이에 대하여 양원은 조선군의 작전 및 전투능력을 멸시하는 내용이고, 소서행장과 양원의 담판장면은 소서행장이 양원에게 남의 나라 전투에 목숨을 바칠 필요가 없고 왜군이 병력상 압도적인 우위에 있다며 도망갈 것을 권유하는 내용으로 동일하고, 특히 용성관 장면은 그 장면설정, 대사의 흐름 등도 유사하다.

4) 원고 희곡은 부사 임현이 양원의 명령에 의하여 산성 안의 가옥을 불태웠다는 역사적 사실을 오인하여 양원이 직접 불태운 것으로 극을 전개하였는데, 이 사건 희곡에서도 동일하게 양원이 직접 불태운 것으로 전개되었다.

(라) 그렇다면, 이 사건 희곡은 원고 희곡과 진행과정 및 줄거리에 큰 차이가 없고, 양 작품 모두 주인공 일가족이 왜군의 침입에 대한 갈등과 옥쇄 및 미래를 상징하는 임신부의 생존을 주요 내용으로 하고 있으며, 용성관 장면은 비록 양 작품이 정유년 남원성 싸움이라는 동일한 역사적 사실에 기초하여 창작되었다 할지라도 그 장면설정과 대사의 흐름이 유사하고, 역사적 사실을 오인하여 전개한 부분도 동일하게 전개되어 있다 할 것인 바, 이 사건 희곡은 원고 희곡과 포괄적 비문자적 유사성을 보이고 있고 용성관 장면에서는 부분적 문자적 유사성도 보인다 할 것이므로, 결국 양 작품 사이에 실질적인 유사성이 있다 할 것이다.』

6) 6년째 연애중 사건[6-74]

『…다음으로 원고 시나리오 중 원고가 창작적으로 기여한 부분이 피고 시나리오에 잔존하고 피고 시나리오의 해당부분과 실질적으로 유사한지 살

6-74) 서울고등법원 2009. 9. 3. 선고 2009나2950 판결(대법원 2011. 8. 25. 선고 2009다73882 판결).

핀다.

(가) 인정사실

1) 원고 시나리오와 피고 시나리오의 주제는 모두 오랜 기간 연애한 남녀가 상대방에 대해 느끼는 감정과 다른 이성과의 만남을 통해 서로의 관계에 대해 다시 생각해 보게 되고, 이별을 경험하면서 성숙해 진다는 것이고, 그 시간적, 장소적 배경도 현재의 서울(또는 대도시)로서 주제 및 배경(세팅)이 유사하다(다만 아이디어 차원에 불과한 위 각 유사성만으로는 두 시나리오가 실질적으로 유사하다고 단정할 수는 없다).

2) 원고 시나리오와 피고 시나리오는 모두 오랜 기간 연애를 거치고 오피스텔의 이웃에 거주하며 사실상 동거관계인 남녀가 각기 다른 이성과 만나며 그러한 사실이 상대방에게 발각되고 남자 주인공의 가족들이 결혼을 강요하나 여자 주인공이 이를 거부하여 서로 이별하였다가 다시 새로운 관계로 발전하게 되며, 별지 4 기재와 같이 구체적인 사건의 전개과정이 유사하다. 원고 시나리오와 피고 시나리오는 별지 4 기재와 같이 사건의 등장인물의 이름과 설정이 유사하다. 위 각 유사한 부분은 대부분 서동헌 시나리오에 없던 것으로 원고의 창작에 의한 것이다.

3) 또한 원고 시나리오와 피고 시나리오는 별지 5 기재와 같이 그 대사가 유사한 장면이 있다.

(나) 원고가 피고 시나리오에 창작적으로 기여하였는지 여부

시나리오와 같이 줄거리와 이를 영상화할 요소들을 포함한 어문저작물의 실질적 유사성은 비단 부분적·문자적 유사성에 국한되지 아니하며, 아이디어를 넘어서 표현으로 인정될 수 있는 포괄적·비문자적 유사성에 의하여도 인정될 수 있다. 위 (가)항 인정사실에 의하면, 비록 피고 박○○ 등이 원고 시나리오를 수정하면서 상당한 부분의 창작이 가미되었음은 부인할 수 없으나, 그럼에도 불구하고 피고 시나리오에 원고 시나리오와 피고 시나리오는 표현의 영역에 있는 사건의 전개과정, 등장인물에 있어서 실질적 유사성을 인정할 수 있고 대사에 있어서도 유사성이 인정되는 부분이 다수 존재하는바, 위 (2)항에서 본 서△△ 시나리오와 원고 시나리오의 차이점에 비추어 보면, 원고는 피고 시나리오의 작성에 창작적으로 기여한 자로서 피고 시나리오의 공동저작자 중 1인으로 봄이 상당하다.』

7) 비보이 사건[6-75]

『…이 사건을 살피건대, 원심이 적법하게 조사하여 채택한 증거들에 의하여 인정되거나 그 인정사실로부터 추단되는 다음과 같은 사정 즉, ① 최○○은 2005. 8.경 비보이와 발레리나가 다양한 춤을 보여주는 무언극 '프리즈'를 관람한 후 '프리즈'의 예술감독인 이△△에게 '프리즈'의 기본 설정을 토대로 한 새로운 공연을 제안하였고, 2005. 9. 13. 투자를 받아 에스제이비보이즈를 설립한 점, ② 에스제이비보이즈는 2005. 9. 28. 공연을 위한 전용극장으로 서울 마포구 서교동 338-8 소재 ○○빌딩 지하 1층을 임차하였고, 2005. 9. 29. 위 '프리즈'의 저작권자인 주식회사 제이에스픽쳐스에게 1억 원을 지급하고 '프리즈'의 저작권과 공연에 필요한 자료 등 일체를 양수한 점, ③ 최○○의 주도하에 2005. 10.경 공연 제목이 '비보이를 사랑한 발레리나'로 정해졌고, 그 제목 자체가 이 사건 무언극의 내용을 함축적으로 담고 있는 점, ④ 최○○은 2005. 10.경 '프리즈'의 기본 설정을 토대로 이 사건 무언극의 시놉시스를 작성하기 시작하였고, 2005. 11. 21.경 작성 중인 시놉시스를 본인의 이메일로 송부하기도 하였으며, 2005. 12. 2.경 공연 홍보 등을 위하여 보다 구체화된 시놉시스를 김◇◇ 등에게 이메일로 송부한 점, ⑤ 최○○은 '프리즈'를 다소 변형한 공연을 제안하였던 이△△에게 '프리즈'를 토대로 한 독자적 작품을 공연할 것을 주장한 점, ⑥ 원심 판시 최○○ 작성의 시놉시스 내용을 보면, 단순한 아이디어나 이론 등의 사상 및 감정 그 자체를 나열한 것이 아니라, 창작적인 표현형식에 해당하는 것까지 포함되어 있는 점, ⑦ 최○○의 시놉시스와 '프리즈' 시놉시스는 우연히 비보이를 만나게 된 발레리나가 비보이로 동화되어 간다는 기본 설정이 실질적으로 유사하나, 최○○은 단순히 '프리즈' 시놉시스의 기본 설정을 그대로 차용하여 구체적인 상황설정 등에만 다소의 수정·증감을 가한 데에 그친 것이 아니라, 발레리나가 비보이와 동화되어 가는 과정에서의 사랑, 내·외적 갈등, 극복 구조를 추가하는 등 구체적인 상황설정 및 창작적 노력을 투입하여 주제를 향해 이야기를 전개하는 방식에도 수정·증감을 가한 점, ⑧ 이 사건 무언극은 2005. 12. 9. 초연된 이래 관객 및 국·내외 언론으로부터 그 작품

6-75) 서울중앙지방법원 2009. 9. 10. 선고 2008고합1132 판결〔서울고등법원 2010. 5. 27. 선고 2009노2514 판결, 이후 부정경쟁방지 및 영업비밀보호에 관한 법률위반의 점이 상고심(대법원 2011. 5. 13. 선고 2010도7234 판결)에서 파기되어 다시 항소심과 상고심 판결이 내려지나 저작권침해와는 무관하므로 생략한다〕. 2차적 저작물 작성권과 관련하여 피고인이 연출한 무언극이 저작물인 시놉시스와 유사한지가 다투어진 사건이다.

성과 흥행성을 널리 인정받게 되었고, 이로 인해 텔레비전 광고에도 등장하는 등 성황리에 공연이 진행되고 있었으며, 공연이 진행되는 과정에서 최○○, 피고인 등에 의하여 일부 내용이 덧붙여지는 등 계속적인 보완 작업이 이루어졌지만, 공연의 기본적인 설정에 근본적인 변화가 있었던 것은 아닌 점, ⑨ 2006. 9.경 재계약협상 과정에서 에스제이비보이즈와 전속 무용수들 사이에 갈등이 발생하였고, 결국 피고인과 김◎◎ 등 전속 무용수들은 에스제이비보이즈와 결별하게 된 점, ⑩ 최○○은 2006. 11. 9. 저작권심의조정위원회에 '비보이를 사랑한 발레리나'라는 제호의 어문저작물에 관하여 창작일 2005. 10. 5., 공표일 2005. 12. 9.로 된 저작권등록을 마친 점(등록번호 제C-2006-005468호), ⑪ 피고인과 김◎◎ 등 전속 무용수들은 이 사건 무언극에 관한 저작권을 주장하면서 최○○과 협의하거나 최○○의 사전 동의 없이 피고인이 이사로 있는 주식회사 스카이워크 및 피고인이 주주로 있는 주식회사 고릴라크루와 순차적으로 공연 제작 계약을 체결하고, 2007. 2. 2.경부터 원심 판시 기재와 같이 '비보이를 사랑한 발레리나', '비보이를 사랑한 발레리나S', '비보이를 사랑한 발레리나 시즌1'과 같은 제목으로 공연을 진행한 점, ⑫ 피고인이 진행한 위 공연들이 이 사건 무언극과 구체적인 상황설정 등까지 완벽하게 동일한 것은 아니었고, 공연 진행 과정에서 지속적인 수정·증감이 있기도 하였지만, 공연의 기본적인 설정에 있어 이 사건 무언극과 근본적인 차이가 있었던 것은 아닌 점 등을 종합하면, 최○○ 작성의 이 사건 무언극의 시놉시스는 최○○에 의하여 창작된 독자적인 어문저작물로 보이고, 피고인이 위와 같이 최○○이 창작한 시놉시스와 실질적으로 유사한 내용의 공연을 진행한 이상 최○○의 저작재산권을 침해하였다는 사실이 충분히 인정되므로, 피고인의 이 부분 사실오인 주장은 이유 없다.』

한편 1심 판결은 아래와 같이 설시한 바 있다.

『(3) 저작권 침해 여부(실질적 유사성)

위 각 사실들과 이 사건 기록에 의하여 인정되는 다음과 같은 사정들, 즉, ① 피고인이 2005. 12. 3.경 작성 중이었던 시놉시스 및 피고인이 연출 과정에 참여한 2005. 12. 9. 초연된 이 사건 무언극은 발레리나가 비보이와 동화되어 가는 과정을 ㉠ 순수와 열정, ㉡ 만남과 좌절, ㉢ 미궁과 구원, ㉣ 환희와 화합의 4개의 막으로 표현하고 있는데, 이를 최○○이 작성한 시놉시스와 비교하여 보면, 최○○은 같은 과정을 10개의 막으로 표현한 반면 피고인은 이를 4개의 막으로 통합하였고, 최○○은 발레리나가 비보이를 우연히 만나게 된 장소를 클럽으로 설정한 반면 피고인은 레코드샵으로 설정하는 등 일부 구체적인 상황설정 등에 다소 차이가 있을 뿐, 공연의 기본 주제 및 그 주제를 표현하는 구조('프리즈'의 기본 설정에 발레리나가 비보이와 동화되어 가는 과정에서의 사랑, 내·외적 갈등, 극복 구조를 추가)는 동일한 점, ② 에스제이비보이즈와 결별한 후 피고인은 스카이워크, 고릴라크루와 순차적으로 공연 제작 계약을 체결하고 공연을 연출하였는데, 이를 이 사건 무언극과 비교하여 보면, 지속적으로 구체적인 상황설정을 수정하거나 추가하는데 그쳤을 뿐, 공연의 기본 주제 및 그 주제를 표현하는 구조에 근본적인 변화를 가하였다고는 보이지 않는 점, ③ 피고인이 연출한 공연 홈페이지(www.bisabal.co.kr)에는 '비사발은 우리의 것이다!'라는 항목이 있는 등 피고인은 에스제이비보이즈와 결별 후 이 사건 무언극 시놉시스에 관한 저작권을 주장하면서 공연을 진행하였던 점 등을 종합적으로 고려하면, 피고인은 최○○이 창작한 시놉시스와 실질적으로 유사한 내용의 공연을 진행함으로써 최○○의 저작재산권을 침해하였다고 봄이 상당하다.』

8) 요약도서 번역 사건[6-76]

『요약물이 그 원저작물과 사이에 실질적인 유사성이 있는지 여부는, 요약물이 원저작물의 기본으로 되는 개요, 구조, 주된 구성 등을 그대로 유지하고 있는지 여부, 요약물이 원저작물을 이루는 문장들 중 일부만을 선택하여 발췌한 것이거나 발췌한 문장들의 표현을 단순히 단축한 정도에 불과한지 여부, 원저작물과 비교한 요약물의 상대적인 분량, 요약물의 원저작물에 대한 대체가능성 여부 등을 종합적으로 고려하여 판단해야 한다.』

☞ '요약'의 2차적 저작물성을 다룬 첫 대법원 판결[6-77]로, 사업모델로 떠오르는 도

6-76) 서울중앙지방법원 2010. 8. 12. 선고 2009고단5885 판결, 서울중앙지방법원 2011. 2. 23. 선고 2010노3247 판결, 대법원 2013. 8. 22. 선고 2011도3599 판결. 상세는 박태일, "어문저작물인 원저작물을 요약한 요약물이 원저작물과 실질적인 유사성이 있는지 판단하는 기준에 관한 연구", 정보법학 18권 8호(2015), 113면 참조.

6-77) 과거 하급심 판결로는 서울중앙지방법원 2004. 12. 3. 선고 2004노555 판결(상고기각으로 확정)이 있다. 사안의 개요는 다음과 같다. 피고인은 만화를 제공하는 인터넷 사이트에 접속하여, 피해자가 만화 저작권자와 저작물 사용 계약을 체결하고 위 사이트에서 제공하고 있는 만화 중 '괴물 같은 놈', '강타자' 등 2종류의 만화 작품의 전반적인 내용을 소개하기 위하여 피해자가 요약 정리한 2차적 저작물인 '줄거리'의 내용을 그대로 베껴서 복제하고 이를 타에 교부한 것이다. 법원은 피고인

서요약서비스와 관련하여 그 의미가 있다.

9) 동성애소설 사건[6-78)]

『라. 실질적 유사성에 대한 판단

(1) 판단기준

…(다) 극적 저작물의 저작권 침해 여부를 판단함에 있어 고려할 요소

…한편 두 저작물이 실질적으로 유사한지 여부는 원고의 저작물로부터 차용된 부분의 양과 질에 의해 판단되는 것으로서 원고의 저작물로부터 차용된 부분의 양이 많을수록, 차용된 부분이 원고의 저작물에서 질적으로 중요한 부분일수록 실질적 유사성을 보다 쉽게 인정할 수 있으며, 나아가 두 저작물 사이의 유사점이 양적으로는 많지 않더라도 등장인물이나 등장인물 간의 갈등관계, 구체적인 줄거리 중 핵심이 되는 부분(그 부분을 제외하면 저작물의 완결성이나 개연성을 해할 정도의 중요한 부분)이 실질적으로 유사한 경우에는 저작권 침해를 인정할 수 있다.

(라) 두 소설의 장르와 분량 차이에 대한 고려…

(2) 부분적·문언적 유사성

원고는 두 소설 사이에 부분적·문언적 유사성이 있다는 점에 대해서는 구체적인 주장, 입증을 하고 있지 않으므로, 이에 대해서는 살피지 아니한다.

(3) 포괄적·비문언적 유사성

(가) 등장인물의 구체적 성격과 역할

1) 일반론

은 위 '줄거리'에 관한 피해자의 저작권을 침해한 것이라고 인정하고, 만화의 내용을 인터넷 이용자들이 쉽게 이해할 수 있도록 압축적으로 표현한 '줄거리'에 대하여 만화와의 관계에서 2차적 저작물성을 인정하였다. 다만 피해자가 만든 '줄거리'는 만화내용을 그대로 옮긴 것이 아니라 만화편집에 전문적인 노하우를 가진 6명 정도의 피해자 회사 직원들이 만화내용을 압축적으로 표현하여 이를 작성하였음을 주된 이유로 하는 것으로, 원저작물 저작권자의 2차적 저작물 작성권을 침해하였는지가 다루어진 것이 아니라 제3자와의 관계에서 2차적 저작물의 저작권 침해 여부가 문제된 것이어서, 판시의 중심이 '원저작물과 2차적 저작물의 실질적 유사성'보다는 '2차적 저작물의 창작성'에 있었다. 상세는 박태일, "타인의 어문저작물에 대한 요약물이 2차적 저작물에 해당하는지 여부－대법원 2013. 8. 22. 선고 2011도3599 판결－", 한국정보법학회 사례연구회 2014. 7. 15. 발표자료 참조.

6-78) 서울남부지방법원 2013. 1. 17. 선고 2012나4904 판결(대법원 2015. 3. 12. 선고 2013다14378 판결).

소설 등 문학작품에 있어서의 등장인물은 원칙적으로 그 자체로는 저작권에 의하여 보호되는 표현에 해당한다고 볼 수 없으나, 구체적이고 독창적이며 복잡한 내면을 가진 등장인물을 그리고 있거나 다른 등장인물과의 관계를 통해 사건의 전개과정과 밀접한 관련을 가지면서 저작물에서 양적, 질적으로 차지하는 비중이 높아 그 저작물의 핵심적인 부분에 해당하는 경우에는 저작권에 의해 보호되는 표현에 해당할 수 있다. 한편 소설이나 희곡의 주인공과 같은 어문적 캐릭터는, ① 이름, ② 시각적 요소(외모·복장 등 이야기 속에 서술된 캐릭터의 신체적 또는 시각적 특징), ③ 청각적 요소(캐릭터의 목소리, 말투, 자주 사용하는 단어나 어법 등), ④ 성격적 요소(캐릭터의 성격적 특성, 습관, 행동양식 등)라는 4가지 요소로 구성되는바, 두 저작물에 등장하는 캐릭터 중 서로 대비되는 캐릭터의 구성요소들을 종합적으로 고려하여 실질적 유사성 여부를 판단하여야 한다.

2) 남자주인공(데오윈의 문위, 현기증의 남민조)

▶ 유사점 : 두 소설의 남자주인공들은 모두 각 소설의 중핵을 이루는 캐릭터로서, ① 여자주인공을 처음 만났을 당시 고등학생 신분이었고, 여자주인공이 첫 눈에 반할 정도의 아름다운 외모를 가지고 있는 점(데오윈 1권 35~39p, 현기증 43p), ② 부모님을 일찍 여윈 고아로서 내면적으로 고독하고 가족을 위해 욕망을 억누르며 살아가는 점(데오윈 1권 63~65p, 현기증 169, 181p), ③ 고등학생 시절 불행한 가정환경에도 불구하고 예의바르고 성실한 생활을 하였던 점(데오윈 1권 41p, 현기증 182~183p),… 등에서 유사하다.

▶ 차이점 : ① 현기증의 남자주인공 남민조는 형제가 없는데 반해, 데오윈의 주인공 문위는 형(문강)과 동생(문휘, 문혜윤)이 있는 점, ② 특히 문위의 경우 형 문강이 학생운동을 하다가 군입대 후 의문사를 당하였고, 어머니마저 그 충격으로 자살하였으며, 그로 인하여 복수심을 불태우는 한편으로 동생들을 보호해야 한다는 책임감 때문에 부득이 몸을 파는 행위를 하는 등 남민조에 비해 보다 복합적인 갈등을 겪는 인물인 점 등에서 차이가 있다…

(나) 구체적인 줄거리와 사건전개

1) 전체적인 줄거리 개관

두 소설은 모두 사랑하던 남녀주인공이 여자주인공으로 인하여 발생한 사고 때문에 이별했다가 우연한 기회에 재회한 후 속죄하면서 갈등하다가 결국 용서하고 화해함으로써 서로의 사랑을 확인한다는 내용으로서 전체적인 줄거리는 일치한다. 다만, 위와 같이 구체화 되지 않은 추상적인 줄거리는 저작권으로 보호받는 표현의 영역에 속하는 것으로 볼 수는 없으나, 두 소설에 공통되는 '만남 – 이별 – 재회 – 갈등 – 용서와 화해를 통한 사랑의 확인'이라는 사건전개와 등장인물들의 갈등 및 그 해결과정을 통하여 구체화된 줄거리는 저작권으로 보호받는 표현의 영역에 해당하는바, 이하 살펴보기로 한다.

2) 남녀주인공의 만남

▶ 유사점 : 두 소설 모두, 부모를 일찍 여읜 남자주인공이 다니는 고등학교에 여자주인공이 선생님으로 부임하였고, 그 무렵 여자주인공은 남자주인공을 처음 만나 그의 아름다운 외모에 반하였으며, 둘은 결국 사랑에 빠지게 되는 점에서 유사하다.

▶ 차이점 : 현기증의 경우 여자주인공 신연수와 남자주인공 남민조는 선생님과 제자 관계로 만남을 시작한데 반해, 데오윈의 경우 여자주인공 장인환과 남자주인공 문위는 선생님과 제자 관계가 아니라 장인환이 경제적 문제로 몸을 팔며 살아가는 문위에게 성매매를 제의하면서 만남을 시작한 점, 현기증의 신연수와 남민조는 첫 만남부터 서로에게 끌리는 감정을 느낀데 반해, 데오윈의 경우 첫 만남 당시 장인환은 문위에게 반하였으나, 문위에게 있어 장인환은 성매수자였을 뿐 원래 감정적으로 끌리지는 않았으며, 다만 차츰 만나는 과정에서 사랑의 감정을 느끼게 된 점 등에서 차이가 있다.

(다) 등장인물 사이의 갈등관계

1) 남자주인공과 여자주인공…

(라) 특징적인 에피소드

두 소설의 중핵을 이루는 구체적인 줄거리와 등장인물들 간의 갈등관계에 관한 특징적인 에피소드들에서 아래와 같은 유사성이 인정된다.

1) 남녀주인공이 처음 만난 날 여자주인공이 남자주인공의 아름다운 외모에 반하는 장면

여자주인공은 남자주인공을 처음 만났을 때 남자주인공의 아름다운 외모에 소름을 느낄 정도로 감탄하고 그에게 빠져든다(▶ 데오윈 1권 37~43p "쌍커풀이 없는 대신 크기는 상당히 커서 쌍커풀이 있다면 되레 그 완전무결한 균형이 깨질, 몹시도 아름다운 눈매가 아기 같은 눈동자를 감싸고 있었다. 그 다음은 늠름한 근육질의 다부진 몸매", …, ▶ 현기증 43p "처음

그 아이를 봤을 때, 주변의 사물이 모두 스르르 모습을 감춰버린 것 같은 착각이 들었다. 수많은 학생 중에서도 오직 그 소년만이 아프도록 눈에 들어왔다. 자신이 미쳤다고 생각했다. 이래서는 안 된다고 수없이 스스로 다독였지만 어느새 눈길은 아름다운 소년에게 향하고 있었다. 태양 아래 그 소년만이 눈부시게 빛을 발하고 있었다. 소년의 존재감은 소름이 돋을 정도였고 그가 짓는 웃음 한 자락까지 욕심이 났다. 신연수의 인생이 통째로 바뀌는 순간이었다.")…

(4) 실질적 유사성에 대한 평가

앞서 살펴본 바와 같이, 두 소설은 장르와 분량 및 등장인물의 수와 성격, 사건전개의 복잡성 등 여러 부분에서 차이점이 보이나, 이는 두 소설의 장르와 분량의 차이에 따른 당연한 결과(분량이 월등히 많은 데오원의 본질 또는 구조를 현기증이 단순화하여 차용한 것)이거나 사건전개에 있어 지엽적인 부분에 관한 차이에 불과하며, 오히려 두 소설은 사건전개에 중핵이 되는 등장인물과 그들 사이의 갈등관계 및 그 갈등이 해소되는 과정, 그리고 그 과정에서 드러나는 구체적인 줄거리와 특징적인 에피소드들에서 상당 부분 창작성을 공유하고 있고, 이와 같은 유사성은 두 소설 전체에서 상당한 비중을 차지하고 있어 앞서 본 차이점들을 양적·질적으로 압도하는바, 두 소설 사이에는 포괄적·비문언적 유사성이 인정된다고 봄이 타당하다.』

10) 영어학습교재 사건[6-79]

『앞에서 본 바와 같이 알파벳을 생물화한 캐릭터, 각 캐릭터별 명칭, 알파벳의 음가와 관련된 이야기가 원고 교재의 독특한 창작성이 인정되는 주된 부분인데, 원고 교재와 이 사건 침해 교재 중 알파 월드 레벨 1, 2, 3의 각 북은 아래와 같이 각 구체적 표현방법에 있어서 약간의 차이가 있기는 하나, 각 알파벳별 캐릭터, 각 캐릭터별 명칭 또는 알파벳의 음가와 관련된 이야기가 대부분 동일한 점, 이 사건 침해 교재에서 원고 교재와 표현이 동일한 것으로 보이는 알파벳이 아래와 같이 16개로서 총 알파벳의 과반수를 넘는 점, 이 사건 침해 교재 중 Alphabet Friends, The Adventures of Ann & Sam 및 Alpha World Explores라는 명칭의 교재 역시 이 사건 침해 교재 중 '알파 월드' 레벨 1, 2, 3의 각 북과 동일한 알파벳을 생물화한 캐릭터, 배경그림 등을 사용하고 있는 점, 이 사건 침해 교재는 원고 교재와 같

6-79) 대전지방법원 2014. 5. 15. 선고 2013가합3334 판결(확정).

이 A에서부터 Z까지의 각 알파벳을 파닉스 학습법으로 제작한 점 등을 종합하면, 원고 교재와 이 사건 침해 교재는 그 창작적 표현형식에 있어 실질적 유사성이 있다고 할 것이다.

(3) 원고 교재와 이 사건 침해교재에서 '알파벳을 생물화한 캐릭터, 각 캐릭터별 명칭, 알파벳의 음가와 관련된 이야기'에 관한 표현에 동일성이 인정 되는 부분

① 알파벳 A : 원고 교재는 알파벳 A를 울고 있는 모습으로 표현하면서, 위 캐릭터가 '애애애'라고 울고 있다는 취지의 알파벳 A의 음가가 연상되는 이야기가 있고, 이 사건 침해 교재 역시 알파벳 A를 울고 있는 모습으로 표현하면서, 위 캐릭터가 '애애애'라고 울고 있다는 취지의 알파벳 A의 음가가 연상되는 이야기가 있다.

② 알파벳 E : 원고 교재는 알파벳 E를 빨간색의 특이한 치아를 가진 모습으로 표현하였고, 이 사건 침해 교재는 알파벳 E를 긴 치아를 가지고 있는 토끼로 표현하였다…』

Ⅳ. 음악저작물의 실질적 유사성 판단

1. 음악저작물의 실질적 유사성 판단시 유의사항

가. 음악저작물의 특성6-80)

음악은 많은 예술형식 중 오직 청각에 의하여만 감지되고 유형성이 없지만, 그럼에도 인간의 사상과 감정을 표현하는 수단으로 오랜 시간 사랑받아오고 있다. 특히 음악저작물은 본질적으로 음(音)에 의하여 표현되나, 가요곡과 같이 악곡에 가사(歌詞)가 붙어 있는 경우 그 가사도 음악저작물의 일부가 된다.

그런데 경제적 가치가 큰 음악저작물 분야는 세계적으로도 많은 표절 문제를 야기하는 분야이고 표절 판정 여부가 쉽지 않은 영역이기도 하다. 이는 근본적으로 창작(작곡) 도구의 측면에서 볼 때 음(note)은 한 음계에 12개로,

6-80) 음악저작물의 실질적 유사성에 관한 전반적 논의는 김혜성, "음악저작물의 실질적 유사성", Law & technology 제7권 제4호(2011. 7) 참조.

비록 수학적으로는 무수한 조합이 가능하다고 하지만 인간의 가청범위에 들어가고 또 감성에 호소할 수 있는 배열을 방법이 상당히 적고, 연주도구의 측면에서 볼 때에도 악기나 인간이 낼 수 있는 음역범위의 제한도 고려하여야 하며 나아가 대중음악에 있어서는 음악적 관행과 시기적 또는 지역적 유행으로 창작이 제한되는 경향도 적지 않기 때문이다.6-81) 그러므로 어느덧 일상생활의 필수재로 자리잡은 감성적 저작물로서의 음악저작물은 창작자의 보호와 공공영역(Public domain) 사이의 균형이 무엇보다 필요한 분야이고 특히 현대 사회에서 음악저작물이 점점 더 많은 영역에서 소비되는 경향과 그 경제적 가치가 점증하는 면을 고려하면 더욱 그러하다.6-82)

나. 음악의 3요소와 보호의 정도

음악저작물 중 가사를 제외한 나머지 부분 즉 악곡(樂曲)은 크게 가락(선율, 멜로디), 리듬 및 화음 3가지로 구분된다. 이들은 각자의 기능을 가지지만 일반적으로 개별 음의 고저장단인 '가락'이 가장 큰 보호를 받는데 이는 상대적으로 선택의 폭이 넓어 창작성을 발휘하기 가장 좋고 무엇보다 일반적으로 노래라 함은 타인이 따라 부를 수 있는 식별력이라는 의미에서 가락을 의미한다고 보아도 틀린 말이 아니기 때문이다. 한편 '리듬'은 변화가 가능하지만 이미 지구상에 등장하여 있는 리듬(탱고, 왈츠, 블루스 등) 외에 전혀 새로운 리듬을 만든다는 것은 용이하지 않으므로 리듬만을 모방한 것으로는 음악저작권 침해로 보기 어렵다는 것이 일반적인 견해이다. 또한 '화음'도 가락이 주어지면 화성법에 따라 적절한 음계를 찾아내게 되고 따라서 선택의 폭이 좁아6-83) 화음만의 모방으로 침해를 구성하는 것은 '가락' 보다는 어려울 것으

6-81) 오승종, 1221면.

6-82) "…몸이 아픈 환자에게는 좋은 약과 치료법이 있지만, 아픈 마음까지 함께 치유하기란 쉽지 않기 때문이다. 이런 환자들을 위해 최근 의료 현장에서는 '음악'이 특효약으로 많이 사용된다고 한다. 음악은 약물이나 수술도구가 닿지 않는 깊은 곳을 보듬어줄 수 있는 강력한 도구라 할 수 있다. 실제로 현대사회에서 음악은 치료의 목적으로 널리 사용되고 있다. 미국에서 제2차 세계대전의 충격으로 마음의 병을 얻은 병사들에게 음악을 들려준 것이 시초가 되었다고 한다. 실제로 음악은 고통, 불안감, 우울증 및 불면증을 감소시켜 주며, 면역세포를 활성화시켜 암을 치료하는 데에도 긍정적인 효과를 준다고 한다." [매경춘추] 힐링 열풍(2013. 7. 17).

로 보인다(리듬과 화음의 위와 같은 한계를 벗어나는 진보적 음악이나 실험적 음악 등이 존재할 수 있으나 그럴 경우 오히려 음악저작권 판단이 용이할 것이다. 향후 컴퓨터 기술을 이용한 신시사이저, 리듬 머신 따위의 기계에 저장된 소리들로 만든 새로운 종류의 음악이 나올 때 재논의되어야 할 것이다).

이와 관련하여 '하늘색 꿈Ⅰ' 사건[6-84]을 본다. 사안의 개요는 다음과 같다. 소외 5인이 1980.초경 '로커스트'란 이름의 음악그룹을 결성하여 구 동양방송(TBC)이 개최하는 '제3회 젊은이의 가요제'에 참가하기로 하고 참가곡을 원고가 작곡한 '꿈의 세계'란 제목의 원곡으로 정하였으나, 위 원곡의 가사와 곡이 전반적으로 무겁고 의미전달이 불확실하다는 생각으로 평소 알고 지내온 선배인 피고 최○○에게 가요제 참가곡으로 적당하게 위 원곡을 편곡하여 줄 것을 의뢰하였고, 피고 최○○는 이를 받아들여 가사를 자신이 적어두었던 가사로 바꾸면서 곡의 전반부에는 원고가 작곡한 곡을 그대로 두고 후반부에 후렴부를 추가하여 '하늘색 꿈'이라는 제목의 음악저작물을 편곡하여 이를 소외 5인에게 제공하였다. 이에 대하여 법원은 원고가 작곡한 원곡과 이를 토대로 피고 최○○가 편곡한 '하늘색 꿈'은, 곡을 구성하는 가락(melody), 화성(harmony), 박자(rhythm)의 관점에서, ① 곡의 구성상 핵심요소인 가락은 이를 구성하는 세부요소인 동기(motive), 악절(phrase), 주제(theme)에 있어 거의 동일하고, ② 화성의 진행에 있어서도 거의 완벽하게 일치하며, 화성과 가락의 상관관계도 곡의 대부분에 걸쳐 거의 동일하고, ③ 박자에 있어서도 거의 동일하며, 가락, 화성, 박자에 있어서의 미세한 차이는 가사의 변경에 따른 불가피한 변경이므로 피고 최○○가 편곡한 '하늘색 꿈'은 원고가 작곡한 원곡에 후렴부분만을 추가하여 만든, 원곡과 실질적으로 동일한 곡이라 할 것이어서 '하늘색 꿈'의 작곡자는 원고라고 판시하였다. 이 판결은 음악저작물의 실질적 유사성 판단에서 대비되어야 할 구성요소로 학설에 의하여 주장되던 요소를 도입하고 특히 가락을 구성상 핵심요소로 지목하면서 이를 구성하는 세부요소인 동기, 악절, 주제를 설명하며, 화성의 진행,

---

6-83) 칵테일사랑 사건〔서울민사지방법원 1995. 1. 18.자 94카합9052 결정(확정)〕에서 법원은 기존 악곡에 화음의 일종인 코러스를 넣은 것에 독창성을 인정한 바 있다.

6-84) 대법원 2004. 6. 11. 선고 2002다18244 판결.

화성과 가락의 상관관계, 박자의 동일성을 비교하며 나아가 가락, 화성, 박자에 있어서의 미세한 차이는 가사의 변경에 따른 불가피한 변경이라며 그 유사성을 인정한 점에 그 의미가 있다.[6-85]

다. 대비방법[6-86] 등

미술저작물 등이 (옆에 걸어 놓고) 동시에 비교하는 것이 가능함에 반하여 음악저작물은 그 성격상 비교대상 음악저작물을 중복하여(동시에) 감상하는 것이 매우 어렵고, 순차적으로 감상이 불가피하므로 일반인은 유사하게 들리면 유사하다고 판단하기 쉬운 특성이 있다고 한다. 그러한 점은 유사한 감흥이 일어나는지를 전문적으로 검토하고 어떠한 요소로 유사성이 유발되는지를 확정할 필요가 있다는 점에서 전문가의 감정이 다른 분야보다 많이 요구되는 원인이기도 하다.[6-87] 특히 아래 사안에서 보는 것처럼 조옮김을 하여야 비교가 가능하다든지, 편곡으로 다른 악기를 사용한다든지 하는 부분은 현재와 같이 표절을 피하기 위한 갖은 기법이 발달된 실태를 고려하여 보면 전문가의 감정 없이 법원 스스로의 판단으로 결정하는 것이 쉽지 않을 뿐더러 자칫

6-85) 유사한 곡에 대하여 당사자들이 서로 자신이 작곡자라고 주장하고 있어 별도의 곡에 대하여 실질적 유사성이 있는지의 판단과는 다소 쟁점이 다른 면이 있지만, 악곡의 유사성에 관한 일반론의 정리라는 점에 그 의미가 있다고 생각된다.

6-86) 참고로 음악저적물 표절과 관련하여 미국에는 "여섯 마디 이상 같으면 표절이다"라는 식의 여섯 마디 법칙(six bar rule)이 있다고 생각하는 경우가 있는데 미국의 판례는 이를 따르지 않고 있으며(오승종, 1234면), 우리나라도 과거 공연윤리위원회가 1979. 3. 8. 창작곡 표절기준으로 「1. 주요 동기가 동일 내지 흡사할 경우 표절로 인정함. 2. 가. 주요 동기라 함은 4/4/, 4/2, 6/8, 5/4 박자는 첫 2소절, 2/4, 2/2, 3/8, 3/4 박자는 첫 4소절. 나. 흡사하다 함은, 박자의 분할이 동일하고 한 두 음의 음정만 다른 경우를 말함…」을 제시한 적이 있지만 더 이상 사용되지 않고 있는 등 이런 기준이 다양한 음악저작물에 대한 유사성 판단의 준칙으로 기계적으로 적용될 수는 없어 보인다고 한다. 강태욱, "음악저작물에 있어서 실질적 유사성의 문제", 계간 저작권 77호(2007. 4) 봄호, 17면 주 31); 그러나 위와 같은 기준은 비록 모두 공식적인 효력은 없지만, 막연하게 유사하다는 느낌으로 판단하기 보다는 실용적인 즉, 다른 대안이 없는 상황에서 일률적으로 이를 무시하기 보다는 일상생활에서 참고할 가치는 있다고도 보이므로 신중하게 가이드라인 정도로 활용할 수 있도록 작성할 필요는 있다고 생각된다.

6-87) 권영준, 195면.

오판의 위험성도 적지 않다고 생각한다. 그리고 음악저작물의 특성상 침해된 부분의 절대적 크기(양적 비중) 보다는 그 시간적 비중(질적 비중) 등이 중요시되어야 할 필요도 있어 보인다.[6-88]

다만, 의거성에 관하여 아직 우리나라 재판과정에서 큰 쟁점이 되지는 아니하고 있지만 이는 우리나라의 국토 자체가 그 다지 넓지 않고 대개 잘 알려진 대중가요를 표절한 것이 문제가 되어 피고측이 크게 다투지 아니한 데 주로 기인한 것으로 보이고, 또 다투는 경우도 '현저한 유사성'에 따른 복제행위 추정 인정으로 해결하였기 때문으로 보인다. 그러나 미국의 대중음악의 경우 앞서 본 음악저작물의 특징을 근거로 '현저한 유사성'에 의한 의거성 추정을 엄격하게 적용하고 있고 또 우리나라도 비교적 최근 '인디밴드'(자신이 원하는 음악을 만들기 위하여 대형 기획사에 소속되지 않고 독립적으로 음악활동을 하는 그룹)의 활성화로 매니아들에게만 알려진 곡 등이 많아진 점 등에 비추어 보면 향후 심리시 의거성 부분을 주의할 필요가 있다고 생각한다{예컨대, 미국에서는 '잠재의식에 의한 복제행위(subconscious copying)'도 논의[6-89]된 바 있다}. 그리고 뒤에서 보듯이(외톨이야 사건, 드림하이 사건) 최근 법원이 '관용구'라는 개념을 도입하여 침해판단에 사용하고 있음도 주목하여야 할 것이다.[6-90]

6-88) '사랑은 아무나 하나' 사건에서 문제가 된 '전주'는 표현방법이 극히 한정되는데다가, 유사성이 인정되는 부분이 차지하는 비중이 크지 않은 점 등을 고려하여 질적 중요성이 상대적으로 떨어진다고 본 반면 '너에게 쓰는 편지' 사건에서는 2소절의 후렴구이지만 여러 차례 반복되어 전체 연주시간에서 상당한 비율을 차지하고 있고 수요자들이 받는 전체적인 느낌도 중요하다며 질적 비율에 대한 고려가 이루어진 것으로 타당하다는 견해가 있다. 강태욱, "음악저작물에 있어서 실질적 유사성의 문제", 계간저작권 77호(2007. 4) 봄호, 20면.

6-89) 김민기·김경숙, "대중음악의 실질적 유사성 판단을 위한 시론", 계간 저작권 2015. 여름호, 109면 참조('무의식의 의거'라고 한다). 나아가 위 논문에서는 우리 법원은 악보와 멜로디의 요소들을 바탕으로 음열, 즉 악절(phrase)을 배열하거나 도표화하여 멜로디의 유사성을 판단하는 경향이 있는데, 이는 일반인들의 이해도를 높힐 수는 있지만, 창작성이 없는 부분이 유사하더라도 침해로 판단될 우려가 있다며, 침해판단을 위한 구체적 시론을 제시하고 있다. 특히 우리 법원은 주로 보통관찰자 관점에서 전체적인 느낌으로 침해판단을 하고 있는데 대중음악이 동기(motif)를 발전시켜 멜로디를 형성하는 방식을 택하므로 이를 분석할 수 있는 전문가 관점에 입각한 멜로디 분석이 필요하다고 주장한다.

이하에서는 우선 그간 음악저작물 유사성이 부정된 사례가 많다가 최근 들어 긍정한 사례들이 나타나고 있으므로 유사성 부정례[6-91]를 살펴보면서 우리 판례에서 음악저작물의 유사성판단이론이 운용되어 온 과정을 살펴보고 최근의 관련 쟁점을 살펴본다. 그 과정에서 음악저작물 특유의 의거성 문제도 필요시 함께 논의하고 그 후 관련 문제로 가사가 문제된 사건[6-92] 등도 정리하여 본다.

6-90) 이경호·정진근, "음악저작물 표절판단에 있어서 관용구의 인정가능성－외톨이야 사건 및 썸데이 사건을 중심으로－", 정보법학 18권 1호(2014) 참조. 드림하이 사건은 후술한다.

6-91) 유사성 부정 사례 중에는 아래에 드는 것 외에 의거성 추정을 위한 현저한 유사성이 있는지에 관한 '사랑의 눈물' 사건(서울중앙지방법원 2008. 8. 5.자 2008카합1964 결정, 항소심에서 신청취하)이 있다. 가요작곡가인 신청인은 자신이 작곡한 '사랑의 눈물'이라는 곡의 첫번째 마디를 구성하는 멜로디인 '솔미파라솔'과 그 리듬부분은 이 곡의 가사가 3절까지 진행되는 동안 총 16회 반복되는 주요 모티브인데 피신청인 ○○텔레콤이 이를 광고음악 내지 이동통신 서비스 식별음으로 사용한 전자음[CM송처럼 짧은 멜로디나 효과음을 통해 제품이나 브랜드를 연상시키고 친숙한 이미지를 구축하는 것을 '징글(jingle) 마케팅'이라고 한다]이 신청인의 곡에 대한 저작권을 침해하였다고 주장하였다. 이에 대하여 법원은 이른바 '징글'음악은 그 분량과 단순성에 더하여 대중의 취향에 부합할 수 있는 듣기 좋은 음의 배열이 한정되어 있는 점을 감안할 때 양자의 의거관계가 추정될 만한 현저한 유사성을 인정하려면 일반적인 보통의 감상자를 기준으로 하여 양자의 멜로디나 리듬뿐만 아니라 화성 및 실제 연주나 가창에서의 음색 등을 종합한 전체적인 느낌에서 전면적으로 중복되는 정도에 이르러야 할 것이라고 하였다[오승종, 1229면(의거요건의 입증을 엄격하게 요구한 사례로 들고 있다)]. 다른 입증자료로 의거성이 입증되었을 경우에도 실질적 유사성이 부인될 수 있을지는 또 다른 문제라고 할 것이다.

6-92) 음악저작물의 경우 실질적 유사성 여부 판단을 위해서는, 음악저작물의 구성요소인 가락의 동일·유사성을 가장 우선적으로 고려하여야 하고, 나아가 화음, 리듬, 박자, 템포 등의 요소에 대하여도 종합적으로 고려하여야 하지만, 한편 악곡에 가사가 수반되는 경우에는 그 가사도 음악저작물 일부가 될 수 있어 가사의 동일·유사성도 음악저작물의 실질적 유사성을 판단함에 있어 고려요소가 될 수는 있으나, 위 비교 대상이 되는 가사 또한 창작적인 표현형식에 해당하여야 함은 물론이다(샤방샤방 사건).

2. 판단 사례

가. 유사성을 부정한 사례

1) 사랑은 아무나 하나 사건[6-93]

『피고들이 대상 가요를 통하여 원고들의 2차적 저작권을 침해한 것인지 여부에 관하여 보건대, 위 인정사실에 의하면, 비록 피고 조○○이 직업상 음반으로 발매된 이 사건 가요를 접한 뒤 대상 가요를 만들 생각을 가지게 되었고, 이 사건 가요와 대상 가요의 리듬, 가락, 화성 사이에 전체적 혹은 부분적으로 유사한 점이 발견되기는 하나, 다른 한편 저작권의 보호대상은 아이디어가 아닌 표현에 해당하고 저작자의 독창성이 나타난 개인적인 부분에 한하므로 저작권의 침해 여부를 가리기 위하여 두 저작물 사이에 실질적인 유사성이 있는가의 여부를 판단함에 있어서도 표현에 해당하고 독창적인 부분, 즉 '보호받는 표현'만을 가지고 대비하여야 하는 것인바, 앞서 본 바와 같이 이 사건 가요의 토대가 되는 위 '영자송' 및 '구전 여자야'와 같이 원저작권자가 밝혀지지 아니한 채 악보도 없이 오랜 세월 동안 다중의 입에서 입으로 전해져 온 구전가요는, 이미 그에 내재된 저작물성이 소멸되고 대중의 공유(public domain)에 속하게 되어 특정인에게 독점됨이 없이 누구나 그 표현형식을 자유롭게 이용할 수 있다고 보아야 하고, 이 사건 가요에서 이와 같은 이유로 '보호받는 표현'이라고 볼 수 없는 이들 구전가요 부분(이 사건 가요 중 가사 부분의 기본적인 리듬, 가락, 화성이 이에 해당한다)을 제외하고 나면, 대상 가요와 이 사건 가요 사이에 실질적인 유사성이 있다고 볼 수 없으므로(다만, 이 사건 가요의 전주 부분은 위 구전가요들에 없는 부분으로서 원고들의 개성이 표현되어진 부분이고, 그 중 별지 제2목록 악보의 1-3-2 마디부터 1-4-2 마디까지의 전주 부분 5소절이 대상 가요 가운데 별지 제3목록 악보의 1-2-1 마디부터 1-3-1 마디까지 전주 및 간주 부분 5마디와 유사함은 앞서 본 바이나, 전주는 악곡의 첫머리에 놓여 도입적인 역할을 하는 부분으로서 그 속성상 악곡의 주요부나 주된 가락을 연상시키는 내용이 될 수밖에 없어 그 표현방법이 극히 한정되는데다가, 유사성이

6-93) 서울고등법원 2004. 3. 16. 선고 2002나61547 판결(대법원 2004. 7. 8. 선고 2004다18736 판결).

인정되는 부분도 5마디에 그쳐 전체적으로 차지하는 비중이 크지 않은 점 등을 고려할 때, 이 부분 가락의 유사함만으로 이 사건 가요와 대상 가요 사이에 실질적 유사성이 있다고 하기 어렵다), 결국 대상 가요로 말미암아 원고들의 이 사건 가요에 관한 2차적 저작권이 침해되었다고 볼 수 없다.」

☞ 위 판결은 창작성 없는 부분을 비교대상에서 제외하여야 한다는 여과-비교의 2단계과정을 음악저작물에도 명시적으로 적용한 것으로 널리 알려져 있다.6-94)

2) 되고송 사건6-95)

<사안의 개요>

원고들은 '러브레터', '노란 샤스의 사나이', '가는 세월', '돌아가는 삼각지', '님 그림자'의 각 작곡자들이고, 피고는 광고방송용노래('되고송')을 광고에 삽입하여 공중파 등을 통해 광고한 정보통신사업자이다. 원고들은, 피고의 '되고송'은 10여년 전에서 40여년 전까지 크게 히트한 위 각 노래들의 모티브나 멜로디의 일부분을 표절 또는 도용하여 편집한 것에 불과하므로, 피고가 위 '되고송'을 자신의 광고에 사용하는 것은 이 사건 각 저작물의 2차적 저작물에 관한 권리 및 저작인격권에 대한 침해를 구성한다고하면서 원고들 각 저

6-94) 나아가 대법원은 「2차적 저작물인 이 사건 가요와 대상 가요 사이에 실질적 유사성이 있는지의 여부를 판단함에 있어서는 앞서 본 법리에 따라 기초가 된 그 구전가요에서 따온 부분을 제외하고 여기에 새롭게 부가한 창작적인 표현형식에 해당하는 것만을 대비하여야 할 것인 바, 이 사건 가요는 '구전 여자야'에서 따온 전반부와 속칭 '영자송'에서 따온 중반부 및 '구전 여자야'에서 따온 후반부로 구성되어 있음에 반하여 대상 가요는 속칭 '영자송'에서 따온 전반부와 '구전 여자야'에서 따온 후반부로 구성되어 있어 그 편집이 반드시 동일하다고 볼 수는 없는데다가, 대상 가요의 전주 부분과 유사한 이 사건 가요의 전주 및 간주 부분 5마디도 구전가요에서 따온 리듬, 가락, 화성에 다소의 변형을 가한 것에 불과한 부분이어서 대상 가요가 이 사건 가요와 유사한 디스코 풍의 템포(♩=134)를 적용하였다는 사정만으로는 이 사건 가요와 대상 가요 사이에 실질적 유사성이 있다고 하기는 어렵다」고 구체적으로 설시하고 있다; 다만 피고측이 원고의 악곡에서 직접 변형을 가한 것이 아니라 구전가요를 직접 찾아 거기에 변형을 가한 것임을 인정하고 있어 과연 의거성이 있는지를 의문시된다는 지적도 있다. 허희성, "음악저작물의 창작성과 실질적 유사성, 음악저작물의 창작성과 실질적 유사성-대법원 2004. 7. 8. 선고 2004다18736 판결-", 계간 저작권 68호(2004), 53면(2심 판단에 대하여 전문가의 감정을 거치지 않은 점을 추가로 지적하고 있다).

6-95) 서울고등법원 2011. 4. 13. 선고 2010나77424 판결(심불기각).

작물의 각 일부분을 편집하여 작성된 악보와 '되고송'을 비교하여 실질적 유사성을 판단하여야 한다는 취지로 주장한 것이 본건이다.

<법원의 판단>

「되고송의 ① 도입 부분인 '솔라솔 미미미' 부분(, □안 부분이다, 이하 같다)은 원고 김○○이 작곡한 '러브레터'의 첫 소절인 '낯설은 이름에'라는 가사에 해당하는 부분( )과, ② 그 다음 '미솔라 레레' 부분( )은 영국의 록 그룹 비틀즈가 작곡한 별지 1 목록 제6항 기재 'Hey Jude'의 'Don't make it bad'라는 가사에 해당하는 부분( )과, ③ 그 다음 '도레도' 부분 ( )은 위 '러브레터'의 'I Love'라는 가사에 해당하는 부분( )과, ④ 그 다음 '라라 도' 부분( )은 원고 김△이 작곡한 '님 그림자'의 '님은'이라는 가사에 해당하는 부분( )과, ⑤ 그 다음 '도라미솔' 부분( )은 원고 김□□이 작곡한 '가는 세월'의 '이것만은'이라는 가사에 해당하는 부분( )과, ⑥ 그 다음 '라솔레' 부분( )은 원고 손○○가 작곡한 '노란 샤스의 사나이'의 '어쩐지'라는 가사에 해당하는 부분( )과, ⑦ 그 다음 '레레도' 부분( )은 박○○이 작곡한 별지 1 목록 제7항 기재 '바라볼 수 없는 그대'의 '애원하지 않아'라는 가사에 해당하는 부분( )과, ⑧ 그 다음 '미솔라' 부분( )은 위 '가는 세월'의 '변할 수'라는 가사에 해당하는 부분( )과, ⑨ 그 다음 '라라도 레레미 레미도라도' 부분( )은 원고 배○○가 작곡한 '돌아가는 삼각지'의 '아쉬워하며'라는 가사에 해당하는 부분( )과 서로 비교되는 부분이다(이하 '이 사건 저작물' 중 위와 같이 비교대상이 되는 부분을 '이 사건 해당 부분'이라 한다).

나. 무릇 음악적 저작물은 소리가 전달하는 느낌이나 관념에 가치가 있는 것으로, 이론적으로 음을 배합함에 있어 경우의 수는 거의 무한대에 가깝다. 그런데 음을 배합할 경우 사람들이 선호하는 감정과 느낌을 불러일으킬 수 있도록 곡 전반에 흐르는 곡풍(曲風)을 염두에 두고 특정 으뜸화음을 바탕으로 음을 전개하다 보면, 그 배합은 음계(音階)나 음역(音域), 화음과 리듬의 한계를 가질 수밖에 없다(물론 이러한 한계를 벗어나는 진보적 음악이나 실험적 음악 등이 존재하나, 이 사건 쟁점과는 무관하다). 그리고 비교되는 음악의 유사성 요소를 확정할 때는 위와 같은 한계를 고려하여야 함은 물론, 음악의 수요자인 청중의 관점을 고려하여야 한다. 그런데 이러한 음악적 저작물의 특성과 관점을 바탕으로 위 인정사실에 나타난 비교되는 부분을 살펴볼 때, 이 사건 해당 부분의 악보를 되고송과 같은 조표(調標)의 음계로의 재구성을 전제로 고찰할 경우 음의 높고 낮음과 길고 짧음의 진행에서

얼핏 유사한 점이 느껴지기는 한다.

그러나 …를 종합하면, ① 수십 개의 소절로 구성되는 이 사건 저작물 중 이 사건 해당 부분 외의 나머지 대부분의 소절은 되고송과 음의 고저·장단이나 박자가 전혀 상이한 사실, ② 이 사건 저작물은 대부분 성인가요(trot) 템포, 슬로우 록 템포 등으로 비교적 느리게 연주되는 곡이지만, 되고송은 비교적 가볍고 빠르며 경쾌하게 연주되는 곡인 사실, ③ 이 사건 저작물은 전체적인 가락, 리듬 및 화성이 되고송과 다른 사실, ④ 이 사건 저작물은 대체로 중장년층을 그 수요자로 하고 있지만, 되고송은 비교적 짧은 시간에 연주되는 광고방송용으로서 광고대상 상품의 주된 구매층인 청소년부터 중년층을 주된 대상으로 하여 쉽게 전달되고 오래 기억될 수 있도록 의도하여, 곡의 분위기에서 큰 차이가 나는 사실, ⑤ 이 사건 해당 부분이 이 사건 저작물의 음악적 특성을 대표하는 부분이라고 볼 수 없어 이 사건 해당 부분만을 들어서는 바로 이 사건 저작물이 연상되지 아니하고, 보통의 경우에도 되고송 중 이 사건 해당 부분과 비교되는 부분을 들으면서 이 사건 저작물을 연상할 수 있을 것이라고는 기대하기 어려운 사실을 인정할 수 있는바, 위 인정사실에 의하면 이 사건 저작물 또는 이 사건 해당 부분을 되고송과 비교하여 느낄 수 있는 감흥이 서로 차이가 나서 그 청각적 심미감(審美感)이 확연히 다름을 알 수 있으므로 이 사건 저작물 또는 이 사건 해당 부분과 되고송은 실질적으로 유사하다고 볼 수 없다.』

☞ 피고가 원고들의 각 노래의 일부를 표절하였다고 주장한데 대하여, 법원은 편집하여 작성된 악보에 의하여 표상되는 곡이 새로운 저작물이 되는지 여부는 별론으로 하더라도 위 악보는 되고송이 작곡된 이후에 만들어진 것에 불과하다며 위 주장을 배척하였고, 되고송과 이 사건 각 저작물 사이에 실질적 유사성을 판단하기 위해서는 되고송과 이 사건 각 저작물 전체를 개별적으로 비교하여야 할 것이라고 한 후 판단하였는데 주목할 점은 우선 '원고들 각 저작물의 각 일부분을 편집하여 작성된 악보'와 되고송을 비교하여 실질적 유사성을 판단하여야 한다는 취지의 주장을 배척하고 되고송과 '이 사건 각 저작물 전체를 개별적으로 비교'하여야 한다고 판시[6-96]하고 있는 점, 유사성 판단시 곡풍(曲

6-96) 현대 음악 기법 중 Mashup(프로듀서나 디제이가 흔히 서로 대조적인 장르에 속하는 두 가지 이상의 곡들을 함께 섞어 놓은 음악 작품)의 실질적 유사성 판단 기준과 관련하여 논의의 필요가 있다 할 것이다; 기우종, "음악·미술·건축저작물에 관한 사례 소개", Law & technology 제7권 제6호(2011. 11), 105면에서는 "원고들의 주장은 '되고송'이 원고들 및 다른 작곡자들이 작곡한 곡들 중 일부분을 짜깁기한 것에 불과하므로 그런 식의 음악 만들기를 허용하면 창작자를 보호할 여지가 없다

風)에 따른 한계 및 음악의 수요자인 청중의 관점을 고려한 점(수요자의 대상이 다름 즉 청중테스트의 감상자로 '의도된 청중'을 의식하여 되고송의 경우 장년층을 제외시키는 것으로 보인다), 원고 곡들이 너무나 유명한 것들이라고 보아서인지 구체적 의거성 판단을 생략한 것으로 보이는 점 등이 특색이다.

3) 외톨이야 사건[6-97)]

<사안의 개요>

원고들은 이 사건 청구원인으로, 피고들이 작곡한 외톨이야 중 후렴구인 25마디부터 30마디까지, 49마디부터 54마디까지, 78마디부터 83마디까지 각 6마디씩 전체 93마디 중 18마디는 원고들이 작곡한 파랑새의 해당부분을 표절하거나 일부 변형하여 사용하였고, 위 부분은 전체 곡에서 질적 및 양적으로 핵심적인 부분을 차지하는 후렴구를 포함하여 클라이맥스에 해당하며 전체 곡에서 차지하는 비중도 파랑새는 전체 곡의 1/2에 해당하고, 외톨이야는 전체 곡의 2/5에 해당한다. 따라서 피고들이 작곡한 외톨이야는 원고들이 작곡한 파랑새를 표절한 것에 해당하여 원고들의 음악저작권 중 저작인격권을 침해하였으므로, 손해배상금을 지급할 의무가 있다고 주장한다.

<법원의 판단>

「후렴구 첫째마디 및 이와 동형진행부분과 이에 대응하는 이 사건 대비부분이 침해로 인정될 정도로 실질적으로 유사한지 여부에 관하여 보건대, 기초사실에서 든 각 증거에 의하면, ① 별지 3. 기재와 같이 이 사건 노래부분과 이 사건 대비부분은 그 가락(멜로디)이 단 한 개의 음정도 일치하지 아니한 사실, ② 두 곡 전체를 화성(코드)의 측면에서 비교해 보아도 1절 24마디 중 4마디 정도만 코드가 동일 또는 유사할 뿐이고, 파랑새는 한 마디에 두개의 화성이 진행되고 외톨이야는 대부분 한 마디가 하나의 화성으로 이루어져 화음의 구성이나 진행방식이 서로 다른 사실, ③ 또한 문제가 되고 있는 두 노래의 후렴구 부분 화성은 원고들의 파랑새가 'Dm-C-Bb-C-Bb-Am-Bb-C'의 구성을 가지는데 반하여 피고들의 외톨이야는 'Dm-Dm-Bb-Bb-C-C-F-A'의 구성을 가지고 있어 한마디 정도의 화성만 동일한 사

는 것이다. 반면 피고는 원고들이 주장하는 식으로 음악을 분해하면 도대체 저작권으로부터 자유로운 음악이 얼마나 있겠냐는 것이고, 원고들의 음악저작물조차 스스로 자유롭지 않다고 주장하였다. 일반론으로는 모두 의미가 있다"고 한다.

6-97) 서울중앙지방법원 2011. 3. 30. 선고 2010가단86875 판결(확정).

실, ④ 두 노래의 리듬을 비교해 보면 파랑새가 ♩=102, 외톨이야는 ♩=105로서 비슷한 빠르기를 가지고 있으나, 파랑새는 16비트의 기본 리듬을 가지는데 반하여 외톨이야는 24비트를 기본리듬으로 삼고 있어 그 차이가 있는 사실을 인정할 수 있는 바, 이와 같이 위 각 대비부분의 가락, 화성, 리듬 등을 비교하여 볼 때 이 사건 노래부분과 그 대비부분은 실질적으로 유사하다고 하기 어렵다.[6-98]

…다음으로 이 사건 노래부분 중 후렴구 둘째 마디 및 그와 동형진행부분이 저작권법상 보호받을 만한 창작성이 있는지 여부에 관하여 보건대,… ① 원고의 이 사건 노래부분 중 후렴구 둘째 마디 및 이와 동형으로 진행되는 부분과 그에 대응하는 피고들이 작곡한 외톨이야 중 이 사건 대비부분은 가락이 동일하고 빠르기도 유사하나, 원고가 파랑새를 발표하기 이전의 선행 음악저작물로서 대중들에게 널리 불리워진 소외 최○○이 작곡하고 컨츄리꼬꼬가 노래한 '오 ! 가니(2000. 6. 발표)'와 소외 유○○이 작곡하고 박○○이 노래한 '지중해(2002. 2. 발표)'에 위 후렴구 둘째마디와 유사한 가락(멜로디)이 표현되어 있다. ② 원고들은 위 선행저작물들과 파랑새는 음계와 빠르기가 다르다고 주장하나, 원고들이 작곡한 파랑새와 선행저작물인 지중해는 음계가 동일하고, 음악에 있어서 빠르기는 리듬을 구성하는 하나의 요소에 불과하며 그 빠르기에 대하여 원고에게 창작적인 지위를 부여할 수도 없다. ③ 한편 파랑새와 외톨이야는 조성(tonality, 調性)이 Dm으로 동일하고 리듬의 빠르기도 유사하나, 조성은 음악 창작과정에 있어서 일종의 소재 또는 아이디어로서 기능하는 것이고 리듬의 빠르기는 위에서 본 바와 같이 두 음악의 유사성과 상이성을 좌우하는 요소는 아니다.

(나) 따라서 원고들이 작곡한 이 사건 노래부분 중 후렴구 둘째마디 및 이와 동형진행부분은 선행저작물들에 이미 표현되어 널리 알려진 관용적인 표현에 해당한다. 또한 원고들의 위 노래부분이 선행저작물과는 다른 빠르기와 음계를 가졌다 하여도, 음악저작물의 유사성 판단에 있어서 결정적인 요소가 되는 가락(멜로디)이 유사한 이상, 원고들의 위 노래부분에 대하여는 그 창작성을 인정하기도 어렵다. 그리고 위와 같이 원고들의 위 노래부분과 같은 음악적 표현이 선행저작물들에 이미 존재하고 있었던 점 및 원고들은 대중매체에는 잘 알려져 있지 않은 소위 언더그라운드 가수들인 점을 함께

6-98) 첫마디는 위와 같이 유사성이 없고, 원고의 곡 중 둘째 마디 부분은 관용구로 창작성이 없다는 이유로 배척하고 있다.

고려하면, 피고들이 원고들의 노래에 의거하여 이 사건 대비부분을 작곡하였다고 할 수도 어렵다. 원고들의 이 부분 주장도 이유 없다.』

☞ '관용구'로 인정하여 창작성을 인정하지 않고 있다. 과연 음악저작물에서 '관용구'라는 개념을 인정하여 '표현'이 아닌 '아이디어' 부분으로 볼 수 있는지에 관하여는 논의가 있다.6-99)

4) 사랑해요 LG송 사건6-100)

『1) 판단기준

…이 사건 음악저작물과 '사랑해요 LG송'의 실질적 유사 여부를 판단함에 있어, 원고는 '사랑해요 LG송'의 여러 버전 중 가야금 버전이 가장 유사하다고 주장하므로, 이를 기준으로 하여 판단하되, 음악저작물에 있어서 저작권법에 의해 보호받은 표현에 해당하지 않는 조(調), 기교적으로 가미될 수 있는 리듬(예를 들어, 8분 음표 '♪' 두 개의 음을 점8분 음표 '□□'와 16분 음표 '□□'로 변경한 리듬) 및 강약을 제거하고 C장조로 변경한 별지 2 기재 악보를 기준으로 대비한다.

2) 가락과 리듬

원고가 이 사건 음악저작물 '가버린 당신' 중 도입부인 제1~4마디 '솔미

6-99) 이경호·정진근, "음악저작물 표절판단에 있어서 관용구의 인정가능성－외톨이야 사건 및 썸데이 사건을 중심으로－", 정보법학 18권 1호(2014), 194면 이하에서 관용구 인정가능성에 관하여 음악전문가 등의 의견을 통하여 고찰하고 있다. 관용구는 작곡자도 유사함을 알고 있으면서 사용한 것이지만 아이디어의 영역이므로 침해로 보지 않는다는 의미가 포인트라고 생각된다. 특히 아직 음악계에서 쉽게 용인되지 못하는, 나아가 개념조차 불확실하다고 볼 수 있는 것에 관하여 법원이 면책사유로 이를 인정하는 것은 과감한 면이 있다 할 것이나, 특허법에서 '관용기술'을 들어 신규성을 부인하는 논리와 흡사하고 지적재산권 인정의 근거인 창작성, 신규성의 부존재에서 유추할 수 있지 않을까 생각한다; 김민기·김경숙, "대중음악의 실질적 유사성 판단을 위한 시론", 계간 저작권 2015. 여름호, 123면에서는 '오! 가니' 등 선행저작물에 대한 판단이 이루어지지 않은 상태에서 판단이 이루어진 것으로 사실상 관용구라고 보기 힘들다고 비판한다; 후술할 드림하이 사건 하급심에서는 『원고 대비 부분이 오랫동안 수많은 음악저작물에 사용되고 일반 대중들에게 노출되어 공유의 영역이 되었다는 등의 사정이 인정되지 않는 이상, …창작성은 인정된다』라고 설시하고 있으나, 최근 대법원은 『원고 대비 부분의 화성은 원고 음악저작물보다 앞서 공표된 다수의 선행 음악저작물들의 화성과 유사한 것으로서 음악저작물에서 일반적으로 사용되는 정도의 것이다』이라 설시한 바 있다.

6-100) 서울고등법원 2012. 10. 18. 선고 2011나103375 판결(심불기각).

미미-라파파파-솔솔라솔레파-미' 부분(이 사건 노래 부분)을 침해했다고 주장하는 '사랑해요 LG송' 부분은, 제1~4마디 '솔미레미-라파미파-솔솔파솔레파-미', 제5마디부터 제8마디 앞 부분까지 '솔미레미-라파미파-솔솔파솔레미-도', 제13마디부터 제16마디의 앞 부분까지 '솔도시도-라파미파-솔솔파솔레미-도' 등인데, 그 중 제일 유사한 제1~4마디(이하 '이 사건 대비부분'이라 한다)와 이 사건 노래 부분을 서로 비교한다….

앞서 살펴본 법리에 따라 살펴보면, 이 사건 노래 부분과 이 사건 대비부분은 아래 대비표와 같이 모두 코드톤으로 이루어진 선율로서 6도의 음정으로 도약하는 선율 구조를 가지며 리듬의 분할 형태도 동일하다.

<대비표>(생략)

특히, 이 사건 대비 부분은 이 사건 노래 부분에 비하여 제1마디 ''의 세번째 음을 '미'에서 '레'로, 제2마디 ''의 세번째 음을 '파'에서 '미'로 각 바꾸고, 제3마디 ''의 두번째 음 '솔'을 한옥타브 높였으며, 세번째 음을 '라'에서 '파'로 바꾼 외에는 이 사건 노래 부분과 모두 동일하여, 위 두 음악저작물의 4마디 15개의 음 중 4개만 변경한 것이므로, 이와 같은 양적 차이만 놓고 보면 이 사건 대비 부분은 이 사건 노래 부분과 유사한 것으로 볼 여지도 없지 않다.

그러나 음악저작물의 일부 음만을 변경한 경우에도 변경된 음의 양적 범위뿐만 아니라 어느 음을 어떻게 변경하였는지, 그러한 음의 변경으로 선율의 흐름이 어떻게 바뀌었는지, 이에 따라 다음에 전개될 악곡 부분에는 어떠한 영향을 미쳤는지, 위와 같은 변경으로 곡을 듣는 사람의 감정은 어떻게 달라졌는지도 함께 살펴보아야 한다.

이 사건 노래 부분의 제1마디 ''는 $\frac{1}{2}$박자 쉬었다가 $\frac{1}{2}$박자의 낮은 '솔'에서 6도 상승하여 '미'에서 같은 음 3개로 $\frac{1}{2}$박자, $\frac{1}{2}$박자, 2박자 합계 3박자를 지속하고, 제2마디 '' 역시 $\frac{1}{2}$박자 쉬었다가 $\frac{1}{2}$박자의 낮은 '라'에서 6도 상승하여 '파'에서 같은 음 3개로 $\frac{1}{2}$박자, $\frac{1}{2}$박자, 2박자 합계 3박자를 지속한다. 위 두 마디에서는, 첫 음으로부터 도약하는 형식을 취하고 있으나 지속적으로 상승하거나 상승 후 하강과 상승을 반복하는 선율을 가지는 것이 아니라 둘째 음에서 지속하기 때문에 차분하고도 둘째음이 잡아두는 강한 여운을 느낄 수 있다. 이어 제3마디

''에서는 제1, 2마디의 상승하는 선율의 형식을 이어받아, $\frac{1}{2}$박자 쉬었다가 낮은 '솔'에서 $\frac{1}{2}$박자로 두 번 지속한 후 '라'로 8도 상승한 다음, 제1, 2마디와는 달리 '솔' 1박자, '레' $\frac{1}{2}$박자로 점차 하강하는 방식으로 선율의 흐름이 변경되었고, '파' $\frac{1}{2}$박자로 상승한 후 제4마디 '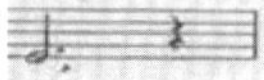'에서 '미' 3박자로 종결된다. 이 사건 노래 부분을 전체적으로 보면, 6도로 상승하는 선율을 두 번 반복하고, 상승의 폭을 높여 8도로 상승한 후 하강국면을 지속하다가 폭이 작은 상승과 하강으로 마무리되는 특징을 갖는다.

이에 비하여 이 사건 대비 부분의 제1마디 ''는 이 사건 노래 부분의 제1마디 ''에서 세번째 음만 2도 변경한 것이지만 이 사건 노래 부분 제1마디의 '상승 후 지속하는 선율'에서 제1마디 전체가 '솔미레미'와 같이 상승과 하강을 반복하는 형식으로 바뀌었고, 제2마디 '' 역시 이 사건 노래 부분의 제2마디 중 한음을 변경한 것에 불과하지만 '라파미파'와 같이 상승과 하강을 반복하는 형식을 가지게 되었다(한 마디에서 한 음의 변경이라도 선율의 흐름을 변경하지 않는 변경 즉, 지속적으로 상승하는 선율의 중간 한 음을 상승폭만 다르게 변경하거나, 한 음을 다른 음과 같은 자리로 변경하여 음을 지속시키는 것과 같이 전체적인 선율의 상승흐름 자체를 변경하지 않는 경우와는 달리 보아야 한다). 특히 제3마디 ''는 이 사건 노래 부분의 제3마디 중 두번째 음을 한 옥타브 올린 것에 불과하지만 이로써 '상승과 하강의 반복'이라는 제1, 2마디의 선율 흐름을 이어갈 수 있게 되었고, 세번째 음을 '라'에서 '파'로 바꿈으로써 제3마디의 '(낮은)솔-솔-파-솔-레-미' 6개 음이 모두 상승과 하강을 반복하는 선율을 지속한 후, 제4마디 '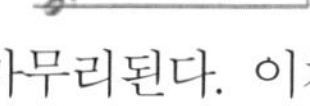'에서도 '미'로 앞서의 '상승과 하강'이라는 특징을 유지한 채 마무리된다. 이처럼 이 사건 대비 부분은 이 사건 노래 부분의 제4마디 15개의 음 중 4개만 변경하였지만, 첫 음부터 마지막 음까지 상승과 하강을 반복하는 선율의 흐름으로 바뀌어 이 사건 노래 부분과는 다른 감정을 가지게 되었다. 즉, 이 사건 노래 부분의 제1마디와 제2마디에서는, $\frac{1}{2}$박자로부터 6도 상승하여 3박자를 지속하는 선율 때문에 상승한 음에서 우러나는 감정의 여운을 충분히 느낄 수 있지만, 이 사건 대비 부분의 제1, 2마디에서는 지속적인 상승과 하강의 반복으로

이러한 여운이 사라져 버렸고, 차분한 감정 대신 역동이면서 밝고 흥겨운 감정을 느낄 수 있게 되었다. 이렇게 이 사건 대비 부분은 위와 같은 변경으로, 이 사건 노래 부분에서 볼 수 있는 두 음 이상이 지속되는 여운 '' 및 ''이나 세 음 이상이 하강하는 국면 ''을 가지지 않게 됨으로써, 선율의 흐름이라는 면에서 볼 때 이 사건 노래 부분과는 전혀 다른 전개 형식을 가지게 된 것이다. 나아가 위와 같은 이 사건 노래 부분과 이 사건 대비 부분의 가락의 차이는 그 다음에 전개되는 악곡의 가락에도 영향을 주어, 이 사건 노래 부분은 제10마디 후반부터 제18마디까지 애절한 가락으로 이어지지만, 이 사건 대비 부분은 제8마디 후반부터 제12마디까지 밝고 경쾌하며 흥겨운 가락으로 이어지게 된다.

따라서 이 사건 대비 부분은 이 사건 노래 부분과 리듬은 동일하지만, 가락은 실질적으로 동일하다고 볼 수 없다.』

5) 샤방샤방 사건[6-101)]

『실질적 유사성 유무에 관한 판단

(1) 가락과 리듬

먼저 가락과 리듬의 측면에서 원고 대비 부분과 피고 대비 부분을 대비하여 보건대, 다음 비교표 기재와 같이 원고 대비 부분 중 제10마디의 뒷부분 3개의 음(화음 중 아래 음)과 그와 대비되는 피고 대비 부분 중 제34마디의 뒷부분 3개의 음이 모두 그 가락이 '미레미'로 동일하고, 위 '미레미' 부분은 피고 대비 부분의 제36, 42, 40, 44, 48마디에서도 반복된다.

그러나 위 '미레미' 부분을 제외하고서는 피고 대비 부분의 가락은 원고 대비 부분의 가락과 전혀 유사하지 아니한데, 위 '미레미' 부분이 원고의 창작적인 표현형식에 해당한다고 보기 어려울 뿐만 아니라, 위 부분의 양적·질적 비중을 고려할 때 위 부분을 원고 대비 부분 또는 이 사건 음악저작물 전체의 모티브를 형성하는 핵심적인 부분이라고 보기도 어려운바, 위와 같은 가락의 일부 동일성만으로 피고 대비 부분의 가락과 원고 대비 부분의 가락이 동일·유사하다고 보기는 어렵다.

아울러 다음 비교표 기재에서 알 수 있는 바와 같이 원고 대비 부분과 피

6-101) 서울중앙지방법원 2013. 8. 14. 선고 2012가합48232 판결〔서울고등법원 2014. 4. 3. 선고 2013나59168 판결(확정)〕.

고 대비 부분은 그 리듬 분할 형태에 있어서도 전혀 다르다.

<비교표>6-102)

원고 대비 부분 (제9 ~ 12마디)	 미 미 미 레미 솔라솔라 파 파 파 파 미 레 파 솔 파 솔 레 미 레 미 도 레 도 레
피고 대비 부분 (제33~ 36마디)	 미 미 미 미 미 레 미 미미 레미 미 미 미 미 미 레 미 미 미 레 미

(2) 가 사

다음으로 가사의 측면에서 원고 대비 부분과 피고 대비 부분을 대비해 보건대, 위 비교표 기재에 의해 알 수 있는 바와 같이, 원고 대비 부분과 피고 대비 부분의 가사에는 모두 '여성의 아름다운 모습과 그 모습에 반한 남성이 그 여성에게서 느끼는 감정'이 표현되어 있고, 한편 원고 대비 부분의 가사에는 '샤바샤바'라는 코러스 부분이 4회 반복되는데, 위 '샤바샤바'의 두번째, 네번째 음절에 'ㅇ' 받침이 추가된 '샤방샤방'이라는 부분이 피고 대비 부분의 가사에 7회 반복(코러스 부분 포함)된다.

그러나 '여성의 아름다운 모습과 그 모습에 반한 남성이 그 여성에게서 느끼는 감정'을 노래 가사에 표현하는 것 자체는 저작권법에 의해 보호될 수 없는 아이디어에 불과할 뿐이고, '샤방샤방'은 일반 수요자들 사이에서 '눈부심', '매우 예쁘거나 아름답다'는 등의 의미로 널리 통용되고 있는데, 원고 대비 부분의 가사에 사용된 '샤바샤바'가 이와 동일·유사한 의미로 통용되고 있다고 볼 근거가 없으며, 위 '샤바샤바' 부분이 원고의 창작적인 표현형식에 해당한다고 보기도 어려운바, 원고 대비 부분의 가사와 피고 대비 부분의 가사가 동일·유사하다고 보기는 어렵다.

(3) 소결론

위와 같은 대비결과를 모두 종합해 보면, 원고 대비 부분과 피고 대비 부분은 가락, 리듬, 가사의 측면에서 실질적 유사성을 인정하기 어려워 결국 피고 노래는 이 사건 저작물과는 전혀 별개의 독립적인 저작물이라고 할 것

6-102) 원판결의 제13~23마디는 생략한다.

이므로, 피고들의 저작권 침해를 전제로 한 원고의 주장은 이유 없다.』

항소심에서는 다음과 같은 판단을 추가하고 있다.

『이 법원의 추가 판단(실질적 유사 여부)

<원고의 주장>

원고의 주장요지는 다음과 같다. ① 원고의 저작물과 피고의 노래는 주요 동기(motive)에서 '미미미'로 수평 진행하다가 '레'로 2도 하향, 다시 '미'로 2도 상향하는 가락이 유사하고, 이어지는 '레미레미'나 '미미레미'와 같이 앞선 멜로디를 모방하여 진행되는 여성 코러스의 형태와 가사('샤바샤바'와 '샤방샤방')가 유사하며, 이러한 동기를 기반으로 이를 다소 변형하여 반복하는 방법으로 곡을 진행함으로써 전체 음악저작물 중 중요한 부분에 해당하는 주요 동기가 유사하다. ② 또 원고의 저작물과 피고의 노래는 가락이 유사하고, 리듬에서 운율과 장단이 8분음표로 분할되어 있으며, 가사에 있어서도 주제가 같고, 자극적이고 노골적인 용어를 사용하여 여성의 얼굴뿐만 아니라 몸매를 칭찬하며, '샤바샤바'와 '샤방샤방'이 거의 일치하고 있어 종합적으로 유사하다.

<판 단>

앞서 인정한 사실에 의하면, '미미미'로 수평 진행하다가 '레'로 2도 하향, 다시 '미'로 2도 상향하는 부분은 원고의 창작적인 표현형식에 해당한다고 보기 어렵다. 그뿐만 아니라 음의 장단이 다르고, 양적으로 너무 적어 실질적인 유사 정도에 이르렀다고 볼 수 없으며, 8분음표로 구성된 '미레미' 부분('샤바샤바' 중 '바샤바' 부분)도 원고의 창작적인 표현형식에 해당한다고 보기 어렵다. 더욱이 원고의 저작물 중 2번 연주되어 주제를 표현하거나 곡을 강조하는 부분이라고 하기에 양적으로 너무 적고, '샤바샤바' 부분도 원고의 저작물 중 1마디로서 4번 반복될 뿐이며, 주제(theme) 역할을 하는 부분이 아니고, '샤바샤바'로 인하여 원고의 저작물을 상기시키지 못하는 등 그 양적·질적 비중을 고려할 때 그 부분을 원고의 저작물 중 대비 부분 또는 원고의 저작물 전체의 모티브를 형성하는 핵심적인 부분이라고 보기도 어려우며, 피고의 노래 중 나머지 부분은 원고의 저작물과 가락, 리듬, 화음이 유사하지 않다.

다음으로 가사와 관련하여 '여성의 아름다운 모습과 그 모습에 반한 남성이 그 여성에게서 느끼는 감정'을 노래 가사에 담아서 표현하는 것은 저작권법으로 보호될 수 없는 아이디어에 불과할 뿐이고, 여성의 아름다운 모습에 관한 구체적인 표현에서도 원고의 가사는 가녀린 '허리', 늘씬한 '다리', 볼륨 있는 '몸매', 섹시한 '입술'로 표현되어 있다. 반면에 피고의 가사는 '얼굴', '몸매', '모든 것'으로 표현되어 다를 뿐만 아니라 원고의 가사는 '가녀린 허리' 등과 같이 구체적인 표현인데 반하여 피고의 가사는 '몸매도 샤방샤방' 등의 추상적인 표현이며, '샤방샤방'은 일반의 수요자들 사이에 '눈부심', '매우 예쁘거나 아름답다'는 등의 의미로 널리 통용되고 있는데 원고의 저작물에 사용된 '샤바샤바'가 이와 동일·유사한 의미로 통용되고 있다고 보기 어려우며, '샤바샤바' 부분이 원고의 창작적인 표현형식에 해당한다고 보기도 어려우므로 원고의 저작물 중 대비 부분의 가사와 피고의 노래 중 대비 부분의 가사가 동일·유사하다고 보기 어렵다. 따라서 원고의 위 주장은 이유 없다.』

6) 강남스타일 사건[6-103]

『나. 가락과 리듬[6-104]

(1) 이 사건 제1대비부분의 유사성

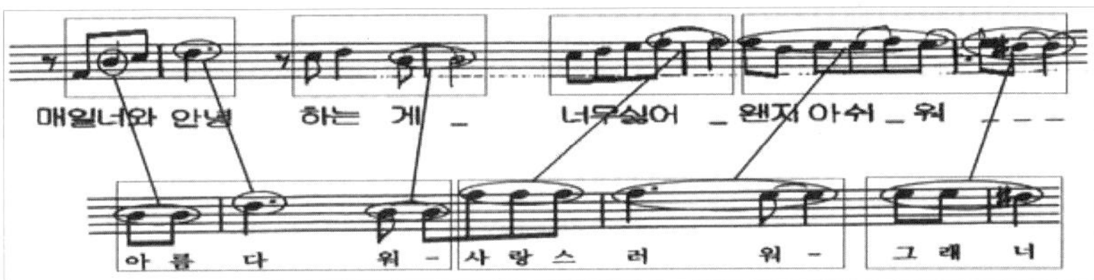

(가) 원고 음악저작물의 이 사건 제1대비부분의 가락은 '미라시도(매일너와안녕) – 시도라(하는게) – 시도레미(너무싫어) – 미도(왠지) – 레레미레도#(아쉬~워~)'이고, 피고 음악저작물의 이 사건 제1대비부분의 가락은 '라라도라(아름다워) – 미미미미레(사랑스러워) – 레레도#(그래너)'로 그 음의 진행에 있어 차이가 있다.

(나) 원고 음악저작물의 이 사건 제1대비부분의 박자는 $\frac{1}{2}$박자를 쉰 후 3개의 음이 $\frac{1}{2}$박자, 1개의 음이 1$\frac{1}{2}$박자, 다시 $\frac{1}{2}$박자를 쉰 후 $\frac{1}{2}$박자, 1박자,

---

6-103) 서울중앙지방법원 2014. 6. 13. 선고 2013가합7566 판결(확정).

6-104) 판결원문에 설시된 내용이다.『음악저작물에 있어 조(調)는 저작권법에 의하여 보호받는 대상인 표현에 해당한다 할 수 없는바, 원고가 증거로 제출한 악보 및 원고의 주장에 따라 '라장조'(다장조의 레가 으뜸음)를 기준으로 하여 대비한다.』

2$\frac{1}{2}$박자의 음이 이어지고, 그 후 3개의 음이 $\frac{1}{2}$박자, 1개의 음이 1$\frac{1}{2}$박자, 5개의 음이 $\frac{1}{2}$박자, 1개의 음이 1박자, 마지막 음이 2박자로 종결되나, 피고 음악저작물의 이 사건 제1대비부분의 박자는 2개의 음이 $\frac{1}{2}$박자, 1개의 음이 1$\frac{1}{2}$박자, 1개의 음이 1박자, 그 후 3개의 음이 $\frac{1}{2}$박자, 2개의 음이 1$\frac{1}{2}$박자, 다시 2개의 음이 $\frac{1}{2}$박자, 마지막 음이 1박자로 종결되어 박자의 진행에 있어서도 상당한 차이가 있다.

(다) 원고는 원고 음악저작물의 이 사건 제1대비부분의 가락 중 일부 음을 제외한 후 이 부분의 가락이 '라시도시도라-미도레미레'이며, 그 중 다시 '시'음과 '도'음을 제외하면 '라도라-미레'로 피고 음악저작물의 이 사건 제1대비부분의 음정과 배열순서가 모두 동일하다 주장하나, 원고 음악저작물의 이 사건 제1대비부분의 가락인 '미라(시)도-(시)도라-시도레미-미도-레레미레도#'에서 원고가 주장하는 음(밑줄 표시)을 제외하는 경우 그러한 음의 제외로 인하여 원고 음악저작물의 선율의 흐름에 큰 변화가 생겨 더 이상 이를 원고 음악저작물의 가락이라 볼 수 없으므로, 원고가 주장하는 것과 같이 변화된 가락을 기준으로 원고 음악저작물과 피고 음악저작물의 가락의 유사성을 비교할 수는 없다.

(라) 또한 원고는 악절의 종지부가 특이성이 인정되는 허위종지로서 음계가 '레도#'로 일치한다고 주장하나, 단순히 두개의 음으로 연결된 종지부는 설사 특이성이 인정되더라도 구체적인 표현에는 이르지 못한 아이디어에 불과하다 할 것이므로 저작권법의 보호대상이 아니라 할 것이다…

다. 화 성(코드)

원고 음악저작물의 경우 이 사건 제1대비부분의 코드 진행은 'Bm-G-A'이고 이 사건 제2대비부분의 코드 진행은 'Bm'이며, 피고 음악저작물의 경우 이 사건 제1대비부분의 코드 진행은 'F#m-G-A-B'이며 제2대비부분의 코드 진행은 'Bm'으로, 제1대비부분의 코드 진행은 차이가 있고 이 사건 제2대비부분의 코드 진행은 단순히 'Bm' 하나에 불과하여 저작권법의 보호대상인 구체적인 표현에는 이르지 못한 아이디어라 할 것이다.

라. 가 사

원고 음악저작물과 피고 음악저작물의 가사는 구체적인 문구에 있어 동일한 부분이 존재하지 않고, 원고가 동일하다 주장하는 요소인 '○○스타일'이란 단어가 주요한 가사로서 노래에 전반적, 지배적으로 배치되어 있는 점,

'헤이~'에 이어 '○○스타일'이 이어지는 동형진행형식, 성애표현에 이어 반복후렴구가 갑자기 끼어드는 특성은 저작권법의 보호대상인 구체적인 표현에는 이르지 못한 아이디어이므로 실질적 유사성 판단의 근거로 삼을 수 없다.

마. 소결론

원고 음악저작물은 비교적 느리게 연주되는 발라드곡으로 전체적으로 가락이 많고 잔잔하고 부드럽게 흘러가는 반면, 피고 음악저작물은 가볍고 빠르며 경쾌하게 연주되는 댄스곡으로 상당 부분이 랩으로 이루어져 있어 원고 음악저작물을 들어서는 바로 피고 음악저작물이 연상되지 아니할 뿐만 아니라 각 음악저작물을 비교하여 느낄 수 있는 감흥이 서로 차이가 나서 그 청각적 심미감이 다르고, 이 사건 대비 부분을 구체적으로 대비하더라도 앞서 본 바와 같이 가락, 리듬 및 화성에 있어 상당한 차이가 있으며, 가사 역시 '헤이' 또는 '○○스타일'이라는 짧은 단어를 제외하고는 구체적인 표현에 동일한 부분이 없고, 원고가 주장하는 일부 유사한 특징은 창작적인 표현형식에 해당하지 않아 실질적 유사성 판단의 근거로 할 수 없는바, 결국 원고 음악저작물과 피고 음악저작물은 실질적인 유사성이 없는 전혀 별개의 독립된 저작물이라 할 것이다. 따라서 피고의 원고에 대한 저작인격권 및 저작재산권의 침해는 인정되지 않는바, 저작인격권 및 저작재산권 침해를 전제로 한 원고의 손해배상청구는 이유 없다.』

나. 유사성을 인정한 사례

1) 너에게 쓰는 편지 사건[6-105]

『각 곡을 대비하여 유사성 여부를 판단함에 있어서는, 해당 음악저작물을 향유하는 수요자를 판단의 기준으로 삼아 음악저작물의 표현에 있어서 가장 구체적이고 독창적인 형태로 표현되는 가락을 중심으로 하여 대비 부분의 리듬, 화성, 박자, 템포 등의 요소도 함께 종합적으로 고려하여야 하고, 각 대비 부분이 해당 음악저작물에서 차지하는 질적·양적 정도를 감안하여 실질적 유사성 여부를 판단하여야 한다.

이 사건에서 위 거시증거에 의하면 아래와 같은 점을 인정할 수 있다.

(1) 먼저, 원고의 곡은 $\frac{4}{4}$박자의 곡으로, 1절 전반부 16소절, 후렴구 8소절, 간주 및 코러스 4소절, 2절 전반부 16소절, 후렴구 8소절, 간주 11소

6-105) 수원지방법원 2006. 10. 20. 선고 2006가합8583 판결(확정).

절, 후반부 8소절, 후렴구 8소절의 형태로 구성되어 있고(중복되는 소절과 전주·간주부를 제외하면 총 32소절 정도이다) 총 연주시간은 3분 45초 가량 소요되며, 그 중 후렴구(이 사건 '원고 대비 부분'으로 '못갖춘 마디'로 시작된다)는 1절에 1회, 2절에 1회, 종결부에 2회 등 총 4회 진행된다.

피고의 곡도 역시 $\frac{4}{4}$박자의 곡으로, 1절 전반부 19소절, 후렴구 8소절, 2절 전반부 19소절, 후렴구 8소절, 추가 후렴구 7소절, 후반부 8소절, 후렴구 8소절, 종결부 4소절 3절이고, 총 연주시간은 3분 24초 가량 소요되며, 그 중 후렴구(이 사건 '피고 대비 부분'으로 역시 '못갖춘 마디'로 시작된다)는 1절에 1회, 2절에 1회, 종결부에 1회 총 3회 진행된다.

(2) 원·피고의 각 곡 중 후렴구(각 대비 부분)만을 살펴보면{원고의 곡은 C장조이고, 피고의 곡은 Ab장조이나 가락이 기반하는 각 조(調)는 음악저작물 상 보호받는 표현의 범위에 포함되지 아니한다 할 것이므로 이를 동일하게 C장조로 변경하여 대비한 각 대비부분의 코드 진행은 아래 표 기재와 같고, 각 가락의 구성은 별지 목록 1, 2 기재와 각 같다}, ① 1, 2소절은 각 음의 구성이 완전히 동일하고, 3, 4, 5, 6, 7소절은 서로 유사한 음의 구성으로 되어 있으며, 그 장단(長短)도 유사하여 전체적인 가락의 유사성이 인정되고, ② 각 대비부분 8마디의 화성 진행을 대비하면 1소절, 2소절 앞부분, 3소절 뒷부분, 4소절 뒷부분, 5소절 뒷부분, 6소절 앞부분은 동일한 화성으로 구성되어 있고, 2소절 뒷부분, 5소절 앞부분, 6소절 뒷부분, 7소절 전체, 8소절 앞부분은 유사한 화성으로 구성되어 있으며, ③ 나아가 실제 가창되는 각 곡의 대비 부분의 박자, 템포, 분위기도 유사한 점 등을 종합하여 보면 위 각 대비 부분은 서로 유사하다.

[표] 이 사건 각 대비부분의 화성 진행

	1소절	2소절		3소절		4소절		5소절		6소절		7소절		8소절	
원고	G	C	G	Am	F	Dm	Em	F	G	C	G	Am	F	Ab	F
피고	G	C	Bdim	C/E	F	C	Em	Dm	G	C	Gm/Bb	A7	Dm	F	Gsus
동일여부	동일	동일	유사		동일		동일	유사	동일	동일	유사	유사	유사	유사	

(3) 나아가 위 각 대비부분은 총 8소절로 각 곡 중 일부분에 불과하지만, 각 곡의 후렴구로서 여러 차례 반복되고 있어 각 곡의 전체 연주시간에

서 상당한 비율을 차지하고 있고, 각 대비 부분이 각 곡의 다른 부분들에 비하여 핵심적인 부분에 해당할 뿐만 아니라, 또한 여러 차례 반복됨으로써 각 곡의 수요자들이 전체 곡을 감상할 때 그 곡으로부터 받는 전체적인 느낌에서도 중요한 역할을 담당하는 것으로 보인다.

(4) 따라서 피고의 '너에게 쓰는 편지'는 원고의 곡 'It's you'와 실질적으로 유사하다.』

☞ 이 사건에 대하여는 그 표현상 외관이론을 도입한 판례로 설명하는 견해가 많다.[6-106] 법원은 곡의 조(調)는 음악저작물상 보호받는 표현의 범위에 포함되지 아니함을 명백히 하였고(비교를 위하여 동일한 조로 변경), 문제된 후렴구는 그 자체는 양적으로 많다고 보기 어려우나 수차례 반복되어 곡 전체의 시간에서 차지하는 비중이 크다는 점에서 침해량의 절대적 크기만을 가지고 비교하여서는 아니 됨을 분명히 하고 있다.

2) 드림하이 사건[6-107]

원심은 제1심 판결 이유를 인용하여, (1) 그 판시 원고 대비 부분을 포함한 원고 음악저작물은 저작권법에 의해 보호를 받는다고 판단하고, (2) 그 판시 피고 대비 부분이 원고 대비 부분과 유사하다는 등의 이유로, 피고에게 저작권 침해를 원인으로 한 손해배상책임을 인정하였다. 그러나 대법원은 위 (1) 부분을 달리 판단하여 피고가 제시한 선행저작물과 원고의 저작물이 가락이 현저히 유사하고, 리듬도 유사하며, 화성은 앞서 공표된 다수의 선행 음악저

6-106) 1, 2심 판결에 관하여는 이해완, 73면(외관이론에서 중시하는 '전체적인 느낌'을 하나의 판단요소로 여기는 듯하다고 한다), 오승종, 1236면(청중테스트를 적용한 것이라 한다), 강태욱, "음악저작물에 있어서 실질적 유사성의 문제", 계간 저작권 77호(2007. 4) 봄호, 16면; 이 사건은 원, 피고의 각 노래가 상당히 유사하므로, 피고측은 실질적 유사성 부인보다는 원고의 노래가 관용적 표현 등 창작성 없다며 저작물성을 부인하고 나아가 피고 역시 독창적으로 창작한 것이라고 주장하고 있다. 의거성 인정에서도 현저한 유사성이 그 주요 논거로 되어 있어 결국 원고 노래의 창작성 인정여부가 관건으로 보였으며, 김민기·김경숙, "대중음악의 실질적 유사성 판단을 위한 시론", 계간 저작권 2015. 여름호, 129면에서도 원고의 악보와 피고가 제시한 선행곡들의 악보를 비교해 보았을 때 관용적 표현으로 충분히 판단될 여지가 있다고 하는 등 비판이 있었는데 위 대법원 판결이 내려졌고, 비록 화성 부분에 한한 것이지만 '일반적으로 사용되는 정도의 것'이라 설시하고 있다.

6-107) 서울중앙지방법원 2012. 2. 10. 선고 2011가합70768 판결, 서울고등법원 2013. 1. 23. 선고 2012나24707 판결, 대법원 2015. 8. 13. 선고 2013다14828 판결(파기환송).

작물들의 화성과 유사한 것으로서 음악저작물에서 일반적으로 사용되는 정도의 것이므로 원고 대비 부분은 창작성이 있는 표현에 해당한다고 볼 수 없어, 이 부분에 대해서까지 원고의 복제권 등의 효력이 미치는 것은 아니라는 취지로 파기환송하였다.

창작성 등 관련 부분은 제3, 5장에서 설명하였으므로 여기서는 다시 정립되어야 할 1심 판결의 실질적 유사성 판단 부분을 인용하여 둔다.

『음악저작물의 경우 실질적 유사성 여부 판단을 위해서는, 음악저작물의 구성요소인 가락의 동일·유사성을 첫째로 고려하여야 하고, 나아가 화음, 리듬, 박자, 템포 등의 요소에 대하여도 고려하여야 한다. 특히 가락을 비교하기 위해서는 가락의 동일성을 일정하게 정리된 음열(Phrase) 단위로 비교한 후 그 비교 결과를 종합하여 판단하여야 한다.

이하에서는 가락, 화음 및 리듬을 중심으로 원고 음악저작물과 피고 음악저작물의 실질적 유사 여부를 살펴본다.

(2) 가 락

원고 대비 부분과 피고 대비 부분의 가락을 음열 단위로 비교하여 보면, 아래 비교표 기재와 같다.

	1마디	2마디	3마디	4마디
원고 대비 부 분	솔미파솔파	-미레-도도미	-솔미파솔파	-미레-도도도
피고 대비 부 분	솔미파솔파	-미레-도미미	-솔미파솔파	-미레-도도도

위 악보와 비교표 기재에 의하면, 원고 대비 부분과 피고 대비 부분은, 2마디의 네번째음이 원고 대비 부분은 '도'이고, 피고 대비 부분은 '미'인 점만 제외하고 동일하다는 것을 인정할 수 있다.

(3) 화 음

원고 대비 부분과 피고 대비 부분의 화음을 비교하여 보면, 비교표 기재와 같다.

	화음의 비교
원고 대비 부분	Cadd2 – Bm7(b5) – E7b9 – Am7 – Gm7 – C7
피고 대비 부분	Cadd2 – Bm7(b5) – E7b9 – Am7 – Gm7 – C7

위 악보와 비교표 기재에 의하면, 원고 대비 부분과 피고 대비 부분은 그 화음이 동일하다는 것을 인정할 수 있다.

(4) 리 듬

원고 대비 부분과 피고 대비 부분의 리듬을 구체적으로 표현하여 보면, 아래 악보 중 첫 4마디 부분 기재와 같다.

후렴구 리듬 비교 악보

내 남자에게 작곡 김신일

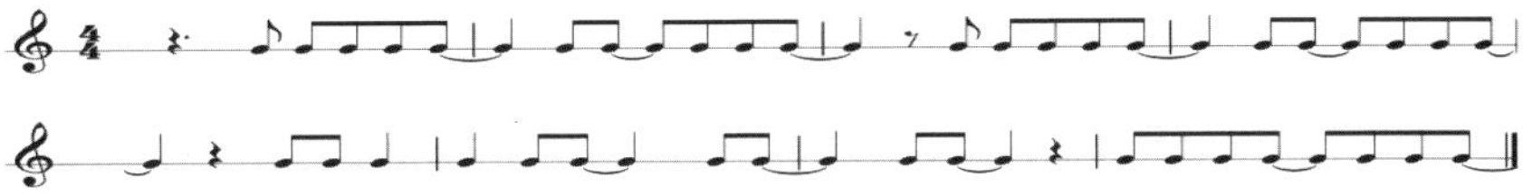

Someday 작곡 박진영

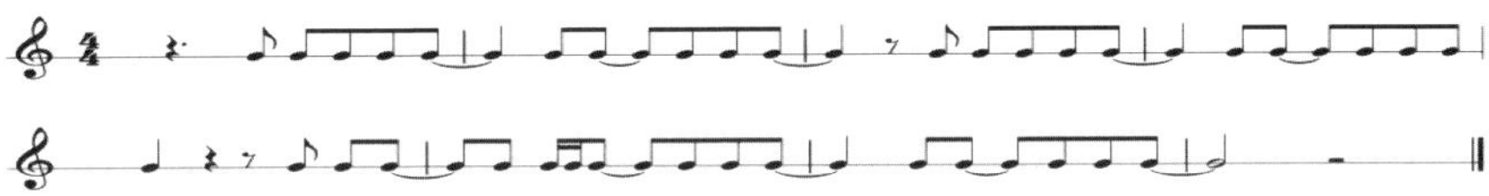

위 각 악보를 비교하여 보면, 원고 대비 부분과 피고 대비 부분은 그 리듬이 동일하다는 것을 인정할 수 있다.

(5) 소 결

위에서 살펴본 바와 같이, 원고 대비 부분과 피고 대비 부분은 가락이 거의 같다고 할 수 있을 만큼 유사하고, 화음과 리듬은 서로 같다.』

3. 기타 음악저작물 관련 사례

가. 가사의 유사성 문제[6-108]; 돌아와요 부산항에 사건[6-109]

『'돌아와요 충무항에' 가사와 1972년 발표된 '돌아와요 부산항에' 가사는 항구와 떠나는 배를 배경으로 사랑하는 사람과의 이별과 그에 대한 그리움을 그 내용으로 하고 있어 가사의 상황설정 및 소재가 유사하고 그 전체적

6-108) 가사가 문제된 사건은 드문데 본건 외에 영턱스클럽 신청사건(기각)이 있다. 강태욱, "음악저작물에 있어서 실질적 유사성의 문제", 계간 저작권 77호(2007. 4) 봄호, 6, 8면 참조(노래에 있어서 가사와 곡은 결합저작물로 가사는 어문저작물의 판단과 같은 방법을 택하므로 곡의 실질적 유사성과 반드시 동일하지 않다).

6-109) 서울서부지방법원 1996. 3. 17. 선고 2004가합4676 판결(항소심조정).

인 형식이 동일한 점, '돌아와요 충무항에'와 1972년 발표된 '돌아와요 부산항에' 1절 앞 8소절의 가사는 '충무항'을 '부산항'으로, '미륵산'을 부산에 있는 '동백섬'으로 바꾼 것 이외에는 똑같고, 1, 2절의 후렴구 또한 '충무항'을 '부산항'으로, '소식없는'을 '말없는'으로, '약속한'을 '그리운'이나 '보고픈'으로 변경한 것 외에는 대부분 동일한 점, 이 사건 '돌아와요 부산항에'는 재일동포 고향방문단의 모국방문의 취지에 맞춰 1972년에 발표된 '돌아와요 부산항에' 가사를 '님'을 '형제'로 바꾸는 등 부분적으로 바꾸어 다시 발표한 것에 불과한 점 등에 비추어 '돌아와요 충무항에' 가사와 이 사건 '돌아와요 부산항에' 가사 사이에는 실질적 유사성이 인정된다고 할 것이다.

또한, 이 사건 '돌아와요 부산항에'는 단순히 '돌아와요 충무항에' 가사를 '충무항'에서 '부산항'으로 바꾸는데 그치지 아니하고, 이별한 연인을 그리워하는 내용 대신 떠나간 형제를 그리워하는 내용으로 바뀌었고, 곡의 리듬과 화성에 더 자연스럽게 어울리도록 일부 표현이 수정되었으며, 특히 2절 가사는 항구의 풍경을 표현하는 것에서 재일동포의 귀환과 관련된 내용으로 대부분 바뀌는 등 새로운 창작성이 더해졌다.

따라서 이 사건 '돌아와요 부산항에' 가사는 '돌아와요 충무항에' 가사를 토대로 창작된 2차적 저작물이라고 할 것이다.』

나. 소위 가요드라마(2차적 저작물) 문제; 테레사의 여인 사건[6-110)]

원고는 자전적 장편소설인 '테레사의 여인'을 쓴 후 그 주제음악으로 '고독'을 작사·작곡하였고, 피고 방송사는 '가요드라마'라는 프로그램에서 위 노래를 주제로 극본을 구성하여 단막극 '고독'을 방영하였는데 위 단막극에는 원고의 승낙이나 동의 없이 위 음악을 원고 그대로 혹은 자의적으로 편곡하여 악기로 혹은 남자의 콧노래로 흥얼거리게 하여 위 가요드라마의 주제음악 내지 배경음악으로 사용되었다. 이에 대하여 법원은 피고측이 위 가요 '고독'에 대한 방송권 및 위 가요를 원저작물 또는 구성부분으로 하는 2차적 저작물 등의 작성 이용권의 침해를 인정하였다.

6-110) 서울남부지방법원 1989. 12. 8. 선고 88가합2442 판결(확정). 이 사건은 소설과 관련하여 어문저작물에서 논의된 바 있다. 실질적 유사성 문제보다는 가요드라마라는 장르로 특정 가요를 주제로 새로운 이야기를 꾸미는 방식에서 발생가능한 2차적 저작물 작성권의 문제를 다룬 점이 쟁점으로 드문 형태의 침해라 할 것이다.

Ⅴ. 연극 및 무용·무언극 그 밖의 연극저작물[6-111)]

1. 연극저작물의 실질적 유사성 판단시 유의사항

연극저작물의 범위에 대하여는 논의[6-112)]가 있지만 연기 자체는 실연으로서 저작인접권의 보호를 받기 때문에 연극, 무언극 포함 무용저작물 등 연극저작물에서 보호의 대상이 되는 것은 연기의 형(型)으로서 이미 구성되어 있는 안무(按舞)이고,[6-113)] 연극이나 음악이 한데 어울려 탄생시킨 새로운 장르인 오페라, 뮤지컬 등도 마찬가지이다. 그러므로 경우에 따라서 어문저작물, 음악저작물의 실질적 유사성 판단기준을 원용할 수 있을 것이지만 전반적 표현방법이 어문저작물에 비하여 제한적이고 추상적이어서 비문자적 유사성이 침해판단의 중요기준이 될 것이다. 기본적인 구성요소에 해당하는 스텝이나 동작은 저작권보호대상이 되어서는 아니 될 것이고 안무가 자신의 기술, 노력, 판단에 의하여 기본스텝이나 동작을 응용하여 독자적인 새로운 형(型)을 만든 경우 보호가 가능할 것이다.

특히 희곡을 그대로 연극으로 공연하는 경우는 복제권 침해 여부 문제로, 소설·뮤지컬을 기초로 연극이나 영화를 제작하는 경우는 2차적 저작물 작성권 침해 문제로 다루어져야 할 것으로 각각 실질적 유사성을 별도로 심사하여야 할 것이다. 스토리를 갖추지 않은 추상적인 현대무용의 경우 앞서 본 바와 같은 원칙하에 동작의 구성방식과 세부적인 몸짓의 창작성을 따져보아야 할 것이고, 또 그 과정에서 시각적으로 창작성이 드러나는 부분이 영화 등에서의 창작성으로 전이되었는지를 판단하여야 할 것으로 영화 등의 독자

6-111) 난타 시나리오사건(서울고등법원 2012. 11. 21. 선고 2011나104699 판결)은 연극저작물이나 실질적 유사성 판단보다는 의거성이 문제된 사안이므로 의거성 부분에서 설명한다.

6-112) 특히 각본(극본)을 연극저작물로 볼 수 있느냐가 문제인데 최소한 어문저작물의 성격을 갖고 그로써 보호되는 점은 차이가 없다. 각본 관련 저작권침해는 어문저작물 부분에서 논한다.

6-113) 오승종, 103면. 현대 무용은 연극과 달리 드라마틱한 요소가 없는 경우가 많으므로 별개의 독립저작물로 분류되어야 한다는 주장도 강하다.

적 표현양식에 의한 것이 아닌 관객들이 교감하는 요소로 작용하였다면 침해로 보아야 할 것이다.[6-114]

2. 판단 사례

가. 유사성을 부정한 사례 - 행복은 성적순이 아니잖아요 사건[6-115]

『어떤 저작물이 원작에 대한 2차적 저작물이 되기 위하여는 단순히 사상(idea), 주체(theme)나 소재가 같거나 비슷한 것만으로는 부족하고 두 저작물간에 실질적 유사성(substantial similarity) 즉 사건의 구성(plot) 및 전개과정과 등장인물의 교차 등에 공통점이 있어야 한다…, 원고의 이 사건 무용극과 피고의 이 건 영화가 우리나라 청소년교육의 문제점과 경쟁위주의 사회현실을 고발하고 그 해결책을 모색한다는 내용의 주제에 있어 공통점이 있고, 소재에 있어서도 수업시간, 가정생활, 친구관계 등 유사한 점이 있으나 원고의 이 건 무용극은 제1장에서는 공부하다 벌서고 시험치기를 되풀이하는 학생들의 일상생활을, 제2장에서는 서로 앞장서려고 치열히 싸우는 경쟁사회 속에서 시험공부에 시달려온 한 여학생이 "난 1등 같은 거 싫은데… 난 남을 사랑하여 친구와 살고 싶은데 … 행복은 성적순이 아니잖아 ! "라는 독백 끝에 쓰러지는 모습을, 제3장에서는 브레이크 댄스에 열중하다 기진맥진해서 쓰러졌던 청소년들이 '고향의 봄'을 부르며 소생하듯 일어나 예전의 한국 어린이들이 즐기던 놀이를 벌이는 모습 등이 비록 전통적인 무용과는 달리 연극성이 강하고 서술적 전개에 치중하였다고는 하나 역시 무용과 배경의 음악, 효과 등을 통해 상징적으로 표현하고 있는 반면 피고의 이 건 영화는 특정된 고교 2학년생들의 삶이 갖가지 구체적인 스토리로 개별로 전개되어 나가면서 그들의 욕구, 갈등, 희열, 좌절 등이 학교성적과 맞물리며 투영되는 등 그 등장인물이라든지 사건 전개 등 실질적 구성면에서는 현저한 차이가 있어 원고가 주장하는바 양자 사이에 내재하는 예술의 존재형식 및 표현기법의 차이를 감안하더라도 양자 사이에 원작과 2차적 저작물의 관계를 인정할 만한 실질적 유사성이 있다고 볼 수 없고,…』[6-116]

6-114) 정영미, "무용저작물의 실질적 유사성 판단에 관한 일 고찰", 문화예술경영학연구 제4권 제1호 (2011), 100면은 통상인의 관점에서 무용을 감상한 자가 영화를 보았을 때 무용공연의 장면이 연상되는가를 고려하는 것도 방법이라고 한다.

6-115) 서울민사지방법원 1990. 9. 20. 선고 89가합62247 판결(항소심에서 소취하).

☞ 위 판결은 연극(무용극) 저작물에 관한 초기 판결로 세부적인 설시가 다소 미흡한 듯하지만 실질적 유사성의 의미를 명확히 하고[6-117] 상이한 문예 장르간의 유사성 판단의 핵심을 지적한 점 등 기존 이론을 사안에 직접 적용한 점에서 의미가 있다.

나. 유사성을 인정한 사례 – 샤이보이 안무 사건[6-118]

「원고는 '시크릿(SECRET)'의 싱글앨범 '샤이보이(Shy Boy)' 안무제작 용역계약을 체결하고 저작권을 보유한 사람이고, 피고 허○○은 2011. 1. 10. 경부터 2011. 2.경까지 매주 월요일, 수요일, 금요일의 방송 댄스 시간에, 각각 피고 회사 신림점에서 수강생들 앞에서 이 사건 안무를 재현한 다음 수강생들이 이를 따라 하도록 하여 이 사건 안무를 댄스 강습에 이용하였다…. 비록 피고들의 주장과 같이 피고 허○○, 황△△과 같은 강사 각자 특유의 전달기법을 통하여 재현되거나 강습이 이루어진 측면이 있다고 하더라도, 위 인정 사실에 의하면 피고들은 수강생들을 상대로 이 사건 안무를 재현하기 위하여 강습한 것이고, 피고들의 인터넷 홈페이지와 게시판에서 확인되는 피고들의 강습 행위 영상 역시 이 사건 안무와 다르지 아니하므

6-116) 위 판결에서는 소외 신○은 청소년문제를 내용으로 하는 영화를 기획구상하고 그 영화의 제목을 '행복은 성적순이 아니잖아요'로 결정한 바 있으나 동 제명이 이미 절찬리에 공연 중이던 이 건 무용극과 동일한 점이 지적되자 나중에 어떤 분쟁이 발생하는 것을 염려한 피고가 이를 미연에 방지하기 위하여 소외인으로 하여금 직접 원고로부터 제명사용 허락을 구한 점을 인정하되 이 사건 무용극 자체를 영화화하기로 한 것은 아닌 것으로 판단한 후 양 저작물의 실질적 유사성을 판단하고 있다. 즉 이 사건 무용극과 영화는 제목이 같지만 이 점은 양자간의 계약에 의하여 해결되었고 그 내용의 동일성 여부만 다투어진 것이다.

6-117) 이해완, 214면은 유형이론의 적용 예로 들고 있고, 오승종, 1118, 1193면은 아이디어나 사상을 제외하고 유사성 판단을 하여야 하는지 명확한 언급이 없다고 지적하며, 다른 장르간의 유사성 비교시는 그 양식에서 비롯되는 차이점을 고려하여야 하고 이는 미국의 실무도 마찬가지라고 한다; 정영미, "무용저작물의 실질적 유사성 판단에 관한 일 고찰", 문화예술경영학연구 제4권 제1호, (2011), 98면은 두 예술의 존재양식 및 표현기법을 고민한 흔적이 보이지 않는 점이 아쉽다며, 고려하여야 할 점에 관하여 논의하고 있다.

6-118) 서울고등법원 2012. 10. 24. 선고 2011나104668 판결(확정). 이 사건은 대중적인 안무에 창작성을 인정하여 저작권보호의 대상으로 삼은 점에서 그 의미가 크고, 댄스교육기관의 특성상 음악에 맞추어 의도적으로 똑같은 안무에 따라 춤을 추도록 강습하였으므로 실질적 유사성을 인정하는데 큰 어려움은 없었던 것으로 보인다.

로, 위 강사들의 강습 행위 역시 이 사건 안무와 실질적으로 유사하다.』

Ⅵ. 회화·서예·조각·판화·공예·응용미술저작물 그 밖의 미술저작물

1. 미술저작물의 실질적 유사성 판단시 유의사항

원래 미술저작물에는 건축저작물 또는 사진저작물도 포함될 수 있을 것[6-119]이나 뒤의 두 가지는 별도의 저작물로 취급하고 있다. 그리고 현재 저작권법은 응용미술저작물은 명문으로 규정을 두어 포섭하고 있으나, 무대장치, 캐릭터, 서체 등은 그 저작물성을 두고 많은 논의가 있어왔고, 최근 화풍(畵風), 무대장치, 방송 포맷 등을 두고 논의가 본격화되고 있다.

그런데 미술저작물의 유사성여부는 그 종류에 불문하고 거의 시각적 요소에 좌우되므로 그 판단기준 역시 단순하다고 볼 여지가 있다.[6-120] 특히 두 개의 작품을 전체 대 전체로 대비하여 그 전체적인 느낌과 관념이 유사한지를 판단하게 되는데 수요자들을 단계적이고 이성적으로 설득하기 보다는 즉흥적이고 감성적인 느낌에 호소하는 특성이 있으므로 보통사람의 전체적인 관념과 느낌이 큰 비중을 차지한다.[6-121] 이하에서는 별도로 논의할 건축저작물과 사진저작물을 제외한 회화·서예·조각·판화·공예·응용미술저작물등 미술저작물 전반의 실질적 유사성 판단에 관하여 살펴보되, 컴퓨터게임 중의 디지털 이미지, 캐릭터 등이 문제된 사건도 같이 살펴본다.

6-119) 저작권법도 제11조에서 미술저작물·건축저작물 또는 사진저작물을 '미술저작물 등'으로 규정한 후 제19조(전시권), 제35조(미술저작물 등의 전시 또는 복제)에서도 동일하게 취급하고 있다. 교재에 따라서는 전체를 시각적 저작물로 설명하는 입장, 시각적저작물에는 미술저작물과 사진저작물만을 설명하고 건축저작물은 상대적으로 그 기능성과 실용성이 높다는 점에서 별도로 설명하는 입장 등이 있다.

6-120) 그러므로 아래 구체적 사건에서 보듯이 그 판단의 구체적인 이유를 문자로 설명하기 보다는 그림으로 대체하는 경우가 있어, 그 타당성은 논외로 하고 판결의 이해를 위하여 작은 사이즈나마 실제 비교대상 그림들의 첨부가 필요하다.

6-121) 권영준, 209면.

2. 판단 사례

가. 유사성을 인정한 사례

1) 표절작품 전시회 사건[6-122)]

「을 제2호증의 1 내지 11의 각 원고 작품들은 각 피고 작품들로부터 길고 가느다란 형태의 새 모양, 커텐의 무늬, 새를 바라보는 여인의 포즈에 대한 표현, 테이블 줄무늬, 바닥에 누워있는 여인의 포즈에 대한 표현 등에 있어서 영향을 받아 어느 정도 유사성이 있는 것으로 보여지나, 사용된 색과 전체적인 구도에 있어서는 상당한 차이가 있어 실질적인 유사성이 있다고 단정하기는 어렵다고 할 것이다.

그러나 을 제2호증의 12의 원고 작품은 사용된 색과 여인의 얼굴 모양이 약간 다른 이외에는 챙이 넓은 모자를 쓰고, 오른팔에는 가방 혹은 첼로케이스를 들고, 왼손에는 꽃을 든 채 약간 앞으로 나아가는 듯한 여인의 표현형식, 그림의 왼쪽에는 나무와 육지가 있고, 오른쪽에는 바다 혹은 강이 있으며, 뒤쪽에는 건물이 있는 전체적인 그림의 구도, 그림의 가운데 부분에 하얀 새가 날고 있는 형태 등에 있어 피고 작품과 실질적으로 유사하다고 하지 않을 수 없고, 을 제12호증의 13의 원고 작품 역시 사용된 색과 여인의 얼굴 모양이 약간 다르기는 하나, 첼로를 켜고 있는 여인을 새가 바라보는 기본적인 구도, 가늘고 긴 형태의 새 모양, 그림 뒷편의 커텐 무늬 등에 있어 피고 작품과의 실질적인 유사성이 인정된다고 할 것이다.」

6-122) 부산고등법원 2000. 11. 10. 선고 98나13396(본소), 13402(반소) 판결〔대법원 2001. 4. 24. 선고 2000다70385, 2000다70392(반소) 판결〕. 참고로 1심인 부산지방법원 1998. 11. 5. 선고 96가합27745(본소), 97가합21263(반소) 판결은 「원고 이○○의 위 전시작품들과 피고의 기존작품들은 주제나 구성에 있어서는 전체적으로 다소의 차이가 있음이 인정되나 그 주제를 표현함에 있어 소재나 색감이 동일하고, 위 구성상의 상이함도 소재의 위치에 다소 변형을 가하거나 피고의 기존작품들에서 일부분씩을 떼어와 이를 재조합한 것에 불과하여 본질적인 부분에서 그 실질적 유사성이 있는바」라고 설시하고 있다. 이 사건은 원, 피고 모두 서양화가로 원고가 '아다지오로 쓴 일기'라는 제목의 전시회를 하고 이에 대하여 피고가 자신의 작품을 표절하였다고 주장한 사안으로 지방 전시회 도중 신문지상에 위 전시작품들에 대한 표절시비가 기사화되는 바람에 이후 전시계획을 취소하는 등 순수예술가 사이의 표절 논란이 되어 소송에까지 이른 사례이다.

2) 일본어교육교재 사건[6-123]

『채무자들은, 위 두 서적의 삽화부분을 비교해 볼 때 저작권법상 보호대상이 아닌 아이디어나 그림의 표현기법인 화풍(畵風), 또는 외국어 회화 교재에 불가피하게 등장할 수밖에 없는 필수장면이나 소재에 있어 유사성이 있을 수는 있지만, 저작권법상 보호대상인 표현 그 자체는 서로 유사하다고 할 수 없어, 별지목록 기재 서적의 삽화부분은 채권자 서적의 삽화부분과는 별도의 창작성을 갖는 독립된 저작물이라고 다투므로, 이에 관하여 살피건대, 이 사건에 있어서와 같이 외국어 회화교육 교재에 사용되는 삽화는 일상적인 회화내용에 대한 이해를 돕기 위하여 제작되기 때문에 그 자체로 창작성이 있는 줄거리를 가지기 어렵고, 그 표현대상의 선택도 제한되기 마련이며, 개개의 삽화 역시 미술작품 중에서 그 표현도가 낮은 저작물에 속하는 것이 보통이기는 하나, 그 중에는 실용적인 기능과 분리되어 식별될 수 있는 저작자의 독자적인 개성이 표현된 영역이 존재한다고 할 것이고, 그것은 구체적으로 개개의 등장인물이나 사물, 사용된 부호의 용모와 인상, 표정, 분위기와 같은 것들이라고 할 것인바, 이 사건과 같이 두 서적의 삽화가 모두 같은 사람에 의하여 제작된 경우에는 그 삽화저작자가 특별한 노력을 기울이지 않는 한 당연히 위와 같은 구체적인 표현이 동일해 질 가능성이 매우 클 수밖에 없을 것인데, 위 양○○은 별지목록 기재 서적의 삽화를 그리면서 채권자 서적의 삽화와 그 대상이 되는 장면이나 소재가 비슷한 경우, 그 위치나 방향을 다소 변형하고, 전체적으로 표현을 다소 단순화하려고 노력하였을 뿐이며, 그 결과 두 서적의 삽화에는 실질적으로 동일한 창작성이 표현된 것으로 판단되므로, 채무자들의 위 주장은 이유가 없다.』

3) 그림동화책 사건[6-124]

『별지 2 '원·피고 그림 대비표'에 의하면 피고 그림은 비록 그 색상, 그림의 좌우 형태, 구체적인 동작의 모습 및 배치 각도, 인물의 표정 등에 있어서 원고 그림과 일부 다른 점이 있기는 하나, 그 동작·형태의 기본적인 윤곽선이 전체적으로 일치하고 이로 인하여 독자에게 원고 그림과 매우 유사한 인상과 미감을 안겨주고 있으므로 그 실질적 유사성이 인정된다 할 것이다.

6-123) 서울지방법원 서부지원 2000. 6. 21. 선고 2000카합442 판결(확정).

6-124) 서울중앙지방법원 2008. 1. 11. 선고 2007가합28531 판결(항소심에서 조정).

다만, 별지 2 대비표 피고 그림 중 순번 2, 5, 17, 19, 20, 23, 32, 33, 34, 35 그림의 경우 비록 원고 그림의 외곽선을 창작과정에서 이용한 측면이 있다 하더라도 표정·인물의 인상 등 전체적인 표현에 있어 원고 그림과 사뭇 다른 인상과 미감을 전해주고 있으므로 원고 그림과 실질적으로 유사하다고 보기 어렵다.』

별지2 원·피고 그림 대비표[6-125)]

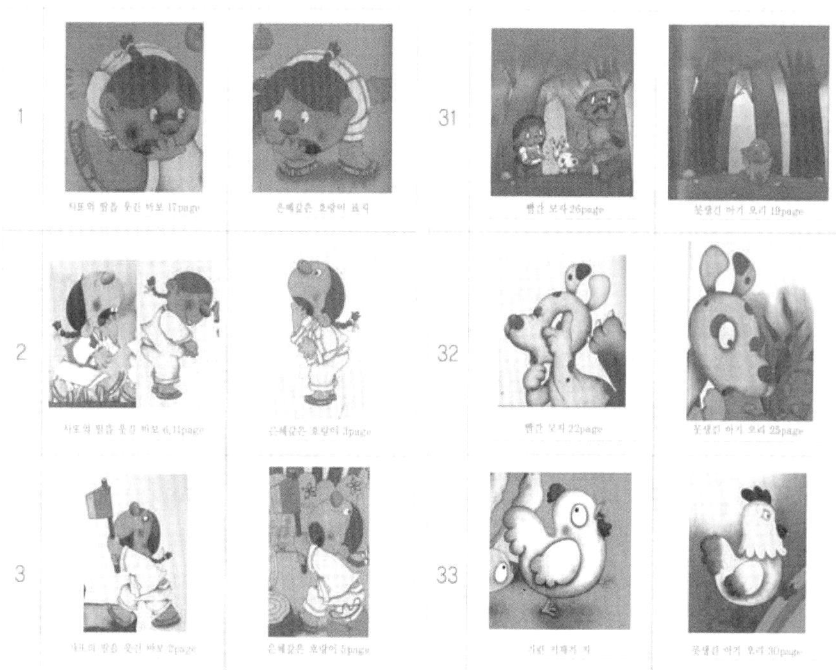

4) 청첩장 도안 사건[6-126)]

『(8) 원고 7번 청첩장과 피고들 7번 청첩장

…에 의하면 원고 7번 청첩장의 스티치 도안은 색상·크기·형태 등의 시각적 요소를 원고 나름의 방법으로 표현함으로써 원고의 정신적 노력의 소

6-125) 그림 1 내지 37 중 일부만 게재한 것으로 각 그림의 왼쪽은 원고측, 오른쪽은 피고측 그림이다.

6-126) 서울고등법원 2011. 1. 19. 선고 2010나54063 판결(대법원 2013. 2. 14. 선고 2011다20584 판결). 원고일부승소 판결로 피고들은 순번 3 내지 7, 10 기재 각 청첩장에 대하여 유사성이 인정되었는바 여기서는 대표적인 두가지만 인용한다.

산으로서의 특성이 잘 부여되어 있고, 다른 저작자의 기존 작품과 구별되므로, 저작권법의 보호대상인 창작성 있는 표현에 해당한다.

원고는 원고 7번 청첩장의 레이스 형태 밑단도 저작권법에 의하여 보호되는 창작성 있는 표현임을 전제로 피고들 7번 청첩장의 레이스 형태 밑단이 원고 7번 도안 중 레이스 형태 밑단과 실질적으로 유사하다고 주장하나, …에 의하면 원고 7번 도안 중 레이스 형태 밑단과 유사한 형태의 도안들이 이미 존재하고 있음이 인정되고, 이러한 인정사실에 비추어 보면 원고 7번 도안 중 레이스 형태 밑단은 공지의 도안을 다소 변형한 것에 불과하여 저작권법에 의하여 보호되는 창작성 있는 표현에 해당하지 아니하므로, 원고 7번 도안 중 레이스 형태 밑단은 저작권 침해 여부를 판단하기 위한 실질적 유사 여부의 고려대상에서 제외함이 타당하다.

한편, 기초사실에서 본 바와 같이 원고와 피고들이 모두 청첩장 및 연하장 등 제작업에 종사하고 있고, 원고 7번 청첩장이 피고들 7번 청첩장보다 먼저 공표된 점 및 피고들 7번 청첩장의 스티치 도안과 원고 7번 도안 중 스티치 도안이 스티치의 배열형태, 개별 스티치의 형태, 크기, 질감은 물론 각 스티치 사이의 간격, 전체 스티치의 개수가 동일하고 색상만 다른 점에 비추어 보면 피고들이 원고 7번 도안 중 스티치 도안에 의거하여 피고들 7번 청첩장의 스티치 도안을 작성하였음이 인정되고, 나아가 원고 7번 도안 중 스티치 도안과 피고들 7번 청첩장의 스티치 도안 사이에 실질적 유사성도 인정된다…

(11) 원고 10번 청첩장과 피고들 10번 청첩장

…에 의하면 원고 10번 청첩장의 'W' 도안은 색상·크기·형태 등의 시각적 요소를 원고 나름의 방법으로 표현함으로써 원고의 정신적 노력의 소산으로서의 특성이 잘 부여되어 있고, 다른 저작자의 기존 작품과 구별되므로, 저작권법의 보호대상인 창작성 있는 표현에 해당한다.

이에 대하여 피고들은 원고 10번 도안 역시 서체에 불과하여 저작권법의 보호를 받을 수 있는 저작물에 해당하지 아니한다고 주장하나, 원고 10번 도안은 그 형태에 비추어 서체로서 실용적 기능이 있다고 보기 어렵고 오히려 영문 'W'자를 모티브로 한 도안으로서 하나의 독립적인 예술적 특성이나 가치를 가지고 있어서 예술의 범위에 속하는 창작물에 해당한다고 봄이 타당하므로, 피고들의 위와 같은 주장은 받아들이지 아니한다.

한편, 기초사실에서 본 바와 같이 원고와 피고들이 모두 청첩장 및 연하장 등 제작업에 종사하고 있고, 원고 10번 청첩장이 피고들 10번 청첩장보다 먼저 공표된 점 및 피고들 10번 청첩장의 'W' 도안과 원고 10번 도안이 그 형태나 모양이 동일하고 단지 색상과 인쇄방식만 다소 다른 점에 비추어 보면 피고들이 원고 10번 도안에 의거하여 피고들 10번 청첩장의 'W' 도안을 작성하였음이 인정되고, 나아가 원고 10번 도안과 피고들 10번 청첩장의 'W' 도안 사이에 실질적 유사성도 인정된다.」

순번	제품번호	원고 제작 청첩장	순번	제품번호	피고 제작 청첩장
7	B6030	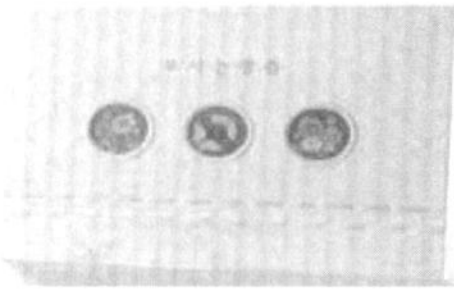 중 전통패턴의 자수와 레이스 밑단 	7	GA7012	
10	W8122	 중 W의 글자 디자인 ()	10	GA8004	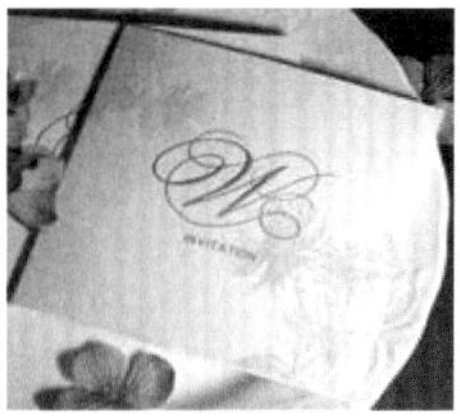

5) 농촌장날그림 사건6-127)

「원고는 1972년경 처음으로 개인전을 연 후 30여 년간 왕성한 창작활동을 통하여 풍속화가 및 조형예술가로 널리 알려진 화가로서, 1978년 농촌의 장날 풍경을 그린 가로 660cm, 세로 66cm, 제목 '장터' 그림을 제작하여 여러 차례 전시회를 개최한 원저작자이고 2001년경부터는 이 사건 원화가 포

6-127) 서울중앙지방법원 2011. 1. 12. 선고 2008가단391321, 2009가단418018 판결(확정).

함된 풍속화보집을 책으로 발간하여 판매하기도 하였으며, 현재 과천시 소재 선바위미술관을 운영하면서 이 사건 원화를 전시하고 있다.

다음으로 이 사건 원화와 이 사건 그림 사이에 실질적인 유사성이 인정되는지에 관하여 본다.

살피건대 … 및 감정인 윤○○에 대한 감정촉탁결과 및 위 윤○○에 대한 사실조회 회보결과에 변론 전체의 취지를 종합하면, 피고 장○○이 피고 참배나무골의 대표이사로서 운영하는 참배나무골 사당본점 및 여의도점과 피고 장△△, 장◇◇이 공동으로 운영하는 참배나무골 교대점에 각 게시된 이 사건 그림 3점은 이◎◎이 이 사건 원화 사진을 보고 베낀 것으로서, 위 이◎◎은 청송화랑 주인 주□□이 이 사건 원화와 비슷하게 그려달라는 부탁을 받고 그림 1장당 5만 원 정도를 받기로 하고 사진 속에 있는 장날 풍경과 비슷하게 그리려 노력하였으나 실력이 부족하고 세밀하지 못하다고 진술하고 있으며 이◎◎ 스스로 이 사건 그림을 창작한 것이 아니고 그 정도의 실력도 없었다고 진술하고 있는 사실(이◎◎은 이 사건 그림의 제작연도를 1999년이라고 하지만 피고 장○○의 수사기관 진술 및 위 각 음식점을 창업한 시점에 비추어 그 제작연도는 1989년으로 인정된다), 이 사건 그림은 전체적으로 원작의 일부인 우시장 풍경을 중심으로 사물과 인물들을 그대로 모방하여 배치하고 그렸으며 이 사건 그림에 표현된 모든 장면들도 원작을 그대로 그리거나 원작의 일부분을 생략하거나 여러 장면을 짜깁기한 그림인 사실, 이◎◎은 무명의 화가로서 그 당시는 물론 현재까지도 드러난 작품활동을 하거나 전시회를 하였다는 자료도 없는 사실을 인정할 수 있는바, 이에 의하면, 비록 이◎◎이 실력이 부족하여 이 사건 그림에서 이 사건 원화를 충실히 모사(模寫)하지 못하여 원작이 다소 변형되기는 하였으나, 일반인의 시각에서 전체적으로 관찰해 볼 때 원작과는 상당한 유사성을 보이고 있을 뿐만 아니라 독창적인 저작물로 인정할 만큼 창작성을 갖추었다고 보이지 아니하고, 또한 이 사건 그림의 크기와 세부구도, 색체, 세밀성, 주변배경, 등장사물 및 인물들의 수와 모습이 원화와는 다르기는 하여도, 이는 실력차이에서 기인하는 것일 뿐이고 전체적으로 이 사건 그림은 원화의 일부 우시장을 그대로 베낀 것으로서 이 사건 원화와의 동일성을 충분히 감지할 수 있으므로, 이 사건 그림은 원작을 복제하였다고 보지 않을 수 없다.』

6) 장보고동상 사건[6-128)]

『이 사건에 관하여 보건대, 위 법리에 비추어 위 인정사실을 살펴보면, 원고측 작품은 무인상을 강조하여 투구와 전투복을 입은 장보고 표준영정과 달리 투구를 제거하고, 왼 손에 두루마리를 쥐게 하였으며, 전투복 대신에 물고기 비늘 모양의 갑옷을 입게 하는 등의 방법으로 해상 무역왕의 이미지 제고를 위한 창작적인 표현형식을 사용하였는데, 비록 그 자세, 구체적인 동작의 모습 및 배치 각도, 오른손에 쥐어진 물건 및 오른손의 형태 등에 있어서 일부 다른 점이 있기는 하나, 이 사건 동상과 원고측 작품은 ① 투구를 제거하고 이마에 비슷한 형태의 풍잠(망건의 당 앞쪽 중앙에 꾸미는 남성 머리 장신구로 지름 4㎝ 미만의 타원 또는 반달 모양의 장식물을 의미함)이 있는 망건(성인 남자가 상투를 틀 때 머리털을 위로 걷어올리기 위해 이마에 두르는 건을 의미함)을 두르고 있고, ② 왼 손에 형태가 유사한 두루마리를 들고 있으며, ③ 하의 갑옷이 찰갑(작은 물고기 비늘 모양의 철판(미늘)을 가죽끈으로 엮어 만든 갑옷을 의미함)의 형태를 띠고 있는 등 서로 유사하고, 그로 인하여 일반인들에게 이 사건 동상이 피고 강○○의 작품보다 원고측 작품과 더 유사하다는 인상을 안겨주고 있으므로, 그 실질적 유사성이 인정된다고 할 것이다.』

7) 영어학습도서표지 사건[6-129)]

『스마일영어 시리즈가 2009년 10월 무렵 출간되어 널리 반포된 것은 앞서 본바와 같으므로, 피고는 2010년 4월 무렵 마하3 시리즈를 제작하기 전에 이 사건 표지 디자인에 접근할 기회가 있었다고 할 것이고, 이 경우 피고는 이 사건 표지디자인에 의거하여 그것을 이용한 것으로 추정되며, 달리 이를 뒤집을만한 자료가 없고, 이 사건 표지 디자인과 마하3 시리즈의 표지 디자인은 그 지배적인 특징을 나타내는 부위인 에폭시 유광 코팅된 뫼비우스띠 형상, 원형 홀로그램박과, 배경 그리드 및 교차점 아이콘이 매우 유사하거나 공통되므로(갑1-1, 2, 3, 갑2-1, 2, 갑11), 실질적 유사성 또한 인정된다.』

6-128) 광주지방법원 2011. 1. 13. 선고 2010가합3522 판결(광주고등법원 2011. 9. 30. 선고 2011나961 판결, 대법원 2011. 12. 22. 선고 2011다89415 판결).

6-129) 서울서부지방법원 2011. 9. 20. 선고 2009가단76143 판결(확정).

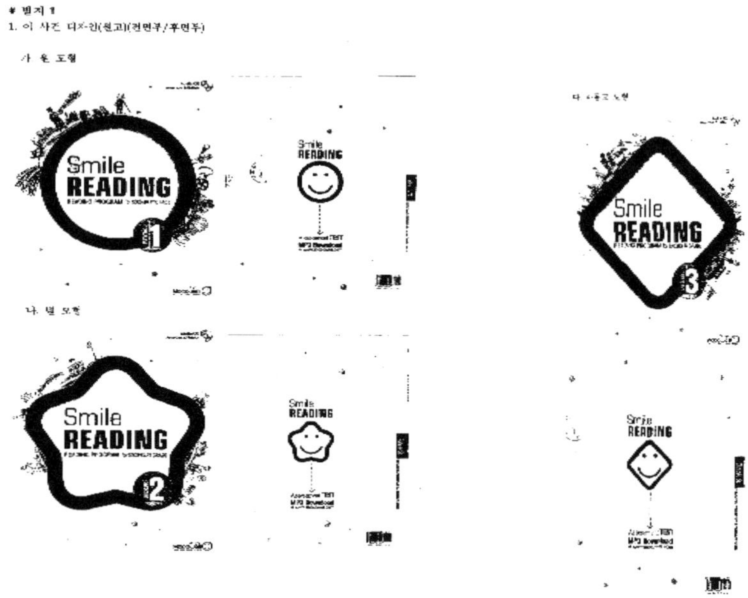
※ 별지 1
1. 이 사건 디자인(원고)(전면부/후면부)
가. 원 도형
Smile
READING
Smile
READING
나. 별 도형
Smile
READING
Smile
READING
Smile
READING
Smile
READING

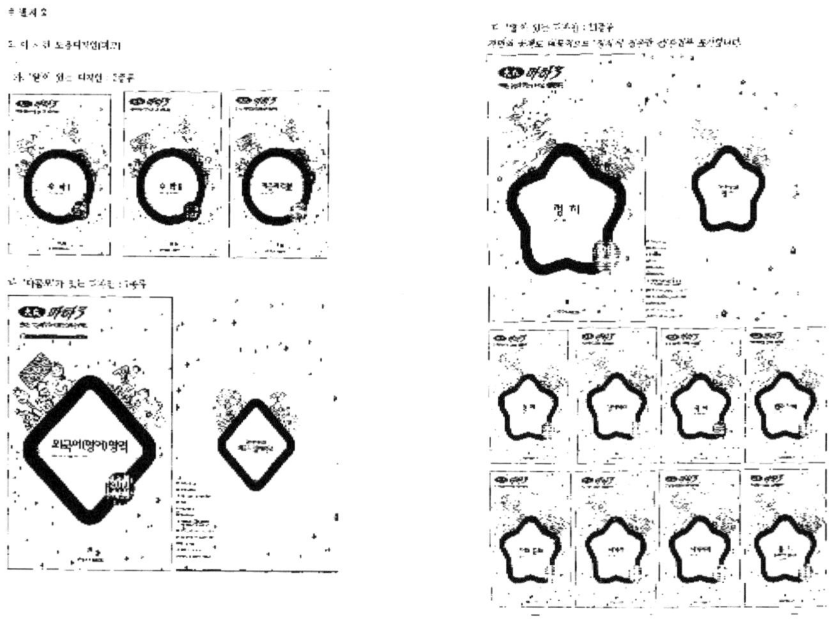
외국어(영어)영역
정 치

8) 과학관상징조형물 사건[6-130)]

「위 인정사실에서 본 다음과 같은 사정들 즉, ① 이 사건 시안이 전시실 시설계용역에 따른 설계도면에 포함되어, 위 설계도면에 따라 한국전시공업협동조합으로부터 그 제작을 배정받은 뷰로테크에서 이 사건 조형물을 제작한 점, ② 이 사건 시안의 사람들과 이 사건 조형물의 사람들의 위치와 동작이 다소 다른 면은 있지만, 이 사건 조형물의 사람들도 기본적으로는 태양을 공전하는 여러 행성들 사이로 유영하는 사람들을 표현하고 있다는 점에서 동일한 점, ③ 이 사건 시안과 이 사건 조형물은 일견 보기에도 같은 작품인 것으로 보이는 점, ④ 피고들측에서도 이 사건 조형물의 제목을 이 사건 시안과 동일하게 '태양을 찾아서'로, 저작자를 원고로 표기한 점 등에 비추어 보면, 이 사건 조형물이 이 사건 시안에 의하여 제작되었고, 둘 사이에 실질적 유사성이 있음이 인정된다.」

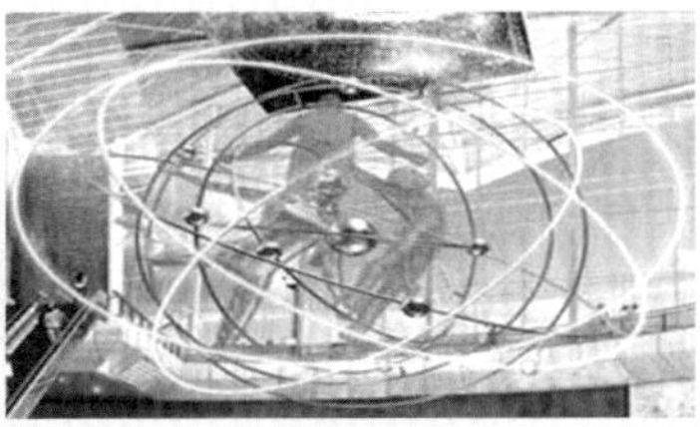

<원고 시안>

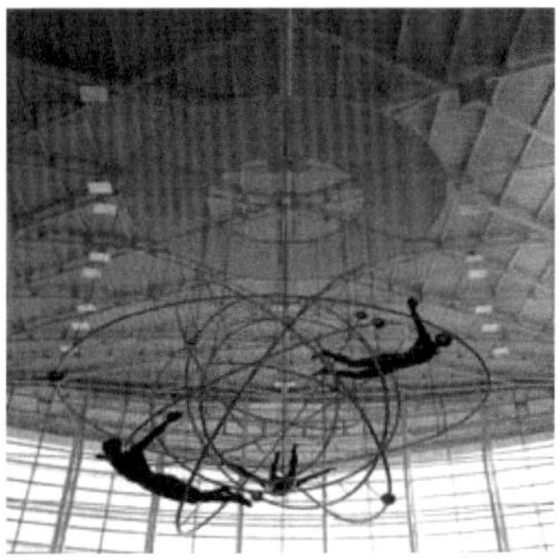

<설치된 피고 작품>

9) 구름이미지 사건[6-131)]

「나. 실질적 유사성 인정 여부

1) 원고 제1 구름 이미지 및 피고들 제1 구름 이미지의 대비

가) …를 종합하면, 피고들 제1 구름 이미지는 구름의 위치, 크기, 원근의

6-130) 의정부지방법원 고양지원 2012. 7. 4. 선고 2009가합6813 판결(서울고등법원 2013. 1. 24. 선고 2012나66121 판결, 대법원 2015. 3. 26. 선고 2013다29264 판결).

6-131) 서울중앙지방법원 2014. 7. 1. 선고 2013가합505657(본소), 2013가합541073(반소) 판결(항소심에서 화해, 물방울이미지 포함), 같은 원고의 구름이미지에 대한 사례로, 서울중앙지방법원 2012. 9. 25. 선고 2012가합503548 판결(같은 법원 같은 날 선고된 2011가합139414 판결은 위 사건과 원피고가 반대인 저작권침해정지청구권등부존재확인 사건으로 항소심은 서울고등법원 2013. 4. 11. 선고 2012나86941 판결).

차이만 있을 뿐 모두 동일한 구름 이미지인 점을 인정할 수 있다.

나) 원고 제1 구름 이미지와 피고들 제1 구름 이미지를 대비하여 보건대, 구름의 전체 윤곽선에 대한 전반적인 표현 형태, 예를 들어 한쪽 방향으로 끝이 두 가닥으로 갈라진 형태의 구름 꼬리가 형성되어 있고, 다른 방향의 구름 하단부에 구름 본체와 연결된 조그만 링 형태의 구름 선이 형성되어 있는 점 등 구름 꼬리의 삐친 정도 및 방향, 전체적인 구름 윤곽선 중 들어가고 나온 굴곡의 정도 및 방향의 면에서 동일·유사하고, 다만 해상도의 차이에 따라 원고 제1 구름 이미지는 선명하고 구름 윤곽선이 보다 세밀한 부분에 이르기까지 명확하게 표현되어 있는 반면, 피고들 제1 구름 이미지는 원고 제1 구름 이미지의 전체 형상이 좌우로 반전된 상태에서 해상도가 낮게 표현되어 있어 구름의 세부 윤곽선이 뭉개지고 흐릿한 형상으로 표현되어 있는 차이가 있기는 하나, 위와 같은 차이는 모두 구름 위치의 단순한 좌우반전 및 해상도의 차이에 기인하는바, 원고 제1 구름 이미지와 피고들 제1 구름 이미지는 실질적으로 유사하다…

Vol 11. Cloud Image - CU0018

Vol 11. Cloud Image CU-0018 (좌우반전)

<남○○ 저작>

<“슬러거” 게

[별지 3] 4. 원피고들 제1 구름 이미지

Vol 11. Cloud Image - CU0037

<남○○ 저작>

<“슬러거” 게

[별지 3] 54.원피고들 제4 구름 이미지

4) 원고 제4 구름 이미지 및 피고들 제4 구름 이미지의 대비

피고들 제4 구름 이미지인 별지 제3목록 기재 제52항 내지 제54항 각 피고들 게임물의 붉은 점선 내 구름 이미지는 각 구름 형상의 대부분이 전광판 등 장애물에 가려져 도저히 해당 구름에 대한 대강의 윤곽조차 가늠하기 어려운바, 피고들 제4 구름 이미지와 원고 제4 구름 이미지와의 실질적 유사성은 인정되지 아니한다고 봄이 상당하다.』

10) 미소(춘향전) 사건[6-132]

『…종합하여 인정할 수 있는 다음과 같은 사실 또는 사정, 즉 이 사건 원고 디자인과 이 사건 피고들 디자인은 그 배경과 구체적 표현은 다소 차이가 있지만, ① 모두 여인의 몸짓 또는 의복 등의 표현은 구성에서 제외한 채 단지 얼굴 표현 및 머리 모양을 중심으로 그 이미지를 나타내는 점, ② 얼굴에서 그 윤곽선, 코, 입, 아랫눈썹의 선을 생략하여 배경공간과 구분되지 않게 표현한 점, ③ 눈매와 눈썹에서 눈의 끝이 강하게 처리되어 있고 선과 면의 강조와 과장으로 미려하면서 청순한 느낌을 주는 점, ④ 앞가르마와 옆머리는 모두 톱니 모양으로 표현되어 있고, 가르마와 옆머리의 기울어진 방향과 각도가 같은 점, ⑤ 양자는 아랫눈썹 윤곽선이 생략된 눈을 포함하는 좌, 우 눈의 비례와 모양, 눈과 눈 사이의 거리 등이 거의 동일하게 배열되어 거의 중첩되는 점, ⑥ 얼굴의 각도 및 배치에 대하여 보더라도 얼굴이 보이는 우측 회전투시 각도는 정면과 우측면 중간인 약 45°를 유지하고, 머리를 앞으로 숙인 각도는 약 20°, 눈 경사각은 약 19°로 두 디자인에서 동일하게 나타나는 점, ⑦ 양자는 얼굴색과 배경색을 통일하고 검은 머리색을 표현하여 색상을 두 가지로 함축시켰을 뿐만 아니라 난색(暖色)과 검은색의 두 가지 색상에 의한 강한 명도 대비를 활용한 점, ⑧ 이 사건 원고 디자인은 배경 부분에 바위산, 비녀, 구름, 꽃 등이 있고, 이 사건 피고들 디자인은 "MISO"라는 영문표기와 단색의 배경만이 있어 차이가 있으나 이러한 배경 부분은 여인의 얼굴 부분의 이미지를 전달하는 보조적 역할을 하고 있는 것에 불과한 점 등에 비추어 보면, 이 사건 원고 디자인과 이 사건 피고들 디자인은 그 구체적 표현 형식에서 약간의 차이가 있지만, 생략된 윤곽선, 눈매와 눈썹의 모양, 앞가르마와 옆머리의 모양, 얼굴 형상의 크기 및 비례, 눈의 각도 및 배치, 얼굴과 머리색의 구분 등의 측면에서 거의 동

6-132) 서울중앙지방법원 2014. 2. 20. 선고 2012가합106749 판결(확정).

일하여 실질적으로 유사하다고 봄이 상당하다.」

<별지 1. 원고 디자인>

<별지 2. 피고들 디자인>

11) 고무줄 설치작품 사건[6-133]

「1) 신청인의 작품들과 이 사건 작품의 실질적 유사성에 관한 판단

다른 사람의 저작물을 무단히 복제하게 되면 복제권의 침해가 되고 이 경우 저작물을 원형 그대로 복제하지 아니하고 다소의 수정·증감이나 변경이 가하여진 것이라고 하더라도 새로운 창작성을 더하지 아니한 정도이면 복제로 보아야 한다…

기록에 의하면, 이 사건 작품은 고무줄을 사용하여 고무줄의 양 끝을 마주 보거나 맞닿은 벽, 또는 하나의 벽면에 고정하여 연결하는 작업을 계속적으로 반복하는 방법으로 수많은 고무줄을 일정한 간격을 두고 양 끝을 고정시키거나 고무줄 사이의 간격을 같은 규격으로 확장 내지 축소시키는 등 어떤 규칙에 따라 공간 속에 고무줄을 배열하여 전시장을 메우는 상태로 이루어져 있는데, 이러한 작업형태나 내용에 의한 구성 및 고무줄의 배치 방식은 앞에서 살펴본 신청인의 작품과 거의 동일하게 나타나고 있다.

다음으로 신청인의 작품들과 이 사건 작품의 창작적인 표현형식을 비교하여 보면, 아래에서 보는 바와 같은 방법으로 관람객의 접근과 이동을 방해하며 불편함을 주고자 하는 고무줄의 배치 및 그에 따른 공간 창출, 조명

6-133) 대구지방법원 2014. 4. 30.자 2014카합125 결정.

이용에 따른 그림자 효과 등이 비슷하여 전체적으로 볼 때 실질적으로 유사하다고 보이고, 신청인의 작품들과 이 사건 작품에서 일부 차이가 확인되더라도 새로운 창작적 요소가 가미된 것으로 보기 어려운 정도의 미미한 수정, 증감 또는 변형에 불과한 것으로 판단된다.

① 신청인과 피신청인 모두 고무줄의 양 끝을 고정하여 기울어지고 뒤틀리거나 높이가 어색한 벽이나 천장을 만들며, 기존의 벽과 고무줄로 만들어진 새로운 벽이 만나서 새로운 공간을 창출하는 등 전시장 전체가 하나의 작품이 되도록 연출하고 있다. 이로써 관람객들이 천장에 설치된 고무줄 밑으로 작품을 감상하거나 그 속을 불편하게 오고 가게 함으로써 일상에서 벗어나 특이한 경험을 하게 된다.

② 팽팽하게 잡아당긴 고무줄은 매우 직선적이지만 부분마다 이를 꺾어주어 삼각형 같은 문양을 유도하거나, 서로 다른 면을 향하고 있는 고무줄이 서로 엉키지 않고 각자의 방향을 향하고 있지만 여러 고무줄이 엉켜있는 듯한 모양으로 보이도록 연출함으로써 직선으로 이루어진 공간에 입체감 내지 다양성을 부여하고 있다.

③ 이 사건 작품은 고무줄 사이에 조명을 비춰 빈 벽과 바닥에 그림자를 연출시켜 실제 만들었던 수보다 훨씬 많은 양의 선이 형성되면서 공간을 메워주거나 대각선을 기준으로 고무줄을 연결하고 그 고무줄을 연결한 공간 사이로 그림자가 표출되는 형태도 취하고 있는데, 피신청인이 이 사건 작품에 사용한 고무줄의 색상이 파란색인 것을 제외하고는 신청인이 기존에 전시한 작품과 같은 형태이다.

④ 신청인과 피신청인 모두 배열한 고무줄 틈 사이로 고무줄 반대편의 물체가 보이도록 하거나 고무줄의 빈 공간 사이에 반대편 사람들의 형상이 드러나도록 하는 부분도 유사하다.」

12) 침구무늬패턴 사건[6-134)]

「이 사건 저작물인 샤인패턴과 루비패턴을 비교하여 보면, 샤인패턴은 기하학적인 원을 주 구성요소로 하고 거기에 꽃무늬가 보조적으로 결합된 12개의 모티브가 가로 4개씩, 세로 3개씩 배치된 상태로 이루어져 있는데, 이

6-134) 수원지방법원 안양지원 2014. 5. 16. 선고 2013가합213 판결(서울고등법원 2015. 3. 26. 선고 2014나34340 판결). 원고가 창작하여 저작권등록을 마친 침구무늬패턴을 샤인패턴이라 하고 피고의 침구무늬패턴을 루비패턴이라 한다.

러한 주 구성요소와 보조 구성요소의 사용, 각 구성요소의 결합에 의한 12개의 모티브 구성, 4×3 형식의 모티브의 배치 방식은 루비패턴에서도 거의 동일하게 나타나고 있다.

3) 다음으로 샤인패턴과 루비패턴의 각 모티브를 비교하여 보면, 아래에서 보는 바와 같이 양 패턴은 대응 모티브가 매우 유사하고 루비패턴에서 확인되는 일부 차이는 새로운 창작적 요소가 가미된 것으로 보기 어려운 정도의 미미한 수정, 증감 또는 변형으로 판단된다.

<table>
<tr><th colspan="2"></th><th>좌1</th><th>좌2</th><th>좌3</th><th>좌4</th></tr>
<tr><td rowspan="3">'샤인 패턴'</td><td>상단</td><td colspan="4" rowspan="3">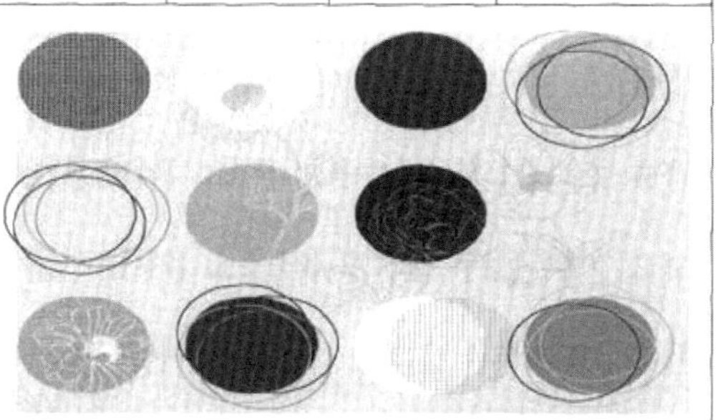</td></tr>
<tr><td>중단</td></tr>
<tr><td>하단</td></tr>
<tr><td rowspan="3">'루비 패턴'</td><td>상단</td><td colspan="4" rowspan="3">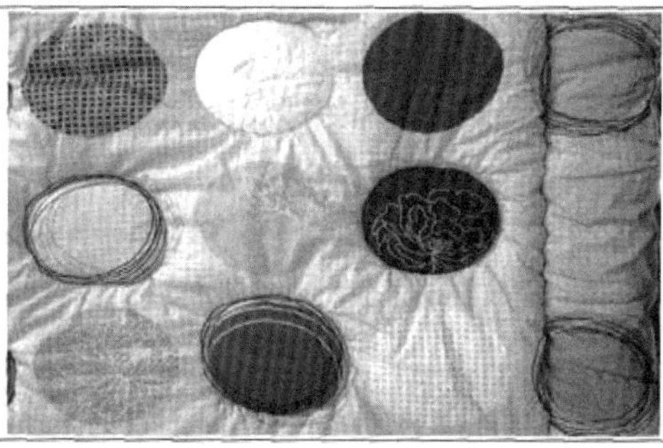</td></tr>
<tr><td>중단</td></tr>
<tr><td>하단</td></tr>
</table>

가) 상단 좌1 모티브 : 양 패턴 모두 원의 내부가 바탕색과 구별되는 색으로 채워진 원(이하 '면 원'이라 한다) 안에 십자수 모양이 반복되고 있고, 그 상대적인 크기 및 배열이 지극히 유사하다. 물론 샤인패턴의 경우 십자수가 '十'자형으로 되어 있는 반면 루비패턴은 '×'자형으로 되고 있고, 샤인패턴에는 원 밖의 배경에 있는 나뭇잎이 원에 의하여 가려진 모양으로 표현되어 있으나 루비패턴에는 원 안으로 이어지는 나뭇잎의 모양이 식별 가능하게 표현되어 있는 차이가 있기는 하나 이는 기본 모티브를 그대로 유지한 상태에서 가해진 미미한 변경 정도로 그에 의하여 전체적인 이미지에 차이가 있

는 것으로는 보이지 않는다.

나) 상단 좌2, 하단 좌1 모티브 : 양 패턴 모두 면 원(상단 좌2 모티브의 경우 흰색 면 원, 하단 좌1 모티브의 경우 갈색 면 원)과 국화모양의 라인 꽃이 결합된 모양으로 이루어져 있고, 원 내부에 배치된 라인 꽃의 위치, 꽃과 연결된 줄기의 상대적 위치 등이 대응되는 각 모티브에서 지극히 유사하며, 국화꽃의 세부적인 꽃잎, 꽃술의 모양, 수에 있어서만 미미한 차이가 있는 것으로 보인다.

다) 상단 좌3 모티브 : 면 원 안에 미세한 지문이 반복되는 형상으로 지문 모양 자체에 미미한 차이가 있기는 하나 이 모티브의 창작적 요소에 영향을 주는 정도는 아닌 것으로 보인다.

라) 상단 좌4, 하단 좌2, 하단 좌4 모티브 : 양 패턴 모두 면 원 위에 선으로만 모양이 나타나는 원(원의 내부가 원을 이루는 선의 색으로 채워져 있지 않은 원으로, 이하 '라인 원'이라 한다) 여러 개가 일부 겹쳐지도록 배치되어 이루어진 점에서 동일하고, 겹쳐지는 라인 원의 수에서 차이가 있기는 하나(샤인패턴 4개, 루비패턴 10개) 역시 이 모티브의 창작적 요소에 영향을 주는 정도는 아닌 것으로 보인다…

4) 따라서 샤인 패턴과 루비패턴은 그 패턴을 구성하는 모티브의 개수, 배치가 동일하고, 각 모티브를 구성하는 디자인적 구성요소 및 그 결합방식, 결합에 따른 모티브의 모양 등이 지극히 유사하여 전체적으로 볼 때 실질적으로 유사하다.」

13) 개를 산책시키는 여성 이미지 사건[6-135)]

<사안의 개요>

원고는 '개를 산책시키는 여성'을 형상화한 이미지(오른쪽 붉은색 실선으로 표시된 영역의 이미지를 말한다. 이하 '제1 이미지')를 제작하였다. 피고는 아래와 같은 피고 이미지가 'REDEYE'라는 문자 부분 앞에 병기된 상표 ' REDEYE Highclass Fashion & Accessories '를 등록하고, 자신의 홈페이지에 이를 게재하였다. 이에 원고가 저작권 침해를 주장하며 피고를 상대로 제기한 손해배상청구소송에서 제1 이미지와 피고 이미지의 실질적 유사성이 인정되는지 여부가 쟁점이다.

6-135) 서울중앙지방법원 2013. 4. 18. 선고 2012가합521324 판결(서울고등법원 2013. 12. 19. 선고 2013나2008401 판결).

<법원의 판단>

「그 색채나 명암에 있어서 제1 이미지는 다양한 색상을 사용하고 광원의 방향에 따라 명암이 표현되어 있는 반면에 피고 이미지는 무채색으로 이루어져 있고 명암도 표현되어 있지 않다는 차이가 있지만, 그 외형의 윤곽선에 있어서 양자는 ① 여성의 앞에서 걸어가는 개의 다리가 휘어져 있는 모양, 다리의 배치, 꼬리의 모양, 얼굴의 형상 등이 동일하고, ② 뒤에서 걸어가는 여성의 모자 모양, 흩날리는 머리카락의 갈래, 목줄을 잡고 있는 오른손의 모양, 치마의 주름으로 인한 굴곡의 형상, 과장되게 가늘게 그린 손목과 발목 등의 형상이 동일하며, ③ 개와 여성의 위치, 목줄의 형상 등 전체적인 구도도 거의 동일하되, ④ 다만 그 가로·세로의 비율만이 피고 이미지는 제1 이미지에 비하여 가로로 약간 더 넓은 사실을 인정할 수 있는바, 위 인정사실에 의하면 제1 이미지와 피고 이미지는 그 색상과 명암에 약간의 차이가 있지만 외형의 윤곽선이 동일하고 가로·세로의 비율만 달리하여 작성된 것으로서, 실질적으로 유사하다고 봄이 상당하다.」6-136)

<원고의 제1 이미지>

<피고 이미지>

6-136) 한편, 위 사건에서 원고는 포토샵(photoshop) 프로그램을 이용하여 제1 이미지의 외형을 추출하고 그 색채를 무채색으로 보정한 후(이하 '실루엣 처리') 그 크기를 축소하여 실루엣 이미지(제2 이미지)도 제작하였고, 피고가 제2 이미지에 대한 저작권도 침해하였다고 주장하였는데, 법원은 「제2 이미지는 제1 이미지의 실루엣 처리작업만으로 손쉽게 제작될 수 있는 것으로서 누가 실루엣 처리작업을 하더라도 비슷하게 제작될 수밖에 없다고 할 것이므로, 결국 제2 이미지는 제1 이미지와는 별개의 창조적 개성이 드러나는 별개의 저작물이거나 제1 이미지에 대한 실질적인 개변이 있는 2차적 저작물에 해당한다고 볼 수 없다」고 하여 제2 이미지의 저작물성을 부인하였다.

나. 유사성을 부정한 사례

1) 한복문양 사건[6-137]

『한복디자인이란 종래의 문화적 유산인 복식에 기초를 두고 이에 변형을 가해가는 것이므로 그 디자인 중 저작권에 의하여 보호되는 것은 저작자의 독창성이 나타난 개인적인 부분만에 한하고 옛부터 전해 내려오는 제작기법이나 표현형식은 누구나 자유롭게 이용할 수 있는 것이어서 저작권 보호의 대상이 되지 않는다고 할 것이므로 저작권의 침해 여부를 가리기 위해 두 저작물 사이에 실질적 유사성이 있는가의 여부를 판단함에 있어서도 위 독창적인 부분을 가지고 대비를 해야 할 것이다.

기록에 의하면, 원고가 제작한 한복치마는 치마폭 이음새마다 바탕색과는 다른 색의 사다리꼴 띠를 수직으로 덧대고 그 띠 안에 꽃, 나비 추상적 문양 등의 장식무늬를 일정한 간격으로 혼합배치하여 넣은 것이고, 피고가 제작한 한복치마는 치마폭 이음새마다 바탕색과 다른 색의 직사각형 띠를 덧대고 그 띠안에 덩쿨 줄 꽃무늬를 연속적으로 배치하여 넣은 것인바, 어머니 저고리의 깃, 섶, 소매, 단, 바탕 등에 바탕천과 다른 색의 띠나 일정한 문양을 넣은 띠를 수직 또는 수평으로 덧대어 실용성과 심미감을 더하는 의복제작기법은 삼국시대 이전부터 사용되어 오던 것임을 인정할 수 있으므로 원고의 위 저작물 중 치마폭 이음새마다 바탕색과 다른 색 띠를 수직으로 덧대거나 띠안에 무늬를 넣는 방법 자체는 종래의 문화적 유산에 속하는 것이고 다만 띠의 모양을 사다리꼴로 하고 띠안에 꽃, 나비, 추상적 문양 등을 소재로 한 무늬를 일정한 간격으로 혼합배치한 점에서 기법상의 독창성이 인정되므로 이부분이 저작권 보호의 대상이 된다고 할 것이다.

이 독창성이 인정되는 부분을 피고의 그것과 대비해 보면 치마를 착용하였을 때 치마 상단의 주름으로 인해 피고의 띠도 윗부분이 좁고 아랫부분이 넓게 보인다는 점이 원고의 것과 유사하기는 하나 전체적인 띠의 모양과 넓이가 원고의 것과는 다를 뿐 아니라 그 안의 무늬의 소재, 배열방법 등에 있어서 양자는 차이가 있어 띠부분의 전체적인 미감이 유사하다고 보기는 어렵다.』

2) 초코렛광고 사건[6-138]

6-137) 대법원 1991. 8. 13. 선고 91다1642 판결.

6-138) 서울남부지방법원 2000. 6. 30. 선고 99가단72877 판결(확정).

『원고가 창작한 만화 '오디션'과 피고 ○○제과주식회사가 제조 판매하는 초콜릿 젠느를 광고하기 위하여 광고대행회사인 피고 주식회사 △△△가 제작한 젠느 광고를 비교해 보면, 위 '오디션' 장면은 주인공이 다리를 건너가면서 막대기로 다리 난간을 단순히 두드리는 것 그 자체를 표현한 것이 아니라 막대기를 쥐고 있는 손의 힘으로 강약을 걸어가는, 속도로 음의 길이를 표현하고, 긁는 난간의 위치를 바꾸어 3가지 정도의 다른 소리를 만들어 냄으로써 막대기로 연주를 하고 있음을 표현한 것임에 반하여 이 사건 광고에 표현된 내용은 걸어가면서 우산으로 다리 난간을 단순히 스치는 것일 뿐이어서 이른바 통상적인 아이디어(idea)의 영역을 넘어서 위 '오디션'의 구체적 표현을 무단 이용하였다고 보기 어려우므로 원고의 위 '오디션'에 대한 저작권을 침해한 것이라고 할 수 없을 것이다.』

3)·두근두근체인지 사건[6-139)]

『(2) 실질적 유사성

(가) 기록 및 심문 전체의 취지를 종합하여 이 사건 만화와 드라마를 비교하여 보면, 두 저작물은 모두 변신을 소재로 하고 감수성이 예민하고 이성과 사랑에 대하여 호기심이 많은 여고생을 주인공으로 하여 못생기고 뚱뚱한 여고생 주인공이 우연히 얻게 된 변신수단을 통해 아름다운 외모로 변신하여 겪게 되는 에피소드로 구성되어 있는 점, 못생겼으나 심성이 착하고 순수한 주인공 여고생, 주인공이 사랑하는 이상형의 남자, 주인공의 원래 모습을 있는 그대로 사랑하는 평범한 남자, 사랑과 일상 면에서 주인공을 괴롭히는 라이벌 등의 등장인물이 존재하는 점, 주인공이 아름다운 모습으로 변신하여 인기와 사랑을 얻게 되나 자신의 정체성에 대한 고민을 한다는 사건전개과정을 담고 있는 점 등에서 유사한 점을 발견할 수 있다.

그러나 위와 같은 이 사건 만화와 드라마 사이의 공통적인 요소들은 못생긴 여자가 아름다운 외모로 변신하는 것을 소재로 한 데 따른 추상적인 인물의 유형과 관계에 해당하거나 전형적인 구성 혹은 통상적인 사건의 전개과정에 해당하는 것일 뿐이어서 이러한 유사점만으로는 창작적인 표현형식이 유사하다고 할 수 없다.

(나) 오히려 이 사건 만화와 드라마는, 등장인물간 관계설정에 있어 이 사

6-139) 서울고등법원 2005. 7. 27.자 2005라194 결정(대법원 2005. 10. 28.자 2005마760 결정).

건 만화는 단일한 주인공인 신동선과 그 변신물인 윤새라를 중심으로 주변인물이 관계를 맺고 있는 반면 이 사건 드라마는 최모두와 그 변신물인 신비 외에도 최모두의 친구인 미미와 슬기를 실질적으로 대등한 주인공으로 하여 그 주변인물과의 관계를 나타내고 있고, 이 사건 만화는 주인공 신동선과 주인공이 사랑하는 이상형 남자 한연빈, 주인공의 원래 모습을 사랑하는 남자 은재서를 비중있게 다루고 그 밖의 인물들은 매우 부수적으로 표현되어 있는 반변 이 사건 드라마는 주인공인 최모두, 슬기, 미미를 중심으로 하여 매 회 방영분의 에피소드별로 라이벌인 럭셔리 시스터즈, 최모두를 부잣집 딸로 오인하여 접근한 민호 등 다양한 인물들이 비중 있게 다루어지고 있는 점, 구성과 주제에 있어 이 사건 만화는 왕따였던 주인공이 변신 후 인기와 사랑을 얻지만 변신의 비밀을 들키게 되어 고생을 하게 되는 내용을 중심으로 이루어져 있어 비교적 단순한 반면, 이 사건 드라마는 서로 다른 성격과 외모를 가진 세 여고생의 학교생활과 연예계 데뷔 후의 활동내용을 중심으로 매 회 방영분 별로 다양한 사건이 발생하고 결말을 맺어 각 방영분마다의 완성도가 있을 뿐 아니라 각 독자적인 주제를 담고 있는 점에서 현저한 차이가 있다.

또한 이 사건 만화는 줄거리와 주로 말풍선 속에 기재되는 인물간 대화, 하나의 구획으로 된 그림의 단위인 각 컷 내의 그림 등을 구성요소로 하고, 이 사건 드라마 역시 위에 대응하여 줄거리와 인물간 대화, 드라마의 각 장면을 구성요소로 하고 있으므로, 위 각 구성요소별로 두 저작물을 구체적으로 비교하여 보면, 우선 이 사건 드라마의 대사의 내용과 표현 중 이 사건 만화에 등장하는 표현을 문장 대 문장으로 대칭될 수 있을 정도로 그대로 베낀 부분이 있다거나 이 사건 드라마의 장면 중 이 사건 만화의 컷 내의 그림을 그대로 모방한 부분이 있어 두 작품 사이에 부분적 유사성이 있다고 볼 만한 아무런 소명자료가 없으므로 결국 양자 사이에 주제를 구체적으로 표현한 줄거리나 구체적인 사건의 전개, 등장인물의 구체적인 성격과 상호관계 등 사이에 포괄적인 유사성이 인정되어야 할 것인바, 기록 및 심문 전체의 취지를 종합하여 보면 두 저작물의 성격과 유형, 줄거리, 등장인물의 성격과 상호관계 등은 아래에서 보는 바와 같이 현저한 차이가 있고, 이러한 차이가 이 사건 드라마의 창작적 표현형식에 해당함과 동시에 지배적인 특징을 이루고 있어 이 사건 드라마로부터 이 사건 만화의 본질적인 특정 자체를 감득할 수 없다 할 것이다.(한편 채권자는 이 사건 만화와 드라마의 각 대응하는 인물들간에 외모, 의상 및 머리모양 등이 유사하므로 위 부분에 대한 채권자의 저작권을 침해하였다고 주장하나, 이 사건 만화에 나타난 인물들의 외모와 의상 및 머리모양은 인물의 모습을 과장하거나 생략하여 익살스럽거나 비현실적인 모습으로 나타내는 만화그림의 특성과 순정만화에서 전형적으로 그려지고 있는 인물들의 모습에 비추어 볼 때 채권자 개인의 독창적인 부분을 분리해 낼 수 있을 정도의 창작성을 인정하기 어려우므로 위 주장은 이유 없다)

① 작품의 성격과 유형

이 사건 만화는 미형 캐릭터를 중심으로 감성적인 주제를 담고 있는 일명 순정만화로서 주로 감수성이 예민하고 이성과 사랑에 대하여 호기심이 많은 청소년을 대상으로 이성관계를 중심으로 한 가벼운 내용을 담고 있는 작품인데 반하여, 이 사건 드라마는 장소적 배경이나 등장인물 등은 같지만 매회 다른 이야기를 다루는 방송 코미디물인 시트콤으로서 청소년을 주인공으로 하여 현재 대한민국 청소년들의 현상황과 관심사, 그리고 문제점을 유쾌한 분위기로 나타내는 한편 현실적이고 교훈적인 주제를 담고 있는 작품이다.

② 줄거리 및 사건의 전개

이 사건 만화는 못생기고 뚱뚱하여 따돌림을 당하던 여고생 선동선이 자살하려다 우연히 변신알약을 발견한 후 미녀 윤새라로 변신하여 전학생으로서 학교생활을 하면서 친구들로부터 인기를 얻고 연예인이자 이상형의 남자인 한연빈과 사귀게 되며 연예계에 데뷔하게 되어 행복한 나날을 보내다가 현기증과 변신기간이 짧아지는 후유증으로 인해 한연빈에게 변신을 들키게 된 후 그로부터 시달림을 당한다는 일련의 내용으로 이루어진 미완성 작품인 반면, 이 사건 드라마는 친구 사이인 예쁘지 않은 평범한 여고생 최모두, 슬기, 미미에게 발생하는 일을 중심으로 매 회 방영분별로 최모두가 우연히 구입한 변신샴푸를 통해 상황에 따라 미녀 신비로 변신하는 내용을 포함하고 있으면서 독자적인 줄거리로 이루어져 있는바, 최모두는 자신의 외모에 대한 고민으로 인해 다이어트나 성형수술을 꾀하기도 하고, 자기를 부잣집 딸로 오인하고 접근한 민호로부터 실연을 당하기도 하며, 세 친구가 다 같이 가출하여 고생을 하기도 하고, 연예인이 되고자 하는 슬기로 인해 다 같이 연예기획사에 소속되어 활동을 하면서 그 과정에서 최모두는 여고생들의 우상인 연예인 로미오와 친해지게 되는 한편, 신비를 사랑하는 로미오로 인해 고민하다가 변신샴푸를 사용할수록 점차 종전 기억이 사라지고 종전 기억을 모두 잃고 나면 영구히 미인으로 살 수 있다는 사실을 알게 되나 결국 원래 자신의 모습으로 남기로 결심한다는 다소 복잡하고 다양한 내용을 담고 있다.

③ 등장인물

이 사건 만화의 경우, 주인공 신동선은 외모로 인해 학교 친구들로부터 따돌림을 당하자 자살을 하고자 하고, 변신약을 발견한 후에는 주로 윤새라의 모습으로 살면서 원래 자신의 모습은 드러내지 않으려고 하는 나약하고 비관적인 성격의 소유자이고, 원래의 신동선보다 변신 후인 윤새라에 대한 이야기가 더 비중 있게 다루어지며, 신동선이 사랑하는 연예인 한연빈은 작품의 초반부터 등장하면서 괴팍한 성격의 소유자로 윤새라를 좋아하다가 신동선이 변신한 모습임을 알게 되자 이를 이용하여 신동선을 괴롭히는 다소 비열한 인물이고, 신동선의 오랜 친구인 은재서는 신동선을 사랑하지만 못생기고 뚱뚱한 여자를 사랑한다는 사실을 부끄럽게 여기고 자신의 마음을 부인하는 평범한 인물로서 한연빈과 갈등관계를 이루는 인물이며, 한연빈의 팬클럽인 원클럽의 멤버들은 이야기를 이끌어 나가는 인물은 아니나 주변인물로 가끔 등장하면서 신동선을 괴롭히거나 윤새라와 경쟁관계에 있기도 한 인물이다.

반면 이 사건 드라마의 경우, 주인공인 세 여고생은 일명 시루떡 시스터즈로 불리는데 그 중 최모두는 뚱뚱하고 별로 예쁘지 않은 외모를 갖고 있으나 발랄하고 긍정적이며 자기에게 주어진 것들을 사랑하는 귀여운 인물이고, 신비로 변신한 후의 이야기 보다 원래 최모두에 대한 이야기가 더 비중 있게 다루어지며, 슬기와 미미 또한 긍정적이고 발랄한 성격으로 슬기는 자신의 외모가 뛰어나다고 믿는 다소 엉뚱한 면이 있고 학업성적이 나쁘지만 자신의 꿈인 연예인이 되기 위해 노력하고 그 분야에 재능 있는 인물이며, 미미는 다소 남성적인 말투와 성격을 갖고 의리 있는 모습으로 어려운 형편에도 불구하고 꿋꿋하게 사는 인물이다. 또한 이들의 우상인 연예인 로미오는 작품의 중반부에 이르러 등장하면서 선비를 사랑하면서도 고백하지 못하는 수줍음 많은 성격의 인물로 최모두와는 돈독한 우정을 쌓는 관계이고, 민호는 작품 초반에 최모두를 부잣집 딸로 오인하여 접근하는 사기꾼 기질이 있는 인물로 나오다가 결국엔 모두를 진정으로 좋아하게 된 후 떠나가는 인물이며, 준혁은 최모두를 진정으로 사랑하는 인물로서 못생겼으나 순진하고 진솔한 성격으로 위기에 처한 최모두를 구해주기도 하는 역할을 담당하기도 하나 작품 전반에 있어 별 비중이 없는 인물이고, 럭셔리 시스터즈는 시루먹 시스터즈와 같은 학교 학생들로서 뛰어난 외모를 갖고 있고 자신들의 집안이 부유하다는 이유로 건방지게 구는 인물인데 주인공인 시루떡 시스터즈를 무시하고 괴롭히다가 결국은 화해하는 역할로서 주인공인 시루떡 시스터즈와 작품 전반에 결쳐 대립관계를 이루는 비중 있는 인물이며, 그 외 매회 방영분별로 학교 선생님, 모두 어머니, 연예기획사 직원 등 다양한 인물이 등장하여 이야기를 이끌어 나간다.

다. 판 단

그렇다면 이 사건 만화와 드라마 사이에 실질적인 유사성을 인정하기 어려우므로, 이 사건 드라마는 이 사건 만화와는 별개의 창작성 있는 저작물에 해당한다고 봄이 상당하고 이와 달리 볼 만한 소명자료가 없으므로 채권자의 주장은 이유 없다고 할 것이다.』

4) 초밥집 디자인 사건[6-140)]

『① 간판 부분과 관련하여, ㉠ 마포점, 일산점의 간판은 녹색의 장막형태로 되어 있다는 점에서 원고 점포의 하부 간판과 유사하나, 하나의 간판으로 구성되어 있고, 그 위에 상호, 인터넷주소, 전화번호, 도형 등이 표시되어 있다는 점에서, 상부 간판과 장막형태의 하부 간판으로 구성되어 있고, 흰색의 상부 간판에 상호 등이 표시되어 있으며, 하부 간판이 세부분으로 구별되어 있는 원고 점포의 간판과 그 형태가 서로 상이하고, 또한 표시되어 있는 상호 등의 크기, 색채, 배열 등이 원고 점포의 상호 등의 그것과 상이하고, ㉡ 광장점은 하나의 평면 형태의 녹색 간판으로서 원고 점포의 간판과 그 형태가 상이하며, 상호 등의 크기, 색채, 배열 등이 원고 점포의 상호 등의 그것과 상이하여, 피고들 점포의 간판 부분의 디자인은 원고 점포의 간판 부분의 디자인과 유사하지 아니하고, ② 창외 부분과 관련하여, 마포점, 일산점은 창외 부분에 수개의 소형 원형 장식물이 설치되어 있으며, 마포점은 별도의 장식물이 설치되어 있지 않는 반면에, 원고 점포의 창외 부분에는 대형 직사각형 장식물이 설치되어, 피고들 점포의 창외 디자인은 원고 점포의 창외 디자인과 유사하지 아니하고, ③ 내벽 부분과 관련하여, 피고들 점포의 내벽은 벽돌무늬벽지와 목재무늬벽지 부분으로 구성되어 있는 반면

6-140) 서울중앙지방법원 2006. 7. 12. 선고 2006가합14405 판결(확정).

에 원고 점포의 내벽은 목재무늬벽지와 회색벽지로 구성되어 있으며, 나무무늬벽지의 문양, 색채, 질감, 구분된 형태가 서로 상이하여, 피고들 점포의 내벽 디자인과 원고 점포의 내벽 디자인은 유사하지 아니하고, ④ 창내 부분과 관련하여, ㉠ 광장점, 일산점의 창내 부분에는 목재무늬블라인드가, 마포점을 롤스크린이 설치되어 있는 반면에, 원고 점포의 그 부분에는 회색블라인드와 목재무늬블라인드가 혼용되어 설치되어 있으며, ㉡ 창내 부분의 기둥부분이 원·피고들 점포 모두 목재무늬벽지로 구성되어 있으나, 그 문양, 재질, 색감, 구분되어 있는 형태가 서로 상이하여, 피고들 점포의 창내 부분의 디자인은 원고 점포의 창내 부분의 디자인과 유사하지 아니한 사실을 인정할 수 있으므로, 피고들 점포의 실내외 디자인은 원고 점포의 실내외 디자인과 각 구성부분의 표현방법 및 그 조합·배열이 상이하다.』

5) 실황야구 사건[6-141)]

『(2) 다음으로, 각 캐릭터가 실질적으로 유사한지 여부에 관하여 본다.

(가) 유사성의 판정은 창작성이나 캐릭터의 개발 정도 및 다양한 표현가능성의 정도에 따라 실질적 유사성의 인정범위가 달라진다. 즉, 캐릭터의 창작성이나 개발 정도가 클수록, 다양한 표현가능성이 클수록 실질적 유사성의 인정범위는 넓어지게 된다. 이러한 일반적인 판단기준하에 전체적인 대비를 통하여 전체적인 관념과 느낌이 유사한지, 그렇다면 어떠한 요소로 인하여 유사성이 발생하였는지를 확정하고, 다음 단계로 그 유사성 요소 중 표현 요소가 무엇인지를 확정하여 대비하는 작업이 필요한바, 다음에서 구체적으로 살핀다…

6-141) 서울중앙지방법원 2006. 7. 20. 선고 2005가합76758 판결(서울고등법원 2007. 8. 22. 선고 2006나72392 판결, 대법원 2010. 2. 11. 선고 2007다63409 판결). 최성준, "게임 캐릭터의 저작물성 및 실질적 유사성－서울고등법원 2007. 8. 22. 선고 2006나72392 판결(상고)－", Law & technology 제3권 제5호(2007. 9) 참조; 앞서 보았듯이 대법원은 '실황야구' 캐릭터가 상품화 과정을 거쳐 독자적인 저작물성을 인정할 정도에 이르지 않았다는 이유로 독립된 저작권법의 보호대상으로 보기에는 부족하다고 판단한 원심은 잘못이라고 지적하였으나, 원고승계참가인이 '실황야구' 캐릭터에 관한 자신의 저작권을 침해하였다고 주장하는 원심 판시 '신야구' 캐릭터가 '실황야구' 캐릭터를 복제한 것이라고 볼 수 없음은 물론 '실황야구' 캐릭터의 2차적 저작물에 해당한다고도 볼 수 없다고 하여 상고를 기각하고 있다.

<원고 '실황야구' 캐릭터>

<피고 '신야구' 캐릭터(1)>

(나) 별지 대비목록은 원고 승계참가인이 복제권의 침해를 주장하는 '실황야구'의 각 캐릭터 32개를 그림별로 순번을 정하여 '신야구' 캐릭터와 대비해 놓은 목록인바, 그 중 왼쪽에 나열된 그림이 '실황야구' 캐릭터이고, 오른쪽에 나열된 그림이 '신야구' 캐릭터이다.

(다) 원·피고측의 각 캐릭터를 전체적인 대비를 통하여 비교하여 보면, 둘 다 귀여운 어린아이와 같은 모습을 하고 있는 점, 큰 머리와 작은 몸체로 이루어져 있고, 머리 부분의 형태가 타원형에 가까우며, 몸체는 어깨와 목이 생략된 채 하체 부분으로 갈수록 넓어지는 원추형에 가까운 모양으로 둥글게 마무리되어 있고, 하단부에 허리벨트를 배치함으로써 상·하체가 구분되어 있으며, 양손은 원모양으로, 발은 가로로 긴 큰 타원형으로 되어 있는 점, 다리가 생략되어 몸체와 발 사이에 공간을 두고 있는 점에서 유사하고, 또 각 캐릭터의 야구게임 중 역할에 필요한 장비의 모양, 타격과 투구 등 정지 동작이 유사한 사실을 인정할 수 있다.

그러나 위와 같은 각 캐릭터의 유사점은, 귀여운 이미지의 야구선수 캐릭터라는 아이디어에 기초하여, 인물의 모습을 일부 과장하거나 생략하여 익살스럽고 비현실적인 모습으로 나타내는 만화적 캐릭터와 같이, 각 신체 부위를 2등신 정도의 비율로 나누어 머리의 크기를 과장하고 얼굴의 모습을 부각시키되 다른 신체 부위의 모습은 과감하게 생략하거나 단순하게 표현하는 한편, 역동성을 표현하기 위해 다리를 생략하되 발을 실제 비율보다 크게 표현한 데에서 기인한 것으로서, 이와 같은 표현은 '실황야구' 캐릭터가 출시되기 이전이나 별지 대비목록 영상과 같은 캐릭터로 완성된 2000년경 이전에, 이미 만화, 게임, 인형 등에서 귀여운 이미지의 어린아이 같은 캐릭터들을 표현하는 데에 사용되었던 것이고, 나아가 장비의 형태나 경기동작은 야구게임의 특성상 필연적으로 유사하게 표현될 수밖에 없는 것이라 할 것이므로, 위와 같은 유사점들만으로는 원·피고 각 캐릭터의 창작적 표현형식이 실질적으로 유사하다고 할 수 없다.

(라) 다만, 원고 승계참가인이 위와 같은 신체의 형태를 기초로 얼굴의 생김새와 의상, 신발, 구비장비 등을 디자인하여 구체적으로 형상화한 '실황야구' 캐릭터의 모습은 다른 기존 캐릭터들과 구별되는 나름대로의 특성이 부여되어 있어 창작적인 미감을 갖는다 할 것이나, 원래 캐릭터는 창작성이 크면 클수록, 세밀하게 묘사되면 묘사될수록 캐릭터는 더 큰 보호를 받는 것인데, '실황야구' 캐릭터는 야구게임의 특성상 불가피하게 표현할 수밖에 없는 표현을 제외하면 위와 같이 귀여운 이미지의 다리 관절이 생략된 2등신의 캐릭터로서 캐릭터의 창작성이나 개발 정도가 그다지 크다고 보이지 않고, 또한 이러한 단순한 캐릭터는 다양하게 표현할 수 있는 방법이 제한되어 있어 일정한 표현상의 차이점만으로 실질적 유사성을 부인할 수 있게 될 여지가 크다고 할 수 있으므로, 이러한 점을 고려하여 '신야구' 캐릭터가 창작적 미감의 표현에 있어 '실황야구' 캐릭터와 실질적으로 유사한지 여부를 살펴보아야 할 것이다.

① 일반적으로 인간의 형상을 본뜬 캐릭터는 얼굴의 생김새가 그 동일성 식별의 중요한 기준이 된다 할 것인데, 원·피고의 각 캐릭터는 모두 2등신 정도로서, 머리와 얼굴 부분이 신체에서 차지하는 비율이 매우 큰 관계로, 얼굴 부분의 생김새가 더욱 두드러지는 특징을 갖고 있다 할 것이다.

우선 각 캐릭터의 얼굴 상당 부분을 차지하고 있는 부속물 즉, 타자의 헬멧, 투수의 모자, 포수와 심판의 보호장비를 보면, 실제 야구경기에서 사용되는 장비의 모양을 고려해 볼 때 그 형태의 창작에 한계가 있으므로, 결국 미감의 차이는 구체적인 디자인(형태, 모양, 색채 또는 이들의 조합)의 차이에서 비롯된다 할 것인바, 별지 대비목록의 각 영상과 같이 각 대비된 캐릭터별로 위 각 장비의 구체적 형태와 색상이 다르므로, 이 점에서 일단 미감의 차이를 느낄 수 있고, 가사 위와 같은 부속물의 구체적 디자인의 차이점만으로는 각 캐릭터의 미감의 차이를 느낄 수 없다 하더라도, 각 캐릭터의 미감에 있어 결정적 차이는 얼굴 내 이목구비의 생김새와 표정의 특징으로부터 비롯된다 할 것이므로, 각 캐릭터의 얼굴의 특징이 아래와 같이 다른 이상 각 캐릭터는 실질적으로 유사하지 않다 할 것이다.

먼저, 투수와 타자의 각 앞모습을 보면, '실황야구' 캐릭터는 코와 입이 생략되어 있고, 비현실적으로 큰 눈(특히 눈의 흰자위 부분이 크다)이 얼굴 대부분을 차지하고 있어, 눈동자의 위치만으로 얼굴의 각도와 표정을 만들어내는 반면, '신야구' 캐릭터는 코만 생략되어 있고, 전체적으로 검고 상대적으로 작은 크기의 동그란 눈과 눈썹을 갖고 있으며, 굳게 다문 입의 모양으로 결연한 심리상태를 나타내고 있어 각 얼굴에서 느껴지는 미감이 현저히 다르고, 더욱이 포수와 심판의 얼굴은 보호장비로 인해 얼굴의 윤곽이나 다른 이목구비가 전혀 드러나지 않고 오로지 눈만 드러나 있어 눈 형태의 위와 같은 차이만으로도 미감에 있어 큰 차이를 보인다.

다만, 일반적으로 인물의 옆모습과 뒷모습은 앞모습에 비해 동일성을 식별할 수 있는 큰 특징이라 할 것이 없는 표현상 한계가 있으므로, 결국 타자와 투수의 각 옆모습과 뒷모습에 해당하는 캐릭터는 그 구체적 표현의 차이를 대비할 수밖에 없다 할 것인바, '실황야구' 캐릭터는 뒷머리에 해당하는 부분을 아무런 형상 없이 단순히 피부색만으로 마감하였고, 별도로 옆얼굴을 표현한 캐릭터는 없으며 다만 위에서 본 바와 같이 눈동자의 위치로써 얼굴의 각도를 달리 표현하였을 뿐이지만, '신야구' 캐릭터는 귀, 머리카락, 구레나룻을 구체적으로 그려 넣고, 보이는 얼굴의 각도의 차이에 따라 다양한 모습을 나타내고 있는 차이가 있으므로, 이러한 차이점에서 각 캐릭터의 미감의 차이를 느낄 수 있다.

② 몸체의 경우, 원추형의 형태, 상·하체 구분 방식, 부드러운 곡선으로 마감된 하체의 모양은 이미 위에서 본 바와 같이 창작성을 인정하기 어려우므로 결국 이 부분 미감의 차이는 운동복의 구체적 디자인, 특히 색상이나 무늬의 조합의 차이에서 찾을 수 있다 할 것인데, 원·피고 각 캐릭터는 상·하의의 색상과 무늬의 조합이 다를 뿐 아니라, 설령 위와 같은 차이가 미세하다 할지라도, 실제 야구경기에서 사용되는 운동복을 고려하여 볼 때 그 표현에 한계가 있고, 몸통이 머리와 얼굴 부분에 비해 매우 왜소한 점을 종합하여 보면, 몸체 부분은 각 캐릭터의 전체 형상에 있어 미감의 차이에 별다른 영향을 미치지 못한다 할 것이므로, 몸체 부분의 유사점을 두고 두 캐릭터의 창작적 표현형식이 유사하다고 하기 어렵다.

③ 다음으로, 팔, 다리 부분을 보건대, '실황야구' 캐릭터는 몸체에 팔이 붙어 있지만 '신야구' 캐릭터는 팔이 생략되어 있는 차이점이 있으나 위 차이는 시각적으로 거의 감지되지 않으므로 이 부분에서 미감의 차이를 느낄 수는 없고, 둥근 손 모양, 다리의 생략, 양쪽으로 긴 타원형의 신발 형태 자

체는 위에서 본 바와 같이 창작적 표현형식이라 할 수 없으므로, 결국 이 부분 미감의 차이는 신발의 구체적 디자인의 차이로부터 비롯된다 할 것인데, '실황야구' 캐릭터는 단순한 타원형에 특징적 디자인 없이 앞·뒤로 구분하여 회색과 흰색으로 색상의 차이만을 두었지만, '신야구' 캐릭터는 두 가지 색상만을 사용하면서도, 상대적으로 구체적인 신발의 형상을 갖춘 디자인과 색상배치를 통해 원고의 '실황야구' 캐릭터와는 미감의 차이를 보인다 할 것이다.

④ 나아가 원·피고 각 캐릭터의 위와 같은 구체적 차이가 각 개별적으로는 미세한 차이에 불과할지라도, 그 미세한 차이들의 조합이 캐릭터의 전체적인 미감에 큰 차이를 가져옴으로써, '신야구' 캐릭터로부터 '실황야구' 캐릭터의 본질적 특징이 감득되지 않는다 할 것이다.

(3) 따라서 '실황야구' 캐릭터와 '신야구' 캐릭터 사이에 실질적인 유사성을 인정하기 어려우므로, '신야구' 캐릭터는 '실황야구' 캐릭터와는 별개의 창작성 있는 저작물에 해당한다고 봄이 상당하다.」

6) 엑셀교재 도안 사건[6-142)]

『가사 원고의 표지디자인이 저작권법의 보호대상이 되는 응용미술저작물에 해당한다고 하더라도 나아가, 원고의 표지디자인과 피고측 표지디자인 사이에 실질적 유사성이 있는지에 관하여 살피기로 한다.

먼저, 원·피고측 표지디자인의 각 구성요소에 관하여 보건대, 앞서 본 바와 같은 원고의 표지디자인 중 ① 표지색상, ② 시리즈명, ③ 서체 등은 그 성질상 독립된 사상, 감정의 창작적 표현이라 보기 어려워 저작권법상 저작물로서 보호받기 어려우며(대법원 1996. 8. 23. 선고 96다273 판결 참조), ④ 만화삽입 부분에 관하여는 만화를 표지에 삽입한 것 자체는 단순한 아이디어에 불과하여 저작권의 보호대상이 되지 아니하며 앞서 본 바와 같이 원·피고측 표지디자인의 삽입만화의 캐릭터모양, 내용, 표지에서의 배치구조 등이 상이하여 그 창작적 표현형식이 동일·유사하다고 보기 어렵다.

다음으로 원·피고측 표지디자인의 외관 전체상 실질적 유사성이 인정되는지에 관하여 보건대, 앞서 살펴 본 바와 같이 만화 삽입 부분에 대하여는 실질적 유사성이 인정되기 어렵고, 원고의 표지디자인에서 나타난 구성요소의 선택과 배치는 단순한 아이디어에 불과하여 저작권의 보호대상이 되지

6-142) 서울중앙지방법원 2007. 8. 8. 선고 2007가합5972 판결(확정).

아니한다고 보이며, 달리 양측의 표지디자인에서 서적 표지라는 실용적 기능상 누가 하더라도 같거나 비슷할 수밖에 없는 정도를 넘어서는 창작적 표현이 있다고는 보기 어려워서 양자가 실질적 유사성이 있다고 보기 힘들다.

따라서 원고의 표지디자인과 피고측 표지디자인 사이에 저작권 침해에 이를 정도의 실질적 유사성이 있다고 볼 수 없다.」

<원고서적표지 목록>

<피고서적표지 목록>

7) 화폐도안 사건[6-143]

「원고 도안 “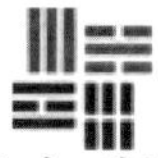”과 피고 도안 “ (5,000원권),  (10,000원권)”은 4괘 형상이 왼쪽 위로부터 시계방향으로 ‘건(乾, ☰), 감(坎, ☵), 곤(坤, ☷), 리(離, ☲)’의 순서에 따라 사각형 형태로 모아서 가로와 세로로 엇갈리게 배치되어 있는 점에서 유사점이 있기는 하다. 그러나 4괘의 개별적인 형상 자체는 예전부터 전해져 오던 것이고, ① 원고 도안은 ‘건, 곤’ 괘가 세로로, ‘감, 리’ 괘가 가로로 배치되어 있는 반면, 피고 도안은 ‘건, 곤’ 괘가 가로로, ‘감, 리’ 괘가 세로로 배치되어 있는 점, ② 원고 도안은 중심의 십자(十) 축을 중심으로 4괘가 정렬되어 있는 반면, 피고 도안은 그렇지 않은 점, ③ 원고 도안은 각 괘의 길이가 틀에 갇히지 않은 채 벗어나 있어 바람개비 모양을 연상시키는 반면, 피고 도안은 외곽 틀 내로 각 괘의 길이가 제한되어 있는 점, ④ 원고 도안은 ‘건, 감’ 괘는 빨간색으로, ‘곤, 리’ 괘는 파란색으로 채색되어 있는 반면, 피고 도안은 채색이 되어 있지 않은 점 등에서 차이가 있으므로, 양 도안은 그 표현에 있어서 실질적으로 유사하다고 할 수 없다.」

6-143) 대법원 2010. 11. 11. 선고 2009다16742 판결.

8) 무대리 사건[6-144)]

『양 캐릭터 사이에 실질적 유사성이 있는지에 대하여

(가) 판단의 기준과 대상

…또한 채무자가 사용하는 이 사건 각 도안 중에는 대상 캐릭터만을 표시한 것과 대상 캐릭터와 '무대리' 명칭을 함께 표시한 것이 있는데, 후자의 경우 '무대리' 명칭을 함께 표시함으로써 대상 캐릭터에 대하여 무대리 캐릭터와 동일하거나 유사하다는 인상을 주는 효과가 있고, 이로 인하여 채무자의 '무대리' 요리주점 체인사업의 고객 흡입력이 향상될 것이라고 예상되나, 만화의 제호나 그 만화에 등장하는 주인공의 명칭에 불과한 '무대리' 명칭 자체는 사상 또는 감정의 표현이라고 보기 어려워 저작물로서 보호받을 수 없으므로, 아래에서 대상 캐릭터와 무대리 캐릭터의 실질적 유사성을 대비함에 있어서는 '무대리' 명칭을 표시하는 부분을 제외한 시각적 표현물인 대상 캐릭터만을 비교의 대상으로 한다.

(나) 양 캐릭터의 대비

먼저 무대리 캐릭터와 대상 캐릭터는 자연 상태의 인간의 신체를 사실적으로 묘사한 것이 아니라 머리가 몸통에 비해서 상대적으로 크고 3등신에 가까우며, 둥글 넙적한 얼굴에서 눈과 입이 가장 부각되어 과장된 표정을 짓고, 덥수룩한 머리에 팔과 다리가 짧고 통통하며, 서류철을 들고 있다는 유사점이 있다.

그러나 이러한 유사점은 화이트칼라에 속하는 직장인이라는 아이디어에 기초하여 만화 지면 혹은 도안의 크기를 고려하여 캐릭터를 최대한 단순하게 만들고, 이를 적절히 표현하기 위하여 머리의 크기를 과장하고, 눈과 입을 크게 하며, 다른 신체부위인 손과 발을 단순하고 짧게 표현한 데서 기인한 것으로 보이고, 서류철을 들고 있는 캐릭터 역시 회사원임을 나타내는 전형적인 형태라고 보아야 할 것이므로, 위와 같이 아이디어를 표현하는 방법에 있어 기술적인 또는 개념적인 제약 때문에 표현방법에 한계가 있는 경우나 시각적 캐릭터의 설정에 있어 전형적으로 수반되는 표현 등은 저작권법에 의한 보호대상이 될 수 없다.

또한, 무대리 캐릭터와 대상 캐릭터는 머리카락의 모양(무대리 캐릭터의 경우 복슬복슬한 더벅머리에 정수리 부분만 뒤쪽 혹은 옆으로 뾰족하게 세

6-144) 대구지방법원 2008. 7. 31.자 2008카합286 결정. 편의상 원고의 '무대리' 사진은 생략하고, 피고측의 사진만 별지 1로 첨부한다.

워져 있고, 머리카락 중 빛에 반사된 모양이 하얀색으로 선명하게 대비되어 표현된 데 비해, 대상 캐릭터의 경우 더벅머리이긴 하나 전체적으로 날카롭게 표현되어 앞쪽으로 뻗어 있고, 머리카락 중 빛에 반사된 모양이 선명하지 않고 회색으로 표현되어 있다), 복장(무대리 캐릭터가 주로 양복을 입고 있는 단정한 모습을 표현한 데 비해, 대상 캐릭터는 거의 옷을 벗은 상태에서 하트무늬가 들어간 팬티를 입고 넥타이만을 걸친 상태여서 무대리 캐릭터와 같은 깔끔한 인상을 주지 못한다), 표정(무대리 캐릭터의 경우 둥글 넙적한 얼굴에 익살스럽고 귀여운 표정을 하여 전체적으로 어리숙하지만 친근감이 느껴지고, 대상 캐릭터의 경우 머리카락의 모양이나 눈의 모양 등이 전체적으로 날카롭게 처리되어 무대리 캐릭터와 같은 귀엽고 친숙한 느낌을 주지 못한다) 등 구체적인 캐릭터의 묘사에서도 차이가 있으므로, 앞서 본 바와 같은 유사점만으로는 각 캐릭터의 창작적 표현이 실질적으로 유사하다고 보기 어렵다.」

<별지 1>

1.

2.

3.

4.

5.

9) 군마상 사건[6-145)]

「원고의 렌더링은 경주마 1기와 그 경주마 위에 탑승할 기수의 모습을 컴퓨터그래픽으로 자세히 그린 것이고, 원고의 기마상은 실제 크기의 말머리의 조형물과 실제의 1/3 정도 크기의 기수를 태운 경주마 1기의 조형물에 불과하여 피고들의 군마상과 같이 6기의 서로 다른 질주동작의 경주마들이 경주하는 조형물과 비교하여 그 표현에서 서로 유사하지 않다. 그리고 원고의 스케치, 드로잉 및 모형과 피고들의 군마상에서 공통되는 '기수를 태운 경주마들이 경주를 하는 모습'은 피고 박○○의 사상 또는 감정에 불과하고, 원고의 스케치, 드로잉 및 모형에서 가장 특징적인 표현은 각각의 토피어리 위에 경주마를 배치시키고, 토피어리 사이를 보행로로 만든다는 것이다. 반면에 피고들의 군마상은 경주마들이 질주하는 역동성에 초점을 맞추어 토피어리와 관계없이 직사각형 모양의 설치공간에 경주마들을 앞·뒤로 배치하는 것이어서 그 특징적인 표현 부분이 서로 유사하다고 보기도 어렵다.」

10) 싸이월드캐릭터 사건[6-146)]

「원고의 캐릭터와 대상 캐릭터는 자연 상태의 인간의 신체를 사실적으로 묘사한 것이 아니라 머리가 몸통에 비해서 상대적으로 크고 3등신에 가까우며, 얼굴이 눈과 입으로만 이루어져 있고 얼굴형태가 유사하며, 팔과 다리가 가느다랗고 짧으며, 컵 모양의 전화기를 들고 있거나, 토끼와 손을 잡고 있거나, 커다란 곰에 안겨 있거나, 소년과 소녀가 하트를 사이에 두고 서로 입을 맞추고 있거나, 소녀가 하트모양의 풍선을 들고 소년과 손을 잡고 있다는 점 등에 있어서 유사점이 있다.

그러나 이러한 유사점은 싸이월드 미니홈피의 스킨에 등장시킬 귀엽고 사랑스러운 모습의 소년, 소녀의 캐릭터를 창작해 내는 데 있어 스킨 혹은 도안의 크기를 고려하여 캐릭터를 최대한 단순하게 만들고, 이를 적절히 표현하기 위하여 머리의 크기를 과장하고, 다른 신체부위인 손과 발을 단순하고 짧게 표현한 데서 기인한 것으로 보이는바, 간단한 선, 점, 면, 색상을 조합하여 귀여운 모습의 소년, 소녀의 캐릭터를 형상화하는 방법은 정형화될 수밖에 없다는 점에서 기술적 또는 개념적인 제약이 있어 그 표현방법에 한계가 있다 할 것이고, 또한 컵 모양의 전화기를 들고 있거나 토끼, 곰이 함께

6-145) 서울중앙지방법원 2008. 9. 11. 선고 2007가합97919 판결(확정).

6-146) 수원지방법원 성남지원 2008. 10. 8. 선고 2007가단26560 판결(확정).

등장하는 등의 캐릭터 역시 표현형식이 아닌 아이디어에 해당하거나 가사 표현형식에 해당하는 것이 있다고 하더라도 시각적 캐릭터의 설정에 있어 전형적으로 수반되는 표현에 해당한다 할 것이므로 저작권법에 의한 보호대상이 될 수 없다.

또한, 원고의 캐릭터에서 가장 특징적이라고 할 수 있는 머리카락 모양 및 몸 전체에서 차지하는 비율(원고의 캐릭터는 머리카락이 산발적으로 부풀려 있고 몸 전체적으로 볼 때 상당한 비율을 차지하는 반면, 대상 캐릭터는 머리카락이 전체적으로 웨이브를 이루며 단정하고 몸 전체에서 차지하는 비율도 상대적으로 작아 원고의 캐릭터에 비해 강조되지 아니하고 있다)과 그 외에도 자세, 동작, 의상 등 구체적인 캐릭터의 묘사에서 차이가 있으므로, 앞서 본 바와 같은 유사점만으로는 각 캐릭터의 창작적 표현이 실질적으로 유사하다고 보기 어렵다.」

11) 포트메리온 I 사건[6-147)]

「피고 표장 1의 꽃 문양과 원고 저작물들의 대비

(가) …를 종합하면, 원고 저작물들 중 순번 1 기재 저작물(이하 '원고 저작물 1'이라 하고, 다른 저작물들도 같은 형식으로 정의한다)은 가든 라일락(Garden Lilac) 나무의 꽃과 이를 중심으로 그 줄기와 나뭇잎 및 주변의 나비, 잠자리 등을 사실적으로 묘사한 것인 반면에, 피고 표장 1은 나뭇잎 띠 문양 테두리 안에 층꽃나무의 꽃과 이를 중심으로 그 줄기와 잎 및 주변의 나비, 잠자리 등을 사실적으로 묘사하고 그 하단에 작은 영문자로 층꽃나무의 학명(Caryopteris incana)을 기재한 사실, 원고 저작물 1과 피고 표장 1의 꽃 문양은 줄기와 나뭇잎의 형태, 나비와 잠자리의 개수와 위치 등에 있어서 유사하나 꽃의 구체적 모양 및 줄기·나뭇잎·나비·잠자리의 색채가 서로 상이한 사실이 인정된다.

(나) 이러한 인정사실 중 줄기와 나뭇잎의 형태, 나비와 잠자리의 개수와 위치 등에 있어서 유사한 점, 앞서 본 바와 같이 원고가 1998년경부터 원고

6-147) 서울중앙지방법원 2009. 11. 5. 선고 2007가합83132 판결, 서울고등법원 2010. 6. 23. 선고 2009나117425 판결, 대법원 2013. 3. 28. 선고 2010다58261 판결(파기환송), 서울고등법원 2013. 9. 12. 선고 2013나26311 판결(확정). 피고 표장이 순전히 디자인이나 장식용으로 사용된 것인지 상품의 출처표시를 위하여 사용된 것으로서 상표로서 사용되었다고 할 것인지가 다투어져 대법원에서 파기환송되었고, 저작권 침해에 관하여는 환송전 항소심 판결에서 위와 같이 판단하고 있다.

저작물들을 도안으로 사용한 접시류 등의 제품을 TV 등에 광고하고 판매하여 왔던 점 등에 비추어 보면, 피고 표장 1의 꽃 문양은 원고 저작물 1을 참조하여 작성하였음이 인정된다.

(다) 그런데 …를 종합하면 예전부터 꽃이나 식물을 사실적으로 묘사하면서 그 주변에 나비, 벌, 잠자리 등의 곤충을 사실적으로 묘사하는 도안 내지 미술저작물이 있어 왔음을 인정할 수 있고, 이러한 점에 비추어 보면 원고 저작물 1 중 이에 해당하는 부분 즉, 꽃 주변에 곤충을 배치하여 이를 사실적으로 묘사한다는 부분은 저작권의 보호대상이 되는 창작적 표현에 해당한다고 볼 수 없다.

또한, 원고 저작물 1에서의 나비, 잠자리 등의 개수 및 위치 역시 저작권의 보호대상에서 제외되는 그림의 구도에 해당하는 것으로 보인다.

이러한 점들에다가 미술저작물에 있어서 그 소재가 되는 사물 자체는 저작권의 보호대상이 되지 아니하므로, 실존하는 사물을 사실적으로 묘사하는 미술저작물은 그러하지 아니한 저작물에 비하여 상대적으로 저작권의 보호범위가 좁을 수밖에 없다는 점을 고려하여 원고 저작물 1과 피고 표장 1을 대비하여 보면, 원고 저작물 1은 가는 라일락 꽃을 사실적으로 묘사한 것이고 피고 표장 1은 층꽃나무 꽃을 사실적으로 묘사한 것이어서 그 자체만으로도 양자가 상이한데다가 그 주변의 나비와 잠자리의 형태와 색채 역시 양자가 상이하고, 그로 인하여 양자가 주는 전체적인 느낌 역시 상이하므로 양자는 실질적으로 유사하지 아니하다.』

<원고 저작물 1.>

<피고 표장 1.>

12) 토끼·다람쥐 디자인 사건[6-148)]

6-148) 서울고등법원 2013. 7. 18. 선고 2013나2001974 판결(확정). 한편, 위 사건의 제1심(서울중앙지방법원 2012. 12. 18. 선고 2011가합133393 판결)에서 원고는 복제권 침해를 주장하였는데, 이에 대하여 법원은, 「미술저작물 및 응용미술저작물에 있어 양 저작물이 실질적으로 유사한지 여부에 관한 판단은 창작성이나 디자인의 세밀한 개발 정도 및 다양한 표현가능성의 정도에 따라 그 인정범위가 달라지는데, 디자인의 창작성이나 개발 정도가 크고, 표현방법이 다양할수록 실질적 유사성의 인정범위는 넓어지게 되는 반면, 디자인의 창작성이나 개발 정도가 작고, 표현방법이 제한되어 있는 경우 실질적 유사성의 인정범위는 좁아진다. …원고가 원고 1 디자인을 제작하기 이전부터 다양한 식물들 안에 위치한 토끼 문양이 노트 속지 등의 여러 상품에 자주 사용되어왔던 점, 예전부터 매우 다양한 형태의 식물 및 열매 문양이 존재하였고, 토끼의 여러 자세에 대하여도 여러 가지 사진 및 그림들에 구체적으로 표현되어 있었던 점이 인정되고, 여기에 토끼가 갖는 신체적 특징을 고려할 때 토끼의 자연스러운 자세를 표현하는 방법이 제한적일 수 밖에 없다는 점을 더하여 살펴보면, 원고 1 디자인이 저작권법의 보호대상인 창작성 있는 표현에 해당하기는 하나 그 창작성의 정도는 약하다고 할 것이므로, 원고 1 디자인에 대한 저작권 침해 여부를 가리기 위한 실질적 유사 여부의 판단에 있어서 그 실질적 유사성이 인정되는 범위는 매우 제한적이라고 봄이 타당하다.

이러한 관점에서 피고 1 디자인과 원고 1 디자인을 대비하면, 양 디자인은 다양한 식물들 속에 위치한 붉은 색 계통의 토끼들을 이미지화하였다는 점에서 유사하다고 할 것이나, 식물의 존재 자체, 붉은 색 토끼의 존재 자체, 토끼의 일반적 자세 그 자체는 저작권법상 보호되는 원고의 창작적 표현이라고 볼 수 없고, 다만 그 각각에 대한 구체적 표현이나 이들의 결합으로서 전체적인 심미감을 형성하는 구조 및 배치의 구체적 표현이 저작권법상 보호되는 원고의 창작적 표현이 될 수 있다고 할 것인데, ① 식물의 잎과 열매의 형상 및 색채의 경우 원고 1 디자인이 섬세하고 부드러운 이미지를 주는 형상 및 파스텔톤의 색채를 사용한 것에 비하여, 피고 1 디자인은 보다 분명하고 경직된 이미지를 주는 형상 및 비교적 강한 단색을 사용하였고, ② 토끼의 두상, 귀, 몸체의 형상 및 색채의 경우 원고 1 디자인은 토끼들이 자연스럽고 부드러운 형상 및 색채로 이루어져 식물들과 전체적으로 융합되는 이미지를 보여주고 있는 것에 비하여, 피고 1 디자인은 비교적 강한 단색의 식물들 사이로 부드럽고 흐린 색상의 토끼들이 위치하고 있어 원고 1 디자인과 같이 융합된다기보다는 전체 화면에서 강약의 대비를 이루고 있는 것으로 보이며, ③ 전체 구조 및 배치에 있어서도, 원고 1 디자인은 중앙에 커다랗고 동그란 모양의 꽃이 달린 식물들이 존재하고 그 양 옆으로 다양한 식물들과 토끼들이 빽빽하게 위치한 구조인데 비하여, 피고 1 디자인은 중앙에 외국어 문구가 삽입되어 있고 이를 사방에서 둘러싸는 형태의 다양한 식물들과 토끼들이 성기게 위치한 구조라고 할 것이어서, 전체적으로 피고 1 디자인과 원고 1 디자인이 실질적으로 유사하다고 보기 어렵다」고 판시하였다.

「가) 원고 1 디자인과 피고 1 디자인

원고 주장처럼 원고 1 디자인과 피고 1 디자인이 공통적으로 붉은색 계열의 토끼와 여러 개의 긴 잎이 달린 풀과 꽃술이 많은 둥근 모양의 꽃이 달린 화초를 조합하고 배열한 이미지를 사용한 사실은 앞서 본 바와 같다. 그러나 여러 개의 긴 잎이 달린 풀과 꽃술이 많은 둥근 모양의 꽃 사이에 토끼를 조합하고 배열하는 것은 일반적인 아이디어의 영역에 속하는 것이어서 저작권의 보호대상이라 할 수 없고, 토끼와 식물 이미지의 개별적 표현 및 그 각 이미지의 전체적인 구성과 배열에 대하여만 창작성을 인정할 수 있는 것이므로, 실질적 유사성 또한 그 창작성 있는 부분을 위주로 대비하여야 할 것이다.

먼저 양 디자인의 식물과 토끼의 개별 이미지, 그리고 각 이미지의 전체 구조 및 배치가 모두 유사하지 아니한 사실은 앞서 본 바와 같다.

나아가 원고가 주장하는 '전체적인 관념과 느낌'에 따라 보더라도, 원고 1 디자인은 식물과 토끼들을 겹치게 나열하여 마치 실제 풀밭에서 토끼들이 뛰어놀고 있는 것처럼 표현하고, 토끼와 식물들도 규칙적인 간격 없이 배치되어 자연스러운 느낌이며(식물의 잎을 섬세하게 나타내고 식물들을 모아놓기도 하였으며, 하늘을 향해 자라는 방향대로 표현하여 실제 풀밭과 같은 느낌을 들게 한다. 식물의 끝 부분에 피어 있는 열매 또는 꽃은 피어나는 시점인 꽃망울 단계부터 활짝 핀 모습까지 다양한 형태이다. 토끼와 식물의 색채는 빨강과 노란색, 초록색을 사용하면서 채도를 낮게 조절하여 부드럽고 은은한 느낌이 든다), 가운데 꽃이 달린 식물들을 기준으로 하여 양쪽을 식물과 토끼들로 빽빽하게 채움으로써 좌우대칭 구도를 이루고, 가운데 상단에 흐린 글씨체의 문구를 두어 다른 소재들과 조화롭게 어울리도록 하고 있어 원고가 주장하는 대로 오래된 책이나 그림의 느낌을 들게 한다. 이에 반하여 피고 1 디자인의 토끼와 식물들은 일정한 간격을 두고 단순 배치되어 있고(식물을 낱개로 그려넣고 심지어 거꾸로 배치하기도 하며, 열매는 일률적으로 식물의 가운데에 배치되어 있는데다가 모양도 거의 같다. 토끼와 식물의 색채는 진한 빨강, 진한 초록 등 채도가 높은 분명하고 강한 색을 사용하고 있다), 중앙에 진한 색상의 외국어 문구가 배치되어 있어 스티커나 이미지 프린트를 단순 반복하는 방법으로 배열한 기계적, 인위적인 느낌이 들 뿐 원고 1 디자인과 같은 자연미나 오래된 그림의 느낌은 전혀 들지 않으므로, 양 디자인의 전체적인 느낌은 다르다고 할 것이다.

나) 원고 2 디자인과 피고 2 디자인

원고 주장처럼 원고 2 디자인과 피고 2 디자인이 공통적으로 도토리를 쥐고 있는 다람쥐 옆모습 문양의 상단과 그 아래쪽의 영문자들로 구성된 사실은 앞서 본 바와 같다. 그러나 도토리를 쥐고 있는 다람쥐의 옆모습 문양과 영문자를 아래위로 배열하는 것은 일반적인 아이디어의 영역에 속하는 것으로서 저작권의 보호대상이라 할 수 없고, 다람쥐 문양과 그 하단 영문자 이미지의 개별적 표현 및 그 각 요소의 전체적인 구성과 배열에 대하여만 창작성을 인정할 수 있는 것이므로, 실질적 유사성 또한 그 창작성 있는 부분을 위주로 대비하여야 할 것이다.

먼저 양 디자인의 다람쥐 문양과 영문자의 개별 이미지가 모두 유사하지 아니한 사실은 앞서 본 바와 같다. 나아가 원고가 주장하는 '전체적인 관념과 느낌'에 따라 보더라도, 원고 2 디자인은 부드러운 곡선으로 다람쥐의 얼굴과 귀를 표현하고, 꼬리는 크고 둥근 모양으로 바깥으로 향해있어 전체적으로 부드러운 이미지를 주며, 다람쥐와 아래쪽의 글씨에 모두 명도가 낮은 검은색을 사용함으로써 차분한 이미지를 주고 있어 원고가 주장하는 대로 오래된 책이나 그림의 느낌이 들게 한다. 이에 반하여 피고 2 디자인은 전체적으로 명도가 높은 갈색을 다람쥐에 사용하고, 아래쪽 영문자의 색상도 밝은 붉은색, 녹색 등을 사용하였으며 필기체를 사용하여 글씨체를 달리하

<원고 디자인> <피고 디자인>

별지1 <목 록> 별지2 <목 록>

구분	디자인	구분	디자인
1		1	
2		2	

는 등 전체적으로 밝고 다채로우며 현대적인 느낌이 들고 원고 2 디자인처럼 오래된 느낌은 들지 않으므로, 양 디자인의 전체적인 느낌 또한 다르다.

다) 결국, 전체적으로 대비하여 보더라도 원고 각 디자인과 피고 각 디자인의 실질적 유사성이 인정되지 아니하므로, 원고의 이 부분 주장은 이유 없다.」

13) 호랑이코 그릴 사건[6-149]

「오른쪽 아래와 같은 피고들 디자인 등은 돌출부의 돌출정도가 비교적 낮아 그 사이에 로고를 배치하고도 여유가 있는 점, 공간이 분할된 느낌 없이 중앙 부분이 약간 눌린 느낌만 주는 점, 상부라인이 직선을 이루고 있는 점 등에 비추어 볼 때 오른쪽 위와 같은 원고 스케치와 차이가 있으므로, 원고 스케치와 피고들 디자인 등 사이에 현저한 유사성을 인정하기 어렵고, 나아가 원고가 제출한 증거만으로는 피고들의 원고 스케치에 대한 접근가능성을 인정하기 부족하다고 보아, 피고들 디자인 등이 원고 스케치에 의거하여 작성된 것으로 볼 수 없다…」

원고 스케치

피고들 디자인

6-149) 대법원 2014. 5. 16. 선고 2012다55068 판결.

Ⅶ. 건축물·건축을 위한 모형 및 설계도서 그 밖의 건축 저작물

1. 건축저작물의 실질적 유사성 판단시 유의사항

우리 산업에서 건축산업이 차지하는 비중[6-150]을 고려할 때, 건축설계분야에서 저작권에 대한 인식이 상대적으로 낮다.[6-151] 특히 건축저작물은 기본적으로 표현형태가 극히 제한된 기능적 저작물로서 그 기능을 구현하는 표현방법에 있어 다양성이 제한되는 관계로, 소위 "합체의 원칙(merger doctrine)" 등에 의하여 현실적으로 저작권적 보호가 인정되는 부분이 제한되는 경우가 많아, 결국 그 침해가 인정되기 위하여는 설계도에 나타난 표현의 세세한 부분까지 거의 동일하게 모방할 것이 요구되기도 한다.

또한 건축저작물은 실용성과 기능성이 큰 비중을 차지하는 저작물이므로, 주거성, 실용성 등을 높이기 위한 기능적 요소에 대하여는 설사 그 요소에 창작성이 있고 그 부분을 동일하게 모방하였더라도 그에 관한 저작권적 보호를 제한하고, 기능적 요소 이외의 요소를 갖춤으로써 건축물을 이루는 개개의 요소가 아닌 전체적인 외관에 창작성이 있는 경우에만 저작물로서 인정하기도 한다(후술 삼각형펜션 사건).[6-152] 구체적으로 건축물에 있어서 표준적

6-150) 1965년 현대건설이 태국 고속도로를 수주하면서 해외 건설시장에 진입한 후 한국 건설산업의 도전은 그로부터 47년 뒤 해외 수주 5,000억 달러 (570조 2,500억 원)라는 새 역사를 쓰고 세계 건설시장에서 7대 강국으로 올라섰다. '아랍에미리트 : 부르즈 칼리파 타워 공사(828미터, 160층, 2005~2009)', '싱가포르 : 마리나 베이 샌즈 호텔(2008~2010)' 등이 유명하나 건축을 문화로 여기기보다는 재산증식의 수단으로 보아온 점에서 아직 건축설계의 수준과 인식은 취약한 실정이라는 지적도 있다.

6-151) 발주자가 공모한 작품 중 탈락한 작품의 아이디어를 탈락자의 허락 없이 당선자의 작품에 반영하여 실시하는 경우도 많다고 한다. 기우종, "음악·미술·건축저작물에 관한 사례 소개", Law & technology 제7권 제6호(2011. 11), 107면(후술할 경주엑스포 사건을 예로 들고 있다).

6-152) 저작권법은 기능적 저작물이 담고 있는 기술사상을 보호하는 것이 아니라, 그 기능적 저작물의 창작성 있는 표현을 보호하는 것이므로, 설령 동일한 화장로를 표

인 개개의 구성요소들, 예를 들어 창문, 문 또는 그 밖의 주요한 건물의 구성요소들은 건축저작물로서 보호를 받을 수 있는 부분이 아니고, 건축저작물에 있어서의 창작성은 주로 그 자체로서는 저작권의 보호를 받지 못하는 개개의 구성요소를 미적으로 선택·배열·조합함으로써 전체적으로 보호받는 저작물을 만들어 내는데 있다.[6-153] 또한 건축설계도서의 경우 도형저작물로 이중으로 보호되는 면이 있지만 근본적으로 건축저작물의 일종으로서 그 표현에 있어 창작성(originality)을 구비할 경우에는 저작권법에 의한 보호를 받을 수 있다.

이렇듯 건축저작물은 문예적 저작물에 비하여 저작권침해 판단시 실질적 유사성의 범위를 엄격하게 해석하게 되고 구체적 기준으로는 1차적으로 전체 대 전체로 대비하여 유사한 느낌이 드는지를 판단하고 2차적으로 그 유사함이 어떠한 개별적인 요소에 기인하는 것인지를 확정하지만 포괄적·비문자적 유사성이 중요하다는 견해가 있다.[6-154] 현대 사회의 건축을 포함한 광의의 디자인의 중요성에 비추어 분쟁은 점점 늘어가는 추세이다.

2. 판단 사례

가. 유사성을 인정한 사례

1) 수색지구 설계도면 사건[6-155]

현하는 설계도서가 작성자에 따라 정확하게 동일하지 아니하고 다소간의 차이가 있을 수 있다고 하더라도, 그러한 사정만으로 그러한 기능적 저작물의 창작성을 인정할 수는 없고 작성자의 창조적 개성이 드러나 있는지 여부를 별도로 판단하여야 한다(대법원 2007. 8. 24. 선고 2007도4848 판결, 기계장치설계도면 사건). 또한 건축물은 다른 저작물과 달리 사실상 제한으로 소유주, 기술자의 의견제시, 건축법 등 행정법인 규제, 환경단체와의 이해관계 등이 강하여 창작성에 한계가 주어지기도 한다.

6-153) 대구지방법원 2004. 11. 2. 선고 2003가합10005 판결(확정).(상가설계도 사건)

6-154) '약한 저작권(thin copyright)'으로서 문예적 저작물에 비하여 보호범위가 지나치게 확대될 우려는 거의 없되, 기능성이 강하여 아이디어·표현의 구분이 더욱 엄격하게 이루어져야 한다는 점을 제외하면 일반적인 시각저작물과 다를 것이 없다고 한다. 권영준, 230, 231면(아이디어성 요소, 표현적 요소의 분류 및 구체적 사례는 232~238면 참조).

「원고의 설계도와 피고들의 전체 설계도서를 비교하여 보면 표현방식, 주제, 구성에 있어서는 전체적인 개념과 느낌에 있어 상당한 차이가 있음을 인정할 수 있으나 피고들의 위 설계도서 중 수색주거지역 부분이라는 구성요소의 표현에 있어서는 중앙에 수평과 수직의 十자 교차로를 중심으로 수평축 위쪽은 격자방사형 구조, 하부쪽은 반원의 모양이 되도록 굴곡된 도로를 동심 형상으로 중복하여 배치한 뒤 十자 중앙에서 하부쪽으로 방사상으로 도로가 뻗어 나가고 건물도 방사상으로 배치되어 있는 점, 산등성이를 깎아 내고 아파트를 짓도록 설계되어 있는 점 등에 비추어 원고의 위 저작물의 공정한 인용 내지 양적 소량의 범위를 넘어서서 원고의 위 저작물과 본질적인 부분에 있어서 실질적인 유사성이 있어 원고의 위 저작물을 무단이용하였다 고 보여지는 바, 피고 ○○이 위 저작물에 의거하여 이 사건 설계도서를 작성하였다고 봄이 상당하고, 나아가 피고 △△ 역시 앞서 저작, 공표된 설계도면인지 여부를 잡지나 서적 등 기타 방법을 통하여 조사하여 보는 등으로 통상 기울여야 하는 건축설계 주관업자로서의 주의의무를 게을리 하여 원고의 설계도를 일부내용으로 무단이용한 이 사건 침해저작물을 만연히 제작, 교부한 과실이 있다 할 것이므로 피고들은 원고의 저작물을 무단으로 복제하고 또 이를 전시하도록 협조하여 원고의 저작재산권(복제권, 전시권)을 침해하였다고 할 것이다.」

☞ 전체적인 개념과 느낌에 있어 상당한 차이가 있음에도 실질적 유사성을 인정한 사례로 건축저작물은 시각적인 미감과 관련이 깊어 전체적인 개념과 느낌이 중요한데 그에 대한 설명이 부족하다는 비판이 있다.[6-156]

6-155) 서울지방법원 2000. 6. 2. 선고 99가합12579 판결(항소심 조정). 전제사실로 「원고의 이 사건 설계도는, 시가지 중심부에 수평과 수직의 ＋자의 교차로를 마련하여 수평축 위쪽은 격자형으로 도로를 배치하고 수평축 하부쪽은 반원의 모양이 되도록 굴곡된 도로를 동심형상으로 중복하여 배치한 뒤 ＋자 중앙에서 방사상으로 도로가 뻗어 배치함을 특징으로 하는데 산을 깎아 내고 아파트를 설계하는 등 무리한 요소가 있었다.」라고 인정하여 이 부분을 창작성의 근거이자 실질적 유사성 인정의 주요한 기준으로 사용한 것으로 보인다.

6-156) 권영준, 235면. 각주 239)(나아가 공정한 인용 부분의 언급은 입증책임상 실질적 유사성이 인정된 경우의 항변 사항이므로 부적절하다고 한다).

2) 버섯궁전 사건6-157)

「저작물의 무단 복제 여부는 어디까지나 저작물의 표현 형식에 해당하고 또 창작성이 있는 부분만을 대비하여 볼 때 상호간에 실질적 유사성이 있다고 인정할 수 있는지 여부에 의하여 결정되는 것인데 이건 피해자 이○○의 건축물과 피고인의 건축물 모형은 둥근 형태의 기둥에 지붕을 버섯모양으로 건축한 것으로 일반인이 양 건물을 볼 때 버섯모양으로 지은 것으로 쉽게 알 수 있어서(이러한 부분이 저작자인 이○○의 독창성이 나타난 부분이다) 상호간에 유사성이 있다할 것이고, 위 이○○가 가사 만화영화 '스머프'의 장면에서 모방을 하였다할 지라도 이를 실제 건물의 형태로 창작해 낸 이상 이는 독자적인 저작물로서 보호되어야 할 것이다.」

3) 해운대 등대 사건6-158)

「원고의 등대도안을 기초로 안○○이 설계한 이 사건 등대의 전체적인 형상은 원고의 등대도안과 마찬가지로 등대의 하부기초를 꽃잎으로, 등탑을 꽃술로 하여 꽃술의 상부에 등대의 불빛을 밝히도록 하는 모양으로서 등대의 하부기초인 꽃잎은 총 16장으로 4장씩의 꽃잎이 3단으로 이루어져 있고, 등탑의 하단부인 꽃술의 기둥은 사선으로 구성된 아래기둥과 높낮이가 일정한 곡면으로 된 윗면을 가지는 윗기둥의 두 겹으로 구성되어 있으며, 등대의 상단부인 꽃술 윗부분은 끝에 구름 단 8개의 기둥이 아래로 내려갈수록

<원고의 등대도안>

6-157) 의정부지방법원 2000. 7. 11. 선고 99고단4209 판결(서울중앙지방법원 2000. 11. 8. 선고 2000노6604 판결, 무변론상고기각). 일반인이 두 건물을 볼 때 유사성이 느껴지는가의 관점에서 판단한 사례라고 한다. 권영준, 231면. 각주 226).

6-158) 서울고등법원 2008. 10. 29. 선고 2008나4461 판결(확정).

좁아지는 원기둥을 형성하고 그 내부에 등이 설치되도록 하는 형상인 사실, 안○○이 작성한 설계도면에 따라 피고가 건축한 등대도 이와 동일한 형상이고, 다만 윗기둥의 색상만 원고의 등대도안과 다르게 빨간색으로 도색되어 있는 사실을 인정할 수 있어, 피고가 사용한 설계도서는 원고의 등대도안과 세부적인 표현방식이 다를 뿐 예정하고 있는 건축물의 전체적인 형상은 동일하므로 표현상의 본질적 동일성을 유지하고 있고, 이를 접하는 사람은 그 본질적인 특성을 느껴서 알 수 있으며, 이 사건 등대는 이러한 설계도서에 따라 건축되었으므로 피고가 건축한 등대 또는 피고가 등대를 건축함에 있어 사용한 건축설계도서는 원고의 등대도안의 2차적 저작물에 해당한다고 할 것이다.」

4) 경주엑스포 사건[6-159)]

「우선 전체적으로 비교하면 두 상징건축물 모두 대형구조물의 건축소재

6-159) 서울고등법원 2011. 3. 23. 선고 2010나47782 판결(대법원 2011. 7. 14. 선고 2011다32747 판결). 피고 재단법인 문화엑스포는 당선작 발표 이후 경주세계문화엑스포의 상징건축물 건립을 위한 설계자문위원회를 개최하였고, 2004. 8. 2. 열린 1차 자문회의에서 당선자의 당선작 중 일부인 디지털 첨성대와 별도로 새로운 탑 모양의 타워를 건립하는 방안이 제시되어 당선자에게 새로운 타워에 대한 작업을 요구하였다. 당선작의 상징건축물이 설계설명회부터 설계자문위원회에 이르도록 개선의 필요성이 강하게 제기되었고, 피고의 설계자문위원회 일부 위원들은 이 사건 설계경기에 대한 심사위원으로서 원고 상징건축물을 알고 있는 상태에서 설계자문위원회 위원으로 참가하였으며, 설계자문위원회는 당선자가 변경하여 제안한 상징건축물이 원고 상징건축물과 매우 흡사하다는 점을 인식하면서도 이를 채택하고 피고는 그 결과를 수용하였다(의거성 인정). 1심은 「이 사건 저작물은 신라 8층 석탑을 형상화한 것인 반면, 이 사건 대상건축물은 황룡사 9층 목탑을 형상화한 것으로 그 대상이 서로 다른 사실, 이 사건 저작물은 통유리를 놓고 탑을 밀어 넣어 탑의 자리가 비어 있는 형태의 음각 기법인 반면, 이 사건 대상건축물은 12개의 켜를 만들어 측면은 실루엣을 주고, 정면과 배면만을 음각으로 처리한 것으로 그 구체적인 표현 방식이 다른 사실, 이 사건 대상건축물의 경우 소실된 황룡사 9층 목탑에 관한 고증도면에 있는 치수에 따라 설계된 사실을 인정할 수 있으며, 위 인정사실에 더하여 탑 등의 건축물에서 음각으로 형상화하는 방법 및 유리나 아크릴과 같은 소재를 사용하는 방법은 모두 오래전부터 널리 알려진 것으로 보편적으로 사용되는 것으로 보이는 점까지 고려하면, 앞서 본 사정만으로는 이 사건 상징건축물을 포함하는 이 사건 저작물이 이 사건 대상건축물과 실질적으로 유사하다고 인정하기에 부족하고 달리 이를 인정할 증거가 없다」는 이유로 원고의 청구를 기각하였다.

로서는 다소 특이하게 유리를 사용하고, 건축물 가운데에 탑을 음각기법으로 표현하여 대단히 유사하다는 느낌을 준다. 그리고 개별적 요소로 들어가 살펴도, 원고 상징건축물은 신라 8층 석탑을 형상화한 것이고, 피고 상징건축물은 황룡사 9층 목탑을 형상화한 것으로 그 대상이 서로 다를 뿐 상징건축물 전체에서 음각한 탑이 차지하는 비율이 유사하여 대상이 다름으로 인한 차이를 별로 느끼게 하지 않는다. 또한 원고 상징건축물은 통유리를 놓고 탑을 밀어 넣어 탑의 자리가 비어 있는 형태의 음각 기법이고, 피고 상징건축물은 12개의 켜를 만들어 측면은 실루엣을 주고, 정면과 배면만을 음각으로 처리한 것으로 그 구체적인 표현 방식이 다소 다르나, 전면에서 후면을 관통하는 탑의 음각 형상으로 인하여 크게 차별성을 보이지 않는다. 두 상징건축물은 상층부를 전망대로 사용하고 설치효과를 높이기 위한 설치장소도 동일하다. 따라서 피고 상징건축물은 원고 상징건축물과 실질적으로 유사하다.」

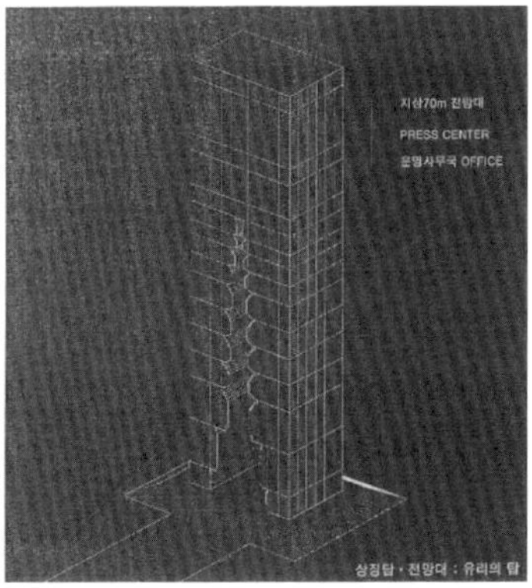

<원고의 상징건축물>

<피고의 상징건축물>

5) 삼각형펜션 사건[6-160)]

「원고는, 원고 건축물은 삼각형 도형을 기본 형상으로 한 매우 독특한 외관을 가진 건축물서 창작성을 갖춘 건축저작물(저작권법 제4조 제1항 제5호)이다. 그런데 피고들은 저작물인 이 사건 원고 건축물과 그 외관이 극히 유사한 이 사건 피고 건축물을 설계, 시공하고, 원고의 성명을 표시하지 아니함으로써 이 사건 원고 건축물에 관한 원고의 복제권과 저작인격권을 침

6-160) 서울중앙지방법원 2013. 9. 6. 선고 2013가합23179 판결(항소심에서 조정).

해하였다고 주장한다…

2) 저작권 침해 여부

…를 종합하면, 이 사건 피고 건축물은 앞서 본 이 사건 원고 건축물의 특징적 외형을 모두 갖추고 있어 그 외관에 있어 극히 유사한 사실을 인정할 수 있고, 이 사건 피고 건축물의 출입문 상단에 추가적으로 테라스 형태의 시설물이 있다거나 건축물의 재질이 다른 부분이 있다는 것만으로는 이러한 판단을 달리하기 어렵다.』

<원고 건축물>

<피고 건축물>

나. 유사성을 부정한 사례

1) 건물배치도면 사건[6-161]

『원고는, 피고 회사가 약수·세림연립 재건축조합으로부터 도급받은 설계업무를 행함에 있어 원고가 작성한 건물배치도면을 모방하여 설계함으로써 원고의 저작권을 침해하였으므로 원고에게 그 손해를 배상할 의무가 있다고 주장하므로 살피건대 …와 감정인 박○○의 감정결과에 변론의 전취지를 종합하면 원고가 작성한 배치도면과 피고 회사가 작성한 배치도면 간에는 대지의 형상에 따라 건축물을 배치한 상황에 있어 계획의 일치성을 나타내고 있고, 단지 진출입에 따른 차량동선의 표현 방식이 유사하며, 어린이 놀이터의 위치 및 아파트로의 진입부분 형식 역시 같은 쪽으로 처리하여 설치한 점에서 유사한 사실이 인정되나, 한편 당심 감정인 정○○의 감정결과에 변론의 전취지를 종합하면 양 배치도는 모두 한정된 도로망 등 주어진 대지 여건하에서 생활공간에 대해 거의 유사한 기호를 나타내는 수요자들의 요구

6-161) 서울고등법원 2003. 2. 7. 선고 2001나20945 판결(확정).

를 최대한 충족시키는 방향으로 설계되었는바, 이런 목적으로 배치도를 작성하다 보면 결국 서로 유사성을 띨 수밖에 없는 사실 역시 인정되므로 위 인정사실만으로는 피고 회사가 원고의 저작권을 침해하여 배치도를 설계하였다고 인정하기에 부족하고, 그밖에 당심 증인 김○○의 일부 증언 역시 이를 인정하기에 부족하며, 달리 이를 인정할 증거가 없으므로 원고의 피고 회사에 대한 청구는 이유 없다.」

2) 아파트베이형설계도 사건[6-162)]

「나아가 이 사건 설계도 자체가 저작물로서 보호된다고 할지라도, 앞서 본 바와 같이 그 표현형태가 극히 제한된 기능적 저작물에 있어서 그 침해가 인정되기 위하여는 위 설계도에 나타난 표현의 세세한 부분까지 거의 동일하게 모방한 경우라야 할 것인바, …만으로 이를 소명하기에 부족하고 달리 이러한 점을 소명할 자료가 없으므로, 이 사건 채무자의 행위가 저작권 침해에 해당한다고 볼 수 없다.」

3) 아파트단지배치도 사건[6-163)]

「피고들측 단지배치도와 원고측 단지배치도의 실질적 유사여부에 관하여 살피건대, …에 의하면 원고측 단지배치도에 표현된 27개동의 아파트 중 8개동은 한쪽 면이 긴 옆으로 누운 'Y' 형태, 1개동은 삼면의 길이가 동일한 'Y'자 형태, 나머지는 '一'자 형태인 사실을 인정할 수 있으나, 한편 …를 종합하면, 원고측 단지배치도가 작성되기 이전에 이미 다수의 'Y'자 형태의 아파트가 설계되어 공개된 바 있는 사실, 피고들측 단지배치도에 표현된 35개동의 아파트 중 6개동이 삼면의 길이가 동일한 'Y'자 형태, 나머지는 '一'자 형태이고, 한쪽 면이 긴 옆으로 누운 'Y' 형태는 전혀 찾아볼 수 없는 사실, 원고측 단지배치도와 피고들측 단지배치도는 아파트의 동수, 아파트, 근린생활시설, 주민공동시설, 보육시설 등 건물과 도로, 조경, 운동시설, 놀이터 등 시설의 배치, 구조, 형태 등에 현저한 차이가 있는 사실을 인정할 수 있으므

6-162) 서울고등법원 2004. 9. 22.자 2004라312 결정(확정). 채권자는 신축 예정인 '○○아파트' 중 34평형에 관하여 안방 벽면 중 일면의 약 80%가 전면 베란다에 접하게 하는 방식의 '3.8 베이(Bay)형'의 설계도의 저작권자이다. 합체의 원칙에 의하여 저작권적 보호를 받을 수 없다고 한 후 가정판단으로 실질적 유사성을 판단하고 있다. 서울고등법원 2004. 10. 6.자 2004라21 결정도 유사하다.

6-163) 서울중앙지방법원 2005. 11. 30. 선고 2005가합3613 판결(확정).

로, 원고측 단지배치도와 피고들측 단지배치도는 실질적으로 유사하다고 할 수 없다.』

4) 골프장 설계도면 사건[6-164)]

『이 사건 골프장에 관한 원고의 설계도면은 골프장을 구성하는 클럽하우스, 연습장, 휴게소, 주차장, 펜션, 식당, 숙소, 진입도로, 연결도로, 홀(티 박스, 페어웨이, 그린, 벙커, 러프 등), 연못과 그 밖의 부대시설의 모양, 위치, 배열 등을 설계도면에 도시한 것으로서, 골프장 부지 내에서의 개개의 구성요소의 배치와 조합을 포함한 골프장의 전체적인 미적 형상의 표현방식에 있어 저작물로서의 창작성이 있고… 피고 설계회사가 원고의 골프장 설계도면과 같은 골프장 설계도면을 작성하거나 사실상 원고의 골프장 설계도면에 나타난 골프장의 전체적인 미적 형상에 관한 창작성 있는 표현방식을 세세한 부분까지 거의 그대로 베끼면서도 다만 그 설계자를 피고 설계회사로 표시하였다면, 이는 양양컨트리클럽이 원고와의 설계용역계약에 따라 가지는 골프장 설계도면의 이용권을 넘어서는 것이어서 저작자인 원고에 대한 관계에서 저작권(저작인격권 중 성명표시권)을 침해한 것이 된다… 에 의하면, 원고의 골프장 설계도면과 피고 설계회사의 골프장 설계도면이 모두 클럽하우스를 골프장 부지의 북서쪽에 위치시키고, 일부 코스노선과 일부 홀의 형태 등이 같은 사실을 인정할 수 있으나, 한편 …를 종합하면, 피고 설계회사의 골프장 설계도면상 원형보존녹지 면적이 원고의 골프장 설계도면보다 상당히 늘어난 사실, 피고 설계회사의 설계도면상 각 홀의 파(par) 배열과 원고의 설계도면상 그것이 매우 달라 해당 홀들의 길이와 형태가 다른 사실, 원고의 설계도면에는 물이 홀의 페어웨이를 따라 흐르는 형태가 많지만 피고 설계회사의 설계도면에는 물이 홀의 중간을 지나 흐르는 형태가 많은 사실, 그 밖에 원고의 설계도면과 피고 설계회사의 설계도면 사이에는 각 홀의 티 박스, 그린, 벙커 등의 위치 및 형태도 많이 다르고, 언덕을 깎아 내거나 흙을 쌓아 낮은 곳을 메우는 등으로 자연지형을 변경시킨 부분이 크게 다른 사실을 인정할 수 있으므로, 결국 이 사건 골프장에 관한 피고 설계회사의 설계도면은 원고의 설계도면과 비교하여 골프장의 전체적인 미적 형상에 관한 구체적인 표현방식에 있어서 실질적으로 유사하지 아니하다고 보아

6-164) 서울고등법원 2007. 5. 1. 선고 2006나43295 판결(대법원 2009. 7. 9. 선고 2007다36384 판결).

야 한다.」

5) 한강인공섬 사건[6-165)]

「이 사건 골프장에 이 사건 기사 내용이 허위인지 여부를 살피건대, 이 사건 기사의 주된 내용 또는 그 인상은 '소울플로라'가 김○○ 교수의 '장미'의 복제권 또는 그 외의 저작권을 침해한 취지로 보이는데, 건축저작권은 외형의 유사성만이 아니라, 컨셉, 기능적 측면, 그 구성형태나 공간배열 등을 종합적으로 고려하여 저작권 침해 여부를 결정하는바, 결정문사본(가처분)의 기재 및 이 법원의 한국저작권위원회에 대한 감정결과에 의하면 ① 김○○ 교수의 '장미'는 장미를 모티브로 한 반면 '소울플로라'는 장미를 모티브로 한 것이 아니어서 컨셉이 상이하고, ② 건축후면과 건축입면의 구성방법, 건축입면상 높이차이 등 개별 요소에 차이가 있으며, ③ 이러한 차이를 감안하면 전체 디자인도 서로 동일하다고 보기 어렵다 할 것이므로, '소울플로라'가 '장미'의 복제권을 침해한 것이라거나 '장미'의 2차적 저작물이라고 보기 어렵다 할 것이다. 따라서 피고인의 보도자료 및 이를 기초로 한 이 사건 기사는 허위라 할 여지가 있다.」

6) 화장로(火葬爐)설계도면 사건[6-166)]

「원고 설계도서는 피고 전주시가 설계용역을 도급받은 두리건축사사무소에게 제공한 과업지시서 …에 따라 작성된 것으로서 '관운반설비를 수동식에서 전동 주행방식으로 교체, 연소설비는 현행과 같은 대차방식 화장로, 연소가스 및 냉각처리 설비는 환경친화적 기기운용 등' 위 과업지시서의 요구조건에 따른 그 설계에 대한 제약이 많을 수밖에 없고, 원고 설계도서에는 원고의 특허권과 디자인권의 권리범위내에 있는 로내대차와 화장로에 대한 설계도면을 일부 포함하고 있으나 그 특허권과 디자인권의 내용은 이미 모두 공개된 것인 점, 원고의 설계도서는 로내대차 및 화장로 리모델링 공사

6-165) 서울남부지방법원 2011. 1. 27. 선고 2010노310 판결(대법원 2011. 6. 30. 선고 2011도2096 판결). 피고인은 사람을 비방할 목적으로 정보통신망을 통하여 공공연하게 거짓의 사실을 적시하여 위 피해자의 명예를 훼손하고, 신문에 공연히 허위의 사실을 적시하여 위 피해자의 명예를 훼손하였다는 죄목으로 기소된 사건으로 그 기사내용이 허위인지를 판단하는 과정에서 실질적 유사성 판단이 이루어진 것이다.

6-166) 서울중앙지방법원 2010. 9. 29. 선고 2009가합108790 판결(서울고등법원 2011. 7. 6. 선고 2010나103675 판결, 대법원 2011. 10. 13. 선고 2011다64904 판결).

에 필요한 재료의 종류와 품질, 사용처, 시공방법 등을 기록한 서류 및 제품 도면으로서 로내대차의 구조, 규격, 기능 등을 당해 기술분야의 통상적인 기술자들이 정확하게 이해할 수 있도록 일반적인 표현 및 도면작성 방법이 사용되어 달리 표현될 여지가 거의 없을 뿐만 아니라, 설령 작성자에 따라 다소 다르게 표현될 수 있는 여지가 있다고 하더라도 작성자의 창조적 개성을 드러내기 힘든 점에 비추어 보면, 원고 설계도서를 저작권법상 보호받는 기능성 저작물로 볼 수 있다고 하더라도 그 설계도서의 세세한 부분까지 거의 동일하게 모방한 경우가 아니면 원고의 저작권을 침해한 것이라고 할 수 없다.」

Ⅷ. 사진저작물(이와 유사한 방법으로 제작된 것을 포함한다)

1. 사진저작물의 실질적 유사성 판단시 유의사항

사진저작물은 초기에는 그 저작물성에 많은 의구심을 받았지만 이제는 피사체의 선정, 구도의 설정, 빛의 방향과 양의 조절, 카메라 각도의 설정, 셔터의 속도, 셔터찬스의 포착, 기타 촬영방법, 현상 및 인화 등의 과정에서 촬영자의 개성과 창조성이 인정될 경우 저작권법에 의하여 보호되는 저작물에 해당(대법원 2001. 5. 8. 선고 98다43366 판결, 남부햄 사건 참조)하는 것으로 정립되었다. 그리고 사진저작물은 일반적인 미술저작물과 마찬가지로 유사성이 대상의 보편적 특징이나 일반적인 제작기법에 기한 것으로 보이면 저작권 침해를 구성하지 아니한다. 다만 다른 사람이 찍은 사진의 대상을 다시 찍어 유사한 결과를 얻은 경우가 문제인데 다른 사진에서 본 인위적인 피사체의 선택, 조합, 배치를 유사하게 설치하고 다시 사진을 찍어 유사한 결과를 얻었다면 침해가 될 수 있을 것[6-167]이지만, 정동진 일출장면처럼 많은 사람들이 찍고 싶어 하는 풍경이나 널리 알려진 조형물의 경우처럼 대체로 고정된 피사체의 경우는 그 선택 등에 촬영자의 개성이 발휘될 가능성이 높지 않아 저작권으로 보호될 소지도 적다고 할 것이다.[6-168] 이는 사진저작물의 고유의 속성에

6-167) 이에 대한 일본에서의 논의는 오승종, 1215면 이하 참조.

6-168) 임원선, 72면. 대표적으로 후술할 솔섬 사건이 있다.

기인한 것으로 보아야 할 것이다.

2. 판단 사례

가. 유사성을 인정한 사례

1) 봉추찜닭 사건[6-169)]

「위 인정사실에 의하면, 피고들은 베끼거나 일부 수정 내지 변형을 가하는 방법으로 이 사건 저작물 중 사업설명문, 광고문, 점포시설투자표, 이미지사진 등을 복제, 무단사용하였으므로 이는 원고의 저작재산권을 침해한 것에 해당하고, 따라서 피고들은 각 침해행위로 말미암아 원고가 입은 손해를 배상할 책임이 있다고 할 것이다.

(3) 이에 대하여, 피고들은 원고의 이 사건 저작물이 기능적 저작물로서 프랜차이즈 사업의 홍보를 위하여 당연히 제공되어야할 내용을 담고 있는 정형적인 표현에 불과하므로, 비록 창작성이 인정된다고 하더라도 그 저작물의 사상이나 감정 즉 아이디어가 오직 그 표현방법 외에는 달리 효과적으로 표현할 방법이 없는 아이디어와 표현이 합체된 경우에 해당하므로 저작권침해에 해당하지 아니한다는 취지로 주장하므로 살피건대, 프랜차이즈 사업 홍보를 위한 기능적 저작물이라는 특성을 고려하더라도 이 사건 저작물이 프랜차이즈 사업의 홍보를 위하여 당연히 제공되어야할 내용을 담고 있는 정형적인 표현에 불과하다는 점을 인정할 아무런 자료가 없으므로 위 주장은 이유 없다.」

2) 인생수업 사건[6-170)]

「신청인은 저작물인 이 사건 각 사진을 촬영한 사진작가로서 이 사건 각 사진의 저작권자인바, 피신청인이 이 사건 서적을 출판함에 있어 신청인의 동의를 얻지 아니한 채 이 사건 사진에 의거하여 그 '실질적 유사성'이 인정되는 별지 제3목록 각 삽화(이하 이 사건 각 삽화라고 한다)를 그려 이 사건 서적의 표지 및 각 챕터의 배경삽화로 삽입함으로써 신청인의 저작권을 침해하고 있는바, 이로 인한 신청인의 회복할 수 없는 손해를 방지하기 위

6-169) 서울중앙지방법원 2003. 5. 16. 선고 2001가합78237 판결(확정).

6-170) 서울고등법원 2007. 8. 22.자 2007라143 결정(대법원 2008. 1. 14.자 2007마1167 결정).

하여 신청취지 기재 가처분의 발령을 구한다…

나아가 이 사건 각 삽화가 이 사건 각 사진에 의거한 것인지 여부에 관하여 살피건대, 앞서 인정한 바와 같이 이 사건 서적에는 "표지와 본문에 실린 그림들은 그레고리 콜버트의 사진에서 영감을 받아 재불 화가 베아트리체가 그린 것이다."라는 문구가 기재되어 있는 점으로 보아 이 사건 삽화들이 이 사건 각 사진저작물에 의거하였다고 할 것이다.

또한, 이 사건 각 삽화는 이 사건 각 사진저작물의 일부 세부적인 구성을 약간씩 변형하거나 두 가지 사진의 구성요소를 조합하여 그린 것으로서, 구체적인 세밀한 묘사에 있어서까지 이 사건 사진저작물과 거의 동일한 표현을 하고 있는 등 피신청인의 이 사건 각 삽화는 전체적인 관념과 느낌(total concept and feel)이 신청인의 이 사건 각 사진저작물과 유사하다 할 것이다.」

3) 가구사진 사건6-171)

「원고가 피고를 상대로 피고가 원고의 저작물인 원고의 가구제품사진의 전부 또는 일부를 이용하여 피고의 가구제품광고를 위한 사진을 만들고 그 사진을 인터넷쇼핑몰 웹사이트에 게시함으로써 원고의 사진저작물에 관한 저작재산권(복제권, 전송권, 2차적 저작물 작성권)과 저작인격권(성명표시권, 동일성유지권)을 침해하고 원고의 신용을 훼손하였다고 주장하면서 그 손해배상을 구하는 사안이다…

앞서 본 전제사실에 따르면, 피고는 원고의 별지 1의 (1) 사진영상을 기초로 해서 위 사진을 만들었고, 피고가 만든 사진의 영상은 원고의 사진과 공간적 배경이 다르기는 하지만 가구제품의 카탈로그용 광고사진의 이미지를 결정하는 가구와 그 내부의 소품의 배열 부분 일체를 그대로 잘라 냄으로써 그 영상이 원고의 사진과 실질적으로 동일한 범위 내에 있다. 따라서 피고의 별지 2의 (1) 사진은 원고의 별지 1의 (1) 사진의 복제물에 해당하

6-171) 서울중앙지방법원 2007. 9. 6. 선고 2006가합106830 판결(항소심 화해). 아래 설명한 이외의 원고의 사진에 대하여는 피고가 「잘라낸 원고 가구사진의 영상 중 가구의 형태 자체나 가구 내부 또는 상단에 놓인 소품 부분과 같은 일부분에 한해서는 원고의 창작적 노력 내지 개성을 찾아 볼 수 없다. 이와 같이 피고가 원고의 사진저작물 중 창작성 없는 부분만을 잘라내어 이를 합성하여 새로운 사진을 만들었다고 하더라도 이는 원고의 사진저작물에 관한 복제권이나 2차적 저작물 작성권을 침해하였다고 볼 수 없다」고 판시하고 있다.

고, 2차적 저작물이 될 수는 없다. 피고는 원고의 위 사진저작물에 관한 복제권을 침해하였다.

<별지 1 (1) 이동식수납행거 월넛>

<별지 2 (1) 드림행거수납장 월넛>

(다) 피고의 별지 2의 (6) 사진(드림더블행거수납장 화이트)에 대하여

앞서 본 전제사실에 따르면, 피고의 위 사진은 원고의 별지 1의 (4) 사진 중 창작적 부분이라 할 수 있는 가구제품의 내부와 주변에 배치된 소품의 형태와 그 구체적 배치 및 구조를 잘라내어 다른 사진들의 일부분과 합성한 것이다. 이는 수납옷걸이 내부에 배치된 일부 소품들의 종류가 구체적으로 다른 부분이 있기는 하지만, 원고 사진의 창작적 표현형식에 해당하는 부분을 일부 잘라냄으로써 원고의 사진의 창작적 표현형식을 기초로 이를 변형하여 새로운 저작물이 창작된 것이다. 또한 소품배치의 유형이 실질적으로 유사함으로써 원고의 사진저작물과 실질적 유사성을 유지하면서도 위와 같이 잘라낸 일부분을 제외하고는 구체적 소품의 형태나 배치가 달라 제품광고사진의 이미지를 결정하는 가구와 그 내부의 소품의 배열에 있어 새로운 창작성이 인정된다. 따라서 피고의 별지 2의 (6) 사진은 원고의 별지 1의 (4) 사진저작물에 대한 2차적 저작물에 해당하고, 복제물이 될 수는 없다. 피고는 원고의 위 사진저작물에 관한 2차적 저작물 작성권을 침해하였다.」

<별지 1 (4) 이동식더블수납행거 화이트>

<별지 2 (6) 드림더블행거수납장 화이트>

나. 유사성을 부정한 사례

1) 베이비유 사건[6-172)]

「원고는, 원고의 사진과 피고의 사진은 ① 벽을 배경으로 모자를 쓴 아기를 가운데 앉힌 후 아기의 좌우로 아기보다 약간 작은 곰인형들을 나란히 배열한 점, ② 카메라와 아기 사이의 거리가 유사하고, 카메라의 앵글이 아기의 정면 눈높이에 맞추어져 있으며, 사진에 음영이 거의 나타나 있지 않은 점 등에 있어서 동일하거나 유사하므로 두 사진은 실질적으로 유사하다고 주장한다.

그러나 위 ①과 같은 표현은 아이디어의 영역에 포함될 여지가 있고, 가사 표현 형식에 해당한다 하더라도, 원고의 사진에 앞서 '모자를 쓴 아기' 또는 '아동을 한개 또는 다수의 곰인형과 함께 배치한 사진', '다양한 곰인형들이 아기 또는 아동을 촬영하는데 소품으로 사용된 사진', '가로 방향으로 나란히 나열된 다수의 곰인형 사이에 한명의 앉아 있는 남자 아동을 배치한 사진' 등이 인터넷에 게시되어 있었던 사실은 위에서 본 바와 같으므로 위 ①의 표현은 저작권자의 창작 이전에 알려져 있는 것이거나 기존에 알려진 표현을 쉽게 변경하여 적용할 수 있는 표현에 불과한 것으로 보이고, 위 ②와 같은 표현은 스튜디오 내에서 아기의 기념촬영을 하는 경우 흔히 적용되

6-172) 서울고등법원 2010. 3. 18. 선고 2009나74658 판결(확정). 의거성을 부인하고 나아가 설령 피고의 사진이 원고의 사진에 의거하여 제작되었다 하더라도 실질적 유사성이 없다고 판단하고 있다.

는 기술 내용으로서 그 표현에 별다른 창작성을 인정하기 어렵다 할 것이므로 위 ①, ②의 표현은 저작권으로 보호받지 못하거나 독창성이 인정되지 않는 것으로서 실질적 유사성을 판단함에 있어 대비할 요소라 할 수 없다.

오히려, 원고의 사진은, 옅은 노란색 바탕에 갈색톤과 파란색톤의 나뭇잎 무늬가 들어가 있는 벽지을 배경으로, 아무 장식이 없는 옅은 노란색의 곰들을 좌우로 나열하고, 그 가운데 곰인형과 같은 옅은 노란색 옷과 곰인형의 머리형태와 유사하게 보이도록 한 동그란 형태의 같은 색깔의 모자를 씌운 아기를 앉힌 후, 아기의 몸이 오른쪽으로 약간 기울어지면서 입이 약간 벌어진 모습으로 시선이 왼쪽 허공으로 향하는 순간을 포착하여 촬영함으로써, 아기를 곰인형들 중 하나로 보이게 하면서 정적인 곰인형들 사이에서 동적인 아기의 귀여운 모습을 생동감있게 표현하였는바, 이런 부분에서 원고 사진의 독창성이 인정된다 할 것이다.

반면, 피고의 사진은 노란색 바탕에 둥근 모양의 꽃 무늬가 있는 벽지를 배경으로, 목에 갈색톤의 체크무늬 리본을 맨 노란색 곰인형을 좌우로 나열하고, 그 가운데 푸른색톤의 옷과 위에 방울이 달린 모자를 씌운 아기를 앉힌 후, 아기가 비교적 반듯한 자세로 별다른 표정변화나 동작 없이 정면을 응시하고 있는 순간을 촬영함으로써, 곰인형처럼 보이게 한 아기의 동적인 모습을 촬영한 원고의 사진과는 달리, 별다른 표정변화나 동작이 없는 정적인 아기의 모습이 배경 및 곰인형들과 대비, 강조되도록 표현하고 있다.

그렇다면 피고의 사진은 원고의 사진에서 인정되는 독창적인 표현 형식과 대비하여 실질적으로 유사하다고 인정할 수 없고 달리 이를 인정할 증거가 없다.」

<원고 사진>

<피고 사진>

2) 민물고기 사진 사건[6-173)]

『노○○의 '특징으로 보는 한반도 민물고기'에 수록된 위 공소사실 기재 민물고기 사진(이하 '이 사건 사진'이라 한다)은… 이 사건 사진의 저작권의 침해 여부를 가리기 위해 두 저작물 사이에 실질적 유사성이 있는가의 여부를 판단함에 있어서는 독창적인 부분을 가지고 대비를 해야 하고, 공통의 소재를 이용한 데서 오는 자연적인 귀결 즉, 민물고기의 형태, 색깔 등 자연적 현상은 사실 그 자체로서 저작권의 보호대상이 아니므로 실질적 유사성을 판단함에 있어 배제되어야 할 것인데, 기록에 의하여 인정되는 다음과 같은 사정들, 즉 ① 이 사건 사진이 노○○이 가진 고도의 사진촬영기술에 의하여 촬영되었다고 하더라도, 이 사건 사진이 수록된 '특징으로 보는 한반도 민물고기'가 한반도에 서식하는 민물고기의 특징을 사진과 기본생태정보 등에 대한 설명을 통해 소개한 원색도감(그림이나 사진을 모아 실물 대신 볼 수 있도록 엮은 책)인 점에 비추어 보면, 이 사건 사진은 그 피사체인 민물고기를 독창적으로 표현하기보다는 민물고기의 자연적 현상 그대로를 충실하게 표현하여 그 민물고기의 특징을 정확하게 표현하려는 교육적·학술적 목적을 달성하기 위해 촬영된 것으로서 독창성이 크다고 볼 수 없는 점, ② 이 사건 사진 중 독창성이 인정되는 부분은, 피사체인 민물고기가 사진에서 차지하는 크기와 위치, 배경과의 조화 등이라고 할 것이고, 자연적 현상인 물고기의 형태와 색깔, 민물고기의 특징을 가장 잘 나타내주는 옆모습을 담기 위한 카메라 각도의 설정 등은 독창성이 인정되지 않는다고 할 것인 점, ③ '숲해설가 양경모의 민물고기 카드'에 그려진 민물고기 그림은 이 사건 사진과 대비할 때 민물고기의 형태는 거의 일치하나 배경이 전혀 그려져 있지 않고, 색깔 또한 일치한다고 볼 수 없는 점, ④ '한국의 민물고기 손수건'에 그려진 민물고기 그림은 이 사건 사진과 대비할 때 민물고기의 형태는 거의 일치하나 배경이 전혀 그려져 있지 않고, 색깔 또한 흑백으로 처리되어 전혀 일치하지 않는 점, ⑤ '강과 하천의 민물고기 포스터'에 그려진 민물고기 그림은 이 사건 사진과 대비할 때 민물고기의 형태는 거의 일치하나 배경이 서로 다르거나 그려져 있지 않고, 색깔 또한 일치한다고 볼 수 없는 점, ⑥ 따라서 위 카드 그림, 손수건 그림, 포스터 그림은 독창성이 인정되지 않는 민물고기의 형태에 있어서만 이 사건 사진과 유사할 뿐이고 그 표

6-173) 서울중앙지방법원 2010. 11. 4. 선고 2010고정3689 판결〔서울중앙지방법원 2011. 2. 18. 선고 2010노4506 판결(확정)〕.

현형식에 있어 사진과 그림이 가지는 본질적인 차이점을 그대로 드러내고 있을 뿐만 아니라(위 카드 그림, 포스터 그림, 손수건 그림의 순서로 표현의 사실감이나 섬세함이 떨어진다), 색깔에 있어서도 대체적으로 유사한 색깔로 표현되기는 하였으나 정확하게 일치한다고 볼 수 없는 점 등의 여러 사정에 비추어 보면, 검사가 제출한 증거들만으로는 피고인들이 제작, 판매한 위 카드 그림, 손수건 그림, 포스터 그림이 이 사건 사진에 대한 노△△의 저작권을 침해하였다고 인정하기에 부족하다.』

3) 솔섬사진 사건[6-174)]

『2) 판단의 순서와 방법

먼저 이 사건 사진저작물과 이 사건 공모전 사진 사이에 실질적 유사성이 있는지를 판단한다. 이를 위해서는 이 사건 사진저작물 중 피사체의 선정, 구도의 설정, 빛의 방향과 양의 조절, 카메라 각도의 설정, 셔터의 속도, 셔터찬스의 포착, 기타 촬영방법, 현상 및 인화 등에서 인정되는 창조성이 발현된 결과물로서 창작적인 표현형식에 해당하는 부분을 가려낸 후 이를 이 사건 공모전 사진과 대비하여야 한다. 그러므로 이 사건 사진저작물 중 창작적인 표현형식에 해당하는 부분을 먼저 파악한 후 이를 이 사건 공모전 사진의 해당 부분과 개별적으로 대비하는 방법으로 실질적 유사성을 판단하기로 한다.

다만 즉각적이고 감각적인 느낌에 호소하는 시각적 저작물의 특성에 비추어 일반인은 '저작물 전체'가 주는 인상이나 느낌을 통해서도 그 저작물이 유사한 것으로 판단할 수 있고, 저작물 중에서 창작적 표현형식에 해당하는 부분을 분리하여 해당 부분만을 각각 대비할 경우 이러한 '전체적인 느낌'에 의한 실질적 유사성을 간과할 위험이 있다. 즉 시각적 저작물의 개별 표현요소 부분은 창작성을 인정할 수 없거나 그 창작성이 미약하다고 하더라도, 이를 전체로 결합한 경우 새로운 창작성이 발현될 가능성도 있는 것이다. 원고 또한 다음에서 보는 바와 같이 이 사건 사진저작물의 특성상 이와 유사한 판단 방법에 따라 실질적 유사성을 판단하여야 한다는 취지로 주장하고 있으므로, 보충적으로 전체 대비 방법에 의해서도 실질적 유사성 유무를 판단하기로 한다.

6-174) 서울고등법원 2014. 12. 4. 선고 2014나2011480 판결(확정). 부정경쟁행위 해당 여부 판단은 생략한다.

3) 이 사건 사진저작물 중 창작적 표현 형식 해당 부분

가) 피사체의 선정

이 사건 사진저작물의 피사체는 '솔섬'(이하 인용부호는 생략한다)이라는 이미 존재하고 있는 자연물과 이를 중심으로 한 풍경으로서 이처럼 누구나 접근 가능한 자연물이나 풍경을 대상으로 선택하고 촬영하는 행위 자체로 인한 창작성을 인정할 수는 없다.

나) 구도의 설정

이미 존재하는 자연물에 대한 구도의 설정은 사진을 촬영한 장소에 따라 큰 영향을 받게 된다. 해당 자연물을 촬영할 수 있는 장소는 일반적으로 공개되고 알려져 있거나 반대로 주변 환경에 따라 매우 제한되어 있어 그 장소의 선택에는 창작성을 인정할 수 없는 경우가 대부분일 것이다. 다만 일반적으로 알려지지 않은 새로운 장소나 구도를 선택하여 그 자연물을 촬영한 경우에는 그에 따른 창작성을 인정할 여지가 있다.

…을 종합하면, 마이클 케나는 2007년 2월경 인근 해수욕장의 감시탑(watch tower)을 촬영한 후 차를 타고 돌아 나오는 길에 우연히 솔섬을 발견하고 도로에 차를 세운 후 뚝방을 걸어 다니면서 적절한 촬영장소를 찾다가 물가로 내려가 1시간 반 정도 머무르면서 이 사건 사진저작물을 촬영한 사실을 인정할 수 있다. 그러나 위 사실만으로는 마이클 케나가 이 사건 사진저작물을 촬영한 지점이 그 동안 전혀 알려지지 아니하였던 새로운 곳으로서 그의 독창적인 노력에 의해 발견된 독특한 장소라고 인정하기 부족하고, 달리 그 사실을 인정하기에 충분한 증거는 없다.

반면, …를 종합하면, 다음 표에서 보는 바와 같이 2006년 제2회 삼척관광 전국사진공모전에서 솔섬을 주제로 한 '호산의 여명'이라는 작품이 입선작으로 선정되었는데, 이 사건 사진저작물보다 먼저 촬영된 위 작품은 이 사건 사진저작물의 촬영구도와 완전히 같지는 아니하지만 상당히 유사한 구도로 촬영된 사실을 알 수 있다. 그 결과 이 사건 사진저작물과 마찬가지로 위 '호산의 여명' 작품에서도 사진의 중앙 부근에 솔섬이 위치하고 있고, 하늘과 나무의 반영(反影)이 물에 나타나는 표현을 볼 수 있다(이처럼 섬을 비롯한 수상 물체를 수평선 중심으로 촬영하여 하늘과 물을 대칭 구도로 표현하는 것은 일반적으로 알려져 있는 촬영 기법이라고 보인다).

따라서 이 사건 사진저작물의 구도 설정은 그 창작성이 인정되기 어렵거나, 그 창작성이 미약한 정도에 불과하다고 보아야 한다.

호산의 여명(2006)	이 사건 사진저작물(2007)

다) 빛의 방향과 양의 조절 및 셔터찬스의 포착

이러한 요소는 주로 촬영한 계절·일시와 빛에 대한 노출 정도 등에 영향을 받는 창작성이 큰 표현 부분에 해당한다. 마이클 케나는 2007년 2월경 낮으로 추정되는 시간(갑 제35호증의 기재에 의하면, 4박 5일의 촬영 마지막 날 궁촌과 용화에 있는 해수욕장을 거쳐 호산의 작은 해수욕장에서 촬영을 마친 후 돌아 나오는 길에 솔섬을 발견하였다고 되어 있다)에 이 사건 사진저작물을 촬영하였고 조리개를 적게 연 상태에서 장시간 노출하는 기법을 사용한 것으로 보인다. 이 사건 사진저작물에서 태양 빛은 솔섬의 왼쪽 방향에서 비추고 있다(다만 촬영 대상이 고정된 자연물이므로 셔터찬스의 포착은 별다른 의미를 갖기 어렵다).

라) 카메라 각도의 설정

…앞서 본 구도의 설정과 마찬가지로 그 창작성이 없거나 미약한 정도에 그친다고 보인다.

마) 셔터의 속도, 기타 촬영방법

이 사건 사진저작물은 흑백으로 촬영되었고(셔터의 속도는 공개되지 아니하였다), 하늘의 구름을 제거한 후 수면을 매끄럽게 처리하여 나무가 거울처럼 반사되도록 함으로써 동양의 수묵화와 같은 정적인 느낌, 감성적이고 몽환적인 느낌을 들게 한다. 이러한 표현은 일반적인 마이클 케나 사진의 독창성을 보여주는 것으로 그 창작성이 매우 큰 부분이다.

바) 현상 및 인화 등의 과정

이 사건 저작물 사진은 통상 8×10인치(201×252㎜)의 크기(정사각형에 가까운 형태)로 인화되며, 이러한 부분에도 어느 정도의 창작성을 인정할 여지는 있다.

4) 실질적 유사성의 판단

가) 표현 요소별 분석적 대비

앞서 본 개별 표현 요소 중심으로 이 사건 사진저작물과 이 사건 공모전 사진을 대비해 보면 다음 대비 표의 기재와 같다…

대비 요소	창작성 유 무	대비 결과
피사체의 선정	없음	대비 불필요(동일함)
구도의 설정	없거나 미약함	유사함, 다만 이 사건 사진저작물은 정사각형의 중앙에서 약간 좌측에, 이 사건 공모전 사진은 직사각형의 중앙에서 약간 우측에 솔섬이 위치한 구도임
빛의 방향과 양의 조절 및 셔터찬스의 포착	있음	차이가 있음 －이 사건 사진저작물은 겨울인 2007년 2월경 낮(오후)에 촬영된 것으로 보이는데 반해, 이 사건 공모전 사진의 촬영일시는 여름 새벽인 2010. 8. 7. 04:38:17이고, 이에 따라 태양 빛의 방향이 좌측과 우측으로 반대로 나타남 －마이클 케나는 언론 인터뷰에서 이 사건 사진저작물은 장 노출 기법을 사용했으나, 이 사건 공모전 사진의 노출시간은 그보다 짧다는 견해를 밝힘(갑 제30호증)
카메라 각도의 설정	없거나 미약함	유사함
셔터의 속도, 기타 촬영방법	있음	차이가 있음 －이 사건 사진저작물은 흑백사진으로서 짙은 회색조로 사진의 위와 아래에 있는 하늘과 물을 묘사하고 있으나, 이 사건 공모전 사진은 컬러사진으로서 짙푸른 색으로 하늘과 물을 표현하고 솔섬 뒤로부터 오른쪽 끝 부분까지 황금색 및 붉은 색의 띠(여명을 표현한 것으로 보임)가 있음 －이 사건 사진저작물에서 하늘은 구름을 구별할 수 없을 정도로 무겁고 흐리게 표현되어 있고, 빛을 상세히 표현하는 대신 농도의 차이로 나타내고 있으나, 이 사건 공모전 사진에서는 짙푸른 색 하늘에 흰색, 진회색, 황금색 등 다채로운 색의 구름이 화려하고 사실적으로 표현됨, 역동적인 형태로 수평선을 따라 이동하는 것처럼 구름의 잔영이 표현되고 물에는 하늘에 있는 구름 역시 분명하게 반사됨(이 사건 공모전 사진의 셔터 속도 142.8s) －그 결과 이 사건 사진저작물이 주는 시간이 정지한 듯한 정적인 느낌과 이 사건 공모전 사진이 주는 일출시의 역동적인 느낌은 명백한 차이가 있음

현상 및 인화 등 과정	있음	차이가 있음 - 이 사건 사진저작물은 8×10인치(201×252㎜)로 인화됨에 반해, 이 사건 공모전 사진은 약 36.03×23.98㎝로 인화되어 크기가 명백히 다르고, 인화된 사진의 형태도 정사각형과 가로가 긴 직사각형으로 다름

위 대비표에서 본 것처럼, 이 사건 사진저작물과 이 사건 공모전 사진은 창작성이 없거나 미약한 부분에서만 동일·유사할 뿐, 창작적인 표현형식에 해당하여 반드시 대비 대상으로 삼아야 하는 부분에서는 오히려 분명한 차이를 나타내고 있다.

나) 전체적 대비

(1) 원고의 주장

원고는, 다음과 같은 이유로 이 사건에서는 이른바 '전체적인 관념과 느낌'에 의하여 실질적 유사성을 판단하여야 한다고 주장한다.

○ 시각적 저작물인 사진의 실질적 유사성은 양 사진 사이에 '전체적인 관념과 느낌'이 유사한지 여부에 대한 판단을 한 뒤, 유사성이 인정되는 경우 어떠한 요소로 인하여 그러한 유사성이 발생하였는지를 확정하고, 그 유사성의 요소가 창작적인 표현에 해당하는지, 해당한다면 유사성의 정도를 고려하여 그와 같은 표현이 어느 정도로 보호되어야 하는지를 판단하는 단계를 거쳐야 한다.

○ 이 사건 사진저작물과 이 사건 공모전 사진은 '솔섬과 그 반영(反影)의 형태, 색상, 윤곽선의 선명도와 번짐의 결합에 의한 조형미'가 유사하여 전체적인 관념과 느낌이 유사하다. 따라서 그 이외의 비 유사 요소들, 즉 흑백과 컬러, 구름의 유무 등은 이 사건 공모전 사진이 이 사건 사진저작물의 2차적 저작물에 해당한다고 볼 근거가 될 수 있음은 몰라도 실질적 유사성 판단에 있어 대비 대상이 될 수 없다.

○ 마이클 케나는 솔섬을 피사체로 선정한 뒤 구도와 카메라의 각도를 설정하여 솔섬의 모습 중 가장 아름다운 형태를 촬영하였고, 그 형태와 완벽하게 대칭되는 반영의 형태가 나타나는 시간에 이를 촬영하였으며, 셔터의 개방시간을 길게 하여 수면을 유리판처럼 매끄럽게 만들면서 반영의 살짝 번지는 듯한 윤곽선을 만들어 내었고, 솔섬과 그 반영 부분의 노출을 부족하게 하여 검은색으로 채우는 기법을 사용하였다. 이

사건 사진저작물에 나타난 위와 같은 개별적 요소의 결합은 하나의 유기체로 보아 전체로서 판단되어야 하는바, 이러한 '결합에 의한 조형미'는 이 사건 사진저작물에서 가장 큰 비중을 차지하는 핵심적인 창작적 표현에 해당한다.

○ 이 사건 공모전 사진의 표현 요소를 위 '결합에 의한 조형미'와 대비해 보면, 가장 왼쪽 나무의 세 가지 사이의 간격이 동일할 정도로 솔섬과 그 반영의 형태가 거의 유사하고, 솔섬과 그 반영의 윤곽선에 나타난 선명도 및 번짐 역시 극히 유사하며, 솔섬과 그 반영의 색이 검은색이라는 점이나 수면을 매끄럽게 만든 점 역시 정확하게 일치한다.

(2) 판 단

이 사건 사진저작물과 이 사건 공모전 사진이 '솔섬과 그 반영(反影)의 형태, 색상, 윤곽선의 선명도와 번짐의 결합에 의한 조형미'가 유사하여 '전체적인 관념과 느낌'이 유사하다는 취지의 원고 주장('프레임으로부터 피사체가 절연된 점과 그 반영'에 이 사건 사진저작물의 핵심이 있고, 이 사건 공모전 사진의 구도와 앵글이 그와 같은 이상 실질적으로 유사하다는 이 법원 감정증인 박종인의 증언 역시 같은 맥락이다)은 두 저작물에서 유사한 부분만을 먼저 떼어 내어 이를 '전체적인 관념과 느낌'이라고 주장하는 것이나 다름없다고 보여 부당하다(특히 이 사건에서 두 저작물의 전체적인 '관념'을 비교하게 되면 '솔섬의 사진'이라는 사진의 주제 또는 내용을 비교하게 되어 저작권의 보호대상이 아닌 아이디어까지 비교 대상에 포함될 가능성이 커지므로, 이러한 접근 방식의 채택에는 신중을 요한다).

이 사건에서 두 저작물이 보는 사람으로 하여금 첫 인상이 비슷하다는 느낌을 갖게 하는 주된 이유는 무엇보다 동일한 자연물을 대상으로 촬영하였기 때문이다. 이처럼 유사한 부분만을 중심으로 보아 '전체적 대비'를 행하는 것은 이미 유사하다는 판단을 전제로 한 자의적 판단 기준이라는 비판을 면하기 어렵다. 앞서 본 대로 개별 표현 요소가 결합된 저작물을 전체로서 대비하여 유사성을 판단하는 것은 그 개별 요소의 결합에 의한 저작물 전체로서의 새로운 창작성 발현 여부를 판단하기 위한 수단일 뿐이지 그 중에서 유사한 핵심적 요소를 발견하기 위한 수단은 아니라고 보아야 하므로, 원고의 주장처럼 비 유사 요소를 걸러낸 다음 이를 대비대상에서 완전히 제외할 수는 없다.

설령 원고의 주장대로 '솔섬과 그 반영의 형태, 색상, 윤곽선의 선명도와 번짐의 결합'으로 인하여 전체적인 관념과 느낌의 유사성이 발생한다고 본다 하더라도, 그 '솔섬과 그 반영의 형태'는 피사체의 선택 및 구도의 설정과 카메라 각도의 설정에 대부분 종속되는 것으로서, 솔섬과 같은 고정된 자연물이나 풍경을 대상으로 할 경우 누가 촬영하더라도 같거나 유사한 결과를 얻을 수밖에 없어 그 창작적 표현의 범위가 매우 제한되므로 폭 넓은 보호를 부여할 수 없는 부분이다(앞서 인정한 것처럼 이 사건 사진저작물과 이 사건 공모전 사진은 그 촬영 계절과 시간이 완전히 다른데도 솔섬과 반영의 형태가 유사한바, 만일 이 사건 사진저작물에 나타난 솔섬 및 그 반영의 형태를 폭 넓게 보호한다면 후속 창작자들의 창작활동에 부당한 제약이 될 우려가 있다). 또 원고가 주장하는 '반영의 색상, 윤곽선의 선명도와 번짐'은 솔섬의 물에 비친 그림자가 갖는 일반적인 속성이 그대로 표현된 것이어서 역시 창작성이 크지 아니한 부분이며 이를 '솔섬과 그 반영의 형태'와 결합한다고 하여 새로운 창작성이 발현되는 것으로도 보이지 아니한다. 그리고 이를 표현하기 위해 사용하였다는 빛의 노출정도나 셔터의 속도 등 구체적 촬영기법은 전체적 대비 방법에서는 고려할 사항이 아니라고 보인다.

따라서 전체적 대비를 위해서는 우선 두 저작물 전체를 각 요소가 결합된 그대로 관찰하여 그 인상이나 느낌을 대비하여야 하며, 특별한 사정이 없다면 각 요소를 동등한 비중으로 관찰하는 것이 바람직하다. 이러한 방법에 의할 때, 두 저작물은 그 촬영 대상이 동일함에도, 전체적으로 보아 이 사건 사진저작물이 가지는 수묵화와 같은 정적인 인상 또는 느낌과 이 사건 공모전 사진이 가지는 일출시의 역동적인 인상 또는 느낌에 명백한 차이가 드러나므로, 유사하지 않은 것으로 판단된다.

다) 종 합

창작적 표현 형식에 해당하는 요소를 분리하여 각각 대비하거나 저작물을 전체적으로 대비하는 두 가지 방법 모두에 의하더라도, 이 사건 사진저작물과 이 사건 공모전 사진에는 분명한 차이가 나타나므로 실질적 유사성은 인정되지 아니한다.

5) 정 리

이 사건 사진저작물과 이 사건 공모전 사진 사이에 실질적 유사성이 있다고 볼 수 없는 이상, 의거관계에 대하여 나아가 판단할 필요 없이 원고의 저작권 침해 주장은 받아들이지 아니한다.

원고는 '물에 비친 솔섬을 통하여 물과 하늘과 나무가 조화를 이루고 있는 앵글'이 이 사건 사진저작물의 핵심이고, 이 사건 공모전 사진은 사진저작물의 모든 구성요소 즉 피사체의 선정, 구도의 설정, 빛의 방향과 양의 조절, 카메라 각도의 설정, 셔터의 속도, 셔터찬스의 포착, 기타 촬영 방법, 현상 및 인화 등의 과정에서 이 사건 사진저작물과 유사하다고 주장하는바, 이 사건 공모전 사진이 이 사건 사진저작물의 표현 중 아이디어의 영역을 넘어서 저작권으로 보호가 되는 구체적으로 표현된 창작적인 표현형식 등을 복제하거나 이용하여 실질적인 유사성이 있는 저작물에 해당하는가에 대하여 살펴본다.

앞서든 증거들에 …를 보태어 인정할 수 있는 다음과 같은 사정들, 즉 ① 동일한 피사체를 촬영하는 경우 이미 존재하고 있는 자연물이나 풍경을 어느 계절의 어느 시간에 어느 장소에서 어떠한 앵글로 촬영하느냐의 선택은 일종의 아이디어로서 저작권의 보호대상이 될 수 없는 점, ② 비록 이 사건 사진저작물과 이 사건 공모전 사진이 모두 같은 촬영지점에서 '물에 비친 솔섬을 통하여 물과 하늘과 나무가 조화를 이루고 있는 모습'을 표현하고 있어 전체적인 콘셉트(Concept)나 느낌이 유사하다 하더라도 그 자체만으로는 저작권의 보호대상이 된다고 보기 어려운 점(자연 경관은 만인에게 공유되는 창작의 소재로서 촬영자가 피사체에 어떠한 변경을 가하는 것이 사실상 불가능하다는 점을 고려할 때 다양한 표현 가능성이 있다고 보기 어려우므로, 전체적인 콘셉트나 느낌에 의하여 저작물로서의 창작성을 인정하는 것은 다른 저작자나 예술가의 창작의 기회 및 자유를 심하게 박탈하는 결과를 초래할 것이다), ③ 이 사건 사진저작물은 솔섬을 사진의 중앙 부분보다 다소 좌측으로 치우친 지점에 위치시킨 정방형의 사진인 데 반하여, 이 사건 공모전 사진은 솔섬을 사진의 중앙 부분보다 다수 우측으로 치우친 지점에 위치시킨 장방형의 사진으로, 두 사진의 구도 설정이 동일하다고 보기도 어려운 점, ④ 빛의 방향은 자연물인 솔섬을 찍은 계절과 시각에 따라 달라지는데 이는 선택의 문제로서 역시 그 자체만으로는 저작권의 보호대상이 되기 어려울 뿐만 아니라, 이 사건 사진저작물과 이 사건 공모전 사진은 각기 다른 계절과 시각에 촬영된 것으로 보이는 점(이 사건 사진저작물은 늦겨울 저녁 무렵에, 이 사건 공모전 사진은 한여름 새벽에 촬영된 것으로 보인다), ⑤ 나아가 이 사건 사진저작물의 경우 솔섬의 좌측 수평선 부근이 가장 밝은 데 반하여, 이 사건 공모전 사진은 솔섬의 우측 수평선 부근에 밝은 빛이 비치고 있어 빛의 방향이 다르고, 달리 두 저작물에 있어 빛의 방향이나 양의 조절이 유사하다고 볼 만한 자료가 없는 점, ⑥ 비록 두 사진 모두 장노출 기법을 사용하기는 하였으나, 이 사건 사진저작물의 경우 솔섬의 정적인 모습을 마치 수묵화와 같이 담담하게 표현한 데 반하여, 이 사건 공모전 사진의 경우 새벽녘 일출 직전의 다양한 빛과 구름의 모습, 그리고 이와 조화를 이루는 솔섬의 모습을 역동적으로 표현하고 있어 위와 같은 촬영방법을 통해 표현하고자 하는 바가 상이한 점, ⑦ 그 밖에 카메라 셔터의 속도, 기타 촬영 방법, 현상 및 인화 등의 과정에 유사점을 인정할 만한 자료가 없는 점 등에 비추어 보면, 원고가 들고 있는 증거만으로는 이 사건 사진저작물과 이 사건 공모전 사진이 실질적으로 유사하다고 보기 어렵고, 달리 이를 인정할 만한 증거가 없다.』

<별지 1>

<별지 2>

Ⅸ. 영상저작물

1. 영상저작물의 실질적 유사성 판단시 유의사항

영상저작물은 서로 관련된 연속적인 영상으로 구성되어 있어야 하는데, 관련문제로 (앞서 본 바와 같이) 뮤직비디오는 주로 음악을 표현하고자 하는 것이지만 영상을 우선시하여 영상저작물로 분류한다〔제2조 5호 "음반"은 음(음성·음향을 말한다. 이하 같다)이 유형물에 고정된 것(음이 영상과 함께 고정된 것을 제외한다)을 말한다〕. 아래 '짝' 사건에서 보듯이 영상저작물은 주로 시각적·청각적인 형태로 표현되며 어문저작물, 음악저작물, 미술저작물 및 사진저작물의 요소를 일부 또는 전부 가지고 있으므로, 실질적 유사성 판단에 있어 영상저작물의 창작적 요소에 따라 어문저작물, 음악저작물, 미술저작물 및 사진저작물 각각의 실질적 유사성 판단기준 및 영상저작물 자체의 특성을 종합적으로 고려하여 실질적 유사성 여부를 판단하여야 함을 유념하여야 할 것이다. 그리고 비디오게임[6-175]의 경우 컴퓨터 화면상에 일련의 영상을 보여주는 방법으로 진행된다면 모두 프로그램저작물 혹은 영상저작물로 보호받으므로 침해의 형태(게임 전체를 복제하는 방법으로 침해할 수도 있고 화면 현시의 전부나 상당부분을 복제하는 방법으로 침해할 수 있다)에 따라 선택적으로 주장을 할 수 있을 것이다. 특히 최근 등장하는 게임은 정교한 기술로 영상저작물적 성격이 더욱 두드러지는데 프로그램의 침해가 아닌 현시된 화면 자체를 베끼는 방법으로 침해한 경우 미국의 통설, 판례는 화면 현시 그 자체도 독자적인 영상저작물성이 있다고 보고 그 침해의 판단 역시 실질적 유사성 여부에 두고 있다.[6-176] 이하에서는 영상저작물이 침해된 사례[6-177]만을 살펴본다.

6-175) 건바운드 사건〔서울중앙지방법원 2002. 9. 19.자 2002카합1989 결정(확정)〕은 결정문을 구하지 못하였으나 오승종, 1205면, 권영준, 263면에 의하면 프로그램저작물로서의 게임저작권침해가 아니라 영상저작물로서의 게임저작권침해가 문제된 사안인데 법원은 게임방식에 관하여는 창작성이 없다고 보았고, 게임화면표현("…포탄 폭발의 모양, 폭발에 의하여 지형이 파괴되는 모양, 캐릭터 손상시 모양, 채팅장·시간제한·파워게이지·랜덤·캐릭터능력치에 관한 표현 등 상당부분에 있어 동일하거나 유사하다고 보기 어렵고…")에 관하여는 실질적 유사성을 부인하였다고 한다.

6-176) 최경수, 163면; 비디오게임은 그 영상이 사용자의 조작에 의하여 무작위로 나타나는 것이지만 연속적으로 나타나는 것이므로 영상저작물성을 가지게 되고, 게임기에 내장된 프로그램에 의하여 화면에 현출되는 시청각적 표현은 프로그램 자체가 아니라 그와 별개의 '시청각작품'으로 보호되며, 이때 그 보호가 내재된 게임이나 프로그램 자체에 미치는 것은 아니라고 한다. 오승종, 133, 1275면.

6-177) 어문저작물 혹은 미술저작물에 대한 침해사례로 많은 사안이 영상저작물에 의한 것인데 피침해물에 따라 어문저작물 등 부분에서 논의한다.

2. 판단 사례

가. 유사성을 부정한 사례

1) 단편영화 테레비 사건[6-178]

『객관적 요건으로서 실질적 유사성에 대하여는, ① 줄거리 중 마지막 부분인 '3m 이상 떨어져야만 텔레비전을 제대로 볼 수 있어 결국 주인공이 비오는 날 우산을 쓰고 마당에서 방 안에 있는 텔레비전을 시청한다'는 설정은 이 사건 단편영화의 결정적인 반전에 해당하는 것으로서 다른 사람이 쉽게 생각하기 어려운 창작성이 있으나, '가전대리점 앞에서 텔레비전을 보다가 장애가 발생하여 보지 못하게 됨으로 인해 텔레비전을 사기로 결심하고 노력을 하여 결국 바라던 대로 텔레비전을 사게 된다'는 이야기 전개는 특별히 저작자의 개성을 인정할 여지가 없어 창작성을 인정하기 어렵고, ② 각 개별 장면들의 표현들도 이 사건 단편영화의 마지막 반전 부분 외의 나머지 부분은, 그 장면의 표현에 있어 쉽게 예상할 수 있는 전형적인 형식의 것이거나, 영화든 뮤직비디오든 어느 쪽에서나 이야기 전개상 누구나 생각할 수 있는 필수적인 것으로 보이는 등 창작성이 있는 것으로 볼 수 없는 부분이고, 각 화면의 배경, 화면 구성, 촬영 각도, 화면의 분위기나 느낌, 세부 묘사, 구체적 설정방식이나 전개양상 등 많은 부분이 달라 실질적인 유사성이 없다 할 것이어서, ③ 결국 이 사건 단편영화와 뮤직비디오의 마지막 반전 부분에 실질적 유사성이 있는지가 가장 중요한 쟁점이라고 할 것인데, 이 부분은 위에서 본 바와 같이 그 줄거리에 창작성이 있고, 특히 '3m 이상 거리에서 보기 위해 비오는 날 우산을 쓰고 마당에서 텔레비전을 보는 장면'은 그 표현에 있어서도 화면 구도 등이 유사하나, 3m 이상 보아야 한다는 설명이 나타나는 장면, 주인공의 표정 등에 있어서는 표현상의 차이가 있고, 이 부분의 촬영 장면은 그렇게 촬영하는 외에 다른 구도나 구성을 생각하기 어려운 것으로 보일 뿐만 아니라 줄거리가 아닌 촬영기법 등의 표현 자체에서는 특별한 개성이나 창작성이 드러난다고 보기 어려운 점, 주된 주제에 차이가 있어 이 부분의 의미도 이 사건 단편영화에서는 막판의 중요

6-178) 의정부지방법원 2006. 5. 25. 선고 2006노311 판결(확정). 결국 아이디어가 독창적이나 침해혐의자의 뮤직비디오에서는 그 아이디어를 새롭게 표현한 것으로 보아 표현의 유사성을 부인한 것이다.

반전에 해당하지만 이 사건 뮤직비디오에서는 오히려 주인공의 변함없는 사랑을 표현하기 위한 표현도구 정도로 축소되어 전체에서 차지하는 비중이 영화에 비하여 상대적으로 작고, 그 분량도 작은 점 등에 비추어 보면 위 마지막 반전 부분도 그 내용이 이 사건 뮤직비디오 나름대로 새롭게 표현되었다고 볼 수 있다.

그밖에 많은 표현상의 차이점에다가 작품의 전체적인 분위기, 화면의 느낌, 인물 캐릭터의 설정상의 차이, 주제나 영화와 뮤직비디오라는 표현형식상의 차이 등을 종합적으로 고려하면, 이 사건 뮤직비디오는 이 사건 단편영화와의 마지막 반전 부분에서의 일부 유사성에도 불구하고 나름의 독창성이 있어 이 사건 단편영화와 전체적으로 실질적인 유사성이 없는 독립적인 신 저작물이라고 할 수 있고, 달리 이 사건 뮤직비디오가 이 사건 단편영화와 실질적으로 유사하다는 점을 인정할 만한 증거가 없다.』

2) 봄버맨 사건[6-179)]

<사안의 개요>

피고는 1985년 가정용 오프라인 게임인 '봄버맨'을 개발출시하였고, 원고는 2001년 '크레이지 아케이드 비엔비'라는 온라인게임을 개발하였다. 원고는 봄버맨 게임과 비엔비 게임은 진행방식이나 규칙 등에서 유사점이 있지만, 그러한 유사점은 아이디어에 불과하여 표현으로 보호될 수 없는 것이고, 가사 표현이라고 하더라도 어떠한 아이디어를 나타내는데 전형적인 표현에 해당하거나, 다른 게임에서 널리 사용된 공중의 영역에 속하는 것이어서 저작권법에 의해 보호될 수 없는 것이므로, 이러한 부분을 제외하고 구체적인 표현을 비교할 경우 봄버맨 게임과 비엔비 게임은 유사하지 아니하고, 따라서 비엔비 게임은 봄버맨 게임의 저작권을 침해한 것이 아니라며 저작권침해금지청구권 등 부존재확인을 구하고 이에 대하여 피고는 반소로써 복제권 등 침해로 인한 손해배상을 구하는 것이 본건이다.

<법원의 판단>

『…실질적 유사성이 인정될 수 있는 경우로서 ① 저작물의 특정한 구체적 표현이나 세부적인 부분을 따라함으로써 두 저작물 사이에 유사성이 인

6-179) 서울중앙지방법원 2007. 1. 17. 선고 2005가합65093(본소), 2006가합54557(반소) 판결(항소심에서 소취하).

정되는 경우는 물론 ② 소설의 구체적인 줄거리와 같이 저작물의 근본적인 본질 또는 구조를 복제함으로써 전체로서 포괄적인 유사성이 인정되는 경우도 이에 해당된다고 할 것이지만, 한편 소설의 구체적인 줄거리, 인물들이 만들어 내는 구체적인 사건들의 연속으로 이루어지는 사건의 전개과정 등이 아이디어의 차원을 넘어서는 내재적 표현으로 인정되어 이를 따라할 경우 위 ②와 같이 전체로써 포괄적인 유사성이 인정되는 것은, 소설의 줄거리는 인물, 배경, 사건전개 등에 따라 무한히 많은 표현이 가능하여 구체적인 줄거리는 그 자체로 저작자의 개성이 나타나 있는 표현으로 볼 수 있기 때문인 것이므로, 게임의 전개방식, 규칙 등이 게임 저작물의 내재적 표현으로 인정되어 저작권의 보호대상이 되기 위하여는 그러한 게임의 전개방식, 규칙 그 자체 또는 그러한 것들의 선택과 배열 그 자체가 무한히 많은 표현형태 중에서 저작자의 개성을 드러내는 것이어서 표현으로 볼 수 있는 경우여야 할 것이고, 컴퓨터를 통해 조작하고 컴퓨터 모니터에 표현되어야 하는 한계, 승패를 가려야 하고 사용자의 흥미와 몰입도, 게임용량, 호환성 등을 고려하여야 한다는 점과 같이 컴퓨터 게임이 갖는 제약에 의해 표현이 제한되는 경우에는 특정한 게임방식이나 규칙이 게임에 내재되어 있다고 하여 아이디어의 차원을 넘어 작성자의 개성있는 표현에 이르렀다고 볼 수 없고, 오히려 그러한 게임방식이나 규칙은 특정인에게 독점권이 있는 것이 아니라 누구나 자유롭게 사용하여 다양한 표현으로 다양한 게임을 만들 수 있도록 하여야 할 것이다.

(2) 봄버맨 게임의 내재적 표현 인정 여부

피고가 위 3. 가. (2). (가).항에서 봄버맨 게임과 비엔비 게임의 유사점이라고 주장한 게임의 각종 설정, 전개방식과 규칙 등을 봄버맨 게임 작성자의 창작적 개성이 내재적으로 표현된 것으로 볼 수 있는지에 관하여 살핀다 … 결국 직사각형 플레이필드 안에서 폭탄을 이용하여 상대방 캐릭터를 죽이는 것을 기본원리로 하는 게임에서, '캐릭터가 격자 모양으로 구성된 맵을 수평 혹은 수직으로 장애물을 피해 이동하면서 폭탄을 설치하여 적을 처치하는데, 폭탄은 설치된 후 일정 시간이 경과하면 십자형으로 화염을 내뿜으며 폭발하고, 화염의 길이는 매스 단위로 미쳐 상대방 캐릭터가 맞으면 승리하고, 패하지 않기 위하여는 그 화염을 피하기 위해 블록 뒤로 숨는' 게임 전개방식은 표준적인 선택에 불과하고 다양하게 표현될 여지가 크지 않다고 할 것이어서, 작성자의 개성이 드러나 있다고 보기 어렵다 … 블록이 폭탄 등에 의하여 파괴되는 소프트블록과 파괴되지 않는 하드블록으로 나뉘어 구성되는 것은 이미 게임에서 널리 활용되던 것이므로 공공의 지적 자산이라 할 것이고(1980년 출시된 'Battle City' 게임 등), 소프트블록이 파괴되면 일정한 확률로 아이템이 생성되는 것(위 'Pengo' 게임 및 1984년 출시된 '미스터리어스 스톤' 게임 등) 역시 소프트블록과 아이템이 있는 게임에서 사실상 표준적으로 채택되는 구성(봄버맨 최초 출시 이후에도 1989년 출시된 'Crystal Mines' 등 여러 게임에서 채택하고 있다)이라 할 것이며, 봄버맨 게임과 같이 캐릭터의 이동과 폭탄설치가 이용자가 조작할 수 있는 게임내용의 전부인 게임에서, 캐릭터 이동을 빠르게 하거나, 설치할 수 있는 폭탄 개수를 증가시키거나, 폭탄의 화염이 미치는 범위를 증가시키거나, 폭탄을 손으로 밀거나 발로 차는 기능을 갖는 아이템은 누구나 떠올리게 되는 아이템으로서 통상 사용될 것이고,… 결국, 봄버맨 게임에 관하여 피고가 주장하는 내재적 표현은, 다양한 표현 가운데서 저작자가 자신의 개성을 드러낸 것이라고 보기 어려워 저작권법이 보호하는 표현이라고 볼 수 없고(이를 저작권법이 보호하여 피고가 독점할 수 있도록 한다면 직사각형의 플레이필드 내에서 폭탄을 터뜨려 상대방 캐릭터를 제압하는 것을 기본원리로 하는 게임은 모두 봄버맨 게임의 저작권을 침해하게 될 우려가 있다), 위와 같은 게임방식이나 규칙 등이 이를 표현하는 구체적인 플레이필드, 맵, 캐릭터, 아이템, 폭탄 등의 디자인, 색채, 음향 등과 결합하여 표현된 경우에 그러한 구체적인 표현만이 저작권법에 의하여 보호받을 수 있다고 할 것이며, 따라서 비엔비 게임과의 실질적 유사성을 판단함에 있어 위와 같은 요소를 제외한 나머지 표현만을 대비하여야 할 것이다.

(3) 봄버맨의 보호받는 표현과 비엔비 게임의 표현과의 비교

(가) 플레이필드 및 맵과 블록의 구성과 형태

앞에서 본 바와 같이 플레이필드형태가 바둑판 모양으로 나타나 있고, 필드 위에 있는 통로의 폭, 캐릭터가 서는 데 필요한 면적, 화염(물줄기)의 폭, 사각형인 하드블록 및 소프트블록의 크기가 원칙적으로 1매스로 통일되어 있다는 점 등은 플레이필드 구성의 아이디어에 불과하고 여러 게임에서 전형적으로 이용되고 있는 사실상의 표준에 해당하는 것이므로 유사 여부에 관한 비교대상이 될 수 없고, 필드와 맵, 블록의 구체적인 시각적 형태만을 비교하여야 할 것인바, 피고는 비엔비 게임의 아이스 맵, 콘베이어 벨트 맵, 빌리지 맵의 표현이 봄버맨 게임과 실질적으로 유사하다고 주장하므로 차례

로 본다…

② 콘베이어 벨트가 등장하는 맵의 경우(아래 그림 4, 5 참조) 봄버맨 게임과 비엔비 게임은 나무상자 형태의 하드블록 및 소프트블록이 있고, 화면의 바깥 둘레로부터 3번째 매스는 모두 콘베이어 벨트로 되어 있어 콘베이어 벨트가 직사각형 테두리 형태의 폐곡선을 이루어 시계방향으로 돌고 있다는 점에서 유사점이 있으나, 콘베이어 벨트를 배경 또는 소재로 선택한 것 자체는 아이디어에 불과하고, 콘베이어 벨트는 화물상자 등을 나르는데 쓰이는 것이므로 콘베이어 벨트를 배경으로 하는 경우 상자가 통상 수반되어 나타날 것이라는 점, 콘베이어 벨트의 회전방향은 시계방향 또는 반시계방향으로 선택의 여지가 극히 제한되어 있을 뿐만 아니라 시계방향의 회전은 자연스러운 선택이라는 점 등에 비추어 나머지 구체적인 표현이 유사할 경우에만 맵의 표현이 유사하다고 할 것인바, 비엔비 게임에는 야자나무와 바위 형태의 하드블록이 주를 이룬다는 점, 상자의 색상과 무늬가 쉽게 구별된다는 점, 콘베이어 벨트의 색상이 봄버맨 게임은 짙은 노란색, 비엔비 게임은 회색인 점에서 큰 차이가 있고, 전체적인 느낌과 미감도 전혀 다르며, 바깥 둘레로부터 3번째 매스에 콘베이어 벨트가 위치한 것은 각 게임의 맵의 크기가 매스 기준 13×11, 15×13로 크지 않아 선택의 여지가 크지 않은 점과 앞에서 본 바와 같이 그 색상이나 느낌이 크게 다르다는 점에 비추어 위치가 같다는 것만으로는 실질적으로 유사하다고 보기 어렵다…

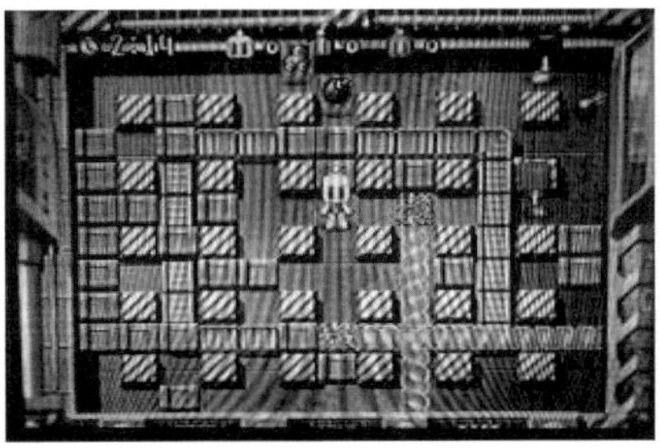

[그림 4] 봄버맨 게임의 콘베이어벨트 맵

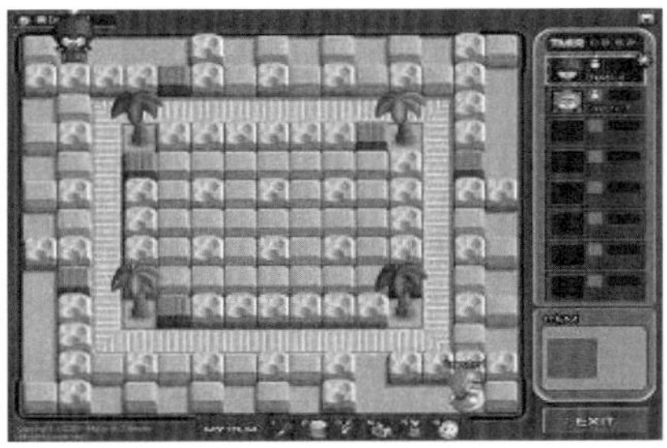

[그림 5] 비엔비 게임의 콘베이어벨트 맵

(다) 캐릭터의 형태

봄버맨 게임(특히 네오 봄버맨 게임)과 비엔비 게임의 캐릭터(아래 그림 8, 9 참조)는 머리가 몸체에 비해서 크고 2등신에 가까우며, 얼굴에서 눈이 가장 부각되고, 손과 발이 짧으며, 모자 또는 헬멧, 벨트를 착용하고 있다는 유사점이 있으나, 이러한 유사점 중 신체의 특징은 귀여운 캐릭터라는 아이디어에 기초하여 귀엽다는 점을 적절히 표현하기 위하여 머리의 크기를 과장하고, 눈을 크게 하며, 다른 신체 부위인 손과 발을 단순하고 작게 표현한 데서 기인한 것으로 보이고, 널리 채택되는 형태라 할 것이며, 또한 게임의 용량과 캐릭터의 신속한 이동 등을 고려하여 캐릭터를 최대한 단순하게 만들고, 게임 이용자의 몰입성 등을 고려하여 특정 신체부위만으로 눈에 잘 띄게 하도록 하는 등의 기술적, 현실적 제약을 받는 것으로 보이고, 모자 또는 헬멧이나 벨트를 착용한 캐릭터 역시 전형적으로 채택되는 캐릭터 형태일 뿐만 아니라, 구체적인 헬멧과 벨트의 형태, 캐릭터의 묘사에서도 차이가 있으므로, 위와 같은 유사점만으로는 각 캐릭터의 창작적 표현이 실질적으로 유사하다고 보기 어렵다.

[그림 8] 네오 봄버맨의 대표 캐릭터

[그림 9] 비엔비의 대표 캐릭터

라. 소 결

따라서 봄버맨 게임과 비엔비 게임은 그 보호받는 표현이 실질적으로 유사하지 아니하므로, 비엔비 게임은 봄버맨 게임의 저작권을 침해하지 않는다.』

☞ 이 사건은 비록 판결문에 명시하지는 않았으나 컴퓨터프로그램 자체와 그에 내재된 비문언적·구조적 요소들을 어문저작물로서 보호하는 것과 별개로 그 프로그램에 의하여 생성되어 화면에 나타나는 시청각적 디스플레이를 영상저작물로 보호한 사안이다. 그 설시를 보면 '합체의 원칙', '사실상의 표준', ' 필수장면의 원칙' 등을 명시적으로 종합 적용한 것[오승종, "저작재산권 침해의 판단과 구제", 계간 저작권 100호(2012. 겨울호), 214면. 주13)]으로 점점 고도화·세밀화되고 있는 게임영상저작물 판단의 기준으로 그 가치가 크다고 할 것이다.

3) 영화 클래식 사건[6-180)]

「신청인은 영상물 제작, 배급업체로서, 2002년경 플레너스 주식회사로부터 제작비를 지원받아 영상저작물인 영화 '클래식'을 제작하였다. 피신청인 주식회사 ○○○○는 방송프로그램 제작사로서 2012년경 영상저작물(드라마 '사랑비')을 제작하였고,…

나) 그 중에서 '실질적 유사성'과 관련하여,… 소설 등에 있어서 추상적인 인물의 유형 혹은 어떤 주제를 다루는데 있어 전형적으로 수반되는 사건이나 배경 등은 아이디어의 영역에 속하는 것들로서 저작권법에 의한 보호를 받을 수 없다(대법원 2000. 10. 24. 선고 99다10813 판결 참조). 한편, 희곡이나 대본, 시나리오 등과 같이 배우의 실연을 전제로 하는 극저작물의 경우 그 작품에 내재되어 있는 주제나 플롯이 전형적으로 예정하고 있는 사건들이나 등장인물의 성격 등과 같은 요소는 설령 그것이 표현에 해당하는 것이라고 하더라도 저작권의 보호가 주어질 수 없고(이른바 표준적 삽화의 원칙), 구체적이고 개별적인 사건과 그러한 사건들의 연속과정, 극적인 전개, 등장인물의 구체적인 성격, 그들의 구체적 행위 등의 극적인 요소만이 극저작물에 있어 보호받는 표현이 존재하는 부분이라 할 것이다. 이러한 법리는, 창작행위를 함에 있어서 소재로 되는 아이디어 또는 전형적인 사건·표현이나 장면묘사에까지 저작권의 보호를 부여하여 특정인에게 독점권을 부여하면 장래에 다른 창작자가 창작을 할 기회를 박탈하게 되므로, 이러한 소재 등은 만인의 공유(public domain)에 두어 문화의 창달이라는 저작권법의 목적 달성에 지장이 없도록 하는 것이 바람직하고, 통상 그 침해를 주장하는 자가 그와 같은 소재나 사건·장면들을 최초로 창작하여 사용하였다고도 볼 수 없는 사정 등에 논거를 두고 있다.

2) 포괄적, 비문자적 유사성이 있는지 여부

가) 우선, 이 사건 영화와 이 사건 드라마의 기본적인 줄거리와 인물 유형을 비교해 보면, 양 작품은 모두 남자주인공과 여자주인공 및 남자주인공의 친구가 삼각관계를 이루어 괴로워 하다가 남·여주인공이 결국 헤어지게 되고, 부모세대의 못다 이룬 사랑을 남자주인공의 아들과 여자주인공의 딸이 우연히 만나 결실을 맺게 된다는 구조를 갖추고 있어, 개괄적인 줄거리와 주요 인물 유형이 서로 유사하다. 그러나 이러한 추상적인 줄거리나 인

6-180) 서울중앙지방법원 2012. 7. 20.자 2012카합1315 결정(확정). 별지는 참고로 18, 19만 첨부.

물유형은 저작권법에 의하여 보호되지 않는 추상적인 아이디어의 영역에 속할 뿐, 저작권의 보호 대상이 되는 표현형식에 해당한다고 볼 수 없다.

나) 나아가, 신청인이 양 작품에서의 '유사 상황'이라고 적시한 별지 2 목록 기재 2, 3, 5, 7, 10, 11, 12, 13, 16, 17, 19, 20항과, 신청인이 양 작품의 '유사 배경'이라고 적시한 별지 2 목록 기재 1항 및 신청인이 양 작품의 '유사 장면'이라고 적시한 별지 2 목록 기재 4, 6, 8, 9, 14, 15, 18항 등은, 각 남녀 주인공이 등장하여 사랑 또는 삼각관계를 이루는 것을 주제로 하는 극저작물에서 흔히 사용되는 일반적이고 전형적인 인물표현이거나, 1960년대 또는 1970년대 한국의 시대상을 담아내면서 그 속의 고등학생 또는 대학생들의 사랑을 그리기 위하여 수반되는 전형적이고 필수적인 표현 또는 표준적인 삽화들로서, 모두 저작권법에 의하여 보호되지 않는 추상적인 아이디어의 영역에 해당한다고 할 것이다.

그리고 기록 및 심문 취지에 의하면, 위 장면, 소재 등이 이 사건 드라마에서 차지하는 비중은 그리 크지 않으므로 그러한 장면, 소재 등만으로 양 작품 사이의 '포괄적·비문자적 유사성'을 인정하기 어려울 뿐 아니라, 무엇보다 이 사건 드라마에서 위 각 상황 또는 배경, 장면들이 구현됨에 있어서 사용된 각 사건들의 배열·구성 방법, 구체적인 장면 구성, 대사 표현들 및 극에서의 맥락은 이 사건 영화의 상황, 배경, 장면과 비교할 때 다른 부분이 많으므로, 각 그 구체적 내용과 표현형식에서의 실질적인 유사성도 인정하기 어렵다.

3) 소결론

이러한 점을 종합하면, 설령 이 사건 드라마가 이 사건 영화의 줄거리나 일부 장면에서 모티브를 얻었을 가능성이 있더라도, 이 사건 드라마는 이 사건 영화와는 예술성과 창작성을 완연히 달리하는 별개의 작품으로 '실질적 유사성'이 인정되지 않는다고 보이므로, '의거관계'의 존부에 관하여 더 나아가 살펴볼 필요 없이, 이 사건 드라마가 이 사건 영화를 복제한 것이라고 할 수 없음은 물론, 이 사건 영화의 2차적 저작물에 해당하여 이 사건 영화에 관한 성명표시권, 동일성유지권 및 2차적 저작물 작성권을 침해하였다고 볼 수 없다.』

<별지 2> 비교분석표

'사랑비 1회' VS '클래식' 비교분석표

*유사 배경 : <클래식>과 배경 & 분위기 유사한 씬

*유사 장면 : <클래식>과 상황은 다르지만 연출 장면 컷들이 유사한 씬

*유사 상황 : <클래식>과 주요 이야기 구성이 유사한 씬

구 분			드라마 <사랑비>		영화 <클래식>	
번호	분류	공통내용	회/Time	내 용	Time	내 용
18	유사 장면	포크 댄스	4회 0:06:10 ~ 0:06:50	교회문틈사이로 포크댄스를 추고 있는 교복 입은 학생들을 보고, 문밖에서 둘(인하 & 윤희)만의 포크댄스를 추는 장면.	0:47:30 ~ 0:48:40	고등학교 포크댄스 동아리에서 '주희'와 '준하', 주변학생들이 교복을 입고 포크댄스를 추는 장면.
19	유사 상황	'준하(클래식)'와 '인하(사랑비)'에게 사랑하는 그녀를 양보하는 '태수(클래식)'와 '동욱(사랑비)'	4회 0:28:40 ~ 0:29:05	동욱: "너 안오면, 내가 윤희 데리러 가려구 했다" 인하: "언제부터 기달렸어?" 동욱:"아까부터, 너 올 줄 알았어" 인하: "미안하다" 동욱: "나 아직 널 다 용서한 건 아니다. 나도 윤희한테 사과하고 싶은 게 있어. 꼭 데리고 올라와라" ⇒강하게 이야기하지만, 속마음은 이미 '인하'에게 '윤희'를 양보하고 있는 '동욱'	1:10:25 ~ 1:11:15	준하: "자…편지!" 태수: "이젠싫다!" 준하: "왜?" 태수 : "답장도 오지 않고 양심에 걸려서…앞으로는 내가 쓸 작정이다. 솔직히 얘기하구…절호의 기회야…걔가 비를 맞아서 많이 아프데… 그래서 병원에 입원 했다지 모야" 준하: "많이 아프데?" 태수: "난 병원에 가볼 작정이다. 아플 때 잘 보이면 점수를 딸 수 있지. 오늘 편지 네가 써준 거 고백할 테다" ⇒강하게 이야기 하지만, '준하'에게 '주희'가 병원에 입원해 있다는 사실을 알려주며 찾아가 보라는… '준하'에게 '주희'를 양보하고 있는 '태수'

4) ‘짝’ 사건6-181)

<사안의 개요>

원고는 지상파방송사업을 하는 회사로서 2011. 3. 23.부터 ‘짝’이라는 제목의 프로그램(이하 ‘원고 영상저작물’)을 제작하여 매주 수요일 저녁 방송하고 있다. 피고는… 방송채널인 ‘tvN’을 통하여 <새러데이 나잇 라이브 코리아(Saturday Night Live Korea) 시즌 2>라는 제목의 예능프로그램에서, 2012. 6. 16. ‘짝 재소자특집 1부’ 등(이하 ‘피고 영상저작물 1’)이라는 제목의 영상저작물 등을 방송하거나 전송하였다.

<법원의 판단>

『앞서 본 전제사실과 위 인정사실에 의하면, 피고 영상물 1, 2는 원고 영상물을 기초로 하여 구상, 기획되었으나, 원고가 독창적인 장면으로서 저작권법의 보호 대상이라 주장하는 원고 영상물의 내용은 저작권법의 보호대상이라 할 수 없는 아이디어의 영역에 포함되는 것에 불과하거나, 이미 다른 영상물에서 사용되고 있었던 장면으로서 창작성을 인정하기 어려우므로 실질적인 유사성이 있는지를 판단함에 있어서 고려할 수 없는 부분이다. 이러한 요소들을 사용한 영상이 원고 영상물 자체의 특징적인 요소가 될 수 있다고 하더라도 그 자체로 창작성이 있다고 단정할 수는 없다. 그 이유는 다음과 같다…

(파) 대사의 동일, 유사성(피고 영상물 1에 대하여)

상황 설명을 위한 내레이션이나 제작진의 규칙 소개 또는 진행을 위한 안내에 관한 대사의 문구는 단순히 정보전달을 위한 내용에 불과하거나, 이미 관용적으로 사용되는 표현을 원고가 인용한 것에 불과하여 원고 영상물의 창작적 표현에 해당한다고 볼 수 없다.

그리고 원고 영상물의 내레이션 중 “우리는 모두 애정의 시대를 살고 있다. 당신은 그리고 당신의 짝은 애정촌의 그 누구와 닮아있는가”라는 문구는 ‘사회의 축소판인 애정촌이라는 장소, 상황을 설정하고 그 안에서 결혼적령기인 일반 남녀가 실제 짝을 찾아가는 과정을 통해서 한국인의 짝에 대한 희생과 배려, 그리고 사랑을 돌아보게 한다는 원고의 기획 의도가 함축적으로 표현된 문구로서 창작성이 인정되는 표현에 해당한다고 볼 여지가 있다. 그러나 피고 영상물 1에서 위와 유사한 문구가 사용된 장면은 ‘재소자 특집

6-181) 서울고등법원 2014. 7. 3. 선고 2013나54972 판결(상고중).

1부' 마지막에서 애정촌에 모인 재소자들이 상대방에 대하여 폭행하는 등 난동이 일어난 상황에서 방화범인 남자 4호가 그 기회를 이용하여 불을 질러 펜션에 화재가 발생한 장면과 '재소자 리턴즈' 마지막에서 동성 성추행범으로 묘사되는 남자 1호가 여자 2호가 여장을 한 남성임을 알아차리고 여자 2호를 성추행하는 장면이다. 따라서 피고 영상물 1에 위와 같이 유사한 문구가 사용되었다고 하더라도 이는 '한국인의 짝에 대한 희생과 배려, 그리고 사랑'을 묘사하기 위한 것이 아님이 분명하고 원고 영상물과 피고 영상물 1에서 문구를 통하여 표현한 형식이 동일하거나 유사하다고 단정하기 어렵다.

또 리얼리티 짝짓기방송이라는 원고 영상물의 특성에 비추어 원고 영상물의 창작성은 위와 같이 출연자 사이에 일어나는 구체적 사건 진행에 있다고 보는 것이 타당하고, 코미디물로서 실제 발생하기 어려운 상황을 주로 표현하고 있는 피고 영상물 1과 출연자인 게이머들이 마치 게임처럼 수행할 과제를 부여받고 이를 완수하는 과정에서 일어나는 사건을 주로 표현하고 있는 피고 영상물 2는 구체적인 사건의 진행에 있어서 원고 영상물과 상당한 차이가 있다.

결과적으로 원고 영상물과 피고 영상물 1, 2에 일부 유사해 보이는 장면과 내레이션이 있다고 하더라도 피고 영상물 1, 2에서 그 부분이 차지하는 질적·양적 비중이 미미하여 원고 영상물의 저작권법 보호대상이 되는 창작적 특성이 피고 영상물 1, 2에 나타난다고 보기 어렵고, 피고 영상물 1, 2는 출연자 사이의 구체적 사건을 원고 영상물과 다르게 표현함으로써 그 표현형식에 상당한 차이가 있으므로 원고 영상물과 피고 영상물 1, 2가 실질적으로 유사하다거나 종속관계에 있다고 보기 어렵다.」

5) 포레스트 매니아 사건[6-182]

<사안의 개요>

원고는 2010년경 출시한 '매치-3-게임'(match-3-game, 게임 속의 특정한 타일들이 3개 이상의 직선으로 연결되면 함께 사라지면서 점수를 획득하도록 고안된 게임) 형태인 '팜킹'(Farm King) 게임을 바탕으로 2013. 4.경 '팜히어로사가'(Farm Heroes Saga) 게임(이하 '이 사건 원고 게임'이라 한다)을 개

6-182) 서울중앙지방법원 2015. 10. 30. 선고 2014가합567553 판결(항소중). 부정경쟁방지법 제2조 제1호 (차)목 소정의 부정경쟁행위 및 민법상 불법행위 주장을 받아들여 원고 일부승소판결을 하였다.

발하여 페이스북 플랫폼, 모바일 플랫폼, 카카오톡 플랫폼으로 각 출시하였고, 그 기본 방식은, 특정한 타일들을 3개 이상 직선으로 연결하면 타일들이 사라지면서 그 수만큼 해당 타일의 점수를 획득하는 방법으로 각 단계마다 주어지는 목표 타일 수에 이르도록 하는 매치-3-게임의 기본 형식을 취하되, 위와 같이 타일들이 사라지는 경우 이웃하는 타일들의 점수 값이 높아지도록 하는 규칙 등 게임의 단계마다 새로운 규칙을 추가하고, 목표 달성을 방해하는 특정한 장애물을 추가함과 동시에 이러한 장애물을 무력화시키거나 그밖에 특정한 성과를 낼 수 있도록 도와주는 아이템(부스터)을 제공하고 이를 구매할 수 있게 고안된 퍼즐 게임이다. 한편 피고는 2014. 2. 11.경 카카오톡 플랫폼으로 매치-3-게임인 '포레스트 매니아'(Forest Mania) 게임(이하 '이 사건 피고 게임'이라 한다)을 제공하고 있는데 이 사건 피고 게임의 기본 방식 역시 매치-3-게임의 기본 형식을 취하되, 이웃하는 타일들의 점수 값이 높아지도록 하는 규칙 등과 같은 새로운 규칙을 추가하고, 그 밖에 특정한 표 달성을 방해하는 특정한 장애물 및 이를 제거할 수 있는 아이템(부스터)을 추가하는 등 이 사건 원고 게임의 기본 방식과 동일한 방식을 채택하고 있는 퍼즐 게임이다. 원고는 게임 규칙의 조합, 게임 규칙들의 선택과 배열 및 신규 규칙을 소개하는 단계의 선택, 게임의 시각적 디자인과 각 구성요소들의 조합, 게임 보드의 구성과 배치 등은 창작물로서 저작권법의 보호 대상인 '표현'에 해당한다며 피고가 이 사건 원고 게임이 가지고 있는 창조적인 표현형태를 그대로 모방한 것으로서 원고의 저작권을 침해하였으므로, 피고에 대하여 청구취지 기재와 같이 침해행위의 금지 및 그로 인한 손해배상을 각 구한다.

<법원의 판단>

『3) 이 사건 원고 게임과 이 사건 피고 게임의 구체적 표현의 실질적 유사성 비교

가) 맵화면의 경우

(1) 이 사건 원고 게임과 이 사건 피고 게임의 맵화면은 모두 각 그 상단에 각종 정보를 보여 주는 안내 바(bar) 안에, 게임을 할 수 있는 횟수를 나타내는 붉은색의 하트 모양과 게임 화폐를 나타내는 열매 또는 보석 모양이

배치되어 있다. 한편 위 안내 바 아래로 S자형 길 모양에 각 단계를 나타내는 표지인 두툼한 단추 형태인 노드가 배치되어 있는데, 그 중 도달하지 않은 레벨의 노드는 회색의 웃지 않는 모습으로, 도달한 레벨의 노드는 파란색의 웃는 모습으로, '전투 레벨'의 노드는 보라색의 악당의 얼굴 모습으로 각 표현되어 있으며, 그 성취 정도에 따라 노드 위에 노란색 별을 1개에서 3개까지 부여하는 방법으로 표현하고 있다는 점에서 유사한 측면이 있다.

이 사건 원고 게임의 맵화면	이 사건 피고 게임의 맵화면

(2) 그러나 위 게임들과 같은 캐주얼 게임에 있어서 상단에 위와 같은 정보를 표시하는 바를 배치하고, 한정된 화면 안에 가능한 한 많은 단계를 표시할 수 있는 S자형 길 위에 노드를 두는 방식(아래 'Words of Wonder' 게임)이나 도달한 레벨 경우 파란색으로, 도달하지 아니한 레벨의 경우 회색으로 표시하는 방식(아래 'Angry Bird Rio' 게임 및 'Ace Bubble Shooter' 게임)은 이 사건 원고 게임 이전에 출시된 다른 많은 게임에서 통상적으로 이용되는 표현형식에 해당한다.

Words of Wonder (2012. 10. 25. 출시)	Angry Bird Rio (2011. 3. 17. 출시)	Ace Bubble Shooter (2012. 2. 22. 출시)
	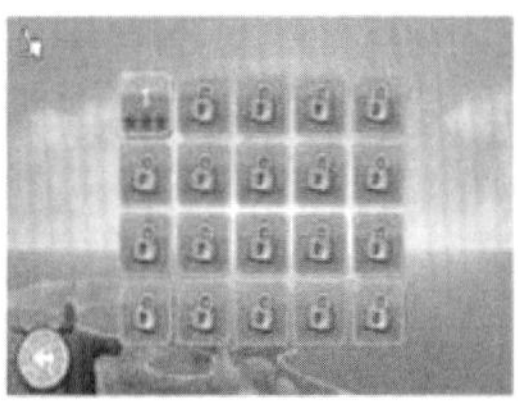	

(3) 나아가 구체적인 표현형태를 비교하여 보면, S자형 길모양의 경우 이 사건 원고 게임은 굴곡 부분 후에 직선 부분이 화면과 평행하게 진행하고 직선과 직선 사이의 폭도 좁은 반면, 이 사건 피고 게임의 경우 굴곡 부분 후에 직선 부분이 화면의 대각선으로 진행하고 직선과 직선 사이의 폭도 상대적으로 넓다. 한편 노드의 경우 이 사건 원고 게임은 일반 레벨의 경우 사과 모양을, 전투레벨의 경우 늑대 모양을 하고 있는 반면, 이 사건 피고 게임은 일반 레벨의 경우 별 모양을, 전투레벨의 경우 사람얼굴 모양을 하고 있어서 양자가 시각적으로 확연히 구별된다. 또한 안내 바의 경우 남은 횟수를 하트 모양으로 표현한 부분은 유사성이 있으나, 이는 하트가 생명 또는 심장을 나타내는 것으로서 게임에서 남은 횟수를 표현할 때 통상적으로 사용되는 모양에 해당하고, 그 외에 게임 화폐의 경우는 그 모양과 색깔이 상이하다.

	이 사건 원고 게임	이 사건 피고 게임
노드	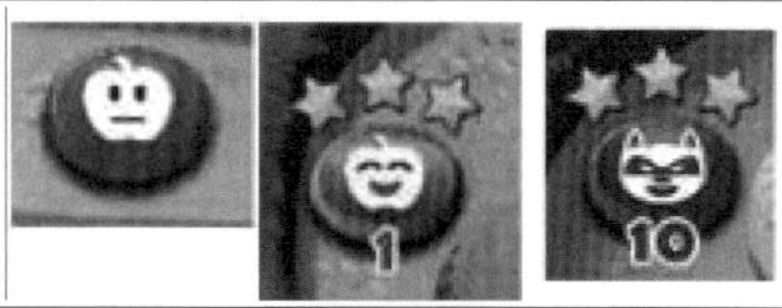	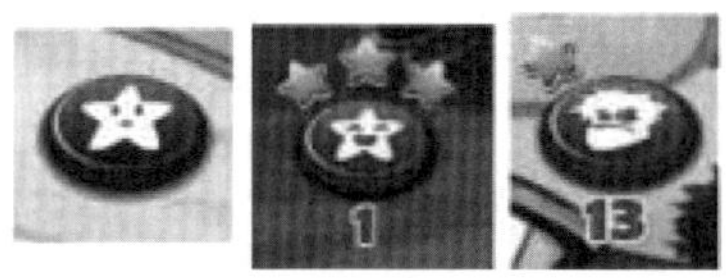
안내바	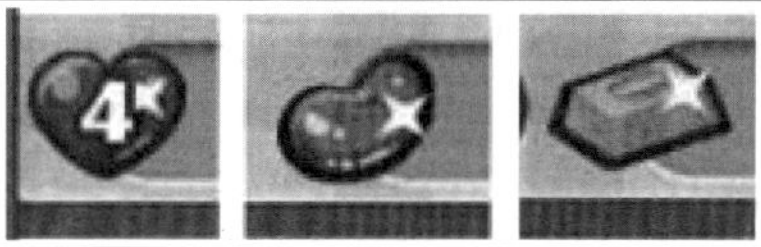	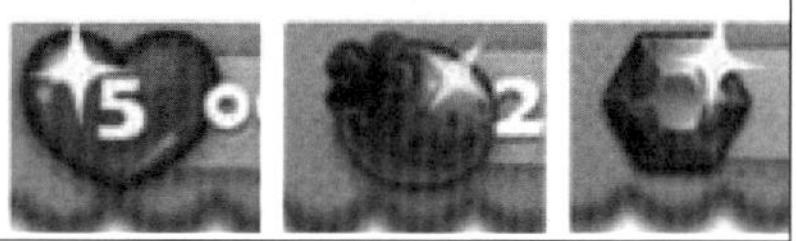

(4) 이와 같은 점을 종합하여 보면 맵화면의 경우 이 사건 원고 게임과 이 사건 피고 게임이 실질적으로 유사하다고 볼 수 없다.

나) 맵화면 이후에 제시되는 안내 바 부분

다) 게임화면의 경우

마) 특수 타일의 경우

바) 특수 칸의 경우

사) 특수 규칙의 경우

아) 게임 보드 구성의 유사성

(1) 마지막으로 이 사건 원고 게임과 이 사건 피고 게임의 게임 보드의 구성에 아래와 같이 일부 유사성이 발견되기도 한다.

<table>
<tr><th>이 사건 원고 게임</th><th>이 사건 피고 게임</th></tr>
<tr><td>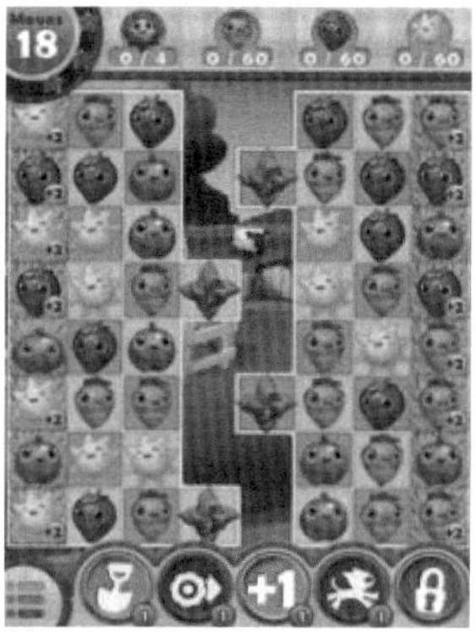
</td><td>
</td></tr>
<tr><td>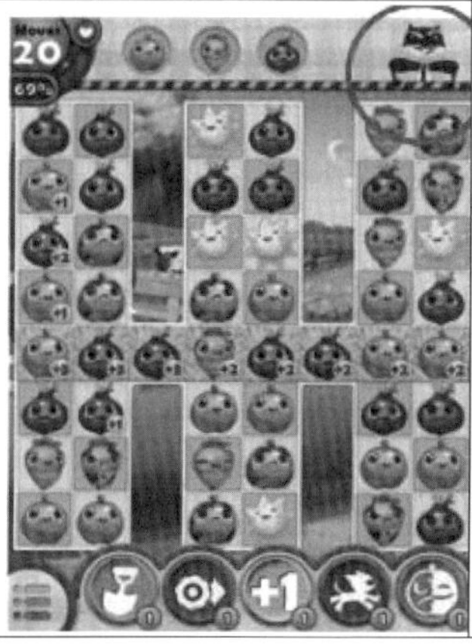
</td><td>
</td></tr>
</table>

(2) 그러나 매치-3-게임의 경우 각 단계의 특징을 나타내는 기본적인 요소는 게임 보드의 구성이라 할 것인데, 제한된 스마트폰 화면 크기, 기본적으로 동일한 캐릭터를 3개 이상 맞추어야 하는 규칙 등에 비추어 각 단계의 특징을 달리하면서 난이도를 고려하여 단계를 구성하기 위해 사용할 수 있는 게임 보드 구성이 비슷할 수밖에 없다고 보이는 점, 실제로 다른 매치-3-게임의 경우에도 유사한 구성의 게임 보드를 사용하고 있는 점, 나아가 게임 보드의 구성이 유사하다고 하더라도 목표 타일 수 및 이동 횟수를 달리 함으로써 그 난이도를 달리 할 수 있으므로, 게임 보드의 구성이 일부 유사하다고 하더라도 그것만으로 이 사건 원고 게임과 이 사건 피고 게임이 실질적으로 유사하다고 보기 어렵다.」

나. 유사성을 인정한 사례

1) 아파트홍보광고영상 사건[6-183)]

『원고가 이 사건 광고를 제작함에 있어서 뮐러사의 광고를 참고한 사실 자체는 원고도 이를 인정하는 바이고, 광고와 같은 영상저작물의 실질적 유사성은 수요자나 통상적인 관찰자의 시각에서 볼 때 전체적인 느낌이나 관념이 유사한지 여부를 기준으로 판단하여야 한다 할 것인데, …를 종합하면, 이 사건 광고와 뮐러사의 광고는 시작 부분부터 같은 배경음악(Nina Simon의 'Ain't got no, I got life')을 사용하고 있고, 양자 모두 등장인물이 경쾌한 배경음악의 리듬에 맞추어 춤을 추는 장면을 연속적으로 배열하고 있으며, 특히 이 사건 광고의 14개 장면 중 여성 1인이 아기 앞에서 춤추는 장면, 볼링장을 배경으로 3인이 춤추는 장면, 여성 3인이 나란히 춤추는 장면, 침실을 배경으로 한 장면 등은 뮐러사의 광고와 등장인물의 구성, 율동의 내용과 배경장소가 현저히 유사할 뿐만 아니라 체육관을 배경으로 한 장면, 옥상을 배경으로 한 장면도 뮐러사의 광고와 동일한 배경음악과 배경장소(농구체육관, 빌딩옥상)와 결합하여 비록 구체적인 율동의 내용이 다르다고 하더라도 전체적으로 뮐러사의 광고와 매우 흡사한 분위기를 만들어 내고 있는 사실이 인정된다. 위 인정사실에 의하면, 수요자나 통상적인 관찰자의 시각에서 볼 때 이 사건 광고는 뮐러사의 광고와 그 전체적인 느낌이나 관념이 상당히 유사하여 그 실질적 유사성이 있다 할 것이므로, 이 사건 광고는 원고가 뮐러사의 광고를 단순히 참고한 것에서 나아가 이를 표절하여 제작한 것이라고 평가함이 상당하다.』

2) 파이널판타지 사건[6-184)]

『피고 ㈜○○…은 가수인 예명 아이비의 2집 음반을 제작하고 판매하여 그로부터 나오는 수익을 배분하기로 약정하였다. 피고 ㈜○○…은 그 음반에 담길 '유혹의 소나타'라는 노래의 뮤직비디오를 제작하기로 하고 피고 홍◇◇에게 1억 5,000만 원(부가가치세 10%는 별도)에 뮤직비디오의 제작을

6-183) 서울중앙지방법원 2008. 1. 9. 선고 2007가합63077 판결(확정). 광고대행사인 원고가 아파트건설회사인 피고측에게 광고제작비를 청구하였으나 피고측은 원고가 제작하여 TV에 방영한 광고가 외국광고를 표절한 것이라며 그 지급을 거절한 사안으로 그 과정에서 양 광고의 유사성 여부판단이 이루어지고 있다.

6-184) 서울중앙지방법원 2008. 3. 13. 선고 2007가합53681 판결(항소심에서 조정). 준거법 쟁점은 「제2장 저작권침해소송의 개요」 참조.

맡겼고, 피고 홍◇◇에게 아이비가 여성스러운 이미지가 아닌 강인한 이미지를 가지도록 뮤직비디오를 제작하여 달라고 요구하였다. 이에 따라 피고 홍◇◇는 피고 ㈜○○…에 대해 「파이널 판타지7 어드벤트 칠드런(FINAL FANTASY VII ADVENT CHILDREN)」이라는 제목의 영상저작물(컴퓨터 그래픽 애니메이션) 중 '티파'와 '롯즈'의 전투장면에 '유혹의 소나타' 노래를 삽입하여 브리핑을 하면서 이 사건 영상물 중 '티파'와 '롯즈의 전투장면에서 '티파'를 아이비로 대체하여 전투장면을 실사(實寫)화하여 뮤직비디오를 제작하겠다고 하였고, 피고 ㈜○○ …은 피고 홍◇◇의 제작방향이 아이비가 강한 여성의 이미지를 가지도록 한다는 뮤직비디오의 제작의도와 일치하여 이에 동의하였다… 피고 ㈜○○은 2007. 2. 말 무렵 '유혹의 소나타'의 뮤직비디오에 대한 보도자료를 배포하면서 뮤직비디오 중 일부 장면도 함께 공개하였다. 그런데 인터넷을 통해 뮤직비디오를 본 네티즌들이 뮤직비디오가 이 사건 영상물 중 티파와 롯즈의 전투장면을 그대로 표절하였다는 의혹을 제기하였고, 그러한 의혹이 2007. 2. 말 무렵부터 언론에 보도되었다. 이에 피고 ㈜○○은 뮤직비디오가 이 사건 영상물을 표절한 것이 아니라 패러디한 것이라고 해명하면서 2007. 3. 1.부터 뮤직비디오의 장면이 이 사건 영상물을 기초로 하여 창작된 것이라는 의미로 뮤직비디오에 "The action scene in this film is a recreation of FINAL FANTASY VII ADVENT CHILDREN"이라는 자막을 넣어 뮤직비디오를 공중파방송과 케이블방송을 통해 방송하였다…

기존 저작물에 다소의 수정, 증감을 한 데 불과한 경우로서 기존 저작물에 대한 개변이 사소한 경우에는 기존 저작물의 복제물에 불과할 뿐 2차적 저작물이 될 수는 없다.

(나) 이 사건에서 앞서 본 전제사실에 따르면, 피고들의 뮤직비디오에서 아이비가 무용수들과 함께 춤을 추면서 '유혹의 소나타'를 부르는 일부의 장면을 제외하고 뮤직비디오의 대부분을 차지하는 아이비가 어린 여자아이를 보호하면서 다른 남자와 싸우는 장면은 이 사건 영상물 중 '티파'가 '롯즈'와 싸우는 장면과 그 사건구성과 전개과정, 배경, 등장인물의 용모와 복장, 등장인물들이 싸우는 동작 등에 있어서 거의 동일하고, 차이점은 이 사건 영상물이 컴퓨터그래픽으로 제작한 영상물이고, 피고들의 뮤직비디오가 사람의 실제 연기를 카메라로 촬영한 영상물이기 때문에 생기는 사소한 것에 불과하다(결국 피고들의 뮤직비디오의 전투장면은 이 사건 영상물의 전투장면

과 비교하여 그 표현에 있어 부가된 창작성이 있는 부분이 없다).

따라서 피고들은 함께 이 사건 영상물 중 전투장면에 의거해서 그 실질적 동일성을 갖춘 뮤직비디오를 제작하였으므로 원고의 이 사건 영상물에 대한 저작재산권 중 복제권(구 저작권법 제16조)을 침해하였다.』

3) 창비 사건[6-185]

<사안의 개요>

온라인 교육업체인 원고가 피고와 피고 교재를 원고의 동영상 강의 서비스에 이용하는 것에 관한 출판물 이용 계약을 체결하였으나 계약이 기간 만료로 종료됨에 따라 재계약협상을 진행하였으나, 이용료 등에 관한 합의가 이루어지지 않아 결렬되었음에도, 원고는 계속하여 이 사건 동영상 강의를 원고 홈페이지를 통해 수강생들에게 제공하였다. 원고는 이 사건 동영상 강의에 피고 교재가 이용되었다고 하더라도, 이 사건 동영상 강의는 강의를 진행하는 해당 강사의 독창적인 교수법에 의해 진행되는 것으로서, 그 내용이 피고 교재와 실질적으로 유사하지 않은 독자적인 저작물에 해당한다는 등 이유로 채무부존재확인 소송을 제기하였다.

<법원의 판단>

『가. 이 사건 동영상 강의가 피고 교재와 실질적으로 유사하지 않은 독자적인 저작물에 해당하는지 여부에 대한 판단

…위의 법리에 비추어 보건대, 앞서 든 증거들과 이 법원의 한국저작권위원회에 대한 감정촉탁 및 사실조회 결과에 변론 전체의 취지를 더하여 인정할 수 있는 아래와 같은 사정들에 비추어 보면, 이 사건 동영상 강의의 내용은 피고 교재와의 실질적 유사성이 유지되는 범위 내에서 이를 수정·증감 또는 변경한 것에 지나지 않는다고 봄이 상당하므로, 이 사건 동영상 강의는 피고 교재의 2차적 저작물에 해당한다고 할 것이다. ① 이 사건 동영상 강의에 수강생들이 각종 시험에 대비하여 손쉽게 지문의 내용을 이해·암기하거나 출제 가능한 문제의 풀이방법을 학습할 수 있도록 강사 나름의 요령과 방식에 따라 지문 이외의 설명을 부가한 부분이 포함되어 있고, 위 설명 부분의 경우 강사 나름의 독창적인 표현방법으로서의 창작성이 인정될 여지가 있다고 하더라도, 이 사건 동영상 강의는 기본적으로 피고 교재를 토대

6-185) 서울중앙지방법원 2015. 2. 12. 선고 2012가합541175 판결(항소중).

로 한 것으로서, 강사가 피고 교재의 일부 지문 및 문제 등을 그대로 낭독하거나 판서하면서 강의가 진행된다.

② 해당 강사의 창작적인 표현이라고 인정할 수 있는 부분들을 감안하더라도, 국어 교과의 특성상 교과서 또는 문제집의 지문 자체가 중요한 내용이 되고, 여기에다가 이 사건 동영상 강의의 목적, 수강생의 연령 등까지 고려하면, 이 사건 동영상 강의의 전체적인 내용과 진행 방식은 피고 교재의 기본적인 구성과 체계, 지문 내용에서 크게 벗어날 수 없다.

③ 따라서, 이 사건 동영상 강의에서 피고 교재로부터 인용되는 부분을 제외할 경우 나머지 부분만으로는 고등학교 국어 교과과정에 대한 강의로서의 실질적인 가치를 가질 수 없을 것으로 보인다.

④ 또한, 이 사건 동영상 강의에 대한 속기록을 기준으로, 각 강의에서 피고 교재와 유사한 음절(① 제목에 대한 언급은 단순히 교재의 제목을 지시하기 위해 언급한 것이 아니라 특정한 의미를 전달하기 위해 사용된 경우에만 유사성 판단대상에 포함, ② 강의의 지점, 즉 수강생들에게 강의하고 있는 교재의 지점을 알려주기 위해 지문의 첫 단어 등을 읽는 것은 유사성 판단대상에서 제외, ③ 강사의 습관 중 문장을 읽을 때 첫 단어 등을 한두 차례 반복하는 경향이 있는 경우에는 그 반복이 특정한 의미를 전달하기 위해 반복한 것으로 보이는 경우에만 유사성 판단대상에 포함, ④ 피고 교재의 텍스트에 기초하였으나 강사의 발언이 피고 교재 내 본래의 구문과 현저히 다르게 나타난 경우에는 유사성 판단대상에서 제외, ⑤ 특정 부분이 아이디어의 차용에 해당하는 경우 이를 유사성 판단대상에서 제외) 수를 해당 강의에 포함된 전체 음절 수로 나눈 값을 토대로 산정한 이 사건 동영상 강의와 피고 교재의 유사율은 14.17%(＝유사 음절 수 합계 141,594개 ÷ 전체 음절 수 998,580개 × 100, 소수점 둘째 자리 미만 버림)에 이르는바, 위의 유사한 음절이 모두 피고 교재만의 창작성이 인정되는 부분에 대한 것이라고 볼 수는 없다고 하더라도, 적어도 위 유사한 음절 부분은 이 사건 동영상 강의에서 피고 교재를 그대로 또는 본질적인 변형 없이 사용한 부분에 해당한다고 봄이 상당하다.』

X. 지도·도표·설계도·약도·모형 그 밖의 도형저작물

1. 도형저작물의 실질적 유사성 판단시 유의사항

도형저작물은 기계설비의 설계도면 같은 경우 창조적 개성이 드러날 여지가 많지 않고, 특히 '지도'처럼 하천과 같은 자연지형, 도로 같은 인공지물을 사실 그대로 정해진 표현방식에 따라 표현하는 경우와 같이 소재 선택이나 표현 방법에서 창작성이 발휘될 여지가 적여 보호범위가 일반저작물보다 좁을 수 있다.[6-186] 이는 역으로 저작물로 인정되려면 특징적인 부분이 강하여야 함을 의미하고 그 경우 그 부분을 기준으로 유사성 판단을 하게 되므로 저작물성이 인정되면 오히려 침해로 인정될 개연성도 높아질 수 있음을 의미하기도 한다. 나아가 모형이나 설계도에 따라 물품을 제작한 경우도 저작권 침해로 되느냐도 문제인데 모형이나 설계도는 물품을 제작하는 방법을 표현하는 수단에 불과하고 그 방법은 저작권법으로 보호되지 아니하므로 설계도 자체를 복제하는 경우와 달리 저작권침해는 아니 된다고 한다.[6-187]

6-186) 대법원 2003. 10. 9. 선고 2001다50586 판결(관광지도 사건)은 지도의 창작성을 부인한 사건이기는 하나 「원고 발행의 지도책들에서 잘못 표기한 지명이나 건물명 상당수가 피고 발행의 지도책에서도 잘못 표기된 사실은 인정되나, 달리 피고가 원고 발행의 지도책들에 있는 특유한 창작적 표현을 모방하지 않은 한 그와 같은 사정만으로는 피고가 원고의 저작권을 침해하였다고 인정하기에 부족하다」라고 유사성판단의 기준도 설시한다.

6-187) 임원선, 73면(건축설계도에 따라 건축물을 시공하는 것은 특별히 복제에 해당한다고 하여 보호한다. 제2조 22호), 오승종, 1244면(특히 이러한 기능적 저작물의 침해판단시에는 염두에 두어야 할 것이 있는데 현저한 유사성이 존재할 경우 일반적 저작물이라면 의거성 판단의 추정자료로 사용될 수 있을 것이나 기능적 저작물의 경우는 반드시 그런 것이 아니라는 점과 역으로 비기능적 요소가 동일하게 나타날 경우는 공통의 오류로 의거성 판단에 중요 자료로 사용될 수 있다고 한다).

2. 판단 사례

가. 유사성을 부정한 사례

1) 원각사내부입체도 사건[6-188]

『의거관계를 인정할 직접증거는 없으나, 앞서 든 증거들에 의하면, ① 원고의 박사학위 논문은 2006. 2.경 간행된 반면 피고 온퓨즈의 내부입체도는 2008. 6.경 최종 작성된 사실, ② 백△△의 2층 평면도의 뽁스는 'ㄷ'자로 되어 있음에도 불구하고 피고 온○○의 내부입체도에는 이와 달리 'ㅡ'자로 표시되어 있고, 이는 원고의 내부입체도와 유사한 사실, ③ 백△△의 2층 평면도 계단은 반원형으로 중간에 분리된 공간이 없음에도 불구하고 피고 온○○의 내부입체도에는 중간에 분리된 공간이 있고, 이는 원고의 내부입체도와 유사한 사실, ④ 백△△의 평면도에는 비상구 문의 위치가 표시되어 있지 않음에도 불구하고 피고 온○○의 내부입체도에는 비상구 문이 표시되어 있고, 이는 원고의 내부입체도와 유사한 사실이 각 인정되는바, 위 인정사실에 의하면 피고 온○○는 원고의 내부입체도를 볼 가능성이 있었고, 원고의 내부입체도와 피고 온퓨즈의 내부입체도 사이에는 유사성도 인정되므로, 이로써 의거관계는 추인될 수 있다고 할 것이다.

다. 실질적 유사성에 대한 판단

…다시 말해 피고 온○○의 내부입체도가 원고의 내부입체도에 의거하여 작성되었는지 여부와 위 입체도 사이에 실질적 유사성이 있는지 여부는 서로 별개의 판단으로서, 전자의 판단에는 후자의 판단과 달리 저작권법에 의하여 보호받는 표현뿐만 아니라 저작권법에 의하여 보호받지 못하는 표현 등이 유사한지 여부도 함께 참작될 수 있으므로, 피고 온○○의 내부입체도가 원고의 내부입체도에 의거하여 작성되었는지 여부를 판단함에 있어서 앞서 본 2층 계단 중간에 분리된 공간이 있는지 여부, 비상구 문이 표시되었는지 여부 등과 같이 저작권법에 의하여 보호받지 못한 표현 등의 유사성을 참작할 수 있다고 하여, 위 입체도 사이의 실질적 유사성 여부를 판단함에 있어서도 동일하게 위와 같은 부분 등의 유사성을 참작하여야 하는 것은 아

6-188) 서울중앙지방법원 2009. 4. 15. 선고 2008가합121581 판결(항소취하). 의거성 판단자료로써의 유사성과 실질적 유사성 판단자료로써의 그것을 명확하게 분리하여 설시하고 있다.

니다.

한편 원고의 내부입체도는 …도형저작물의 일종으로서 예술성의 표현보다는 기능이나 실용적인 사상의 표현을 주된 목적으로 하는 이른바 기능적 저작물에 해당하는데, 기능적 저작물은 그 표현하고자 하는 기능 또는 실용적인 사상이 속하는 분야에서의 일반적인 표현방법, 규격 또는 그 용도나 기능 자체, 저작물 이용자의 이해의 편의성 등에 의하여 그 표현이 제한되는 경우가 많으므로 작성자의 창조적 개성이 드러나지 않을 가능성이 크고, 특히 원고의 내부입체도는 존재하지 않는 저작물을 상상하여 새롭게 창조해낸 것이 아니라 이미 존재하는 윤◇◇의 내부평면도를 기초로 이를 재구성한 것에 지나지 않으므로 더더욱 창조성이 제한되어 그 표현방법이 유일하거나 그 표현방법에 한계가 있을 수밖에 없다.

따라서 원고가 윤◇◇의 내부평면도를 토대로 컴퓨터 그래픽을 활용해 내부입체도를 작성한 것은 저작권법의 보호대상이 되지 아니하거나, 가사 윤◇◇이 내부평면도를 작성할 당시 평면도를 그리기 위한 표준화된 규칙들이 존재하지 않아 이를 입체도로 복원함에 있어서 원고의 상상력과 창의력이 일정 부분 동원될 수밖에 없는 점을 고려해 저작권법의 보호대상이 된다고 하더라도 기능적 저작물, 특히 원고의 내부입체도가 가진 표현방법의 한계를 감안할 때 그 제한된 표현을 그대로 모방한 경우나 이와 동일하게 볼 수 있을 정도의 사정이 존재하는 경우에만 실질적 유사성을 인정할 수 있다고 할 것이다.

그런데 원고가, 원고의 내부입체도와 피고 온○○의 내부입체도 사이에 유사성이 있다고 주장하는 부분, 즉 2층 뻭스 모양과 개수, 2층 계단 중앙부분의 분리, 2층 좌석의 줄 수, 1층 비상구 문의 존재 등은 모두 원고가 윤◇◇의 내부평면도를 컴퓨터 그래픽을 통해 그대로 입체화한 것에 지나지 않아 이러한 표현을 두고 저작권의 보호대상이 되는 것으로 볼 수 없을 뿐만 아니라, 가사 위와 같은 표현도 저작권의 보호대상이 된다고 하더라도 원고의 내부입체도와 피고 온○○의 내부입체도 사이에서 발견되는 다음과 같은 차이점, 즉 ① 창문이 개수가 원고의 내부입체도에는 16개로, 피고 온○○의 내부입체도에는 12개로 표현되어 있는 점, ② 2층의 계단식 좌석의 줄 수가 원고의 내부입체도에는 4줄로, 피고 온○○의 내부입체도에는 5줄로 표현되어 있는 점, ③ 2층 맨 윗줄 좌석이 원고의 내부입체도에는 연결되어 있고, 피고 온○○의 내부입체도에는 분리되어 있는 점, ④ 2층 맨 윗줄의 뿍스의 위치, 간격 및 개수가 원고의 내부입체도에는 계단 중앙부에 좁은 간격으로 7개 표현되어 있는데 반해 피고 온○○의 내부입체도에는 계단 앞쪽에 비교적 넓은 간격으로 8개 표현되어 있는 점, ⑤ 1층 무대와 객석 사이의 평상이 원고의 내부입체도에는 표현되어 있지 않으나 피고 온○○의 내부입체도에는 표현되어 있는 점, ⑥ 1층 무대의 크기 및 1층 좌석의 줄 수도 서로 다른 점 등을 감안하면, 원고의 내부입체도와 피고 온○○의 내부입체도 사이에 실질적 유사성이 있다고 인정하기 어렵다.」

2) 오니온맵 사건[6-189)]

「가사 위 오니온맵을 독자적인 도형저작물로 인정할 수 있다 하더라도 3D 형태로 지도를 제작하는 방법 등은 아이디어에 불과하여 그 자체만으로는 독자적인 저작물이 될 수 없어, 그와 유사한 방법으로 오니온맵에서 제공하지 않는 지역의 지도를 제작한 것만으로는 그 저작권이 침해되었다고 볼 수 없으므로, 오니온맵에서 제공하지 않는 위 6개 도시에 관한 원고의 위 주장은 이러한 측면에서도 이유 없고, 또한 오니온맵 중 개개 구조물을 표현한 부분이 위성사진이나 다른 평면지도에서 표현된 것과는 달리 구조물을 입체적으로 표현하면서도 지엽적인 부분을 생략함으로써 구조물의 특징을 더욱 부각시키는 방법으로 표현되어 일부 독창성이 인정될 여지가 있다 하더라도 이는 실제 건물을 모델로 한 것이어서 그 독창성이 인정되는 범위를 매우 좁게 해석하여야 하는데, …에 의하면 피고 회사의 지도에서 표현된 구조물과 오니온맵에 표현된 구조물이 각도, 색상, 세밀함의 정도 등에서 상당한 차이가 나는 사실이 인정되므로 양 지도 사이의 실질적 유사성을 인정할 수 없어, 결국 원고의 이 사건 청구는 어느 모로 보나 이유 없다.」

3) 입체퍼즐 사건[6-190)]

6-189) 서울중앙지방법원 2009. 5. 15. 선고 2008가합36201 판결(항소심에서 조정). 오니온맵에 대하여 독자적인 도형저작물 내지 미술저작물로서의 창작성을 인정할 수 없다고 하면서 부가적으로 설시한 판단이다.

6-190) 서울고등법원 2014. 3. 31.자 2013라293 결정[확정, 1심 의정부지방법원 고양지원 2012. 10. 5.자 2012카합338 결정(2013카합563 인가결정)]. 위 1심 결정에서는, 「채권자 입체퍼즐의 생산과정에 참여한 위 채무자들이 채권자에서 퇴사한 지 1달도 지나지 않아 채무자 회사를 설립하여 채권자가 주된 상품으로 제작·판매하는 것과 동일한 건축물의 모형에 해당되는 채무자 입체퍼즐을 제작하였다면 채무자 입체퍼즐은 채권자 입체퍼즐에 의거하여 만들어진 것으로 봄이 타당한 점, 채권자

「가. 기록에 의하면, 다음과 같은 사실을 인정할 수 있다.

(1) 채권자와 채무자의 입체 퍼즐의 구성

채권자와 채무자의 입체 퍼즐은 우드락과 종이를 재질로 하고, 실제와 같은 느낌이 나도록 하기 위하여 실사 사진에 근거한 인쇄 도안을 활용하였으며, 그 퍼즐 조각 수, 전개도와 완성품의 크기는 다음과 같다(별지 도면 참조).

	채권자의 입체 퍼즐			채무자의 입체 퍼즐		
	퍼즐 조각 수	전개도의 크기(mm)	완성품의 크기(mm)	퍼즐 조각 수	전개도의 크기(㎜)	완성품의 크기(㎜)
숭례문	29개	209×299, 2면	190×200×80	44개	209×299, 2면	220×90×90
광화문	81개(대형) 61개(소형)	209×299, 4면(대형) 209×299, 2면(소형)	260×150×110 (대형)			
첨성대	15개	150×210, 2면	90×90×102	41개	209×299, 2면	195×100×130
서대문 형무소	33개	209×299, 2면	257×121×110	35개	209×299, 2면	199×114×88
상해임시 정부청사	25개	209×299, 2면	150×198×90			

(2) 채권자와 채무자의 숭례문 모형의 유사점과 차이점

각각의 전개도에서 유사한 부분은 ① 전개도면의 크기, ② 기와, 단청 및 성벽의 인쇄형태, ③ 계단의 조립방식 부분이다.

각각의 전개도에서 다른 부분은 ① 조립된 모형의 크기, ② 구성 퍼즐 조각의 개수, ③ 배경의 색상과 구체적인 도안, ④ 숭례문의 시기적 차이에 따른 형태 차이(채권자의 숭례문은 숭례문이 화재로 소실되기 전의 것을 대상으로 하였고, 채무자의 숭례문은 화재 후 복구될 것을 대상으로 하였다), ⑤ 퍼즐 조각의 구성, 모양, 배치(누각의 크기, 색상, 부품과 구조물의 형태,

---

입체퍼즐과 채무자 입체퍼즐은 모두 숭례문, 첨성대, 서대문형무소라는 건축물을 표현한 것으로 전체적인 외관, 색상, 평면설계도의 구성 및 조립방법 등이 유사할 뿐만 아니라 그 조립순서 또한 큰 차이가 없는 점 등의 사정에 비추어 보면, 채무자 입체퍼즐은 채권자 입체퍼즐을 근거로 하여 만들어진 것으로 그 표현형식이 채권자 입체퍼즐의 창작성 있는 표현형식과 실질적으로 유사하다고 판단된다」고 하여 가처분신청을 인용하고 있다. 서울서부지방법원 2015. 2. 12. 선고 2012가합32560 판결(항소중)도 실질적 유사성을 부인하고 있다.

문양, 바닥판의 구멍 수, 기와 및 기와받침의 크기와 모양 및 색상, 조립방식, 용마루·치미·추녀마루의 꽂는 부분의 형태와 색상, 현판의 조립 및 연결방식, 단청 문양, 벽면 그래픽, 기둥 모양, 벽면 부품의 결합방식, 석축, 담장의 형상, 수문장, 제품 바닥판) 등 부분이다.

(3) 채권자의 광화문 모형과 채무자의 숭례문 모형의 유사점과 차이점…

(4) 채권자와 채무자의 첨성대 모형의 유사점과 차이점…

(5) 채권자와 채무자의 서대문형무소 모형의 유사점과 차이점…

(6) 채권자의 상해임시정부청사 모형과 채무자의 서대문형무소 모형의 유사점과 차이점…

나…이 사건에서 채권자와 채무자의 입체 퍼즐은 모형 그 밖의 도형저작물로서 예술성보다는 특별한 기능을 주된 목적으로 하는 기능적 저작물에 해당한다. 그런데 채권자와 채무자의 숭례문, 광화문, 첨성대 모형의 유사한 부분은 동일하거나 같은 시대의 유사한 건축양식이 반영된 역사적 건조물을 우드락 퍼즐의 조립이라는 방식적 한계 속에서 최대한 실제와 유사하도록 구현하기 위한 것으로 누가 하더라도 같거나 비슷할 수밖에 없어 저작물 작성자의 창조적 개성이 드러나지 않는 표현을 담고 있어 창작물이라고 할 수 없으므로 저작권법에서 보호대상으로 하고 있는 표현이라기보다는 아이디어 또는 보호받지 못하는 표현에 해당한다고 보아야 한다. 한편 전개도에서 가장 중요한 표현요소인 조각 퍼즐의 구성, 모양, 배치, 개수 등이 다르므로 그 모형의 전개도는 실질적으로 유사하다고 보기 어렵다.

또한 채권자와 채무자의 서대문형무소 모형 중 채권자의 모형은 건물의 외관보다는 건물 내부의 모습을 주로 보여주는 형태의 전개도이고, 채무자의 서대문형무소 모형은 건물의 외관을 주로 보여주면서 건물 일부의 내부 모습을 보여주는 전개도인데, 건물 내부의 모습을 보여주는 부분은 아이디어에 불과하고, 그 구체적인 표현도 다르며, 최종적인 구현의 형태와 전개도에서 가장 중요한 표현요소인 조각 퍼즐의 구성, 모양, 배치, 개수 등이 다르므로 그 모형은 실질적으로 유사하다고 보기 어렵다.

그리고 채권자의 상해임시정부청사 모형과 채무자의 서대문형무소 모형의 유사한 부분은 같은 시대의 유사한 건축양식이 반영된 역사적 건조물을 우드락 퍼즐의 조립이라는 방식적 한계 속에서 최대한 실제와 유사하도록 구현하기 위한 것으로 누가 하더라도 같거나 비슷할 수밖에 없어 저작물 작성자의 창조적 개성이 드러나지 않는 표현을 담고 있어 창작물이라고 할 수 없으므로 저작권법에서 보호대상으로 하고 있는 표현이라기보다는 아이디어 또는 보호받지 못하는 표현에 해당한다고 보아야 한다. 또한 건물 내부의 모습을 보여주는 부분도 아이디어에 불과하고, 그 구체적인 표현도 다르며, 최종적인 구현 대상 자체가 다르고, 전개도에서 가장 중요한 표현요소인 조각 퍼즐의 구성, 모양, 배치, 개수 등이 다르므로 그 모형의 전개도는 실질적으로 유사하다고 보기 어렵다.』

나. 유사성을 인정한 사례

1) 춘천시 관광지도 사건[6-191]

『원고는 지도 제작업 등을 주된 목적으로 하는 법인으로서, 2000. 9. 1.경 춘천시의 전경을 입체적으로 표현하는 관광지도를 제작하였는데, 위 지도는 의도적인 왜곡표현으로 다운타운 지역을 크게 나타내고, 다운타운 지역으로부터 원거리에 산재되어 있는 남이섬과 같은 관광명소들을 실제보다 가까운 거리에 배치함으로써 관광객으로 하여금 한눈에 관광명소를 볼 수 있도록 하는데 그 특징이다… 원고는 이 사건 관광지도에 대하여 2002. 11. 18. 저작권심의조정위원회에 도형저작물로서 저작권등록을 마쳤다(등록번호 제 C-2002-003998호)… 피고 주식회사 강원매거진이 제작하여 피고 강원도개발공사에게 납품한 위 춘천관광지도 역시 이 사건 관광지도와 마찬가지로 의도적인 왜곡표현으로 다운타운 지역을 크게 나타내고, 다운타운 지역으로부터 원거리에 산재되어 있는 남이섬과 같은 관광명소들을 실제보다 가까운 거리에 배치한 특징을 갖고 있다… 위에서 인정한 사실에 의하면, 원고는 이 사건 관광지도의 제작에 의하여 기존의 관광지도와 구별되는 저작권을 취득하였다고 할 것인데, 피고 주식회사 강원매거진은 피고 강원도개발공사에게 춘천관광지도를 납품하면서 먼저 제작되어 있는 원고의 이 사건 관광지도를 보고 이와 실질적으로 동일한 지도를 제작하였다고 할 것이므로, 피고 주식회사 강원매거진은 원고의 이 사건 관광지도에 대한 복제권을 침해

6-191) 서울중앙지방법원 2005. 8. 11. 선고 2005가단12610 판결(확정). 실질적 유사성에 대한 구체적인 판단이 없으나, 이는 지도가 도형저작물로 인정된 사정 등에 비추어 보아 특징적인 부분이 같아 피고측이 다투지 않은 것으로 보인다. 이는 기능적 저작물이라도 특징적인 부분이 확보되면 실질적 유사성 인정이 비교적 용이하게 이루어짐을 시사한다고 할 것이다.

하였다고 할 것이다.」

XI. 컴퓨터프로그램저작물

1. 컴퓨터프로그램저작물의 실질적 유사성 판단시 유의사항

가. 컴퓨터프로그램저작물의 특성

최근 컴퓨터프로그램(이하 '프로그램')의 환경은 과거처럼 빈 모니터에 프로그램 언어를 코딩하는 작업이 아니라 자동화된 창작 툴에 의한 자동생성, 컴포넌트의 조합 등 객체지향프로그래밍 환경[6-192]으로 변화하고 있고, 또 스마트폰의 안드로이드 플랫폼의 확산에서 보듯이 오픈소스가 널리 활용되어 실질적 유사성 판단에도 영향을 끼치고 있다.

그리고 프로그래머들도 코딩 자체보다는 최대한의 효율을 내기 위한 전체적인 알고리즘을 구상하는데 더 많은 시간을 투자하는 것이 현실이고, 여기에 두드러지게 비경합성과 비배제성을 갖는 프로그램의 특징을 고려하면 저작권법적 보호가 아이디어를 보호하는 특허법적 방법과 비교하여 우위에 있는지에 대한 기존의 논의는 여전히 유효한 셈이다.[6-193]

6-192) 프로그램을 명령어의 목록으로 보는 시각에서 벗어나 여러 개의 독립된 단위 즉 '객체'들의 모임으로 파악하고자 하는 것이다. 이하 상세는 컴퓨터프로그램의 실질적 유사성에 관한 연구, 한국저작권위원회(저작권정책연구 2013-01), 7면 이하 참조.

6-193) 다만, 최근 Alice Corporation Pty. Ltd. v. CLS Bank International, 134 S.Ct. 2347 (2014) 판결에서는 범용 컴퓨터에 의한 단순한 재연을 기계(machine)로 보는 것은 특허법에서 특허적격성을 부정하고 있는 추상적인 아이디어를 보호하게 되는 결과를 낳게 될 것이라고 판시하였는데 이에 대하여는 프로그램이 정보처리장치 또는 기록매체에 저장된다는 이유로 '물건의 발명'으로 인정하는 우리에게 있어서도 큰 시사점을 주는 것이며 결국 미국에서는 소프트웨어의 보호에 있어 특허권으로서의 보호는 제한적으로 해석하는 반면, 저작권으로서의 보호는 전향적으로 그 범위를 확대하는 것으로 판단될 수 있다는 견해가 있다. 정진근, "소프트웨어의 법적 보호에 대한 최근 미국 판결과 그 시사점", 저작권 동향 제19호 (2014. 10. 21) 참조.

나. 프로그램저작물의 실질적 유사성 판단

프로그램 저작권이 침해되었는지 여부를 판단함에 있어서도 어문저작물 등의 경우와 마찬가지로 먼저 저작권이 침해되었다고 주장되는 프로그램 소스코드 중 창작성이 인정되는 부분을 특정한 다음, 그 부분과 저작권을 침해하였다고 주장되는 프로그램의 소스코드를 대비하여 양자 사이에 실질적 유사성이 인정되는지 여부를 살펴보아야 한다.

다만, 프로그램은 특정한 결과를 얻기 위하여 컴퓨터 등 정보처리능력을 가진 장치 내에서 직접 또는 간접으로 사용되는 일련의 지시·명령으로 표현된 기능적·논리적 저작물이므로 그 특성상 어문·음악·미술 저작물 등에 비하여 표현의 다양성 자체가 상대적으로 제한[6-194]되어 있는데다가, 효율성 및 외부 조건의 제약(컴퓨터 하드웨어나 운영체제의 제약, 표준화 또는 호환성의 요구, 널리 받아들여지는 프로그래밍의 관행 등) 때문에 가능한 여러 가지 표현방법 중에서 사실상 특정 표현방법을 채택할 수밖에 없는 경우가 많으며, 특히 동일·유사한 기능을 수행하는 프로그램들은 그 구조나 프로그램 내 파일들의 상호간 논리적 연관성이 유사한 경우가 많아 그 표현의 다양성이 축소될 수밖에 없다는 점을 고려할 필요가 있다.[6-195] 따라서 추상화와 여과 과정을 거친 후에 남는 구체적 표현〔소스코드(원시코드) 혹은 목적코드〕을 개별적으로 비교하는 외에도, 명령과 입력에 따라 개별 파일을 호출하는 방식의 유사도, 모듈 사이의 기능적 분배의 유사도, 분석 결과를 수행하기 위한 논리적 구조 계통 역시 면밀하게 검토해 보아야 할 것이고, 그와 같은 구조와 개별 파일들의 상관관계에 따른 전체적인 저작물 제작에 어느 정도 노력과 시간, 그리고 비용이 투입되는지 여부도 함께 고려해 보아야 할 것이다.[6-196]

구체적으로 보면 프로그램은 대체로 (1) 주된 목적, (2) 프로그램 구조 또는 아키텍쳐, (3) 모듈, (4) 알고리즘과 데이터구조, (5) 소스코드, (6) 오브젝

6-194) 게임저작물의 경우 컴퓨터프로그램적 측면에서는 컴퓨터프로그램 저작물의 기준이, 영상물적 측면에 대하여는 어문저작물이나 시각적 저작물의 기준이 적용된다.

6-195) 서울고등법원 2010. 10. 13. 선고 2010나10261 판결.

6-196) 서울고등법원 2009. 5. 27. 선고 2006나113835, 113842 판결.

트 코드로 나누어지고, 그중 프로그램의 문자적 요소라 할 수 있는 소스코드와 오브젝트 코드가 표현에 해당하여 보호를 받을 수 있는 부분이다. 반면 목적과 기능은 아이디어에 해당하여 보호받기 어려운 부분인데 문제는 그 외의 부분 즉, 아키텍쳐, 모듈, 알고리즘과 데이터구조 등이 저작권보호 범위에 속하는지 여부이다.[6-197)]

이러한 프로그램의 비문자적 요소[6-198)]의 보호범위 판단기준은 어려운 부분으로 이에 관하여는 미국에서 1992년 소위 Altai 사건[6-199)]에서 제시된 추상화(Abstraction) – 여과(Filtration) – 비교(Comparison)의 3단계 테스트가 대표적인 방법으로 자리잡고 있다. 이는 간단히 말하면 프로그램의 구성요소를 위 6단계별로 나누어 아이디어 부분, 공유영역의 부분 등으로 추상화 한 후 그중 아이디어 수준에서 포함된 것, 또는 그러한 아이디어 표현을 위하여 효율성을 고려한 것, 프로그램의 외부적 요소에 의하여 요구되었는지, 공유영역에서 취하여진 것인지를 여과하여 보호범위 밖에 놓는 작업이 요구되며, 마지막으로 그 나머지 부분만으로 비교 단계에 이르게 되는 것이다.[6-200)]

6-197) 컴퓨터프로그램의 실질적 유사성에 관한 연구, 23면.

6-198) 미국에서는 비문언적 요소인 SSO(Sequence, Structure and Organization)까지 보호할 것인지가 논란이었는데, Oracle America, Inc. v. Google Inc., 750 F.3d 1339 (Fed. Cir. 2014) 판결은 소스코드·목적코드·실행이라는 3단계로 이루어지는 컴퓨터프로그램의 저작권 보호대상이 단순히 코드에 국한되지 않고, 실행으로 보이는 SSO 역시 보호의 대상이 되며, 이때 SSO가 보호되기 위해서는 SSO의 다양한 구현이 가능해야 하며, 아이디어와 표현이 합체되지 않아야 하고, 이 역시 공정사용에 의해 제한될 수 있다는 판단의 요소들을 설명하고 있다고 한다. 정진근, "소프트웨어의 법적 보호에 대한 최근 미국 판결과 그 시사점", 저작권 동향 제19호(2014. 10. 21) 참조.

6-199) Computer Associate Int., v Altai, Inc., 126 F.3d 365(2nd Cir, 1992).

6-200) 컴퓨터프로그램의 실질적 유사성에 관한 연구, 24면(106면에서는 현재 한국저작권위원회의 실질적 유사성 감정의 문제점으로 첫째 현실무는 소스코드 또는 오브젝트 코드 등 문자적 요소의 유사성 판단에 집중되고 있는데, 미국의 경우 소스코드의 경우 창작성이 있어 보호받는 부분의 일부만 복제하여도 저작권침해로 보고 있어 대부분 다툼은 비문자적요소의 실질적 유사성판단에 집중되고 있는 점과 다르다고 한다. 우리도 소스코드의 무단복제와 관련하여 미국처럼 침해인정에 적극적으로 나아가야 할 필요가 있다고 한다. 둘째 여과단계에 관하여 이 부분은 원칙적으로 법원의 업무로 보아 감정시에는 이를 거치지 않고 바로 비교단계로 가는 경향이나 여과단계도 효율성, 공유영역관련 부분 등 그 이해에 기술적인 배

그리고 프로그램저작권 등의 침해 여부가 문제될 경우 프로그램에 사용된 프로그래밍 언어가 같거나 유사하여 그 소스코드 등의 언어적 표현을 직접 비교하는 것이 가능하다면 표현을 한줄 한줄씩 비교하여 복제 등에 따른 침해 여부를 가릴 수 있을 것이다. 그러나 프로그래밍 언어가 서로 달라 그 언어적 표현을 직접 비교하기 어려울 때에는 침해자가 저작자의 프로그램에 접근했거나 접근할 가능성이 있었는지 여부, 그리고 침해자가 원프로그램의 일련의 지시·명령의 상당부분을 이용하여 프로그램을 제작한 것인지 여부를 면밀히 살펴보아야 할 것이다. 침해자가 원프로그램에 접근했는지 여부는 침해자의 원프로그램의 소지 여부, 코드의 공개 여부 및 비공개된 코드에의 접근 가능성, 원프로그램에 포함된 개별 파일의 수집 가능성 등 여러 사정을 종합하여 판단하여야 할 것이다. 실무적으로 프로그램 저작물의 실질적 유사성을 판단 방법은 결국 원고 프로그램의 소스코드 중 창작성이 인정되는 부분을 특정한 다음, 그 부분과 피고 프로그램의 소스코드를 대비하여 보는 것인데 이때 프로그램에 내재된 논리성, 효율성의 고려, 하드웨어나 운영체제의 제약, 표준화나 호환성의 요구 등에 따라 특정한 결과를 구체화할 수 있는 방안이 한정될 수밖에 없고, 이를 일련의 지시, 명령의 조합으로 표현함에 있어서도 프로그램언어 등의 제한을 받는다는 점을 고려하여야 할 것이다.

그리고 법관으로서는 양 프로그램의 유사도를 전문가의 도움 없이 판단하기 어려우므로 대부분 한국저작권위원회에 감정을 촉탁하게 되는데 백분율로 회신되는 감정결과를 가지고 유사도를 일률적으로 판단하기 어렵고, 비침해를 주장하는 쪽에서는 유사하다고 판단된 부분은 기능적 요소에 따른 결과일 뿐이라고 감정결과를 다투는 경우도 많다. 그러므로 감정촉탁에 앞서 심리를 통해 감정대상(통상 원고의 등록프로그램 소스코드와 피고가 실제로 사용하는 프로그램의 소스코드)[6-201]을 정하고, 해당 프로그램의 기능적 요소 등 창

경이 필요한 부분도 있고 이는 감정인들이 충분히 수행할 수 있는 부분이므로 여과분석도 병행하여야 한다는 것이다).

6-201) 컴퓨터프로그램은 변조가 용이한데다가 프로그램을 등록하였더라도 소스코드가 아닌 실행코드(목적코드)를 등록하는 경우가 많고, 실행프로그램과 소스프로그램의 동일성을 증명하기 어려운 경우가 많아 원고의 저작물과 피고가 실제로 사용하는 프로그램을 특정하기 어려운 문제가 있다. Java, C^{++} 등 일부 프로그램언어

작성이 인정되지 않는 부분(오픈소스, 공개 라이브러리, 공지의 기술, 표준화나 호환성의 요구 등 외부적 조건들)을 밝히도록 하여,[6-202] 감정사항을 구체적으로 특정[6-203]함으로써 보다 의미 있는 감정결과를 얻을 수 있도록 주의하여야 할 것이다.

2. 판단 사례

가. 유사성을 부정한 사례

1) 주가분석프로그램 사건[6-204]

『…원고의 통신프로그램과 피고의 통신프로그램의 구조가 같다는 것을 의미하며, 그 이외에도 통신상태 변경방법, …예약상태변경방법 등이 극히 유사하다고 주장하나, 컴퓨터프로그램보호법에 정한 프로그램저작권에는 프로그램의 언어, 규약, 해법이 포함되지 아니할 뿐 아니라 프로그램에 내포된 독창적인 기능 자체도 특허로서 보호됨은 별론으로 하고 프로그램저작권의 보호대상이 되지 아니하며 다만 프로그램상에 구현된 고안의 표현 즉 프로

의 경우 역컴파일을 통해 소스코드로 변환이 가능하므로 원고가 등록한 실행코드(목적코드)나 피고가 제작·판매한 실행코드(목적코드)를 이용하여 감정하기도 한다.

6-202) 개발자(당사자)가 해당 프로그램을 가장 잘 알 수 있으므로, 당사자로 하여금 전체 프로그램에서 가장 중요한 부분을 특정하고 그 이유를 제시하게 하며, 오픈소스, 공개라이브러리, 공지의 기술 등에 해당하는 부분을 특정하도록 하고, 그밖에 유사성 판단에 참고가 될 만한 사항(다른 프로그램과의 차이, 개발소요기간, 비용, 인원 등)을 적극적으로 제출하게 할 필요가 있다.

6-203) 감정사항을 '양 프로그램의 유사여부 및 그 정도'라고 추상적으로 간략히 기재하기보다, 감정촉탁에 앞서 원고 프로그램 중 창작성 있는 부분(예를 들어 a, b 모듈)을 특정하게 하고, 창작성이 없는 부분(오픈소스 등)을 제출하게 한 뒤 이를 첨부하여 감정촉탁을 하며, 감정사항을 '원고 프로그램의 10개 모듈 중 a, b 모듈이 전체에서 차지하는 비중 및 피고 프로그램의 해당 모듈과의 유사 정도'로 구체적으로 기재하고, '유사하다고 인정되는 부분 중 당사자가 제출한 창작성이 없는 부분(오픈소스 등)의 비중이 어느 정도인지', '유사하다고 인정되는 부분이 일반적으로 기술되거나 자동적으로 생성되는 부분인지 아니면 프로그램에서 핵심적인 부분인지 여부'를 감정토록 하는 조항 등을 추가하는 것을 생각해볼 수 있다.

6-204) 서울고등법원 1993. 6. 18. 선고 92나64646 판결(확정); 서울고등법원 1994. 10. 7. 선고 94나5924 판결도 같은 원고에 의한 유사 쟁점의 사건이다.

그램의 구조만이 그 보호대상이 된다고 할 것인바, 첫째 원고와 피고의 통신프로그램간에 통신이 가능하다는 점은 각자의 통신프로그램의 구조가 서로 다른 경우에도 프로그램에서 제공하는 통신환경이 일치된다면 통신이 가능할 것이어서 그것만으로는 피고가 원고의 프로그램을 도용 또는 개작하였다고 단정할 수 없고, 아울러 자료의 수신이 가능하다는 점 또한 원고나 피고가 모두 각자의 프로그램에서 자료의 전송에 관한 규약으로서 프로그램보호법의 적용대상이 아닌 액스모뎀규약(XMODEM PROTOCOL)을 지원한다고 진술하는 점에 비추어 동일한 규약을 이용한다면 상호간에 자료의 전송이 가능하다 할 것이니 이 점도 원고의 주장을 뒷받침할 근거는 되지 아니하며, 그밖에 프로그램의 기능이 많은 부분에서 유사하다는 점은 피고가 원고의 고안이나 기능을 차용하였다고는 할 수 있다 하더라도 그것만으로 프로그램의 구조나 배열방법이 동일 내지 유사하다고 단정할 수 없으므로 결국 프로그램이 동일 내지 유사하다고 하려면 전문가가 프로그램의 원시코드(SOURCE CODE)를 비교 분석한다거나 그에 준하는 방법으로 그 구조가 동일 내지 유사함을 증명하여야 할 것인데, 이 점에 관한…. 부족하고, 오히려 …를 종합하면 피고는 1990. 2. 10.경 서울대학교 대학원에서 전산학을 전공하고 있던 소외 장○○ 등에게 원고의 주가분석프로그램보다 훨씬 더 많은 양의 주식정보를 제공할 수 있는 새로운 주가분석프로그램의 개발을 의뢰하였고 이에 따라…. 위 장○○ 등은 이미 국내외에서 개발되어 공개되어 있던 통신프로그램 등의 소스를 이용하고 또 원고가 개발한 위 주가분석프로그램을 포함하여 국내에서 제작된 여타의 주가분석프로그램이 제공하는 기능을 참착하여 솔로몬-브이(SOLOMON-V) 라는 새로운 주가분석프로그램을 개발하였던 사실 … 을 인정할 수 있어 더 나아가 살필 필요 없이 이유 없다.』

☞ 사실관계 문제로 결국 피고들이 독창적으로 창작한 것이라는 결론을 인정한 것이고, 판시 중 '프로그램의 구조만이 그 보호대상'이라고 한 부분은 미국 Whelan 사건을 따른 것처럼 보이며, '전문가가 프로그램의 원시코드(SOURCE CODE)를 비교 분석'부분에 관하여는 전문가관점론을 채택한 것으로 보이는바 결국 위 판결은 주가분석 프로그램의 기능 및 표현방식은 정형화되어 거의 동일할 정도에 이르지 않으면 실질적 유사성을 인정할 수 없다는 의미로 이해된다는 평석6-205)이 있다.

6-205) 권영준, 246, 252, 260면(미국에서 프로그램의 유사성 판단관점은 일반인이 아닌 전문가라는 입장이 정립되었다고 한다); Whelan, Inc., v. Jaslow Dental

2) 콘텐츠보안프로그램 사건[6-206]

「먼저 피고가 원고의 미디어쉘 프로그램에 대한 복제권 내지는 개작권을 침해하였다고 하기 위해서는 원고의 미디어쉘 프로그램과 피고의 미디어로즈 프로그램의 창작적 표현형식 사이에 실질적 유사성이 인정되어야 할 것이나, …의 각 기재, 이 법원의 프로그램심의조정위원회에 대한 감정촉탁결과만으로는 이를 인정하기에 부족하고, 달리 이를 인정할 증거가 없으며, 오히려 위 감정촉탁결과, 이 법원의 프로그램심의조정위원회위원장에 대한 사실조회결과에 변론 전체의 취지를 종합하여 보면, 전체적인 프로그램 구현방식에 있어서 원고의 미디어쉘 프로그램은 일반 응용프로그램 방식을 사용하고 있는 반면, 피고의 미디어로즈 프로그램은 컴포넌트 기반 방식을 사용하고 있는 사실, 원, 피고 각 프로그램은 크게 인증, 등록절차 등을 처리하는 서버 부분, 콘텐츠를 암호화하여 전달하는 패키저 부분, 클라이언트 관리를 위한 에이전트 부분으로 구성되어 있고, 각 구성부분별로 기본적으로 제공하는 기능은 유사하나, 이는 디지털 콘텐츠 보안프로그램의 특성상 일반적으로 제공되는 기능에 불과할 뿐이고(원고가 별지 목록에서 피고 제품의 특징으로 기재한 내용 또한 디지털 콘텐츠 보안프로그램의 기능과 시스템 구성에 관한 일반적인 내용에 불과하다), 각 해당기능을 구현하는 세부적인 구현방식은 서로 다른 사실, 프로그램 전체 및 각 기능별 구현방식이 다르면 각 해당 부분 구성의 핵심요소라 할 소스코드 역시 다르게 나타나는 사실, 원, 피고 각 프로그램 중 기능이 유사한 파일간 소스코드의 평균 유사도는 10.7%이고, 파일명이 동일한 파일간 소스코드의 유사도는 20.58%이나, 이는 개략적 산출 결과일 뿐이고, 세부적으로 소스코드를 살펴보면 일반적으로 기술되거나 자동적으로 생성되는 부분을 제외한 핵심적인 부분은 불일치하는 사실, 원고가 미디어쉘 프로그램의 고유기능으로 제시한 기능항목에 대하여 피고의 미디어로즈 프로그램의 각 해당 기능항목별로 산출한 구현방식 등의 유사도(논리적 복제도)는 0%인 사실, 위와 같은 소스코드의 유사도와 논리적 복제도에다가 폴더 및 파일명의 유사도까지 더하여 보아도, 위 각 유사도 판정항목의 중요도에 따른 상대적인 가중치를 고려하여 볼 때 전

Laboratory, Inc. 797 F.2d 1222(3rd Cir, 1986)사건은 프로그램의 구조, 배열, 조직에 대하여까지 저작권보호를 미치게 하여 사실상 알고리즘에도 저작권보호를 미치게 한 것이라는 지적이 있다.

6-206) 서울중앙지방법원 2006. 9. 7. 선고 2004가합76119 판결(확정).

체 유사도는 11.5%에 불과한 사실을 인정할 수 있으므로, 원, 피고 각 프로그램 사이에 실질적 유사성을 인정할 수 없다 할 것이다.』

3) 반도체검사프로그램 사건[6-207]

『실질적 유사성 여부

(가) 유사도 감정결과…

(나) 판단기준

…컴퓨터프로그램에 있어서 특정한 문제를 해결하기 위한 논리적 순서, 즉 알고리듬 그 자체는 기술적 사상, 즉 아이디어의 영역에 속하는 것이어서 원칙적으로 컴퓨터프로그램보호법의 보호대상이 될 수 없고, 그러한 알고리듬을 구체적으로 표현한 코드가 컴퓨터프로그램보호법의 보호대상이 된다… 또한, 컴퓨터프로그램과 같은 기능적·논리적 저작물은 그 특성상 어문·음악·미술 저작물 등에 비하여 상대적으로 표현의 다양성 자체가 제한되어 있는데다가, 특히 컴퓨터프로그램에 있어서는 외부 조건의 제약(컴퓨터 하드웨어나 운영체제의 제약, 표준화 또는 호환성의 요구, 널리 받아들여지는 프로그래밍의 관행 등) 때문에 가능한 여러 표현방법 중에서 사실상 특정 표현방법을 채택할 수밖에 없는 경우가 많다는 점도 컴퓨터프로그램들 사이의 실질적 유사성을 판단함에 있어서 고려하여야 한다.

(다) 판 단

① 앞서 유사도 감정결과에서 본 바와 같이 피고 프로그램의 파일들 중 원고 프로그램의 파일들과 같거나 사실상 같은 파일들이 피고 프로그램 전체 용량에서 차지하는 비중이 header 파일은 7%, source 파일은 6%에 불과하고 그나마 그 source 파일의 대부분은 Visual C++ 프로그램 언어를 사용함에 따라 자동생성되는 파일들인 점, 컴퓨터프로그램을 개작하는 경우에 기능이 다른 부분은 새로 작성하여야 하므로 일반적으로 원본 프로그램과 개작된 프로그램 사이에 기능이 같거나 유사한 파일들의 유사도가 기능이 다른 파일들의 유사도보다 높을 것인데, 이 사건에 있어서 기능이 유사한 파일들의 가중평균 유사도는 header 파일이 34.57%이고 source 파일이 13.98%로서 기능이 다르거나 C++ 언어의 특성상 생성되는 파일들 사이의 유사도(header 파일 36.66%, source 파일 15.29%)보다도 낮으며, 특히 원고가

6-207) 서울고등법원 2010. 6. 23. 선고 2009나30870 판결(대법원 2010. 12. 9. 선고 2010다65597 판결).

원고 프로그램의 핵심파일이라고 주장하는 Markproc.cpp 파일과 그에 대응하는 피고 프로그램의 LibMark.cpp 파일의 유사도는 2.14%에 불과한 점, 원고 프로그램과 피고 프로그램의 메인 실행화면의 구성이나 이미지가 판이하고, 프로그램 실행 도중 사용되는 숨겨진 기능 메뉴의 구성과 구현의 상세한 부분에도 차이가 있는 점,[6-208] 특히 원고가 원고 프로그램의 핵심파일이라고 주장하는 Markproc.cpp 파일과 그에 대응하는 피고 프로그램의 LibMark.cpp 파일의 함수 대비결과 함수호출관계, 글자의 오차에 관한 변수처리의 방식, 함수 및 변수의 표현방법 등 세부적 구현 방법이 상이한 점 등에 ② 원고 프로그램과 피고 프로그램 모두 Visual C^{++} 언어로 작성되었고 유사한 기능을 수행하는 것이어서 표현의 다양성이 제한되는 부분이 많을 것으로 추단되는 점, ③ 프로그래머마다 자신의 프로그래밍 스타일이 있게 마련인데, 기초사실에서 본 바와 같이 피고 김○○이 원고 회사 재직 당시 원고 프로그램의 개발 및 성능개선에 관여하였으므로, 원고 프로그램에는 피고 김○○의 프로그래밍 스타일이 어느 정도 반영되어 있을 것인 점 등과 ④ 앞서 본 판단기준의 고려사항, 특히 알고리즘은 컴퓨터프로그램보호법의 보호대상이 아닌 점 등을 보태어 보면, 앞서 본 유사도 감정결과 및 피고 프로그램이 원고 프로그램과 유사한 기능을 수행한다는 사정만으로는 이들 프로그램이 실질적으로 유사하다고 볼 수 없다.」

4) 버스회사 경영관리시스템 사건[6-209]

6-208) 컴퓨터프로그램의 실질적 유사성을 판단함에 있어 두 프로그램을 대비한다는 것이 그 프로그램의 출력결과를 대비한다는 의미는 아니지만, 컴퓨터프로그램이 특정한 결과를 얻기 위하여 컴퓨터 등 정보처리능력을 가진 장치 안에서 직접 또는 간접으로 사용되는 일련의 지시·명령으로 표현된 창작물인 이상 그 결과를 얻는 데에 필요한 정보 또는 명령을 입력하거나 그 처리된 결과물을 표현하는 프로그램 구동화면 또는 사용자인터페이스의 유사 여부도 컴퓨터프로그램 사이의 실질적 유사 여부를 판단함에 있어 고려할 요소에 해당한다.

6-209) 서울고등법원 2010. 10. 13. 선고 2010나10261 판결(대법원 2011. 7. 28. 선고 2010다103017 판결). 2013. 저작권관련 감정사건 판례집(2), 저작권관계자료 2013-01. 156면(이 사건 감정은 데이터베이스 설계의 유사성 및 프로그램의 기능·처리방식에 대한 유사성 여부에 관하여 수행되었는바 그 결과 데이터베이스의 종합유사도는 57.99%로, 소스코드는 0.24%의 종합유사도를 갖는 것으로 나타났는바 소스코드의 유사한 부분은 국세청에서 정해진 세금 계산식을 수행하는 부분으로 어느 정도 유사할 수밖에 없는 것이었다).

『다. 실질적 유사성 여부 - 가정적 판단

(1) 판단기준

…따라서 컴퓨터프로그램 저작권이 침해되었는지 여부를 판단함에 있어서도 어문저작물 등의 경우와 마찬가지로 먼저 저작권이 침해되었다고 주장되는 컴퓨터프로그램 소스코드 중 창작성이 인정되는 부분을 특정한 다음, 그 부분과 저작권을 침해하였다고 주장되는 컴퓨터프로그램의 소스코드를 대비하여 양자 사이에 실질적 유사성이 인정되는지 여부를 살펴보아야 한다.

다만, 컴퓨터프로그램은 특정한 결과를 얻기 위하여 컴퓨터 등 정보처리능력을 가진 장치 내에서 직접 또는 간접으로 사용되는 일련의 지시·명령으로 표현된 기능적·논리적 저작물이어서 그 특성상 어문·음악·미술 저작물 등에 비하여 상대적으로 표현의 다양성 자체가 제한되어 있는데다가, 컴퓨터프로그램은 효율성 및 외부 조건의 제약(컴퓨터 하드웨어나 운영체제의 제약, 표준화 또는 호환성의 요구, 널리 받아들여지는 프로그래밍의 관행 등) 때문에 가능한 여러 가지 표현방법 중에서 사실상 특정 표현방법을 채택할 수밖에 없는 경우가 많으며, 특히 동일·유사한 기능을 수행하는 프로그램들은 그 구조나 프로그램 내 파일들의 상호간 논리적 연관성이 유사한 경우가 많아 그 표현의 다양성이 축소될 수밖에 없다는 점을 고려할 필요가 있다.

(2) 판 단

앞서 의거 요건과 관련된 유사성 판단에서 본 바와 같이 프로그램 소스코드의 경우 원고 프로그램과 피고 프로그램 사이의 유사도가 0.23%에 불과하고 그나마 유사한 부분도 프로그램 전반에서 공통적으로 자주 사용되는 함수들을 모아서 정의한 부분이거나 연말정산계산 관련 함수 부분인데, 프로그램 전반에서 자주 사용되는 공통함수들을 한 번에 모아서 정의하는 것은 널리 받아들여지는 프로그래밍의 관행에 해당할 뿐만 아니라 그러한 공통함수는 일반적으로 자주 사용되는 것들이어서 여기에 창작성이 있다고 보기 어렵고, 연말정산계산 관련 함수 역시 국세청에서 제시한 연말정산계산 방법에 따라 연말정산세액을 계산하는 것으로서 누가 작성하더라도 유사할 수밖에 없으므로 여기에도 창작성이 있다고 보기 어렵다.

한편, 데이터베이스의 경우 유사도가 57.99% 정도이기는 하나, 그 유사도는 각 테이블에 유사한 기능을 수행하는 칼럼이 존재하는지에 따른 유사도

일 뿐인데, 데이터베이스의 구조 및 기능은 대상 업무에서 발생하는 데이터의 형태·종류와 그 데이터를 기초로 수행하여야 하는 작업의 형태·종류에 따라 결정되는 것이고 이와 같이 결정된 데이터베이스의 구조 및 기능에 따라 테이블 및 각 테이블에 속하는 칼럼의 개수, 속성, 기능 등이 결정되는 것이므로, 개별 칼럼은 데이터베이스의 기능적 요소에 불과하여 여기에 고유한 창작성이 있다고 보기도 어렵다. 또한, 원·피고 프로그램은 모두 버스운수회사의 기업자원관리 프로그램이어서 데이터의 형태·종류와 그 데이터를 기초로 수행하여야 하는 작업의 형태·종류가 매우 유사하므로 원·피고 데이터베이스 역시 유사할 가능성이 큰 점에 비추어 앞서 본 데이터베이스 테이블의 유사도만으로는 원·피고 각 프로그램 데이터베이스가 유사하다고 보기도 어렵다.

원고가 원고 프로그램에만 있는 것이라고 주장하는 데이터베이스의 테이블이나 소스코드의 함수들 중 사원정보를 Key_Code와 Key_Seq의 조합 구성으로 인식한다는 부분은 개별 사원에 관한 일반적인 인적 정보와 그 사람의 퇴사 후 재입사에 관한 정보를 구분하여 저장하였다가 작업의 필요에 따라 일반적인 인적 정보만 사용하여 사원을 특정하거나 퇴사 후 재입사에 관한 정보도 같이 고려하여 사원을 특정하는 것으로서 창작성 있는 표현이라기보다는 업무의 효율적 처리를 위한 아이디어에 속하는 것으로 보이는데다가, 설령 표현에 해당한다고 보더라도 원고 프로그램에는 키 관리를 위한 별도의 키 테이블(PAY_KEY_MAST)이 존재하는 반면에 피고 프로그램에는 그러한 테이블이 존재하지 아니하는 점에 비추어 양자는 그 표현에 있어서 실질적으로 유사하다고 보기도 어렵다.

원고 데이터베이스의 수당/공제/근태 출력용 명칭관리(PAY_NAME_PRT) 테이블 및 운행상태 코드관리(ASMT_STAT_MST) 테이블은 버스운수회사 업무 특성상 당연히 관리되어야 하는 자료들을 데이터베이스에 반영한 것인데다가 개별 테이블은 데이터베이스의 기능적 요소에 불과하므로 여기에 고유한 창작성이 있다고 보기도 어렵고, 설령 창작성이 있는 표현에 해당한다고 하더라도 피고 데이터베이스에 같은 기능을 수행하는 출력 및 조회 항목 설정(TRAY90140) 테이블 및 기본근태(TWRK90020) 테이블은 그 하위 칼럼의 종류 및 개수, 타입, 길이 등이 그에 대응하는 원고의 것과 상이하므로 양자가 실질적 유사하다고 보기도 어렵다.

차량관리 테이블 중 대·폐차 관리를 위한 차량일련번호 칼럼(CAR_SEQ)

은 버스운수회사에서 차량번호를 받으면 차량번호를 반납할 때까지 이를 계속 사용하여야 하므로 동일한 차량번호를 사용한 차량들에게 일련번호를 부여하여 폐차된 차량과 신차를 구별하는 버스운수회사 업무 특성을 반영한 기능적 요소에 불과하여 여기에 고유한 창작성이 있다고 보기도 어렵다.

입·출고 테이블도 이 역시 데이터베이스의 기능적 요소에 불과하므로 여기에 고유한 창작성이 있다고 보기도 어렵고, 설령 창작성이 있는 표현에 해당한다고 하더라도 원·피고 프로그램 데이터베이스에서의 관련 테이블 및 칼럼의 구성 및 속성 등이 상이하므로 실질적으로 유사하다고 볼 수도 없다.

자료의 중복입력으로 인한 오류를 방지하기 위한 Lock 기능은 데이터베이스에는 대부분 존재하는 것이어서 이를 두고 창작성 있는 표현이라고 보기도 어렵고, 더욱이 원고 프로그램과 피고 프로그램에서 그러한 오류를 방지하기 위하여 채용한 방법이 다르므로 양자가 실질적으로 유사하지도 아니하다.

한글 2byte 처리를 위한 함수는 간단한 함수로서 누가 작성하더라도 비슷할 수밖에 없는 것이므로 창작성 있는 표현에 해당한다고 보기 어렵다.

날짜 자동완성 함수 역시 매우 간단한 함수로서 누가 작성하더라도 비슷할 수밖에 없는 것이므로 창작성 있는 표현에 해당한다고 보기 어려운데다가 이에 관한 원·피고 프로그램의 함수가 상이하므로 실질적으로 유사하지도 아니하다.

근태집계 후 대치내역을 비교조회하는 것 역시 버스운수회사 업무 특성을 반영한 것이어서 그러한 비교조회기능 자체가 창작성 있는 표현이라고 보기 어렵고, 원고 프로그램은 계산 전·후 두 가지로 구분되어 조회되나 피고 프로그램은 계산 전·후 및 대치 후 세 가지로 구분되어 조회되는 등 표현방식이 상이하므로 실질적으로 유사하지도 아니하다.

따라서 원·피고 프로그램은 실질적으로도 유사하지 아니하므로, 이와 다른 전제에 선 원고의 주장은 이유 없다.』

5) BMS 프로그램 사건[6-210]

『한국저작권위원회의 감정결과 EMS와 BMS의 소스파일유사도는 60.41% 정도에 불과할 뿐만 아니라 한국저작권위원회가 두 프로그램을 비교함에 있

6-210) 대전지방법원 2012. 3. 15.자 2010카합1144 결정(확정).

어 BMS에서 창작적인 표현에 해당하는 부분을 특정한 다음 그 부분만을 EMS와 비교하여 감정한 것인지 여부가 밝혀지지 않은 점, 채무자를 설립한 김○○ 등이 채권자 회사에서 퇴사한 사람들이라는 사정만으로는 그들이 퇴사 전 채권자의 프로그램에 접근하여 이를 유출한 다음 유출한 프로그램 의거하여 EMS를 개발하였다고 할 수 없는 점 등 이 사건 기록과 심문에 전체의 취지에 나타난 제반사정에 비추어 보면, EMS와 BMS가 실질적으로 유사한 프로그램이라고 보기 어렵다. 그렇다면 채무자가 BMS의 프로그램저작권자인 채권자의 승낙없이 BMS를 기반으로 상당 부분을 복제하거나 개작하는 방식으로 EMS를 제작하였다고 단정할 수 없으므로, 신청취지 제2항 기재와 같이 채무자가 EMS를 사용, 판매하거나 제3자에게 사용허락, 양도, 배포하는 행위를 채권자의 프로그램저작권에 대한 침해라 할 수 없다.』

6) 마케팅분석스크립트 사건[6-211)]

『…로그분석이란 웹 사이트에 접속자들이 접속한 이력(접속자의 수, 방문유형, 방문횟수 등)을 분석하는 것이고, 이 사건 스크립트와 피고 스크립트는 모두 로그분석 대상이 되는 사이트가 외부 서버에 있는 로그분석 프로그램을 이용하기 전에 외부 서버와의 통신이 정상적으로 이루어지고 있는지를 확인하는 기능을 수행하는 프로그램이다…

1) 원고의 주장

원고는, 이 사건 스크립트와 피고 스크립트는 ① 이미지를 문서에 삽입하여 이미지가 로딩되는지를 확인함으로써 서버의 상태를 확인하고 문서 로딩의 안전성을 보장하는 기능, ② 이러한 기능을 구현하기 위한 흐름(배열), ③ 위 기능을 표현하기 위한 함수 및 소스코드에 있어 실질적 유사성이 있고, 나아가 피고가 이 사건 스크립트를 이용하여 피고 스크립트를 제작하였으므로, 피고 스크립트는 원고의 이 사건 스크립트에 대한 저작권을 침해한 것이라 주장한다.

3) 이 사건 스크립트와 피고 스크립트 사이의 실질적 유사성에 관한 판단

…

나) 원고의 ③주장에 관하여

다음으로 ③의 점에 관하여 보건대, 앞서 든 증거에 의하면, 이 사건 스크립트와 피고 스크립트는 i) 이미지 로딩을 통하여 서버 상태를 확인하는

6-211) 대구지방법원 2013. 10. 1. 선고 2012가합9960 판결(확정).

기능에 있어서 그 이미지값을 'width:1px;height:1px;position:absolute'로 설정하여 이미지 크기가 폭 1픽셀, 높이 1픽셀이 되도록 함으로써, 로딩된 이미지가 실제로는 보이지 않도록 한 점, ii) 각 스크립트 내에서 정의된 변수명이 완전히 같지는 않으나 피고 스크립트는 이 사건 스크립트의 각 변수명에 'cpc_','cpc_script'를 덧붙인 정도의 차이만 존재하는 점, iii) 자바스크립트 로딩 블록을 생성하는 부분에 있어서 'document.createElement'라는 표현이 동일하게 사용된 점, iv) 각 스크립트는 모두 'getElementsByTagName('head')'를 표시한 후'("/head")'로 종료시키지 않은 공통의 오류를 보이는 점에서 유사성이 존재하는 사실이 인정되고, 반면, 그 스크립트 라인과 함수에 있어서는, 이 사건 스크립트는 총 32라인으로 구성되어 있으며 'logCorpAscript_full'을 일종의 객체로 정의한 후 내부적으로 모듈화하여 'ch( ), dls( ), init( )' 세 개의 함수로 구성되어 있지만, 피고의 스크립트는 총 18라인으로 구성되어 있고, 변수명을 정의한 후 'cpcguard_script_bind( )' 함수만 호출하고 있어 이 사건 스크립트처럼 모듈화되어 있지는 않은 등 표현형식과 구성이 다른 사실도 인정된다.

살피건대, '이미지값 설정 명령'의 경우 이미지를 불러와 외부 서버가 정상적인 상태인지 확인하려는 생각이 있는 사람이라면, 누구나 쉽게 그러한 값을 설정하여 사용할 만한 것이라 볼 수 있고, '변수명, 자바스크립트 로딩 블록'의 경우도 그 형태가 일반적으로 이용될 수 있거나, 같은 생각이 있는 사람이라면 유사한 변수명을 정의할 수 있을 만한 것이라고 보이는바, 그와 같은 부분에서 유사성이 존재한다는 사실만으로 이 사건 스크립트와 피고 스크립트 사이의 실질적 유사성을 인정하기는 어렵고, 각 스크립트가 모두 공통의 오류를 가지고 있다고 하여 이를 실질적 유사성의 인정 근거로 삼기도 어렵다.

오히려 앞서 인정한 바와 같이 이 사건 스크립트와 피고 스크립트의 라인 수 및 구체적인 지시명령에 해당하는 함수를 비교하면 그 표현형식과 전체적인 구성에 있어 전혀 다른 점이 인정되는바, 이와 같은 사정들을 종합하면, 원고가 제출한 증거만으로 이 사건 스크립트와 피고 스크립트가 실질적으로 유사하다고 인정하기는 부족하고, 달리 이를 인정할 만한 증거가 없다.」

나. 유사성을 긍정한 사례

1) 외국어학습프로그램 사건[6-212)]

우선 2004도8233 판결은

「원심이 채용한 2002. 12. 31.자 프로그램심의조정위원회위원장의 감정보고서는, 이 사건 공소제기 이전에 고소인 주○○의 신청에 의하여 수사기관에서 실시된 감정결과인데, 그 감정 당시 감정대상물로서 주○○의 2002년 프로그램(등록번호 2002-호[6-213]는 동영상 외국어 학습용 S/W, 2002-호는 동영상 외국어 강의용 S/W, 2002-호는 동영상 강의용 및 학습용 데이터 편집기, 2002-호는 동영상 외국어 강의용 S/W 스킨에디터) 중 1개인 '2002-호 (A)'와 이 사건 동영상프로그램(등록번호 2002-호는 동영상 외국어 학습용 S/W, 2002-호는 동영상 외국어 강의용 S/W, 2002-호는 동영상 강의용 및 학습용 데이터 편집기, 2002-호는 동영상 외국어 강의용 S/W 스킨에디터) 중 1개인 '2002-호 (B)'만을 표본 추출하는 방식으로 대비함으로서 양 프로그램 모두를 비교하지 아니하였을 뿐 아니라, 그 감정내용도 이 사건 동영상 프로그램(B) 중 주○○의 2002년 프로그램(A)을 제외한 나머지 부분이 어느 정도이며 거기에 새로이 부가된 창작적인 부분이 존재하는지 등은 알 수 없게 되어 있는바, 그와 같다면 위 감정결과는 이 사건에 있어서, 양 프로그램의 동일성 여부를 판단하기 위한 자료로는 부족한 증거라고 할 것임에도 불구하고, 원심은 그 점에 관하여 감정을 별도로 실시하는 등 이를 확인하지 아니한 채 위 감정보고서 및 같은 취지의 위 위원장에 대한 사실조회결과와 위 프로그램들을 만든 시기가 비슷하다는 점만을 토대로 이 사건 동영상 프로그램이 주○○의 2002년 프로그램과 동일하다고 인정하고 말았으니, 여기에는 채증법칙 위반으로 인한 사실오인이나 심리미진의 위법이 있고, 그것이 판결 결과에 영향을 미쳤다.」

고 파기환송하였고 이에 환송 후 항소심(2006노2928)은 이를 보완하여,

「나. 이 사건 동영상프로그램과 '주○○의 2001년 프로그램'이 서로 동일한지 여부

(1) 감정결과

컴퓨터프로그램보호위원회 작성의 '동영상학습용프로그램 감정서'(2007. 9. 27.자)의 기재에 환송 후 당심증인 최△△, 이◇◇의 각 진술을 종합하여 보면, 다음과 같은 사실을 인정할 수 있다.

6-212) 대법원 2006. 10. 13. 선고 2004도8233 판결(환송 후 항소심 서울중앙지방법원 2008. 5. 6. 선고 2006노2928 판결, 대법원 2009. 1. 30. 선고 2008도4496 판결).

6-213) 이하 구체적인 번호는 생략하였다.

(가) 감정대상 프로그램

순번	주○○의 2001년 프로그램(원본)		이 사건 동영상프로그램(비교본)	
	등록번호	명 칭	등록번호	명 칭
1	2002-01-13-3572	동영상 데이터편집기	2002-01-13-738	동영상 데이터편집기
2	2002-01-13-3573	동영상 학습용 프로그램	2002-01-13-736	동영상 학습용 프로그램
3	2002-01-13-3574	스킨에디터	2002-01-13-739	스킨에디터
4	2002-01-13-3575	동영상 강의용 프로그램	2002-01-13-737	동영상 강의용 프로그램

(나) 유사도

i) 소스코드 유사도

감정대상 프로그램			유사도	
순번	주○○의 2001년 프로그램(원본)	이 사건 동영상 프로그램(비교본)	원본 기준	비교본 기준
1	2002-01-13-3572	2002-01-13-738	97.2%	98.5%
2	2002-01-13-3573	2002-01-13-736	97.6%	95.4%
3	2002-01-13-3574	2002-01-13-739	99.8%	99.8%
4	2002-01-13-3575	2002-01-13-737	95.2%	97.7%
합 계			96.9%	97.2%

ii) 사용자 인터페이스 유사도

감정대상 프로그램			유사도	
순번	주○○의 2001년 프로그램(원본)	이 사건 동영상 프로그램(비교본)	원본 기준	비교본 기준
1	2002-01-13-3572	2002-01-13-738	88.3%	98.7%
2	2002-01-13-3573	2002-01-13-736	62.0%	66.2%
3	2002-01-13-3574	2002-01-13-739	100.0%	100.0%
4	2002-01-13-3575	2002-01-13-737	프로그램 수행 오류로 인하여 유사도 측정 불가	프로그램 수행 오류로 인하여 유사도 측정 불가
합 계			79.5%	85.7%

(2) 판 단

이 사건 동영상프로그램이 '주○○의 2001년 프로그램'과 서로 동일하다고 판단하기 위해서는 '주○○의 2001년 프로그램'중 상당 부분이 이 사건 동영상프로그램에 포함되어 있어야 할 뿐만 아니라 양 프로그램 모두를 서로, 전체적으로 대비할 때 이 사건 동영상프로그램에 사회통념상 새로이 부가된 창작적인 부분도 없어야 할 것이다.

그런데 컴퓨터프로그램의 동일성을 판단함에 있어서는 지시명령의 기능을 수행하는 소스코드의 유사도가 가장 중요한 비중을 차지한다고 할 것인바, 앞서 본 감정결과에 의하면, ① 이 사건 동영상프로그램 중 등록번호 2002-호에는 원본('주○○의 2001년 프로그램' 중 등록번호 2002-01-13-3572호)의 97.2%가 포함되어 있을 뿐만 아니라, 그 원본 부분을 제외한 나머지 부분이 1.5%(100%－98.5%)에 불과하며, 그 1.5% 부분에 별도의 창작성 있는 부분이 존재하는 것으로도 보이지 않는 점, ② 이 사건 동영상프로그램 중 등록번호 2002-호에는 원본('주○○의 2001년 프로그램' 중 등록번호 2002-01-13-3573호)의 97.6%가 포함되어 있을 뿐만 아니라, 그 원본 부분을 제외한 나머지 부분이 4.6%(100%－95.4%)에 불과하며, 그 4.6% 부분에 별도의 창작성 있는 부분이 존재하는 것으로도 보이지 않는 점, ③ 이 사건 동영상프로그램 중 등록번호 2002-호에는 원본('주○○의 2001년 프로그램' 중 등록번호 2002-01-13-3574호)의 99.8%가 포함되어 있을 뿐만 아니라, 그 원본 부분을 제외한 나머지 부분이 0.2%(100%－98.2%)에 불과하며, 그 0.2% 부분에 별도의 창작성 있는 부분이 존재하는 것으로도 보이지 않는 점, ④ 이 사건 동영상프로그램 중 등록번호 2002-호에는 원본('주○○의 2001년 프로그램' 중 등록번호 2002-01-13- 3575호)의 95.2%가 포함되어 있을 뿐만 아니라, 그 원본 부분을 제외한 나머지 부분이 2.3%(＝100%－97.7%)에 불과하며, 그 2.3% 부분에 별도의 창작성 있는 부분이 존재하는 것으로도 보이지 않는 점 등을 종합하면, 이 사건 동영상 프로그램은 사회통념상 '주○○의 2001년 프로그램'과 동일한 프로그램이라고 할 것이다.」

고 판시하였다.

2) 코어뱅킹시스템 사건[6-214)]

6-214) 서울고등법원 2009. 5. 27. 선고 2006나113835, 113842(병합) 판결〔대법원 2011. 6. 9. 선고 2009다52304, 2009다52311(병합) 판결〕, 평석은 장현진, "컴퓨터 프로그램 저작물의 실질적 유사성 판단", Law & Technology 제3권 제1호(2007. 1) 참조. 본감정은 1차와 2차로 나누어 진행되었으며, 1차에서는 온전한 소스코드를 감정대상으로 받지 못하여 Cobol과 C로 언어가 다른 양 프로그램을 함수호출관계도

『라. Bancs와 ProBank / ProFrame의 유사성 감정 경과

(1) 피고는 서울중앙지방법원 2004카합4128호 컴퓨터프로그램사용금지가처분 사건에서 2005. 6. 컴퓨터프로그램 감정을 위하여 ProBank의 소스코드를 제출하였는데, ProBank의 소스코드에 COBOL 언어로 된 소스코드나 구문이 틀린 C 언어가 다수 포함되어 있어 컴파일이 되지 않았고, 2005. 7. 다시 ProBank의 소스코드를 제출하였지만 이 역시 마찬가지 문제가 있어 컴파일이 되지 않았으며, 그 후 피고가 다시 제출한 ProBank 소스코드와 Bancs(2001년 이후 제작된 버전)를 대상으로 컴퓨터프로그램보호위원회의 감정이 이루어졌다. 한편, 피고는 위와 같이 1, 2, 3차에 걸쳐 ProBank라는 이름의 프로그램의 소스코드를 제출하였는데, 그 중에는 ProBank를 실행하기 위해 필수적인 ProFrame의 소스코드도 함께 포함되어 있었지만, 피고는 이 두 프로그램을 구분지어 제출하지 않았다.

(2) 피고는 2005. 1. 13. ProBank와 ProFrame 각 2.0 버전을 컴퓨터프로그램보호위원회에 등록하였는데, 등록된 두 프로그램 역시 양자가 확실하게 구분되는 프로그램은 아니었고, ProBank의 실행을 위해 파일이 목적코드(object code)로 컴파일되는 경우 그 파일은 ProBank의 lib 폴더(등록 당시 1,069개)에 저장되고, ProFrame 역시 같은 lib 폴더에 저장된 파일을 그대로 사용하여 구동되는 방식으로 프로그램이 실행되고 있었다.

(3) 위 가처분 사건에서 제출된 감정 결과 중 주요 내용은 다음과 같다〔Bancs와 ProBank{ProFrame 중 상당부분을 포함하는 프로그램을 말한다. 이 (3)항에서는 이하 같다}는 사용된 프로그래밍 언어가 서로 달라, 소스코드를 일일이 비교하는 감정방식은 불가능하여 파일 사이에 호출관계를 기초로 논리적인 연관성을 추론하는 정량적 방법과 이를 보충하여 양측이 제출한 코드를 직접 눈으로 살피면서 전문가적 직관에 기해 전체적인 유사도를 파악하는 정성적 방법으로 감정이 이루어졌다〕.

(콜그래프)를 이용하여 유사도를 산출하였으며, 2차에서는 1차 감정시 1~3차 제출된 소스코드 및 주석에서 추가·삭제·변경된 내용 등에 대하여 감정을 수행하였다고 한다(저작권 관련 감정사건 판례집(1), 한국저작권위원회 2010. 37면). 서로 다른 프로그램언어로 작성된 원·피고의 프로그램에 대해, 프로그램의 구조에 해당하는 파일 사이에 호출관계를 기초로 논리적인 연관성을 추론하는 정량적인 방법과 이에 보충하여 양측이 제출한 소스코드를 직접 눈으로 살피면서 전문가적 직관에 기해 전체적인 유사도를 파악하는 정성적인 방법으로 얻은 감정결과를 토대로 양 프로그램의 실질적 유사성을 인정한 사례이다.

① 정량적 방법에 따른 감정결과

Bancs의 COBOL 소스코드를 구성하는 948개 파일에 대한 호출관계그래프(call graph)와 ProBank의 C 소스코드를 구성하는 3,203개 파일에 대한 호출관계그래프를 도출한 다음, 이들을 파일의 개수, 줄 수, 함수 수에 따라 정량적으로 비교한 결과, 파일의 수를 비교할 때 Bancs 파일들 중에서 호출관계가 50% 이상 유사한 ProBank 파일들이 포함된 파일 수는 전체 Bancs 파일 수의 71.84%(681개/948개)이고, 파일 안에 들어있는 줄 수를 비교할 때 Bancs 파일들에 포함된 줄 중에서 함수 호출관계가 50% 이상 유사한 ProBank 파일들에 포함된 줄 수는 Bancs 전체 줄 수의 41.25%(635,809/1,541,174)이며, 함수 수를 비교할 때 Bancs 파일들에 포함된 함수 중에서 함수 호출관계가 50% 이상 유사한 ProBank 파일들에 포함된 함수 수는 Bancs 전체 함수 수의 15.12%(9,763/64,574)이다.

따라서, COBOL로 구성된 Bancs의 소스코드 중에서 ProBank와 유사성이 50% 이상인 소스코드에 관한 정량적 분석결과는 전체의 42.74%(다음에서 보는 평균값)를 차지한다.

〔71.84%(파일 수 기준)+41.25%(줄 수 기준)+15.12%(함수 수 기준)〕÷3 =42.74%〕

한편, 위 두 컴퓨터프로그램 사이의 정량적 유사도 분석결과는 아래 표 기재와 같다.

<표> 유사도 상위 누적구간별 파일 수, 줄 수, 함수 수 비율

유사도 구간(%)	파일 비율(%)	줄 비율(%)	함수 비율(%)
90 ~ 100	228/948 = 24.05	151,164/1,541,174 = 9.81	953/64,574 = 1.48
80 ~ 90	311/948 = 32.81	207,804/1,541,174 = 13.48	1,722/64,574 = 2.67
70 ~ 80	423/948 = 44.62	318,625/1,541,174 = 20.67	3,083/64,574 = 4.77
60 ~ 70	546/948 = 57.59	461,909/1,541,174 = 29.97	5,371/64,574 = 8.32
50 ~ 60	681/948 = 71.84	635,809/1,541,174 = 41.25	9,763/64,574 = 15.12

② 정성적 방법에 따른 감정결과

ProBank는 C 언어로 작성되었는데, 코드 중에는 C 언어로 작성되었다고 보기 어려운 코드들이 포함되어 있고, COBOL 언어로 작성된 주석이 3,203개 파일 중 285개 정도를 차지한다. 또한 C 언어가 COBOL 소스코드에서 번역된 것임이 명백한 주석이 발견되기도 하였다. ProBank 소스코드는 보통의 C 프로그래머가 처음부터 독자적으로 작성한 것으로 보기는 어렵고, 소스코드에 사용된 함수들의 이름과 명령문, 그리고 주석 내용으로 보아 이미 존재하는 COBOL 소스코드를 일정하게 정해진 규칙에 따라 사람 혹은 기계를 사용하여 번역한 것으로 판단된다. 그러나 번역의 대상이 된 원본 COBOL 소스코드가 Bancs 소스코드인지는 확인할 수 없다…

3. 판 단

가. 침해 여부 판단

…마지막으로 앞서 인정한 사실을 기초로 Bancs와 ProBank(ProFrame 중 상당부분을 포함하는 프로그램)의 구조적, 언어적 표현을 비교한다. 피고는 이 사건이 제기되기 전에 진행된 가처분 사건에서 행하여진 감정을 위해 모두 3차례에 걸쳐 ProBank의 소스코드를 제출했는데 그 중 첫번째, 두번째 소스코드에는 COBOL 언어를 다수 포함하고 있어 감정 자체가 불가능한 상태였고, 세번째 제출한 소스코드에 기초해서 감정이 이루어지기는 했지만, 이 역시 원래 C 언어로 작성된 것이라고 볼 수 없는 COBOL 언어의 흔적이 다수 포함되어 있었다. 더욱이 COBOL 언어로 작성된 주석이 3,203개 파일 중 285개 정도를 차지하는가 하면, C 언어가 COBOL 소스코드에서 번역된 것임이 명백한 주석이 발견되기도 했는데, 이는 피고가 COBOL 언어로 작성된 다른 프로그램을 번역하던 중 생긴 흔적이라는 점을 강하게 추단하게 하는 부분이다. 또한 소스코드를 구성하는 언어가 다른 경우라 해도 실행 중에 정의한 함수들이 서로 어느 함수를 언제 호출하는지 표현해 주는 호출관계그래프(call graph)를 비교함으로써 프로그램의 구성까지 그대로 가져다 썼는지 여부를 파악할 수 있는데(갑 7호증의 기재 참조), 이와 같은 호출관계그래프에 드러난 바에 따르면, 두 프로그램은 소스코드 중 50% 이상에서 유사성을 지니는 파일의 비율이 42.74%였고, 결국 Bancs와 ProBank (ProFrame 중 상당부분을 포함하는 프로그램)는 구성 파일들 사이에 유사성이 있을 뿐만 아니라 파일을 호출하는 함수관계의 구조 역시 상당한 유사성을 지니고 있다고 할 수 있다. 여기에 더하여 한미은행이 1993년 처음 Bancs를 도입할 당시 적합화 작업에만 18개월 정도 걸렸는데도, 피고의 경우 ProBank와 ProFrame 출시 전에 은행업무 전산화 프로그램을 제작·출시한 적도 없던 상황에서 2003. 12. 26. 한국휴렛팩커드와 기술용역지원계약을 체결하고 나서 불과 1년 남짓 경과한, 그리고 코아뱅킹시스템 작업이 중단

된 2004. 6.부터는 불과 6개월 남짓 경과한 2005. 1. 13. ProBank 2.0 버전과 ProFrame 2.0 버전을 컴퓨터프로그램보호위원회에 등록한 정황까지 고려해 보면, 피고는 한미은행의 전산시스템 개선 작업 당시 취득한 신종합온라인 시스템의 소스코드를 이용하여 ProBank(ProFrame의 상당부분을 포함하는 프로그램)를 제작한 것이라고 보아야 할 것이다.」

3) 유통관리프로그램 사건[6-215)]

<사안의 개요>

원고가 피고들에 대하여 피고들이 원고의 거래처에 대한 유지보수작업을 방해하고 원고의 거래처를 빼앗는 등 원고의 영업을 방해하였고, 원고의 프로그램 저작물(초록마을 프로그램, 해피버스 프로그램, 유통용 ASP 프로그램)을 일부 변경하여 다른 프로그램(다비치 프로그램, 후레쉬마트 프로그램 단독점포용 ASP 프로그램)을 개발함으로써 원고의 프로그램 저작물의 복제권이나 개작권을 침해하였다고 주장하면서 영업방해, 영업비밀침해 및 저작권 침해에 따른 불법행위에 기초한 손해배상과 그 지연손해금의 지급을 구하는 사안이다.

<법원의 판단>

「가. 원고의 주장

6-215) 서울중앙지방법원 2009. 4. 3. 선고 2006가합92887 판결, 서울고등법원 2010. 6. 9. 선고 2009나47052 판결, 대법원 2012. 1. 27. 선고 2010다50250 판결(파기환송), 환송 후 2심판결 서울고등법원 2012. 5. 24. 선고 2012나12933 판결, 대법원 2013. 1. 10. 선고 2012다57842 판결(파기재환송), 재환송 후 2심판결 서울고등법원 2013. 6. 13. 선고 2013나8368 판결. 제1심은 원고의 청구를 모두 기각하였고, 원고가 이에 불복하여 항소를 제기하였다. 환송 전 2심판결은 원고의 다비치 프로그램 저작권 침해에 기초한 손해배상청구 중 일부를 받아들이고, 나머지 청구를 기각하였다. 원고와 피고 ㈜거○○○○ 등이 패소 부분에 불복하여 상고를 제기하였고, 대법원은 원고 패소 부분 중 후레쉬마트 프로그램의 저작권 침해에 따른 손해배상청구 부분을 파기하여 환송하고, 나머지 상고를 모두 기각하였다. 환송 후 2심판결은 원고의 후레쉬마트 프로그램의 해피버스 프로그램 저작권 침해에 기초한 손해배상을 인정한 다음, 피고 신△△의 상계항변을 받아들여 원고의 청구를 기각하였고, 원고가 이에 불복하여 상고를 제기하였다. 대법원은 환송 후 2심판결에는 원고의 저작권 침해에 따른 손해배상청구권이 고의의 불법행위에 기초한 것인지를 밝히지 않고 상계로 소멸하였다고 단정한 위법이 있다는 이유로 파기하여 재환송하였다.

피고들은 원고가 프로그램저작권을 갖는 초록마을 프로그램,…등 원고의 각 프로그램을 극히 일부만 변경하여, 다비치 프로그램(초록마을 프로그램 침해), … 을 개발함으로써 원고의 프로그램 저작권(원고가 구체적 권리를 주장하지는 않았으나, 복제권 내지 개작권 침해를 주장하는 것으로 보인다)을 침해하였으므로, 피고들은 연대하여 원고에게 손해배상으로 원고의 각 프로그램을 이용하여 얻은 이익 234,523,039원(원고의 이탈거래처 외에 원고의 각 프로그램을 이용하여 거래하였다고 주장하는 피고의 신규 거래처에 대한 2006년 및 2007년 매출 합계 811,498,404원×표준소득률 28.9%, 원 미만은 반올림) 상당을 지급할 의무가 있다.

나. 판 단

(1) 다비치 프로그램 부분

(가) 초록마을 프로그램 저작권의 침해 여부

피고 회사가 주식회사 신세계아이앤씨로부터 주식회사 다비치 안경체인의 SI(System Integration) 개발을 하도급받아 유통관리 프로그램(이하 '다비젼 프로그램'이라 한다)을 제작·공급한 사실은 당사자 사이에 다툼이 없고, (증거)의 각 기재, 제1심의 컴퓨터프로그램보호위원회에 대한 감정촉탁결과 및 변론 전체의 취지에 의하면, 피고 신△△ 등은 원고 회사에서 퇴사할 당시 반환하지 아니하고 보유하던 노트북을 피고 회사에서 근무하면서 사용한 사실, 피고 권◇◇, 이◎◎, 이□□이 원고에게 반납한 각 노트북에 원고의 초록마을 프로그램의 소스코드가 저장되어 있는 사실, 피고 이□□이 반환한 노트북에서 삭제된 파일들을 복원한 결과 다비치 유통관리 프로그램의 파일(이하 '복원된 다비치 프로그램'이라 한다)이 복원된 사실, 복원된 다비치 프로그램과 원고의 초록마을 프로그램의 유사도를 정량방식에 따라 감정한 결과 초록마을 프로그램 기준으로 99.78%, 복원된 다비치 프로그램 기준으로 88.24%가 동일·유사하고, 복원된 다비치 프로그램의 워크스페이스 내 라이브러리 파일에서 '초록마을'이라는 단어를 포함한 부분이 상당수 존재하는 사실, 피고 신△△, 권◇◇, 이□□이 복원된 다비치 프로그램 개발에 관여한 사실이 인정되고, 이러한 인정사실에 의하면 피고 회사는 피용자인 피고 이□□ 등으로 하여금 초록마을 프로그램에 의거하여 복원된 다비치 프로그램을 개발하게 하였고, 이와 같이 개발된 복원된 다비치 프로그램이 원고의 초록마을 프로그램과 실질적으로 유사하다는 점이 인정된다.

따라서 복원된 다비치 프로그램은 초록마을 프로그램의 개작권을 침해한 것이므로, 피고 신△△, 권◇◇, 이□□과 그들의 사용자인 피고 회사는 각자 원고에게 그로 인한 손해를 배상할 의무가 있다.

이에 대하여 위 피고들은 원고의 초록마을 프로그램이 기린시스템의 KINDS-NT의 최신 버전인 신성통상의 리치마트 영업관리 프로그램을 개작한 것이고, 피고들도 신성통상의 리치마트 영업관리 프로그램을 개작하여 다비치 프로그램을 작성하였기 때문에 상호 유사한 것이라고 주장한다.

제1심의 컴퓨터프로그램보호위원회 및 한국데이터베이스진흥센터에 대한 각 감정촉탁결과, 당심의 한국저작권위원회에 대한 사실조회결과 및 변론 전체의 취지를 종합하면, 기린시스템의 KINDS-NT와 원고의 초록마을 프로그램의 유사도를 정량방식에 따라 감정한 결과 KINDS-NT 기준으로 9.89%, 초록마을 프로그램 기준으로 6.50%가 동일·유사하고, …신성통상 리치마트에서 현재 사용하고 있는 유통관리 프로그램(이하 '신성통상 프로그램'이라 한다)과 원고의 초록마을 프로그램의 각 데이터베이스에 공통된 테이블 59개만을 대상으로 한 데이터베이스 스키마(데이터베이스의 구조로서 테이블,[6-216] 컬럼,[6-217] 식별키[6-218] 등으로 구성된다) 유사도 감정결과 영문 테이블명 유사도가 100%, 칼럼명 유사도가 72%, 식별키 유사도가 58%인 사실, 이에 관하여 동일하지 아니한 테이블명에 대해서는 기능상 서로 대응하는 테이블이 없다는 전제하에 전체영역을 기준으로 유사도를 다시 산출하면 신성통상 프로그램 기준으로 영문테이블명 유사도가 38%, 컬럼명 유사도가 28%, 식별키 유사도가 22%인 사실, 기린시스템의 KINDS-NT와 신성통상 프로그램의 각 데이터베이스가 상이한 사실이 인정되는데, 이러한 사정에 데이터베이스 스키마는 처리하여야 할 데이터의 종류 및 내용에 따라 좌우되는 것인데, 신성통상과 초록마을은 모두 유통업체이므로 기본적으로 처리하여야 할 데이터는 같을 수밖에 없고, 더욱이 신성통상 프로그램이나

6-216) 관계형 데이터베이스에서 데이터를 저장하는 일차적 대분류 단위를 의미하고, 각각의 테이블의 이름을 정하는 규칙을 네이밍 룰(naming rule)이라고 한다. 예를 들어 기업에서 사용하는 데이터베이스의 테이블에는 사원 테이블, 부서 테이블 등의 단위로 구성될 수 있다.

6-217) 개별 테이블 내에서 정보를 구성하는 단위를 의미한다. 예를 들어 사원 테이블 내에서 각 사원들의 정보를 저장하기 위하여 사용되는 사원번호, 사원명, 주소 등의 정보 단위를 컬럼이라고 할 수 있다.

6-218) 프라이머리 키(Primary Key)라고도 하고, 각 테이블 간에 관련 데이터를 구별 내지 식별할 수 있도록 하는 기호를 의미한다.

초록마을 프로그램의 개발자가 대부분 같으므로 동종의 데이터에 관한 데이터베이스 스키마는 유사할 가능성이 큰 점을 고려하면 비록 초록마을 프로그램이 신성통상 프로그램이나 KINDS-NT에 의거하여 개발되었다고 하더라도 앞서 본 프로그램 유사도 및 데이터베이스 스키마 유사도 수준만으로는 신성통상 프로그램이나 KINDS-NT와 초록마을 프로그램이 실질적으로 유사하다고 볼 수 없다.

더욱이 앞서 본 바와 같이 복원된 다비치 프로그램의 워크스페이스 내 라이브러리 파일들에 '초록마을'이라는 단어를 포함한 부분이 상당수 존재하는 점에 비추어 복원된 다비치 프로그램은 초록마을 프로그램에 의거하여 작성된 것임이 분명하다.』

☞ 이 사건에서 컴퓨터프로그램 저작권과 관련하여 문제되는 것은 ① 원고 회사 프로그램들이 소외 회사의 KINDS-NT 프로그램의 복제물 내지 2차적 저작물인지 아니면 그와 별개의 독창적인 저작물에 해당하는지 여부, ② 피고 측 프로그램들이 원고 회사 프로그램들의 복제물 내지 2차적 저작물에 해당하는 아니면 소외 회사의 KINDS-NT 프로그램의 복제물 내지 2차적 저작물에 해당하는지 여부로, 2009나47052 판결에 대한 평석[6-219] 참조.

4) 인터넷 전화교환기 사건[6-220]

원고는 피고들은 주위적 청구취지와 같이 원고 프로그램에 관한 영업비밀 침해행위나 저작권 침해행위를 하여서는 아니 되고, 예비적으로 감정 결과 유사도가 높다고 판정된 모듈과 파일에 관하여 영업비밀 침해행위나 저작권 침해행위를 하여서는 아니 된다고 주장함에 대하여 법원은 원고 프로그램의 저작물성을 인정한 후 다음과 같이 판결하였다.

『나. 주위적 청구에 관한 판단

앞서 본 감정결과에 변론 전체의 취지를 종합하면, 피고들 프로그램의 원고 프로그램과의 유사도는 전체적으로 35.7%에 그치고, 핵심 모듈 중의 하나로서 Hexus의 SIP 프로그램의 전체 라인수의 25%에 해당하는 'Session.cs'(콜을 제어하고 인터넷 전화교환기의 기능을 수행하면서 상황에 맞게 SIP 프로토콜 정보를 채워주는 모듈)와 'SessionController.cs'(SIP 프로토콜

6-219) 김동규, "컴퓨터프로그램 저작권 침해 소송에서 정량적 방법에 의한 유사도 감정", Law & technology 제6권 제4호(2010. 7), 12, 17면.

6-220) 서울고등법원 2011. 5. 25. 선고 2009나60413 판결(확정).

정보를 보관하는 모듈)의 크기는 피고들 프로그램의 30%에 달할 정도로 비중이 크지만 원고 프로그램과의 유사도는 각각 14.9%와 0.4%에 불과한 사실이 인정되는바, 사실관계가 이러하다면 별지 1 목록 피고들 프로그램이 전체적으로 원고 프로그램과 실질적으로 유사하다고 볼 수 없으므로, 원고의 복제권이나 배포권을 침해하였다고 보기 어려우며, 달리 이를 인정할 증거가 없어 원고의 주위적 청구는 더 나아가 살필 필요 없이 이유 없다.

다. 예비적 청구에 관한 판단

(1) 앞서 본 사실관계와 이 사건 감정결과에 의하면, 피고 김○○, 윤△△, 이◇◇이 원고 회사의 직원으로 근무하면서 원고 프로그램의 개발과 판매에 관여하였고, 원고 회사에서 퇴사한 이후 피고 1, 2, 3 회사를 설립하거나, 그 직원이 된 사실, 공개된 프로그램으로 원고 프로그램과 피고들 프로그램이 제작되었다고 주장하는 피고들이 제출한 공개된 소스코드(감정인이 추가 획득한 공개된 소스코드 포함)와 C# 언어의 특성상 또는 개발도구가 자동으로 생성하여 유사할 수밖에 없는 부분을 제외한 나머지 부분만을 검출하여 유사도를 감정한 결과 별지 3 목록 기재와 같이 각 모듈의 해당 파일별로 Hexus.Stack 모듈의 경우 89.1% 내지 100%의, Hexus.Media 모듈의 경우 98.2% 내지 100%의, Hexus.RTP 모듈의 경우 86.2% 내지 100%의, Hexus.Vocoder 모듈과 Hexus.Vocoder.G711 모듈의 경우 100%의 높은 유사도를 보였고, Hexus.Stack 모듈을 운용할 수 있도록 지원하는 역할을 수행하는 Hexus.X 모듈 중에서도 'MainStatic' 파일과 'SIP Service' 파일은 각각 100%의, 'TrayIcon'파일은 98.2%의 유사도를 보인 사실 및 그 유사성의 내용도 위 모듈이나 파일이 원고 프로그램의 대응 부분의 클래스 이름, 필드 변수 이름, 메소드 이름, 메소드의 매개변수 개수, 타입, 메소드 내 구현된 동작까지 일치한 사실을 인정할 수 있는바, 위 인정사실에 의하면, 위와 같이 높은 유사도를 보인 피고들 프로그램의 모듈(이를 따로 정리한 것이 별지 4 목록이다)과 파일은 이에 대응하는 원고 프로그램과 실질적으로 유사하여 위 모듈과 파일은 원고 프로그램의 소스코드에 의거하여 작성되고, 그 프로그램이 장착된 이 사건 인터넷 전화교환기가 판매됨으로써 원고의 복제권과 배포권을 침해하였고, 또한 장래에 전송권을 침해할 우려가 높다고 봄이 상당하다(다만, 원고의 청구 중 '개작'에 의한 침해를 금지하는 부분은 개작의 범위와 정도에 따라 침해 여부가 달라질 수 있고, 그 집행과정에서 이를 구별할 수 있을 만큼 구체적으로 특정이 되지 아니하므로 이 부

분 청구는 받아들이지 아니한다).

(2) 이에 대하여 피고들은, 위와 같이 높은 유사도를 보인 모듈은 인터넷 전화교환기의 핵심기술이 아닐 뿐만 아니라, Hexus.Stack 모듈은 국제표준규약 사용에 따라 제작되므로 유사도가 높을 수밖에 없고, Hexus.Media 모듈 중 MainStatic 파일은 프로그램의 진입점으로 프로그램을 직접 실행하는 방식으로 구동시키는 역할을 수행하고, MediaService 파일은 그 자동구동 대상이며, TrayIcon 파일은 사용자 환경(User Interface)에 나타나는 On/Off 기능을 수행하는 단순한 형식에 불과하여 Hexus.Media 모듈 역시 유사도가 높을 수밖에 없으며, Hexus.Vocoder 모듈과 Hexus.Vocoder.G711 모듈은 인터넷으로 전송되는 음성파일을 인터넷 전화기에서 들을 수 있는 코덱으로 변환하는 모듈로서 압축방법에 관한 규칙을 담고 있는 것에 불과하므로 동일한 코덱을 사용하면 모듈 또한 동일할 수밖에 없다고 주장한다.

그러나 피고들 주장과 같이 핵심 모듈이 아니라 하더라도 창작성이 있는 소스코드를 복제한 경우 복제권 침해가 인정될 수 있고(갑 제18호증에 의하면 대부분 필요한 모듈이나 파일로 보인다, 이 사건 기록 204면), 그 밖에 피고들 주장과 같이 원고 프로그램이나 피고들 프로그램이 국제표준규약에 따라 동일한 Stack 모듈을 제작하였다거나 동일한 코덱을 사용하고 있다는 등 피고들 주장의 모듈과 파일이 원고 프로그램과 유사할 수밖에 없어 원고의 복제권을 침해하지 않았다는 점을 뒷받침할만한 마땅한 자료가 없다.』

5) 절곡장치제어프로그램 사건[6-221]

『다. Win98용 프로그램과 이 사건 프로그램의 동일·유사성

(1) 피고가 이 사건 프로그램은 Win98용 프로그램과 실질적으로 유사한 프로그램이 아니라는 전제하에 주장하고 있으므로 살펴본다.

(2) 원고가 제출한 CD에 담긴 Win98용 프로그램과 원고가 조○○으로부터 건네받은 것으로서 피고가 사용하였다는 이 사건 프로그램의 동일 또는 유사한 정도에 관한 제1심에서의 구 컴퓨터프로그램 보호위원회에 의한 감정결과는 다음과 같다.

① Win98용 프로그램 중 확장자가 cpp인 파일은 83개, 확장자가 h인 파일은 76개이고, 이 사건 프로그램 중 확장자가 cpp인 파일은 91개, 확장자가 h인 파일은 86개이다. 나머지 확장자 파일은 컴파일 과정에서 자동으로 생

6-221) 서울고등법원 2011. 8. 17. 선고 2009나71420 판결(확정).

성되는 부수적인 파일이거나 이미지 파일에 불과하여 감정대상에서 제외하였다.

② 감정방법은 Win98용 파일을 기준으로 비교쌍을 비교하는 원본기준방식을 사용하였고, 감정인의 비교도구인 exEyes를 사용하되 그 사용결과를 감정인이 육안으로 재확인하였다.

③ 비교결과 Win98용 프로그램의 159개(확장자가 cpp인 83개+확장자가 h인 76개)에 대한 이 사건 프로그램의 비교쌍 중 136쌍이 80% 이상의 유사도를 보였고, Win98용 프로그램의 소스코드 45,842 라인 중 37,319 라인이 이 사건 프로그램의 소스코드와 동일하거나 유사하여 종합유사도는 81.41%를 나타냈다(확장자가 h인 헤더 파일은 컴파일 과정에서 다른 소스파일에 자동으로 포함되는 소스코드이므로 이를 제외함이 상당하나, 그 라인수가 확장자 cpp인 파일의 라인수에 비하여 상대적으로 작아 위와 같은 유사도에 별다른 영향을 미치지 않는 것으로 보인다).

④ 또한, Win98용 프로그램의 한글 주석이 이 사건 프로그램에 그대로 존재하는 경우가 다수 존재하는데, 감정인은 이 사건 프로그램이 Win98용 프로그램을 그대로 가져다 쓰지 않고는 나타나기 어려운 현상이라고 보았다.

⑤ 감정인은 종합적으로 이 사건 프로그램은 Win98용 프로그램을 기반으로 일부 수정·변경을 거쳐 개발되었다는 의견을 나타냈다.

(3) 피고는 위와 같은 감정결과에 대하여 원고가 제출한 Win98용 프로그램이 이 사건 소송을 위해 새롭게 작성된 것일 수 있다는 가능성을 제기하였고, 이에 따라 당심에서 이루어진 한국저작권위원회의 감정결과는 아래와 같다(원고도 피고가 현재 사용하는 절곡장치 제어프로그램과 Win98용 프로그램과의 유사도의 감정을 요구하였으나 감정결과 그 유사도가 대단히 낮아 원고는 피고가 현재 사용중인 프로그램과 관련된 주장을 따로 하지 아니하였으므로 그 부분은 생략한다).

① 원고가 가지고 있는 Win98용 프로그램(원고가 제출한 USB에 저장된 것)에 관하여, 그 소스프로그램의 작성일자는 파일이 새로운 디렉터리나 매체로 복사되는 시점에의 날짜가 새로 기록되므로 실행파일의 작성일자를 확인하는 것은 불가능하지만, 다만 새로운 디렉터리나 매체로 복사되더라도 수정일자는 유지되는데 그 파일별로 나타난 수정일자는 1998. 3. 31.부터 2003. 10. 13.까지이다.

② 위 USB에 담긴 Win98용 프로그램과 원고가 CD에 담아 제출한 Win 98용 프로그램(제1심에서 감정대상으로 삼은 것이다)은 99.9%의 동일성을 보였다.

③ 원고가 CD에 담아 제출한 Win98용 프로그램의 소스코드는 전체 152개 파일 중 ASCII코드(extended-ASCII 포함) 방식으로 저장된 파일이 90개이고, ISO-8859 방식으로 저장된 것이 62개이다(피고 주장에 의하더라도 Windows98 환경에서의 프로그램은 ASCII코드 또는 ISO-8859 방식으로만 저장된다).

④ 원고가 CD에 담아 제출한 Win98용 프로그램의 소스코드를 컴파일한 실행프로그램 파일의 크기를 피고가 별도로 원고의 판매처로부터 구하여 제출한 실행프로그램 파일(EBWIN.EXE와 SDSCAM.exe)의 크기와 비교한 결과, 원고 제출의 위 실행프로그램 파일은 4,321,328바이트로서 피고 제출의 실행프로그램 파일(EBWIN.EXE 2,117,632바이트, SDSCAM.exe 151,552바이트)의 합계(2,269,184바이트)보다 더 크다.

(4) 위와 같은 감정결과를 통해 알 수 있는 다음과 같은 사정, 즉 당심에서의 감정결과 중 ①, ②, ③에 기재된 사실에 비추어 볼 때 원고가 CD에 담아 제출한 Win98용 프로그램은 조만식이 원고 회사 재직 당시 개발한 Win98용 프로그램으로 보이는 점, 컴파일 과정에서 파일 크기가 변할 수 있으므로 당심에서의 감정결과 중 ④의 사실만으로는 위와 같은 사정을 뒤집기에 부족하여 제1심에서의 감정대상에는 피고가 주장하는 바와 같이 감정대상이 왜곡되었을 가능성은 없는 점, 나아가 제1심에서의 감정결과에 의하면, 이 사건 프로그램은 Win98용 프로그램과 81.41%의 유사도를 보이고, 주석 텍스트도 그대로 옮겨 놓아 이 사건 프로그램의 상당 부분을 Win98용 프로그램에 의거하여 작성한 것으로 보이는 점 등을 종합하면, 이 사건 프로그램은 Win98용 프로그램과 실질적으로 동일하다고 봄이 상당하다.

(5) 이에 대하여 피고는 이 사건 프로그램은 Win98용 프로그램에 비하여 서로 다른 통신방식을 택하고 있을 뿐만 아니라 플랜징 기능(소재의 단부를 직각으로 구부리는 기능), 후절단 기능(절곡을 마친 후 절단하는 기능) 및 브로칭 기능(정확한 각도의 절곡을 위해 절곡용 홈을 형성하는 기능)이 추가되었고 이는 새로운 창작적 요소가 개입된 것으로서 피고의 업무상 저작물에 해당한다고 주장한다.

그러나 피고가 주장하는 위 기능들은 피고가 제작한 제품의 기능을 말하는 것이지 그 기능에 대응하는 저작권적 요소로서 위 기능을 제어하는 이 사건 프로그램의 기능을 말하는 것이 아니고, 그 밖에 이 사건 프로그램의 어느 부분이 위 기능들에 대응하여 저작되었는지에 관한 점을 인정할 별다른 자료가 없으며, 통신 방식이 다르다는 사정만으로는 앞서 본 제1심에서의 감정결과를 뒤집기에 부족하므로, 이 사건 프로그램 또는 그 중 일부가 새로운 창작물이라는 점을 전제로 한 피고의 주장은 받아들일 수 없다.」

6) 로지큐브 사건[6-222)]

「(2) 로지큐브와 렙실론 사이의 실질적 유사성

(가) 증거(한국저작권위원회 위원장에 대한 감정촉탁결과)에 변론 전체의 취지를 종합하면, 다음과 같은 사실을 인정할 수 있다.

6-222) 서울고등법원 2013. 12. 12. 선고 2013나2032 판결(원심파기, 유사성은 인정하되 개작권을 부인하여 기각함. 상고중), 박재우, "컴퓨터프로그램저작물의 실질적 유사 여부와 프로그램 개발위탁계약에서 2차적 저작물 작성권의 귀속", Law & technology 제10권 제2호(2014. 3)는 대상판결의 의의에 대하여 다음과 같이 설명한다. "피고들의 프로그램 데이터베이스 서버 구동 부분이 창작성이 있는 프로그램 저작물에 해당한다고 판단하였다. 또한 대상판결은 피고들의 프로그램이 원고의 프로그램에 의거하여 작성되었다고 판단하고, 나아가 피고들의 프로그램은 원고의 프로그램과 구조적, 언어적 표현의 양적 유사도가 30% 전후(비교본인 피고들의 프로그램 기준)인데 그 유사 부분이 원고의 프로그램을 거의 그대로 차용한 것일 뿐만 아니라 피고들의 프로그램 크기가 원고의 프로그램 크기의 2배에서 6배에 이르므로 피고들의 프로그램이 실질적으로 원고의 프로그램 대부분을 차용한 것으로 보인다며 두 프로그램은 기본적이고 핵심적인 부분에서 실질적으로 유사하다고 판단하였다. 대상판결에서는 두 프로그램에 관한 아이디어와 표현의 구분, 추상화-여과-비교의 기준, 정량적 분석뿐 아니라 정성적 분석 등에 관한 판단이 자세히 설시되지 않았다. 이는 당사자들이 그 부분에 관하여 구체적 주장·증명을 하지 못하였을 뿐만 아니라 감정결과의 한계 등에 기인한 것으로 보인다. 하지만 대용량의 프로그램(원고의 프로그램 소스코드는 68,331줄, 피고들의 프로그램 소스코드는 172,166줄 또는 126,834줄) 중 하나의 프로그램 거의 대부분(핵심적인 부분)이 다른 프로그램에 그대로 차용되었다면 두 프로그램의 실질적 유사성을 부정하기 힘들 것이다. 마지막으로 대상판결은 프로그램 개발위탁계약에서 저작권을 위탁자에게 귀속하기로 약정한 경우 이는 개발자가 원시적으로 취득하는 저작권을 위탁자에게 양도하는 약정으로 해석하여야 하고, 구 컴퓨터프로그램 보호법 또는 저작권법에 따라 2차적 저작물 작성권도 저작권 양수인인 위탁자에게 있다고 판단하였다. 대상판결은 관련 이론과 판례에 기초하여 프로그램의 실질적 유사 여부와 프로그램 개발위탁계약에서 2차적 저작물 작성권의 귀속을 판단한 사례로서 그 의의가 있다."

로지큐브 프로그램과 피고 마이○○, 티△△가 EXE㈜로부터 공급받은 렙실론 프로그램의 데이터베이스 서버 구동 부분을 테이블의 형태 비교(DB 테이블 정의 유사도)와 소스코드의 텍스트 비교(프로그램 소스코드의 유사도)로 구분하여 각각의 유사성을 비교본 기준으로(비교본의 전체 크기 중 몇 퍼센트가 원본과 유사한지를 나타낸다) 감정한 결과는 다음과 같다.

－EXE㈜가 피고 마이○○, 티△△에게 공급한 렙실론의 테이블 수는 각각 361개, 473개이고, 필드 수도 각각 7,785개, 8,406개로서, 로지큐브의 테이블 수 141개, 필드 수 1,326개에 비하여 테이블 수는 각각 약 2.6배, 3.4배이고, 필드 수는 각각 약 5.9배, 6.3배이다.

－EXE㈜가 피고 마이○○, 티△△에게 공급한 렙실론의 데이터베이스 서버 구동 부분 소스코드는 각각 172,166줄, 126,834줄로서, 로지큐브의 관련 소스코드 68,331줄에 비하여 각각 약 2.5배, 1.9배이다.

－피고 마이○○가 공급받은 렙실론 프로그램은 DB 테이블 정의 부분에 대해 26.9%, 프로그램 소스코드 부분에 대해 32.2%가 로지큐브와 유사하다.

－피고 티△△가 공급받은 렙실론 프로그램은 DB 테이블 정의 부분에 대해 28.6%, 프로그램 소스코드 부분에 대해 20.2%가 로지큐브와 유사하다.

－DB 테이블의 경우 로지큐브의 것을 기반으로 개작한 것으로 보이고, 프로그램 소스코드의 경우 파일이름이 유사하며, 프로그램 패턴이 동일하고, 주석과 심지어 철자의 오류까지 동일한 사정에 비추어 산출된 유사도만큼은 로지큐브의 것을 그대로 가져다가 사용한 것으로 보인다.

(나) 앞서 본 전제사실과 위 인정사실에 의하면, 로지큐브와 렙실론은 모두 창고에 화물이 입고되어 적치되고, 창고 내에서 재고가 관리되며, 최종적으로 출고되기까지 모든 작업 내용을 전산으로 관리하는데 사용하는 컴퓨터 프로그램으로서 그 기능과 목적이 같고, 감정대상인 로지큐브와 렙실론의 데이터베이스 서버 구동 부분은 대규모 데이터를 처리해야 하는 창고관리 프로그램의 특성상 기본적이면서 핵심적인 부분이며, 그 부분에 관한 두 프로그램의 구조적, 언어적 표현의 양적 유사도는 30% 전후이나, 유사 부분이 로지큐브를 거의 그대로 차용한 것이고, 마이스터와 티시스에게 공급된 렙실론의 테이블 수, 파일 수, 줄 수가 로지큐브보다 2배에서 6배 이상 커서 실질적으로 로지큐브의 대부분이 렙실론에 차용된 것으로 보이는 사정에 비추어 보면, 두 프로그램은 기본적이고 핵심적인 부분에서 실질적으로 유사하다고 추인할 수 있다.」

7) 데이터쉴드프로그램 사건[6-223)]

「3. 넥스트세이프와 데이터쉴드 간의 기술적 유사성(개작 여부)

가. 구 컴퓨터프로그램보호법 제2조 제4호는, "개작이라 함은 원프로그램의 일련의 지시·명령의 전부 또는 상당 부분을 이용하여 새로운 프로그램을 창작하는 행위를 말한다"고 정하고 있다.

나. 또한 컴퓨터프로그램은 그 자체가 기능향상을 위하여 계속 개량되는 특성이 있고, 이 사건은 원개발자인 피고인 박○○ 등이 피해자에게 프로그램 저작권을 양도한 후 개작된 프로그램을 제작하여 이를 제품화하였다는 것인바, 설령 일부 기술적 차별성(피고인들은 커널암호화 기술이라고 주장한다)이 인정된다 하더라도 프로그램의 구조 및 주요 모듈에 있어서 상당 부분 원프로그램의 소스와 유사하다면 이는 프로그램 저작권자의 개작권을 침해한 것으로 판단될 소지가 있다.

다. 먼저 수사기관에서 두 제품에 대한 3차례의 감정이 있었고 그 감정결과에 의하면 데이터쉴드와 넥스트세이프 간에는 실질적 유사성이 있는 것으로 판단되는바, 그 내용을 요약하면 다음과 같다.

○ 1차 감정 : 피해자 요청으로 이루어졌고 데이타쉴드(원본)와 넥스트세이프(비교본, 개발버전인 Nxpilot을 사용함)의 각 소스코드의 유사성을 감정하였다.

－각 모듈에 따른 유사율 판단의 가중치(반영률)은 다음과 같다.

구분	반영률(%)	세부 모듈	반영률(%)	기준
		Engine	50	암/복호화 실행
		API	10	암/복호화 모듈 호출
클라이언트	30	Shell	30	클라이언트 사용자 인터페이스
		Hooking	10	운영체제의 파일 관련 기능 Hooking
		정책	10	정책 설정
서 버	70	관리(서비스)	50	서비스 실행
		ASP	30	서버 사용자 인터페이스
		DB schema	10	데이터베이스 구조 설정

6-223) 서울남부지방법원 2014. 2. 7. 선고 2011고단1877 판결(같은 법원 2014. 9. 4. 선고 2014노315 판결로 항소기각된 후 상고중).

– 원본 기준 유사율은 다음과 같다.

구분	세부 모듈	반영률(%)	개별 유사율(%)	반영 유사율(%)
클라이언트	Engine	15	31.33	4.70
	API	3	53.50	1.61
	Client	9	62.27	5.60
	Hooking	3	69.29	2.08
서 버	정책	7	98.71	6.91
	관리 (서비스)	35	98.08	34.33
	ASP	21	86.39	18.14
	DB schema	7	58.04	4.06
합 계		100		77.43

– 비교본 기준 유사율은 다음과 같다.

구분	세부 모듈	반영률(%)	개별 유사율(%)	반영 유사율(%)
클라이언트	Engine	15	63.51	9.53
	API	3	73.62	2.21
	Client	9	68.01	6.12
	Hooking	3	58.14	1.74
서 버	정책	7	96.23	6.74
	관리 (서비스)	35	96.37	33.73
	ASP	21	89.22	18.74
	DB schema	7	92.97	6.51
합 계		100		85.32

– 그 밖에도 각 모듈명 및 디렉토리명을 비교한 결과 대부분의 모델명에서 접두어만 변경하거나 그대로 사용하였는바, 디렉토리 구조 또한 유사함을 알 수 있다.

○ 2차 감정 : 피고인들 요청으로 데이터쉴드와 넥스트세이프의 유사율을 비교하였는바, 피고인들 요구로 종전 1차 감정 사항 중 DB Scheme SQL 엔진, 엔진 정책파일, PKI 관련 파일, 공개프로그램(오픈 소스)를 제외하고 그대신 Hooking 모듈의 프로그램 소스, Client의 Delphi 프로그램 소스를 추가하여 감정하였다.

– 원본 기준 최종 유사율은 다음과 같다.

구분	세부 모듈	반영률(%)	개별 유사율(%)	반영 유사율(%)
클라이언트	Engine	18	45.51	8.19
	API	3	60.41	1.81
	Client	9	23.11	2.08
서 버	관리 (서비스)	42	97.98	41.15
	ASP	28	37.79	10.58
합 계		100		63.81

– 비교본 기준 최종 유사율은 다음과 같다.

구분	세부 모듈	반영률(%)	개별 유사율(%)	반영 유사율(%)
클라이언트	Engine	18	53.12	9.56
	API	3	70.12	2.10
	Client	9	29.59	2.66
서 버	관리(서비스)	42	95.02	39.91
	ASP	28	55.27	15.48
합 계		100		69.71

○ 3차 감정 : 검사가 피고인 박○○의 요청을 받아들여 그가 요구하는 쟁점에 관하여 감정신청하였는바, 그 일부 내용은 다음과 같다.

– 1, 2차 감정의 유사율이 exEyes.exe 프로그램의 한계성으로 인하여 높게 나타난 것인지 여부 : 프로그램의 키워드나 적은 토큰 수에 의한 과다 유사율 계산은 인접블럭의 임계치를 조정하여 영향을 최소화하였다.

– 엔진의 시동단계부터 파일 암호화 및 암호화된 파일 관리 부분까지 넥스트세이프가 데이터쉴드와 기술적인 차별성이 있는지 여부 : 시동단계, 비API후킹 모듈에 대한 암호화 시점 관리 그리고 암호화 관리 부분의 구현방법과 적용기법이 다르기는 하나 두 제품 간 기술적 차별성은 크게 없고 프로그램 전체 기능에 비해 큰 비중을 차지하지 아니하므로 데이터쉴드를 일부 개선한 수준이다.

– Dsctrl이 엔진처럼 API Hooking 및 커널 진입, 파일 I/O기능이 있는지 여부 : Dsctrl에는 이러한 기능은 없으나 인증, 라이센스 발급·관리, 암호 함수 호출, 로그 관련된 기능을 포함하고 있으며 엔진을 제어하는 중요한 모듈이므로 엔진에 포함시켜야 한다.

– Dsctrl에 암호화 키관리 기능이 있는지 : 키 관리 기능이 있다.

라. 한편 피고인들은 위와 같은 감정결과에 대하여 서버와 클라이언트의 반영비율을 7:3으로 설정한 것은 부당하다는 취지로 주장하였다. 그러나 위에서 본 바와 같이 제1차 감정에서는 원본 기준으로 77.43%, 비교본 기준으로 85.32%, 그리고 피고인들의 의견을 반영하여 감정의 범위를 제한한 2차 감정에서는 원본 기준으로 63.81%, 비교본 기준으로 69.71%로 감정되었고, 비교본 기준의 유사율이 높다는 것은 원본을 수정하거나 기능을 추가한 부분이 상대적으로 적다는 것을 의미한다. 그리고 무엇보다도 1차, 2차 감정결과에서 반영률을 적용하기 전의 개별 유사율이 모두 높게 나왔다. 또한 피고인 박○○은 검찰진술에서 서버와 클라이언트의 비중을 반대로, 즉 3:7로 한다고 하더라도 종합유사도에서만 차이가 있을 뿐 핵심모듈에 대한 유사도에는 차이가 나지 않는다고 진술하였다.

마. 또한 디엑스팩토리의 사무실 서버에서 2009. 6. 데이터쉴드 소스가 발견되었고, 피고인 박○○은 검찰진술에서 사실상 운영체제도 윈도우만을 위한 것이기 때문에 기존 데이터쉴드의 핵심기능 소스를 활용하였다기보다는 어쩔 수 없이 쓸 수밖에 없었고, 소스를 활용은 했지만 데이터쉴드를 개발했을 당시의 경험을 살려 더 좋은 프로그램을 개발한 것이라고 진술하였으며, 김△△과의 대질신문에서 NxCtrl은 DsCtrl의 소스 상당 부분을 그대로 재사용한 것이라고 인정하였다.

바. 그리고 피고인 이◇◇과 피고인 박○○은 2008. 1. 1. 정보보안제품 개발 공급 및 컨설팅 계약을 체결하면서 "데이타쉴드 제품분석 관련 컨설팅과 Migration 전략에 관한 기술을 반드시 컨설팅해야 한다"고 명시하는 등 사실상 피고인들이 불법으로 보유하고 있던 데이타쉴드의 소스를 분석해서 이를 재활용하여 새로운 제품을 만들고 기존 데이터쉴드 제품을 사용하고 있는 업체들에 대한 업그레이드 사업을 병행하기로 약정하였다.

사. 나아가 객관적으로도, 피고인들이 제작한 Nxpilot 프로그램에 대한 형상관리 변경이력을 살펴보면, 피고인 장◎◎, 이◇◇이 데이터쉴드를 넥스트세이프로, copyright JLandSoft를 copyright DxFactory로 각 변경하고, Nxpilot 로그에서 Han Internet works 문구를 삭제한 후 Dxfactory, NextSafe로 변경한 흔적이 자주 발견되는바, 이는 우선 데이터쉴드 소스의 원본을 그대로 추가한 후 2008. 12.까지 이를 수시로 변경한 것으로서 넥스트세이프의 짧은 개발기간에 비추어 피고인들로서는 불가피한 선택이었던 것으로 보인다.

아. 결국 서버와 클라이언트의 반영비율을 산정함에 있어 다소 과도한 측면이 있다 하더라도 이와 같이 각 모듈별 개별 유사율이 높다는 감정결과뿐만 아니라, 피고인 박○○의 수사기관에서의 각 진술, 피고인 이◇◇과 피고인 박○○의 2008. 1. 1.자 정보보안제품 개발 공급 및 컨설팅 계약, 형상관리 변경이력 등을 두루 종합하면, 넥스트세이프는 데이터쉴드의 상당 부분을 이용하여 새로 개작한 프로그램인 것으로 판단된다.』

8) AMI 장비 프로그램 사건[6-224)]

『피고가 엘지디스플레이에 공급한 AMI 장비의 구동 프로그램과 원고가 개발한 이 사건 프로그램이 동일한지 여부에 관하여 살펴보기로 한다.

(1) 감정결과

이 법원의 감정인 김영희에 대한 감정결과에 의하면 다음과 같은 사실이 인정된다.

○ 감정 대상 프로그램

- 원고가 2013. 11. 25. 제출한 프로그램 소스(이하 '원고 자료'라 한다)
- 피고가 2013. 11. 28. 1차로 제출한 피고 프로그램 소스(이하 '피고 1차 자료'라 한다)
- 피고가 2013. 12. 20. 2차로 제출한 피고 프로그램 소스(이하 '피고 2차 자료'라 한다)
- 피고가 2014. 1. 13. 3차로 제출한 프로그램 소스 2개(이하 '피고 3차 자료'라 한다)

○ 감정범위

프로그램 소스코드의 동일성 여부를 판단하기 위해 다음과 같이 소스코드의 범위를 지정

〈최종 감정대상 프로그램 소스코드 라인 수 정보〉

구분	원고		피고 1차		피고 2차		피고 3차	
	파일 수	라인 수	파일 수	라인 수	파일 수	라인 수	파일 수	라인 수
Main	137	38,950	70	14,003	153	46,899	176	62,270
상부	115	27,983	54	9,857	148	49,508	148	50,069
하부	103	23,353	70	10,497	146	44,465	154	46,057
합계	355	90,286	194	34,357	447	140,872	478	158,396

6-224) 수원지방법원 여주지원 2014. 6. 26. 선고 2012가합2995 판결(항소중).

○ 감정기준

일부감정영역 기준 방식을 채택하여 제출자료 중 소스프로그램에 대해서만 유사성 비교를 실시하고, 감정 대상 프로그램은 세 개의 프로그램(Main, 상부 TDI, 하부 외관)으로 구성되어 각각에 대하여 개별 유사도 정보를 산출한 후 전체 유사도를 산출함

○ 유사도 반영 기준

<table>
<tr><th>조건</th><th>이유</th><th>유사도 반영 여부</th></tr>
<tr><td>파일명이 동일한 경우</td><td>프로그램의 구현 언어에 의한 유사성이 발견되더라도 동일한 파일명의 경우 산출된 유사도는 의미 있는 값을 가짐</td><td>○</td></tr>
<tr><td rowspan="6">파일명의 다른 경우</td><td>프로그램 구현 부분 (구현 파일, *.c/cpp)의 파일간의 유사도가 15% 미만인 경우 구현 프로개름의 특성으로 인하여 유사도가 추가로 반영될 가능성이 존재함</td><td>×</td></tr>
<tr><td colspan="2">프로그램 구현 부분의 경우 유사도가 15% 이상인 경우에 감정에 반영</td></tr>
<tr><td>프로그램 선언 부분(헤더 파일, *.h/hpp)의 파일의 크기가 100라인 미만인 경우, 구현 프로그램의 특성으로 인하여 유사도가 추가 반영될 가능성이 존재함</td><td>×</td></tr>
<tr><td colspan="2">프로그램 선언 부분의 경우 100라인 이상인 경우의 유사도를 감정에 반영</td></tr>
<tr><td>헤더 파일간의 유사도가 30% 미만인 경우 구현 프로그램의 특성으로 인하여 유사도가 추가 반영될 가능성이 존재함</td><td>×</td></tr>
<tr><td colspan="2">프로그램 선언 부분의 경우 유사도가 30% 이상인 경우에 감정에 반영</td></tr>
</table>

○ 피고가 제출한 프로그램의 변화

－Main 프로그램

Main 프로그램에서 피고 1차와 피고 2차 자료의 경우, 피고 2차 자료의 프로그램 소스코드는 피고 1차 자료의 프로그램 소스코드를 포함하며, 피고 2차 자료와 피고 3차 자료를 비교한 결과, 피고 3차 자료는 피고 2차 자료의 프로그램 소스코드를 포함하나, 포함된 소스코드 중 약 33%가 다름

－상부 TDI 프로그램

피고가 제출한 상부 TDI 프로그램의 경우 피고 1차 자료와 피고 2차 자료,

피고 3차 자료를 비교한 결과 피고 2차 자료는 피고 1차 자료를 포함하며, 피고 3차 자료는 피고 2차 자료를 수정한 것으로 판단됨. 즉, 피고 2차 자료는 피고 1차 자료를 모두 포함하였으나 이중에서 29%를 수정하였고, 피고 3차 자료는 피고 2차 자료 중에서 20%를 수정한 자료임

– 하부 외관 프로그램

하부 외관 프로그램에서 피고 1차와 피고 2차 자료의 경우 피고 2차의 프로그램 소스코드는 피고 1차의 프로그램 소스코드를 포함하며, 피고 2차와 피고 3차 자료를 비교한 결과 피고 3차는 피고 2차의 프로그램 소스코드를 포함하나, 포함된 소스 파일 중 약 29%가 수정되었다고 판단됨

○ 감정 결과

<원본 기준 프로그램 유사도(원고 자료 기준)>

	피고 1차 자료	피고 2차 자료	피고 3차 자료
전 체	28.6	99.3	99.1
동일 파일 명	99.3	99.3	99.1

<비교본 기준 프로그램 유사도(피고 자료 기준)>

	피고 1차 자료	피고 2차 자료	피고 3차 자료
전 체	74.2	67.1	59.7.
동일 파일 명	91.5	94.9	92.0

<원고－피고 1차 프로그램의 내용 및 비율 감정>

	원고에만 존재	원고－피고 1차에 공통적으로 존재	피고 1차에만 존재
내용 감정	원고의 하위 디렉터리에 존재하는 각 모듈별 클래스 프로그램 소스	AMI 장비 Vision용 제어파일의 핵심 구동 부분	환경 설정 및 메시지 표시, 상태 표시 등의 프로그램 운영 정보 처리

<원고와 피고 소스 프로그램의 동일·상이 비율>

		원고 고유	공통 부분	피고 고유	합계
전체 (피고 1차 포함)	파일 수	205	860	255	1,320
	비율	15.5	65.2	19.3	100
피고 1차 제외	파일 수	0	710	211	921
	비율	0	77.1	22.9	100

(2) 판 단

컴퓨터 프로그램의 동일성을 판단함에 있어서는 그 소스코드의 유사도가 가장 중요한 비중을 차지한다고 할 것인바, 앞서 본 감정결과에다가 …이 법원의 감정인 노근철에 대한 감정결과(이하 '이 사건 시가 감정결과'라 한다) 및 변론 전체의 취지를 종합하면 인정되거나 알 수 있는 다음과 같은 사정들, 즉, ① 원고는 AMI 자동 검사장비에 사용할 목적으로 이 사건 프로그램을 개발하였고, 이 사건 프로그램은 AMI 장비 Vision 제어용 검사 프로그램으로서 메인, 상부 TDI 및 하부 외관 검사 프로그램으로 각 구성되어 있는 점, ② 피고는 엘지디스플레이와 사이의 이 사건 설비구매계약에 앞서 2010. 11월경 엘지디스플레이로부터 AMI 시험장비 1대를 먼저 수주받아, 2011. 2월경 엘지디스플레이에 AMI 장비 1대를 납품하였고, 이어서 2011. 10월경 엘지디스플레이에 이 사건 설비구매계약에 따라 AMI 장비 7대를 납품하였는데, 원고는 피고가 엘지디스플레이에 위 AMI 장비 8대를 납품한 무렵 위 장비에 이 사건 프로그램을 설치하여 2012. 5월경까지 위 프로그램의 구동에 관한 오류 수정 작업을 한 것으로 보이는 점, ③ 피고는 자신이 엘지디스플레이에 납품한 AMI 장비의 구동 프로그램으로 총 3차례에 걸쳐 4가지의 소스코드를 제출하였는데, 피고가 제출한 모든 소스코드가 원고가 제출한 이 사건 프로그램의 소스코드와 동일한 파일명에 대해서 90% 이상의 높은 유사도를 보이고 있는 점, ④ 한편 피고 1차 자료의 경우 원고 자료를 기준으로 한 프로그램 유사도의 경우, 원고 자료 전체를 기준으로 한 경우 그 유사도가 28.6%, 동일 파일명을 기준으로 한 경우 그 유사도가 99.3%로 확인되었는데, 원고 자료 전체를 기준으로 한 유사도가 낮게 산출된 것은 피고 1차 자료가 원고 자료의 하위 디렉터리에 있는 각 모듈 클래스를 포함하지 않고 있기 때문이며, 원고 자료와 피고 1차 자료의 프로그램 내용을 비교한 결과 양 프로그램에 공통적으로 존재하는 부분은 AMI 장비 Vision용 제어 파일의 핵심 구동 부분으로 보이고, 피고 1차 자료에만 존재하는 부분은 환경 설정 및 메시지 표시, 상태 표시 등의 프로그램 운영 정보를 처리하는 부분으로 비교적 중요성이 낮은 것으로 보이는 점, ⑤ 피고 2차 자료와 피고 3차 자료의 경우 원고 자료의 소스코드를 전부 포함하고 있고, 이는 피고가 제출한 자료 전부를 기준으로 피고 자료의 약 77.2%가 원고 자료와 동일한 점 등을 종합하여 보면, 피고가 엘지디스플레이에 납품한 AMI 장비 8대에 설치된 프로그램과 이 사건 프로그램은 동일한 것으로 판단된다.』

Ⅻ. 기 타

1. 편집저작물

가. 의미 및 판단시 유의사항

편집저작물은 저작물을 구성하고 있는 소재의 편집, 즉 선택·배열 또는 구성에 창작성이 있어서 소재들이 편집된 전체로서의 저작물(정확히는 편집목적과 방법에 관한 아이디어를 보호하는 것이 아니라 그 아이디어가 구체적으로 편집저작물에 구현된 편집상의 '표현')을 보호하는 것이지 개별적인 소재 자체가 창작성이 있어 이를 보호하고자 하는 것이 아니므로, 편집저작물의 보호범위는 창작성이 있는 편집(즉 선택·배열 또는 구성)에 한정된다. 그러므로 편집저작물의 실질적 유사성 판단시는 그 개념상 당연히 소재 자체가 아닌 '소재의 선택·배열 또는 구성'을 기준으로 삼아야 하되, '편집물'은 데이터베이스를 포함하여, 저작물이나 부호·문자·음·영상 그 밖의 형태의 자료의 집합물을 말하므로 전체적인 판단 메카니즘은 일반저작물에서의 그것을 참고할 수 있을 것이다.[6-225]

편집저작물의 실질적 유사성 판단에서는 많은 양이 이용될수록 침해가능성이 높을 것이나 편집물의 일부만 복제하여도 침해가 성립될 수 있으므로 그 이용된 부분의 중요성을 주목하여야 할 것으로 보이고, 일반적으로는 선택된 소재들이 유사하면 침해가능성이 높아진다고 볼 수도 있을 것이다. 그리고 편집저작물 중 그 소재에의 접근이나 검색이 가능하도록 소재를 체계적으로 배열 또는 구성한 것이 데이터베이스(여기서 더 나아가 소재의 선택·배열 또는 구성의 창작성이 있는 것이 편집저작물이다)인데 데이터베이스 제작자에게는 저작인접권에 유사한 권리를 주어 보호하고 있는바 그 유사성이 문제된 사안도 같이 살펴보기로 한다.

6-225) 권영준, 276면.

나. 판단 사례

1) 미술연표 사건[6-226)]

2) 두리두리 사건[6-227)]

『가사 신청인의 한글교육교재를 편집저작물로 본다고 하더라도 앞서 본 것처럼 신청인과 피신청인들의 한글교육교재인 '두리두리'와 '신기한 한글나라'의 구성을 비교해 볼 때, 양 교재가 그 표현형식에 있어서 실질적으로 동일 유사하다고 인정하기는 어렵고, 위 각 교재는 다만 그 기초가 된 교육방식 및 그 구성요소인 그림카드의 소재, 색깔, 상황그림 등이 유사한 것이지 이를 표현한 형식 자체는 상이하다고 할 것이다.』

3) 운전면허문제집 사건[6-228)]

『이 사건 침해물은 이 사건 저작물과 그 판형이 완전히 동일하며, 표지 전체를 푸른색으로 처리하고 표지 상반에 붉은 2개의 선을 넣는 등 그 외형이 매우 유사하고, 출판사명 또한 이 사건 침해물이 크라운출판공사이고 이 사건 저작물이 크라운출판사로 서로 유사할뿐더러, 또한 이 사건 침해물의 전체적인 구성도 운전면허 시험안내, 자동차운전면허 교통법령편 요점정리, 자동차 운전면허 교통법령편 예상문제, 자동차운전면허 구조편 요점정리, 자동차운전면허 구조편 예상문제로 되어 있어 이 사건 저작물의 구성과 동일하고 그 구체적 내용들도 서로 대동소이한 사실, 특히 이 사건 저작물이 1992. 10. 15. 발행판에서 적성검사를 받지 아니하여 운전면허가 취소된 자가 다시 운전면허를 받고자 할 경우 현행법상 기능시험만이 면제되는 것을 기능시험과 법령, 구조시험까지 모두 면제받는 것으로 잘못 해설한 바 있는데 그 후에 발행된 이 사건 침해물에도 이와 동일한 오류가 존재하는 사실, 원고는 피고가 출판사를 등록하고 이 사건 침해물을 발행하기 수년전인 1988.경이래 계속해서 서울신문, 국민일보, 경향신문 등에 이 사건 저작물에

6-226) 대법원 1993. 1. 21.자 92마1081 결정. 상세는 「제3장 저작물－저작권법의 보호대상」 참조. 창작성을 부인하고 가정판단으로 유사성을 부인한 항고심에 대하여 대법원은 소재의 선택이나 배열에 창작성이 있다고 볼 여지가 있고 편집저작물을 전체로 이용(예를 들면 복제)하여야만 권리를 침해하는 것은 아니라고 하였다.

6-227) 대법원 1996. 6. 14. 선고 96다6264 판결.

6-228) 서울중앙지방법원 1995. 4. 7. 선고 94가합63879 판결. 의거성 판단과정에서 유사성 부분까지 포함하고 있다.

대한 광고를 게재하였고 전국의 여러 극장에서도 이 사건 저작물에 대한광고를 상영하였으며 그러하여 이 사건 저작물이 당시부터 현재까지 전국 서점에서 차지해온 시장점유율이 평균 90%를 상회하는 사실 등을 인정할 수 있고 이에 반하는 듯한… 믿지 아니하며 달리 반증 없는바, 이상의 인정사실을 종합해 보면 피고들은 이 사건 침해물 또는 그 원고, 지형을 각 제작, 발행할 당시에 이 사건 저작물의 존재를 알았고 이에 의거하여 이 사건 침해물 또는 그 원고, 지형을 각 제작, 발행한 것이라고 보는 것이 상당하다 할 것이다.」

4) 경매예상지 사건[6-229)]

「가사 신청인의 경마지의 도표가 편집저작물로서 보호되어야 할 정도의

6-229) 서울고등법원 1999. 4. 7.자 98라247 결정(확정). 참고로 아래와 같이 창작성을 부인한 후 가정판단으로 본문처럼 유사성 여부도 판단하고 있다. 「기록에 의하면, 1987. 12. 13.자 '경마다이제스트'에 별지 1. 내지 3.의 각 1.항 기재와 같은 도표가 게재되어 있는 사실이 인정되나, ① 별지 1의 1항에서 예시 설명된 바와 같이 조교사 및 기수를 세로로 배열하고 1R부터 12R까지 당일 경주별 표시를 가로로 배열한 후 해당란에 당해 경주에서 말이 부착한 번호 및 경주마의 이름, 기수 이름을 기재한 도표나 별지 2의 1항에서 예시 설명된 바와 같이 네모난 박스 형태로 칸을 여러 개 만들어 맨 좌측란에는 출주경주마의 번호, 이름, 상금, 전적, 출생지, 연령, 암수, 마주, 조교사, 기수, 기수전적, 부담중량, 경주마의 중량, 상태 등에 관한 정보를, 그 우측란부터는 그 출주 경주마의 과거 경주기록을 현재와 가까운 순서로 배열하고, 각 경주 기록란 내부에 번호, 경주마의 이름, 기록, 착차, 기수 이름, 인기도를 성적순으로 배열한 도표는 1987. 12. 13. 이전부터 '신마사' 등 국내의 다른 경마예상지들 대부분이 공통적으로 사용하여 오던 방식일 뿐만 아니라, 그 정보들의 배열방법에 있어서도 경주번호순, 경주마의 번호순, 경주성적순과 같이 일반적이고 단순한 방법 외에 다른 독창성을 발견할 수 없으며, ② 별지 3의 1항에서 예시 설명된 바와 같이 각 출주 경주마의 습성, 우승 예상 요인 등에 관하여 15글자 내외의 짧은 해설을 붙이는 것은 경주의 결과 예측을 목적으로 하는 경마예상지의 성질상 당연한 것일 뿐만 아니라, 경마예상지관리규정에서 정한 필요적 기재사항 중의 하나이고, 위 해설을 각 경주마의 번호 순서대로 세로로 단순 나열하는 방식은 오래 전부터 흔히 사용되어 오던 일반적인 방식이거나 이는 누가 작성하더라도 동일 또는 유사한 표현이 될 수밖에 없으므로, 위 개개의 항목에 관하여는 저작물이 갖추어야 할 창작성이 있다고 할 수 없고, 또한 신청인이 발행한 경마지에 들어 있는 도표는 그 배열이나 구성방식에 있어서 저작물로 보호받아야 할 정도의 창작성이 있다고 보기 어렵다.」 민사본안사건으로 서울고등법원 1999. 8. 31. 선고 98나66446 판결(대법원 2000. 6. 23. 선고 99다57133 판결)이 있다.

창작성이 있다고 할지라도 추상적인 선택방법이나 배열방법은 그 자체는 저작권으로 보호되지 않으므로, 피신청인들이 신청인의 편집저작물 중 소재의 선택이나 배열에 관하여 창작성이 있는 부분을 '소재가 배열되어 있는 그 자체'로서 모방한 것이 아니고, 다만 추상적인 소재의 배열방법 그 자체만을 이용하여 한국마사회에서 제공하는 소재를 가지고 신청인과 마찬가지로 배열하더라도 이를 저작권의 침해로 볼 수는 없다하겠다.」

5) 사진집 사건[6-230]

<사안의 개요>

원고는 우리나라 구한말 내지는 개화기 당시의 인물, 풍속, 풍물 등을 촬영한 사진과 그 원판 등 사진자료(그 촬영자는 그 당시 우리나라를 다녀간 외국의 선교사, 외교관, 여행가 등이다)를 수집하고, 이를 현대적 현상·인화기법으로 사진화하여 이를 구한 말 궁궐과 황제 등의 모습, 한미전쟁(신미양요) 등의 주제에 따라 수록하면서 사진 밑에 제목을 붙이고, 그에 대한 간략한 설명을 덧붙인 '사진으로 본 100년전의 한국-근대한국(1871~1910)'이라는 제호의 책(이하 '이 사건 책')을 발간하였다. 피고들이 역사책을 출판하면서 이 사건 책에 수록된 사진 중 일부를 복제하여 크기만 달리한 채 해당 부분에 게재하자 원고가 피고들을 상대로 저작권침해금지등을 청구한 사건이다

<법원의 판단>

법원은, 편집저작권 침해 여부에 관하여 다음과 같이 판단하였다.

「(2) 이 사건 책이 저작물인지 여부

위 인정사실에 의하면, 원고가 이 사건 책을 지으면서 사진 밑에 제목이나 간략한 설명을 덧붙인 방식은, 일반적으로 널리 사용되는 사진집의 편집방식으로 보일 뿐 창작성이 있다고 할 수는 없으나, 구한말 당시의 시대상과 사회상을 알리기 위하여 사진이라는 소재를 선택한 점, 인물, 사건 등의 주제별로 사진을 분류·배열한 점에 있어서는 독창성이 있다고 할 것이므로, 이 사건 책은 저작권법 상의 편집저작물에 속한다고 할 것이다.

(3) 편집저작권 침해 여부

피고들이 이 사건 책에 수록된 일부 사진을 촬영시기 및 설명 부분과 함께 피고들의 책의 각 해당부분에 게재한 행위가 원고의 편집저작권을 침해

6-230) 부산지방법원 2000. 9. 20. 선고 99가합18766 판결(항소심에서 조정).

한 것인지에 관하여 보건대, …피고들의 위 책들은, 일반적인 역사책으로서 사진 외에도 다른 역사책과 마찬가지로 그림, 도표, 지도, 연표 등의 자료를 첨가하고 있고, 그 구성방식 또한 서술 부분이 대부분일 뿐만 아니라 단원의 주제 및 설명내용이나 사진의 배열방식도 이 사건 책과는 전혀 다른 사실을 인정할 수 있고, 반증이 없는바, 이에 의하면, 피고들이 편집저작물인 이 사건 책의 소재의 선택 또는 배열에 관하여 창작성이 있는 부분을 그대로 모방하여 이용하였다고는 할 수 없으므로, 원고의 편집저작권을 침해하였다고도 할 수 없다.

또한 저작권이 부여되는 것은 투하된 노력이 아니라 창작성 때문이라고 할 것인데, 앞서 본 바와 같이 원고가 자신의 노력으로 위 사진들의 촬영시기 및 피사체의 내용을 알게 되었고 이를 위 사진들에 대한 설명으로 간략히 덧붙여 놓았다고 하더라도, 이는 단순한 사실 또는 역사적인 내용을 밝힌 것에 불과할 뿐, 창작성이 있는 표현이라고 볼 수 없어 이에 저작권이 성립할 여지는 없고 누구든지 접근·이용할 수 있는 내용이라고 할 것이므로, 피고들이 이 사건 책에 수록된 일부 사진을 무단으로 게재하면서 그 제목이나 설명 부분을 실질적으로 인용하였다고 하더라도, 원고의 저작권을 침해한 것은 아니라고 할 것이다.』

☞ 사진집에 수록된 (원고에게 저작권이 없는) 사진 중 일부(즉 편집저작물의 소재)를 복제하였더라도 편집저작물로서 사진집의 저작권을 침해한 것을 아니라고 본 것이다. 이와 달리 입찰경매정보지 사건[6-231]에서는, 피고들이 원고 회사의 경매정보지에 게재된 경매물건에 대한 대지, 건물 면적, 건물 준공일, 임차권, 최저경매가, 감정평가액, 경매진행경과 및 등기부상의 권리관계 등 그 조사자료를 피고들이 편집·발행하는 경매정보지인 '경매공매가이드' 잡지에 무단으로 게재한 사안에서, 『원고 회사의 이 사건 '한국입찰경매정보' 잡지는 경매물건에 관한 조사 자료의 집합물로서 그 자료의 선택 또는 배열에 있어 그 전체적인 표현이 창작성을 가지는 편집저작물이라 할 것인데, 피고들이 무단으로 1995. 1. 23.경부터 1995. 5. 2.경까지 9회에 걸쳐 이 사건 저작물의 내용 중 약 228건 상당을 복제하여 피고들의 '경매공매가이드' 잡지에 게재한 후 그 침해저작물을 판매함으로써 원고 회사의 저작권을 침해하였다.』고 판시한 바 있다. 한편, 부동산경매정보서비스 사건[6-232]에서는, 『원고가 자신의 인터넷 홈페이지에 게시하는 경매정보는 전국 경매법원의 경매사건에 관한 매각금액, 경매 매수인 성명, 부동산 현황, 주의사항 등 개별 정보들을 체계적으로 구성하여 배열하고

6-231) 서울고등법원 2001. 7. 10. 선고 2001나3919 판결(확정).

6-232) 서울동부지방법원 2014. 12. 24. 선고 2014가합104306 판결(항소중).

이용자들로 하여금 각 경매사건에 관한 개별 정보를 일정한 기준에 따라 검색할 수 있도록 한 것으로서, 저작권법 제2조 제19호의 데이터베이스에 해당하고, 원고는 전국 경매법원에서 경매정보를 수집하는 조사원들에게 보수를 지급하고 그들로부터 경매정보를 제공받는 방식으로 자료를 모아 이를 위 데이터베이스에 추가하여 옴으로써 원고 인터넷 홈페이지의 경매정보의 제작 및 소재의 갱신에 인적 또는 물적으로 상당한 투자를 하였으므로, 원고는 저작권법 제2조 제20호의 데이터베이스제작자에 해당한다. …피고들은 원고의 데이터베이스의 개별 소재에 해당하는 각 경매사건의 매각대금에 관한 정보들…의 복제물을 반복적으로 영업목적을 위하여 체계적으로 자신들의 인터넷 홈페이지에 게시함으로써 원고의 저작권법 제93조의 데이터베이스제작자의 권리를 침해하였다고 할 수 있다」고 판시하였다.[6-233)]

6) 인쇄매체수용자조사 사건[6-234)]

『피고들이 이 사건 보고서에 나타난 이 사건 조사결과에 관한 원고의 독창성 있는 표현형식을 베꼈는지 여부를 판단하여야 할 것인바, ① 원고가 이 사건 보고서를 배포하면서, 원고의 동의 없이 이 사건 보고서를 공표하거나 인용하지 아니하겠다는 내용의 각서를 받고 이 사건 보고서상에 원고의 동의 없이 위 보고서를 복사, 배포, 유인, 공표, 인용하여서는 아니 된다는 내용의 글이 기재되어 있는 사실, 피고 ㈜○○이 자신이 발행하는 이 사건 주간지의 1면 중앙에 원고가 실시한 2001 인쇄매체수용자조사의 개요, 가구구독률, 가판구매자 비율 등 이 사건 조사결과의 일부를 보도기사로 게재하고, 6면 전면의 상단에 이 사건 조사결과의 의미 및 평가를 보도기사로 게재하면서, 6면의 나머지 면과 7면 전면에 '신문구독현황'이란 제목으로 이 사건 조사결과 중 가구구독률, 가구구독률 순위, 지역별 가구구독률 순위, 소득별 가구구독률 순위, 중앙일간지 구독계기, 지방지 구독계기, 경제지·IT지·스포츠지·특수지·영자지 구독계기, 가구배달신문 순위, 무단투입신문 순위, 중앙지 구독변경 의향률 및 중단율, 신문구독변경 및 중단 의향률, 향후 구독의향 신문 순위 등의 조사결과를, '신문접촉현황'이란 제목으로 이 사건 조사결과 중 신문 대분류별 1주 접촉률 순위, 신문 대분류별 1일 접촉률 순위, 성·연령별 1주 접촉신문, 성·연령별 1일 접촉신문, 중앙일간지 기사만족도, 중앙일간지의 이념 및 논조 평가 등의 조사결과를, '매체별 특성'이란 제

6-233) 다만, 피고들의 고의 또는 과실을 인정하지 아니하여 원고의 손해배상청구는 기각하였다.

6-234) 서울중앙지방법원 2001. 12. 14. 선고 2001가합17140 판결(확정).

목으로 이 사건 조사결과 중 일상 생활정보 취득매체, 평소 자주 보는 인터넷신문, 최근 3개월 내 읽은 잡지, 1일 평균 매체 이용시간 등의 조사결과를, '광고 관련'이란 제목으로 이 사건 조사결과 중 제품정보 획득매체 등의 조사결과를, 각각 막대그래프, 표 또는 보도기사를 통하여 게재한 사실 … 은 위에서 본 바와 같으나, ② 피고들이 그들이 발행하는 주간지 또는 일간지에 게재한 것은 원고의 이 사건 보고서의 내용인 이 사건 조사결과로서, 원고가 이를 독창적으로 창작한 것이라고 보기 어려울 뿐 아니라, 위와 같은 것은 저작권의 보호대상인 표현의 영역에 속하는 것이 아니라 보호대상이 아닌 아이디어의 영역에 속하는 것이므로 피고들이 이 사건 보고서의 내용인 이 사건 조사결과를 이용한다 하더라도 이 사건 보고서의 구체적인 표현까지 베끼지 아니하는 한, 이는 이 사건 보고서에 관한 저작권 침해행위로 인정되지 아니하고, ③ 원고가 이 사건 보고서에 이 사건 조사결과를 표현한 표와 막대그래프 등과 유사한 표와 막대그래프 등을 사용하여 피고들이 이 사건 조사결과를 표현하였다 하더라도, 표와 막대그래프 등을 통하여 이 사건 조사결과를 표현한 이 사건 보고서가 동일한 사실에 관하여 여러 가지 표현형식이 있을 수 있는 문예작품 등과 달리 그 성질상 표현형식에 있어서 개성이 있기 어려운 저작물에 해당하고, 위와 같은 표와 막대그래프 등을 통한 표현형식이 원고와 피고들이 이를 사용하기 이전부터 이 사건 조사결과와 같은 통계자료를 표현하는데 있어 보편적으로 사용되어 온 것인 점에 비추어, 원고의 이 사건 보고서에 사용된 표와 막대그래프 등이 독창적인 표현형식에 해당한다 할 수 없으므로, 피고들이 원고가 이 사건 보고서에 이 사건 조사결과를 표현하는데 사용한 표와 막대그래프 등의 표현형식과 유사한 표현형식을 사용하여 이 사건 조사결과를 표현하였다 하더라도, 피고들의 위와 같은 행위가 이 사건 보고서에 관한 원고의 저작권을 침해하는 행위에 해당한다 할 수 없으며, ④ 또한 위 인정사실만으로는, 피고들이 자신들이 발행하는 주간지 또는 일간지에 이 사건 조사결과를 게재함에 있어, 원고가 이 사건 조사결과를 정리하여 이 사건 보고서를 작성하는데 사용한 창작성 있는 소재의 선택 및 배열을 베꼈다는 점을 인정할 수 없으므로, 피고들의 위와 같은 행위가 이 사건 보고서에 관한 원고의 편집저작권을 침해하는 행위에 해당한다고도 할 수 없다.」

7) 건물신축단가표 사건[6-235)]

<사안의 개요>

원고는 국유재산현물출자에관한법률에 기하여 설립된 회사로서, 각종 건축물의 가격감정평가 등에 사용될 수 있는 표준적인 자료로서 '건물신축단가표'라는 제호의 출판물(이하 '이 사건 제1출판물')을 발간해오고 있다. 피고 ○○감정평가법인은 '건축물 표준 신축 단가표'라는 제호의 출판물(이하 '이 사건 제2출판물')을 발간하였고, 피고 ㈜○○은 그 홈페이지에 '건축물 표준 신축 단가표'라는 제목하에 이 사건 제2출판물 제2장의 건물별 ㎡당 공사비 적산표를 인터넷서비스로 제공하고 있으며, 피고 ㈜△△는 ㎡당 공사비 적산표를 작성하여 이 사건 제2출판물을 발간하는데 제공하였다.

<법원의 판단>

피고들이 원고의 이 사건 제1출판물에 대한 저작권을 침해하였는지 여부에 관하여,

> 『이 사건 제1출판물과 같은 기능적 성질을 띤 편집저작물은 그 사상이나 아이디어를 표현하는 형식이 제한될 수밖에 없으므로, 그 무단이용으로 인한 저작권침해는 그 편집체계 및 구성, 선택된 소재 및 이의 배열 등을 상당부분 그대로 사용하는 등의 경우와 같이 제한된 범위에서만 인정되어야 할 것이다. 앞서 본 바와 같이 이 사건 제2출판물이 크게 제1장 '적용시 유의사항', 제2장 '건축물표준신축단가'으로 구분되어 있고, 제2장에서는 각 건물을 용도, 구조, 지붕틀 등에 따라 4단계로 구분하고, 각각의 구분번호에 1면을 할애한 후 상단부에 ① 번호, 종류, 구조, 적용범위, 등급, 내용연수, 표준단가를 기재한 표를 배치하고, 이어 하단부에 ② 세부공사별로 산정한 ㎡당 공사비 적산표를 배치하고, 아울러 측면에 당해 건물의 참고사진을 함께 게재하고 있는 사실이 인정되는바, 위 출판물이 건물을 단계별로 구분하고 이에 맞추어 바닥, 내벽 등의 주요재료 등을 기재하고 세부공사별로 공사비를 산정하고 있는 점에서 구성체계가 이 사건 제1출판물과 일부 유사하기는 하나, 공사비 산정의 기준이 되는 개별공사의 종류에도 차이가 있는 등 구체적인 항목을 추출하거나 배치하는데 있어서 차이가 있을 뿐 아니라(아울러 참고사진도 첨부하고 있다), 가장 중요한 단가자료인 공사비도 별도로 산정된 수치를 제시하고 있는 등 상당한 차이를 보이고 있다 할 것이다(이 사

6-235) 서울고등법원 2004. 6. 2. 선고 2003나80316 판결(대법원 2004. 8. 20. 선고 2004다33414 판결).

건 각 출판물의 제1장의 '유의사항' 부분은 상당부분 유사하기는 하나, 이는 각 출판물에서 차지하는 비중이 극히 미미할 뿐 아니라 그 의미 그대로 위 각 출판물을 활용함에 있어 주의하여야 할 사항을 설명한 내용으로서 그 성질에 비추어 볼 때 표현에 창작성을 인정하기 어렵다). 그렇다면, 이 사건 제2출판물이 원고의 이 사건 제1출판물을 무단이용하였다고 보기 어렵고 달리 이러한 침해사실을 인정할 증거가 없으므로, 원고의 이 사건 저작권 침해 주장은 이유 없다.」

고 하여 이를 부정하였다.

8) 여행책자 사건[6-236]

「나) 먼저, 이 사건 공소사실의 각 침해사례를 검토해보면, 침해사례 중 교통수단, 교통시간표, 입장료, 입장시간, 전화번호 및 주소, 이동하는데 소요되는 시간, 위치 정보, 방문지의 역사, 박물관 등 방문지의 소장 내용, 식당이나 숙박 시설의 운영시간이나 비용 등은 편집자의 주관적인 설명이나 묘사가 개입될 여지가 없는 객관적인 정보에 불과하므로 이 부분 내용이 같거나 유사하다고 해서 피고인들이 피해자의 저작권을 침해하였다고 볼 수는 없다.

다) 그 다음으로, 침해사례 중 ① 프랑크푸르트 소개 내용 중 "괴테의 고향이자 프랑스 소시지로 우리에게 잘 알려진 프랑크푸르트는 독일의 주요 관광지라기보다는 박람회가 열리는 박람회의 도시이기도 하다"(△△천하유럽 제331쪽) 및 "독일의 주요 관광지라기보다는 산업전시회나 박람회가 많이 열리는 대도시이다. 우리에게는 괴테의 고향으로 또는 프랑크 소시지로 잘 알려진 산업 도시이다"(트래블유럽 제505쪽) 부분, ② 독일관광안내소에 대한 내용 중 "친절하고, 독일 전체에 대한 안내를 해주며"(△△천하유럽 제332쪽) 및 "독일 전역에 대한 여행안내를 해 주는 곳으로… 상당히 친절하고"(○○○월드유럽 제507쪽) 부분, ③ 택시에 대한 내용 중 "대중교통수단에 비해서 빠르지도 않고 매우 비싸다"(△△천하유럽 제331쪽) 및 "요금만 비싸고 결코 빠르지도 않다"(○○○월드유럽 제507쪽) 부분, ④ 뢰머광장과 시청사에 대한 내용 중 "가장 많은 관광객들이 몰려 사진을 찍는 장소로 주변 건물들이 고풍스럽고 중세적인 분위기를 자아낸다"(△△천하유럽

6-236) 서울서부지방법원 2008. 12. 16. 선고 2008노760 판결(대법원 2011. 2. 10. 선고 2009도291 판결).

제335쪽) 및 "이 곳 주변 건물들은 고풍스럽고 중세적인 분위기를 물씬 풍기며… 이 곳에서 사진을 찍으면 폼나는 장소 중 하나이다"(○○○월드유럽 제511쪽) 부분, ⑤ 자일거리에 대한 내용 중 "프랑크푸르트 제일의 번화가로… 벤취에 앉아 거리를 지나가는 사람들이나 공연을 펼치는 거리의 악사들을 지켜보는 것도 재미있다"(여행천하 유럽 제335쪽) 및 "프랑크푸르트 제일의 번화가로… 이 곳의 벤치에 앉아 거리의 행위 예술가들이나 악사들의 경연을 구경해보기도 하고"(○○○월드유럽 제512쪽) 부분, ⑥ 에센하이머 탑에 대한 내용 중 "이 지역의 상징이 되고 있다"(△△천하유럽 제336쪽) 및 "지금은 이 지역의 상징이 되어버린"(○○○월드유럽 제512쪽) 부분, ⑦ 작센하우젠에 대한 내용 중 "사과주스처럼 달콤한 맛으로… 홀짝홀짝 계속 마시게 되면 뒷감당이 힘들걸"(△△천하유럽 제332쪽) 및 "사과주스처럼 달콤하다고 홀짝거리며 마시다가는 나중에 뒷감당이 어려워진다"(○○○월드유럽 제513쪽) 부분, ⑧ 유람선 선착장에 대한 내용 중 "중앙역에 도착하면 맞은편의 인포메이션을 찾자. 만약 시간이 없다면 중심지인 Marktplatz(약 10분 소요)를 지나 시청으로 곧장 향하자"(△△천하유럽 제340쪽) 및 "중앙역에 도착하여 맞은편의 인포메이션으로 가면 된다. 그러나 아침에는 시간이 없으므로 Marktplatz(약 10분 소요)를 지나 시청으로 곧장 가자"(○○○월드유럽 제515쪽) 부분, ⑨ "프랑크푸르트나 하이델베르크를 갈 경우 약간 우회하게 되더라도 이 구간을 꼭 달려보라고 권하고 싶다"(△△천하유럽 제340쪽) 및 "프랑크푸르트나 하이델베르크를 여행 목적지로 잡았다면 약간 우회를 하더라도 이 구간을 여행해보라고 권하고 싶다"(○○○월드유럽 제515쪽) 부분, ⑩ 마르쉐에 대한 내용 중 "독일 요리를 다양하게 먹고 싶은 사람은 주저 말고 이 곳으로 들어갈 것"(△△천하유럽 제337쪽) 및 "독일 요리를 다양하게 먹고 싶은 사람은 이 곳에서 먹으면 좋다"(○○○월드유럽 제516쪽) 부분, ⑪ 투어 중 "주말 오후엔 아펠바인을 마시며 구식전차를 타고 시내를 둘러본다"(△△천하유럽 제333쪽), "여행기간이 마침 주말이라면 프랑크푸르트를 출발하는 아펠바인 익스프레스를 타보자"(○○○월드유럽 제518쪽), ⑫ 카를 교회에 대한 내용 중 "건물 전체의 하얀색과 하늘색의 둥근 지붕이 대비되어 더욱 세련되고 말끔한 자태를 뽐낸다"(△△천하유럽 제394쪽) 및 "건물 전체의 하얀색과 하늘색의 둥근 지붕이 대비되어 더욱 세련되고 말끔한 자태를 뽐낸다"(○○○월드유럽 제689쪽) 등의 부분은, 관광 명소, 음식점 등에 대하여 주관적인 묘사 및 설명을 기재하거나 구체적인 여행 코스 등을 추천한 것으로서, 이는 편집자의 창작성이 어느 정도 가미된 부분이므로, 이 부분의 기재 내용만을 두고 판단하면 피고인들이 피해자의 창작성이 가미된 주관적인 설명이나 묘사 부분을 문장이나 단어의 배열 등을 바꾼 채 차용하였다고 볼 여지가 있기는 하다.

그러나 △△천하유럽과 같은 여행책자가 편집저작물로서 보호를 받는 이유는 수많은 여행정보 중 일부를 편집자가 선택하고 이를 배열함에 있어 창작성을 가지기 때문임은 앞서 본 바와 같다. 그런데, △△천하유럽 및 ○○○월드유럽 중 프랑크푸르트 부분을 전체적으로 살펴보면, ① △△천하유럽에서는 볼거리로서 '뢰머 광장과 시청사', '괴테하우스', '대성당', '장크트 파울 교회', '자일거리', '알테오페르', '에센하이머 탑'을 들고, 박물관 지구로서 '독일영화박물관', '수공예 박물관', '슈타델 미술관', '우편 박물관', '작센하우젠'을 들면서 그 옆에 편집자의 추천 정도에 따라 별표를 표시해놓은 반면, ○○○월드유럽에서는 볼거리로 '프랑크푸르트 중앙역', '박물관 지역', '슈타델 미술관', '독일영화박물관', '수공예 박물관', '괴테하우스', '장크트 파울 교회', '뢰머 광장과 시청사', '대성당', '자일거리', '에센하이머 탑', '알테오페르', '작센하우젠'을 들면서 일련의 번호를 매겨서 그 순서를 표시하고 있고, ② △△천하유럽에서는 먹거리로 'Mr. Lee', '아리랑', '유로파센터', '카우프호프 백화점', '마르쉐', 'HL Markt', 'Zeitvertreib'을 들고 있는 반면, ○○○월드유럽에서는 '프랑크푸르트 시내의 고급 레스토랑'으로 'Bruckenkeller', '마르쉐', 'Restaurant Francais'를, '인기 많은 레스토랑'으로 'Harvey's', 'Kangaroo's'를, '지역 특유의 맛'으로 'Germania Ebbelwoi', 'Dauth-Schneider', 'Fisch Franke', 'Mutter Ernst'를, '이탈리안/프랑스 레스토랑'으로 'soletta', 'Bistrot77', '아시안 레스토랑'으로 'Jewel of India', 'Sushimoto', 'Block House'를, '아침식사/야식'으로 'N.Y.C. Frankfurt', 'Diner', '카우프호프 백화점', '유로파센터' 등을 들고 있고, ③ △△천하유럽에서는 숙박시설로 유스호스텔로는 'Haus der Jugend', 'Hotel Apollo', 'Hotel Colonia'를, 그 밖에 'Pension Bruns', 'Pension Backer'를, 한인운영 숙소로 'Tabitha', '송민박', '윤민박'을 들고 있는 반면, ○○○월드유럽에서는 'Stay & Learn Hostel', 'Hotel Schwerbach', 'Hello Frankfrut', 'Hotel Apollo', 'DJH Hoster', 'Kaiserhof Hotel', '유스호스텔(Haus der jugend)'를, 한인운영숙소로 'Tabitha', '송민박', '윤민박'을 들고 있다.

위와 같은 내용을 살펴보면, △△천하유럽과 ○○○월드유럽에서 주요 관광 명소 및 식당, 숙박시설 등을 소개함에 있어서, ○○○월드유럽에서 소개된 정보가 △△천하유럽에 소개된 정보와 일부 겹치는 부분도 있지만, ○○○월드유럽에는 그 외에 △△천하유럽에 소개되지 않은 정보 또한 포함되어 있고 그 정보의 나열이나 분류 방식이 다르다는 사실을 알 수 있다. 더구나, 관광지를 소개할 때 여행자들이 둘러볼 만한 가치가 있는 주요 관광명소 및 그 관광지에서 매우 유명한 식당이나 숙소 등은 한정되어 있어 어느 여행책자에서나 서로 중복될 수밖에 없는 한계가 있다.

또한, 두 책 사이에 관광지에 대한 주관적인 묘사나 설명이 다소 유사한 부분이 있음은 앞서 본 바와 같지만, 이러한 부분이 ○○○월드유럽에서 차지하는 비중이 그리 커 보이지 않고, 피고인 1 또한 본인의 경험담을 '배낭박'이라는 필명으로 △△천하유럽에 경험담을 삽입하기도 하는 등 △△천하유럽의 편집이나 집필에 상당 부분 참여하였음이 인정되므로 ○○○월드유럽을 편집함에 있어서도 본인의 그러한 경험이 영향을 주었을 것으로도 보이는 점 등을 고려해보면, 피고인들이 의도적으로 △△천하유럽에 기재된 내용을 그대로 베꼈다고 볼 만큼 실질적 유사성이 있다고 보기는 어렵다.

라) 마지막으로, 침해사례 중 지도의 유사성 부분에 대해 살펴본다.

…살피건대, 피해자가 당심에 제출한 다른 여행책자의 프랑크푸르트 지도들과 △△천하유럽에 실린 프랑크푸르트 지도를 비교, 대조해보면, △△천하유럽에 실린 프랑트푸르트 지도가 종래와 다른 새로운 방식으로 자연적 현상 및 인문적 현상을 표현했다거나 그 내용의 취사선택에 있어 달리 창작성이 있는 것으로는 보이지 않으므로 위 지도를 저작권법상 보호 대상이라 보기도 어렵고, 오히려 ○○○월드유럽의 프랑크푸르트 지도에서는 △△천하유럽의 지도와 달리 주요 명소의 위치에 숫자를 표시하여 알아보기 쉽게 밑에 칸을 만들어 설명을 덧붙이기도 하는 등 △△천하유럽의 지도를 그대로 베낀 것이라고 볼 수도 없으므로, 피고인들이 피해자의 지도에 대한 저작권을 침해하였다고 볼 수도 없다.』

9) 물가정보지 사건[6-237]

10) 한어대사전 사건[6-238]

6-237) 데이터베이스 관련 사건이다. 서울고등법원 2010. 6. 9. 선고 2009나96306 판결(확정). 판결 내용은 「제3장 저작물 - 저작권법의 보호대상」 참조.

6-238) 서울중앙지방법원 2011. 12. 2. 선고 2010가합104893 판결(항소심에서 강제조정).

「2) 한어대사전과 한한대사전 사이에 실질적인 유사성이 있는지 여부

가) 대비 대상의 확정 및 대비의 기준

한어대사전이 표제자 및 표제어, 이에 관한 주석 및 예문을 배열하고 있는 사실은 앞서 본 바와 같고, …를 종합하면, 한어대사전은 표제자 및 표제어 옆에 한국어 음을 표시한 다음, 주석을 한국어로 설명하고 예문은 한자 그대로 배열하고 있는 사실, 한어대사전에 있는 표제자 那자, 起자, 離자에 관한 표제어 및 예문 중 기존의 대한화사전 및 중문대사전에는 없으나 한어대사전에 처음 실린 것으로 한한대사전에도 그와 동일하게 실리게 된 표제어 및 예문이 상당수 있고, 주석은 한어대사전의 주석을 번역한 내용인 것들도 존재하는 사실을 인정할 수 있으므로, 위 인정사실에 비추어 보면, 한어대사전과 한한대사전은 특히 표제자 및 표제어, 주석, 예문에 있어 상당부분이 유사하다고 판단된다… 이하에서는 위 법리에 따라 한어대사전의 표제자 및 표제어, 주석과 예문별로 선택과 배열에 있어 창작성이 인정되는지, 이와 같이 창작성이 인정되는 요소에 관하여 한어대사전과 한한대사전이 실질적으로 유사한지에 관하여 본다.

나) 요소별 대비

(1) 표제자 및 표제어

…를 종합하면, 피고 산하 동양학연구소는 이미 존재하는 표제자 및 표제어 일체를 싣는다는 지침에 따라 그 목적에 적합하도록 일반 어휘 외에 인명, 지명, 서명, 의약명, 관제명 등 고유명사와 제도어, 종교어 등의 어휘를 망라하여 현존하는 한자사전 중 가장 많은 수의 표제자와 표제어를 한한대사전에 수록한 사실, 이에 따라 한어대사전의 표제자 수는 약 35,000개, 표제어 수는 약 370,000개인 반면, 한한대사전의 표제자 수는 약 53,000개, 표제어 수는 420,000개로 한어대사전 보다 더 많은 사실을 인정할 수 있고, 여기에 여러 가지 사항을 모아 일정한 순서로 배열하고 그 하나하나에 해설을 붙인 책으로서의 사전의 본질적 특성을 함께 고려하여 보면, 사전 편찬에 있어 이미 존재하는 표제자 및 표제어가 선행 사전에 이미 수록되었다는 이유로 이를 제외할 수는 없는 것이고, 존재하는 단어를 모두 싣는다는 목적에 따를 경우 누가 선택하더라도 그 선택된 단어들의 구성은 유사해질 수밖에 없으므로, 단순히 한어대사전에 실린 표제자 및 표제어와 한한대사전에 실린 표제자 및 표제어가 산술적으로 상당한 비율로 일치한다고 하더라도,

실질적 유사성 부분은 「제3장 Ⅱ. 3. 나. 어문저작물」 부분에서 살펴본다.

표제자 및 표제어의 선택에 있어서의 창작성을 인정할 수 없는 이상, 그 선택에 관한 편집저작권의 침해 역시 인정하기 어렵다.

또한 위 각 증거에 의하면, 표제자 및 표제어의 배열방법과 관련하여 한어대사전은 현대 중국의 200부수 체계에 따라 동일 부수에서는 획수순, 동일 획수에서는 필획의 형태에 따라 표제자를 배열하고, 둘째 이하 글자의 필획순으로 표제어를 배열한 반면, 한한대사전은 강희자전의 214부수 체계에 따라 동일 부수에서는 획수순, 동일 획수에서는 가나다순으로 표제자를 배열하고, 둘째 이하 글자의 음에 따라 가나다순으로 표제어를 배열한 사실을 인정할 수 있으므로, 위 인정사실에 의하면 한어대사전과 한한대사전은 표제자 및 표제어의 배열방법이 상이하여 한한대사전이 한어대사전의 표제자 및 표제어의 배열에 관한 편집저작권을 침해하였다고 볼 수도 없다.

(2) 주 석6-239)…

(3) 예 문

…한어대사전과 한한대사전은 모두 예문을 중국고전에 있는 문장을 가져와 원전의 연대순으로 배열하고 있는 사실을 인정할 수 있으나, 한편 중국고전에 있는 문장을 예문으로 인용한 방식이나 예문을 원전의 연대순으로 배열하는 방식은 한어대사전에서 처음 시도된 한어대사전의 고유한 특징은 아닌 사실 역시 인정할 수 있으므로, 위 인정사실에 의하면 중국고전의 문장 사용 및 연대순 배열방법 자체에 대하여는 한어대사전의 창작성을 인정하기 어렵다.

다만 예문 중 한어대사전의 저작자가 중국고전 원문으로부터 스스로, 즉 기존의 사전에서 취하지 않았던 것을 최초로 선택한 부분에 관하여 창작성을 인정할 여지가 있고, 중국고전에 있는 문장을 선택한다는 지침에 따를 경우 소재 선택의 폭이 넓어 우연히 동일하거나 유사한 문장들을 선택할 가능성이 낮은데도 불구하고 피고가 결과적으로 선택한 문장들이 유사할 경우, 즉 여러 중국고전의 문장들 중에서 독자적 선택을 하는 것이 가능하고, 다른 문장을 선택하여도 그것이 적절한 것인 한 사전의 예문으로서의 학술적 가치를 손상시킬 염려가 없는 경우까지 피고가 기존의 한어대사전에서 최초로 선택된 예문을 그대로 이용한 경우 그 수량, 범위, 빈도가 사회관념상 허용할 수 없는 정도에 달할 때는 편집저작권 침해가 될 여지가 있다. 이에 따라 보건대, …를 종합하면 那자, 起자, 離자 총 3개의 표제자가 사용

6-239) 「제3장 Ⅱ. 3. 나. 어문저작물」 부분 참조.

된 일부 표제어에 관하여 대한화사전과 중문대사전에는 없고, 한어대사전이 처음 선택한 예문 일부를 한한대사전이 옮겨 실은 사실을 인정할 수 있으나, 한편 供자, 剽자, 委자, 寫자, 彈자, 斷자, 款자, 燒자, 盜자, 竊자, 肥자, 課자, 軍자, 錯자, 頭자 총 15개의 표제자가 사용된 일부 표제어에 관하여는 한어대사전에 처음 선택된 예문의 비중이 미미하고, 한어대사전 역시 선행사전인 중문대사전에 있는 예문을 상당 부분 수용하였으며, 한한대사전은 오히려 중문대사전, 삼민대사전, 패문운부 기타 소사전에 처음 소개된 예문을 대부분 수록한 사실을 인정할 수 있는바, 위 인정사실에 한어대사전의 표제자 수는 약 35,000개, 표제어 수는 약 370,000개로서 총 22권으로 구성되어 있고, 한한대사전의 표제자 수는 약 53,000개, 표제어 수는 420,000개로서 총 16권으로 구성되어 있어 양 사전 모두 백과사전을 겸한 한자사전으로서 방대한 양을 아우르고 있다는 점, 자주 쓰이지 않는 표제어의 경우 중국고전 중 소재 선택의 폭이 반드시 넓다고는 할 수 없는 점을 함께 고려하여 보면, 한한대사전의 위 那자, 起자, 離자 3개의 표제자를 비롯한 일부 표제자와 관련한 예문이 한어대사전과 상당 부분 일치한다고 하더라도, 위 인정사실만으로는 한어대사전에서 최초로 선택된 이후 한한대사전에도 동일하게 실리게 된 예문의 수량과 범위 및 빈도가 공정한 인용을 넘었거나 사회통념상 허용할 수 없는 정도에 달하여 양 사전이 실질적으로 유사하다고 보기에 부족하고, 한어대사전에서 최초로 선택된 예문이 한어대사전 전체에서 차지하는 질적 비중이 한어대사전의 핵심적이고 중요한 부분을 차지한다거나, 위 최초로 선택된 예문이 한한대사전에 사용된 양적 비중이 편집저작권 침해에 이를 정도로 크다고 볼 수도 없어, 결국 한한대사전이 예문의 선택에 관한 한어대사전의 편집저작권을 침해하였다고 할 수 없다.』

11) 차량케미컬제품라벨 사건[6-240)]

『이 사건 각 라벨과 이 사건 제품에 실제 부착되어 사용되고 있는 별지 목록 2 기재 각 라벨을 비교하면, 그 색상, 바탕, 쉐보레 표장 및 자동차 내·외부 사진, 각종 문구 등 소재의 배치 및 구성이 사실상 동일하므로, 이 사건 각 라벨과 별지 목록 2 기재 각 라벨은 실질적 유사성이 있다고 할 것이다.

6-240) 서울중앙지방법원 2014. 7. 4. 선고 2013가합55534 판결(항소취하). 편집저작물로서의 창작성 여부가 주된 쟁점이었다. 「제3장 IV. 편집저작물」 부분 참조.

이와 관련하여 피고들은 이 사건 각 라벨에 기재되어 있는 표어와 별지 목록 2 기재 각 라벨에 기재되어 있는 표어에 차이가 있는 점(가령 유리 세정제 제품의 경우 원고가 제작한 라벨에는 '얼룩없이 반짝이는 광택!'이라는 문구가 기재되어 있으나, 실제 이 사건 제품에 부착되어 있는 라벨에는 '얼룩이 남지 않는 투명함'이라는 문구가 기재되어 있다), 별지 목록 2 기재 각 라벨 하단에 이 사건 각 라벨에는 없는 노란색을 띠는 알약 모양의 'CHEVY CARE' 문양이 삽입되어 있는 점 등을 들어 이 사건 각 라벨과 별지 목록 2 기재 각 라벨이 실질적 유사성이 없다는 취지의 주장을 하나 〔피고들 주장의 요지 중 나)항 부분〕, 위 문구 부분이나 알약 모양의 'CHEVY CARE' 문양은 전체 라벨에서 차지하는 질적·양적 비중이 미미하여 소재 등의 선택, 배열의 창작성에 유의미한 영향을 미쳤다고 보기 어려우므로, 피고들의 주장은 받아들이기 어렵다.』

12) 과학교재 사건[6-241]

『나. 판 단

(1) 편집물이 편집저작물로서 보호를 받으려면 일정한 방침 혹은 목적을 가지고 소재를 수집, 분류, 선택하고 배열하여 편집물을 작성하는 행위에 창작성이 있어야 하고,…

(2) 우선 '원고의 제1, 2 저작물'의 표현과 '피고의 교재'에 채택된 개개의 단어나 이를 형상화한 그림 등 구체적인 표현이 유사한지 여부에 대하여 살펴본다.

우선 …와 이 법원의 한국저작권위원회에 대한 감정촉탁결과에 변론 전체의 취지를 종합하면, '원고의 제1, 2 저작물'과 '피고의 교재' 일부(피고의 교재 중 '청진기 만들기', '운동하는 폐', '화산폭발', '잠수하는 인형', '소방차 원리', '날으는 비행기' 부분)에서 구체적인 질문 내용과 방식 등의 표현이 유사한 부분이 있고, 그 비율은 전체 교재 중 약 6.8%[6-242]에 해당하는 점은 인정된다.

6-241) 전주지방법원 2014. 11. 7. 선고 2012가합1343 판결(항소취하). 편집저작물로서의 창작성 여부가 주된 쟁점이었다.

6-242) 원고는 37개 항목에서 '피고의 교재'가 '원고의 제1, 2 저작물'과 같거나 유사하다고 주장하였는데, 한국저작권위원회에서는 '피고의 교재' 중 '원고의 제1, 2 저작물'과 같거나 유사한 표현이 있는 부분이 전체 37개 항목 중에서 6개 항목이고, 이를 비율을 계산하면 6.8% 정도라는 감정의견을 제시하였다.

그러나 다른 한편 앞서 본 증거들에 의하면, ① '원고의 제1, 2 저작물'과 '피고의 교재' 사이에 소재 선택의 유사성은 일부 인정되나, 오히려 유사한 과학적 원리를 설명하면서도 구체적인 소재는 다른 경우도 많이 발견되는 점, ② 위 각 교재는 유아가 자연과학이나 인체의 원리를 학습하도록 만들어진 교재이므로, 취사선택이 가능한 실험도구나 실험방법에 어느 정도 한계가 있을 수밖에 없어서 소재 선택의 유사성을 피하기 어려운 것으로 보이는 점, ③ '원고의 제1, 2 저작물'에 사용되는 과학원리에 대한 표현이 단순하여 독창적이라고 보기 어려우며, 실험을 위한 소재도 독창적이라고 보기는 어려운 점, ④ '원고의 제1, 2 저작물'의 경우, 자연과학이나 인체의 원리 등에 대한 학습과제를 제시하고, 실험소재와 방법을 설명하여 소재 그 자체를 보여주거나 소재의 핵심원리가 작용하는 모습이나 결과를 보여주며, 실험결과를 토대로 질문을 제기하고 그 답을 설명하는 순서로 배열되어 실험에 초점을 맞추고 있는 반면에, '피고의 교재'의 경우, 위와 같은 순서가 아니라 자연과학이나 인체의 원리 등에 대한 질문과 그에 따른 보기를 그림이나 글자로 연달아 제시하는 방법으로 배열되어 실험결과에 초점을 맞추고 있으므로, 양 교재 사이에 소재의 배열이 다르다고 볼 수 있는 점, ⑤ '원고의 제1, 2 저작물'과 '피고의 교재' 사이에 쪽 순서도 달라 전체적으로 소재의 배열이 같다고 보기 어려운 점, ⑥ '원고의 제1, 2 저작물'과 '피고의 교재' 사이에 소재에 대한 질문과 답을 표현한 구체적인 방식이 같거나 일부라도 상당한 수준으로 유사한 경우는 앞서 본 바와 같이 전체 교재의 약 6.8%에 불과한 것으로 보이는 점, ⑦ 표현이 유사하다고 인정되는 부분에서조차 질문에 사용되는 그림이 다르고, 구체적인 표현 방식에도 다른 부분이 있는 점 등을 인정할 수 있다.

이러한 여러 사정을 종합해 보면, '원고의 제1, 2 저작물'과 '피고의 교재' 사이에 일부 표현 등이 유사한 부분이 있다는 사실만으로 '원고의 제1, 2 저작물'과 '피고의 교재' 표현형식 사이에 실질적 유사성을 인정하기에 부족하고, 달리 이를 인정할 증거도 없다.』

13) 구청 업무 홍보책자 사건[6-243)]

『나. 실질적 유사성 여부

…

6-243) 서울중앙지방법원 2013. 11. 29. 선고 2013가합29818 판결(확정).

2) 표지 부분(‘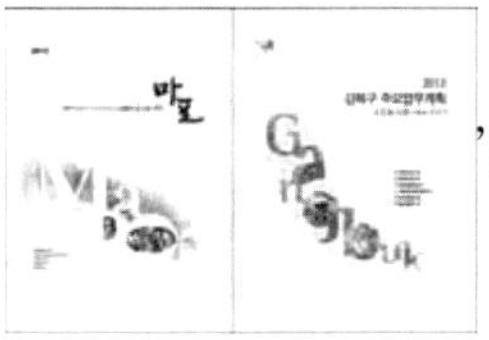’)

가) 원고 저작물 및 피고 저작물의 각 표지 중 ① 각 구의 영어명칭의 알파벳을 완만한 곡선으로 배열하고, 파스텔톤의 무지개색으로 장식한 후, 각 글자의 주변에 원형의 문양을 배열한 것, ② 알파벳 중 폐쇄된 원형 부분 내부에 사진을 배열한 것, ③ 각 구청이 표방하는 도시의 내용을 특정 색을 넣은 각 직사각형의 도형과 함께 배치한 것은 공통적인 요소라 할 수 있다.

나) 그러나 한편, ① 원고 저작물의 경우 알파벳 자체는 흰색을 사용하고, 주위의 문양에 무지개 색을 넣은 반면에 피고 저작물의 경우에는 글자 자체에 무지개 색을 넣고 그 주변의 문양은 글자 자체에 비하여 상대적으로 연한 색을 사용한 것, ② 알파벳 중 폐쇄된 원형 부분 내부에 사진을 배열한 것은 구체적인 표현에 이르지 못한 아이디어에 불과한 것으로 유사성 판단에서 배제되어야 할 요소인 것, ③ 원고 저작물의 경우 위 알파벳이 좌측중단부터 우측방향 대각선 아래로 완만하게 직선으로 배열되어 있는 반면에, 피고 저작물의 경우 위 알파벳이 좌측중단부터 우측하단까지 아래로 볼록한 형태로 완만한 곡선으로 배열되어 있는 것, ④ 각 구청이 표방하는 도시의 내용의 경우 원고 저작물은 영어로 기재되어 있는 반면 피고 저작물은 한글로 기재되어 있고 그 위치도 차이가 있는 것, ⑤ 원고 저작물은 좌측상단에 ‘2013 주요업무계획’을 배열하고, 그 아래 상단중앙에 작은 글씨로 ‘MAPO, Welfare City in harmony | 더불어 잘 사는 복지’라고 기재한 후 큰 글씨로 ‘마포’라고 기재한 반면에, 피고 저작물은 좌측상단에는 초록색과 파란색으로 도안화한 ‘희망 강북’을 배열하고, 그 아래 상단우측에 고딕체로 ‘2013 강북구 주요업무계획’이라 기재한 후 그 아래에 작은 글씨로 ‘소통과 신뢰 그리고 희망!’이라는 기재를 한 것에서 원고 저작물의 표지와 피고 저작물의 표지는 차이를 보이고 있다.

3) ‘표방하는 도시 및 사진’ 부분(‘’)

…

9) 구체적 판단

가) 원고 저작물 중 ‘주요내용 도입부’ 부분 중 배경을 특정 색으로 채색

한 사진을 배열한 후 우측상단에서부터 좌측하단으로 긴 곡선을 배치하고, 곡선의 좌측하단 부분은 흰색으로, 우측상단 부분은 사진의 배경색과 동일하거나 약간 진한 색으로 채색한 후 위 곡선 위로 나무, 사람, 건물 등의 클립아트를 배치한 것 및 '본문 형태' 부분 중 위 주제별 도입부의 배경색으로 채색한 상자 내부에 각 사진의 설명하는 글을 배치하고, 그 상자 주변으로 다양한 크기의 사진을 배열하며, 그 위에 인물사진 및 원형 무늬 안에 사진을 배열한 것은 기존의 구청 주요업무계획 책자에서 찾아볼 수 없는 형태로서 원고 저작물만의 독특한 창작성이 인정되는 주된 부분으로, 피고 저작물은 위와 같이 소재의 선택 및 배열에 있어 창작성이 인정되는 원고 저작물의 주된 창작적 요소를 공통적으로 가지고 있다. 그 외에 원고 저작물 중 '표방하는 도시 및 사진' 부분의 사진의 선택 및 본문의 배열, '비전' 부분의 클립아트의 선택 및 본문의 배열, '목차' 부분의 사진의 배열 및 본문의 배열 등의 주된 창작적 요소 역시 피고 저작물에 그대로 포함되어 있다.

나) 한편 앞서 살펴본 것과 같이 원고 저작물 및 피고 저작물의 각 '주요내용 도입부' 부분, '본문 형태' 부분, '표방하는 도시 및 사진' 부분, '비전' 부분, '목차' 부분에서 일부 차이점이 발견되기는 하나 이러한 차이점은 그 자체로 누구나 큰 어려움 없이 가할 수 있는 변형에 불과하여, 위 차이점으로 인하여 피고 저작물이 원고 저작물과 실질적 유사성을 벗어나 새로운 창작성을 가진 저작물이 되었다고 보기 어렵다.

다) 피고 저작물의 표지 부분은 앞서 살펴본 바와 같이 주된 표현에 있어서 차이점이 인정되므로 원고 저작물의 표지 부분과 유사성이 인정되지 않고, 피고 저작물에는 원고 저작물에서 창작성이 인정되지 않아 그 유사성 판단의 기준으로 삼을 수 없는 '역점 시책' 및 일부 본문 형태 부분이 포함되어 있으나, 위와 같은 부분은 피고 스스로 제3자의 저작물을 모방한 것임을 인정하고 있으므로, 피고가 위와 같은 부분을 추가함으로서 위와 같은 공통적 요소에 의하여 인정되는 원고 저작물과 피고 저작물의 실질적 유사성을 벗어날 정도의 새로운 창작적 요소를 부가한 것으로 볼 수 없다.

라) 또한 피고 저작물에는 원고 저작물에 포함되어 있지 않은 '구정현황' 부분, '주요투자사업' 부분, '2012 수상내역' 부분, '2012 구정 주요성과' 부분이 포함되어 있으나, 이 부분 역시 소재의 선택 내지 배열이라는 측면에서 기존의 동종업계 종사자가 누구나 생각할 수 있는 정도의 것에 불과하여 역시 원고 저작물과의 실질적 유사성을 벗어날 정도로 새로운 창작성이 부여

된 것으로 보기 어렵다.

마) 원고의 저작물은 마포구의 주요업무계획을 안내하기 위한 기능적인 목적의 편집저작물에 해당하기는 하나, 위와 같이 주요업무계획에 대한 구체적인 내용을 표시하기 위하여 선택한 사진, 색상 및 클립아트 등 소재의 선택 및 배열에 있어 미적, 디자인적 성격이 강조되어 있고, 이러한 개별 페이지 자체의 배열 및 그 페이지의 전체적인 배열은 원고 저작물의 창작성의 핵심적인 부분으로 피고 저작물이 앞서 살펴본 바와 같이 이러한 부분을 그대로 차용하였고, 피고 저작물에 일부 추가된 부분으로 인하여 피고 저작물이 원고 저작물과 본질적으로 다른 새로운 저작물이 된 것으로 보기 어려운 이상, 원고 저작물과 피고 저작물은 실질적으로 유사하다고 봄이 상당하다.』

2. 침해의제6-244)

『컴퓨터프로그램저작권 보호와 관련하여, 컴퓨터프로그램저작권을 침해하여 만들어진 프로그램 복제물을 그 사정을 안 자가 무단으로 사용하는 것을 무한정 허용하게 된다면 저작권자의 보호에 불충분한 결과가 되므로 일정한 유형의 사용행위를 침해행위로 규정함으로써 정당한 권원 없이 프로그램을 부당하게 사용하는 것을 방지할 필요가 있다는 논의가 있었다. 다만, 컴퓨터에서의 사용이 거의 유일한 프로그램의 이용방법인 컴퓨터프로그램의 성격상 그 프로그램의 유통을 지나치게 저해할 수 있기 때문에, 프로그램저작권을 침해하여 만들어진 컴퓨터프로그램의 복제물을 그 사정을 알면서 취득한 자가 이를 '업무상 사용하는 행위'를 프로그램저작권을 침해하는 행위로 간주하고 이를 처벌하는 규정을 신설하자는 입법론이 제기되었다. 이에 따라 1994. 1. 5. 법률 제4712호로 개정된 컴퓨터프로그램보호법 제26조 제2호(위 구 컴퓨터프로그램보호법상 제29조 제4항 제2호)와 제34조 제1항(위 구 컴퓨터프로그램보호법상 제46조 제1항)에 위와 같은 규정을 신설하게 되었다. 이 경우 그 타인은 취득 당시에 그 정을 알아야 하므로 취득 당시에는 선의였으나 사후에 침해품임을 알게 되는 경우에는 이를 계속 사용하더라도 침

6-244) 수원지방법원 2009. 11. 17. 선고 2009노517 판결(대법원 2010. 2. 11. 선고 2009도13681 판결).

해행위로 되지 아니한다. 또한 '업무상 사용'하는 경우에 한하므로 '개인적인 용도에 사용'하는 경우에는 침해로 되지 아니한다고 할 것이다.6-245)

3) 인정사실…

4) 검 토

위 인정사실에다가 위 각 증거들에 의하여 인정되는 사실로부터 알 수 있는 다음의 사정, 즉 구 컴퓨터프로그램보호법 제29조 제4항 제2호는 프로그램저작권을 침해하여 만들어진 프로그램의 복제물을 그 사정을 알면서 취득한 자가 이를 "업무상 사용하는 행위"를 해당 프로그램저작권을 침해하는 것으로 보고 있는 점, 그런데 피고인 ○○○○ 주식회사의 업무와 MATLAB 7.0의 전문적인 기능에 비추어 볼 때 업무적인 관련성이 크지 않은 것으로 보이는 점(원심도 위 MATLAB 7.0 프로그램은 피고인들의 업무와 직접적인 연관이 없는 것으로 보인다고 양형이유에 설시하고 있다), 게다가 위 오△△은 이 사건 적발이 되기 불과 하루 전에 MATLAB 7.0 버전을 다운받아 설치하였고, MATLAB의 최신 버전까지도 시리얼 넘버와 함께 쉽게 구할 수 있음에도 4년 전의 오래된 버전을 다운로드받아 자신의 컴퓨터에 설치한 점, 오△△이 MATLAB 7.0의 기능 및 사용방법에 대해 정확히 알고 있었고 이를 업무상 사용하기 위해 다운로드받아 설치한 것이라면, 굳이 위와 같이 오래된 버전의 프로그램을 설치할 이유가 없어 보이는 점(더욱이 위 MATLAB 프로그램을 사용하기 위해서는 사용자가 고유의 MATLAB 언어를 익혀야 한다고 한다), 피고인 ○○○○ 주식회사의 다른 직원들은 MATLAB 7.0을 사용하거나 설치한 적이 없고, 위 오△△이 이를 설치한 사실조차 알지 못하였던 점, 고소대리인조차 최초 진정 당시 이와 같은 사실을 알지 못하였다가, 2008. 6. 12.경에서야 피해자 M◇◇사 부분을 추가하여 피고인들을 고소한 점, 그렇다면 오△△이 호기심에 위 MATLAB 7.0을 다운로드받아 설치하였을 뿐이고 이를 업무상 사용한 적이 없다는 피고인들의 주장이 신빙성이 있어 보이는 점, 또한, 앞서 본 바와 같이 오△△

6-245) 본건은 컴퓨터프로그램 보호법위반죄 사안이나, 2009. 4. 22. 법률 제9625호 저작권법 제124조 제1항 제3호도 "프로그램의 저작권을 침해하여 만들어진 프로그램의 복제물(제1호에 따른 수입 물건을 포함한다)을 그 사실을 알면서 취득한 자가 이를 업무상 이용하는 행위"를 저작권 침해행위로 보고 있다. 이 조항의 문제점에 관하여는 이규홍, "컴퓨터프로그램저작권 침해소송에서의 몇가지 쟁점－침해간주 규정 및 손해배상액 산정방식과 관련하여", 엔터테인먼트법 제3호(2015. 3) 참조.

은 이 사건 단속이 있기 하루 전(저녁 5시경 설치하였다)에 이를 다운로드 받아 저장하였을 뿐인데, 오△△이 프로그램 복제물을 인터넷 사이트에서 다운로드받아 자신의 컴퓨터에 저장하였다는 사실만으로는 피고인 여◎◎이 이를 업무상 사용하였다고 단정하기 어려운 점(위 법률규정상 프로그램의 복제물을 업무상 사용하는 행위를 처벌하고 있을 뿐 이에 대한 미수를 처벌하고 있지도 않다), 피고인들이 원심법정에서 이 사건 공소사실을 인정한다고 진술하긴 하였으나, 피고인들이 제1회 공판기일 이전에 원심법정에 제출한 2008. 11. 24.자 의견서(공판기록 제23쪽)에 의하더라도 이 사건 MATLAB 7.0을 "비업무용"이라고 진술하고 있고, "단속된 직원도 무엇에 쓰이는 프로그램인지 모르는 상황에서 인터넷에서 쉽게 구할 수 있는 프로그램이어서 호기심에 다운받았다"고 진술하고 있는 점에 비추어 볼 때 피고인들이 이 부분 공소사실을 포함하여 자백하였다고 보기 어려운 점 등을 종합하여 보면, 피고인 여◎◎이 이 사건 공소사실 기재와 같이 이 사건 MATLAB 7.0의 복제물을 취득하여 업무상 사용하였다고 인정하기에 부족하고, 달리 이를 인정할 증거가 없다.』

제7장 권리자의 공격방법

Ⅰ. 서 설

저작권을 침해당한 권리자는 그 구제를 위해 민·형사적 구제수단을 강구할 수 있다. 민사적 구제수단으로는 본안소송을 제기하기 전에 침해금지가처분 등의 만족적 가처분명령을 구할 수 있고, 본안소송으로 침해금지청구나 손해배상청구를 구하는 것이 일반적이다. 형사적 구제수단으로는 저작권침해죄로 형사고소하여 침해자로 하여금 형사처벌을 받게 하는 방안이 대표적이다. 최근 우리 법원은 저작권의 침해행위는 아니나 그 불법성이 큰 경우 이를 불법행위로 보아 손해배상청구 등을 인정한 경우가 있다.

여기에서는 저작자가 취할 수 있는 공격방법을 위의 순서에 따라 살펴보기로 한다.

Ⅱ. 본안소송 – 침해금지청구 및 손해배상청구

저작권자 등은 그 권리를 침해하는 자에 대하여 침해의 정지를 청구할 수 있고, 침해할 우려가 있는 자에 대하여는 침해의 예방 또는 손해배상의 담보를 청구할 수 있다(제123조, 이하 '침해금지청구'). 또한 저작재산권자 등은 고의 또는 과실로 침해한 자에 대하여 손해배상을 구할 수 있다. 두 구제수단의 공통된 요건사실은 ① 원고가 창작성이 있는 저작물에 대한 권리자일 것, ② 상대방의 침해행위가 있을 것이다. 이에 더하여 손해배상청구는 ③ 상대방의 고의, 과실 등 귀책사유가 있을 것, ④ 손해가 발생하였고, 침해행위와 인과관계가 있을 것의 요건이 추가로 요구된다. 먼저 위 2가지 구제수단의 공통된 요건에 관하여 보기로 한다. ①요건 중 저작물성과, ②요건에 관하여는 장을 달리하여 상세하게 다루고 있으므로, 여기에서는 공통된 ①요건 중 권리자에 관하여 설명하고, 나머지 ③, ④요건에 관하여는 손해배상 청구의 항에서 보기로 한다.

한편 본안판단의 전제로서 원고가 제기한 소는 소송요건을 갖추어야 하는데, 실무에서 종종 문제가 되는 것은 침해금지를 구하는 청구취지의 특정이 적법한지 여부이다. 논리구조상 청구취지의 특정 문제를 먼저 설명하여야 할 것이나, 청구취지의 특정 문제는 침해금지명령의 설명과 중복되는 것이 많으므로 편의상 아래의 침해금지청구 부분에서 함께 설명하기로 한다.

1. 원고가 권리자일 것.

가. 저작권의 귀속

저작인격권은 저작물을 창작한 저작자 일신에 전속하므로 양도성이 없고 저작인격권을 제3자에게 양도하는 내용의 계약은 무효이다. 다만 그 행사를 다른 사람에 위임할 수는 있고 그 경우 피위임인이 권리를 행사할 수 있다. 이와 달리 저작재산권은 양도성이 있으므로 이를 양도받은 사람이 권리를 행사할 수 있다. 한편 업무상 저작물에 해당하는 경우 다른 정함이 없는 경우에는 그 법인 등이 저작자가 된다(법 제9조). 따라서 원고가 피고를 상대로 저작권 침해금지 등 소송을 제기한 경우 피고가 업무상 저작물이기 때문에 자신이 권리자라고 다투는 경우가 종종 있다. 이는 원고의 주장사실을 인정하는 것을 전제로, 원고의 주장사실과 양립가능한 별개사실(법인의 명의로 공표된 사실, 사용자의 기획 아래 창작된 사실, 사용자의 업무에 종사한 사실)을 피고가 증명하여야 하므로, 소송상 항변(방어방법)의 성질을 가질 것이나 편의상 여기에서 설명하기로 한다. 또한 공동저작물의 저작재산권은 그 저작재산권자 전원의 합의에 의하지 아니하고는 이를 행사할 수 없는 바(법 제48조 제1항), 창작과정에 다수의 사람이 관여한 경우 공동저작물인지 여부가 쟁점으로 되는 경우가 있다.

저작물에 대한 독점적 이용허락을 받은 사람이 저작자를 대위하여 금지청구를 할 수 있는지 여부도 문제되는데, 우리 법원은 「저작권법은 특허법이 전용실시권제도를 둔 것과는 달리 침해정지청구권을 행사할 수 있는 이용권을 부여하는 제도를 마련하고 있지 아니하여, 이용허락계약의 당사자들이 독점적인 이용을 허락하는 계약을 체결한 경우라도 그 이용권자가 독자적으로 저작권법상의 침해정지청구권을 행사할 수는 없다. 따라서 이용허락의 목적이 된 저작권법이 보호하는 재산권의 침해가 발생하는 경우에도 그 권리자가 스스로 침해정지청구권을 행사하지 아니하는 때에는 독점적인 이용권자로서는 이를 대위하여 행사하지 아니하면 달리 자신의 권리를 보전할 방법이 없을 뿐 아니라, 저작권법이 보호하는 이용허락의 대상이 되는 권리들은 일신전속적인 권리도 아니어서 독점적인 이용권자는 자신의 권리를 보전하기 위하여 필요한 범위 내에서 권리자를 대위하여 법 제91조에 기한 침해정지청구권을 행사할 수 있다」고 하여 대위행사가 가능하다는 입장을 취하고 있다(소리바다 사건, 대법원 2007. 1. 25. 선고 2005다11626 판결).

아래에서는 저작권의 귀속이나 저작권의 행사를 할 수 있는 적격이 문제된 사건에 관하여 보기로 한다.

1) 슈피터 자격시험 사건[7-1)]

『김○○는 자신이 창작한 시험문제를 협회에 제공하여 시험에 사용되도록 하면서 협회의 활동 및 발전을 위해 무상으로 제공하였고, 김○○ 스스로 그에 대한 대가를 원한 적이 없고 봉사하는 마음으로 제공하였다고 주장하고 있는바, 김○○는 이 사건 시험문제에 대한 저작권을 협회에게 양도하려는 의사로 이 사건 시험문제를 제공하였다고 할 것이므로, 김○○와 협회 사이에 저작권 양도·양수에 관한 묵시적인 합의가 있었다고 봄이 상당하다. …김○○가 강의를 수행한 것이 능률협회의 피용자라고 볼 여지도 있으나, 강의는 강사의 재량이 발휘될 여지가 큰 영역이고, 강의가 개설되는 일시적인 기간에만 김○○가 강의를 제공하여 왔으므로, 능률협회의 실질적인 지휘·감독관계가 있었다고 볼 수 없고, 오히려 위탁관계에 가깝다고 보이므로 능률협회가 제9조의 '단체 그 밖의 사용자'에 해당하지 않을 뿐만 아니라, 능률협회가 위 자격시험의 기획자인지(2회 시험 문제지에 기재된 것만으로

7-1) 서울중앙지방법원 2013. 9. 13. 선고 2012가합57267 판결(확정). 묵시적 양도계약의 체결이 인정되는지, 업무상 저작물인지 여부가 다투어 졌다.

는 이를 인정하기에 부족하다) 여부 및 위 자격시험의 실시가 능률협회의 업무에 속한다는 점을 인정할 만한 증거도 없고, 오히려 자격시험의 실시는 한국슈피터협회의 업무에 속하고 능률협회는 이를 위탁받아 장소를 제공하여 실시한 것에 불과하고, 2회 시험 실시 당시에는 한국슈피터협회가 정식으로 설립되기 전이어서 일시적으로 능률협회 명의를 사용할 수밖에 없던 사정이 있던 것으로 보일 뿐인 점에 비추어 볼 때, 이 사건 시험문제가 능률협회의 업무상 저작물이라고 볼 수는 없다.」

2) 프란치스꼬회 사건[7-2]

<사안의 개요>

신청인은 저작물에 대한 공동저작권자인데 최초로 간행할 때부터 공동저작물인 이 사건 저작물에 대한 출판권, 번역권 등 일체의 재산적 권리를 프란치스꼬회(명도원)와 ○○○○에게 양도하고, 저작인격권에 관하여도 공동저작물인 관계로 프란치스꼬회와 ○○○○에 의한 행사에 포괄적으로 동의하는 취지로 동의하였고, 그 후 저작자 표시에서 신청인이 제외되었음에도 신청인은 이의를 제기하지 않았다. 한편 피신청인들이 1987. 7.경 프란치스꼬회와 이 사건 저작물에 대한 출판계약을 체결하고 프란치스꼬회와의 합의 아래 이 사건 저작물의 내용을 일부 수정하고 저작자로 피신청인 홍○○을 표시하여 위와 같이 각 서적을 출판하자, 신청인은 피신청인들이 신청인의 동일성유지권을 침해한다고 주장하며, 그 출판 등의 행위를 금지를 구하는 가처분으로 신청하였다.

<법원의 판단>

「저작인격권은 저작재산권과는 달리 일신전속적인 권리로서 이를 양도하거나 이전할 수 없는 것이라 할 것이므로 비록 그 권한행사에 있어서는 이를 대리하거나 위임하는 것이 가능하다 할지라도 이는 어디까지나 저작인격권의 본질을 해하지 아니하는 한도 내에서만 가능하다 할 것이고 저작인격권 자체는 저작권자에게 여전히 귀속되어 있는 것이라고 보아야 할 것이며, 타인이 무단으로 자기의 저작물에 관한 저작자의 성명, 칭호를 변경하거나 은닉하는 것은 고의, 과실을 불문하고 저작인격권의 침해가 된다고 할 것이

7-2) 대법원 1995. 10. 2.자 94마2217 결정. 저작인격권을 포괄적 위임한 경우에도 저작인격권이 침해될 수 있는지 여부가 쟁점이다.

다. 그런데 원심은 신청인을 이 사건 저작물의 공동저작자로 인정하고서도 이 사건 저작물에 대한 저작인격권마저도 프란치스꼬회측에 포괄적으로 위임되었다는 것을 전제로 피신청인들에 의한 이 사건 저작물의 저작자표시 변경이 신청인의 저작인격권의 침해로 되지 않는다고 판단하고 있는바, 이는 실질상 저작인격권의 양도를 인정하는 결과로 되어 저작인격권의 본질을 벗어나는 것이 되므로 허용되어서는 아니 된다 할 것이고, 이 사건 저작물에 대한 신청인의 저작인격권 자체는 여전히 신청인에게 귀속되어 있는 것이라고 보아야 할 것이다. 따라서 피신청인들이 이 사건 저작물을 수정하여 발간하면서 이 사건 저작물의 공동저작자인 신청인의 성명을 표기하지 아니하고 피신청인 홍○○을 공동저작자로 표시한 것은 결과적으로 신청인의 이 사건 저작물에 대한 저작인격권을 침해한 결과로 된다 할 것인바, 이와 견해를 달리한 원심결정에는 저작인격권에 관한 법리를 오해한 위법이 있다.』

3) 김 포장디자인 사건[7-3)]

『피고들이 인터넷 구인구직 사이트를 통해 원고를 선발하고 (응용미술저작물인) 이 사건 캐릭터를 포함한 일련의 피고들의 제품에 관한 포장디자인 작업 등을 의뢰한 사실은 앞서 본 바와 같으나, 위 인정사실만으로는 원고가 피고들에게 고용되어 있었거나 이 사건 캐릭터 및 포장디자인 작업 과정에서 피고들로부터 실질적인 지휘·감독을 받았음을 인정하기에 부족하고 달리 이를 인정할 증거가 없다. 오히려 …에 의하면, 피고들은 프리랜서로 활동하는 원고에게 비정기적으로 '이유미', '우리애들 김', '베이비워터 플러스' 등 피고들의 제품별로 포장디자인을 의뢰하여 위 각 작업에 대한 대가를 지급해 온 사실, 피고들에게 고용된 웹디자이너 정○○는 원고가 수행한 작업과 유사하게 포장디자인 및 웹디자인 업무를 수행하였으나 원고와 달리 매월 일정한 금액의 급여를 지급받은 사실, 이 사건 캐릭터의 제작과정에서 피고들이 원고가 최초로 납품한 도안의 아이들 얼굴을 좀 더 어리게 바꾸어 달라는 요구를 한 사실이 있을 뿐 이를 제외하고는 이 사건 캐릭터는 전적으로 저작자인 원고의 재량과 예술적인 감각 및 기술에 의하여 제작된 사실을 인정할 수 있는바, 위 인정사실에 의하면, 이 사건 캐릭터의 작성에 관하여 원고와 피고들 사이에 고용계약 기타 실질적인 지휘·감독관계가 없이 원고는 독립한 지위에서 자기재량에 따라 이 사건 캐릭터를 제작하였다고 할

7-3) 서울중앙지방법원 2011. 6. 17. 선고 2010가합92280 판결(확정).

것이므로, 이 사건 캐릭터는 업무상저작물이라고 할 수 없고, 결국 원고가 이에 대한 저작권을 원시적으로 취득하였다고 할 것이다.」

4) 소리바다 민사 사건[7-4)]

「저작권법은 특허법이 전용실시권제도를 둔 것과는 달리 침해정지청구권을 행사할 수 있는 이용권을 부여하는 제도를 마련하고 있지 아니하여, 이용허락계약의 당사자들이 독점적인 이용을 허락하는 계약을 체결한 경우라도 그 이용권자가 독자적으로 저작권법상의 침해정지청구권을 행사할 수는 없다고 할 것이다. 따라서 이용허락의 목적이 된 저작권법이 보호하는 재산권의 침해가 발생하는 경우에도 그 권리자가 스스로 침해정지청구권을 행사하지 아니하는 때에는 독점적인 이용권자로서는 이를 대위하여 행사하지 아니하면 달리 자신의 권리를 보전할 방법이 없을 뿐 아니라, 저작권법이 보호하는 이용허락의 대상이 되는 권리들은 일신전속적인 권리도 아니어서 독점적인 이용권자는 자신의 권리를 보전하기 위하여 필요한 범위 내에서 권리자를 대위하여 제91조에 기한 침해정지청구권을 행사할 수 있다고 할 것이다. 원심판결 이유를 위 법리와 기록에 비추어 살펴보면, 원심 판시 별지 노래목록 순번 4 및 11 기재 각 노래에 관하여 음을 음반에 맨 처음 고정한 음반제작자인 영국 법인 이엠아이뮤직인터내셔널서비스사와 미국 법인 비엠지엔터테인먼트사로부터 대한민국 내에서 음반제조권과 함께 독점적 음반판매 및 배포권을 각 허락받은 독점적 이용권자인 채권자 이엠아이뮤직코리아 주식회사와 주식회사 한국비엠지뮤직은 위 각 음반제작자를 대위하여 복제권 침해정지를 청구할 수 있다고 할 것이다.」

5) Pat & Mat 시리즈 사건[7-5)]

「채권자가 보전하려는 권리와 대위하여 행사하려는 채무자의 권리가 서로 밀접하게 관련되어 있고 채권자가 채무자의 권리를 대위하여 행사하지 않으면 자기 채권의 완전한 만족을 얻을 수 없게 될 위험이 있어서 자기 채

7-4) 대법원 2007. 1. 25. 선고 2005다11626 판결. 독점 배타적 이용권을 부여받은 자가 저작권자를 대위하여 금지청구를 할 수 있는지 여부가 쟁점으로 사안의 상세 및 다른 쟁점은 「제9장 디지털 저작물의 침해와 보호, 제10장 온라인서비스제공자의 책임과 제한」 참조.

7-5) 서울고등법원 2002. 5. 8. 선고 2001나58919 판결(심불기각). 독점 배타적 이용권을 부여받은 자가 저작권자를 대위하여 금지청구를 할 수 있는지 여부가 쟁점이다.

권의 현실적 이행을 유효·적절하게 확보하기 위하여는 채무자의 권리를 대위하여 행사하는 것이 필요한 경우에는 채권자대위권의 행사가 채무자의 자유로운 재산관리행위에 대한 부당한 간섭이 된다는 등의 특별한 사정이 없는 한 채권자는 채무자의 권리를 대위하여 행사할 수 있어야 하고, 피보전채권이 특정채권이라 하여 반드시 순차매도 또는 임대차에 있어 소유권이전등기청구권이나 명도청구권 등의 보전을 위한 경우에만 한정하여 채권자대위권이 인정되는 것은 아니라고 할 것이다(대법원 2001. 5. 8. 선고 99다38699 판결 참조). 그런데 이 사건에서 슬로박 텔레비전은 신청인에게 이 사건 제1차 영상저작물을 대한민국 내에서 독점적·배타적으로 이용할 수 있는 권리를 부여하였으므로 신청인은 슬로박 텔레비전에 대하여 위 영상저작물을 대한민국 내에서 독점적·배타적으로 이용하는데 적극적으로 협력할 것을 청구할 수 있는 채권이 있고, 신청인의 이러한 권리와 신청인이 대위하여 행사하려는 슬로박 텔레비전의 피신청인에 대한 저작권침해행위 금지청구권은 서로 밀접하게 관련되어 있으며, 슬로박 텔레비전이 슬로바키아공화국에 소재한 방송국으로서 대한민국 내에서 행하여지는 저작권침해행위를 쉽게 알기 어려울 뿐만 아니라 이를 이유로 한 금지청구권의 행사가 용이하지 아니한 점, 만약 신청인이 슬로박 텔레비전의 금지청구권을 대위하여 행사할 수 없다고 한다면 피신청인의 저작권침해행위에도 불구하고 슬로박 텔레비전이 피신청인에 대하여 금지청구권을 행사하지 않는 경우에는 신청인은 슬로박 텔레비전에 대하여 손해배상을 청구할 수밖에 없다고 할 것인데 그 손해배상청구권의 행사와 그 만족을 위한 강제집행이 용이할 것으로 보이지 않는 점에 비추어 볼 때 신청인이 슬로박 텔레비전의 금지청구권을 대위하여 행사하지 않으면 이 사건 제1차 영상저작물의 국내에서의 독점적·배타적 이용이라는 자신의 채권의 완전한 만족을 얻을 수 없게 될 위험이 있다고 할 것이어서 신청인의 위 채권의 현실적 이행을 유효·적절하게 확보하기 위하여는 슬로박 텔레비전의 금지청구권을 신청인이 대위하여 행사하는 것이 필요하다고 인정되므로, 신청인은 자신의 위와 같은 채권을 보전하기 위하여 슬로박 텔레비전을 대위하여 피신청인에 대하여 저작물침해행위의 금지를 청구할 수 있다고 할 것이다.」

6) 만화스토리 사건[7-6)]

7-6) 서울북부지방법원 2008. 12. 30. 선고 2007가합5940 판결. 2인 이상이 관여하여 창

『'공동저작물'은 '2인 이상이 공동으로 창작한 저작물로서 각자의 이바지한 부분을 분리하여 이용할 수 없는 것'을 의미하고, 여기에서 '공동의 창작행위'는 주관적으로는 공동창작의 의사를 가지고 객관적으로는 공동저작자 모두 창작에 참여하는 것을 의미하지만, 시간과 장소를 같이 해야만 하는 것은 아니고 상이한 시간과 상이한 장소에서도 공동저작자들이 공동창작의 의사를 가지고 각각 맡은 부분의 창작을 하여 각 기여부분을 분리하여 이용할 수 없는 저작물이 되면 족하며, 각 기여부분을 분리하여 이용할 수 없는 것은 그 분리가 불가능한 경우뿐만 아니라 분리할 수는 있지만 현실적으로 그 분리이용이 불가능한 경우도 포함한다고 할 것이고, 또한 저작물의 원본, 복제물 등에 저작자로서의 실명 또는 이명으로서 널리 알려진 것이 일반적인 방법으로 표시된 자는 그 저작물의 저작자로 추정(제8조 제1항 제1호)되지만, 공동으로 저작물의 창작에 기여한 이상 그 저작물에 대하여 공동저작자 중 1인 또는 그 일부만이 저작자라고 표시되는 경우에도 다른 공동저작자들은 저작권법상 공동저작자로서의 권리를 주장할 수 있다고 할 것이다. 이 사건 만화들은 캐릭터의 행동과 묘사의 정황적 설명을 글과 그림으로 나타내어 이야기를 전개시키는 코믹 스트립스(comic strips)의 일종으로서, 하고자 하는 이야기를 그 전개순서에 따라 글과 그림으로 구성되는 개개의 장면을 구상하고 그 전개를 위해 지면을 다양한 크기와 모양의 칸으로 분할하며, 그 분할된 해당 칸에 구상한 장면에 자유로운 과장법과 생략법을 사용한 그림과 말풍선 등에 들어가는 대사를 배열하는 형식을 취한 저작물이므로, 소설처럼 글로만 표현되는 장르가 아니고 그림을 통한 이야기의 전개가 필수적인 요소로서 시각적으로 보여주는 것이기 때문에 하고 싶은 이야기의 주제를 정하고 스토리를 쓰는 작업과 이를 연출하기 위해 다양한 모양과 형식의 컷을 나누고 배치하여 그림을 그리는 작업 모두가 필요하다. 위 인정사실 및 위 각 증거에 의하여 인정되는 다음과 같은 사정들, 위 원고들이 이 사건 만화들을 만들기 위해 표현하고 싶은 이야기의 주제를 정하고, 다양한 시간적·장소적 배경을 설정한 다음 주인공과 다른 등장인물들 사이의 갈등·대결·화해 등의 관계구조를 이용하여 만화스토리를 창작하여 이를 시나리오 또는 콘티 형식으로 피고에게 제공한 점, 피고는 위 제공받은 만화스토리에 기초하여 다양한 모양과 형식으로 장면을 구분하여 배치하고 배경 등 그림을 그리는 역할을 담당한 점, 피고는 만화 완성의 의도로 위 원고들

작한 저작물이 공동저작물인지, 2차적 저작물인지 여부가 다투어진 사건이다.

에게 만화스토리의 작성을 의뢰하였고, 위 원고들도 피고의 그림작업 등을 거쳐 만화를 완성하는 것을 전제로 피고에게 만화스토리를 제공하였으며, 그러한 사정은 위 원고들과 피고가 충분히 인식하고 있었다고 할 것인 점, 이 사건 만화들은 위 원고들이 창작하여 제공한 스토리, 구체적으로 묘사한 등장인물의 성격, 배경 설명 등과 이에 기초한 피고 특유한 그림 등이 결합하여 독창적인 만화가 완성되었다고 할 것이고, 피고 이외의 다른 만화작가에게 제공되는 경우에는 그 성격 등의 기본적인 구조가 변형되었을 가능성이 높은 점, 또한 위 원고들은 피고로부터 이 사건 만화들에 관한 스토리의 기획, 구상, 작성 등의 과정에서 구체적인 작업 지시나 감독을 받은 바 없는 점, 피고는 위 원고들로부터 제공받은 만화스토리에 대한 검토, 수정도 하였을 것이나, 모든 만화스토리에 자신의 고유한 아이디어·기획의도를 표현하기는 물리적으로 어려울 것으로 보이는 점, 그 밖에 위에서 살펴본 바와 같은 이 사건 만화들의 특성 등을 종합하면, 이 사건 만화들은 원고 1, 임○○과 피고가 하나의 만화를 만들기 위해 공동창작의 의사를 가지고 각각 맡은 부분의 창작을 함으로써 주제, 스토리와 그 연출방법, 그림 등의 유기적인 결합으로 완성되어 각 기여부분을 분리하여 이용할 수 없는 저작물이라 할 것이고, 원고 1, 2가 피고의 지휘·감독하에 단순히 만화스토리 등을 제공한 것에 불과하다거나, 피고가 기획, 구상한 만화를 만드는 작업에 관여한 업무보조자에 불과하다고 할 수 없다. 따라서 이 사건 제1 저작물은 원고 1과 피고의, 이 사건 제2 저작물은 원고 2와 피고의 각 공동저작물이라고 할 것이다(원고 1, 2는 이 사건 만화들이 위 원고들이 작성한 만화스토리의 2차적 저작물이라는 취지로도 주장하므로 살피건대, '2차적 저작물'이란 원저작물을 번역·편곡·변형·각색·영상제작 그 밖의 방법으로 작성한 창작물(제5조 제1항 참조)로서, 기존 저작물을 기초로 하여 기존 저작물과 실질적 유사성(그 표현상의 본질적 동일성)을 유지하면서 구체적인 표현에 수정, 증감, 변경 등을 가하여 새롭게 사상 또는 감정을 창작적으로 표현함으로 인해 이를 접하는 사람이 기존의 저작물의 표현상의 본질적인 특징을 직접 느껴서 알 수 있는 별개의 저작물을 의미하는바, 여러 사람이 관여하여 하나의 저작물을 작성하는 경우 관여자들이 그 작성에 기여하는 정도, 작성되는 저작물의 성질에 따라 그 저작물이 공동저작물이 될 수도 있고, 2차적 저작물이 될 수도 있다고 할 것인데, 만화저작물의 경우 만화스토리 작성자가 만화작가와 사이에 기획의도·전개방향 등에 대한 구체적인 협의 없이 단순히 만화의 줄거리로 사용하기 위해 독자적인 시나리오 내지 소설 형식으로 만화스토리를 작성하고, 이를 제공받은 만화작가가 만화스토리의 구체적인 표현방식을 글(언어)에서 그림으로 변경하면서 만화적 표현방식에 맞게 수정·보완하고, 그 만화스토리의 기본적인 전개에 근본적인 변경이 없는 경우에는 만화스토리를 원저작물, 만화를 2차적 저작물로 볼 여지가 있으나, 위에서 살펴 본 바와 같이 위 원고들과 피고는 최종적으로 만화작품의 완성이라는 공동창작의 의사를 가지고 있었던 점, 위 원고들의 만화스토리는 피고에게만 제공된 점, 이 사건 만화들은 위 원고들의 만화스토리와 피고의 그림, 장면 설정, 배치 등이 결합하여 만들어지는 저작물인 점, 위 원고들과 피고의 작업과정 등에 비추어 보면 이 사건 만화들은 피고가 위 원고들의 스토리를 변형, 각색 등의 방법으로 작성한 창작물이라기보다 위 원고들이 창작하여 제공한 만화스토리와 피고의 독자적인 그림 등이 유기적으로 어우러져 창작된 위 원고들과 피고의 공동저작물이라고 봄이 상당하다).』

7) 스타벅스 사건[7-7]

스타벅스 커피숍의 배경음악으로 사용되는 음악저작물에 대하여 한국음악저작권협회에 공연권의 침해행위에 해당한다고 주장하면서 침해행위의 금지를 구한 사안인데, 음악저작물에 관해 공연을 허락할 권리만을 부여받았을 뿐 공연권까지 신탁받지 않은 주체가 공연권의 침해행위에 관하여 침해금지소송을 제기할 수 있는지 여부와 관련하여 한국음악저작권협회의 당사자적격이 문제되었고, 원심은 공연금지청구 부분에 대한 당사자 적격을 부정하여 소각하를 선고하였으며 대법원은 다음과 같이 판시하였다.

『재산권상의 청구에 관하여는 소송물인 권리 또는 법률관계에 관하여 관리처분권을 갖는 권리주체에게 당사자적격이 있음이 원칙이다. 다만 제3자라고 하더라도 법률이 정하는 바에 따라 일정한 권리나 법률관계에 관하여 당사자적격이 부여되거나 본래의 권리주체로부터 그의 의사에 따라 소송수행권을 수여받음으로써 당사자적격이 인정되는 경우가 있으나, 이러한 임의적 소송신탁은 민사소송법 제87조가 정한 변호사대리의 원칙이나 신탁법 제7조가 정한 소송신탁의 금지를 잠탈하는 등의 탈법적 방법에 의하지 않은

7-7) 서울고등법원 2010. 9. 9. 선고 2009나53224 판결(대법원 2012. 5. 10. 선고 2010다87474 판결).

것으로서 이를 인정할 합리적 필요가 있다고 인정되는 경우에 한하여 제한적으로만 허용된다고 할 것이다(대법원 1984. 2. 14. 선고 83다카1815 판결 등 참조). 위 법리와 기록에 비추어 살펴보면, 원고는 원심판시 이 사건 제3 내지 제6 음악저작물에 관하여 그 공연권 등의 저작재산권자로부터 국내에서 공연을 허락할 권리를 부여받았을 뿐 공연권까지 신탁받은 바는 없는데, 권리주체가 아닌 원고에게 위 음악저작물에 대한 소송에 관하여 임의적 소송신탁을 받아 자기의 이름으로 소송을 수행할 합리적 필요가 있다고 볼 만한 특별한 사정이 보이지 않으므로, 원고는 위 음악저작물에 대한 침해금지청구의 소를 제기할 당사자적격이 있다고 볼 수 없다. 같은 취지의 원심판단은 정당하고, 거기에 상고이유의 주장과 같은 임의적 소송신탁에 관한 법리오해 등의 위법이 없다.』

8) 친정엄마 사건[7-8)]

『구 저작권법(2011. 6. 30. 법률 제10807호로 개정되기 이전의 것. 이하 같다) 제2조는 그 제1호에서 '저작물'이라고 함은 인간의 사상 또는 감정을 표현한 창작물을, 제2호에서 '저작자'라고 함은 저작물을 창작한 자를, 제21호에서 '공동저작물'이란 2인 이상이 공동으로 창작한 저작물로서 각자의 이바지한 부분을 분리하여 이용할 수 없는 것을 말한다고 각 규정하고 있다. 위 각 규정의 내용을 종합하여 보면, 2인 이상이 공동창작의 의사를 가지고 창작적인 표현형식 자체에 공동의 기여를 함으로써 각자의 이바지한 부분을 분리하여 이용할 수 없는 단일한 저작물을 창작한 경우 이들은 그 저작물의 공동저작자가 된다고 할 것이다. 여기서 공동창작의 의사는 법적으로 공동저작자가 되려는 의사를 뜻하는 것이 아니라, 공동의 창작행위에 의하여 각자의 이바지한 부분을 분리하여 이용할 수 없는 단일한 저작물을 만들어 내려는 의사를 뜻하는 것이라고 보아야 한다. 이러한 법리에 비추어 기록에 의하여 알 수 있는 다음과 같은 사정들, 즉 ① 피고인은 자신이 작성한 연극 '친정엄마'의 초벌대본이 고소인에 의하여 수정·보완되어 새로운 창작성이 부여되는 것을 용인하였고, 고소인도 피고인과 별개의 연극대본을 작성

7-8) 서울남부지방법원 2012. 12. 6. 선고 2012노979 판결(대법원 2014. 12. 11. 선고 2012도16066 판결). 공동저작물의 요건으로서 공동창작의 의사의 의미와 어느 공동저작자가 다른 저작자와 합의 없이 이용하는 행위가 침해행위로 되는지 여부가 다투어졌는데, 다른 쟁점은 「제4장 저작권자 - 권리의 주체」 참조.

할 의도가 아니라 피고인이 작성한 초벌대본을 기초로 이를 수정·보완하여 보다 완성도 높은 연극대본을 만들기 위하여 최종대본(이하 '이 사건 저작물'이라고 한다)의 작성 작업에 참여한 점, ② 피고인은 초벌대본이 고소인에 의하여 수정·보완되어 연극으로 공연되기까지 극작가의 지위를 유지하면서 대본작업에 관여하였고, 고소인도 이 사건 저작물의 작성 과정에서 피고인으로부터 수정·보완작업의 전체적인 방향에 관하여 일정부분 통제를 받기는 하였으나 상당한 창작의 자유 또는 재량권을 가지고 수정·보완작업을 하여 연극의 중요한 특징적 요소가 된 새로운 캐릭터·장면 및 대사 등을 상당부분 창작한 점, ③ 최종대본은 그 창작적인 표현형식에 있어서 피고인과 고소인이 창작한 부분을 분리하여 이용할 수 없는 단일한 저작물이 된 점 등을 살펴보면, 피고인과 고소인은 이 사건 저작물의 공동저작자로 봄이 타당하다. 원심이 위와 같은 취지로 판단한 것은 정당한 것으로 수긍할 수 있다. 거기에 상고이유의 주장과 같이 공동저작자의 성립에 관한 법리를 오해하거나 논리와 경험의 법칙에 반하여 사실을 인정하는 등의 잘못이 없다.

구 저작권법 제48조 제1항 전문은 "공동저작물의 저작재산권은 그 저작재산권자 전원의 합의에 의하지 아니하고는 이를 행사할 수 없다"고 정하고 있는데, 위 규정은 어디까지나 공동저작자들 사이에서 각자의 이바지한 부분을 분리하여 이용할 수 없는 단일한 공동저작물에 관한 저작재산권을 행사하는 방법을 정하고 있는 것일 뿐이므로, 공동저작자가 다른 공동저작자와의 합의 없이 공동저작물을 이용한다고 하더라도 그것은 공동저작자들 사이에서 위 규정이 정하고 있는 공동저작물에 관한 저작재산권의 행사방법을 위반한 행위가 되는 것에 그칠 뿐 다른 공동저작자의 공동저작물에 관한 저작재산권을 침해하는 행위까지 된다고 볼 수는 없다. 원심이 같은 취지에서 이 사건 저작물의 공동저작자인 피고인이 다른 공동저작자인 고소인과의 합의 없이 이 사건 저작물을 이용하였다고 하더라도, 구 저작권법 제136조 제1항의 저작재산권 침해행위에는 해당하지 아니한다고 판단한 것은 정당하고, 거기에 상고이유의 주장과 같이 공동저작자 사이의 저작재산권 침해에 관한 법리를 오해하는 등의 잘못이 없다.』

2. 침해금지청구

가. 청구취지의 특정

민사소송에서 청구취지는 내용 및 범위를 명확히 알아볼 수 있도록 구체적으로 특정되어야 하므로, 특허권에 대한 침해의 금지를 청구하는 경우 청구의 대상이 되는 제품이나 방법은 사회통념상 침해의 금지를 구하는 대상으로서 다른 것과 구별될 수 있는 정도로 구체적으로 특정되어야 한다(대법원 2011. 9. 8. 선고 2011다17090 판결 등 참조). 이러한 법리는 저작권 침해금지청구에서도 마찬가지로 적용된다. 청구취지가 명확히 특정이 되지 않은 경우 재판장이 석명권을 행사하여 명확한 특정을 요하게 되고, 그럼에도 보정이 되지 않은 경우 소각하의 판결을 받게 된다(민사소송법 제254조).[7-9]

이하 특정이 문제된 사례를 보기로 한다.

1) 개를 산책시키는 여성 이미지 사건[7-10]－'피고 이미지를 사용하는 일체의 행위 등'으로 특정한 경우

「원고는, 피고 이미지를 '사용하는 일체의 행위'를 하여서는 아니 되고 '기타 일체의 홍보용품' 중 피고 이미지 부분을 폐기하라는 취지로 청구하고 있으나, '사용하는 일체의 행위'라는 기재는 금지되는 침해행태를 구체적으로 특정하였다고 볼 수 없고, '기타 일체의 홍보용품'이라는 기재는 폐기대상인 피고 제품을 구체적으로 특정하였다고 볼 수 없으므로, 이 사건 소 중 원고의 위 청구 부분은 부적법하다.」

2) 지오서비스 사건[7-11]－'원고가 제공한 프로그램 및 실질적 유사성을

7-9) 민사소송에 있어서 청구의 취지는 그 내용 및 범위가 명확히 알아 볼 수 있도록 구체적으로 특정되어야 하고, 이의 특정여부는 직권조사사항이라고 할 것이므로 청구취지가 특정되지 않은 경우에는 법원은 피고의 이의여부에 불구하고 직권으로 그 보정을 명하고, 이에 응하지 않을 때에는 소를 각하하여야 한다(대법원 1981. 9. 8. 선고 80다2904 판결).

7-10) 서울중앙지방법원 2013. 4. 18. 선고 2012가합521324 판결(서울고등법원 2013. 12. 19. 선고 2013나2008401 판결).

7-11) 서울중앙지방법원 2013. 1. 23. 선고 2013가합23162 판결(항소취하).

가지는 프로그램 등'으로 특정한 경우

『원고는 별지 1. 목록 기재 프로그램의 침해금지와 폐기청구를 구하면서 별지 목록 제4항에서 그 대상 프로그램에 관하여 「원고가 제공한 프로그램 및 실질적 유사성을 가지는 프로그램 저작물」로 표현하고, 같은 항 2)호에서 「기타 'blackpoint2.v20120424.jar' 소스코드를 역분석하여 무단 인용한 것으로 추정되는 지도 엔진」이라 표현하며, 같은 항 3)호에서 「기타 아래에 도시된 프로그램 저작물(일부)과 실질적 유사성을 가지는 저작물」이라 표현하였는바, 위와 같은 기재는 침해금지 및 폐기 대상인 피고 제품을 강제집행에 의문이 없을 정도로 구체적으로 특정하였다고 볼 수 없으므로, 이 사건 소 중 별지 1. 목록 기재 프로그램 가운데 위 각 기재 부분에 관한 원고의 금지청구 및 폐기청구 부분은 부적법하다.』

3) 영어학습교재 사건[7-12] – 침해 교재에 대한 '일체의 행위'의 금지와 '피고들의 사실적 또는 법률적 지배하에 있는 장소'에 보관된 침해교재의 폐기를 청구한 경우

『이 사건 소 중 이 사건 침해 교재에 대한 '일체의 행위'의 금지청구 부분은 이 사건 침해 교재와 관련하여 금지되는 침해 행태를 구체적으로 특정하였다고 볼 수 없고, '기타 피고들의 법률적 또는 사실적 지배하에 있는 장소'에 보관된 이 사건 침해 교재의 완제품 및 반제품의 폐기청구 부분은 그 장소를 구체적으로 특정할 수 없어, 그 장소에 보관 중인 물건 역시 특정할 수 없게 되므로, 원고가 구하는 청구취지와 같은 판결이 선고된다면, 판결주문 자체의 특정성을 갖출 수 없으며, 집행기관 역시 집행을 할 수 없게 되는 결과를 가져온다. 따라서 이 사건 소 중 이 사건 침해 교재에 대한 '일체의 행위'의 금지청구 부분 및 '기타 피고들의 법률적 또는 사실적 지배하에 있는 장소'에 보관된 이 사건 침해 교재의 완제품 및 반제품의 폐기청구 부분은 모두 부적법하다.』

4) 찬송가 출판권 사건[7-13]

『민사소송에서 청구의 취지는 그 내용과 범위를 명확히 알 수 있도록 구

7-12) 대전지방법원 2014. 5. 15. 선고 2013가합3334 판결(확정).

7-13) 서울고등법원 2011. 1. 19. 선고 2010나1205(본소), 1212(반소) 판결〔대법원 2015. 4. 23. 선고 2011다19102(본소), 2011다19119(반소)〕.

체적으로 특정되어야 하지만, 특정물을 목적으로 하는 이행의 소에서 원고가 그 목적물을 특정하여 청구하고 있는지는 소장 등의 청구취지 기재뿐만 아니라 변론의 전 과정에 의하여 판단하여야 한다(대법원 1981. 9. 8. 선고 80다2904 판결, 대법원 1988. 4. 25. 선고 87다카2819, 2820 판결 참조). 위의 법리에 비추어 살펴보면, 이 사건 찬송가는 총 645곡의 찬송가를 15개 주제별로 배열·구성한 서적으로서 그 소재의 선택·배열 또는 구성에 창작성이 있는 편집저작물에 해당하기 때문에 그 소재의 선택·배열 또는 구성으로 이를 특정할 수밖에 없다. 그런데 기록에 의하면 반소장에 기재된 금지청구 부분의 청구취지에는 금지를 구하는 대상이 '원심판결 별지 3 목록 기재 각 서적 또는 그 반제품'으로 특정되었고, 원심판결 별지 3 목록에는 그 대상이 다시 원심판결 별지 4 목록 기재와 같은 분류와 곡명으로 만들어진 찬송가 서적 등으로 특정되었으며, 원심판결 별지 4 목록은 찬송가에 대한 차례와 제목 분류 및 제목 차례 등으로 구성되어 있는 사실을 알 수 있다. 따라서 이에 의하면, 원심판결 별지 4 목록의 찬송가에 대한 차례와 제목 분류를 통하여 이 사건 찬송가 특유의 소재의 배열 및 구성이 특정되고, 원심판결 별지 4 목록의 찬송가에 대한 제목 차례를 통하여 이 사건 찬송가를 구성하는 개별 찬송가들이 무엇인지에 관한 소재의 선택이 특정되었다고 할 수 있다. 나아가 피고들이 반소장의 청구원인에서 일반찬송가인 이 사건 찬송가에 관하여 금지청구를 구하는 것임을 분명히 한 이상, 비록 이 사건 해설찬송가나 이 사건 한영찬송가가 그 해설이나 영문 번역 가사 부분을 제외하고는 이 사건 찬송가와 동일하다고 인정될 수 있다 하더라도, 피고들이 금지를 청구하는 대상에 이 사건 해설찬송가나 이 사건 한영찬송가가 포함된다고 오인될 여지도 없다. 또한 반소장의 청구취지에 '반제품'이라는 용어가 사용되었더라도 이는 '원심판결 별지 4 목록 기재와 같은 분류와 곡명으로 만들어진 찬송가 서적'과 소재의 선택·배열 및 구성은 동일하지만 아직 완성되지 아니한 제품을 의미하는 것이어서 이로 인하여 청구취지가 특정되지 아니하였다고 할 수도 없다. 그럼에도 이와 달리 원심은 반소장의 금지청구 부분에 관한 청구취지가 특정되지 아니하였다는 이유로 이 부분 소를 각하하였으니, 이러한 원심판결에는 청구취지의 특정에 관한 법리를 오해하여 판결에 영향을 미친 위법이 있다. 이를 지적하는 피고들의 상고이유 주장은 이유 있다.」

참고로 이 사건 원심의 판단은 다음과 같다.

『이 사건 반소 중 금지청구 부분의 청구취지는 원고는 이 사건 출판사들에게 별지 3 목록 기재 각 서적의 반제품을 제공하거나, 이 사건 출판사들이 직접 또는 제3자로 하여금 별지 3 목록 기재 각 서적 또는 그 반제품을 인쇄하도록 허락하여서는 아니 된다는 것이고, 별지 3 목록 기재 각 서적은 ① 별지 4 목록 기재와 같은 분류와 곡명으로 만들어진 찬송가 서적 및 ② 그와 같은 찬송가를 성경 기타 다른 서적과 합본한 형태의 서적을 의미하는데, 여기서 '별지 4 목록 기재와 같은 분류와 곡명으로 만들어진 찬송가 서적'의 의미 자체가 불명확할 뿐만 아니라 '반제품'의 의미도 추상적이고 불명확하여 그 해당 여부를 재판기관이나 집행기관이 판단할 수 있을 정도로 구체적이지 못하다. 따라서 이 사건 반소 중 금지청구 부분은 청구취지가 특정되지 아니하여 부적법하다.』

나. 침해금지명령이 발령된 예

1) 국제실용한자명해 사건[7-14)]

<사안의 개요>

원고는, 원고가 창작한 한자의 어원을 설명하기 위한 특정 삽화의 저작권을 피고가 침해한다고 주장하면서, 피고의 출판물의 종류를 특정하지 않고 위 삽화가 포함된 피고의 책, 정기간행물, 인쇄물 등의 인쇄물의 제작, 반포 등의 금지를 청구한 사안이다. 법원은 피고가 원고의 복제권 및 배포권을 침해한 사실을 인정하고, 금지의 범위에 관하여 다음과 같이 출판물을 특정하여 출판물별로 침해의 정도(침해와 관련된 삽화가 삽입된 분량) 등에 따라 침해금지의 정도를 달리하는 금지명령을 발령하였다.

<법원의 판단>

『증거에 의하면, 피고의 책자들 중 '자원풀이 해법한자'는 1991. 5. 20. 초판 1,000부, 1994. 6. 15. 재판 1,000부의 합계 2,000부가 발행된 후 다시 발행되지 아니하였고, 현재 재고·반품물량은 80부인 점, '한자한문지도사 2·3급'은 2006. 2. 15. 초판 2,000부가 발행된 후 다시 발행되지 아니하였고, 현재 재고·반품물량은 45부인 점, '취업부수한자'는 2006. 2. 15. 초판 1,000부

7-14) 서울중앙지방법원 2012. 7. 17. 선고 2011가합56847 판결(항소기각 확정).

가 발행된 후 다시 발행되지 아니하였고, 현재 재고·반품물량은 180부인 점, 한편 '자원풀이 해법한자'는 총 518쪽으로 이루어진 책자로서, 그 중 한자 부수 214자의 삽화 부분은 총 18쪽인 점, '한자한문지도사 2·3급'은 총 760쪽으로 이루어진 책자로서, 그 중 한자 부수 214자의 삽화 부분은 총 26쪽인 점, '취업부수한자'는 총 132쪽으로 이루어진 책자로서, 그 중 한자 부수 214자의 삽화 부분은 총 113쪽인 점, '자원풀이 해법한자', '한자한문지도사 2·3급'은 한자 부수 이외의 다른 한자 학습 내용이 상당량 포함되어 있는 반면, '취업부수한자'는 한자 부수에 관한 학습 내용이 책자의 전반적 내용을 이루고 있기에 그 이해를 돕기 위한 피고의 각 삽화들 역시 책자의 주요 내용으로 구성되어 있는 점, 피고의 각 삽화가 포함된 책, 정기간행물, 기타 출판물 등의 인쇄물의 각 편집, 제작, 발행, 출판, 반포 금지를 구하는 부분은 그 금지를 구하고 있는 범위가 명확하다고 볼 수 없는 점을 인정할 수 있는바, 이에 비추어 보면, 피고는, 피고의 각 삽화 사용을 통한 저작권 침해 또는 침해의 우려가 인정되는 범위로서, 전체 책자 내용 중 이 사건 저작권 침해 삽화의 비중이 그다지 크지 아니한 '자원풀이 해법한자', '한자한문지도사 2·3급'의 경우, 위 각 책자 중 별지 2 목록 기재 각 삽화 부분을 삭제하지 아니하고는 위 각 책자를 편집, 제작, 발행, 출판, 반포하여서는 아니 되고, 전체 책자 내용 중 이 사건 저작권 침해 삽화의 비중이 커 저작권 침해 삽화가 이용되지 않은 부분만을 제외하고 침해의 정지를 명하는 것이 부적당한 '취업부수한자'의 경우, 그 책자 전체를 편집, 제작, 발행, 출판, 반포하여서는 아니 된다고 할 것이다.』

2) 샤이보이 안무 사건[7-15)]

법원은 원고가 창작한 안무를 저작물의 요건을 갖춘 것으로 판단하고, 피고가 원고의 저작권 중 공연권, 복제권, 전송권 및 성명표시권을 침해하였다고 판단하여, 원고의 금지명령 청구를 받아들였다.

『피고는 '별지 기재 안무를 수강생들에게 강습하거나 수강생들에 대한 강습에 이용하는 행위', '댄스강사 또는 수강생들에 의하여 재현된 별지 기재 안무를 촬영·녹화하는 행위', '별지 기재 안무가 촬영, 녹화된 사진 또는 동영상을 피고 회사홈페이지 및 그와 연동된 특정한 주소의 인터넷게시판에 게시하는 행위'를 하여서는 아니 된다.』

7-15) 서울고등법원 2012. 10. 24. 선고 2011나104668 판결(확정).

3) 여우 이미지 사건[7-16]

피고가 여우머리 모양의 도안에 관한 원고의 응용미술저작물에 관한 복제권 등을 침해하였는지가 문제된 사안이다. 법원은 다음과 같이 복제권 등의 침해를 인정하였고, 금지명령의 기간과 관련하여 저작권의 종기까지로 특정하여 금지명령을 발령하였다.

> 「원고 승소 판결에 있어서 주문에는 법원이 인정하는 당사자 사이의 법률관계를, 특히 기판력과 집행력의 범위에 의문이 없도록 명확하게 나타내야 하므로, 변론종결 시에 이미 그 법률관계의 종기(終期)가 확정되어 있다면 법률관계와 집행력의 시적 한계를 의미하는 그 종기도 함께 표시하여야 한다(장래이행의 소에서 주문에 법률관계의 시기(始期)를 표시하여야 함에는 이론이 없다). 판결을 함에 있어서 이미 확정된, 장래에 도래할 법률관계의 종기를 변론종결 후의 사유로 보아 이를 주문에 표시하지 아니한 채 단지 변론종결 후의 '시간의 흐름'을 청구이의 사유로 한다면(이러한 입장에서는 판결 주문에 종기를 표시하는 것은 위법하다는 결론이 된다), 장래의 특정한 때에 법률효과가 소멸하고 집행력 역시 소멸할 것이 명백한 경우에도 이를 심리하여 주문에 표시하는 것은 금지되고 언제나 그 종기가 도래한 후에 피고로 하여금 청구이의의 소를 제기하게 하는 것이 되어, 소송제도의 이상에 반한다. 판결 주문에 나타내거나 청구이의 사유로 하거나 어느 쪽도 가능하다고 한다면 이는 법원이 개별 사건마다 심리의 대상이 되는 법률관계의 범위를 임의적·편의적으로 정하는 셈이 되어 위법함은 물론이고, 당초의 수소법원과 청구이의 사건의 관할법원이 견해를 달리하는 경우에는 아무런 해결책이 없게 된다. 판결 주문에 종기의 표시가 없는 경우에는 그 의무와 집행력의 시적 범위는 영원하다는 의미가 된다. 예를 들어, 주문이 "피고는 원고에게 100만 원을 지급하라"는 판결은 30년, 50년 후에도 집행할 수 있다(일정한 기간이 지난 후에 소멸시효 완성을 이유로 하여 제기된 청구이의의 소에서 시효중단 사유 등에 관하여 심리한 다음 그 집행력이 배제될

7-16) 서울고등법원 2012. 7. 25. 선고 2011나70802 판결(상고기각 확정, 대법원 2014. 12. 11. 선고 2012다76829 판결). 금지명령을 발령하는 경우 저작권의 종기까지로 금지명령의 종기를 특정하여야 하는 문제는 저작권뿐만 아니라 특허권 등 존속기간이 유한한 권리에 기한 금지명령에 문제되고, 이에 관하여는 찬반양론이 있다. 두 견해 모두 위 판결 내에 소개되어 있으므로, 여기에서 따로 설명하지 않기로 한다.

수 있는 것은 다른 문제이다). 주문이 "피고는 …행위를 하여서는 아니 된다"는 판결의 경우에도 그 명령과 집행력의 시간적 범위가 영원하다는 의미임은 마찬가지이다. 주문에 종기를 표시하지 아니하고 청구이의의 소로 그 문제를 해결하면 된다고 하는 견해가 있으나, 청구이의의 소는 그 소송 당시 그 대상 판결의 집행력이 있다는 것을 전제로 하므로, 결국 이 견해는 종기의 표시가 없는 판결 주문은 그 법률관계와 집행력이 영원함을 의미한다는 입장과 다르지 않다. 법원은 사건을 심리한 결과 그 법률관계의 확정적인 종기가 밝혀진다면 반드시 주문에 이를 표시하여야 한다. 당사자의 주장 여부와 관계없이 표시하여야 하는지를, 약정으로 그 종기가 정해지는 경우는 논외로 하고, 법률의 규정에 따라 권리의 종기가 정해져 있는 경우에 한하여 보기로 한다. 특허권이나 저작권 등과 같이 법률로 그 존속기간 또는 보호기간이 정해져 있는 권리를 근거로 부작위명령을 구하는 사건에 있어서 그러한 권리의 존속기간 또는 보호기간은 원고가 주장하는 권리에 대하여 해당 법률을 적용함으로써 얻어지는 결론일 뿐이고, 본래 영원한 권리에 관하여 새로운 사실이 발생함으로써 그 종기가 새롭게 형성되는 것이 아니므로 피고가 항변할 사항도 아니다. 그러한 권리는 권리 발생 시부터 그 존속기간을 넘어서서 존재한 적이 없다. 따라서 피고들은 원고의 응용미술저작물인 (1), (2), (4) 도안과 이 사건 후기 도안을 복제한 제품을 생산·판매·홍보하는 등 원고의 저작권을 침해하였으므로, ① (1), (2), (4) 도안(이하 '이 사건 ① 도안'이라 한다)의 보호기간 종기인 2026. 12. 31.까지, 피고들은 이 사건 ① 도안을 사용하지 아니하고, 피고들의 본점, 지점, 영업소, 공장, 창고에 보관하고 있는 이 사건 ① 도안이 표시된 제품, 카탈로그, 간판, 현수막, 홍보물을 폐기할 의무가 있고, 피고 1 폭스코리아는 자신의 인터넷 사이트 'www.foxkorea.biz'에서, 피고 2 폭스코리아는 자신의 인터넷 사이트 'www.foxriders.co.kr'에서 각각 이 사건 ① 도안이 표시된 게재물을 삭제할 의무가 있으며, ② 이 사건 후기 도안의 보호기간 종기인 2040. 12. 31.까지, 피고들은 이 사건 후기 도안을 사용하지 아니하고, 피고들의 본점, 지점, 영업소, 공장, 창고에 보관하고 있는 이 사건 후기 도안이 표시된 제품, 카탈로그, 간판, 현수막, 홍보물을 폐기할 의무가 있고, 피고 1 폭스코리아는 자신의 인터넷 사이트 'www.foxkorea.biz'에서, 피고 2 폭스코리아는 자신의 인터넷 사이트 'www.foxri-ders.co.kr'에서 각각 이 사건 후기 도안이 표시된 게재물을 삭제할 의무가 있다.」

4) 구름이미지 사건[7-17)]

『피고가 피고 물방울 이미지를 사용하여 이 사건 제품과 이에 대한 지면·TV광고 등을, 피고 각 구름 이미지를 사용하여 이 사건 지면광고를 제작·배포함으로써 원고 물방울 이미지 및 각 구름 이미지에 대한 복제권 및 배포권을 침해하였고, 이 사건 소송에서 그 침해 여부에 관하여 여전히 다투고 있는 이상, 피고가 사용할 우려가 있는 원고 물방울 이미지와 피고 물방울 및 각 구름 이미지에 대한 사용을 금지시켜 원고의 저작권을 보호할 필요성이 있다. 또한, 갑 제7, 11, 42 내지 67호증의 각 기재 또는 영상에 변론 전체의 취지를 종합하면, 원고의 저작권에 대한 침해 정지 및 예방을 위해서는 피고가 피고의 공장, 사무소 등에 보관 중인 이 사건 제품, 인터넷 게재물, 홍보물, 인쇄물 등에서 피고 물방울 이미지 및 각 구름 이미지 부분을 삭제할 필요성도 인정된다. 따라서 피고는 특별한 사정이 없는 한 ① 피고의 이 사건 제품에 원고 물방울 이미지와 피고 물방울 이미지 및 각 구름 이미지를 사용하거나 이를 사용한 제품을 제작, 공급 및 판매하여서는 아니 되고, ② 피고의 공장, 사무소, 영업소, 창고에 보관 중인 이 사건 제품, 인터넷 게재물, 홍보물, 인쇄물, 광고지, 씨디롬(CD-ROM), 디브이디(DVD), 카탈로그, 간판, 현수막, 게시판, 포장, 벽보, 안내표지판에서 피고 물방울 이미지 및 각 구름 이미지 부분을 삭제할 의무가 있다.』

5) 개를 산책시키는 여성 이미지 사건[7-18)]

『피고는 자신이 운영하는 홈페이지에 피고 이미지를 게재하고, 피고 이미지를 조형물로 제작하여 피고의 오프라인 매장의 간판 및 장식 등으로 전시하였으며, 피고가 제작한 액세서리 제품이나 그 포장용기(쇼핑백 등) 등에 피고 이미지를 표시하고, 피고 이미지가 표시된 액세서리 제품 등을 오프라인 매장에서 판매하거나 위 홈페이지에 게재하여 판매하는 등 원고의 제1 이미지에 대한 복제권을 침해하였고, 피고가 이 사건 소송에서 원고의 저작권 침해 여부에 관하여 여전히 다투고 있는 이상, 피고가 실제로 사용하고 있거나 사용할 우려가 있는 피고 이미지에 대한 사용을 금지시켜 원고의 저

7-17) 서울중앙지방법원 2014. 7. 1. 선고 2013가합505657(본소), 2013가합541073(반소) 판결(항소심 2014. 10. 31.자 화해권고결정 확정, 서울고등법원 2014나2025861). 침해금지명령과 함께 폐기명령까지 발령되었다.

7-18) 서울중앙지방법원 2013. 4. 18. 선고 2012가합521324 판결(서울고등법원 2013. 12. 19. 선고 2013나2008401 판결).

작권을 보호할 필요성이 있다. 또한, 갑 제3호증, 갑 제4호증의 1 내지 3, 갑 제5호증, 갑 제16호증의 1 내지 67의 각 기재 또는 영상에 변론 전체의 취지를 종합하면 원고의 저작권에 대한 침해 정지 및 예방을 위하여 피고가 자신의 사무실, 공장, 창고, 판매점포, 대리점에 보관, 전시, 진열하고 있는 피고 이미지의 완성품, 반제품, 시작품, 부분품을 폐기하고, 피고 이미지가 표시된 광고선전물, 간판, 현수막, 게시판, 포장용기, 포장물, 벽보, 안내표지판, 인쇄물, 광고지 중 피고 이미지 부분을 폐기할 필요성도 인정된다. 따라서 피고는 ① 피고 이미지를 복제, 제작, 반포, 판매, 전시, 광고하거나 피고가 운영하는 인터넷 사이트에 게재하거나 인터넷을 통하여 전송하여서는 아니 되고, ② 피고의 각 사무실, 공장, 창고, 판매점포, 대리점에 보관, 전시, 진열하고 있는 피고 이미지의 완성품, 반제품, 시작품, 부분품을 폐기하고, 피고 이미지가 표시된 광고선전물, 간판, 현수막, 게시판, 포장용기, 포장물, 벽보, 안내표지판, 인쇄물, 광고지 중 피고 이미지 부분을 폐기할 의무가 있다.」

6) 알찬문제집 사건[7-19]

「원고(반소피고) 주식회사 비상○○은 별지 1 목록 기재 서적에서 별지 4의 왼쪽면 사각형 표시 부분 안에 있는 표현[7-20]을 삭제하지 아니하고는 별지 1 목록 기재 서적을 인쇄, 제본, 판매 또는 배포하여서는 아니 되고, 원고(반소피고) 주식회사 비상○○○○은 별지 2 목록 기재 서적을 인쇄, 제본, 판매 또는 배포하여서는 아니 된다.」

다. 간접강제청구의 허용 여부

원고가 본안소송 단계에서 피고의 저작권 침해를 주장하면서 침해금지명령과 함께 "이에 위반하는 경우 1건(또는 1일)에 1,000만 원씩 지급하라"는 형식으로 간접강제의 주문을 구하는 경우가 있다. 이러한 간접강제의 청구가 받아들여지는 경우는 흔하지 않다.

1) 국제실용한자명해 사건[7-21]

7-19) 서울중앙지방법원 2011. 12. 27. 선고 2011가합12175(본소), 2011가합67571(반소)판결(확정). 구체적인 삭제범위를 정하여 침해금지명령을 발령하였다.

7-20) 침해라고 판단된 구체적 표현을 의미한다.

7-21) 서울중앙지방법원 2012. 7. 17. 선고 2011가합56847 판결(확정).

원고는 피고에 대하여 간접강제로서 저작권침해 정지의무를 위반하는 경우 위반한 행위 1건에 대해 각 1,000만 원을 지급할 것을 구하였다.

「부작위채무를 명하는 판결의 실효성 있는 집행을 보장하기 위해 부작위채무에 관한 소송절차의 변론종결 당시에 보아 집행권원이 성립하더라도 채무자가 이를 단기간 내에 위반할 개연성이 있고, 또한 그 판결절차에서 민사집행법 제261조에 의하여 명할 적정한 배상액을 산정할 수 있는 경우에는 채권자가 법원에 간접강제를 신청할 수도 있다 할 것이나, 이 사건의 경우 위 인정사실 및 피고의 각 삽화를 이용한 피고의 책자들이 출간 및 절판된 지 이미 상당한 시간이 경과하였고, 현재 피고의 책자들을 출간하였던 출판사들은 이 사건 소송의 결과에 따라 피고의 책자들에서 피고의 각 삽화를 삭제하는 등의 조치를 취할 것이라는 취지의 각 사실확인서를 제출하고 있는 점, 피고 책자들의 발행 및 절판 이후 피고가 새로운 형태로 피고의 각 삽화를 사용하였다는 정황은 보이지 아니하는 점에 비추어 위와 같은 요건을 갖추지 못하였다고 봄이 상당한바, 원고의 이 부분 주장 역시 이유 없다.」

2) 루비패턴 직물 사건[7-22)]

「채권자는 채무자들의 의무 위반에 대비한 간접강제결정도 구하고 있으나, 주문 제 1. 나.항명령(침해금지명령)의 집행에 의하여 이 사건 신청은 그 목적을 달성할 수 있을 것으로 보이고, 만약 채무자들이 계속해서 가처분결정을 위반할 경우에는 채권자로서는 이 사건 가처분결정에 기하여 별도의 신청으로 간접강제를 구할 수도 있으므로, 간접강제결정의 보충성에 비추어 간접강제 신청은 이를 받아들이지 아니한다.」

3. 손해배상청구 등

가. 서 설

저작권자는 침해자에 대하여 침해자의 귀책사유(고의 또는 과실)가 존재하고, 침해행위와 손해 사이에 인과관계가 인정되는 경우 침해로 인한 손해배상을 구할 수 있다. 저작인격권이 침해된 경우 원고는 침해상대방을 상대로

7-22) 수원지방법원 안양지원 2013. 5. 15.자 2013카합3 결정(확정).

침해로 인한 위자료의 지급을 구할 수 있다. 저작재산권자는 침해자에 대하여 손해배상을 청구할 수 있는데, 실제 발생한 손해에 대한 배상을 구할 수도 있고, 2011년도 2차 개정법을 통해 도입된 법정손해배상을 구할 수도 있다. 우리 저작권법은 저작권자가 손해배상을 구하는 경우 입증의 어려움을 덜기 위해 침해자의 이익을 손해액으로 추정하거나, 통상의 사용료 상당액을 손해배상액으로 구할 수 있는 등의 여러 규정을 두고 있다(법 제125조). 한편 저작물이 등록된 경우 저작권자는 귀책사유 있는 침해자에 대하여 실제 손해액이나 특별규정에 따른 손해액에 갈음하여 침해된 저작물마다 1,000만 원(영리목적의 침해 시에는 5,000만 원) 이하의 범위에서 상당한 손해액의 배상을 구할 수 있다(법 제125조의2). 그러나 실무상 제125조의 요건사실이 입증되는 경우는 상당히 드물고, 법정손해배상은 등록된 저작물에 한하여 인정되기 때문에 저작권법은 손해발생 사실은 인정되나 손해액을 산정하기 어려운 경우 법원으로 하여금 변론의 취지 및 증거조사의 결과를 참작하여 손해액을 정할 수 있는 재량을 부여하고 있다(법 제126조, 이하 제125조, 제125조의2, 제126조를 특별규정이라고 한다).

한편 저작자 또는 실연자는 고의 또는 과실로 저작인격권 또는 실연자의 인격권을 침해한 자에 대하여 손해배상에 갈음하거나 손해배상과 함께 명예회복을 위하여 필요한 조치를 청구할 수 있다(법 제127조).

이하 판례를 통해 구체적인 내용을 살펴보기로 한다.

나. 고의 또는 과실의 존재

피고의 침해행위에 귀책사유가 존재한다는 점은 원고가 원칙적으로 입증하여야 한다. 다만 등록된 저작물인 경우 침해자의 귀책사유가 존재하는 것으로 추정된다(법 제125조 제4항). 저작권의 경우 서론에서 본 바와 같이 다른 지적재산권의 침해와 달리 침해의 성립요건으로서 '의거성'이 요구되기 때문에 '의거성'이 인정되면 침해행위에 대한 고의나 과실을 인정하는 것은 크게 문제되지 않을 수 있다.

1) 알찬문제집 사건[7-23)]

『증거에 의하면, 법원은 피고들은 피고들 교과서의 저작자인 사실, 원고들이 원고들 문제집의 발간에 앞서 2010. 2.경 피고들 교과서의 출판사인 '주식회사 좋은책○○○'에게 지문활용과 사용료협상을 요구하였으나, 위 출판사는 같은 해 이를 불허한 사실, 그럼에도 원고들은 원고들 문제집을 발간한 사실을 인정할 수 있는바, 원고들의 피고들의 위 권리 침해에 관하여 고의 또는 과실을 인정할 수 있다.』

2) 국제실용한자명해 사건[7-24]

『원·피고의 오랜 동종업종 종사 경력(원, 피고는 상당한 기간 동안 한자 교육용 교재를 발간해오고 있다), 원고의 각 삽화와 피고의 각 삽화 사이의 실질적 유사성, 의거관계 등에 비추어 보면, 피고의 위와 같은 침해행위에는 고의 내지는 과실이 존재한다고 봄이 상당하므로, 피고는 원고에게 위 침해행위로 인한 손해를 배상할 의무가 있다.』

다. 손해액의 산정

저작권의 침해행위는 민사상 불법행위를 구성하므로, 저작권법상의 권리자는 민법상 일반불법행위의 법리에 의하여 침해자에 대하여 손해배상을 청구할 수 있고, 이 경우 권리자는 침해행위와 상당인과관계가 있는 적극적, 소극적 손해 모두에 대하여 배상을 구할 수 있다.

그러나 저작재산권 침해와 상당인과관계가 있는 손해액은 증명이 어려운 경우가 많기 때문에, 저작권법에서는 권리자의 입증부담을 경감시키기 위해 여러 특별규정을 두고 있다. 권리자는 침해자가 침해행위에 의하여 받은 이익을 입증하거나(법 제125조 제1항), 권리자가 그 권리의 행사로 통상 받을 수 있는 금액을 입증함으로써(법 제125조 제2항), 위 금액에 대하여 배상을 구할 수 있다. 등록된 저작물인 경우에는 사실심 변론 종결 전에 침해된 저작물의 개수를 입증하여 각 저작물마다 1,000만 원 이하의 범위에서 손해배상을 구할 수도 있다(법 제125조의2). 한편 법원은 손해가 발생한 사실은 인정되나, 위 특별규정에 의하더라도 손해액을 산정하는 것이 어려운 경우에는 변론 전체

7-23) 서울중앙지방법원 2011. 12. 27. 선고 2011가합12175(본소), 2011가합67571(반소) 판결(확정).

7-24) 서울중앙지방법원 2012. 7. 17. 선고 2011가합56847 판결(확정).

의 취지 및 증거조사의 결과를 참작하여 상당한 손해액을 인정할 수도 있다(법 제126조). 다만, 위와 같은 규정들은 어디까지나 입증의 부담을 덜기 위한 추정규정일 뿐이므로, 권리자는 자신이 실제로 받은 손해액이 이보다 더 큰 경우 그러한 사실을 입증하여 그 초과액의 배상을 구할 수 있음은 당연하다(법 제125조 제3항). 또한 저작인격권 침해로 인한 손해액에 대하여는 법원은 엄격한 증명에 의하지 않고 원고의 인지도, 침해방법 이나 정도, 침해기간 등 변론에서 나타난 제반 사정을 종합하여 위자료를 정하는 것과 동일한 방식으로 손해액을 정하고 있다. 다음에서 항을 바꾸어 손해배상액을 산정한 판결들을 살펴보기로 한다.

라. 손해배상액의 산정례

1) 알찬문제집 사건[7-25]

『피고들은 제125조 제2항에 따라 저작권자가 '권리의 행사로 통상 받을 수 있는 금액에 상당하는 액'을 손해의 액으로 하여 손해의 배상을 구하고 있고, 이는 다음의 계산식에 따라 산정하기로 한다. 「손해액＝저작권침해물의 단가×인세비율×전체분량에서 침해부분이 차지하는 비율×발행부수」 알찬문제집으로 인한 손해액에 관하여 보건대, 증거에 의하면, 알찬문제집의 단가는 4,000원인 사실, 알찬문제집의 총 판매량은 11,718부(중간고사용 5,627부＋기말고사용 6,091부)인 사실, 알찬문제집은 피고들 교과서의 지문을 상당부분 인용하고 있는 사실을 인정할 수 있다. 한편 구 교과용 도서에 관한 규정(2009. 8. 18. 대통령령 제21687호로 개정되기 전의 것) 제33조 제5항에서는 "저작자의 인세를 재료비, 인쇄·제조비, 일반관리비 및 발행자의 이윤을 합한 금액의 1/9로 한다"고 정하고 있는 점에 비추어 인세율을 1/9로 정함이 상당하다. 이를 종합하여 보면, 위 문제집으로 인한 손해액은 5,208,000원(4,000원×1/9×11,718부)가 된다. 한끝문제집으로 인한 손해액에 관하여 보건대, 증거에 의하면, 한끝문제집은 191쪽으로 이루어져 있는데, 여기에 인용된 부분 중 별지 3 기재와 같이 피고 김○○이 저술한 부분은 3쪽, 피고 한○○, 문○○이 저술한 부분은 각 2쪽, 피고 서○○, 박○○이 저술한 부분은 1쪽에 해당하는 사실, 한끝문제집의 단가는 10,000원이고, 판

7-25) 서울중앙지방법원 2011. 12. 27. 선고 2011가합12175(본소), 2011가합67571(반소) 판결(확정). 원고들이 판매한 문제집의 수입에 기초하여 손해액을 산정하였다.

매된 수량은 27,793부에 이르는 사실을 인정할 수 있다. 이를 종합하여 볼 때, 위 문제집으로 인하여 위 피고들이 입은 손해는 다음과 같다. ① 피고 김○○ : 485,043원(10,000원×1/9×3쪽/191쪽×27,793부 ② 피고 한○○, 문○○ : 각 323,262원(10,000원×1/9×2쪽/191쪽×27,793부) ③ 피고 서○○, 박○○ : 각 161,681원(10,000원×1/9×1쪽/191쪽×27,793부)」

2) 국제실용한자명해 사건[7-26)]

<사안의 개요>

원고는 제125조 제1항에 따라 피고가 '한자한문지도사 2·3급'의 발행 및 배포로 얻은 인세 상당의 수익 6,000,000원(=발행부수 2,000부×소비자가격 30,000원×통상적인 인세 비율 10%), '취업부수한자'의 발행 및 배포로 얻은 인세 상당의 수익 800,000원(=발행부수 1,000부×소비자가격 8,000원×통상적인 인세 비율 10%), '자원풀이 해법한자(2006. 5. 23. 이후 배포된 수량에 대하여만 구함)'의 발행 및 배포로 얻은 인세 상당의 수익 534,000원(=배포부수 356부×소비자가격 15,000원×통상적인 인세 비율 10%)의 합계 7,334,000원(=6,000,000원+800,000원+534,000원) 상당의 재산적 손해를 주장하였다.

<법원의 판단>

「저작재산권 침해로 인한 손해액 : 피고가 이 사건 침해행위를 통하여 받은 이익은 피고가 피고의 책자들을 저술함으로써 각 출판사로부터 받은 인세 상당액으로서, '판매부수 × 1권당 소비자가격 × 책자의 전체 내용 중 피고의 이 사건 침해행위로 인한 삽화 부분의 기여도 × 판매부수에 대한 인세 비율'로 계산된다고 봄이 상당한데, 원고가 비록 기여도 부분의 고려를 간과하여 피고의 책자들 전체에 대한 인세 상당액을 구하고 있기는 하나, 그 기여도 부분의 입증이 단순히 해당 책자의 전체 분량 대비 침해 분량을 양적으로 환산하여 피고 책자들의 판매이익(이는 원고가 이 사건에서 구하는 피고의 인세 상당의 수익과 연관된다)에 대한 저작권 침해행위의 기여도를 정량화하는 것으로 충족된다고 보기 어려운바, 위 정량적 요인에 더하여 한자 교육 교재 중 한자 부수 부분에 대한 중요도, 나아가 피고의 책자들 중 이

7-26) 서울중앙지방법원 2012. 7. 17. 선고 2011가합56847 판결(확정). 제126항을 적용하되, 제125조 제1항의 요건에 따라 산정하고, 저작인격권 침해로 인한 손해액까지 함께 산정한 사안이다.

사건 저작권 침해행위로 인한 한자 부분 삽화에 대한 중요도라는 구체적 특수성까지 고려한 정성적 요인을 참작하여 기여도가 산정되는 것이 상당하여 그 입증이 용이하다고 볼 수 없고, 인세 비율의 인정에 있어서도, 각각의 구체적 출판계약에 있어 계약당사자인 저작자와 출판사의 각 인지도, 마케팅 능력까지 인세 비율에 영향을 미칠 수 있는 출판업계의 현실을 고려하여 볼 때 그 입증이 결코 용이하다고 볼 수 없다 할 것인바, 이 사건은 저작권 침해로 인한 손해가 발생한 사실은 인정되나, 제125조에 따른 손해액을 산정하기 어려운 경우에 해당한다고 할 것이다. 따라서 이 사건 저작권 침해의 손해배상액 산정은 제125조, 제126조의 각 규정 취지에 비추어 일응 원고가 구하는 바에 따라 제125조 제1항에 의하여 원고의 손해액으로 추정되는 피고의 이익을 산정하되, 정확히 알 수 없는 항목 부분에 관하여는 보충적으로 제126조를 유추 적용하여 판단하기로 한다. 피고의 책자들 중 '자원풀이 해법한자'의 소비자가격은 15,000원, '한자한문지도사 2·3급'의 소비자가격은 30,000원, '취업부수한자'의 소비자가격은 8,000원인 점은 당사자 사이에 다툼이 없고, '자원풀이 해법한자'의 판매부수는 1,920부(=발행부수 2,000부－현재 재고·반품부수 80부)이고, '한자한문지도사 2·3급'의 판매부수는 1,955부(=발행부수 2,000부－현재 재고·반품부수 45부)이며, '취업부수한자'의 판매부수는 820부(=발행부수 1,000부－현재 재고·반품부수 180부)인 점, '자원풀이 해법한자'의 총 518쪽 중 한자 부수 삽화 부분은 총 18쪽이고, '한자한문지도사 2·3급'의 총 760쪽 중 한자 부수 삽화 부분은 총 26쪽이며, '취업부수한자'의 총 132쪽 중 한자 부수 삽화 부분은 총 113쪽인 점, 피고의 책자들에 게재된 한자 부수 214자의 삽화들 가운데 원고의 저작권을 침해한 삽화 부분은 총 68자 한자 부수의 삽화들인 점(=원고가 주장한 피고의 각 삽화 82개－앞서 인정한 피고의 순번 2, 5, 9, 10, 21, 22, 29, 31, 33, 37, 49, 50, 54, 72 삽화)은 앞서 인정한 바와 같으며, 여기에 변론 전체의 취지에 비추어 원고 저작물이 초창기 한자 교육 교재의 한자 부수 삽화 분야에 있어서 중요한 위치를 점하고 있고, 한자 교육의 설명 원리 및 교육의 체계상 한자 부수 부분이 한자 교재의 내용 중 비교적 중요한 위치를 점하고 있음도 인정되는 점을 더하여 살펴보면, 피고 책자들에 대한 침해 삽화 부분의 각 기여도는 '자원풀이 해법한자' 10%, '한자한문지도사 2·3급' 10%, '취업부수한자' 70%이고, 피고 책자들의 판매부수에 대한 각 인세비율은 10%라고 봄이 상당하다. 결국 피고는 이 사건 저작권 침해행위로 인하여 1,099,100

원{='자원풀이 해법한자'로 인한 피고의 이익액 53,400원(=356부×15,000원×10%×10%)+'한자한문지도사 2·3급'로 인한 피고의 이익액 586,500원(=1,955부×30,000원×10%×10%)+'취업부수한자'로 인한 피고의 이익액 459,200원(=820부×8,000원×70%×10%)}의 이익을 얻었다고 할 것이고, 이는 원고의 손해액으로 추정되므로, 피고는 원고에게 저작재산권 침해로 인한 손해배상으로 위 1,099,100원 및 이에 대한 지연손해금을 지급할 의무가 있다.

저작인격권 침해로 인한 손해액 : 인정사실 및 변론 전체의 취지에 비추어 인정되는 원고의 저작자로서의 인지도, 한자 부수 삽화 부문에 대한 원고 저작물의 위치, 저작권 침해의 범위, 정도, 기간 및 태양, 그 밖에 이 사건 변론에 현출된 제반 사정을 고려하여 피고의 저작인격권 침해로 인한 원고의 손해배상액을 5,000,000원으로 정한다.』

3) 만화스토리 사건[7-27]

『공동저작물의 이용에 따른 이익은 공동저작자 간에 특약이 없는 때에는 그 저작물의 창작에 이바지한 정도에 따라 각자에게 배분되고, 이 경우 각자의 이바지한 정도가 명확하지 아니한 때에는 균등한 것으로 추정하며(법 제48조 제2항, 제4항), 또한 저작재산권을 가진 자가 고의 또는 과실로 그 권리를 침해한 자에 대하여 그 침해행위에 의하여 자기가 받은 손해의 배상을 청구하는 경우에 그 권리를 침해한 자가 그 침해행위에 의하여 이익을 받은 때에는 그 이익의 액을 저작재산권자가 받은 손해의 액으로 추정하고(법 제125조 제1항), 그 권리의 행사로 통상 받을 수 있는 금액에 상당하는 액을 저작재산권자가 받은 손해의 액으로 하여 그 손해배상을 청구할 수 있으며(법 제125조 제2항), 법원은 손해가 발생한 사실은 인정되나 위 규정에 따른 손해액을 산정하기 어려운 때에는 변론의 취지 및 증거조사의 결과를 참작하여 상당한 손해액을 인정할 수 있다(법 제126조).

원고 1, 2는, 피고가 원고 1, 2의 이 사건 만화들에 관하여 출판권을 설정하여 재출판하고, 인터넷 서비스 제공업체에 의한 공중송신 등의 방법으로 이를 이용하게 하여 위 원고들의 저작권을 침해한 이상 그 침해행위로 얻은

7-27) 서울북부지방법원 2008. 12. 30. 선고 2007가합5940 판결. 공동저작물의 저작권 침해에 따른 공동저작자에 대한 배상액 산정 기준을 제시하고, 법 제126조에 따라 산정한 사안이다.

이익은 위 원고들의 손해액으로 추정되므로, 피고는 위 손해액 중 일부로서, 원고 1에게 150,000,000원을, 원고 2에게 50,000,000원을 배상할 의무가 있다고 주장한다. 먼저, 피고가 위 원고들의 저작권을 침해하여 위와 같은 이익을 얻었는가에 대하여 살피건대, 을 제4호증의 3, 4의 각 기재는 2007. 1.부터 2007. 6.까지 피고가 이 사건 만화들 중 일부 작품을 인터넷 서비스 제공업체를 통하여 공중송신의 방법으로 불특정 다수의 공중에게 이용하도록 한 내역이고, 이 법원의 주식회사 ○○다음커뮤니케이션 등에 대한 각 사실조회 결과는 해당 인터넷 서비스 제공업체가 피고와 개별적으로 계약을 체결한 것이 아니라 만화 콘텐츠 제공업체 등과 정보제공계약을 맺고 온라인 서비스를 제공한 자료에 불과하여, 이 사건 만화들에 관한 피고와 만화 콘텐츠 제공업체 등과 사이의 정산내역, 재출판에 따른 약정 내용 등을 확인할 수 있는 자료도 없는 이상 위 각 기재 및 각 사실조회 결과만으로는 피고의 저작권침해행위로 인한 구체적인 이익액을 산정할 수 없고, 피고가 위 원고들 주장과 같은 이익을 얻었다고 인정하기에 부족하며, 달리 이를 인정할 증거가 없으므로, 이를 전제로 한 위 원고들의 위 손해액 주장은 이유 없다. 또한, 위 원고들이 저작권자로서 재출판권을 설정하거나 인터넷 서비스 제공 업체에 대하여 만화 콘텐츠를 제공하는 등의 권리행사로 인하여 통상 받을 수 있는 금액에 대하여도 이를 산정할 증거가 없다.

변론의 취지 및 증거조사 결과 등을 참작한 손해액 산정 : 위에서 살펴본 바와 같이 피고의 저작권 침해행위로 인하여 원고 1, 2에게 손해가 발생된 것은 인정되나, 이것만으로는 피고의 저작권 침해행위로 얻은 이익의 전부를 반영한다고 볼 수 없는 점, 이 법원의 각 사실조회 결과는 피고가 인터넷 서비스 제공업체와 직접 계약을 체결한 바 없어서 피고의 이익을 산정할 수 없다는 취지인 점, 피고가 법원의 석명에도 불구하고 인터넷 서비스 제공업체와 계약을 체결한 만화 컨텐츠 제공업체와의 계약 내용 및 정산내역 등을 밝히지 않는 이상 피고의 구체적인 이익액을 산정하기 어려운 점, 피고의 저작권 침해기간, 재출판계약 내용, 재출판 부수 등의 특정이 곤란한 점 등으로 인하여 그 구체적인 손해액을 산정하기 어려운 때에 해당하는바, 제126조에 의하여 변론의 취지 및 이 사건 만화들의 제작과정, 출판과정 등에 비추어 위 원고들이 이 사건 만화의 창작에 이바지한 정도, 위 원고들이 제공한 만화스토리의 수량, 이 사건 만화들의 인지도와 인기도, 인터넷 서비스 제공업체의 사이트에 게시된 기간 및 그 작품의 수, 이 사건 만화들의 재출판·인터넷 서비스 제공 여부, 원고 3과 다른 만화가 사이의 재출판계약에 따른 대가 지급약정 내용 등 위와 같은 증거조사의 결과를 참작하여 그 손해액을 원고 1에 대하여 15,000,000원, 원고 2에 대하여 5,000,000원으로 정함이 상당하다고 할 것이므로, 위 원고들의 주장은 위 인정 범위 내에서 이유 있다.』

4) 남녀 이미지 호텔광고 사건[7-28)]

『저작재산권 침해로 인한 손해액 : 원고들은, 원고들이 주식회사 아모레퍼시픽과 체결한 디자인용역계약에서 1,000만 원의 보수를 지급받은 점, 이 사건 이미지와 유사한 이미지 파일이 홈페이지에 무단으로 게재된 사건에서 1,600만 원의 손해배상액이 인정된 점 등에 비추어, 원고들이 피고의 저작권 침해행위로 인하여 입은 손해는 제125조 제2항에 따라 1,000만 원 상당이라는 취지로 주장한다. 그러나 ① 위 디자인용역계약에 의하면 원고들은 3개의 바디라인 일러스트를 개발하고 그 결과물에 대한 소유권, 상표권, 디자인권, 저작권 등 모든 권리를 양도하기로 한 것이어서 이 사건 이미지 1개가 간판에 사용된 것에 불과한 이 사건과는 차이가 있는 점, ② 유사 사건의 경우 그 손해액은 저작권자가 창작한 이미지 파일이 홈페이지의 메인화면에 무단으로 게재된 데다가 인터넷을 통한 확산 가능성까지 있었음이 고려되어 산정된 것으로 보이고, 저작권자의 인지도나 창작에 기여한 노력 등이 이 사건의 경우와 같다고 볼 만한 자료도 없는 점 등에 비추어 보면, 위 디자인용역계약에 의한 보수나 위 유사 사건에서 인정된 손해배상액을 이 사건에 그대로 적용하기는 어렵다 할 것이다. 제126조에 의하면 법원은 손해가 발생한 사실은 인정되나 제125조의 규정에 따른 손해액을 산정하기 어려운 때에는 변론의 취지 및 증거조사의 결과를 참작하여 상당한 손해액을 인정할 수 있다. 앞서 인정한 사실관계에다가 원고들의 활동 경력, 원고들이 위 디자인용역계약 등을 통하여 지급받은 보수, 피고가 이 사건 이미지를 이 사건 호텔의 광고용으로 사용한 점, 이 사건 간판에서 피고 이미지가 차지하는 비중, 피고의 저작권 침해방법과 그 기간 등을 함께 고려해 보면, 피고의 저작권 침해행위로 인하여 원고들이 입은 손해액은 600만 원이라고 봄이

7-28) 서울중앙지방법원 2013. 5. 30. 선고 2012가합530311 판결(항소기각). 법 제125조 제2항의 적용주장을 배척하고, 법 제126조에 의해 산정하되, 저작인격권 침해로 인한 손해액을 함께 산정한 사안이다.

상당하다.

저작인격권 침해로 인한 손해액 : 원고들의 저작자로서의 인지도, 피고가 러브호텔로 인식될 수 있는 이 사건 호텔에 피고 이미지를 광고용으로 사용함으로써 원고들이 받은 직업적인 모멸감, 그 밖에 이 사건 변론에 현출된 제반 사정 등을 고려하여 피고의 성명표시권 침해로 인한 위자료 액수는 200만 원으로 정한다.」

5) 구름이미지 사건[7-29]

「저작재산권 침해로 인한 손해액 : 원고는, 동종 물방울 또는 구름 이미지의 일반 통상 사용료 금액(제품 포장, 신문광고, 홈페이지의 경우 각 30만 원, TV광고의 경우 50만 원)에 무단 사용으로 인한 가중치 10배를 곱하여 산정한 이 사건 침해행위로 인한 원고의 통상 수익액 1억 1,460만 원(원고 물방울 이미지에 대하여 1억 1,300만 원, 원고 각 구름 이미지에 대하여 160만 원) 중 8,100만 원(원고 물방울 이미지에 대하여 8,000만 원, 원고 각 구름 이미지에 대하여 100만 원)을 지급받아야 한다고 주장한다. 살피건대, … 에 의하면, ○○○○○ 코리아의 인터넷 홈페이지(의 '가격안내' 카테고리에서 사진, 일러스트, 명화 및 회화의 이미지 1개당 사용료에 대해 신문광고(중앙지, 1단~9단, 서브, 배포기간 1년)의 경우 30만 원, TV광고(KBS, MBC, CBS, EBS, 종합편성채널, 배포기간 6개월 미만)의 경우 50만 원, 실외 디스플레이(포스터, POP, 디스플레이 등, 10개 장소 미만, 배포기간 3개월 미만)의 경우 30만 원, 홈페이지(가로, 세로 크기가 100픽셀 이하, 배포기간 1년)의 경우 8만 원, 판매용 제품의 패키지(배포기간 1년)의 경우 30만 원으로 각 정하고 있는 사실은 인정할 수 있기는 하나, 한편 위 홈페이지에서 추가 옵션 사용료, 장기 라이센스 대여 시 할인율 등을 별도로 정하고 있고, 신문, 잡지, 모바일 등을 묶어서 이미지를 함께 사용하는 경우 할인된 사용료를 별도로 정하고 있는 점 등에 비추어 볼 때, 위 인정사실만으로 원고가 주장하는 위 금액들을 동종 물방울 또는 구름 이미지의 일반 통상 사용료로 보아 이를 그대로 원고의 통상 수익액 산정의 기준치로 삼을 수는 없다고 할 것이다. 나아가 법 제125조 제2항에서 정한 '저작재산권자 등이

7-29) 서울중앙지방법원 2014. 7. 1. 선고 2013가합505657(본소), 2013가합541073(반소) 판결(항소심 화해권고결정). 법 제125조 제2항 적용 주장을 배척하고, 법 제126조에 의하여 손해액을 산정하되, 성명표시권 침해로 인한 손해액까지 함께 산정하였다.

그 권리의 행사로 통상 받을 수 있는 금액에 상당하는 액'이 원고 주장과 같이 저작재산권자의 저작물에 대한 통상 사용료에 '무단사용 가중치'를 적용한 금원이라고 볼 근거도 없으므로, 원고의 제125조 제2항 적용 주장은 이유 없다(따라서 이에 관한 피고의 주장에 대하여는 나아가 판단하지 않는다). 법원은 저작재산권의 침해로 손해가 발생한 사실은 인정되나 제125조의 규정에 따른 손해액을 산정하기 어려운 때에는 제126조에 따라 변론 전체의 취지 및 증거조사의 결과를 참작하여 상당한 손해액을 인정할 수 있는바, 앞서 인정한 사실관계에다가 피고가 피고 물방울 이미지를 이 사건 제품의 포장을 비롯하여 이 사건 제품에 대한 지면·TV광고 등에, 피고 각 구름 이미지를 이 사건 지면광고에 각 사용한 점, 피고 물방울 이미지 및 각 구름 이미지가 이 사건 제품과 이에 대한 지면·TV광고 등 및 이 사건 지면광고에서 차지하는 비중, 피고의 저작권 침해 방법과 그 기간, 원고의 물방울 및 구름 이미지에 대한 저작권 침해 사건에서 인정된 손해배상액 등 이 사건 변론에 나타난 제반 사정을 고려하면, 피고의 저작권 침해행위로 인하여 원고가 입은 손해액은 16,000,000원(원고 물방울 이미지에 대하여 15,200,000원, 원고 각 구름 이미지에 대하여 각 400,000원씩 합계 800,000원)이라고 봄이 상당하다.

성명표시권 침해로 인한 손해액 : 앞서 인정한 사실관계에다가 원고의 저작자로서의 인지도, 침해 행위의 정도, 범위, 기간 및 태양, 그 밖에 이 사건 변론에 현출된 제반 사정 등을 고려하여 피고의 성명표시권 침해로 인한 원고의 손해액을 4,000,000원(원고 물방울 이미지에 대하여 3,800,000원, 원고 각 구름 이미지에 대하여 각 100,000원씩 합계 200,000원)으로 정한다.」

6) EDA[7-30] 프로그램 사건[7-31]

대법원은 다음과 같이 판결하였다.

7-30) 전자설계자동화를 의미하는 Electronic Design Automation의 약어이다.

7-31) 서울중앙지방법원 2014. 7. 1. 선고 2013가합529080 판결(서울고등법원 2014나2024301 판결, 대법원 2015. 5. 14. 선고 2015다204052 판결). 요약하면, 1심법원은 법 제125조 제2항 적용주장을 배척하고 법 제126조에 따라 손해액을 산정하였으나, 항소심은 법 제125조 제2항을 적용하여야 한다고 판단하였고 대법원이 이를 받아들인 사건으로 이른바 Paid-up 방식의 라이선스 계약내용을 손해액 산정시에 어떻게 고려할 수 있는지가 주된 쟁점인 사건이다. 이와 관련한 문제점에 관한 상세한 내용은 이규홍, "컴퓨터프로그램저작권 침해소송에서의 몇가지 쟁점－침해간주 규정 및 손해배상액 산정방식과 관련하여", 엔터테인먼트법 제3호(2015. 3) 참조.

「원심은, 원고가 저작권을 보유하고 있는 이 사건을 프로그램에 관한 피고들의 저작권 침해로 말미암은 손해배상액은 원고 측과 피고 주식회사 알티엑스테크놀러지 사이에서 이루어진 실제 거래사례를 기준으로 저작권법 제125조 제2항에 따라 산정할 수 있다고 판단하였다. 원심판결 이유를 관련 법리와 기록에 비추어 살펴보면 원심의 판단은 정당한 것으로 수긍할 수 있고, 거기에 상고이유의 주장과 같은 저작권법 제125조 제2항의 해석에 관한 법리오해 등의 위법이 없다.」

원심 법원 : 원고는 법 제125조 제2항에 따라 손해액을 산정하여야 한다고 주장하였고 법원의 판단은 다음과 같다.

「1) 인정사실

• 원고는 이 사건 프로그램을 사용하고자 하는 사람과 매매계약이 아닌 라이선스 계약을 체결하는 방식으로 이용허락을 부여하는데, 고객은 한 번 사용료를 지급하면 컴퓨터 프로그램을 영구적으로 사용할 수 있다(이른바 Paid-up 방식). • 이 사건 프로그램은 총 23개의 개별 소프트웨어(통상 '모듈'이라 칭한다)의 묶음으로 되어 있고 개별 소프트웨어 별로 사용료가 정해지는데, 전체 모듈이 모두 포함된 풀 패키지의 판매가격은 미화 583,529 달러에 이르나, 국내에서 풀 패키지가 판매된 사례는 없다. • 이 사건 프로그램은 사용자가 'Complete(전체 모듈)' 또는 'Custom(일부 모듈)'을 선택하여 설치하도록 구성되어 있고, 전체 모듈을 선택하여 설치할 경우 총 크기는 4.54GB, 파일 개수는 89,826개에 이른다. • 피고 회사는 2012년 10월경 및 2013년 1월경 국내에서 이 사건 프로그램의 판매를 담당하는 주식회사 와이즈시앤에스(이하 '와이즈시앤에스'라 한다)로부터 일부 모듈인 W2200, W2300EP, W2302EP로 구성된 이 사건 프로그램 2개(copy)를 합계 240,000,000원에 구입하였다. • 원고가 2012. 10. 26. 와이즈시앤에스에 보낸 견적서에는 이 사건 프로그램 중 위 3개 모듈의 단가가 합계 112,757,205원(= W2200BP 37,585,735원 + W2300EP 33,827,161원 + W2302EP 41,344,309원)으로 기재되어 있고, 원고는 와이즈시앤에스에 이 사건 프로그램을 위 단가에서 20% 할인된 가격으로 공급하였다.

2) 저작권법 제125조 제2항에 따른 손해액 산정

저작권법 제125조 제2항은 저작재산권자 등은 그 권리의 행사로 통상 받을 수 있는 금액에 상당하는 액을 손해액으로 하여 그 배상을 청구할 수 있다고 규정하고 있는바, 여기서 권리의 행사로 통상 얻을 수 있는 금액에 상당하는 액이라 함은 침해자가 프로그램저작물의 사용 허락을 받았더라면 사용대가로서 지급하였을 객관적으로 상당한 금액을 말한다고 보아야 할 것이고, 따라서 위 금액을 산정함에 있어서는 단위당 프로그램저작물의 통상적인 사용대가에 침해자의 복제품의 판매수량을 곱하여 계산하여야 할 것이다(대법원 2001. 6. 26. 선고 99다50552 판결 참조). 또 저작권자가 침해행위와 유사한 형태의 저작물 사용과 관련하여 저작물사용계약을 맺고 사용료를 받은 사례가 있는 경우라면, 그 사용료가 특별히 예외적인 사정이 있어 이례적으로 높게 책정된 것이라거나 저작권 침해로 인한 손해배상청구 소송에 영향을 미치기 위하여 상대방과 통모하여 비정상적으로 고액으로 정한 것이라는 등의 특별한 사정이 없는 한, 그 사용계약에서 정해진 사용료를 저작권자가 그 권리의 행사로 통상 얻을 수 있는 금액으로 보아 이를 기준으로 손해액을 산정함이 상당하다 할 것이고(대법원 2001. 11. 30. 선고 99다69631 판결 참조), 이때 저작권자가 침해행위와 유사한 형태의 저작물 사용과 관련하여 저작물사용계약을 맺고 사용료를 받은 사례가 반드시 저작권침해 행위의 이전의 것이어야 하거나 2회 이상 있어야 되는 것도 아니다(대법원 2013. 6. 27. 선고 2012다104137 판결 참조).

먼저 원고의 손해액을 전체 모듈로 구성된 이 사건 프로그램 풀 패키지의 판매가격 상당으로 볼 수 있는지에 관하여 본다. 앞서 채택한 증거에 의하면, 한○○의 업무용 컴퓨터에 설치된 이 사건 프로그램의 용량이 4.54GB, 파일 개수가 89,826개로서 풀 패키지의 용량, 파일 개수와 일치하는 사실, 한편 위 컴퓨터에 설치된 이 사건 프로그램의 라이선스 파일은 정식 라이선스 파일과는 전혀 다른 내용으로 되어 있는데, 이○○의 업무용 컴퓨터에도 같은 내용의 라이선스 파일이 설치되어 있는 사실을 인정할 수 있다. 이러한 사실에 비추어 피고 회사의 직원들이 복제한 이 사건 프로그램은 전체 모듈이 모두 포함된 풀 패키지에 해당한다고 보인다. 그러나 위 직원들은 라이선스 계약에 기초한 통상적인 설치 과정에 따라 개별 모듈별로 이 사건 프로그램을 설치한 것이 아니라, 이 사건 프로그램의 라이선스 보호를 무력화시킨 불법 복제물을 통째로 복제, 사용한 것이어서〔갑 제8호증의 영상에 의하면 크랙 폴더(crack folder)로부터 특정 파일을 복사하는 방법으로 이 사건 프로그램의 라이선스 파일이 생성되는 사실을 알 수 있고, 앞서 본 바와 같이 그 이용가능기간도 2050. 12. 31.로 되어 있다〕, 이들이 피고 회사의 업무 수행에 모듈 전체를 사용하기 위한 목적으로 이 사건 프로그램의 풀 패키지를 복제한 것으로 보이지 아니하는 점, 이 사건 프로그램의 풀 패키지는 상당한 고가로서 실제로 원고는 사용자의 요구에 맞추어 이 사건 프로그램 중 사용자가 필요한 모듈만을 판매하고 있고 가격 역시 각 모듈별로 책정되고 있으며, 국내에서 풀 패키지가 판매된 사례는 전혀 없는 점 등에 비추어 보면, 이 사건 프로그램 풀 패키지의 가격이 피고들이 원고로부터 이용 허락을 받았더라면 대가로서 지급하였을 객관적으로 상당한 금액에 해당한다고 보기 어렵다. 나아가 원고는 이 사건 프로그램의 개당 판매가격이 200,000,000원 상당이라고 주장하므로 살피건대, 제1심법원의 와이즈시앤에스에 대한 사실조회결과(을 제15호증으로 제출됨)에 의하면, 와이즈시앤에스가 방송장비 제조업체 회사에 이 사건 프로그램 1개를 200,000,000원에 판매한 사례가 있는 사실을 인정할 수 있으나, 위 판매가격은 W2404BP, W1327BP, W2200BP, E8900M, W2401M, W1401M의 6개 모듈로 구성된 이 사건 프로그램을 판매한 가격으로서 위 6개의 모듈이 모두 피고 회사의 업무를 위해 필요한 것들이라고 인정하기에 충분한 자료가 없으므로, 위 판매 사례만을 기준으로 원고의 손해액을 산정하기도 어렵다(갑 제13, 14호증, 을 제6, 17호증의 각 견적서에 기재된 판매가격들 역시 피고 회사의 업무에 필요한 모듈들에 대한 판매가격이라고 보기에 충분한 증거가 없으므로 역시 기준으로 삼기에 미흡하다). 앞서 본 바와 같이 피고 회사는 불법 복제 사실 적발 후인 2012년 10월경 및 2013년 1월경 원고의 국내 판매 대리인인 와이즈시앤에스로부터 3개의 모듈로 구성된 이 사건 프로그램 2개를 합계 240,000,000원에 구입하였는데, 원고 또한 같은 모듈 3개로 이루어진 이 사건 프로그램의 1개당 단가를 위 가격과 비슷한 112,757,205원으로 책정하고 있다. 특별한 사정이 없는 한 피고 회사가 위와 같이 불법 복제 사실 적발 후 위 3개 모듈로 구성된 이 사건 프로그램을 원고 측으로부터 구입한 것은, 피고 회사의 업무에 필요한 모듈을 정당한 가격을 지불하고 구입한 후 장래에 이를 적법하게 사용하기 위한 것이고, 원고 측 역시 피고 회사와의 협의를 거쳐 이 사건 프로그램 중 피고 회사의 업무에 필요한 모듈을 선택하여 판매한 것이라고 봄이 상당하며, 위 구입가격이 이례적으로 높게 책정되었다거나 위 모듈이 피고 회사의 업무에 필요한 것이 아니라고 볼 만한 다른 사정도 찾기 어렵다. 그렇다면 원고 측과 피고 회사 사이에서 이루어진 위 실제 거래사례는, 침해행위와 가장 유사한 형태의 저작물 사용과 관련하여 이루어진 저작물사용계약이어서 이를 기준으로 손해액을 산정할 수 있다고 보아야 한다. 따라서 원고가 피고들의 이 사건 프로그램 2개의 복제, 이용에 관하여 저작권의 행사로 통상 받을 수 있는 금액에 상당하는 액은 위 실제 거래사례를 기준으로 한 240,000,000원으로 봄이 타당하므로, 이를 원고의 손해액으로 산정한다.

3) 저작권법 제126조에 따른 손해액 산정 여부

앞서 본 바와 같이, 원고 측과 피고 회사 사이에 침해행위와 유사한 형태의 이 사건 프로그램의 사용과 관련하여 계약을 체결하고 사용료를 받은 사례가 있는 이상 원고의 손해액은 저작권법 제125조 제2항에 따라 산정할 수 있고, 피고들이 주장하는 사정만으로는 그 손해액의 산정이 어려운 때에 해당한다고 보기 어렵다(이 사건 프로그램의 라이선스 계약 체결과 관련하여 제조원가, 유통비, 일반관리비 등의 비용이 지출된다거나 손해액 산정 시 이를 공제하여야 한다고 볼 근거는 없다. 실제 사용기간을 고려하여 손해액을 감액하여야 한다는 피고들의 주장 또한, 적법한 Paid-up 방식의 라이선스 계약에서는 사용기간에 대한 고려 없이 사용료가 책정되는 점, 피고들의 사용이 중단된 것은 무단 복제 사실이 발각되었기 때문으로서 저작권자가 위법한 컴퓨터 프로그램 복제권 침해행위를 조기에 적발하였다고 하여 오히려 소액의 손해배상만을 인정하는 것은 부당한 점, 이 사건에서 피고들의 실제 사용기간을 알 수 있는 객관적 자료도 없는 점 등에 비추어 받아들일 수 없다).』

1심 법원의 판단은 다음과 같았다.

『원고는, 피고들이 배상하여야 할 원고의 손해액은 법 제125조 제2항 소정의 '권리의 행사로 통상 받을 수 있는 금액에 상당하는 액'인 '이 사건 프로그램의 복제수량에 그 판매가격을 곱한 금액'이라고 주장한다. 컴퓨터프로그램저작권의 침해로 인한 손해배상액의 산정에 있어, 저작권자는 자신이 현실적으로 입은 손해액을 청구할 수 있을 뿐 아니라(민법 제750조 참조), 침해자가 그 침해행위에 의하여 받은 이익액을 손해액으로 청구할 수도 있고(법 제125조 제1항 참조), 저작권자가 그 저작권의 행사로 통상 받을 수 있는 금액에 상당하는 액을 손해액으로 청구할 수도 있는데(법 제125조 제2항 참조), 여기서 저작권의 행사로 통상 받을 수 있는 금액에 상당하는 액이라 함은 침해자가 프로그램저작물의 사용 허락을 받았더라면 사용대가로서 지급하였을 객관적으로 상당한 금액을 말한다고 보아야 할 것이고, 따라서 위 금액을 산정함에 있어서는 단위당 프로그램저작물의 통상적인 사용대가에 침해자의 복제품의 판매수량을 곱하여 계산하여야 할 것이다(대법원 2001. 6. 26. 선고 99다50552 판결 등 참조). 위 법리에 비추어 이 사건을 보건대, 컴퓨터프로그램의 판매가격은 제조원가, 유통비, 일반관리비 등 제반 비용에 이윤이 더해져 결정되는 것으로서, 판매가격 전체를 원고의 손해액으로 인정한다면 원고가 실제 입은 손해보다 더 많은 손해액을 인정하게 되는 불합리한 결과에 이르게 되므로 판매가격을 컴퓨터프로그램의 통상적인 사용대가로 볼 수는 없다고 할 것이니, 판매가격을 기준으로 손해를 산정하여야 한다는 원고의 위 주장은 이유 없다. 법원은 손해가 발생한 사실은 인정되나 법 제125조의 규정에 따른 손해액을 산정하기 어려운 때에는 변론의 취지 및 증거조사의 결과를 참작하여 상당한 손해액을 인정할 수 있는바(법 제126조 참조), 피고들의 저작권 침해로 인하여 원고가 손해를 입었음은 앞서 본 바와 같고, 원고가 판매가격을 기준으로 하여야 한다는 위 주장 외에 통상적인 사용대가의 산정에 관한 어떠한 주장이나 입증도 하지 않고 있어, 이 사건 변론과정에서 현출된 자료만으로는 원고가 현실적으로 입은 손해액이나 피고들이 저작권 침해행위에 의하여 받은 이익액 또는 원고가 저작권의 행사로 통상 받을 수 있는 금액의 액수를 추단할 수 없으므로, 이 사건은 '손해가 발생한 사실은 인정되나 법 제125조의 규정에 따른 손해액을 산정하기 어려운 때'에 해당한다고 할 것이다. 살피건대, …에 의하여 인정할 수 있는 다음과 같은 사정들, 즉 ① 이 사건 프로그램은 총 23개의 개별 소프트웨어 묶음으로 이루어지고, 전체 풀 패키지(full package)의 판매가격은 583,529달러(node locked 라이센스의 경우)에 이르나, 풀 패키지가 판매된 사례는 거의 없는 것으로 보이는 점, ② 피고 회사와 유사한 규모의 회사에서 이 사건 프로그램을 구입하는 경우, 보통 2억 원~2억 6,000만 원의 비용이 소요되는 점, ③ 국내에서 이 사건 프로그램의 판매를 담당하는 주식회사 와이즈시앤에스(이하 '와이즈시앤에스'라 한다)는 피고 회사와 같이 기지국이나 중계기 등 무선통신용 제품에 적용되는 필터, 증폭기 등을 제작하는 회사에 이 사건 프로그램 중 6개 소프트웨어를 2억 원에 판매하기도 한 점, ④ 피고 회사는 저작권법 위반의 수사 계속 중이던 2012. 10.경 와이즈시앤에스로부터 이 사건 프로그램 중 일부 프로그램을 2억 4,000만 원에 구입하여 사용하고 있는 점, ⑤ 한편 불법행위로 말미암은 재산상 손해를 산정함에 있어, 침해되는 이익이나 행위형태에 관계없이 침해행위가 없었더라면 존재하였을 재산상태와 침해행위로 인한 현실의 재산상태의 차이를 손해로 파악하는 이른바 차액설을 엄격하게 적용하면, 이른바 paid-up 방식〔컴퓨터프로그램의 저작권자는, 이를 사용하고자 하는 사람이 컴퓨터프로그램을 복사한 CD와 그 사용조건 등이 적힌 서면 등이 함께 일체로 포장된 정규복제품을 사서 그 포장을 개봉하거나, 인터넷상에서 판매대금을 지급하고 컴퓨터프로그램을 내려받아 컴퓨터에 설치하는 과정에서 계약에 동의하는 버튼을 누를 경우 컴퓨터프로그램의 사용을 허락하고, 고객이 정규복제품을 컴퓨터의 내부기억장치에 설치(인스톨)하여 복제한 다음 이를 사용할 수 있는 지위를 취득하는 계약형태로, 고객은 한번 사용료를 지급하면 컴퓨터프로그램을 영구적으로 사용할 수 있다〕의 이용허락에서는 위법사용기간에 대응하는 손해 부분에 한정하여 배상을 인정하여야 하므로, 합리적으로 예상되는 프로그램의 내구연한에 대한 위법 사용기간의 비율에 정규복제품의 가격을 곱하는 방식으로 손해배상액을 산정하여야 할 것이나, 이러한 결론을 인정하게 되면 컴퓨터프로그램 저작권의 침해행위가 발각된 경우에 가해자가 피해자에게 소액의 손해배상을 하면 무방하게 되어 사회적으로 위법한 복제행위가 만연하게 될 수 있는 점, ⑥ 원고가 저작권의 행사로 통상 받을 수 있는 이익은 판매가격에서 제조원가, 유통비, 일반관리비 등의 비용을 공제한 나머지 금액이라 할 것이므로, 원고가 입은 손해도 판매가격에 대한 일정 비율의 금액을 기준으로 하여 산정하는 것이 상당한 점 등을 종합하여 보면, 원고의 손해액은 피고 회사의 동종업체에 대한 판매가격인 2억 원에 피고 회사에서 복제된 프로그램의 수량을 곱한 금액의 1/4 정도로 봄이 상당하다.』

7) 개를 산책시키는 여성 이미지 사건[7-32]

『저작재산권 침해로 인한 손해액 : 원고는, 법 제125조 제2항에 의하여 저작물에 관하여 사용을 허락하고 통상적으로 받을 수 있는 금액(이하 '통상수익액'이라 한다)이 피고의 저작권 침해행위로 인하여 원고가 입은 손해액으로 추정되는바, ① 주식회사 A와 사이에 원고의 작품 사용의 대가로 위 회사의 제품 출고가격의 3% 상당액을 지급받기로 약정한 점, ② 주식회사 B와 사이에 원고의 작품 사용의 대가로 매출액의 2% 상당액을 지급받기로

7-32) 서울중앙지방법원 2013. 4. 18. 선고 2012가합521324 판결(항소기각). 제125조 제2항 적용주장을 배척하고, 제126조에 따라 손해액을 산정하고, 저작인격권 침해에 따른 손해액까지 함께 산정한 사안이다.

약정한 점 등에 비추어, 원고의 통상 수익액은 피고의 저작권 침해기간 동안 피고 매출액의 3% 상당액이라 할 것이므로, 피고는 원고에게 533,363,639원(=피고의 2010. 1. 1.부터 2012. 9. 30.까지의 매출액 17,778,787,973원×3%; 원 미만 버림)의 일부로서 8,000만 원을 지급하여야 한다고 주장한다. …에 의하면 원고는 주식회사 A와 사이에, 위 회사가 제작한 수영복에 원고가 제작한 이미지를 사용하는 대가로 출고가의 3% 상당액을 지급받기로 약정한 사실을 인정할 수 있으나, 위 수영복에는 원고가 작성한 이미지가 전면적으로 표현되어 수영복 전체의 심미감에 결정적인 영향을 주는 반면, 피고는 자신이 제작한 제품에 피고 이미지를 주로 광고 기능 또는 출처표시 기능으로 사용하고 심미감은 부수적인 기능으로만 사용하였으므로, 위 회사와의 약정에 따른 사용료 상당액을 이 사건에 그대로 적용하기 어렵고, ② …에 의하면 원고는 주식회사 B와 사이에, 위 회사가 지갑, 시계, 가방 등의 제품에 원고가 작성한 이미지와 '에나케이' 브랜드를 표시하여 위 제품을 제조·유통하는 대가로 매출액의 2% 상당액을 지급받기로 약정한 사실을 인정할 수 있으나, 위 약정에 의하면 원고는 위 회사에게 자신이 작성한 다수 이미지뿐만 아니라 자신이 개발한 '에나케이' 브랜드까지 표시할 수 있도록 허여하는 것이어서, 위 회사와의 약정에 따른 사용료 상당액을 이 사건에 그대로 적용하기도 어렵다. 따라서 이 부분에 대한 원고의 법 제125조 제2항의 적용 주장은 이유 없다. 피고는, 일러스트 업계의 경우 한국미술저작권협회에서 판매하고 있는 이미지 가액을 기준으로 통상 수익액을 산정하여야 하는데, 한국미술저작권협회는 이미지 출력부수가 10만부 이하일 경우에는 270만 원, 이미지를 홈페이지에 게재하는 경우에는 1년에 20만 원을 그 사용료로 책정하고 있으므로, 통상 수익액도 이에 따라 계산되어야 한다는 취지로 주장한다. 그러나 한국미술저작권협회에서 위와 같은 금액으로 이미지의 사용권을 판매하는 것은 위 협회가 저작자로부터 저작물의 관리에 관한 신탁을 받아 저작물의 사용권을 판매하는 경우인 데다가 위 협회가 책정한 사용료는 카탈로그, 문화상품권 등의 매체에 사용하는 경우, 신문 광고, 잡지 광고, 옥외 광고, 서적 등재, 홈페이지 게재 등의 경우를 세분화하여 설정해 놓았기 때문에 피고가 피고 이미지를 피고 상표에 포함시켜 사업 전반에 전방위적으로 사용한 이 사건의 경우에 위 금액을 그대로 적용하기는 어렵다. 따라서 피고의 위 주장도 이유 없다. 법 제126조에 의하면 법원은 손해가 발생한 사실은 인정되나 법 제125조의 규정에 따른 손해액을 산정하기 어려운 때에는 변론의 취지 및 증거조사의 결과를 참작하여 상당한 손해액을 인정할 수 있다. 앞서 인정한 사실관계에다가 원고가 주식회사 A 및 주식회사 B와 사이에 체결한 각 약정에 따른 사용료와 한국미술저작권협회가 책정한 이미지의 사용료, 피고가 피고 이미지를 상표로 사용하고 있는 점, 피고 이미지가 피고의 제품 및 포장용기 등에서 차지하는 비중, 피고의 저작권 침해방법과 그 기간 등을 함께 고려해보면, 피고의 제 1 이미지에 대한 저작권 침해로 인하여 원고가 입은 손해액은 원고가 피고 이미지가 포함된 피고 상표를 출원함으로써 원고의 저작권을 침해하기 시작한 2010. 1. 15.부터 그 침해행위가 계속되고 있는 이 사건 변론종결일 현재까지 2,000만 원이라고 봄이 상당하다.

동일성유지권 및 성명표시권 침해로 인한 손해액 : 앞서 인정한 사실관계에다가 변론 전체의 취지에 비추어 인정되는 원고의 저작자로서의 인지도, 피고의 침해방법과 그 기간, 그 밖에 이 사건 변론에 현출된 제반 사정을 고려하여 피고의 동일성유지권 및 성명표시권 침해로 인한 손해액을 500만 원으로 정한다.』

8) 삼각형펜션 사건[7-33]

『원고는 재산상 손해액에 관하여 이 사건 원고 건축물의 설계 및 시공 비용이 5억 4,000만 원이고, 설계용역비는 통상 전체 건축비의 5~10%이므로, 법 제125조 제2항에 의하여 원고가 그 권리를 행사하였으면 통상 얻을 수 있었을 금액은 약 3,000만 원이라고 주장한다. 그런데 원고가 이 사건 원고 건축물에 관한 저작권을 행사하였으면 통상 얻을 수 있었던 금액이란, 타인에게 이 사건 원고 건축물과 실질적으로 유사한 건축물을 건축하는 것을 허락하고 받을 수 있었던 금액 등을 말하는 것으로, 설계용역비는 저작권을 행사하여 통상 얻을 수 있었던 금액에 해당하지 않는다. 그런데 건축저작물의 경우 타인에게 일정한 사용료 등을 지급하고 타인의 건축저작물과 유사한 건축물을 제작하는 경우는 매우 이례적이어서 원고가 이 사건 원고 건축물에 관한 저작권을 행사하였으면 통상 얻을 수 있었던 금액을 산정하기가 극히 곤란할 뿐만 아니라, 법 제125조 제1항에 따라 피고들이 저작권 침해행위로 인하여 얻은 이익을 산정하는 것도 매우 어렵다. 따라서 저작인

7-33) 서울중앙지방법원 2013. 9. 6. 선고 2013가합23179 판결(항소심 조정성립). 건축저작물에 대한 복제권과 성명표시권 침해에 대한 손해액을 함께 산정한 사안이다.

격권인 성명표시권의 침해로 인한 손해뿐만 아니라 저작재산권인 복제권의 침해로 인한 손해 역시 법 제125조에 의하여 그 손해액을 산정하기 어려운 경우에 해당하여, 법 제126조에 의하여 법원이 변론 전체의 취지와 증거조사의 결과를 참작하여 상당한 손해액을 인정할 수 있다. 앞서 인정한 사실에 …에 의하여 인정되는 다음과 같은 사정, 즉 ① 이 사건 원고 건축물의 설계 및 시공비는 약 5억 4,000만 원(부가가치세 별도)인 점, ② 원고는 이 사건 원고 건축물을 설계, 시공하고 위 용역비를 수령하였고, 제3자가 이 사건 원고 건축물의 소유권을 취득하였으므로, 원고가 이 사건 원고 건축물을 이용하여 추가적으로 취할 수 있는 재산적 이익은 크지 않을 것으로 보이는 점, ③ 피고들도 이 사건 피고 건축물을 설계, 시공하기 위하여 상당한 비용을 지출한 것으로 보이는 점, ④ 일반적으로 펜션 등의 건축물에 건축저작물의 저작권자의 성명을 표시하는 일은 흔하지 않으므로, 성명표시권의 침해로 인한 손해도 크다고 보기는 어려운 점 등에 비추어 보면, 피고들의 복제권과 성명표시권의 침해로 인한 원고의 손해는 1,000만 원으로 봄이 상당하다.」

9) 사진저작물 이미지 검색서비스 사건[7-34]

<사안의 개요>

원고는 사진작가로서 자신이 창작한 사진저작물을 자신의 웹싸이트에 게시하고 있다. 피고는 인터넷검색포털싸이트 운영업체로서 웹싸이트에 게시된 이미지파일을 수집하여 이를 피고의 서버에 저장하여 썸네일이미지로 축소·변환하여 인터넷사용자에게 게시하는 방식으로 검색서비스를 제공해 왔다. 원고는 저작재산권 침해를 주장하며 손해배상을 구한 사건이다. 손해배상의 범위와 관련한 원심법원의 판단은 다음과 같다.

<원심법원의 판단>

「구 저작권법 제93조 제2항은 “저작재산권자등이 고의 또는 과실에 의하여 그 권리를 침해한 자에 대하여 그 침해에 의하여 자기가 받은 손해의 배상을 청구하는 경우에 그 권리의 행사로 통상 받을 수 있는 금액에 상당하는 액을 저작재산권자등이 받은 손해의 액으로 하여 그 손해배상을 청구할

7-34) 서울고등법원 2007. 10. 2. 선고 2006나96589 판결. 변론 전체의 취지 및 증거조사의 결과에 의해 손해액을 산정하되, 과실상계를 한 사안이다.

수 있다"라고 규정하고 있는바, 여기서 권리의 행사로 통상 얻을 수 있는 금액에 상당하는 액이라 함은 침해자가 저작물의 사용 허락을 받았더라면 사용대가로서 지급하였을 객관적으로 상당한 금액을 말한다고 보아야 할 것이고, 저작권자가 당해 저작물에 관하여 사용계약을 체결하거나 사용료를 받은 적이 전혀 없는 경우라면 일응 그 업계에서 일반화되어 있는 사용료를 저작권 침해로 인한 손해액 산정에 있어서 한 기준으로 삼을 수 있겠지만, 저작권자가 침해행위와 유사한 형태의 저작물 사용과 관련하여 저작물 사용계약을 맺고 사용료를 받은 사례가 있는 경우라면, 그 사용료가 특별히 예외적인 사정이 있어 이례적으로 높게 책정된 것이라거나 저작권 침해로 인한 손해배상청구 소송에 영향을 미치기 위하여 상대방과 통모하여 비정상적으로 고액으로 정한 것이라는 등의 특별한 사정이 없는 한, 그 사용계약에서 정해진 사용료를 저작권자가 그 권리의 행사로 통상 얻을 수 있는 금액으로 보아 이를 기준으로 손해액을 산정함이 상당하다(대법원 2001. 11. 30. 선고 99다69631 판결 참조). 원고는 위와 같은 법리와, 저작권 침해의 객체를 원저작물인 사진작품의 수량인 203장을 기준으로 할 것이 아니라 사진작품의 가격이 1회의 장소와 용도에 따라 개별적으로 책정되는 거래관행을 고려하여 피고가 동일한 사진작품에 대하여 여러 웹페이지에 다른 용도로 사용한 사정을 감안한 사진작품의 이미지 수량인 560장으로 보아야 한다는 주장 및 이 법원이 원고의 야후코리아주식회사에서 원고의 사진작품에 대한 장당 사용료를 연 30만 원으로 인정하였던 점을 내세워 이를 토대로 산출한 손해배상금 147,975,000원{=침해 저작물 560장×침해기간 약 10.569개월×장당 사용료 연 30만 원/12개월}의 지급을 구한다. 그러므로 먼저 원고의 위 주장 중 저작권 침해의 객체 수량에 관한 부분에 관하여 보건대, 피고가 자신의 웹사이트에서 원저작물인 이 사건 사진작품 203장을 기반으로 하여 위 수량을 초과하는 이미지를 복제·변환하여 이를 여러 웹페이지에 게시하여 온 사실은 인정되나, 피고가 동일한 원저작물에 대하여 단지 중복된 이미지를 여러 웹페이지에 게시하였다는 사실만으로 저작권 침해의 객체가 원저작물의 특정된 수량과 관계없이 복제·게시된 이미지의 수량에 따라 복수로 인정되어야 한다는 원고의 이 부분 주장은 아무런 법적 근거가 없는 것으로서 이를 받아들일 수 없다. 다음으로, 원고의 위 주장 중 이 사건 사진작품에 대한 장당 사용료를 연 30만 원으로 보아야 한다는 부분에 관하여 보건대, 원고가 야후를 상대방으로 삼아 2002. 2.경부터 2002. 10.경까지의 원고의 사진작품 63장에 관한 저작권 침해를 원인으로 한 손해배상청구소송에서 이 법원이 원고의 사진작품 63장에 대한 장당 사용료를 연 30만 원으로 보아 손해배상책임을 인정하였던 사실은 인정되나, 한편 위 증거에 변론 전체의 취지를 종합하면, ① 원래 온라인 사진 판매업체들이 인터넷 홈페이지용 이미지의 사용료로 책정하였던 금액은 메인이미지의 경우에는 장당 연 16만 5천 원, 서브이미지의 경우에는 장당 연 11만 원 정도였던 사실, ② 원고의 사진작품은 2002년경 야후의 저작권 침해를 계기로 인터넷에 유포된 이후 그 무렵부터 이 사건 저작권 침해 시점인 2005년 5월 중순경까지 약 8개 가량의 인터넷포털사이트에 널리 유포되어 왔고, 이에 따라 원고는 위 인터넷 포털업체들을 상대로 이 사건과 유사한 손해배상청구소송을 제기하여 온 사실, ③ 위 야후 판결에서는 원고가 사진작품을 촬영하는데 투여한 비용과 기간, 원고의 사진작품이 갖는 2002년 당시의 희소성 등을 감안하여 위 ①항 기재 책정 금액보다 고액인 장당 연 30만 원의 사용료를 인정하였으나, 이 사건 발생일인 2005년 5월 중순경 당시에 원고의 사진작품은 예술저작물로서의 희소성 및 재산적 가치가 위 ②항과 같은 경위로 상당 부분 손상되어 있었던 사실, ④ 위 야후 판결에서의 상세보기 이미지는 13.02㎝×9.8㎝ 크기인 반면 이 사건 사진작품의 상세보기 이미지는 10.5㎝×8㎝ 크기로서 그 보다 작아 서로 상이한 요소가 있는 사실을 각 인정할 수 있는바, 위와 같은 사실에 비추어 보면 이 사건 사진작품에 대한 장당 사용료를 위 야후 판결에서와 같이 연 30만 원으로 보아야 한다는 원고의 이 부분 주장도 그대로 받아들일 수는 없다. 돌이켜 앞서 본 법리와 사실관계 등을 종합하여 보면, 피고가 상세보기 이미지와 슬라이드쇼 서비스를 제공함으로써 무단으로 복제·전시·전송한 원고의 저작물인 사진작품의 수량은 203장이고, 피고가 저작권을 침해한 기간은 2005년 5월 중순경부터 2006년 3월 중순경까지 약 10개월이며, 위 침해기간 동안의 원고의 사진작품에 대한 장당 사용료는 2002년 당시의 인정액의 약 2/3 가량인 연 20만 원 정도로 봄이 상당하므로(구 저작권법 제94조), 피고가 원고에게 배상하여야 할 손해액은 33,833,333원(=침해 저작물 203장×침해기간 10개월×장당 사용료 연 20만 원/12개월, 원 미만은 버림)이 된다. 따라서 피고는 원고에게 위 손해배상금 33,833,333원 및 이에 대한 지연손해금을 지급할 의무가 있다.」

이에 대하여 쌍방이 대법원에 상고를 제기하였고, 대법원은 다음과 같이 과실상계를 하지 않은 것이 위법하다고 판단하였다.[7-35)]

『불법행위로 인한 손해의 발생 또는 확대에 관하여 피해자에게도 과실이 있는 때에는 가해자의 손해배상의 범위를 정함에 있어 당연히 이를 참작하여야 하고, 양자의 과실비율을 교량함에 있어서는 손해의 공평부담이라는 제도의 취지에 비추어 불법행위에 관련된 제반 상황을 충분히 고려하여야 하며, 과실상계사유에 관한 사실인정이나 그 비율을 정하는 것이 사실심의 전권사항이라고 하더라도 그것이 형평의 원칙에 비추어 현저히 불합리하여서는 아니 되고(대법원 2004. 2. 27. 선고 2003다6873 판결, 대법원 2008. 9. 11. 선고 2006다50338 판결 등 참조), 이러한 법리는 구 저작권법 제94조에 따라 저작재산권 침해로 인한 손해액을 산정하는 경우에도 마찬가지로 적용된다. 기록에 의하면, 이 사건 사진작품은 원고가 자신의 웹사이트에 원심 판시의 이미지파일로 만들어 게시함으로써 공개한 것인데, 당시에 이미 다수의 인터넷 포털사이트 운영자에 의하여 인터넷상에 공개된 이미지파일을 이른바 검색로봇이라고 하는 이미지파일 수집 프로그램에 의하여 무작위로 검색하여 필요한 이미지파일을 수집하는 행위가 성행하고 있었고, 원고는 종전에도 여러 인터넷 포털사이트 운영자들을 상대로 이 사건과 유사한 손해배상청구소송을 여러 차례에 걸쳐 제기한 적이 있어, 원고로서도 위와 같은 인터넷 포털사이트 운영자의 이미지파일 수집 과정에서 이 사건 사진작품의 무단 복제·전시·전송이 일어날 수 있음을 충분히 예상할 수 있었을 뿐만 아니라, 이미지파일의 경우 위와 같은 수집 프로그램의 접근을 제한하기 위한 조치를 하거나 워터마크를 삽입하는 등의 방법으로 복제방지조치를 취하는 것이 기술적으로 가능하였음에도 불구하고 이러한 조치를 취하지 않은 잘못이 있고, 위와 같은 원고의 잘못 역시 이 사건 사진작품의 무단 복제·전시·전송으로 인한 손해의 발생 또는 확대의 한 원인이 되었음을 알 수 있다. 그럼에도 불구하고 원심은 위와 같은 사정을 과실상계사유로 전혀 참작하지 아니한 채 피고에게 앞서 본 방식으로 산정한 손해액 전체의 배상을 명하였는바, 이는 형평의 원칙에 비추어 현저히 불합리한 조치라 할 것이다. 따라서 이 부분 원심의 판단은 불법행위의 과실상계에 관한 법리를 오해하여 판결에 영향을 미친 잘못이 있다 할 것이므로, 이 점을 지적하는 피고의 주장은 이유 있다.』

☞ 저작권 침해사건에서 손해액 산정에 있어서 과실을 상계한 것은 매우 이례적인데, 이 사건은 원고가 동일한 사진 저작물에 기초하여 다수의 인터넷 포털업체

7-35) 대법원 2010. 3. 11. 선고 2007다76733 판결(파기환송심에서 조정성립).

를 상대로 여러 건의 소송을 제기한 점이 감안된 것으로 보인다.

10) 프로그램 기술적보호조치 무력화 사건[7-36)]

『① 피고는 비록 앞서 본 바와 같이 이 사건 원고 프로그램을 무단으로 역분석하고 기술적 보호조치를 무력화하였으며 권리관리정보를 제거하였지만, 이 사건 공급계약에 따라 이 사건 원고 프로그램에 관한 라이선스 8개(개발자용 1개, 최종사용자용 7개)를 정당한 대가를 지급하고 구매하였으므로, 무단으로 이 사건 원고 프로그램을 복제한 다음 이를 역분석하거나 기술적 보호조치를 무력화하거나 권리관리정보를 제거한 경우와는 달리 볼 필요가 있는 점, ② 피고로서는 서울특별시에서 요구하는 단말기나 정보통신망의 보안성을 충족해주기 위해 이 사건 원고 프로그램을 역분석하였던 것으로 보이고, 피고가 여기서 더 나아가 위 역분석을 통해 알게 된 이 사건 원고 프로그램의 아이디어나 원리를 이용해 새로운 프로그램을 개작하였다거나 그 개작한 새로운 프로그램을 유통하여 이익을 취하였음을 인정할 자료는 없는 점, ③ 피고가 위와 같은 침해행위를 통하여 서울특별시에 납품한 제품은 결국 당초 원고와 합의했던 7개 제품을 넘지 않는 점(원고는, 이 사건 피고 프로그램 200여개가 여러 곳에 납품된 것으로 추정된다는 취지로 주장하나, 이를 인정할 증거가 없다), ④ 저작권법의 보호대상은 어디까지나 프로그램의 표현이지 그 프로그램에 내재된 기술적 사상이나 아이디어는 아닌 점, ⑤ 이 사건 원고 프로그램의 라이선스 1개당 비용이 150만 원인 점 등을 종합해보면, 피고가 이 사건 원고 프로그램의 라이선스 1개를 역분석하고 기술적 보호조치를 무력화하며 권리관리정보를 제거·변경함으로써 원고가 입은 손해를 100만 원으로 보아, 원고가 피고의 저작권 침해행위로 인하여 입은 손해를 700만 원(=라이선스 1개당 손해 100만 원×라이선스 7개[7-37)])으로 정함이 상당하다.』

11) 연합뉴스 사건[7-38)]

7-36) 서울중앙지방법원 2014. 1. 23. 선고 2013가합23162 판결(항소취하). 제126조가 적용된 사안이다.

7-37) 피고는 서울특별시에 납품한 7개의 이 사건 피고 프로그램 중 6개에 관해서 적법한 라이선스 없이 기술적 보호조치를 무력화하였고, 역분석 과정에서 1회의 복제가 발생하였으므로, 저작권이 침해된 라이선스를 7개로 본다.

7-38) 서울고등법원 2006. 11. 29. 선고 2006나2355 판결(대법원 2009. 5. 28. 선고 2007다

「원심판결 이유에 의하면, 원심은 그 채용한 증거에 의하여, 원고는 국내 신문사 등 언론기관들과 사이에 원고가 취재, 작성한 기사를 제공하고 이를 전재하도록 허락하는데 대한 대가로 정액의 전재료를 지급받기로 하는 전재계약을 체결하고 있는바, 그 전재료는 기사를 공급받는 언론기관의 발행부수, 영향력 등을 기준으로 산정될 뿐 실제로 보도되는 기사의 수와는 무관한 사실, 원고가 각 언론기관들과 전재계약을 체결하고 지급받는 전재료는, 공중파 TV 방송국의 경우 매월 2억 2천만 원 정도, 라디오 및 케이블 방송국의 경우 매월 3,300만 원 정도, 중앙일간지의 경우 매월 5,700만 원 정도, 지방일간지의 경우 매월 1,300만 원 정도, 포털사이트의 경우는 매월 4,500만 원 정도인 사실 등을 인정한 다음, 여기에 피고가 2003. 10.부터 2004. 11.까지 14개월 동안 지속적으로 원고의 저작재산권을 침해한 점을 아울러 고려하면, 원고가 피고의 저작재산권 침해행위로 인하여 입게 된 구 저작권법 제93조 제2항의 규정에 의한 손해액은 피고와 사이에 전재계약을 체결하였더라면 정액으로 지급받을 수 있었던 전재료 상당액으로 볼 것인데, 피고의 경우에는 방송, 신문, 포털사이트 등 기존의 언론기관과는 달리 뉴스보도뿐 아니라 다른 언론기관에 뉴스를 공급하는 역할까지 담당하고 있기는 하지만, 그 기본적인 성격은 신문에 가깝다는 점, 피고의 취재보도 범위는 전국을 대상으로 하지만 그 취재인력 규모는 조선일보, 중앙일보, 동아일보 등 중앙일간지의 1/3 정도에 지나지 않는 점을 참작하여 볼 때, 원고가 피고와 사이에 전재계약을 체결하였더라면 지급받을 수 있었던 전재료 액수는 중앙일간지에 대한 전재료의 1/3에 해당하는 월 1,900만 원 정도로 봄이 상당하다는 이유로, 이를 기준으로 피고의 저작재산권 침해 기간인 14개월 동안의 손해액을 266,000,000원(＝1,900만 원×14개월)으로 산정하였다. 그러나 원심의 위와 같은 판단은 다음과 같은 이유로 수긍하기 어렵다. 구 저작권법 제93조 제2항에 따라 손해액을 산정함에 있어 그 권리의 행사로 통상 받을 수 있는 금액에 상당하는 액이라 함은 침해자가 저작물의 이용허락을 받았더라면 그 대가로서 지급하였을 객관적으로 상당한 금액을 말하는 것으로, 저작권자가 침해행위와 유사한 형태의 저작물 이용과 관련하여 저작물이용계약을 맺고 이용료를 받은 사례가 있는 경우라면, 특별한 사정이 없는 한 그 이용계약에서 정해진 이용료를 저작권자가 그 권리의 행사로 통상 받을 수

---

354 판결, 파기환송심에서 강제조정). 손해배상의 산정기준으로서 그 권리의 행사로 통상 받을 수 있는 금액인지 여부가 다투어졌다.

있는 금액으로 보아 이를 기준으로 손해액을 산정함이 상당하다 할 것이다(대법원 2001. 11. 30. 선고 99다69631 판결, 대법원 2008. 4. 24. 선고 2006다55593 판결 등 참조). 그러나 위 법리에 비추어 볼 때, 이 사건의 경우 원심판결 이유에 의하더라도, 피고는 다른 언론기관에 뉴스를 공급하는 뉴스통신사로서의 역할을 담당하고 있다는 것이므로, 피고가 그 웹사이트를 통하여 일반독자들에게 뉴스를 제공하고 있다고 하여 이러한 사정만으로 그 기본적인 성격이 신문에 가깝다고 단정하기 어려운 점, 따라서 같은 뉴스통신사인 원고가 그로부터 뉴스를 공급받는 각종 언론기관과 전재계약을 체결하고 전재료를 지급받은 사례가 있다 하더라도 이를 들어 피고의 이 사건 저작재산권 침해행위와 유사한 형태의 저작물 이용에 해당한다고 볼 수 없는 점, 더욱이 위 전재료는 원고가 계약 상대방에게 제공하고 전재를 허락하는 모든 기사에 대한 대가가 포함된 금액이라 할 것인데, 원고가 제공하는 기사 중에는 저작권법에 의하여 보호되는 저작물이라고 할 수 없는 기사도 포함되어 있을 수 있는 점 등 제반사정을 감안하면, 위와 같은 전재계약에서 정해진 전재료를 원고가 피고와의 사이에서 그 권리의 행사로 통상 받을 수 있는 금액으로 볼 수는 없으므로, 이를 기준으로 피고의 저작재산권 침해행위로 인한 구 저작권법 제93조 제2항의 규정에 의한 손해액을 산정하기는 어렵다고 할 것이다. 그럼에도 불구하고 원심은, 원고가 각 언론기관들과 전재계약을 체결하고 전재료를 지급받은 사례가 피고의 이 사건 저작재산권 침해행위와 유사한 형태의 저작물 이용에 해당함을 전제로 위와 같은 전재계약에서 정해진 전재료를 기준으로 구 저작권법 제93조 제2항의 규정에 의한 원고의 손해액을 산정할 수 있다고 보았을 뿐만 아니라(이와 같은 경우 법원은 손해가 발생한 사실은 인정되나 구 저작권법 제93조의 규정에 의한 손해액을 산정하기 어려운 때에는 변론의 취지 및 증거조사의 결과를 참작하여 상당한 손해액을 인정할 수 있도록 규정한 구 저작권법 제94조에 따라 손해액을 정할 수 있음은 별론으로 한다), 나아가 위 전재료를 기준으로 구 저작권법 제93조 제2항에 따라 손해액을 산정함에 있어서도 원심은, 원고가 그 취재, 작성한 기사의 전재계약을 체결할 경우 기사를 공급받는 언론기관의 발행부수, 영향력 등을 기준으로 산정된 정액의 전재료를 지급받아 왔고, 피고는 그 기본적인 성격이 신문에 가까우며 그 취재보도 범위는 전국을 대상으로 한다고 하면서도, 그 밖에 원고가 중앙일간지에 대한 전재료 액수 간에도 그 언론기관의 취재인력 규모에 따라 차등을 두고 있는지 여부 등을 심리하여 보지도 아니한 채, 피고의 취재인력 규모가 일부 중앙일간지의 1/3 정도에 지나지 않는다는 이유만을 들어 중앙일간지에 대한 월정 전재료의 1/3에 해당하는 금액을 원고가 피고와 사이에 전재계약을 체결하였더라면 지급받을 수 있었던 월정 전재료 액수라고 하였으며, 또한 위 전재계약상으로는 원고가 실제로 보도되는 기사의 수와는 무관하게 매월 일정액의 전재료를 지급받기로 되어 있고, 피고의 이 사건 저작권 침해행위가 장기간 지속적으로 이루어져 왔다는 사정만으로 피고의 이 사건 저작재산권 침해행위의 태양 및 침해의 정도 등을 고려하지 아니한 채 위 월정 전재료액에 피고의 침해기간의 개월수를 곱한 금액 전체를 손해액으로 인정하였으니, 이 부분 원심판단에는 구 저작권법 제93조 제2항에서 규정하는 이용료 상당액의 손해배상의 법리를 오해하여 판결에 영향을 미친 위법이 있다. 이 점에 관한 원고와 피고의 상고이유에서의 주장은 이유 있다.』

12) 만화파일 공유 사건[7-39]

『피고가 저작물의 창작자인 원고의 허락이나 동의 없이 이 사건 만화 이미지 파일을 불특정 다수인이 다운로드할 수 있도록 하여 이 사건 만화 저작물에 대한 저작권을 침해한 사실을 인정할 수 있으나, 저작권 침해로 인한 손해배상청구권이 성립하기 위하여는 피고가 고의, 과실로 저작권 침해행위를 하였다는 사실 뿐 아니라 손해가 발생하였을 것을 요건으로 하는 것인바, 저작권법은 저작권 침해행위의 경우 손해의 입증이 상당히 곤란한 점을 감안하여 저작권법 제125조에서 손해액의 추정 규정을 두고 있을 뿐 아니라 저작권법 제126조에서 입증이 곤란한 경우 법원이 변론 전체의 취지 등을 참작한 상당한 손해액을 산정할 수 있도록 하고, 저작권 침해행위에 대하여 저작물당 1,000만 원(영리의 목적으로 고의로 권리를 침해한 경우에는 5,000만 원) 이하의 범위에서 법정손해배상을 인정하고 있다.

먼저 원고가 주장하는 저작권법 제125조의2 제1항에 의한 법정손해배상을 청구하기 위하여는 침해행위가 일어나기 전에 저작물이 등록되어 있어야 하는데(저작권법 제125조의2 제3항), 갑 제4호증의 기재만으로는 이 사건 만화가 저작권 등록을 하였다고 인정하기에 부족하고, 달리 이를 인정할 증거가 없다.

7-39) 서울중앙지방법원 2015. 6. 5. 선고 2014나66429 판결. 제126조 적용주장을 배척하고 민법 불법행위 원리에 따라 위자료를 산정한 사안이다.

다음으로, 원고는 재산상 손해에 관하여 저작권법 제126조에 따라 재산상 손해액을 산정하여 달라고 주장하므로 살피건대, 저작권법 제126조는 "법원은 손해가 발생한 사실은 인정되나 제125조의 규정에 따른 손해액을 산정하기 어려운 때에는 변론의 취지 및 증거조사의 결과를 참작하여 상당한 손해액을 인정할 수 있다"고 규정하고 있으므로, 먼저 제125조의 규정에 따른 손해액 산정 여부를 본다. 저작권법 제125조 제1항에 의하면, 저작권자가 고의 또는 과실로 권리를 침해한 사람에게 손해의 배상을 청구하는 경우 그 권리를 침해한 사람이 그 침해행위로 이익을 받은 때에는 그 이익의 액을 저작권자가 받은 손해의 액으로 추정한다. 그런데 이 사건 만화 파일을 제3자가 다운로드 받음으로써 피고가 이익을 어느 정도 얻었는지를 알 수 있는 아무런 자료가 없으므로, 피고가 원고의 저작권을 침해함으로써 얻은 이익을 확정할 수 없다. 저작권법 제125조 제2항에 의하면, 저작권자는 그 권리의 행사로 통상 받을 수 있는 금액에 상당하는 액을 저작권자가 받은 손해의 액으로 하여 그 손해배상을 청구할 수 있는데, 여기서 '그 권리의 행사로 통상 받을 수 있는 금액'이라 함은 피고가 원고로부터 저작물의 이용허락을 받았더라면 그 대가로서 지급하였을 객관적으로 상당한 금액을 말하는 것인바(대법원 2010. 3. 11. 선고 2009다80637 판결 등 참조), 원고가 주장하는 손해 즉, 이 사건 만화 판매가격의 10%인 인세는 저작권자인 원고가 출판사와 체결한 출판권 설정계약에 따른 인세이고, 원고가 제3자에게 저작물의 사용 허락을 하였을 경우 사용대가로 지급받았을 객관적으로 상당한 금액이라고 볼 수는 없을 뿐 아니라 원고 주장과 같은 인세수입을 인정할 증거도 전혀 없다. 저작권법 제126조 규정에 따른 손해액 산정은 손해의 발생 사실은 인정되나 구체적인 손해의 액수를 증명하는 것이 사안의 성질상 곤란한 경우에 증거조사의 결과와 변론 전체의 취지에 의하여 밝혀진 당사자들 사이의 관계, 불법행위와 그로 인한 재산적 손해가 발생하게 된 경위, 손해의 성격, 손해가 발생한 이후의 여러 정황 등 관련된 모든 간접사실들을 종합하여 손해의 액수를 판단할 수 있다는 것이고, 이러한 법리는 자유심증주의 하에서 손해의 발생 사실은 입증되었으나 사안의 성질상 손해액에 대한 입증이 곤란한 경우 증명도·심증도를 경감함으로써 손해의 공평·타당한 분담을 지도원리로 하는 손해배상제도의 이상과 기능을 실현하고자 함에 그 취지가 있는 것이지, 법관에게 손해액의 산정에 관한 자유재량을 부여한 것은 아니므로, 법원이 위와 같은 방법으로 구체적 손해액을 판단함에 있어서는,

손해액 산정의 근거가 되는 간접사실들의 탐색에 최선의 노력을 다해야 하고, 그와 같이 탐색해 낸 간접사실들을 합리적으로 평가하여 객관적으로 수긍할 수 있는 손해액을 산정해야 한다는 것이다(대법원 2007. 11. 29. 선고 2006다3561 판결). 이 사건과 같이 저작물인 만화의 이미지파일을 불특정 다수인이 다운로드 받을 수 있는 상태로 인터넷 공간에 업로드한 경우 인터넷 공간에서의 침해라는 특수성 때문에 침해의 무한 확대가능성이 있고, 이로 인하여 이 사건 만화의 판매부수 감소 및 원고의 수입 감소가능성이 있다는 점은 충분히 예견가능하다고 하더라도 만화업계의 시장여건 변화, 소비자의 기호변화 등 가변적인 요소가 손해 발생 및 그 액수에 영향을 미칠 가능성 또한 고려하면, 피고를 상대로 손해배상을 구하는 원고로서는 최소한 원고에게 재산적 손해가 발행하였는지, 발생하였다면 그 최소한 또는 최대한의 범위가 얼마인지는 입증하여야 한다고 할 것인데, 원고는 손해액 산정에 관하여 추상적으로 만화 이미지 파일 다운로드로 인한 피해가 심각하다는 취지의 관계기관의 보고서를 제출하는 외에는 아무런 증거를 제출하지 아니하였을 뿐 아니라 당심에서의 입증촉구에도 더 이상 제출할 증거가 없다고 일관하고 있다. 원고 주장과 같이 불특정 다수인이 다운로드 받을 수 있는 파일공유 사이트에 이 사건 저작물을 업로드한 피고의 행위로 인한 손해액을 산정하는 것이 사안의 성질상 곤란하다고 하더라도, 손해가 발생하였다는 개연성에 관한 자료[7-40] 외에 저작권법 제126조에 따라 법원이 상당한 손해액을 인정할 수 있는 자료 즉, 최소한 이 사건 저작물의 업로드 기간 및 다운로드 횟수, 이로 인하여 피고가 얻은 이익 등 피고의 불법 및 비난가능성을 판단할 수 있는 자료는 현출되어야 하며, 이 사건 저작물 침해행위의 저장·구동·전파의 용이성이라는 특성상 손해의 산정이 어렵다고 하더라도 침해자 개개인이 모두 원고가 주장하는 손해액만큼을 배상하는 것은 손해의 공평·타당한 분담을 지도원리로 하는 손해배상제도의 이상과 기능에 배치될 수 있는 점, 저작권법의 목적은 창작자에게 정당한 대가를 부여하여 창작의욕을 고취시키고, 그 영향으로 공중이 향유할 수 있는 문화적 산물의 수준과 총량이 풍요로는 사회를 지향하여 문화적 번영을 누리고자 하는 것

7-40) 예를 들어 이 사건 침해행위 전후의 이 사건 저작물의 온라인 또는 오프라인 판매추이 변화, 원고가 이 사건 만화의 판매 등으로 수입을 얻는 구조 즉, 인세계약 또는 전자책 판매시 원고가 수령하는 대가 및 그 감소 등을 추단하게 하는 자료가 될 것이다.

이고, 손해배상에 관한 특칙도 이러한 목적을 달성하고자 침해를 주장하는 권리자의 입증을 경감하는 취지일 뿐인데, 저작권에 대한 침해행위만 인정되면 손해의 발생에 대한 입증이 부족한 경우에도 저작권자에게 법원이 상당한 손해액을 배상하도록 하여야 한다고 해석할 수는 없는 점 등에 비추어 손해의 발생 및 범위에 관하여 아무런 자료가 없는 이 사건에서 저작권법 제126조의 규정이 존재한다는 사정만으로 법원이 상당한 손해액을 산정하여 배상을 명할 수는 없다(대법원 1994. 5. 13. 선고 93다45831 판결 취지 참조). 마지막으로, 원고의 정신적 손해로 인한 손해배상 청구에 관하여 보면, 일반적으로 타인의 불법행위에 의하여 재산권이 침해된 경우에는 그 재산적 손해의 배상에 의하여 정신상 고통도 회복된다고 보아야 할 것이나, 앞서 본 바와 같이 이 사건 불법행위로 인한 재산적 손해의 발생 및 범위를 산정할 수 없어 재산적 손해에 대한 배상을 받을 수 없는 이 사건의 경우 이러한 사정을 참작하여 위자료를 산정하기로 하되, 피고의 저작권 침해행위와 그로 인하여 발생가능한 재산적 손해의 범위, 손해의 성격, 손해가 발생한 이후의 여러 정황 등 이 사건 변론에 나타난 여러 사정을 참작하여 피고가 배상할 위자료를 50만 원으로 정한다.』

☞ 법원은 법 제126조가 적용되기 위해서는 적어도 법원으로서는 증거로부터 간접사실을 인정하고 이로부터 합리적인 범위의 손해액을 산출하여야 하므로, 원고가 간접사실에 대한 증명책임을 부담한다는 전제에서, 법 제126조 적용주장을 배척하고 재산상 손해배상이 없으므로 정신적 손해배상을 인정하여 민법상 위자료 배상만을 인정하였다.

13) 내일은 김연아 사건[7-41)]

『1) 법정손해배상청구권의 내용

○ 저작재산권자 등은 고의 또는 과실로 권리를 침해한 자에 대하여 사실심 변론종결 전에는 실제 손해액이나 저작권법 제125조 또는 제126조에 따라 정하여지는 손해액을 갈음하여 침해된 각 저작물 등마다 10,000,000원(영리를 목적으로 고의로 권리를 침해한 경우에는 50,000,000원) 이하의 범위에서 상당한 금액의 배상을 청구할 수 있다(저작권법 제125조의2 제1항). • 저작재산권자가 이러한 법정손해배상청구를 하기 위해서는 침해행위 전에 저

7-41) 서울중앙지방법원 2015. 7. 23. 선고 2014가합572906 판결(항소중). 같은 쟁점의 신청사건은 의정부지방법원 고양지원 2014. 5. 21.자 2014카합57 결정〔서울고등법원 2015. 8. 13.자 2015라511 결정(확정)〕.

작권법 제53조 내지 제55조에 따라 그 저작물 등이 등록되어 있어야 한다(저작권법 제125조의2 제3항). • 법원은 이러한 법정손해배상청구가 있는 경우에 변론의 취지와 증거조사의 결과를 고려하여 위와 같이 정해진 금액의 범위에서 상당한 손해액을 인정할 수 있다(저작권법 제125조의2 제4항).

2) 원고의 저작권 등록 시점

원고가 2014. 4. 10. 한국저작권위원회에 이 사건 각 만화에 관하여 저작재산권 양도등록을 마쳤음은 전제사실에서 본 바와 같으므로, 원고는 2014. 4. 10. 이후의 피고의 침해행위(이 사건 각 만화의 복제, 배포, 판매행위)로 인한 손해 부분에 관하여만 저작권법 제125조의2에 의한 법정손해배상을 구할 수 있다.

3) 피고의 고의 유무

원고는 법정손해배상금으로 이 사건 각 만화마다 50,000,000원씩 3건 합계 150,000,000원의 지급을 구하는바, 이와 같은 액수의 배상청구는 침해자의 영리의 목적 및 고의가 있을 것을 요건으로 하므로, 피고가 고의로 침해행위를 한 것인지에 관하여 살피건대, 이와 같이 볼 만한 사정이 있음을 인정할 증거는 없고, 오히려 앞서 4.항 등에서 본 사실관계 및 갑 제10호증의 기재와 변론 전체의 취지를 종합하면, 아래와 같은 사정이 인정될 뿐이다. ① 피고는 제1 내지 3계약으로 원고에게 이 사건 각 만화의 출판을 허락하였다가, 제3계약의 약정기간 만료일(2014. 1. 12) 후인 2014. 1. 15. 스스로 이 사건 각 만화를 별지 2 목록 기재 각 서적으로 출판하였다. ② 피고는 2014. 2월경 자신(비타컴)이 이 사건 각 만화의 저작권자라고 주장하며 원고를 상대로 의정부지방법원 고양지원 2014카합57호로 서적인쇄 및 판매금지 가처분신청을 하였다(2014. 5. 21. 신청기각 결정이 내려졌고, 항고되어 현재 서울고등법원 2015라511호로 진행 중이다). ③ 피고는 또한 2014. 8월경 자신이 이 사건 각 만화의 저작권자라고 주장하며 배○○, 표○○ 등을 상대로 서울중앙지방법원 2014가단5228283호로 손해배상청구 소송을 제기하여 현재 진행 중이다. 위 사정들에 나타나는 피고의 별지 2 목록 기재 각 서적 출판 시점, 가처분신청 및 손해배상청구 소제기 이유 등에 이 사건에서의 피고의 주장 내용을 보태어 보면, 피고가 이 사건 각 만화를 별지 2 목록 기재 각 서적으로 출판하고 그 후 원고가 저작재산권 양도등록을 마친 후에도 계속하여 이를 판매한 것은, 자신이 이 사건 각 만화의 저작자로서 저작권을 갖는다고 믿고(즉 배○○, 표○○이 자신의 업무보조자에 불과하거나,

이들이 저작자라 하더라도 자신이 이들의 저작권을 양수하였다고 생각하고) 한 행위로 볼 수 있으므로, 피고가 원고의 저작재산권을 침해하는 것에 대하여 과실이 있는지 여부는 별론으로 하고 고의가 있었다고는 인정하기 어렵다. 따라서 원고는 저작권법 제152조의2 제1항에 따라, 피고에 대하여 이 사건 각 만화마다 10,000,000원 이하의 범위 내에서만 법정손해배상을 구할 수 있다.

4) 손해액의 인정

이 법원은 저작권법 제125조의2 제4항에 따라, 이 사건 변론 전체의 취지와 증거조사의 결과에 의하여 인정되는 아래와 같은 사정들을 고려하여, 피고가 원고에게 배상할 상당한 손해액을 '이 사건 각 만화마다 5,000,000원씩'으로 인정한다. ① 피고는 원고로부터 제1 내지 3계약을 통하여 이 사건 각 만화 3건의 출판을 4년 또는 5년간 허락하는 대가로 총 45,000,000원을 지급받은 점(1건당 4~5년간의 출판 허락 대가로 15,000,000원을 받은 셈이 됨) ② 법정손해배상청구가 가능한 피고의 침해행위 기간은 원고의 저작재산권 양도등록일(2014. 4. 10)부터 현재(변론종결일인 2015. 7. 7)까지 1년 3개월 정도인 점 ③ 원고와 배○○, 표○○은 이 사건 양도계약에서 저작재산권의 양도대가를 판매가의 10%로 정하였는바, 이 사건 각 만화는 권당 9,000원에 판매되므로 이 사건 양도계약에 의한다면 저작재산권 양도대가는 10,000권 판매될 때마다 9,000,000원(=9,000원×10%×10,000권)씩이 되는데, 위 침해기간인 1년 3개월 동안의 피고의 별지 2 목록 기재 각 서적의 판매수량에 관한 자료나 피고의 침해행위로 인한 원고의 별지 1 목록 기재 각 서적의 판매수량 감소치를 알 수 있는 자료가 제출되어 있지 않으나, 이 사건 각 만화가 처음 출판된 2009년 내지 2010년으로부터 이미 5~6년이 경과하였고, 이 사건 각 만화의 주인공의 모델이 된 피겨스케이팅 국가대표선수 김연아가 2014년 동계올림픽 출전을 끝으로 은퇴(공지의 사실)한 사정 등을 감안하면, 현재로서는 이 사건 각 만화의 판매수량이 연간 수만 권에 이를 정도라고는 보이지 않는 점 ④ 피고에게 침해행위의 고의가 있다고 판단하지 않는 이상, 법정손해배상청구에 대하여 인정할 수 있는 손해액은 '저작물마다 10,000,000원'의 한도를 넘을 수 없는 점』

14) 소규모매장공연 사건[7-42)]

7-42) 서울고등법원 2015. 12. 10. 선고 2014나2023643 판결. 공연료 징수규정이 없는 매

『법 제125조 제2항은 저작재산권자 등이 고의 또는 과실로 그 권리를 침해한 자에 대하여 그 침해행위에 의하여 자기가 받은 손해의 배상을 청구하는 경우에 그 권리의 행사로 통상 받을 수 있는 금액에 상당하는 액을 저작재산권자 등이 받은 손해의 액으로 하여 그 손해배상을 청구할 수 있다고 규정하고 있는바, … 다음과 같은 사정들에 비추어 보면, 원고가 이 사건 음악저작물들에 관한 공연권의 행사로 통상 받을 수 있는 금액은 그 영업장면적에 따라 아래의 산정기준에 따라 산정한 금액 상당이라고 할 수 있다[가사 그렇지 않더라도, 아래의 사정들에 비추어 보면 위 금액은 저작권법 제126조에 의한 상당한 손해액으로 인정할 수 있다.]』

1) 산정의 기준 : 원고의 소매업자 대상 공연사용료 징수규정에 따른 매장당 월 정액(20,000원 내지 70,000원)×피고의 매장 수(각 해당 연도별로 연초에 영업 중인 매장 수 기준)

2) 원고의 소매업자 공연사용료 징수 기준

등급	영 업 허 가 면 적	월 정액(원)
1	300㎡ 미만	20,000
2	300㎡ 이상 600㎡ 미만	30,000
3	600㎡ 이상 1,000㎡ 미만	40,000
4	1,000㎡ 이상 1,500㎡ 미만	50,000
5	1,500㎡ 이상 2,000㎡ 미만	60,000
6	2,000㎡ 이상 3,000㎡ 미만	70,000

마. 명예회복청구에 관하여 판단된 사례

1) 6년째 연애중 사건[7-43]

『피고 회사가 원고의 성명표시권을 침해하였음은 앞에서 본 바와 같고, 원고로서는 이 사건 영화에 자신의 성명을 표시함으로써 저작물에 주어지는 사회적 평가를 저작자인 원고에게 귀속시킬 권리가 있다. 그런데 이 사건

장면적 합계 3,000㎡ 이하의 소규모매장에서 음악저작물로 공연한 사건에 대하여 공연권 침해로 인한 손해배상액을 산정한 사안으로, 법 제125조 제2항 또는 제126조에 따라 산정한 사안이다. 기타 상세는「제5장 저작권의 종류」참조.

7-43) 서울고등법원 2009. 9. 3. 선고 2009나2950 판결(대법원 2011. 8. 25. 선고 2009다73882 판결). 기타 상세는「제4장 저작권자-권리의 주체, 제5장 저작권의 종류」참조.

영화는 국내 개봉관에서의 방영이 모두 종료되어 영화 자체의 프린트에 원고의 성명을 표시하는 것이 무의미하고, 오히려 인터넷 사이트가 이 사건 영화의 VOD 서비스를 실시하는 경우 또는 영화관련단체가 보관하는 영화 및 시나리오의 원본 혹은 복제물에 원고의 성명을 표시하거나, 이 사건 영화가 아직 출시되지 아니한 해외에 배포할 디브이디, 티브이, 인터넷 등에 원고가 각본 작가 중 1인으로 등록 내지 명시되는 것이 가장 효과적인 구제수단이라 할 것이다. 원고는 당심에 이르러 청구를 변경하여, 피고 회사는 별지 3 기재 인터넷 영화 정보매체에 원고가 별지 1 기재 영화의 각본작가 중 1인임을 명시하는 수정조치를 할 것을 구한다. 살피건대, 별지 3 기재 순번 4, 5번 인터넷사이트(혹은 그 운영자)는 피고 시나리오 또는 이 사건 영화의 원본 또는 복제물을 보유하고 있고 순번 3 및 6 내지 14 기재 인터넷사이트는 VOD 방식에 의하여 이 사건 영화의 전송 서비스를 제공하고 있음을 알 수 있다(순번 1, 2번 인터넷사이트가 이 사건 영화나 피고 시나리오의 원본 또는 복제물을 보유하거나 직접 영화 전송서비스를 제공한다고 볼 증거가 없다). 그런데 피고에게 위 각 원본이나 복제물, 혹은 인터넷사이트에서 제공되는 이 사건 영화의 각본작가를 수정할 권한이 없고, 위 각 인터넷사이트의 운영자들이 이 사건 소송의 당사자가 아니므로 이 사건 영화 및 시나리오(최종 시나리오인 피고 시나리오가 될 것이다)에 원고의 성명을 표시할 법적 의무가 없고, 위와 같이 판결하더라도 이를 집행할 방법이 없다고 할 것이다. 그러나 이 사건 판결에 의하여 이 사건 영화의 제작사인 피고 회사가 위 인터넷사이트의 운영자들에게 '원고가 이 사건 영화 시나리오의 공동저작자 중 1인임'을 통지할 경우 위 사이트의 운영자들이 시나리오 저작자의 표시를 변경하는 것이 용이하다고 할 것이므로, 피고 회사로 하여금 위 사이트의 운영자들에게 위와 같은 뜻을 통지하도록 하는 것은 법 제127조가 정한 '명예회복을 위하여 필요한 조치'라 할 것이고, 원고의 위 청구에는 위와 같은 취지가 포함되어 있는 것으로 선해할 수 있으므로, 원고의 위 청구는 위와 같은 범위 내에서 이유 있고 나머지는 이유 없다. 또한, 피고 회사로 하여금 아직 배포되지 아니한 해외에 별지 1 기재 영화를 디브이디, 티브이, 인터넷 등을 통하여 배포함에 있어 원고가 각본작가 중 1인임을 명시하도록 함이 상당하다. 이와 달리 원고만이 이 사건 영화의 유일한 각본작가인 것으로 수정 또는 명시하라는 취지의 원고의 청구는 가분적인 것으로 보아 위에서 인용하는 부분을 제외한 나머지 청구는 이유 없으므로 기각하여야 할 것이다.』

2) 21세기 찬송가 사건[7-44]

<사안의 개요>

원고는 자신이 편곡한 찬송가의 일부 마디가 자신의 동의 없이 수정된 상태로 피고가 발행한 '21세기 찬송가'에 수록되었으므로, 동일성유지권 및 성명표시권 침해를 주장하면서 명예회복을 위해 필요한 조치로서 '피고는 21세기 찬송가에 수록된 찬송가에 원고가 편곡자임을 표시하고, 21세기 찬송가의 찬송가의 악곡을 원고가 편곡한 원래의 악곡으로 교체하여 수록할 것'을 청구한 사건이다.

<법원의 판단>

『저작자 또는 실연자는 고의 또는 과실로 저작인격권을 침해한 자에 대하여 손해배상에 갈음하거나 손해배상과 함께 명예회복을 위하여 필요한 조치를 청구할 수 있으므로(법 제127조), 저작인격권을 침해당한 저작자는 이에 따라 통상 ① 저작물에 저작자의 성명이 아닌 타인의 이름이 저작자로 표시된 경우나 저작자 이름 없이 무명저작물로 공표된 경우(성명표시권 침해) 이에 근거하여 그 저작물이 자신의 저작물임을 표시하도록 하여 이를 공중에게 제공 또는 제시하게 하는 조치 등을, ② 저작물의 내용이나 형식 및 제호를 임의로 변경하는 경우(동일성유지권 침해)나 법 제124조 제4항 소정의 '저작자의 명예를 훼손하는 방법으로 그 저작물을 이용하는 행위'가 있는 경우에는 저작물의 정정 기타 저작자의 명예를 회복하기 위하여 적당한 조치 등을 청구할 수 있다. 다만, 저작인격권이 침해당하였음을 이유로 침해자를 상대로 청구할 수 있는 조치는 아무런 제한 없이 무한정 허용되는 것이 아니라 '명예회복을 위하여' '필요한 조치'에 해당하여야 한다. 여기서 명예라 함은 저작자가 그 품성, 덕행, 명성, 신용 등 인격적 가치에 대하여 사회로부터 받는 객관적 평가, 즉 사회적 명예를 가리키는 것이고, 단지 저작자가 자기 자신의 인격적 가치에 대하여 갖는 주관적 평가인 명예감정은 포함되지 않으므로, 저작인격권 침해행위로 인하여 주관적 명예감정은 손상되었으나 사회적 명예가 손상되었다고 볼 수 없는 경우에는 위자료 산정에 있어서 참작할 수는 있어도 명예회복에 필요한 조치를 청구할 수 없다. 그

7-44) 서울고등법원 2009. 9. 5. 선고 2011나45370 판결(확정).

리고 저작권자가 청구한 조치가 '필요한 조치'인지 여부는 침해된 당해 저작인격권과 그에 대한 침해행위의 성질 및 정도와 청구된 조치의 타당성을 비교형량하여 결정되어야 하는 것이므로, 개별적이고 구체적인 상황에 대한 고려 없이 저작인격권이 침해된 모든 경우에 원상회복 또는 동일성을 회복하도록 하는 조치가 필요하다고 볼 수는 없다.

…를 종합하면, 원고가 작곡한 원래의 별지10 기재 찬송가의 1, 3, 5, 9번째 마디의 일부가 원고의 동의 없이 별지11 기재 443장 찬송가와 같이 수정된 채 '21세기 찬송가'에 수록되어 있는 사실이 인정된다. 그런데 위 수정이 동일성유지권 침해에 해당하고, 또한 앞의 판단과 달리 이 사건 네 곡의 찬송가가 편곡저작물에 해당하고 원고가 그에 대한 단독 편곡자로 인정될 수 있음에도 그 성명표시가 없어서 성명표시권 침해에 해당한다고 하더라도, 앞에서 본 각 증거들에 변론 전체의 취지를 종합하여 인정되는 아래의 사실 내지 사정에 비추어, 원고가 구하는 조치들은 위 침해로 인하여 훼손된 원고의 '명예회복을 위하여 필요한 조치'로 보기 어렵다. ① 앞서 본 바와 같이 수정 대상이 된 다수의 찬송가들에 대하여 여러 위원들이 음악분과위원회에 소속되어 그에 대한 검토 및 수정작업에 관여하였을 뿐만 아니라, 원고가 음악분과위원회 위원에서 사임한 이후에도 다른 위원들에 의해서 수회에 걸쳐 수정작업이 이루어진 점을 고려하면 현재 '21세기 찬송가'에 실린 이 사건 네 곡의 찬송가를 온전히 원고 혼자서 편곡하였다고 볼 수는 없다. 불특정 다수의 신자들을 수요자로 하는 찬송가의 대중적인 성격상 주기적으로 그에 대한 수정 내지 개변이 요구된다 할 것인데, 그때마다 이 사건과 같은 정도의 악곡 변경에 대해서 편곡자임을 주장하고 성명표시를 요구하는 것을 허용하는 경우에는 수정작업에 참여한 사람들 사이에서 기여도 내지 누구를 편곡자로 표시할 것인지를 둘러싼 분쟁이 발생할 우려가 있고, 이는 그때그때의 객관적인 상황에 따른 찬송가의 수정에 대한 장애로 작용할 소지가 크다. ② 한편, 이 사건 네 곡의 찬송가가 편곡저작물에 해당한다 하더라도 이는 원고를 포함하여 당시 수정 작업에 참여했던 위원들의 공동저작물로 인정될 여지가 전혀 없지 않은바, 법 제127조에 의한 저작인격권의 침해에 대한 명예회복 등의 조치 청구는 1인의 인격적 이익이 침해된 경우에는 단독으로 손해배상 및 명예회복조치 등을 청구할 수 있으나, 저작인격권의 침해가 저작자 전원의 이해관계와 관련이 있는 경우에는 공동저작자 전원이 행사하여야 하는 것인데(대법원 1999. 5. 25. 선고 98다41216 판결 참

조), 이 사건의 경우 '21세기 찬송가' 개발 작업에 참여한 다른 위원들은 소외 공회 및 피고에 대하여 별다른 권리주장을 하지 않고 있다는 점을 고려할 때 다른 위원들과의 관계에 있어서 이 사건 네 곡의 찬송가에 대한 편곡자로서 원고의 성명만을 표시하는 것은 다른 위원들의 의사에 반하는 측면이 있다. ③ 동일성유지권은 아무런 제한이 없는 절대적인 권리가 아니고, 당해 저작물의 성질이나 그 이용의 목적 및 형태에 비추어 부득이하다고 인정되는 범위 안에서의 변경에 대해서는 그 권리행사가 제한되는바(법 제13조 제2항 제5호), 이 사건의 경우 피고에 의해서 변경된 내용 및 정도가 원래의 악곡에 대한 본질적인 내용의 변경으로는 보이지 아니하고, 대중적 성격을 갖는 찬송가의 특성상 저작자로서는 어느 정도의 변경 내지 수정은 감내하여야 할 필요가 있다. ④ 또한 원고가 소외 공회로부터 작곡을 의뢰받을 당시는 물론이고 작곡을 완료한 후에 소외 공회에 저작권을 양도할 당시에도 장래 필요한 경우 그에 대한 수정이 예정되어 있어서, 소외 공회가 원고에게 작곡을 의뢰할 당시 보낸 위촉서에는 '본 공회가 약간의 수정을 할 수 있음'이라고 기재되어 있고, 저작재산권양도계약서 제11조에도 "저작물의 공표 후 수정을 필요로 할 경우에는 원고에게 통보한 후 소외 공회는 수정할 수 있다"고 규정되어 있다. 따라서 원고로서도 어느 정도의 수정·변경에 대해서는 묵시적으로 동의하였다고 볼 여지가 상당하고, 나아가 이 사건의 경우 당초 피고에게 수정권한이 부여되어 있었는데 수정을 위한 절차에 있어서 피고의 원고에 대한 사전 통지 내지 양해가 결여된 것에 불과하다고 볼 여지도 충분하다. ⑤ 원고가 작곡한 찬송가에 대한 악곡 수정은 '21세기 찬송가'에 수록되는 수백 곡에 달하는 개별 찬송가들에 대한 통일성, 보편성 확보 차원에서 이뤄진 것으로서, 특정인의 자의에 따라 이뤄진 것이 아니라 찬송가에 관하여 나름의 전문성을 갖춘 것으로 인정되어 음악분과위원회 위원으로 위촉된 전문가들의 수정 검토 및 협의에 따른 것이라고 보이고, 원고 역시 과거에 소외 공회에서 음악분과위원회 소속 전문위원으로서 다른 작곡가들이 작곡한 수십 곡의 찬송가 악곡을 변경하기도 하였다. ⑥ 음악의 한 장르로서의 찬송가는 그 성격상 어느 한 음악인의 예술성을 담는 것이라기보다 통상 종교 활동에 수반하여 다수에 의해 함께 연주되고 종교적 분위기와 경건함 및 신앙심의 고취 등을 목적으로 하는 것이어서 상당한 정도의 보편성과 대중성이 요구되고, 그때그때의 음악이론과 공중의 정서의 변화에 따라 변경의 필요성이 상존한다고 할 것인데, 원고가 당초 작곡한 악곡만이 위와 같은 요구에 부합하고 다른 사람에 의해서 변경된 악곡은 그렇지 못하다고 단정할 수 없다. ⑦ 또한 원고가 당초 작곡하여 소외 공회에 제출한 악곡은 그대로 채택된 것이 아니었는데, 2002. 1. 29. 제8차 음악분과위원회에서는 원고가 작곡한 443장 찬송가에 대하여 '전체적인 포인트가 없고, 3째 및 4째 단은 아마추어적인 느낌을 줌, 음 진행이 매끄럽지 못하여 부르기 쉽지 않다'는 점이 지적되어, 가사만 살리고 작곡자에게 재작곡을 요구하기로 결의되었다. ⑧ 악곡이 변경된 별지11 기재 443장 찬송가가 수록된 '21세기 찬송가'는 이미 수백만 부가 출판되어 불특정 다수에게 배포되어 수년간 이용됨으로써 변경된 상태의 악곡이 '아침햇살 비칠 때' 라는 제목의 찬송가의 악곡으로서의 나름의 주지성을 얻었다고 보이는 상황에서, 단지 동일성유지권의 침해라는 이유만으로 원래의 악곡으로 되돌리는 것은 사실상 일반 공중으로 하여금 원고가 작곡한 악곡의 찬송가를 부르도록 강요하는 결과가 되어 부당하다. ⑨ 악곡 변경으로 인한 명예훼손이라는 상황은 변경된 악곡이 '21세기 찬송가'에 수록되어 수백만부가 출간, 배포됨으로써 발생한 것이라 할 것인데, 이를 원래의 악곡으로 되돌린다고 하더라도 이미 훼손된 원고의 사회적 명예가 객관적으로 다시 회복될 것으로 보기도 어렵다.』

Ⅲ. 침해금지가처분

저작재산권자 등은 침해행위자를 상대로 침해금지를 구하는 본안소송이 확정될 때까지 침해상태를 방치하는 것이 저작권의 배타적 성격에 부합하지 않는 경우, 위 위험의 제거, 방지를 위하여 금지청구권을 피보전권리로 하여 침해의 정지, 예방을 명하는 저작권침해금지가처분을 신청할 수 있다. 가처분은 신속성을 본질적 요소로 하므로, 본안소송의 엄격한 증명의 정도보다 낮은 정도의 소명에 의하여 가처분 명령을 발령하는 것이 원칙이기는 하다. 그러나 저작권침해금지가처분의 경우 파급효가 크다보니 본안소송에 준할 정도로 상당한 심리기간이 소요되는 현상이 발생하고 있다. 이를 두고 이른바 '가처분의 본안소송화'라고 하는데 바람직한 현상은 아닐 것이다. 저작권침해금지가처분은 저작권을 침해하거나 침해할 우려가 있는 자에 대하여 가지는 금지청구권을 근거로 하여, 본안판결에서 명하게 될 침해금지의 부작위의무를 미리 부과하는 점에서 임시의 지위를 정하는 가처분에 속하며, 가처분에서 명하는 부작위의무가 본안소송에서 명할 부작위의무와 내용상 일치하는 이른바 만족적 가처분에 속한다.

한편 그 소명정도는 가처분 명령이 본안판결을 통하여 얻고자 하는 내용과 실질적으로는 동일한 내용의 권리관계를 형성하는 것이므로, 본안판결 전에 가처분권리자의 권리가 종국적으로 만족을 얻는 것과 동일한 결과에 이르게 되는 반면, 피신청인으로서는 본안소송을 통하여 다투어 볼 기회를 가져보기도 전에 그러한 결과에 이르게 된다는 점을 고려해 볼 때 그 피보전권리 및 보전의 필요성에 관하여 통상의 보전처분보다 높은 정도의 소명이 요구된다. 이하 결정례를 통해 그 실무에 관하여 살펴보기로 한다.

1. 가처분신청이 인용된 사례

1) 김치냉장고 패턴디자인 사건[7-45]

<사안의 개요>

채권자는 2009. 1. 5.경 채무자(상호: UNIQUE MOTTO)와 사이에 디자인 용역계약을 체결하고 가전제품 패턴디자인을 제작하여 납품하는 계약을 체결하였고, 그 후 2009. 12. 31. 채무자와 2010. 1. 1.부터 2010. 12. 31.까지 디자인 제작물 관련 업무 용역 계약을 체결하였는데, 채무자는 2010. 8.경 김치냉장고 신제품을 발표하면서, 이 사건 김치냉장고에 적용된 세잔느2, 퀸스가든, 바람꽃 디자인 패턴이 영국의 디자이너 카렌○○이 제작한 것이라고 발표하고, 그와 같은 내용이 표시된 별지 2와 같은 카달로그를 제작, 배포하였으며, 이 사건 김치냉장고에 관한 별지 1과 같은 인터넷 광고에도 같은 내용을 표시하였다. 위 각 디자인에 관하여 채권자의 성명표시권을 채무자가 침해한다고 판단하여 "채무자는 별지 1 인터넷 광고 및 별지 2 카달로그 중 ○표시 디자인 부분(디자인명: 세잔느2, 퀸스가든, 바람꽃)을 삭제하지 아니하고는 위 인터넷 광고를 인터넷에 전송하거나, 위 카달로그를 복제 및 배포하여서

7-45) 수원지방법원 2011. 1. 17.자 2010카합312 결정.

는 아니 된다."는 가처분명령을 발령하였다.

<법원의 판단>

『채권자가 2009. 12. 15.경 꽃잎 모양을 디자인하고, 디자인한 꽃잎을 조합하여 꽃 모양을 제작하였으며, 꽃의 암술·수술의 모양을 제작한 후 위 꽃 모양과 합쳐 꽃 패턴을 제작하고, 위 꽃 패턴을 다양하게 만들어 여러 꽃송이를 제작한 후 꽃송이에 줄기를 그려서 냉장고 레이아웃에 배치함으로써 세잔느2 디자인 파일을 제작한 사실, 채권자가 2009. 12. 15. 작업한 내용을 'samsung-1214-flower-3-jonkil.psd'(284.2MB)라는 파일명으로 저장하고, 그 다음날 채무자의 직원인 황○○, 이○○에게 위 파일을 전송한 사실, 채권자는 2010. 3. 15. 위 2009. 12. 15.경 작업한 내용을 변형하여 다시 파일을 제작하고 그 파일명을 '100310_samsung_untitled_flower.psd'(62.1MB)으로 하여 저장한 후 같은 날 채무자의 직원에게 위 파일을 전송한 사실을 인정할 수 있다. 나아가 최종적으로 완성된 이 사건 김치냉장고에 적용된 세잔느2의 디자인을 채권자가 제작한 세잔느2의 디자인과 비교해보더라도 꽃잎의 곡선형태, 꽃잎의 넓이, 꽃잎간 겹쳐진 정도, 수술대와 꽃밥이 꽃송이 중간에 모여 있는 모습이 유사하여, 채권자의 세잔느2 디자인이 큰 변화 없이 채무자의 이 사건 김치냉장고에 적용되었다고 볼 것이다. 그렇다면 채권자는 채무자의 이 사건 김치 냉장고에 적용된 패턴디자인 중 세잔느2의 저작자라 할 수 있는바, 채무자가 위 김치냉장고의 인터넷 광고와 카달로그에서 세잔느2 디자인을 '카렌 리틀'의 디자인이라고 표기함으로써 채권자의 세잔느2 디자인에 관한 성명표시권을 침해하고 있으므로, 채권자는 채무자의 이와 같은 성명표시권 침해행위의 중지를 구할 권리가 있다. …(이하, 다른 디자인 저작권에 관한 피보전권리에 관한 판단 부분은 생략)…

보전의 필요성에 관하여 보면, 채권자에게 채무자의 성명표시권 침해행위에 대한 중지청구권이 인정되고, 만약 채무자의 위 침해행위가 계속되는 경우에는 채권자에게 회복하기 어려운 손해가 발생할 염려가 있으므로 이 사건 신청의 보전의 필요성을 인정할 수 있다. 채무자는 이 사건 김치냉장고의 판매시즌이 끝남에 따라 더 이상 김치냉장고의 카달로그를 복제하거나 배포하지 않을 예정이고, 현재 채무자 회사의 영업소에는 이 사건 김치냉장고의 카달로그가 거의 남아 있지도 않으므로, 별지 2 카달로그의 복제와 배포를 금지할 필요성이 없다고 주장한다. 또한, 채무자는 신제품으로 2011년향 지펠 양문형 냉장고를 개발함에 따라 인터넷 광고에서도 카렌리틀 디자인 컨셉을 삭제하고 특히 퀸스가든 부분은 판매부진으로 모델까지 삭제하기로 하였으므로 인터넷 광고를 인터넷에 전송하는 것을 금지할 보전의 필요성이 없다고 주장한다. 살피건대, 이 사건 김치냉장고의 주요 판매시즌이 끝나간다는 사실만으로는 이 사건 김치냉장고의 별지 2 기재와 같은 카달로그가 더 이상 복제되거나 배포되지 않아 채권자의 성명표시권을 침해할 우려가 완전히 없어졌다고 보기에 부족하다. 또한 …에 의하면 채무자 회사에서 인터넷 광고에 나타난 기존 김치냉장고의 카렌 리틀 컨셉 부분과 퀸스가든 모델 부분을 삭제하기로 한 사실을 인정할 수 있으나, 인터넷 광고는 언제든지 쉽사리 변경 가능하다는 점, 위와 같이 삭제하기로 한 것이 2011. 1. 11.로 극히 최근의 일인 점을 고려할 때 별지 1과 같은 인터넷 광고가 전송되지 않아 채권자의 성명표시권을 침해할 우려가 완전히 없어졌다고 보기에 부족하다.』

2) 요리책 시리즈 출판물 사건[7-46]

<사안의 개요>

① 신청인들은 윤○○가 창작한 초판 4종서적의 각 제호 및 표지와 내지 디자인에 대한 저작권을 2003. 말경 윤○○로부터 양수하였고, ② 신청인 김○○이 초판 4종서적 중 '2,000원으로 밥상차리기' 표지의 「값비싼 그릇, 본적도 없는 재료, 집에 없는 조리기구로 서민들 기죽이는 요리책은 가라! 수많은 네티즌을 군침돌게 한 인터넷 최고의 요리 작가 나물이가 직접 장을 보고 요리하고 사진 찍고 레시피를 정리한 100% 서민을 위한 요리책」, 「서민의, 서민에 의한, 서민을 위한 요리책」 및 「나물이의 생존전략」 등의 표현물을 직접 창작하였는바, 피신청인들은 출판권설정계약이 종료된 후에도 자신들의 개정판 4종서적에 초판 4종서적과 동일·유사한 표현의 표지를 그대로 사용하여 출판함으로써 신청인들의 저작권을 침해하고 있다고 주장하면서, 피신청인들에게 출반및배포금지가처분 명령을 구한 사건이다.

7-46) 서울남부지방법원 2010. 8. 31.자 2010카합505 결정.
위 사건에서 법원은 ○○○원으로 ○○○하기라는 시리즈물이 상품 및 영업표지로 널리 인식되어 있다고 판단하여 피신청인의 행위가 상품 및 영업주체를 혼동하게 하는 부정경쟁행위라고도 인정하였다. 한편 법원은 위 사건에서 피보전권리에 관하여는 별도로 설시하지는 않았다.

<법원의 판단>

『기록과 심문 전체의 취지에 의하면 (신청인들이 창작한) 초판 4종서적의 각 제호 및 표지디자인은 독창적인 기법으로 글자를 배치하고 색상을 선택하여 제호를 형성하였고, 제호 상단에 작은 주방도구 일러스트를 넣고 몇 줄의 문구를, 표지 하단 오른쪽에 큰 일러스트를 각 배치하고, 저자의 홈페이지 주소를 말풍선에 문구와 함께 넣어 처리하는 등, 그 제호 및 다른 일러스트, 문구 등의 구성이 창작적으로 어우러져 있고(내지디자인은 표지디자인을 그대로 활용한 것이다), 초판 4종서적 각 상단에 기재된 「값비싼 그릇」부터 「…100% 서민을 위한 요리책」 등의 문구 또한 위 서적의 내용과 특징을 간결한 어구들을 모아 함축적으로 표현하고 있는 사실이 소명되는바, 이에 의하면 그 창작성이 인정된다. 그렇다면 초판 4종서적의 각 제호 및 표지디자인과 광고문안은 위 서적과 별개로 독립된 저작물로 보아야 할 것인데, 기록상 피신청인들이 자신들의 개정판 4종서적에서 위 제호디자인을 그대로 사용하고, 표지 상단 문구를 일부 보충하고 일러스트를 변형시키는 등 약간의 수정만을 가한 표지디자인을 채용하여 전체적으로 초판 4종서적과 동일한 표현을 피신청인들의 개정판 4종서적에 사용·출판하고 있으므로, 피신청인들은 신청인들의 저작권 침해행위를 즉시 정지할 의무가 있다.』

☞ 법원은 위와 같이 신청을 받아들여 "신청인들이 이 결정 고지일로부터 5일 이내에 피신청인들을 위하여 150,000,000원을 공탁하거나 위 금액을 보험금액으로 하는 지급보증위탁계약 체결문서를 제출하는 것을 조건으로, 본안판결 확정시까지, 피신청인들은 별지 제1목록 기재 서적들을 인쇄, 제본, 배포, 광고하여서는 아니 된다."고 결정하였다.

3) 네이버 광고방해 사건[7-47)]

『피보전권리 : 채무자가 제공한 원심 판시 이 사건 프로그램을 설치한 인터넷 사용자들이 네이버를 방문하면 그 화면에 채권자의 광고대신 같은 크기의 채무자의 배너광고가 나타나거나(이른바 '대체광고 방식'), 화면의 여백

7-47) 대법원 2010. 8. 25.자 2008마1541 결정. 이 사건은 네이버에서 제공하는 광고화면을 자신이 제공하는 광고로 대체하도록 한 것에 대하여 가처분결정이 인용된 것이지만 피보전권리로서 주장된 저작권 부분은 받아들여지지 않았다. 상세한 내용은 제5장 중 동일성유지권 부분 설명 참조. 이 사건 이후 2003년 부정경쟁방지 및 영업비밀보호에 관한 법률이 개정되어 이러한 유형의 행위가 부정경쟁행위에 해당한다는 규정이 신설되었다(동법 제2조 차.목).

에 채무자의 배너광고가 나타나거나(이른바 '여백광고 방식'), 검색창에 키워드를 입력하면 검색결과 화면의 최상단에 위치한 검색창과 채권자의 키워드광고 사이에 채무자의 키워드광고가 나타나는(이른바 '키워드삽입광고 방식') 등으로, 채무자의 광고가 대체 혹은 삽입된 형태로 나타남을 알 수 있다. 그런데 채무자의 이러한 광고는 위와 같이 인터넷 사용자들이 네이버에서 제공하는 서비스 등을 이용하기 위하여 네이버를 방문할 때 나타나는 것이므로, 이는 결국 네이버가 가지는 신용과 고객흡인력을 무단으로 이용하는 셈이 된다. 뿐만 아니라 그 광고방식도 채권자가 제공하는 광고를 모두 사라지게 하거나(대체광고 방식) 채권자가 제공하는 검색결과의 순위를 뒤로 밀리게 하는(키워드삽입광고 방식) 등의 방법을 사용함으로써 채권자의 영업을 방해하면서 채권자가 얻어야 할 광고영업의 이익을 무단으로 가로채는 것이다. 채무자의 위와 같은 광고행위는 인터넷을 이용한 광고영업 분야에서 서로 경쟁자의 관계에 있는 채권자가 상당한 노력과 투자에 의하여 구축한 네이버를 상도덕이나 공정한 경쟁질서에 반하여 자신의 영업을 위하여 무단으로 이용함으로써, 채권자의 노력과 투자에 편승하여 부당하게 이익을 얻는 한편, 앞서 본 바와 같이 법률상 보호할 가치가 있는 이익인 네이버를 통한 채권자의 광고영업 이익을 침해하는 부정한 경쟁행위로서 민법상 불법행위에 해당한다고 할 것이다. 한편 원심이 적법하게 인정한 사실들에 의하면, 채무자의 위와 같은 광고행위가 일회적인 것이 아니라 이 사건 프로그램을 설치한 인터넷 사용자들이 네이버에 접속할 때마다 계속적으로 반복되는 것임을 알 수 있다. 나아가 이 사건 프로그램에 의한 광고행위의 성질상 채권자가 인터넷 사용자들의 이 사건 프로그램의 설치현황 및 그로 인한 네이버에서의 채무자의 광고현황 등을 일일이 파악하여 대응하기가 매우 곤란할 것으로 보이는 점과 채무자의 광고내용에 따라서는 채권자의 신용, 명성 등 무형적인 가치까지도 손상시킬 수 있을 것으로 보이는 점 등을 고려할 때 채무자에게 금전배상을 명하는 것만으로는 채권자 구제의 실효성을 기대하기 어렵다고 할 것이다. 나아가 채무자의 이 사건 프로그램에 의한 네이버에서의 광고행위를 그대로 방치하는 경우 결국 네이버에서의 광고영업을 그 수익모델로 삼고 있는 채권자 회사의 존립 자체를 위협할 수 있다는 점에서 채무자의 위와 같은 광고행위를 금지함으로써 보호되는 채권자의 이익이 그로 인한 채무자의 영업의 자유에 대한 손실보다 더 크다고 할 것이다. 따라서 채권자는 채무자에 대하여, 네이버에 접속한 인터넷 사용자들의 모니터에서 이 사건 프로그램을 이용한 광고행위를 하는 것의 금지 또는 예방을 청구할 수 있다고 봄이 상당하다.

보전의 필요성 : 민사집행법 제300조 제2항의 임시의 지위를 정하기 위한 가처분이 필요한지 여부는 당해 가처분신청의 인용 여부에 따른 당사자 쌍방의 이해득실관계, 본안소송에 있어서의 장래의 승패의 예상, 그 밖의 제반 사정을 고려하여 법원의 재량에 따라 합목적적으로 결정하여야 한다(대법원 2006. 11. 23. 선고 2006다29983 판결 등 참조). 위 법리와 기록에 비추어 살펴보면, 채권자의 이 사건 가처분신청에 대하여 채무자는 이 사건 프로그램에 의한 광고행위의 적법성을 주장하면서 그 광고영업을 계속할 뜻을 표명하고 있는바, 이 경우 앞서 본 이 사건 프로그램에 의한 광고행위의 과정과 형태 등에 비추어 채권자가 입을 손해가 현저할 것으로 보이는 점, 앞서 본 바와 같이 이 사건 가처분신청을 받아들임으로써 보호되는 채권자의 이익이 그로 인한 채무자의 손실보다 더 큰 점 등 제반 사정을 참작할 때, 이 사건 가처분신청에는 보전의 필요성이 있다고 할 것이다.』

4) 루비패턴 직물 사건[7-48]

『기록에 나타난 제반 사정에 비추어 보면 채무자들은 위와 같은 침구상품 및 원단을 재생산, 판매할 가능성이 있고, 직물패턴의 유통싸이클이 비교적 단기인 점에 비추어 채권자가 본안판결을 기다려서 권리행사를 할 경우 회복하기 어려운 손해가 발생할 수 있어 보전의 필요성도 인정된다고 하겠다. 이에 대하여 채무자 홍○○는 현재 루비패턴을 이용한 상품의 제조, 판매, 보관 등의 사업을 하고 있지 않아 자신에 대하여 루비패턴 침구 원단이나 상품의 생산, 보관 등을 금지할 필요성이 없다는 취지의 주장을 한다. 그러나 채무자 홍○○가 현재 루비패턴을 생산하지 않는다고 하더라도 앞서 본 바와 같이 과거 침해행위로 생산, 판매하고 남은 루비패턴 원단을 자신의 집에 보관하고 있어 언제든지 그 원단을 판매하는 등으로 채권자의 샤인패턴에 대한 저작재산권을 침해할 수 있으므로 채권자의 저작재산권을 침해할 우려가 완전히 없어졌다고 보이지는 않는바 위 채무자의 주장은 이유 없다.』

7-48) 수원지방법원 안양지원 2013. 5. 15.자 2013카합3 결정(확정). 피신청인이 침해행위를 중단한 것이 보전의 필요성을 소멸시키는지 여부가 쟁점이다.

5) 벅스뮤직 사건[7-49)]

『법 제91조의 침해정지청구는 가처분신청의 형태로도 행사할 수 있음은 물론이지만, 이러한 임시의 지위를 정하는 가처분은 다툼 있는 권리관계에 관하여 그것이 본안소송에 의하여 확정되기까지 가처분권리자가 현재의 현저한 손해를 피하거나 급박한 위험을 막기 위하여, 또는 그 밖의 필요한 이유가 있는 경우에 허용되는 응급적·잠정적인 처분이므로, 이러한 가처분이 필요한지 여부는 당해 가처분신청의 인용 여부에 따른 당사자 쌍방의 이해득실관계, 본안소송의 승패의 예상, 기타 여러 사정을 고려하여 법원의 재량에 따라 합목적적으로 결정하여야 할 것인바(대법원 1997. 10. 14.자 97마1473 결정 참조), 가처분신청을 인용하는 결정에 따라 권리의 침해가 중단되었다고 하더라도 가처분 채무자들이 그 가처분의 적법 여부에 대하여 다투고 있는 이상 권리 침해의 중단이라는 사정만으로 종래의 가처분이 보전의 필요성을 잃게 되는 것이라고는 할 수 없다. 원심판결 이유를 위 법리와 기록에 비추어 살펴보면, 원심이 이 사건 소리바다 서비스가 계속되어 저작인접권이 침해될 경우에는 채권자들에게는 회복하기 어려운 현저한 손해가 발생하게 되고, 이제는 기존의 소리바다 서비스가 중단되고 채무자들이 이를 대체할 새로운 서비스를 제공하고 있다 할지라도 기존의 소리바다 서비스 방식이 다시 이용될 수 있는 가능성도 전혀 배제하기 어려우며, 나아가 채무자들이나 소리바다 서비스 제공 관련자들, 혹은 소리바다 서비스 이용자들이 감수하여야 할 경제적 피해는 채권자들이 보호받아야 하는 이익에 비하여 현저하게 크다고 볼 수 없다는 점 등의 사정을 들어 이 사건 가처분신청은 여전히 보전의 필요성이 인정된다고 판단한 것은 정당하고(나아가 채무자들이 채권자들 외의 다른 권리자들과 사이에서는 일부 협의가 이루어졌다고 하더라도 이러한 사정은 다를 바 없다) 거기에 상고이유에서 주장하는 바와 같은 법리오해 등의 위법이 없다고 할 것이다.』

7-49) 서울중앙지방법원 2009. 9. 30.자 2003카합2114, 2151 결정. 침해행위 중지를 명하는 하급심의 가처분 결정에 따라 침해행위를 중지하면 보전의 필요성을 잃게 되는지 여부가 쟁점이다. 기타 상세는 「제10장 온라인서비스제공자의 책임과 제한」 참조.

2. 가처분 신청이 기각된 사례

1) BMS 사건[7-50)]

「컴퓨터프로그램저작권의 침해 여부가 문제될 경우 컴퓨터프로그램에 사용된 프로그래밍 언어가 같거나 유사하여 그 소스코드 등의 언어적 표현을 직접 비교하는 것이 가능하다면 표현을 한줄한줄씩 비교하여 복제 등에 따른 침해 여부를 가릴 수 있을 것인데, 유사한 기능을 수행하는 컴퓨터프로그램들 사이에는 그 구조나 컴퓨터프로그램 내 파일의 상호간 논리적 연관성도 유사하게 나타나는 경우가 많아 그 표현의 다양성이 축소될 수밖에 없는 점을 고려하여 소스코드를 비교하는 외에도 침해자가 저작자의 프로그램에 접근했거나 접근할 가능성이 있었는지 여부도 함께 고려해 보아야 할 뿐만 아니라, 컴퓨터 프로그램 저작권 침해를 주장하는 측에서 비교 대상인 프로그램과의 실질적 유사성을 입증하기 위해서는 자신의 프로그램에서 창작적인 표현에 해당하는 부분을 특정하고 이 부분만을 비교 대상 프로그램과 대비하는 주장과 입증을 하여야 한다. 기록과 심문 전체의 취지를 종합하면 다음과 같은 사실이 인정된다. ① 채권자 대표이사 ○○○이 대전대덕경찰서에 채무자 대표이사 김○○ 등을 부정경쟁방지및영업비밀보호에관한법률위반(영업비밀누설등) 혐의로 형사고소하였고, 이에 대전대덕경찰서는 한국저작권위원회에 BMS와 EMS의 소스코드를 비교하여 위 두 프로그램이 서로 유사한지 여부를 판단하여 달라는 의뢰를 하였는바, 한국저작권위원회는 2009. 10.경 다음과 같은 내용의 감정서를 제출하였다. 본 감정에서는 프로그램 소스코드에 해당하는 확장자 'cpp', 'h' 파일의 유사 여부를 판단하고, 프로그램 실행시 사용되는 설정파일 및 데이터파일의 구조적 유사 여부를 감정하였다. 본 감정은 BMS, EMS의 각 소스코드를 컴퓨터프로그램위원회에서 개발한 소스코드 유사도 비교도구인 exEyes를 이용하여 기능이 유사한 비교쌍에 대해 비교하였고, 프로그램 실행에 필요한 설정파일 및 데이터파일들에 관하여 구조가 서로 유사한지 여부를 파악하였다. 소스코드

7-50) 대전지방법원 2012. 3. 15.자 2010카합1144 결정. 프로그램의 유사성에 대한 피보전권리 소명부족으로 기각된 사안이다.

비교결과는 각주7-51)와 같다. ② 대전대덕경찰서는 위 혐의에 대하여 구체적인 채권자의 프로그램 누출 경위를 특정할 수 없고 위 두 프로그램이 실질적으로 동일하다고 보기 어렵다는 이유로 무혐의 의견으로 대전지방검찰청에 송치하였고, 대전지방검찰청은 2011. 2. 21. 같은 이유로 ○○○ 등에 대하여 혐의없음 결정을 하였다. ③ 이에 채권자는 대전고등법원에 검찰의 위 불기소결정이 부당하다는 이유로 재정신청을 하였으나, 위 법원은 2011. 12. 7. 위 불기소결정이 정당하다는 이유로 재정신청을 기각하였다. 위 소명사실을 종합하여 인정되는 다음과 같은 사정, 한국저작권위원회의 감정결과 EMS와 BMS의 소스파일유사도는 60.41% 정도에 불과할 뿐만 아니라 한국저작권위원회가 두 프로그램을 비교함에 있어 BMS에서 창작적인 표현에 해당하는 부분을 특정한 다음 그 부분만을 EMS와 비교하여 감정한 것인지 여부가 밝혀지지 않은 점, 채무자를 설립한 ○○○ 등이 채권자 회사에서 퇴사한 사람들이라는 사정만으로는 그들이 퇴사 전 채권자의 프로그램에 접근하여 이를 유출한 다음 유출한 프로그램 의거하여 EMS를 개발하였다고 할 수 없는 점 등 이 사건 기록과 심문에 전체의 취지에 나타난 제반사정에 비추어 보면, EMS와 BMS가 실질적으로 유사한 프로그램이라고 보기 어렵다. 그렇다면 채무자가 BMS의 프로그램저작권자인 채권자의 승낙없이 BMS를 기반으로 상당 부분을 복제하거나 개작하는 방식으로 EMS를 제작하였다고 단정할 수 없으므로, 신청취지 제2항 기재와 같이 채무자가 EMS를 사용, 판매하거나 제3자에게 사용허락, 양도, 배포하는 행위를 채권자의 프로그램저작권에 대한 침해라 할 수 없다. 따라서 신청취지 제2항 기재와 같은 만족적 가처분을 발령할 정도로 피보전권리와 보전의 필요성에 대하여 소명이 이루어졌다고 볼 수 없다. 다음으로, 이 사건 가처분신청 중 채무자에 대하여 채권자의 BMS를 사용, 복제, 판매 및 개작하거나 제3자에게 사용허락, 양도, 배포 기타 일체의 처분하는 행위의 금지를 구하는 부분에 관하여 보건대, 채권자가 제출한 자료만으로는 채무자가 위와 같은 행위를 하고 있다는 점이 인정되지 아니할 뿐만 아니라, 나아가 신청취지 제2항 기재와 같은 행위의 금지를 구할 수 있는 피보전권리와 보전의 필요성이 인정되지 않는 이상, 이 부분 신청에 대한 그 피보전권리 및 보전의 필요성 역시 인정된다고 보기 어려우므로, 채권자의 위 주장 역시 받아들일 수 없다.」

7-51)

원본 비교대상 라인수	유사라인수	유사율
8,630	5,213	60.41%

2) 자원도해 삽화사건[7-52)]

<사안의 개요>

신청인은, '자원도해'에 포함된 삽화는 자신의 미술저작물이고 피신청인이 이를 복제한 별지 제1, 2, 3목록의 각 삽화를 이 사건 제1, 2, 3서적에 사용함으로써 신청인의 위 미술저작물에 대한 복제권을 침해하였다고 주장하면서, 침해금지의 가처분을 구한 사건이다.

<법원의 판단>

『기록 및 심문 전체의 취지에 의하면, 이 사건 제1서적은 1994. 6. 15. 제2판이 발행된 사실, 이 사건 제2, 3서적은 2006. 2. 15. 각 초판이 발행된 사실이 소명되나, 기록상 이 사건 제1, 2, 3서적이 위 각 발행시점 이후 다시 발행되었음을 소명할 자료는 없고, 이 사건 제1, 2, 3서적의 각 출판사에서는 이 사건 제1서적의 경우 1994. 6. 15. 제2판이 발행된 후 절판되었고, 이 사건 제2, 3서적의 경우 2006. 2. 15. 각 초판이 발행된 후 모두 절판되었다는 내용의 각 확인서…를 제출하였다. 한편, 기록에 의하면, 신청인은 2011. 초순경 'YES24'라는 인터넷 서적 쇼핑몰에서 이 사건 제1, 3서적을 구매한 사실이 소명되기는 하나, 신청인의 주장에 의하더라도 신청인은 평소 구독하던 정기간행물인 '한글+漢字문화'의 2011년 봄호에서 "장희구 박사 10년의 결실! 열매가 익다"라는 광고를 보고 피신청인이 저술한 '한자한문지도사가 되련다'라는 서적을 구매해 보았는데, 위 서적의 187쪽부터 190쪽까지 피신청인이 그동안 저술한 서적을 소개한 부분에서 이 사건 제1, 3서적을 확인하고 이를 구매하게 되었다는 것인바, 제출된 자료만으로는 '한자한문지도사가 되련다'에 이 사건 제1, 3서적이 소개되어 있음을 소명하기에 부족할 뿐만 아니라, 가사 그렇다 하더라도 그러한 사정만으로는 피신청인이 이 사건 제1, 3서적을 발행, 출판, 배포하고 있다거나 이를 위한 광고행위를 하였다고 보기는 어렵고, 달리 이를 소명할 자료가 없다. 신청인이 2011. 초순경 이 사건 제1, 3서적을 구매한 점에 비추어 보면, 이 사건 제1, 3서적이 절판되었음에도 불구하고 현재 그 재고가 남아 있는 것으로 보이기는 한다. 그러나 이 사건 제1, 2, 3서적의 각 마지막 발행 시점이 상당히 오래 전인 점, 이 사건 제1, 2, 3서적의 발행 부수, 동종 분야에서도 매우 다양한 종류의 서적이 출판되는 출판업계의 경향을 감안할 때, 현재의 서적유통시장에서

7-52) 대전지방법원 2012. 3. 15.자 2010카합1144 결정.

이 사건 제1, 2, 3서적이 일반 수요자들에 대해 가지는 구매유인력은 다른 유사 서적들에 비해 매우 떨어질 수밖에 없고, 기록상 이 사건 제1, 2, 3서적이 당장 새로운 공급을 필요로 할 정도로 활발하게 거래되고 있다는 점에 대한 소명도 부족하다. 나아가 피신청인이 이른 시일 내에 신청인이 신청취지에서 구하는 바와 같이 이 사건 제1, 2, 3서적 외에 별지 제1 내지 3목록 기재 내용이 포함된 책, 정기간행물 기타 출판물 등의 인쇄물을 제작, 발행 등을 할 것이라는 점에 대한 소명 역시 부족하다. 이러한 사정을 종합해 보면, 가사 피신청인이 신청인의 위 미술저작물에 관한 복제권을 침해한 사실이 소명된다 하더라도, 본안판결이 확정되기 전에 시급히 피신청인에 대해 신청취지 기재와 같이 별지 제1, 2, 3목록 표시 삽화가 포함된 책, 정기간행물, 기타 출판물 등의 인쇄물을 편집, 제작, 발행, 출판, 반포하는 행위를 금지시켜야 할 보전의 필요성이 기록상 충분히 소명되었다고 하기에는 부족하다.』

3) 메가스터디 II 사건[7-53)]

<사안의 개요>

신청인들이 피신청인과의 기존 이용허락계약의 갱신을 거절하고, 자신의 저작물을 이용하는 피신청인을 상대로 하여 침해금지 가처분을 구하자, 피신청인이 신청인의 청구가 시장지배적지위의 남용행위 또는 불공정거래행위에 해당한다고 항변한 사건이다.

<법원의 판단>

『피보전권리 : 이 사건에서 신청인 천재교육은 나머지 신청인들의 저작권을 이용하여 피신청인의 관련 시장에 대한 시장지배력을 약화하려는 의도나 목적을 나타내고 있다고 보이고, 신청인들이 피신청인에 대하여 이 사건 교과서 및 평가문제집에 관한 저작물 이용허락계약의 갱신을 거부함으로써 피신청인은 이 사건 교과서 및 평가문제집을 이용하여 '종전과 같은 형태'로 온라인 강의사업을 계속 진행하는데 일정 기간 차질이 빚어지는 불이익을 입을 것으로는 보인다. 그러나 아래에서 보는 사정들을 고려하면, 신청인들이 이를 통하여 관련 시장인 이 사건 교과서 및 평가문제집을 교재로 사용

7-53) 서울고등법원 2012. 4. 4.자 2011라1456 결정(확정). 저작권의 행사가 공정거래법위반에 해당하는지 여부 및 보전의 필요성이 소명되지 여부가 쟁점으로 메가스터디 I 사건과의 관계 등은 「제3장 저작물－저작권법의 보호대상」 참조.

하는 온라인 강의서비스 시장에서 인위적으로 경쟁을 제한함으로써 시장에서의 독점적 지위를 차지할 우려가 있다고 판단되지는 아니한다. 즉 피신청인은 현재 이 사건 강의에서 이 사건 교과서 및 평가문제집의 지문 일부를 칠판에 그대로 적거나 영사, 낭독하는 등의 방식을 배제한 형태로 강의를 새로 제작하여 수강생들에게 제공하고 있다고 주장하고 있다. 피신청인이 현재 실제로 그와 같은 방식의 강의를 제공하고 있는지와 관계없이, 교육을 위하여 '정당한' 범위 안에서 공정한 관행에 합치되게 공표된 저작물을 인용할 수 있는 것이므로(법 제28조, 그뿐만 아니라 2011. 12. 2. 개정되어 2012. 3. 15.부터 시행된 법은 제35조의3에서 저작물의 통상적인 이용 방법과 충돌하지 아니하고 저작자의 정당한 이익을 부당하게 해치지 아니하는 경우에는 보도·비평·교육·연구 등을 위하여 저작물을 이용할 수 있도록 하고 있어 피신청인의 이용범위를 더 확장하였다고도 볼 수도 있다), 신청인들의 저작권을 침해하지 아니하는 정당한 방법으로 이 사건 교과서 및 평가문제집을 이용하여 온라인 강의서비스를 제공하는 것이 불가능한 것은 아니라고 보인다. 다만 언어 과목을 대상으로 하는 이 사건 교과서 및 평가문제집의 특성상 교재의 폭넓은 인용이 자유롭지 아니하다면 강의의 효율성이 저하되는 것을 부인할 수 없으나(다만 언어 과목에서 자주 활용되는 '지문'의 경우 신청인들 역시 이 사건 교과서에서 타인의 저작물을 인용한 부분이 있다. 피신청인의 이러한 지문에 대한 인용 또는 이용은 원칙적으로 신청인들의 저작권과 관련이 없다고 볼 것이다), 이 때문에 남용행위 심사기준에서 정한 '당해 요소를 사용하지 않고서는 상품이나 용역의 생산·공급 또는 판매가 사실상 불가능하여 일정한 거래분야에 참여할 수 없거나, 당해 거래분야에서 피할 수 없는 중대한 경쟁 열위 상태가 지속된다'거나 '당해 요소를 사용하거나 이에 접근하려는 자가 당해 요소를 재생산하거나 다른 요소로 대체하는 것이 사실상·법률상 또는 경제적으로 불가능한 경우'에까지 이른다고 단정할 수는 없다. 온라인 강의서비스는 주로 그 강사나 강의의 내용에 따라 구매 여부가 결정된다고 보일 뿐 교재내용의 직접인용범위가 서비스의 구매를 결정하는 본질적 요소라고 보기는 어렵다고 할 것이다. 따라서 신청인들의 저작권은 피신청인의 온라인 강의서비스와 관련하여 남용행위 심사기준에서 말하는 '필수요소'에 해당한다고 단정하기 어렵고, 나아가 기록에 의하더라도 신청인들이 이 사건 교과서 및 평가문제집에 관한 이용허락을 거절한 행위로 말미암아 어떠한 경쟁제한의 효과가 생길 만한 우려가 있다는 점에 대하여 충분한 소명이 없다고 할 것이다. 오히려, 기록에 의하면 신청인들은 피신청인의 온라인 강의서비스 때문에 자신의 저작권(특히 2차적 저작물 작성권)에 대한 정당한 보상을 받지 못하는 상황이 계속되는 등 남용행위 심사기준에서 '정당한 이유'의 판단요소로 들고 있는 '투자에 대한 정당한 보상이 현저히 저해되는 상황'에서 새롭게 관련 시장에 진입하려는 것으로서, 신청인 천재교육의 시장 진입으로 온라인 강의서비스의 질이 향상됨은 물론 사업자의 수도 증가하여 경쟁이 확대되는 측면이 있고, 신청인들에 대한 새로운 형태의 보상을 통하여 이 사건 교과서 및 평가문제집 등에 대한 추가 창작의 동기가 부여될 수도 있어 그로 말미암은 효율의 증대 효과가 경쟁제한의 효과를 상쇄할 가능성 또한 배제할 수 없다고 보인다. 결국, 신청인들의 거래거절행위가 피신청인의 사업활동을 부당하게 방해하는 행위라는 점이 충분히 소명되지 아니하므로, 이를 지위 남용행위에 해당한다고 보기 어렵다. 불공정거래행위의 한 유형인 '기타의 거래거절'이란 개별 사업자가 그 거래상대방에 대하여 하는 이른바 개별적 거래거절을 가리키는 것이나, 이러한 개별적 거래거절행위는 그 거래상대방이 종래 계속적 거래관계에 있는 경우에도 자유시장경제체제하에서 일반적으로 인정되는 거래처 선택의 자유라는 원칙에서 볼 때, 또 다른 거래거절의 유형인 '공동의 거래거절'과는 달리 거래거절이라는 행위 자체로 바로 불공정거래행위에 해당하는 것은 아니고, 그 거래거절이 특정 사업자의 거래기회를 배제하여 그 사업활동을 곤란하게 할 우려가 있거나 오로지 특정 사업자의 사업활동을 곤란하게 할 의도를 가진 유력 사업자에 의하여 그 지위 남용행위로써 행하여지거나 공정거래법이 금지하고 있는 거래강제 등의 목적 달성을 위하여 그 실효성을 확보하기 위한 수단으로 부당하게 행하여진 경우라야 공정한 거래를 저해할 우려가 있는 거래거절행위로서 같은 법이 금지하는 불공정거래행위에 해당한다고 할 수 있으며, 이러한 거래거절행위의 부당성 유무를 판단할 때에는 당사자의 거래상 지위 내지 법률관계, 상대방의 선택 가능성·사업규모 등의 시장상황, 그 행위의 목적·효과, 관련 법규의 특성 및 내용 등 여러 사정을 고려하여 그 행위가 공정하고 자유로운 경쟁을 저해할 우려가 있는지 여부에 따라야 한다(대법원 2010. 8. 26. 선고 2010다28185 판결). 앞서 본 것처럼 신청인 천재교육은 관련 시장에 신규로 진입하는 사업자로서 피신청인에 비하면 오히려 열세의 지위에 놓여 있다. 그리고 그 거래거절로 말미암아 피신청인에게 일시적인 사업진행의 차질이 초래될 가능성은 있으나 더 나아가 거래기회가 배제되어 그 사업활동을 곤란하게 할 우려까지 있다고 보기는 어렵다. 이 사건에서 신청인들의 거래거절은 거래처 선택의 자유를 넘어 그들이 보유한 저작권의 당연한 권능의 하나로서 행사된 것으로 보이고, 신청인들이 오로지 피신청인의 사업활동을 곤란하게 할 의도를 가지고 그 지위 남용행위로써 거래거절을 한 것으로는 볼만한 자료도 없다. 그뿐만 아니라 신청인들의 거래거절행위로 말미암아 경쟁을 저해할 우려가 있다는 사실을 인정하기에 충분한 소명이 없는 점은 이미 앞서 판단하였다. 나아가 신청인들의 거래거절에 불공정행위 지침의 일반원칙 부분에서 경쟁제한성 외에 '부당성'의 다른 요소로 들고 있는 '불공정성'이 존재하는지를 본다. 위 지침은 불공정성이 인정되는 경우로서 상품 또는 용역의 가격과 질 이외에 바람직하지 않은 경쟁수단을 사용함으로써 정당한 경쟁을 저해하거나 저해할 우려가 있는 경우 또는 거래상대방의 자유로운 의사결정을 저해하거나 불이익을 강요하는 등 거래내용이 정당하지 아니한 경우를 들고 있다. 그러나 특별한 사정이 없다면, 앞서 본 것처럼 저작권법에 따라 부여된 저작권의 행사를 가리켜 '바람직하지 않은 경쟁수단'이라고 할 수 없고, 저작물에 대한 이용허락을 중단한 행위만으로 거래상대방의 자유로운 의사결정을 저해하거나 불이익을 강요하는 것이라고 단정할 수 없으며, 실제로 이 사건에서 신청인들의 이용허락 거절 때문에 피신청인의 온라인 강의서비스 사업에 어떠한 구체적인 불이익이 초래되었다고 볼만한 자료도 없다.

보전의 필요성 : 임시의 지위를 정하는 가처분이 필요한지는 당해 가처분 신청의 인용 여부에 따른 당사자 쌍방의 이해득실관계, 본안소송에 있어서의 장래 승패의 예상, 기타의 제반 사정을 고려하여 법원의 재량에 따라 합목적적으로 결정하여야 한다(대법원 1997. 10. 14.자 97마1473 결정). 기록 및 심문 전체의 취지에 따르면, 신청인 천재교육은 2008년 2월경 피신청인과 계약을 체결하여 피신청인이 이 사건 교과서 및 평가문제집을 교재로 하는 온라인 강의 사업을 할 수 있도록 이 사건 교과서 및 평가문제집의 이용을 허락하고 그 대가로 일정한 이용료를 받아 온 사실, 위 계약이 몇 차례 갱신되다가 2010. 12. 31. 계약기간이 만료되었는데, 신청인 천재교육은 피신청인과 계약갱신 여부에 관하여 협상하는 과정에서 2010. 11. 25.경 피신청인 측에 '이 사건 교과서 등을 제외한 교과서 및 교재에 대해서만 온라인 사용이 가능하다'는 입장을 명시적으로 밝혔고, 결국 계약갱신 협상은 결렬

된 사실이 각 소명된다. 신청인 천재교육이 스스로 주장하는 것처럼 위 신청인은 자신이 온라인 강의 시장에 진입하기 위한 목적으로 이 사건 교과서 및 평가문제집에 대해 이용허락의 거절을 하였고 이를 근거로 이 사건 가처분신청을 하고 있다. 그렇다면 피신청인이 신청인들의 저작권을 다투지 아니하였고 기존에 이미 사용에 대한 대가도 지급하고 있었던 이 사건에서, 신청인들은 먼저 이용허락을 거절함으로써 이 사건 분쟁을 스스로 일으킨 것이고, 피신청인이 이 사건 강의를 계속함에 따라 신청인들이 입고 있는 손해 역시 위와 같이 신청인들이 먼저 일으킨 분쟁의 결과물에 불과하므로 그 보호가치가 크지 아니하며, 그 손해는 대부분 금전으로 배상 가능한 손해로 보인다. 이에 반하여 이 사건 가처분이 인용될 경우 피신청인은 그간 신청인들과의 유효한 이용허락계약의 지속을 신뢰하고 구축한 교육 콘텐츠가 무용지물이 되고 가입회원들이 즉각적으로 이탈하며 관련 업계에서 신용이 훼손될 것으로 예상되는 등 상당한 손해를 입을 것으로 보이고, 그러한 손해는 대부분 회복 불가능할 것이다. 그리고 이 사건 강의 전체가 신청인들의 저작권을 침해하는 것이 아니라 앞서 본 대로 이 사건 교과서 및 평가문제집의 지문 일부를 칠판에 그대로 적거나 영사, 낭독하는 등의 방식이 주로 문제가 되고 있다. 따라서 본안 소송이 제기되더라도 피신청인은 위와 같은 저작권 침해 부분만을 모두 삭제하거나 이러한 방법을 사용하지 아니하고 강의를 새로 제작하는 등의 방법으로 그 침해행위를 중단 또는 회피할 수 있을 것으로 보이며 피신청인은 이미 그러한 조처를 하였다고 주장하고 있다. 나아가 의무교육인 중등교육에 사용되는 이 사건 교과서는 검정심사를 통과한 특정 사업자에게만 출판이 허용되는 검정교과서로서 공공재로서의 성격을 띠고 있다. 비록 피신청인이 영리의 목적으로 온라인 강의사업을 하는 것이지만, 중등 사교육 시장에서 온라인 강의는 비교적 저렴하고 접근이 편리한 보조적 교육수단으로서 어느 정도의 역할을 담당하고 있음을 부인할 수 없는 점이나 피신청인이 평생교육법에 따른 원격평생교육시설로 신고를 마친 점 등에 비추어 볼 때, 본안 소송에서 그 권리의무관계가 확정되기도 전에 이 사건 신청이 인용된다면 피신청인의 회원들이 가지는 헌법상 보장된 교육을 받을 권리와 국가의 의무교육제도 등에도 간접적 영향을 미칠 수 있어 공공의 이익에 대한 일부 제한요소가 될 수 있다. 이러한 제반 사정을 종합하면 이 사건 신청은 긴급한 보전의 필요성이 있다고 보기 어렵다. 결국, 신청인들의 이 사건 신청은 보전의 필요성을 인정할 수 없어 기각하여야 한다.』

4) 제4공화국 사건[7-54)]

드라마 대본의 공동저작자중 1인인 채권자가 동일성유지권의 침해를 주장하며 방송국인 채무자를 상대로 하여 드라마의 방영금지를 구한 사건이다. 법원은 일응 피보전권리가 소명되면 보전의 필요성이 있다고 할 것이나, 공동집필계약의 체제라는 점, 다른 보조작가나 연출자들과의 협의 끝에 사소한 변경이 이루어졌다는 점, 결과적으로 작품성이 높아지는 등으로 인하여 채권자의 명예나 성망이 훼손될 염려가 보이지 아니한다는 점, 권리침해에 대한 구제는 별도의 금전적 전보에 의하여 가능하리라는 점이 있는데 반하여, 채무자로서는 이미 드라마를 제작·완성하여 일반 시청자에게 방영 약속까지 한 상태로 이를 방영하지 못할 경우 방송사로서 대외적인 공신력에 치명적인 상처를 입어 회복불능의 손해를 입을 우려가 있는 점 등 당사자의 형평을 고려하여 보전의 필요성을 부정하여 신청을 기각하였다.

5) 드라마 제작금지 청구 사건[7-55)]

신청인이 드라마 대본의 저작권 침해를 이유로 그 대본을 이용한 드라마 제작의 금지를 구한 사안에서 법원은 드라마 전체의 방영이 완료되었고 위 대본에 기해 별도의 영상을 제작할 예정이라는 소명이 없어 보전의 필요성이 없다고 보아 신청을 기각하였다.

6) 공사금지 청구 사건[7-56)]

신청인이 피신청인에게 설계도서를 제공하고 이에 따라 피신청인이 공사를 하고 있던 중 피신청인이 설계용역대금을 지급하지 아니하거나 설계용역계약을 해제하자, 신청인이 설계도서에 관한 저작권에 기하여 공사금지를 구한 사안에서, 법원은 설계용역대금의 청구 등 금전배상을 구하는 것은 별론으로 하고 공사금지를 구할 수는 없다고 판단하였다.

7-54) 서울지방법원 남부지원 1995. 10. 24.자 95카합3860 결정.
7-55) 서울중앙지방법원 2010. 1. 25.자 2009카합3885 결정.
7-56) 서울중앙지방법원 2007. 8. 28.자 2007카합642 결정.

Ⅳ. 민사적 구제 – 민법상 불법행위 책임

우리 법원은 원고의 저작물이 저작권법의 보호요건을 갖추지 못하였다고 하더라도, 보호할 필요가 있는 일정한 경우 피고의 행위를 민법상 불법행위로 판단하여 권리자를 구제하고 있는데 이러한 법원의 입장은 새로운 것은 아니다. 왜냐하면, 저작권 침해행위는 민법상 일반불법행위의 한 유형에 해당하고, 이에 대한 책임을 보다 세밀히 규정하거나, 입증책임을 완화하기 위해 저작권법에 개개의 저작권에 대한 구체적 내용과 함께 침해행위의 요건, 침해로 인한 책임에 관한 특칙을 두고 있는 것이기 때문이다. 따라서 어떠한 행위가 저작권법상의 침해행위에 해당하지 않는다고 하더라도, 이러한 행위가 공공의 영역(public domain)에 속하여 이로 인한 아무런 책임을 지지 않는 것은 아니며, 일정한 경우에는 민법상 불법행위에 해당하여 그로 인한 책임을 부담하게 될 수도 있는 것이다. 다만, 어느 행위까지를 불법행위로 볼 것인지는 결국 구체적 사안별로 법원이 정하게 될 것이다.

이와 관련하여 유명인의 초상이 가진 재산적 가치의 침해행위(예를 들면, 유명인사의 허락 없이 유명인사를 연상시키는 이미지 등을 사용하여 판매하는 상품의 광고를 하는 행위 등)를 불법행위로 구성할 수 있을지가 문제된다. 어떠한 법익의 보호방식에는 두가지 방식이 있을 수 있다. 첫째는 저작권과 같이 특정한 권리를 창설하고, 일정한 행위를 위 권리의 침해행위로 구성하여 보호하는 방식이고, 둘째는 위 법익을 침해하는 행위를 불법행위로 구성하여 손해배상책임을 지우는 방식이다. 초상의 재산적 가치를 무단으로 이용하는 행위를 취급하는 방식 역시 두 가지를 생각할 수 있는데 이른바 퍼블리시티권에 대한 침해행위로 구성하는 방식이 전자의 방식이고, 불법행위로 구성하는 방식이 후자의 방식이다. 다만 퍼블리시티권은 실정법상의 근거가 없기 때문에 이를 인정할 수 있을지에 관하여 오랫동안 논란이 이어져 오고 있는데 자세한 내용은 「제5장 저작권의 종류」에서 설명했다.

한편 우리 대법원은 '타인의 상당한 투자나 노력으로 만들어진 성과 등을 공정한 상거래 관행이나 경쟁질서에 반하는 방법으로 자신의 영업을 위하여 무단으로 사용함으로써 타인의 경제적 이익을 침해하는 행위'를 불법행위로 인정하여 왔고, 이러한 대법원의 판시내용 그대로 부정경쟁방지 및 영업비밀보호에 관한 법률(이하, '부정경쟁방지법')의 개정이 이루어져서 현재 위 법률 제2조 차.목에 부정경쟁행위의 한 유형으로 규정됨에 이르렀다. 경우에 따라서는 타인의 인격적 징표를 상업적으로 무단이용하는 퍼블리시티권 침해 행위 역시 위 규정에 포섭될 수 있지 않을까 생각된다.

아래에서는 저작권 침해로는 인정되지는 않았으나 민법상 불법행위로 판단된 경우를 판례를 통해 살펴보기로 한다.

1. HELLO KITTY Ⅱ 사건[7-57]

「불법행위로 인한 손해배상책임 : 경쟁자가 상당한 노력과 투자에 의하여 구축한 성과물을 상도덕이나 공정한 경쟁질서에 반하여 자신의 영업을 위하여 무단으로 이용함으로써 경쟁자의 노력과 투자에 편승하여 부당하게 이익을 얻고 경쟁자의 법률상 보호할 가치가 있는 이익을 침해하는 행위는 부정한 경쟁행위로서 민법상 불법행위에 해당한다.

원고 한국방송공사가 방영한 드라마 '겨울연가'와 '황진이' 및 원고 문화방송이 방영한 드라마 '대장금'과 '주몽'은 이들 방송사가 상당한 노력과 투자에 의하여 구축한 성과물로서, 이들 방송사는 각 해당 드라마의 명성과 고객흡인력을 이용하여 그에 관한 상품화 사업을 수행할 수 있는 권한을 타인에게 부여하고 대가를 받는 방식 등으로 영업해 오고 있음을 알 수 있는데, 이러한 영업을 통하여 원고 한국방송공사, 문화방송이 얻는 이익은 법률상 보호할 가치가 있는 이익에 해당한다. 그리고 이 사건 각 드라마가 국내뿐 아니라 해외에서도 인기를 얻어 국내 수요자나 해외 관광객들 사이에서 이와 관련한 상품에 대한 수요가 커지자, 피고 데카리오는 이 사건 각 드라마를 구축한 원고 한국방송공사, 문화방송으로부터 허락도 받지 아니한 채, 피고 제품을 접한 수요자들로 하여금 이 사건 각 드라마를 직접적으로 연상하도록 하고 그러한 연상으로부터 생겨나는 수요자들의 제품 구매 욕구에 편

7-57) 서울고등법원 2010. 1. 14. 선고 2009나4116 판결(대법원 2012. 3. 29. 선고 2010다20044 판결). 상세는 「제3장 저작물－저작권법의 보호대상, 제5장 저작권의 종류」 참조.

승하여 피고 제품을 제조·판매하였음이 아래와 같은 사정들에 의하여 넉넉히 인정된다. 먼저 피고 ○○○○는 이 사건 각 드라마가 인기를 끌기 전까지는 피고 제품을 제조·판매한 적이 없었고, 또한 자신의 홈페이지에 "한류 열풍의 주역인 겨울연가, 대장금, 주몽 등 특별한 캐릭터들을 상품화시켜 이미지 변신을 꾀하고 있는데, 이런 멋진 상품들을 파는 매장들은 면세점이나 관광특구 지역에서 판매되고 있는데 남대문의 직영매장을 비롯한 명동, 인사동, 동대문에 가면 만날 수가 있습니다."라고 게시하여 피고 제품이 이 사건 각 드라마를 상품화한 것임을 명백히 하였다. 그리고 드라마 '겨울연가'와 관련하여 그 남녀 주인공들과 유사한 자세 및 그들이 착용하였던 것과 유사한 색깔, 스타일의 옷과 목도리, 겨울을 나타내는 눈과 앙상한 가지 등으로 꾸민 헬로키티 제품, 드라마 '황진이'와 관련하여 붉은색의 치마와 꽃무늬 저고리를 입고 어여머리를 올린 헬로키티 제품, 드라마 '대장금'과 관련하여 조선 시대 의녀의 복장을 하고 신선로를 들고 있는 헬로키티 제품, 드라마 '주몽'과 관련하여 갑옷을 입고 이마에 띠를 두른 다음 한 손에 칼을 들고 있거나 흰색 바탕에 분홍색의 점무늬가 섞여 있고 손목 부위에 분홍색 띠가 있는 옷을 입고 있는 헬로키티 제품 등 그 수요자들로 하여금 이 사건 각 드라마를 떠올리도록 하기에 충분한 의상과 소품, 모습, 배경 등으로 꾸민 피고 제품을 제조·판매하였다. 또한 피고 ○○○○는 자신의 홈페이지에 게시한 피고 제품의 이름 앞에 '겨울연가', '황진이', '대장금', '주몽' 등 이 사건 각 드라마의 제호를 직접 기재하기까지 하였다. 그런데 드라마 관련 상품화 사업을 추진하기 위해서는 그에 관한 권리자로부터 허락을 받는 것이 그 거래사회에서 일반적인 관행인 점 등을 고려할 때, 원고 한국방송공사와 원고 문화방송으로부터 허락을 받지 아니한 피고 ○○○○의 위와 같은 행위는 상도덕이나 공정한 경쟁질서에 반하는 것이다. 그리고 이러한 행위는 드라마를 이용한 상품화 사업 분야에서 서로 경쟁자의 관계에 있는 위 원고들의 상당한 노력과 투자에 편승하여 이 사건 각 드라마의 명성과 고객흡인력을 자신의 영업을 위하여 무단으로 이용하여, 앞서 본 바와 같이 법률상 보호할 가치가 있는 위 원고들의 각 해당 드라마에 관한 상품화 사업을 통한 영업상의 이익을 침해하는 것이기도 하다. 따라서 피고 ○○○○의 위와 같은 피고 제품의 제조·판매 행위는 부정한 경쟁행위로서 민법상 불법행위에 해당한다.

손해배상의 범위 : 원심은 이 사건 각 드라마 관련 피고 제품의 판매수량

과 소매가 합계, 원고 한국방송공사, 문화방송이 직접 상품화사업을 하지는 아니한 점, 피고 ○○○○가 위 원고들과 각 상품화사업 계약을 체결하였다면 지급하였을 사용료 및 이 경우 상품화권리를 부여받은 다른 업체들의 판매 감소로 인해 결과적으로 감소하였을 위 원고들의 사용료 수입, 통상적인 상품화사업 계약에서 소매가 대비 출고가의 비율과 사용료 요율 등을 참작하여, 피고 ○○○○의 원고 한국방송공사에 대한 손해배상액을 10,000,000원으로, 원고 문화방송에 대한 손해배상액을 20,000,000원으로 각 정하였다. 기록에 비추어 살펴보면, 원심의 위와 같은 판단에 상고이유의 주장과 같은 손해배상액의 산정에 관한 법리오해 등의 위법이 있다고 할 것은 아니다.」

2. 네이버 광고방해 사건[7-58)]

<사안의 개요>

피고의 이른바 광고 가로채기 행위에 대하여는 채권자(네이버)는 피보전권리로서 동일성유지권과 민법상 불법행위에 기한 불법행위 금지청구권을 주장하였는데, 대법원은 다음과 같이 판시하였다.

<법원의 판단>

「동일성유지권 침해행위가 있는지 여부 : 기록에 비추어 살펴보면, 채권자가 그의 컴퓨터프로그램저작물로서 동일성유지권을 침해당하였다고 주장하는 HTML(Hypertext Markup Language, 인터넷 홈페이지의 하이퍼텍스트 문서를 만들기 위해 사용되는 기본 언어) 코드에는, 검색결과를 표시한 텍스트 부분과 이를 화면에 표시하기 위한 일반적인 HTML 태그 정도가 포함되어 있을 뿐 저작권으로 보호할 만한 창작적인 표현까지 포함되어 있다는 점을 소명할 자료가 없고, 나아가 채권자가 사용자의 컴퓨터로 보낸 HTML 파일은 그 내용이 화면에 나타나기 위하여 일시적으로 램(Random Access Memory)상으로 복제되게 되는데, 이 때 이 사건 프로그램에 의한 채무자의 HTML 코드 역시 램에 올라오면서 채권자의 HTML 코드 자체에는 영향을

7-58) 대법원 2010. 8. 25.자 2008마1541 결정. 자신이 제작한 프로그램을 인터넷사용자에게 제공하여 그 이용 컴퓨터에 설치함으로써 네이버에서 제공하는 광고화면을 자신이 제공하는 광고로 대체하도록 한 것이 불법행위에 해당하는지 여부가 쟁점이다.

미치지 않은 채 이와 별도로 존재할 여지가 있는 반면, 그것이 채권자의 HTML 코드에 삽입되어 채권자의 HTML 코드 자체를 변경시킨다는 점은 이를 소명할 자료가 부족하므로, 채무자의 이 사건 프로그램에 의한 광고행위로 인해 채권자의 HTML 코드에 대한 동일성유지권이 침해되었다고 할 수 없다.

불법행위에 해당하는지 여부 : 채무자가 제공한 원심 판시 이 사건 프로그램을 설치한 인터넷 사용자들이 네이버를 방문하면 그 화면에 채권자의 광고대신 같은 크기의 채무자의 배너광고가 나타나거나(이른바 '대체광고 방식'), 화면의 여백에 채무자의 배너광고가 나타나거나(이른바 '여백광고 방식'), 검색창에 키워드를 입력하면 검색결과 화면의 최상단에 위치한 검색창과 채권자의 키워드광고 사이에 채무자의 키워드광고가 나타나는(이른바 '키워드삽입광고 방식') 등으로, 채무자의 광고가 대체 혹은 삽입된 형태로 나타남을 알 수 있다. 그런데 채무자의 이러한 광고는 위와 같이 인터넷 사용자들이 네이버에서 제공하는 서비스 등을 이용하기 위하여 네이버를 방문할 때 나타나는 것이므로, 이는 결국 네이버가 가지는 신용과 고객흡인력을 무단으로 이용하는 셈이 된다. 뿐만 아니라 그 광고방식도 채권자가 제공하는 광고를 모두 사라지게 하거나(대체광고 방식) 채권자가 제공하는 검색결과의 순위를 뒤로 밀리게 하는(키워드삽입광고 방식) 등의 방법을 사용함으로써 채권자의 영업을 방해하면서 채권자가 얻어야 할 광고영업의 이익을 무단으로 가로채는 것이다. 채무자의 위와 같은 광고행위는 인터넷을 이용한 광고영업 분야에서 서로 경쟁자의 관계에 있는 채권자가 상당한 노력과 투자에 의하여 구축한 네이버를 상도덕이나 공정한 경쟁질서에 반하여 자신의 영업을 위하여 무단으로 이용함으로써, 채권자의 노력과 투자에 편승하여 부당하게 이익을 얻는 한편, 앞서 본 바와 같이 법률상 보호할 가치가 있는 이익인 네이버를 통한 채권자의 광고영업 이익을 침해하는 부정한 경쟁행위로서 민법상 불법행위에 해당한다고 할 것이다. 한편 원심이 적법하게 인정한 사실들에 의하면, 채무자의 위와 같은 광고행위가 일회적인 것이 아니라 이 사건 프로그램을 설치한 인터넷 사용자들이 네이버에 접속할 때마다 계속적으로 반복되는 것임을 알 수 있다. 나아가 이 사건 프로그램에 의한 광고행위의 성질상 채권자가 인터넷 사용자들의 이 사건 프로그램의 설치현황 및 그로 인한 네이버에서의 채무자의 광고현황 등을 일일이 파악하여 대응하기가 매우 곤란할 것으로 보이는 점과 채무자의 광고내용에 따라서는 채권자의 신용, 명성 등 무형적인 가치까지도 손상시킬 수 있을 것으로 보이는 점 등을 고려할 때 채무자에게 금전배상을 명하는 것만으로는 채권자 구제의 실효성을 기대하기 어렵다고 할 것이다. 나아가 채무자의 이 사건 프로그램에 의한 네이버에서의 광고행위를 그대로 방치하는 경우 결국 네이버에서의 광고영업을 그 수익모델로 삼고 있는 채권자 회사의 존립 자체를 위협할 수 있다는 점에서 채무자의 위와 같은 광고행위를 금지함으로써 보호되는 채권자의 이익이 그로 인한 채무자의 영업의 자유에 대한 손실보다 더 크다고 할 것이다. 따라서 채권자는 채무자에 대하여, 네이버에 접속한 인터넷 사용자들의 모니터에서 이 사건 프로그램을 이용한 광고행위를 하는 것의 금지 또는 예방을 청구할 수 있다고 봄이 상당하다.』

☞ 앞서 이 결정을 소개한 바와 같이, 대법원은 위와 같이 광고를 가로채는 행위를 민법상 불법행위에 해당한다고 보았으며, 이에 더하여 이 사건의 경우 금전적 손해배상채권만을 인정하는 것으로는 권리자의 구제의 실효성이 부족하다고 판단하여, 권리자의 금지청구권까지 인정하였다.[7-59] 이 판결 이후 2013년 부정경쟁방지 및 영업비밀보호에 관한 법률이 개정되어 이러한 유형의 행위가 부정경쟁행위에 해당한다는 규정이 신설되었다(동법 제2조 차.목).

3. 모발이식사진 사건[7-60]

<사안의 개요>

원고는 성형외과를 운영하면서 모발이식 전후의 환자사진과, 환자의 질문에 대한 상담내용을 홈페이지에 게재하였는데 피고가 원고의 허락을 받지 않고 위 사진과 상담내용 등을 자신의 홈페이지에 무단 게시한 사건이다. 원고는 주위적으로 위 사진부분에 대하여는 사진저작권의 침해, 위 상담내용에

7-59) 이 사건에 관하여 불법행위에 기한 금지청구권이 허용될 것인지에 관하여서도 상당한 논의가 있는데, 이에 관한 자세한 내용은 유영선, “부정한 경쟁행위와 관련한 불법행위 성립요건 및 그에 기한 금지청구권 허용 여부”, 사법논집 제53집, 법원도서관(2011), 권영준, “불법행위와 금지청구권”, Law & technology, 제4권 제2호(2008. 3), 서울대학교 기술과법센터(2008), 송오식, “불법행위의 효과로서 금지 및 예방청구권”, 법학논총 31집 1호(2011. 4), 전남대학교법률행정연구소 등의 논문 참조.

7-60) 서울중앙지방법원 2007. 6. 21. 선고 2007가합16095 판결(확정). 위 판결에서 법원은 “피고는 원고에게 위자료 2,000만 원을 지급하라”고 판결하였다.

대하여는 어문저작권의 침해를 주장하고, 예비적으로 일반불법행위책임을 주장하였는데, 법원은 다음과 같이 저작권 침해 주장은 배척하고, 민법상 불법행위책임 주장을 받아들였다.

<법원의 판단>

『원고의 홈페이지에 실린 사진들이 사진저작물에 해당하는지 여부 : 원고는, 이 사건 사진들이 피사체 자체가 모발이식수술을 받은 환자들로서 모발이식수술 자체가 수술방법의 선택과 시술능력이 필요하여 원고의 개성이 투영되어 있고, 수술 후 시점의 선택, 수술 전후가 비교되도록 한 배치, 촬영위치와 각도, 조명의 측면에서 원고의 창작성과 개성이 드러나므로 사진저작물이라고 주장한다. 그런데 저작권법에 의하여 보호되는 저작물(문학·학술 또는 예술의 범위에 속하는 창작물)에 해당하기 위해서는 창작성이 요구되므로, 사진저작물은 피사체의 선정, 구도의 설정, 빛의 방향과 양의 조절, 카메라 각도의 설정, 셔터의 속도, 촬영기회의 포착, 기타 촬영방법, 현상과 인화 등의 과정에서 촬영자의 개성과 창조성이 인정되는 경우에는 저작권법에 의하여 보호되는 저작물에 해당된다(대법원 2001. 5. 8. 선고 98다43366 판결 참조). 그러나 사진은 누구든지 사진기로 촬영을 하고 현상과 인화 등의 처리과정을 거쳐 피사체를 찍은 사진이 완성되는 것이므로 사진촬영은 기계적 작용에 의존하는 부분이 많고, 정신적 조작의 여지가 적으므로 촬영자의 창작성이 발휘되는 부분이 많지 않다는 점에서 다른 저작물과 차이가 있는 것은 부정할 수 없으므로 어떠한 사진이 저작권법에서 보호하는 사진저작물에 해당하는지 여부를 판단함에 있어서는 그와 같은 사정을 고려하여야 한다. 이 사건에서 앞서 본 전제사실에 의하면, 모발이식수술 자체에 원고의 개성과 창조성이 드러나 있다고 하여 원고 사진들에 원고의 개성이나 창조성이 있다고 볼 수는 없고, 원고의 사진들은 모두 원고가 모발치료를 담당하였던 환자들을 피사체로 선정하여 그들이 원고로부터 모발이식수술을 받은 수술의 전후 모습을 대비함으로써 모발치료의 효과를 나타내고자 하는 목적에서 촬영한 것이고, 위 사진들의 구체적인 촬영방법인 카메라의 각도나 빛의 방향과 양의 조절, 촬영시점의 포착 등에 있어서 원고의 개성이나 창조성이 있다고 보기 어렵고, 촬영 후의 현상과 인화의 과정에서 배경, 구도, 조명, 빛의 양 등에 원고의 개성이나 창조성을 가미하고 있다고 볼 수도 없으므로 원고의 위와 같은 사진은 사진저작물로 보기 어렵다.

원고의 환자의 질문에 대한 상담내용이 어문저작물에 해당하는지 여부 : 원고는 원고의 상담내용이 모발이식수술에 관한 지식과 임상경험에 기초한 것으로서, 원고가 특별히 선택한 용어를 조합하고, '모발이 나면서 약간은 까끌까끌한 느낌이 나는 정도'와 같은 수사법을 사용하여 표현하였으며, 모발이식수술의 효용과 개념, 수술방법, 마취범위, 입원의 필요 여부 및 생활에의 영향, 수술에 소요되는 모발 수, 수술시의 유의점 등의 순서로 배열한 것이므로 이러한 용어 선택과 설명순서에서 원고의 개성이 드러난 창작적 표현이므로 어문저작물이라고 주장한다. 그런데 어떤 저작이 저작물로 인정되기 위해서는 그것이 사상이나 감정을 창작적으로 표현한 것임이 필요하고, 이러한 창작성은 표현의 내용인 사상이나 감정에 관해 요구되는 것은 아니고 표현의 구체적인 형식에 관해 요구되는 것으로 이는 완전한 의미의 독창성을 말하는 것은 아니며, 외부적 표현에 저작자의 창작·노력에 따른 개성이 어떠한 형태로든 나타나 있으면 충분하다(대법원 1995. 11. 14. 선고 94도2238 판결, 대법원 2003. 10. 23. 선고 2002도446 판결 등 참조).

하지만, 사상이나 감정 또는 사실을 표현하는 방법이 하나밖에 없거나 또는 극히 한정되어 있는 경우에는 누가 저작하여 표현하더라도 거의 마찬가지의 표현이 되지 않을 수 없으므로 표현에 있어 저작자의 개성이 발휘될 여지가 없다. 또한, 표현방법에 있어 선택의 여지가 없지는 않고, 저작자가 스스로 생각하여 표현한 경우에도 그 표현이 평범하고 흔한 것인 경우에는 개성이 발휘되어 있지 않다. 따라서 이와 같은 경우에는 창작성을 갖추지 못하여 저작물로 인정할 수 없다. 이 사건에서 앞서 본 전제사실에 의하면, 원고의 상담내용은 환자의 질문에 대해 모발이식수술의 개념, 효용, 수술방법, 수술 후의 처치 등에 관한 원고 자신의 사상이나 감정을 밝힌 것이라고 할 수 있지만 그 상담내용의 표현형식으로 보아 그 자체에 저작자의 독자적인 개성이 나타나는 것으로서 법적으로 보호할 가치가 있는 창작적 표현으로 보기 어렵고, 거기에 원고가 주장하는 용어 내지 수사법의 선택과 배열이 특별히 원고의 개성이나 창작성을 드러내는 것으로 보이지도 아니하므로 위 상담내용은 어문저작물로 보기 어렵다.

예비적 주장(민법 제750조의 불법행위책임의 성부)에 대해서 : 일반적으로 홈페이지를 통하여 인터넷에 공개된 정보는 저작권법에 따라 배타적인 권리로 인정되지 않는 한 제3자가 이를 이용하는 것은 원칙적으로 자유이다. 그러나 불법행위가 성립하기 위해서는 반드시 저작권 등 법률에 정해진 엄밀한 의미에서의 권리가 침해되었을 경우에 한하지 않고, 법적으로 보호할 가치가 있는 이익이 위법하게 침해된 것으로 충분하다. 따라서 부정하게 스스로의 이익을 꾀할 목적으로 이를 이용하거나 또는 원고에게 손해를 줄 목적에 따라 이용하는 등의 특별한 사정이 있는 경우에는 홈페이지를 통하여 인터넷에 공개한 정보를 무단으로 이용하는 행위가 법적으로 보호할 가치가 있는 상대방의 이익을 침해하는 위법한 행위에 해당하여 불법행위가 성립할 수도 있다. 이 사건에서 앞서 본 전제사실에 비추어 보면, 원고가 홈페이지를 통하여 소개하는 영업과 원고의 사진과 상담내용을 이용하는 피고의 영업이 모두 모발치료에 관한 의료영업으로 경합하고 있으며, 원고가 수년간 모발이식수술을 전문으로 연구, 시술한 임상경력과 지식을 활용하여 모발이식 수술을 시술하여 그 수술 경과가 좋은 환자들의 수술 전후 사진을 촬영하여 환자들의 동의를 받고 원고 병원의 홈페이지에 게시하고, 홈페이지 온라인 상담코너에 모발이식수술에 관하여 질문하는 사람들에게 원고의 의학지식과 다년간의 임상경험에 기초한 상담내용을 작성하여 이를 게시한 것은 모두 소비자들에게 정확한 정보를 전달하기 위해서 원고가 많은 노동력과 비용을 들이고, 임상경험과 전문지식에 기초하여 노력한 산물이며, 피고는 이와 같은 원고의 사진들과 상담사례를 그대로 무단으로 이용함으로써 피고의 영업에 관한 광고효과를 거두었다. 이와 같은 사정을 종합해 보면, 원고가 사진 촬영, 환자들에 대한 상담내용을 작성한 것은 원고의 연구, 노력에 따른 성과이고, 또한 이와 같이 촬영, 작성된 사진, 상담내용을 홈페이지에 게시하여 운영하는 것은 원고 병원 운영의 일환으로서 경제적 가치 있는 활동이므로, 원고가 인터넷에 공개한 사진들과 상담내용이 비록 저작물성이 인정되지 않아 저작권법상의 보호를 받지 못한다고 하더라도 이는 당연히 법적 보호의 가치가 있는 이익에 해당하고, 피고가 영리의 목적으로 피고와 영업상 경쟁관계에 있는 원고가 노동력과 비용을 들이고, 전문지식을 사용하여 환자의 동의를 받아 촬영하고 작성한 원고의 사진들과 상담내용을 무단으로 도용해서 사용한 것은 공정하고 자유로운 경쟁원리에 의해 성립하는 거래사회에 있어서 현저하게 불공정한 수단을 사용함으로써 사회적으로 허용되는 한도를 넘어 원고의 법적으로 보호할 가치 있는 영업활동상의 신용 등의 무형의 이익을 위법하게 침해하는 것으로서 평가할 수 있으므로 피고의 위와 같은 행위는 민법 제750조의 불법행위를 구성한다.」

4. 하이트맥주 광고 사건[7-61]

<사안의 개요>

원고는 병 등의 용기 표면에 열을 받으면 변색되는 온도 감응수단을 구비시킴으로써 내용물의 저장보관 온도나 사용온도를 나타내도록 한 온도측정용 용기에 관한 실용신안등록을 출원한 사람인데(위 출원은 거절확정되었다), 피고 회사에게 위 아이디어를 이용한 맥주판매전략을 제안하면서 '이를 광고하는 경우에는 "잘 익었을 때 드십시오! 최상의 맛을 유지하는 온도 눈으로 확인하십시오. 맥주 영상 7~9도 사이가 아닌 맥주는 깊은 맛을 느낄 수 없습니다. 미지근한 맥주와 너무 차가운 맥주를 비교 산뜻한 맥주를 즐기는 방법 광고, 8도에 가장 깊은 맛이 숨어 있었다. 이제 가장 깊은 맛일 때 즐기십시오."라는 문안을 사용할 수 있다'는 광고전략을 제안하였다. 피고 회사는 맥주의 용기 표면에 부착되는 보조 상표에 온도감응잉크로 암반천연수 마크를 인쇄하여, 맥주의 온도가 7~8도가 되면 위 암반천연수 마크가 선명하게 드러나는 맥주를 생산, 판매하면서, 텔레비젼에 '가장 맛있는 온도에서 암반천 연수 마크가 나타난다. 온도계가 달린 맥주'라고 문구를 사용하여 광고하였고, 라디오에는 "국내 최초 하이트가 온도계를 달았습니다. 가장 맛있는 온도가 되면 맥주병에 암반천연수 마크가 나타나는 하이트, 가장 신선한 하이트의 맛, 눈으로 확인하세요! 온도계가 달린 맥주"라는 문구를 사용하여 광고하였다.

원고는 피고를 상대로 원고의 아이디어를 침해한 것이 불법행위책임을 주장하면서 손해배상을 구하였고, 이에 대하여 1심법원은 다음과 같이 피고가 임의로 광고문구를 사용한 것에 관하여 불법행위책임을 인정하였다. 그러나 항소심 법원은 다음과 같이 원고의 주장을 모두 배척하였다. 어떠한 아이디어에 대한 무단 사용행위가 어떠한 경우에 불법행위로 되는지 여부에 관하여 상세하게 판단한 사건으로 1심 및 항소심 법원의 판단 이유 모두 음미할 가

7-61) 서울지방법원 1997. 2. 14. 선고 96가합7170 판결(1심), 서울고등법원 1998. 7. 7. 선고 97나15229 판결(항소심).

치가 있으므로 모두 소개한다.

<1심법원의 판단>

『온도감응 광고방식에 대한 불법행위책임의 인정여부 : 원고가 피고 회사에게 온도감응테이프를 부착한 맥주의 용기에 대하여 제안한 사실, 그 후 피고 회사가 온도감응잉크로 인쇄한 상표를 맥주의 용기에 부착하는 온도감응 방식에 의하여 하이트 맥주를 생산한 사실은 위에서 본 바와 같으나, 위에서 본 바와 같이 이 온도감응테이프나 온도감응잉크 등의 온도감응수단을 부착한 맥주나 음료 용기에 관한 아이디어는 이미 국외에서 공지, 공용되고 있던 점, 따라서 맥주 전문 생산업체인 피고 회사가 온도감응수단을 부착한 음료나 맥주에 관하여 이를 알고 있었을 것이라 추측되는 점, 피고 회사가 온도감응잉크로 인쇄한 상표를 부착한 하이트 맥주를 생산, 판매한 것은 원고로부터 제안서를 송부받은 때로부터 1년이라는 시간이 경과한 때이고, 피고 회사가 시행한 온도감응잉크 방식과 원고가 제안한 온도감응테이프 방식에는 그 기술상의 차이가 있는 점 동에 비추어 불 때 피고 회사가 온도감응테이프를 맥주의 용기에 부착하여 맥주의 온도를 측정한다는 원고의 제안을 이용하여 온도감응잉크로 인쇄된 상표를 맥주의 용기에 부착하여 하이트 맥주를 생산, 판매하였다고 단정하기 어렵고 달리 이를 인정할 증거가 없으므로 이 부분 주장 역시 이유 없다.

광고문구 제안에 대한 불법행위책임의 인정 여부 : 피고 회사가 온도감응잉크로 인쇄된 상표를 부착한 하이트 맥주를 생산하여 이를 광고함에 있어 그 사용한 문구 중 '가장 맛있는 온도가 되면 암반천연수 마크가 나타나는 하이트. 눈으로 확인하세요'라는 부분은 원고가 제안한 광고 문구 중 '최상의 맛을 유지하는 온도 눈으로 확인하십시요'라는 부분과 유사하거나 동일하다 할 것인바, 위 인정과 같이 피고 회사가 원고의 위 광고문구가 기재된 제안서를 소지하고 있는 상황에서 피고 회사가 사용한 광고문구의 일부가 원고의 제안 내용과 동일하거나 유사하다면 비록 위 광고를 소외 주식회사 제일기획에서 제작하였다 하더라도 피고 회사가 위 제안서를 보여 주는 등으로 피고 회사의 위 광고문구의 작성에 원고의 제안이 참작되었다고 봄이 상당하다 할 것이므로, 피고 회사는 원고의 광고문구에 관한 제안을 사용하면서 원고로부터 승낙을 받지 아니하여 원고의 위 광고문구에 관한 아이디어를 침해함으로써 원고가 입은 손해를 배상할 의무가 있다.』

<항소심 법원의 판단>

『아이디어 사용에 관한 묵시적 계약에 의한 책임의 인정 여부 : 원고가 피고에게 보낸 제안서(갑 제3호증)에 담긴 내용은 원고가 출원중인 위 실용신안을 사용한 상품판매전략에 관심이 있으면 연락을 달라는 취지로서 자신의 실용신안을 맥주판매에 사용할 의향이 있냐는 정도의 청약의 유인에 해당하는 내용으로 보일 뿐이고 이로서 원피고 사이에 이 사건 아이디어의 사용에 대한 묵시적인 계약이 있었다고 인정하기에 부족하고 달리 이를 인정할 증거가 없으므로 위 주장은 이유 없다.

온도감응방식의 맥주판매전략에 관한 불법행위책임의 인정 여부 : 지적재산권 또는 부정경쟁방지법상의 영업비밀에 해당하지 아니하는 아이디어를 아이디어 창출자의 허락을 받지 아니하고 사용하는 행위가 일반 불법행위를 구성한다고 볼 것인가에 대하여는 논의의 여지가 있다 할 것이나, 원고가 주장하는 바와 같이 그 최소한의 요건으로서 아이디어의 참신성(독창성)과 이를 침해하는 해위가 있을 것이 그 요건으로 된다 할 것이다. 이 사건에서 보건대, 원고가 주장하는 바와 같이 원고가 피고 회사에게 온도감응테이프를 부착한 맥주의 용기에 대하여 제안한 사실, 그후 피고 회사가 온도감응잉크로 인쇄한 상표를 맥주의 용기에 부착하는 온도감응방식에 의하여 하이트 맥주를 생산한 사실은 위 1.항에서 본 바이나, 위에서 본 바와 같이 ① 온도감응테이프나 온도감응잉크 등의 온도감응수단을 부착한 맥주나 음료용기에 관한 아이디어는 이미 국외에서 1983년 경부터 공지, 공용되고 있었고, 이를 판매전략에 이용하여 왔던 점, ② 또한 국내에서 상당히 오래 전부터 맥주를 전문적으로 생산하는 업체인 피고 회사가 온도감응수단을 부착한 맥주를 판매전략에 이용한 위 사례들에 관하여 이를 모르고 있었다고 인정하기는 어려운 점, ③ 피고 회사가 온도감응잉크로 인쇄한 상표를 부착한 하이트 맥주를 생산, 판매한 것은 원고로부터 제안서를 송부받은 때로부터 1년이라는 시간이 경과한 때이고, 피고 회사가 시행한 온도감응잉크 방식과 원고가 제안한 온도감응테이프 방식에는 그 기술 상의 차이가 있는 점 등 여러 사정에 비추어 볼 때 원고의 위 아이디어는 참신성(독창성)을 인정하기 어려울뿐 아니라, 피고 회사가 원고의 아이디어를 이용하여 온도감응잉크로 인쇄된 상표를 맥주의 용기에 부착하여 하이트 맥주를 생산, 판매하였다고 단정하기도 어렵다 할 것이다.

광고문구의 무단 사용에 관한 불법행위책임의 인정 여부 : 저작권법에 의하여 보호되는 저작물은 학문과 예술에 관하여 사람의 정신적 노력에 의하여 얻어진 사상 또는 감정의 창작적 표현물이어야 하므로 저작권법이 보호하고 있는 것은 사상, 감정을 말, 문자, 음, 색 등에 의하여 구체적으로 외부에 표현한 창작적인 표현형식이고 표현되어 있는 내용 즉 아이디어나 이론 등의 사상은 저작권의 대상이 될 수 없고, 저작권의 침해를 가리기 위하여 두 저작물 사이에 실질적인 유사성이 있는가의 여부를 판단함에 있어서도 표현에 해당하고 독창적인 부분만을 가지고 대비하여야 할 것이다. 앞서 나온 증거와 …에 의하면 앞서 본 삿뽀로 맥주주식회사도 온도감응잉크를 사용한 상표를 사용한 제품의 광고에서 "맛있음을 알려줍니다", "보십시오 삿뽀로의 잔은 차가운지 차갑지 않은지 문자가 알려주고 눈으로 알 수 있습니다", "지금이 마실 때입니다"라는 문구를 사용한 사실, 앞서 본 1989. 8. 21. 발행된 일본 발명협회공개기보에서도 '최적온도를 눈으로 볼 수 있는' 등의 표현이 고안의 설명 중에 사용된 사실을 각 인정할 수 있다. 판단컨대, 위에서 본 바에 의하면, 원고의 아이디어와 같이 열감지테이프나 열감지잉크 등의 온도감응수단을 부착하여 가장 맛있는 온도에서 맥주나 음료수를 마실수 있도록 한 고안에 대하여는 그 광고나 설명에서도 맛있는 온도를 시각적으로 확인할 수 있다는 내용이 필수적으로 포함되게 되어 있다 할 것인데, 원고가 제안한 광고문구와 피고가 사용한 위 광고문구 사이에의 각 뒷부분 "눈으로 확인하세요"와 "눈으로 확인하십시오" 부분은 그 표현에 있어 유사하기는 하나 이러한 문구는 위 삿뽀로 맥주의 광고에서도 "눈으로 알 수 있습니다"라는 문구와도 역시 유사하고, 또한 원고가 제안한 문구의 앞부분인 '최상의 맛을 유지하는 온도'와 피고가 사용한 '가장 맛있는 온도가 되면(암반천연수 마크가 나타나는 하이트)'의 부분도 위 발명협회공개기보에 표시된 '최적온도를 눈으로 볼 수 있는' 등의 표현과 유사한 것일 뿐만 아니라, 원고가 위 제안서에 예시한 광고문구와 피고가 사용한 광고문구는 모두 '맛있는 온도'를 '눈으로 알 수 있다'는 단순한 내용을 표현한 것으로서 그 문구가 짧고, 의미도 단순하여 그 표현형식에 위 내용 외에 어떤 보호할 만한 독창적인 표현형식이 포함되어 있다고 볼 여지도 없다 할 것이어서 위 광고문구에 저작권을 인정할 수 있는 전제로서의 창작성이나 아이디어로서의 참신성을 인정할 수 없다 할 것이다. 따라서 원고가 제안한 위 광고문구에는 저작권의 요건인 창작성이나 아이디어로서의 참신성을 인정할 수 없으므로 그 저작권침해 또는 아이디어 침해가 있음을 전제로 한 원고의 주장은 모두 이유 없다.』

5. 패션모델사진 사건[7-62)]

「원고는, 피고가 전문 패션모델인 원고 정○○의 사진을 무단으로 이 사건 인터넷 쇼핑몰에 게재함으로써 원고 정○○의 초상권 내지 퍼블리시티권을 침해하였으므로, 피고는 원고 정○○에게 이로 인한 손해 2,050만 원(패션쇼 1회 출연료 500,000원+10개월간의 지면광고비 2,000만 원)과 이에 대한 지연손해금을 지급할 의무가 있다고 주장한다.

사람은 누구나 자신의 얼굴 기타 사회통념상 특정인임을 식별할 수 있는 신체적 특징에 관하여 함부로 촬영 또는 그림묘사되거나 공표되지 아니하며 영리적으로 이용당하지 않을 권리를 가지는데, 이러한 초상권은 우리 헌법 제10조 제1문에 의하여 헌법적으로 보장되는 권리이다(대법원 2006. 10. 13. 선고 2004다16280 판결 등 참조). 이 사건의 경우에, 피고가 피고 제품 판매를 위하여 원고 정○○의 모습이 담긴 이 사건 사진을 무단으로 이 사건 인터넷 쇼핑몰에 게재한 이상, 피고는 원고 정○○의 초상권을 침해하였음이 인정되므로, 피고는 원고 정○○에게 그로 인한 손해를 배상할 의무가 있다. 나아가 피고의 초상권 침해로 인하여 원고 정○○이 입은 재산적 손해에 관하여 보건대, 원고 정○○은 전문 모델인 점은 기초사실에서 본 바와 같고, …에 의하면 피고가 적어도 2009. 7. 14.부터 2010. 4. 14.까지 약 9개월간 이 사건 사진을 이 사건 인터넷 쇼핑몰에 게재한 사실, 원고 정○○이 모델활동으로 얻는 수익은 지면광고의 경우 1개월에 200만 원, TV 광고의 경우 3개월에 500만 원, 패션쇼의 경우 1회 40만 원 내지 50만 원인 사실이 인정되며, 이러한 인정사실에다가 인터넷 쇼핑몰의 사진 게재와 다른 광고매체와의 광고효과 및 그로 인한 모델 수익의 차이, 피고의 판매기간 및 판매량 등을 고려하면, 피고의 이 사건 사진 게재로 인한 원고 정○○의 재산상 손해액은 400만 원 정도로 봄이 타당하다.」

☞ 대부분의 초상권 침해를 인정한 사건은 그 손해배상의 범위와 관련하여 위자료에 대한 배상만 인정되는 것에 비해, 이 사건은 재산상 손해의 배상을 명하였다는 점에서 음미할 가치가 있다.

7-62) 서울고등법원 2010. 12. 22. 선고 2010나58188 판결(심불기각).

6. 도라산역 벽화 사건[7-63)]

<사안의 개요>

원고는 도라산역에 설치된 벽화를 창작한 작가인데, 피고 대한민국이 위 벽화를 원고의 동의 없이 떼어내어 소각한 사건이다. 그러자 원고는 피고의 행위가 원고의 동일성유지권 침해와 함께 인격권침해를 주장하였다. 원심법원[7-64)]은 동일성유지권 책임은 인정하지 않고, 인격권 침해책임은 인정하여 위자료의 배상을 명하였는데(동일성유지권 침해에 대한 판단내용은 앞의 「제5장, Ⅱ. 3. 동일성유지권」 부분 참조), 피고 대한민국이 상고를 제기하여 인격권 침해로 인한 불법행위가 성립하는지 및 이에 대한 국가배상책임이 성립하는지 여부가 쟁점으로 되었다.

<법원의 판단>

『저작권법은 공표권(제11조), 성명표시권(제12조), 동일성유지권(제13조) 등의 저작인격권을 특별히 규정하고 있으나, 작가가 자신의 저작물에 대해서 가지는 인격적 이익에 대한 권리가 위와 같은 저작권법 규정에 해당하는 경우로만 한정된다고 할 수는 없으므로 저작물의 단순한 변경을 넘어서 폐기 행위로 인하여 저작자의 인격적 법익 침해가 발생한 경우에는 위와 같은 동일성유지권 침해의 성립 여부와는 별개로 저작자의 일반적 인격권을 침해한 위법한 행위가 될 수 있다. 이와 다른 전제에서, 저작인격권 침해에 해당하지 아니한다고 평가된 행위는 당연히 법적으로 보호할 가치가 있는 인격적 이익에 대한 침해로도 될 수 없다고 보아야 한다거나, 원심이 이 사건 벽화 폐기행위에 대하여 동일성유지권을 침해하지 않았다고 판단한 다음 이와 별도로 법적으로 보호할 가치가 있는 인격적 이익의 침해는 인정된다고 판단한 것은 이유모순에 해당한다는 취지의 상고이유 주장은 받아들일 수 없다.

(국가배상책임과 관련하여) 공무원의 행위를 원인으로 한 국가배상책임을

7-63) 대법원 2015. 8. 27. 선고 2012다204587 판결. 동일성유지권 관련된 쟁점은 「제5장 저작권의 종류」 참조. 평석은 박성호, "국가에 의한 '예술반달리즘'과 예술가의 인격권 침해", 계간 저작권 제112호(2015. 겨울) 참조.

7-64) 서울고등법원 2012. 11. 29. 선고 2012나31842 판결.

인정하기 위하여는 ‘공무원이 직무를 집행하면서 고의 또는 과실로 법령을 위반하여 타인에게 손해를 입힌 때’라고 하는 국가배상법 제2조 제1항의 요건이 충족되어야 한다. 여기서 ‘법령을 위반하여’라고 함은 엄격하게 형식적 의미의 법령에 명시적으로 공무원의 행위의무가 정하여져 있음에도 이를 위반하는 경우만을 의미하는 것은 아니고, 인권존중·권력남용금지·신의성실과 같이 공무원으로서 마땅히 지켜야 할 준칙이나 규범을 지키지 아니하고 위반한 경우를 비롯하여 널리 그 행위가 객관적인 정당성을 결여하고 있는 경우도 포함한다(대법원 2002. 5. 17. 선고 2000다22607 판결, 대법원 2012. 7. 26. 선고 2010다95666 판결 등 참조). 예술작품이 공공장소에 일반대중에게 상당한 인지도를 얻는 등 예술작품의 종류와 성격 등에 따라서는 저작자로서도 자신의 예술작품이 공공장소에 전시·보존될 것이라는 점에 대하여 정당한 이익을 가질 수 있으므로, 저작물의 종류와 성격, 이용의 목적 및 형태, 저작물 설치 장소의 개방성과 공공성의 정도, 국가가 이를 선정하여 설치하게 된 경위, 폐기의 이유와 폐기 결정에 이른 과정 및 폐기 방법 등을 종합적으로 고려하여 볼 때 국가 소속 공무원의 해당 저작물의 폐기 행위가 현저하게 합리성을 잃고 저작자로서의 명예감정 및 사회적 신용과 명성 등을 침해하는 방식으로 이루어진 경우에는 객관적 정당성을 결여한 행위로서 위법하다고 할 것이다. 원심판결 이유와 기록에 의하면 다음과 같은 사정들을 알 수 있다. 1) 이 사건 벽화는 원고가 2006. 3.경 피고로부터 의뢰받아 2007. 5.경 도라산역사 내 벽면 및 기둥들에 포토콜라주 기법을 활용하여 제작·설치한 14점의 벽화들로서, 반복·재현이 사실상 불가능하고 도라산역 내에 ‘첩부벽화’의 형태로 설치되어 벽체로부터의 분리도 용이하지 않은 미술저작물이다. 2) 이 사건 벽화가 설치된 도라산역은 서울과 신의주를 잇는 경의선 철도의 역 가운데 하나로서 통일 염원을 상징하는 대표적인 의미가 있어서 수많은 관광객이 찾는 공개된 장소이다. 3) 피고가 이 사건 벽화의 제작·설치를 의뢰한 것은 경의선 철도출입시설의 공간 활용 계획의 일환으로 도라산역사 내에 통일문화광장을 조성하여 도라산역 방문객에게 민족의 동질성을 보고 느낄 수 있는 작품을 전시함으로써 통일교육의 장으로 활용하고, 남북교류협력의 현실과 통일 미래에 대한 희망을 줄 수 있는 내용을 대형벽화를 통해 표현하기 위해서였다. 4) 또한 피고가 원고에게 이 사건 벽화의 제작·설치를 의뢰한 것은 원고가 1968.경 이래 대학교수 등으로 재직하여 온 명망 있는 미술가로서 특히 비무장지대에 특별한 관심을 가지고 지속적으로 작품 활동을 하여 왔기 때문이다. 5) 피고는 이 사건 벽화의 설치과정에 전문가 회의를 개최하는 등의 방법으로 이 사건 벽화의 의미에 관하여 원고와 수차례 협의하였으며, 설치 이후에는 이 사건 벽화의 가치와 의미를 소개하는 책자를 작성하여 적극적으로 홍보하기도 하였다. 6) 그런데 피고는 작품 설치일로부터 채 3년도 지나지 않은 2010. 2. 3. 이 사건 벽화의 교체를 추진하는 계획안을 수립한 다음 같은 해 5. 6. 이 사건 벽화를 철거하기로 결정하였고, 이후 그 원형에 대한 손상을 최소화하는 방법으로 이 사건 벽화를 철거할 수 있는지에 관하여 전문가의 조언을 구하거나 원고에게 통보하여 의사를 확인하는 등의 노력도 기울이지 않은 채 이 사건 벽화에 물을 분사하여 원래의 규격보다 작게 절단한 후 벽체에서 분리하는 방법으로 철거 작업을 감행함으로써 같은 달 18. 그 철거를 완료하였으며, 그 과정에 이 사건 벽화를 크게 손상시켰다. 7) 피고는 2010. 4.경 15일간 도라산역 관람객 140명을 대상으로 실시한 설문조사와 같은 달 30. 회의에 참석한 외부전문가들의 의견을 수렴하여 이 사건 벽화의 철거를 결정하였다고 주장하나, 그 설문조사의 최종결과만을 제시하고 있을 뿐 구체적인 설문지의 내용이나 실제 응답내용 등에 관한 자료는 전혀 제출하지 아니하고 있고, 나아가 위 회의에 참석한 외부전문가들의 인적사항도 전혀 밝히지 아니하고 있다. 8) 한편 위 외부전문가들이 이 사건 벽화를 철거하여야 할 이유로 지적하였다는 사유로 피고가 밝히고 있는 '작가 개인의 지나친 부각', '관광객의 이해 곤란', '어두운 색채와 반복적 내용', '프린트 방식으로 아우라 없음'은 이미 이 사건 벽화의 제작에 앞서 도안을 검토하기 위해 2006. 11. 2. 열린 회의에 참석한 외부전문가들이 지적한 사항과 사실상 같은 것이다. 9) 벽화 철거 사실을 알게 된 원고가 2010. 6. 11. 이 사건 벽화의 철거이유, 훼손 여부, 보관상태 등을 질의하는 청원서를 제출하자, 피고는 같은 달 17. 원고에게 "이 사건 벽화의 난해성, 어두움 등을 이유로 철거하였고, 철거 시 이 사건 벽화를 손상시키지 않도록 노력하였으나 부득이하게 손상된 부분이 있으며, 현재 이 사건 벽화 전체를 적절한 장소에 보관하고 있다."는 내용의 회신을 보냈다. 10) 또한 피고는 2011. 8. 9. 열린 이 사건 제1심 제1차 변론기일에서도 이 사건 벽화를 떼어내어 보관하고 있다고 진술하였는데, 이에 따라 원고가 같은 해 9. 14.경 이 사건 벽화의 현황을 살피기 위해 도라산역을 방문하자 비로소 도라산역 옆 공터에서 이미 소각하여 버린 사실만을 고지하였고, 그 구체적인 소각 경위에 대해서 더 이상 밝히지 아니하고 있으며, 위와 같은 소각결정 및 경위에 관하여 아무런 문서도 작성되지 아니하였다고 주장하고 있다. 원심이 인정한 사실과 위와 같은 사정들을 앞에서 본 법리에 비추어 보면, 원고는 특별한 역사적, 시대적 의미를 가지고 있는 도라산역이라는 공공장소에 피고의 의뢰로 설치된 이 사건 벽화가 상당기간 전시되고 보존되리라 기대하였고, 피고로서도 이 사건 벽화의 가치와 의미에 대하여 홍보까지 하였으므로 단기간에 이를 철거할 경우 원고가 예술창작자로서 갖는 명예감정 및 사회적 신용이나 명성 등이 침해될 것을 예상할 수 있었음에도, 피고가 이 사건 벽화의 설치 이전에 이미 알고 있었던 사유를 들어 적법한 절차를 거치지 아니한 채 그 철거를 결정하고 그 원형을 크게 손상시키는 방법으로 철거 후 소각한 행위는 현저하게 합리성을 잃은 행위로서 객관적 정당성을 결여하여 위법하다고 할 것이다. 그리고 피고의 이러한 이 사건 벽화 폐기행위로 인하여 원고가 정신적 고통을 겪었을 것임은 경험칙상 분명하므로, 피고는 국가배상법 제2조 제1항에 따라 원고에게 위자료를 지급할 의무가 있다.』

참고로 원심법원의 판단을 소개하면 다음과 같다.

『이 사건 벽화의 성격 : 원고는 1968년 이래 대학교수 등으로 재직하면서 작품활동을 하여 왔고, 특히 비무장지대에 대하여 특별한 관심이 있었다. 이 사건 벽화는 처음부터 공공장소이자 특별한 역사적, 시대적 의미를 띠고 있는 도라산역에 설치하는 것이 예정되었고, 벽화의 내용 또한 설치 장소에 맞추어 제작되었으며, 피고 스스로 이 사건 벽화의 내용 및 의미와 더불어 원고의 인적사항을 상세히 소개하는 홍보자료를 제작·배포하였다(갑 제6호증). 피고가 밝힌 추진계획(갑 제1호증의 1)에 따르면, 통일문화광장을 조성하여 도라산역 방문객에게 민족의 동질성을 보고 느낄 수 있는 작품을 전시함으로써 통일교육의 장으로 활용하고, 남북교류협력의 현실과 통일 미래에 대한 희망을 줄 수 있는 내용을 대형벽화를 통해 표현하기 위하여 이 사건 벽화를 제작·설치하였다는 것이다. 이러한 특정 공공장소에 설치된 특별한 의미가 있는 시각예술은 그 작품의 의미와 설치장소가 하나로 결합하여 새로운 예술적 가치와 공간적, 역사적 의미를 창조하게 된다. 이러한 창작물이 관람객들에 대하여 상당한 인지도를 얻게 되는 정도에 이르면, 창작자 개인이 위 작품이 현상 그대로 유지되는 데 대하여 커다란 이익을 갖게 됨은 물론, 공공적 측면에서도 이를 후대를 위한 문화예술자산으로 유지·보전하여야 할 이익이 발생한다.

국가인 피고의 책무 : 예술의 자유는 인간이 자신의 개성을 예술적 언어로 창의적이고 자유롭게 표현하는 것을 내용으로 하고, 특히 공권력에 의한 예술 활동의 침해로부터 예술가를 보호하는 것을 포함한다. 예술작품은 이러한 예술의 자유에 근거한 다양성의 발현을 본질적 가치로 삼는 것으로 예술작품에 대한 평가는 시대에 따라 얼마든지 달라질 수 있다. 또 헌법은 국가로 하여금 전통문화의 계승·발전과 민족문화의 창달에 노력하여야 할 의무를 부과하고(제9조), 예술가의 권리를 법률로써 보호하도록 정하고 있다(제22조 제2항). 이처럼 국가는 국민에 대하여 예술의 자유를 보장하여야 할 뿐 아니라 적극적으로 예술을 보호하고 장려할 책무 또한 부담한다. 따라서 국가인 피고는 이 사건과 같이 스스로 설치하여 인지도를 얻은 공공예술작품을 완전히 폐기하는 데에는 신중하여야 하고 공론화의 과정을 충분히 거쳐 결정하여야 할 것이다. 특정 예술작품을 국가가 일정한 잣대 아래 일방적으로 평가하는 것은 자칫하면 예술에 대한 국가의 감독으로 이어질 수 있어 예술의 자유를 정면으로 침해할 가능성이 있고 위 책무를 저버릴 위험도 있다. 문화예술진흥법 제9조는 일정한 건축물의 건축주에게 건축비용 중 일부로 미술작품을 설치하도록 하되, 같은 법 시행령 제15조에서는 지방자치단체장으로 하여금 위와 같이 설치된 미술작품이 철거·훼손된 경우 해당 건축주에게 원상회복조치를 요구하도록 정하고 있는바, 피고가 위 규정의 직접 적용을 받는 것은 아니라 하더라도 사인인 건축주에 비하여 더 완화된 책임을 부담하는 것은 앞서 본 피고의 책무에 비추어 볼 때 부당하다. 물품관리법시행령(2011. 12. 30 대통령령 제23429호로 개정되기 전의 것) 제51조 제2항의 위임에 따라 정부미술품의 관리를 위해 제정된 정부미술품 보관관리규정(2010. 2. 4. 조달청고시 제2010-4호) 제4조 제1항 제2호는 '미술품의 보존·관리를 위하여 수선을 하거나 장소 변경 등 이동할 필요가 있을 때에는 미술품의 가치를 충분히 고려하여 원형이 손상되지 않도록 하여야 한다.'라고 규정하고 있고(밑줄은 편의상 덧붙인 것이다), 제8조에서는 "보존이나 보관할 필요가 없어 불용의 결정을 한 미술품 중 관리전환 등 방법으로 처분되지 않는 경우에는 물품관리법 제38조에 해당하는 기관이나 단체에 무상으로 양여할 수 있다."라고 규정하고 있으며, 제9조 제2항에서 '미술품의 손상의 정도가 심하여 수복이 불가능하거나 보존가치가 없는 미술품에 대하여는 전문가의 자문을 거쳐 폐기처분할 수 있다.'라고 규정함으로써 정부미술품에 대해서는 보존의무를 규정하면서 극히 예외적인 경우에 한하여 폐기할 수 있도록 하고 있다. 이러한 물품관리규정은 국가 재산의 효율적 보존과 적정한 관리를 목적으로 한 것으로서, 특히 정부미술품에 대하여 별도의 보관관리규정을 두고 상세한 보존 방법을 규정하고 있는 것은 미술품을 특별히 원형 그대로 장기 보존함으로써 그 경제적 가치를 보호하고자 하는 것이 주된 목적이지만, 이와 더불어 정신적, 문화적 산물인 미술품의 창작자가 자신의 작품이 장기간 온전히 유지되고 공중에 전시되는 데 대하여 갖는 인격적 이익이나 해당 작품이 가지는 문화 예술적 유산으로서의 공공적 가치도 부수적으로 보호하고 있다고 볼 여지가 있다.

이 사건 벽화의 폐기절차 : 피고는 관람객 140명에 대한 15일간의 설문조사와 2010. 4. 30. 회의에 참석한 외부전문가들의 의견을 수렴하여 이 사건 벽화의 철거를 결정하였다고 주장한다. 그러나 피고는 그 설문조사의 최종 결과만을 제시하고 있을 뿐 구체적인 설문지의 내용이나 실제 응답내용 등에 관한 자료는 전혀 제출하지 아니하고 있다. 나아가 위 외부전문가들이 이 사건 벽화를 철거하여야 할 이유로 지적한 '작가 개인의 지나친 부각', '관광객의 이해 곤란', '어두운 색채와 반복적 내용', '프린트 방식으로 아우라 없음'은 이미 이 사건 벽화의 제작에 앞서 도안을 검토하기 위해 2006. 11. 2. 열린 회의에 참석한 외부전문가들이 지적한 사항과 사실상 같은 것이어서 이를 다시 철거의 이유로 삼기에는 설득력이 부족하다(피고는 벽화 제작·설치와 철거에 관하여 각 자문한 외부전문가들의 인적사항을 전혀 밝히지 아니하고 있다). 결국, 피고가 이 사건 벽화의 철거를 결정하기 위해 거친 위와 같은 절차는, 공론의 장을 충분히 거쳤다고 볼 수 없는 매우 형식적인 것이었다고 평가할 수밖에 없으며, 그 철거가 어떠한 공익적 목적을 위한 것인지도 불분명하다. 또 이 사건 벽화는 앞서 본 정부미술품 보관관리규정에서 규정한 수복이 불가능하거나 보존가치가 없는 경우에 해당한다고 보기 어려우므로, 피고가 이 사건 벽화의 내용이 부적절함을 이유로 이를 소각하는 방법으로 폐기해 버린 것은 위 규정에 명백히 위반되는 것이라고 보인다(피고는 이 사건 벽화가 도라산역 건물에 부합되어 부동산의 일부가 되었으므로 동산인 물품에 대한 관리방법만을 정하고 있는 위 규정의 적용대상에서 제외된다는 취지로 주장하는바, 이 사건 벽화가 부동산에 부합된 것이라고 단정할 수 없을 뿐 아니라, 설령 부합되었다고 보더라도 그 소유권의 귀속과는 무관한 미술품으로서의 보존가치에는 아무런 차이가 없는 것이며, 피고의 폐기행위가 정부미술품의 원칙적인 보존과 관리를 규정한 위 규정의 취지에 정면으로 어긋나는 행위임은 여전히 부인할 수 없다). 피고는 2011. 8. 9. 열린 이 사건 제1심 1차 변론기일에서 이 사건 벽화를 떼어내어 보관하고 있다고 진술하였는데, 이에 따라 원고가 2011. 9. 14.경 이 사건 벽화의 현황을 살피기 위해 도라산역을 방문하자 비로소 도라산역 옆 공터에서 이미 소각하여 버린 사실만을 고지하였다. 피고는 그 구체적인 소각 경위에 대해서 더 이상 밝히지 아니하고 있고, 위와 같은 소각결정 및 경위에 관하여 아무런 문서도 작성되지 아니하였다고 주장하고 있다. 이러한 피고의 행위는 이 사건 벽화의 훼손에 따른 원고의 인격적 이익의 침해 여부와 관련하여 그 증거자료를 파기함으로써 이 사건 벽화의 훼손사실에 대한 원고의 입증을 방해한 행위라고 볼 여지가 있다.

폐기의 결과 : 피고가 이 사건 벽화를 떼어내는 과정에서 어느 정도의 손상이 있었다고 하더라도 복원 과정 등을 통하여 이 사건 벽화를 다시 제작한 후 다른 곳에 전시하거나 보관하는 것이 가능할 수도 있었다고 보인다. 원고는 이 사건 벽화를 완성하기 위하여 필생의 노력을 기울여 왔다고 주장하고 있고, 이 사건 벽화가 원고에게 특별한 의미가 있는 장소에 전시되어 후대에도 원고의 대표작으로 남게 될 것으로 기대하였을 것으로 보이므로, 설령 이 사건 벽화가 도라산역에서 철거되었다고 하더라도 그 작품의 보존에 대하여 상당한 이익을 가지고 있었다고 할 것이다. 피고 역시 이 사건 벽화의 가치와 의미에 대하여 스스로 적극적으로 홍보하기까지 한 점 등에 비추어 이 사건 벽화의 존속에 대하여 원고가 보유하는 인격적 이익을 충분히 알고 있었으리라 보이고, 실제로 앞서 인정한 바와 같이 원고의 청원서에 대하여 피고 산하 남북출입사무소장이 2010. 6. 17. 이 사건 벽화를 적절한 장소에 보관하고 있다는 취지로 회신하면서 '교수님께서 벽화에 그려 놓으신 혼과 열정은 철거된 이후에도 길이 남을 것을 확신합니다.'라고 답변한 내용은 이러한 사정을 뒷받침한다. 이러한 사정을 알고 있었던 피고가 이 사건 벽화를 소각할 예정임을 원고에게 미리 알렸다면 원고는 자신의 작품을 보존하기 위하여 다시 매수하는 등의 조치를 강구할 가능성도 있었다고 보인다. 그럼에도 피고는 원고에게 아무런 통보 없이 이 사건 벽화를 관련 법령에 규정된 절차도 지키지 아니한 채 소각하는 방법으로 폐기하였는바, 이는 저작권법의 시각에서만 보면, 저작권법이 저작자의 인격권으로 보호하는 저작물의 '내용·형식 및 제호'에 대한 동일성유지를 넘어 저작물 그 자체를 극단적으로 변형·왜곡하여 버린 것으로 평가할 수도 있다.

위자료의 액수 : 이 사건 제1심 및 당심 변론 과정에서 나타난 원고의 작가 활동 경력과 예술가로서의 사회적 지위, 이 사건 벽화의 제작 경위, 원고 개인적 측면과 공공적 관점에서 보는 이 사건 벽화의 보존가치, 이 사건 벽화의 구체적 제작방법과 그 재제작의 가능성, 이 사건 벽화가 도라산역에 전시된 기간, 이 사건 벽화에 대한 공중의 인지도, 피고가 이 사건 벽화의 철거를 결정하게 된 이유와 절차, 피고의 이 사건 벽화의 제거 방법과 보관 경위, 이 사건 벽화의 소각 시기와 경위, 원고가 이 사건 벽화의 폐기로 인하여 입었을 정신적 고통의 정도, 피고가 부담하는 기본권 보장의무의 내용 및 그 위반의 정도 등 모든 사정을 고려하여 보면, 원고가 입은 정신적 고통에 대한 위자료는 10,000,000원으로 인정함이 상당하다.』

7. 건강보조식품 광고사진 사건[7-65)]

『원고가 상당한 시간과 비용 등 노력을 들여 이 사건 사진들을 포함한 제품 사진을 제작하고 쇼핑몰에 게시하여 사업을 운영하였음은 앞서 인정한 바와 같은바, 이 사건 사진들은 판매 상품에 대한 정보를 소비자에게 정확하고 효과적으로 전달하여 고객을 유인할 목적으로 제작된 것으로 원고의 영업활동을 위한 경제적 가치가 있는 것들이라 할 것이고, 피고가 영리의 목적으로 영업상 경쟁관계에 있는 원고의 이 사건 사진들을 무단으로 도용하여 피고의 쇼핑몰에 게재한 행위는, 비록 이 사건 사진들이 저작권법에서 보호하는 저작물이 아니라고 할지라도 경쟁자인 원고가 투자한 영업상의 비용에 무임승차한 것으로 공정하고 자유로운 경쟁원리에 의해 성립하는 거래사회에 있어 현저하게 불공정한 수단을 사용함으로써 사회적으로 허용되는 한도를 넘어 원고의 법적으로 보호할 가치 있는 이익을 위법하게 침해하는 것으로 민법 제750조의 불법행위를 구성한다고 봄이 타당하다. 피고는, 이 사건 각 제품들의 국내독점판매권자인 네이쳐스레버러터리 주식회사(이하 '소외 회사'라 한다)로부터 제품사진을 지원받기로 하였기에 위 회사의 사용허락으로 이 사건 사진들을 사용할 수 있다고 믿었고, 소외 회사로부터 물건을 공급받기로 한 피고는 신의칙상으로도 인터넷상에 게시된 제품 사진들을 사용할 수 있다고 할 것이며, 원고가 2013. 2.경 소외 회사와 물품공급계

7-65) 서울중앙지방법원 2015. 4. 24. 선고 2014나62403 판결(심불기각). 상품 사진을 무단 사용하여 광고한 것이 불법행위에 해당하는지 여부가 쟁점이다.

약을 구두 해지함으로써 더 이상 위 제품을 판매할 권한이 없음에도 계속적으로 제품을 판매하면서 상표권 침해행위와 제품구매유도의 불법행위를 한 것과 비교형량할 경우 원고가 보호받을 법익은 미미하므로 원고의 청구는 부당하다는 취지로 주장한다. 살피건대, 소외 회사가 이 사건 각 제품들의 국내독점권판매자라는 이유만으로 원고가 스스로 비용과 노력을 들여 영업활동을 위하여 제작한 이 사건 사진들의 사용을 허락할 권한이 있다고 할 수 없고, 을 제13호증의 기재만으로는 물품공급업체의 동의가 있으면 응당 제3자가 제작한 제품사진도 다른 판매업체에서 임의로 이용할 수 있다는 관행이 있다거나 신의칙상 사용할 수 있다고 보아야 한다고 보기 부족하고 달리 이를 인정할 증거가 없으므로, 피고가 이 사건 사진들을 이용할 권한이 있다거나 그와 같이 믿은 데 과실이 없다고 할 수 없다. 또한, 을 제11호증의 기재에 의하면, 원고가 2012. 2.경 소외 회사와 물품공급계약을 구두로 해지하여 더 이상 이 사건 각 제품을 공급받지 못하고 있을 뿐 아니라 소외 회사와 분쟁관계에 있는 사정이 인정되나, 이러한 사정만으로 원고가 기존의 거래에 따라 수령한 제품들의 판매를 위하여 이 사건 사진들을 활용하는 것이 소외 회사에 대한 불법행위를 구성한다고 보기 어렵고, 설령 원고의 위 행위가 소외 회사에게 어떤 불법행위를 구성한다고 하더라도 피고가 이러한 사정을 들어 원고가 제작한 이 사건 사진들 무단으로 사용하는 것이 정당화된다고도 할 수 없으므로, 피고의 위 주장 역시 이유 없다.」

8. 밥버거 홈페이지 사건[7-66)]

「① 원고 홈페이지가 원고의 제품을 홍보하고 가맹점을 모집하는데 최대한 효과적으로 사용되도록 메인문구의 내용과 형태, 카테고리의 제목과 내용, 순서 및 배치 등 소재의 선택과 배열에 상당한 노력을 기울이고 비용을 투자하여 제작되었고, 비록 저작권법에 의한 보호를 받을 정도의 창작성은 갖추지 못하였다고 하더라도 나름 개성을 갖고 있는 점, ② 피고의 이 사건

7-66) 서울중앙지방법원 2015. 7. 15. 선고 2013가단5176545 판결. 타인의 홈페이지 구성을 무단 사용한 것이 불법행위에 해당하는지 여부를 다투는 이 사건에서 원고는 주위적으로는 홈페이지의 구성을 편집저작물이라고 주장하면서 저작재산권 침해를 주장하였으나 편집저작물성은 인정되지 않았다. 자세한 내용은 「제3장 저작물－저작권법의 보호대상」 참조.

홈페이지는 원고 홈페이지와 비교할 때, 회사 홈페이지 메인화면의 구성 내용과 배열이 거의 동일하고, 컬러, 네비게이션, 메인문구, 하단 레이아웃, 메뉴 소개 등 구체적인 부분에서 매우 유사하며, 창업안내 홈페이지 또한 그 표현방식이나 문구가 거의 동일하거나 매우 유사한 점{피고의 이 사건 홈페이지(을 제12호증)는 그 변경 전의 피고 홈페이지(을 제11호증)와 구성과 내용에 있어 유사성을 찾기 힘든 반면에, 원고 홈페이지(갑 제2, 3호증)와는 육안으로 보더라도 유사성이 인정된다}, ③ 피고의 이 사건 홈페이지는 원고 홈페이지와 세부적인 면에서는 차이가 있도록 제작되었으나, 전체적인 면에서는 유사성의 정도가 매우 커 원고 홈페이지를 그대로 모방하여 제작된 것으로 볼 수 밖에 없는 점, ④ 피고가 원고 홈페이지를 무단으로 사실상 복제한 행위로 인해 원고의 신규 가맹점 모집 및 제품 판매에 상당한 차질이 발생하였던 점 등이 인정되고, 달리 반증이 없다. 그렇다면, 피고가 영리를 목적으로 경쟁관계에 있는 원고가 노동력과 비용을 들여 제작한 원고 홈페이지를 무단 복제해서 영업에 활용한 행위는, 현저하게 불공정한 수단을 사용하여 법적으로 보호할 가치 있는 원고의 정당한 이익을 위법하게 침해하는 것이므로 민법 제750조의 불법행위를 구성한다.』

Ⅴ. 형사적 구제수단

권리자는 저작권 침해행위가 있는 경우 침해자를 수사기관에 고소하여 침해자가 형사처벌을 받도록 함으로써 자신의 권리를 행사할 수 있다.

실무상 고소가 이루어져서 수사가 개시되거나, 재판이 진행되면 침해자는 권리자와 합의를 시도하는 경우가 많다. 합의가 되면 친고죄인 경우 공소권 없음 처분이나 공소기각 판결을 받게 되고, 비친고죄라 하더라도 양형에서 유리한 요소로 참작되기 때문이다. 다만, 최근 청소년에 대하여 저작권 침해로 인한 형사고소가 남발되는 경향이 있어서 수사기관에서는 일정한 기준에 따라 고소를 각하함으로써 침해자가 청소년인 경우 지나친 금전적 부담을 지우는 것을 방지하고 있다고 한다.[7-67)]

7-67) http://www.korea.kr/policy/pressReleaseView.do?newsId=155945105&call_from=extlink(최종방문 : 2014. 8. 9).

1. 형사책임의 성립요건

저작권 침해로 인한 형사책임이 성립하기 위해서는 ① 침해자의 행위가 형사처벌조항에서 정하는 범죄구성요건에 해당하여야 하고(특히 범죄행위에 대한 고의가 있어야 한다), ② 침해자의 행위가 위법하여야 하며, ③ 침해자의 책임이 인정되어야 한다. 또한 친고죄인 경우 형사소추조건으로서 피해자의 고소가 있어야 하지만(법 제140조 본문), 영리를 목적으로 하거나 상습적으로 소정의 침해행위를 한 경우 등에는 비친고죄이므로 고소가 필요하지 않다(법 제140조 각호).

①요건과 관련하여 법에서는 어떠한 유형의 침해행위를 형사처벌할 것인지를 구체적으로 규정하고 있다(법 제136조 내지 제139조, 제141조). ③요건과 관련하여 온라인서비스제공자의 경우 소정의 기술적보호조치를 하였거나, 기술적 보호조치를 취하는 것이 기술적으로 불가능한 경우 형사책임이 면제된다(법 제102조).

형사재판에서는 침해행위에 대한 고의가 존재하는지(주로 방조범의 경우에 침해의 고의가 없었다고 다투는 경우가 많다), 영리를 목적으로 하는지, 상습성이 인정되는지, 기술적보호조치를 이행하였거나 조치를 취하는 것이 기술적으로 불가능한지 여부 등이 쟁점이 되는 경우가 많다.

죄수(罪數)와 관련하여. 저작권법위반죄는 침해 저작물마다 1죄가 성립하고,[7-68] 수개의 저작물의 저작권을 침해한 경우 각 침해죄 사이의 실체적 경합범에 해당하며, 하나의 저작권침해행위가 저작재산권침해죄와 저작인격권 침해죄를 같이 구성하는 경우에는 상상적 경합범으로 봄이 상당하다.

이하에서는 이러한 쟁점들 위주로 구체적 형사재판에서 문제된 경우를 주요 판결례를 통해 살펴보기로 한다.

7-68) 하나의 저작물을 복제, 전시, 배포하는 경우, 복제권, 전시권, 배포권 침해죄 사이의 죄수가 문제되나, 하나의 저작물에 대한 것인 이상 포괄하여 법 제136조 제1항의 1죄를 구성한다고 본다.

2. 판결례

가. 경찰청 홈페이지 사건[7-69]

「피해자가 경찰청 인터넷 홈페이지에 민원을 접수하는 형태로 피고인에 대한 조사를 촉구하는 의사표시를 한 경우에 형사소송법의 고소에 해당하는지 여부를 판단함에 있어서는, 고소라 함은 범죄의 피해자 기타의 고소권자가 수사기관에 단순히 피해사실을 신고하거나 수사 및 조사를 촉구하는 것에 그치지 않고 범죄사실을 신고하여 범인의 소추·처벌을 요구하는 의사표시인 점, 특히 친고죄에 있어서의 고소는 고소요건의 충족, 고소기간의 경과, 고소 효력의 범위 등과 관련하여 중요한 의미가 있어 절차의 확실성이 요구되는 점, 현재 형사소송법 제237조 제1항은 고소의 형식으로 서면과 구술로 한정하고 있는 점 등을 고려하여야 한다. 원심이 이와 같은 취지에서 피해자가 경찰청 인터넷 홈페이지를 통해 이 사건 신고민원을 접수한 것은 형사소송법에 따른 적법한 고소가 아니라고 판단하여 이 사건 공소제기의 절차가 법률의 규정에 위반하여 무효인 때에 해당한다고 보아 이 사건 공소사실에 대하여 공소기각을 선고한 것은 정당하고, 거기에 상고이유로 주장하는 것과 같이 친고죄에 있어서 고소에 관한 법리를 오해한 등의 위법이 없다.」

나. 삼일총서 표절 사건[7-70]

<사안의 개요>

원심은 피고인 2 회계법인에 대한 이 사건 범죄는 제102조에 의하여 고소가 있어야 논할 수 있는 친고죄로서 이 경우 고소는 범인을 알게 된 날로부터 6월 이내에 제기하여야 하는바, 이 사건 기록에 의하면 고소인 신○○은 1991. 8. 6. 피고인 2 회계법인의 대표사원인 피고인 1과 위 피고인의 직원인 원심 공동피고인이 '안건회계법인' 법인세법편을 저술하면서 고소인이 공소외

7-69) 대법원 2012. 2. 23. 선고 2010도9524 판결. 경찰청 인터넷 홈페이지에 민원을 접수한 것을 고소로 볼 수 있는지 여부가 쟁점이다.

7-70) 대법원 1996. 3. 12. 선고 94도2423 판결. 표절 서적을 집필한 사람 외에 양벌규정에 의해 처벌받는 자에 대하여도 별도의 고소가 있어야 하는지 여부가 쟁점이다.

○○회계법인으로부터 양수받은 삼일총서의 저작권을 침해하였다는 이유로 위 피고인 1과 원심 공동피고인이 서울지방검찰청에 고소한 사실, 그 후 위 신○○은 위 피고인 1과 원심 공동피고인이 위 범죄를 저질렀다는 이유로 이 법원에 공소가 제기된 후인 1992. 9. 30.경 피고인 2 회계법인의 사용인인 위 피고인 1과 원심 공동피고인이 위 법인의 업무에 관하여 위와 같은 범행을 하였다는 이유로 피고인 2 회계법인을 서울지방검찰청에 고소한 사실을 인정할 수 있는바, 위 인정사실에 의하면 고소인 신○○은 피고인 1과 원심 공동피고인을 고소할 당시인 1991. 8. 6. 이미 원심 공동피고인이 자신의 저작권을 침해하여 '조세총서' 법인세법편을 저술하였고, 위 원심 공동피고인이 피고인 2 회계법인에 소속된 자임을 알고 있었다 할 것이므로 그 후에 피고인 2 회계법인을 피고소인으로 하여 제기한 1992. 9. 30.자 고소는 범인을 알게 된 날로부터 6월이 훨씬 경과하여 제기된 것으로서 효력이 없다고 할 것이고, 따라서 피고인 2 회계법인에 대한 이 사건 공소는 친고죄에서 고소 없이 공소제기된 것으로 되어 공소제기의 절차가 법률의 규정에 위반하여 무효인 때에 해당하므로 공소를 기각하여야 할 것이라고 판시한 사건으로, 양벌규정의 적용을 받는 피고인 2에 대한 고소가 적법한지 여부가 쟁점이다.

<법원의 판단>

『고소는 범죄의 피해자 또는 그와 일정한 관계가 있는 고소권자가 수사기관에 대하여 범죄사실을 신고하여 범인의 처벌을 구하는 의사표시이므로, 고소인은 범죄사실을 특정하여 신고하면 족하고 범인이 누구인지 나아가 범인 중 처벌을 구하는 자가 누구인지를 적시할 필요도 없는바, 법 제103조의 양벌규정은 직접 위법행위를 한 자 이외에 아무런 조건이나 면책조항 없이 그 업무의 주체 등을 당연하게 처벌하도록 되어 있는 규정으로서 당해 위법행위와 별개의 범죄를 규정한 것이라고는 할 수 없으므로, 친고죄의 경우에 있어서도 행위자의 범죄에 대한 고소가 있으면 족하고, 나아가 양벌규정에 의하여 처벌받는 자에 대하여 별도의 고소를 요한다고 할 수는 없다. 따라서 이와 달리 양벌규정에 의하여 처벌받는 피고인 2 회계법인에 대하여도 별도의 고소를 요한다고 잘못 판단한 나머지 위 피고인에 대한 공소를 기각한 원심판결에는 양벌규정과 고소에 관한 법리를 오해하여 판결에 영향을 미친 위법이 있다 할 것이므로, 이 점을 지적하는 논지는 이유 있다.』

다. 엘콘플랜 프로그램 사건[7-71]

『구 컴퓨터프로그램 보호법 제48조는 '프로그램저작권자 또는 프로그램배타적발행권자' 등의 고소가 있어야 공소를 제기할 수 있다고 규정하고 있는데, 프로그램저작권이 명의신탁된 경우 대외적인 관계에서는 명의수탁자만이 프로그램저작권자이므로 제3자의 침해행위에 대한 구 컴퓨터프로그램 보호법 제48조 소정의 고소 역시 명의수탁자만이 할 수 있다.

이 사건은 자신이 '엘콘플랜'의 프로그램저작권자라고 주장하는 공소외 2의 고소에 따라 공소가 제기된 것이다. 그런데 기록에 의하면, ① 공소외 3 주식회사가 1994. 6. 18. 프로그램 등록을 마친 '도편수'의 프로그램저작권은 1999. 6. 30. 고소인 공소외 2에게 양도되고 1999. 8. 18. 공소외 2 앞으로 이전등록까지 마친 사실, ② 한편 당시 공소외 2가 이사로 등재되어 있던 공소외 4 주식회사(이하 '공소외 4 회사'라고만 한다)은 1999년 5월경부터 도편수 프로그램을 '엘콘플랜'으로 명칭을 변경하여 판매하여 왔으며 2○○○. 5. 15. '엘콘플랜' 프로그램에 관하여 '작성일자 2○○○. 4. 30.', '작성자 공소외 4 회사'로 하여 공소외 4 회사 명의로 새로이 프로그램저작권 등록을 마친 사실, ③ 공소외 4 회사는 2004. 5. 11. 공소외 5에게 '엘콘플랜'의 프로그램저작권을 양도하고, 2004. 5. 14. 공소외 5 앞으로 프로그램저작권 이전등록까지 마쳐준 사실, ④ 공소사실 기재 프로그램저작권 침해기간에는 물론 현재까지도 프로그램저작권등록부상 엘콘플랜의 프로그램저작권자는 공소외 5인 사실, ⑤ 한편 이 사건 각 폰트파일은 공소외 6이 1992. 8. 15.경 작성하여 1992. 11. 23. 프로그램 등록을 마친 '멋진 글'이라는 서체파일 프로그램의 일부인데, '멋진 글'의 프로그램저작권은 1999. 7. 30. 공소외 4 회사에 전부 양도되어, 1999. 8. 23. 그 이전등록까지 마친 사실을 알 수 있다. 이러한 사정과 원심이 적법하게 채택하여 조사한 증거 등을 종합하면 공소사실에서 침해대상 프로그램으로 특정된 '엘콘플랜(구 명칭: 도편수)' 프로그램은 도편수 v3.5 프로그램으로서 공소외 4 회사가 2○○○년경 프로그램 등록을 마친 '엘콘플랜 프로그램'과 실질적으로 동일한 것으로 보이고, 공소사실 기재 프로그램저작권 침해기간 당시 '엘콘플랜 프로그램'의 프로그램저작권자는 공소외 5이며, 이 사건 각 폰트파일의 프로그램저작권자는 공

7-71) 대법원 2013. 3. 28. 선고 2010도8467 판결. 환송 후 2심은 서울중앙지방법원 2013. 7. 5. 선고 2013노1106 판결. 저작권의 귀속과 적법한 권리자에 의한 고소인지가 문제된 사건이다.

소외 4 회사이므로, 원심으로서는 공소외 2가 어떠한 권원에 근거하여 이 사건 고소를 한 것인지 등을 심리하여 공소외 2의 고소에 기한 이 사건 공소제기가 적법한 것인지를 살펴보았어야 한다. 그럼에도 원심은 위와 같은 심리를 다하지 아니한 채 공소외 2가 엘콘플랜 및 이 사건 각 폰트파일의 프로그램저작권자임을 전제로 이 사건 공소제기가 적법한 것으로 단정하고 공소사실의 당부에 관하여 판단하였는바, 이러한 원심판결에는 이 사건 공소제기의 적법 여부에 관하여 필요한 심리를 다하지 아니한 위법이 있다. 이를 지적하는 상고이유 주장은 이유 있다.」

위 대법원의 파기환송 판결에 따라 환송받은 법원은 파기환송 취지에 따라 다음과 같이 판단하였다.

「원심 및 당심이 적법하게 채택하여 조사한 증거들에 의하면, ① 주식회사 ○○○○이 1994. 6. 18. 프로그램 등록을 마친 '도편수'의 프로그램저작권은 1999. 6. 30. 정○○에게 양도되고 1999. 8. 18. 정○○ 앞으로 이전등록을 마친 사실, ② 당시 정○○이 이사였던 ○○시스템은 1999. 5.경부터 '도편수' 프로그램을 '엘콘플랜' 프로그램으로 명칭을 변경하여 판매하여 온 사실, ③ ○○시스템은 2○○○. 5. 15. '엘콘플랜' 프로그램에 관하여 '작성일자 2○○○. 4. 30.', '작성자 ○○시스템'으로 하여 프로그램저작권 등록을 마친 사실, ④ 정○○은 환송 후 당심에서 2○○○년도 이후에 '도편수' 프로그램을 새로 제작하지도, 시중에 판매하지도 않았고(증거기록 969쪽, 1410쪽), 다만 개인적으로 '도편수' 프로그램의 기존 사용자들에 대한 A/S나 버전업그레이드를 해 주었으며, '도편수' 프로그램과 '엘콘플랜' 프로그램이 명칭만 다르고 실질적으로 같은 프로그램이라고 진술하고 있는 점, ⑤ 정○○은 2001. 3. 26. ○○시스템의 대표이사로 취임하였고, ○○시스템은 2004. 5. 11. 문○○에게 '엘콘플랜'의 프로그램저작권을 양도하고 2004. 5. 14. 문○○ 앞으로 프로그램저작권 이전등록을 마친 사실, ⑥ 공소사실 기재 프로그램저작권 침해기간인 2007. 4.부터 2008. 11.까지 프로그램저작권등록부상 '엘콘플랜'의 프로그램저작권자는 문○○인 사실, ⑦ 이 사건 각 폰트파일은 이○○이 1992. 8. 15.경 작성하여 1992. 11. 23. 프로그램등록을 마친 '멋진 글'이라는 서체파일 프로그램의 일부로서 '멋진 글'의 프로그램저작권은 1999. 7. 30. ○○시스템에 양도되어 1999. 8. 23. 이전등록을 마친 사실 등을 인정할 수 있다. 위 사정들을 종합하면, 정○○은 2○○○. 5. 15. 명칭만을 변경하여 '도편수' 프로그램과 동일한 '엘콘플랜' 프로그램에 관하여 ○○시스템 명의로 프로그램저작권 등록을 마치고, 그 무렵부터 '도편수' 프로그램에 대한 판매를 중단함으로써 '도편수' 프로그램에 대한 저작권 일체를 ○○시스템에 양도하였다고 봄이 상당하다. 따라서 이 사건 고소 당시인 2007. 1. 9. '도편수' 프로그램의 저작권자는 정○○이 아니라 문○○이고, 이 사건 각 폰트파일의 저작권자는 ○○시스템이므로, 이 사건 공소는 공소제기의 절차가 법률의 규정에 위반하여 무효인 때에 해당하므로 형사소송법 제327조 제2호에 의하여 공소를 기각하는 판결을 선고하여야 할 것임에도 이를 간과한 채 피고인들에 대한 이 사건 공소사실을 유죄로 인정한 원심판결은 위법하다.』

라. 소리바다 형사 사건[7-72)]

<사안의 개요>

1심에서는 공소사실이 특정되어 있지 않다는 이유로 공소기각판결이 선고되었고, 항소심에서 검사는 다음과 같이 공소사실을 변경하였다.

「피고인들은 약 450만 명의 회원이 가입된 인터넷 음악파일 공유 '소리바다' 사이트(www.soribada.com)를 공동으로 운영하는 자들인바, 2○○○. 3. 경 미국에서 개발된 음악파일 공유프로그램 '냅스터'가 선풍적인 인기를 끌고 있는 것을 보고 인터넷을 통해 연결된 컴퓨터 내에 저장되어 있는 음악파일(mp3 파일)을 상호 복제, 교환하여 음악을 감상할 수 있는 음악파일 공유 기능의 '소리바다' 프로그램을 개발, 배포하기로 마음 먹고, 사용자가 피고인들이 개발한 프로그램을 내려받아 컴퓨터에 설치·실행하면 피고인들이 관리하는 서버를 통해 선접속자 5,000명과 연결되어 해당 음악파일 보유자로부터 이를 복제, 전송받아 직접 듣거나 자신의 디렉토리에 저장하여 전송할 수 있도록 프로그램을 개발한 다음, 2○○○. 5. 20.경부터 서울 강남구 논현동 261-1 한국인터넷데이타센타 빌딩 내에 서버 3대를 설치하고, 음악파일 공유서비스 제공목적으로 인터넷 사이트 '소리바다'를 개설한 후 위 소리바다 프

7-72) 서울중앙지방법원 2005. 1. 12. 선고 2003노4296 판결. 저작권침해의 방조죄로 공소제기된 사건에서 정범의 범죄사실이 어느 정도로 기재되어야 공소사실이 특정되었다고 할 수 있는지 여부가 쟁점이다. 소리바다 프로그램과 관련하여서는 그 변화과정과 함께 다수의 판결이 존재하는데, 상세한 판결 내용은 「제10장 온라인서비스제공자의 책임과 제한」 부분의 설명 참조.

로그램을 위 홈페이지를 통하여 무료로 배포하였다. 그 후, 위 프로그램의 설치·실행을 통하여 수많은 사용자들이 언제든지 쉽게 음악파일을 복제, 전송받아 사용하게 되었는데, 이처럼 복제, 전송되는 음악파일의 대부분은 타인의 음악저작권을 침해하는 것이었고, 피고인들은 프로그램 개발자 및 인터넷서비스 제공자로서 사용자들이 위와 같이 타인의 음악저작권을 침해한다는 사실을 잘 알고 있음에도 불구하고 그 침해를 방지하기 위한 적절한 조치를 취하지 아니한 채 단지 인터넷상의 음악파일을 아무런 대가 없이 서로 공유한다는 미명하에, 상호 공모하여, 공소외 이○○(ID : daphne90)이 2○○○. 6. 초순경 대전 유성구 소재 한국생명공학연구소 내 환경생명공학연구실에서 위 프로그램을 내려받아 자신의 노트북 컴퓨터에 설치하고 회원가입을 하여 계정을 개설한 다음, 2001. 7. 말경에서 2001. 8. 4.경 사이에 같은 장소에서 위 프로그램을 이용하여 위 소리바다 서버에 접속한 상태에서 성명불상자들이 공유디렉토리에 저장하고 있는 저작인접권자인 피해자 (주)신촌인터내셔널에서 제작한 가수 박효신의 '해줄 수 없는 일', '바보', '애써', 'Love is blind', '스토킹', '피아니스트', '하늘은 왜 내게', '링이', '피터팬', 'Inside love', 'Outro' 등의 음반이나 씨디(CD)를 기초로 만들어진 음악파일(MP3)을 검색한 후 이를 내려받아 자신의 공유디렉토리에 저장하고, 2001. 8. 4. 같은 장소에서 위 소리바다 서버에 접속하여 위 서버에 접속한 다수의 회원들이 위 음악파일을 전송받아 이용할 수 있도록 소위 P2P 방식으로 상호 연결하여 줌으로써 피해자의 음반에 대한 복제·배포권을 침해하도록 도와주어 이를 방조한 것을 비롯하여 별지 범죄일람표 기재와 같이 사용자들이 저작인접권자인 피해자들의 음반에 대한 복제·배포권을 침해하도록 도와주어 이를 방조한 것이다.」

쟁점은 정범의 공소사실이 특정되어 있는지 여부이다.

<법원의 판단>

『형사소송법 제254조 제4항은 공소사실의 기재는 범죄의 시일, 장소와 방법을 명시하여 사실을 특정할 수 있도록 기재하여야 한다고 규정하는바, 위 규정의 취지는 법원에 대하여 심판의 대상을 한정하고 피고인에게 방어의 범위를 특정하여 그 방어권 행사를 쉽게 해주기 위한 데 있는 것이므로, 공소사실은 이러한 요소를 종합하여 구성요건 해당사실을 다른 사실과 구별할

수 있을 정도로 기재하면 족하다 할 것이고(대법원 1999. 11. 12. 선고 99도2934 판결 참조), 한편, 방조범의 공소사실을 기재함에 있어서는 그 전제요건이 되는 정범의 범죄구성요건을 충족하는 구체적 사실을 기재하여야 하므로(대법원 1988. 4. 27. 선고 88도251 판결, 대법원 1982. 5. 25. 선고 82도715 판결, 대법원 1983. 12. 27. 선고 82도2840 판결 등 참조), 시일, 장소, 방법 등에 의하여 정범이 행한 범죄의 구체적인 실행행위를 특정하여 기재하여야 하고, 나아가 정범의 실행행위에 방조범이 어떠한 행위로 방조하였는가를 다른 사실과 구별할 수 있을 정도로 명백히 기재하면 족하다 할 것이다. 이 사건 공소사실에 관하여 보건대, 검사는 당심에 이르러 위에서 본 바와 같이 정범들 5명의 성명, 각 소리바다 프로그램의 설치 및 mp3 파일을 다운로드 받은 시기와 장소, 구체적인 행위태양, 공유폴더에 위와 같이 다운로드 받은 mp3 파일을 저장한 채 다시 소리바다 서버에 접속함으로써 다수의 회원들이 위 파일을 다운로드 받아갈 수 있도록 제공한 시기 등을 구체적으로 특정하여 변경하였고, 나아가 이 사건 정범들이 다운로드 받았다는 mp3 파일은 모두 이 사건 피해자들이 제작한 음반이나 CD를 기초로 하여 만들어졌다는 것을 전제로 하여 정범들이 소리바다 프로그램을 이용하여 소리바다 서버에 접속한 후 성명불상자들로부터 위 파일을 다운로드 받아 자신들의 컴퓨터에 저장한 것으로 기재하고 있는바(이 사건 정범들이 다운로드 받은 mp3 파일이 실제로 이 사건 피해자들이 제작한 음반이나 CD를 기초로 하여 만들어졌는지 여부는 결국 피해자들의 권리침해 부분에서 판단되어야 할 사항이다), 그렇다면 변경된 이 사건 공소사실에는 정범들의 저작권법위반 행위에 대하여 다른 범죄사실과 구별될 수 있을 정도로 구체적으로 특정하여 기재되어 있는 것으로 봄이 상당하여, 피고인들의 주장은 이유 없다.[7-73]』

마. 나우콤 사건[7-74]

7-73) 위 판결에서는 피고인들의 행위가 복제에 해당하지 않는다고 무죄로 선고되었지만, 상고심(대법원 2007. 12. 14. 선고 2005도872 판결)에서는 복제에 해당한다고 판단하여 항소심의 이 부분의 판단을 파기하였다. 어쨌든 대법원 역시 정범의 공소사실이 특정되어 있다고 판단한 것이다.

7-74) 대법원 2013. 9. 26. 선고 2011도1435 판결. 이 사건은 피디박스, 클럽박스, 엠파일 등 당시 유명한 웹스토리지 업체 대부분에 대하여 공소가 제기된 사건으로, 방조의 고의, 공소사실의 특정여부, 기술적 조치 이행으로 인한 책임제한 여부 및 그

『방조행위 및 그 범의에 관한 상고이유에 대하여 : 저작권법이 보호하는 복제권·전송권의 침해를 방조하는 행위란 정범의 복제권·전송권 침해를 용이하게 해주는 직접·간접의 모든 행위로서, 정범의 복제권·전송권 침해행위 중에 이를 방조하는 경우는 물론, 복제권·전송권 침해행위에 착수하기 전에 장래의 복제권·전송권 침해행위를 예상하고 이를 용이하게 해주는 경우도 포함하며, 정범에 의하여 실행되는 복제권·전송권 침해행위에 대한 미필적 고의가 있는 것으로 충분하고, 정범의 복제권·전송권 침해행위가 실행되는 일시, 장소, 객체 등을 구체적으로 인식할 필요가 없으며, 나아가 정범이 누구인지 확정적으로 인식할 필요도 없다(대법원 2005. 4. 29. 선고 2003도6056 판결, 대법원 2007. 12. 14. 선고 2005도872 판결 등 참조). 원심은 그 적법하게 채택된 증거들을 종합하여, 제1심 판시 이 사건 각 사이트에서 불특정 다수의 사이트 이용자들에 의하여 저작재산권자의 동의를 얻지 않은 영화 파일들의 업로드 및 다운로드가 이루어진 사실, 피고인들은 이 사건 각 사이트의 실질적인 운영자로서 위 각 사이트의 운영방식과 이용실태 등을 모두 인식하고 있었음에도 사이트 이용자들에게 영화 파일의 업로드를 유인하거나 다운로드를 용이하게 해주고, 이를 통해 수익을 얻은 사실 등을 인정한 다음, 이러한 사실에 의하면, 피고인들이 이 사건 각 사이트를 운영·관리함으로써 제1심 판시 범죄일람표 1, 2, 6, 8 기재와 같이 위 각 사이트 이용자들의 복제권·전송권 침해행위를 용이하게 하여 이를 방조하였고, 그에 대한 고의가 있음을 인정할 수 있다고 판단하였다. 앞서 본 법리와 적법하게 채택된 증거들에 비추어 살펴보면, 원심의 위와 같은 판단은 정당하여 수긍할 수 있고, 거기에 상고이유의 주장과 같이 논리와 경험의 법칙을 위반하여 자유심증주의의 한계를 벗어나거나 방조행위 및 범의의 성부에 관한 법리를 오해하는 등의 위법이 없다.

기술적 조치 이행으로 인한 책임제한에 관한 상고이유에 대하여 : 구 저작권법(2008. 2. 29. 법률 제8852호로 개정되기 전의 것, 이하 같다)은 제102조 제1항에서 "온라인서비스제공자가 저작물의 복제·전송과 관련된 서비스를 제공하는 것과 관련하여 다른 사람에 의한 저작물의 복제·전송으로 인하여 그 저작권이 침해된다는 사실을 알고 당해 복제·전송을 방지하거나 중단

요건, 상습성이 인정되는지 여부, 저작권 위반의 공동정범으로 기소된 범죄사실을 공소장 변경없이 직권으로 방조의 범죄사실로 인정할 수 있는지 여부, 상습적인 저작권 침해가 포괄일죄인지 여부 등 상당한 쟁점이 주장되고 판단된 사건이다.

시킨 경우에는 다른 사람에 의한 저작권의 침해에 관한 온라인서비스제공자의 책임을 감경 또는 면제할 수 있다"고 규정하고, 같은 조 제2항에서 "온라인서비스제공자가 저작물의 복제·전송과 관련된 서비스를 제공하는 것과 관련하여 다른 사람에 의한 저작물의 복제·전송으로 인하여 그 저작권이 침해된다는 사실을 알고 당해 복제·전송을 방지하거나 중단시키고자 하였으나 기술적으로 불가능한 경우에는 그 다른 사람에 의한 저작권의 침해에 관한 온라인서비스제공자의 책임은 면제된다"고 규정하고, 같은 법 제103조 제5항에서 "온라인서비스제공자가 저작권자로부터 불법 저작물의 복제·전송을 중단시킬 것을 요구받고 즉시 그 저작물의 복제·전송을 중단시킨 경우에는 온라인서비스제공자의 책임을 감경 또는 면제할 수 있다"고 규정하고 있는데, 위 각 조항의 입법취지나 위 각 조항의 해당 문구상 별다른 제한이 없는 점 등에 비추어 보면, 위 각 조항은 형사상 책임에도 적용된다고 봄이 상당하다. 한편, 구 저작권법 제102조 제2항이 규정하고 있는 '기술적으로 불가능한 경우'라 함은, 온라인서비스의 제공 자체는 유지함을 전제로 이용자들의 복제·전송행위 중 저작권의 침해행위가 되는 복제·전송을 선별하여 방지 또는 중단하는 것이 기술적으로 불가능한 경우를 말하는 것이므로, 비록 온라인서비스 이용자들이 해당 온라인서비스를 이용하여 저작물을 복제·전송함으로써 그 저작권을 침해하였다고 하더라도, 온라인서비스제공자가 그와 같은 침해사실을 알고 저작권의 침해가 되는 복제·전송을 선별하여 이를 방지 또는 중단하는 기술적 조치를 다하였다고 인정되는 경우에는 해당 침해행위에 대한 형사상 책임이 면제된다고 할 것이다. 그리고 온라인서비스제공자가 구 저작권법 제103조 제5항에 의하여 그 책임을 감경 또는 면제받을 수 있기 위해서는 저작권자로부터 중단 요구를 받은 즉시 그 저작물의 복제·전송을 중단시켜야 하는 점에 비추어, 온라인서비스제공자가 스스로 저작권 침해사실을 알게 된 경우에도 그 즉시 당해 복제·전송을 중단시켜야 구 저작권법 제102조 제1항에 의하여 그 책임을 감경 또는 면제받을 수 있다고 봄이 상당하다. 위 법리와 제1심 및 원심에서 적법하게 채택된 증거들에 비추어 살펴보면, 피고인들이 이 사건 각 사이트 이용자들에 의한 제1심 별지 범죄일람표 1, 2, 6, 8 기재의 각 저작재산권 침해사실을 알고서 즉시 그 저작물의 복제·전송을 방지하거나 중단시킨 바가 없으므로, 구 저작권법 제102조 제1항이나 제103조 제5항에 따라 형사상 책임을 감경 또는 면제받을 수 없다. 그리고 피고인들이 이 사건 각 사이트에 취한 기술적 조치는 원심 판시 '금칙어 설정' 또는 '해쉬값 등록·비교'를 통한 필터링 방식 뿐으로서, 이러한 기술적 조치만으로는 그 당시 기술수준 등에 비추어 최선의 조치로 보이지 않을 뿐만 아니라 이들 기술적 조치 자체도 제대로 작동되지 아니한 것으로 보이는 이상, 피고인들은 저작권의 침해가 되는 복제·전송을 선별하여 이를 방지하거나 중단하는 기술적 조치를 다하였다고 할 수 없으므로, 구 저작권법 제102조 제2항에 따라 형사상 책임이 면제된다고도 할 수 없다. 같은 취지의 원심판단은 정당하고, 거기에 논리와 경험의 법칙을 위반하여 자유심증주의의 한계를 벗어나거나 구 저작권법 제102조 제1항, 제2항 및 제103조 제5항이 규정한 책임제한에 관한 법리를 오해하거나 판단을 누락하는 등의 위법이 없다.

공소사실 불특정에 관한 상고이유에 대하여 : 형사소송법 제254조 제4항에서 범죄의 일시·장소와 방법을 명시하여 공소사실을 특정하도록 한 취지는 법원에 대하여 심판의 대상을 한정하고 피고인에게 방어의 범위를 특정하여 그 방어권 행사를 용이하게 하기 위한 데 있다고 할 것이므로, 공소제기된 범죄의 성격에 비추어 그 공소의 원인이 된 사실을 다른 사실과 구별할 수 있을 정도로 그 일시, 장소, 방법, 목적 등을 적시하여 특정하면 족하고, 그 일부가 다소 불명확하더라도 그와 함께 적시된 다른 사항들에 의하여 그 공소사실을 특정할 수 있고, 그리하여 피고인의 방어권 행사에 지장이 없다면 공소제기의 효력에는 영향이 없다(대법원 2001. 2. 23. 선고 2000도4415 판결, 대법원 2010. 4. 29. 선고 2010도2556 판결 등 참조). 위 법리에 비추어 피고인 문○○, 주식회사 ○○○에 대한 이 사건 예비적 공소사실의 특정 여부를 살펴보면, 비록 위 공소사실 중 정범의 범죄 구성요건적 행위에 해당하는 제1심 판시 '피디박스', '클럽박스' 사이트 이용자들의 영화파일 업로드 행위에 관하여 그 이용자들의 성명 등이 기재되어 있지 않으나, 그 중 일부는 아이디가 특정되어 있고, 나아가 이용자들이 업로드한 영화의 제목, 업로드한 시기, 업로드한 저장공간 등이 특정되어 있어 그 공소사실을 특정할 수 있고, 그리하여 위 피고인들의 방어권 행사에 지장이 없으므로, 공소제기의 효력에 영향이 없다고 할 것이다. 같은 취지의 원심 판단은 정당한 것으로 수긍할 수 있고, 거기에 상고이유의 주장과 같은 공소사실의 특정에 관한 법리를 오해하는 등의 위법이 없다.

상습성에 관한 상고이유에 대하여 : 구 저작권법 제140조 본문에서는 저작재산권 침해로 인한 같은 법 제136조 제1항의 죄를 친고죄로 규정하면서,

같은 법 제140조 단서 제1호에서 영리를 위하여 상습적으로 위와 같은 범행을 한 경우에는 고소가 없어도 공소를 제기할 수 있다고 규정하고 있는바, 같은 법 제140조 단서 제1호가 규정한 '상습적으로'라고 함은 반복하여 저작권 침해행위를 하는 습벽으로서의 행위자의 속성을 말한다고 봄이 상당하고, 이러한 습벽의 유무를 판단함에 있어서는 동종 전과가 중요한 판단자료가 되나 동종 전과가 없다고 하더라도 범행의 횟수, 수단과 방법, 동기 등 제반 사정을 참작하여 저작재산권 침해행위를 하는 습벽이 인정되는 경우에는 상습성을 인정하여야 할 것이며, 한편 같은 법 제141조의 양벌규정의 적용에 있어서는 행위자인 법인의 대표자나 법인 또는 개인의 대리인·사용인 그 밖의 종업원의 위와 같은 습벽 유무에 따라 친고죄인지 여부를 판단하여야 할 것이다(대법원 2011. 9. 8. 선고 2010도14475 판결 등 참조).

제1심 및 원심이 적법하게 조사하여 채택한 증거들에 의하면 다음과 같은 사정들을 알 수 있다. ① 피고인 황○○은 웹스토리지서비스 제공 사이트인 제1심 판시 '토토로사' 사이트를 운영하는 법인인 피고인 주식회사 ○○○○○의 실질적인 1인 주주이자 고문이고, 피고인 ○○은 위와 같은 성격의 사이트인 제1심 판시 '아이디스크' 사이트를 운영하는 법인인 피고인 케이티○○○ 주식회사의 웹스토리지서비스를 관장하는 사업본부장이다〔한편, 피고인 황○○은 2003. 8. 20. 서울중앙지방법원에서 청소년보호법위반(청소년이용음란물제공)죄, 정보통신망이용촉진및정보보호등에관한법률위반죄로 징역 8월, 집행유예 1년을, 2005. 12. 1. 서울서부지방법원에서 정보통신망이용촉진및정보보호등에관한법률위반(음란물유포등)방조죄로 벌금 700만 원을 각 선고받아 처벌받은 전력도 있다〕. ② 위 피고인들이 제1심 판시와 같은 방법으로 위 각 사이트를 운영할 경우 회원들이 대부분 정당한 허락 없이 저작재산권에 의한 보호 대상 저작물인 영화 파일을 업로드 내지 다운로드함으로써 복제 및 전송의 방법으로 반복적으로 저작재산권을 침해하는 행위를 조장·방조하는 결과에 이르게 된다. ③ 반면에, 위 피고인들이 행한 저작권 보호를 위한 기술적 조치는, 앞에서 본 바와 같이 당시 기술수준 등에 비추어 최선의 조치로 보이지 않을 뿐만 아니라 그 기술적 조치 자체도 제대로 작동되지 않았다. ④ 위 피고인들은 이러한 사정을 충분히 인식하고 있으면서 위 각 사이트를 개설하여 상당한 기간에 걸쳐 영업으로 이를 운영하면서 수백만명에 이르는 회원들에게 웹스토리지서비스를 제공하였다. 이러한 사정들과 함께 그 밖에 제1심 및 원심이 적법하게 채택한 증거에 의하여 인정되는 위와 같은 행위에 의한 저작재산권의 침해 정도, 위 각 사이트의 영업 규모 및 매출액 등을 앞서 본 법리에 비추어 살펴보면, 위 피고인들에게는 반복하여 저작권 침해행위를 하는 습벽이 있다고 봄이 상당하므로, 상습성을 인정하여야 한다. 같은 취지의 원심판단은 정당한 것으로 수긍이 되고, 거기에 상고이유로 주장하는 바와 같이 구 저작권법 제140조 단서 제1호가 규정한 '상습적으로'의 해석에 관한 법리를 오해하는 등의 위법이 없다.

공소장 변경 요부에 관한 상고이유에 대하여 : 법원은 공소사실의 동일성이 인정되는 범위 내에서 공소가 제기된 범죄보다 가벼운 범죄사실이 인정되는 경우에 있어서, 그 심리의 경과 등에 비추어 피고인의 방어에 실질적인 불이익을 주는 것이 아니라면 공소장 변경 없이 직권으로 가벼운 범죄사실을 인정할 수 있다고 할 것이므로, 공동정범으로 기소된 범죄사실을 방조사실로 인정할 수 있다(대법원 2004. 6. 24. 선고 2002도995 판결, 대법원 2012. 7. 12. 선고 2012도5365 판결 등 참조). 위 법리와 기록에 비추어 살펴보면, 이 사건 심리의 경과 등에 비추어 위 피고인들의 방어에 실질적인 불이익을 줄 염려가 없다는 이유로, 위 피고인들에 대하여 저작권법위반의 공동정범으로 기소된 범죄사실을 공소장 변경 없이 직권으로 저작권법위반 방조의 범죄사실로 인정한 원심의 조치는 정당한 것으로 수긍할 수 있고, 거기에 공소장 변경 요부에 관한 법리를 오해하는 등의 위법이 없다.

포괄일죄에 관한 상고이유에 대하여 : 구 저작권법은 제140조 본문에서 저작재산권 침해로 인한 제136조 제1항의 죄를 친고죄로 규정하면서, 제140조 단서 제1호에서 영리를 위하여 상습적으로 위와 같은 범행을 한 경우에는 고소가 없어도 공소를 제기할 수 있다고 규정하고 있으나, 상습으로 제136조 제1항의 죄를 저지른 경우를 가중처벌한다는 규정은 따로 두고 있지 않다. 따라서 수회에 걸쳐 구 저작권법 제136조 제1항의 죄를 범한 것이 상습성의 발현에 따른 것이라고 하더라도, 이는 원칙적으로 경합범으로 보아야 하는 것이지 하나의 죄로 처단되는 상습범으로 볼 것은 아니다. 그리고 저작재산권 침해행위는 저작권자가 같더라도 저작물별로 침해되는 법익이 다르므로 각각의 저작물에 대한 침해행위는 원칙적으로 각 별개의 죄를 구성한다고 할 것이다. 다만 단일하고도 계속된 범의 아래 동일한 저작물에 대한 침해행위가 일정기간 반복하여 행하여진 경우에는 포괄하여 하나의 범죄가 성립한다고 볼 수 있다(대법원 2012. 5. 10. 선고 2011도12131 판결 참조). 위 법리와 기록에 비추어 살펴보면, 위 피고인들에 대한 이 사건 저작권법위반 방조의 대상이 되는 저작물이 모두 동일한 저작물은 아니므로, 원심이 위 피고인들의 범행을 경합범으로 보아 경합범 가중을 한 것은 정당하고, 거기에 상고이유의 주장과 같이 죄수판단에 관한 법리를 오해하는 등의 위법이 없다.』

바. 누리큐 사건[7-75]

『법 제140조 본문에서는 저작재산권 침해로 인한 같은법 제136조 제1항의 죄를 친고죄로 규정하면서, 같은법 제140조 단서 제1호에서 영리를 위하여 상습적으로 위와 같은 범행을 한 경우에는 고소가 없어도 공소를 제기할 수 있다고 규정하고 있는데, 같은법 제140조 단서 제1호가 규정한 '상습적으로'라고 함은 반복하여 저작권 침해행위를 하는 습벽으로서 행위자의 속성을 말하고, 이러한 습벽 유무를 판단할 때에는 동종 전과가 중요한 판단자료가 되나 범행의 횟수, 수단과 방법, 동기 등 제반 사정을 참작하여 저작권 침해행위를 하는 습벽이 인정되는 경우에는 상습성을 인정하여야 한다. 한편 같은법 제141조의 양벌규정을 적용할 때에는 행위자인 법인의 대표자나 법인 또는 개인의 대리인·사용인 그 밖의 종업원의 위와 같은 습벽 유무에 따라 친고죄 해당 여부를 판단하여야 한다. 피고인 갑 주식회사의 대표이사 피고인 을이, P2P(Peer-To-Peer) 방식으로 디지털콘텐츠 거래가 이루어지는 웹사이트를 운영하면서 영리를 위해 상습적으로 다른 사람의 저작재산권을 침해하였다는 내용으로 기소된 사안에서, 위 웹사이트 운영 방법에 의할 경우 회원들이 대부분 정당한 허락 없이 저작재산권 대상인 디지털콘텐츠를 피고인 갑 회사의 자체 프로그램을 통해 공유함으로써 복제 및 공중송신의 방법으로 반복적으로 저작재산권 침해행위를 조장·방조하는 결과에 이르게 되는 반면 피고인 을이 행한 저작권 보호를 위한 기술적 조치 등은 저작재산권자의 고소나 수사기관의 단속을 피하기 위한 형식적인 것에 불과한 점, 피고인 을은 이러한 사정을 충분히 인식하고 있으면서도 위 웹사이트를 개설하여 약 11개월에 걸쳐 영업으로 이를 운영하고, 스스로도 정당한 허락 없이 컴퓨터에 저장된 저작재산권 대상인 다수의 디지털콘텐츠를 회원들과 공유함으로써 위와 같은 저작재산권 침해행위를 한 점, 그 밖에 저작재산권의

7-75) 대법원 2011. 9. 8. 선고 2010도14475 판결. 저작권 침해의 상습성이 인정되는지 여부가 다투어 졌다.

침해 정도, 피고인 갑 회사의 영업 규모 및 매출액 등을 종합할 때 피고인 갑에게 반복하여 저작권 침해행위를 하는 습벽이 있다고 보이므로, 피고인들에게 법 제140조 단서 제1호가 적용되어 고소가 소추조건에 해당하지 않는다.』

사. 파일혼 사건[7-76)]

<사안의 개요>

피고인들은 웹하드사이트를 운영하면서 기술적 가이드라인을 모두 준수하고, 저작재산권 침해 컨텐츠를 발견하는 즉시 삭제하는 등의 조치를 취하였으므로, 피고인들에게는 저작권법 위반 방조의 고의가 없었고, 제102조에 의하여 피고인들의 책임이 제한되며, 피고인 김○○에게 저작권법 위반 전과가 없고 저작재산권 침해방지를 위하여 최선의 노력을 다하였으므로, 피고인들에게 상습성이 인정되지 아니한다고 주장하였다.

<법원의 판단>

『피고인들의 상습성 여부에 관한 판단 : 법 제140조 본문에서는 저작재산권 침해로 인한 같은 법 제136조 제1항의 죄를 친고죄로 규정하면서, 같은 법 제140조 단서 제1호에서 영리를 위하여 상습적으로 위와 같은 범행을 한 경우에는 고소가 없어도 공소를 제기할 수 있다고 규정하고 있는바, 같은 법 제140조 단서 제1호가 규정한 '상습적으로'라고 함은 반복하여 저작재산권 침해행위를 하는 습벽으로서의 행위자의 속성을 말한다고 봄이 상당하고, 이러한 습벽의 유무를 판단함에 있어서는 동종 전과가 중요한 판단자료가 되나 동종 전과가 없다고 하더라도 범행의 횟수, 수단과 방법, 동기 등 제반 사정을 참작하여 저작재산권 침해행위를 하는 습벽이 인정되는 경우에는 상습성을 인정하여야 할 것이며, 한편 같은 법 제141조의 양벌규정의 적용에 있어서는 행위자인 법인의 대표자나 법인 또는 개인의 대리인·사용인 그 밖의 종업원의 위와 같은 습벽 유무에 따라 친고죄인지 여부를 판단하여야 할 것이다(대법원 2011. 9. 8. 선고 2010도14475 판결 등 참조). 구체적으로 살피건대, 이 법원이 적법하게 조사·채택한 증거들에 의하여 인정되는

7-76) 서울중앙지방법원 2014. 7. 10. 선고 2013고단8543 판결. 상습성이 인정되는지, 저작권 침해의 방조에 대한 고의가 존재하는지 여부 및 기술적보호조치에 따라 면책되는지 여부가 쟁점이다.

다음과 같은 사정, 즉 ① 피고인들은 2013. 3.경부터 2014. 3.경까지 이 사건 사이트의 이용자들이 여러 건의 불법 콘텐츠를 업로드하는 것을 방치하여 영리를 위하여 상습적으로 저작재산권자들의 저작재산권을 침해하는 것을 용이하게 하여 이를 방조하였다는 범죄사실로 공소가 제기된 점, ② 피고인 김○○이 위와 같은 방법으로 이 사건 사이트를 운영할 경우 회원들이 대부분 정당한 권한 없이 저작재산권에 의한 보호 대상 저작물을 업로드 내지 다운로드함으로써 복제 및 공중송신의 방법으로 반복적으로 저작재산권을 침해하는 행위를 조장·방조하는 결과에 이르게 되는 점, ③ 피고인들은 아래에서 살펴보는 바와 같이 당시 기술수준에 비추어 최선의 보호조치를 다 한 것으로 보이지 아니할 뿐 아니라 그 기술적 보호조치 자체도 제대로 작동되지 아니한 것으로 보이는 점, ④ 피고인 김○○은 이러한 사정을 충분히 인식하면서도 이 사건 사이트를 개설하여 상당한 기간 동안 영업을 위하여 운영하면서 다수의 회원들에게 서비스를 제공하고 이로 인하여 수익을 창출하여 온 점, ⑤ 피고인 김○○이 이 사건 사이트를 운영한 기간이 길고, 이 사건 사이트를 통하여 업로드가 이루어진 저작물의 수가 적지 아니하며, 그 횟수 또한 상당한 점 등에 비추어볼 때, 피고인 김○○에게는 반복하여 저작재산권 침해행위를 하는 습벽이 있었다고 봄이 상당하다.

저작권법 위반 방조행위 및 그 범의에 관한 판단 : 저작권법이 보호하는 복제권·전송권의 침해를 방조하는 행위란 정범의 복제권·전송권 침해를 용이하게 해주는 직접·간접의 모든 행위로서, 정범의 복제권·전송권 침해행위 중에 이를 방조하는 경우는 물론, 복제권·전송권 침해행위에 착수하기 전에 장래의 복제권·전송권 침해행위를 예상하고 이를 용이하게 해주는 경우도 포함하며, 정범에 의하여 실행되는 복제권·전송권 침해행위에 대한 미필적 고의가 있는 것으로 충분하고, 정범의 복제권·전송권 침해행위가 실행되는 일시, 장소, 객체 등을 구체적으로 인식할 필요가 없으며, 나아가 정범이 누구인지 확정적으로 인식할 필요도 없다(대법원 2005. 4. 29. 선고 2003도6056 판결, 대법원 2007. 12. 14. 선고 2005도872 판결 등 참조). 구체적으로 살피건대, 이 법원이 적법하게 조사·채택한 증거들에 의하면, ① 피고인 김○○은 피고인 주식회사 ○○(이하 '피고인 회사'라고 한다)을 운영하면서 저작재산권자의 정당한 허락 없이 컨텐츠가 유통되는 것을 예견하면서도 이 사건 사이트 이용자들에게 파일 업로드 및 다운로드, 자료 검색 등의 서비스를 제공하여 이로 인한 수익을 얻은 사실, ② 피고인 회사의 위와 같은 서비스 제공에 따라 이 사건 사이트의 이용자들 중 일부가 판시 각 범죄일람표 기재와 같이 저작재산권자의 정당한 허락 없이 컨텐츠를 업로드하여 다른 이용자들이 다운로드받을 수 있도록 한 사실, ③ 각 저작재산권자들은 저작재산권을 침해하는 컨텐츠가 불법적으로 유통된다는 이유로 피고인 회사에 저작재산권 보호를 요청한 사실(그 보호를 요청한 목록에는 위 범죄일람표에 기재된 컨텐츠가 일부 포함되어 있다), ④ 피고인 회사는 위와 같은 요청을 받았음에도, 상당한 기간 동안 그대로 업로드되어 있거나 추가로 업로드되어 다수의 회원들이 다운로드받을 수 있었던 상태로 있었던 사실, ⑤ 피고인 회사는 이 사건 공소사실 기재 일시 무렵 다수의 저작재산권자들과 사이에 컨텐츠 제공계약을 체결하지 아니한 상태에서 그 제공계약을 체결하지 아니하여 제휴되지 아니한 컨텐츠가 다수 업로드되고 있다는 점을 인식하고 있었던 사실, ⑥ 아래에서 살펴보는 바와 같이 피고인 회사는 저작재산권 침해방지를 위하여 취할 수 있는 기술적 보호조치를 다하지 아니한 사실을 인정할 수 있는바, 위 인정사실을 종합하여 보면, 피고인 김○○은 피고인 회사의 대표자로서 이 사건 사이트를 운영하면서 적어도 미필적으로나마 고의를 가지고 이 사건 사이트 이용자들의 복제권·전송권 침해행위를 용이하게 하였다고 봄이 상당하다.

기술적 조치 이행으로 인한 책임 조각에 관한 판단 : 저작권법은 제102조 제1항에서 "온라인서비스제공자가 내용의 수정 없이 저작물 등을 송신하거나 경로를 지정하거나 연결을 제공하는 행위 또는 그 과정에서 저작물 등을 그 송신을 위하여 합리적으로 필요한 기간 내에서 자동적·중개적·일시적으로 저장하는 행위 및 서비스이용자의 요청에 따라 송신된 저작물 등을 후속 이용자들이 효율적으로 접근하거나 수신할 수 있게 할 목적으로 그 저작물 등을 자동적·중개적·일시적으로 저장하는 행위 등과 관련하여 저작권법에 따라 보호되는 권리가 침해되더라도 각 목의 요건을 모두 갖춘 경우에는 그 침해에 대하여 책임을 지지 아니한다."는 취지로 규정하고, 같은 조 제2항에서 "온라인서비스제공자가 제1항에 따른 조치를 취하는 것이 기술적으로 불가능한 경우에는 다른 사람에 의한 저작물 등의 복제·전송으로 인한 저작권, 그 밖에 이 법에 따라 보호되는 권리의 침해에 대하여 책임을 지지 아니한다."고 규정하며, 같은 법 제103조 제5항에서 "온라인서비스제공자가 저작권자로부터 불법 저작물의 복제·전송을 중단시킬 것을 요구받고 즉시 그 저작물의 복제·전송을 중단시킨 경우에는 온라인서비스제공자의 책임을 면

제한다. 다만, 이 항의 규정은 온라인서비스제공자가 다른 사람에 의한 저작물 등의 복제·전송으로 인하여 그 저작권 그 밖에 이 법에 따라 보호되는 권리가 침해된다는 사실을 안 때부터 그 중단을 요구받기 전까지 발생한 책임에는 적용하지 아니한다."는 취지로 규정하고 있는데, 위 각 조항의 입법취지나 위 각 조항의 해당 문구상 별다른 제한이 없는 점 등에 비추어 보면, 위 각 조항은 형사상 책임에도 적용된다고 봄이 상당하다(대법원 2013. 9. 26. 선고 2011도1435 판결 등 참조). 한편, 법 제102조 제2항이 규정하고 있는 '기술적으로 불가능한 경우'라 함은, 온라인서비스의 제공 자체는 유지함을 전제로 이용자들의 복제·전송행위 중 저작재산권의 침해행위가 되는 복제·전송을 선별하여 방지 또는 중단하는 것이 기술적으로 불가능한 경우를 말하는 것이므로, 비록 온라인서비스이용자들이 해당 온라인서비스를 이용하여 저작물을 복제·전송함으로써 그 저작재산권을 침해하였다고 하더라도, 온라인서비스제공자가 그와 같은 침해사실을 알고 저작재산권의 침해가 되는 복제·전송을 선별하여 이를 방지 또는 중단하는 기술적 조치를 다하였다고 인정되는 경우에는 해당 침해행위에 대한 형사상 책임이 면제된다. 그리고 온라인서비스제공자가 법 제103조 제5항에 의하여 그 책임을 면제하기 위해서는 저작재산권자로부터 중단 요구를 받은 즉시 그 저작물의 복제·전송을 중단시켜야 하고, 그 면제의 효과는 저작재산권자로부터 중단을 요구받기 전의 행위에 미치지 아니하는 점에 비추어 온라인서비스제공자가 스스로 저작재산권 침해사실을 알게 된 경우에도 그 즉시 당해 복제·전송을 중단시켜야 법 제102조 제1항에 의하여 그 책임을 지지 아니하나, 요구받은 이후 적정한 조치를 취하였다고 하더라도, 그 이전의 행위에 관하여는 기술적 조치를 다하여야만 책임을 지지 아니한다고 봄이 상당하다. 결국 이 사건에 있어서는 피고인들이 사전에 저작재산권의 침해가 되는 복제·전송을 선별하여 이를 방지 또는 중단하는 기술적 조치를 다하였는지 여부에 따라 책임조각 여부가 결정된다고 할 것인바, 이 법원이 적법하게 조사·채택한 증거들에 의하면, ① 판시 각 범죄일람표 기재 일시 무렵 피고인 회사가 취한 기술적 보호조치는 소위 '금칙어 설정' 또는 '해쉬값 등록·비교'를 통한 필터링 방식이었는데, 그 방식은 비교적 적은 비용으로 많은 자료를 빠르게 처리할 수 있기는 하나 저작재산권 침해행위를 확실하게 방지할 수 없는 방식인 사실, ② 피고인 회사와 같이 웹하드사이트를 운영하는 자는 비록 비교적 많은 비용이 소요되기는 하나, 업로드 단계에서부터 이용자가 저작재산권을 보유한 것으로 확인되는 영화파일만 업로드할 수 있도록 통제하는 방식 또는 영화의 원본파일이 가지고 있는 고유한 특성(소위 '영상물 DNA' 라고 한다)을 이용하여 저작물을 인식·차단하는 기술을 이용하는 방식 등 저작재산권 침해행위를 보다 확실하게 방지할 수 있는 대안적인 방법이 있었던 사실, ③ 피고인 회사는 위와 같은 기술적 조치에 관하여 충분히 인식하고 있는 상황에서 2013. 1. 7. 주식회사 ○○○와 사이에 유해 컨텐츠 등을 차단하는 필터링계약을 체결하기는 하였으나, 같은 해 10.경에 이르러서야 DNA 필터링시스템이 가동된 사실을 인정할 수 있는바, 위 인정사실에 의하면, 피고인 회사가 서비스 이용자들의 저작재산권 침해행위를 방지하거나 중단시키기 위하여 필요한 노력을 다하였거나 그 침해행위를 완전히 방지하거나 중단시키는 것이 기술적으로 불가능하였다고 보기 어렵다.』

아. 위디스크 사건[7-77)]

『방조행위 및 방조의 고의 여부 : 저작권법이 보호하는 복제권·전송권의 침해를 방조하는 행위란, 정범의 복제권·전송권 침해를 용이하게 해주는 직접·간접의 모든 행위로서, 정범의 복제권·전송권 침해행위 중에 이를 방조하는 경우는 물론, 복제권·전송권 침해행위에 착수하기 전에 장래의 복제권·전송권 침해행위를 예상하고 이를 용이하게 해주는 경우도 포함하며, 정범에 의하여 실행되는 복제권·전송권 침해행위에 대한 미필적 고의가 있는 것으로 충분하고, 정범의 복제권·전송권 침해행위가 실행되는 일시, 장소, 객체 등을 구체적으로 인식할 필요가 없으며, 나아가 정범이 누구인지 확정적으로 인식할 필요도 없다. 이 사건의 경우, 앞서 거시한 각 증거에 의하여 인정되는 다음과 같은 사정, 즉, ① 이 사건 웹하드 사이트는 웹 서버상에 디지털컨텐츠의 저장공간을 제공하는 기능과 함께 공유기능을 제공하고 있는데, 이 사건 공소사실 기재 범행 직후인 2010년 현재 위 사이트를 통해 다운로드 되는 자료 중 80% 정도가 저작권자 측로부터 정당한 이용허락을 받았는지 여부가 명확하지 않은 컨텐츠(비제휴 컨텐츠)인바, 위 비제휴 컨텐츠 중 상당한 비율이 저작권자 측의 정당한 이용허락을 받지 않은 불법 컨텐츠로 추정되는 점, ② 피고인들은 저작권법위반으로 기소되어 재판을 받

7-77) 서울중앙지방법원 2014. 2. 10. 선고 2010고단5038 판결. 저작권 침해의 방조에 대한 고의가 있는지 여부, 영리 목적이 인정되는지 여부 및 기술적보호조치에 따라 면책되는지 여부가 쟁점이다.

고 있었으므로, 이 사건 공소사실 기재 범행 무렵에는 이미 위와 같은 불법 디지털컨텐츠 파일이 이 사건 웹하드 사이트를 통해 대량으로 업로드 또는 다운로드 되고 있다는 사실을 잘 알고 있었던 것으로 판단되는 점, ③ 이 사건 웹하드 사이트의 수익의 대부분은 이용자들이 다운로드 받은 디지털컨텐츠 파일의 용량에 비례하여 과금하는 금액에서 발생하고 있는데, 피고인들은 게시판 및 각 블로그별로 검색기능을 제공하고 있고, 회원들이 손쉽게 원하는 영화, 만화, 컴퓨터 프로그램 파일을 찾을 수 있도록 게시판을 '영화, 드라마, 동영상, 애니, 게임 등' 항목별로 분류해 놓고, 다시 영화 카테고리의 경우, '최신/미개봉, 한국영화, 공포/스릴러 등' 장르별로 분류해 놓았을 뿐만 아니라, 불법 컨텐츠를 업로드 한 회원에 대하여조차 해당 컨텐츠의 다운로드에서 발생한 수익을 배분해 주는 등 불법 컨텐츠의 유통을 조장함으로써 이를 통해 상당한 수익을 얻어 온 점, ④ 피고인들이 기술적 보호조치로 채용하였다고 주장하는 기술 중 제목 필터링, 문자열 비교 필터링, 특정유형의 파일 필터링, 해시값 비교 필터링의 기술은 이를 우회할 수 있는 다양한 방법이 일반인에게도 널리 알려져 있어 실효성이 별로 없었을 뿐만 아니라, 고소인 측 대리인이 검색창에 제목을 입력하여 'Office 2003', 'Window xp'를 검색하여 불법 콘텐츠를 적발하였을 정도로 금칙어 처리의 시행이 철저하지 않았으며, 오디오·비디오 인식기술을 활용한 DNA 필터링 기술 역시 이를 구현하기 위하여는 미리 저작권자로부터 디지털 파일 또는 DNA 값을 제공받을 것이 필요한데 이에 대한 저작권자들의 협조가 미흡한 현 상황에는 실효성이 높다고 보기 어렵고, 시각적 모니터링을 통한 검색 및 삭제 등의 사후적 조치 또한 이 사건 웹하드 사이트의 규모나 이용자의 수 등에 비추어 충분하지 않은 것으로 보일 뿐이어서, 피고인들이 이 사건 웹하드 사이트를 통하여 이루어지는 저작권 침해행위를 방지하기 위한 제도적·기술적 조치를 충분히 취한 것으로 보기는 어려운 점 등의 제반사정을 종합하여 볼 때, 피고인들이 이 사건 웹하드 사이트를 통하여 이용자들에게 인터넷 상의 저장공간을 제공하고, 영화, 만화, 컴퓨터 프로그램 등 파일의 업로드 행위를 유인하거나, 다운로드 행위를 용이하게 해 줌으로써 수익을 얻는 행위는 저작권법위반의 방조행위로 평가할 수 있고, 피고인들에게는 미필적이나마 방조의 고의가 있었다 할 것이다.

기술적 보호조치로 인한 면책 여부 : 구 저작권법(2011. 6. 30. 법률 제10807호로 일부 개정되기 전의 것, 이하 같다)은 제102조 제1항에서 "온라인서비스제공자가 저작물의 복제·전송과 관련된 서비스를 제공하는 것과 관련하여 다른 사람에 의한 저작물의 복제·전송으로 인하여 그 저작권이 침해된다는 사실을 알고 당해 복제·전송을 방지하거나 중단시킨 경우에는 다른 사람에 의한 저작권의 침해에 관한 온라인서비스제공자의 책임을 감경 또는 면제할 수 있다"고 규정하고, 제102조 제2항에서 "온라인서비스제공자가 저작물의 복제·전송과 관련된 서비스를 제공하는 것과 관련하여 다른 사람에 의한 저작물의 복제·전송으로 인하여 그 저작권이 침해된다는 사실을 알고 당해 복제·전송을 방지하거나 중단시키고자 하였으나 기술적으로 불가능한 경우에는 그 다른 사람에 의한 저작권의 침해에 관한 온라인서비스제공자의 책임은 면제된다"고 규정하고, 제103조 제5항에서 "온라인서비스제공자가 저작권자로부터 불법 저작물의 복제·전송을 중단시킬 것을 요구받고 즉시 그 저작물의 복제·전송을 중단시킨 경우에는 온라인서비스제공자의 책임을 감경 또는 면제할 수 있다"고 규정하고 있다. 온라인서비스제공자가 스스로 저작권 침해사실을 알게 된 경우에도 그 즉시 당해 복제·전송을 중단시켜야 구 저작권법 제102조 제1항에 의하여 그 책임을 감경 또는 면제받을 수 있다. 그런데, 이 사건의 고소인들은 저작권법 위반의 저작물을 특정하여 피고인들을 저작권법위반으로 형사고소를 하였을 뿐, 피고인들에 대하여 그 저작물에 대한 복제·전송의 중단을 요청하지는 않은 것으로 보이는바, 피고인들은 위와 같이 형사고소를 당한 이후에는 위 저작물에 대한 저작권 침해사실을 알게 되었다 할 것이므로, 피고인들이 그 즉시 위 저작물에 대한 복제·전송을 방지하거나 중단시켰다면 이에 대한 형사책임을 감경 또는 면제받을 수 있었다 할 것이나, 피고인들이 실제 그 즉시 위 저작물에 대한 복제·전송을 방지하거나 중단시켰다는 사실을 인정할 증거는 없을 뿐만 아니라, 피고인들은 위 저작물이 업로드 되어 있는 중앙서버를 관리하는 지위에 있었던 점에 비추어 쉽게 위 저작물에 대한 복제·전송을 중단시킬 수 있었던 것으로 보이므로, 위 저작물에 대한 복제·전송을 사후적으로 선별하여 방지하거나 중단하는 것이 기술적으로 불가능하였다고 보기도 어렵다. 결국, 구저작권법 제102조 제1항, 제2항, 제103조 제5항을 각 근거로 한 책임 제한 주장은 모두 받아들일 수 없다.

'영리 목적' 여부 : 구 저작권법 제136조 제2항 제5호는 '업으로 또는 영리를 목적으로 제124조 제2항의 규정에 따라 침해행위로 보는 행위를 한 자'를 처벌하도록 규정하고 있으므로, 이에 대한 정범에게 '업으로 또는 영리를 목적'이 있는 경우에 한하여, 그 방조행위자를 저작권법위반의 방조범으로 처벌할 수 있다. 검찰은 이 부분 정범에게 '영리의 목적'이 있었다는 취지로 기소하였다. 범죄일람표(6) 연변 5, 6, 9, 10, 14, 15, 17 기재 정범에게 '영리의 목적'이 있었는지에 관하여 보건대, 앞서 거시한 각 증거에 의하여 인정되는 다음과 같은 사정, 즉, ① 이 사건 위디스크 사이트에 관한 수백만명의 회원 중 특별히 허락을 받은 수천명의 회원만이 위 사이트에 콘텐츠를 업로드할 권한이 있고, 위와 같이 업로드를 허락받은 회원은 주로 콘텐츠 파일의 다운로드에서 발생하는 이익을 분배받을 목적으로 각종 파일을 위 사이트에 업로드하는 것으로 추정되는 점, ② 이 부분 각 파일(window xp 정품 인증 유틸, window 7 정품 인증 유틸로 모두 7개이다)은 비록 용량이 몇 메가바이트에 불과하더라도 여타 파일과 마찬가지로 이를 다운로드하는 경우 그 용량에 상응하는 금액(계산상 10원이다)이 과금되고 그 중 일부가 위 파일을 업로드한 회원에게 분배되는 점, ③ 업로드 회원의 입장에서는 위 파일을 업로드하기만 하면 그 이후에는 아무런 수고를 하지 않더라도 다른 회원들이 위 파일을 계속 다운로드를 하는 것에 비례하여 자동적으로 소정의 이익을 얻게 되므로, 이와 같은 이익이 자신이 들인 수고에 비하여 결코 적다고 단정하기 어려운 점, ④ 이 부분 각 파일이 실제 제작자에 의해 과시 목적으로 위디스크에 업로드된 것으로는 보이지 않는 점, ⑤ 이 부분 7개의 파일 중 6개는 아이디를 각각 '페월수화'와 'darkodisey'로 사용하는 회원에 의해 업로드된 것인데, 위 회원은 용량이 큰 window xp, window 7, office 2007을 업로드하기도 한 점 등의 제반 사정을 종합하여 보면, 이 부분 정범에게 영리의 목적이 있었던 것으로 판단된다.』

자. 요약도서 번역 사건[7-78]

<사안의 개요>

공소외 1 외국회사는 미합중국 내에서 원저자의 허락 없이, 원저자가 저작권을 가지는 도서를 요약한 다음 인터넷 사이트를 통하여 그 요약본을 제공·판매하는 회사이다, 피고인은 2003. 1.경부터 저작권자인 마이크넬슨의 저서

7-78) 대법원 2013. 8. 22. 선고 2011도3599 판결. 정당한 권리를 가지지 않는 외국회사에 문의하여 침해가 아니라는 회신을 받고, 법무법인으로부터 침해가 아니라는 회신을 받고서 저작물을 번역한 경우 침해의 고의가 없거나 위법성의 인식이 없는 것인지 여부가 쟁점이다.

'Clutter-Proof Your Business(국내출간 번역도서명 : 다이어트 비즈니스, 국내 번역출판사 : 큰나무)'를 공소외 1 외국회사가 무단으로 요약한 요약물을 제공받은 후 이를 한글로 번역하여 위 피고인 2 주식회사의 인터넷사이트를 통하여 건당 2,000원 가량을 받고 제공하였는데, 위 번역요약물은 'Clutter-Proof Your Business' 및 '다이어트 비즈니스'와 목차 및 주요내용 등에 있어 상당부분 유사성을 지니고 있었다. 피고인은 위와 같이 원저작물 및 번역저작물에 대한 2차적 저작물인 번역요약물을 작성하는 방법으로 원저작자와 번역저작자의 저작권을 침해하는 외에 2001. 12.경부터 현재까지 총 15종의 도서의 요약본을 건당 2,000원 내지 3,000원을 받고 제공하는 방법으로 영리를 위하여 상습적으로 저작권을 침해하였고, 피고인 2 주식회사는 위 기재 일시, 장소에서 피고인의 대표이사인 피고인 1이 업무에 관하여 위와 같은 행위를 함으로써 영리를 위하여 상습적으로 저작권을 침해한 것으로 기소되었다. 피고인들 정당한 권리를 가지지 않는 외국회사에 문의하여 침해가 아니라는 회신을 받고, 법무법인으로부터 침해가 아니라는 회신을 받고서 저작물을 번역하였으므로, 침해의 고의가 없거나 위법성의 인식이 없다고 주장하였다. 1심 법원은 침해의 고의가 없다는 이유로 무죄를 선고하였으나, 항소심 법원은 이와 상반되게 유죄를 선고하였으며, 대법원은 다음과 같이 판단하였다.

<법원의 판단>

『피고인들의 주장과 같이 피고인들이 2008. 4.경 영문저작물인 이 사건 원저작물의 내용을 영문으로 요약한 이 사건 외국회사에 문의하여 이 사건 영문요약물이 그 원저작물의 저작권과는 무관한 별개의 독립된 저작물이라는 취지의 의견을 받았고, 2009. 2.경 법무법인에 저작권 침해 관련 질의를 하여 번역요약물이 원저작물의 저작권을 침해하지 아니하는 것으로 사료된다는 취지의 의견을 받은 바 있다는 사유만으로는 피고인들에게 저작권 침해에 대한 고의가 없었다거나 이 사건 공소사실 기재 행위가 저작권 침해가 되지 아니한다고 믿은 데에 정당한 이유가 있다고 볼 수 없다. 같은 취지의 이 부분 원심의 판단은 정당하고 거기에 상고이유 주장과 같은 고의와 위법성 인식에 관한 법리오해 등의 위법이 없다.』

참고로 항소심 법원의 판단은 다음과 같다.

『원심 및 당심이 적법하게 채택하여 조사한 증거들에 의하여 인정되는 다음과 같은 사정들을 종합하여 보면, 피고인들이 공소사실 기재와 같이 이 사건 각 원저작물에 대한 2차적 저작물인 이 사건 각 번역요약물을 작성하는 등의 방법으로 영리를 위하여 상습적으로 이 사건 각 원저작자의 저작권을 침해하였음을 알 수 있다. (가) 피고인들이나 이 사건 외국회사가 이 사건 각 영문요약물이나 이 사건 각 번역요약물을 작성하는데 있어서, 이 사건 각 원저작자의 동의나 승낙을 받은 사실은 없다. (나) 이 사건 각 영문요약물은 이 사건 각 원저작물을 요약한 것에 불과하고, 이 사건 각 번역요약물은 이 사건 각 영문요약물을 번역한 것에 불과하며, 이 사건 각 영문요약물 및 번역요약물은 이 사건 각 원저작물과 목차 및 주요내용 등에 있어서 상당부분 유사성을 가지고 있다. (다) 피고인들은 이 사건 각 번역요약물 첫머리에 이 사건 각 원저작자의 이름뿐만 아니라, "본 도서 정보는 우수 도서를 홍보할 목적으로 원저작자로부터 정식 인가를 얻어 도서의 내용 일부를 발췌 요약한 것입니다. 저작권법에 의하여 원저작자의 정식인가 없이 무단전재, 무단복재 및 전송을 할 수 없으며, 원본 도서의 모든 출판권과 전송권은 원저작자에게 있음을 알려드립니다."라는 표현도 기재하였다. (라) 이 사건 각 원저작물은 성공전략이나 경영전략에 대한 이 사건 각 원저작자의 사상이 표현된 것으로서, 그 주요 전략내용 등은 이 사건 각 영문요약물이나 이 사건 각 번역요약물에도 그대로 유지되고 있다. (마) 피고인 1이 이 사건 외국 회사에 저작권에 대하여 문의하자, 이 사건 외국 회사가 "이 사건 각 영문요약물은 본회사의 창작물이기 때문에 이 사건 각 원저작자의 동의나 승낙을 구할 필요가 없다"는 취지로 답변하였는바, 피고인들의 주장에 의하더라도, 피고인 1이 위 외국 회사의 답변을 그대로 믿었다는 것일 뿐, 위 외국 회사가 이 사건 각 원저작자의 동의나 승낙을 받았는지에 대하여는 확인해 보지는 않았다.』

차. 대리운전 프로그램 사건[7-79)]

『'기술적 보호조치'란 컴퓨터프로그램저작물(이하 '프로그램'이라 한다)에 관한 식별번호·고유번호 입력, 암호화 및 기타 법에 의한 권리를 보호하는 핵심기술 또는 장치 등을 통하여 프로그램저작자에게 부여된 공표권, 성명표시권, 동일성유지권과 프로그램을 복제·개작·번역·배포·발행 및 전송할

7-79) 대법원 2012. 2. 23. 선고 2010도1422 판결. 상세는 「제9장 디지털 저작물의 침해와 보호」 참조.

권리 등 프로그램저작권에 대한 침해를 효과적으로 방지하는 조치를 의미할 뿐, 단순히 프로그램에 대한 접근만을 통제하는 기술적 조치는 이러한 '기술적 보호조치'에 포함되지 아니한다고 보아야 한다. 갑 회사가 아이드라이버 프로그램과 에이아이콜 프로그램이 동시에 실행되면 아이드라이버 프로그램이 바로 종료되도록 한 조치, PDA 부팅시 자동실행되는 기본프로그램 이외에는 아이드라이버 프로그램에서 다른 프로그램이 동시에 구동되지 않도록 한 조치 및 대리운전 기사 등 이용자가 실제 PDA 화면을 물리적으로 터치하였을 경우에만 아이드라이버 프로그램이 구동되도록 한 조치는 모두 아이드라이버 프로그램에 대한 접근을 허용하지 않는 접근통제조치에 해당될 뿐 그 프로그램의 저작권에 대한 침해를 효과적으로 방지하기 위한 조치로 보기 어려워 같은 법 제30조에서 정한 '기술적 보호조치'에 해당한다고 볼 수 없으므로, 피고인들에게 무죄를 인정한 원심판단은 정당하다.』

카. 2개의 파일공유사이트 운영 사건[7-80)]

<사안의 개요>

피고인 1이 2010. 4. 10.경부터 2010. 9. 21.경까지 인터넷 파일공유 웹스토리지 사이트인 ○○○○를, 2010. 4. 23.경부터 2010. 8. 17.경까지 같은 종류의 사이트인 △△△△를 운영하면서 위 각 파일공유 사이트를 통해 성명불상의 회원들로 하여금 수만건에 이르는 불법 디지털 콘텐츠를 업로드하게 한 후 다수의 회원들로 하여금 이를 수십만회에 걸쳐 다운로드하게 하여 저작재산권의 침해를 방조하였고, 피고인 2 주식회사는 그 대표이사인 피고인 1이 위와 같이 피고인 회사의 업무에 관하여 저작권법 위반의 방조행위를 함으로써 양벌규정의 적용대상이라고 공소제기된 사건이다. 위 각 파일공유싸이트별로 포괄일죄인지, 아니면 저작물별로 포괄일죄인지가 문제되었다.

<법원의 판단>

『상습범이란 어느 기본적 구성요건에 해당하는 행위를 한 자가 범죄행위

7-80) 대법원 2012. 5. 10. 선고 2011도12131 판결. 2개의 파일공유싸이트를 운영하며 수회의 저작권침해를 방조한 것이 사이트별로 포괄일죄가 되는지, 저작물별로 포괄일죄가 되는지 여부가 쟁점인데, 위 파기환송의 취지에 따라 환송 후 2심은 사이트별로 구별하지 않고 각 저작물별로 포괄일죄의 취지로 판결하였다(서울중앙지방법원 2012. 7. 26. 선고 2012노1543 판결).

를 반복하여 저지르는 습벽, 즉 상습성이라는 행위자적 속성을 갖추었다고 인정되는 경우에 이를 가중처벌 사유로 삼고 있는 범죄유형을 가리키므로, 상습성이 있는 자가 같은 종류의 죄를 반복하여 저질렀다 하더라도 상습범을 별도의 범죄유형으로 처벌하는 규정이 없는 한 각 죄는 원칙적으로 별개의 범죄로서 경합범으로 처단할 것이다. 저작권법은 제140조 본문에서 저작재산권 침해로 인한 제136조 제1항의 죄를 친고죄로 규정하면서, 제140조 단서 제1호에서 영리를 위하여 상습적으로 위와 같은 범행을 한 경우에는 고소가 없어도 공소를 제기할 수 있다고 규정하고 있으나, 상습으로 제136조 제1항의 죄를 저지른 경우를 가중처벌한다는 규정은 따로 두고 있지 않다. 따라서 수회에 걸쳐 제136조 제1항의 죄를 범한 것이 상습성의 발현에 따른 것이라고 하더라도, 이는 원칙적으로 경합범으로 보아야 하는 것이지 하나의 죄로 처단되는 상습범으로 볼 것은 아니다. 그것이 법규정의 표현에 부합하고, 상습범을 포괄일죄로 처단하는 것은 그것을 가중처벌하는 규정이 있기 때문이라는 법리적 구조에도 맞다. 저작재산권 침해행위는 저작권자가 같더라도 저작물별로 침해되는 법익이 다르므로, 각각의 저작물에 대한 침해행위는 원칙적으로 각 별개의 죄를 구성한다. 다만 단일하고도 계속된 범의 아래 동일한 저작물에 대한 침해행위가 일정기간 반복하여 행하여진 경우에는 포괄하여 하나의 범죄가 성립한다고 볼 수 있다. 2개의 인터넷 파일공유 웹스토리지 사이트를 운영하는 피고인들이 이를 통해 저작재산권 대상인 디지털 콘텐츠가 불법 유통되고 있음을 알면서도 다수의 회원들로 하여금 수만건에 이르는 불법 디지털 콘텐츠를 업로드하게 한 후 이를 수십만회에 걸쳐 다운로드하게 함으로써 저작재산권 침해를 방조하였다는 내용으로 기소된 사안에서, 피고인들에게 '영리 목적의 상습성'이 인정된다고 하더라도 이는 고소 없이도 처벌할 수 있는 근거가 될 뿐 피고인들의 각 방조행위는 원칙적으로 서로 경합범 관계에 있고, 다만 동일한 저작물에 대한 수회의 침해행위에 대한 각 방조행위가 포괄하여 하나의 범죄가 성립할 여지가 있을 뿐이다. 그럼에도 원심은, 제140조 단서 제1호가 제136조 제1항의 죄에 대한 상습범이라는 별도의 구성요건을 정한 것이라는 전제하에, 피고인들에게 '영리 목적의 상습성'이 인정되므로 위 두 개의 사이트를 통해 유통된 다수 저작권자의 다수 저작물 전체에 대한 피고인들의 이 사건 범행 전체가 하나의 포괄일죄라고 판단하였다. 또한 이 사건 범행이 상습범이 아니라고 하더라도 단일하고 계속된 범의하에 일정 기간 계속하여 행하여진 것이므로 그 전체가 하나의 포괄일죄를 구성한다는 취지로도 판단한 것으로 보이나, 서로 다른 저작물에 대한 침해행위를 포괄하여 하나의 죄로 볼 수는 없다. 위와 같은 원심판단에는 저작권법 위반죄의 죄수에 관한 법리를 오해하여 판결에 영향을 미친 위법이 있고, 이 점을 지적하는 상고이유의 주장은 이유 있다.』

타. 노래방 사제키트 사건[7-81)]

『원심판결 이유에 의하면, 원심은, 피고인들과 원심 공동피고인 3, 4가 공모하여, 또는 피고인 1이 원심 공동피고인 5 내지 10과 각 공모하여, 피고인 1은 이 사건 보호조치를 무력화하는 장치를 제조하여 피고인 2 또는 원심 공동피고인 5 내지 10에게 판매하고, 이들이 원심 공동피고인 3, 4를 통하여 또는 직접 노래방 영업주들에게 위 무력화 장치를 판매함으로써 음악저작권협회의 공연권을 침해하였다는 공소사실을 유죄로 판단하였다.

그런데 실제로 공연행위를 한 사람은 공소외 노래방 영업주들이라고 보아야 하고(대법원 1996. 3. 22. 선고 95도1288 판결, 대법원 2001. 9. 28. 선고 2001도4100 판결 등 참조), 기록에 의하면 공소외 노래방 영업주들이 위 무력화 장치가 사용된 사실을 알고 있었다고 볼 만한 사정도 보이지 아니하므로, 이들에게 무력화 장치를 공급한 것에 불과한 피고인들이 공연권 침해에 의한 저작권법위반죄의 직접정범이 된다고 본 원심의 판단은 잘못이라 할 것이다. 그러나 피고인들과 다른 원심 공동피고인들의 행위는 무력화 장치가 사용된 사정을 모르는 노래방 영업주들로 하여금 앞서 본 바와 같이 저작권자의 진정한 허락 없이 공연행위를 하게 한 경우에 해당하여 저작권법 위반의 간접정범이 된다고 할 것이고, 이 경우 간접정범은 형법 제34조 제1항, 제31조 제1항에 의하여 죄를 실행한 자와 동일한 형으로 처벌되는 것이므로 원심의 위와 같은 잘못은 판결에 영향을 미친 위법이 되지 못한다(대법원 1997. 7. 11. 선고 97도1180 판결, 대법원 2011. 5. 13. 선고 2011도1415 판결 등 참조). 다. 결국 원심의 이 부분 설시에 부적절한 점은 있으나 피고인들에게 공연권 침해에 의한 저작권법위반죄가 성립한다고 본 결론은 정당하고, 거기에 상고이유로 주장하는 위 죄에 관한 법리를 오해하여 판결에

7-81) 대법원 2015. 7. 9. 선고 2015도3352 판결. 기술적 보호조치를 무력화하는 장치를 제조하여 공급한 사람이 저작권침해죄의 정범인지 여부가 쟁점으로 이 사건 전반은「제9장 디지털 저작물의 침해와 보호」참조.

영향을 미친 위법 등이 있다고 할 수 없다.」

파. 링크침해방조 사건[7-82)]

「이른바 인터넷 링크(Internet link)는 인터넷에서 링크하고자 하는 웹페이지나, 웹사이트 등의 서버에 저장된 개개의 저작물 등의 웹 위치 정보나 경로를 나타낸 것에 불과하여, 비록 인터넷 이용자가 링크 부분을 클릭함으로써 링크된 웹페이지나 개개의 저작물에 직접 연결된다 하더라도 위와 같은 링크를 하는 행위는 저작권법이 규정하는 복제 및 전송에 해당하지 아니한다(대법원 2009. 11. 26. 선고 2008다77405 판결, 대법원 2010. 3. 11. 선고 2009다80637 판결 등 참조). 한편 형법상 방조행위는 정범의 실행을 용이하게 하는 직접, 간접의 모든 행위를 가리키는 것인데(대법원 2006. 4. 28. 선고 2003도4128 판결 등 참조), 링크를 하는 행위 자체는 위와 같이 인터넷에서 링크하고자 하는 웹페이지 등의 위치 정보나 경로를 나타낸 것에 불과하여, 인터넷 이용자가 링크 부분을 클릭함으로써 저작권자로부터 이용 허락을 받지 아니한 저작물을 게시하거나 인터넷 이용자에게 그러한 저작물을 송신하는 등의 방법으로 저작권자의 복제권이나 공중송신권을 침해하는 웹페이지 등에 직접 연결된다고 하더라도 그 침해행위의 실행 자체를 용이하게 한다고 할 수는 없으므로, 이러한 링크 행위만으로는 위와 같은 저작재산권 침해행위의 방조행위에 해당한다고 볼 수 없다. 원심[7-83)]이 적법하게 채택한 증거들에 의하면, 피고인은 원심 판시 이 사건 츄잉사이트를 관리·운영하는 사람인데, 이 사건 츄잉사이트의 일부 회원들이 그 사이트의 게시판에, 저작권자로부터 이용 허락을 받지 아니한 일본 만화 등 디지털콘텐츠(이하 '이 사건 디지털콘텐츠'라고 한다)를 게시하여 인터넷 이용자가 이를 열람 또는 다운로드(download) 할 수 있도록 하는 원심 판시 외국 블로그(blog)에 연결되는 링크 글을 게재하였음에도 피고인이 이를 삭제하지 않고 방치하였음을 알 수 있다. 이러한 사정을 앞서 본 법리에 비추어 살펴보면, 이 사건 츄잉사이트의 일부 회원들이 위와 같이 링크를 하는 행위는 저작권법이 규정하는 복제 및 전송에 해당하지 아니하여 이로써 저작권자의 복제

7-82) 대법원 2015. 3. 12. 선고 2012도13748 판결. 저작권 침해로 이어지는 인터넷 링크 글을 방치한 것이 침해방조행위에 해당하는지 여부가 쟁점으로 자세한 사안은 「제9장 디지털 저작물의 침해와 보호」 참조.

7-83) 청주지방법원 2012. 10. 19. 선고 2012노626 판결.

권이나 공중송신권을 침해하였다고 할 수 없다. 또한 비록 외국 블로그에서 이 사건 디지털콘텐츠에 관한 복제권이나 공중송신권 등의 저작재산권을 침해하고 있고 인터넷 이용자가 위 링크 부분을 클릭함으로써 그러한 외국 블로그에 직접 연결된다고 하더라도, 그러한 링크 행위만으로는 위와 같은 저작재산권 침해의 방조행위에 해당한다고 볼 수도 없다. 따라서 피고인이 이 사건 츄잉사이트를 관리·운영하면서 저작권법위반죄 또는 그 방조죄로 처벌할 수 없는 위와 같은 링크 행위의 공간을 제공하였다거나 그러한 링크를 삭제하지 않고 방치하였다고 하더라도 저작권법위반의 방조죄가 성립한다고 할 수 없다. 그리고 원심이 적법하게 채택한 증거들에 의하더라도, 피고인이 그 외에, 외국 블로그를 운영하거나 외국 블로그에 이 사건 디지털콘텐츠를 게시하는 등의 행위를 한 사람들과 어떠한 관련을 맺는 등의 방법으로 외국 블로그의 저작재산권 침해행위를 방조하였다고 볼 수는 없다. 같은 취지에서 피고인의 저작권법위반 방조의 점에 대하여 무죄를 선고한 원심판단은 정당하고, 거기에 논리와 경험의 법칙에 반하여 사실을 인정하거나 저작권법위반 방조에 관한 법리를 오해하는 등의 잘못이 없다.』

3. 법정형 및 양형(量刑)

저작재산권, 그 밖에 이 법에 따라 보호되는 재산적 권리(제93조에 따른 권리는 제외한다)를 복제, 공연, 공중송신, 전시, 배포, 대여, 2차적 저작물 작성의 방법으로 침해한 자에 대하는 5년 이하의 징역 또는 5,000만 원 이하의 벌금에 처하거나 이를 병과할 수 있다(법 제136조 제1항). 저작인격권 또는 실연자의 인격권을 침해하여 저작자 또는 실연자의 명예를 훼손한 자, 데이터베이스제작자의 권리를 복제·배포·방송 또는 전송의 방법으로 침해한 자, 법 제124조 제2항에 따른 침해로 보는 행위를 한 자 등에 대하여는 1년 이하의 징역 또는 1,000만 원 이하의 벌금에 처하도록 되어 있다(법 제137조 제1항).

법원의 재판실무상 저작권 침해죄에 대하여 적용되는 양형기준은 다음과 같다. 다만 양형기준은 징역형을 선택한 경우에 적용되고 벌금형을 선택한 경우에는 적용되지 않는다.

유형	구분	감경영역	기본영역	가중영역
1	저작재산권침해	10월 이하	8월~1년 6월	1년~3년
2	기타 저작권 관련침해	8월 이하	6월~1년 4월	10월~2년

※ 1유형은 법 제136조 제1항의 침해행위에 적용되고, 2유형은 법 제136조 제2항의 침해행위에 적용되는데 저작인격권 침해, 부정등록행위, 데이터베이스 제작자의 권리침해, 저작권행사 방해행위, 침해간주행위 등이 포함된다.

구 분		감경요소	가중요소
특별 양형 인자	행위	○ 실제피해가 경미한 경우 ○ 범행가담 또는 범행동기에 특히 참작할 사유가 있는 경우 ○ 비영리 목적 이용행위	○ 계획적·조직적 범행 ○ 권리자에게 심각한 피해를 초래한 경우 ○ 침해가 객관적으로 명백한 상태에서 침해중단 요구를 받고도 침해행위를 지속한 경우
	행위자/기타	○ 농아자 ○ 심신미약(본인 책임 없음) ○ 자수 ○ 처벌불원(피해회복을 위한 진지한 노력 포함)	○ 동종 누범 ○ 3회 이상의 동종 전과
일반 양형 인자	행위	○ 소극 가담 ○ 생계형 범죄	○ 반복적 또는 장기간의 범행 ○ 피해규모가 큰 경우 ○ 등록된 권리를 침해한 경우
	행위자/기타	○ 진지한 반성 ○ 피해회복을 위한 노력(상당금액 공탁 등) ○ 형사처벌 전력 없음	○ 동종 전과(집행종료 후 10년 미만)

위 양형요소의 구체적 내용은 다음과 같다.

가. 실제 피해가 경미한 경우

다음 요소 중 하나 이상에 해당하는 경우를 의미한다.

– 권리자가 당해 권리를 사실상 사용하지 아니하고 있었던 경우

– 저작권 등의 대상물의 극히 일부만을 침해한 경우

– 그 밖에 이에 준하는 경우

나. 범행가담 또는 범행동기에 특히 참작할 사유가 있는 경우

다음 요소 중 하나 이상에 해당하는 경우를 의미한다.

- 타인의 강압이나 위협 등에 의하여 강요된 상태에서 범행에 가담한 경우(형법 제12조에 해당하는 경우는 제외)
- 범행을 단순 공모하였을 뿐 범행을 주도하지 아니하고, 실행행위를 분담하지도 아니한 경우
- 아동·장애인·노인의 문화생활을 돕기 위하여 저작물 등을 이용한 경우
- 그 밖에 이에 준하는 경우

다. 처벌불원(피해회복을 위한 진지한 노력 포함)

- 피고인이 자신의 범행에 대하여 뉘우치고, 피해자 또는 유족이 이를 받아들여 피고인의 처벌을 원하지 않는 경우를 의미한다.
- 피해 회복을 위한 진지한 노력 끝에 피해자 또는 유족과의 합의에 준할 정도의 상당한 금액을 공탁한 경우도 포함한다.

라. 계획적·조직적 범행

다음 요소 중 하나 이상에 해당하는 경우를 의미한다.

- 범행의 수단과 방법을 사전에 치밀하게 계획한 경우
- 다수인이 역할을 분담하여 조직적으로 범행한 경우
- 그 밖에 이에 준하는 경우

마. 권리자에게 심각한 피해를 초래한 경우

다음 요소 중 하나 이상에 해당하는 경우를 의미한다.

- 침해행위·부정경쟁행위로 인한 매출 비중이 침해자의 총매출액의 대부분을 차지하거나, 권리자의 총매출의 상당 부분을 차지하는 경우
- 오로지 특정권리를 침해할 목적으로 법인을 설립하거나 사업장을 마련한 경우
- 권리자의 사업이 도산위기에 처하거나 심각한 매출감소로 인하여 치명적 경영상태 악화 등의 결과가 초래된 경우
- 그 밖에 이에 준하는 경우

제8장 침해자의 방어방법

Ⅰ. 개 설

저작권 침해소송의 상대방은 자신의 행위가 저작재산권의 제한 사유(법 제2장 제4절 제2관 및 제101조의3 내지 5)에 해당한다고 주장하거나 저작물에 대한 이용허락(제46조)을 받아 이를 이용할 권리가 있다고 주장할 수 있다. 나아가 저작권자 등의 권리행사가 권리남용에 해당한다고 주장할 수도 있다.

아래에서는 저작권 침해소송에서 침해자로 주장된 피고가 행사할 수 있는 방어방법에 대하여 살펴보기로 한다.

Ⅱ. 저작재산권의 제한

1. 의 의

저작권은 배타적 권리로서 제3자가 타인의 저작물을 이용하기 위하여는 저작권자로부터 사전 허락을 받아야 하는 것이 원칙이나, 저작권법은 제23조 내지 제36조에서 제3자가 저작물을 저작권자의 사전 허락을 받지 않고 이용할 수 있는 경우를 규정함으로써 저작권을 제한하고 있다. 즉, 저작권법은 제3자가 저작권자의 허락은 물론 보상금도 지급하지 않고 저작물을 이용할 수 있는 경우(제23조·제24조·제26조 내지 제30조·제32조 내지 제36조), 문화관광부장관의 승인과 보상금을 공탁(지급)하고 이용할 수 있는 경우(제25조·제31조)를 각 규정하고 있다. 나아가 제37조에서는 저작재산권 제한의 경우의 출처명시의 무를, 제37조의2에서는 프로그램에 대해서는 위 규정 중 일부(제23조·제25조·제

30조 및 제32조)를 적용하지 않음(프로그램에 대해서는 제101조의3에서 별도의 규정을 두고 있다)을, 제38조에서는 위 각 규정이 저작인격권에 영향을 미치는 것으로 해석되어서는 아니 됨을 각 규정하고 있다.

이하 이와 같은 저작재산권의 제한에 관하여 비교적 자주 문제가 되어 판례가 형성된 것을 중심으로 살펴본다.

2. 학교교육 목적 등에의 이용(법 제25조)

가. 교과용 도서에의 이용(제1항[8-1])

1) 독서교실 사건[8-2] – 교과용 도서의 의미

「교과용 도서에 해당하는지 여부는 교과용도서에관한규정(대통령령 제14541호) 제2조가 정한 바에 따라야 할 것인바, 위 규정에 의하면 교과용 도서라 함은 학교에서 교육을 위하여 사용되는 학생용 및 교사용의 주된 교재로서 교육부가 저작권을 가진 1종 교과서 및 지도서. 교육부장관의 검정을 받은 2종 교과서 및 지도서. 그 외 교과서 또는 지도서에 갈음하거나 이를 보충하기 위하여 교육부장관 또는 교육감의 승인을 얻은 인정도서를 의미한다.」

2) 비상교육 사건[8-3] – 피고들 발행 문제집의 교과용 도서 여부

피고들이 원고들에 저작권이 있는 교과서의 목차와 개별 단원의 제목 및 배열 순서, 수록된 핵심 지문 등을 인용하되 여기에 관련된 기출 문제나 예상 문제를 부가하여 문제집을 발행하여 판매한 사건이다.

「피고들은 이 사건 각 문제집이 위 조항에서 말하는 '교과용 도서'이므로, 피고들이 이 사건 각 교과서를 인용하여 이 사건 각 문제집을 제작, 발행 및 판매하였다고 하더라도 원고들의 저작권을 침해한 것이 아니라고 항변하나, 위 조항에서 말하는 '교과용 도서'는 대통령령인 '교과용도서에 관한 규정'에서 정하고 있는 교과서와 지도서를 일컫는 것이므로, 이 사건 각 문제

8-1) 고등학교 및 이에 준하는 학교 이하의 학교의 교육 목적상 필요한 교과용 도서에는 공표된 저작물을 게재할 수 있다.

8-2) 서울고등법원 1996. 7. 12. 선고 95나41279 판결(확정).

8-3) 서울남부지방법원 2014. 6. 12. 선고 2013가합5771 판결(확정).

집이 위와 같은 의미의 '교과용 도서'에 해당한다는 사실을 인정할 아무런 증거가 없는 이상, 피고들의 위 항변은 이유 없다.』

3) 검정교과서 사건[8-4]–교과서와 저작권의 범위 또는 한계

피고인이 검정교과서의 지문을 수강료나 가입비를 받고 운영하는 인터넷 학습사이트에서 사용한 사건이다.

『저작물이 교과용 도서인 경우 그러한 사정을 저작재산권 제한규정인 구 저작권법(2006. 12. 28. 법률 제8101호로 전문 개정되기 전의 것) 제25조 등의 요건에 해당하는지 여부를 판단함에 있어 참작할 수는 있을 것이나, 교과서라는 이유만으로 저작권의 범위가 제한된다거나 그 저작권에 내재적 한계가 있다고 할 수 없다.』

4) 학교시험대비 국어 사건[8-5]–위 3)과 같은 취지

피고인이 문제집 '학교시험대비 국어, 생활국어 1학기 중간고사(중 1)', '학교시험대비 국어, 생활국어 1학기 중간고사(중 2)'를 제작하면서 피해자 주식회사 창비에서 출판하고 저작권자들이 공동저작한 '중학교 생활국어 1-1', '중학교 국어 1-1' 각 검정교과서의 일부 내용을 피해자들의 동의 없이 발췌, 편집하여 출판한 사건이다.

『피고인은 "교과서와 같은 출판물은 공공적 성격이 강하므로 저작권자와 사용범위 및 대가에 관한 합의를 하지 아니하였더라도 그 출처를 제대로 밝히기만 한다면 자유롭게 인용할 수 있어야 한다. 따라서 피고인이 저작권자와의 협의 없이 교과서 내용을 인용한 이 사건 행위는 저작권법 위반에 해당하지 아니한다."라고 주장한다. 그러나 저작물이 교과용 도서인 경우 그러한 사정을 저작재산권 제한규정인 저작권법 제28조 등의 요건에 해당하는지를 판단함에 있어 참작할 수는 있을 것이나, 교과서라는 이유만으로 저작권의 범위가 제한된다거나 그 저작권에 내재적 한계가 있다고 할 수 없다(대법원 2007. 11. 30. 선고 2005도8981 판결). 나아가 피고인의 이 사건 저작물 이용의 성격이 상업적·영리적인 것인 점, 그밖에 피인용된 저작물의 양이나 인용 방식, 피고인이 교과용 도서의 지문을 이용함으로써 피고인 및 고소인들에게 발생할 것으로 예상되는 경제적 효과 등을 종합하여 볼 때 피고인의

8-4) 대법원 2007. 11. 30. 선고 2005도8981 판결.

8-5) 서울중앙지방법원 2012. 5. 15. 선고 2012고단1095 판결(항소기각).

행위가 저작권법 제28조에서 규정하고 있는 '정당한 범위 안에서 공정한 관행에 합치되게 인용한 것'이라고 볼 수도 없다. 따라서 피고인의 위 주장은 옳지 않다.」

나. 학교·교육기관의 이용(제2항[8-6], 제10항[8-7])

관련 사건으로 우선 메가스터디 가처분 사건[8-8]이 있는바, 이는 신청인이 공동저자들로부터 그들의 저작재산권에 관한 독점적인 이용허락을 받아 교과서 및 평가문제집을 출판하였는데, 피신청인이 신청인으로부터 허락을 받지 않은 상태에서 그 교과서 및 평가문제집을 교재로 사용하여 온라인강의를 유료로 제공하였고, 이에 대하여 신청인이 저작권침해금지가처분을 구한 사건이다.

이 사건에 대한 결정 중 위 조항과 관련된 부분은 아래와 같다.

「2009. 4. 22. 개정된 저작권법 제25조 제2항은 공표된 저작물을 이용할 수 있는 주체에 관하여, 구 저작권법 제25조 제2항에서 특별법에 의해 설립되거나 초·중등교육법 또는 고등교육법에 따른 '교육기관'으로 규정하고 있던 것과 달리 특별법에 의하여 설립되거나 유아교육법, 초·중등교육법, 고등교육법에 따른 '학교'로 그 범위를 제한하고 있고, 이와 구분하여 국가나 지방자치단체가 운영하는 '교육기관' 및 국가나 지방자치단체에 소속된 '교육지원기관'을 별도로 규정하고 있다. 이러한 저작권법 제25조 제2항의 개정연혁과 전후맥락에 비추어 보면, 특별법에 의하여 설립된 교육기관 중 저작권법 제25조 제2항에 따라 교육 목적상 필요에 의하여 공표된 저작물의 일부

8-6) 특별법에 따라 설립되었거나 「유아교육법」, 「초·중등교육법」 또는 「고등교육법」에 따른 학교, 국가나 지방자치단체가 운영하는 교육기관 및 이들 교육기관의 수업을 지원하기 위하여 국가나 지방자치단체에 소속된 교육지원기관은 그 수업 또는 지원 목적상 필요하다고 인정되는 경우에는 공표된 저작물의 일부분을 복제·배포·공연·방송 또는 전송할 수 있다. 다만, 저작물의 성질이나 그 이용의 목적 및 형태 등에 비추어 저작물의 전부를 이용하는 것이 부득이한 경우에는 전부를 이용할 수 있다.

8-7) 제2항의 규정에 따라 교육기관이 전송을 하는 경우에는 저작권 그 밖에 이 법에 의하여 보호되는 권리의 침해를 방지하기 위하여 복제방지조치 등 대통령령이 정하는 필요한 조치를 하여야 한다.

8-8) 서울중앙지방법원 2011. 9. 14.자 2011카합683 결정 및 서울중앙지방법원 2011. 9. 14.자 2011카합709 결정(각 항고 후 확정, 항고심에서는 이 부분에 대한 원심 설시를 인용함). 상세는 「제3장 저작물 – 저작권법의 보호대상」 참조.

또는 전부를 복제, 공연, 전송할 수 있는 주체는 특별법에 의하여 설립된 '학교'로 제한된다고 해석함이 상당하다.

평생교육법 제2조 제1호는 '평생교육이란 학교의 정규교육과정을 제외한 학력보완교육, 성인 기초·문자해득교육, 직업능력 향상교육, 인문교양교육, 문화예술교육, 시민참여교육 등을 포함하는 모든 형태의 조직적인 교육활동을 말한다'고 규정하고, 같은 법 제2조 제2호 가목은 '이 법에 따라 인가·등록·신고된 시설·법인 또는 단체'를 평생교육기관의 하나로 정하고 있으며, 같은 법 제33조 제1, 2항은 정보통신매체를 이용하여 불특정 다수인을 대상으로 원격평생교육을 실시하고자 하는 경우 교육과학기술부장관에게 신고하여야 한다는 취지로 규정하고 있다. 기록에 의하면, 피신청인은 2008. 4. 21. 'www.mbest.co.kr'라는 인터넷 웹사이트에서 실시하고 있는 엠베스트교육에 관하여 평생교육법의 위 각 조항을 근거로 원격평생교육시설로 신고한 사실이 소명된다. 그러나 피신청인이 위 신고에 따라 평생교육법 제2조 제2호 가목의 평생교육기관에 해당하는지 여부는 별론으로 하고, 제출된 자료만으로는 피신청인이 평생교육법 또는 그 밖의 특별법에 의하여 설립된 '학교'라는 점이 소명되었다고 하기에는 부족하다.

그러므로 저작권법 제25조 제2항이 적용된다는 피신청인의 위 주장은 이유 없다.』

다. 보상금의 지급(제4항) 및 보상금수령단체(제5항)

제1항 및 제2항에 따라 저작물을 이용하려는 자는 문화체육관광부장관이 정하여 고시하는 기준[8-9]에 따른 보상금을 해당 저작재산권자에게 지급하여야 한다. 다만, 고등학교 및 이에 준하는 학교 이하의 학교에서 제2항에 따른 복제·배포·공연·방송 또는 전송을 하는 경우에는 보상금을 지급하지 아니한다(제4항).

제4항의 규정에 따른 보상을 받을 권리는 "1. 대한민국 내에서 보상을 받을 권리를 가진 자(이하 '보상권리자'라 한다)로 구성된 단체 2. 영리를 목적으로 하지 아니할 것 3. 보상금의 징수 및 분배 등의 업무를 수행하기에 충분한 능력이 있을 것"과 같은 요건을 갖춘 단체로서 문화체육관광부장관이

8-9) 문화체육관광부 고시 제2011-5호.

지정하는 단체를 통하여 행사되어야 한다.[8-10] 문화체육관광부장관이 그 단체를 지정할 때에는 미리 그 단체의 동의를 얻어야 한다(제5항).

이와 관련하여 학교법인 명지학원 등이 서울행정법원에 제기한 '보상금 수령단체 지정고시 무효확인' 사건이 있다.[8-11] 이 사건에서 법원은 한국복제전송저작권협회(복전협)를 학교교육목적 등에의 보상금 수령단체로 지정한 고시의 취소청구는 각하하고, 수업목적 저작물 이용 보상금 기준 고시 등의 무효 확인을 구하는 부분은 기각하였는바, 관련 판단 부분을 옮기면 아래와 같다.

<보상금 수령단체 지정의 무효확인청구 부분>

『행정처분의 직접 상대방이 아닌 제3자라도 당해 행정처분의 취소를 구할 법률상의 이익이 있는 경우에는 원고적격이 인정된다고 할 것이나, 여기서 말하는 법률상의 이익은 당해 처분의 근거 법규 및 관련 법규에 의하여 보호되는 개별적·직접적·구체적인 이익이 있는 경우를 말하고 공익보호의 결과로 국민 일반이 공통적으로 가지는 추상적, 평균적, 일반적 이익과 같이 간접적이거나 사실적, 경제적 이해관계를 가지는 데 불과한 경우는 여기에 포함되지 않는다(대법원 1999. 12. 7. 선고 97누12556 판결 등 참조).

위와 같은 법리를 토대로 이 사건에 관하여 보건대, 위 인정 사실에 변론 전체의 취지를 더하여 알 수 있는 다음과 같은 사정, 즉 ① 저작권법 제25조 제5항은 보상권의 행사방법을 일원화하여 피고가 지정하는 일정한 요건을 갖춘 단체를 통하여 행사하도록 한 점, ② 원고들이 이 사건 보상금 수령단체 지정의 직접 상대방이 아닐 뿐만 아니라 위 규정에서 정한 요건을 갖춘 단체도 아니어서 복전협과 경원관계에 있지도 아니한 점, ③ 보상금 수령단체는 보상금의 징수, 분배 및 관리 등의 업무만을 담당할 뿐이므로, 보상금 수령단체의 지정 여부는 원고들의 보상금 지급의무의 존부에 영향을 미치지 않는 점 등을 비추어 볼 때, 이 사건 보상금 수령단체 지정에 따른 원고들의 불이익은 법률상 보호되는 불이익이라고 보기 어렵다. 따라서 원

8-10) ① 문화체육관광부장관은 보상금수령단체를 지정하려면 법 제25조 제5항 각 호의 요건을 갖춘 단체로서 구성원의 의결권 등이 평등하고 단체의 의사결정이 민주적으로 이루어지는 단체를 지정하여야 한다. ② 문화체육관광부장관은 제1항에 따라 단체를 지정하면 이를 관보에 고시하여야 한다(시행령 제3조).

8-11) 서울행정법원 2013. 9. 24. 선고 2012구합41158 판결 참조(항소 후 소 취하).

고들은 이 사건 보상금 수령단체 지정의 무효확인을 구할 원고적격이 없으므로 이 부분에 관한 피고의 본안전항변은 이유 있다.』

<고시 등의 무효확인청구 부분>

『1) 소급적용금지원칙 위반 여부

위 인정 사실에 변론 전체의 취지를 더하여 알 수 있는 다음과 같은 사정, 즉 ① 원고들은 이 사건 고시 전부터 종전 기준에 따른 보상금 지급의무를 부담하고 있었으므로 이 사건 보상금 기준을 적용하는 것이 이미 완성되거나 종결된 사실 또는 법률관계에 소급하여 적용하는 것이라고 볼 수 없는 점, ② 이 사건 보상금 기준은 종전 기준에 대한 대교협 등의 의견을 일부 반영하여 보상금 액수를 종전 기준보다 약 30%~40% 하향 조정하였을 뿐만 아니라 일정한 조정기간을 두어 2011년 보상금은 위 적정 보상금 액수의 60%를 지급하되 매년 차례로 10%씩 증가시켜 2015년에 이르러서야 100%를 지급하도록 함으로써 종전 기준보다 원고들에게 유리하게 개정된 점 등에 비추어 보면, 이 사건 보상금 기준이나 이에 따라 이루어진 이 사건 승인처분이 소급적용금지원칙의 적용 대상이라고 보기 어렵다. 따라서 원고들의 위 주장은 나아가 살펴볼 필요 없이 이유 없다.

2) 평등원칙 위반 여부

고등교육법에 따라 설립된 대학은 특별법에 따라 설립된 교육기관이나 국가 또는 지방자치단체가 운영하거나 그에 소속된 기타 교육기관과 그 교육의 목적, 내용 및 운영방식이 현저히 다르고, 그에 따라 저작물의 이용형태나 방법, 이용횟수 등이 다를 수밖에 없어 그 보상금 기준을 일률적으로 산정할 수 없으므로, 교육기관별 저작물 이용실태와 이용규모 등을 정확하게 분석하고 연구하여 그에 따라 차등적인 보상금 기준을 마련할 필요성이 있다. 그런데 교육기관별로 보상금 기준을 마련하는데 상당한 시일이 소요되는 것은 어느 정도 불가피한 측면이 있으므로, 피고가 저작물의 사용이 빈번할 것으로 예상하는 대학 및 특별법에 따라 설립된 교육기관에 대하여 이 사건 보상금 기준을 먼저 고시하고, 위와 같은 분석과 연구 과정 등을 거쳐 차례로 다른 교육기관에 대한 보상금 기준을 마련한다고 하여 이를 두고 합리적인 근거 없는 차별적인 취급이라고 보기 어렵다. 또한, 이 사건 보상금 기준과 그에 따라 이루어진 이 사건 승인처분은 대학별 특성을 고려하여 일반대학, 전문대학, 원격대학에 대하여 그 보상금 액수에 차등을 두고 있으므로 대학 사이의 형평에 어긋난다고 보기도 어렵다. 따라서 이와 다른 전제에 선 원고들의 위 주장은 이유 없다.

3) 비례원칙 위반 여부

가) 하자 있는 행정처분이 당연무효가 되기 위하여는 그 하자가 법규의 중요한 부분을 위반한 중대한 것으로서 객관적으로 명백한 것이어야 하며, 하자가 중대하고 명백한지 여부를 판별함에 있어서는 그 법규의 목적, 의미, 기능 등을 목적론적으로 고찰함과 동시에 구체적인 사안 자체의 특수성에 관하여도 합리적으로 고찰함을 요하는바, 행정청이 어느 법률관계나 사실관계에 대하여 어느 법률의 규정을 적용할 수 없다는 법리가 명백히 밝혀져 그 해석에 다툼의 여지가 없음에도 불구하고 행정청이 위 규정을 적용하여 처분을 한 때에는 그 하자가 중대하고도 명백하다고 할 것이나, 그 법률관계나 사실관계에 대하여 그 법률의 규정을 적용할 수 없다는 법리가 명백히 밝혀지지 아니하여 그 해석에 다툼의 여지가 있는 때에는 행정관청이 이를 잘못 해석하여 행정처분을 하였더라도 이는 그 처분 요건사실을 오인한 것에 불과하여 그 하자가 명백하다고 할 수 없고, 또한 행정처분의 대상이 되는 법률관계나 사실관계가 전혀 없는 사람에게 행정처분을 한 때에는 그 하자가 중대하고도 명백하다 할 것이나, 행정처분의 대상이 되지 아니하는 어떤 법률관계나 사실관계에 대하여 이를 처분의 대상이 되는 것으로 오인할 만한 객관적인 사정이 있는 경우로서 그것이 처분대상이 되는지가 그 사실관계를 정확히 조사하여야 비로소 밝혀질 수 있는 때에는 비록 이를 오인한 하자가 중대하다고 할지라도 외관상 명백하다고 할 수는 없다(대법원 2004. 10. 15. 선고 2002다68485 판결 등 참조).

나) 위와 같은 법리를 토대로 이 사건에 관하여 보건대, 위 인정 사실에 변론 전체의 취지를 더하여 알 수 있는 다음과 같은 사정을 종합하면, 이 사건 고시나 승인처분이 당연무효라고 보기 어렵다.

(1) 학교나 기타 교육기관의 교육과정에서는 필연적으로 기존의 저작물이 교재나 기타 자료로 사용될 수밖에 없다. 저작권법 제25조는 그와 같은 교육의 공공성을 고려하여 학교 기타 교육기관의 교육목적상 필요하다고 인정되는 경우 사용되는 저작물에 대하여는 저작재산권자의 허락을 받지 못한 경우라도 이를 자유롭게 이용하도록 하되, 다만 아무런 대가 없이 저작물의 이용이 허락될 경우 저작재산권자의 권리가 심각하게 침해될 수 있으므로 저작물을 이용하는 학교나 기타 교육기관은 해당 저작재산권자에게 보상금을 지급하도록 하였다. 따라서 저작권법 제25조는 저작물의 폭넓은 이용을

촉진함과 동시에 저작재산권자가 입을 수 있는 경제적 손해를 보상하려는 정책적 고려의 결과이므로 그 목적은 정당하다고 판단된다.

(2) 구 저작권법(2006. 12. 28. 법률 제8101호로 개정되기 전의 것) 제23조 제3항은 "저작물을 이용하고자 하는 자는 대통령령이 정하는 바에 의하여 문화관광부장관(현재의 피고)이 정하는 기준에 의한 보상금을 저작재산권자에게 지급하거나 이를 공탁하여야 한다"라고 규정하여 보상금을 실제로 지급하거나 이를 공탁하도록 하였으나, 실무상 보상금 지급비율보다 공탁비율이 지나치게 높아 보상금의 분배율이 떨어져 보상금 지급제도의 의미가 퇴색되는 문제점이 있었다. 이에 따라 개정된 저작권법 제25조 제5항, 제6항이 보상권 행사의 주체를 보상금 수령단체로 단일화하는 제도를 도입하여, ① 저작재산권자에 대한 보상금 분배율을 높이고 아울러 저작물 이용자도 보상금 지급의무를 쉽게 이행할 수 있도록 하고, ② 보상금 수령단체에 의한 보상금의 징수와 분배 등의 절차를 투명하게 함으로써 더욱 효율적이고 공정한 보상금의 징수와 분배가 이루어지도록 하며, ③ 이 사건 고시가 구체적인 보상방법으로 개별보상방식과 포괄보상방식을 제시한 후 교육기관에 선택권을 부여하였는데 원고들이 이를 행사하지 아니함에 따라 이 사건 승인처분이 이루어진 점을 고려하면, 이 사건 고시와 그에 따른 승인처분은 보상권리자의 권리보호를 위한 적절한 수단이자 다른 한편으로 저작물 이용자인 원고들의 피해를 최소화한 것으로 판단된다.

(3) 나아가 ① 이 사건 보상금 기준이 수업목적 저작물의 이용실태, 이용규모 등 이용현황과 각종 저작물의 이용규모 등을 추정하여 이를 기초로 보상금 기준요율을 정하고, 개별보상과 포괄보상의 각 보상방식에 따라 적정한 보상금 액수 등을 산출한 이 사건 연구보고서를 토대로 하고, 대교협 등 교육기관의 의견을 수렴하여 종전 기준보다 보상금 액수를 대폭 하향 조정하였을 뿐만 아니라 일정 기간 위 적정 보상금 액수에 조정계수를 반영한 것인 점, ② 전국의 모든 대학과 특별법에 따른 교육기관 등에서 다양한 방법과 형태로 이루어지는 각종 저작물의 이용실태와 이용규모 등은 그 내용이 워낙 방대하여 이를 정확하게 조사하여 실제 저작물 이용량을 파악하는 것은 현실적·기술적으로 한계가 있을 뿐만 아니라 학술이나 예술 등 영리를 목적으로 하지 않는 저작물의 경우 객관적인 저작권료를 산정하는 데에 어려움이 있으므로, 통계학적·경제학적인 계산방식에 따라 각종 저작물의 연간 사용규모와 보상금 기준요율을 추정하여 적정 보상금 액수를 산출하는

방식은 일반적으로 용인될 수 있는 객관적·합리적인 것으로 보이는 점, ③ 저작권법 제25조 제4항에 따른 보상금 지급의무는 교육기관이 수업목적상 필요하다고 인정되는 경우 원칙적으로 저작물 일부를 이용하고 그 대가를 지급하는 것인데 반하여, 원고들이 전문 데이터베이스 업체와 체결한 계약은 원고들의 필요에 따라 이루어진 것이고 저작물 전체의 이용을 목적으로 하므로 그 성격을 달리하는 점, ④ 이 사건 연구보고서가 사적 복제·도서관 복제 등의 경우 보상금 중복산정 문제, 교육자 본인이 직접 작성한 저작물을 복사·전송하는 경우를 제외하는 문제 등을 고려하여 이용규모를 추정하고 그 외에 원고들이 지적하는 여러 문제점을 대부분 반영한 점(설령 그와 같은 문제 중 일부가 반영되어 있지 않다고 하더라도, 앞서 본 바와 같은 저작물 이용실태에 관한 조사의 한계 등을 고려하면 그와 같은 사정만으로 이 사건 연구보고서의 객관성과 합리성을 부정할 수 없다), ⑤ 이 사건 고시가 저작권법 제28조, 제29조 및 제35조의3 등의 규정을 고려하여 어문 저작물의 1% 이내, 음악 및 영상 제작물의 5% 이내(최대 30초) 이용의 경우를 보상금 대상에서 제외하고 있는 점 등을 고려하면 이 사건 고시와 승인처분에서 정한 보상금의 액수가 합리적인 근거 없이 지나치게 높게 책정되었다고 단정할 수 없으므로, 그로써 보호하고자 하는 보상권리자의 권리보다 침해되는 원고들의 저작물 이용료가 지나치게 커 법익의 균형성을 상실하였다고 보기 어렵다.

(4) 다만 앞서 본 바와 같이 전국의 대학교수들을 비롯한 저작재산권자 48,515명은 이 사건 고시 전부터 이 사건 무료이용 동의서를 대교협에 제출하였는바, ① 저작권법 제46조가 저작물의 이용허락에 특별한 방식이나 요건을 요구하지 않으므로 이 사건 무료이용 동의서는 형식의 측면에서 유효한 점, ② 저작재산권자의 저작물 이용허락과 관련하여 피고가 일정한 기간 내에 소정의 양식을 갖춘 보상금청구권 포기 동의서의 제출을 요구하고 있더라도, 위 대학교수들의 저작물 무료이용에 관한 동의가 행정사무의 편의를 위하여 마련한 이 사건 보상금 기준에서 정한 절차나 방식을 따르지 아니하였다고 하여 그 사법상의 효력까지 부인할 수 없는 점, ③ 따라서 교육기관이 수업목적상 필요에 따라 무료이용에 동의한 저작물을 사용한 경우에는 위 무료이용 동의의 효력에 따라 교육기관의 보상금 지급의무가 발생하지 않는 점, ④ 위와 같이 대학교수 다수가 이 사건 무료이용 동의서를 제출하여 상당량의 저작물 이용에 보상금이 발생할 여지가 없고, 이는 보상금

액수를 결정하는데 중요한 요소가 될 수 있음에도 이 사건 보상금 기준에는 이를 반영하지 아니한 점 등을 고려하면, 이 사건 고시와 그에 따라 이루어진 이 사건 승인처분은 그 보상금 액수를 산정함에 있어 핵심적인 요소를 빠뜨린 중대한 하자가 있다고 판단된다.

그러나 다른 한편으로, ① 피고가 저작물의 무료이용에 동의하여 보상금을 포기하는 저작재산권자의 수와 그에 따른 저작물의 양을 파악하여 보상금 액수 산정에 반영하기 위하여 일정한 기간 내에 소정의 양식을 갖춘 보상금청구권 포기 동의서의 제출을 요구한 점, ② 피고가 이 사건 보상금 기준을 고시한 직후 공문으로 원고들을 비롯한 전국의 대학에 저작물 무료이용에 동의하는 저작재산권자는 소정의 양식에 따른 보상금청구권 포기 동의서를 복전협에 제출하여 달라는 요청까지 한 점, ③ 그럼에도 대학교수들이 대교협에 이 사건 무료이용 동의서를 제출하였을 뿐 피고가 정한 절차와 양식에 따른 보상금청구권 포기 등 동의서를 복전협에 제출하지 않았고, 위와 같은 사정을 알고 있었던 원고들도 관련 자료를 피고에게 제출하지 않았는 바, 이 때문에 피고로서는 이 사건 무료이용 동의서를 제출한 저작재산권자의 정확한 인원수와 구체적인 인적사항, 무료이용에 동의한 저작물의 구체적인 내용 등을 제대로 파악할 수 없었던 것으로 보이는 점, ④ 반면에 피고가 이 사건 고시에서 대학에서의 저작물 이용에 관한 실태조사를 정기적으로 실시하여 고시의 개정 및 분배정산에 활용할 것을 예정하고 있는 점 등을 종합하면, 이 사건 고시와 그에 따라 이루어진 이 사건 승인처분 당시 보상금 액수를 산정함에 있어 이 사건 무료이용 동의서의 내용을 반영하지 않은 하자가 외관상으로나 객관적으로 명백하였다고 보기는 어렵다.

다) 따라서 원고들의 위 주장 역시 이유 없다.』

3. 시사보도를 위한 이용(법 第26条)

법 第26조는 “방송·신문 그 밖의 방법에 의하여 시사보도를 하는 경우에 그 과정에서 보이거나 들리는 저작물은 보도를 위한 정당한 범위 안에서 복제·배포·공연 또는 공중송신할 수 있다.”고 규정하고 있다.

피고들이 일본 사진전문주간지에 우리나라 사진작가의 누드사진이 실렸다는 점을 보도하면서 그 잡지에 게재된 사진 중 일부를 인용한 ‘일본잡지 누드사진 게재' 사건[8-12]에서 법원은 다음과 같이 판시하였다.

『피고 1 회사가 경영하고 피고 이○○이 그 발행인으로 있는 월간지 '직장인' 1988. 6.호에 '한국여대생, 연예인 누드사진이 포르노로 둔갑'이라는 제목 아래 위 '플래쉬'지에 게재된 원고의 사진 중 환상 4점, 무구 3점, 요점 1점 등 8점이, 또 피고 2 회사가 경영하고 피고 김○○이 그 발행인으로 있는 월간지 '뷰티라이프' 1988. 6.호에 '사진 예술작품들 일본으로 건너가 포르노성 기획으로 전락'이라는 제목 아래 위 원고의 사진 중 환상 1점, 무구 1점, 귀여움 2점 등 4점이 각 원고의 동의를 받지 않고 게재되었는바, 기록에 나타난 위 잡지들이 게재한 사진을 보면 모두 칼라로 된 양질의 사진이고 사진의 크기나 배치를 보아도 어떤 것은 잡지지면의 전면 크기이고, 어떤 것은 몇 장의 사진으로 지면의 전부 또는 반 정도를 차지하기도 하여 전체적으로 3면의 기사(표제지면 제외) 중 비평기사보다는 사진이 절대적 비중을 차지하는 화보형식으로 구성되어 있어서 위 사진들은 보도의 목적보다 감상용으로 인용되었다고 보이므로 보도를 위한 정당한 범위에서 이용되었다고 볼 수 없다.』

4. 공표된 저작물의 인용(법 제28조)

가. 의 의

법 제28조는 "공표된 저작물은 보도·비평·교육·연구 등을 위하여는 정당한 범위 안에서 공정한 관행에 합치되게 이를 인용할 수 있다."고 규정하고 있다. 이 조항은, 새로운 저작물을 작성하기 위하여 기존 저작물을 이용하여야 하는 경우가 많고, 그러한 경우에 기존 저작물의 인용이 널리 행해지고 있는 점을 고려하여 기존 저작물의 합리적 인용을 허용함으로써 문화 및 관련 산업의 향상발전이라는 저작권법의 목적을 달성하려는 데 그 입법취지가 있다.[8-13] 한편, 법문은 '인용할 수 있다'고만 규정하고 있으나, 이는 소극적으로 타인의 저작물을 복제하여 그 용도대로 사용하는데 그치지 아니하고, 적극적으로 자신이 저작하는 저작물 중에 타인의 저작물을 인용하여 이용할

8-12) 대법원 1990. 10. 23. 선고 90다카8845 판결.

8-13) 서울고등법원 2010. 10. 13. 선고 2010나35260 판결(확정). 미쳤어 사건.

수 있다는 취지이므로, 인용된 부분이 복제·배포되거나 공연·방송·공중송신·전송되는 것도 허용된다. 결국, 정당한 인용은 복제권뿐만 아니라 배포권·공연권·방송권·공중송신권·전송권 등 저작재산권 일반에 대한 제한사유가 된다.[8-14]

나. 요 건

1) 일 반

대법원은 아래와 같이 판시하였다.[8-15]

『공표된 저작물은 보도·비평·교육·연구 등을 위하여는 정당한 범위 안에서 공정한 관행에 합치되게 이를 인용할 수 있다고 규정하고 있는바, 위 규정에 해당하기 위해서는 그 인용의 목적이 보도·비평·교육·연구에 한정된다고 볼 것은 아니지만, 인용의 '정당한 범위'는 인용저작물의 표현 형식상 피인용저작물이 보족, 부연, 예증, 참고자료 등으로 이용되어 인용저작물에 대하여 부종적 성질을 가지는 관계(즉 인용저작물이 주이고, 피인용저작물이 종인 관계)에 있다고 인정되어야 하고, 나아가 정당한 범위 안에서 공정한 관행에 합치되게 인용한 것인지 여부는 인용의 목적, 저작물의 성질, 인용된 내용과 분량, 피인용저작물을 수록한 방법과 형태, 독자의 일반적 관념, 원저작물에 대한 수요를 대체하는지 여부 등을 종합적으로 고려하여 판단하여야 한다.』

2) 대 상

인용의 대상은 공표된 저작물에 한하는데, '공표된' 저작물인지와 관련하여 아래와 같은 판결이 있다.

가) 대입본고사 입시문제 사건[8-16]

각 대학의 본고사 입시문제를 수집 인용하여 각 과목별 대학입시교재를 발간한 사건으로 법원은 다음과 같이 판시하였다.

8-14) 서울고등법원 2010. 10. 13. 선고 2010나35260 판결.

8-15) 대법원 2014. 8. 26. 선고 2012도10777 판결(Be the Reds 사건).

8-16) 서울지방법원 1997. 8. 12. 선고 97노50 판결(대법원 1997. 11. 25. 선고 97도2227 판결).

「문교부(교육부) 산하 국립교육평가원에서 실시하던 대학입학학력고사 또는 대학수학능력시험과는 달리 15년만에 부활되어 1994년도부터 실시된 각 대학별 대학입시문제가 일반 대중에게 널리 '공표'된 것으로 보이지 않는다.」

나) 토플시험 문제 사건[8-17)]

이미 실시된 토플시험문제를 입수하여 피고가 토플시험대비용 문제집을 발간한 사건으로 법원은 아래와 같이 판시하였다.

「공표란 저작물을 공연, 방송 또는 전시 그 밖의 방법으로 일반공중에게 공개하는 경우와 저작물을 발행하는 경우를 말하는데(저작권법 제2조 제17호), 원고는 토플시험응시생들에게 문제지의 소지·유출을 허용하지 아니하고 그대로 회수함으로써 시험문제들이 공중에게 공개되는 것을 방지하고 있고, 시험이 시행된 후에 원고 자체의 판단에 따라 재사용 여부나 공개 여부, 공개시기 등을 별도로 결정하고 있으므로, 이러한 사정 아래에서 제한된 범위의 응시생들이 토플시험을 치르는 행위만으로는 이를 공표라 할 수 없다.」

3) 목 적

가) 미쳤어 사건[8-18)]－법 제28조는 목적 예시

「저작권법 제28조는, 새로운 저작물을 작성하기 위하여 기존 저작물을 이용하여야 하는 경우가 많고, 그러한 경우에 기존 저작물의 인용이 널리 행해지고 있는 점을 고려하여 기존 저작물의 합리적 인용을 허용함으로써 문화 및 관련 산업의 향상발전이라는 저작권법의 목적을 달성하려는 데 그 입법취지가 있다. 이러한 입법취지에 비추어 보면 저작권법 제28조에서 규정한 '보도·비평·교육·연구 등'은 인용 목적의 예시에 해당한다고 봄이 타당하므로, 인용이 창조적이고 생산적인 목적을 위한 것이라면 그것이 정당한 범위 안에서 공정한 관행에 합치되게 이루어지는 한 저작권법 제28조에 의하여 허용된다.」

나) 대입본고사 입시문제 사건[8-19)]－영리적 목적인 경우 자유이용의 범위

8-17) 서울고등법원 1995. 5. 4. 선고 93나47372 판결(확정).

8-18) 서울고등법원 2010. 10. 13. 선고 2010나35260 판결(확정).

좁아진다.

「공표된 저작물의 인용의 경우 반드시 비영리적인 이용이어야만 교육을 위한 것으로 인정될 수 있는 것은 아니라 할 것이지만, 영리적인 교육목적을 위한 이용은 비영리적 교육목적을 위한 이용의 경우에 비하여 자유이용이 허용되는 범위가 상당히 좁아진다.」

다) 여행안내서 사건[8-20]—시간과 노력을 절약하기 위한 경우로서 정당한 인용 아님

여행알선업 등을 하는 자가 다른 여행안내서에 기재되어 있는 내용을 자신의 인터넷 홈페이지에 그대로 베끼어 게재하는 한편 이를 다른 여행사의 인터넷 사이트에도 제공한 사건으로 법원은 다음과 같이 판시하였다.

「여행안내서의 일부를 베낀 목적은 홈페이지 게재 자료를 작성하는 시간과 노력을 절약하기 위한 것으로 봄이 상당하여 보도, 비평 등과 상관없다 할 것이고, 출처가 원 저작물이라는 것도 명시하지 않아 인용방법도 공정한 관행에 합치되지 않는다 할 것이므로, 도저히 저작권법상 허용되는 인용이라고 볼 수 없다.」

라) 대괴수 용가리 사건[8-21]—상업적·영리적 목적인 점 고려

방송사의 오락프로그램에서 저작권자의 허락 없이 무단으로 영화의 일부 장면을 약 3분간 인용하여 방송한 사건으로 법원은 다음과 같이 판시하였다.

「피고들이 이 사건 프로그램에서 이 사건 영화를 일부 인용한 것이 시청자들에게 정보와 재미를 주기 위한 목적이었다고 하더라도 그 이용의 성격은 상업적·영리적인 점, 피고 방송사가 인터넷 홈페이지를 통하여 유료로 이 사건 프로그램을 방송한 점, 피고들이 원고로부터 이 사건 영화의 인용에 대한 동의를 받는 것이 어렵지 아니하였던 점 등 이 사건 변론에 나타난 여러 사정을 고려하여 볼 때, 피고들의 위 행위가 공정이용에 해당한다고 할 수 없다.」

4) 범위 및 방법—정당한 범위 안에서 공정한 관행에 합치

8-19) 대법원 1997. 11. 25. 선고 97도2227 판결.

8-20) 서울중앙지방법원 2003. 5. 30. 선고 2001가합64030 판결(항소취하 확정).

8-21) 서울남부지방법원 2008. 6. 5. 선고 2007가합18479 판결(확정).

가) 의 의

인용이 적법한 것이 되려면 '정당한 범위 안에서 공정한 관행에 합치되게' 하여야 하는데, 그 여부는 인용의 목적, 저작물의 성질, 인용된 내용과 분량, 피인용저작물을 수록한 방법과 형태, 독자의 일반적 관념, 원저작물에 대한 수요를 대체하는지 여부 등을 종합적으로 고려하여 판단하여야 할 것이고, 이 경우 반드시 비영리적인 이용이어야만 교육을 위한 것으로 인정될 수 있는 것은 아니라 할 것이지만, 영리적인 교육목적을 위한 이용은 비영리적 교육목적을 위한 이용의 경우에 비하여 자유이용이 허용되는 범위가 상당히 좁아진다.[8-22]

인용의 '정당한 범위'는 인용저작물의 표현 형식상 피인용저작물이 보족, 부연, 예증, 참고자료 등으로 이용되어 인용저작물에 대하여 부종적 성질을 가지는 관계(즉 인용저작물이 주이고, 피인용저작물이 종인 관계)에 있다고 인정되어야 한다.[8-23]

나아가 출판 전에 피인용저작물의 저자를 찾아가 인용에 대한 승낙을 요청한 점[8-24] 또는 학술정보 데이터베이스 제공업자로부터 적은 비용으로 손쉽게 문제된 논문의 복제물을 구할 수 있는 사정[8-25]도 정당한 인용인지 여부를 판단하는 자료로 될 수 있다.

나) 적법한 인용이라고 본 예

(1) 썸네일(thumbnail) 이미지 사건[8-26] – 원래 이미지 대체 불가

8-22) 대법원 2014. 8. 26. 선고 2012도10777 판결, 대법원 2007. 11. 30. 선고 2005도8981 판결, 대법원 1997. 11. 25. 선고 97도2227 판결.

8-23) 대법원 1990. 10. 23. 선고 90다카8845 판결, 대법원 1998. 7. 10. 선고 97다34839 판결, 대법원 2004. 5. 13. 선고 2004도1075 판결, 대법원 2013. 2. 15. 선고 2011도5835 판결 등 참조.

8-24) 서울고등법원 1997. 7. 9. 선고 96나18627 판결(대법원 1998. 7. 10. 선고 97다34839 판결).

8-25) 대법원 2013. 2. 15. 선고 2011도5835 판결.

8-26) 대법원 2006. 2. 9. 선고 2005도7793 판결. 썸네일 이미지 관련하여 같은 취지의 판결로는 대법원 2010. 3. 11. 선고 2009다4343 판결, 서울중앙지방법원 2005. 8. 25. 선고 2004가합86819 판결(항소취하)이 있다.

<사안의 개요>

피고인들이, "피고인 ○○○은 피고인 회사의 컨텐츠사업본부장으로 근무하던 자이고, 피고인 회사는 컴퓨터프로그램개발 등을 목적으로 하는 법인인바, (1) 피고인 ○○○는 2001. 7. 말경부터 2002. 9. 30.경까지 서울 강남구 역삼동 소재 피고 회사에서, 이미지 수집프로그램을 이용하여 공소외 □□□의 홈페이지에 접속하여 □□□이 게시한 사진작가 △△△의 사진작품 '백두산 천지' 등 31점을 복사하여 100픽셀×74픽셀과 104픽셀×79픽셀로 축소한 썸네일 이미지 프로그램을 만든 후, 이를 피고인 회사의 검색 사이트(http://srch-thumb.daum.net)에 저장 게시하여 위 사이트 이용자로 하여금 검색, 사용하도록 함으로써 위 △△△의 저작권을 침해하고, (2) 피고인 회사는 위 일시, 장소에서 피고인의 컨텐츠사업본부장인 위 ○○○가 피고인의 업무에 관하여 위 (1)항 기재와 같이 위반행위를 함으로써 타인의 저작재산권을 침해한 것이다."라는 내용으로 기소된 사건이다.

<법원의 판단>

『피고인 회사의 검색사이트에 썸네일 이미지의 형태로 게시된 사진작가의 사진작품들은 그의 개인 홈페이지에서 이미 공표된 것인 점, 피고인 회사가 썸네일 이미지를 제공한 주요한 목적은 보다 나은 검색서비스의 제공을 위해 검색어와 관련된 이미지를 축소된 형태로 목록화하여 검색서비스를 이용하는 사람들에게 그 이미지의 위치정보를 제공하는데 있는 것이지 피고인들이 사진작가의 사진을 예술작품으로서 전시하거나 판매하기 위하여 이를 수집하여 자신의 사이트에 게시한 것이 아닌 만큼 그 상업적인 성격은 간접적이고 부차적인 것에 불과한 점, 사진작가의 사진작품은 심미적이고 예술적인 목적을 가지고 있다고 할 수 있는 반면 피고인 회사의 사이트에 이미지화된 사진작가의 사진작품의 크기는 원본에 비해 훨씬 작은 가로 3㎝, 세로 2.5㎝ 정도이고, 이를 클릭하는 경우 독립된 창으로 뜬다고 하더라도 가로 4㎝, 세로 3㎝ 정도로 확대될 뿐 원본 사진과 같은 크기로 보여지지 아니할 뿐만 아니라 포토샵 프로그램을 이용하여 원본 사진과 같은 크기로 확대한 후 보정작업을 거친다 하더라도 열화현상으로 작품으로서의 사진을 감상하기는 어려운 만큼 피고인 회사 등이 저작물인 이용화의 사진을 그 본질적인 면에서 사용한 것으로는 보기 어려운 점, 피고인 회사의 검색사이

트의 이 사건 썸네일 이미지에 기재된 주소를 통하여 제3자의 홈페이지를 거쳐 사진작가의 홈페이지로 순차 링크됨으로써 이용자들을 결국 사진작가의 홈페이지로 끌어들이게 되는 만큼 피고인 회사가 사진작가의 사진을 이미지검색에 제공하기 위하여 압축된 크기의 이미지로 게시한 것이 사진작가의 작품사진에 대한 수요를 대체한다거나 사진작가의 사진 저작물에 대한 저작권침해의 가능성을 높이는 것으로 보기는 어려운 점, 이미지 검색을 이용하는 사용자들도 썸네일 이미지를 작품사진으로 감상하기보다는 이미지와 관련된 사이트를 찾아가는 통로로 인식할 가능성이 높은 점 및 썸네일 이미지의 사용은 검색사이트를 이용하는 사용자들에게 보다 완결된 정보를 제공하기 위한 공익적 측면이 강한 점 등 판시와 같은 사정 등을 종합하여 보면, 피고인 회사가 사진작가의 허락을 받지 아니하고 사진작가의 사진작품을 이미지검색의 이미지로 사용하였다고 하더라도 이러한 사용은 정당한 범위 안에서 공정한 관행에 합치되게 사용한 것으로 봄이 상당하다.』

(2) 이휘소 사건[8-27] – 적은 이용 양, 인용문구, 시장수요 불침해 참작

『이 사건 소설 중 원심판결 첨부 별지 비교표 1-1 내지 1-4의 우측란 기재부분(이하 이 사건 제1 이용부분이라 한다)은 '핵물리학자 이휘소' 중 같은 표 좌측란 기재부분에서의 표현형식을 그대로 옮겨 온 것이므로, 이 사건 제1 이용부분에 관한 한 피신청인들이 신청인의 저작권을 일응 침해하였다고 할 것이나, 저작권법 제25조 소정의 인용의 목적인 '보도, 비평, 교육, 연구'는 예시적 규정으로서 그 밖에 예증, 해설, 보충, 강조를 위한 인용도 가능하다 할 것이고, 위 규정 소정의 '정당한 범위'에 속하기 위하여는 그 표현형식상 피인용저작물이 보족, 부연, 예증, 참고자료 등으로 이용되어 인용저작물에 대하여 부종적 성질을 가지는 관계(즉, 인용저작물이 주이고, 피인용저작물이 종인 관계)에 있다고 인정되어야 하며, 소설 중에 설정된 상황을 설명하기 위하여 타인의 저작물 등의 자료를 인용함에 있어, 그 출처를 명시하는 등 적절한 방법으로 피인용 부분을 자신의 창작부분과 구별될 수 있도록 하고 피인용저작물을 지나치게 많이 인용하지 아니하며 또 그 인용으로 말미암아 원저작물에 대한 시장수요를 대체할 수 있는 정도에 이르지

8-27) 서울서부지방법원 1998. 11. 12. 선고 95가합17007 판결(확정), 서울서부지방법원 1996. 4. 19. 선고 95카합3836 판결(서울고등법원 1997. 4. 23. 선고 96나18627 판결, 대법원 1998. 7. 10. 선고 97다34839 판결).

않는 경우에는 특별한 사정이 없는 한 그 인용행위는 공정한 관행에도 합치된다 할 것인데, 이 사건 제1 이용부분은 이 사건 소설 총 854면 중 10면 정도로서 극히 일부일 뿐만 아니라, 소설 구성상의 필요, 즉 핵무기개발을 둘러싼 이용후와 박정희의 연결고리를 당시의 시대상황에 부합하고 그럴듯하게 맞추기 위하여 원문의 동일성을 해하지 않은 채 거의 그대로 인용하였으며, 피인용부분과 창작부분 사이에 행을 비우고 각 인용부분 말미에 "(위의 내용은 공석하 편저, 도서출판 뿌리에서 출간한 '핵물리학자 이휘소'에서 인용함)" 또는 "(박정희 대통령의 편지와 이 박사의 일기는 도서출판 뿌리에서 펴낸 공석하 편저, '핵물리학자 이휘소'에서 인용한 것임을 밝힙니다)"라는 인용문구를 명시함으로써 이 사건 소설의 독자들로 하여금 그 부분의 출전을 쉽게 알 수 있게 하였고{위와 같이 인용구를 명시하였으므로 뒤에서 다시 그 중 일부를 인용하면서는 위와 같은 인용구를 거듭 기재하지 않고 < >속에 그 인용부분을 기재하여 자신의 창작부분과 구별하였다}, 한편 '핵물리학자 이휘소'는 1992. 7. 10. 제5판 이후 절판되어 이 사건 제1 이용부분으로 인하여 그 시장수요가 침해될 가능성이 거의 없었으므로, 이 사건 제1 이용부분은 그 표현형식상 이 사건 소설의 보족, 부연, 예증, 참고자료 등으로 이용되어 부종적 성질을 가지는 관계에 있고 원저작물의 시장수요를 대체할 정도에 이르지 아니하였으며 또한 창작부분과의 구별을 가능하게 함과 아울러 인용 출처를 밝힌 점에서 저작권법 제25조 소정의 공표된 저작물의 인용에 해당하므로 저작권침해행위가 면책된다 할 것이고,…』

(3) Deep Link 사건[8-28]

<사안의 개요>

원고들은, 피고가 자기의 웹사이트(www.sayclub.com)의 페이지뷰(Page-view, 사용자가 페이지를 본 회수를 나타낸다)를 늘려 광고 수익을 얻을 목적으로 피고의 웹사이트에 원고들이 축구 및 연예계에 관하여 작성한 기사 및 사진을 무단 게재하고, 원고들이 작성한 뉴스기사 및 사진이 게시된 웹페이지를 무단 링크시킴으로써 원고들의 저작권을 침해하였다고 주장하였다.

<법원의 판단>

『온라인서비스제공자가 자신의 회원들이 많이 찾는 뉴스기사에 관한 목

8-28) 서울중앙지방법원 2006. 7. 21. 선고 2004가합76058 판결(항소 후 조정성립).

록 및 정보를 안내하는 서비스를 제공하면서 인터넷 미디어사업자들이 저작권을 가지는 뉴스기사 사진을 허락 없이 작은 크기로 축소하여 게시하였으나, 이는 온라인서비스제공자가 자신의 웹사이트에 해당 뉴스기사 및 사진을 게시한 웹페이지를 직접 연결(deep link)하면서 이용자들에게 그 웹페이지의 내용에 관한 정보를 제공하기 위한 것으로, 이용자가 축소 사진을 선택(click)하면 해당 웹페이지로 직접 연결되어 독립된 창을 통해 해당 웹페이지에 게시된 원래의 사진을 보게 되는 점, 위 서비스는 인터넷을 통하여 제공되는 방대한 양의 정보 중 이용자가 많은 관심을 갖는 정보에 대한 쉽고 빠른 접근을 제공하므로 그 공공성을 인정할 수 있는 점, 위 서비스가 제공되는 웹페이지에는 광고가 게재되지 않아 온라인서비스제공자가 위 서비스를 명백히 상업적으로 이용하였다고 보기 어려운 점 등에 비추어, 위와 같이 축소 사진을 게시한 행위가 저작권법 제25조에서 규정하고 있는 공표된 저작물을 정당한 범위 안에서 공정한 관행에 합치되게 인용한 경우에 해당한다.』

고 하며 피고들의 손해배상책임을 부정하였다.

(4) 미쳤어 사건[8-29)]

<사안의 개요>

원고는 2009. 2. 2. 다섯살된 원고의 딸이 의자에 앉아 가수 손담비가 부른 '미쳤어'라는 노래(이하 '이 사건 저작물')를 부르면서 춤을 추는 것을 촬영한 이용자제작콘텐츠(UCC-User Created Content) 형태의 53초 분량의 동영상(이하 '이 사건 동영상') 및 이 사건 저작물의 가사 중 후렴구 부분이 포함되어 있는 게시물(이하 '이 사건 게시물')을 네이버 사이트에 있는 원고의 블로그에 게시하면서, 이 사건 동영상을 네이버의 비디오 사이트에 링크되도록 하였다. 그런데 원고는 이 사건 게시물을 원고 블로그에 게시하고 네이버 비디오 사이트에 링크되도록 하면서 제3자가 이를 열람·검색하는데 아무런 제한을 두지 아니하였다. 피고는 2009. 6. 17. 네이버 비디오 사이트에 등록된 게시물 중 4,008건의 게시물이 피고가 신탁받아 관리하는 저작물의 저작권을 침해하였다고 주장하며 그 게시물들에 대한 복제·전송의 중단조치를 요구하

8-29) 서울고등법원 2010. 10. 13. 선고 2010나35260 판결(확정).

였는데, 그 중에는 이 사건 비디오 사이트 주소에 있는 이 사건 동영상이 이 사건 저작물의 저작권을 침해하였음을 이유로 한 이 사건 동영상에 대한 복제·전송의 중단 요구도 포함되어 있었다고 주장한다.

<법원의 판단>

「이 사건 저작물이 공표된 저작물이라는 점은 당사자 사이에 다툼이 없는 점, 이 사건 동영상은 미취학 연령으로 보이는 원고의 딸이 가족여행 중에 이 사건 저작물의 실연자인 가수 손담비의 춤을 흉내 내면서 이 사건 저작물 중 일부를 불완전하게 가창하는 것을 녹화한 것인데, 이는 원고가 가수 손담비를 흉내 내는 원고 딸의 귀엽고 깜직한 모습과 행동을 생동감 있게 표현한 것으로서 창작성 있는 저작물에 해당하는 점, 이 사건 동영상의 제작 및 전송 경위에 비추어 이 사건 동영상이 영리를 목적으로 제작되거나 전송된 것은 아니라고 보이는 점, 이 사건 동영상의 주된 내용은 원고의 어린 딸이 귀엽고 깜찍하게 가수 손담비의 춤 동작을 흉내 내는 것이고, 이를 위하여 이 사건 저작물의 일부가 반주도 없이 불완전한 가창의 방법으로 인용된 점, …이와 같이 인용된 이 사건 저작물의 양은 전체 74마디 중 7~8마디에 불과하므로 인용의 목적에 비추어 필요한 최소한도의 인용으로 보이는 점, 그나마도 음정, 박자, 가사를 상당히 부정확하게 가창한 것인데다가 녹화 당시 주변의 소음으로 인하여 약 53초 분량의 이 사건 동영상 중 초반부 약 15초 정도만 이 사건 저작물을 가창하고 있음을 식별할 수 있는 점, 따라서 일반 공중의 관념에 비추어 이 사건 동영상이 이 사건 저작물이 주는 감흥을 그대로 전달한다거나 이 사건 저작물에 대한 시장의 수요를 대체한다거나 또는 이 사건 저작물의 가치를 훼손한다고 보기는 어려운 점, 대중가요와 같은 음악저작물의 경우에 일반적으로 작곡가나 작사가보다는 실연자의 이름으로 언급하여 그 출처를 표시하고 있는데, 이 사건 동영상이 포함된 이 사건 게시물에도 이 사건 저작물의 실연자를 언급함으로써 합리적인 방법으로 이 사건 저작물의 출처를 명시하고 있는 점 등 제반 사정을 종합하면, 이 사건 동영상은 이 사건 저작물의 일부를 정당한 범위 안에서 공정한 관행에 합치되게 인용하였음이 인정된다.

이 사건 게시물에 인용된 이 사건 후렴구는 그 양이 이 사건 저작물의 전체 가사 21행 중 5행에 불과한 점, 이 사건 후렴구를 인용한 목적은 이 사건 동영상에서 인용된 이 사건 저작물 부분이 음정, 박자 및 가사가 상당히 부정확하여 잘 인식하기 어려우므로 그와 대비하여 이 사건 동영상에서 인용된 부분이 이 사건 저작물 중 어떠한 부분인지 알 수 있도록 하기 위한 것으로 보이는 점, 따라서 일반 공중의 관념에 비추어 이 사건 후렴구가 이 사건 저작물이 주는 감흥을 그대로 전달한다거나 이 사건 저작물에 대한 시장의 수요를 대체한다거나 또는 이 사건 저작물의 가치를 훼손한다고 보기는 어려운 점, 이 사건 게시물에 이 사건 저작물의 실연자를 언급함으로써 이 사건 저작물의 출처를 명시한 점 등 제반사정을 종합하여 보면 이 사건 후렴구 역시 이 사건 저작물의 일부를 정당한 범위 안에서 공정한 관행에 합치되게 인용하였음이 인정된다.

또한, 이 사건 게시물은 이 사건 동영상 및 이 사건 후렴구 이외에도 이에 덧붙여 '그런데 도대체 이 노래를 어디서 보고 들은 것이기에 이렇게 따라 하는 것일까요? 집에서는 거의 가요 프로그램을 보질 않는데 말입니다, 뭐 그냥 저냥 웃으면서 보기는 했는데, 너무 아이가 춤과 노래를 좋아하는 것은 아닐런지 걱정스럽기도 합니다, 그리고 좀 더 소녀 취향의 노래를 불러 주었으면 좋겠는데 말이지요'라는 내용의 글과 이 사건 동영상을 녹화한 곳과 같은 장소에서 촬영한 원고의 딸을 다른 사진들을 함께 게재함으로써 이 사건 동영상이나 이 사건 후렴구와는 별개로 대중매체가 어린이들에게 끼치는 영향에 대한 원고의 사상과 감정을 표현한 새로운 창작물이 되었고, 이 사건 동영상과 이 사건 후렴구는 이 사건 게시물을 구성하는 요소로 흡수되었으므로, 이러한 점에 앞서 본 바와 같이 이 사건 동영상과 이 사건 후렴구가 이 사건 저작물을 정당한 범위 안에서 공정한 관행에 합치되게 인용하였음이 인정되는 사정을 함께 고려하면 이 사건 게시물 역시 이 사건 저작물을 정당한 범위 안에서 공정한 관행에 합치되게 인용한 것임을 인정할 수 있다.』

(5) 아이비스포츠 사건[8-30]

<사안의 개요>

피고인이 향후 3년간 개최되는 골프대회의 TV 중계 대행사를 선정하는 절차(한국여자프로골프협회 주관)에 주식회사 리앤에스스포츠 등 회사 3곳과 경쟁 입찰에 참여하여 한국여자프로골프협회의 평가위원들에게 아이비스포츠

8-30) 서울중앙지방법원 2011. 12. 7. 선고 2011노3254 판결(상고기각).

의 프리젠테이션을 시연하면서, 위 프리젠테이션에 경쟁 입찰회사인 위 리앤에스스포츠의 관계회사인 주식회사 에스비에스골프가 KLPGA의 문제점을 보도한 뉴스들 중 2편의 뉴스를 편집하여 만든 57초 분량의 동영상을 상영함으로써, 주식회사 에스비에스골프의 저작물인 뉴스 프로그램을 임의로 편집·사용하여 그 저작권을 침해하였다는 공소사실로 기소된 사건이다.

<법원의 판단>

『공표된 저작물의 공정한 인용에 대한 판단기준을 이 사건에 적용해 보면, 인용의 목적이 영리적이라는 점은 피고인들에게 불리한 요소로, 나머지 판단기준들은 피고인들에게 유리한 요소로 각 작용한다. 그런데 이러한 판단기준들은 어느 하나라도 불리하게 작용한다고 하여 공정한 인용을 부정하게 하는 것은 아니고, 위 각 요소들을 종합하여 '저작권자의 보호'와 '저작물의 공정한 이용'이라는 저작권법의 입법목적 사이의 균형점을 도출하여야 하는 것이다.

피고인들의 인용의 목적 중 영리적 측면은 공정한 인용을 부인할 개연성을 높이는 요소이기는 하나, ① 피고인들이 이 사건 동영상을 공연한 것은 고소인 회사가 제작한 뉴스의 정보전달이라는 본질적 기능과 상이한 의도에서 이루어졌고, 그 목적에는 피고인 회사에 대한 고소인 회사의 비판을 재반박하는 측면도 있는 점, ② 고소인 회사도 이 사건 동영상의 공연으로 인한 뉴스방송시장에 있어서의 현실적·잠재적 손실의 가능성을 문제삼는 것이 아니라, 이 사건 동영상으로 인하여 평가위원들에게 고소인 회사의 자회사인 리앤에스스포츠에 대한 부정적인 인식을 심어주고 결과적으로 입찰에서 떨어지게 된 것을 문제 삼고 있는 점, ③ 저작권법은 복제행위자가 자신의 저작에 소요되는 시간과 노력을 절약하기 위한 목적이나 타인의 저작물을 사용함으로써 자신의 저작물의 상품가치를 높이기 위한 목적 등으로 저작물을 사용하는 것을 금지하여 복제행위자가 소유자의 지적재산을 빼앗는 것을 방지하려는 것이지, 복제행위로부터 간접적으로 초래되는 손해를 보상하게 하는 것을 목적으로 하는 것은 아닌 점에다가, 공정한 인용에 긍정적인 요소로 작용하는 나머지 판단기준들을 더하여 살펴보면, 피고인들이 이 사건 동영상을 공연한 것은 정당한 범위 안에서 공정한 관행에 합치되게 이루어진 행위로 판단된다.』

다) 적법한 인용이 아니라고 본 예

(1) “Be the Reds ! ” 사건[8-31]

인터넷상에서 사진의 양도·이용허락을 중개하는 이른바 포토라이브러리(photo library)업을 영위하는 피고인들이 2002년 한·일월드컵 당시 널리 사용된 “Be The Reds!”라는 응원문구를 도안화한 저작물(이하 ‘이 사건 저작물’이라 한다)이 그려진 티셔츠 등을 착용한 모델이 촬영되어 있는 사진들을 그 홈페이지에 게시한 사건으로 법원은 다음과 같이 판시하였다.

『원심은, 피고인들이 2002년 한·일월드컵 당시 널리 사용된 “Be The Reds!”라는 응원문구를 도안화한 원심 판시 저작물 (이하, ‘이 사건 저작물’이라 한다)이 그려진 티셔츠 등을 착용한 모델을 촬영한 원심 판시 사진들(이하 ‘이 사건 사진들’이라 한다)을 인터넷상에서 양도·이용허락을 중개하는 이른바 포토라이브러리(photo library) 업체에 위탁하면서 배포한 것이 저작권침해에 해당하지 아니한다고 판단하였는바, 그 요지는, 이 사건 저작물은 그 소재인 응원문구의 호소력, 국민들의 집단적인 응원활동이라는 사회적·문화적 배경, 그 상업적·기능적인 성격 등에 비추어 보호범위가 제한적이고, 이 사건 사진들에서 차지하는 위치, 크기, 비중 등에 비추어 볼 때 간접적·부수적으로 이용한 것에 불과하며, 이 사건 사진들에서 이 사건 저작물의 창작적인 표현형식을 직접 감득하기 곤란할 뿐만 아니라 이 사건 사진들이 이 사건 저작물의 저작권자가 영위하던 상품화 사업을 직접 침해하지도 아니하였다는 것이다….

피고인들은 사진저작권자들의 위탁에 의하여 사진의 유상 양도·이용허락을 중개하는 포토라이브러리 업체에 대한 위탁을 위하여 이 사건 침해사진들을 배포한 것이므로 이는 영리를 목적으로 한 것이다.

그리고 이 사건 저작물은 그 성격상 저작자의 창조적 개성의 발휘에 따른 미적 표현이 드러나 있는 미술저작물의 일종이라고 할 것인데, 이 사건 침해사진들의 경우 월드컵 분위기를 표현하기 위하여 월드컵의 응원문화를 상징하는 이 사건 저작물을 특별한 변형 없이 촬영하여 만든 것인 이상 이 사건 저작물을 단순히 대체하는 수준을 넘어 그와 별개의 목적이나 성격을 갖게 된다고 볼 수는 없다. 또한 앞서 본 바와 같이 이 사건 침해사진들에는 이 사건 저작물의 원래 모습이 온전히 또는 대부분 인식이 가능한 크기와

8-31) 대법원 2014. 8. 26. 선고 2012도10777 판결.

형태로 사진의 중심부에 위치하여 양적·질적으로 상당한 비중을 차지하고 있다. 게다가 이 사건 침해사진들은 월드컵 분위기를 형상화한 사진의 수요자들에게 유상으로 양도하거나 이용허락을 하기 위하여 월드컵의 응원문화를 상징하는 대표적인 표현물 중 하나로 널리 알려진 이 사건 저작물이 그려진 티셔츠 등을 착용한 모델을 촬영한 것인데, 앞서 본 바와 같이 이 사건 저작물이 충분히 인식될 수 있는 크기와 형태로 포함되어 있음에도 피고인들이 이를 포토라이브러리 업체에 위탁하여 그 양도나 이용허락이 이루어지도록 한다면 시장에서 이 사건 저작물의 수요를 대체함으로써 결과적으로 저작권자의 저작물 이용허락에 따른 이용료 수입을 감소시킬 것으로 보인다. 위와 같은 사정들을 종합하면, 피고인들이 배포한 이 사건 침해사진들에서 이 사건 저작물이 정당한 범위 안에서 공정한 관행에 합치되게 인용된 것이라고 보기 어렵다.』

(2) 검정교과서 사용 사건[8-32)]

"피고인들이 공모하여, 2002. 2.경부터 2003. 6. 11.까지 ○○정보교육원에서, 피해자 주식회사 □□이 '영어 1학년 영어 7차 교과서'의 저작권자인 장△△ 외 5인과 사이에 피해자가 저자들로부터 위 저작물을 문서, 도화, CD-ROM, 디지털 등의 방식으로 출판, 복제, 배포하는 권리, 인터넷 및 공중파를 통항 화상강의에 사용할 수 있는 권리 등 계약기간 동안 위 저작물의 복제·배포에 관한 일체의 지적재산권을 포괄적으로 위임받는 내용의 계약을 체결하였으므로, 위 교과서의 내용을 복제·배포하기 위해서는 복제·배포권자인 피해자의 승낙을 받아야 함에도 승낙을 받지 아니하고, 위 인터넷 홈페이지를 이용하여 위 교과서의 18쪽 중 "Mina : Look at the club posters. Sudong : Wow! Do you like the computer club? Mina : Yes, I do. How about you? Sudong : I like it. but I like the basketball club, too. Mina : Me, too. Sudong : Then let's join that club. Mina : Sounds great! Sudong : Wait! I love drama club, too. Mina : Oh, Sudong! Choose only one club!"을 복제하여 위와 같이 불특정 다수의 회원들을 상대로 동영상 및 전자칠판으로 강의를 하는 방법으로 배포하여 저작재산권인 피해자의 복제·배포권을 침해하는

8-32) 대법원 2007. 11. 30. 선고 2005도8981 판결.

등 복제·배포권자들인 총 7개 출판사의 30개 저작물에 대한 저작재산권을 침해한 것이다"라는 내용으로 기소된 사건으로 대법원은 다음과 같이 판시하였다.

『피고인이 검정교과서의 지문을 수강료나 가입비를 받고 운영하는 인터넷 학습사이트에서 사용한 것이 교육을 위한 목적이었다고 하더라도 그 이용의 성격은 상업적·영리적인 점, 피고인은 교과서의 지문 내용을 그대로 베끼거나 약간의 설명을 부가하는 형식으로 복제하여 사용하였고 그 분량도 상당한 점, 피고인이 교과서를 복제한 학습자료를 인터넷에 올리고 이를 통하여 동영상 및 전자칠판 강의를 함으로써 교과서에 대한 현실적·잠재적 수요가 대체될 가능성이 있다고 보이는 점 등에 비추어 피고인의 복제·배포행위가 구 저작권법 제25조 소정의 정당한 이용에 해당한다고 볼 수 없다.』

(3) 대입본고사 입시문제 사건[8-33)]

『문교부(또는 교육부) 산하 국립교육평가원에서 실시하던 대학입학학력고사 또는 대학수학능력시험과는 달리 15년만에 부활되어 1994년도부터 실시된 각 대학별 대학입시문제가 일반 대중에게 널리 '공표'된 것으로 보이지는 않고, 저작권법 제25조 소정의 '정당한 범위' 내의 인용이라고 하기 위하여는 첫째, 그 표현 형식상 피인용저작물이 보족, 부연, 예증, 참고자료 등으로 이용되어 인용저작물에 대하여 부종적 성질을 가지는 관계, 즉 인용저작물이 주이고, 피인용저작물이 종인 관계에 있다는 점이 인정되어야 하나, 피고인들이 제작한 각 과목별 대학입시교재를 보면 각 분야별로 나누어진 각 단원의 서두부분에 '기출문제'라는 표제 하에 대학입시문제를 인용한 후 다시 위 기출문제와 유사한 문제들을 '유제'라는 표제 하에 각 기출문제에 연이어 싣고 있는 형식으로 편집되어 있어 피고인들이 인용하였다는 대학입시문제

8-33) 서울지방법원 1997. 8. 12. 선고 97노50 판결. 이 판결에 대한 상고심인 대법원 1997. 11. 25. 선고 97도2227 판결은, 대입본고사 입시문제가 저작물에 해당한다고 판시한 후 『대학입시용 문제집을 제작함에 있어서 개개의 문제의 질문을 만들기 위하여 그 질문의 일부분으로서 위 대학입시문제를 인용한 것이 아니라 위 대학입시문제의 질문과 제시된 답안을 그대로 베꼈고, 이로써 문제집의 분량을 상당히 늘릴 수 있었으며, 특히 위 대학입시용 문제집에 학교법인들이 저작권을 갖는 본고사 문제를 전부 수록함으로써 본고사 문제에 대한 일반 수요자들의 시장수요를 상당히 대체하였다고 할 것이므로, 이와 같은 인용을 가리켜 교육을 위한 정당한 범위 안에서의 공정한 관행에 합치되는 인용이라고는 볼 수 없다』고 판시하였다.

가 부종적인 지위에서 인용된 것으로 볼 수 없고 둘째, 대학입시문제를 자신들의 교재에 인용한 목적도 교육이나 학술적인 이유에서라기보다는 영리의 목적으로 대학입시교재의 상업성을 높이기 위한 방편인 것으로 보이는 이상 '정당한 범위 안에서의 인용'이라고 인정될 여지는 전혀 없다. 또한 국가에서 주관하는 대학입학학력고사나 대학수학능력시험이 아닌 각 대학에서 자체적으로 출제하는 대학입시문제를 출판사에서 각 교재에 인용하여 왔다는 관행이 있었다고 보이지 아니하고, 과거에 각 대학 측에서 대학입시문제에 대한 저작권을 적극적으로 주장하지 않았다는 점만으로 그러한 관행이 있었다고 볼 수도 없다.』

(4) 독서교실 사건[8-34)]

피고가 서울 서초구 양재동에서 출판사를 경영하여 오던 중 위 출판사를 발행처로 하여 1993. 6. 15.부터 같은 해 8. 5.까지 '독서교실'이라는 표제 하에 이 사건 침해저작물인 '소설마당' 제2 내지 7권을 출판하면서 이 사건 저작권자 등으로부터 아무런 허락을 받지 않고, 김동리의 무녀도를 비롯한 이 사건 소설들을 전부 또는 일부 무단전재한 사건으로 법원은 다음과 같이 판단하였다.

『이 사건 침해저작물이 대학입시준비를 하는 학생들을 위하여 소설감상능력을 키워주기 위한 목적으로 우리나라의 대표적인 소설들을 선정하여 수록하면서, 각 작품마다 작가를 소개하고, 작품의 주제, 줄거리, 단락, 플롯, 시점, 등장인물과 인물의 묘사방법, 배경, 문학사적 의의 등을 간략하게 기술한 작품해설을 싣고는 있으나, 작품에 대한 해설은 작품을 감상하기 위하여 필요한 최소한의 분량에 그치고, 실제로 그 각 작품자체를 읽을 수 있도록 단편의 경우에는 전문을, 중, 장편의 경우에도 상당한 분량을 인용하고 있어 전체적으로 그 인용부분이 주가 되고 있는 사실을 인정할 수 있다. 따라서 이는 정당한 인용의 범위를 넘어 원저작물의 시장수요를 대체할 수 있는 정도라고 할 것이고, 인용저작물과 피인용저작물이 부종적 관계에 있다거나 정당한 관행에 합치된 인용이라고 보기 어렵다.』

(5) 견본 및 원본이미지 제공 사건[8-35)]

8-34) 서울고등법원 1996. 7. 12. 선고 95나41279 판결(확정).

8-35) 대법원 2004. 5. 13. 선고 2004도1075 판결.

『사진작가가 홈페이지를 개설하여 백두산, 한라산, 금강산, 유채 등을 찍은 사진작품들을 369픽셀×278픽셀 크기의 이미지파일로 만들어 게시한 사실, 피고인은 저작권자의 이용허락을 받지 아니하고, 그의 홈페이지에 게시되어 있는 사진작품 중 69점을 복사한 다음, 369픽셀×278픽셀 크기의 원본이미지를 이용하여 100픽셀×100픽셀 크기로 축소한 견본용 이미지를 만들고, 새로 만든 견본용 이미지와 홈페이지에서 복사한 원본이미지를 함께 담아 제작한 이미지검색프로그램을 야후코리아를 비롯한 여러 포털사이트에 유상 또는 무상으로 제공, 배포한 사실, 포털사이트를 통하여 위 이미지검색프로그램에 접속하여 사진작가가 찍은 사진을 검색하면 먼저 피고인이 만든 작은 크기의 견본이미지를 볼 수 있고, 견본이미지를 클릭하면 사진작가의 홈페이지에 게시된 원본이미지와 동일한 이미지파일이 그대로 뜨게 되며, 마우스 클릭만으로 간단히 원본이미지를 저장·복사·전송할 수 있게 된 사실을 인정할 수 있는바, 위 인정사실에 의하면, 피고인이 영리의 목적을 가지고 사진작가의 사진저작물을 복제한 것으로 보이고, 홈페이지에 게시된 사진의 원본이미지 파일을 이용하여 견본을 만든 다음, 그 견본은 물론 원본이미지도 그대로 복제하여 사용하였으며, 홈페이지에 게시된 원저작물과 동일한 원본이미지를 제공함으로써 원저작물에 대한 수요를 대체하는 점 등을 종합하여 보면, 저작권법 제25조 소정의 저작물의 정당한 이용에 해당한다고 볼 수 없다.』

(6) 일본잡지 누드사진 게재 사건[8-36)]

일본 사진전문주간지에 우리나라 사진작가의 누드사진이 실렸다는 점을 보도하면서 그 잡지에 게재된 사진 중 일부를 인용한 사건에서, 보도 기사 중 인용된 사진부분을 제외한 해설기사는 전체기사의 3분의 1 정도에 그치고 그것도 대부분이 인용된 일본 주간지의 해설을 그대로 번역한 것임을 들어, 피인용저작물이 주의 관계에 있다고 판단하였다.

(7) 검색이미지 제공 사건[8-37)]

『이 사건 사진작품은 원고의 웹사이트를 통하여 불특정 다수인에게 공개

8-36) 대법원 1990. 10. 23. 선고 90다카8845 판결.

8-37) 서울고등법원 2007. 10. 2. 선고 2006나96589 판결〔대법원 2007다76733호로 파기환송(손해배상액 계산 관련) 후 서울고등법원 2010나31862호 사건에서 조정성립〕.

된 공표된 저작물이고, 피고가 제공하는 검색 서비스는 인터넷 사용자로 하여금 필요한 정보에 용이하게 접근하게 하는 기능을 수행하고는 있으나, 한편 피고가 2005년 5월경부터 인터넷 사용자에게 제공하여 온 상세보기 이미지는 기존의 썸네일 이미지와 달리 그 해상도가 400×300 픽셀에 달하고 있어 그 인용된 내용과 분량의 측면에서 볼 때 원래의 사진작품이 가지는 심미감을 상당 부분 대체하고 있는 점, 피고가 위 무렵부터 제공하는 슬라이드쇼 기능은 상세보기 이미지가 일정한 시차를 두고 자동으로 순환되게 함으로써 인터넷 사용자로 하여금 원고의 웹사이트에 접속하지 않고서도 원고의 저작물인 이 사건 사진작품을 용이하게 감상할 수 있게 하는 등 수요대체 효과가 생기는 점 등을 종합하여 보면, 피고의 위와 같은 행위를 가리켜 구 저작권법 제25조에서 정한 공표된 저작물의 정당한 인용에 해당한다고 볼 수 없다.』

(8) 서울스케치 사건8-38)

<사인의 개요>

원고가 피고에 대하여 피고가 피고의 웹사이트에 원고가 찍은 순번 1, 2 사진을 게재하고 피고의 산하기관인 시정개발연구원을 통해 발행한 사진기록집에 그 사진 등을 게재함으로써 원고의 사진저작물에 관한 저작재산권과 저작인격권을 침해하였다고 주장하면서 피고의 홈페이지에서 사진을 삭제할 것과 손해배상을 청구한 사건이다.

<법원의 판단>

『인용되는 저작물이 인용하는 저작물과 분명하게 구별되지 않고 저작물에 접하는 일반인이 인용저작물 가운데 그 저작자 이외의 사람이 저작한 부분이 있는 것이 판명되지 않는 방법으로 자기의 저작물 중에 다른 사람의 저작물의 일부를 가지고 들어와 이용하는 경우에는 저작권법 제25조에서 정한 인용의 요건을 갖추지 못한 것으로 보아야 한다. 이 사건에서 앞서 본 사실관계에 따르면, 피고는 원고의 순번 1, 2의 사진을 피고의 웹사이트에서 자기의 저작물 또는 자기의 저작물로 오해될 수 있는 체재로 스스로의 저작물 가운데 가지고 들어와 사용하고 있었으므로 이는 적법한 인용이라고 볼 수 없다.』

8-38) 서울중앙지방법원 2007. 5. 3. 선고 2005가합64823 판결(확정).

(9) 어음수표법 등 사건[8-39]

『…의 각 기재에 의하면, 이 사건 각 저서(어음수표법, 회사법, 상법총칙) 중 별지 번역내역표 '이 사건 저서'란 기재 각 범위의 내용은 이 사건 각 원저서(독일어음수표법, 독일회사법, 독일상법총칙) 중 같은 표 '이 사건 각 원저서'란 기재 각 범위의 내용을 그대로 번역한 내용이거나 약간의 수정작업만을 거친 내용인 사실 및 이 사건 각 저서의 전체 분량 중 위와 같이 이 사건 각 원저서를 그대로 번역하였거나 약간의 수정증감만이 가하여진 채 수록된 분량은 어음수표법은 약 22%, 회사법은 약 10%, 상법총칙은 약 6%인 사실을 인정할 수 있고, 한편 저작권법 제25조는 공표된 저작물은 보도·비평·교육·연구 등을 위하여는 정당한 범위 안에서 공정한 관행에 합치되게 이를 인용할 수 있다고 규정하고 있는바, 위 규정에 해당하기 위하여는 그 인용의 목적이 보도·비평·교육·연구에 한정된다고 볼 것은 아니지만, 인용의 '정당한 범위'는 인용저작물의 표현 형식상 피인용저작물이 보족, 부연, 예증, 참고자료 등으로 이용되어 인용저작물에 대하여 부종적 성질을 가지는 관계(즉, 인용저작물이 주이고, 피인용저작물이 종인 관계)에 있다고 인정되어야 할 것이고, 나아가 정당한 범위 안에서 공정한 관행에 합치되게 인용한 것인지 여부는 인용의 목적, 저작물의 성질, 인용된 내용과 분량, 피인용저작물을 수록한 방법과 형태, 독자의 일반적 관념, 원저작물에 대한 수요를 대체하는지 여부 등을 종합적으로 고려하여 판단하여야 할 것인바(대법원 1998. 7. 10. 선고 97다34839 판결), 원고가 이 사건 각 저서에서 이 사건 각 원저서를 정당한 범위 안에서 인용하였는지에 관하여 살피건대 위 인정사실에 의하면, (1) 인용의 분량에 있어서, 원고는 어음수표법 등 이 사건 각 저서에서 전체분량의 약 6% 내지 20%에 해당하는 비교적 많은 부분에 관하여 이 사건 각 원저서를 인용하였고, 별지 번역내역표 기재와 같이 적게는 한 두 쪽에서 많게는 30~40쪽 가량의 분량을 연속하여 인용하고 있으며, (2) 인용의 표현형식에 있어서도, 이 사건 각 저서 중 별지 번역내역표 기재 각 부분에 있어서는, 위와 같이 이 사건 각 원저서의 해당 부분을 그대로 번역 또는 약간의 수정증감만을 거쳐 수록함으로써 오히려 피인용저작물인 이 사건 각 원저서가 주된 부분을 차지하고 있다고 할 것인데, 위와 같이 타인의 저작물을 그대로 또는 약간의 수정증감만을 가한 후 이를 저작물에 수록하고, 그 수록분량 또한 저작물의 많은 부분을 차지하고 있을 뿐

8-39) 서울중앙지방법원 2004. 6. 10. 선고 2002가합7003 판결(항소 및 상고 모두 기각).

아니라 저작물 내에서의 표현형식에 있어서도 피인용저작물이 주된 지위를 가지는 경우에는 이를 두고 정당한 범위 내에서 피인용저작물을 인용하였다고 보기 어려우므로 결국 원고는, 타인의 저작물을 인용함에 있어서 인정되는 정당한 범위를 넘어서서 이 사건 각 원저서를 인용하였다고 할 것이다.』

(10) 산양삼(장뇌삼) 재배요령 연구보고서 사건[8-40)]

<사안의 개요>

원고가 작성하여 산림청 홈페이지에 게시되어 있던 '산양삼(장뇌삼) 재배요령'이라는 제목의 연구보고서를, 피고들이 다운로드받아 '산양삼 생산이력제 관리사업'이라는 제목의 연구보고서를 작성하면서 인용하였는데, 인용부분의 출처나 저작권자를 별도로 표시하지 않았다.

<법원의 판단>

『피고들이 이 사건 저작물을 인용한 이 사건 각 보고서를 작성하고 용역비를 지급받음으로써 이 사건 저작물을 영리 목적으로 인용한 점, 피고들은 이 사건 저작물의 글을 요약·편집하여 싣거나 일부 표와 사진을 그대로 게재하는 방법으로 이 사건 저작물을 인용한 점, 저작권법 제37조는 '저작물을 이용하는 자는 그 출처를 명시하여야 하고(제1항), 출처의 명시는 저작물의 이용 상황에 따라 합리적이라고 인정되는 방법으로 하여야 하며, 저작자의 실명 또는 이명이 표시된 저작물인 경우에는 그 실명 또는 이명을 명시하여야 한다(제2항).'라고 규정하고 있는바, 피고들은 위 조문에서 정한 취지에 부합하는 출처를 전혀 명시하지 않은 점 등을 종합하여 보면, 피고들이 이 사건 저작물을 저작권법 제28조의 규정 취지에 맞게 인용하였다고 볼 수 없다.』

(11) 비상교육 사건[8-41)]

피고들이 원고들에게 저작권이 있는 교과서의 목차와 개별 단원의 제목 및 배열 순서, 수록된 핵심 지문 등을 인용하되 여기에 관련된 기출 문제나 예상 문제를 부가하여 문제집을 발행하여 판매한 사건으로 법원은 아래와 같이 판시하였다.

8-40) 대구지방법원 2011. 11. 22. 선고 2010가합12283 판결(항소 후 조정성립).

8-41) 서울남부지방법원 2014. 6. 12. 선고 2013가합5771 판결(확정).

『피고들은 원고 비상교육이 피고들이 저작물을 이용하는 것을 아무런 조건 없이 일정 기간 동안 허락하였고, 더욱이 교육용 학습 교재의 출판과 관련하여서는 출판사 상호간에 저작권의 사적 소유를 심하게 주장하지 않는 것이 현실이므로, 피고들이 이 사건 각 교과서를 인용하여 이 사건 각 문제집을 제작, 발행 및 판매하였다고 하더라도 이는 공표된 저작물을 교육을 위하여 인용한 것에 불과하여 원고들의 저작권을 침해한 것이 아니라고 항변하나, 피고들이 주장하는 사정만으로는 피고들이 정당한 범위 안에서 공정한 관행에 합치되게 이 사건 각 교과서를 인용하였다는 점을 인정하기에 부족하고 달리 이를 인정할 자료가 없다.』

(12) 족보닷컴 사건8-42)

피고인이 인터넷 사이트 족보닷컴(www.zocbo.com) 등을 운영하면서 저작권자의 동의를 받지 아니하고 서울시교육청 등에서 저작권을 가지는 시험문제지 파일을 업로드한 후 회원들을 상대로 요금을 받고 다운로드받을 수 있도록 한 사건으로 법원은 아래와 같이 판시하였다.

『피고인들은 이 사건 각 시험문제지를 스캐너 등을 이용하여 그대로 PDF 파일로 변환한 후 이를 피고인들이 운영하는 인터넷 사이트에 업로드하고 이용자들로 하여금 이를 다운로드받을 수 있게 한 사실이 인정되는바, 피고인들의 이 사건 행위는 ① 이 사건 각 시험문제지의 일부가 아닌 전체를 그대로 복제하여 이용한 점, ② 이 사건 각 시험문제지의 내용이나 형식에 어떠한 변형을 가하지 아니하였으며, 추가적인 내용 부가도 전혀 없었던 점, ③ 이 사건 각 시험문제지가 보족, 부연, 예증, 참고자료 등의 형태로 다른 저작물의 일부로서 이용된 것이 아니라 이 사건 각 시험문제지 그 자체만을 그대로 이용한 점 등을 고려할 때, 저작권법 제28조 소정의 '인용'에 해당한다고 보기 어렵다.

나아가, ① 피고인들이 영리를 목적으로 한 교육정보 서비스 업체를 운영하고 있고, 이 사건 각 시험문제지를 배포함에 있어 일정한 비용을 받고 있는 점에 비추어 피고인들의 행위가 교육을 위한 목적이 일부 있었다고 하더라도 그 이용의 근본적인 목적은 상업적, 영리적이라고 보이는 점, ② 이 사건 각 복제물은 이 사건 각 시험문제지를 그대로 복제한 것으로서 원저작물에 대한 완전한 대체물에 해당하는바, 이 사건 각 저작권자들의 이 사건 각

8-42) 서울중앙지방법원 2013. 5. 24. 선고 2013노232 판결(상고기각).

시험문제지에 대한 현재 또는 향후의 저작권 행사를 직접적으로 침해하는 점 등을 감안하면, 피고인들의 이 사건 행위가 저작권법 제28조 소정의 '공표된 저작물의 인용'에 해당하는 것이라고 볼 수 없다.」

(13) 이외수 트윗 사건[8-43)]

<사안의 개요>

피고인이 피해자가 자신의 트위터에 게시한 "변명을 많이 할수록 발전은 느려지고 반성을 많이 할수록 발전은 빨라진다."라는 글을 비롯하여 총 56개의 트위터 글을 무단 복제하여 '이외수 어록 24억짜리 언어의 연금술'이라는 제목의 전자책 파일을 만들고, 위 파일을 피고인이 운영하는 어플리케이션 콘텐츠 서비스인 '북릿' 등에 수록하여 이용자들이 이를 다운로드받도록 한 사건이다. 본 건에서 피고인은 "이외수의 트위터 계정이 어떻게 24억이나 되는 가치를 가지게 되었는지를 논평하면서 10,000여개가 넘는 이외수의 트윗을 특징별로 분류하여 위 논평에 적합한 일부의 트윗을 예시로서 인용하였는바, '이외수 어록 24억짜리 언어의 연금술'이라는 제목의 전자책 파일은 그 자체로 하나의 저작물이고 여기에 이외수의 트윗이 정당한 범위 안에서 일부 인용된 것이므로, 이는 공정한 관행에 합치되는 것이어서 저작권 침해에 해당하지 아니한다."고 주장하였다.

<법원의 판단>

「피고인은 이 사건 전자책 파일을 무료로 제공하고 있기는 하나, 이를 자신들이 운영하는 북릿이라는 스마트폰 어플리케이션 서비스에 수록하면서 자신들의 어플리케이션 자체를 홍보하거나 특정 사업체를 광고하고 있는 사실을 인정할 수 있는바, 이는 보도·비평·교육·연구 목적이라기보다는 출판업을 경영하는 피고인들이 영리의 목적으로 상업적으로 이용하는 것이라 할 것이다.

또한, 이 사건 전자책은 이외수 트윗글의 4가지 특징을 나타내는 한 단어로 된 소제목 하에 각 장마다 짧은 해설을 제시한 후, 각각 15개 내외의 이외수의 트윗글을 쭉 예시하고 있을 뿐이어서, 피고인들의 독창적인 저작물에 이외수의 글귀를 정당한 범위 안에서 일부 인용한 것이라 보기도 어렵다.」

8-43) 서울남부지방법원 2013. 5. 9. 선고 2012고정4449 판결(항소기각).

(14) 시흥한방병원 사건[8-44)]

피고인이 '시흥한방병원' 네이버 블로그(http://blog.naver.com/shhanbang)를 제작하면서, 피해자에게 저작권이 있는 이미지 13매를 무단으로 복제하고 이를 위 홈페이지에 게재한 사건 등으로 법원은 다음과 같이 판시하였다.

『원심이 적법하게 채택하여 조사한 증거들에 의하면, 피고인은 병원 등을 홍보하고 이를 통해 환자를 유치해 주기 위한 목적으로 병원 등의 블로그 관리를 대행해 주고 그 대가로 매월 일정 금원을 받은 사실, 이 사건 사진 등은 저작권자의 이용허락을 받지 아니한 채 복사되어 병원 등 고객의 블로그에 게시된 사실, 이 사건 사진 등을 게시하면서 그 출처 및 저작권자 등을 전혀 명시하지 않은 사실을 인정할 수 있고, 위 인정사실에 의하면 이 사건 사진 등을 게시한 행위를 저작권법 제28조가 정한 정당한 인용에 해당한다고 보기 어려우므로, 피고인의 위 주장은 받아들이지 아니한다.』

(15) 리프리놀 논문 사건[8-45)]

<사안의 개요>

피고인이, "피고인은 주식회사 한국파마링크(이하 '한국파마링크'라고 한다)의 대표이사인데, 2008. 8.경 식품의약안전청(이하 '식약청'이라 한다)에서 위 한국파마링크가 본사인 호주파마링크사와 한국 내 독점계약을 맺은 '리프리놀' 상품의 개별인정형 제품의 판매허가 신청을 하면서 저작권자인 □□□ 등의 사용허락 없이 「슬관절 및 퇴행성 관절염에서 뉴질랜드산 '초록입 홍합 추출 오일물(LYPRINOL)'의 유효성 및 안정성에 대한 고찰」이라는 다기관 임상연구 논문을 임의로 복제하여 첨부하는 방법으로 위 □□□ 등의 저작재산권을 침해한 것을 비롯하여 원심 판시 별지 범죄일람표 기재와 같이 2009. 10. 30.경까지 10회에 걸쳐 저작재산권을 침해하였다"는 내용으로 기소된 사건이다.

<법원의 판단>

『이 사건 논문은 원래 씨스팜이 리프리놀을 기능성 원료로 인정받고자 그 신청을 위하여 □□□ 등에게 의뢰하여 작성된 것이고, 씨스팜은 2004년

8-44) 수원지방법원 2014. 8. 21. 선고 2013노1541, 1923(병합), 2014노2334(병합) 판결(상고기각 확정).

8-45) 대법원 2013. 2. 15. 선고 2011도5835 판결.

이 사건 논문을 근거자료로 제출하여 식품의약품안전청(이하 '식약청'이라 한다)으로부터 '씨스팜 리프리놀－초록입홍합 추출 오일복합물'을 건강기능식품의 개별인정형 기능성 원료로 인정받은 사실, 주식회사 한국파마링크(이하 '한국파마링크'라 한다)는 씨스팜과의 계약을 종료한 파마링크 본사에서 2008년 5월경부터 리프리놀을 수입하여 판매하게 되었는데, 그 대표이사이던 피고인은 '리프리놀－초록입홍합 추출 오일복합물'을 개별인정형 기능성 원료로 인정받기 위하여 저자들의 동의 없이 최신의학 Vol. 45., No. 5(2002년)에 게재되어 있던 이 사건 논문 전체를 직접 복제하여 식약청에 제출한 사실, 피고인이 '리프리놀－초록입홍합 추출 오일복합물'을 식약청으로부터 개별인정형 기능성 원료로 인정받을 경우 이를 이용하여 제조한 제품의 판매에 있어 상당한 이익이 예상되는 사실, 통상 학회지에 실린 논문을 광고처럼 상업적인 목적으로 이용하는 경우에는 저작권자나 저작권자가 속해 있는 단체로부터 허락을 받아 이용하고 있는 사실 등을 알 수 있다.

이러한 사실관계를 앞서 본 법리에 비추어 살펴보면, 피고인의 행위는 이 사건 논문 전체를 그대로 복사하여 신청서에 첨부한 것이므로 구 저작권법 제28조 소정의 '인용'에 해당한다고 보기 어렵고, 가사 피고인의 행위를 그 '인용'으로 본다 하더라도, ① 한국파마링크가 '리프리놀－초록입홍합 추출 오일복합물'을 기능성 원료로 인정받음으로써 제품 판매에 상당한 이익을 얻을 것으로 예상되는 점, ② 피고인은 기능성 원료의 인정신청을 위한 근거서류로 이 사건 논문 전체를 복제한 것인데, 이와 같은 목적은 이 사건 논문이 작성된 원래의 목적과 같으므로, 이 사건 논문의 복제는 원저작물을 단순히 대체한 것에 불과한 것으로 볼 수 있는 점, ③ 이 사건 논문이 임상연구결과를 기술한 사실적 저작물이기는 하지만 이 사건 논문의 일부가 아닌 전체가 그대로 복제되어 이용된 점, ④ 이 사건 논문의 복제로 인하여 사단법인 한국복사전송권협회와 같이 복사권 또는 전송권 등을 관리하는 단체가 복제허락을 통하여 얻을 수 있는 수입에 부정적인 영향을 미치게 될 것으로 보이는 점 등에 비추어 보면, 학술정보 데이터베이스 제공업자로부터 적은 비용으로 손쉽게 이 사건 논문의 복제물을 구할 수 있는 사정까지 엿보이는 이 사건에서, 피고인의 이 사건 논문 복제행위를 구 저작권법 제28조 소정의 '공표된 저작물의 인용'에 해당하는 행위라고 보기는 어렵다.」

(16) 창비교과서 사건[8-46]

<사안의 개요>

피고인이 문제집 '학교시험대비 국어, 생활국어 1학기 중간고사(중 1)', '학교시험대비 국어, 생활국어 1학기 중간고사(중 2)'를 제작하면서 피해자 주식회사 창비에서 출판하고 저작권자들이 공동저작한 '중학교 생활국어 1-1', '중학교 국어 1-1' 각 검정교과서의 일부 내용을 피해자들의 동의 없이 발췌, 편집하여 출판한 사건으로 피고인은 "교과서와 같은 출판물은 공공적 성격이 강하므로 저작권자와 사용범위 및 대가에 관한 합의를 하지 아니하였더라도 그 출처를 제대로 밝히기만 한다면 자유롭게 인용할 수 있어야 한다. 따라서 피고인이 저작권자와의 협의 없이 교과서 내용을 인용한 이 사건 행위는 저작권법 위반에 해당하지 아니한다."라고 주장하였다.

<법원의 판단>

『저작물이 교과용 도서인 경우 그러한 사정을 저작재산권 제한규정인 저작권법 제28조 등의 요건에 해당하는지를 판단함에 있어 참작할 수는 있을 것이나, 교과서라는 이유만으로 저작권의 범위가 제한된다거나 그 저작권에 내재적 한계가 있다고 할 수 없다(대법원 2007. 11. 30. 선고 2005도8981 판결). 나아가 피고인의 이 사건 저작물 이용의 성격이 상업적·영리적인 것인 점, 그밖에 피인용된 저작물의 양이나 인용 방식, 피고인이 교과용 도서의 지문을 이용함으로써 피고인 및 고소인들에게 발생할 것으로 예상되는 경제적 효과 등을 종합하여 볼 때 피고인의 행위가 저작권법 제28조에서 규정하고 있는 '정당한 범위 안에서 공정한 관행에 합치되게 인용한 것'이라고 볼 수도 없다.』

(17) 메가스터디 Ⅰ, Ⅱ 사건[8-47]

법 제28조와 관련된 법원의 판단은 아래와 같다.

『피신청인이 이 사건 교과서 및 평가문제집을 별지 '강의 목록' 기재 각 강의에 이용한 것에 중등 교육과정을 이수하는 학생들에 대한 교육 목적이 일부 가미되어 있다고 볼 수는 있으나, 피신청인은 온라인 강의 전문 회사

8-46) 서울중앙지방법원 2012. 5. 15. 선고 2012고단1095 판결(항소 및 상고 모두 기각).

8-47) 서울중앙지방법원 2011. 9. 14.자 2011카합683 결정 및 서울중앙지방법원 2011. 9. 14.자 2011카합709 결정. 다른 쟁점에 대한 상세는 「제3장 저작물－저작권법의 보호대상」 참조.

로서 별지 '강의 목록' 기재 각 강의를 수강생들에게 유료로 제공하고 있어 그 이용의 근본적인 성격은 상업적·영리적이라 할 것이므로, 비영리적인 교육목적으로 교과서를 이용하는 경우에 비하여 자유이용이 허락되는 범위는 상당히 좁아진다(대법원 2007. 11. 30. 선고 2005도8981 판결, 대법원 1997. 11. 25. 선고 97도2227 판결 참조).

위 제5의 가항에서 본 바와 같이, 비록 별지 '강의 목록' 기재 각 강의의 내용 중에서 이 사건 교과서 및 평가문제집의 내용을 강사 나름의 요령과 방식으로 설명하는 부분이 존재하더라도 이 사건 교과서 및 평가문제집의 내용을 그대로 판서, 영사, 낭독한 부분 또한 상당한 비중을 차지하고 있고, 여기에 해당 강사의 설명 중 이 사건 교과서 및 평가문제집 내용의 표현과 실질적 유사성이 인정되는 범위 내에서 이루어지는 부분까지 감안하면 이 사건 교과서 및 평가문제집을 인용한 분량은 더욱 많아진다. 이 사건 교과서 및 평가문제집에도 저자의 독창적인 창작 부분이 아닌 다른 저작물을 인용한 부분이 존재하기는 하나(신청인들의 주장에 의하면, 이 사건 교과서 및 평가문제집의 지문 중 독창적인 창작 부분 비율은 국어·생활국어의 경우 평균 69%, 영어의 경우 평균 89%이다), 별지 '강의 목록' 기재 각 강의에서는 이 사건 교과서 및 평가문제집의 거의 대부분을 강의 대상으로 삼고 있고, 중등 국어·생활국어, 영어 과목 자체의 특성상 교과서 및 평가문제집의 지문 자체가 강의에 있어서 중요한 의의와 역할을 가진다는 점에 비추어 보면, 별지 '강의 목록' 기재 각 강의에서 이 사건 교과서 및 평가문제집으로부터 인용한 표현을 모두 제거하는 경우 나머지 부분만으로는 중등 교과과정에 대한 강의로서의 실질적인 가치를 가질 수 없을 것으로 보인다. 그렇다면, 질적인 면에서 살펴볼 때, 별지 '강의 목록' 기재 각 강의에서 인용된 이 사건 교과서 및 평가문제집 내용의 표현이 해당 강사의 강의를 위한 단순한 보족, 부연, 예증, 참고자료로만 인용되었다고 평가하기는 어렵고, 오히려 별지 '강의 목록' 기재 각 강의는 이 사건 교과서 및 평가문제집 내용의 표현을 주된 요소로 하여 이에 해당 강사의 설명이 그와 비슷한 비중을 차지하며 더하여진 것으로 봄이 상당하다.

별지 '강의 목록' 기재 각 강의와 같은 온라인 강의가 아닌 일반 학원에서 이루어지는 강의의 경우에는, 강사의 구술 강의나 판서 내용에 교과서나 평가문제집의 내용이 그대로 인용됨으로써 교과서나 평가문제집 중 독창적인 저작물이 '공연'된 것으로 볼 수 있는지 여부는 별론으로 하고, 위와 같은 인용은 그로 인해 저작물이 유형물에 고정되는 것이 아니라 일회적인 인용에 그치게 되므로 그 파급력 및 교재에 대한 수요대체성이 매우 제한적이며, 이에 교과서의 공공성 및 공공재적인 성질을 더하여 보면, 저작권법 제28조가 적용되는 정당한 범위 안에서의 공정한 관행에 합치되는 인용에 해당할 여지가 크다. 반면, 별지 '강의 목록' 기재 각 강의는 영상물로 제작되어 피신청인이 운영하는 인터넷 웹사이트 서버에 저장되고 일정한 기간 동안 계속적으로 인터넷 웹사이트를 통해 수강생들에게 제공되기 때문에, 별지 '강의 목록' 기재 각 강의에서의 인용은 유형물에 고정하는 방법으로 이루어질 뿐만 아니라, 수강생들이 반복적으로 위 각 강의를 수강할 수 있다는 점에서 계속성과 파급력을 가지게 된다. 피신청인은 이러한 인용 방법으로 별지 '강의 목록' 기재 각 강의를 유료로 제공함으로써 앞서 본 영리적·상업적 이용으로서의 성격을 강화하고 있다.

신청인들이 제출한 자료만으로는 별지 '강의 목록' 기재 각 강의로 인해 원저작물인 이 사건 교과서 및 평가문제집에 대한 직접적인 수요 대체 효과가 발생하였음을 소명하기에 부족하나, 피신청인이 이 사건 교과서 및 평가문제집의 각 저작권자로부터 허락을 받지 않고 이 사건 교과서 및 평가문제집을 인용한 별지 '강의 목록' 기재 각 강의를 제작, 공급하는 경우, 위 각 저작권자가 이 사건 교과서 및 평가문제집을 교재로 하는 온라인 강의 시장에서 누릴 수 있는 잠재적 가치가 훼손될 수 있다는 점도 정당한 인용인지 여부를 판단함에 있어 고려해야 한다.

이상의 사정들을 모두 고려해 보면, 이 사건 교과서가 중등 교육을 목적으로 하는 공공성을 가진 저작물이라는 사정을 감안하더라도, 피신청인이 이 사건 교과서 및 평가문제집의 내용을 별지 '강의 목록' 기재 각 강의에 이용한 것을 두고 교육을 위한 정당한 범위 내에서의 공정한 관행에 합치되는 인용이라고 단정하기는 어렵다.

그러므로 피신청인의 위 주장은 이유 없다.』

(18) 메가스터디 Ⅲ 사건[8-48)]

피고가 공동저자들로부터 그들의 저작재산권에 관한 독점적인 이용허락을 받아 교과서 및 평가문제집을 출판하였고, 원고는 피고로부터 허락을 받지

8-48) 서울중앙지방법원 2015. 2. 12. 선고 2012가합541175 판결(채무부존재확인 사건, 항소심 조정). 메가스터디 I, II사건은 「제3장 저작물－저작권법의 보호대상」 참조.

않은 상태에서 그 교과서 및 평가문제집을 교재로 사용하여 온라인강의를 유료로 제공하였는데, 원고가 그 동영상 강의가 피고 교재에 관한 저작권을 침해하였다고 볼 수 없어 원고의 피고에 대한 손해배상채무는 존재하지 아니한다고 주장하며 채무부존재확인을 구한 사건으로, 법 제28조와 관련된 법원의 판단은 아래와 같다.

『앞서 든 증거들 및 변론 전체의 취지를 종합하여 인정할 수 있는 아래와 같은 사정들에 비추어 보면, 원고가 이 사건 동영상 강의를 수강생들에게 유료로 제공한 행위가 저작권법 제28조에서 정하고 있는 '공표된 저작물을 교육을 위해 정당한 범위 안에서 공정한 관행에 합치되게 인용하는 행위'에 해당한다고 볼 수는 없으므로, 원고의 이 부분 주장은 받아들일 수 없다.

① 원고가 피고 교재를 이용하여 이 사건 동영상 강의를 제작한 행위는 고등학교 국어 교과의 교육 목적에 기한 것이기는 하나, 원고는 온라인 강의를 주된 영업으로 하는 회사로서 이 사건 동영상 강의를 수강생들로부터 가입비, 수강료를 받고 유료로 제공하고 있어 그 이용의 근본적인 성격은 상업적·영리적이라 할 것이므로, 그 자유이용이 허락되는 범위는 상당히 좁아진다고 보아야 한다.

② 나아가 이 사건 동영상 강의에서는 피고 교재의 내용을 상당 부분 그대로 발췌하여 낭독하거나 판서하는 등의 방식으로 인용하고 있고, 피고 교재의 거의 전 부분을 강의 대상으로 삼고 있으며, 국어 교과의 특성상 교과서 또는 문제집의 지문 등 내용 자체가 강의에 있어서 중요한 의의와 역할을 갖게 된다.

③ 위의 사정들에 비추어 보면, 이 사건 동영상 강의에서 피고 교재로부터 인용되는 부분을 제외할 경우 나머지 부분만으로는 고등학교 국어 교과과정에 대한 강의로서의 실질적인 가치를 가질 수 없을 것으로 보이는바, 그렇다면 피인용부분인 피고 교재의 지문, 문제 등이 해당 강사의 강의를 위한 단순한 보족, 부연, 예증, 참고자료로서 부종적 성질을 가지는 관계에 그친다고 평가하기는 어렵고, 오히려 이 사건 동영상 강의는 피고 교재의 표현을 주된 요소로 하여 이에 해당 강사의 설명이 그와 비슷한 비중을 차지하며 더하여진 것으로 봄이 상당하다.

④ 수요 대체성의 관점에서 보더라도, 이 사건 동영상 강의는 원고가 관리하는 서버에 저장되어 일정한 기간 동안 계속적으로 수강생들에게 제공되

고, 온라인 강의의 특성상 지역적으로 국한되지도 아니하며, 수강생들이 반복적으로 동영상 강의를 시청할 수도 있다는 점에서 상당한 정도의 계속성과 파급력을 지니고 있는바, 이 사건 동영상 강의가 영리적·상업적으로 이용됨에 따라 피고 교재의 저작권자들이 온라인 강의 시장에서 누릴 수 있는 잠재적 가치가 상당히 훼손될 가능성이 있다.』

(19) 알찬문제집 사건[8-49)]

『원고 비상교육은 별지 1 목록 기재의 '한권으로 끝내기 – 통합편 – 국어·생활국어'라는 명칭의 문제집(아래에서는 '한끝문제집'이라 한다)을, 원고 비상이에스엔은 별지 2 목록 기재의 '알찬 2010. 1학기 중간고사 대비 기출문제집 중 1 국어·생활국어(신사고)'라는 명칭의 문제집(아래에서는 '알찬문제집'이라 한다)을 출판 및 판매하고 있다.

한끝문제집은 중학교 1, 2학년 학생들의 심화학습을 위한 교재로서, 전체 교과서 23종 전체를 대상으로 하여 제작된 것인데, 피고들이 저술한 별지 3 목록 기재 교과서(아래에서는 '피고들 교과서'라 한다)는 위 23종의 교과서 중 1종에 해당한다.

알찬문제집은 피고들 교과서를 채택한 학교의 학생들을 대상으로 제작된 것으로서, 그 문제들은 모두 피고들 교과서를 기초로 하고 있다(아래에서는 한끝문제집과 알찬문제집을 통틀어 '원고들 문제집'이라 한다).

피고들은 피고들 교과서를 저술한 저작자들이다. 위 교과서들은 중학교 1, 2학교 학생들을 대상으로 한 것인데, 여기에 수록된 저작물 중에는 피고들이 직접 저술한 부분도 있고, 다른 사람이 저작한 원작을 피고들이 선택하여, 일정한 주제와 순서에 따라 배열한 부분도 있다.

원고들은 원고들 문제집은 피고들 교과서로부터 인용된 범위가 대단히 작고, 교과서와 문제집의 특성상 서로 시장을 대체할 가능성이 없으며, 인용출처를 분명히 하는 등 교육·연구 등을 위하여 정당한 범위 내에서 공정한 관행에 합치되게 피고들 교과서를 인용하였으므로 저작권법 제28조에 따라 피고들의 저작권 행사는 제한된다고 주장한다.

그러나 …에 의하면, 알찬문제집은 피고들 교과서의 구성과 배열, 소재를 그대로 따르고 있고, 원고들 문제집 모두 피고들 교과서로부터 발췌하여 인

8-49) 서울중앙지방법원 2011. 12. 27. 선고 2011가합12175(본소), 2011가합67571호(반소) 판결(확정).

용한 부분 없이는 문제집으로서의 가치가 크게 줄어들 것으로 보이는 점, 피고들이 피고들 교과서를 이용하여 집필할 문제집과 원고들 문제집의 수요층은 겹칠 수밖에 없는 점, 인용방식에 있어서도 알찬문제집의 경우 표지 제목에 "신사고"라는 기재를 부기하였을 뿐, 피고들 교과서의 구성과 배열 등을 그대로 따랐음을 밝힌 부분이 없고, 인용 부분에 "신사고 1-1"이란 표현을 두었을 뿐 해당 저작권자인 피고들의 표시가 없으며, 한끝문제집의 경우에는 아무런 인용표시도 하지 아니한 점 등을 알 수 있다. 여기에 문제집 편집자가 교과서 저작권자에게 대가를 지급하지 않거나 저작권자의 허락을 받지 아니한 채 교과서를 인용하여 문제집을 만들어도 된다는 업계 관행의 존재에 관한 아무런 증명이 없는 점까지 더하여 보면, 원고들이 피고들 교과서를 교육·연구 등을 위하여 정당한 범위 내에서 공정한 관행에 합치되게 인용하였다고 볼 수 없다.』

(20) 주권방송 사건[8-50]

<사안의 개요>

피고들이 자신들의 영상물을 제작하기 위하여 원고의 영상물을 허락을 받지 않고 사용한 사건이다.

<법원의 판단>

『나) [별지 2] 목록 각 항의 '유형 분류'란에 '부적절 인용'이라고 기재된 각 영상물(이하 '부적절 인용 영상물'이라 한다)의 경우

살피건대, 앞서 본 인정사실 및 증거들을 종합하면, ① 이 부분 각 영상물의 내용 등에 비추어, 피고들은 보도 또는 비평을 위하여, 공표된 저작물인 이 사건 각 저작영상물을 인용한 것이고, ② 이 부분 각 영상물(인용저작물)과 피인용저작물의 각 분량, 피인용저작물은 황선 및 신은미의 북한 찬양 논란 및 그에 대한 수사에 관한 뉴스 또는 시사프로그램인 이 부분 각 영상물의 보도 또는 비평의 대상 내지 재료로 사용된 것인 점 등에 비추어 보면, 이 부분 각 영상물 중 피고 1 영상물 100, 101을 제외한 나머지 영상물은 피인용저작물에 비하여 양적, 질적으로 주된 것이고, 피인용저작물은 부종적 성격을 가진 것임을 인정할 수 있다.

그러나 한편, 앞서 본 증거들을 종합하여 인정할 수 있는 다음과 같은 사정들을 고려하면, 앞서 본 사정들만으로는 피고들이 이 부분 각 영상물을

8-50) 서울중앙지방법원 2016. 1. 27. 선고 2015가합513706 판결(항소 여부 미확정).

제작하면서 이 사건 각 저작영상물을 무단 사용한 행위가 저작권법 제28조에서 정하고 있는 공표된 저작물을 보도를 위해 '정당한 범위 안에서 공정한 관행에 합치되게 인용'하는 행위에 해당한다고 보기는 어렵고, 달리 이를 인정할 증거가 없으므로, 이 부분 각 영상물에 관한 피고들의 이 부분 주장은 이유 없다.

① 공표된 저작물의 인용이 정당한 것으로 인정되기 위해서는 인용의 목적과 방법이 '공정한 관행에 합치'되어야 한다. 따라서 보도나 비평 목적의 공표 저작물 인용의 경우에도 인용된 부분이 자신의 저작물이 아니라 타인의 저작물이라는 점을 분명히 하고 그 출처를 명시하여야 비로소 그 '인용의 방법'이 공정한 관행에 합치된다고 볼 수 있을 것이다. 그러나 이 부분 각 영상물의 경우 피인용저작물에 표시되어 있던 "주권방송", "615TV" 또는 "채널615"라는 로고 표시 부분을 의도적으로 삭제하는 방법으로 그 출처를 표시하지 않았는바, 이러한 인용 방법은 공정한 관행에 합치되는 인용 방법이라고 평가하기 어렵다.

② 이 부분 각 영상물은 피고들이 운영하는 인터넷 웹사이트 서버에 저장되고 일정한 기간 동안 계속적으로 인터넷 웹사이트 등을 통해 불특정 다수인에게 제공된다는 점에서, 이 부분 각 영상물에서의 이 사건 각 저작영상물 인용은 큰 계속성과 파급력을 가지게 되므로, 피인용저작물의 출처를 명시할 당위성·필요성은 더욱 높다고 할 것이다.

다) [별지 2] 목록 각 항의 '유형 분류'란에 '과다 인용'이라고 기재된 영상물(피고 1 영상물 73, 80, 85)의 경우

살피건대, 앞서 본 인정사실 및 증거들을 종합하면, ① 시사프로그램인 이 부분 각 영상물의 내용 등에 비추어, 피고 조선방송은 시사 비평을 위하여, 공표된 저작물인 원고 영상물 8〔(현장)신은미 교수-심장 속에 남는 사람〕, 원고 영상물 10〔(현장)신은미 교수가 북녘의 딸들에게 보내는 편지〕을 인용한 것인 점, ② 신은미의 노래 또는 편지 낭독 영상물인 위 각 원고 영상물은, 시사프로그램인 이 부분 각 영상물에서 비평의 대상 내지 재료로 사용된 것인 점, ③ 이 부분 각 영상물에는 그 출처 표시를 위하여 피인용저작물에 표시되어 있는 "주권방송"이라는 로고까지 그대로 인용되어 있는 점 등의 사정을 인정할 수 있다.

그러나 한편, 앞서 본 증거들을 종합하여 인정할 수 있는 다음과 같은 사정들을 고려하면, 앞서 본 사정들만으로는 피고 조선방송이 이 부분 각 영

상물을 제작하면서 원고 영상물 8, 10을 무단 사용한 행위가 저작권법 제28조에서 정하고 있는 공표된 저작물을 보도를 위해 '정당한 범위 안에서 공정한 관행에 합치되게 인용'하는 행위에 해당한다고 보기는 어렵고, 달리 이를 인정할 증거가 없으므로, 이 부분 각 영상물에 관한 피고들의 이 부분 주장은 이유 없다.

① 보도, 비평 등의 목적으로 공표된 저작물을 인용하는 경우, 그 인용의 정도에 있어서 피인용저작물을 지나치게 많이 인용하거나 전부 인용하여 원저작물에 대한 시장수요를 대체할 수 있는 정도에 이른 경우, 이를 정당한 범위 안에서 공정한 관행에 합치되게 인용한 것이라고 보기는 어렵다.

② 시사프로그램인 피고 1 영상물 73(돌아온 저격수다 488회 – 경찰, 신은미 소환… 불응)의 경우, 신은미의 친북 발언 등을 비판하면서 158초 분량의 원고 영상물 8〔(현장)신은미 교수 – 심장 속에 남는 사람〕을 2회에 걸쳐 128초 및 33초 가량 인용하여,[8-51] 피고 1 영상물 73에 인용된 부분만 보아도 원저작물을 대부분 본 것과 마찬가지라고 할 정도로 지나치게 많은 분량을 인용하였는바, 그 인용의 정도가 그 인용으로 말미암아 원저작물인 원고 영상물 8에 대한 시장수요를 대체할 수 있는 정도에 이른 것으로 보인다.

③ 시사프로그램인 피고 1 영상물 80(돌아온 저격수다 489회 – 신은미 경찰소환 또 불응)의 경우, 신은미의 친북 발언 등을 비판하면서 158초 분량의 원고 영상물 8〔(현장)신은미 교수 – 심장 속에 남는 사람〕을 3회에 걸쳐 38초, 46초 및 69초 가량 인용하여 지나치게 많은 분량을 인용하였는바, 그 인용의 정도가 그 인용으로 말미암아 원저작물인 원고 영상물 8에 대한 시장수요를 대체할 수 있는 정도에 이른 것으로 보인다.

④ 시사프로그램인 피고 1 영상물 85(돌아온 저격수다 490회 – 모국 짝사랑하다 배신당한 심정)의 경우, 신은미의 친북 발언 등을 비판하면서 304초 분량의 원고 영상물 10〔(현장)신은미 교수가 북녘의 딸들에게 보내는 편지〕을 2회에 걸쳐 113초, 54초 가량 인용하여 지나치게 많은 분량을 인용하였는바, 그 인용의 정도가 그 인용으로 말미암아 원저작물인 원고 영상물 10에 대한 시장수요를 대체할 수 있는 정도에 이른 것으로 보인다.」

8-51) 다만, 원고는 128초 사용에 관한 손해배상금만 청구하고 있다.

5. 영리를 목적으로 하지 아니하는 공연·방송(법 제29조)

저작권법 제29조는 "① 영리를 목적으로 하지 아니하고 청중이나 관중 또는 제3자로부터 어떤 명목으로든지 반대급부를 받지 아니하는 경우에는 공표된 저작물을 공연 또는 방송할 수 있다. 다만, 실연자에게 통상의 보수를 지급하는 경우에는 그러하지 아니하다. ② 청중이나 관중으로부터 당해 공연에 대한 반대급부를 받지 아니하는 경우에는 판매용 음반 또는 판매용 영상저작물을 재생하여 공중에게 공연할 수 있다. 다만, 대통령령이 정하는 경우에는 그러하지 아니하다."라고 규정하고 있다.

가. 공표된 저작물의 공연·방송

제1항의 "공표된 저작물의 공연·방송'에 해당하기 위해서는, (1) 공표된 저작물일 것, (2) 영리를 목적으로 하지 않을 것, (3) 어떤 명목으로든지 반대급부를 받지 않을 것, (4) 실연자에게 통상의 보수를 지급하지 않을 것, (5) 공연 또는 방송에 해당할 것"이라는 요건을 모두 갖추어야 한다. 관련 판결은 아래와 같다.

1) 지저스 크라이스트 슈퍼스타 사건[8-52]-'영리를 목적으로 하지 않을 것', '어떤 명목으로든지 반대급부를 받지 않을 것' 및 '공연 또는 방송에 해당할 것' 관련

피고가 저작자인 원고의 허락 없이 이 사건 뮤지컬(지저스 크라이스트 슈퍼스타)을 녹화한 후, 이를 피고의 인터넷 홈페이지에 올려놓아 그 인터넷 홈페이지에 접속한 사람들로 하여금 이 사건 뮤지컬을 시청할 수 있도록 한 사건으로 법원은,

> 『직접적으로 영리를 목적으로 하는 경우는 물론 간접적으로라도 영리추구와 연결될 수 있는 경우에는 이를 비영리 목적의 방송이라 할 수 없다고 할 것인바, …피고는 주식회사일 뿐만 아니라 피고의 홈페이지에 상업광고

8-52) 대법원 2003. 3. 25. 선고 2002다66946 판결.

를 게재한 사실이 인정되므로 이 사건 뮤지컬에 대한 방송이 영리를 목적으로 하지 아니한 방송이라고 할 수 없다.』

라고 하고, 또 다음과 같이 판시하였다.

『구 저작권법(2000. 1. 12. 법률 6134호로 개정되기 전의 것) 제2조 제8호는 방송이란 일반 공중으로 하여금 수신하게 할 목적으로 무선 또는 유선통신의 방법에 의하여 음성·음향 또는 영상 등을 송신하는 것(차단되지 아니한 동일구역 안에서 단순히 음을 증폭 송신하는 것을 제외한다)을 말한다고 규정하고 있는바, 여기서 말하는 방송에는 일반 공중으로 하여금 동시에 수신하게 할 목적으로 무선 또는 유선통신의 방법에 의하여 음성 등을 송신하는 것(저작권법 제2조 제8호 참조) 뿐만 아니라 그와 달리 방송이 서버(Server)까지만 송신이 되고 일반 공중이 개별적으로 선택한 시간과 장소에서 인터넷을 통하여 그에 접속하여 비로소 서버로부터 개인용 단말기까지 송신이 이루어지는 인터넷방송과 같은 전송(저작권법 제2조 제9호의2 참조)도 포함된다고 해석함이 상당하다.[8-53)]

따라서 원심이, 피고가 원고의 허락 없이 원고의 저작물인 '지저스 크라이스트 수퍼스타(Jesus Christ Superstar)'라는 뮤지컬을 녹화하여 이를 인터넷방송으로 송신함으로써 원고의 저작재산권을 침해하였다고 판단한 것은 옳고, 거기에 상고이유로 든 주장과 같은 잘못이 없다.』

2) 교통방송 사건[8-54)] – '영리를 목적으로 하지 않을 것' 및 '어떤 명목으로든지 반대급부를 받지 않을 것' 관련

피고가 그 산하 교통방송(TBS)을 통하여 라디오 방송 업무를 하면서 원고들 소속의 실연자 또는 음반제작자가 실연, 녹음한 판매용 음반을 사용한 사건이다.

<법원의 판단>

『피고는 방송과 관련하여 협찬단체에서 협찬 수입금을 받아 왔고, 이를

8-53) 현행 저작권법 제2조 제8호는 "'방송'은 공중송신 중 공중이 동시에 수신하게 할 목적으로 음·영상 또는 음과 영상 등을 송신하는 것을 말한다."라고 규정하고 있고, 같은 제10호는 "'전송(電送)'은 공중송신 중 공중의 구성원이 개별적으로 선택한 시간과 장소에서 접근할 수 있도록 저작물 등을 이용에 제공하는 것을 말하며, 그에 따라 이루어지는 송신을 포함한다."라고 규정하고 있다.

8-54) 대법원 2008. 10. 9. 선고 2006도4334 판결.

방송수입의 기준으로 삼아 사단법인 한국음악저작권협회에 1차 사용료를 지급하여 온 사실을 인정할 수 있는바, 사정이 이와 같다면 피고가 받아 온 위 협찬 수입금은 저작권법 제26조 제1항 소정의 반대급부의 일종으로 봄이 상당하다 할 것이므로 피고의 위 항변은 더 나아가 살펴 볼 필요 없이 이유 없다.』

3) 포토앨범 사건[8-55] – '공연 또는 방송에 해당할 것' 관련

피고인이 타인이 제작한 풍경사진을 컴퓨터 바탕화면 제공업체로부터 회원자격으로 전송받아 복제한 다음 포털사이트 포토앨범에 전송한 사건으로 법원은 다음과 같이 판시하였다.

『구 저작권법 제26조 제1항 본문은 "영리를 목적으로 하지 아니하고 또한 청중이나 관중 또는 제3자로부터 어떤 명목으로든지 반대급부를 받지 아니하는 경우에는 공표된 저작물을 공연 또는 방송할 수 있다"고 규정하고 있으나, 구 저작권법은 제2조 제3호, 제8호, 제9호의2에서, '공연'이라 함은 저작물을 상연·연주·가창·연술·상영 그 밖의 방법으로 일반공중에게 공개하는 것과 이의 복제물을 재생하여 일반공중에게 공개하는 것을 말하며, 동일인의 점유에 속하는 연결된 장소 안에서 이루어지는 송신을 포함하고, '방송'이라 함은 일반공중으로 하여금 동시에 수신하게 할 목적으로 무선 또는 유선통신의 방법에 의하여 음성·음향 또는 영상 등을 송신하는 것을 말하며, '전송'이라 함은 일반공중이 개별적으로 선택한 시간과 장소에서 수신하거나 이용할 수 있도록 저작물을 무선 또는 유선통신의 방법에 의하여 송신하거나 이용에 제공하는 것을 말한다고 규정하여 '공연'과 '방송' 및 '전송'의 개념을 구분하고 있으므로, 피고인의 위 풍경사진 전송행위가 구 저작권법 제26조 제1항 본문의 '공연 또는 방송'에 포함된다고 할 수도 없다.』

나. 판매용 음반 또는 영상저작물의 공연

제2항의 '판매용 음반 또는 영상저작물의 공연'에 해당하기 위해서는, (1) 반대급부를 받지 아니할 것, (2) 판매용 음반 또는 판매용 영상저작물의 재생공연일 것, (3) 대통령령으로 정하는 경우에 해당하지 않을 것의 세 가지 요건을 갖추어야 한다.

8-55) 서울고등법원 2001. 8. 28. 선고 2001나15127 판결(확정).

위 조항에서 말하는 '대통령령으로 정하는 경우'는 저작권법 시행령 제11조에서 규정하고 있다. 공연과 방송이 모두 가능한 제1항과 달리 제2항은 공연만 해당한다.

1) 스타벅스 사건[8-56]—'판매용 음반'의 의미

<사안의 개요>

플레이네트워크사(Playnetwork, Inc. 이하 'PN사')는 스타벅스 본사(Starbucks Coffee International, Inc.)와 사이에 음악 서비스 계약(Music Service Agreement)을 체결하고 세계 각국에 있는 스타벅스 커피숍 매장에 대한 배경음악 서비스를 제공하여 왔다. 이엠아이는 이 사건 제1 음악저작물을, 앱코(ABKCO)사는 이 사건 제2 음악저작물을, 소니(SONY)사는 이 사건 제3 음악저작물을 각 수록한 음반을 제작하였고, PN사는 위 각 음반제작사 및 이들이 미국 내에서의 음악저작물의 관리를 위탁하고 있는 해리 폭스 에이전시(Harry Fox Agency, 이하 'HFA')로부터 위 각 음악저작물에 관한 복제 및 배포를 허락받았다. PN사는 배경음악 서비스 제공을 위하여 카세트테이프, CD(영국과 일본을 제외한 지역), 콤보 플레이어(영국과 일본 지역) 등을 이용하며, CD의 경우 약 20시간 이상의 음악 및 각 음악에 대한 암호화 정보와 설명이 포함되어 있고, 각 CD는 암호화되어 있어 PN사가 제공한 플레이어에서만 재생되며 계약에서 정해진 기간이 만료되면 더 이상 재생되지 않는다. 스타벅스의 한국 지사인 피고는 스타벅스 본사와의 계약에 따라 PN사로부터 이 사건 각 음악저작물을 포함한 배경음악이 담긴 CD를 장당 미화 30.79달러(운송료 3.79달러 포함)에 구매하여, 우리나라 각지에 있는 스타벅스 커피숍 매장에서 그 배경음악으로 PN사가 제공한 플레이어를 이용하여 재생시켜 공연하였다.

<법원의 판단>

> 『저작권법 제29조 제2항은, 청중이나 관중으로부터 당해 공연에 대한 반대급부를 받지 않는 경우 '판매용 음반' 또는 '판매용 영상저작물'을 재생하여 공중에게 공연하는 행위가 저작권법 시행령에서 정한 예외사유에 해당하

8-56) 대법원 2012. 5. 10. 선고 2010다87474 판결(스타벅스 사건, 사실관계 부분은 원심인 서울고등법원 2010. 9. 9. 선고 2009나53224 판결에서 인용).

지 않는 한 공연권 침해를 구성하지 않는다고 규정하고 있다. 그런데 위 규정은, 공연권의 제한에 관한 저작권법 제29조 제1항이 영리를 목적으로 하지 않고 청중이나 관중 또는 제3자로부터 어떤 명목으로든지 반대급부를 받지 않으며 또 실연자에게 통상의 보수를 지급하지 않는 경우에 한하여 공표된 저작물을 공연 또는 방송할 수 있도록 규정하고 있는 것과는 달리, 당해 공연에 대한 반대급부를 받지 않는 경우라면 비영리 목적을 요건으로 하지 않고 있어, 비록 공중이 저작물의 이용을 통해 문화적 혜택을 향수하도록 할 공공의 필요가 있는 경우라도 자칫 저작권자의 정당한 이익을 부당하게 해할 염려가 있으므로, 위 제2항의 규정에 따라 저작물의 자유이용이 허용되는 조건은 엄격하게 해석할 필요가 있다. 한편 저작권법 제29조 제2항이 위와 같이 '판매용 음반'을 재생하여 공중에게 공연하는 행위에 관하여 아무런 보상 없이 저작권자의 공연권을 제한하는 취지의 근저에는 음반의 재생에 의한 공연으로 음반이 시중의 소비자들에게 널리 알려짐으로써 당해 음반의 판매량이 증가하게 되고 그에 따라 음반제작자는 물론 음반의 복제·배포에 필연적으로 수반되는 당해 음반에 수록된 저작물의 이용을 허락할 권능을 가지는 저작권자 또한 간접적인 이익을 얻게 된다는 점도 고려되었을 것이므로, 이러한 규정의 내용과 취지 등에 비추어 보면 위 규정에서 말하는 "'판매용 음반'이란 그와 같이 시중에 판매할 목적으로 제작된 음반을 의미하는 것으로 제한하여 해석하여야 한다."고 전제한 후, 외국계 커피 전문점의 국내 지사인 갑 주식회사가, 본사와 음악 서비스 계약을 체결하고 배경음악 서비스를 제공하고 있는 을 외국회사로부터 음악저작물을 포함한 배경음악이 담긴 CD를 구매하여 국내 각지에 있는 커피숍 매장에서 배경음악으로 공연한 사안에서, 위 CD는 암호화되어 있어 을 회사가 제공한 플레이어에서만 재생되고 계약에서 정해진 기간이 만료되면 더 이상 재생되지 않으며 갑 회사는 이를 폐기하거나 반환할 의무를 부담하는 사실 등에 비추어, 위 CD는 을 회사가 배경음악 서비스 제공의 일환으로 본사의 주문에 따라 갑 회사 등 세계 각국의 지사에만 공급하기 위하여 제작된 부대체물일 뿐 시중에 판매할 목적으로 제작된 것이 아니므로, 저작권법 제29조 제2항에서 정한 '판매용 음반'으로 볼 수 없다.』

2) 현대백화점 사건[8-57]

8-57) 서울고등법원 2013. 11. 28. 선고 2013나2007545 판결(대법원 2015. 12. 10. 선고

법 제29조 제2항의 '판매용 음반'과 법 제76조의2, 제82조의2가 규정하는 '판매용 음반'의 해석을 같이 할 것인가에 대하여 법원은 다음과 같이 판단하였다.

『나. 판매용 음반을 사용한 공연 여부

1) '판매용' 음반의 해석

다음과 같은 이유로, 저작권법 제76조의2, 제82조의2가 규정하는 '판매용 음반'은 반드시 일반 공중을 대상으로 판매될 것을 예정한 '시판용 음반'에 국한된다고 할 수 없다. 따라서 특정 대상 또는 범위를 한정하여 판매된 음반을 비롯하여 어떠한 형태이든 판매를 통해 거래에 제공된 음반은 모두 이에 포함된다고 해석하는 것이 타당하고, 이를 반드시 저작권법 제29조 제2항의 '판매용 음반'과 동일한 개념으로 해석할 필요는 없다고 보아야 한다.

○ 규정의 내용과 취지

저작권법 제29조 제2항에서 '판매용 음반'을 '시중에 판매할 목적으로 제작된 음반'(이하 '시판용 음반'이라 한다)을 의미하는 것으로 제한 해석하는 이유는, 비록 공중이 저작물의 이용을 통해 문화적 혜택을 누리도록 할 공공의 필요가 있는 경우라도 자칫 저작권자의 정당한 이익을 부당하게 해할 염려가 있으므로 이를 엄격하게 해석할 필요가 있고, 또 그 음반의 재생에 의한 공연으로 시중의 소비자들에게 널리 알려짐으로써 당해 음반의 판매량이 증가하게 되고 그에 따라 음반제작자는 물론 음반의 복제·배포에 필연적으로 수반되는 당해 음반에 수록된 저작물의 이용을 허락할 권능을 가지는 저작권자 또한 이로 인하여 간접적인 이익을 얻게 되는 점을 고려하였기 때문이다(대법원 2012. 5. 10. 선고 2010다87474 판결 참조).

그런데 저작권법 제76조의2와 제82조의2에서 실연자와 음반제작자에게 '판매용 음반'의 공연에 대한 보상청구권을 인정하는 것은, 판매된 음반이 통상적으로 예정하고 있는 사용 범위를 초과하여 공연에 사용되는 경우 그로 인하여 실연자의 실연 기회 및 음반제작자의 음반판매 기회가 부당하게 상실될 우려가 있으므로 그 부분을 보상해 주고자 하는 데에 그 목적이 있다고 보인다. 위 조항은 2009. 9. 26.부터 시행된 저작권법(2009. 3. 25. 법률 제9529호)에 의해 신설되었는데, 위 법의 개정이유도 '판매용 음반을 이용하여 공연하는 경우에는 이로 인해 경제적 손실을 입게 되는 실연자와 음반제작자에게도 상당한 보상금을 지급하도록 하여 저작인접권자의 권리를 보호하려는 것임'이라고 되어 있어 이를 뒷받침한다.

2013다219616 판결).

만일 피고 주장처럼 저작권법 제29조 제2항과 저작권법 제76조의2, 제82조의2의 '판매용 음반'의 개념을 동일하게 '시판용 음반'으로 제한 해석한다면, 동일한 내용의 해석임에도 전자는 저작권자의 정당한 이익을 보장하기 위한 취지가 되는 반면, 후자는 저작인접권자가 경제적 손실을 보게 되는 경우에도 그 권리행사를 제한하는 결과가 되어 그 입법 의도에 어긋나게 된다(피고는 저작인접권자가 이미 시판용 음반에 대한 보상금만으로도 충분한 이익을 얻고 있고, 사용자가 불이익을 입게 된다는 등의 이유로 저작인접권자의 공연보상금 청구권이 제한되어야 한다는 취지로 주장하나, 이러한 주장은 앞서 본 입법 취지와 배치되는 것임이 분명하다).

이처럼 저작권법 제29조 제2항(1986. 12. 31. 법률 제3916호로 신설, 당시 제26조)과 제76조의2, 제83조의2는 그 입법시기는 물론 목적과 취지도 달리하는 규정이므로, 해당 조항의 '판매용 음반'의 개념을 통일적으로 해석하여야 할 필연적인 이유가 있는 것은 아니다.

○ 관련 국제조약의 규정 및 입법 경위

우리나라가 2008. 12. 18. 가입하여 2009. 3. 18. 효력이 발생한 조약인, '1996년 세계지적재산권기구 실연·음반조약(WIPO Performances and Phonograms Treaty)' 제15조 제1항은 "실연자와 음반제작자는 상업적인 목적으로 발행된 음반이 방송이나 공중전달에 직접적으로나 간접적으로 이용되는 경우에 공정한 단일 보상에 대한 권리를 누린다(Performers and producers of phonograms shall enjoy the right to a single equitable remuneration for the direct or indirect use of phonograms published for commercial purposes for broadcasting or for any communication to the public, 밑줄은 편의상 덧붙임, 이하 같다)."라고 규정함으로써, 저작인접권자의 보상청구권 발생 대상을 '상업적인 목적으로 발행된 음반(phonograms published for commercial purposes)'으로 정하고 있을 뿐이고, 같은 조약 제15조 제4항은 "이 조의 목적상, 공중의 구성원이 개별적으로 선택한 장소와 시간에 접근할 수 있는 방법으로 유선이나 무선 수단에 의하여 공중이 이용할 수 있게 된 음반은 상업적인 목적으로 발행된 것으로 간주한다(For the purposes of this Article, phonograms made available to the public by wire or wireless means in such a way that members of the public may access them from a place and at a time individually chosen by them shall be considered as if they had been published for commercial purposes).”라고 규정하고 있다.

이처럼 위 조약 규정은 저작인접권자의 보상청구권 발생 요건과 관련하여 ‘시판용 음반’으로 그 대상을 제한하고 있지 않고, 오히려 이보다 훨씬 넓은 개념으로 보이는 ‘개별적으로 선택한 장소와 시간에 접근할 수 있는 방법으로 유선이나 무선 수단에 의하여 공중이 이용할 수 있게 된’, ‘상업적인 목적으로 발행된’ 음반의 ‘직접 또는 간접 이용’(이 사건에서 피고의 이른바 스트리밍 방식에 의한 음원의 재생은 간접적인 방식에 따른 이용이라고 볼 여지도 있다)에 대하여 보상청구권을 인정하고 있다.

그런데 갑 제7호증의 기재에 변론 전체의 취지를 종합하면, 2009. 3. 25. 저작권법 제76조의2, 제82조의2가 신설된 취지는 위 실연·음반조약의 국내법 수용과 관련된 것으로 보이는바, 만일 ‘판매용 음반’의 개념을 ‘시판용 음반’으로 제한 해석한다면 이는 우리나라가 가입한 위 조약에서 보장하는 저작인접권자의 권리를 우리나라의 국내 입법이 합리적 이유 없이 축소하는 결과가 될 수 있다.

○ 저작권자와 저작인접권자의 관계

피고는 저작권법 제76조의2 제1항은 제87조 제1항에 의하여 제29조 제2항이 적용되게 되어 있어 조문 구조상 연결되어 있고, ‘판매용 음반’의 해석에 따라 저작권자와 저작인접권자의 이해관계가 충돌하는 것은 불가피하므로, 저작권법 제29조의 제2항과 제76조의2, 제83조의2의 ‘판매용 음반’은 통일적으로 해석하는 것이 바람직하다는 취지로 주장한다.

앞서 본대로 저작권법은 제76조의2, 제83조의2를 통하여 실연자와 음반제작자에게 판매용 음반을 이용한 공연에 대한 보상청구권을 인정하고 있으면서도, 다른 한편으로 저작인접권의 목적이 된 음반의 이용에 관하여는 저작권자의 공연권을 제한한 저작권법 제29조 제2항을 준용하고 있다(저작권법 제87조 제1항). 즉, 저작권자가 공연권을 행사할 수 없는 경우에는 저작인접권자 역시 공연보상금 청구권을 행사할 수 없다. 따라서 저작권법 제29조 제2항이 저작권의 제한 사유로 규정하고 있는 ‘판매용 음반’ 즉 ‘시판용 음반’을 공연한 경우에는 저작인접권자의 보상청구권도 마찬가지로 제한되므로(다만 이 사건은 앞서 본 저작권법 제29조 제2항 단서, 저작권법시행령 제11조 제6호의 예외에 따라 시판용 음반의 경우에도 저작권자가 공연권을 행사할 수 있는 경우이므로, 이에 따라 저작인접권자인 원고들도 공연보상금 청구권을 행사할 수 있다), 이러한 경우 저작권법 제76조의2, 제83조의2

의 '판매용 음반'의 해석에 나아갈 것도 없이 저작인접권자의 권리는 인정되지 않는다. 따라서 피고 주장처럼 조문 구조상 양 조항이 연결되어 있다고 하더라도 '판매용 음반'에 관한 해석통일 문제는 등장할 여지가 없다.

그러므로 저작권법 제76조의2, 제82조의2와 저작권법 제29조 제2항의 '판매용 음반'의 해석을 달리한다고 하여 곧바로 저작권자와 저작인접권자의 이해관계가 대립되거나 모순되지 않으며, 오히려 저작권법 제76조의2, 제82조의2의 '판매용 음반'의 범위를 저작권법 제29조 제2항과 동일하게 '시판용 음반'으로 해석할 경우, '시판용 음반'이 아닌 음반을 이용한 하나의 공연 행위에 대하여 저작권자는 권리행사를 할 수 있으나, 저작인접권자는 권리행사를 할 수 없게 되는바, 이러한 모순된 결과를 입법자가 의도하였다고 보기는 극히 의심스럽다.

○ 시판용 음반과 그 외의 판매용 음반의 차이

시중에 판매하기 위한 것이 아니라 특정 범위의 사용자들에게 제공되거나 또는 특정 목적으로만 사용하기 위해 판매된 음반 등을 사용하여 공연하는 경우에도 그 음반이 통상적으로 예정하고 있는 사용 범위를 초과하게 되므로, 실연자와 음반제작자가 그 실연 또는 음반 판매의 기회를 상실하는 불이익을 입게 되는 것에는 아무런 차이가 없다.

또 저작인접권자가 음반의 제작용도, 판매 대상, 목적을 한정함으로써 그 이용 범위가 특별히 더 제한된 상태에서 판매된 음반을 사용한 공연은 그 예정한 사용 범위를 더 크게 초과하는 것임에도 이러한 공연에 대해 오히려 보상청구권을 부정하는 것은 권리자의 의사를 왜곡할 우려가 있다.

2) 판매용 '음반'을 '사용'한 '공연'

가) 갑 제9, 20, 21호증, 을 제4, 8호증(가지번호 있는 것은 가지번호 포함, 이하 같다)의 각 기재, 당심의 주식회사 케이티뮤직에 대한 사실조회결과에 변론 전체의 취지를 종합하면, 케이티뮤직은 음반제작자로부터 디지털 음원을 받아 이를 음원 데이터베이스(DB)에 저장, 관리하면서 필요할 때마다 음원을 추출하여 사용하는 사실, 케이티뮤직은 선곡된 음악의 사용빈도에 따라 원고들에게 저작권법 제76조, 제83조에 의한 디지털음성송신보상금을 정산하여 지급하는데, 위 디지털음성송신보상금에 공연보상금은 포함되어 있지 아니한 사실, 피고는 케이티뮤직에 매월 '매장음악서비스이용료'를 지급하고, 케이티뮤직으로부터 인증받은 컴퓨터에 소프트웨어를 다운로드한 후 케이티뮤직이 제공한 웹페이지에 접속하여 아이디와 패스워드를 입력한 다

음 케이티뮤직이 스트리밍 방식(인터넷에서 영상이나 음향·애니메이션 등의 파일을 하드디스크 드라이브에 다운로드 없이 여러 개의 파일로 나누어 보내어 실시간으로 재생해 주는 기법)으로 전송하는 음악을 실시간으로 매장에 틀어 놓는 사실, 케이티뮤직은 피고로부터 받은 위 '매장음악서비스이용료'의 일부를 위 디지털음성송신보상금으로 원고들에게 다시 지급하는 사실을 인정할 수 있다.

나) 디지털 음원도 하드디스크와 같은 저장매체에 저장되는 방식으로 고정되면 저작권법상 음반(저작권법 제2조 제5호)이라고 볼 수 있는바, 케이티뮤직이 음반제작자로부터 받은 디지털 음원은 데이터베이스(DB)에 저장되는 방식으로 고정되므로 저작권법상 '음반'에 해당한다. 또 케이티뮤직과 피고는 원고들에게 이러한 디지털 음원의 사용에 따라 디지털음원송신보상금이라는 반대급부를 지급하고 있으므로, 위 디지털 음원은 판매를 통해 거래에 제공된 '음반'으로 보아야 한다.

다) 피고가 케이티뮤직으로부터 판매용 음반에 수록된 디지털 음원을 대가를 지급하고 스트리밍 방법으로 전송받으면, 위 디지털 음원은 피고의 컴퓨터에 일시적으로 유형물로 고정되므로 판매용 음반인 점은 달라지지 않는다. 저작권법 제2조 제3호는 '공연'에 관하여 '저작물 또는 실연·음반·방송을 상연·연주·가창·구연·낭독·상영·재생 그 밖의 방법으로 공중에게 공개하는 것'으로 정의하고 있으므로, 피고가 이러한 디지털 음원을 스트리밍 방식을 통하여 재생하는 방법으로 백화점 매장에 틀어 놓은 행위는 판매용 음반을 '사용'하여 '공연'한 행위에 해당한다고 보아야 한다.

라) 이에 대하여 피고는, 배경음악서비스를 위한 음악의 디지털음성송신은 송신된 음악이 매장에서 공연될 것을 전제로 하는 것이므로 원고들이 디지털음성송신에 대하여 동의하였다면 특별한 사정이 없는 한 공연에 대한 동의도 한 것이라는 취지로 주장하나, 위 주장사실을 인정하기에 충분한 증거가 없으므로(원고들이 받아 온 디지털음성송신보상금은 디지털 음원을 송신함에 따른 보상금이어서 공연에 대한 보상금과 별개의 것임이 분명하므로, 원고들이 위 디지털음성송신보상금을 받았다고 하여 공연에 대해서까지 동의하였다고 보기 어렵고, 또 보상금 징수단체인 원고들이 특별한 이유 없이 그 공연보상금에 관한 권리를 포기하였다고 볼 만한 사정도 찾아볼 수 없다), 위 주장은 이유 없다.』

☞ 최근의 소규모매장공연사건[8-58]은 「제5장 저작권의 종류」 참조.

6. 사적이용을 위한 복제(법 제30조)

가. 웹스토리지 사건[8-59)]

이 사건의 쟁점은 인터넷 이용자들이 저작권자로부터 이용허락을 받지 않은 영화 파일을 업로드하여 웹스토리지에 저장하거나 다운로드하여 개인용 하드디스크 또는 웹스토리지에 저장하는 행위가 사적이용을 위한 복제에 해당하는지 여부였다. 이에 대하여 법원은 다음과 같이 판시하였다.

『먼저 웹스토리지에 공중이 다운로드할 수 있는 상태로 업로드되어 있는 영화 파일을 다운로드하여 개인용 하드디스크 또는 비공개 웹스토리지에 저장하는 행위가 영리의 목적 없이 개인적으로 이용하기 위하여 복제를 하는 경우에는 사적이용을 위한 복제에 해당할 수 있다. 그러나 업로드되어 있는 영화 파일이 명백히 저작권을 침해한 파일인 경우에까지 이를 원본으로 하여 사적이용을 위한 복제가 허용된다고 보게 되면 저작권 침해의 상태가 영구히 유지되는 부당한 결과가 생길 수 있으므로, 다운로더 입장에서 복제의 대상이 되는 파일이 저작권을 침해한 불법파일인 것을 미필적으로나마 알고 있었다면 위와 같은 다운로드 행위를 사적이용을 위한 복제로서 적법하다고 할 수는 없다. 다음으로 개인용 하드디스크에 저장된 영화 파일을 '비공개' 상태로 업로드하여 웹스토리지에 저장하는 행위에 관하여도, 해당 파일이 예컨대 DVD를 합법적으로 구매하여 이를 개인적으로 이용할 목적으로 파일로 변환한 것과 같이 적법한 파일인 경우라면 이를 다시 웹스토리지에 비공개 상태로 저장하는 행위 또한 사적이용을 위한 복제로서 적법하다고 할 것이나, 해당 파일이 불법 파일인 경우라면 이를 웹스토리지에 비공개 상태로 저장하더라도 그것이 사적이용을 위한 복제로서 적법하다고 할 수는 없다.』

☞ 그러나 이렇게 웹하드 서비스상에서 다운로드나 업로드하는 원본이 불법파일이고 이용자가 미필적이나마 이를 안다면 사적 복제를 원용할 수 없다는 판단은, 입법적 해결을 요하는 부분일 뿐 현재의 해석론으로는 무리한 것이라는 비판도 있다.[8-60)]

8-58) 서울고등법원 2015. 12. 10. 선고 2014나2023643 판결.

8-59) 서울중앙지방법원 2008. 8. 5.자 2008카합968 결정.

나. 소리바다 사건[8-61)]

통상 대가를 지급하고 구입해야 하는 것을 무상으로 얻는 행위도 '영리의 목적'이 인정되느냐에 관하여 다음과 같이 판단한 바 있다.

> 『소리바다 이용자들이 비용을 지급하고 구입해야 하거나 또는 CD 구입비용을 지급하고 CD음반을 구입하여 그로부터 추출하여야 하는 mp3 파일을 무상으로 다운로드받는 행위에는 영리의 목적이 인정되고, 소리바다 이용자들이 파일공유행위를 하는 것은 상호간에 원하는 mp3파일을 무료로 다운로드받기 위하여 자신의 mp3파일도 무상으로 제공하는 것으로서 일종의 물물교환의 형태를 띠고 있다고 할 수 있으므로, 결국 복제의 대가로 금전을 취득하는 것은 아니라고 하더라도 다른 mp3파일을 계속 다운로드받는 경제적 이익을 취득하는 것이라고 볼 것이다.』

다. 이용의 인적범위 - 개인적 또는 가정이나 이에 준하는 한정된 범위에서의 이용

'개인적'이란 자기 자신의 사용을, '가정에 준하는 한정된 범위'라 함은 소수의 친한 친구들 집단이나 소규모 동호회 등과 같이 이용자가 소수이고 이용인원들 사이에 강한 개인적 결합관계가 있는 경우를 말하고,[8-62)] 기업 내부에서 업무상 이용하기 위하여 저작물을 복제하는 행위는 이를 '개인적으로 이용'하는 것이라거나 '가정 및 이에 준하는 한정된 범위 안에서 이용'하는 것이라고 볼 수 없다.[8-63)] 이러한 요건의 인정과 관련해서는 다음과 같이 부

8-60) 박준석, "인터넷상 불법원본을 다운로드받는 행위는 불법인가?", 법조 640호(2010. 1), 278면; 최근 유명연예인이 불법다운로드로 영화를 보았다고 SNS에 올렸다가 다시 논의가 시작된 바 있다.

8-61) 수원지방법원 성남지원 2003. 10. 24. 선고 2003가합857 판결(서울고등법원 2003나80798호로 항소 및 대법원 2005다13899호로 상고. 대법원 판결 후 소취하로 종결) – 이러한 판시에 대한 반론 등 자세한 내용은 「제10장 온라인서비스제공자의 책임과 제한」 참조.

8-62) 수원지방법원 성남지원 2003. 10. 24. 선고 2003가합857 판결, 서울고등법원 2005. 1. 12. 선고 2003나21140 판결 및 2003노4296 판결, 같은 법원 2005. 1. 25. 선고 2003나80798 판결.

8-63) 대법원 2013. 2. 15. 선고 2011도5835 판결; 수원지방법원 안양지원 2014. 7. 18. 선고 2014고정67 판결(확정).

정하는 판례들이 다수 있다.

1) 하늘색 꿈 II 사건[8-64] – 노래 녹음파일 저장 및 다운로드 서비스 제공

피고가 음악저작물에 대한 사용승인을 받은 후 음악저작물을 노래 반주곡으로 제작하여 업소용 노래 반주기, 마이크형 노래 반주기, 차량용 노래 반주기, 가정용 디브이디 반주기에 수록하여 판매하고, 노래 반주기 이용자들이 피고가 운영하는 인터넷 사이트 '질러(www.ziller.co.kr)' 등을 통해 노래녹음파일을 전송받게 한 사건으로 법원은 다음과 같이 판단하였다.

>「원심판결 이유에 의하면 원심은, 피고 티제이미디어가 서버의 보조기억장치에 녹음파일을 고정·저장하는 행위, 그 녹음파일을 피고 티제이커뮤니케이션 주식회사(이하 '피고 티제이커뮤니케이션'이라고만 한다)의 '질러' 사이트로 송신하는 행위, 이를 다시 인터넷을 통하여 이용자들에게 송신하는 행위는 노래반주기 이용자들이 오로지 자신의 녹음파일을 다운로드하는 과정에서만 일어나는 현상이고, 피고 티제이미디어나 피고 티제이커뮤니케이션은 녹음파일을 다운로드하는 이용자들에게 서버 등을 단순히 제공하는 것에 불과하므로, 위와 같은 행위들은 모두 '공표된 저작물을 영리 목적 없이 개인적 이용 등 한정된 범위 내에서만 이용'하는 사적 이용행위에 해당한다고 보아, 피고 티제이미디어와 피고 티제이커뮤니케이션의 이러한 녹음파일 저장 및 다운로드 서비스 제공행위가 원고의 저작권을 침해한 것이라는 원고의 주장을 배척하였다.
>
>그러나 원심의 위와 같은 판단은 아래와 같은 이유에서 수긍하기 어렵다. 원심이 채택한 증거에 의하여 인정되는 다음과 같은 사정, 즉 ① 이용자가 노래반주기에서 녹음파일을 작성한 다음 피고 티제이커뮤니케이션의 '질러' 사이트나 싸이월드 사이트 등과 같은 제휴 사이트에서 이를 다운로드하거나 '벨소리 서비스'나 '미니홈피 배경음악 서비스' 등과 같은 부가서비스에 이용하기까지는, 피고 티제이미디어의 서버가 노래반주기로부터 이 사건 음악저작물의 녹음파일을 수신하여 저장하는 단계, 이용자가 '질러' 사이트나 제휴사이트를 통하여 피고 티제이미디어의 서버에 접속하여 그로부터 녹음파일을 직접 다운로드하여 컴퓨터 등에 저장하거나, 이용자의 선택에 따라 피고 티제이커뮤니케이션의 서버 등이 피고 티제이미디어의 서버로부터 위 녹음

8-64) 대법원 2015. 4. 9. 선고 2012다109798 판결(파기환송한 판결로 서울고등법원 2015나12354호로 계속 중).

파일을 수신·저장하고 이후 이용자가 '질러' 사이트 등을 통하여 위 녹음파일을 수신·저장하거나 각종 부가서비스에 이용하는 단계 등을 거치게 되는데, 이러한 과정에서 각 서버나 이용자의 컴퓨터 등에 녹음파일을 저장하는 것은 각각 녹음파일의 복제에 해당하는 점, ② 피고 티제이미디어의 서버에 녹음파일이 저장되는 것은 이용자들의 요청에 의한 것이고 그 녹음파일은 본인 확인 절차 등 때문에 이용자 본인만 다운로드하거나 이용할 수 있기는 하나, 이용자들은 그 녹음파일을 관리할 권한이 없고 '질러' 사이트나 제휴사이트에서 정한 방법으로 녹음파일을 이용할 권한만 부여받은 것으로 보이는 점, ③ 피고 티제이미디어가 녹음파일 저장 서비스 등을 제공하는 것은 피고 티제이미디어의 노래반주기 판매를 위한 측면이 있는데다가, 이용자들이 피고 티제이커뮤니케이션의 '질러' 사이트에서 녹음파일을 무료로 다운로드할 수 있으나 휴대전화 벨소리 서비스 등은 유료로 제공되며, 제휴 사이트에서는 다운로드와 부가서비스 등이 유료로 제공되고 그로 인하여 발생한 수익 중 일부는 피고 티제이커뮤니케이션에게 분배되므로, 피고 티제이미디어 및 티제이커뮤니케이션이 영리를 목적으로 위와 같은 녹음파일 저장 및 다운로드 서비스 등을 제공하는 것이 아니라고 보기는 어려운 점, ④ 위와 같은 녹음파일의 저장 및 다운로드 서비스는 불특정 다수 이용자를 상대로 제공되는 점 등을 고려하면, 피고 티제이미디어와 피고 티제이커뮤니케이션의 위와 같은 녹음파일 저장 및 다운로드 서비스 제공이 저작권법 제30조가 규정하고 있는 '사적 이용을 위한 복제'에 해당하거나 이용자의 사적 이용을 위한 복제에 위 피고들이 단순히 서버를 제공하는 것에 불과하다고 볼 수는 없다.

따라서 앞서 본 바와 같은 원심의 판단에는 '사적이용을 위한 복제'에 관한 법리를 오해하여 판결에 영향을 미친 위법이 있다. 이 점을 지적하는 상고이유 주장은 이유 있다.』

2) 리프리놀 논문 사건[8-65] — 기업 내부에서 업무상 이용하기 위하여 복제한 경우

『이 사건 논문은 원래 씨스팜이 리프리놀을 기능성 원료로 인정받고자 그 신청을 위하여 조○○ 등에게 의뢰하여 작성된 것이고, 씨스팜은 2004년 이 사건 논문을 근거자료로 제출하여 식품의약품안전청(이하 '식약청'이라

8-65) 대법원 2013. 2. 15. 선고 2011도5835 판결.

한다)으로부터 '씨스팜 리프리놀-초록입홍합 추출 오일복합물'을 건강기능식품의 개별인정형 기능성 원료로 인정받은 사실, 주식회사 한국파마링크(이하 '한국파마링크'라 한다)는 씨스팜과의 계약을 종료한 파마링크 본사에서 2008년 5월경부터 리프리놀을 수입하여 판매하게 되었는데, 그 대표이사이던 피고인은 '리프리놀-초록입홍합 추출 오일복합물'을 개별인정형 기능성 원료로 인정받기 위하여 저자들의 동의 없이 최신의학 Vol. 45., No. 5(2002년)에 게재되어 있던 이 사건 논문 전체를 직접 복제하여 식약청에 제출한 사실, 피고인이 '리프리놀-초록입홍합 추출 오일복합물'을 식약청으로부터 개별인정형 기능성 원료로 인정받을 경우 이를 이용하여 제조한 제품의 판매에 있어 상당한 이익이 예상되는 사실, 통상 학회지에 실린 논문을 광고처럼 상업적인 목적으로 이용하는 경우에는 저작권자나 저작권자가 속해 있는 단체로부터 허락을 받아 이용하고 있는 사실 등을 알 수 있다… 피고인의 논문 복제행위는 영리를 목적으로 기업 내부에서 업무상 이용하기 위하여 이루어진 것으로서 가정 및 이에 준하는 한정된 범위 안에서 이용하는 것이라고 할 수 없다.』

3) 소리바다 민사 사건[8-66]-P2P 파일 공유 서비스의 경우

『소리바다 서비스는 ID, 비밀번호를 등록하면 누구라도 자유롭게 이용할 수 있는 점, 이용자가 mp3파일을 공유폴더에 저장하고 소리바다 서버에 접속하기만 하면 최대 5,000명에 이르는 다른 이용자들이 해당 파일에 접근하여 별다른 절차를 거침이 없이 자유로이 다운로드받을 수 있는 상태에 놓이는 점, 소리바다 프로그램의 기본설정에 의하면 다운로드폴더는 공유폴더와 일치하도록 되어 있으므로 원칙적으로 다운로드폴더로 다운로드된 mp3파일은 그 즉시 다른 이용자들이 다운로드받을 수 있게 되는 점, 이용자들 사이에는 mp3파일을 공유한다는 공통의 목적 외에 별다른 인적 유대관계가 없고, ID만을 확인할 수 있을 뿐 아무런 개인적인 정보도 공유되고 있지 아니한 점, 소리바다 서비스 이용을 위한 등록회원의 수 및 접속규모가 막대한 점 등에 비추어 보면, 소리바다 이용자들의 mp3복제행위는 개인, 가정 또는 이에 준하는 한정된 범위에서의 이용이라고 할 수 없다.』

8-66) 서울고등법원 2005. 1. 12. 선고 2003나21140 판결(상고기각), 서울고등법원 2005. 1. 25. 선고 2003나80798 손해배상(기) 판결.

4) VTS 프로그램 사건[8-67] – 회사 내 다른 직원에게 파일을 복제해 준 경우

피고가 회사 내에서 다른 직원으로 하여금 VTS 관련 업무를 처리하도록 하기 위하여 VTS(Vessel Traffic System, 해상교통관제시스템)파일들을 복제해 준 사건에서 법원은, 이러한 복제행위가 저작권법 제101조의3 제1항 제4호에[8-68] 의하여 저작권자의 저작권 행사가 제한되는 경우에 해당하거나, 형법상 정당행위에 해당한다고 볼 수는 없다는 취지로 판시하였다.

5) MatLab 프로그램 사건[8-69] – 회사 내 컴퓨터에 프로그램을 복제한 경우

같은 회사에 근무하는 피고인들 중 일부는 피해자가 저작권을 가지고 있는 MatLab 프로그램을 인터넷에서 다운로드받았고, 다른 피고인들은 퇴직한 직원이 남겨두고 간 USB로부터 피해자가 저작권을 가지고 있는 ADS 프로그램을 복제한 사건에서 법원은 다음과 같이 판단했다.

『불특정 다수인에게 공개되어 있는 인터넷에서 프로그램을 다운로드받는 행위는 사적 이용을 위한 복제에 해당하지 아니함이 명백하고, ADS 프로그램을 복제한 피고인들과 퇴직한 직원이 가정과 같이 강한 인적 결합관계에 있었다고 보기도 어려우므로 사적복제에 해당하지 않는다.』

6) 개사곡 사건[8-70]

『구 저작권법은 학문적 예술적 저작물의 저작자의 이익을 보호함과 동시에 저작물을 원활히 이용하도록 함으로써 문화발전을 도모하기 위해 특정한 경우에 일반 공중이 저작권자의 허락을 받지 아니하고 저작물을 자유로이 사용할 수 있는 경우를 비침해행위로 규정하고 있는바(제1조, 제64조), 타인이 저작권을 가지는 저작물의 무단편집, 출판행위가 이러한 비침해행위에 해당하거나 또는 이에 준하여 사적으로 극히 제한된 범위의 사람이 이용하기 위하여 소량의 부수를 복제하는 경우가 아니라면 저작물의 정당한 이용행위라고 할 수 없을 것이고, ….

8-67) 서울고등법원 2015. 4. 16. 선고 2014나2006440 판결(상고).

8-68) '가정과 같은 한정된 장소에서 개인적인 목적(영리를 목적으로 하는 경우를 제외한다)으로 복제하는 경우.'

8-69) 수원지방법원 안양지원 2014. 7. 18. 선고 2014고정67 판결(확정).

8-70) 대법원 1991. 8. 27. 선고 89도702 판결.

그런데 원심이 인정한 바와 같이 피고인이 노동자들에 의해 새로운 가사가 붙여진 가요 등을 수집하여 원작곡자나 작사자의 승낙없이 원곡의 악보를 전사하고 그 곡조에 따라 근로자들에 의해 불리워지는 곡명 및 가사와 원곡의 곡명을 적어 넣고 서문과 분류 목차를 첨가 편집하여 원작곡자나 작사자의 성명은 밝히지 아니한 채 인쇄업자에게 의뢰하여 100부를 출판하여 배포한 것이라면 발행할 의사로 기계적 방법에 의하여 복제한 것으로서 악곡의 전부와 가사를 그대로 편집한 것은 자기 저작물의 종된 자료로서 이를 삽입한 것으로 볼 수도 없어 구 저작권법 제64조 제1항 각호의 어느 것에도 해당하지 아니한다.

또한 피고인의 제1심법정에서의 진술과 검사작성의 피고인에 대한 피의자 신문조서의 기재에 의하면 기독교민중교육연구소는 연구원 4명과 목사와 기독청년들인 회원 약 200명으로 구성되어 있으며 피고인은 인쇄된 책자 50부를 동원교회의 교사협의체에, 20부를 민중교육연구소의 목사 등에게 배부하고 30부는 수사기관에 압수된 사실을 인정할 수 있는바, 이러한 위 연구소의 인적구성과 회원의 수, 복제의 방법과 그 부수, 배포대상 등에 비추어 볼 때 설령 피고인이 연구의 목적으로 위 책자를 출판하였다 하더라도 정당한 이용행위의 범주에 속하는 사적이용을 위한 복제라고 할 수 없다.』

라. 복제의 주체; 이용자, 일반공중의 사용에 제공하기 위하여 설치된 복사기기에 의한 복제 제외 – 엔탈 녹화시스템 사건[8-71]

이용자들이 엔탈서비스를 이용하여 방송프로그램을 녹화하고자 하는 경우에 피고의 웹사이트에 접속하여 피고의 웹사이트에 설명되고 지정된 순서에 따라 녹화예약을 하고, 녹화된 프로그램을 시청하고자 하는 때에도 피고의 웹사이트에 접속하여 피고가 관리하는 서버에 저장된 프로그램을 전송받아야 하며, 피고는 원고 등 방송사업자로부터 아무런 이용허락을 받지 아니한 채 방송신호를 수신하여 디지털 파일로 변환하여 서버에 저장한 다음 이용자들에게 파일 자체를 전송한 사건에서 법원은 다음과 같이 사적복제를 부정하는 판시를 하였다.

『살피건대 앞에서 본 다음과 같은 사정, 즉, ① 엔탈 녹화시스템(이하 '이

8-71) 서울고등법원 2009. 4. 30. 선고 2008나86722 판결(심불기각).

사건 녹화시스템'이라 한다)은 지상파 TV 송신신호 수신장치, 송신된 신호를 특정비디오 형식으로 변환하는 장치와 일정기간 파일을 보관할 수 있는 저장장치(서버) 등 30대의 개인용 컴퓨터 및 이를 제어하는 30여종의 소프트웨어로 구성되어(인터넷 및 이용자들의 PC는 '이 사건 녹화시스템'의 일부로 보지 아니한다), 피고가 그 전체를 조달·구축하여 피고의 점유·관리하에 있고, 피고가 그 작동을 점검·감시하고 장치의 보수와 교체 등을 담당하는 점{이 점에서 이용자들이 녹화기기를 점유하고 통제·관리하는 VCR(Video Casette Recorder)이나 일반 DVR(Digital Video Recorder)의 경우와 다르다고 할 것이다}, ② 이용자들은 별다른 장비를 구비할 필요가 없으며, 이용자들이 엔탈서비스를 이용하여 방송프로그램을 녹화하고자 하는 경우에 피고의 웹사이트에 접속하여 피고의 웹사이트에 설명되고 지정된 순서에 따라 녹화예약을 하고, 녹화된 프로그램을 시청하고자 하는 때에도 피고의 웹사이트에 접속하여 피고가 관리하는 서버에 저장된 프로그램을 전송받아야 하는 점, ③ '복제'란 '인쇄·사진촬영·복사·녹음·녹화 그 밖의 방법에 의하여 유형물에 고정하거나 유형물로 다시 제작하는 것'을 말하는바(저작권법 제2조 제22호), 송신된 신호를 특정비디오 형식으로 변환하는 행위 및 이를 서버에 저장하는 행위(이하 원고의 방송프로그램을 이 사건 녹화시스템의 서버에 저장하는 행위를 '이 사건 복제행위'라 한다) 모두 복제에 해당하여 이 사건 녹화시스템 내에서만 2회의 복제가 발생하는 점(이용자들이 이 사건 녹화시스템의 서버에 저장된 방송프로그램을 자신의 PC에 다운로드받는 행위도 복제라 할 것인데, 원고는 이 중 이 사건 복제행위의 금지만을 구하고 있다), ④ 피고는 그 웹사이트에 녹화 가능한 방송프로그램의 편성표를 제공하여 이용자들의 녹화예약신청을 유인하고 있고, 이용자들에 대한 서비스이용료 부과를 위하여 녹화가 완료된 프로그램 내역을 보유, 관리하고 있으며, 이용자들의 별도 동의가 없어도 녹화된 이후 10일이 지나면 녹화된 프로그램을 서버에서 삭제하고 있는 점, ⑤ 이 사건 복제행위로 인한 저작재산권 내지 저작인접권의 침해 및 침해의 우려는 피고가 녹화 가능한 프로그램을 이용자들에게 제시하고 이 사건 녹화시스템을 통하여 이용자들의 각 프로그램에 대한 녹화예약신청이 가능한 상태로 둠으로써 포괄적으로도 인정될 수 있는 점(개별 프로그램에 대한 '복제'는 이용자들의 선택에 의해 실제로 개별 프로그램이 녹화됨으로써 완성된다), ⑥ 피고는 엔탈서비스를 제공하면서 이용자들로 하여금 쿠폰이나 포인트를 구입하여 이를 가지고 서비스 이용료를 결제하게 하여 이익을 취득하고 있고, 방송프로그램의 무단 복제 및 이용자들에 대하여 녹화예약 서비스에 따른 이용요금을 받는 것을 그 영업의 목표이자 유일한 사업영역으로 하고 있는 점 등에 비추어 보면, 비록 피고의 주장과 같이 개별 프로그램에 대한 녹화 여부가 이용자들의 선택에 의하여 이루어지고 이용자들의 녹화예약신청내역이 암호화되어 있다 하더라도, 피고는 원고의 방송프로그램에 대한 이 사건 복제행위를 포괄적으로 의도하고 개별 프로그램에 대한 복제행위를 전체적으로 통제 및 관리하고 있다고 할 것이므로, 이 사건 복제행위의 주체는 피고라고 할 것이다.

피고는 이용자들로부터 일정한 요금을 받고 이 사건 녹화시스템을 임대하고 있을 뿐이고 이를 통하여 직접 원고의 특정한 방송프로그램을 녹화하고 이용하는 사람은 개별 이용자들이므로, 원고의 방송프로그램을 복제하는 주체는 피고가 아닌 이용자들인데, 이용자들의 복제행위는 사적 이용을 위한 복제로서 적법하며, 이용자들의 사적 복제행위에 관여하는 피고의 서비스는 적법한 사적 복제행위의 방조에 불과하므로 피고의 행위는 원고의 방송프로그램에 대한 저작권 또는 저작인접권을 침해하는 행위에 해당하지 않는다고 주장한다.

이 사건 복제행위의 주체가 이용자들이 아니라 피고임은 앞에서 본 바와 같으므로, 이용자들이 이 사건 복제행위의 주체라는 전제에 선 피고의 위 주장은 받아들일 수 없다(이용자들의 PC에 방송프로그램을 복제하는 주체는 이용자들이라고 볼 여지는 있으나, 원고가 이에 대한 금지를 구하고 있지는 아니하므로 이에 대한 판단은 하지 아니한다).

백보를 양보하여 이용자들이 이 사건 복제행위의 주체라 하더라도, ① 이용자들이 방송프로그램을 개인적으로 또는 가정 및 이에 준하는 한정된 범위에서 다시보기(time-shift)하는 등 사적 이용을 위한 복제에 그치지 아니하고(저작권법 제30조), 디지털 압축파일로 다운로드받은 프로그램을 인터넷이나 P2P사이트에 업로드함으로써 불특정 다수인이 원고의 저작재산권 등을 침해하거나 침해의 확산을 야기하는 등 불법적인 이용행태가 적지 아니한 점, ② 피고가 제공하는 서비스에는 가입자격에 제한이 없으며, 누구나 피고의 사이트에 회원으로 가입하고 소정의 요금을 지급하면 피고가 녹화서비스를 제공하는 방송프로그램의 녹화가 가능한 점, ③ 원고의 방송프로그램 중 드라마, 다큐멘터리 등은 창작성이 높고 제작에 상당한 비용과 시간이 투자되는 등 그 저작권 보호가 절실한 점, ④ 이 사건 녹화시스템에 의하여 이용자가 녹화신청을 할 경우 해당 방송프로그램이 처음부터 끝까지 소실 없이 저장되고, 디지털 기술의 발달로 방송프로그램을 지상파TV로 시청하거나 디지털 압축파일을 재생하거나 그 영상이나 음향에 큰 차이가 없고 그 간격은 더욱 좁혀지고 있는 점, ⑤ 원고를 비롯한 방송사업자들은 방송프로그램에 대하여 유료로 VOD 서비스(자체 웹사이트 등을 통한 '다시보기' 기능 등)를 제공하거나 비디오/DVD의 형태로 판매하고 있고 한류 열풍으로 이러한 시장이 날로 확대되고 있어, 이용자들이 이 사건 녹화시스템을 이용하여 지상파 TV 프로그램을 디지털 압축파일 형태로 송부받아 언제든지 재생·복제·배포할 수 있게 될 경우 원고의 매출이 크게 감소하게 될 것이 명백한 점에 비추어 보면, 이는 저작권법 제30조에서 저작재산권의 제한 사유로 규정한 '사적 이용을 위한 복제'로 보기 어렵고, 오히려 같은 조 단서에서 정하고 있는 공중의 사용에 제공하기 위하여 설치된 복사기기에 의한 복제로서 저작재산권의 제한 사유에 해당하지 않는다고 할 것이다.」

7. 저작물 이용과정에서의 일시적 복제(법 제35조의2)

컴퓨터에서 저작물을 이용하는 경우에는 원활하고 효율적인 정보처리를 위하여 필요하다고 인정되는 범위 안에서 그 저작물을 그 컴퓨터에 일시적으로 복제할 수 있다. 다만, 그 저작물의 이용이 저작권을 침해하는 경우에는 그러하지 아니하다(법 제35조의2). 한편, 프로그램의 경우, 컴퓨터의 유지·보수를 위하여 그 컴퓨터를 이용하는 과정에서 프로그램(정당하게 취득한 경우에 한한다)을 일시적으로 복제할 수 있다(법 제101조의3 제2항).

관련 사건으로 원고의 직원들이 피고가 저작권을 가지고 있는 컴퓨터 프로그램의 업데이트 버전을 자신들의 컴퓨터에 설치한 오픈캡쳐(OpenCapture) 사건[8-72]이 있다.

이 사건은, 원고들이 본소로서 피고에 대하여 원고들의 피용자인 직원들이 피고의 컴퓨터프로그램의 복제권을 침해하지 않았다고 주장하면서 사용자책

8-72) 서울고등법원 2014. 11. 20. 선고 2014나19631(본소), 2014나19648(병합), 2014나19655(병합), 2014나19662(반소)(상고).

임에 기초한 손해배상채무가 존재하지 않는다는 확인을 구함에 대하여, 피고가 반소로서 원고들에 대하여 그 직원들이 사무집행에 관하여 피고의 컴퓨터 프로그램을 허락 없이 설치하여 사용함으로써 복제권을 침해하였다고 주장하면서 민법 제756조의 사용자책임에 기초한 손해배상과 그 지연손해금의 지급을 구하는 사안이다.

이 사건에서는, 「원고들의 직원이 오픈캡쳐 유료버전을 설치하고 실행하였는지, 원고들의 직원이 오픈캡쳐 유료버전을 컴퓨터의 하드디스크에 설치하는 과정에서 복제권을 침해하였는지, 원고들의 직원이 오픈캡쳐 유료버전을 실행하는 과정에서 일시적 저장의 방법으로 복제권을 침해하였는지(이는 오픈캡쳐 유료버전의 실행 과정에서 일시적 저장의 방법으로 복제가 이루어지는지와 저작물 이용과정에서의 일시적 복제에 해당하여 면책되는지의 문제로 나눠진다), 원고들의 사용자책임에 기초한 손해배상책임의 성립 여부, 원고들의 기망으로 인한 불법행위에 기초한 손해배상책임의 성립 여부」가 문제되었다.

우선 법원은, 원고들의 직원이 오픈캡쳐 유료버전을 컴퓨터의 하드디스크에 설치하는 과정에서 복제권을 침해하였는지와 관련하여,

> 『피고의 오픈캡쳐 유료버전은 개별 사용자가 피고와 체결한 사용허락계약에 따라 개별 사용자의 컴퓨터의 저장장치인 하드디스크에 복제되는 것에 불과하므로 개별 사용자가 피고의 오픈캡쳐 유료버전의 복제권을 침해하였다고 볼 수 없다.』

고 판시하였다.

다음으로 원고들의 직원이 오픈캡쳐 유료버전을 실행하는 과정에서 일시적 저장의 방법으로 피고의 복제권을 침해하였는지와 관련하여 법원은,

> 『(가) 증거(갑 26의1에서 70)에 변론 전체의 취지를 종합하면, 사용자가 컴퓨터에서 오픈캡쳐 유료버전을 실행하면 오픈캡쳐 유료버전은 윈도우 그림판(mspaint.exe), avastl Antivirus(AvastUI.exe), 윈도우 탐색기(explorer.exe), 윈도우 메모장(notepad.exe) 등 다른 컴퓨터프로그램과 마찬가지로 사용자 컴퓨터의 저장장치인 램의 일정 공간에 일시적으로 저장되는 과정을 통하여(사용자 컴퓨터의 'Windows 작업관리자' 창을 열면 프로세스 항목에는 'opencapture.exe'로 표시된다) 실행되는 사실을 인정할 수 있다. (나) 저작권법에 정해진 복제라고 함은, 기존의 저작물에 의거하여 그 내용과 형식

을 인식할 수 있거나 감지하기에 충분한 정도로 일시적 또는 영구적으로 유형물에 고정하거나 다시 만드는 것을 말하므로 컴퓨터에서 프로그램을 실행함에 있어 컴퓨터 내의 램에 프로그램이 일시적으로 저장되고 전원을 끄면 사라져버리는 경우에 이러한 형태의 저장도 물리적으로는 저작물인 프로그램을 유형적으로 고정하거나 다시 만드는 것에 틀림이 없으므로 일시적인 복제에 해당한다.

위 인정사실에 의하면, 피고의 오픈캡쳐 유료버전이 설치된 컴퓨터에서 사용자가 프로그램을 실행하게 되면 그 실행과정에서 오픈캡쳐 유료버전의 일부가 램에 일시적으로 저장되고, 컴퓨터프로그램이 컴퓨터 내의 저장장치인 램에 저장되는 것은 결국 유형적으로 일시적으로 고정하거나 다시 만드는 것에 해당하므로 오픈캡쳐 유료버전은 그 프로그램을 실행하여 사용하는 과정에서 유형물인 램에 고정되어 일시적 복제가 이루어진다. 그리고 오픈캡쳐 유료버전은 실행을 위해서 램에 저장되는 과정에서 그 전부 또는 일부가 일시적으로 복제가 이루어지고, 오픈캡쳐 유료버전의 작동을 위해서 오픈캡쳐 유료버전이 저작물로서 창작성이 인정되는 부분도 복제가 이루어질 것으로 추인할 수 있다. 따라서 개별 사용자들은 오픈캡쳐 유료버전을 컴퓨터에서 실행하여 사용함으로써 그 일부 또는 전부를 컴퓨터의 램에 일시적으로 복제하였다고 봄이 타당하다. 피고의 위 주장은 이유 있다.」

고 판시하였다.

나아가 저작물 이용과정에서의 일시적 복제에 해당하여 면책되는지(법 제35조의2에 따른 면책 여부)에 관하여 법원은 아래와 같이 판단하였다.

「(가) 저작권법은 제35조의2 본문에서 컴퓨터에서 저작물을 이용하는 경우에는 원활하고 효율적인 정보처리를 위하여 필요하다고 인정되는 범위 안에서 그 저작물을 그 컴퓨터에 일시적으로 복제할 수 있다고 규정하고 있다. 컴퓨터에서 프로그램을 실행하면 하드디스크 등의 보조기억장치에 설치된 프로그램이 컴퓨터 내의 램에 일시적으로 저장되고, 중앙처리장치(CPU)가 먼저 캐시를 조사하고 없으면 램에 접근하여 램에서 읽은 자료를 캐시에 저장하여 연산이나 화면생성 등의 처리를 하는 과정을 통하여 프로그램이 실행된다. 그리고 이 과정에서 속도가 느린 저장장치에서 속도가 빠른 저장장치로 자료를 일시적으로 고정하여 처리 속도를 높이기 위하여 일시적 복제가 이루어지게 된다. 그러므로 저작재산권의 구체적 지분권에 해당하는 이용뿐만 아니라 일반적인 의미에서의 이용도 포함하는 주된 이용에 따라 컴퓨터에서 저작물을 이용하는 과정에서 일시적 복제가 부수적으로 이루어지더라도 컴퓨터 내의 프로그램을 실행하는 행위도 원활하고 효율적인 정보처리를 위하여 필요한 범위에 속한다고 보아야 하므로 이러한 일시적 복제는 저작권법 제35조의2 본문에 따라 허용된다고 보아야 한다. 컴퓨터에서 프로그램의 실행과정에서 이루어지는 컴퓨터 내의 램에의 일시적 저장도 물리적으로 저작물인 프로그램을 유형적으로 고정하거나 다시 만드는 것에 해당하지만 램에서의 일시적 저장은 프로그램의 사용에 불가피하게 수반되어 따르는 것인데, 그와 같은 경우에도 복제권이 미친다고 해석하게 되면 원래 프로그램 저작권의 효력이 미치지 아니하는 프로그램의 사용행위까지 저작권자가 통제할 수 있는 부당한 결과를 초래하게 되고, 일시적 저장이라는 형태의 복제는 권리자의 이익을 침해하는 것이 비교적 적다고 보이므로 저작권법은 제35조의2를 신설하여 컴퓨터에서 저작물을 이용하는 경우에는 원활하고 효율적인 정보처리를 위하여 필요하다고 인정되는 범위 안에서 이를 허용한다는 취지를 분명하게 하였다고 해석된다. 이 사건에서 보면, 개별 사용자가 컴퓨터에서 오픈캡쳐 유료버전을 실행하게 되면 오픈캡쳐 유료버전이 컴퓨터 내의 램에 일시적으로 저장되는데, 이처럼 프로그램을 일시적으로 램에 저장하는 것은 중앙처리장치(CPU)는 처리속도가 빠른 반면 하드디스크 등의 보조기억장치에서 데이터를 읽어 오는 속도는 느리므로 두 장치 사이의 속도 차이를 조정하여 처리 속도를 높이기 위한 것이므로 오픈캡쳐 유료버전의 실행 과정에서 이루어지는 일시적 복제는 원활하고 효율적인 정보처리를 위하여 필요한 범위 내의 복제에 해당한다. (나) 그리고 저작권법 제46조 제1항, 제2항은 "저작재산권자는 다른 사람에게 그 저작물의 이용을 허락할 수 있고, 그 이용허락을 받은 자는 허락받은 이용 방법 및 조건의 범위 안에서 그 저작물을 이용할 수 있다."고 규정하고 있다. 여기서 '이용'이라고 함은, 저작권법의 규정에 따라 저작권자가 배타적으로 전유하고 있는 형태로 사용하는 저작재산권의 내용으로 되어 있는 행위에 해당하는 복제, 공연, 공중송신, 전시, 배포, 대여, 2차적 저작물 작성 등 저작권의 지분권에 관한 행위를 말하고, 저작물이 화체된 매체를 매개로 저작물을 지각하는 행위 등 제3자에 대하여 저작권법에서 금지의 효력이 미치지 아니하는 형태로 저작물의 내용을 향수하는 행위를 가리키는 저작물의 '사용'과 구별된다(적어도 저작권법 제46조에 정해진 저작물의 이용허락에 관한 한 저작재산권의 지분권의 금지의 범위와 이용이라는 개념이 지시하는 바가 합치하는 것이 문언에서 분명하다). 그러므로 컴퓨터프로그램을 실행하는 등 저작권자의 허락이 없더라도 당연하게 허용되는 형태로 저작물을 사용하는 행위는 이 조항에서 말하는 '이용'에 해당하지 아니하며, '허락'이라고 함은 저작물의 이용을 구하는 자에 대하여 일정한 범위나 방법으로 저작물의 이용을 인정하는 저작권자의 의사표시를 말하고, 허락은 저작재산권의 양도와 달리 허락을 받은 자에게 저작물을 이용할 수 있는 채권적 지위를 인정하는 것이다. 그리고 이용방법은 이용형태, 이용부수나 횟수, 이용시간, 이용장소 등 세부적인 이용방법을 포함하고, 조건은 이용대금의 선불이나 우선이용권의 부여 등의 특약조항으로서 이러한 이용방법과 조건은 저작권자가 일방적으로 붙일 수 있는 것이므로 '이용'의 범위를 제한하는 것에 한정되고 허락을 받은 자에게 의무를 부담하게 하는 것을 포함하지 아니한다. 그러므로 컴퓨터프로그램 저작자가 작성하는 사용허락계약에 들어 있는 여러 가지 내용의 조항 중에는 일반적으로 저작권법 제46조 제2항에 정해진 이용방법이나 조건에 해당하는 것과 해당하지 아니하는 것이 혼재되어 있어 계약으로 저작권제한규정이나 저작물의 소유자에게 당연하게 허용되는 저작물의 사용(저작물의 '이용'이 아님)을 사실상 무력화하는 약정도 포함될 수 있다. 따라서 저작물의 이용허락을 받은 자가 이용방법이나 조건을 위반하여 저작물을 이용한 경우에 이용방법이나 조건이 저작권의 본래적 내용에 해당하는 저작물의 이용을 적법하게 해 주는 방법이나 조건이라면 채무불이행뿐만 아니라 저작권침해의 불법행위도 성립하지만, 이용방법이나 조건이 저작권의 행사에 있어서 저작권자가 부가한 채권채무관계에 불과하다면 채무불이행만이 성립하게 되고 저작권침해로 되지는 아니한다고 해석하여야 한다. 결국 컴퓨터프로그램 저작권자는 그 프로그램을 실행하는 것에 대하여 배타적 권리를 가지는 것은 아니므로 프로그램의 실행은 저작권법 제46조 제1항, 제2항에 정해진 '이용'에 해당하지 아니하고, 그와 관련한 허락도 저작권법 제46조 제1항, 제2항에 정해진 '이용허락'에 포함되지 아니한다. 따라서 컴퓨터프로그램 사용과 관련하여 컴퓨터프로그램 저작권자와 그 사용자 사이에 사용허락계약이 체결된 경우에 그 사용자는 사용허락계약에 정해진 바에 따라 그 프로그램을 실행하여야 할 채무를 부담할 뿐이고, 그 사용자가 저작권법 제46조 제1항, 제2항에서 말하는 '이용'과 관련 없는 사용허락계약에 정해진 조건에 위반한 방법으로 프로그램을 실행하였다고 하더라도 사용허락계약

위반이 성립하는 것은 별도로 하고 저작권 침해행위로 되지는 아니한다. 한편 저작권법 제35조의2 단서에서 정해진 그 저작물의 이용이 저작권을 침해하는 경우라고 함은, 일시적 복제의 주체가 행하는 저작물의 주된 이용이 저작권자의 허락을 받아야 하는 이용행위에 해당함에도 저작권자로부터 이용허락을 받지 아니하였거나 저작권법에 의해 허용된 행위(저작권법이 정하고 있는 사적복제 등 각종 제한 규정에 해당하는 행위)에 포함되지 아니하는 이용행위로서 저작권법상의 복제권 등의 저작재산권의 지분권을 침해하는 경우 또는 프로그램의 사용을 일정한 요건을 갖춘 경우에 침해로 간주하고 있는 행위(저작권법 제124조 제1항 제3호)에 해당하는 것을 말한다. 따라서 이러한 경우에는 그에 부수하여 이루어지는 일시적 복제도 저작권법 제35조의2 본문의 자유이용으로부터 제외된다. 이 사건에서 보면, 개별 사용자가 오픈캡쳐 유료버전으로 업데이트하는 과정에서 오픈캡쳐 유료버전을 컴퓨터의 하드디스크에 인스톨하여 설치하면서 화면에 저작권자인 피고가 제시한 개인용 또는 비업무용으로만 사용하는 것에 동의한다는 표시가 나오자 이를 클릭함으로써(클릭하지 않으면 다음의 화면으로 진행되지 않는다) 이른바 클릭온 방식으로 사용허락계약이 성립하였음에도 개별 사용자들이 원고들의 회사에서 업무용으로 사용함으로써 피고와 사이의 사용허락계약을 위반하였다. 그러나 개별 사용자가 피고와의 사용허락계약을 위반하여 오픈캡쳐 유료버전을 컴퓨터에서 실행하여 사용하였다고 하더라도 이는 저작권법상의 복제권 등의 저작재산권의 지분권을 침해하는 경우에 해당하지 않으므로 저작권법 제35조의2 단서가 적용되지 않고, 개별 사용자가 피고와 사용허락계약을 위반하여 오픈캡쳐 유료버전을 업무용으로 실행하면서 그에 부수하여 일시적 복제가 이루어진 경우에 해당하여 개별 사용자들이 피고에 대하여 사용허락계약 위반에 따른 채무불이행책임을 부담하는 것은 별도로 하더라도 그와 같은 컴퓨터프로그램을 실행하는 과정에서 이루어지는 컴퓨터 내의 램에의 일시적 복제행위는 저작권법 제35조의2 본문에 따라 면책된다고 보아야 한다. 더욱이 오픈캡쳐 프로그램은 2003년 무렵 개발된 이래 2012. 2. 5. 오픈캡쳐 7.0 버전으로 업데이트 될 때까지 약 9년간 무료로 사용할 수 있었고, 피고는 무료로 사용되던 오픈캡쳐 프로그램을 오픈캡쳐 유료버전으로 업데이트하는 과정에서 아무런 기술적 접근통제조치를 취하지 않은 채 개별 사용자가 오픈캡쳐 6.7 버전을 실행하면 오픈캡쳐 유료버전이 자동적으로 사용자의 컴퓨터의 임시 경로로 유형물인 하드디스크에 다운로드가 되고 라이선스 약관에 동의하는지를 묻는 창의 확인 버튼을 누르면 오픈캡쳐 유료버전을 이용할 수 있는 상태가 되도록 하였다. 그런데 저작권법은 복제, 공연, 공중송신, 전시 등 저작물의 다양한 이용행위에 대하여 저작권자가 이를 통제할 수 있도록 권리를 부여하고 있지만 최종 사용자가 저작물을 사용하는 행위에 대하여는 그 통제 범위 밖에 두고 있고, 다만 프로그램의 저작권을 침해하여 만들어진 프로그램의 복제물을 그 사실을 알면서 취득한 사람이 이를 업무상 이용하는 행위에 대해서만 이를 침해로 보고 있다(저작권법 제124조 제1항 제3호). 그러므로 저작권법 제35조의2 단서에서 규정한 저작물의 이용이 저작권을 침해하는 경우를 피고의 주장과 같이 단순한 사용허락계약을 위반한 사용의 경우까지 포함함으로써 개별 사용자가 피고와 맺은 오픈캡쳐 유료버전에 관한 사용허락계약을 위반하여 오픈캡쳐 유료버전을 실행하는 경우까지도 일시적 복제권 침해에 해당한다고 해석하게 되면 이는 저작권자에게 저작권법에서 일반적으로 인정하고 있지 않은 컴퓨터프로그램에 대한 사용권 내지 접근권까지도 피고에게 허용하는 결과가 되어 부당하다. 따라서 원고들의 주장은 이유 있다.』

8. 저작물의 공정한 이용(법 제35조의3)

이 조항은 2011년 12월 2일 법률 제11110호로 개정된 저작권법에 신설되었다.

제23조부터 제35조의2까지(일반적 저작재산권), 제101조의3부터 제101조의5까지(프로그램 저작재산권)의 경우 외에 저작물의 통상적인 이용 방법과 충돌하지 아니하고 저작자의 정당한 이익을 부당하게 해치지 아니하는 경우에는 보도·비평·교육·연구 등을 위하여 저작물을 이용할 수 있다(제1항).

저작물 이용 행위가 제1항에 해당하는지를 판단할 때에는 '1. 영리성 또는 비영리성 등 이용의 목적 및 성격 2. 저작물의 종류 및 용도 3. 이용된 부분이 저작물 전체에서 차지하는 비중과 그 중요성 4. 저작물의 이용이 그 저작물의 현재 시장 또는 가치나 잠재적인 시장 또는 가치에 미치는 영향' 등을 고려하여야 한다(제2항).

현재까지 우리나라에서는 이 조항의 적용을 긍정한 사례는 발견되지 않고,

아래에서 보는 바와 같이 부정한 예가 있다.

가. 리프리놀 논문 사건[8-73)]

『저작물의 공정이용은 저작권자의 이익과 공공의 이익이라고 하는 대립되는 이해의 조정 위에서 성립하는 것이므로 공정이용의 법리가 적용되기 위해서는 그 요건이 명확하게 규정되어 있을 것이 필요하다 할 것인데, 구 저작권법(2009. 3. 25. 법률 제9529호로 개정되기 전의 것. 이하 같다)은 이에 관하여 명시적 규정을 두지 않으면서('저작물의 공정한 이용'에 관한 규정은 2011. 12. 2. 법률 제11110호로 개정된 저작권법 제35조의3으로 비로소 신설되었다) 제23조 이하에서 저작재산권의 제한사유를 개별적으로 나열하고 있을 뿐이므로, 구 저작권법 하에서는 널리 공정이용의 법리가 인정되는 것으로 보기는 어렵다.』

나. 한경닷컴 사건[8-74)]

<사안의 개요>

피고는 주류 도매업 등을 영위하는 회사로서, 원고의 동의나 승낙을 받지 않은 채 피고 회사의 홈페이지 중 주류관련뉴스 코너에 원고가 작성하여 그 저작권을 가진 인터넷 기사 중 '막걸리 열풍에 울상짓는 재정부' 등 모두 69건의 기사를 게시하였다. 피고는 피고 회사의 홈페이지 중 위 주류관련뉴스 코너의 경우 일반인이 접근할 수 없도록 개편하여 폐쇄적으로 운영하면서 소수 사원에게 엄격한 로그인 절차를 거쳐서만 게시물을 볼 수 있도록 하였기 때문에 이른바 ① 저작물의 공정한 이용(법 제35조의3)에 해당하거나 ② 사적 이용을 위한 복제(법 제30조)에 해당하여 저작권 침해가 아니라고 주장하였다.

<법원의 판단>

『① 피고 회사는 주류 도소매업 등 영리를 목적으로 설립된 회사인 점, ② 공정이용이나 사적복제의 허용에 따른 저작권의 재한은 결국 저작권자의 이익을 제한하는 것이기 때문에 어느 정도의 엄격한 요건 아래에서만 허용될 수 있는바, ⓐ '영리를 목적으로 하지 아니하고 개인적으로 이용하거나

8-73) 대법원 2013. 2. 15. 선고 2011도5835 판결.

8-74) 서울중앙지방법원 2014. 2. 11. 선고 2013나36100 판결(상고기각).

가정 및 이에 준하는 한정된 범위 안에서 이용하는 경우'(저작권법 제30조)에 사적복제가 허용되는바, '영리 목적'으로 설립된 피고 회사인 '기업'을 '영리 목적이 아닌 개인, 가정 및 이에 준하는' 것으로 볼 수는 없는 점, ⓑ '저작물의 통상적인 이용 방법과 충돌하지 아니하고 저작자의 정당한 이익을 부당하게 해치지 아니하는 경우'에 '영리성 유무, 저작물의 종류 및 용도, 비중과 중요성, 저작물의 이용이 현재 시장 또는 가치 등에 미치는 영향'(저작권법 제35조의3) 등을 고려하여 공정 이용이 허용될 수 있는바, 피고의 저작물 게시행위가 '저작물의 통상적인 이용 방법과 충돌'하지 않는다거나 '저작자의 정당한 이익을 부당하게 해치지 아니하는 경우'에 해당한다고 볼 어떠한 증거도 없을 뿐만 아니라 마찬가지 법리로 영리 목적으로 설립된 기업의 경우 설령 내부적 이용이라 하더라도 이를 공정이용에 해당한다고 볼 수는 없는 점 등을 종합하면, 결국 피고의 위 주장도 받아들일 수 없다.』

다. 함께하는 시민행동 사건[8-75)]

피고인이 사진저작물 9매를 저작권자의 허락 없이 무단으로 함께하는 시민행동이라는 단체의 인터넷 블로그에 게시한 사건이다.

『피고인은 시민교육 목적의 비영리적 공익 캠페인 블로그를 운영하던 중 이 사건 사진저작물을 게시한 것이므로, 저작권법 제35조의3의 공정 이용에 해당되어 위법성이 조각되어야 한다는 취지의 주장을 한다. 그러나 저작권법(법률 제11110호) 제35조의3의 규정은 2012. 3. 15. 시행된 것으로 이 사건에 적용할 수 없다. 또한, 위 블로그는 민주주의, 나눔, 평화, 환경 등의 공익적 가치를 실현할 수 있는 행동방식을 소개하거나 선전을 주목적으로 하는 것으로 보여 일반인에 대한 교육을 목적한다고 보기 어렵고, 사진저작물의 통상적인 이용 방법과 충돌한다고 할 것이다. 따라서 피고인의 위 주장은 이유 없다.』

라. 메가스터디 Ⅲ 사건[8-76)]

『앞서 제3의 나. 2)항에서 살핀 ① 이 사건 동영상 강의 제공의 목적 및 영리성, ② 이 사건 동영상 강의와 피고 교재의 종류 및 용도, ③ 이 사건

8-75) 서울서부지방법원 2012. 11. 1. 선고 2012고정1591 판결(확정).

8-76) 서울중앙지방법원 2015. 2. 12. 선고 2012가합541175 판결(항소심 조정).

동영상 강의에서 피고 교재가 인용된 부분이 차지하는 비중과 그 중요성, ④ 이 사건 동영상 강의의 제공에 따른 피고 교재의 잠재적 시장 가치 훼손 가능성 등에 비추어 보면, 원고가 이 사건 동영상 강의를 수강생들에게 유료로 제공한 행위가 저작물의 통상적인 이용 방법과 충돌하지 아니하고 저작자의 정당한 이익을 부당하게 해치지 아니하는 경우로서 저작권법 제35조의3에서 정하고 있는 저작물의 공정한 이용에 해당한다고 볼 수는 없으므로, 원고의 이 부분 주장도 받아들일 수 없다.』

마. 주권방송 사건8-77)

『살피건대, 앞서 든 증거들 및 변론 전체의 취지를 종합하여 인정할 수 있는 아래와 같은 사정들, 즉 ① 침해영상물은 기본적으로 보도나 비평을 위해 제작된 것이나, 피고들은 침해영상물과 관련하여 광고료를 받거나 타 방송사에 유료로 판매할 수 있게 되어 영리적·상업적 이용으로서의 성격도 있는 점, ② 침해영상물 제작시 이 사건 각 저작영상물의 인용은 영상 매체에 고정하는 방법으로 이루어지고, 불특정 다수인에게 제공된다는 점에서 매우 큰 계속성과 파급력을 가지게 되는 점, ③ 침해영상물 중 과다 인용 영상물의 경우 앞서 본 바와 같이 그 인용의 정도가 정당한 범위를 넘어 과다한 점, ④ 위 라.의 1)의 나)항에서 본 바와 같은 이유로, 저작권법 제35조의3에 따라 저작물을 이용할 때 그 출처를 명시하였는지 여부는 저작권법 제35조의3 소정의 '저작물의 공정 이용' 여부 판단시 중요한 고려사항이 된다고 보아야 할 것이고, 따라서 출처를 명시하지 않은 채 영상저작물을 무단 사용한 경우, 출처를 명시할 수 없는 특별한 사정(피인용저작물이 출처불명인 경우 등)이 없는 한, 이는 저작물의 통상적인 이용 방법과 충돌하거나 저작자의 정당한 이익을 부당하게 해치는 이용이라고 볼 여지가 클 것인데, 침해영상물 중 부적절 인용 영상물의 경우, 피고들은 부적절 인용 영상물 제작시 피인용저작물에 표시되어 있던 "주권방송", "615TV" 또는 "채널615"라는 로고 표시 부분을 의도적으로 삭제하는 방법으로 그 출처를 표시하지 않은 점 등을 종합적으로 고려하면, 피고들이 침해영상물을 제작하면서 원고의 이 사건 각 저작영상물을 무단 사용한 행위가 저작물의 통상적인 이용 방법과 충돌하지 아니하고 저작자의 정당한 이익을 부당하게 해치지 아니하는 경우로서 저작권법 제35조의3에서 정하고 있는 저작물의 공정한

8-77) 서울중앙지방법원 2016. 1. 27. 선고 2015가합513706 판결(항소 여부 미확정).

이용에 해당한다고 평가하기는 어려우므로, 피고들의 이 부분 주장은 이유 없다.』

9. 출처의 명시(법 제37조)

저작재산권의 제한에 관한 저작권법의 규정에 따라 저작물을 이용하는 자는 그 출처를 명시하여야 한다. 다만, 법 제26조(시사보도를 위한 이용), 제29조(영리를 목적으로 하지 아니하는 공연·방송), 제30조(사적이용을 위한 복제), 제31조(도서관등에서의 복제 등), 제32조(시험문제로서의 복제), 제34조(방송사업자의 일시적 녹음·녹화) 및 제35조의2(저작물 이용과정에서의 일시적 복제)의 경우에는 그러하지 아니하다(제1항).

출처의 명시는 저작물의 이용 상황에 따라 합리적이라고 인정되는 방법으로 하여야 하며, 저작자의 실명 또는 이명이 표시된 저작물인 경우에는 그 실명 또는 이명을 명시하여야 한다(제2항).

이와 관련한 판결의 예는 아래와 같다.

가. 논술교육용 교재 사건[8-78)]

피고인 2 주식회사가 운영하는 ○○학원의 원장인 피고인 1이, 위 학원의 홍보용 책자에서 다른 유명 논술학원이 작성한 기출 논술고사 문제에 관한 해제 및 예시 답안을 인용하고 비판하면서 그 출처를 'A학원 모 교재'라고만 표시한 사건이다.

『구 저작권법(2006. 12. 28. 법률 제8101호로 전부 개정되기 전의 것) 제34조의 입법 취지와 내용 및 그 밖에 저작자의 성명표시권에 관하여 규정한 같은 법 제12조 제2항에서도 "저작물을 이용하는 자는 그 저작자의 특별한 의사표시가 없는 때에는 저작자가 그의 실명 또는 이명을 표시한 바에 따라 이를 표시하여야 한다"라고 규정하는 한편으로, "다만, 저작물의 성질, 그 이용목적 또는 형태 등에 비추어 부득이 하다고 인정되는 경우에는 그러하지 아니하다"는 단서규정을 두고 있는 점 등에 비추어 보면, 같은 법 제34조 제2항에 규정된 "저작자의 실명 또는 이명이 표시된 저작물인 경우에는 그

8-78) 대법원 2010. 4. 29. 선고 2007도2202 판결.

실명 또는 이명을 명시하여야 한다"는 문언은 저작물의 출처를 명시하는 방법을 예시한 것에 불과할 뿐 어떠한 경우라도 예외 없이 저작자의 실명 또는 이명을 명시하여야 한다는 것은 아니라고 해석함이 상당하고, 저작자의 성명을 포함하여 저작물의 출처가 합리적이라고 인정되는 방법으로 명시되었는지 여부는 저작물의 종류, 성질, 그 이용의 목적 및 형태 등 저작물의 이용상황을 종합적으로 고려하여 판단하여야 한다.

피고인 2 주식회사(이하 '피고인 회사'라 한다)의 사용인인 피고인 1이 피고인 회사가 운영하는 ○○학원의 수시 전략 설명회에 참석한 입시준비생 학부모 등을 상대로 발간·배포된 "너희가 3차원적 사고를 아느냐?"라는 제호의 ○○학원 홍보용 책자에서, 2000학년도 고려대학교 논술고사 문제를 소개한 후 ○○학원의 해제를 게재하기에 앞서 유명 논술학원 중의 하나인 공소외 주식회사가 작성한 논술교육용 교재인 '△△ I'에 게재된 원심 판시 이 사건 해제를 인용하고 이에 대한 비판을 덧붙이면서, 이 사건 해제의 출처를 'A학원 모 교재'라고만 표시한 사실을 알 수 있다.

이를 앞서 본 법리에 비추어 살펴보면, 피고인 1은 인용된 이 사건 해제를 자신의 저작물 부분과 명확히 구별하여 타인의 저작물로 표시함으로써 이 사건 해제가 위 피고인의 저작물과 혼동·오인될 가능성을 배제하였고, 또한 ○○학원의 책자는 이를 접한 독자들에게 논술교육용 교재라기보다는 인지도가 높은 다른 학원의 교재와 비교하여 ○○학원을 홍보하는 책자 정도로 인식될 것으로 보일 뿐이어서, 위와 같은 방법의 출처 표시에 의하여 공소외 주식회사가 이 사건 해제의 저작자임을 주장할 이익을 해할 염려가 있다고 보기 어려우며, 그 밖에 위와 같은 홍보용 책자의 성질상 비교 대상으로 인용된 저작물에 관하여는 다소 과장되거나 편파적인 내용의 비판이 덧붙여지기 쉬워 인용된 저작물 저작자의 실명 또는 이명 등을 구체적으로 특정할 경우 자칫 저작자의 명예나 신용 등의 권익을 손상할 우려도 전혀 없다고는 단정할 수 없으므로, 이와 같은 여러 사정을 종합적으로 고려하여 볼 때, 위 피고인이 ○○학원의 홍보용 책자에 이 사건 해제를 비평 등의 목적으로 인용하면서 그 출처를 앞서 본 바와 같이 표시한 것은 그 나름대로의 합리성을 갖춘 출처명시방법으로 인정될 수 있다.』

나. 썸네일 이미지 사건[8-79]

8-79) 서울중앙지방법원 2005. 8. 25. 선고 2004가합86819 판결(항소취하).

「저작권법 제34조는 같은 법 제25조에 의하여 저작물을 이용하는 자는 그 출처를 명시하여야 하고, 출처의 명시는 저작물의 이용 상황에 따라 합리적이라고 인정되는 방법으로 하여야 하며, 저작자의 실명 또는 이명이 표시된 저작물인 경우에는 그 실명 또는 이명을 명시하여야 한다고 규정하고 있는바, 피고들이 이 사건 썸네일 이미지에 저작자인 원고의 실명을 표시하지 아니한 사실은 당사자 사이에 다툼이 없으나, 한편, 이 사건 사진과 같이 인터넷에서 검색된 이미지의 출처명시는 원래의 이미지가 수집된 웹사이트의 주소를 나타내는 것으로 충분하다고 할 것이고, 앞서 인정한 사실에 의하면, 이 사건 썸네일 이미지를 선택하면 이 사건 큰 이미지가 나타나고 그 아래에는 제목, 이미지 설명과 더불어 원고 웹페이지의 주소와 원본 이미지의 주소가 표시되므로, 피고들이 출처명시의무를 위반하였다고 할 수 없다.」

10. 프로그램 저작재산권의 제한 및 프로그램코드 역분석(법 제101조의3 및 제101조의4 관련)

위 규정들과 관련된 사건으로 지오서비스 사건이[8-80] 있는바, 이를 소개하면 아래와 같다.

<사안의 개요>

피고는 원고와 사이에, 'BlackPoint-Xr'이라는 이 사건 원고 프로그램에 관하여 개발자 라이선스 1개, 최종사용자 라이선스 7개를 공급받아 이를 기초로 프로그램을 개발하기로 합의하였다. 피고는 원고로부터 개발자 라이선스 1개, 최종사용자 라이선스 1개만을 공급받은 상태에서 이 사건 원고 프로그램을 역분석하여 '서울시 T-GIS 현장업무지원 시스템' 개발을 위한 솔루션 소프트웨어('이 사건 피고 프로그램')을 개발하고 서울특별시에 7개의 이 사건 피고 프로그램을 납품하였다. 원고는 저작권 침해 등을 이유로 침해금지 및 손해배상 청구를 하였다. 이에 대하여 피고는, "이 사건 피고 프로그램은 서울특별시에 납품되는 것이어서 피고로서는 이 사건 피고 프로그램에 내장된 이 사건 원고 프로그램이 공공기관에서 운영되는 시스템에 불필요하게 접

8-80) 서울중앙지방법원 2014. 1. 23. 선고 2013가합23162 판결(항소취하).

근하여 사용자 계정 등의 정보를 과다하게 취득하는 것을 막아야 할 필요가 있었다. 따라서 피고가 이 사건 원고 프로그램의 기능을 조사·연구하기 위해 이 사건 원고 프로그램을 역분석한 것은 저작권법 제101조의3 제1항 제6호에 의하여 허용되고, 이 사건 원고 프로그램을 공공기관에서 운영되는 시스템에 적합하도록 이 사건 원고 프로그램을 역분석한 것은 같은 법 제101조의4 제1항에 의하여 허용되며, 또한 원고가 공공기관에서 운영되는 시스템에 접근하여 계정정보 등을 과다하게 수집하는 것은 정보통신망 이용촉진 및 정보보호 등에 관한 법률 제50조의2, 개인정보보호법 제15조, 제16조, 제22조, 제34조, 제59조 등에 위배되므로 피고가 위와 같은 원고의 무단 정보수집행위를 막기 위해 이 사건 원고 프로그램을 역분석한 것에 대하여는 공정이용의 법리에 따라 원고의 저작권이 제한되어야 한다"고 주장하였다.

<법원의 판단>

『○ 관련 법 규정의 해석

저작권법 제2조 제34호는 '프로그램코드역분석'을 독립적으로 창작된 컴퓨터프로그램저작물과 다른 컴퓨터프로그램과의 호환에 필요한 정보를 얻기 위하여 컴퓨터프로그램저작물코드를 복제 또는 변환하는 것을 말한다고 정의하고, 같은 법 제101조의3 제1항 제6호는 프로그램의 기초를 이루는 아이디어 및 원리를 확인하기 위하여 프로그램의 기능을 조사·연구·시험할 목적으로 복제하는 경우에는 그 목적상 필요한 범위에서 공표된 프로그램을 복제 또는 배포할 수 있다고 규정하여 프로그램의 저작재산권을 제한하고 있으며, 같은 법 제101조의4 제1항은 정당한 권한에 의하여 프로그램을 이용하는 자 또는 그의 허락을 받은 자는 호환에 필요한 정보를 쉽게 얻을 수 없고 그 획득이 불가피한 경우에는 해당 프로그램의 호환에 필요한 부분에 한하여 프로그램의 저작재산권자의 허락을 받지 아니하고 프로그램코드역분석을 할 수 있다고 규정하여 예외적으로 프로그램코드역분석이 가능한 경우를 규정하고 있다.

그런데 ① 저작권법은 제2조 제34호에서 프로그램의 역분석 가운데 특히 프로그램의 호환에 필요한 정보를 얻기 위한 역분석을 '프로그램코드역분석'이라는 용어로 정의하면서 제101조의4 제1항에서 프로그램코드역분석이 가능한 경우를 규정하고 있을 뿐, 프로그램의 기초 원리나 아이디어를 얻기 위한 역분석이나 오류 수정이나 결함 제거를 위한 역분석 등과 같은 다른 용도의 역분석에 관해서는 별도의 규정을 두고 있지 아니하므로, 다른 용도의 역분석의 경우에는 저작권법의 일반 원칙에 따라 저작권 침해 및 저작권의 제한 여부를 판단해야 하는 점, ② 또한 저작권법은 제101조의3 제1항에서 공표된 프로그램을 복제 또는 배포할 수 있는 일반적인 예외사유를 규정한 다음, 제101조의4 제1항에서 특히 프로그램코드역분석을 할 수 있는 예외사유를 별도로 규정하는 체계로 이루어져 있는 점, ③ 역분석이 저작권 침해로 평가되는 이유는 앞서 본 바와 같이 역분석 과정에서 필연적으로 프로그램의 복제가 발생하기 때문이므로, 그 복제가 저작권법의 일반조항에 의하여 허용된다면 프로그램의 역분석 또한 허용되는 행위로 볼 수 있는 점, ④ 저작권법의 보호대상은 표현이지 그 기초 원리나 기술적 사상은 아니므로, 해당 프로그램에 내재된 기초 원리나 기술적 사상에 관하여 특허권 등을 설정하여 별도로 보호받지 아니한 이상, 프로그램의 역분석에 의해 그 기술적 사상에 접근하는 것을 과다하게 금지하는 것은 문화 및 관련 산업의 향상 발전에 이바지하기 위한 저작권법의 목적에도 맞지 않는 점 등을 종합해보면, 저작권법 제101조의3 제1항은 프로그램의 복제를 전제로 하는 프로그램의 역분석에 관하여 적용되는 일반규정이고 같은 법 제101조의4 제1항은 역분석 가운데서 특히 프로그램의 호환성 확보를 위한 프로그램코드역분석에 관하여 적용되는 특별규정이라 할 것이므로, 프로그램의 역분석은 저작권법 제101조의3 제1항 각 호에 규정된 예외사유에 해당하는 경우에는 해당 프로그램에 관한 복제권과 배포권을 침해하지 아니하고, 프로그램의 호환에 필요한 정보를 얻기 위한 프로그램코드역분석은 저작권법 제101조의4 제1항에 규정된 예외사유에 해당하는 경우 해당 프로그램에 관한 저작재산권을 침해하지 아니한다고 보아야 한다. 따라서 피고의 역분석 행위가 저작권법 제101조의3 제1항 제6호와 같은 법 제101조의4 제1항에 의하여 허용될 경우에는 원고의 저작권을 침해하지 아니하게 된다.

○ 저작권법 제101조의3 제1항 제6호에 해당하는지 여부

저작권법 제101조의3 제1항 제6호는 프로그램의 기초를 이루는 아이디어 및 원리를 확인하기 위하여 프로그램의 기능을 조사할 목적으로 복제하는 경우에 적용되는 것으로서, 피고가 주장하는 사유는 이 사건 원고 프로그램의 엔진 프로세스나 기술적 작동 원리 등과 같이 프로그램에 내재된 기초 아이디어나 원리를 확인하기 위한 조사가 아니라 이 사건 원고 프로그램의 적법성이나 서울특별시가 운영하는 시스템의 보안요구 정도에 적합한지 여

부를 확인하기 위한 조사에 불과하다 할 것이다. 따라서 피고의 역분석 행위가 저작권법 제101조의3 제1항 제6호에 의하여 허용되는 행위라는 피고의 위 주장은 이유 없다.

○ 저작권법 제101조의4 제1항에 해당하는지 여부

저작권법 제101조의4 제1항은 호환에 필요한 정보를 얻기 위한 프로그램 코드역분석을 허용하면서도 호환에 필요한 정보를 쉽게 얻을 수 없을 뿐만 아니라 호환성의 획득이 불가피한 경우에 한하여 보충적으로 역분석을 허용하고 있다.

그런데 피고가 제출한 증거들만으로는 피고가 호환에 필요한 정보를 쉽게 얻을 수 없었다거나 호환성의 획득이 불가피하였다는 점을 인정하기 부족하고, 달리 이를 인정할 증거가 없다. 오히려 갑 제24호증의 기재와 변론 전체의 취지를 종합하면, 원고와 피고는 이 사건 원고 프로그램이 내장된 이 사건 피고 프로그램의 정상적인 작동을 위해 상호협력하면서 수차례 기술지원을 주고받은 사실을 인정할 수 있는바, 위 인정사실에 의하면 피고로서는 이 사건 원고 프로그램이 과도한 정보를 수집하는 코드를 가지고 있어 서울특별시에서 운영하는 시스템에 적합하지 않다는 사정이 있었다면 원고에게 기술지원을 요청하여 이를 쉽게 제거할 수 있었던 것으로 보임에도 원고에게 어떠한 요청도 하지 아니한 채 곧바로 이 사건 원고 프로그램을 역분석하였으므로, 피고의 역분석은 저작권법 제101조의3 제1항에 의하여 허용되는 행위에 해당하지 아니한다.

또한 피고의 주장에 의하더라도 피고는 이 사건 원고 프로그램이 서울특별시에서 운영하는 시스템에 기술적으로 호환되지 않는 문제를 해결하기 위해서가 아니라 단순히 이 사건 원고 프로그램이 서울특별시의 정보를 과도하게 수집하지 못하도록 하기 위해서 이 사건 원고 프로그램을 역분석하였다는 것이므로, 이는 다른 프로그램과의 호환에 필요한 정보를 얻기 위해 이루어진 것으로 볼 수도 없다. 따라서 피고의 위 주장도 이유 없다.

○ 공정이용에 의한 저작재산권의 제한

프로그램의 역분석에 있어서 공정이용의 원칙(Fair Use Doctrine)이란, 프로그램을 역분석하는 것이 프로그램에 내재된 사상이나 기능적 요소에 접근할 수 있는 유일한 방법이고, 복제를 하는 자가 이러한 접근에 대해 정당한 이유가 있는 경우 프로그램의 역분석을 공정이용으로 보아 이를 허용한다는 이론으로서, 미국 판례법에 따라 발전한 이론이다. 그러나 우리 저작권법상으로는 위와 같은 공정이용의 원칙의 취지를 반영하여 프로그램의 역분석이 가능한 경우에 관하여 앞서 본 바와 같이 저작권법 제101조의3 제1항 각호와 같은 법 제101조의4 제1항에서 별도로 규정하고 있으므로, 위 규정에 해당하지 아니한 이상 공정이용의 원칙에 관한 일반론에 따라 역분석을 허용할 수는 없다. 따라서 피고의 위 주장 또한 더 나아가 살펴볼 필요 없이 이유 없다.』

Ⅲ. 저작물의 이용허락(법 제46조)

저작재산권자는 다른 사람에게 그 저작물의 이용을 허락할 수 있고(법 제46조 제1항), 제1항의 규정에 따라 허락을 받은 자는 허락받은 이용 방법 및 조건의 범위 안에서 그 저작물을 이용할 수 있다(제2항).

1. 이용허락 계약의 존재에 관한 입증책임 및 이용허락의 범위

가. 신기한 아기나라 사건8-81)

<사안의 개요>

저작권자인 윤○○은 피고와 이 사건 계약을 체결할 당시 '내 나이 두 살' 등 이 사건 16곡의 사용매체를 '카세트 테이프'로 한정하고 1회에 한하여 사용할 것을 허락하였는데, 피고가 이 사건 16곡을 'CD'로 제작하여 판매하고, 나아가 '노랫말 카드'를 제작하여 판매함으로써 윤○○의 이 사건 16곡에 대한 저작권을 침해하였다. 또한 피고는 원고(사단법인 한국음악저작권협회)로부터 '둥근 달' 등 이 사건 3곡에 대하여 CD 10,000장에 한하여 사용허락을 받고도, 10,000장을 초과하여 제작·판매하여 이 사건 3곡의 저작권을 침해하였다. 따라서 원고는 피고의 위와 같은 각 저작권 침해행위로 인하여 원고가 사용허락을 하였을 경우 받을 수 있었을 사용료 상당의 손해를 입었으므로, 피고는 원고에게 원고의 저작권사용료 징수규정 소정의 사용료율에 따라 산정한 손해로서 합계 968,427,044원을 배상할 의무가 있다.

8-81) 서울고등법원 2006. 7. 26. 선고 2005나100276 판결(대법원 2008. 4. 24. 선고 2006다55593 판결).

<법원의 판단>

『저작권 침해사건에서 저작권자로부터 당해 저작물의 이용에 관한 허락을 받았다는 등 적법한 저작물 이용권원을 취득하였다는 점은 이를 주장하는 자가 입증해야 한다. 한편, 음반제작자와 저작재산권자 사이에 체결된 이용허락계약을 해석함에 있어서 그 이용허락의 범위가 명백하지 아니한 경우에는 당사자가 그 이용허락계약을 체결하게 된 동기 및 경위, 그 이용허락계약에 의하여 달성하려는 목적, 거래관행, 당사자의 지식, 경험 및 경제적 지위, 수수된 급부가 균형을 유지하고 있는지 여부, 이용허락 당시 당해 음악저작물의 이용방법이 예견 가능하였는지 및 그러한 이용방법을 알았더라면 당사자가 다른 내용의 약정을 하였을 것이라고 예상되는지 여부, 당해 음악저작물의 이용방법이 기존 시장을 대체하는 것인지 아니면 새로운 시장을 창출하는 것인지 여부 등 여러 사정을 종합하여 그 이용허락의 범위를 사회 일반의 상식과 거래의 통념에 따라 합리적으로 해석하여야 한다(대법원 2007. 2. 22. 선고 2005다74894 판결 등 참조).

원심이 인정한 사실과 기록에 의하면, 원심 판시 이 사건 계약은 윤○○ 작사, 작곡의 동요 16곡을 수록한 카세트테이프 자체를 독자적인 상품으로 발매할 목적으로 체결된 것이 아니라, 위 동요를 '신기한 아기나라' 제품의 한 구성 부분으로 포함시켜 판매하기 위하여 체결된 점, 이 점을 잘 알고 있는 윤○○도 피고로부터 '신기한 아기나라'의 매출량에 따른 대가가 아닌 1곡당 40만 원(기존곡) 또는 50만 원(신곡)의 확정된 금액을 지급받기로 약정하면서 그 이용기간을 한정하지 않은 점, 게다가 그 중 신곡에 대하여는 동종 업계에 제공하지 않기로 약정한 점, 피고는 이 사건 계약체결 후인 1997년경 다른 사람들에게 동요 작곡 등을 의뢰하면서 동요 1곡당 약 20만 원 또는 40만 원을 지급하고 그 작곡자 등이 제공한 곡의 저작권을 양수한 바 있고, 2000년경에는 작사가들에게 동요 가사 1곡당 10만 원을 지급하고 저작재산권 및 저작물을 응용하여 이용할 수 있는 권리를 양수받은 바 있는 점, 이 사건 계약이 체결된 1993년경에는 이미 CD가 대중화되어 음반 발매시 카세트테이프뿐만 아니라 CD로도 함께 출시하는 것이 일반적인 경향이었던 점, '신기한 아기나라' 제품의 한 구성을 이루는 카세트테이프를 CD로 바꾸는 것은 새로운 시장을 창출하는 행위가 아닌 점, 이 사건 16곡의 이용기간에 대하여 아무런 한정을 하지 아니한 윤○○이 그 이용매체를 카세트테이프로만 한정하여 사용을 허락할 만한 특별한 사정도 엿보이지 않는 점 등을 알 수 있는바, 이와 같은 여러 사정을 종합하여 보면, 윤○○은 피고에게 이 사건 16곡에 대하여 '신기한 아기나라' 제품의 구성으로 사용하는 한 그 구체적인 사용매체에 대하여 제한을 두지 않고서 이용을 허락한 것으로 봄이 상당하다.

또한, 피고가 이 사건 16곡을 부모와 유아들이 쉽게 따라 부를 수 있도록 동요의 악보와 가사에 배경그림을 넣어서 따로 '노랫말 카드'를 제작하였다고 하더라도 앞서 본 바와 같이 이 사건 계약에 따른 이용허락의 범위에 속하는 행위일 뿐 아니라, 이 사건 16곡의 가사나 멜로디에 아무런 변형이 이루어진 바 없어 이것이 2차적 저작물 작성에 해당한다고 볼 수도 없다.

그렇다면 원심이 이 사건 계약에서 이 사건 16곡의 이용형태를 '카세트테이프'로 한정하였다고 볼 증거가 없다고 하여 마치 원고에게 저작물 이용권원의 부존재에 대하여 입증책임이 있는 듯한 설시를 하였음은 적절하지 아니하나, 원고의 이 부분 청구를 기각한 결론에 있어서는 옳고, 거기에 상고이유에서 주장하는 바와 같이 판결 결과에 영향을 미친 저작물 이용허락계약 및 2차적 저작물에 관한 법리오해, 심리미진 등의 위법이 있다고 할 수 없다.』

나. 하늘 가는 길 사건[8-82)]

『구 저작권법 제41조 제1항은 '저작재산권은 전부 또는 일부를 양도할 수 있다'라고, 제72조는 '제41조 제1항의 규정은 저작인접권의 양도에 준용한다'라고 규정하고 있다. 한편 계약은 복수당사자의 의사표시 합치로 성립하는 법률행위로서 계약의 해석은 그 계약의 의미내용을 확정하는 작업이므로 당사자의 공통된 의사가 인정되지 아니하여 표시의 객관적 의미를 확정하여야 하는 경우에 계약당사자 사이에 어떠한 계약 내용을 처분문서인 서면으로 작성한 경우에 문언의 객관적인 의미가 명확한 때에는 특별한 사정이 없다면 문언대로의 의사표시의 존재와 내용을 인정하여야 하고, 그 문언의 객관적인 의미가 명확하게 드러나지 아니하여 당사자 사이에 계약의 해석을 둘러싸고 이견이 있어 처분문서에 나타난 당사자의 의사해석이 문제가 되는 경우에는 그 문언의 내용과 계약이 이루어지게 된 동기와 경위, 당사자가 계약으로 달성하려고 하는 목적과 진정한 의사, 거래의 관행 등을 종합적으

8-82) 서울중앙지방법원 2014. 4. 25. 선고 2014가합8122 판결〔서울고등법원 2015. 4. 16. 선고 2014나25872 판결(심불기각)〕.

로 고찰하여 사회정의와 형평의 이념에 맞도록 논리와 경험의 법칙, 그리고 사회 일반의 상식과 거래의 통념에 따라 계약 내용을 합리적으로 해석하여야 한다(대법원 1995. 2. 10. 선고 94다16601 판결, 대법원 2002. 5. 24. 선고 2000다72572 판결, 대법원 2008. 3. 14. 선고 2007다11996 판결, 대법원 2011. 5. 13. 선고 2010다58728 판결 등 참조).

앞서 본 기초사실과 위 인정사실에 의하면, 장○○과 피고 이□□ 및 안△△ 등은 피고 이□□ 측이 장○○의 2집 음반을 무단 복제한 것과 관련하여 이 사건 합의를 하면서 장○○이 고소를 취하하는 대신 피고 이□□ 측으로부터 손해배상금 1,500만 원을 받고, 피고 이□□ 측은 이유 여하를 막론하고 장○○의 1집 및 2집 음반을 제조, 판매하지 아니하되 1집 CD는 제외하며, 피고 이□□ 측이 보유하고 있는 1집 마스터 음반을 장○○에게 인도하고, 전속계약과 1997. 2. 20.자 음반판매계약에 따라 피고 이□□ 측이 장○○의 음반에 대하여 가졌던 모든 권리가 소멸함을 확인하되, 1집 CD에 관한 권리는 제외하기로 약정하였고, 마스터 음반은 테이프, 아날로그 레코드판, CD 등을 제작하는데 원본이 되는 음반이며, 장○○은 이 사건 합의 이후 무려 10년 동안 피고 예전미디어로부터 이 사건 음반 중 CD 약 7,000장(3,400만 원 상당)을 아무런 이의 없이 구매하였음을 알 수 있는바, 이러한 사정에다가, 이 사건 합의에서 제조·판매가 금지되는 대상에서 1집 CD 음반을 제외하고 있으므로 반대해석상 1집 CD 음반은 제조와 판매를 모두 허용하는 취지로 봄이 자연스러운 점, 저작재산권은 그 일부만의 양도가 법률상 허용되고 사회적으로도 개별적인 권리로 구별하여 취급할 필요성이 있는 경우가 충분히 있을 수 있으며, 이는 저작인접권의 경우도 마찬가지라 할 것인데, CD와 테이프는 그 매체의 성격이 서로 다르고 그 수요자 등이 구별되는 등 CD와 테이프에 대한 음반제작자의 권리는 사회적으로 구별하여 취급할 필요성이 있으므로 이를 분리하여 양도할 수 있다고 볼 수 있는 점 등을 아울러 고려하여 보면, 안△△은 이 사건 합의를 통하여 장○○에게 이 사건 음반제작자로서의 저작인접권 중 CD에 대한 권리를 제외한 나머지 권리를 양도하고 CD에 대한 권리는 여전히 보유하기로 약정하였고, 장○○은 이 사건 합의를 통하여 안△△ 및 피고 이□□에게 이 사건 음반을 CD로 제작하여 판매하는 범위에서 이 사건 음악저작물의 이용을 허락한 것으로 추인함이 타당하다.』

다. 하늘색 꿈 Ⅱ 사건[8-83)]

『저작물 이용자가 저작권자와의 이용허락계약에 의하여 취득하는 이용권은 저작권자에 대한 관계에서 자신의 저작물 이용행위를 정당화할 수 있는 채권으로서의 성질을 가지는 데 불과하므로, 저작권신탁이 종료되어 저작권이 원저작권자인 위탁자에게 이전된 경우에는 원저작권자와 수탁자 사이에 수탁자가 행한 이용허락을 원저작권자가 승계하기로 하는 약정이 존재하는 등의 특별한 사정이 없는 한 저작물 이용자는 신탁종료에 따른 저작권 이전 후의 이용행위에 대해서까지 수탁자의 이용허락이 있었음을 들어 원저작권자에게 대항할 수 없다.

원심판결 이유와 원심이 채택한 증거에 의하면, 사단법인 한국음악저작권협회(이하 '음악저작권협회')는 1998. 2. 25. 피고 티제이미디어 주식회사(이하 '피고 티제이미디어')에게 이 사건 음악저작물에 관하여 이용허락을 한 사실, 음악저작권협회는 2004. 4.경 원고에게 '이 사건 음악저작물에 관하여 원고와 음악저작권협회 사이에 체결된 신탁계약은 2004. 4. 6.자로 해지되었다'는 취지의 통보를 한 사실을 알 수 있다.

이러한 사실관계를 앞에서 본 법리에 비추어 보면, 원고와 음악저작권협회 사이의 신탁계약이 종료되어 이 사건 음악저작물의 저작권이 원저작권자인 원고에게 이전된 이상, 피고 티제이미디어는 특별한 사정이 없는 한 그 이후 이 사건 음악저작물을 노래반주기와 노래반주기용 DVD 타이틀 제조에 이용하는 행위에 대하여 음악저작권협회의 이용허락을 들어 원고에게 대항할 수는 없다.

그리고 설령 위 이용허락에서 이용기간을 제한하지 아니하였고 이용료 지급방식이 정액제로 정하여져 있었다고 하더라도, 원고가 이와 같은 사정을 모두 알면서 이의 없이 위 이용허락에 따른 이용료를 지급받았음을 인정할 자료가 없는 이상, 그러한 사정만으로는 원고가 위 이용허락에 관한 음악저작권협회의 지위 또는 의무를 승계하는 데에 묵시적으로라도 동의하였다고 보기에 부족하고, 기록을 살펴보아도 달리 이를 인정할 증거가 없으므로, 이 사건에서는 피고 티제이미디어가 원고에게 대항할 수 있는 특별한 사정이 있다고 할 수도 없다.

그럼에도 원심은 이와 달리 피고 티제이미디어가 음악저작권협회로부터 받은 이용허락의 효력을 신탁계약의 종료와 무관하게 원고에게도 주장할 수

8-83) 대법원 2015. 4. 9. 선고 2012다109798 판결.

있다고 판단하였으니, 이러한 원심판결에는 저작권 신탁 및 저작물의 이용허락에 관한 법리를 오해하여 판결에 영향을 미친 위법이 있고, 상고이유 중 이를 지적하는 부분은 이유 있다.』

2. 양도 : 이용허락 – 은행단말 프로그램 사건8-84)

단말시스템 프로그램의 저작권자인 원고가 피고에 대하여 피고가 원고와 사용계약을 체결하지 않고 다른 프로그램을 단말시스템 프로그램과 연동하여 사용함으로써 원고의 단말시스템 프로그램의 복제권, 공중송신권, 배포권 등을 침해하였다고 주장하면서 저작권 침해에 따른 손해배상(135,984,917원)과 그 지연손해금의 지급을 구하는 사안. 자세한 내용은 「제4장 저작권자 – 권리의 주체」 참조.

3. 독점적 이용허락을 받은 자의 침해정지청구권 대위행사 인정 – 소리바다 민사 사건8-85)

『저작권법은 특허법이 전용실시권제도를 둔 것과는 달리 침해정지청구권을 행사할 수 있는 이용권을 부여하는 제도를 마련하고 있지 아니하여, 이용허락계약의 당사자들이 독점적인 이용을 허락하는 계약을 체결한 경우라도 그 이용권자가 독자적으로 저작권법상의 침해정지청구권을 행사할 수는 없다고 할 것이다. 따라서, 이용허락의 목적이 된 저작권법이 보호하는 재산권의 침해가 발생하는 경우에도 그 권리자가 스스로 침해정지청구권을 행사하지 아니하는 때에는 독점적인 이용권자로서는 이를 대위하여 행사하지 아니하면 달리 자신의 권리를 보전할 방법이 없을 뿐 아니라, 저작권법이 보호하는 이용허락의 대상이 되는 권리들은 일신전속적인 권리도 아니어서 독점적인 이용권자는 자신의 권리를 보전하기 위하여 필요한 범위 내에서 권리자를 대위하여 저작권법 제91조에 기한 침해정지청구권을 행사할 수 있다고 할 것이다.

8-84) 서울고등법원 2014. 6. 19. 선고 2013나71670 판결(확정).

8-85) 대법원 2007. 1. 25. 선고 2005다11626 판결. 상세는 「제10장 온라인서비스제공자의 책임과 제한」 참조.

원심판결 이유를 위 법리와 기록에 비추어 살펴보면, 원심 판시 별지 노래목록 순번 4 및 11 기재 각 노래에 관하여 음을 음반에 맨 처음 고정한 음반제작자인 영국 법인 이엠아이뮤직인터내셔널서비스사(EMI Music International Services Limited)와 미국 법인 비엠지엔터테인먼트사(BMG Entertainment)로부터 대한민국 내에서 음반제조권과 함께 독점적 음반 판매 및 배포권을 각 허락받은 독점적 이용권자인 채권자 이엠아이뮤직코리아 주식회사와 주식회사 한국비엠지뮤직은 위 각 음반제작자를 대위하여 복제권 침해정지를 청구할 수 있다고 할 것이며, 소리바다 서비스 이용자들의 복제권 침해행위를 방조하는 채무자들 역시 그 침해정지청구의 상대방이 될 수 있다고 할 것이므로, 이와 같이 판단한 원심은 정당하고 거기에 상고이유에서 주장하는 바와 같은 법리오해 등의 위법이 없다.」

Ⅳ. 권리남용

1. 권리남용 일반

「권리의 행사가 주관적으로 오직 상대방에게 고통을 주고 손해를 입히려는 데 있을 뿐 이를 행사하는 사람에게는 아무런 이익이 없고, 객관적으로 사회질서에 위반된다고 볼 수 있으면 그 권리의 행사는 권리남용으로서 허용되지 아니한다고 할 것이다.」[8-86]

「저작권자의 권리행사가 법에서 부여한 독점의 범위를 부당하게 확대하려 하는 등으로 저작권 제도의 목적이나 기능을 일탈함으로써 저작권이 보호하고자 하는 공공의 이익에 정면으로 어긋나는 행위로 평가할 수 있는 경우라면(이러한 경우 저작권자에게는 보호할 만한 가치 있는 이익을 인정할 수 없을 것이고, 그 권리행사의 목적은 상대방에게 손해를 입히려는 것으로 추인할 수 있을 것이다), 권리남용에 해당할 여지가 있다고 할 것이다.」[8-87]

8-86) 대법원 2010. 12. 9. 선고 2010다59783 판결 등.

8-87) 메가스터디 Ⅱ사건(서울고등법원 2012. 4. 4.자 2011라1456 결정(확정). 상세는 「제3장 저작물－저작권법의 보호대상」 참조.

2. 권리남용 인정 – 에스비에스플러스 사건[8-88)]

<사안의 개요>

원고들은 방송저작물에 대한 저작권 또는 저작인접권을 갖고 있고, 피고들은 종합유선방송사업자들인데, 원고들이 피고들과 방송저작물이용계약을 체결하고 6년 동안 이를 제공해오다가 위 계약을 해지하였음에도, 피고들은 계속하여 원고들의 방송저작물을 이용하였으며, 이에 원고들이 피고들에 대하여 저작권침해정지를 청구하였다.

<법원의 판단>

『(ㄱ) 지상파방송사의 계열사로서 방송사업자의 지위에 있는 원고들이 전국의 종합유선방송사업자 73개 업체 중 유독 피고만을 상대로, 약 6년 동안 기존에 해 오던 방송프로그램의 제공을 '2012. 1. 1.'의 시점을 기준으로 일제히 거부·중단한 행위는 방송법 제85조의2 제1항 제1호에 저촉되는 방송법상의 위법행위에 해당하는 점, (ㄴ) 원고들의 이러한 행위는 경기 성남시 지역 약 100만명 정도의 시청자들로 하여금 정당한 시청료를 지불하고서도 다른 지역과 차별을 받으면서 SBS의 방송프로그램에 대하여 접근·이용할 수 없는 부당한 상황을 초래하는 것으로서, 이러한 상황이 약 2년 동안 지속되어 온 것은 '방송의 공익성' 이념에 반하는 점, (ㄷ) 원고들이 지상파방송사의 계열사들과 연합하여 '지상파방송사들이 이른바 「미디어법」의 개정에 따라 대기업, 신문사, 통신사 등으로부터 방송시장을 잠식당하는 상황에서 채널편성권을 갖고 있는 종합유선방송사업자에게 압박을 가하여 사업상 유리한 지위를 획득하자.'는 취지의 담합행위를 한 가운데 이러한 사업상 목적을 실현하기 위한 방편으로 이 사건 저작권침해금지소송을 제기하는 것은, 창작에 대한 합리적인 '대가(對價, incentive)' 및 '저작인격권'이 존중받는 조건하에서는 공중(公衆, public)에 대한 문화와 정보의 확산과정이 널리 권장돼야 한다는 저작권법의 목적과 이념을 훼손하는 행위일 뿐만 아니라, 저작권자인 원고들이 법률제도와 공공정책에 어긋나게 사회적·경제적으로 부당한 이익을 획득하기 위한 방편으로 저작권에 관한 소송제도를 부당하게 이용하는 행위라는 점 등을 알 수 있는바, 위와 같은 제반사정을 종합하여 보

8-88) 수원지방법원 성남지원 2013. 12. 10. 선고 2012가합8921 판결(항소취하).

면, 원고들이 피고를 상대로 이 사건 저작권침해금지소송을 제기하는 것은 저작권남용에 해당하여 허용되지 않는다고 할 것이다.』

3. 권리남용 부정

가. 족보닷컴 사건[8-89]

<사안의 개요>

피고인이 인터넷 사이트 족보닷컴(www.zocbo.com) 등을 운영하면서 저작권자의 동의를 받지 아니하고 서울시교육청 등에서 저작권을 가지는 시험문제지 파일을 업로드한 후 회원들로 하여금 요금을 내고 다운로드받도록 한 사건으로 피고인은, "이 사건 각 저작권자인 교육청들은 그 동안 시험문제들을 관리하거나 적극적으로 제공해 오지 않았을 뿐 아니라 향후에도 이를 제공할 계획조차 가지고 있지 않은바, 교육청들이 사교육비 절감, 교육의 평등한 기회 제공, 학생들의 학습권 향상 등에 도움이 되는 피고인들의 행위에 대해 저작권을 주장하며 고소한 것은 권리남용에 해당한다."고 주장하였다.

<법원의 판단>

『저작권자가 당해 저작물을 영리적으로 이용할 의사가 없거나, 나아가 당해 저작물을 일반 공중의 이용에 제공할 의사가 전혀 없는 경우라 하더라도 이러한 사유만으로 그 저작권자가 당해 저작권을 포기하였다고 볼 수는 없고, 저작권법의 보호대상에 포함되지 않는다고 볼 수도 없다. 또한 저작권법은 저작재산권의 제한사유를 규정함으로서 저작권자의 이익과 공공의 이익 사이의 이해를 조정하고 있으므로, 위와 같은 경우에도 저작권법이 규정하는 방법으로 당해 저작물을 이용할 수 있는 가능성이 열려 있는바, 피고인들이 주장하는 사정들만으로는 이 사건 각 저작권자들의 저작권 행사가 권리남용에 해당한다고 볼 수 없다(나아가 이 사건의 경우 이 사건 각 저작권자인 교육청들이 이 사건 각 시험문제지의 무상 배포나 무상 이용까지 제한하는 것으로 볼만한 자료가 전혀 없는바, 이러한 사정까지 감안하면 이 사건 저작권 행사를 권리남용에 해당한다고 보기는 더욱 어렵다).』

8-89) 서울중앙지방법원 2013. 5. 24. 선고 2013노232 판결(상고기각).

나. 하늘색 꿈 Ⅱ 사건[8-90)]

<사안의 개요>

원고는, 피고 티제이미디어가 2004. 4. 6. 이후 '하늘색 꿈'이라는 이 사건 음악저작물을 노래 반주곡으로 제작하여 업소용 노래반주기 등에 수록하여 판매한 행위, 인터넷 사이트 '질러' 또는 노래반주기의 USB를 통해 노래녹음 파일을 제공한 행위 및 피고 티제이커뮤니케이션에게 이 사건 음악저작물의 노래 반주곡을 제공하는 행위는 원고의 저작재산권을 침해한다고 주장하였다.

피고는, 원고가 저작권협회와 신탁계약을 해지할 때까지 음악저작물에 대한 사용료를 지급받았고, 위 신탁계약 해지 후 약 6년이 경과하여 손해배상 청구를 하는 것은 권리남용에 해당한다고 주장하였다.

<법원의 판단>

『권리의 행사가 주관적으로 오직 상대방에게 고통을 주고 손해를 입히려는 데 있을 뿐 이를 행사하는 사람에게는 아무런 이익이 없고, 객관적으로 사회질서에 위반된다고 볼 수 있으면 그 권리의 행사는 권리남용으로서 허용되지 아니한다고 할 것인바(대법원 2010. 12. 9. 선고 2010다59783 판결 등 참조), 이 사건의 경우 위 피고가 주장하는 위와 같은 사정만으로는 원고의 권리 행사가 사회질서에 위반된다거나, 권리 행사의 목적이 오직 위 피고에게 고통을 주고 손해를 입히려는 것뿐이라는 점을 인정하기에 부족하고, 달리 이를 인정할 증거가 없다. 따라서 피고의 위 주장도 이유 없다.』

다. 메가스터디 Ⅱ 사건[8-91)]

8-90) 서울고등법원 2012. 10. 25. 선고 2011나89103 판결(대법원 2012다109798호로 상고되어 '사적이용을 위한 복제' 관한 법리 오해를 이유로 파기환송).

8-91) 서울고등법원 2012. 4. 4.자 2011라1456 결정(1심인 서울중앙지방법원 2011. 9. 14.자 2011카합709 결정에서는 "신청인 주식회사 천재교육이 피신청인에 대하여 이 사건 교과서 및 평가문제집의 이용허락을 거절하는 행위가 공정거래법에서 금지하고 있는 시장지배적 지위의 남용행위에 해당할 여지가 많고, 이러한 남용행위는 공정거래법 제66조 제1항 제1호에 의한 형사처벌의 대상이기도 하며, 그로 인한 공정거래 저해 효과 및 중등 사교육 시장에서의 보호할 가치가 있는 교육소비자의 이익을 저해할 우려가 상당하므로, 신청인 주식회사 천재교육이 피신청인에 대하여 이 사건 신청으로 별지 '강의 목록' 기재 각 강의의 복제, 전송 금지를 구하는 것은 사회통념상 받아들이기 어려운 부당한 결과를 자아내는 등 공공복리를 위한

<사안의 개요>

신청인이 공동저자들로부터 그들의 저작재산권에 관한 독점적인 이용허락을 받아 교과서 및 평가문제집을 출판하였는데, 피신청인이 신청인으로부터 허락을 받지 않은 상태에서 그 교과서 및 평가문제집을 교재로 사용하여 온라인강의를 유료로 제공하였고, 이에 대하여 신청인이 저작권침해금지가처분을 구한 사건이다.

<법원의 판단>

피신청인의 권리남용(독점규제 및 공정거래에 관한 법률 위반 포함) 주장에 대하여 법원은 다음과 같이 판시하였다.

「가. 피신청인의 주장

신청인들이 피신청인과의 이 사건 교과서 및 평가문제집에 관한 저작물 이용허락계약의 갱신을 일체 거부하고 피신청인에게 이 사건 교과서 및 평가문제집을 이용한 별지 '강의 목록' 기재 각 강의(이하 '이 사건 강의'라 한다)의 복제, 전송 등의 금지를 구하는 것은 독점규제 및 공정거래에 관한 법률(이하 '공정거래법'이라 한다)이 정한 시장지배적 지위의 남용행위 또는 불공정거래행위에 해당하거나 권리남용에 해당하므로 허용되어서는 아니 된다.

나. 판 단

1) 저작권법과 공정거래법의 관계

공정거래법 제59조는 '이 법의 규정은 저작권법, 특허법, 실용신안법, 디자인보호법 또는 상표법에 의한 권리의 정당한 행사라고 인정되는 행위에 대하여는 적용하지 아니한다'(밑줄은 편의상 덧붙인다. 이하 같다)라고 규정하고 있다.

이와 관련하여 2010. 3. 31. 개정 공정거래위원회 예규 제80호 '지식재산권의 부당한 행사에 대한 심사지침(이하 '지식재산권 지침'이라 한다)'은 다음과 같은 기본원칙을 규정하고 있다. (표 생략)

공정거래법은 공정하고 자유로운 경쟁을 촉진함으로써 창의적인 기업활동을 조장하고 소비자를 보호하는 것을 목적으로 한다(공정거래법 제1조 참조). 그리고 저작권법은 창의적인 저작물에 대한 정당한 보상을 통해 새로운 창작활동의 유인을 제공함으로써 저작자의 권리를 보호하는 한편 저작물의

권리의 사회적 기능을 무시하는 것으로서 권리남용에 해당한다고 볼 여지가 있다." 라고 하여 권리남용 인정).

공정한 이용을 도모함으로써 문화 및 산업발전에 이바지함을 목적으로 한다(저작권법 제1조 참조).

이러한 저작권법의 목적 달성을 위해 저작권자가 저작권을 행사하는 경우 그 권리의 본질적인 배타적 속성에 비추어 일정한 경쟁제한 효과를 수반한다. 하지만 공정거래법에서 촉진하고자 하는 '경쟁'은 반드시 다수 경쟁자의 존재를 절대적 전제로 하는 것이 아니다. 저작권법이 저작자에게 저작권을 부여하여 창작에 대한 유인을 제공하고 이에 따른 혁신을 토대로 사회의 희소한 자원을 가장 효율적으로 사용함으로써 소비자의 후생을 증대시키게 된다면 이는 바로 공정거래법이 경쟁을 보장하려는 목적과 같아지게 된다. 이러한 경우 저작권의 행사는 공정거래법의 원칙과 조화되고 저작권자의 배타적 권리는 공정거래법이 규제하여야 할 독점행위로 평가될 수 없다.

그런데 이와 달리 만일 저작권 행사로 저작권법이 목적으로 하는 새로운 창작활동의 유인에 따른 자유로운 혁신 또는 경쟁의 촉진이나 저작물의 공정한 이용(공공의 이익을 위하여 일정 범위에서는 공중의 자유로운 이용이 보장되어야 하고, 후속 창작활동을 위한 이용자의 권리 또한 보호되어야 한다)과 어긋나는 방향으로 공정거래저해의 효과가 발생한다면 이는 공정거래법 제59조에서 말하는 저작권의 정당한 행사범위를 벗어나는 것이어서 공정거래법 위반행위를 구성하게 된다고 보아야 한다. 그리고 이처럼 저작권의 행사가 공정거래법 위반에 해당하는 경우라면 이는 저작권의 입법목적에 정면으로 배치됨은 물론 저작권자에게는 부당한 이익을 주고, 권리행사의 상대방에게는 불합리한 고통이나 손해를 끼치게 되므로 실질적 정의와 당사자의 형평에도 어긋난다. 이러한 점들에 비추어 보면 저작권에 기초한 침해금지청구가 공정거래법 위반에 해당하는 경우에는 특별한 사정이 없다면 권리남용에 해당하여 허용되지 아니한다고 보아야 한다.

따라서 이 사건에서 신청인들이 피신청인에 대하여 이 사건 교과서 및 평가문제집에 관한 저작권을 근거로 이 사건 강의의 복제, 전송 등의 금지를 구하는 것이 공정거래법에서 금지하고 있는 시장지배적 지위의 남용행위 또는 불공정거래행위에 해당하는지 먼저 살피기로 한다.

2) 시장지배적 지위 남용행위 해당 여부

가) 관련 법령 등

공정거래법 제3조의2 제1항 제3호는 시장지배적 지위의 남용행위의 하나로서 '시장지배적사업자는 다른 사업자의 사업활동을 부당하게 방해하는 행위를 하여서는 아니 된다'라고 규정하고, 같은 법 시행령 제5조 제3항 제3호는 위 법 규정에 따른 다른 사업자의 사업활동에 대한 부당한 방해행위의 하나로서, '시장지배적 사업자가 직접 또는 간접적으로 정당한 이유 없이 다른 사업자의 상품 또는 용역의 생산·공급·판매에 필수적인 요소의 사용 또는 접근을 거절·중단하거나 제한하는 행위'를 규정하고 있다.

따라서 (1) 신청인들이 시장지배적 사업자인지, (2) 신청인들이 그 지위의 남용행위로서 다른 사업자의 사업활동에 대한 부당한 방해행위(특히, 위 시행령 제5조 제3항 제3호에 규정한 필수적인 요소의 사용거절행위)를 하였는지 살펴본다.

나) 판 단

ㅇ 다음과 같은 이유로 신청인들의 행위는 시장지배적 지위 남용행위 해당하지 아니한다.

(1) 신청인들이 이 사건 교과서 및 평가문제집을 이용한 온라인 강의서비스 시장에서 시장지배적 지위에 있다고 보기 어렵다.

(가) 관련 시장의 획정

특정 사업자가 시장지배적 지위에 있는지를 판단하기 위해서는 경쟁관계가 문제될 수 있는 일정한 거래 분야에서 거래의 객체인 관련 상품 또는 용역(이하 '상품 등'이라 한다)에 따른 시장과 거래의 지리적 범위인 관련 지역에 따른 시장(이하 '관련상품시장'이라 한다) 등을 구체적으로 정하고 그 시장에서 지배가능성이 인정되어야 한다. 관련상품시장은 일반적으로 시장지배적 사업자가 시장지배력을 행사하는 것을 억제하여 줄 경쟁관계에 있는 상품 등의 범위를 말하는 것으로서, 구체적으로는 거래되는 상품 등의 가격이 상당기간 어느 정도 의미 있는 수준으로 인상 또는 인하될 경우 그 상품 등의 대표적 구매자 또는 판매자가 이에 대응하여 구매 또는 판매를 전환할 수 있는 상품 등의 집합을 의미하고, 그 범위는 거래에 관련된 상품 등의 가격, 기능 및 효용의 유사성, 구매자들의 대체가능성에 대한 인식 및 그와 관련한 구매행태는 물론 판매자들의 대체가능성에 대한 인식 및 그와 관련한 경영의사결정 형태, 사회적·경제적으로 인정되는 업종의 동질성 및 유사성 등을 종합적으로 고려하여 판단하여야 하며, 그 외에도 기술발전 속도, 그 상품 등의 생산을 위하여 필요한 다른 상품 등 및 그 상품 등을 기초로 생산되는 다른 상품 등에 관한 시장 상황, 시간적·경제적·법적 측면의 대체용이성 등도 함께 고려하여야 한다(대법원 2011. 6. 10. 선고 2008두16322 판결 등).

우리나라 중등교육은 검·인정 교과서 체제를 채택하고 있어 교육과학기술부장관의 검정을 받은 수종의 국어·생활국어, 영어 교과서가 존재하는데 (신청인 천재교육이 출판하는 검정교과서를 중·고등학교에서 채택하는 비율은 약 25.7%인 것으로 보인다. 한편 위 신청인은 7차 개정 교과서를 기준으로 이 사건 교과서 중 국어 관련 검정교과서의 시장점유율은 26.7%, 영어 교과서의 시장점유율은 38.7%라고 한다), 주로 학교별 평가가 이루어지는 우리나라의 중등교육 상황에서는 특정 회사의 교과서를 채택한 학교에 다니는 학생들은 사실상 그 특정 교과서와 이를 기초로 제작된 평가문제집을 기본 교재로 하여 학습을 할 수밖에 없을 것이므로, 이러한 기본 교재를 다른 회사가 출판한 교과서, 평가문제집으로 대체하는 것은 기대하기 어렵다.

따라서 이미 특정 교과서를 채택한 학교의 학생들은 그 특정 교과서 및 평가문제집을 교재로 사용하는 온라인 강의를 수강할 수밖에 없으며, 이러한 학교별 검정 교과서 체제로 말미암아 가격에 따른 수요 대체가능성이나 가격, 기능 및 효용 등의 비교는 불가능한 상황이다.

신청인 천재교육은, 위 신청인이 그간 교육출판물을 개발하기 위해 막대한 자금을 투자하였음에도 검정 교과서 및 평가문제집 판매만으로는 투입비용을 회수하지 못하여 심각한 자금난을 겪게 되었고, 이러한 자금난을 타개하기 위해 2009년 중순경부터 중학생을 대상으로 하는 온라인 강의사업을 준비하게 되었으며, 그 과정에서 피신청인을 비롯한 인터넷 강의 업체들에 이 사건 교과서 및 평가문제집에 대해서 더는 사용권을 부여하지 않기로 하였다고 주장한다. 이에 대하여 피신청인은 이 사건 교과서 및 평가문제집을 교재로 사용하는 온라인 강의에 관하여 신청인들이 사용권을 부여하지 아니함으로써 경쟁제한을 시도하려 한다고 주장한다.

위와 같은 사정을 종합하면, 신청인 천재교육과 피신청인의 경쟁 관계가 형성될 수 있는 시장은 "이 사건 교과서 및 평가문제집을 교재로 사용하는 온라인 강의서비스 시장"이라고 보아야 한다. '이 사건 교과서 및 평가문제집'을 대상으로 하는 이른바 '상품시장' 또는 '이 사건 교과서 및 평가문제집에 대한 저작권'을 대상으로 하는 이른바 '기술시장'은 피신청인이 그러한 시장에 전혀 참여하고 있지 아니한 이상 신청인들과 피신청인 사이에 경쟁 관계가 발생하지 아니하므로 관련 시장으로 볼 수 없다.

(나) 시장지배적 지위의 유무

"시장지배적 사업자"라 함은 일정한 거래분야의 공급자나 수요자로서 단독으로 또는 다른 사업자와 함께 상품이나 용역의 가격·수량·품질 기타의 거래조건을 결정·유지 또는 변경할 수 있는 시장지위를 가진 사업자를 말한다. 시장지배적 사업자를 판단함에 있어서는 시장점유율, 진입장벽의 존재 및 정도, 경쟁사업자의 상대적 규모 등을 종합적으로 고려한다(공정거래법 제2조 제7호).

신청인들은 이 사건 교과서 및 평가문제집에 관한 저작권 또는 독점적 이용허락권(이하 '저작권'이라고만 한다)을 보유하고 있고 이 사건 교과서 및 평가문제집에 관한 상품시장에서 시장지배적 지위를 가지고 있음은 분명하다. 그러나 관련 시장인 이를 교재로 이용한 온라인 강의서비스 시장에는 신청인 천재교육이 2010년 11월경에 신규 진입한 상황으로 시장점유율은 미미한 수준인 것으로 보인다. 따라서 신청인들의 시장지배적 지위 유무는 관련 시장에서의 진입장벽의 존재 및 정도, 경쟁사업자의 상대적 규모 등에 비추어 신청인들이 이 사건 교과서 및 평가문제집을 교재로 사용하는 온라인 강의서비스의 가격·수량·품질 기타의 거래조건을 결정·유지 또는 변경할 수 있는 시장지위를 가졌는지에 따라 판단하여야 한다.

그런데 아래 (2)항에서 보는 바와 같이 이 사건 교과서 및 평가문제집에 관한 저작권을 보유하고 있다는 사정만으로 이를 이용한 온라인 강의서비스까지 쉽사리 독점하기는 어렵다고 보인다. 그러므로 신청인 천재교육의 이용허락 거절에도 관련 시장에의 진입은 가능한 것으로 보이고, 피신청인은 온라인 강의서비스 시장에서 이미 상당한 점유율을 보유하고 있어 2010년 11월경에 신규 진입한 신청인 천재교육에 비하여 규모가 상대적으로 큰 사업자임이 분명하다(신청인들은 신청인 천재교육의 중등 온라인 강의서비스 시장점유율이 1% 미만인데 반해, 피신청인의 2010년 중등 온라인 강의서비스 시장점유율은 50%에 이른다고 주장한다).

따라서 신청인들이 관련 시장에서 가격·수량·품질 기타의 거래조건을 사실상 독점적으로 결정·유지 또는 변경할 수 있다고 단정할 수 없으므로 시장지배적 사업자의 지위를 가지고 있다고 보기 어렵고, 신청인들이 이 사건 교과서 및 평가문제집 '상품' 시장에서 시장지배적 지위를 보유하고 있다고 하더라도, 그 지배력이 관련 시장인 이를 교재로 하는 '온라인 강의서비스' 시장에까지 전이된다고 볼 수도 없다.

(2) 신청인들이 이 사건 교과서 및 평가문제집에 관한 이용허락을 거절

한 것이 시장지배적 지위 남용행위로서 부당한 공급거절에 해당한다고 단정할 수 없다.

(가) 부당한 거래거절행위의 판단

거래거절행위가 공정거래법 제3조의2 제1항 제3호의 시장지배적 사업자의 지위남용행위에 해당하려면 그 거래거절행위가 다른 사업자의 사업활동을 부당하게 방해하는 행위로 평가될 수 있어야 하는바, 여기에서 말하는 '부당성'은 시장지배적 사업자가 개별 거래의 상대방인 특정 사업자에 대한 부당한 의도나 목적을 가지고 거래거절을 한 모든 경우 또는 그 거래거절로 인하여 특정 사업자가 사업활동에 곤란을 겪게 되었다거나 곤란을 겪게 될 우려가 발생하였다는 것과 같이 특정 사업자가 불이익을 입게 되었다는 사정만으로는 그 부당성을 인정하기에 부족하고, 그중에서도 특히 시장에서의 독점을 유지·강화할 의도나 목적, 즉 시장에서의 자유로운 경쟁을 제한함으로써 인위적으로 시장질서에 영향을 가하려는 의도나 목적을 갖고, 객관적으로도 그러한 경쟁제한의 효과가 생길 만한 우려가 있는 행위로 평가될 수 있는 행위로서의 성질을 갖는 거래거절행위를 하였을 때에 그 부당성이 인정될 수 있다. 그러므로 시장지배적 사업자의 거래거절행위가 그 지위남용행위에 해당한다고 주장하려면, 그 거래거절이 상품의 가격상승, 산출량 감소, 혁신 저해, 유력한 경쟁사업자의 수의 감소, 다양성 감소 등과 같은 경쟁제한의 효과가 생길 만한 우려가 있는 행위로서 그에 대한 의도와 목적이 있었다는 점을 소명하여야 한다. 그리고 이때 경쟁제한의 효과가 문제되는 관련 시장은 시장지배적 사업자 또는 경쟁사업자가 속한 시장뿐만 아니라 그 시장에서 생산된 상품을 공급받아 새로운 상품을 생산하는 시장도 포함될 수 있다(포스코 열연코일 공급거절사건인 대법원 2007. 11. 22. 선고 2002두8626 전원합의체 판결 참조).

(나) 공정거래위원회의 관련 규정

공정거래위원회의 2009. 10. 6. 고시 제2009-62호 '시장지배적지위 남용행위 심사기준'(이하 '남용행위 심사기준'이라 한다)에서는 공정거래법 시행령 제5조 제3항 제3호에 규정된 남용행위와 관련하여 다음과 같이 규정하고 있다. (표 생략)

남용행위 심사기준은 공정거래법 시행령 제5조 제3항 제4호에서 정한 '제1호 내지 제3호 외의 부당한 방법으로 다른 사업자의 사업활동을 어렵게 하는 행위로서 공정거래위원회가 고시하는 행위'의 하나로 '(6) 지식재산권과 관련된 특허침해소송, 특허무효심판 기타 사법적·행정적 절차를 부당하게 이용하여 다른 사업자의 사업활동을 어렵게 하는 행위'를 규정하고 있다.

나아가 지식재산권 지침은 구체적 판단 기준으로서 '실시허락의 거절(다만 이는 특허권에 관한 것이다)'에 관하여 다음과 같은 규정을 두고 있다. (표 생략)

(다) 이 사건에서의 판단

이 사건에서 신청인 천재교육은 나머지 신청인들의 저작권을 이용하여 피신청인의 관련 시장에 대한 시장지배력을 약화하려는 의도나 목적을 나타내고 있다고 보이고, 신청인들이 피신청인에 대하여 이 사건 교과서 및 평가문제집에 관한 저작물 이용허락계약의 갱신을 거부함으로써 피신청인은 이 사건 교과서 및 평가문제집을 이용하여 '종전과 같은 형태'로 온라인 강의사업을 계속 진행하는데 일정 기간 차질이 빚어지는 불이익을 입을 것으로는 보인다.

그러나 아래에서 보는 사정들을 고려하면, 신청인들이 이를 통하여 관련 시장인 이 사건 교과서 및 평가문제집을 교재로 사용하는 온라인 강의서비스 시장에서 인위적으로 경쟁을 제한함으로써 시장에서의 독점적 지위를 차지할 우려가 있다고 판단되지는 아니한다.

즉 피신청인은 현재 이 사건 강의에서 이 사건 교과서 및 평가문제집의 지문 일부를 칠판에 그대로 적거나 영사, 낭독하는 등의 방식을 배제한 형태로 강의를 새로 제작하여 수강생들에게 제공하고 있다고 주장하고 있다. 피신청인이 현재 실제로 그와 같은 방식의 강의를 제공하고 있는지와 관계없이, 교육을 위하여 '정당한' 범위 안에서 공정한 관행에 합치되게 공표된 저작물을 인용할 수 있는 것이므로(저작권법 제28조, 그뿐만 아니라 2011. 12. 2. 개정되어 2012. 3. 15.부터 시행된 저작권법은 제35조의3에서 저작물의 통상적인 이용 방법과 충돌하지 아니하고 저작자의 정당한 이익을 부당하게 해치지 아니하는 경우에는 보도·비평·교육·연구 등을 위하여 저작물을 이용할 수 있도록 하고 있어 피신청인의 이용범위를 더 확장하였다고도 볼 수도 있다), 신청인들의 저작권을 침해하지 아니하는 정당한 방법으로 이 사건 교과서 및 평가문제집을 이용하여 온라인 강의서비스를 제공하는 것이 불가능한 것은 아니라고 보인다.

다만 언어 과목을 대상으로 하는 이 사건 교과서 및 평가문제집의 특성상 교재의 폭넓은 인용이 자유롭지 아니하다면 강의의 효율성이 저하되는 것을 부인할 수 없으나(다만 언어 과목에서 자주 활용되는 '지문'의 경우 신청인들 역시 이 사건 교과서에서 타인의 저작물을 인용한 부분이 있다. 피신청인의 이러한 지문에 대한 인용 또는 이용은 원칙적으로 신청인들의 저작권과 관련이 없다고 볼 것이다), 이 때문에 남용행위 심사기준에서 정한 '당해 요소를 사용하지 않고서는 상품이나 용역의 생산·공급 또는 판매가 사실상 불가능하여 일정한 거래분야에 참여할 수 없거나, 당해 거래분야에서 피할 수 없는 중대한 경쟁 열위 상태가 지속된다'거나 '당해 요소를 사용하거나 이에 접근하려는 자가 당해 요소를 재생산하거나 다른 요소로 대체하는 것이 사실상·법률상 또는 경제적으로 불가능한 경우'에까지 이른다고 단정할 수는 없다. 온라인 강의서비스는 주로 그 강사나 강의의 내용에 따라 구매 여부가 결정된다고 보일 뿐 교재내용의 직접인용범위가 서비스의 구매를 결정하는 본질적 요소라고 보기는 어렵다고 할 것이다.

따라서 신청인들의 저작권은 피신청인의 온라인 강의서비스와 관련하여 남용행위 심사기준에서 말하는 '필수요소'에 해당한다고 단정하기 어렵고, 나아가 기록에 의하더라도 신청인들이 이 사건 교과서 및 평가문제집에 관한 이용허락을 거절한 행위로 말미암아 어떠한 경쟁제한의 효과가 생길 만한 우려가 있다는 점에 대하여 충분한 소명이 없다고 할 것이다.

오히려, 기록에 의하면 신청인들은 피신청인의 온라인 강의서비스 때문에 자신의 저작권(특히 2차적 저작물 작성권)에 대한 정당한 보상을 받지 못하는 상황이 계속되는 등 남용행위 심사기준에서 '정당한 이유'의 판단요소로 들고 있는 '투자에 대한 정당한 보상이 현저히 저해되는 상황'에서 새롭게 관련 시장에 진입하려는 것으로서, 신청인 천재교육의 시장 진입으로 온라인 강의서비스의 질이 향상됨은 물론 사업자의 수도 증가하여 경쟁이 확대되는 측면이 있고, 신청인들에 대한 새로운 형태의 보상을 통하여 이 사건 교과서 및 평가문제집 등에 대한 추가 창작의 동기가 부여될 수도 있어 그로 말미암은 효율의 증대 효과가 경쟁제한의 효과를 상쇄할 가능성 또한 배제할 수 없다고 보인다.

결국, 신청인들의 거래거절행위가 피신청인의 사업활동을 부당하게 방해하는 행위라는 점이 충분히 소명되지 아니하므로, 이를 지위남용행위에 해당한다고 보기 어렵다.

3) 불공정거래행위 해당 여부

가) 관련 법령 등

공정거래법 제23조 제1항 제1호는 불공정거래행위의 하나로서 '부당하게 거래를 거절하거나 거래의 상대방을 차별하여 취급하는 행위'를 규정하고 같은 법 시행령 제36조 제1항 및 이에 따른 별표 1의2는 거래거절 행위의 하나로서 '나. 기타의 거래거절, 부당하게 특정사업자에 대하여 거래의 개시를 거절하거나 계속적인 거래관계에 있는 특정사업자에 대하여 거래를 중단하거나 거래하는 상품 또는 용역의 수량이나 내용을 현저히 제한하는 행위'를 열거하고 있다.

한편 2009. 8. 12. 공정거래위원회 예규 제72호 '불공정거래행위 심사지침'(이하 '불공정행위 지침'이라 한다)은 다음과 같이 규정하고 있다. (표 생략)

나) 판 단

○ 다음과 같은 이유로 신청인들의 행위는 불공정거래행위에도 해당하지 아니한다.

불공정거래행위의 한 유형인 '기타의 거래거절'이란 개별 사업자가 그 거래 상대방에 대하여 하는 이른바 개별적 거래거절을 가리키는 것이나, 이러한 개별적 거래거절행위는 그 거래 상대방이 종래 계속적 거래관계에 있는 경우에도 자유시장경제체제하에서 일반적으로 인정되는 거래처 선택의 자유라는 원칙에서 볼 때, 또 다른 거래거절의 유형인 '공동의 거래거절'과는 달리 거래거절이라는 행위 자체로 바로 불공정거래행위에 해당하는 것은 아니고, 그 거래거절이 특정사업자의 거래기회를 배제하여 그 사업활동을 곤란하게 할 우려가 있거나 오로지 특정사업자의 사업활동을 곤란하게 할 의도를 가진 유력 사업자에 의하여 그 지위 남용행위로써 행하여지거나 공정거래법이 금지하고 있는 거래강제 등의 목적 달성을 위하여 그 실효성을 확보하기 위한 수단으로 부당하게 행하여진 경우라야 공정한 거래를 저해할 우려가 있는 거래거절행위로서 같은 법이 금지하는 불공정거래행위에 해당한다고 할 수 있으며, 이러한 거래거절행위의 부당성 유무를 판단할 때에는 당사자의 거래상 지위 내지 법률관계, 상대방의 선택 가능성·사업규모 등의 시장상황, 그 행위의 목적·효과, 관련 법규의 특성 및 내용 등 여러 사정을 고려하여 그 행위가 공정하고 자유로운 경쟁을 저해할 우려가 있는지 여부에 따라야 한다(대법원 2010. 8. 26. 선고 2010다28185 판결).

앞서 본 것처럼 신청인 천재교육은 관련 시장에 신규로 진입하는 사업자로서 피신청인에 비하면 오히려 열세의 지위에 놓여 있다. 그리고 그 거래거절로 말미암아 피신청인에게 일시적인 사업진행의 차질이 초래될 가능성은 있으나 더 나아가 거래기회가 배제되어 그 사업활동을 곤란하게 할 우려까지 있다고 보기는 어렵다. 이 사건에서 신청인들의 거래거절은 거래처 선택의 자유를 넘어 그들이 보유한 저작권의 당연한 권능의 하나로서 행사된 것으로 보이고, 신청인들이 오로지 피신청인의 사업활동을 곤란하게 할 의도를 가지고 그 지위 남용행위로써 거래거절을 한 것으로는 볼만한 자료도 없다. 그뿐만 아니라 신청인들의 거래거절행위로 말미암아 경쟁을 저해할 우려가 있다는 사실을 인정하기에 충분한 소명이 없는 점은 이미 앞서 2) 항에서 판단하였다.

나아가 신청인들의 거래거절에 불공정행위 지침의 일반원칙 부분에서 경쟁제한성 외에 '부당성'의 다른 요소로 들고 있는 '불공정성'이 존재하는지를 본다(다만 위 지침은 개별행위 유형별 심사기준에서는 '기타의 거래거절'에 대한 위법성 판단 요소로서 경쟁제한성만을 들고 있으므로 불공정성은 거래거절에 관한 부당성의 판단요소가 아니라고 볼 여지가 있다).

위 지침은 불공정성이 인정되는 경우로서 상품 또는 용역의 가격과 질 이외에 바람직하지 않은 경쟁수단을 사용함으로써 정당한 경쟁을 저해하거나 저해할 우려가 있는 경우 또는 거래상대방의 자유로운 의사결정을 저해하거나 불이익을 강요하는 등 거래내용이 정당하지 아니한 경우를 들고 있다. 그러나 특별한 사정이 없다면, 앞서 본 것처럼 저작권법에 따라 부여된 저작권의 행사를 가리켜 '바람직하지 않은 경쟁수단'이라고 할 수 없고, 저작물에 대한 이용허락을 중단한 행위만으로 거래상대방의 자유로운 의사결정을 저해하거나 불이익을 강요하는 것이라고 단정할 수 없으며, 실제로 이 사건에서 신청인들의 이용허락 거절 때문에 피신청인의 온라인 강의서비스 사업에 어떠한 구체적인 불이익이 초래되었다고 볼만한 자료도 없다.

4) 그 밖의 권리남용 해당 여부

신청인들의 저작권 행사가 앞서 본 것처럼 공정거래법위반행위에 해당하지 않더라도 그 밖의 사유로 권리남용에 해당할 수 있는지를 살펴보기로 한다.

저작권자의 권리행사가 법에서 부여한 독점의 범위를 부당하게 확대하려 하는 등으로 저작권 제도의 목적이나 기능을 일탈함으로써 저작권이 보호하고자 하는 공공의 이익에 정면으로 어긋나는 행위로 평가할 수 있는 경우라면(이러한 경우 저작권자에게는 보호할 만한 가치 있는 이익을 인정할 수 없을 것이고, 그 권리행사의 목적은 상대방에게 손해를 입히려는 것으로 추인할 수 있을 것이다), 권리남용에 해당할 여지가 있다고 할 것이다.

이와 관련하여 피신청인은, 가사 피신청인의 저작권 침해가 인정된다고 하더라도, 침해된 저작물은 상대적으로 높은 수준의 공공성이 인정되는 교과서 등 교육교재이고, 피신청인의 저작물 이용목적은 어린 학생들에게 합리적인 가격에 양질의 교육을 제공하기 위한 것이라는 점, 저작물 이용 양태 또한 저작물을 그대로 복제·배포하는 것이 아니라 저작물의 표현 일부를 수업 중 말로 옮기는 정도로서 극히 사소하다는 점, 신청인들에게 생길 수 있는 피해란 피신청인의 온라인 강의를 금지하고 신청인 천재교육이 온라인 강의서비스 시장에서 독점적 지위를 확보함으로써 누릴 수 있는 경제적 이익 정도에 불과함에도 피신청인의 사업을 단기간에 고사시키려고 가처분을 신청한 점 등을 고려하면, 이 사건 가처분신청을 인용하는 것은 극히 사소한(de minimis) 저작권침해행위에 대하여 보호를 인정하는 것이어서 저작권이 예정한 공익과 사익의 균형을 극단적으로 파괴하는 결과가 되므로, 이 사건 가처분신청은 저작권의 남용에 해당하여 허용되어서는 안 된다는 취지로 주장한다.

그러나 피신청인의 위 주장은 앞서 인정한 피신청인의 저작권침해행위와 다른 사실관계를 전제로 하는 것일 뿐 아니라, 피신청인이 주장하는 모든 사정을 고려하더라도, 그 저작권침해행위에 대한 신청인들의 이 사건 가처분신청이 앞서 인정되지 아니한 공정거래법위반의 점 외에 어떠한 다른 이유로 저작권 제도의 목적을 일탈하고 공공의 이익에 어긋나는 것으로서 신청인들에게 이 사건 가처분에 의한 법률상 보호를 인정할 가치가 전혀 없다고 할 수는 없다.

피신청인의 이 부분 주장은 더 나아가 살필 필요 없이 받아들이지 않는다.

5) 정 리

결국, 신청인들의 이 사건 신청이 권리남용에 해당한다고 볼 수 없으므로, 이 사건 신청은 그 피보전권리를 인정할 수 있다.』

라. 지상파방송 동시재송신 사건[8-92)]

『1. 기초사실

다음 사실은 당사자 사이에 다툼이 없거나, 갑 제1, 3, 14, 18, 19, 37, 38, 39호증, 을 제17, 18호증(이하 각 가지번호를 포함한다)의 각 기재에 변론

8-92) 서울고등법원 2011. 7. 20. 선고 2010나97688 판결(상고취하).

전체의 취지를 종합하여 인정할 수 있다.

가. 원고 한국방송공사는 방송법에 의하여 설립된 공법인이고, 나머지 원고들은 방송법에 의한 방송국 허가를 얻어 설립된 주식회사로서 각각 지상파 방송 사업을 영위하고 있는 방송사업자이다. 피고들은 방송법에 의한 종합유선방송 사업허가를 얻어 서울 양천구, 강동구, 서초구, 영등포구, 강서구 등지에 방송설비, 전송망 등을 구비하여, 가입자에게 복수의 방송채널을 제공하는 다채널 유선방송 사업을 각각 영위하고 있는 종합유선방송 사업자이다.

나. 피고들은 종합유선방송 사업을 통해 가입자에게, 원고들이 송신탑 등을 통해 공중에 송출하는 별지 2 목록 기재 각 디지털 지상파방송(이하 '이 사건 방송'이라 한다)의 방송신호를 피고들이 설치한 안테나 등으로 수신한 후 실시간으로 그 방송신호를 직접 또는 디지털 유선방송용 셋톱박스(Set-top Box, 외부에서 들어오는 신호를 받아 적절히 변환하여 텔레비전으로 그 내용을 표시해 주는 장치)를 거쳐 가입자가 보유한 텔레비전에 재송신(이하 '이 사건 동시재송신'이라 한다)하고 있고, 그 외에도 홈쇼핑 등 유선방송 전용 채널을 가입자에게 제공하고 있다.

다. 한편, 원고들은 이 사건 방송 중 각 해당 방송에 관하여 동시중계방송권(제85조)을 가지고 있다.

라. … (생략)

마. 권리남용 등 여부

(1) 피고들은 다음과 같은 이유로 원고들의 이 사건 청구는 배척되어야 한다고 주장한다.

피고들이 50여년간 이 사건 방송에 관한 저작권법상의 권리를 전혀 행사한 적이 없고, 유선방송사업자들이 이 사건 방송을 재송신할 권한이 있음을 전제로 채널 및 수신품질과 관련한 협조 등을 요청해 왔으며, 이를 신뢰한 피고들은 전송망과 송수신 설비에 막대한 비용 투자를 하였다.

이 사건 동시재송신에 의하여 그 방송권역 내에서 더 많은 사람들이 고품질의 방송을 시청할 수 있게 되어 원고들은 더 많은 광고수입을 얻을 수 있게 되므로, 원고들에게 아무런 손해가 없고 오히려 이익이 되는 행위임에도 이 사건 동시재송신의 금지를 요구하는 것은 금반언의 원칙에 반하는 것으로 권리의 남용에 해당하거나 실효된 권리를 행사하는 것이어서 허용될 수 없다.

(2) 먼저 권리남용 주장에 관하여 보건대, 권리행사가 권리의 남용에 해당한다고 할 수 있으려면, 주관적으로 그 권리행사의 목적이 오직 상대방

에게 고통을 주고 손해를 입히려는 데 있을 뿐 권리를 행사하는 사람에게 아무런 이익이 없는 경우이어야 하고, 객관적으로는 그 권리행사가 사회질서에 위반된다고 볼 수 있어야 하는 것이며, 이와 같은 경우에 해당되지 않는 한 비록 권리의 행사에 의하여 권리행사자가 얻는 이익보다 상대방이 잃을 손해가 현저히 크다 하여도 그러한 사정만으로는 이를 권리남용이라고 할 수 없다(대법원 2002. 9. 4. 선고 2002다22083, 22090 판결 등 참조).

이 사건에서 보면, 피고들의 이 사건 동시재송신으로 원고들의 이 사건 방송에 관한 저작인접권의 침해가 지속되고 있는 상황에서 원고들은 피고들로부터 이 사건 방송에 관한 동시재송신의 대가를 받지 못하는 손해를 입고 있다고 볼 수 있고, 여기에다가 한정된 광고시장에서 피고들의 영업전략(앞서 본바와 같이 원고들의 방송 채널 사이에 피고들의 홈쇼핑 광고를 배치한 것도 그 예가 될 수 있다)에 따라 광고주가 원고들의 방송 대신 피고들의 유선방송을 광고방법으로 이용함에 따라 원고들의 광고 매출 손해가 예상됨에도 피고들로부터 아무런 대가를 받지 못하는 것은 공평하지 않다는 점을 더하여 고려하면, 원고들이 이 사건 방송에 관하여 저작인접권을 주장하는 것이 아무런 이익이 없다고 단정할 수 없고, 그 권리행사가 사회질서에 위반된다고 볼 수도 없다.

(3) 다음으로 실효 주장에 관하여 보건대, 권리자가 장기간에 걸쳐 그의 권리를 행사하지 아니하여 의무자인 상대방으로서도 이제는 권리자가 그 권리를 행사하지 아니할 것으로 믿을 만한 정당한 사유를 갖게 되거나 행사하지 아니할 것으로 추인하게 되고 새삼스럽게 그 권리를 행사하는 것이 신의성실의 원칙에 반하는 결과가 될 때에는 이른바 실효의 법리에 따라 그 권리행사가 허용되지 않는다(대법원 1990. 8. 28. 선고 90다카9619 판결 등 참조).

이 사건에서 보건대, 원고들이 상당 기간 동안 유선방송사업자들의 재송신행위를 문제삼지 않은 것은 앞서 본 바와 같지만, 이는 앞서 살핀 바와 같이 자신의 이해관계뿐 아니라 지상파방송 재송신 제도의 공공성에 근거한 정부의 규제 등 외부적 요인에서도 일부 기인한 점 등을 고려할 때, 피고들에게 원고들이 장래에 그 권리를 전혀 행사하지 아니할 것으로 믿을 만한 정당한 사유가 존재한다거나 원고들의 권리행사가 신의성실의 원칙에 반한다고 보기는 어렵다.

(4) 따라서 피고들의 이 부분 주장도 모두 이유 없다.』

마. 지상파방송 동시재송신 II 사건[8-93]

『라) 권리남용 해당 여부

(1) 권리행사가 권리의 남용에 해당한다고 할 수 있으려면, 주관적으로 그 권리행사의 목적이 오직 상대방에게 고통을 주고 손해를 입히려는 데 있을 뿐 권리를 행사하는 사람에게 아무런 이익이 없는 경우이어야 하고, 객관적으로는 그 권리행사가 사회질서에 위반된다고 볼 수 있어야 하는 것이며, 이와 같은 경우에 해당되지 않는 한 비록 권리의 행사에 의하여 권리행사자가 얻는 이익보다 상대방이 잃을 손해가 현저히 크다 하여도 그러한 사정만으로는 이를 권리남용이라고 할 수 없다(대법원 2002. 9. 4. 선고 2002다22083, 22090 판결 등).

원고는 이 사건 방송의 동시재송신의 대가를 받지 못하는 손해를 입고 있고, 광고수입의 감소는 물론 디지털 유선방송의 가입자의 급증으로 인하여 위성방송, IPTV 가입자가 감소하여 그 이용허락에 따른 수입이 감소하는 손해를 입고 있다고 주장한다. 위와 같은 주장 내용에 비추어 볼 때 원고가 이 사건 방송에 관하여 동시중계방송권을 주장하는 것이 아무런 이익이 없다고 단정할 수 없고, 그 권리행사가 사회질서에 위반된다고 볼 수도 없다. 피고들의 권리남용 주장은 이유 없다.

(2) 권리자가 장기간에 걸쳐 그의 권리를 행사하지 아니하여 의무자인 상대방으로서도 이제는 권리자가 그 권리를 행사하지 아니할 것으로 믿을 만한 정당한 사유를 갖게 되거나 행사하지 아니할 것으로 추인하게 되고 새삼스럽게 그 권리를 행사하는 것이 신의성실의 원칙에 반하는 결과가 될 때에는 이른바 실효의 법리에 따라 그 권리행사가 허용되지 않는다(대법원 1990. 8. 28. 선고 90다카9619 판결).

원고가 상당 기간 동안 유선방송사업자들의 재송신행위를 문제 삼지 않은 것은 앞서 본 바와 같다. 그러나 이는 앞서 살핀 바와 같이 자신의 이해관계뿐 아니라 지상파 방송 재송신 제도의 공공성에 근거한 정부의 규제 등 외부적 요인에서도 일부 기인한 점 등을 고려할 때, 피고들에게 원고가 장래에 그 권리를 전혀 행사하지 아니할 것으로 믿을 만한 정당한 사유가 존재한다거나 원고의 권리행사가 신의성실의 원칙에 반한다고 보기는 어렵다.

8-93) 서울중앙지방법원 2015. 1. 13. 선고 2014가합567058 판결(항소). 이 사건과 쟁점을 같이 하는 여러 사건(2014가합46667, 2014가합567102, 2014가합581702, 2015가합6239)에 대해서도 같은 날 판결이 선고되었다.

이러한 사정과 원고의 권리행사가 앞서 본 바와 같이 방송 환경의 새로운 변화에 대응하기 위한 것으로 보이는 점을 종합하면, 이를 모순행위금지의 원칙이나 금반언의 원칙에 어긋난다고 볼 수도 없다.』

『(3) 또 피고들은 원고의 동시중계방송권은 저작인접권으로 그 행사에 있어 일정한 한계가 있고, 저작권 보호와 저작물 공정이용의 측면을 고려하여 저작권을 남용하여서는 아니된다고 주장하므로 살피건대, 방송의 공공성 측면을 고려하더라도, 원고가 이 사건 방송에 대한 동시중계방송권에 기해 이 사건 방송을 무단으로 재송신하는 피고들에 대하여 동시재송신계약을 체결할 것을 요구하고, 피고들이 이에 따르지 아니하자 재송신료 상당의 손해배상액의 지급을 청구하는 것은 원고의 저작인접권 권리 범위 내에 있다고 봄이 상당하다. 피고들이 제출한 증거만으로는 원고가 일방적으로 재송신계약의 체결을 거절하고 재송신의 금지만을 청구하는 등 저작권을 남용하였다는 점을 인정하기 부족하고 달리 이를 인정할만한 증거도 없다.

따라서 피고들의 이 부분 주장은 이유 없다.』

『3) 공정거래법 위반 여부

가) 피고들의 주장

원고를 비롯한 지상파방송사업자들이 지상파 재전송 거래시장에서의 시장지배적 사업자로서 지상파 재전송과 관련하여 '가입자당 월 280원'의 거래조건을 강요하며 종합유선방송사업자들에게 지상파방송의 재전송을 제한하는 것은 시장지배적 지위의 남용행위에 해당하고, 원고를 비롯한 지상파방송사업자들이 공동으로 지상파방송 재전송료를 결정하는 행위는 공정거래법상의 부당한 공동행위에 해당한다. 따라서 원고가 피고들에 대하여 '가입자당 월 280원'의 재전송료를 강요하는 것은 저작권의 정당한 행사로 보기 어렵다.

구체적으로, ① 원고를 비롯한 지상파방송사업자들은 2009. 9.경 갑작스럽게 SO들에게 묵시적 합의의 파기를 선언하며 MSO를 상대로 저작권침해금지청구 소송을 제기하였는바, 이는 '정당한 이유 없이 자기와 경쟁관계에 있는 다른 사업자와 공동으로 특정사업자에 대하여 거래의 개시를 거절하거나 계속적인 거래관계에 있는 특정사업자에 대하여 거래를 중단하거나 거래하는 상품 또는 용역의 수량이나 내용을 현저히 제한하는 행위'로서 공정거래법 제23조 제1항 제1호 및 동법 시행령 제1항 별표1의 2에서 명시적으로 금지하고 있는 부당한 거래거절에 해당한다. ② 지상파방송 재송신 시장에서 시장지배적 사업자의 지위에 있는 지상파방송사업자들이, MSO들에게 동시재송신의 중단을 요구한 것은 공정거래법 제3조의2 제1항 제2호가 금지하고 있는 '상품의 판매 또는 용역의 제공을 부당하게 조절'한 것으로서 위법하고, 일방적으로 '가입자당 280원'이라는 재송신료를 강요한 것은 시장지배적 지위를 이용하여 공정거래법 제3조의2 제1항 제1호가 금지하고 있는 '상품의 가격이나 용역의 대가를 부당하게 결정·유지 또는 변경'하는 행위로서 위법하며, 지상파 방송사업자들이 SO들과의 동시재송신에 대한 묵시적 합의를 일방적으로 해지한 것은 공정거래법 제3조의2 제1항 제3호가 금지하는 '다른 사업자의 사업활동을 부당하게 방해하는 행위'에 해당하여 위법하다. ③ 그리고 저작권침해금지청구 소송이 종료된 후 MSO와 원고를 비롯한 지상파방송사업자들의 협상에서 지상파방송사업자들은 상호 담합하여 '가입자당 월 280원'을 재송신료로 제시하고 개별적인 협상이나 가격조정을 거부하였는바, 이는 공정거래법 제19조 제1항 제1호, 제2호에 위배되는 행위이다.

나) 공정거래법의 적용 여부

공정거래법 제59조는 '이 법의 규정은 「저작권법」, 「특허법」, 「실용신안법」, 「디자인보호법」 또는 「상표법」에 의한 권리의 정당한 행사라고 인정되는 행위에 대하여는 적용하지 아니한다.'고 규정하고 있으므로, '특허권의 정당한 행사라고 인정되지 아니하는 행위'에 대하여는 공정거래법이 적용되고, '특허권의 정당한 행사라고 인정되지 아니하는 행위'란 행위의 외형상 특허권의 행사로 보이더라도 실질이 특허제도의 취지를 벗어나 제도의 본질적 목적에 반하는 경우를 의미하고, 여기에 해당하는지는 특허법의 목적과 취지, 당해 특허권의 내용과 아울러 당해 행위가 공정하고 자유로운 경쟁에 미치는 영향 등 제반 사정을 함께 고려하여 판단해야 한다(대법원 2014. 2. 27. 선고 2012두24498 판결 참조). 이와 같은 법리는 저작권의 경우에도 동일하게 적용될 수 있을 것이다.

살피건대, 원고를 비롯한 지상파방송사업자들이 자신들이 저작권 및 저작인접권을 가지는 지상파방송의 재송신과 관련하여 IPTV 사업자 및 종합유선방송사업자들과 재송신약정을 체결하고 그에 따라 일정한 재송신료를 지급받은 행위는 저작권 및 저작인접권의 정당한 행사에 따른 것으로서 이를 저작권 제도의 본질적 목적에 반하는 것이라고 보기는 어렵고, 피고들이 주장한 사정만으로는 원고가 피고들에게 '가입자당 월 280원'을 재송신료에 대한 기준으로 제시하고 그 지급을 구하는 것이 관련 시장의 경제상황과 공정한 거래질서에 부당한 영향을 미치는 것에 해당한다고 인정하기 부족하며, 달리 이를 인정할 증거가 없다.

따라서 원고를 비롯한 지상파방송사업자들이 피고들을 비롯한 종합유선방송사업자들에게 '가입자당 월 280원'을 재송신료로 청구하는 부분에 대하여 공정거래법은 적용되지 아니한다고 봄이 상당하다.

다) 구체적 위반 여부에 대한 판단

가사 원고가 피고들에게 '가입자당 월 280원'을 재송신료에 대한 기준으로 제시하고 그 지급을 구하는 행위가 공정한 거래질서에 부당한 영향을 미치는 것으로 인정되어 공정거래법이 적용된다 하더라도, 피고들의 부당 거래거절 행위, 출고조절행위, 사업활동 방해행위로 인한 공정거래법 위반 주장은 원고가 종합유선방송사들과의 동시재송신에 대한 묵시적 합의를 일방적으로 해지하면서 MSO들에게 동시재송신을 중단하라고 요구하였음을 전제로 하는 것인데, 앞서 본 바와 같이 원고와 피고들 사이에 지상파 동시재송신에 대한 묵시적 합의가 성립하였다고 보기 어렵고, 원고는 피고들과 재송신계약의 체결을 위한 교섭을 시도하였다가 교섭이 이루어지지 아니하자 저작권침해금지 소송을 제기한 것으로, 원고가 일방적으로 거래를 거절한 것으로 단정하기도 어려우므로, 피고들의 이 부분 주장은 더 나아가 살펴볼 필요 없이 이유 없다.

시장지배적 지위의 남용으로 인한 공정거래법 위반 주장에 대하여는, 앞서 본 증거 및 을나 제19호증의 기재에 의하면 지상파방송사업자들이 지상파 재전송 거래시장에서 시장지배적 사업자로서의 지위에 있는 사실, 지상파방송사업자들이 MSO와 모두 '가입자당 월 280원'을 재송신료로 정하여 재송신 계약을 체결한 사실이 인정되나, 피고들이 제출한 증거만으로는 원고를 비롯한 지상파방송사업자들이 MSO들에게 '가입자당 월 280원'을 재송신료로 강요하였다고 인정하기 부족하고, '가입자당 월 280원'이 부당하게 과다하여 이를 재송신료로 제시한 것이 정당한 이유 없이 상품의 가격을 현저하게 상승시킨 부당 가격 결정 행위 또는 소비자의 이익을 현저히 해하는 행위에 해당한다고 볼 수도 없다.

마지막으로 부당 공동행위로 인한 공정거래법위반 주장과 관련하여, 지상파방송사업자들이 MSO와 모두 '가입자당 월 280원'을 재송신료로 정하였고, 원고를 비롯한 지상파방송사업자들이 MSO에 대한 가처분 및 본안 소송을 공동으로 수행한 사실은 앞서 본 바와 같으나, 피고들이 제출한 증거만으로는 지상파방송사업자들이 공동으로 재송신료를 결정하였다거나 그렇게 볼 수 있는 상당한 개연성이 있다고 단정하기 어렵고, 달리 이를 인정할 증거도 없다.

따라서 피고들의 공정거래법 위반 주장도 이유 없다.』

제9장 디지털 저작물의 침해와 보호

Ⅰ. 디지털 저작물의 특성과 보호

1. 의미와 특성

저작권 제도가 만들어진 이래, 21세기의 디지털 정보화시대를 특징지우는 '정보의 유통혁명'만큼 저작권 제도의 근본적인 고찰을 필요로 하는 도전은 없었던 것 같다. 이러한 디지털 기술은 '공적 정보(公的 情報)의 유통량의 폭발적 증가'라는 긍정적인 역할을 하는 반면 저작권침해의 개연성과 진지성의 대폭적 증가라는 부작용도 수반하므로 서론에서 보았듯이 결국 헌법상 '자유로운 공적 정보 유통에 대한 개인에 의한 통제권'으로서의 지적재산권을 어느 정도 보호하여야 하는가에 관한 재검토 필요성이 제기되고 있다.

본장에서는 그러한 전제하에 '디지털 저작물(인터넷저작물)'의 침해에 관한 구체적 사안을 살펴보는데 여기서 디지털 저작물이란 대개 인터넷으로 유통되는 디지털화된 멀티미디어 저작물로 볼 수 있고 단순한 문자의 형태로 게시 또는 전송될 수 있는 어문저작물의 차원을 넘어서 MP3 음악파일과 같은 음악저작물, 영화나 비디오 같은 영상저작물, 소프트웨어와 같은 컴퓨터프로그램 저작물, 그리고 미술저작물이나 사진저작물 등 사실상 모든 형태의 저작물이 디지털화될 수 있다는 점에서 그 범위가 무한한데 그 특성은 일반적으로 다음과 같이 설명되고 있다. 첫째 복제의 용이성 및 질적 열후성 소멸을 들 수 있는데 인터넷을 통해 유통되는 디지털저작물의 경우에는 많은 시간과 노력(비용)을 들이지 않고 간단한 조작만으로도 복제가 가능할 정도로 복제의 용이성이 커졌고, 원본과 복사본의 차이가 사실상 사라진 특징이 있어 과거 복제의 어려움과 열후성에 상당부분 뿌리를 두고 있는 중고품시장의 존재에 새삼 의문이 제기되고 있다. 둘째 시간과 공간의 제약을 초월한 침해의 광범위성, 신속성으로 과거 아날로그 형식의 저작물은 그 침해의 범위와 파급효과에 있어서 시간과 공간 기타 물리적 한계에 얽매일 수밖에 없었던 점과 극명히 대비된다. 셋째 창작 및 유통의 용이성으로 예컨대 컴퓨터상에서는 간단한 조작만으로도 저작물의 변경이 자유로워져 창작활동이 더욱 용이해졌고, 저작물의 전달 역시 매우 쉬워져 유통이 매우 크게 증가하게 된 점인데, 이러한 점은 기존의 저작물을 이용하여 2차적 저작물의 성립을 용이하게 하고 동일성유지권 등을 침해할 개연성을 높이는 부작용도 있다. 넷째 인쇄물 등 기존의 저작물들과 달리 디지털저작물은 다른 매체를 통해서만 그 내용을 확인하는 무형적인 형태를 띠고 있다는 점과 영구적 보존 가능성이 있다는 점도 권리 침해 및 구제에 있어서 중요한 특징으로 고려되어야 한다.

2. 논의의 범위

디지털 저작물 침해 문제는 기본적으로는 앞서 본 침해론 일반으로 해결될 수 있는 것임에 분명하지만 디지털 저작물 보호수단인 기술적보호조치의 무력화금지 규정인 제104조의2처럼 새롭게 6가지 유형의 금지행위를 규정하고 그 위반행위를 독자적인 규제의 대상으로 삼음으로써 저작권 등 권리침해와 권리침해간주와는 구별되는 독자적 성격의 보호방식을 택한 규정[9-1] 등은 디지털 저작물의 특성을 고려한 특유의 쟁점들이 존재함을 잘 드러낸다. 즉 저작권법은 저작권에는 속하지 않으나 저작권의 행사를 보조하거나, 침해행위를 억제하기 위한 기술적 보호조치와 저작물 등을 식별하기 위한 정보 등으로서 저작물관리에 편의를 제공하는 정보를 보호하기 위한 조항을 두고 있다. 기술적 보호조치와 권리관리정보가 대표적인데 누구든지 이러한 기술적 보호조치를 제거, 변경하거나 우회하는 등의 방법으로 무력화하여서는 아니 되고(제104조의2), 권리관리정보를 제거·변경 또는 거짓으로 부가하여서는 아니 되며(제104조의3), 이에 위반한 경우 권리자는 그 침해행위의 정지·예방, 또

9-1) 박성호, 672면.

는 손해배상의 담보 또는 손해배상 등을 청구할 수 있고(제104조의8), 업이나 영리목적으로 무력화한 경우에 행위자는 형사처벌을 받을 수도 있다(제136조).

그러므로 본장에서는 그런 규정들을 종합한 제6장의2 중 기술적 보호조치 무력화금지 규정 관련 판례를 주로 살펴본 후 같은 장에서 규정한 권리관리정보의 제거·변경 등의 금지권리, 암호화된 방송 신호의 무력화 등의 금지, 라벨 위조 등의 금지, 영상저작물 녹화 등의 금지, 방송전 신호의 송신 금지 등은 판례가 있는 경우에 한하여 살펴볼 것이다. 그리고 최근 많이 논의되는 링크, 썸네일 등 디지털 저작권 관련 판결례들을 종합적으로 살펴보되, 디지털 저작권 침해에 관한 또 다른 중요 쟁점인 「온라인서비스제공자의 책임 제한론」은 소위 간접침해로 불리우는 법리의 특이성과 중요성 등에 비추어 장(「제10장」)을 바꾸어 논의하기로 한다.

Ⅱ. 기술적 보호조치 관련 사례

1. 기술적 보호조치의 의미

앞서 보았듯이 디지털 기술에 의한 저작권침해는 전문가가 아닌 일반인들에 의한 무비용·완벽 복제와 배포라는 아날로그 시대에서와는 차원이 다른 이용방식에 의하게 되는 특징이 있는데 이는 권리자들이 사법적 보호의 효용성에 의문을 품고 자구책을 마련하는 계기로 작용하게 되었다. 이러한 흐름 속에서 자연스럽게 등장한 자구책이 '기술적 보호조치'(TPM, Technological Protection Measures)인데 이 역시 그 제작방법과 동일한 기술에 의하여 무력화될 수 있음이 밝혀지자 장기적으로 디지털거래의 원활화를 통한 디지털 네트워크 환경의 발전을 이루기 위하여 1996년 'WIPO 저작권 조약'(WCT, WIPO copyright Treaty) 및 'WIPO 실연 및 음반조약'(WPPT; WIPO Performances and Phonograms Treaty)이 체결되었고 1998년 미국의 DMCA를 시작으로 세계 각 국의 위 조약에 대한 이행입법이 시행되게 되었다.

이에 우리 법은 '기술적 보호조치'를 "저작권, 그 밖에 이 법에 따라 보호되는 권리의 행사와 관련하여 이 법에 따라 보호되는 저작물 등에 대한 접근을 효과적으로 방지하거나 억제하기 위하여 그 권리자나 권리자의 동의를 받은 자가 적용하는 기술적 조치"(법 제2조 제28호 가.목; 소위 접근통제조치)와"저작권, 그 밖에 이 법에 따라 보호되는 권리에 대한 침해 행위를 효과적으로 방지하거나 억제하기 위하여 그 권리자나 권리자의 동의를 받은 자가 적용하는 기술적 조치"(법 제2조 제28호 나.목; 소위 이용통제조치)로 정의하고 접근통제조치를 무력화하는 행위자체를 금지[9-2]하면서 그에 대한 예외조항을 두고 있고(법 제104조의2 제1항), 기술적 보호조치 전체에 대한 무력화 예비행위를 금지하면서 역시 예외규정을 두고 있다(법 제104조의2 제2, 3항).[9-3]

2. 판단 사례[9-4]

9-2) 이용통제조치는 무력화 행위 자체가 저작권침해를 구성하는 경우가 대부분이므로 별도로 규정을 둘 필요가 없다고 본 것이다.

9-3) 접근통제조치에 관하여는 그 위반시 저작권 행사와 무관하게 저작권법위반이 성립될 수 있다는 점 등 여러 비판이 있다. 그 상세는 이규홍, "저작권법상 기술적 보호조치의 법적 보호에 관한 연구－헌법적 한계를 중심으로", 연세대학교 대학원 박사학위논문(2009), 273면 이하 참조.

9-4) 전형적인 기술적 보호조치 무력화 관련 형사사례는 다음과 같다. 서울중앙지방법원 2012. 4. 12. 선고 2012고정205 판결을 보면 유죄로 인정된 범죄사실이 다음과 같다.
「누구든지 정당한 권한 없이 기술적 보호조치를 제거·변경하거나 우회하는 등의 방법으로 무력화하는 것을 가능하게 하거나 용이하게 하는 것을 주된 목적으로 고안, 제작, 개조되거나 기능하는 장치, 제품 또는 부품을 제조, 수입, 배포, 전송, 판매, 대여, 공중에 대한 청약, 판매나 대여를 위한 광고 또는 유통을 목적으로 보관 또는 소지하거나 서비스를 제공하여서는 아니 된다. 피해자 주식회사 ○○하이의 게임저작물 '써든어텍'은 슈팅 게임이다. 불법 핵 프로그램인 월핵(Wall Hack) 프로그램은 '써든어택' 게임의 클라이언트가 장애물 뒤에 숨어있는 상대방의 위치를 알 수 있도록 위 게임 프로그램의 다이렉트 엑스에서 그래픽 카드 밴더로 정보를 전달하는 과정을 후킹(hooking)하여 다이렉트 엑스에서 게임 상 장애물의 속성을 비장애물로 인식, 그래픽카드에 전달하여 상대방의 위치를 그대로 모니터에 보여주게끔 작동하는 프로그램으로, 위 '써든어택' 게임을 불법 핵 프로그램으로부터 보호하는 게임가드 프로그램 및 코드몬 코드를 코드 패치 등으로 무력화시키는 프로그램이다. 피고인은 2011. 4. 10.경 서울 노원구 상계동에 있는 피고인의 주거지에서, 해외 사이트를 통해 알게 된 '숀월'이 판매하는 불법 핵 프로그램을 국내 게임 사용자들이 구입할 수 있도록 네이버 블로그를 통해 불법 핵 프로그램 판매를 선전하고 구매 요청자들로부터 피고인의 계좌로 프로그램 판매 대금 명목으로 34,000원을 입금받

가. 모드칩 사건[9-5)]

<사안의 개요>

소니 엔터테인먼트사가 제작한 플레이스테이션 2라는 게임기 본체(이하 'PS2')에서만 실행되는 이 사건 게임프로그램은 CD-ROM이나 DVD-ROM과 같은 저장매체(이하 'CD')에 저장되어 판매되고 있다. 그 정품 게임 CD에는 게임프로그램 외에도 엑세스 코드(Access Code)가 수록·저장되어 있고, PS2에는 부트롬(BOOT ROM)이 내장되어 있어 PS2에 삽입되는 게임 CD에 엑세스 코드가 수록되어 있는지를 검색한 후 엑세스 코드 없이 게임프로그램만 저장된 CD는 프로그램실행이 되지 않도록 설계되어 있다. 한편, 통상적인 장치나 프로그램에 의해서도 이 사건 게임프로그램의 복제는 가능하지만 엑세스 코드의 복제는 불가능하기 때문에 불법으로 복제된 게임 CD로는 PS2에

아 페이팔(PayPal)로 위 숀월의 계좌로 이체한 다음 숀월에게 구매 요청자의 하드 고유번호와 거래번호를 알려주어 해당 구매 요청자가 써든어택 게임프로그램을 실행할 때 위 불법 핵 프로그램이 구동되도록 함으로써 '써든어택' 게임사용자들이 위 불법 핵 프로그램을 사용하여 장애물 뒤에 숨어있는 상대방의 위치를 알 수 있는 상태로 게임을 할 수 있게 하였다. 피고인은 그 무렵부터 2010. 8. 28.경까지 … 입금받아 중개료 명목으로 600만 원 상당을 취득하였다. 피고인은 이와 같이 '숀월'이 정당한 권한 없이 영리를 목적으로 기술적 보호조치 무력화를 가능하게 하는 장치를 판매하는 것을 중개하여 피해자 주식회사 ○○하이의 저작재산권침해를 방조함과 동시에, 성명불상의 게임사용자들이 위 불법 핵 프로그램을 사용하여 위계로써 피해자 주식회사 넥슨의 써든어택 게임 운영업무를 방해하는 것을 용이하게 하여 이를 방조하였다.」 이와 유사한 사건들이 주로 형사상 문제 되고 있는데 별다른 법적 쟁점 없이 자백을 통하여 양형만 다투어지는 실정이다.

9-5) 대법원 2006. 2. 24. 선고 2004도2743 판결; Sony사의 게임콘솔은 그 콘솔을 다른 지역코드를 가지고 있거나 다른 제조회사가 제작한 게임 프로그램(다른 콘솔용으로 개발한 게임)은 작동될 수 없도록 하고 있다. 즉 콘솔의 포맷은 그 시장의 텔레비전 시스템의 표준에 따라 달라지는데, 일본, 동남아시아, 북아메리카에서 생산, 판매되는 PS 콘솔과 게임은 NTSC라는 컬러텔레비전 수상기 방식에 맞춰져 있고, 유럽 등에서 판매되는 콘솔과 게임은 PAL이라는 방식에 맞춰져 있는바 소니는 동일한 컴퓨터게임을 세계 여러 곳에 배포할 수도 있으나, 국가와 지역에 따라 Access Code가 다르게 되어 있다. 그 결과 일본이나 미국에서 구입한 CD-Rom은 Access Code가 무력화되지 않는 한 우리나라에서 구입한 PS2에서 실행이 되지 아니하는바 이러한 방식으로 소니는 세계시장의 유통망을 지배, 조종하고 있다고 한다. 강기중, "대법원 2006. 2. 24. 선고 2004도2743 판결 판례평석", 대법원판례해설 62호(2006. 하반기), 162면.

서 프로그램을 실행할 수 없다. 피고인은 자신의 소프트웨어 상점에서 불특정다수인을 상대로 PS2 콘솔을 분해하여 모드칩(Mod Chip, 일명 '블루메시아칩')이라는 부품을 개당 3,500원씩을 받고 PS2에 장착하는 행위를 하였는데, 모드칩은 엑세스 코드 없이 게임프로그램만 복제·저장된 CD가 PS2에 삽입되더라도 PS2의 부트롬으로 하여금 엑세스 코드가 수록되어 있는 정품 CD인 것으로 인식하도록 엑세스 코드가 수행하는 역할을 대신하는 부품으로서, 결국 모드칩은 불법으로 복제된 게임 CD도 PS2에서 프로그램이 실행되도록 하는 기능을 한다. 피고인은 당시 PS2의 엑세스 코드는 복제된 게임의 사용을 방지하지만 불법복제 그 자체를 방지하지는 않기 때문에 모드칩을 장착하여 위 엑세스코드를 해제하는 것이 컴퓨터프로그램보호법 제30조 제2항에서 말하는 기술적보호조치를 무력화시키는 것으로 볼 수는 없다고 주장하였으나, 항소심까지 모두 유죄로 인정되었다.

<법원의 판단>

『1. 이 사건 모드칩 장착행위가 기술적보호조치의 무력화에 해당하는지에 관하여

컴퓨터 프로그램 보호법(이하 '법'이라고만 한다) 제30조 제1항 본문, 제2항은 누구든지 상당히 기술적보호조치를 회피, 제거, 손괴 등의 방법으로 무력화하는 기기·장치·부품 등을 제조·수입하거나 공중에 양도·대여 또는 유통하여서는 아니 되며, 기술적보호조치를 무력화하는 프로그램을 전송·배포하거나 기술적보호조치를 무력화하는 기술을 제공하여서는 아니 된다고 규정하고 있고, 법 제46조 제1항 제3호는 위 규정을 위반한 자를 처벌하도록 규정하고 있는바, 법 제2조 제9호, 제7조를 종합하면 위 "기술적보호조치"란 프로그램에 관한 식별번호·고유번호 입력, 암호화 및 기타 법에 의한 권리를 보호하는 핵심기술 또는 장치 등을 통하여 프로그램저작자에게 부여된 공표권, 성명표시권, 동일성유지권과 프로그램을 복제·개작·번역·배포·발행 및 전송할 권리 등 프로그램저작권에 대한 침해를 효과적으로 방지하는 조치를 의미하는 것으로 봄이 상당하다.

기록에 의하면, 소니 엔터테인먼트사가 제작한 플레이스테이션 2라는 게임기 본체(이하 'PS2'라고만 한다)에서만 실행되는 이 사건 게임프로그램은 CD-ROM이나 DVD-ROM과 같은 저장매체(이하 'CD'라고만 한다)에 저장

되어 판매되고 있는데, 그 정품 게임 CD에는 게임프로그램 외에도 엑세스 코드(Access Code)가 수록·저장되어 있고, PS2에는 부트롬(BOOT ROM)이 내장되어 있어 PS2에 삽입되는 게임 CD에 엑세스 코드가 수록되어 있는지를 검색한 후 엑세스 코드 없이 게임프로그램만 저장된 CD는 프로그램 실행이 되지 않도록 설계되어 있는 사실, 한편, 통상적인 장치나 프로그램에 의해서도 이 사건 게임프로그램의 복제는 가능하지만 엑세스 코드의 복제는 불가능하기 때문에 불법으로 복제된 게임 CD로는 PS2에서 프로그램을 실행할 수 없는 사실, 피고인이 PS2에 장착하여 준 모드칩(Mod Chip, 일명 '불루메시아칩')이라는 부품은 엑세스 코드가 수행하는 역할을 대신하는 것으로서, 엑세스 코드 없이 게임프로그램만 복제·저장된 CD가 PS2에 삽입되더라도 PS2의 부트롬으로 하여금 엑세스 코드가 수록되어 있는 정품 CD인 것으로 인식하게 함으로써 불법으로 복제된 게임 CD도 프로그램 실행이 가능하도록 하는 장치인 사실을 인정할 수 있다.

위 인정사실과 같이, 엑세스 코드나 부트롬만으로 이 사건 게임프로그램의 물리적인 복제 자체를 막을 수는 없는 것이지만, 통상적인 장치나 프로그램만으로는 엑세스 코드의 복제가 불가능하여 설사 불법으로 게임프로그램을 복제한다 하더라도 PS2를 통한 프로그램의 실행은 할 수 없는 만큼, 엑세스 코드는 게임프로그램의 물리적인 복제를 막는 것과 동등한 효과가 있는 기술적보호조치에 해당한다고 할 것이고, 따라서 피고인이 모드칩을 장착함으로써 엑세스 코드가 없는 복제 게임 CD도 PS2를 통해 프로그램 실행이 가능하도록 하여 준 행위는 법 제30조 제2항 소정의 상당히 기술적 보호조치를 무력화하는 행위에 해당한다고 봄이 상당하다.」

☞ 당시 컴퓨터프로그램보호법이 프로그램저작권을 보호하기 위한 기술조치만을 보호하도록 규정하고 있음에도 접근 통제까지도 보호할 수 있도록 보호 범위를 확대시키는 결과를 가져올 여지가 있다는 점 등 비판[9-6]이 있다. 그 후 구 컴퓨터프로그램보호법상의 '기술적 보호조치'와 관련하여서는 후술하는 대법원 2012. 2. 23. 선고 2010도1422 판결이 있다.

9-6) 관련사건의 영국, 호주 등에서의 재판례와 비판은 이규홍, "저작권법상 기술적 보호조치의 법적 보호에 관한 연구－헌법적 한계를 중심으로", 172～182면과 강태욱, "PS2－Mod chip 사건을 통해 바라본 기술적 조치의 보호범위", 디지털재산법연구 5권 1호(2006. 6) 참조.

나. 위성수신제한시스템 사건[9-7]

<사안의 개요>

위성방송 수신기를 제작하여 주로 중동지역에 판매하는 피고인 C와 피고인 D는 자신들의 회사가 제작하는 위성방송 수신기를 구입하는 사람들이 중동지역에 송출되는 유럽 각 국의 위성방송사업자가 제공하는 유료 위성방송을 무료로 시청할 수 있도록 하기 위하여, 프로그램개발업자인 피고인 E와 상호공모하여 폴란드 지역의 위성방송수신용 수신기의 스마트카드에 설치된 콘텐츠보호 솔루션의 알고리즘과 동일한 기능을 하는 프로그램 소스파일을 자신들의 위성방송수신기에 맞도록 수정한 패치프로그램을 개발하기로 하고, 일단 인터넷사이트에서 위성방송 컨트롤워드 해독용 프로그램 소스파일을 다운로드받아 피고인 C, D가 제작하는 위성방송 수신기에 작동할 수 있도록 수정한 프로그램(이른바 패치프로그램)을 만들었다. 그런데 일부 위성방송사업자들이 컨트롤워드를 수시로 변경하여 위와 같이 고정된 패치프로그램방식으로는 더 이상 콘텐츠 보호솔루션의 알고리즘을 해독하는 것이 불가능하게 되자 현지에 성명불상자로 하여금 정식회원으로 가입하게 한 후 그들에게 부여된 스마트카드와 해킹프로그램을 이용하여 컨트롤워드를 추출하여 이를 위성인터넷을 통하여 국내에 있는 컨트롤워드 송·수신 전용서버로 실시간 수신한 후 이를 다시 피고인들이 위성방송수신기를 제작·판매한 지역으로 실시간 전송하여 결국 영리를 목적으로 저작권법에 의하여 보호되는 권리의 기술적 보호조치를 제거·변경·우회하는 등 무력화하는 것을 주된 목적으로 하는 기술을 제조·제공하였다.

<법원의 판단>

> 『나. 원심은, 그 판시와 같이 적법하게 확정한 사실관계에 터잡아, 원심 판시의 패치프로그램의 경우, 피고인들의 그 판시와 같은 패치프로그램의 제공 없이는 위성방송서비스업체들이 영상 신호인 오디오·비디오 패킷과 함께 송신하는 암호화된 컨트롤워드가 해독될 수 없어 위성방송 시청이 불가능한 점 등에 비추어 볼 때, 피고인들이 이 사건 위성수신제한시스템의 스

9-7) 대법원 2009. 10. 29. 선고 2007도10735 판결. 그 외에 서울중앙지방법원 2009. 2. 10. 선고 2008고단7990 판결(확정) 등도 같은 취지이다.

마트카드에 들어있는 컨트롤워드 해독용 프로그램 소스파일로 위 패치프로그램을 개발하여 피고인 정○○, 심△△ 등에 의해 제작된 위성방송수신기에 장착한 행위는 불법적인 저작물의 복제나 전송, 방송, 이용 등의 행위를 가능하게 할 수 있는 행위로서 「저작권법」 제92조 제2항에 정한 기술적 보호조치를 무력화하는 것을 주된 목적으로 하는 행위에 해당하고, 또한 원심 판시의 실시간 전송 방식의 경우에도, 피고인들이 고용한 성명불상자들이 정식으로 중동지역의 위성방송시청자로 가입하여 정식으로 이 사건 위성수신제한시스템의 스마트카드를 교부받았고, 그 판시 인도인을 만나 직접 위성방송의 컨트롤워드 추출을 위한 핵심적인 정보를 받아 해킹프로그램을 개발하고, 위 인도인과 함께 위와 같은 해킹프로그램을 이용하여 컨트롤워드를 실시간으로 추출하는 행위를 하였으며, 위와 같이 추출한 컨트롤워드를 위성 인터넷을 통해 국내에 있는 서버로 실시간으로 수신한 후, 다시 위성방송수신기들로 실시간 전송하는 행위를 하였다면, 이러한 피고인들의 행위 역시 불법적인 저작물의 복제나 전송, 방송, 이용 등의 행위를 가능하게 할 수 있는 행위로서 저작권법 제92조 제2항에 정한 기술적 보호조치의 무력화 행위에 해당한다고 판단하였다. 원심판결 이유를 기록에 비추어 살펴보면, 원심의 이러한 판단은 정당한 것으로 수긍할 수 있다.」

☞ 이에 대하여는 당시 저작권법이나 컴퓨터프로그램보호법상 기술적 보호조치에 접근통제조치가 포함되지 않는다고 보는 것이 일반적인데, 죄형법정주의의 원칙이 요구되는 형사사건에서 위 기술적 보호조치의 본질(접근통제조치인지 여부)에 대한 구체적 언급 없이 유죄판결이 내려진 점은 논란의 여지가 있다는 비판[9-8]이 있다.

다. 대리운전 프로그램 사건[9-9]

<사안의 개요>

피고인들이 갑 주식회사가 개발·등록한 대리운전 배차 프로그램인 아이드라이버 프로그램의 기술적 보호장치를 자신들이 개발한 에이아이콜 프로그램

9-8) 이규홍, "저작권법상 기술적 보호조치의 법적 보호에 관한 연구 – 헌법적 한계를 중심으로", 181면(그외에도 CAS는 일반적으로 접근통제조치로 분류되는데 이에 관하여도 유죄로 인정한 서울남부지방법원 2007. 8. 17. 선고 2005고정2839 판결의 문제점도 지적하고 있다).

9-9) 대법원 2012. 2. 23. 선고 2010도1422 판결.

을 이용하여 무력화하였다고 하여 구 컴퓨터프로그램 보호법위반죄로 기소된 사안이다. 쟁점은 기술적보호조치에 해당하는지 여부이다.

<법원의 판단>

『'기술적 보호조치'란 컴퓨터프로그램저작물(이하 '프로그램'이라 한다)에 관한 식별번호·고유번호 입력, 암호화 및 기타 법에 의한 권리를 보호하는 핵심기술 또는 장치 등을 통하여 프로그램저작자에게 부여된 공표권, 성명표시권, 동일성 유지권과 프로그램을 복제·개작·번역·배포·발행 및 전송할 권리 등 프로그램저작권에 대한 침해를 효과적으로 방지하는 조치를 의미할 뿐(대법원 2006. 2. 24. 선고 2004도2743 판결 참조), 단순히 프로그램에 대한 접근만을 통제하는 기술적 조치는 이러한 '기술적 보호조치'에 포함되지 아니한다고 봄이 상당하다. 위 법리와 기록에 비추어 살펴보면, 공소외 1 회사가 아이드라이버 프로그램과 에이아이콜 프로그램이 동시에 실행되면 아이드라이버 프로그램이 바로 종료되도록 한 조치, PDA 부팅 시 자동실행되는 기본프로그램 이외에는 아이드라이버 프로그램에서 다른 프로그램이 동시에 구동되지 않도록 한 조치 및 이 사건 공소사실 기재와 같이 공소외 1 회사가 대리운전 기사 등 이용자가 실제 PDA 화면을 물리적으로 터치하였을 경우에만 아이드라이버 프로그램이 구동되도록 하였다고 하는 조치는 모두 아이드라이버 프로그램에 대한 접근을 허용하지 않는 접근통제조치에 해당될 뿐 아이드라이버 프로그램의 저작권에 대한 침해를 효과적으로 방지하기 위한 조치로 보기 어려우므로, 위와 같은 조치들은 법 제30조 소정의 '기술적 보호조치'에 해당한다고 볼 수 없다. 원심[9-10]이 피고인들의 구 컴퓨터프로그램 보호법 위반의 점에 대하여 무죄로 판단한 제1심판결을 그대로 유지한 조치는 정당하고, 거기에 상고이유에서 주장하는 바와 같이 법 제30조 소정의 '기술적 보호조치'에 관한 법리오해 등의 위법이 없다.』

라. 지오서비스 사건[9-11]

『피고는 원고와 사이에, 이 사건 원고 프로그램에 관하여 개발자 라이선스 1개, 최종사용자 라이선스 7개를 공급받아 이를 기초로 프로그램을 개발하기로 합의하였음에도, 원고로부터 개발자 라이선스 1개, 최종사용자 라이

9-10) 수원지방법원 2010. 1. 11. 선고 2009노3689 판결.

9-11) 서울중앙지방법원 2014. 1. 23. 선고 2013가합23162 판결(항소취하).

선스 1개만을 공급받고는 이 사건 원고 프로그램을 이용하여 이 사건 피고 프로그램을 개발하고 서울특별시에 7개의 이 사건 피고 프로그램을 납품하였다. 따라서 피고는 6개의 최종사용자 라이선스에 관해서는 원고의 허락 없이 이… 사건 원고 프로그램의 기술적 보호조치를 무력화하였으며(이하 '제3 주장'이라 한다)… 원고의 저작권을 침해하였다.

3) 원고의 제3 주장에 관한 판단

가) 관련 법 규정

저작권법 제104조의2 제1항 본문은 누구든지 정당한 권한 없이 고의 또는 과실로 제2조 제28호 가목의 기술적 보호조치를 제거·변경하거나 우회하는 등의 방법으로 무력화하여서는 아니 된다고 규정하고 있고, 같은 법 제2조 제28호는 기술적 보호조치에 관하여 가목에서 저작권, 그 밖에 이 법에 따라 보호되는 권리의 행사와 관련하여 이 법에 따라 보호되는 저작물 등에 대한 접근을 효과적으로 방지하거나 억제하기 위하여 그 권리자나 권리자의 동의를 받은 자가 적용하는 기술적 조치라고 규정하고, 나목에서 저작권, 그 밖에 이 법에 따라 보호되는 권리에 대한 침해 행위를 효과적으로 방지하거나 억제하기 위하여 그 권리자나 권리자의 동의를 받은 자가 적용하는 기술적 조치라고 규정하고 있다.

나) 청구원인에 관한 판단

위와 같은 규정 취지에 비추어 이 사건을 보건대, 피고가 이 사건 원고 프로그램에서 원고의 홈페이지 서버로 단말기에 등록된 각종 메일 주소, 단말기 고유 식별번호, 안드로이드 계정(ID), 메인 액티비티 클래스(Main Activity Class) 경로가 전송되도록 하는 기능과 라이선스를 취득하지 못한 단말기에서 이 사건 원고 프로그램을 사용할 경우 경고문구를 표시하고 프로그램의 사용을 차단하는 기능을 제거한 사실은 당사자 사이에 다툼이 없다.

위 인정사실에 의하면, 원고는 이 사건 원고 프로그램을 사용하는 단말기로부터 그 단말기에 등록된 각종 메일 주소, 단말기 고유 식별번호, 안드로이드 계정, 메인 액티비티 클래스 경로를 전송받아 적법한 라이선스가 부여된 단말기인지 여부를 식별한 다음, 적법한 라이선스가 부여되지 아니한 단말기로 판명된 경우에는 경고문구를 표시하면서 이 사건 원고 프로그램의 사용을 차단할 수 있는 기술적 보호조치를 설정해두었다 할 것인데, 피고는 원고의 허락 없이 이 사건 원고 프로그램에서 위와 같은 기술적 보호조치를 모두 제거하였으므로, 특별한 사정이 없는 이상 피고는 기술적 보호조치를 무력화하여 원고의 저작권을 침해하였다.

다) 피고의 주장에 관한 판단

(1) 피고는, 이 사건 원고 프로그램은 서울특별시에서 운영하는 시스템의 중요한 정보인 각종 메일 주소, 단말기 고유 식별번호, 안드로이드 계정, 메인 액티비티 클래스 경로 등을 무단으로 수집하는 것을 막기 위하여 위와 같은 기술적 보호조치를 무력화하였으므로, 피고의 기술적 보호조치 무력화 행위는 저작권법 제104조의2 제1항 제3호에 의하여 허용된다는 취지로 주장한다.

저작권법 제104조의2 제1항 제3호는 개인의 온라인상의 행위를 파악할 수 있는 개인 식별정보를 비공개적으로 수집·유포하는 기능을 확인하고 이를 무력화하기 위하여 필요한 경우에는 기술적 보호조치의 무력화가 가능하다고 규정하고 있는데, 피고의 주장에 의하더라도 이 사건 원고 프로그램이 수집하는 정보는 서울특별시에서 운영하는 단말기의 메일 주소, 단말기 고유 식별번호, 안드로이드 계정, 메인 액티비티 클래스 경로이므로, 위 정보들이 '개인' 식별정보[9-12]에 해당한다고 단정할 수 없을 뿐만 아니라, 위 정보들은 '개인에 관한 정보'로 볼 수 있을지언정 위 정보들만으로 '개인이 온라인상에서 한 행위를 파악할 수 있는 정보'(예를 들어, 쿠키정보나 로그파일 등)에 해당한다고 볼 수도 없다. 따라서 피고의 위 주장은 이유 없다.

(2) 피고는, 이 사건 원고 프로그램은 과도하게 정보를 수집하는 코드가 내장되어 있어 서울특별시에서 운영하는 시스템에 적합하도록 호환하기 위하여 기술적 보호조치를 무력화하였으므로, 피고의 기술적 보호조치 무력화행위는 저작권법 제104조의2 제1항 제6호에 의하여 허용된다는 취지로 주장한다.

저작권법 제104조의2 제1항 제6호는 정당한 권한을 가지고 프로그램을 사용하는 자가 다른 프로그램과의 호환을 위하여 필요한 범위에서 프로그램코드역분석을 하는 경우에는 기술적 보호조치의 무력화가 가능하다고 규정하고 있다. 그런데 피고의 주장에 의하더라도 피고는 이 사건 원고 프로그램이 서울특별시에서 운영하는 시스템에 기술적으로 호환되지 않는 문제를 해결하기 위해서가 아니라 단순히 이 사건 원고 프로그램이 서울특별시의 정보를 과도하게 수집하지 못하도록 하기 위해서 이 사건 원고 프로그램의

9-12) 서울특별시에서 사용하는 단말기의 경우, 공무원 개인이 사용하더라도 단말기의 등록은 공법인인 서울특별시의 명의로 등록될 것으로 보인다.

기술적 보호조치를 무력화했다는 것이므로, 이는 다른 프로그램과의 호환을 위하여 이루어진 것으로 볼 수 없다. 나아가 설령 피고의 기술적 보호조치 무력화가 호환을 위하여 이루어진 것이라 하더라도 피고는 이 사건 원고 프로그램이 위 정보들을 수집하는 코드를 제거하는데서 더 나아가 경고문구를 표시하거나 프로그램의 사용을 차단하는 코드까지 제거하였는바, 이는 '호환을 위하여 필요한 범위에서 프로그램코드역분석을 하는 경우'에도 해당하지 아니한다. 따라서 피고의 위 주장도 이유 없다.

(3) 피고는, 이 사건 원고 프로그램이 서울특별시가 사용하게 될 단말기 또는 정보통신망으로부터 과도한 정보를 수집하는 것을 막기 위하여 기술적 보호조치를 무력화하였으므로, 피고의 기술적 보호조치 무력화행위는 저작권법 제104조의2 제1항 제7호에 의하여 허용된다는 취지로 주장한다.

저작권법 제104조의2 제1항 제7호는 정당한 권한을 가진 자가 오로지 컴퓨터 또는 정보통신망의 보안성을 검사·조사 또는 보정하기 위하여 필요한 경우에는 기술적 보호조치의 무력화가 가능하다고 규정하고 있다. 그런데 피고의 주장에 의하더라도 피고는 이 사건 원고 프로그램에서 위 정보들을 수집하는 코드를 제거하는데서 더 나아가 경고문구를 표시하거나 프로그램의 사용을 차단하는 코드까지도 모두 제거하였는바, 이는 '오로지' 컴퓨터 또는 정보통신망의 보안성을 검사·조사 또는 보정하는 경우에 해당하지 아니한다. 따라서 피고의 위 주장 또한 이유 없다.』

마. 통신암호 해독기 사건[9-13)]

『(4) 통신암호 해독기를 설치한 것이 기술적 보호조치의 무력화로써 피고의 저작권을 침해하는 것인지 여부

<피고의 주장>

피고는, 피고의 RFID 단말기에는 피고 프로그램이 피고의 RFID 단말기가 연결되었을 경우에 구동되도록 '펌웨어 인증코드'가 수록되어 있는데, 원고들이 피고 프로그램을 원고 나이콤의 RFID 단말기를 구동하기 위해서 사용하려고 통신암호 해독기를 이용한 행위는 피고 프로그램의 물리적 복제를 막는 것과 동등한 효과를 지닌 기술적 보호조치인 '펌웨어 인증코드'를 무력화한 것으로서 저작권 침해행위를 구성한다고 주장한다.

9-13) 서울고등법원 2013. 7. 25. 선고 2012나95785(본소), 95792(반소) 판결〔대법원 2014. 10. 27. 선고 2013다74998(본소), 2013다75007(반소) 판결〕.

<원고들의 반론>

원고들은, 통신암호 해독기는 원고 나이콤의 RFID 단말기와 KOLASⅢ 클라이언트 프로그램 사이의 프로토콜을 연동시켜주는 장치에 불과하다고 다툰다.

<판 단>

구 저작권법{2011. 6. 30. 법률 제10807호로 개정되어 「대한민국과 유럽연합 및 그 회원국 간의 자유무역협정」이 발효하는 날부터 시행되기 전의 것, 이하 같다} 2조 28호는… 규정하였다. 2011. 6. 30. 법률 제10807호로 개정된 이후의 저작권법은 '기술적 보호조치'에 관해서…한편 구 컴퓨터프로그램 보호법(2009. 4. 22. 법률 제9625호로 폐지되기 전의 것, 이하 같다) 제2조 제9호, 제7조 등을 종합하면, 구 컴퓨터프로그램 보호법상의 '기술적 보호조치'란… 구 저작권법의 적용당시의 기술적 보호조치에는 이용통제 기술적 보호조치만이 포함되어 있다고 해석함이 타당하다.

앞서 든 증거에 변론 전체의 취지를 종합하면, 피고가 주장하는 펌웨어 인증코드는 피고 프로그램을 구동하는 컴퓨터와 피고 프로그램에 의하여 구동되는 RFID 단말기 사이의 통신을 위해 설정한 암호의 일종으로서 서로 다른 기기(디바이스) 사이에 통신이 가능하도록 기기의 특유한 제어신호를 변경하여 주는 역할을 하는 것으로 보인다.

그러나 증거…만으로는 피고가 주장하는 펌웨어 인증코드가 위와 같은 통신암호의 획득이나 변경을 방지하기 위한 장치에 해당한다는 사실을 인정하기에 부족하고 달리 이를 인정할 증거가 없으므로, 피고가 주장하는 펌웨어 인증코드를 피고 프로그램에 대한 접근 내지 침해행위를 효과적으로 방지하거나 억제하는 기술적 조치에 해당한다고 할 수 없다. 따라서 원고들이 피고 프로그램으로 원고 나이콤의 RFID 단말기를 구동하기 위해 피고의 펌웨어 인증코드를 이용하여 원고 나이콤의 RFID 단말기의 통신암호를 피고 RFID 단말기의 통신암호로 변경하는 통신암호 해독기를 이용하였다고 하더라도 이는 단순히 피고의 펌웨어 인증코드를 이용한 것에 불과할 뿐 피고 프로그램에 대한 기술적 보호조치를 무력화한 행위에 해당한다고 볼 수 없다.

설령 피고의 주장과 같이 펌웨어 인증코드를 통해 피고의 RFID 단말기 외에는 피고 프로그램을 이용할 수 없도록 하였다고 하더라도 이는 저작권법 제2조 제28호 가목에 정해진 접근통제 기술적 보호조치에 해당하는 것으로 보이고, 피고가 위와 같이 기술적 보호조치를 무력화하여 피고의 저작권을 침해한 것이라고 주장하는 원고들의 행위는 모두 개정된 저작권법이 시행되기 이전에 이루어진 행위로서 개정된 저작권법이 적용된다고 볼 수도 없다. 피고의 주장은 어느 모로 보더라도 이유 없다.」

바. 영상표시장치 주행 규제 시스템 사건[9-14)]

「공소사실의 요지

현대자동차 주식회사와 기아자동차 주식회사는 네비게이션의 '엔지니어링 모드'를 통해서만 '영상표시장치 주행 규제 시스템'의 ON/OFF 기능을 사용할 수 있도록 제품을 설계하는 한편, 미리 정한 조작 내지 명령이 네비게이션에 입력될 경우에 한하여 위 '엔지니어링 모드'화면이 네비게이션 디스플레이에 표시되도록 설정해두어 일반 사용자들의 위 '영상표시장치 주행 규제 시스템'에 대한 접근을 효과적으로 방지하기 위한 기술적 보호조치를 적용하였고, 2012. 9.경부터는 위 '엔지니어링 모드'내에서조차 위 '영상표시장치 주행 규제 시스템'에 접근할 수 없도록 위 ON/OFF 기능을 아예 삭제함으로써 기술적 보호조치를 강화하였다.

가. 피고인 채○○는 판시 범죄사실 1항 기재와 같이 네비게이션으로 전달되는 차량 신호를 감시하고 왜곡하는 방법으로 위와 같은 기술적 보호조치를 무력화하는 것을 가능하게 하거나 용이하게 하는 것을 주된 목적으로 기능하게 하는 장치인 CAN 모듈을 제조·판매하였다…

피고인들이 제작 판매한 'CAN 모듈'은 사실상 사용자가 '영상표시장치 주행규제 시스템'의 ON/OFF 기능을 사용한 것과 같은 효과를 주는 제품이기는 하다. 그러나 그 작동 원리는 차량 내의 각 장치들이 CAN통신을 통하여 네비게이션 등 영상표시장치에 보내는 각종 정보를 수신한 다음 이를 정차 중에 보내는 신호로 왜곡하여 차량 내 영상표시장치에 전송하는 방법으로 '영상표시장치 주행규제 시스템'에 의한 주행 중 영상 차단 기능이 작동하지 않게 하는 것일 뿐 '영상표시장치 주행규제 시스템'을 작동시키거나 변경, 삭제하는 등 저작물인 위 프로그램에 접근하여 그러한 효과를 발생시키는 것이 아님은 명백하다. 따라서 위 제품이 위 프로그램에 대한 접근을 통제하기 위한 기술적 보호조치를 무력화하였다고 할 수는 없다.」

9-14) 수원지방법원 성남지원 2014. 9. 16. 선고 2014고정189 판결(항소기각).

사. 노래방 사제키트 사건[9-15)]

<사안의 개요>

범죄사실의 요지는 다음과 같다. 「피고인은 노래반주기 유지, 보수업에 종사하는 사람으로 노래반주기에서 신곡파일을 구동하기 위해서는 기술적 보호조치를 통과할 수 있는 인증수단을 별도로 구입해야 하는 것을 기화로, 위 보호조치를 무력화 시킬 수 있는 장치를 개발하여 이를 위 정품 인증수단보다 싼 값에 유통시켜 이익을 취득하기로 마음먹고, (1) 기술적 보호조치 무력화 장치 제조 (가) 데이터롬 칩 방식의 기술적 보호조치에 대한 무력화(금영은 매달 출시하는 신곡의 저작권을 보호하기 위하여 매달 고유번호가 부여된 데이터롬 칩을 제작하여 그 데이터롬 칩을 노래반주기의 제어보드에 꽂아야만 비로소 신곡파일이 노래반주기에 인증되어 구동될 수 있도록 기술적 보호조치를 취하였는데, 피고인은 업으로 또는 영리의 목적으로 2011. 10.경 위 작업장에서 금영의 기술적 보호조치를 무력화하기 위하여 정품 데이터롬 칩을 제어보드에 꽂았을 때 이루어지는 노래반주기 메인보드의 중앙처리장치(CPU)와 제어보드의 롬 사이의 통신패킷을 덕라이트 프로그램(Dock Light Program, 메인보드와 제어보드의 교신내용을 알아낼 수 있는 터미널 프로그램의 일종)을 이용하여 캡쳐한 후 그 중 신곡인증과 관련된 데이터(헥사값)를 추출하여 이를 피고인이 제조한 데이터롬 팩(소위 '사제 키트')의 CPU에 입력하여 그 사제키트를 꽂으면 매달 새로운 데이터롬 칩을 구입하지 않고 전달 데이터롬 칩을 사용해도 신곡파일이 구동될 수 있게 하는 사제키트 80개를 제조하고 그 일시경부터 2014. 2.경까지 위 각 사제키트에 반복적으로 매달 1회씩 새로운 신곡인증정보인 통신패킷을 입력하는 방법으로 새로운 사제키트를 제조하였다) (나) 스마트 토큰 방식의 기술적 보호조치에 대한 무력화(그 후 금영은 노래반주기의 제어보드에 'KY 와이파이 모듈'이라는 USB를 꽂은 후 스마트폰을 이용하여 스마트 토큰을 구입한 후 그 스마트 토큰을 이용하여 와이파이 통신으로 인증시키는 새로운 기술적 보호조치 방식을 개발하자 피고인은 업으로 또는 영리의 목적으로 2013. 12.경 위 작업

9-15) 대법원 2015. 7. 9. 선고 2015도3352 판결(인천지방법원 2014. 9. 25. 선고 2014고단2421 판결, 인천지방법원 2015. 2. 5. 선고 2014노3538 판결).

장에서 위 방식 역시 무력화시키기 위하여 정품 제어보드에 위 (가)항 기재와 같은 방법으로 알아 낸 통신패킷 중 데이터(헥사값)를 이용하여 신곡인증정보를 입력시키거나(사제키트를 이용하여 메인보드상 CPU에 신곡인증정보를 입력시키고 그 메인보드에 제어보드를 꽂아 위 정보를 제어보드에 입력시키는 방식), 'KY 와이파이 모듈'을 몇 초만 꽂았다 뽑아 스마트 토큰이 사용되지 않고도 신곡인증정보를 입력시키는 방법으로 스마트 토큰을 이용하지 않고도 그 제어보드를 이용하여 신곡 인증이 가능하게 하는 제어보드(소위 '불법 제어보드') 100개를 제조하고 그 일시경부터 2014. 3. 12.경까지 위 각 제어보드에 반복적으로 매달 1회씩 새로운 신곡인증정보인 통신패킷을 입력하는 방법으로 새로운 불법 제어보드를 제조하고, 또한 2014. 1.경 위와 같은 통신패킷이 입력된 불법 USB형 사제키트(이를 노래반주기상 제어보드 USB 단자에 꽂으면 신곡 인증이 이루어짐) 20개를 제조하였다), 그리고 (2) 기술적 보호조치 무력화 장치 판매〔노래반주기 관리업자(중간판매업자)인 속칭 '딜러' 박○○에게 위와 같이 제조된 사제키트 5개를 신곡 1년분은 20,000~30,000원으로(속칭 '깡'), 신곡 1개월분은 2,000~3,000원으로(속칭 '알) 계산하여 310,000원에 판매한 것을 비롯하여…판매하였다〕

<법원의 판단>

『1. 피고인들의 기술적 보호조치와 관련한 상고이유에 관하여

가. 저작권법 제2조 제28호는 「기술적 보호조치」를 가목의 '저작권, 그 밖에 이 법에 따라 보호되는 권리(이하 '저작권 등'이라 한다)의 행사와 관련하여 이 법에 따라 보호되는 저작물 등에 대한 접근을 효과적으로 방지하거나 억제하기 위하여 그 권리자나 권리자의 동의를 받은 자가 적용하는 기술적 조치'와, 나목의 '저작권, 그 밖에 이 법에 따라 보호되는 권리에 대한 침해 행위를 효과적으로 방지하거나 억제하기 위하여 그 권리자나 권리자의 동의를 받은 자가 적용하는 기술적 조치'로 나누어 정의하고 있다.

그 중 가목의 보호조치는 저작권 등을 구성하는 복제·배포·공연 등 개별 권리에 대한 침해 행위 그 자체를 직접적으로 방지하거나 억제하는 것은 아니지만 저작물이 수록된 매체에 대한 접근 또는 그 매체의 재생·작동 등을 통한 저작물의 내용에 대한 접근 등을 방지하거나 억제함으로써 저작권 등을 보호하는 조치를 의미하고, 나목의 보호조치는 저작권 등을 구성하는 개

별 권리에 대한 침해 행위 그 자체를 직접적으로 방지하거나 억제하는 보호조치를 의미한다고 할 것이다. 여기서 문제되는 보호조치가 둘 중 어느 쪽에 해당하는지를 결정함에 있어서는, 저작권은 하나의 단일한 권리가 아니라 복제권, 배포권, 공연권 등 여러 권리들의 집합체로서 이들 권리는 각각 별개의 권리이므로 이 각각의 권리를 기준으로 개별적으로 판단하여야 한다.

나. 원심판결 이유와 원심이 적법하게 조사한 증거들에 의하면 다음과 같은 사정을 알 수 있다.

(1) 노래반주기 제작업체인 주식회사 금영(이하 '금영'이라고만 한다)은 사단법인 한국음악저작권협회(이하 '음악저작권협회'라고만 한다)로부터 음악저작물의 복제·배포에 관한 이용허락을 받아 매월 노래방에 신곡을 공급하고 있었다.

(2) 금영은 매달 고유번호가 부여된 데이터롬 칩을 제작하여 그 칩을 노래반주기에 장착하거나, 'KY 와이파이 모듈'이라는 USB를 노래반주기에 삽입한 후 스마트폰을 이용하여 스마트 토큰을 구입하여야만 신곡파일이 구동될 수 있도록 하는 두 가지 방식의 인증수단(이하 '이 사건 보호조치'라고 한다)을 마련하였다.

(3) 피고인 변승건은 신곡인증과 관련된 데이터를 조작하여 전월의 데이터롬 칩을 사용해도 신곡의 인증이 이루어지게 하거나, 스마트 토큰을 사용하지 않고도 신곡파일을 구동할 수 있도록 하는 장치를 제조·판매·보관하였고, 이러한 과정에서 이 사건 보호조치를 변경하거나 우회하였으며, 피고인 박재도는 피고인 변승건으로부터 이 사건 보호조치 중 데이터롬 칩 방식의 보호조치를 무력화하는 장치를 구매하여 노래반주기에 신곡파일을 설치해 주는 노래방 딜러들에게 판매하였다.

다. 이러한 사실관계를 앞에서 본 법리에 비추어 보면, 이 사건 보호조치는 복제권·배포권 등과 관련하여서는 복제·배포 등 행위 그 자체를 직접적으로 방지하거나 억제하는 조치는 아니지만 신곡파일의 재생을 통한 음악저작물의 내용에 대한 접근을 방지하거나 억제함으로써 복제·배포 등의 권리를 보호하는 저작권법 제2조 제28호 가목의 보호조치에 해당할 뿐만 아니라, 공연권과 관련하여서는 신곡파일을 재생의 방법으로 공중에게 공개하는 공연행위 그 자체를 직접적으로 방지하거나 억제하는 저작권법 제2조 제28호 나목의 보호조치에 해당한다.

한편 기록에 의하면, 노래방 딜러들은 별도의 대가 지불 없이 금영으로부터 신곡파일을 입수하여 이를 복제·배포할 수 있었던 것으로 보이기는 하나, 이는 금영이 이 사건 보호조치에 대한 대가를 받음으로써 굳이 저작물의 복제·배포를 통제하거나 그에 대한 별도의 대가를 받을 필요가 없게 됨에 따른 것이므로, 이러한 사정을 이유로 이 사건 보호조치가 복제권·배포권 등의 행사와 무관하다고 할 수는 없다. 또한 기록에 의하면, 노래방 영업주들은 음악저작권협회로부터 신곡의 판매 수량에 관계없이 정액제로 공연행위에 대하여 허락을 받은 것으로 보이나, 이 역시 이 사건 보호조치를 통한 인증을 당연한 전제로 하고 있는 것이므로 이 사건 보호조치 대신 이를 무력화하는 장치를 사용한 경우에까지 저작권자의 진정한 허락이 있다고 볼 수는 없다.

라. 결국 이 사건 보호조치가 저작권 등의 행사와 무관하게 접근만을 통제한다고 볼 수는 없으므로, 같은 취지의 원심의 판단은 정당하고, 거기에 상고이유로 주장하는 기술적 보호조치에 관한 법리를 오해하여 판결에 영향을 미친 위법 등이 있다고 할 수 없다.

2. 피고인들의 공연권 침해에 의한 저작권법위반과 관련한 상고이유에 관하여

가. 원심판결 이유에 의하면, 원심은, 피고인들과 원심 공동피고인 3, 4가 공모하여, 또는 피고인 변○○이 원심 공동피고인 5 내지 10과 각 공모하여, 피고인 변○○은 이 사건 보호조치를 무력화하는 장치를 제조하여 피고인 박○○ 또는 원심 공동피고인 5 내지 10에게 판매하고, 이들이 원심 공동피고인 3, 4를 통하여 또는 직접 노래방 영업주들에게 위 무력화 장치를 판매함으로써 음악저작권협회의 공연권을 침해하였다는 공소사실을 유죄로 판단하였다.

나. 그런데 실제로 공연행위를 한 사람은 공소외 노래방 영업주들이라고 보아야 하고(대법원 1996. 3. 22. 선고 95도1288 판결, 대법원 2001. 9. 28. 선고 2001도4100 판결 등 참조), 기록에 의하면 공소외 노래방 영업주들이 위 무력화 장치가 사용된 사실을 알고 있었다고 볼 만한 사정도 보이지 아니하므로, 이들에게 무력화 장치를 공급한 것에 불과한 피고인들이 공연권 침해에 의한 저작권법위반죄의 직접정범이 된다고 본 원심의 판단은 잘못이라 할 것이다. 그러나 피고인들과 다른 원심 공동피고인들의 행위는 무력화 장치가 사용된 사정을 모르는 노래방 영업주들로 하여금 앞서 본 바와 같이 저작권자의 진정한 허락 없이 공연행위를 하게 한 경우에 해당하여 저작권

법위반의 간접정범이 된다고 할 것이고, 이 경우 간접정범은 형법 제34조 제1항, 제31조 제1항에 의하여 죄를 실행한 자와 동일한 형으로 처벌되는 것이므로 원심의 위와 같은 잘못은 판결에 영향을 미친 위법이 되지 못한다 (대법원 1997. 7. 11. 선고 97도1180 판결, 대법원 2011. 5. 13. 선고 2011도1415 판결 등 참조).

다. 결국 원심의 이 부분 설시에 부적절한 점은 있으나 피고인들에게 공연권 침해에 의한 저작권법위반죄가 성립한다고 본 결론은 정당하고, 거기에 상고이유로 주장하는 위 죄에 관한 법리를 오해하여 판결에 영향을 미친 위법 등이 있다고 할 수 없다.』

☞ 노래반주기 제작업체가 일련의 인증절차를 거치지 않으면 노래반주기에서 신곡파일이 구동되지 않도록 마련한 이 사건 보호조치는, 복제권·배포권 등과 관련하여서는 복제·배포 등 행위 그 자체를 직접적으로 방지하거나 억제하는 조치는 아니지만 신곡파일의 재생을 통한 음악저작물의 내용에 대한 접근을 방지하거나 억제함으로써 복제·배포 등의 권리를 보호하는 저작권법 제2조 제28호 가목의 보호조치에 해당할 뿐만 아니라, 공연권과 관련하여서는 신곡파일을 재생의 방법으로 공중에게 공개하는 공연행위 그 자체를 직접적으로 방지하거나 억제하는 저작권법 제2조 제28호 나목의 보호조치에 해당한다고 하면서, 이 사건 보호조치를 직접 무력화하거나 무력화 장치를 제조·판매한 피고인들의 행위가 기술적 보호조치 무력화 금지의무 위반에 의한 저작권법위반죄에 해당한다고 인정한 사안이다.

Ⅲ. 기타 문제

1. 권리관리정보-지오서비스 사건[9-16)]

『피고는 원고와 사이에, 이 사건 원고 프로그램에 관하여 개발자 라이선스 1개, 최종사용자 라이선스 7개를 공급받아 이를 기초로 프로그램을 개발

9-16) 서울중앙지방법원 2014. 1. 23. 선고 2013가합23162 판결(항소취하); 권리관리정보란 '정보나 그 정보를 나타내는 숫자 또는 부호로서 각 정보가 저작권, 그 밖에 이 법에 따라 보호되는 권리에 의하여 보호되는 저작물 등의 원본이나 그 복제물에 부착되거나 그 공연·실행 또는 공중송신에 수반되는 것으로서, 가. 저작물 등을 식별하기 위한 정보 나. 저작권, 그 밖에 이 법에 따라 보호되는 권리를 가진 자를 식별하기 위한 정보 다. 저작물 등의 이용 방법 및 조건에 관한 정보' 중 어느 하나에 해당하는 것을 말한다.

하기로 합의하였음에도, 원고로부터 개발자 라이선스 1개, 최종사용자 라이선스 1개만을 공급받고는 이 사건 원고 프로그램을 이용하여 이 사건 피고 프로그램을 개발하고 서울특별시에 7개의 이 사건 피고 프로그램을 납품하였다. 따라서 피고는 …이 사건 원고 프로그램에서 저작권자를 식별하기 위한 권리관리정보를 제거·변경함(이하 '제4 주장'이라 한다)으로써 원고의 저작권을 침해하였다.

4) 원고의 제4 주장에 관한 판단

가) 관련 법 규정 …

나) 청구원인에 관한 판단

위 규정 취지에 비추어 이 사건을 보건대, 피고가 이 사건 원고 프로그램의 데이터 파일의 확장자 및 헤더정보 확인코드에 기재된 원고 회사 홈페이지 주소(www…)와 이를 검사하는 코드를 삭제하였고, 이 사건 원고 프로그램의 제품명을 표시하는 패키지명을 'GEOService.BlackPoint'에서 'Smart Eye'로 변경한 사실은 당사자 사이에 다툼이 없다.

위 인정사실에 의하면, 이 사건 원고 프로그램에 내장된 데이터 파일의 확장자 및 헤더정보 확인코드에 기재된 원고 회사 홈페이지 주소와 이 사건 원고 프로그램의 제품명을 표시하는 패키지명은 모두 원고의 상호인 '지오서비스' 또는 원고가 대표이사로 있는 '주식회사 지오서비스'의 영문명칭인 'geoservice'를 포함하고 있어 이 사건 원고 프로그램의 저작권자인 원고를 식별하기 위한 권리관리정보에 해당한다 할 것인데, 피고는 원고의 허락 없이 위 권리관리정보를 모두 삭제하거나 다른 이름으로 변경하였으므로, 특별한 사정이 없는 이상 피고는 원고의 저작권을 침해하였다.』

2. 링 크

가. 검색이미지 제공 사건[9-17)]

<사안의 개요>

9-17) 서울고등법원 2010. 7. 15. 선고 2010나31879 판결[파기환송 후 항소심, 서울고등법원 2008. 11. 19. 선고 2008나35779 판결(원고 일부승소), 대법원 2010. 3. 11. 선고 2009다4343 판결(파기환송). 이 사건은 같은 날 선고된 2007다76733, 2009다5643, 2009다76256, 2009다80637 사건의 각 판결과 동일 쟁점으로 결론이 엇갈린 항소심 판결들을 모아 결론과 법리를 정리한 것이다]. 이 사건 중 아래 「다. 내부이미지 부분」 중 「(1) 방조책임의 부담 여부」에 관하여는 후술한다.

원고는 사진작가로서 'www.○○.com'등을 개설·운영하면서 자신이 촬영한 765×510 픽셀(pixel)크기(인쇄할 경우 약 27㎝×18㎝)의 사진작품을 게시하고 있다. 피고는 온라인서비스제공업 등을 목적으로 설립된 법인으로서 포털사이트인 'www.○○.co.kr'을 개설·운영하고 있는바, 피고 웹사이트에서 이미지 검색서비스를 통해 제공되는 이미지는 그 출처에 따라, 다른 일반 인터넷 웹사이트에 게시된 이미지가 검색로봇과 같은 이미지 수집프로그램을 통해 수집되는 경우(이하 '외부이미지')와, 피고의 사이트에 회원으로 가입한 이용자에게 제공되는 '블로그', '이미지박스' 등의 이미지를 올릴(upload, 이하 '업로드') 수 있는 전자게시판 서비스를 통해 피고의 회원들이 피고의 서버에 업로드한 이미지가 검색프로그램을 통해 검색되는 경우(이하 '내부이미지')의 두 가지로 나뉜다.

<피고의 이미지 제공 방법>

1) 상세보기 방식에 의한 외부이미지 제공

피고 웹사이트에서 '해외이미지'라는 분류를 통해 검색되는 외부이미지의 경우, 피고는 이미지 검색프로그램을 이용하여 각종 인터넷 웹사이트에 게시된 이미지 파일을 무작위로 검색·수집하여 이를 가로 약 3cm, 세로 약 2.5cm 크기의 썸네일 이미지(thumbnail image)로 축소·변환한 뒤 그 썸네일 이미지와 원래 이미지가 저장된 인터넷 주소를 자신의 서버에 저장해 두었다가, 이용자가 특정 썸네일 이미지를 선택(click)하면 화면 중앙부에 원래의 사진이미지를 복제한 후 500×330 픽셀 크기(인쇄할 경우 약 17.64㎝×13.23㎝)로 축소·변환하여 보여 주며, 그 이미지의 하단에 이미지 파일의 제목과 이미지가 위치한 인터넷 주소(URL), 파일 크기 등의 정보가 표시된다. 여기서 이용자가 '자동넘기기' 기능을 선택하면 각 썸네일 이미지의 상세보기 이미지가 일정한 시차를 두고 자동으로 순환되고(썸네일 이미지를 목록화하여 보여 주는 검색결과 화면에서 '슬라이드 쇼'기능을 선택하는 경우에도 동일함), '원본보기' 기능을 선택하면 원래의 사진이미지가 게시된 웹페이지로 이동한다.

2) 링크 방식에 의한 외부이미지 제공

피고 웹사이트에서 '웹이미지'라는 분류를 통해 검색되는 외부이미지의 경우, 피고는 이미지 검색 프로그램을 이용하여 각종 인터넷 웹사이트에 게시된 이미지 파일을 무작위로 검색·수집하여 그 썸네일 이미지와 원래 이미지가 저장된 인터넷 주소를 자신의 서버에 저장해 두었다가, 이용자가 검색어를 입력하면 그에 해당하는 썸네일 이미지를 목록화하여 보여 주고, 다시 이용자가 특정 썸네일 이미지를 선택하면 피고 웹사이트의 화면 창(window)을 상·하단으로 나눈 다음, 상단에는 검색결과에 해당하는 썸네일 이미지목록과 원래의 이미지가 게시된 웹사이트에 대한 인터넷 주소 등의 정보를, 하단에는 이용자가 선택한 썸네일 이미지의 원래 이미지가 저장된 인터넷 주소에 연결(link)하여 원래의 웹페이지의 모습을 각 보여 주며, 위 화면의 상단과 하단 사이에 “본 이미지 원본은 하단의 사이트에 위치하고 있습니다”라는 문구가 표시된다. 이용자가 상단에 위치한 ‘프레임닫기’ 기능을 선택하면 원래의 이미지가 게시된 웹페이지로 이동한다.

3) 상세보기 방식에 의한 내부이미지 제공

피고는 피고와 이용계약을 체결한 회원들에게 개인화된 서비스인 ‘블로그’, ‘이미지박스’ 등을 통해 이미지를 업로드할 수 있는 전자게시판 서비스를 제공하고 있는데, 피고의 회원들은 위 게시판에 내부이미지를 업로드할 때 이를 검색에 제공할지 여부 등을 선택할 수 있다. 피고는 회원들이 ‘블로그’, ‘이미지박스’의 게시판 기능을 이용하여 내부이미지를 업로드하면 이를 피고의 서버에 저장하게 한 뒤, 위 이미지의 썸네일 이미지를 추출하여 별도로 피고의 서버에 저장하며, 이용자가 검색어를 입력하면 그에 해당하는 썸네일 이미지를 목록화하여 보여 주고, 다시 이용자가 특정 썸네일 이미지를 선택하면 화면 중앙부에 원래의 이미지를 상세보기 방식으로 나타낸다. 또한, 위 이미지의 아래에는 그 제목, 내용, 파일의 정보, 출처(블로그, 이미지박스 등)가 표시되고, 여기서 이용자가 ‘자동넘기기’ 기능을 선택하면 각 썸네일 이미지의 상세보기 이미지가 일정한 시차를 두고 자동으로 순환되며, ‘원본보기’ 또는 ‘원본이미지보기’기능을 선택하면 원래의 이미지가 게시된 블로그 등으로 이동한다.

4) 피고의 이미지 제공방법 변경

피고는 저작권침해 문제가 제기되자 2006. 5. 20.경 이후 피고의 ‘이미지박스’ 웹페이지에서 ‘해외이미지’라는 분류를 통해 검색되는 외부이미지에 대해서 상세보기 방식에서 링크 방식으로 검색서비스 제공 방식을 변경하였고, 이 사건 소가 제기된 이후인 2007. 5. 28.경 내부이미지에 대해서도 상세보기 방식에서 링크 방식으로 이를 변경하였다.

<법원의 판단>

「3. 저작권침해 여부에 관한 판단

…

나. 외부이미지 부분

(1) 링크방식

(가) 구 저작권법 제2조 제14호는 '복제'란 인쇄·사진·복사·녹음·녹화 그 밖의 방법에 의하여 유형물에 고정하거나 유형물로 다시 제작하는 것을 말하며, 같은 조 제9의2호는 '전송'이란 일반공중이 개별적으로 선택한 시간과 장소에서 수신하거나 이용할 수 있도록 저작물을 무선 또는 유선통신의 방법에 의하여 송신하거나 이용에 제공하는 것을 말한다고 규정하고 있고, 한편 구 저작권법은 같은 법 제19조 소정의 '전시'에 관하여는 별도의 정의 규정을 두고 있지 않지만, 그 입법취지 등을 고려하면 위 법조에서 말하는 '전시'는 미술저작물·건축저작물 또는 사진저작물의 원작품이나 그 복제물 등의 유형물을 일반인이 자유로이 관람할 수 있도록 진열하거나 게시하는 것을 말한다고 할 것이다.

(나) 그런데 이른바 인터넷 링크(Internet link)는 인터넷에서 링크하고자 하는 웹페이지나, 웹사이트 등의 서버에 저장된 개개의 저작물 등의 웹 위치 정보 내지 경로를 나타낸 것에 불과하여, 비록 인터넷 이용자가 링크 부분을 클릭함으로써 링크된 웹페이지나 개개의 저작물에 직접 연결한다 하더라도, 이는 구 저작권법 제2조 제14호에 규정된 '유형물에 고정하거나 유형물로 다시 제작하는 것'에 해당하지 아니하고, 또한 저작물의 전송의뢰를 하는 지시 또는 의뢰의 준비행위로 볼 수 있을지언정 같은 조 제9의2호에 규정된 '송신하거나 이용에 제공하는 것'에 해당하지 아니함은 물론, 같은 법 제19조에서 말하는 '유형물을 진열하거나 게시하는 것'에도 해당하지 아니한다. 그러므로 위와 같은 링크를 하는 행위는 구 저작권법이 규정하는 복제, 전송 및 전시에 해당하지 않는다고 할 것이다(대법원 2009. 11. 26. 선고 2008다77405 판결 등 참조).

(다) 그렇다면 온라인서비스제공자로서 인터넷 포털사이트를 개설·운영하

고 있는 피고가 그 웹사이트에서, '웹이미지'라는 분류를 통해 검색되는 원고의 사진작품 또는 그 복제물인 외부이미지 63점에 관하여, 인터넷 이용자가 그 썸네일 이미지(thumbnail image)를 선택(click)하면 피고 웹사이트의 화면 창(window)을 상·하단으로 나눈 다음, 상단에는 검색결과에 해당하는 썸네일 이미지 목록 등을, 하단에는 인터넷 이용자가 선택한 썸네일 이미지의 원래 이미지가 저장된 인터넷 주소에 연결(link)하여 원래의 웹페이지의 모습을 각 보여 주는 방식으로 이미지 검색 서비스를 제공하였다는 사유만으로는 원고의 복제권, 전송권 및 전시권을 침해한 것으로 볼 수 없다 할 것이다.

(라) 이에 대하여 원고는, 그가 자신의 사진 작품에 2005. 1.경부터 마우스 오른쪽 버튼 차단 장치 등 복제방지조치를 설치하였는데 피고는 링크방식을 통하여 위 복제방지조치를 무단으로 제거하였으므로 이는 구 저작권법 제92조 제2항에서 침해로 보는 행위인 '정당한 권리 없이 저작권 그 밖에 이 법에 의하여 보호되는 권리의 기술적 보호조치를 제거·변경·우회하는 등 무력화하는 것을 주된 목적으로 하는 기술·서비스·제품·장치 또는 그 주요부품을 제공·제조·수입·양도·대여 또는 전송하는 행위'에 해당한다는 취지로 주장하나, 갑 제5호증의229 내지 291의 각 기재만으로는 위 주장사실을 인정하기 부족하고 달리 이를 인정할 충분한 증거가 없으므로 위 주장은 이유 없다.

(마) 따라서 링크방식의 이미지 제공에 관한 원고의 저작권 침해 주장은 이유 없다.

(2) 상세보기 방식

(가) 복제권 등 침해 여부

먼저, 피고가 그 웹사이트에서 '해외이미지'라는 분류를 통해 검색되는 원고의 사진들에 대한 복제권, 전송권 및 전시권을 침해하였다고 하기 위해서는 피고가 원래의 사진 이미지 또는 적어도 이를 상세보기 이미지 크기로 축소, 변환한 이미지를 자신이 직접 관리하는 서버 등의 유형물에 저장하고 있었다는 점이 인정되어야 하는데 이를 인정할 증거가 없다.

다만, 피고 웹사이트에서 '해외이미지'라는 분류를 통해 검색되는 외부이미지의 경우, 피고가 이미지 검색프로그램을 이용하여 각종 인터넷 웹사이트에 게시된 이미지를 무작위로 검색·수집하여 그 썸네일 이미지와 원래 이미지가 저장된 인터넷 주소를 자신의 서버에 저장해 두었다가, 인터넷 이용자가 검색어를 입력하면 그에 해당하는 썸네일 이미지를 목록화하여 보여 주고, 인터넷 이용자가 다시 그 중 특정 썸네일 이미지를 선택하면 화면 중앙부에 원래의 이미지를 상세보기 이미지로 축소하여 보여 주며, 그 하단에서 원래 이미지가 위치한 인터넷 주소(URL), 파일 크기 등의 정보를 보여 주고 있는 사실은 앞에서 본 바와 같다. 그러나 이른바 인터넷 링크에 의하여 이미지를 보여 주는 방법에는 웹브라우저에서 인터넷 이용자를 특정 웹페이지로 이동시켜 주는 방식 외에, 동일 서버 또는 다른 서버에 있는 이미지를, 링크를 제공하는 웹페이지의 특정한 위치에 특정한 크기로 나타나도록 하는 방식으로도 구현할 수 있으며, 후자의 방식에 의할 경우에는 웹브라우저의 주소창에 표시된 웹사이트의 주소가 변하지 않은 채 링크된 다른 웹사이트의 이미지 등에 직접 연결할 수 있고, 앞서 본 바와 같이 인터넷 링크는 인터넷에서 링크하고자 하는 웹페이지나 개개의 저작물 등의 웹 위치 정보 내지 경로를 나타낸 것에 불과하므로, 위와 같은 사정만으로는 피고가 원래의 이미지 또는 이를 축소, 변환한 상세보기 이미지를 자신이 직접 관리하는 서버 등의 유형물에 저장하였다고 단정하기에 부족하다.

따라서 상세보기 방식의 이미지 제공에 관한 원고의 복제권 등 침해 주장은 이유 없다.

(나) 성명표시권 침해, 출처명시의무 위반 여부

구 저작권법은 제12조 제1항에서 '저작자는 저작물의 원작품이나 그 복제물에 또는 저작물의 공표에 있어서 그의 실명 또는 이명을 표시할 권리를 가진다'고 규정하고, 같은 조 제2항 본문에서 '저작물을 이용하는 자는 그 저작자의 특별한 의사표시가 없는 때에는 저작자가 그의 실명 또는 이명을 표시한 바에 따라 이를 표시하여야 한다'고 규정하고, 제34조 제1항 본문에서 '이 절의 규정에 의하여 저작물을 이용하는 자는 그 출처를 명시하여야 한다'고 규정하고 있는바, 위 각 법률조항의 입법취지나 관련 법규정 등에 비추어 볼 때 구 저작권법 제12조 제2항, 제34조 제1항 각 본문에서 규정한 '저작물을 이용'한다고 함은 같은 법에서 저작자의 권리로서 보호하는 복제, 전송, 전시 등과 같은 방식으로 저작물을 이용하는 것을 의미한다고 봄이 상당하다.

따라서 피고의 웹사이트에서 '해외이미지'라는 분류를 통해 검색되는 원고의 사진 또는 그 복제물인 외부이미지 221점 중 '슬라이드 쇼' 기능을 선택하면 화면에 보이는 이미지 102점에 관하여 원고의 주장처럼 피고가 원고의 성명표시권을 침해하였다거나 출처명시의무를 위반하였다고 인정하기 위해서는, 그 전제로서 이를 구 저작권법에서 저작자의 권리로서 보호하는 복제, 전송, 전시 등과 같은 방식으로 이용한 사실이 인정되어야 하는데, 피고가 위 이미지들을 그와 같은 방식으로 이용하였다고 단정할 수 없음은 앞서 본 바와 같으므로 원고의 위 주장도 이유 없다.

다. 내부이미지 부분

(1) 직접 침해행위로 인한 불법행위책임의 부담 여부

피고가 회원으로 가입한 인터넷 이용자들에게 '이미지박스', '블로그' 등을 통해 원심 판시 내부이미지를 올릴(upload) 수 있는 전자게시판 서비스를 제공하고 있음은 앞에서 본 것과 같은바, 회원들이 위 게시판 기능을 이용하여 자신의 '이미지박스' 등 게시판에 원고의 허락 없이 올린 원고 사진의 복제물(내부이미지) 266점에 관하여, 이로써 피고가 원고의 복제권, 전송권 및 전시권 등을 직접 침해하여 불법행위 책임을 부담한다고 하기 위하여는, 피고가 원래의 사진이미지 또는 적어도 이를 상세보기 이미지 크기로 축소, 변환한 이미지를 회원들에게 할당한 공간과 별도로 피고가 직접 관리하는 서버 등의 유형물에 저장하고 있었다는 등의 사정이 인정되어야 하는데 이를 인정할 증거가 없다.

다만, 앞서 본 바에 의하면, 피고는 회원들이 위 게시판 기능을 이용하여 내부이미지를 올리면 그 썸네일 이미지를 추출하여 별도로 피고의 서버에 저장한 다음, 인터넷 이용자가 검색어를 입력하면 그에 해당하는 썸네일 이미지를 목록화하여 보여 주고, 인터넷 이용자가 다시 특정 썸네일 이미지를 선택하면 화면 중앙부에 원래의 사진이미지를 상세보기 이미지 크기로 축소하여 보여 주며, 위 이미지의 아래에는 그 제목, 내용, 파일의 정보, 출처가 표시되는 점, 여기서 이용자가 '자동넘기기' 기능을 선택하면 각 썸네일 이미지의 상세보기 이미지가 일정한 시차를 두고 자동으로 순환되며, '원본보기' 또는 '원본이미지보기' 기능을 선택하면 원래의 이미지가 게시된 '블로그' 등으로 이동되는 점 등을 알 수 있으나, 앞서 본 바와 같이 인터넷 링크방식에 의해서도 원래의 사진이미지 또는 상세보기 이미지를 보여 주는 것이 가능하기 때문에 위와 같은 사정만으로는 피고가 원래의 사진이미지 또는 이를 축소, 변환한 상세보기 이미지를 자신이 직접 관리하는 서버 등의 유형물에 저장하였다고 단정하기에 부족하다.

따라서 피고가 원고의 위 사진들에 대한 복제권, 전송권 및 전시권 등을 직접 침해하였다는 원고의 위 주장은 이유 없다.』

나. 링크침해방조 사건[9-18)]

<사안의 개요>

피고인은 자신의 주거지에 단독으로 약 8.3TB 용량에 이르는 서버와 관련 컴퓨터를 설치하여 '츄잉'사이트를 개설한 후 이를 관리하며 운영하는 사람으로 해외에 주소를 둔 블로그 등을 통하여 게시되는 각종 일본 만화 디지털자료가 저작권 이용 허락을 받지 않은 디지털컨텐츠라는 사실을 알고 있었음에도 위 사이트를 개설하여 만화, 애니메이션, 이미지 등에 따른 항목을 구분하고 다시 그 항목에 개별 만화명에 따라 분리한 후, 회원으로 가입한 운영진들에게 그들이 해외에 있는 각 블로그 등에 개설한 만화 등 관련 디지털 자료를 업로드하거나 링크를 걸 수 있도록 하고, 다른 일반 회원들로 하여금 검색 및 폴더 열람 등의 방법으로 링크를 통하여 해외에 있는 위 운영진들이 개설한 각 블로그 등에 쉽게 접근하여 위 만화들을 볼 수 있게 하고, 그 클릭 수에 따라 구글 배너 광고료를 받는 방법으로 수익을 올려 왔으며 현재 위 사이트의 회원 수는 약 21만 명이 넘는다. 피고인은 2011. 3. 3.경부터 2012. 1. 25.경까지 ○○주식회사에서 일본 출판사인 ◇◇사와 계약 체결한 후 한국어로 번역하여 출판하는 일본만화인 '원피스', '나루토'에 대하여, 피고인이 운영하는 위 사이트의 게시판에 만화명에 따라 구분을 한 후 위 만화들이 출간되기 전에 운영진 등 일부 회원이 자신의 블로그 등에 번역하여 게시한 만화를 쉽게 다른 사람들이 볼 수 있게 링크하도록 하여 위 '원피스', '나루토'를 1주일에 1회 주기로 게재하도록 방치하였다. 피고인은 이와 같이 운영진 등 일부 회원들이 링크를 걸어 올린 각종 저작재산권 보호대상 디지털 컨텐츠를 위 츄잉사이트의 다수 회원 및 불특정 다수인이 열람 또는 다운로드를 할 수 있도록 하여 별지 범죄일람표 기재와 같이 총 44회에 걸쳐 이를 복제·배포 등을 하는 행위를 그대로 방치하여 상습적으로 저작권자의 저작재산권의 침해를 용이하게 하여 이를 방조하였다.

9-18) 대법원 2015. 3. 12. 선고 2012도13748 판결(청주지방법원 2012. 10. 19. 선고 2012노626 판결).

<법원의 판단>

대법원은 다음과 같이 판단하였다. 「링크를 하는 행위 자체는 위와 같이 인터넷에서 링크하고자 하는 웹페이지 등의 위치 정보나 경로를 나타낸 것에 불과하여, 인터넷 이용자가 링크 부분을 클릭함으로써 저작권자로부터 이용 허락을 받지 아니한 저작물을 게시하거나 인터넷 이용자에게 그러한 저작물을 송신하는 등의 방법으로 저작권자의 복제권이나 공중송신권을 침해하는 웹페이지 등에 직접 연결된다고 하더라도 그 침해행위의 실행 자체를 용이하게 한다고 할 수는 없으므로, 이러한 링크 행위만으로는 위와 같은 저작재산권 침해행위의 방조행위에 해당한다고 볼 수 없다.

『2. 원심이 적법하게 채택한 증거들에 의하면, 피고인은 원심 판시 이 사건 츄잉사이트를 관리·운영하는 사람인데, 이 사건 츄잉사이트의 일부 회원들이 그 사이트의 게시판에, 저작권자로부터 이용 허락을 받지 아니한 일본 만화 등 디지털콘텐츠(이하 '이 사건 디지털콘텐츠'라고 한다)를 게시하여 인터넷 이용자가 이를 열람 또는 다운로드(download)할 수 있도록 하는 원심 판시 외국 블로그(blog)에 연결되는 링크 글을 게재하였음에도 피고인이 이를 삭제하지 않고 방치하였음을 알 수 있다.

이러한 사정을 앞서 본 법리에 비추어 살펴보면, 이 사건 츄잉사이트의 일부 회원들이 위와 같이 링크를 하는 행위는 저작권법이 규정하는 복제 및 전송에 해당하지 아니하여 이로써 저작권자의 복제권이나 공중송신권을 침해하였다고 할 수 없다. 또한 비록 외국 블로그에서 이 사건 디지털콘텐츠에 관한 복제권이나 공중송신권 등의 저작재산권을 침해하고 있고 인터넷 이용자가 위 링크 부분을 클릭함으로써 그러한 외국 블로그에 직접 연결된다고 하더라도, 그러한 링크 행위만으로는 위와 같은 저작재산권 침해의 방조행위에 해당한다고 볼 수도 없다.』

참고로 항소심은 판시는 다음과 같다.

『이 사건의 경우 방조의 대상을 인터넷 이용자 등이 외국 블로그에 이 사건 디지털컨텐츠를 게시한 행위로 볼 것인지 아니면 이 사건 츄잉사이트의 회원이 이 사건 츄잉사이트에 이 사건 링크 글을 게재한 행위로 볼 것인지 명확하지 않으므로 이 두가지 경우를 각 검토한다.

1) 인터넷 이용자 등이 외국블로그에 이 사건 디지털컨텐츠를 게시한 행위

…이러한 법리에 따르면 인터넷 이용자 등이 외국 블로그 등에 이 사건 디지털컨텐츠를 게시한 행위는 유형물인 블로그 등을 운영하기 위한 서버의 보조기억장치(유·무선 전기통신회선에 접속하고 있어 이용자의 요청에 따라 즉시 저장된 자료를 송신할 수 있는 저장영역을 가진 장치)에 디지털컨텐츠를 고정, 저장한 것이므로, 저작권자의 복제권 침해에 해당한다.

한편 형법상 방조행위는 정범의 실행행위를 용이하게 하는 것을 의미하는 바(대법원 1995. 9. 29. 선고 95도456 판결 등 참조), 인터넷 이용자 등이 외국 블로그에 이 사건 디지털컨텐츠를 게시하는 순간 범죄는 기수에 이르지만 그 이후 위 게시를 철회하기까지는 실행행위가 종료된다고 볼 수 없다. 그러므로 위 게시가 철회되기까지는 유·무형의 방법으로 방조행위가 이루어질 수 있지만, 그 방조행위는 복제권 침해의 실행행위 자체를 용이하게 하는 방법으로만 가능하다고 할 것이다.

그런데 이 사건 링크 행위나 이 사건 링크 글을 방치하는 행위는 인터넷 이용자 등에 대하여 복제권 침해의 실행행위를 용이하게 한 것이 아니라, 인터넷 이용자 등과 무관한 지위에서 단순히 인터넷 이용자 등에 의하여 복제권이 침해된 상태를 이용한 것에 불과하다고 할 것이어서 그 행위를 방조행위로 볼 수 없고, 그 행위가 복제권 침해행위로 인한 피해를 확산시키는 결과를 가져오더라도 달리 볼 것은 아니다.

따라서 피고인이 이 사건 링크 글을 삭제하지 않고 방치하였다고 하여 인터넷 이용자 등이 외국 블로그에 이 사건 디지털컨텐츠를 게시하여 복제권을 침해하는 행위를 방조하였다고 할 수 없다.

2) 이 사건 링크 행위

가) …

나) 이러한 법리에 따르면 이 사건 링크 행위는 심층링크 또는 직접링크에 해당하는 것으로서 인터넷에서 링크하고자 하는 저작물의 웹 위치 정보 내지 경로를 나타낸 것에 불과하므로 저작권법 제2조 제22호에 규정된 "유형물에 고정하거나 유형물로 다시 제작하는 것"에 해당하지 아니하고, 저작물의 원작품 또는 그 복제물을 유형물의 형태로 일반 공중에게 양도 또는 대여하는 것에도 해당하지 아니하므로, 이 사건 링크 행위는 저작권법이 규정하는 복제 또는 배포에 해당하지 않는다. 따라서 이 사건 링크 행위가 저작권법위반 정범의 행위에 해당하지 않으므로, 피고인이 이 사건 링크 글을 방치한 행위를 저작권법위반방조라 할 수 없다.

다) 한편 이 사건 링크 행위가 앞서 본 디지털컨텐츠를 게시하여 복제권을 침해하는 행위의 방조행위에 해당한다고 볼 경우, 피고인이 이 사건 링크 글을 삭제하지 않고 방치한 행위는 방조행위인 이 사건 링크 행위를 방조한 것으로 보아 방조의 방조, 즉 간접방조로서 원래 정범의 행위인 복제권 침해 행위의 방조에 해당할 여지가 있으나, 제3의 라 1)항에서 본 것과 같이 이 사건 링크 행위를 복제권 침해 행위의 방조라 할 수 없으므로 피고인이 이 사건 링크 글을 방치한 행위도 그에 대한 방조라 할 수 없다.』

☞ 이에 대하여는 우선 검사의 공소제기에 있어서 정범의 행위를 사전적 침해행위로 잘못 특정하여 제시한 오류가 있고 그로 말미암아 위와 같은 판결이 나오게 된 것인데, 특히 마치 사후적 침해행위까지 포함하여 링크행위를 침해방조행위로 볼 수 있는 가능성을 전적으로 부정한 것으로 오해될 수 있는 문구로 작성된 것은 중대한 오류로, 자칫 문화산업의 제도적 기반이 붕괴될 수도 있다는 비판[9-19]이 있다.

9-19) 이해완, 497면.

제10장 온라인서비스제공자의 책임과 제한

Ⅰ. 온라인서비스제공자의 일반적 책임

1. 온라인서비스제공자의 책임

이용자들이 정보통신망을 이용할 수 있도록 서비스를 제공하는 온라인서비스제공자(Online Service Provider, 이하 'OSP')[10-1]는, 비록 저작권 등 침해물이 유통되는 경우 그 매개행위에 관여하였을 뿐이지만 스스로 위험원인 정보통신망 등을 관리하면서 특정인에 대하여 통신망에 대한 접근을 거절하거나 또는 특정 정보를 삭제할 수 있는 지위에 있고, 정보의 유통으로 인하여 직간접적으로 경제적 이익을 향유하며, 공간을 제공하는 주체라는 점에서 법적 책임에 관하여 논의가 불가피하다. 이들에 관한 책임론은 인터넷을 통한 여론형성(참여민주주의)의 측면, 이용자들의 표현의 자유라는 측면 및 관련사업의 보호라는 측면에서 논의될 필요성도 크지만, 본 장에서 다룰 저작권법에 한정하여 볼 때, OSP의 책임은 민법 제760조 제3항에서 정한 침해행위의

10-1) 저작권법 제2조 제30호는 여러 층위에 걸쳐 다양하게 존재하는 OSP의 정의규정을 책임제한에 맞추어 '이용자가 선택한 저작물 등을 그 내용의 수정 없이 이용자가 지정한 지점 사이에서 정보통신망을 통하여 전달하기 위하여 송신하거나 경로를 지정하거나 연결을 제공하는 자'(가.목)와 '이용자들이 정보통신망에 접속하거나 정보통신망을 통하여 저작물 등을 복제·전송할 수 있도록 서비스를 제공하거나 그를 위한 설비를 제공 또는 운영하는 자'(나.목)로 정의하고 있다. 이러한 자세한 규정은 일반적으로 책임부과의 요건이 아니라 책임면제의 요건으로 가능하게 하려는 것이 목적이라고 설명되는데 대체로 가.목은 후술할 인터넷 접속서비스제공자를, 나.목은 인터넷 접속서비스제공자를 포함한 캐싱서비스제공자, 저장서비스제공자, 정보검색서비스제공자를 의미한다고 한다. 박성호, 698면.

방조자(간접침해행위자)로서 이용자와 함께 공동불법행위책임을 지는 것으로 법리가 정리되었고,[10-2] 나아가 책임제한사유에 해당하느냐가 다시 논의되는 구조를 취하고 있다. 그리고 이러한 법리는 법 제102조, 제103조에 따라 그 면책사유를 유형화됨으로써 형사책임을 포함하여 면책가능성을 명확히 하고 있으므로 이하에서는 관련 조항과 법리를 간략히 정리한 후 사례들을 살펴보도록 한다.

2. 관련 조항과 법리

가. 서비스유형(기술적 특성)에 따른 필요적 책임면제(법 제102조)

법 제102조는 OSP의 안정적 사업영위를 위하여 제공하는 서비스의 유형(단순도관, 캐싱, 저장, 정보검색)에 따라 그와 관련된 침해행위에 대한 면책요건을 세분하여 정하고 있다.

OSP의 서비스유형	기술적 특징
인터넷 접속서비스(1호)(단순도관, mere conduit)	네트워크와 네트워크 사이에 통신하기 위하여 서버까지 경로를 설정하고 이를 연결해 주는 서비스(KT, SKT 등)
캐싱(caching)[10-3](2호)	OSP가 이용률이 일정수준 이상이 되는 콘텐츠를 중앙서버와 별도로 구축된 캐시서버에 자동적으로 임시 저장하여 이용자가 캐시서버를 통해 해당 콘텐츠를 이용할 수 있도록 하는 서비스
저장(호스팅) 서비스(3호)	카페, 블로그, 웹하드[10-4] 등 일정한 자료를 하드디스크나 서버에 저장·사용할 수 있게 하는 서비스(인터넷 게시판 등)
정보검색도구 서비스(4호)	인터넷에서 정보를 검색하여 정보를 제공하여 주는 서비스(네이버, 구글 등 검색서비스)

10-2) 상세는 박준석, 인터넷서비스제공자의 책임, 박영사(2006), 52~63면.

10-3) 자주 이용되는 디지털 정보를 캐시(Cache)라고 불리는 저장공간에 임시로 저장한 후에 이를 다시 이용하고자 하는 경우 그 정보의 원래의 출처로 다시 갈 필요성이 없도록 하는 기술을 의미하는데 이는 네트워크 트래픽에서의 전송정체를 감소시키기 위한 방편으로 이해된다.

10-4) 웹하드는 일반적으로 온라인상에 일정 용량의 저장공간을 확보하여 이용자가 인터넷 접속이 가능한 어느 곳에서든 파일을 업로드 및 다운로드할 수 있도록 하면서 이를 저장, 열람, 편집하고 다른 사람들도 그 파일을 다운로드할 수 있도록 하여 다수의 사람들과 파일을 공유할 수 있는 인터넷파일 관리 서비스로 정의할 수 있다(후술 2012가단35778 판결).

OSP가 위와 같은 조치를 취하는 것이 기술적으로 불가능한 경우에는 타인의 권리침해행위에 대해 책임을 지지 않는다.[10-5] 또한 OSP는 침해행위가 일어나는지를 모니터링하거나 침해행위를 적극적으로 조사할 의무를 지지 않는다.

나. 복제·전송의 중단 및 그로 인한 책임제한(법 제103조)

법은 위 인터넷 접속서비스(1호)를 제외한 3가지 범주의 서비스 유형에 관하여 저작권 침해 등을 이유로 하는 복제·전송의 중단 절차를 규정하고 있다. 특히 저장서비스제공자가 침해를 실제로 알게 되거나 복제·전송의 중단요구 등을 통하여 침해가 명백하다는 사실 또는 정황을 알게 된 때에 즉시 그 저작물 등의 복제·전송을 중단시킨 경우를 면책요건으로 삼고 중단요구를 받은 경우의 처리방법 및 면책과 관련하여 법 제103조에서 상세히 규정을 두고 있다. 즉 OSP가 법 제103조에서 정한 절차에 의하여 권리주장자의 요구에 따라 저작물 등의 복제·전송을 중단시키거나 복제·전송자의 권리 소명에 따라 복제·전송을 재개시킨 경우 등에는 타인의 저작권 등 침해에 대한 책임 및 복제·전송자에게 발생하는 손해에 대한 책임을 면제하고 있다. 또한 개정법은 제103조의2 및 3을 신설하여 침해의 정지 등을 명하는 경우 법원의 명령범위를 규정하고 있고, 불법침해자 정보제공 청구제도를 도입하여 권리주장자가 민사상 소제기 및 형사상의 고소를 위하여 필요한 최소한의 정보를 OSP에게 요청하였으나 거절당한 경우 문화체육관광부장관에게 정보제공을 명령할 것을 청구할 수 있도록 규정하고 있다.

다. 특수한 유형의 OSP의 의무 등(법 제104조)

다른 사람들 상호 간에 컴퓨터를 이용하여 저작물 등을 전송하도록 하는 것을 주된 목적으로 하는 OSP(예를 들어 P2P서비스 제공자)는 권리자의 요청이 있는 경우 해당 저작물 등의 불법적인 전송을 차단하는 기술적인 조치 등 필요한 조치를 하여야 하고(법 제104조), 그 조치를 하지 아니한 자에게는 3천만 원 이하의 과태료를 부과하도록 규정하고 있다.

10-5) 상세는 임원선, 404~405면, 박성호, 706면 이하 참조.

Ⅱ. 판단 사례

1. 칵테일 사건[10-6)]

<사안의 개요>

원고들은, 피고가 홈페이지를 운영하면서 이용자들이 자유롭게 이용할 수 있는 자료실을 개설하여 놓았다면 그와 같은 자료실을 통하여 불법복제물이 등록되고 이를 통하여 대량의 불법복제가 발생할 위험이 있으므로 이를 관리하는 운영자로서 마땅히 이곳에 타인의 저작권을 침해하는 불법복제물이 등록되는 일이 있는지 여부를 수시로 확인해 보아야 할 주의의무가 있음에도 불구하고 이를 게을리하여 위 자료실게시판에 이 사건 등록이 이루어진지 1개월 이상이 경과하도록 방치하여 수많은 이용자들에 의하여 조회 및 다운로드를 가능케 함으로써 원고 회사의 저작권을 침해하였으며 그와 같은 피고의 침해행위로 말미암아 이 사건 프로그램을 실질적으로 개발, 발전시킨 원고 이○○은 정신적 고통을 얻었다고 주장하면서 피고를 상대로 이 사건 프로그램의 저작권자인 원고 회사에게 저작권침해로 인한 재산적 손해로서 금 268,661,200원, 원고 이○○에게 위자료로 금 4천만 원을 배상할 것을 구한다.

<법원의 판단>

『살피건대 일반적으로 불법행위책임에 있어서 그 책임은 당해 침해행위의 직접적인 귀속자가 부담하는 것일 뿐 이로 인한 책임을 제3자에게 물을 수 없음이 원칙이라 할 것이고, 다만 교사·방조에 의한 공동불법행위책임이나 사용자책임의 법리에서와 같이 침해행위를 직접적으로 행하지 아니한 제3자라 하더라도 침해행위 또는 침해행위자와의 관련성이 있는 것으로 평가되는 경우에 한하여 예외적으로 그 제3자를 상대로 그 책임을 물을 수 있다 할 것이다. 이러한 점에서 볼 때, 컴퓨터를 사용한 PC통신이나 인터넷 등 온라인을 통하여 다수의 이용자로 하여금 자료의 전송 등을 수행할 수 있도록 이른바 사이버공간이라는 장소와 시설을 제공하고 이용자의 요구에 의하여 이용자의 행위를 매개하여 주는 과정에서 타인의 저작권 기타 권리를 침

10-6) 서울중앙지방법원 1999. 12. 3. 선고 98가합111554 판결(확정).

해하는 자료의 전송 등이 이루어진 경우에 있어서도 그와 같은 자료의 전송 등을 통한 타인의 권리침해에 관한 1차적인 책임은 여전히 이를 직접적으로 수행한 이용자에게 있다 할 것이고, 인터넷 등 온라인의 속성상 컴퓨터 사용의 보편화로 불특정다수의 이용자들에 의한 침해행위가 비교적 간단한 조작으로 용이하게 수행될 수 있는 반면 그 침해행위로 인한 파급효과는 순식간에 걸쳐 광범위하게 확대될 수 있다는 점을 감안하더라도 그와 같은 전송 등이 가능하도록 장소나 시설을 제공한 것에 불과한 자는 이를 통하여 발생하는 불법행위에 관하여 자신이 직접적인 고의를 가지고 있지 아니한 이상 원칙적으로는 그러한 장소나 시설의 제공사실만을 가지고 곧바로 침해에 대한 직접적인 책임을 부담하는 것으로 보아야 할 아무런 근거가 없는 것이며, 다만 예외적으로 이들이 이용자의 침해행위를 적극적으로 야기하였다거나 우연한 기회나 권리자로부터의 고지를 통하여 이용자의 침해물 또는 침해행위의 존재를 인식하고도 이를 방치한 경우 또는 이들이 침해행위를 통제할 권리와 능력이 있고 그 침해행위로부터 직접적인 재산상 이익을 얻는 경우 등과 같이 이용자의 직접적인 침해행위와 동일하게 평가할 수 있을 만한 특별한 사정이 있는 경우에는 그 책임을 인정하여야 할 경우가 있을 수 있으며 그러한 경우에 해당하는지 여부는 결국 당해 사건에서 제공되는 서비스의 구조나 형태, 범위, 침해행위의 정도 및 태양 등 제반 사정들을 종합하여 구체적으로 판단될 수밖에 없는 것이라 하겠다. 돌이켜 이 사건으로 돌아와 살피건대, 피고가 이용자들에 의한 자료등록 및 조회가 가능하도록 이 사건 홈페이지상에 자료실게시판을 개설한 이외에는 이 사건 게시물의 등록과 관련하여 어떠한 직접적인 행위를 수행한 바 없었음은 앞서 본 바와 같은 이상 위 자료실게시판을 제공하였다는 사정만을 가지고 곧바로 이 사건 게시불의 등록에 관한 직접적인 책임을 물을 수는 없다 하겠고, 나아가 이 사건 게시물의 등록과 관련한 책임을 물을 수 있는 특별한 사정이 존재하는지 여부에 관하여 보기로 한다. 위 인정사실에 나타난 바와 같이 ① 피고의 위 자료실게시판은 이용자의 범위에 관하여 아무런 제한 없이 개방되어 있었던 관계로 피고가 불특정한 이용자에 의한 불법행위를 사전에 일일이 통제할 수 있었을 것으로 기대하기 어려운 점, ② 위 자료실게시판에의 자료 등록과정이 관리자에 의한 선별과정을 거침이 없이 자동화된 기술적 과정을 통하여 수행되는 체제로 운영됨에 따라 피고가 이 사건 게시물의 등록이 이루어질 당시 게시물의 내용을 미리 검토할 수 없어 사전에 저작권침해사실의 존재를 인식할 수 없었던 점, ③ 교육기관으로서의 피고의 지위 및 위 자료실게시판의 이용과 관련하여 이용자들에게 이용료를 부과하지 않는 무료 운영방식 등에 비추어 위 자료실게시판의 설치목적이 영리성의 추구에 있다고 보기 어려운 점, ④ 피고가 권리자인 원고 회사의 항의를 받은 이후 이 사건 게시물의 등록이 이루어진 위 자료실게시판 자체를 폐쇄하기에 이른 점 등 제반 사정을 종합하여 보면, 피고가 위 자료실게시판을 설치, 운영함에 있어서 불법복제물의 등록여부를 수시로 확인하고 통제하여야 할 구체적인 주의의무가 발생하였다거나 나아가 침해행위의 직접적인 행위자가 아닌 제3자로서 이 사건 게시물의 등록 및 존속에 관하여 피고에게 그 책임을 부담시켜야 할 특별한 사정이 존재한다고 보기도 어렵다 할 것이다.』

2. 인터넷제국 사건[10-7)]

『(나) 동영상 파일에 관하여

앞서 인정한 사실에 의하면, 원고 월드뮤직은 이 사건 뮤직비디오들을 기획, 제작한 회사로서 이에 대한 저작권자인데, 다수의 이용자들이 이 사건 뮤직비디오들에 대한 동영상 파일들을 피고 운영의 vjzone 웹사이트 서버에 업로드하여 다른 불특정 다수의 인터넷 이용자들이 각자 개별적으로 선택한 시간과 장소에서 다운로드받을 수 있도록 이용제공함으로써 이를 복제, 전송하여 위 원고의 저작재산권을 침해하였다고 할 것이고, 한편 위에서 인정한 바와 같이 ① 피고는 처음부터 이용자들 사이에 음악관련 파일을 무상으로 공유하게 할 목적으로 위 웹사이트를 개설하여 운영하였던 점, ② 이러한 웹사이트의 특성상 다수의 이용자들이 뮤직비디오 동영상 파일들을 비롯하여 각종 음악관련 파일들을 빈번하게 업로드하거나 다운로드받게 되는데, 통상적으로 이러한 과정에서 저작권자나 저작인접권자의 허락을 받지 아니한 불법적인 음악관련 파일들이 유통될 개연성이 상당히 높은 점, ③ 위 웹사이트에서 동영상 파일들에 대한 업로드 및 다운로드가 이루어진 기간도 1999. 10. 15.경부터 2000. 6. 23.경까지로 상당히 장기간인 점, ④ 그런데 피고는 위 기간 동안 자신이 운영하는 웹사이트에서 취급되는 음악관련 파일

10-7) 서울중앙지방법원 2001. 8. 24. 선고 2000가합83171 판결(항소심 조정). 칵테일 사건과 본건에 대한 개략적 평가는 오승종, 1323면 참조.

들이 저작권법에 위반되는가의 여부에 대하여 검토하거나 그 검토결과에 따른 필요한 조치를 취하지 아니하였고, 오히려 이용자들이 보다 편리하게 동영상 파일들을 업로드하거나 다운로드받을 수 있도록 각 음악장르별로 서브디렉토리를 만들어 주기까지 한 점에다가 …에 의하여 인정되는 바와 같이 피고 및 피고의 대표이사인 소외 최○은 위 웹사이트에 이용자들이 정당한 권한없이 동영상 파일을 올리고 있음을 잘 인식하고 있으면서도 그 저작권 침해행위를 용이하게 함으로써 이를 방조하였다는 내용으로 2001. 1. 12. 서울지방법원으로부터 각 벌금 1,000,000원의 약식명령을 고지받아 그 약식명령이 확정된 사실을 종합하여 보면, 비록 피고가 직접 위 동영상 파일들을 복제, 전송하여 원고 월드뮤직의 저작권을 침해하지는 않았다고 하더라도, 위 웹사이트를 운영, 관리함에 있어서 위와 같은 이용자들의 저작권침해행위를 알거나 알 수 있었고, 그 동영상 파일들을 삭제하는 등의 필요한 조치를 취할 수 있었음에도 불구하고, 상당한 기간 동안 그러한 조치를 취하지 아니하였으며, 오히려 위와 같이 서브디렉토리의 분류 등을 통해 저작권침해행위를 용이하게 하기까지 한 이상 이용자들의 저작권침해행위에 대하여 온라인서비스제공자로서 책임을 지게 된다고 할 것이므로, 피고는 위 원고에게 위 저작권침해행위로 인한 손해를 배상할 의무가 있다.』

3. 소리바다 민사·형사 사건[10-8)]

10-8) 소리바다 서비스는 제공시기와 제공방법에 따라 중앙 서버가 존재하여 이용자들 사이의 연결에 필요한 정보를 관리하는 이른바 하이브리드 P2P 방식을 채택한 소리바다 1. 서비스와 중앙 서버의 직접적인 개입 없이 서비스 이용자 중 인터넷 접속 상황이 좋은 컴퓨터(이른바 슈퍼피어)에 다른 이용자들의 IP주소를 보관한 후 파일검색을 시도하는 다른 이용자들에게 IP주소를 배포하게 하는 이른바 슈퍼피어 P2P 방식을 채택한 소리바다 3. 소리바다 5. 등 그 이후의 서비스로 나뉜다. 관련 민사소송으로는 소리바다 1.에 대하여 가처분사건(수원지방법원 성남지원 2003. 2. 14. 선고 2002카합284 판결, 서울고등법원 2005. 1. 12. 선고 2003나21140 판결, 대법원 2007. 1. 25. 선고 2005다11626 판결) 및 손해배상 사건(수원지방법원 성남지원 2003. 10. 24. 선고 2003가합857 판결, 서울고등법원 2005. 1. 25. 선고 2003나80798 판결)이 있었고, 소리바다 3.에 대해서는 가처분사건(서울중앙지방법원 2005. 10. 26.자 2005카합3179 결정)이 있었으며, 소리바다 5.와 관련하여는 가처분사건〔서울고등법원 2007. 10. 10.자 2006라1245 결정(확정), 같은 날 2006라1232 결정, 2006라1233 결정도 같은 취지이다〕이 있다. 형사사건으로는 소리바다 1.에 관한 저작권법위반사건〔서울중앙지방법원 2003. 5. 15. 선고 2001고단8336 판결(공소기각

가. 사안의 개요－P2P 서비스제공자의 책임

'소리바다'사건을 통해 P2P 방식[10-9]의 디지털 파일교환 서비스를 제공하는 OSP의 책임이 문제되었다. 소리바다 웹 사이트에서 다운받을 수 있는 '소리바다'프로그램을 통해 음원이 담긴 MP3 파일을 P2P 방식으로 업로드 및 다운로드할 수 있게 하고 업로드된 음원파일을 공유할 수 있게 하는 서비스를 제공하자, 저작인접권자들이 그 금지를 구하는 일련의 소송을 제기한 것이다. 위 소송에서 소리바다 서비스를 통해 이용자들이 음원파일을 업로드 또는 다운로드한 행위가 해당 음악저작물에 대한 저작권자 내지 저작인접권자의 권리를 침해하는 것인지, 소리바다 서비스 제공자가 이용자들의 침해행위에 대해 OSP로서 책임을 부담하는지 면책요건은 무엇인지 등이 문제되었는데, 그에 대한 법원의 판단은 아래와 같다.

나. 소리바다 1. 민사사안－2003나21140 판결[10-10]

불특정을 이유로 공소기각), 서울중앙지방법원 2005. 1. 12. 선고 2003노4296 판결(검찰이 주장한 불법도구론 및 부작위에 의한 방조론을 모두 배척하고 무죄 선고), 대법원 2007. 12. 14. 선고 2005도872 판결(유죄취지 파기환송), 서울중앙지방법원 2008. 5. 9. 선고 2007노4347 판결]이 있다. 전반적인 관련기술발전의 연혁 및 분쟁 내지 소송의 개요는 위 2006라1245 결정의 2 내지 19면에 잘 정리되어 있다.

10-9) 이용자들이 자신의 하드디스크에 저장하고 있는 파일을 이용자들 상호간 직접 공유할 수 있도록 하는 네트워크 방식(peer-to-peer 방식)으로, 접속자의 컴퓨터가 서버의 역할을 겸하도록 함으로써 중앙 서버를 통하지 않고도 접속자들 사이에 직접 정보를 주고받을 수 있게 한다. P2P방식 사업자가 OSP에 해당하는지에 관하여는 논의가 있었으나 2006라1245 결정에서 명시적으로 인정한 바 있다.

10-10) 침해정지청구권에 관하여 대법원은 「저작권법은 특허법이 전용실시권제도를 둔 것과는 달리 침해정지청구권을 행사할 수 있는 이용권을 부여하는 제도를 마련하고 있지 아니하여, 이용허락계약의 당사자들이 독점적인 이용을 허락하는 계약을 체결한 경우라도 그 이용권자가 독자적으로 저작권법상의 침해정지청구권을 행사할 수는 없다고 할 것이다. 따라서, 이용허락의 목적이 된 저작권법이 보호하는 재산권의 침해가 발생하는 경우에도 그 권리자가 스스로 침해정지청구권을 행사하지 아니하는 때에는 독점적인 이용권자로서는 이를 대위하여 행사하지 아니하면 달리 자신의 권리를 보전할 방법이 없을 뿐 아니라, 저작권법이 보호하는 이용허락의 대상이 되는 권리들은 일신전속적인 권리도 아니어서 독점적인 이용권자는 자신의 권리를 보전하기 위하여 필요한 범위 내에서 권리자를 대위하여 저작권법 제91조에 기한 침해정지청구권을 행사할 수 있다고 할 것이다」라고 설시한 후 본건에서 인용하고 있다.

『3. 채권자들의 이 사건 신청원인

소리바다 프로그램은 그 자체가 광고료 등 영리를 목적으로 음반을 무단으로 복제·배포하는 것을 목적으로 개발된 것이고 소리바다 서비스도 그와 같은 목적으로 운영되고 있는데, 소리바다 서비스를 통하여 이 사건 노래에 관한 음반의 MP3파일을 주고받은 이용자들은 음반제작자인 채권자들과 비엠지엔터테인먼트사, 이엠아이뮤직인터내셔널서비스사(이하 통칭하여 '이 사건 음반제작자들'이라 한다)의 배포권(업로드 행위), 복제권(다운로드 행위)을 침해하고 있다.

한편, 채무자들은 소리바다 프로그램을 개발, 배포하고 소리바다 서비스를 운영함으로써 위 이용자들과 공동하여 이 사건 음반제작자들의 저작인접권을 직접적으로 침해하고 있거나, 이용자들의 저작인접권 침해를 방조하였다…

4. 개별 이용자들의 저작인접권 침해 여부에 대한 판단

가. 채무자들 책임과의 관련성

채권자들은, 소리바다 이용자들의 업로드 및 다운로드 행위가 이 사건 음반제작자들의 저작인접권을 침해하고 있음을 전제로 하여, 채무자들이 이용자들과 공동으로 또는 방조의 방법으로 저작인접권을 침해하고 있다고 주장하고 있으므로, 먼저 소리바다 이용자들이 저작인접권을 침해하는지 여부에 관하여 살펴본다.

나. 배포권 침해 여부

채권자들은 소리바다 이용자들의 앞서 본 업로드 행위가 이 사건 음반제작자들의 배포권을 침해한다고 주장하므로 살피건대, '배포'란 저작물의 원작품 또는 그 복제물을 일반공중에게 대가를 받거나 받지 아니하고 양도 또는 대여하는 것으로(저작권법 제2조 제15호), 이용자가 특정 MP3파일을 공유폴더에 저장한 채로 소리바다 서버에 접속하였다 하더라도 그 자체만으로 그 MP3파일의 양도나 대여가 있었다고 볼 수는 없으므로(저작권법상 '배포'는 '전송'의 개념에 대비되어, 유체물의 형태로서 저작물이나 복제물이 이동하는 것을 의미하는 것으로, 이 사건에 있어서와 같이 어떤 이용자가 자신의 컴퓨터의 공유폴더에 MP3파일을 저장하여 소리바다 서버에 접속함으로써 다른 이용자가 이를 다운로드받을 수 있도록 하는 행위는 다음에서 보는 바와 같이 전송에 해당함은 별론으로 하고, 이와 별도로 배포에도 해당한다고 보기는 어렵다), 배포권 침해 주장은 이유 없다.

다. 복제권 침해 여부

(1) 앞서 본 바와 같이 소리바다 서비스의 이용자들이 다른 이용자의 컴퓨터에 접속하여 이 사건 노래의 복제물(MP3파일)을 자신의 컴퓨터에 다운로드받아 하드디스크 등에 저장하는 행위는 음을 유형물에 고정하는 것으로서, 당해 음반제작자의 복제권을 침해하는 행위가 된다(채권자들은, 이용자가 CD에 고정된 이 사건 노래의 음원을 변형하는 방식으로 MP3파일을 생성하여 자신의 컴퓨터의 하드디스크 등에 저장하는 행위도 복제권을 침해하는 것이라 주장하므로 살피건대, 이와 같이 개인적 목적으로 MP3파일을 생성, 저장하는 행위도 CD에 고정된 음원 사이에 실질적인 동일성이 인정되는 이상 복제행위에 해당할 수 있으나, 이러한 MP3파일 생성 및 저장은 사적이용을 위한 복제에 해당할 여지가 있으므로, 위 부분 주장은 이유 없다).

(2) 사적이용을 위한 복제 항변

채무자들은, 소리바다 이용자들의 다운로드행위는 사적이용(私的利用)을 위한 복제에 해당하므로 이 사건 음반제작자들의 복제권을 침해하는 것이 아니라고 주장한다.

저작권법 제27조에서 규정하는 사적이용을 위한 복제에 해당하기 위하여는, 그 복제행위가 ① 영리를 목적으로 하지 아니하고(주관적 요건), ② 개인적으로 이용하거나 가정 및 이에 준하는 한정된 범위 안에서 이용하는 것이어야 한다(객관적 요건)는 요건을 모두 충족하여야 할 것인바, 먼저 객관적 요건에 관하여 살펴본다.

개인, 가정 또는 이에 준하는 한정된 범위 안에서의 이용에 해당하기 위하여는, 복제를 하는 이용자들이 다수집단이 아니어야 하고, 그 이용자들 서로간에 어느 정도의 긴밀한 인적결합이 존재할 것이 요구된다고 할 것인바, 앞서 본 인정사실에 의하여 알 수 있는 다음과 같은 사정, 즉 소리바다 서비스는 아이디, 비밀번호를 등록하면 누구라도 자유롭게 이용할 수 있는 점, 이용자가 MP3파일을 공유폴더에 저장하고 소리바다 서버에 접속하기만 하면 최대 5,000명에 이르는 다른 이용자들이 해당 파일에 접근하여 별다른 절차를 거침이 없이 자유로이 다운로드받을 수 있는 상태에 놓이는 점, 소리바다 프로그램의 기본설정에 의하면 다운로드폴더는 공유폴더와 일치하도록 되어 있으므로 원칙적으로 다운로드폴더로 다운로드된 MP3파일은 그 즉시 다른 이용자들이 다운로드받을 수 있게 되는 점, 이용자들 사이에는 MP3

파일을 공유한다는 공통의 목적 외에 별다른 인적 유대관계가 없고, 아이디만을 확인할 수 있을 뿐 아무런 개인적인 정보도 공유되고 있지 아니한 점, 이 사건 가처분결정에 의해 소리바다 서비스가 중단되기 이전 등록 회원의 수 및 접속규모가 막대한 점 등에 비추어 보면, 소리바다 이용자들의 이 사건 MP3파일 복제행위는 개인, 가정 또는 이에 준하는 한정된 범위에서의 이용이라고는 볼 수 없다 할 것이므로, 채무자들의 사적이용을 위한 복제 항변은 더 살필 필요가 없이 이유 없다.

한편, 채무자들은, 소리바다 이용자들이 MP3파일을 다운로드받는 것은 종래 라디오, 텔레비전이나 판매점포에 비치된 샘플 CD 등을 통해 구매하고자 하는 음반을 미리 들어보는 것에 대응되는 행위에 불과하므로 복제권 침해에 해당하지 않는다고 주장하나(이른바 '샘플링의 항변'이다), 설사 소리바다 이용자들이 구매하고자 하는 음반을 미리 들어볼 목적으로 MP3파일을 다운로드받았다 하더라도, 소리바다 이용자들의 이와 같은 상호 파일 다운로드 행위는 CD의 대체물로서의 영구적인 복제물에 해당하는 MP3파일을 서로 주고받는 행위로서, 임시로 몇 회 정도 판매점포 등에 비치된 샘플 CD를 통해 구매하고자 하는 음반을 미리 들어보는 것과 동일하다고 평가될 수는 없는 것이므로, 위 주장도 이유 없다.

라. 전송권과 관련된 주장

채무자들은, 이 사건에 있어서와 같이 MP3파일을 공유폴더에 두어 다른 이용자로 하여금 다운로드받을 수 있게 하거나 또는 다른 이용자의 공유폴더에 있는 MP3파일을 다운로드받는 행위는 인터넷을 통한 전송에 필연적으로 수반되는 복제행위로서 저작권법상 전송의 개념에 포함되어 복제권이 아니라 전송권으로써만 보호받아야 되는데, 현행 저작권법에 있어서는 저작인접권자에게 별도로 전송권을 부여하지 아니하고 있으므로, 위와 같은 복제행위가 있다 하더라도 음반제작자인 채권자들이 전송권으로써 보호받지 못하는 이상 별도로 복제권 침해가 되는 것은 아니라고 주장한다(채무자들은 소리바다 이용자들의 업로드 행위도 저작권법상 전송에 해당하고 배포에는 해당하지 아니하여 배포권 침해가 인정될 여지가 없다고 주장하나, 앞서 본 바와 같이 배포권 침해를 인정하지 아니하고 있으므로, 복제권 침해에 관하여만 판단한다).

살피건대, 전송이란 일반공중이 개별적으로 선택한 시간과 장소에서 수신하거나 이용할 수 있도록 저작물을 무선 또는 유선통신의 방법에 의하여 송신하거나 이용에 제공하는 것인바(저작권법 제2조 제9호의2), 이용자들의 업로드 행위는 접속시마다 변경되는 최대 5,000명에 이르는 다른 이용자들이 개별적으로 선택한 시간과 장소에서 수신하거나 이용할 수 있도록 저작물을 유선통신의 방법에 의하여 이용에 제공하는 것에 해당하여 전송행위로 볼 수 있으나{따라서, 음반제작자들에게도 전송권을 인정하는 개정 저작권법(2004. 10. 16. 법률 제7233호로 개정된 것)이 시행되는 2005. 1. 17. 이후에는 위 행위가 음반제작자들의 전송권을 침해할 여지가 있다}, 이러한 방법을 이용하여 다운로드받은 MP3파일을 개인의 하드디스크 등에 저장하는 행위는 전송의 개념을 넘어 복제에 해당한다 할 것이므로(이러한 복제행위는 전송행위에 필연적으로 수반되는 것이라고 볼 수도 없다), 채무자들의 위 주장은 이유 없다.

5. 채무자들의 저작인접권 침해 여부에 대한 판단

가. 협의의 공동불법행위 성립 여부

민법 제760조 제1항의 공동불법행위가 성립하려면 행위자 사이에 의사의 공통이나 행위공동의 인식까지 필요한 것은 아니지만 객관적으로 보아 피해자에 대한 권리침해가 공동으로 행하여지고 그 행위가 손해발생에 대하여 공통의 원인이 되었다고 인정되는 경우라야 할 것이고, 또한 그 각 행위는 독립적으로 불법행위에 해당하여야 할 것인바(대법원 1989. 5. 23. 선고 87다카2723 판결, 대법원 1996. 5. 14. 선고 95다45767 판결 등 참조), 앞서 본 바와 같이 채무자들이 소리바다 서버를 운영하면서 아이디 등 접속에 관한 정보만을 관리하고 있기 때문에 개별 이용자들의 구체적인 불법 MP3파일 공유 및 다운로드행위를 확정적으로 인식하기는 어려웠던 점, 노래 검색 및 검색결과의 전송 그리고 다운로드 과정에는 소리바다 서버가 전혀 관여하지 않고 있는 점 등 채무자들이 서버를 운영하면서 이용자들에 의한 복제권 침해행위에 관여한 정도에 비추어 볼 때, 비록 소리바다 서버에의 접속이 필수적이기는 하나, 이것만으로 채무자들이 독립적으로 이 사건 음반제작자들의 복제권을 침해하였다거나 협의의 공동불법행위가 성립할 정도로 직접적이고 밀접하게 그 침해행위에 관여하였다고 평가하기는 어렵다고 할 것이므로(채무자들이 소리바다 프로그램을 제작하거나 배포하여 제3자들로 하여금 이용하도록 한 행위 자체를 가지고 바로 저작인접권 침해 책임을 지우기는 어렵다), 채권자들의 위 주장은 이유 없다.

나. 방조행위 성립 여부

(1) 민법 제760조 제3항의 '방조'라 함은 불법행위를 용이하게 하는 직접·간접의 모든 행위를 가리키는 것으로서 형법과 달리 손해의 전보를 목적으로 하여 과실을 원칙적으로 고의와 동일시하는 민법의 해석으로서는 과실에 의한 방조도 가능하다고 할 것이며, 이 경우의 과실의 내용은 불법행위에 도움을 주지 않아야 할 주의의무가 있음을 전제로 하여 이 의무에 위반하는 것을 말한다(대법원 2003. 1. 10. 선고 2002다35850 판결 등 참조).

일반적으로 P2P 방식에 의한 파일공유 시스템(이하 'P2P 시스템'이라 한다)에서는 이용자들에 의한 디지털 형태의 저작복제물 무단 유통이 발생할 개연성이 있다고 할 것이나, 그렇다 하더라도 모든 형태의 P2P 시스템 운영자들이 획일적으로 이용자들의 저작인접권 등 침해행위에 대하여 방조책임을 부담한다고 단정할 수는 없고, 운영자가 서버를 운영하면서 그 서버를 통하여 이용자들의 파일공유 및 교환 행위에 관여하고 있는 정도, 운영자의 개입이 없이도 이용자들이 자체적으로 파일공유 등 행위를 할 수 있는지 여부, 저작인접권 등 침해행위를 하는 이용자가 있는 경우 운영자가 이를 발견하고 그에 대하여 서비스 이용을 제한할 수 있는지 여부, P2P 시스템이 파일공유 기능 자체 외에 이용자들의 저작인접권 등 침해행위를 용이하게 할 수 있는 다른 기능을 제공하고 있는지 여부, 운영자가 이용자들의 저작인접권 침해행위로부터 이익을 얻을 목적이 있거나 향후 이익을 얻을 가능성의 정도 등 구체적 사정을 살펴보아, 운영자가 이용자들의 파일공유 등으로 인한 저작인접권 등 침해행위를 미필적으로나마 인식하고서도 이를 용이하게 할 수 있도록 도와주거나, 이러한 침해행위에 도움을 주지 않아야 할 주의의무가 있음에도 이를 위반하는 경우라고 평가되는 경우에만 방조책임을 인정하여야 할 것이다.

(2) 앞서 든 각 증거에 변론 전체의 취지를 종합하여 인정되는 다음과 같은 사정, 즉 채무자들은 처음부터 프로그램 및 서비스 이름을 '소리바다'라고 명명하고 MP3파일만 공유되도록 설계하여 개발한 점, 채무자들이 소리바다 프로그램을 개발할 당시에는 외국에서는 이미 냅스터(Napser) 등 다른 P2P 방식 서비스를 통한 저작인접권 등 침해가 문제되어 법적 분쟁으로까지 비화되고 있었던 점, 채무자들은 아이디, 비밀번호, IP주소 등이 담긴 이용자 목록을 작성, 관리하고 있었고 매일 1, 2회 가량 다른 일반 사용자와 같은 방법으로 접속하여 서비스 운영상태를 점검하였으므로 이용자들의 저작인접권 침해를 미필적으로나마 알았거나 알 수 있었던 점, 이용자들은 소

리바다 서버에 접속하여야만 파일공유를 할 수 있으므로 아이디를 판별하여 접속을 거부함으로써 침해행위를 하는 이용자들의 파일공유를 제한할 수도 있었던 것으로 보이는 점, 소리바다 서비스에는 이용자가 검색된 MP3파일 중 가장 다운로드 속도가 빠르면서도 음질이 양호한 것을 선택하여 다운로드받을 수 있도록 지원하는 정렬 기능과 다운로드 중에 실시간으로 해당 파일을 들어 볼 수 있는 기능 및 이용자들 상호간 MP3파일을 공유할 수 있는 채팅 기능 등 이용자들의 MP3파일 다운로드를 촉진시키는 다양한 기능이 있는 점, 채무자들은 소리바다 서비스 개시 당시 향후 수익성을 높이 평가받아 서버를 무료로 제공받기도 하고 소리바다 서비스 운영을 통하여 얻은 인지도를 이용하여 수익을 얻을 계획이었던 점, MP3파일 공유 서비스를 통하여 공유되는 파일은 대부분 저작인접권 침해가 문제되는 것임을 경험칙상 충분히 예상할 수 있었던 점 등을 종합하여 보면, P2P 방식에 의한 MP3파일 공유 및 교환 기능을 수행하는 소리바다 프로그램을 개발하고 이를 이용한 소리바다 서비스를 운영하는 채무자들로서는, 소리바다 서비스를 통하여 이용자들에 의한 이 사건 음반제작자들을 포함한 다수의 음반제작자들의 저작인접권 침해행위가 발생하리라는 사정을 미필적으로 인식하였거나 충분히 예견할 수 있었다고 볼 것임에도, 채무자들은 소리바다 프로그램 설치 화면상에 경고문을 고지하는 이외에는 이용자들의 저작인접권 침해행위를 방지할 만한 아무런 조치를 취하지 아니한 채 소리바다 프로그램을 개발하고 MP3파일 공유 및 교환을 하는데 필수적인 서버를 운영하여 MP3파일 공유 서비스를 제공함으로써 이용자들의 저작인접권 침해행위를 용이하게 하였으므로, 이용자들의 이 사건 음반제작자들 저작인접권 침해행위에 대한 방조 책임을 부담한다고 할 것이다.

(3) 채무자들은, 소리바다 서비스의 경우 이용자들의 검색, 다운로드행위 등은 소리바다 서버를 경유하지 않고 개별적으로 이루어지는 것이어서 채무자들은 이용자들의 파일공유행위에 실제로 관여한 바가 없고, 또한 채무자들은 소리바다 이용자들에게 저작권 등 침해에 대한 경고를 하였을 뿐 아니라, 소리바다 서비스를 이용하여 적법한 파일들도 많이 공유되고 있으므로, 이용자들의 위법한 파일 공유 및 교환 행위에 대하여 방조 책임을 부담하지 아니한다고 주장한다.

살피건대, 이용자들이 위법하게 MP3파일을 현실적으로 복제하는 과정에 있어서는 소리바다 서버가 관여하지 아니하고, 프로그램 설치 화면을 통하여 이용자들에게 저작권 침해에 대한 경고를 하였다 하더라도, 앞서 본 바와 같이, 채무자들이 소리바다 서비스를 통한 저작인접권 침해행위를 충분히 예견하거나 예견할 수 있었음에도 소리바다 프로그램 및 서버를 이용한 MP3파일 공유 서비스를 제공한 이상 이용자들의 저작인접권 침해행위에 대한 방조 책임을 벗어날 수 없다고 할 것이고, 이는 소리바다 서비스를 통하여 적법한 파일들이 다수 공유되고 있다고 하여 달리 볼 것은 아니라고 할 것이므로, 채무자들의 위 주장은 이유 없다.

(4) 채무자들은, 온라인서비스제공자인 채무자들이 소리바다 서비스 이용자들의 침해행위를 방지하고 중단시킬 수 있는 기술적 수단이 없으므로 저작권법상 온라인서비스제공자의 책임제한 규정에 의하여 책임이 면제된다는 취지로 주장하므로 살피건대, 앞서 든 증거들에 의하면, 채무자들은 소리바다 서비스를 통하여 동영상 등 MP3파일이 아닌 파일들이 공유되자 파일 중 파일 정보를 담고 있는 부분(파일헤드)까지 조사하여 MP3파일이 아닌 다른 형식의 파일은 공유되지 못하도록 한 사실, 2001. 11.경에는 소리바다 서비스를 통해 음란물이 유통되는 것을 차단하는 기능을 부가한 사실이 소명되는바, 이러한 사실에 비추어 보면, 저작인접권 침해가 문제되는 MP3파일의 소리바다 서비스를 통한 복제를 일부라도 방지할 기술적 수단마저 전혀 없는지는 의문이고, 채무자들이 이와 같이 소리바다 서비스의 기능 향상을 위한 조치는 적극적으로 취하면서도 저작인접권 침해에 관하여는 경고문을 게시하는 이외에는 아무런 방지 노력을 하지 아니한 이상 자신들의 방조 행위에 대한 면책을 주장할 수는 없다고 할 것이므로, 위 주장은 이유 없다.』

☞ 소리바다측은 그 동안 문제점으로 지적되어 왔던 음원 저작인접권 침해에 대한 대책으로, 종전 프로그램에 ① '해쉬(Hash) 값 대조기술'과 '음악인식(Audio Finger Printing) 기술'을 이용하여, 유료 공유 파일의 권리자에 대한 금원정산과 권리자가 공유를 허용하지 아니한 파일에 대한 공유금지를 실현하는 이른바 '필터링 기술'을 추가하고, ② 필터링 기술로 거르지 못한 음원에 대하여 권리자의 보호요청이 있을 경우 이를 보호하기 위한 파일인증시스템인 '그린파일(Green File) 시스템'을 갖추며, 여기에 ③ 유통되는 음원 파일의 여유 프레임이나 V2 Tag에 향후 인증이 가능하도록 하는 정보를 삽입하는 이른바 '디지털 워터마크'제도를 도입하는 것을 내용으로 하는, 소리바다 5 프로그램을 개발하였으나 이에 관하여 법원은 앞서 본 가처분이의 사건(2006라1245 결정)에서 다음과 같이 판시하였다. 즉 『위에서 살펴 본 이 사건 프로그램의 목적과 기능,

개발 경위 및 피신청인 회사가 저작인접권 등의 권리보호를 위하여 갖추었다고 하는 기술적 조치와 그 필터링 등의 현황, 그리고 유료화를 비롯한 피신청인 회사의 소리바다 서비스의 운영상황 등 제반사정들을 종합하여 보면, 비록 이 사건 프로그램이 종전의 소리바다 1, 2, 3에 비하여 저작인접권자 등의 권리보호를 위한 기술적 조치와 시스템을 갖추고 있기는 하나, 현재 피신청인 회사가 취하고 있는, 저작인접권자 등 권리자들로부터 필터링(공유금지)을 요청받거나 이미 피신청인 회사가 공유금지로 설정하여 놓은 음원 파일들에 대하여만 필터링을 실시하는, '소극적 필터링 방식'[10-11]의 내재적 한계상, 신청인들의 이 사건 각 음원에 대한 저작인접권의 침해행위는 계속되어 왔고, 앞으로도 그와 같은 저작인접권에 대한 침해행위의 발생은 불가피할 것으로 보이며, 나아가 피신청인 회사가 그 보완책으로 들고 있는 '그린파일 시스템'만으로는 그와 같은 권리침해를 제때에 방지하거나 중단시킬 수 있을 것으로도 보기 어렵고(더욱이 뒤의 '피신청인 회사의 면책 주장에 관한 판단'에서 보는 바와 같이, 저작인접권자들에게 자신의 권리에 대한 침해방지를 위하여 미리 P2P 서비스 운영자인 피신청인 회사에게 자신들의 음원에 대한 정보를 제공하며 신고나 등록을 할 의무가 있다거나, 그와 같은 신고나 등록을 하여야만 피신청인 회사에 대하여 자신의 권리를 행사하거나 주장할 수 있다고 보기도 어렵다), 이 사건 프로그램의 개발경위나 이 사건 신청의 진행내역 등에 비추어 보면, 피신청인 회사 역시 이 사건 각 음원의 음반제작자들인 신청인들의 저작인접권에 대한 침해행위가 발생하고 있다는 사정을 적어도 미필적으로나마 인식하였다고 봄이 상당하므로, 다른 사정이 없는 한, 피신청인 회사는 소리바다 이용자들의 저작인접권 침해행위에 대한 방조책임을 면할 수 없다.」라고 하고 있는바 이는 기존의 소리바다 1.과는 달리 기술적으로 보호조치를 취하였음에도 '소극적 필터링'이 갖는 한계를 지적하면서 역시 마찬가지로 방조책임을 묻고 있다.

다. 소리바다 5. 사건[10-12]

10-11) 결정문 15면은 '소극적 필터링 방식'이라는 개념을 도입하여 "데이터베이스(해쉬값 DB 및 음악인식 DB)에 '이용허락을 받지 않은 음원정보'를 저장하고 있으면서, 이용자가 요청한 파일이 데이터베이스에 있는 경우에는 다운로드를 불허하고, 데이터베이스에 없는 경우에는 다운로드를 허용하는" 방식이라 정의한 후 이 방식을 취할 경우, 음성인식기술의 신뢰도 또는 데이터베이스의 업데이트 주기에 의하여 필터링률이 영향을 받게 되며, 특히 신규 음원과 변형 파일에 대하여는 해당 음원파일 정보에 대한 부재로 바로 대응할 수 없다는 문제가 있다고 한다. 이와 반대 개념이 권리자들과 사이에 음원 공급계약 등, 권리자들이 이용허락을 받은 음원들의 파일에 대하여만 파일공유를 허용하는 이른바 '적극적 필터링 방식'이라고 한다.

법원은 P2P서비스업체 역시 OSP이므로 제103조의 면책규정 적용이 가능하다고 명시적으로 판시한 후 피신청인 회사가 취하고 있는, '소극적 필터링 방식' 및 그 보완책으로서의 그린파일 시스템이나 디지털 워터마크 제도 등 일련의 기술적 조치들이 저작권법 제103조에서 말하는 기술적 조치를 다한 것으로써, 소리바다 이용자들의 저작인접권 침해행위를 방지하거나 중단시킬 수 있는 더 이상의 기술적 조치가 불가능한지에 관하여 여러 이유를 들어 배척한 후 '적극적·소극적 필터링 방식에 대한 피신청인 회사의 그 밖의 주장에 대하여' 아래와 같이 판시하고 있다.

『2) 피신청인 회사의 위 주장에 대하여 차례대로 살펴본다.

가) 먼저, P2P 서비스의 특성상, 이용자들의 파일공유에 의한 저작인접권 등의 침해를 방지하거나 중단하기 위한 기술적 조치는 '소극적 필터링 방식'이어야 한다는 주장(위 ① 주장)에 관하여 본다.

우선 P2P 서비스인 이 사건 소리바다 서비스에 있어서 서비스제공자인 피신청인 회사가 음원 파일(MP3파일)을 업로드 및 다운로드할 수 있는 공간만을 만들어 줄 뿐이고 공유대상 파일을 피신청인 회사가 이를 서버에 보유하지 않으며, 해당 파일의 공유는 이용자들의 컴퓨터들 사이에서 직접 이루어지는 것을 특징으로 하고 있음은 앞서 본 바와 같다. 그러나 그렇다고 하여 피신청인 회사 주장과 같이, P2P 서비스에 있어서 저작권 등의 보호를 위한 기술적 조치가 반드시 소극적 필터링 방식이어야 한다고는 보기 어려운데다가(실제로 적극적 필터링 방식에 의한 저작권 등 침해방지 조치를 취하고 있는 P2P 서비스가 이미 상용화되어 있음은 앞서 본 바와 같다), 저작인접권 등을 침해하는 파일공유 행위가 서비스제공자의 관여 없이 이용자들 사이에 이루어진다는 사정을 고려하여 우리 저작권법에서 정하고 있는 바와 같이 일정한 요건하에 P2P 서비스제공자들의 책임을 감면해주는 것은 별론으로 하고, P2P 서비스에 있어서 저작인접권 등 우리 법에서 정하는 권리에 대한 보호의 정도를 달리할 것은 아니라고 할 것이므로, P2P 서비스에 있어서는 개념논리적으로 저작권 등의 보호를 위한 기술적 조치로는 '소극적 필

10-12) 서울고등법원 2007. 10. 10.자 2006라1245 결정(확정); 이 판결에 대한 간략한 평가는 박성호, 715면, 오승종, 1373면 참조. 개략적으로 OSP면책규정을 무력화하고 사실상 모니터링 의무를 부과하는 결과로 될 할 우려가 있다는 취지이다. 또한 이러한 논의는 후술할 제104조 위반에 따른 과태료처분 사건에서 보듯이 어느 정도의 기술적인 조치가 요구되는지에도 영향을 미치고 있다.

터링 방식'을 전제로 한다는 피신청인 회사의 위 주장은 받아들이지 아니한다.

나) 적극적 필터링 방식이 이용자제작콘텐츠(UCC) 등 개인의 창작물이나 기타 저작권에서 자유로운 파일의 공유까지 금지하는 조치로 과잉금지의 원칙에 반한다는 등의 피신청인 회사의 주장(위 ② 주장)에 관하여 본다.

ⅰ) 피신청인 회사가 들고 있는, P2P 서비스를 비롯한 인터넷 공간에서 유통되고 있는 이용자제작콘텐츠(UCC) 등 개인 창작물 등을 비롯하여 저작권에서 자유로운 콘텐츠들이란, 해당 콘텐츠를 창작한 제작자 등 권리자들이 자신의 창작물에 대한 저작권 등의 권리를 포기 내지는 그 권리의 행사를 유보한 콘텐츠들과 권리보호기간의 도과 등으로 인하여 권리자들이 해당 권리를 주장할 수 없는 상태에 있는 콘텐츠들로 구분될 수 있을 것인바, 먼저 전자의 경우에는 해당 콘텐츠의 제작자 등 권리자들이 권리를 포기하거나 그 권리 행사를 유보하고자 하는 콘텐츠를 P2P 서비스 내에서 업로드(공유)하기 위한 별도의 공간을 마련하거나 그 업로드에 앞서 그와 같은 권리자들의 의사를 확인할 수 있는 절차(그것은 성격상 이미 피신청인 회사가 실시하고 있는 그린파일 제도와 유사한 형태를 띠게 될 것으로 보이나, 이것은 권리를 포기하거나 권리행사를 유보하는 것으로서 권리를 주장하며 공유금지를 요구하는 것에 비해서는 간이한 절차가 될 것으로 보인다)를 둠으로써 해당 콘텐츠를 자유로이 유통 내지는 공유시킬 수 있을 것으로 보이며, 후자의 경우에는 피신청인 회사가 그와 같이 권리보호기간의 만료 등에 의하여 저작권에서 자유롭게 된 음원들에 대한 데이터베이스를 구축함으로써 자유로이 공유할 수 있도록 할 수 있으므로, 결국 적극적 필터링 방식을 선택한다고 하더라도 논리필연적으로 P2P 서비스에서 저작권 등에서 자유로운 콘텐츠의 유통까지 금지하게 되는 것은 아니고, 다만 그 서비스 제공자의 운영정책에 의하여 결정되게 된다고 할 것이며, 따라서 나아가 그와 같은 권리보호조치가 과잉금지의 원칙에 반할 정도의 과도한 금지라거나 온라인서비스 이용자의 온라인서비스제공자에 대한 복제·전송 재개요구권을 규정하고 있는 저작권법 제103조 제3항을 배제하는 결과에 이른다고는 단정하기 어렵다…

다) 저작권법 등에서 온라인서비스제공자에 대한 권리침해방지를 요구하기 위한 전제조건으로 권리자로 주장하는 자에게 소명책임 등 일정한 책임을 부여하고 있음을 전제로, 피신청인 회사가 채택하고 있는 '소극적 필터링

방식' 및 '그린파일 시스템' 등의 기술적 조치들은 저작권법의 태도에 부합하며, 실제로 이와 같은 기술적 조치들로 인하여 100% 필터링을 달성할 수 있다는 취지의 주장(위 ③ 주장)에 관하여 본다.

i) 먼저, 온라인서비스제공자에 대한 권리자들의 복제·전송 요청에 관하여 규정하고 있는 저작권법 제103조 등에 관하여 보건대,…

그러나 위 규정들의 내용을 보면, 위 규정들은 온라인서비스를 이용한 저작물 등의 복제·전송에 의하여 자신의 권리가 침해된 저작권자 등을 위하여 저작권법상 마련된 신속하고 간이한 권리구제절차 및 그 절차를 이용하기 위한 요건 등을 정하고 있다고 봄이 할 것이다. 즉, 저작권법 제103조에서 말하는 '복제·전송의 중단 요구'는 온라인서비스를 이용한 저작물 등의 복사·전송으로 인하여 자신의 권리가 침해된 권리자가 위 제103조에서 정하고 있는, 재판을 거치지 않고 온라인서비스제공자에게 직접 저작물 등의 복제·중단을 요청하는 신속하고 간이한 권리구제절차를 이용하기 위한 요건일 뿐이지, 피신청인 회사가 주장하고 있는 바와 같이, 이와 같은 복제·전송의 중단요구 즉 '권리보호요청'이 권리자가 온라인서비스제공자에 대하여 온라인서비스를 이용한 저작권 등의 침해에 대한 책임을 묻기 위하여 필요한 권리행사요건이나 온라인서비스제공자가 복제·전송을 중단하여야 할 의무의 발생요건은 아니라고 할 것이며, 이는 위 제103조 제5항 본문에서, '온라인서비스제공자가 제103조 제4항에서 정한 조치를 취하고 제2항에서 정한 바와 같이 지체없이 복제·전송을 중단한 경우에는 다른 사람의 저작권침해행위로 인한 온라인서비스제공자의 책임을 감경 또는 면제할 수 있다.'고 규정하고, 그 단서에서, '이 항의 규정은 온라인서비스제공자가 다른 사람에 의한 저작물 등의 복제·전송으로 인하여 그 저작권 그 밖에 이 법에 의하여 보호되는 권리가 침해된다는 사실을 안 때부터 제1항의 규정에 의한 중단을 요구하기 전까지 발생한 책임에는 적용하지 아니한다.'고 규정하고 있는 점이나 온라인서비스제공자의 책임제한에 관한 규정인 저작권법 제102조와의 관계에 비추어 보더라도 명백하다고 할 것인데다가(즉, 위 제103조는 미리 온라인서비스제공자 등에게 자신의 권리 등을 신고하지 아니하더라도 그 온라인서비스에 의한 저작물 등의 복제·전송으로 인하여 저작권 등이 침해된 경우에 온라인서비스제공자에게 그로 인한 책임을 물을 수 있음을 전제로 복제·전송의 중단 등을 통한 권리자의 권리침해방지에 관하여 규정하면서, 다만 온라인서비스제공자가 그 중단요청에 따라 즉시 저작물 등의 복제·전송을 중단한 경우 등 제103조 제5항에서 정한 요건을 갖춘 경우에는 그 책임을 감면할 수 있음을 규정하고 있다), 설령 피신청인 회사 주장과 같이 위 제103조 제1항에서 정하고 있는 권리보호요청이 온라인서비스제공자의 책임을 묻기 위한 권리행사요건이라고 보더라도, 앞서 본 바와 같이 소극적 필터링 방식을 취하고 있는 피신청인 회사로서는 적어도 미필적으로나마 신청인들의 이 사건 각 음원에 대한 저작인접권의 침해사실을 알고 있었다고 할 것이어서, 위 제103조 제5항 단서에 의하여 그 책임을 감면받을 수는 없다고 할 것이므로, 위 제103조에서 정하는 복제·전송의 중단요청'이 온라인서비스제공자에 대한 권리행사요건인 것을 전제로 하는 피신청인 회사의 주장은 어느 모로 보나 그 이유 없다.

ii) 또한, 저작권법 제104조 제1항은, '다른 사람들 상호 간에 컴퓨터등을 이용하여 저작물 등을 전송하도록 하는 것을 주된 목적으로 하는 온라인서비스제공자는 권리자의 요청이 있는 경우 당해 저작물등의 불법적인 전송을 차단하는 기술적인 조치 등 필요한 조치를 하여야 한다.'고 규정하고 있고, 그 제2항은, '이 경우 권리자의 요청 및 필요한 조치에 관한 사항은 대통령령으로 정한다'고 규정하고 있으며, 저작권법 시행령 제46조은 위 '저작권법 제104조 제1항에서 규정하고 있는 "당해 저작물 등의 불법적인 전송을 차단하는 기술적인 조치 등 필요한 조치"란 다음 각 호의 모든 조치를 말한다.'고 하면서 '1. 저작물 등의 제호등과 특징을 비교하여 저작물 등을 인식할 수 있는 기술적인 조치, 2. 제1호에 따라 인지한 저작물 등의 불법적인 송신을 차단하기 위한 검색제한 조치 및 송신제한 조치, 3. 해당 저작물 등의 불법적인 전송자를 확인할 수 있는 경우에는 그 저작물 등의 전송자에게 저작권침해금지 등을 요청하는 경고문구의 발송'을 그 조치 내용으로 규정하고 있으며, 이 사건 소리바다 서비스와 같은 P2P 서비스는 다른 사람들 상호 간에 컴퓨터 등을 이용하여 저작물 등을 전송하는 것을 주된 목적으로 하는 온라인서비스로서 피신청인 회사는 위 저작권법 제104조에서 말하는 '특수한 유형의 온라인서비스제공자'에 해당한다고 할 것이나(위 제104조 제2항에서 정한 바에 따라 특수한 유형의 온라인서비스제공자의 범위를 정한 2007. 7. 26.자 문화관광부 고시(제2007-24호)에서도 'P2P 기술을 기반으로 개인 또는 법인(단체 포함)의 컴퓨터 등에 저장된 저작물 등을 업로드하거나 다운로드받을 수 있는 기능을 제공하여 상업적 이익을 얻는 온라인서비스제공자'가 위 특수한 유형의 온라인서비스제공자에 해당함을 명시하고 있다}, 위 저작권법 제104조 역시 제103조와 마찬가지로, '특수한 유형의 온라인서비스제공자'의 책임제한이나 특수한 유형의 온라인서비스제공자의 책임을 묻기 위한 권리행사요건을 정하고 있는 규정이 아님이 그 내용상 명백할 뿐만 아니라, 더욱이 온라인서비스제공자의 책임 제한을 규정하고 있는 제102조와의 관계나 저작권자 등의 권리침해방지를 강화하려 한, 저작권법의 개정 취지에 비추어 보더라도, 특히 저작권 등에 대한 침해행위가 상대적으로 많이 발생할 가능성이 큰 '다른 사람들 상호 간에 저작물 등의 전송을 주목적으로 하는 온라인서비스'를 별도로 분류하여, 그와 같은 특수한 유형의 온라인서비스제공자에 대하여 권리자들이 위 제104조 제1항과 이를 구체화한 저작권법 시행령 제45조에서 정한 요건을 갖춘 권리보호요청을 한 경우에는, 법원의 재판을 거치지 아니하더라도 바로 같은 시행령 제46조에서 정한 조치를 할 의무를 법정화하고, 나아가 이와 같은 조치를 취하지 아니할 경우에는 3,000만 원 이하의 과태료에 처하도록 하여 그 이행을 담보함으로써, 다른 온라인서비스제공자에 비하여 가중된 의무를 추가로 부과한 것으로 해석함이 상당할 것인바(저작권법 제142조), 사정이 이와 같다면, 위 저작권법 제104조가, 피신청인 회사가 주장하는 바와 같이 소극적 필터링 방식을 전제로 권리자들이 스스로 P2P 서비스제공자인 피신청인 회사에 자신의 음원 등을 등록 또는 신고하는 것을 내용으로 하는 피신청인 회사의 그린파일 시스템과 같은 입장을 취하고 있다고는 보기 어렵다고 할 것이므로, 이 점에 관한 피신청인 회사의 주장 역시 이유 없다.

iii) 나아가 피신청인 회사의 '소극적 필터링 방식'과 '그린파일 시스템'을 전제로 한 필터링률에 관한 주장에 관하여 보건대, 먼저 이 사건에 있어서 피신청인 회사는 신청인들이 저작인접권을 갖는 이 사건 각 음원 파일에 관하여 그 주장과 같은 비율(98%) 상당의 필터링이 이루어지고 있는지에 관하여 보면, 그 주장에 부합하는 듯한 피신청인 회사가 제출한 소명자료들(소을 18호증의 1, 2, 이 소명자료들은 신청인 제이와이피가 저작인접권을 갖고 있는 음원들만에 대한 필터링 자료들이며, 앞서 본 바와 같이, 신청인 제이디스크에 대하여는 피신청인 회사가 주장하는 바와 같은 필터링률을 인정할만한 아무런 구체적 소명자료가 없다)은, 앞서 본, 저작권심의조정위원회 저작권보호센터의 모니터링 결과 및 신청인들이 제출한 모니터링 자료들을 기초로 한 필터링 및 침해율 등에 비추어 이를 선뜻 믿기 어려운 데다가, 설령 피신청인 회사가 제출한 소명자료와 같은 정도의 필터링이 일시 이루어졌다고 하더라도 이 사건 진행 중에 해당 음원 정보들이 추가됨에 따라 비로소 그와 같은 결과가 나온 것으로 보이고, 앞으로 새로운 변형파일의 출현이나 유통을 방지할 수 있는 기술적 대책이 마련되어 있음을 소명할 만한 자료도 없어, 피신청인 회사의 주장과 같은 필터링률이 앞으로도 지속된다고 단정하기도 어렵다. 더욱이 수천, 수만의 이용자에게 일시에 순간적으로 정보를 전달하는 인터넷의 특성상, 특정 음원에 대한 수많은 파일 중 어느 하나의 파일이라도 걸러지지 않는 경우, 그 걸러지지 않은 음원 파일이 다운로드를 요청한 모든 이용자들에게 공유되게 된다는 점에 비추어 볼 때, 완벽한 필터링이 이루어지지 않는 이상, 피신청인 회사가 주장하는 바와 같은, 필터링률의 제고가 저작인접권 등의 침해방지를 위한 기술적 조치를 다하였는지에 관한 법적 평가에 있어 어떠한 의미가 있다고는 하기 어렵다고 할 뿐만 아니라, 피신청인 회사가 자신의 소극적 필터링 방식에 대한 보완책으로 내세우고 있는 그린파일 시스템은 신청인들이 먼저 자신들이 저작인접권을 갖는 음원에 관한 정보들을 피신청인 회사에 제공하여 공유금지(필터링)를 신청 또는 등록하는 것을 그 내용으로 하는 제도이나, 앞서 본 바와 같이, 저작인접권자들인 신청인들이 온라인서비스제공자인 피신청인 회사에 대하여 자신들의 권리를 행사하기 위하여 그와 같은 신고 또는 등록을 미리 하여야 한다거나 또는 신청인들 비롯한 권리자들에게 그와 같은 신고 또는 등록을 미리 하여야 할 의무가 있다고 볼 아무런 근거도 없으므로, 이 점에 관한 피신청인 회사의 주장 역시 더 나아가 살필 것도 없이 그 이유 없다.』

라. 소리바다 1. 형사사안 — 2005도872 판결[10-13]

『1. 저작권법상 복제권 등 침해 및 방조행위

가. 저작권법상 복제 및 배포의 의미

저작권법 제2조의 유형물에는 특별한 제한이 없으므로 컴퓨터의 하드디스크가 이에 포함됨은 물론이지만, 하드디스크에 전자적으로 저장하는 MPEG

10-13) 이 판결에 대한 간략한 평가는 오승종, 1331면 참조. 고의와 과실을 손해의 전보를 목적으로 한다는 점에서 같이 취급하는 민사책임과 달리 원칙적으로 저작권법 위반의 형사책임은 고의범만 지게 되므로 부작위범의 조리상 작위의무를 지나치게 확대하여서는 곤란하다는 비판도 있으나, 미필적 고의라는 측면에서 간접사실을 통한 사실인정 과정을 거쳐 유무죄가 판단될 수 있다는 점에서 이해될 수 있다는 입장도 있다.

-1 Audio Layer-3 (MP3) 파일을 일컬어 유형물이라고는 할 수 없을 것이므로, 음악 CD로부터 변환한 MP3 파일을 Peer-To-Peer(P2P) 방식으로 전송받아 자신의 컴퓨터 하드디스크에 전자적으로 저장하는 행위는 구 저작권법(2000. 1. 12. 법률 제6134호로 개정되기 전의 것, 이하 '구 저작권법'이라고 한다) 제2조 제14호에서 말하는 '유형물로 다시 제작하는 것'에 해당된다고는 할 수 없을 것이지만, 저작권법 제2조 제14호에서 말하는 '유형물에 고정하는 것'에는 해당된다고 할 것이다. 그리고 저작권법 제2조 제15호에서 말하는 배포란 저작물의 원작품 또는 그 복제물을 유형물의 형태로 일반 공중에게 양도 또는 대여하는 것을 말하는 것이므로, 나아가 위와 같이 컴퓨터 하드디스크에 저장된 MP3 파일을 다른 P2P 프로그램 이용자들이 손쉽게 다운로드받을 수 있도록 자신의 컴퓨터 내의 공유폴더에 담아 두었다고 하더라도, 이러한 행위가 배포에 해당된다고는 할 수 없을 것이다.

나. 복제권 침해의 방조

한편, 저작권법이 보호하는 복제권의 침해를 방조하는 행위란 정범의 복제권 침해를 용이하게 해주는 직접·간접의 모든 행위로서, 정범의 복제권 침해행위 중에 이를 방조하는 경우는 물론, 복제권 침해행위에 착수하기 전에 장래의 복제권 침해행위를 예상하고 이를 용이하게 해주는 경우도 포함하며(대법원 2004. 6. 24. 선고 2002도995 판결 참조), 정범에 의하여 실행되는 복제권 침해행위에 대한 미필적 고의가 있는 것으로 충분하고(대법원 2005. 4. 29. 선고 2003도6056 판결 참조), 정범의 복제권 침해행위가 실행되는 일시, 장소, 객체 등을 구체적으로 인식할 필요가 없으며, 나아가 정범이 누구인지 확정적으로 인식할 필요도 없다(대법원 1977. 9. 28. 선고 76도4133 판결 참조).

2. 그런데 원심이 적법하게 채택한 증거와 기록에 비추어 살펴보면, 피고인들은 P2P 프로그램과 관련된 외국의 분쟁사례 등을 통하여 P2P 프로그램의 이용을 통한 음악파일의 공유행위는 대부분 정당한 허락 없는 음악 파일의 복제라는 결과에 이르게 됨을 예견하면서도(원심판결 이유에 의하면 실제로 이 사건 소리바다 이용자들이 교환한 음악 파일의 70%가 저작권법이 보호하는 복제권을 침해하는 것이었다) 2000. 5. 중순경 MP3 파일 공유를 위한 P2P 프로그램인 이 사건 소리바다 프로그램을 개발하고 서버를 설치, 운영하면서 인터넷 웹사이트를 통하여 위 소리바다 프로그램을 무료로 널리 제공하였으며, 그 서버에 이용자 아이디, 패스워드, 이메일주소, 가입회

원의 성별과 나이, 이용자의 인터넷 연결속도, 이용자의 최종접속 IP 주소 등의 접속정보를 보관하고, 이용자들이 서버에 접속하면 그 이용자의 컴퓨터 IP 주소를 송신받는 즉시 서버에서 보관하던 다른 이용자들의 IP 주소 등 접속정보를 5,000명 정도씩 묶어 제공함으로써 이용자가 용이하게 자신이 찾는 음악 MP3 파일을 검색할 수 있고, 나아가 최적의 다운로드 위치를 찾을 수 있게 해 주어 소리바다 이용자들이 음악 MP3 파일을 다운로드할 수 있게 해주는 한편, 피고인들도 매일 한두 번 소리바다 서버에 직접 접속함으로써 운영상태를 점검해 왔을 뿐 아니라, 음반제작자인 이 사건 피해자들이 회원으로 가입되어 있는 한국음반산업협회의 법제이사인 이창주가 2000. 8.경 피고인 양○○에게 소리바다 서비스가 저작권법에 위반되는 것임을 경고하면서 서비스의 중단 내지 보완을 요청한 이래 수차례 경고와 요청을 한 바 있음에도 위와 같은 프로그램의 배포와 서버의 운영을 계속하여, 조△△은 2000. 7.경부터,… 각 2001. 8. 4.경까지 사이에 각 소리바다 서버에 접속하여 다른 이용자들의 접속 정보를 제공받아 다른 이용자들로부터 음악 MP3 파일을 다운로드받고 나아가 다시 그 파일들을 자신들의 컴퓨터 공유폴더에 담아둠으로써 다른 이용자들이 다운로드받을 수 있도록 하였다는 것이다.

위 조△△ 등의 이러한 행위는 음반을 복제한 음악 MP3 파일을 유형물의 일종인 컴퓨터 하드디스크에 전자적으로 저장하여 고정하는 것일 뿐, 음악 MP3 파일을 유형물로 다시 제작하는 것은 아니어서 구 저작권법이 적용되는 2000. 6. 30.까지는 같은 법 제2조 제14호의 복제에 해당한다고 할 수 없지만(따라서 2000. 7. 1. 이후에 MP3 파일을 다운로드받았다고 단정하기 어려운 박◇◇…에 대해서는 피고인들이 복제권 침해행위의 방조범이 될 수 없다), 2000. 1. 12. 법률 제6134호로 개정된 저작권법이 적용되는 2000. 7. 1. 이후에는 같은 법 제2조 제14호의 복제에 해당한다고 할 것이다(나아가 위 조△△ 등의 이러한 행위가 음반의 복제물을 유형물의 형태로 일반공중에게 양도하거나 대여하는 것에 해당하는 것은 아니므로 저작권법 제2조 제15호의 배포에 해당한다고는 할 수 없을 것이다).

결국, 위에서 본 여러 사정을 종합해보면 피고인들은 적어도 미필적인 고의를 가지고 위와 같이 이 사건 소리바다 프로그램을 배포하고 소리바다 서버를 운영하여 위 조△△, …의 2000. 7. 1. 이후의 복제권 침해행위를 용이하게 해준 것이라고 볼 것이다.』

4. 검색이미지 제공 사건[10-14)]

『(2) 방조책임의 부담 여부

인터넷 포털사이트를 운영하는 온라인서비스제공자가 제공한 인터넷 게시공간에 타인의 저작권을 침해하는 게시물이 게시되었고 그 검색 기능을 통하여 인터넷 이용자들이 위 게시물을 쉽게 찾을 수 있다 하더라도, 위와 같은 사정만으로 곧바로 위 서비스제공자에게 저작권 침해 게시물에 대한 불법행위책임을 지울 수는 없다. 다만 저작권 침해 게시물이 게시된 목적, 내용, 게시기간과 방법, 그로 인한 피해의 정도, 게시자와 피해자의 관계, 삭제 요구의 유무 등 게시에 관련한 쌍방의 대응태도, 관련 인터넷 기술의 발전 수준, 기술적 수단의 도입에 따른 경제적 비용 등에 비추어, 위 서비스제공자가 제공하는 인터넷 게시공간에 게시된 저작권 침해 게시물의 불법성이 명백하고, 위 서비스제공자가 위와 같은 게시물로 인하여 저작권을 침해당한 피해자로부터 구체적·개별적인 게시물의 삭제 및 차단 요구를 받은 경우는 물론, 피해자로부터 직접적인 요구를 받지 않은 경우라 하더라도 그 게시물이 게시된 사정을 구체적으로 인식하고 있었거나 그 게시물의 존재를 인식할 수 있었음이 외관상 명백히 드러나며, 또한 기술적, 경제적으로 그 게시물에 대한 관리·통제가 가능한 경우에는, 위 서비스제공자에게 그 게시물을 삭제하고 향후 같은 인터넷 게시공간에 유사한 내용의 게시물이 게시되지 않도록 차단하는 등의 적절한 조치를 취하여야 할 의무가 있으므로(대법원 2009. 4. 16. 선고 2008다53812 판결 등 참조), 이를 위반하여 게시자의 저작권 침해를 용이하게 하는 경우에는 위 게시물을 직접 게시한 자의 행위에 대하여 부작위에 의한 방조자로서 공동불법행위책임이 성립한다고 할 것이다.

10-14) 서울고등법원 2010. 7. 15. 선고 2010나31879 판결〔파기환송 후 항소심, 서울고등법원 2008. 11. 19. 선고 2008나35779 판결(원고 일부승소), 대법원 2010. 3. 11. 선고 2009다4343 판결(파기환송). 이 사건은 같은 날 선고된 2007다76733, 2009다5643, 2009다76256, 2009다80637 사건의 각 판결과 동일 쟁점으로 결론이 엇갈린 항소심 판결들을 모아 결론과 법리를 정리한 것이다〕. 이 사건 중 OSP의 침해행위 등의 쟁점은 본장에서 말하는 OSP 책임론과 직접 관련되지 아니하고 이는 제9장에서 설명한 바 있으므로(사안의 개요도 마찬가지이다) 여기서는 부작위에 의한 방조 책임론에 한하여 기술한다.

이 사건으로 돌아와 보건대, 앞서 본 바에 따르면 피고의 회원들은 원고의 사진 약 266장…을 자신의 '이미지박스', '블로그' 등 게시판에 게시함으로써 원고의 위 사진에 대한 복제권, 전송권 등을 침해하고 있는 사실이 인정된다. 그러나 …를 종합하여 인정되는 다음과 같은 사정들, 즉 ① 피고의 회원들이 내부이미지를 업로드하는데 사용한 블로그나 이미지박스 서비스는 피고와의 사이에 이용계약을 체결한 후 그들이 독자적으로 관리, 운영하는 공간으로서 원칙적으로 이를 개설한 자나 사진을 업로드한 자만이 해당 사진을 수정, 삭제할 권한이 있고, 회원은 업로드하는 이미지의 공개 여부를 선택할 수 있는 사실, ② 피고는 커뮤니티 이용약관에서 블로그를 비롯한 커뮤니티 서비스에 관하여 그 이용 회원에게 전적인 법적인 책임을 지도록 하면서, 적법한 사진만을 업로드하도록 명시한 사실(약관 제4조 제7호), ③ 피고 웹사이트에 개설된 블로그의 수는 500만개, 블로그와 이미지 박스의 사진게시물은 각 300만개에 달하고 있는 사실, ④ 고성능 디지털 카메라의 대중적 보급에 따라 이용자들이 개인적으로 촬영한 사진을 인터넷에 업로드한 후 이를 광범위하게 공유하는 문화가 확산되어 있고, 각종 사진 관련 동호회도 활성화되어 전문가 수준의 사진이 회원들의 커뮤니티에서 널리 공유되고 있으며, 피고는 세계적인 사진 공유 사이트인 플리커(www.flickr.com)와 제휴하여 합법적인 사진의 대량 공유서비스를 제공하고 있는 사실, ⑤ 피고는 피고 웹사이트의 서비스로 인하여 저작권을 침해당한 경우 피고가 운영하는 지적재산권 침해구제센터에 신고하도록 하고 있으며, 원고의 사진을 비롯하여 이러한 침해신고가 있는 저작물의 경우 블라인드 처리 등의 적극적인 차단조치를 시행하고 있고, 저작권 침해물을 비롯한 위법 게시물에 대하여 상시 감시활동을 수행하고 있는 사실이 인정되는 점, ⑥ 원고의 사진과 같이 일반적인 풍경사진으로서 저작권에 관한 표시가 없는 이미지에 대하여 원고의 통보가 있기 전까지는 이용자들이 이에 대한 권리관계를 파악하는 것은 물론 피고가 감시활동에 의하여 이를 사전에 걸러 내는 것이 쉽지 않을 것으로 보이고, 현재 이를 자동적으로 걸러내는 기술적 수단도 없는 것으로 보이는 점 등을 종합하여 보면, 고성능 디지털 카메라와 인터넷 이용이 대중화되면서 인터넷 포털사이트에 개인이나 동호인별 게시공간을 개설한 다음 스스로 촬영한 사진 등을 게시함으로써 회원들 상호간에 이를 자유로이 공유·교환하는 문화가 급속히 확산되고 있어, 피고로서도 저작권에 관한 아무런 표시가 없는 위 내부이미지들이 타인의 저작권을 침해하는 것인지 여부를 쉽게 알 수 없었을 뿐만 아니라, 그와 같은 저작권 침해 게시물을 자동적으로 걸러내는 기술적 수단도 없었던 것으로 보이고, 그 밖에 피고가 회원들의 '이미지박스' 등 게시판에 위 내부이미지들이 게시된 사정을 구체적으로 인식하고 있었거나 그 존재를 인식할 수 있었음이 외관상 명백히 드러난다고 볼 만한 사정을 인정할 증거가 없어, 원고의 요청이 없더라도 위 내부이미지들을 삭제하거나 그 게시를 차단할 의무가 있었다고는 보기 어렵다 할 것이므로, 피고가 그와 같은 조치를 취하지 아니하였다 하여 그 회원들의 불법행위에 도움을 주었다고 할 수는 없다.

따라서 피고가 그 회원들의 원고의 사진에 대한 저작권 침해행위에 대하여 방조책임을 부담하여야 한다는 원고의 위 주장은 이유 없다.』

☞ 이러한 책임론은 우선 앞서 본 소리바다 사건(P2P 서비스)에서의 방조책임론을 발전시켜 포털 같은 일반 OSP의 책임론을 정립한 점에 그 의미가 있다.[10-15] 즉 OSP 면책논의 전단계인 책임 인정여부에 관한 논의를 정리한 것으로 그 의미가 적지 않다. 그리고 방조에 의한 OSP 책임성립의 논리는 보다 정교하게 발전하는데 본건과 같은 전자게시판 서비스(Bulletin Board Service)는 물론 뒤에 볼 웹 스토리지 서비스(Web Storage Service, 소위 웹하드) 등 구체적인 기술의 유형을 가리지 않고 그러하다. 특히 이미지검색서비스 사건에서는 소위 자

10-15) 전지원, "이미지 검색 서비스의 저작권침해 여부 등", 대법원판례해설 84호(2010. 상반기) 534면은 "소리바다 판결은 온라인서비스제공자의 복제권 침해 책임의 근거가 민법상 방조에 의한 공동불법행위책임임을 밝힌 점에 큰 의의가 있고, 이는 이 사건에서도 마찬가지라 할 것이다. 그런데 소리바다 사건에서의 온라인서비스제공자의 행위태양은 …다른 이용자들의 접속정보를 제공한 것이어서 작위범적인 구조를 취하고 있는데 비하여, 이 사건의 경우, 인터넷 포털사이트 운영자가 전자게시판 서비스, 검색서비스 등을 제공한 것 자체가 위법한 것은 아니고 그 구성요건이 '저작권을 침해하는 게시물의 삭제 및 차단의무를 이행하지 아니한 것', 즉 부작위에 의하여만 실현될 수 있는 부작위범의 구조를 취하고 있어, 양 사건은 구성요건에 있어서 일단 차이가 있다. 즉 소리바다 사건에서 법리로서 설시한 주관적 구성요건요소의 충족 여부를 기준으로 이 사건에서 방조책임의 성립 여부를 판단할 경우, 자칫 '무엇이 위법한 것인지' 판단하기에 앞서, '(막연히) 위법을 인식하였거나 인식할 수 있었는지'에 관하여 판단하는 결과가 되어, 본말이 전도될 우려가 있다. 특히 전자게시판 서비스, 검색서비스 등을 제공하는 온라인서비스제공자로서는 위와 같은 미필적 인식 등은 항상 있다고 볼 여지도 있어 더욱 문제라 할 것이다. 따라서 소리바다 사건의 법리에 따라 미필적 인식 내지 과실의 유무를 기준으로 방조책임의 성부를 판단하는 것은 이 사건 등에서는 적절하지 않다고 보이고, 이에 앞서 객관적 구성요건의 충족 여부를 판단하는 것이 필요하다고 생각된다."라고 설명하고 있다.

살홈페이지 사건(본문 중의 2008다53812 판결[10-16])의 논리를 그대로 차용[10-17])하고 있다.

5. 벅스뮤직 사건[10-18)]

「2. 주장 및 판단

가. 원고의 복제권 침해 여부에 대한 판단

10-16) 원고와 교제하던 딸이 실연당한 후 자살하자, 죽은 딸의 어머니가 원고의 명예를 훼손하는 내용의 게시글들을 망인의 미니홈피 등에 올렸고 이에 따라 제3자들이 원고를 비난하는 글을 게시하였음에도 피고 포털(portal)이 그것을 방치한 책임을 추궁한 사건이다.

10-17) 전지원, "이미지 검색 서비스의 저작권침해 여부 등", 대법원판례해설 84호(2010. 상반기), 549면에서 그 근거 및 차이점을 설명하고 있다. 박준석, "온라인서비스제공자의 저작권 침해책임에 관한 한국에서의 입법 및 판례 분석", Law & technology 제7권 제4호(2011. 7), 8면에서는 여타 법률 영역에서 나중에 정립된 방조책임론의 구체적인 내용전개에 오히려 저작권침해의 최근사례가 역으로 영향을 받는 현상으로 지적하고 있다. 나아가 '명백성'이라는 기준이 불가피하게 추상적 개념이기 때문에 향후 다른 법원에 상대적으로 폭넓은 해석의 여지를 인정하였다고 보기 때문에 '명백성'이라는 기준 자체에 반대하지는 않지만 이 기준을 지나치게 엄격하게 해석·운용하여서는 자칫하면 서비스제공자에게 사전모니터링 의무를 부과하는 결과가 될 수 있고 저작권법 제102조 및 제103조의 골격을 우회적으로 부정하는 결과가 된다는 면에서 비판한다.

10-18) 서울중앙지방법원 2003. 9. 30.자 2003카합2114, 2151 결정. 스트리밍 방식(선택된 파일을 네트워크 상황에 맞추어 연결정보를 지닌 여러 개의 조각파일로 나눈 후 연이어 전송하고, 이를 전송받은 컴퓨터에서는 이 조각파일들을 전송받음과 동시에 압축을 풀어 재생되도록 하는 전송방식으로 인터넷에서 동영상, 음악, 소프트웨어 등을 실시간 전송, 구현하는데 사용되는 기술)으로 음원 파일을 전송하여 이용자들이 실시간으로 음악을 들을 수 있게 하는 온라인서비스제공자의 책임이 문제되었다. 유사한 사례로 회원들에게 음원파일을 업로드할 수 있는 계정을 제공하고, 다른 이용자들의 계정에 저장되어 있는 음원파일을 검색하여 스트리밍 방식에 의해 실시간으로 음악을 청취할 수 있도록 하는 서비스를 제공한 온라인서비스제공자에 대하여, 이용자들이 음원파일을 업로드한 행위는 음원에 대한 저작인접권자의 전송권 침해에 해당하고, 서비스제공자가 이러한 침해행위가 발생하리라는 점을 충분히 예견할 수 있는 상태에서 침해 방지를 위한 별다른 조치 없이 이러한 서비스를 제공함으로써 침해를 용이하게 하였으므로 이용자들의 침해행위에 대한 방조책임을 부담한다고 본 사례(서울중앙지방법원 2005. 5. 30.자 2004카합3965 가처분결정)가 있음.

(1) 위 인정사실에 의하면, 이 사건 음반기획제작자들은 별지 목록 기재 각 음반에 대한 저작권법 제2조 제7호의 음반제작자에 해당하므로, 이 사건 음반기획제작자들과 이 사건 신탁관리 약정을 체결한 신청인은 저작권법 제67조, 제2조 제18호에 의하여 온라인을 이용한 매체와 관련하여 별지 목록기재 각 음반에 대한 복제권을 가진다고 할 것이고, 한편, 음반을 컴퓨터압축파일로 변환하는 것은 변환 프로그램에 의하여 기계적으로 이루어지므로 창작성이 포함된다고 볼 여지가 없고, 변환된 컴퓨터압축파일이 컴퓨터의 보조기억장치에 저장되면 인위적인 삭제 등 특별한 사정이 없는 한 유형물에 고정되었다고 볼만한 영속성을 지니게 되므로 이 사건 파일저장행위도 음반의 복제에 해당한다고 할 것이어서 피신청인은 신청인이 신탁관리하는 저작인접권인 복제권을 침해하였다 할 것이다.

(2) 이에 대하여 피신청인은, ① 이 사건 파일저장행위는 스트리밍 방식으로 파일을 방송 또는 전송행위인 이 사건 음악청취 서비스를 제공하기 위하여 필수적으로 수반되는 행위이므로 저작권법 제2조 제8호의 방송이나 같은 조 제9의2호의 전송에 해당할 뿐 같은 조 제9호의 복제에 해당하지 않고, 복제권 침해를 이유로 이 사건 음악청취 서비스를 중지시킬 수 있다고 한다면 음반제작자에게 방송권 또는 전송권을 부여하는 결과가 되어 부당하며, ② 이 사건 음악청취 서비스는 동시성의 요건을 충족하여 저작권법 제2조 제8호의 방송에 해당하므로 피신청인은 같은 조 제9호의 방송사업자라 할 것이고, 설령 이 사건 음악청취 서비스가 방송이 아니라 하더라도 그 실질이나 기능에 있어서 공중파 방송과 아무런 차이가 없으므로 피신청인은 방송사업자와 유사한 지위에 있고, 피신청인이 이 사건 음악청취 서비스를 제공할 당시에는 저작권법에 전송권 규정이 없었고, 대법원 판례도 인터넷 방송을 저작권법의 방송으로 판시하여 피신청인은 자신이 방송사업자인 것으로 믿고 이 사건 음악청취 서비스를 제공하기 시작하게 된 것이므로 피신청인의 이와 같은 정당한 신뢰는 보호할 가치가 있다 할 것이어서 결국 저작권법 제91조 제1항, 제68조에 의하여(또는 유추적용에 의하여) 신청인은 피신청인에게 단지 보상청구권만 가질 뿐, 복제권 등 침해를 이유로 이 사건 음악청취 서비스의 중단을 요구할 수 없으며, ③ 음반제작자가 갖는 복제권은 저작인접권으로서 저작권법 제62조에 의하여 저작권자의 권리에 영향을 미칠 수 없으므로 음악저작물의 저작권자 및 실연자의 의사와 무관하게 음반제작자의 저작인접권만의 침해를 이유로 이 사건 음악청취 서비스의

중단을 요구할 수는 없고, ④ 이 사건 신청이 인용될 경우 저작인접권자인 음반제작자들이나 신청인이 실질적으로 얻는 이익은 적은데 비해 피신청인이 입는 불이익은 현저하게 크다는 점에서 복제권 침해를 이유로 한 신청인의 방해배제청구는 권리남용에 해당한다고 주장한다.

살피건대, ① 이 사건 파일저장행위가 이 사건 음악청취 서비스를 위한 필수적인 전제일 수는 있으나 방송이나 전송을 위하여 서버의 보조기억장치에 파일을 저장하는 행위가 반드시 수반되는 것은 아니므로 이 사건 파일저장행위가 저작권법의 방송이나 전송에 흡수된다고 볼 수 없고, 저작인접권자인 음반제작자에게 방송권 또는 전송권이 인정되지 아니하고 또한 이 사건 음악청취 서비스가 저작권법상 전송(제2조 제9의2호)으로 볼 여지가 없지 아니하다 해도, 앞서 본 대로 이 사건 음악청취 서비스를 위하여 이 사건 파일저장행위와 같은 저작권법상 복제행위를 거치는 이상 신청인은 음반제작자가 가지는 복제권에 기하여 피신청인에 대하여 복제권 침해의 정지 및 침해행위에 의하여 만들어진 물건의 폐기나 기타 필요한 조치를 청구할 수 있다고 할 것이며, 그 결과 신청인에게 전송권을 부여한 것과 같은 결과가 된다고 하여도 저작권법에 어긋나는 것이라고 볼 수는 없다고 할 것이다. ② 이 사건 음악청취 서비스는 개별적인 이용자들이 서로 다른 시간에 동일한 내용의 음악청취 서비스를 이용할 수 있음을 특징으로 하므로 설령 다수의 이용자가 같은 시간에 동일한 내용의 음악청취 서비스를 받을 가능성이 있다 하더라도 그 이유만으로 저작권법 제2조 제8호의 동시성의 요건을 충족하지는 못하여 방송에 해당한다고 볼 수 없고{구 저작권법(2000. 1. 12. 법 제6134호로 개정되기 전의 것)은 방송의 개념에 동시성의 요소를 포함시키지 않고 있었는데 저작권법 제2조 제9호의2에 방송과 구별되는 전송의 개념이 새로 규정되면서 방송과 전송을 구별하기 위하여 방송의 개념에 동시성의 요소를 새롭게 포함시켰다}, 현행 저작권법은 방송과 전송의 송신방식이나 정보유통의 특성, 파급력 등에 있어서의 차이 등을 고려하여 전송을 업으로 하는 자에게 방송사업자와 같이 판매용 음반을 사용하여 전송할 권리를 부여하는 규정을 두지 않은 이상, 피신청인과 같이 전송을 업으로 하는 자에게 함부로 방송사업자의 지위를 인정할 수는 없으며, 한편, 기록상 소명되는 바대로 피신청인은 애초부터 음반제작자들의 반대에도 불구하고 이 사건 음악청취 서비스를 무료로 제공하여 온 점 등에 비추어 보면 피신청인이 방송사업자라고 믿은 신뢰에 정당한 이유가 있다고 보이지도 않는다. ③ 저작권법 제62조는 실연, 음반, 방송의 이용은 필연적으로 저작물의 이용을 수반하므로 이때 저작인접권자의 허락뿐만 아니라 저작권자의 허락도 필요하다는 것을 주의적으로 규정한 것일 뿐 저작권자의 의사와 무관하게 저작인접권자의 권리를 행사할 수 없다는 취지는 아니므로 신청인은 음악저작물의 저작권자, 실연자의 의사와 무관하게 자신의 권리를 행사할 수 있고, ④ 권리행사가 권리의 남용에 해당한다고 할 수 있으려면, 주관적으로 그 권리행사의 목적이 오직 상대방에게 고통을 주고 손해를 입히려는 데 있을 뿐 행사하는 사람에게 아무런 이익이 없는 경우이어야 하고, 객관적으로는 그 권리행사가 사회질서에 위반된다고 볼 수 있어야 하는 것이며, 이와 같은 경우에 해당하지 않는 한 비록 그 권리의 행사에 의하여 권리행사자가 얻는 이익보다 상대방이 잃을 손해가 현저히 크다 하여도 그러한 사정만으로는 이를 권리남용이라 할 수 없다 할 것인데, 기록상으로는 신청인의 이 사건 신청이 그 목적이 오직 상대방에게 고통을 주고 손해를 입히려는 데 있고 그 권리행사가 사회질서에 위반된다고 볼만한 사정에 대한 소명이 부족하다. 따라서 피신청인의 주장들은 모두 받아들일 수 없다.」[10-19),10-20)]

6. 싸이월드 사건[10-21)]

10-19) 이른바 '판도라TV' 사건(서울중앙지방법원 2008. 4. 3.자 2007카합3547 가처분결정)에서도 법원은 온라인서비스제공자가 동영상재생프로그램을 통해 시청자가 선택한 동영상을 스트리밍 방식으로 시청할 수 있도록 하는 서비스를 제공한 행위에 대하여, 이용자들이 채권자의 저작물을 업로드하는 행위는 복제권 침해에 해당하고, 업로드한 저작물을 다른 이용자들이 수신하거나 접근할 수 있도록 하는 것은 공중송신권 침해에 해당하며, 서비스제공자는 이용자들이 동영상파일을 검색하여 스트리밍 방식으로 시청할 수 있게 하는 서비스를 제공함으로써 이용자들의 침해행위에 대한 방조책임을 부담하고, 온라인서비스제공자로서의 면책 규정도 적용되지 않는다고 판단하였다.

10-20) 웹하드 서비스에 관하여도 비슷한 취지로 판단된 바 있다(서울중앙지방법원 2008. 7. 25.자 2008카합968 결정(웹스토리지), 서울중앙지방법원 2010. 2. 12. 선고 2008가합27672 판결).

10-21) 서울중앙지방법원 2009. 7. 17. 선고 2009가합9022 판결(항소심 소취하). OSP에게 너무 가혹하게 방조에 의한 불법행위책임을 인정하는 것은 오히려 인터넷을 통한 사업이나 이용자의 활동에 제약을 가져올 수 있다는 점을 고려하여 그 책임을 적절하게 제한하여야 한다는 취지로 이해할 수 있어 의미를 갖는 판결이라고 한다. 박성호, "온라인서비스제공자의 방조에 의한 공동불법행위 책임", 저작권문화(2009. 9) 29면.

『2. 주장 및 판단

가. 원고의 주장

피고는 위 각 서비스를 제공하여 이용자들로 하여금 원고가 신탁관리하는 음악저작물인 음악파일을 불법적으로 업로드 내지 다운로드할 수 있도록 하였고, 검색서비스를 제공하여 이를 더욱 용이하게 함으로써, 원고의 복제권 및 공중송신권의 침해를 방조하였으므로, 피고는 원고에게 방조행위에 따른 공동불법행위책임의 일부로서 297,360,432원 및 이에 대한 지연손해금을 지급할 의무가 있다.

나. 판 단

(1) 저작권법이 보호하는 복제권의 침해를 방조하는 행위란 … (대법원 2007. 1. 25. 선고 2005다11626 판결 등 참조), 이와 같은 법리는 공중송신권의 침해를 방조하는 행위에 대하여도 그대로 적용된다고 할 것이다.

그리고 일반적으로 카페나 개인홈페이지 등에의 가입과 접속은 누구에게나 개방되어 있어, 카페나 개인홈페이지 등에서의 파일의 업로드는 하루에도 수천, 수만의 불특정 다수의 이용자들에 의해 자연스럽게 이루어지고, 파일의 다운로드 역시 특별한 제한 없이 수많은 이용자들에 의해 이루어질 뿐만 아니라 인터넷의 특성상 그 다운로드를 요청한 다수의 모든 이용자에게 순간적으로 동시에 이루어진다는 점에서, 이용자들이 디지털 형태의 저작복제물을 무단 유통함에 따른 저작권의 침해가능성은 항상 열려 있다고 할 것이나, 그렇다 하더라도 파일공유기능을 제공하는 모든 형태의 시스템의 운영자들이 획일적으로 이용자들의 저작권 침해행위에 대한 방조책임을 부담한다고 할 수는 없고, 위 운영자가 서비스를 제공하는 과정에서 이용자들의 파일공유 및 교환 행위에 관여할 수 있는지의 여부와 그 방식 및 정도, 저작권의 침해행위에 대한 운영자의 인식 여부와 그에 따른 시스템에서의 권리보호조치의 내용과 그 정책, 시스템이 파일공유 기능 외에 이용자들의 저작권 침해행위를 용이하게 할 수 있는 다른 기능을 제공하고 있는지의 여부, 위 운영자가 이용자들의 저작권 침해행위로부터 이익을 얻을 목적이 있거나 향후 이익을 얻을 가능성의 정도 등 구체적 사정을 살펴보아, 위 운영자가 이용자들의 파일공유 등으로 인한 저작권 침해행위를 미필적으로나마 인식하고 있으면서도 이를 용이하게 할 수 있도록 도와주거나, 이러한 침해행위에 도움을 주지 않아야 할 주의의무가 있음에도 이를 위반하는 경우라고 평가되는 경우에만 방조책임이 인정된다고 할 것이다.

(2) 돌이켜 이 사건에 있어 보건대, 피고가 제공하는 위 각 서비스를 통하여 원고의 음악저작물인 음악파일이 불법적으로 복제·전송되었고, 현재도 일부 복제·전송이 가능하며, 위 각 사이트의 종합검색기능을 통하여 음악파일의 검색이 가능하고, 이를 통하여 해당 서비스로의 접근이 가능하다는 사실은 앞서 본 바와 같으나, 앞서 든 각 증거에 의하여 인정되는 다음과 같은 사정 즉, ① 피고의 위 각 서비스는 개인의 개성표출, 지인 간의 친목도모 등을 목적으로 제공되는 이른바 홈페이지, 블로그, 커뮤니티 내지 게시판 서비스로서, 파일의 공유 즉 파일의 업로드 내지 다운로드 자체를 주된 목적으로 하지는 않는다는 점, ② 위 각 서비스의 이용자들이 음악파일을 업로드하거나 다운로드함으로써 피고가 얻는 직접적인 이익은 없는 것으로 보이는 점, ③ 피고의 위 각 사이트에는 매월 약 수천만명의 이용자가 방문함에도 불구하고, 음악 관련 검색비율이 약 1% 내외에 그치는 등 위 각 서비스 중 이용자들의 음악파일과 관련된 비중이 지극히 낮은 점, ④ 이용자가 직접 자신의 의견이나 각종 정보를 게시·저장하거나 이를 다른 이용자들과 서로 공유·교환할 수 있도록 한 위 각 서비스는 일정한 주제나 운영주체에 따라 개별 인터넷 게시공간으로 나누어져서, 그 각 개별 인터넷 게시공간별로 게시물의 게재 여부, 회원가입 여부, 공개수준, 접속권한 결정 등의 운영 및 관리가 자율적으로 이루어지고 있는 점, ⑤ 피고는 i) 싸이월드, 네이트, 이글루스 등의 약관에서 가입자에게 지적재산권의 침해금지의무가 있고, 이를 위반할 경우 삭제 등의 조치가 취해진다는 내용을 명시하였으며, ii) 원고의 삭제요청이 있기 전부터 자체적으로 감시직원을 배치하여 삭제 등의 제재조치를 취하였을 뿐만 아니라 원고 등의 삭제요청에 조속히 대응하여 해당파일을 삭제하였고, iii) 음악 관련 파일의 업로드금지, 금지어 검색금지 등의 정책을 도입하였을 뿐만 아니라, iv) 현재 필터링 분야에서 최고수준인 것으로 보이는 음악인식기술을 도입한 점(도입 전후로 페이지뷰가 급격히 감소한 점 등 도입에 따른 그 영향을 고려할 때 원고의 위 각 경고 후 위 기술을 도입하기까지 소요된 약 9개월간의 기간은 합리적인 기간으로 보인다)에다가, 원고의 피고에 대한 위 각 경고의 시간적 간격, 내용, 경위 등에 비추어 원고의 권리보호를 위한 노력이 권리자로서 충분치는 않은 것으로 보이는 점, 피고도 적법하게 음악파일의 판매사업을 하고 있는 점, 피고의 위 각 서비스를 통하여 음악시장이 확대되고 이로 인하여 원고도 그에 따른 반사적 이익을 입게 되는 점, 앞서 본 바와 같은 위 각 서비

스의 목적과 기능에 따른 순기능과 그와 관련된 이용자들의 개인적 법익이 저작권자의 이익보다 결코 뒤진 것으로는 보이지 않는 점 등을 종합하면, 인터넷 포털업체인 피고에게 개인회원이 독자적으로 관리, 운영하는 공간에서 이루어지는 모든 음악파일의 업로드 및 다운로드 행위에 대하여 권리자의 침해신고가 있기 전부터 그 위법 여부를 전면적, 사전적으로 감시하거나 강제로 이를 차단하는 등의 통제의무를 부과할 수는 없다 할 것이고, 나아가 피고가 원고의 저작권 침해신고가 있는 경우에는 이에 대한 적극적인 차단조치를 시행하고 있는 이상, 피고가 그 이용자들의 위와 같은 원고 저작권의 침해행위를 미필적으로 인식하였다거나 그 침해행위에 도움을 주지 않아야 할 주의의무에 위반하여 이를 방조하였다고 볼 수도 없다 할 것이며, 오히려 저작권법 제102조 제1항의 '온라인서비스제공자가 저작물 등의 복제·전송과 관련된 서비스를 제공하는 것과 관련하여 다른 사람에 의한 저작물 등의 복제·전송으로 인하여 그 저작권 그밖에 이 법에 따라 보호되는 권리가 침해된다는 사실을 알고 당해 복제·전송을 방지하거나 중단시킨 경우에는 다른 사람에 의한 저작권 그 밖에 이 법에 따라 보호되는 권리의 침해에 관한 온라인서비스제공자의 책임을 감경 또는 면제할 수 있다'라는 규정에 따라 그 책임이 면제될 여지도 충분히 있다 할 것이어서, 피고는 그 이용자들의 원고 저작권의 침해행위에 대하여 방조책임을 부담하지 아니한다고 볼 것이므로, 원고의 주장은 더 나아가 살필 필요 없이 이유 없다.」

7. 미쳤어 사건[10-22)]

10-22) 서울고등법원 2010. 10. 13. 선고 2010나35260 판결(확정). 저작권법 제28조 소정의 공표된 저작물의 인용에 해당하는지 여부는 해당부분에서 별도로 살핀다. 그리고 본건에서 피고는 UCC 사이트인 '네이버 비디오' 사이트에 게시된 이 사건 동영상의 복제·전송 중단을 요구하였을 뿐 원고 블로그에 게시된 이 사건 게시물의 복제·전송 중단을 요구한 적은 없다고 주장하였는데 법원은 이에 대하여 「피고로부터 이 사건 비디오 사이트 주소로 특정된 이 사건 동영상의 복제·전송 중단을 요구받은 엔에이치엔으로서는 저작권 침해에 대한 공동불법행위자로서의 책임을 면하기 위해서는 원고 블로그에 있는 이 사건 동영상과 이 사건 비디오 사이트 사이의 링크를 차단하는 것 이외에도 이 사건 동영상 파일이 저장되어 있는 이 사건 게시물 자체 및 네이버 사이트의 다른 곳에 게재되어 있는 이 사건 동영상의 복제물의 게시를 모두 중단시키는 조치를 취하여야 하므로, 피고가 직접적으로 원고 블로그 주소에 있는 이 사건 동영상의 복제·전송 중단을 요구하지는 아니하였다고 하더라도, 피고가 이 사건 비디오 사이트 주소로 특정된 이 사

<사안의 개요>

원고는 2009. 2. 2. 다섯 살된 원고의 딸이 의자에 앉아 가수 손담비의 '미쳤어'라는 노래(이 사건 저작물)을 부르면서 춤을 추는 것을 촬영한 이용자제작콘텐츠(UCC) 형태의 53초 분량의 동영상(이 사건 동영상) 및 이 사건 저작물의 가사 중 후렴구 부분이 포함되어 있는 게시물(이 사건 게시물)을 제3자가 열람·검색하는데 아무런 제한을 두지 아니한 상태로 네이버 사이트에 있는 원고의 블로그에 게시하면서, 이 사건 동영상을 네이버의 비디오 사이트에 링크되도록 하였다. 이에 피고 사단법인 한국음악저작권협회는 게시물들에 대한 복제·전송의 중단조치를 요구하였고, 이에 NHN은 이 사건 게시물 전부에 대한 게시를 임시로 중단하였는데, 원고는 2009. 6. 23.경 NHN에 구두로 이 사건 게시물의 재게시를 요구하였으나, NHN은 재게시 요구가 저작권법시행령에서 정한 재개요구기한을 도과하였고 이 사건 게시물이 정당한 권리에 의한 것이라는 소명자료도 첨부하지 하였다는 이유로 이를 거절하였다. 이에 원고는 이 사건 게시물의 복제, 전송 등의 행위가 '공표된 저작물의 정당한 인용'의 범주에 포함되어 피고 협회의 저작권을 침해하지 아니함에도 불구하고, 피고는 이를 면밀히 검토하지 아니한 채 만연히 그 저작권만을 주장하면서 NHN에 그 삭제를 요청하여 이 사건 게시물을 게시중단 처리되게 함으로써 원고의 정당한 자유이용권을 침해하였는바 피고는 원고에게 저작권법 제103조 제6항에 의하여 그 손해 중 원고가 구하는 바와 같이 위자료를 배상할 의무가 있다고 주장하고 있다.

<법원의 판단>

> 「…제103조 제6항의 저작물 등의 복제·전송의 중단 요구에 있어서 '정당한 권리가 없다'는 것은 '자신의 권리가 침해되는 사실을 입증하지 못하였다'는 취지로 해석되어야 하므로, 침해될 권리 자체가 없었던 경우는 물론 침해될 권리가 있더라도 저작물 등의 복제·전송이 저작권법에서 규정하고 있는 저작권 제한사유에 해당하여 저작권 그밖에 저작권법에 따라 보호되는 권리를 침해하는 것이 아닌 경우도 정당한 권리가 없는 경우에 해당한다.

건 동영상의 복제·전송 중단을 요구한 이상 결국 네이버 사이트에 존재하는 이 사건 동영상 또는 그 복제물의 복제·전송 중단을 요구한 것」이라고 배척하고 있다.

따라서 저작물 등의 복제·전송의 중단을 요구한 자에게 저작권 그밖에 저작권법에 따라 보호되는 권리가 있더라도 그러한 저작물 등의 복제·전송이 저작권법 제28조 소정의 공표된 저작물의 인용과 같이 저작권법에서 규정하고 있는 저작권 제한사유에 해당하는 경우에는 복제·전송의 중단을 요구한 자는 그러한 요구로 인하여 온라인서비스제공자의 서비스를 이용하여 저작물 등을 복제·전송하는 사람이 입은 손해를 배상할 책임이 있고, 단지 자신이 저작권 등의 권리자이고 복제·전송자에게 자신이 권리를 가지고 있는 저작물의 이용을 허락한 적이 없다는 사정만으로는 면책될 수 없다.

다만, 저작권법 제103조 제6항은 민법상 불법행위의 특칙이므로, 손해배상책임이 인정되기 위해서는 복제·전송의 중단을 요구한 자가 ① 자신에게 저작권 그밖에 저작권법에 따라 보호되는 권리가 없음을 알았거나, ② 주의의무에 위반하여 자신에게 저작권 그밖에 저작권법에 따라 보호되는 권리가 없음을 몰랐거나, ③ 자신이 중단을 요구한 저작물 등의 복제·전송이 저작권 제한사유 등에 해당하여 저작권 침해가 되지 아니한다는 사실을 알았거나, ④ 자신이 중단을 요구한 저작물 등의 복제·전송이 저작권 침해에 해당하는지에 관하여 법률전문가의 의견을 구하는 등 성실하고 합리적인 방법으로 검토하여야 할 주의의무를 위반하여 저작물 등의 복제·전송이 저작권 침해가 되지 아니한다는 사실을 몰랐다는 등의 귀책사유가 있어야 한다.

저작권법 제106조 제6항에 의한 손해배상의 범위는 일반 불법행위와 마찬가지로 상당인과관계가 인정되는 한 소극적 손해와 적극적 손해는 물론 정신적 손해에 대한 위자료도 포함된다고 봄이 타당하다.

(2) 이 사건의 경우에, 앞서 본 바와 같이 피고가 이 사건 저작물의 저작재산권자이기는 하나, 원고가 이 사건 동영상과 이 사건 게시물을 작성하면서 이 사건 저작물 중 일부를 이용한 것은 저작권법 제28조 소정의 공표된 저작물의 인용에 해당하여 이 사건 저작물의 저작권을 침해하는 것이 아니므로, 비록 피고가 원고에게 이 사건 저작물의 이용을 허락한 적은 없다고 하더라도, 피고는 정당한 권리 없이 이 사건 게시물의 복제·전송의 중단을 요구한 것이다.

또한, …에 의하면 피고는 2009. 6. 1.부터 같은 달 26일까지 사이에 포털사이트 네이버의 운영자인 엔에이치엔과 다음(Daum)의 운영자인 주식회사 다음커뮤니케이션즈에게, 피고가 저작재산권을 보유한 저작물 중 당시 인기가요 순위 상위에 오른 저작물 337곡을 이용하여 제작된 것으로 추측되는,

네이버와 다음의 각 동영상 사이트에 등록된 동영상 합계 332,992건에 대하여 저작권 침해 여부에 대한 개별적 검토 없이 일괄적으로 복제·전송의 중단을 요구하였음이 인정되고, 이러한 인정사실에 비추어 보면, 피고가 이 사건 게시물이나 이 사건 동영상이 이 사건 저작물의 저작권을 침해하는 것인지에 대한 성실하고 합리적인 검토 없이 이 사건 동영상의 복제·전송의 중단을 요구하였음이 인정되므로, 피고에게 귀책사유도 있다.

따라서 피고는 원고에게 피고의 이 사건 동영상에 관한 복제·전송 중단 요구로 인하여 원고가 입은 손해를 배상할 책임이 있다.』

8. 나우콤 사건10-23)

9. 웹하드 온디스크 사건10-24)

『다음 사정, 즉 ① 이 사건 사이트와 운영체제가 유사한 다른 웹하드 사이트처럼 피고는 이용자들이 자료를 다운로드받기 위해 포인트라는 사이버머니를 구입하게 하고, 자료를 업로드한 이용자에게는 위 포인트를 지급하는 방식으로 이 사건 사이트를 운영하고 있는 것으로 보이는데 이는 대량의 저작권침해 파일을 업로드하는 행위를 하는 자들인 헤비 업로더(heavy uploader)들에게 경제적 이득을 주는 것이고 또한 헤비 업로더들이 이 사건 사이트 안에 대량의 저작권 침해 파일을 축적하게 되면 이용자들이 다시 이를 포인트를 사용하여 유료 다운로드받게 됨으로써 피고의 사업형태가 영리를 목적으로 저작권침해파일의 공유와 연관되어 있는 것으로 보이는 점, ② 피고가 게시한 저작권 침해 공지 내용에 비추어 볼 때, 이 사건 사이트의 이용자들이 저작권 침해 파일을 상당수 업로드, 다운로드하고 있는 점, ③ 피고는 이 사건 프로그램에 저작권침해 경고문구를 게시하고, 저작권을 침해하는 불법컨텐츠를 삭제하는 등 저작권 보호조치를 취하고 있다고 주장하나 위와 같은 조치 등은 저작권침해에 대한 유효한 방지수단이 될 수 없고, 보다 근본적인 기술적 통제수단이 요구되는 점, ④ 웹하드 방식에 의한 파일 공유 서비스는 P2P방식과 달리 온라인서비스제공자가 중앙서버를 관리

10-23) 대법원 2013. 9. 26. 선고 2011도14358 판결. 「제7장 권리자의 공격방법」 참조.

10-24) 서울남부지방법원 2013. 2. 1. 선고 2012가단35778 판결(항소심 조정).

하고 있어 업로드된 파일에 대하여 저작권침해를 방지하기 위한 기술적 통제가 가능하다고 할 것인데, 피고가 저작권침해를 방지하기 위하여 시행하였다고 주장하는 기술적 수단들은 아래의 면책 주장에 관한 판단에서 살피는 바와 같이 불완전한 상태인 점 등에 비추어 보면, 피고는 이 사건 사이트 이용자들에 의하여 저작권 침해행위가 발생하고 있다는 사정을 적어도 미필적으로 인식하고 있고 그 침해를 용이하게 하였다 할 것이므로 피고는 이 사건 서비스 이용자들의 저작권 침해행위에 대한 방조책임을 부담한다.

라. 피고의 주장에 대한 판단

(1) 피고 주장 요지

피고가 저작권침해방지를 위한 기술적 조치를 취한 바, 즉 이 사건 소프트웨어와 관련하여 제목 등이 포함된 단어를 금칙어로 설정하여 검색을 제한하고 해쉬값 비교를 통한 필터링 기술을 도입, 시행함으로써 저작권 침해방지를 위한 현존하는 모든 기술적 조치를 시행하고 있으므로 저작권법 제102조에 의하여 면책되어야 한다.

(2) 관련 규정

저작권법 제102조는 온라인서비스 이용자들이 온라인서비스를 이용한 전송으로 인하여 저작권 등을 침해한 경우라고 하더라도, 온라인서비스제공자가 그 침해사실을 알고 그 전송을 방지하거나 중단시킨 경우에는, 온라인서비스제공자는 그 침해로 인한 책임을 감경 또는 면제받을 수 있으며(제1항), 만약 온라인서비스제공자가 전송을 방지하거나 중단시키고자 하였으나 기술적으로 불가능한 경우에는, 온라인서비스제공자의 책임이 면제된다고 규정하고 있다(제2항).

위와 같이 저작권법에서 필요적 면책사유로 정하고 있는 '기술적으로 불가능한 경우'는, 온라인서비스 자체는 이를 유지하는 것을 전제로 이용자들의 전송행위 중 저작권 등의 침해행위가 되는 전송을 선별하여 방지하거나 중단하는 것이 기술적으로 불가능한 경우를 말하는 것이라고 할 것이고, 따라서 비록 온라인서비스 이용자들이 해당 온라인 서비스를 이용하여 저작물 등을 전송함으로써 그 저작권 등을 침해하였다고 하더라도, 온라인서비스제공자가 그와 같은 침해사실을 알고 저작권 등의 침해가 되는 전송을 선별하여 이를 방지하거나 중단하는 기술적 조치를 다하였다고 인정되는 경우에는, 온라인서비스제공자는 해당 침해행위에 대한 책임을 면하게 된다.

(3) 판 단

가) 피고는 아래와 같은 종류의 필터링을 실시하여 저작권 침해방지 조치를 취하고 있고 주장한다.

① 제목 필터링 : 저작물 제목을 금칙어로 설정하여 검색 제한하는 방식

② 문자열 비교방식 : 저작물 제목을 이루는 단어의 조합 등을 금칙어로 설정하여 검색을 제한하는 방식

③ 해시값 필터링 : 파일마다 존재하는 고유한 해시값[10-25]을 추출해 등록하고 등록된 해시값과 같은 해시값을 가진 파일의 다운로드를 제한하는 방식

나) 그러나, 앞서 든 증거들 및 변론 전취지에 의하여 인정되는 다음과 같은 점, 즉 ① 금칙어 설정의 경우 금칙어의 일부만을 입력하거나 파일명을 변경하는 등의 방법으로 우회가능한 점, ② 인터넷 포털 사이트에서 금칙어 회피 프로그램을 검색, 다운로드받아 이를 회피할 수 있는 점, ③ 피고가 이 사건 소프트웨어에 대한 해시값 필터링을 실시한 이후에도 이 사건 소프트웨어에 대한 이용자들의 업로드, 다운로드행위가 이루어진 점, ④ 해시값 필터링의 경우 해당 파일의 미세한 변화에도 해시값이 변화하므로 압축포맷을 바꾸거나 파일 크기를 조정하여 일종의 변경파일을 업로드, 다운로드하는 경우에는 유효한 필터링 기능을 수행하지 못하는 점(이는 피고도 자인하고 있다), ⑤ 피고는 위에서 살핀 기술적 보호조치를 실시하고 있다고 주장하나 앞서든 증거들과 …만으로는 피고가 관리하는 이 사건 사이트 운영 서버 전부에 대하여 필터링 조치가 적용되고 있다고 인정하기 부족하고(실제로 웹하드 사업자가 관리하는 서버 중 일부의 서버에만 필터링 기술을 부착한 후 위 일부 서버에서만 위 필터링이 작동할 여지가 있다), 웹하드 서버에 업로드된 파일은 업로드 완료와 동시에 파일 다운로드가 가능한 상태로 되나 웹하드 사업자가 필터링 솔루션의 가동시점을 임의로 늦춤으로서 업로드 시점과 필터링 솔루션 가동시점의 시간적 간격 사이에 저작권 침해파일의 다운로드가 가능할 수 있음을 배제할 수 없는 점, ⑥ 위 ⑤의 점에 비추어 볼 때 피고가 제출한 증거들만으로는 피고가 위 기술적 보호 조치들을 이 사건 사이트의 웹하드 서버에서 빠짐 없이 적용하고 있다고는 확신하기 부족하고 달리 이를 인정할 증거를 피고가 제출하지 못하는 점, ⑦ 저작

10-25) 해쉬값은 해쉬함수(hash function, 컴퓨터 암호화 기술의 일종으로 주어진 파일에서 고정된 길이의 의사난수(疑似亂數)를 생성하는 연산기법)를 적용하여 생성된 값이다.

권법 제102조 제2항은 복제, 전송 방지나 중단 조치에 드는 비용이나 난이도를 고려하지 아니하고 기술적으로 불가능한 경우에만 면책되도록 규정하고 있다고 해석되는 점, ⑧ 원고 및 피고와 이해관계가 없는 중립적인 감독자의 입장에서의 제3자에 의한 필터링 등 조치의 시행이 아닌 사업자인 피고의 자발적인 조치만으로는 저작권침해방지 조치의 엄격한 시행에 대한 기대가능성이 낮은 점 등을 종합하면 결국 피고가 제목, 단어 등 금칙어 필터링, 해시값 필터링 등의 조치를 취하고 있다고 주장하고는 있으나 피고가 관리하는 웹하드 전체에 대하여 저작권 침해되는 전송을 선별하여 이를 방지하거나 중단하는 기술적 조치를 완전하게 취하고 있고 이에 대하여 중립적인 제3자에 의한 감독을 받고 있다는 입증이 없는 이상, 피고의 면책 주장은 받아들이지 아니한다.』

10. 웹하드 인터넷빛고을 사건[10-26)]

『원심이 적법하게 채택하여 조사한 증거들에 의하여 인정되는 다음의 각 사정들을 위 법리에 비추어 보면, "피고인들은 공소사실 기재와 같이 웹하드 및 P2P 사이트를 운영하면서 이용자들로 하여금 제2 원심 별지 각 범죄일람표 기재 저작물을 무단으로 업로드하여 이를 다수의 이용자들이 다운로드하게 함으로써 저작재산권을 침해하는 행위를 용이하게 하였다"고 충분히 인정된다.

① 피고인들은 각 공소사실 기재와 같은 웹하드(2009년 이전까지는

10-26) 서울서부지방법원 2014. 2. 6. 선고 2013노1040, 1311 판결(상고기각). 같은 법원 2011. 8. 11. 선고 2011노211 판결과 2013. 8. 13. 선고 2013노93 판결이 웹하드나 P2P사이트 운영자들인 피고인들에 관하여, 피고인들은 구체적인 저작권 침해행위가 발생하고 있음을 인식하였다고 볼 수 없고, 피고인들이 구체적 침해행위가 있음을 인식한 경우에는 이를 방지하거나 중단시키기 위한 최선의 조치를 다하였다고 볼 것이며, 위와 같은 저작권 침해행위는 피고인들의 기술적 보호조치의 기술적 한계, 모니터링 인력 배치의 한계 등으로 인하여 방지할 수 없었던 것으로 보일 뿐이므로, 검찰이 제출한 증거만으로는 피고인들에게 저작권 방조의 범의가 있었다고 인정하기 부족하고, 달리 이를 인정할 증거가 없다며 모두 무죄를 선고하였으나, 대법원 2013. 9. 26. 선고 2011도11478 판결과 대법원 2013. 11. 28. 선고 2013도10538 판결은 이를 모두 파기환송하였고 그 환송 후 항소심 판결이 본건이다.

P2P 방식)를 운영하였는바, 위 사이트의 이용자들은 제2 원심 별지 각 범죄 일람표 기재 각 컨텐츠들을 저작권자의 허락을 받지 않은 채 위 사이트에 업로드하여, 다수의 사이트 이용자들로 하여금 다운로드받게 하였다.

② 피고인들은 사이트에 이용자들이 회원으로 가입하면 일정한 저장공간을 무료로 제공하고 이용자들이 전용브라우저(browser)를 통하여 디지털 컨텐츠를 저장공간에 업로드하여 보관하도록 하여, 위 컨텐츠를 원하는 이용자들이 전용브라우저의 검색 기능을 활용하여 자신이 원하는 자료를 쉽게 다운로드 받아 이용하게 하거나(웹하드), 그 이전에는 전용 검색프로그램을 제공하여 회원들이 다른 회원의 PC에 저장된 디지털 컨텐츠를 검색하여 다운로드 받게 하고(P2P), 그 대가로 다운로드한 이용자들로부터 일정 금액의 사용료를 받아 그 중 일부를 업로드한 회원에게 지급하고, 나머지를 피고인들이 취득하는 형식으로 사이트를 운용하였다.

③ 우리나라의 저작물 시장 중 불법복제물로 인한 시장 침해규모가 2008년 2조 4,234억 원(시장침해율 22.3%), 2009년 2조 2,497억 원(시장침해율 21.6%)에 이르고, 그 중 온라인상에 발생하는 시장침해규모가 2009년 1조 4,251억 원(전체 침해규모 중 63% 상당)에 이르며, 온라인에서 유통되는 불법복제물 중 약 32.5%가 웹하드 사이트를 통하여 유통되고 있는 것으로 추산되고 있으며, 대부분의 웹하드 및 P2P 사이트들은 위와 같은 회원들 사이의 불법 디지털 컨텐츠 거래에 대하여 일정 금액의 사용료를 부과하는 것을 주된 수익원으로 삼고 있고, 그로 인한 수익을 확대하기 위하여 회원들에게 전용브라우저, 검색프로그램 및 저장공간을 제공하는 등 편의를 제공하고 있다.

④ 현재 시중에 운영되고 있는 웹하드 및 P2P 사이트에 업로드되는 컨텐츠들은 사전에 운영자가 저작권자와 제휴를 맺거나 저작권자가 직접 업로드하는 일부 컨텐츠를 제외하고는 거의 대부분 무단으로 업로드·다운로드되는 것이고, 위와 같이 웹하드 및 P2P 사이트에서 저작권 침해행위가 만연하고 있는 것은 주지의 사실이다. 이 사건 웹하드 및 P2P 사이트에서도 위와 같은 저작권 침해행위가 광범위하게 이루어졌는바, 피고인들은 운영자로서 위와 같은 저작권 침해행위가 발생한 사실을 충분히 인식하고 있었을 뿐만 아니라 그러한 저작권 침해행위로 인하여 발생한 이익을 향유하였다.

⑤ 피고인들은, "웹하드 및 P2P 사이트에서 이루어지는 모든 저작권 침해행위를 방지하는 것은 사실상 불가능하다"고 주장한다.

그러나, 피고인들의 사이트에 무단으로 업로드·다운로드되어 저작권이 침해된 제2 원심 별지 각 범죄일람표 기재 마이크로소프트 코퍼레이션(Microsoft Corporation)에서 저작권을 보유하고 있는 'Windows'는 널리 알려진 프로그램으로 사전에 저작권자들로부터 저작권 보호 요청이 없다고 하더라도, 해당 컨텐츠가 저작권의 대상인 점을 쉽게 알 수 있었음에도 불구하고, 피고인들은 사전에 각 저작권자에 협조를 구하지 않았을 뿐만 아니라 그에 대한 업로드·다운로드를 차단할 수 있는 별다른 조치도 취하지 않은 채, 전용브라우저의 메인화면에 위 컨텐츠를 그대로 노출시키거나 이용자들이 쉽게 검색할 수 있도록 항목을 분류하여 관리하고, 위 컨텐츠를 게시판에 등록된 날짜 순서로 그대로 노출시켜 이용자들로 하여금 쉽게 다운로드하게 하였다.

⑥ 원심은, "피고인들과 같은 온라인서비스제공자는 저작권자 등으로부터 저작권을 침해하였다는 디지털 콘텐츠의 목록을 구체적으로 통지받기 전까지는 통신망에서 유통되는 콘텐츠들이 실제로 타인의 저작권을 침해하였는지 여부를 알 수 없다"는 이유로 피고인들에게 무죄를 선고하였다.

그러나 피고인들과 같은 웹하드 및 P2P 사이트 운영자들이 저작권자로부터 저작권 침해사실 및 목록을 통지받지 못하였다는 사정만을 이유로 사이트 운영자들의 저작권 침해행위에 대한 방조 범의를 부정한다면, 저작권자로서는 시중에 난무하는 수백개의 웹하드 및 P2P 사이트에서 발생하는 저작권 침해 사실을 스스로 인지하여 그에 대한 중단을 요구하거나, 자신의 저작물 목록을 제공하지 않는 이상 저작권을 보호받지 못하는 반면, 사이트 운영자들은 그러한 저작권 침해행위를 주된 수익원으로 삼으면서도 위와 같은 이유로 그에 대한 면죄부를 받게 되는 심히 부당한 결과가 발생하므로, 원심의 위 이유는 타당하지 않다.

⑦ 원심은, "피고인들은 저작물 침해행위를 방지하기 위하여, 제목 검색어 필터링, 문자열 비교 필터링, 특정유형(확장자명) 파일 필터링, 해쉬값 필터링, 오디오·비디오 인식을 통한 DNA 필터링 등 현재 일반적으로 저작권 침해 방지를 위한 기술적 조치로 받아들여지고 있는 위 5가지 조치를 모두 취하고 있고, DNA 필터링이 제대로 구동하기 위하여는 원본 저작물의 제공 등 콘텐츠 권리자의 협조를 필요로 하는바, 저작권자로부터 그러한 협조가 늦게 제공되었다"는 점을 이유로 피고인들에게 무죄를 선고하였다.

그러나 "웹하드 및 P2P 사이트 운영자들이 해쉬값 필터링이나 오디오/비디오 DNA 필터링 기술을 사용하였는데, 저작권자가 그에 필요한 저작물의 원본 등을 제공하지 않았다"는 이유만으로 사이트 운영자들의 방조 범의가 조각된다고 보는 것은 앞서 본 바와 같이 당연히 저작권을 보호받아야 할 저작권자들에게 부당한 의무를 부과하는 반면, 저작권 침해행위를 주된 수익원으로 삼는 사이트 운영자들에게 면죄부를 부여하는 것으로 부당하다.」

11. 법 제104조 위반 과태료이의 사건10-27)

<사안의 개요>

위반자는 저작권법 제104조 제1항에 규정된 '특수한 유형의 온라인서비스제공자'로서, '○○'이라는 인터넷 사이트를 운영하고 있고, 저작권보호센터는 2010. 6. 23.부터 2010. 6. 30.까지 위반자 운영의 사이트를 대상으로 권리자로부터 제104조 제1항의 '불법적인 전송을 차단하는 기술적인 조치 등 필요한 조치'에 대한 요청이 있는 게임 429개 중 50개를 선정하여 모니터링하였고, 이후 문화체육관광부장관에게 '2010. 6. 23.부터 2010. 6. 30.까지 위 사이트를 모니터링한 결과 위반자에게 불법적인 전송을 차단하는 기술적인 조치 이행을 요청한 게임 50개 중 35개가 다운로드 가능하였다'는 취지의 모니터링 결과를 통보하였다. 문화체육관광부장관은 위 모니터링 결과(미차단율 70%)를 근거로 2010. 7. 26. 위반자에게 법 제142조 제1항에 따라 14,000,000원의 과태료를 부과하였다. 이에 위반자는 아래 판시와 같은 내용을 다투며 항고하였다.

<법원의 판단>

「가. 과태료 부과 기준의 위헌성

제104조 제1항은 '필요한 조치에 관한 사항은 대통령령으로 정한다'고 규정하고, 제142조 제3항은 '과태료는 대통령령으로 정하는 바에 따라 문화체육관광부장관이 부과·징수한다'고 규정하여 과태료 부과 원인 및 부과 기준의 구체적인 내용을 대통령령에 위임하고 있는바, 이 사건 부과 기준은 위 법조항의 수권에 의한 것임이 명백하므로, 이 사건 부과 기준의 법률상 근거가 없다고 할 수는 없다.

다음으로, 저작권법의 입법 목적, 이 사건 규정들의 입법 연혁 및 입법 취

10-27) 서울서부지방법원 2014. 2. 20.자 2011라63 결정(상고중).

지와 저작권은 '저작물'에 관하여 성립하는 저작자의 권리인 점 등을 종합하여 보면, 이 사건 부과 기준에서 정한 미차단율이란 권리자가 요청한 저작물 중에서 기술적 조치에 의해 차단되지 않은 저작물의 비율을 의미함을 알 수 있으므로, 이 사건 부과 기준에서 정한 미차단율의 개념이 불명하다거나 법의 위임 범위를 벗어난다고 할 수는 없다.

또한, 법 제104조 제1항은 특수한 유형의 온라인서비스제공자에게 일정한 경우 해당 저작물 등의 불법적인 전송을 차단하는 기술적인 조치 등 필요한 조치를 할 의무를 부과하고, 제142조는 이러한 의무를 위반한 경우 과태료를 부과하도록 하고, 이에 따라 규정된 이 사건 부과 기준에서는 미차단율을 기준으로 과태료 금액을 정하고 있는바, 위와 같은 규정들은 기술적인 조치를 이행하지 아니한 위 서비스제공자에게만 과태료를 부과하고 있을 뿐 기술적 조치 의무 이행 여부와 무관하게 개별 저작물의 불법 전송을 완벽하게 차단하는 필터링을 요구하고 있다고 볼 수는 없는 점, 이 사건 부과 기준에서도 일정한 경우(미차단율 5% 이하) 실질적 면책조항을 두고 있을 뿐 아니라 불법 복제물 등의 차단 노력 정도 등 개별적인 사정을 고려하여 기준 금액의 2분의 1의 범위에서 가중하거나 감경할 수 있도록 규정하고 있는 점, 장르별, 파일형태별 등 특성과 기술적 한계 등을 모두 반영하여 과태료 부과 기준을 정하는 것은 현실적으로 불가한 것으로 보이는 점 등을 종합하여 보면, 이 사건 부과 기준이 비례원칙, 평등원칙 및 과잉금지원칙에 위배된다고 보기도 어렵다. 따라서 이 사건 부과 기준이 위헌·위법임을 전제로 하는 위반자의 주장은 이유 없다.

나. 모니터링 절차 및 방식의 위법성

특수한 유형의 온라인서비스 제공자는 법 제104조에 따라 어떠한 저작물인지에 관계없이 권리자의 요청이 있으면 당해 저작물의 불법적인 전송을 차단하는 조치를 하여야 할 의무를 부담하고 있을 뿐만 아니라 이를 위반한 경우 받게 되는 과태료 처분에 대하여는 이의제기 등의 불복절차가 보장되어 있다. 또한, 저작권보호센터에서 권리자의 기술적인 조치 요청이 있었던 게임 중 불법 유통 비율이 높은 게임 저작물 50개를 대상으로 모니터링을 실시하였다는 사정만으로는 그 절차나 방식이 위법하다고 할 수도 없다. 위반자의 위 주장도 이유 없다.

다. 기술적 조치 이행 여부

법 제104조 제1항 전문은 다른 사람들 상호 간에 컴퓨터를 이용하여 저작물 등을 전송하도록 하는 것을 주된 목적으로 하는 온라인서비스제공자는 권리자의 요청이 있는 경우 해당 저작물 등의 불법적인 전송을 차단하는 기술적인 조치 등 필요한 조치를 하여야 한다고 규정하고 있는데, 위 규정이 위반자와 같은 특수한 유형의 온라인서비스 제공자의 책임을 제한해 주기 위한 것이 아니라 저작권자의 권리침해 방지를 강화하려 하는데 그 입법 취지가 있는 점, 위반자가 운영하는 특수한 유형의 온라인서비스 제공자의 경우 저작권에 대한 침해행위가 발생할 위험이 항상 존재하고 침해의 가능성도 상대적으로 큰 점, 위와 같은 점에서 저작권법 제104조 제1항 전문이 저작권의 권리침해를 위한 기술적인 조치를 사전에 취할 수 있는 시스템을 구비해 놓고 있을 것을 요구하고 있는 점, 온라인상의 자료는 극히 단시간 내에 빠른 속도로 전송·복제될 수 있는 특성이 있으므로 저작물 등에 대한 실효성 있는 검색제한 및 송신제한 조치가 수반되지 아니하면 위 규정의 취지가 심각하게 퇴색할 우려가 있는 점 등에 비추어 보면, 위반자가 저작물 등의 검색 및 송신을 제한하는 조처를 하였다는 사정만으로 당연히 저작권법 제104조 제1항 전문에 따른 의무를 이행하였다고 판단할 수는 없고, 당시의 기술적 수준의 한계 내에서 저작물 등의 불법적인 전송을 상당히 실효성 있게 차단하는 결과를 가져올 수 있을 정도의 기술적인 조처를 한 경우에만 그 의무를 이행하였다고 판단할 수 있을 것이다.

이 사건 기록에 의하면, 위반자가 저작물의 불법 전송 및 복제를 방지하기 위하여 주식회사 엔△△와 동영상 필터링 솔루션 공급계약을 체결하고 그 온라인 사이트에 그 기술적 조치를 적용하고, 모니터링이나 이용자에 대한 사후 제재 등의 보완책을 병행해 온 사실을 인정할 수 있으나, 위반자와 같은 특수한 유형의 온라인서비스 제공자의 경우 저작권의 침해 위험이 항상 존재하고 있고, 이에 따른 고도의 저작권 보호를 위한 기술적인 조치를 할 의무가 있는 점, 이 사건 모니터링 결과 저작물의 미차단율이 70%에 이르는 점 등을 종합하여 보면, 위반자가 특수한 유형의 온라인서비스 제공자로서 당시의 기술적 수준의 한계 내에서 최선을 다하여 당해 저작물 등에 대한 불법적인 전송을 차단할 수 있는 기술적 조치를 다하였다고 할 수는 없다. 따라서 위반자의 위 주장도 이유 없다.

라. 미차단율 산정 방식의 부당

이 사건 기록에 의하면, 문화체육관광부장관은 위반자가 운영하는 온라인 사이트를 모니터링한 결과 '닌텐도게임(한글) 모음집(98개).ALZ' 파일에 있던 35개의 저작물이 차단되지 아니하고 다운로드가 가능한 사실을 발견한 후, 위 온라인 사이트의 미차단율을 70%(=100×35/50)로 산정한 사실을 인정할 수 있다. 살피건대, 저작물은 인간의 사상 또는 감정을 표현한 창작물로서 파일과는 개념을 달리하므로, 하나의 파일 내에 35개의 저작물이 차단되지 아니하고 다운로드가 가능한 것으로 밝혀졌다면 그 미차단율의 계산은 차단되지 아니한 저작물의 수를 기준으로 산정하는 것이 타당하다 할 것이고, 기존의 관행이 이와 다르다고 볼 사정도 없으므로, 위반자의 위 주장도 이유 없다.』

☞ 위와 같은 법 제104조에 근거한 과태료 결정에 대한 이의 혹은 항고사건이 적지 않은데, 이에 관하여는 헌법재판소의 합헌결정례[10-28]가 있다.

12. 파일노리(웹하드) 사건[10-29]

『가. 원고의 주장 요지

피고가 운영하는 이 사건 사이트의 회원이 원고의 허락 없이 이 사건 각 이미지 파일을 피고가 운영하는 웹하드 사이트에 업로드하여 불특정 다수인이 이를 다운로드할 수 있게 하였고, 피고는 그 회원의 위와 같은 원고의 저작권 침해행위를 방조하였는바, 피고는 위와 같은 저작권 침해 방조행위로 인하여 원고가 입은 손해를 배상할 의무가 있다.

나. 피고의 주장 요지

피고는 원고로부터 저작물 보호요청을 받고 저작권 침해방지를 위한 적절하고 가능한 기술적 조치를 모두 취하였다.

3. 청구원인에 대한 판단

…나. 그러므로 피고가 자신이 운영하는 인터넷 웹하드 사이트의 회원들 중 일부가 불법 업로드 등을 통하여 원고의 저작권을 침해하고 있음을 미필적으로 인식하였다거나 그 침해행위에 도움을 주지 않아야 할 주의의무를 위반하는 등으로 이를 방조하였는지 여부에 관하여 보건대, 피고가 운영하고 있는 이 사건 사이트의 회원이 이 사건 각 이미지 파일이 포함된 일러스

10-28) 헌법재판소 2011. 2. 24. 선고 2009헌바13, 52, 110(병합) 결정. 평석은 이규홍, "특수한 유형의 온라인서비스제공자에 부과된 필요한 조치의무 관련조항의 합헌성(저작권법 제104조 등 위헌소원)", 계간 저작권 2011. 여름호 155~177면 참조.

10-29) 인천지방법원 2014. 5. 16. 선고 2013나12181 판결(확정).

트 파일을 피고가 운영하는 이 사건 사이트에 업로드하여 불특정 다수인이 이를 다운로드할 수 있게 한 사실은 위 기초사실에서 본 바와 같고, …에 의하면, 원고의 이 사건 소 제기 이후에 피고가 운영하는 이 사건 사이트의 회원(아이디 : rladlsrl89)이 위 사이트에 이 사건 각 이미지 파일 중 2개의 이미지 파일이 포함된 일러스트 파일(일러소스 모음)을 업로드한 사실을 인정할 수 있다.

그러나 다른 한편, 앞서 든 증거에 …를 종합하면, ① 피고는 원고로부터 이 사건 내용증명을 받은 후 원고에게 '원고가 정당한 권리자임을 확인할 자료 및 위 내용증명만으로는 저작물 확인이 어려우니 저작물 리스트 또는 확인 가능한 자료를 보내 달라'는 내용의 답신을 보냈고, 이후 원고로부터 컨텐츠등록 확인서가 포함된 내용증명을 받은 즉시 원고가 문제 삼고 있는 게시물을 피고가 운영하는 웹하드 사이트에서 삭제하였고, 그 무렵 원고의 저작권 보호요청 사실을 위 사이트 내 저작권보호센터에 공지하였으며, 이 사건 각 이미지 파일의 명칭을 금칙어로 설정하고, 해쉬값 필터링 등을 통하여 이 사건 각 이미지 파일에 대한 검색 및 업로드를 차단하기 위한 조치를 취한 사실, ② 피고는 저작권보호 필터링 서비스 업체와 사이에 필터링 서비스 제공 및 저작권보호 업무 위탁계약을 체결하고 저작권 침해물에 대한 상시 감시활동을 수행해왔던 사실을 인정할 수 있고, 앞서 든 증거들에다가 변론 전체의 취지를 종합하여 알 수 있는 다음과 같은 사정 즉, ① 이 사건 각 이미지 파일과 같은 일러스트 이미지 중에는 누구나 무료로 다운받아 사용할 수 있는 것도 다수 있으므로, 피고가 원고로부터 이 사건 각 이미지 파일에 대한 저작권보호 요청을 받고 금칙어를 설정함에 있어서 단순히 금칙어를 '일러스트'라고 설정하여 누구나 무료로 다운받아 사용할 수 있는 일러스트 이미지들에 대한 업로드까지 금지시켜야 할 의무가 있다고 보기는 어려운 점, ② 따라서 피고가 금칙어를 설정함에 있어서 이 사건 각 이미지 파일의 명칭을 금칙어로 설정한 것이 금칙어 설정에 있어서 주의의무를 위반한 것으로 보기 어려운 점, ③ 피고가 저작권보호 필터링 서비스 업체와 사이에 필터링서비스 제공 및 저작권보호 업무 위탁계약을 체결하고 지속적으로 '해쉬값 필터링', 'DNA 필터링' 등을 실시하여 왔으나, 해쉬값 필터링의 경우 해당 파일을 압축할 경우 파일 고유의 해쉬함수가 변형됨으로 인해 필터링이 회피될 수 있고, DNA 필터링의 경우 음원 콘텐츠나 영화 등 영상 저작물의 필터링에는 유효하게 적용될 수 있으나, 이미지 파일의 경우 적절한 필터링 수단이 될 수 없는 점, ④ 그런데 피고가 운영하는 웹하드 사이트에 이 사건 각 이미지 파일을 업로드 한 회원들은 '일러스트대백과', '일러스트레어자료', '일러소스 모음'이라는 제목으로 이 사건 각 이미지 파일을 포함한 그 밖의 일러스트 이미지 파일들을 압축파일로 압축하여 업로드해두었고, 위와 같은 이유로 피고가 원고로부터 저작권 보호요청을 받고 금칙어를 설정해 두고, 해쉬값 필터링 등을 실시하였음에도 그와 같은 금칙어 설정 및 해쉬값 필터링 등으로 걸러지지 않아 이 사건 사이트에 이 사건 각 이미지 파일이 포함된 일러스트 파일이 업로드된 점(원고의 저작권 보호요청 이후에 이 사건 각 이미지 파일이 포함된 일러스트 파일이 추가로 업로드된 것으로 밝혀진 것은 1회에 불과하고, 위 일러스트 파일은 7.6G 용량의 압축 파일인데 그 안에 이 사건 각 이미지 파일 중 2개의 이미지 파일만이 포함되어 있을 뿐이고, 비록 원고가 위 기초사실에서 본 바와 같이 원고의 저작권 보호요청 당시 업로드되어 있던 2개의 파일 중 원고가 저작권을 침해하였다고 지적한 1개의 파일만을 삭제하고 나머지 파일을 삭제하지 못하였으나 앞서 본 바와 같이 무료로 다운받아 사용할 수 있는 이미지들이 다수인 일러스트 파일들을 저작권 위반사실이 소명되지 않은 상황에서 피고가 임의로 삭제할 수는 없고, 위 파일들이 모두 알집파일로 압축된 후 다른 이름으로 업로드되어 있어 기술적인 문제로 원고의 저작권 보호요청이 있기 전까지는 피고의 저작권 보호 필터링에 의하여 저작권 침해 파일을 걸러 내는 것은 힘들어 보인다), ⑤ 원고는 피고에 대하여 손해배상을 요구한 후 피고를 저작권법위반 방조혐의로 형사고소하였는데, 수사결과 원고에 대한 저작권법 위반의 점에 관하여는 무혐의 처분이 내려진 점(피고보다 저작권 위반 사실이 더 많은 웹하드 사이트들에 대한 고소사건에 대하여도 무혐의 처분이 내려졌다), ⑥ 저작권법 제104조 제1항은 …규정하고 있고, 저작권법 시행령 제45조는 …규정하고 있는데, 원고는 피고에게 이 사건 내용증명을 보내면서 위 저작권법 및 그 시행령 규정에서 정하고 있는, 자신이 이 사건 이미지 파일에 대한 권리자임을 소명할 수 있는 자료를 첨부하지 않은 채 단순히 자신의 저작권이 침해되었음을 이유로 손해배상의 지급만을 구하였던 점, ⑦ 따라서 피고로서는 원고가 이 사건 이미지 파일에 대한 진정한 권리자인지 여부를 알 수 없었으므로, 추후 원고가 피고에게 자신이 이 사건 각 이미지 파일에 대한 권리자임을 소명할 수 있는 자료를 제출한 이후 즉시 원고의 저작권 보호요청에 따라 금칙어 설정 등의 조치를 취하였던 점, ⑧ 이 사건 각 이미지 파일은 널리 알려지지 않은 그림 이미지 파일에 불과하여 원고의 저작권 보호요청이 있기 전까지는 이용자들이 이에 대한 권리관계를 파악하는 것은 물론 피고의 감시활동에 의하여 저작권 침해사실을 사전에 걸러 내는 것이 쉽지 않을 것으로 보이고, 현재 이를 자동적으로 걸러내는 기술적 수단도 없는 것으로 보이는 점 등을 종합하여 보면, 앞서 본 인정사실과 원고가 제출한 증거만으로는 피고가 그 회원들의 위와 같은 원고 저작권 침해행위를 미필적으로 인식하였다거나 그 침해행위에 도움을 주지 않아야 할 주의의무를 위반하여 이를 방조하였다거나 원고의 저작물 보호 요청에도 불구하고 피고가 현재의 기술 수준 및 사회통념 등에 비추어 적절하고 가능한 기술적인 조치 등을 취하지 아니하는 등 고의 또는 과실로 원고의 저작권이 침해되는 것을 방조하였음을 인정하기에 부족하고, 달리 이를 인정할 증거가 없으므로, 원고의 이 사건 청구는 나아가 살필 필요 없이 이유 없다.』

13. 당구 동영상 사건[10-30]

『…① 원고는 이미 2008. 10. 30. 피고에게, 원고가 이 사건 당구 동영상을 온라인에서 유료로 판매하고 있는데, 피고가 운영하는 피고 사이트의 여러 회원들이 원고가 저작권을 가지고 있는 이 사건 당구 동영상을 무단으로 업로드하고 있으므로 이를 즉시 삭제 및 차단하는 등으로 시정하여 달라는 의사를 표시하였는바, 그렇다면 피고는 그 무렵 원고가 이 사건 당구 동영상을 제작한 자로서 경제적 이익을 취득하고 있고, 피고 사이트 회원들이 원고 허락없이 원고가 제작한 당구 동영상을 피고 사이트에 업로드하고 있다는 점을 명확하게 알게 되었다고 할 것인 점, ② 그럼에도 피고가 운영하는 피고 사이트에는 이후에도 별지 표 기재와 같이 2009. 7.경부터 2011. 3.경까지 약 1년 9개월 가까운 기간 동안 이 사건 당구 동영상이 여러 회원들에 의하여 다수 업로드되었고, 원고의 2012. 10. 11. 권리침해신고에 따라 삭제 내지 차단될 때까지 총 조회수도 274,470회에 이르렀던 점, ③ 피고는 원고로부터 2012. 10. 11. 다시 침해금지를 구하는 내용증명을 받기 전까지 위와 같이 오랜 기간에 걸쳐 업로드되어 다수의 조회를 기록하고 있는 이

10-30) 서울중앙지방법원 2014. 11. 28. 선고 2013가합564502 판결(항소심 조정).

사건 당구 동영상을 삭제하거나 검색 금지하는 등의 조치를 취하지 않았고, 오히려 이 과정에서 위 당구 동영상 앞, 뒤로 붙는 광고로 인한 수익을 향유하였던 점, ④ 피고는 피고 사이트를 운영하면서 십 수명의 모니터링 인원을 배치하여 업로드되는 동영상들을 검사하기는 하였지만, 그 검사는 주로 성인 콘텐츠나 유명 영화 등에 집중되었을 뿐인 점, ⑤ 한편 피고는 2008. 10. 30. 원고로부터 이 사건 당구 동영상 삭제 요청을 받고 그 무렵 당시 업로드되어 있었던 위 당구 동영상을 대부분 삭제한 바 있었고, 실제 그로부터 약 9개월이 경과할 동안 피고 사이트에 위 당구 동영상이 업로드되지 않았던 것에 비추어 피고에게는 기술적, 경제적으로 피고 사이트에 업로드되는 게시물에 대한 관리·통제권이 있었던 것으로 보이는 점 등의 사정을 알 수 있는바, 위와 같은 사정을 앞서 본 법리들에 비추어 살펴보면, 온라인서비스제공자인 피고에게는 이 사건 당구 동영상을 삭제하고 향후 피고 사이트에 위 당구 동영상이 게시되지 않도록 차단하는 등의 적절한 조치를 취하여야 할 의무가 있다고 할 것이고, 피고가 이를 위반하여 피고 사이트 회원들의 저작권 침해를 용이하게 한 이상 위 당구 동영상을 직접 게시한 자의 행위에 대하여 부작위에 의한 방조자로서 공동불법행위책임을 진다고 할 것이다.

2) 피고의 주장에 대한 판단

가) 주의의무 관련 주장

(1) 주의의무 소멸 주장

피고는 먼저, 원고가 2008. 10. 30. 피고에게 저작권 침해행위를 통지하였다고 하더라도, 피고가 그 이후로 기간의 제한 없이 계속하여 이 사건 당구 동영상이 피고 사이트에 업로드되는지를 검색하여 이를 삭제, 차단할 의무는 없고, 그러한 의무는 저작권 침해행위의 통지를 받은 때로부터 3~6개월 내에만 존재한다는 취지의 주장을 한다. 그러나 권리자가 한 번 침해의 대상이 되는 저작물과 침해행위를 특정하여 그 시정을 명확하게 요구한 이상 피고로서는 아주 특별한 사정이 없는 한 계속하여 회원들의 저작권 침해행위를 방지할 의무가 있다고 할 것이고, 이와 달리 오히려 피해자에 해당하는 원고가 매 3~6개월 마다 피고에게 정기적으로 저작권 침해의 중지를 요구하여야 한다고 볼 수는 없다. 그리고 이 사건에서는 피고의 저작권 침해행위 방지 의무가 3~6개월 만에 없어졌다고 볼만한 아무런 사정도 없다. 피고의 이 부분 주장은 이유 없다.

(2) 저작권법 제102조 제3항[10-31]에 기한 주장

다음으로 피고는, 저작권법 제102조 제3항에 따라 피고는 피고 사이트에 원고가 제작한 이 사건 당구 동영상이 업로드되어 있는지를 모니터링하거나 조사할 의무를 지지 않는다는 취지의 주장을 한다. 살피건대, 저작권법 제102조 제3항은 '온라인서비스제공자는 자신의 서비스 안에서 침해행위가 일어나는지를 모니터링하거나 그 침해행위에 관하여 적극적으로 조사할 의무를 지지 아니 한다'고 규정하고 있기는 하다. 그러나 위 규정은 온라인서비스제공자에게 지나친 주의의무를 부과할 경우 인터넷 콘텐츠의 자유로운 유통에 심각한 저해를 가져올 수 있으므로, 온라인서비스제공자가 자신이 운영하는 사이트 등에 올라온 어떠한 게시물이 혹시 타인의 권리를 침해하는 것은 아닌지를 의심하여 상시적으로 모니터링 할 의무는 없다는 것을 규정한 것이라고 할 것이고, 이 사건의 경우처럼 이미 권리자인 원고가 명확하게 자신이 제작한 이 사건 당구 동영상을 특정하여 그 침해행위가 일어나고 있으니 그 중지를 구한다고 요구한 경우에도 피고가 그에 관하여 아무런 주의의무를 지지 않는다는 취지의 규정은 아니라고 할 것이다. 피고의 이 부분 주장 역시 이유 없다.

나) 면책 주장

(1) 피고 주장의 요지

…

(3) 판 단

(가) 구 저작권법 제102조 제1항 및 제103조 제5항에 기한 주장에 대한 판단

살피건대, 기본적으로 구 저작권법 제102조 제1항 및 제103조 제5항은 모두 필요적 면책규정이 아니라, 모든 요건이 충족된 경우에도 임의적으로 감면을 할 수 있다는 규정에 불과하다. 그리고 이 사건의 경우 앞서 본 바와 같이 피고는 2008. 10. 30. 원고로부터 저작권 침해중지를 요청받은 후 업로드한 동영상 대부분을 삭제하기는 하였지만 ID 'likelove79'가 2007. 1. 26.에 업로드 한 당구 동영상은 이를 삭제하지 못하였다. 이에 더하여 업로드된 이 사건 당구 동영상의 건수 및 그 조회수가 다량인 점, 원고가 피고에게 침해 중지를 1차례 요구하였음에도 이후 다시 침해행위가 일어났던 점을 고려하면, 구 저작권법 제102조 제1항 및 제103조 제5항을 근거로 피고의 손

10-31) 현행 저작권법 제102조 제3항을 말한다.

해배상책임을 면제하기는 어렵다고 할 것이다. 피고의 이 부분 주장은 이유 없다.

(나) 구 저작권법 제102조 제2항에 기한 주장에 대한 판단

살피건대, 구 저작권법 제102조 제2항이 규정하고 있는 '기술적으로 불가능한 경우'라 함은, 온라인서비스의 제공 자체는 유지함을 전제로 이용자들의 복제·전송행위 중 저작권의 침해행위가 되는 복제·전송을 선별하여 방지 또는 중단하는 것이 기술적으로 불가능한 경우를 말하는 것이므로, 비록 온라인서비스이용자들이 해당 온라인서비스를 이용하여 저작물을 복제·전송함으로써 그 저작권을 침해하였다고 하더라도, 온라인서비스제공자가 그와 같은 침해사실을 알고 저작권의 침해가 되는 복제·전송을 선별하여 이를 방지 또는 중단하는 기술적 조치를 다하였다고 인정되는 경우에는 해당 침해행위에 대한 형사상 책임이 면제된다고 할 것이다(대법원 2013. 9. 26. 선고 2011도1435 판결 참조). 이와 같은 법리는 비록 형사상 책임에 관한 것이기는 하나, 구 저작권법 제102조 제2항의 해석에 관하여는 민사상 책임에도 동일하게 적용된다고 할 것이다.

위와 같은 법리를 염두에 두고 이 사건으로 돌아와 살피건대, 이 법원의 한국저작권위원회에 대한 사실조회 결과에 의하면, 피고가 주장하는 것과 같이 이 사건 당구 동영상들이 업로드될 당시에는 동영상의 특성에 기하여 자동으로 특정 동영상의 업로드 및 검색을 차단하는 등의 기술이 완비되어 있지 않았던 사정은 인정된다. 그러나 이와 같은 사정만으로 온라인서비스제공자인 피고가 저작권의 침해가 되는 위 당구 동영상의 복제·전송을 방지 또는 중단하는 기술적 조치를 다하였다고 인정하기에는 부족하고, 달리 이를 인정할 증거가 없다.

오히려 기초사실, 채택증거, 위 사실조회 결과에 변론 전체의 취지를 종합하면, ① 온라인서비스제공자가 저작권 침해물의 업로드, 검색, 재생 등의 불법적 유통을 차단할 수 있는 기술적 조치로는 검색어 기반 필터링,[10-32] 해시기반 필터링,[10-33] 특징기반 필터링[10-34] 등이 존재하는데, 그 기술의 수

10-32) 금칙어 설정을 통하여 검색을 제한하는 방법.

10-33) 파일마다 고유한 해시값이 존재하므로 해시함수를 이용하여 저작물을 인식·차단하는 방법.

10-34) 동영상 원본 파일이 가지고 있는 고유한 특성을 이용하여 저작물을 인식·차단하는 첨단기술.

준이나 구현 비용 등은 후자로 갈수록 높아지는 점, ② 이 사건 당구 동영상이 업로드될 당시 마지막 기술, 즉 특징기반 필터링 기술은 그 기술적 난이도 등으로 인하여 피고와 같은 온라인서비스제공자가 이를 실제 적용하기는 어려웠으나, 그 밖에 검색어 기반 필터링 등의 조치는 충분히 취할 수 있었을 것으로 보이는 점, ③ 더욱이 이 사건의 경우에는 원고가 이미 2008. 10. 30. 피고에게 이 사건 당구 동영상의 제작자가 원고임을 밝히고, 그 특징, 동영상 주소 등을 고지하였는바, 그렇다면 피고로서는 비교적 쉽게 '양귀문', '한국당구아카데미' 등의 검색어를 이용하여 이 사건 당구 동영상이 업로드되거나 검색, 재생되는 것을 막거나, 최소한 일정 주기로 위 검색어로 검색되는 동영상을 삭제하는 기술적 조치를 취할 수 있었을 것으로 보이는 점(실제 원고가 피고에게 2008. 10. 30. 업로드되어 있는 이 사건 당구 동영상의 삭제를 요청하자, 피고는 당시 바로 위 당구 동영상을 삭제하였다), ④ 그러나 이 사건 당구 동영상은 2009. 7.경부터 다시 피고 사이트에서 '양귀문 당구강좌', '한국당구아카데미 강좌' 등의 이름으로 업로드 및 검색, 재생되기 시작하였고, 2012. 10. 11. 원고가 다시 권리침해 신고를 하기 전까지 3년 이상의 기간 동안 이를 그대로 방치하였던 점 등의 사정을 알 수 있는바, 위와 같은 사정을 모두 종합하여 보면 피고로서는 저작권의 침해가 되는 복제·전송을 선별하여 이를 방지하거나 중단하는 기술적 조치를 다하였다고 보기 어렵다. 피고의 이 부분 주장 역시 이유 없다.

(다) 저작권법 제102조 제1항 제3호에 기한 주장에 대한 판단

살피건대, 저작권법 제102조 제1항 제3호에 기하여 온라인서비스제공자의 손해배상책임이 면제되기 위하여는 위 제3호 가.목에 기하여 우선 저작권법 제102조 제1항 제1호 각 목의 요건의 모두 충족되어야 하는데, 피고가 위 당구 동영상과 관련하여 저작권법 제102조 제1항 제1호 가.목의 요건, 즉 '온라인서비스제공자가 저작물 등의 송신을 시작하지 아니한 경우'의 요건을 충족하였다고 보기 어렵고, 달리 이를 인정할 증거가 없다. 오히려 기초사실에서 본 바와 같이 온라인서비스제공자인 피고는 피고 사이트에 업로드된 이 사건 당구 동영상을 피고 사이트 회원 및 일반 인터넷 이용자들이 자유롭게 재생할 수 있도록 하여, 그 송신을 시작한 사정이 인정될 뿐이다. 피고의 이 부분 주장은 이유 없다.

(라) 저작권법 제103조 제5항에 기한 주장에 대한 판단

살피건대, 원고가 2012. 10. 11. 피고에게 업로드되어 있는 이 사건 당구

동영상의 복제·전송 중단을 요구하자, 피고가 저작권법 제103조 각 항에 규정되어 있는 통보, 공지 절차 등을 거쳐 위 당구 동영상을 삭제한 사실은 앞서 본 바와 같거나 채택증거, 변론 전체의 취지에 의하여 이를 인정할 수 있는바, 그렇다면 2011. 7. 1. 이후에 업로드 및 재생 등이 이루어진 부분과 관련하여서는 피고의 손해배상책임이 면제된다고 할 것이다. 피고의 이 부분 주장은 이유 있다.

이에 대하여 원고는 원고가 2008. 10. 30. 피고에게 피고 사이트에 이 사건 당구 동영상이 업로드 등 되고 있다는 것을 고지하였으므로 그 무렵 피고가 저작권 침해사실을 알았으므로, 저작권법 제103조 제5항 단서에 기하여 여전히 손해배상책임을 진다고 주장하나, 원고가 2008. 10. 30. 피고에게 위와 같이 고지하였다는 사정만으로 피고가 그로부터 약 3년이 경과한 시점에 다른 피고 사이트 회원이 다시 이 사건 당구 동영상을 업로드하였다는 것을 알았다고 인정하기에는 부족하고, 달리 이를 인정할 증거가 없다.』

14. 파일쿠키 사건[10-35)]

『일반적으로 웹스토리지 방식에 의한 파일공유 서비스는 해당 서비스에 접속하고 있는 수천, 수만의 불특정 다수의 이용자들 전부를 그 대상으로 하고 있고, 파일의 제공행위, 즉 파일의 업로드와 파일의 수령행위, 즉 파일의 다운로드가 인터넷의 특성상 다수의 이용자들에 의하여 순간적으로 동시에 이루어진다는 점에서, 이용자들이 디지털 형태의 저작복제물을 무단 유통하여 저작재산권을 침해할 가능성은 항상 열려 있다고 할 것이다. 그렇다 하더라도 모든 형태의 웹스토리지 서비스 제공업체와 그 운영자들이 획일적으로 이용자들의 저작재산권 침해행위에 대한 방조책임을 부담한다고 할 수는 없고, 운영자가 서비스를 제공하는 과정에서 이용자들의 파일공유 및 교환 행위에 관여할 수 있는지 여부와 그 방식 및 정도, 저작재산권 침해행위에 대한 운영자의 인식 여부와 그에 따른 웹스토리지 서비스에서의 권리보호조치의 내용과 그 정책, 웹스토리지 서비스가 일반적인 기능 외에 이용자들의 저작재산권 침해행위를 용이하게 할 수 있는 다른 기능을 제공하고 있는지 여부, 운영자가 이용자들의 저작재산권 침해행위로부터 이익을 얻을 목적이 있거나 향후 이익을 얻을 가능성의 정도 등 구체적 사정을 살펴보

10-35) 서울중앙지방법원 2015. 6. 10.자 2014카합81110 결정(확정).

아, 운영자가 이용자들의 파일공유 등으로 인한 저작재산권 침해행위를 미필적으로나마 인식하고 있으면서도 이를 용이하게 할 수 있도록 도와주거나, 이러한 침해행위에 도움을 주지 않아야 할 주의의무가 있음에도 이를 위반하는 경우라고 평가되는 경우에만 방조책임이 인정된다고 할 것이다.

2) 채무자의 방조책임 인정 여부

기록과 심문 전체의 취지에 의하여 소명되는 아래 각 사정을 종합하여 보면, 채무자는 이 사건 사이트 이용자들에 의하여 이 사건 저작물에 대한 저작재산권 침해행위가 발생하고 있다는 사정을 적어도 미필적으로 인식하고 있으면서도 이를 용이하게 할 수 있도록 도와준 것으로 보이므로, 채무자는 이 사건 사이트 이용자들의 저작재산권 침해행위에 대한 방조책임이 있다고 볼 수 있다.

① 운영자가 이용자들의 파일공유행위에 관여할 수 있는지, 그 방식 및 정도

이 사건 사이트와 같은 웹스토리지 방식의 파일공유 시스템은 중앙서버를 관리하는 과정에서 더욱 효과적인 기술적 통제 수단을 적용할 수 있기 때문에, 중앙서버가 없는 P2P 방식의 파일공유 시스템과 비교할 때, 운영자가 이용자들의 업로드 및 다운로드에 관여할 수 있는 여지가 크다.

② 저작재산권 침해행위에 대한 운영자의 인식 여부

채무자 스스로도 다른 방송저작물과 달리 이 사건 저작물에 관하여는 채권자들과 합의가 이루어지지 않아 채권자들과 조속히 콘텐츠 유통에 관한 합의를 하고자 노력하여 왔다고 주장하고 있는바, 채무자도 이 사건 사이트 이용자들이 앞서 본 바와 같은 저작재산권 침해행위를 하고 있다는 점을 상당 부분 인식하고 있다고 보인다.

③ 이 사건 사이트의 권리보호조치

채무자는 주식회사 ○○와 사이에 MISO(Mureka Integration Solution for OSP) 이용계약을, 주식회사 ◇◇과 사이에 콘텐츠 모니터링 부가서비스 이용계약을 각 체결함으로써 이 사건 사이트의 콘텐츠 불법유통을 차단하기 위한 필터링 서비스(영상물의 특징점을 추출해 오디오나 비디오 기술을 통하여 원본 저작물과의 동일성 여부를 확인하는 DNA 필터링 기술을 이용하여 플랫폼에서 유통되는 콘텐츠를 통제하는 방식으로 저작권 침해를 방지하거나 억제하는 서비스) 등 기술적 조치를 도입하여 시행하고 있고, 금칙어를 설정하여 저작물 파일의 업로드를 제지하며, 금칙어 설정을 회피하

여 업로드되는 저작물 파일은 일일이 시각적 모니터링을 통하여 삭제하는 내용의 권리보호조치를 하고 있다고 주장한다. 그러나 채무자가 이 사건 사이트에서 이 사건 저작물에 대한 침해행위를 방지하기 위하여 필터링 서비스를 적극적으로 운영하고 있다고 보기 어렵고, 금칙어 설정이나 시각적 모니터링의 경우 이 사건 사이트의 운영방식, 기술적 성격을 고려할 때 효과적인 권리보호조치가 아니라고 보인다.

④ 해당 서비스가 파일공유 기능 외에 이용자들의 저작권 침해행위를 용이하게 할 수 있는 다른 기능을 제공하고 있는지 여부

채무자는 이 사건 사이트에 검색기능을 제공하여 이용자들이 저작물 파일을 손쉽게 찾을 수 있도록 하고 있고, 전체, 영화, 드라마, 동영상 등 항목별로 인기순에 따른 정렬기능도 제공하고 있으며, 이 사건 사이트 홈페이지 첫 화면에 최신 영화나 드라마의 포스터 모양 아이콘을 배치하여 이용자들이 이 사건 사이트에 해당 저작물 파일이 있다는 점을 쉽게 알 수 있도록 하고 있다.

⑤ 운영자가 이용자들의 저작재산권 침해행위로부터 이익을 얻을 목적이 있거나 향후 이익을 얻을 가능성의 정도

채무자는 저작권자들이 제공한 저작물 파일이나 이 사건 사이트 이용자들이 업로드한 저작물 파일을 이용자들이 유료로 다운로드받게 하고 그 수익을 저작권자 및 업로드한 이용자에게 일부 지급하고 나머지를 채무자의 수익으로 올리는 형태의 사업모델을 채택하고 있다. 이처럼 단순히 저작권자들이 제공한 파일뿐 아니라 이용자들이 직접 업로드한 파일도 이용자들이 다운로드할 수 있도록 하면서 그 과정에서 채무자가 수익을 올릴 수 있도록 한 점에다가, 채무자가 이용자들의 콘텐츠 업로드를 적극 장려하고 있는 것으로 보이는 점 등을 종합하여 볼 때, 채무자는 이 사건 사이트 이용자들에 의하여 이루어지는 저작재산권 침해행위로부터도 이익을 얻을 목적을 가지고 있다고 보인다.』

판례 찾아보기

*대판－대법원 판결, 대판(전)－대법원전원합의체 판결
대결－대법원 결정, 대결(전)－대법원전원합의체 결정

[고등법원]

[지방법원]

[헌법재판소]

사건명 및 사항 찾아보기

[자]

■ 저자 약력

○ 이규홍(李圭弘)

연세대학교 경제학과, 법학과 및 법과대학원 박사과정 졸업(법학박사)
미국 Franklin Pierce Law Center(VS, 현 UNH)
KAIST 미래전략대학원 졸업(공학석사)
34회 사법시험 합격(연수원 24기)
헌법재판소 헌법연구관, 서울고등법원 판사(지적재산권 전담부), 사법연수원 교수(저작권법)
(현) 서울중앙지방법원 부장판사
한국정보법학회 등 회원, 한국저작권위원회 위원(2012년~현재)
〔저서〕 Korean Business Law(2009, Carolina Academic, IP Part), "인터넷, 그 길을 묻다", 특허판례연구(개정판), 직무발명제도해설, 지적재산권재판실무편람 등 공동 집필
저작권법상 기술적 보호조치의 법적 보호에 관한 연구, 저작권법의 적용과 집행 등

○ 김기영(金基穎)

서울대 법학과 및 법과대학원 박사과정 졸업(법학박사)
미국 Duke Law School LL.M 과정 수료
32회 사법시험 합격(연수원 22기)
(현) 서울중앙지방법원 부장판사
한국특허법학회 회원
〔저서〕 특허와 침해, 직무발명제도해설, 특허판례백선, 특허판례연구, 특허법 주해, 저작권법 주해, 디자인보호법 주해 등 공동 집필

○ 장현진(張賢珍)

서울대 토목공학과(도시공학전공) 졸업
동 대학교 대학원 법학과 수료(법학석사-지적재산권 전공)
미국 UCLA LL.M 과정 수료
43회 사법시험 합격(연수원 33기)
서울중앙지방법원(지적재산권 전담부)
(현) 특허법원 판사
한국특허법학회 회원
〔저서〕 지적재산권재판실무편람, 직무발명제도해설, 특허판례백선 등 공동 집필

○ 김병국(金炳局)

서울대 기계공학과 졸업
미국 UNIVERSITY OF SOUTHERN CALIFORNIA(V/S)
47회 사법시험 합격(연수원 37기)
서울중앙지방법원(지적재산권 전담부)
(현) 울산지방법원 판사
변리사, 한국특허법학회 회원
〔저서〕 특허와 침해, 지적재산권재판실무편람 등 공동 집필

저작권과 침해－판례를 중심으로

2016. 3. 10. 제1판 1쇄 발행

저　자　이규홍, 김기영, 장현진, 김병국
펴낸이　백　　욱
펴낸곳　**육 법 사**
04039　서울특별시 마포구 홍익로5길 65
TEL (02) 332－1830・1831
FAX (02) 332－1836
http://www.yp1966.co.kr
등록연월일 1966. 8. 19. 1－300호

ISBN 978-89-7214-204-1 93360

정가 95,000원